CB017226

O Livro do Jazz

EDITORA PERSPECTIVA
Supervisão editorial J. Guinsburg;
Equipe de realização:
Tradução Rainer Patriota, Daniel Oliveira Pucciarelli
Revisão Especializada Rainer Patriota
Edição de Texto Bárbara Borges
Revisão Daniel Guinsburg Mendes
Capa e projeto gráfico Sergio Kon
Produção de texto Luiz Henrique Soares, Elen Durando, Mariana Munhoz
Produção Ricardo W. Neves, Sergio Kon.

SERVIÇO SOCIAL DO COMÉRCIO
Administração Regional no Estado de São Paulo

Presidente do Conselho Regional
Abram Szajman
Diretor Regional
Luiz Deoclecio Massaro Galina

Conselho Editorial
Ricardo Gentil
Rosana Paulo da Cunha
Marta Raquel Colabone
Jackson Andrade de Matos

Edições Sesc São Paulo
Gerente Iã Paulo Ribeiro
Gerente Adjunto Francis Manzoni
Editorial Clívia Ramiro
Assistente Thiago Lins
Produção Gráfica Fabio Pinotti
Assistente Ricardo Kawazu, Thais Franco

Edições Sesc São Paulo
Rua Serra da Bocaina, 570 - 11º andar
03174-000 São Paulo SP Brasil
Tel. 55 11 2607-9400
edicoes@sescsp.org.br
sescsp.org.br/edições
/edicoessescsp

Joachim-Ernst **Berendt**

Günther **Huesmann**

O LIVRO DO JAZZ

DE NOVA ORLEANS AO SÉCULO XXI

Da obra original de
JOACHIM-ERNST BERENDT

Revisto e ampliado por
GÜNTHER HUESMANN

Detalhada discografia por
THOMAS LOEWNER

Jazz à Brasileira por
CARLOS CALADO

Publicado originalmente como: *Jazz, do Rag ao Rock*, continuado por Günther Huesmann. Edição revista e atualizada.

CIP-Brasil. Catalogação na Publicação
Sindicato Nacional dos Editores de Livros, RJ

B43L

Berendt, Joachim-Ernst
O livro do jazz : de Nova Orleans ao século XXI / Joachim-Ernst Berendt, Günther Huesmann ; tradução Rainer Patriota , Daniel Oliveira Pucciarelli. - 1. ed. - São Paulo : Perspectiva : Edições Sesc São Paulo, 2014.
640 p. ; 25 cm.

2. reimpr. da 1. ed. de 2014
Tradução de: *Das Jazzbuch: Von New Orleans bis ins 21 Jahrhundert*
Apêndice
Inclui índice
ISBN 978-85-273-1004-80 (Perspectiva) / 978-85-7995-097-1 (Edições Sesc São Paulo)

1. Música 2. Jazz - História. I. Huesmann, Günther. II. Título.

14-11413 CDD: 781.653
CDU: 785.161

16/04/2014 28/04/2014

1ª edição – 2ª reimpressão

Al. Santos, 1909, cj. 22
01419-100 São Paulo SP Brasil
Tel.: (11) 3885-8388
www.editoraperspectiva.com.br

2024

Sumário

A LIBERDADE MUSICAL NA DIFERENÇA DO ESPÍRITO,
por Danilo Santos de Miranda 13

APRESENTAÇÃO À EDIÇÃO BRASILEIRA,
por Rainer Patriota 15

PREFÁCIO, por Günther Huesmann 23

OS ESTILOS DO JAZZ 29

1890: Ragtime 32
1900: Nova Orleans 34
1910: Dixieland 36
1920: Chicago 37
1930: Swing 39
1940: Bebop 40
1950: *Cool*, Hard Bop 43
1960: Free Jazz 46
1970 55
1980 63
1990 73
O Jazz na Era da Migração 86

OS MÚSICOS DO JAZZ 89

Louis Armstrong 89
Bessie Smith 97
Bix Beiderbecke 99
Duke Ellington 103
Coleman Hawkins e Lester Young 109
Charlie Parker e Dizzy Gillespie 115
Miles Davis 123
John Coltrane e Ornette Coleman 137
John McLaughlin 151
Wynton Marsalis e David Murray 158
John Zorn 173

OS ELEMENTOS DO JAZZ 185

Construção do Som e Fraseado 185
Improvisação 188
Arranjo 192
Blues 196
Spiritual e Gospel 204
Harmonia 208
Melodia 213
Ritmo, Swing, *Groove* 218

OS INSTRUMENTOS DO JAZZ 229

O Trompete 229
O Trombone 247
O Clarinete 258
A Família dos Saxofones 270
O Sax-soprano 271
O Sax-alto 277
O Sax-tenor 288
O Sax-barítono 308
Os Grupos de Saxofones 313
A Flauta 316
O Vibrafone 323
O Piano 328
Órgãos, Teclados, Sintetizadores, Eletrônicos 356
Órgão Hammond 357
Teclados e Sintetizadores 361
Samplers e Eletrônicos 367
A Guitarra 371
O Baixo 392
A Bateria 413
Instrumentos de Percussão:
Cuba, Caribe e Brasil, Passando pela África, até Índia e Báli 441

O Violino 456
Outros Instrumentos 464
Acordeão 466
Tuba 468
Gaita de Boca 469
Trompa, Oboé, Corne Inglês, Fagote
e Conchas do Mar 471
Bandolim, Banjo, Cello, *Daxophone* e Realejo 472
Instrumentos Não Ocidentais 475
Oud 475
Instrumentos de Corda Asiáticos 476
Kora 478
A Mesa de Mixagem 478

AS VOZES DO JAZZ 481

Os Cantores 481
As Cantoras 492

AS *BIG BANDS* DO JAZZ 511

Fletcher Henderson e o Começo 512
Era Goodman 513
Os "Black Kings" do Swing 514
Woody Herman e Stan Kenton 517
Big Bands do Bebop 519
Basie como Base 520
Gil Evans e George Russell 522
Free Big Bands 524
Rock Big Bands 530
Big Bands Forever: Os Anos de 1970 531
Back to the Basics: O Pós-modernismo dos Anos de 1980 534
Orquestra de Repertório, Europa e Pluralidade Estilística:
Os Anos de 1990 538

AS BANDAS DO JAZZ. 545

Os Combos do Swing. 546
Bop e *Cool* 548
O Primeiro Apogeu da Integração Camerística. 549
Do Hard Bop ao *Free* 551
Ornette Coleman e Depois 553
Os Anos de 1970 555
Neo-bop 555
AACM 556
Jazz Rock e *Fusion* 558
Os Anos de 1980 561
O Jazz Straight-Ahead Esclarecido. 561
A Vanguarda Descobre a Tradição 563
World Jazz. 564
Free Funk 565
De 1990 em Diante: Pluralidade Estilística e Arte da Interação . . . 566

ENSAIO SOBRE A QUALIDADE DO JAZZ. 573

JAZZ À BRASILEIRA, por Carlos Calado 579

OS DISCOS DO JAZZ, por Thomas Loewner 587

Índice Remissivo 621

Nada conhecemos afora aquilo
que amamos.

GOETHE

Se você quer tocar, você precisa amar.

LOUIS ARMSTRONG

A maior contribuição que você pode dar à tradição é
fazer a sua própria música – uma nova música.

ANTHONY DAVIS

A música é mais que melodia, mais que harmonia –
é música.

GIUSEPPE VERDI

A Liberdade Musical na Diferença do Espírito

Com pouco mais de cem anos, o jazz nasceu e mantém-se como uma música libertária, criada nos Estados Unidos por negros, cujo passado associado à escravidão produziu um gênero altamente vinculado às questões político-sociais que atravessaram o século XX. Considerado marginal, mostrou-se, desde o princípio, sob uma perspectiva não conformista, que se consolidaria como instrumento de luta contra as desigualdades e as diversas formas de racismo.

A origem do jazz remonta ao sul e centro-oeste norte-americanos, com especial destaque para a cidade de Nova Orleans, onde a presença de franceses, espanhóis, ingleses, italianos e alemães, bem como de uma marcante população de negros e mestiços (*créoles*), além de eslavos, criaria um mosaico sociocultural, religioso e artístico que encontraria no jazz seu principal expoente, com fortíssima influência africana, mas sem abandonar as marcas das culturas europeias ali deixadas.

Paralelamente, seria possível distinguir, no início do século, o expressivo desenvolvimento tecnológico e industrial, responsável pela transformação das relações socioeconômicas, como também da percepção de mundo pelas pessoas no tocante ao tempo e à velocidade dos processos, com consequências diretas para as artes, a comunicação, o crescimento das cidades e as formas de se fazer a guerra.

O jazz ultrapassaria as fronteiras da América, disseminando-se pelo mundo e chegando à Alemanha na década de 1920, durante o breve intervalo que se interpôs ao longo do principal conflito do período. Porém, enquanto nos Estados Unidos o jazz repercutia o sonho de liberdade dos negros em uma luta ainda inconclusa, na Europa, inspiraria a curta experiência cosmopolita e os esforços em prol de uma espontaneidade que, infelizmente, não vingaria no período entre guerras, sucumbindo às premissas "arianas" do nacional-socialismo, quando seria banido da sociedade alemã e considerado uma música degenerada.

Terminada a guerra, em 1953, Joachim-Ernest Berendt publica a primeira edição de *Das Jazzbuch*[1], obra que o tornaria uma referência internacional sobre o tema e seria traduzida em várias línguas. A origem judaica e o amor pelo jazz fizeram dele um crítico cujos interesses divergiam do que era comumente associado à cultura alemã e, em particular,

1. Publicado no Brasil pela Perspectiva, em 1975, traduzido pelo maestro Júlio Medaglia, com o título *Jazz: Do Rag ao Rock*.

à música erudita em seu país. Soma-se a isso o empenho do autor em difundir o jazz por meio de programas de rádio, livros e a criação de festivais.

Neste *O Livro do Jazz*, o leitor pode observar a abrangência dos aspectos relacionados por Berendt ao refletir sobre o gênero, elencando-os em torno dos estilos, músicos, elementos, instrumentos, vozes, *big bands* e bandas do gênero, seguidos por uma discografia atualizada quanto à relevância e à disponibilidade das gravações. Há que se ressaltar que não há uma hierarquia ou sequência predeterminada para a leitura do livro, permitindo ao leitor relacionar-se com o texto de acordo com seu interesse.

A obra sublinha o espírito livre de um gênero musical que enfatiza a igualdade na diferença, isto é, o jazz existe somente pelo empenho e envolvimento individual de cada músico na execução de uma canção, bem como na interação plena com outros músicos. Trata-se de uma diversidade igualitária que resiste às mudanças quanto a estilos e à própria relação dos músicos com a música que produzem face a questões impostas pela dupla tradição-inovação, comumente presente no debate artístico-musical a respeito desse gênero.

O caráter essencialmente social do jazz é realçado por Berendt, que encontra a excelência dessa música no seu apelo em prol da liberdade e contra toda forma de segregação. O jazz falou alto aos negros, mas também aos brancos, fossem eles judeus ou não. E, apesar de contemplar o interesse de uma minoria, tal qual ocorre com a música erudita, segundo E.J. Hobsbawm, "o jazz se tornou, de forma mais ou menos diluída, a [...] música popular da civilização urbana industrial".

No Brasil, a década de 1950 seria marcada pelo desenvolvimento de grandes metrópoles, como Rio de Janeiro e São Paulo. Em 1953, ano de publicação de *Das Jazzbuch*, o violonista Laurindo Almeida, ao lado do saxofonista norte-americano Bud Shank, gravaria o disco *Brazilliance*, firmando os vínculos iniciais entre o jazz e o que viria a ser a bossa nova. Mais tarde, em 1958, o movimento teria seu início oficial impulsionado pelo lançamento do compacto de João Gilberto, com as canções "Chega de Saudade", de Tom Jobim e Vinicius de Moraes, e "Bim Bom", escrita pelo próprio artista.

Para o Sesc, a publicação de *O Livro do Jazz*, realizada em parceria com a editora Perspectiva, permite ao público brasileiro acessar um dos mais relevantes compêndios já escritos sobre o gênero, um texto reconhecido em âmbito internacional e provido da engenhosidade e dedicação de um crítico apaixonado por seu objeto, além de mestre na arte de intermediar as relações entre o jazz e seus apreciadores.

Danilo Santos de Miranda
Diretor do Sesc São Paulo (1984 a outubro de 2023)
Texto escrito em maio de 2014

Apresentação à Edição Brasileira

Como toda arte, o jazz não é apenas produto e espelho de seu tempo, mas é também uma expressão artística universal e transcendente a culturas e épocas. O jazz não é uma moda efêmera nem constitui subgênero da música popular norte-americana; ao contrário, é uma forma artística plena e autônoma, moderna, libertadora, inconformista e multicultural, como esclarece o livro clássico do crítico alemão Joachim-Ernst Berendt (1922-2000).

O Livro do Jazz: De Nova Orleans ao Século XXI é o coroamento de um projeto empreendido ao longo de cinco décadas consecutivas. Sua primeira edição data de 1953 e, daí em diante, seriam muitas as revisões e atualizações feitas pelo autor – a partir dos anos de 1980, com a colaboração de Günther Huesmann, o qual, após a morte inesperada de Berendt, assumiu a responsabilidade de concluir esta sétima edição do livro. Hoje, já são mais de um milhão e meio de exemplares vendidos em todo o mundo.

Talvez, e não sem razão, cause certa estranheza que uma das maiores contribuições à literatura jazzística seja de procedência alemã. Afinal, o que sabem os alemães sobre jazz? Não é a Alemanha a pátria exemplar de outra tradição – a da música séria, erudita, executada em salas de concerto solenes, onde o gênio nacional é celebrado com grandiosas peças sinfônicas de Ludwig van Beethoven (1770-1827), Robert Schumann (1810-1856), Johannes Brahms (1833-1897), Richard Wagner (1813-1883)?

De fato, no que respeita à música de concerto clássico-romântica, que se estende do final do século XVIII ao começo do século XX, a hegemonia dos alemães é notória. Vem deles a veneração pelas grandes formas instrumentais e a aplicação de conceitos metafísicos à música, como "interioridade pura", "infinita nostalgia", "melodia infinita" e outras tais. São alemães os grandes filósofos e críticos musicais desse período: Georg W.F. Hegel (1770-1831), Friedrich Schelling (1775-1854), E.T.A. Hoffmann (1776-1822), Arthur Schopenhauer (1788-1860), Friedrich Nietzsche (1844-1900), além, é claro, do próprio Schumann.

Se, no período clássico, com o desenvolvimento da forma sonata, a música instrumental erigiu-se em *linguagem*, reivindicando autonomia no mundo das artes, com o advento do romantismo, essa linguagem transformou-se num mito e a autonomia, numa supremacia. Os românticos acreditavam que a música, ao traduzir sentimentos puros, irrompia numa dimensão "além das palavras"[1], de acordo com Schumann, isto é, além da comunicação discursiva, argumentativa, racional. Uma ideia poética, decerto, mas que na esfera política seria usada para corroborar ressentimentos e animosidades patrióticas: ao denegrir as instituições políticas modernas de países como França e Inglaterra, os ideólogos da reação nacionalista alemã procuravam fundamentar o desenvolvimento germânico em bases irracionalistas, invocando, contra a "fria" racionalidade, elementos "quentes" como a vontade, a alma, o instinto, a força, o sangue[2]. Em semelhante ambiente, a música não era apenas a expressão nostálgica da "interioridade infinita", mas também uma janela ideológica que facilmente se abria para o orgulho xenófobo. No começo da era romântica, Schumann – que sonhava em erguer um templo a Beethoven – já mostrara sinais desse orgulho em sua crítica musical e literária[3]. Com Wagner, o que antes fora uma abstração concretizara-se: na cidade alemã de Bayreuth, no estado da Baviera, ele não apenas construiu um "templo" para cultuar mitos germânicos, como ainda o transformou numa Meca do antissemitismo[4].

O perigo dessa comunhão "além das palavras" entre música e política – um fenômeno tipicamente alemão que culminaria, de forma emblemática, no casamento da Orquestra Filarmônica de Berlim com o regime nazista[5] – não passou despercebido aos espíritos mais perspicazes da Alemanha no começo do século XX. Hermann Hesse (1877-1962), em *O Lobo da Estepe*, de 1927, afirmou:

> Durante aquela caminhada noturna pensei também em minhas singulares relações com a música e voltei novamente a reconhecer que essas fatais relações com a música eram o destino de toda a intelectualidade alemã. No espírito alemão domina o direito maternal, a sujeição natural na forma a uma hegemonia da música, como não se conheceu em nenhum outro povo. Nós, os intelectuais, em vez de nos defendermos varonilmente contra isso e reduzir a obediência ao espírito, ao *logos* e à palavra, sonhamos todos com uma linguagem sem palavras, que possa exprimir o inexprimível, que possa representar o irrepresentável. Em vez de tocar seu instrumento da forma mais fiel e honesta possível, o intelectual alemão está sempre em luta com a palavra e a razão e fazendo a corte à música.[6]

Antes de Hesse, Thomas Mann (1875-1955), no romance *A Montanha Mágica*, iniciado em 1913 e publicado em 1924, expressou uma preocupação similar, porém em termos ainda mais incisivos. Seu personagem Lodovico Settembrini, um preclaro racionalista, diz com ironia ao jovem alemão Hans Castorp: "– Cerveja, tabaco e música [...] Eis a sua pátria! Vejo que o senhor acompanha o espírito nacional, meu caro engenheiro." Ainda continua: "A música? Representa ela tudo o que existe de semiarticulado, de duvidoso, de irresponsável, de indiferente." E complementa, categórico: "Há na música um elemento perigoso, senhores. Insisto no fato da sua natureza ambígua. Não exagero ao declarar que ela é politicamente suspeita."[7]

Em 1947, no romance *Doutor Fausto*, Mann aprofundou o tema. Nele, o compositor Adrian Leverkühn, retratado como o criador do dodecafonismo, encarna a danação de um país que se isola num caminho de soberba e desrazão. Assim como Leverkühn fecha-se em sua "fáustica" ligação com a música,

1. Cf. Nikolaus Harnoncourt, *Töne sind höhere Worte: Gespräche über romantische Musik* (Os Sons Musicais Estão Acima das Palavras: Conversas sobre Música Romântica), Salzburg: Residenz, 2007, p. 16.
2. Em virtude de seu desenvolvimento retardatário em termos políticos e econômicos, a Alemanha tornou-se, entre os séculos XIX e XX, um país dominado pelas tendências ideológicas que buscavam firmar um caminho autônomo e de exceção. A bibliografia sobre o assunto é vasta. Recomendo, em especial, o excelente e panorâmico livro de Jeffrey Herf, *O Modernismo Reacionário: Tecnologia, Cultura e Política na República de Weimar e no Terceiro Reich*, tradução de Cláudio Frederico da Silva Ramos, 1ª ed., São Paulo/Campinas: Ensaio/Editora da Unicamp, 1993.
3. Cf. Pamela Maxine Potter, *Most German of the Arts: Musicology and Society from the Weimar Republic to the End of Hitler's Reich*, 1. ed., New Haven/London: Yale University Press, 1998, p. 202; Ibaney Chasin, Posfácio: De uma Alma Sonora "Humaníssima"?, em Misha Aster, *A Orquestra do Reich: A Filarmônica de Berlim e o Nacional-Socialismo*, São Paulo/João Pessoa: Perspectiva/Editora Universitária UFPB, 2012, p. 297-298. Friedrich Nietzsche, que exalta os tempos bárbaro-aristocráticos "da fúria da *besta loura* germânica" (*Genealogia da Moral: Uma Polêmica*, tradução de Paulo César de Souza, São Paulo: Companhia das Letras, 2009, § 11), diz de Robert Schumann numa crítica à música do romantismo alemão: "com ele, a música alemã se viu ameaçada por seu maior perigo, o de perder *a voz para a alma da Europa* e se reduzir a mera patriotice" (*Além do Bem e do Mal: Prelúdio a uma Filosofia do Futuro*, tradução de Paulo César de Souza, São Paulo: Companhia das Letras, 2005, § 245).
4. Cf. P.M. Potter, op. cit., p. 202-203; Alex Ross, *O Resto é Ruído: Escutando o Século XX*, tradução de Ivan Weisz Kuck *e Cláudio Carina*, 1 ed., São Paulo: Companhia das Letras, 2009, p. 326-330.
5. Cf. M. Aster, op. cit.
6. *O Lobo da Estepe*, tradução de Ivo Barroso, 2. ed., Rio de Janeiro: BestBolso, 2010, p. 156.
7. *A Montanha Mágica*, tradução de Herbert Caro, São Paulo: Círculo do Livro, 1952, p. 138, 141.

também a Alemanha fecha-se em seu culto à "germanidade", expulsando e exterminando os judeus para empreender a construção de um império autoritário e militarizado. Em ambos, o desprezo pelas mediações racionais – discursivas – de organização, expressão e convívio humano é legitimado por um ideário irracionalista, assentado em premissas supostamente mais autênticas e profundas, que apontam para mais além – "além das palavras", ou, para usar outra expressão clássica da metafísica romântica, "além do bem e do mal"[8].

* * *

A escalada romântico-nacionalista do século XIX teve seu desfecho trágico nos anos tenebrosos de Adolf Hitler (1889-1945). Todavia, a breve existência da República de Weimar (1919-1933), malgrado sua problemática, foi um interlúdio significativo – um dia de sol em meio ao inverno reacionário que, em breve, se adensaria em nuvens negras e tempestuosas rumo ao dilúvio. É nessa época que o jazz aporta em Berlim. A intensidade alegre e descontraída do jazz logo se apoderou dos berlinenses, tornando-se um poderoso fermento da vida livre e inquieta dessa capital de aspirações modernas[9]. Nos cabarés, o jazz era tocado em espetáculos audaciosos que satirizavam as classes conservadoras. Compositores de formação tradicional também se renderiam ao jazz. O compositor austríaco Ernst Krenek (1900-1991) estreou em 1927 uma ópera intitulada *Johnny Começa a Tocar*, celebrando o jazz e a cultura afro-americana. O compositor alemão Kurt Weill (1900-1950) também partiu do jazz para compor, com o dramaturgo e poeta alemão Bertolt Brecht (1898-1956), a famosa *Ópera dos Três Vinténs*, estreada em 1928. E Hesse, em 1927, novamente com seu *O Lobo da Estepe*, saudou a força e a honestidade expressiva do jazz contra o artificialismo da "música acadêmica"[10].

Lamentavelmente, essa onda de liberdade e cosmopolitismo duraria apenas uma década. Com o triunfo de Hitler em 1933, instala-se no poder o reacionarismo. O jazz, já integrado ao universo musical dos alemães, é oficialmente proscrito, entrando numa fase de clandestinidade e "branqueamento". Mas a semente já estava plantada: enquanto a Alemanha cultuava seus mitos raciais e tentava convencer o mundo da superioridade de sua música sobre a dos demais povos, estigmatizando o jazz como "música negro-judia degenerada"[11], o jovem Berendt, imune ao dogma, cultivava um tipo de sensibilidade musical e teórica que mais tarde conquistaria o mundo, não por suas credenciais "germânicas", mas, ao contrário, por seu franco internacionalismo.

Com a derrota do regime nazista termina de uma vez a história da Alemanha romântica. Auxiliado pelo forte incentivo norte-americano, o jazz adquire novamente a cidadania alemã e, a despeito de algumas vozes discordantes[12], passa a ser amplamente divulgado nos meios de comunicação da Alemanha Ocidental. Dirigindo e apresentando programas de rádio e televisão, organizando festivais e atuando como produtor musical, Berendt aliou a atividade teórica a uma prática que lhe propiciava a convivência com os músicos e a participação nos processos de produção pelo qual a música acontece e materializa-se. O crítico não se limitava a observar a cena musical do jazz, mas procurava intervir em seus rumos: a difusão do jazz europeu e do world jazz – sobretudo

8. *Doutor Fausto: A Vida do Compositor Alemão Adrian Leverkühn Narrada por um Amigo*, tradução de Herbert Caro, São Paulo: Nova Fronteira, 1984. Veja-se especialmente a conversa entre o produtor musical Saul Fitelberg e Adrian Leverkühn, no capítulo XXXVII.

9. Cf. o excelente ensaio de Zuza Homem de Mello, Swing Heil!, *Música nas Veias: Memórias e Ensaios*, 1. ed., São Paulo: Editora 34, 2007; cf. Martin Lücke, *Jazz im Totalitarismus: Eine Komparative Analyse des politisch motivierten Umgangs mit dem Jazz während der Zeit des Nationalsozialismus und des Stalinismus* (*O Jazz no Totalitarismo: Uma Análise Comparativa das Relações Politicamente Motivadas com o Jazz Durante o Período do Nacional-socialismo e do Stalinismo*), Münster: Lit, 2004.

10. Cf. H. Hesse, op. cit., p. 49. Uma das personagens principais do romance é o saxofonista Pablo, um típico músico de jazz alemão dos anos de 1920 retratado como símbolo de espontaneidade e sabedoria natural.

11. Cf. Andrew Wrigth Hurley, *The Return of Jazz: Joachim-Ernst Berendt and the West German Cultural Change* (*O Retorno do Jazz: Joachim-Ernst Berendt e a Mudança Cultural da Alemanha Ocidental*), 1. ed., New York: Berghahn Books, 2009, p. 18s; M. Lücke, op. cit.

12. Cf. A.W. Huxley, op. cit., p. 19s.

por meio do selo Jazz Meets the World criado por Berendt para a gravadora alemã Musik Produktion Schwarzwald (MPS Records) – está indissociavelmente ligada a sua campanha pela integração e cooperação das culturas musicais do mundo.

Mas, antes de tudo, era preciso defender a "seriedade" do jazz, seu estatuto artístico. Como teórico, Berendt sustentou não apenas a equivalência entre o jazz e a música de concerto, mas também se empenhou em identificar e definir conceitualmente os aspectos essenciais que singularizam o jazz e, por conseguinte, diferenciam-no das formas musicais "eruditas". Para Berendt, o jazz era a expressão musical que melhor correspondia ao espírito e às demandas da modernidade. Por isso, sua atitude em relação à música de concerto, embora respeitosa, implicava também ousados questionamentos – e no centro de sua polêmica não poderia deixar de estar a música do romantismo alemão.

É fácil entender que alguém que cresceu aos tempos do "romantismo de aço"[13] – para usar a expressão de Joseph Goebbels (1897-1945), ministro da Propaganda do Terceiro Reich – e perdera o pai num campo de concentração nazista seja pouco afeito à estética sonora dos compositores alemães do século XIX – sobretudo a introspecção imponente das grandes obras sinfônicas – e rejeite categoricamente os esforços especulativos e evolucionistas da *Musikwissenschaft*, ciência alemã que, desde seu nascedouro, cooperou com o ideal de supremacia germânica e sobre a qual os nazistas edificaram uma de suas principais frentes de disseminação do sentimento patriótico e *völkisch*[14]. Era natural, portanto, que o jazz, filho da miscigenação, do multiculturalismo e da migração, fosse aos olhos e ouvidos de Berendt portador de valores mais universalistas, quer em termos sociais, quer no sentido especificamente musical. Num e noutro caso, isso significava a prevalência dos indivíduos.

Ora, o jazz não pressupõe a rígida hierarquia e separação de papéis que as grandes orquestras do século XIX instituíram. Por isso, o músico de jazz, mesmo dentro de uma orquestra, é um ser insubstituível, uma voz única, que ora toca a parte do acompanhamento, ora atua como solista e improvisador. O maestro, por sua vez, é também um instrumentista, que não só acompanha, mas também sola e improvisa. A própria identidade sonora de uma orquestra de jazz, diz Berendt, é constituída por vozes singulares que jamais se anulam em prol de uma sonoridade homogênea. É a identidade na e pela diversidade. A expressão individual de um músico de jazz manifesta-se em todos os elementos que, segundo Berendt, são característicos dessa música: construção do som e fraseado, swing e improvisação.

Nas primeiras formas do jazz, a construção do som é o fator decisivo que distingue o músico. A expressão crua dos afetos realiza-se de forma natural, livre de prescrições estéticas. Ou seja: convém mais ao jazz a expressão que o som "belo". Daí que, por meio do jazz, os instrumentos musicais tenham sido redescobertos, não apenas em virtude da eletrificação, mas também pelo emprego de ruídos, efeitos vocais etc. Já o fraseado, elemento mais tardio e caracterizador dos estilos modernos, possibilita que mesmo músicos de sonoridade "clássica" desenvolvam uma assinatura musical inconfundível. No jazz, frasear não é seguir as indicações do compositor, do maestro ou do editor da partitura, mas expressar um modo pessoal de entendimento musical.

O swing, por sua vez, prova ser um elemento mais resistente a definições. Berendt – comungando com a opinião dominante de músicos e críticos citados por ele – sustenta tratar-se de uma forma de precisão rítmica distinta daquela vigente na música erudita, precisão que não se deixa fixar pela notação, que não é construída em cima de uma divisão exata dos tempos. O swing é uma forma intuitiva e flexível de sentir e trabalhar os acentos rítmicos e não se confunde com a síncope.

13. Cf. J. Herf, op. cit, p. 15s.

14. Cf. P.M. Potter, op. cit, p. IX-XII. No Brasil, I. Chasin sumariou analiticamente o itinerário da musicologia alemã desde sua "pré-história" no século XVIII até o século XX. Cf. Posfácio..., em M. Aster, op. cit., p. 283-326.

Já a improvisação não apresenta dificuldades de conceituação. Segundo Berendt, todas as grandes culturas musicais do mundo cultivam o hábito de improvisar. Na Europa, essa prática perdurou até o advento do romantismo no século XIX, quando o músico tornou-se prisioneiro da partitura, inibindo-se e tolhendo-se em sua espontaneidade musical. Esse processo resultaria numa rígida distinção entre compositor e intérprete. Não é o que se passa com o jazz, em que o músico que improvisa – via de regra, a partir da interpretação de um tema – torna-se automaticamente uma espécie de compositor.

A crítica ao romantismo havia se tornado uma tendência no mundo musical alemão desde o começo do século XX em virtude das pesquisas em torno da música antiga. No pós-guerra, consolidou-se o que antes fora uma tendência dispersa e a música antiga tornou-se um campo de atuação respeitado e próspero. Berendt não ignorava esse movimento musical e foi também um de seus entusiastas, sobretudo pelo importante papel da improvisação no período barroco. Em seu livro, Berendt recorda a presença vital da improvisação na música anterior a 1750, citando, a propósito, Arnold Dolmetsch (1858-1940), célebre músico francês radicado na Inglaterra, pioneiro na pesquisa da música antiga e na fabricação de instrumentos históricos.

* * *

Em 1953, Berendt foi convidado pelo editor da revista *Merkur* a escrever um pequeno ensaio em resposta ao artigo "Moda Atemporal: Sobre o Jazz", do filósofo alemão Theodor W. Adorno[15] (1903-1969), publicado na edição de junho da revista. Em 1933, o filósofo havia publicado um texto em que justificava a decisão dos nazistas de proibir a transmissão de jazz nas rádios alemãs. Seu argumento era que o "drástico veredicto" "apenas confirma" um fenômeno que, "objetivamente já fora há muito tempo decidido: o fim do jazz por si mesmo"[16]. Agora, vinte anos depois, o filósofo tentaria explicar por que o jazz continuava vivo. A tese principal de Adorno era que a "paradoxal imortalidade do jazz tem sua base na economia"[17]. Ou seja, o jazz sobrevive não por suas virtudes musicais, mas pelo poder da indústria, que, explorando e promovendo a alienação das massas, lhes impõe enlatados culturais e pseudoartísticos. O jazz, a seu ver, essa "moda atemporal", é invariavelmente o mesmo, seja ele denominado swing ou bebop[18].

Berendt, que, nessa época, preparava a primeira edição de *O Livro do Jazz*, contestou as opiniões de Adorno, chamando atenção para a necessidade de uma distinção entre o "jazz verdadeiro" e as produções comerciais. Mas o filósofo, do alto de seus 50 anos, não fez muito caso dos comentários do jovem crítico de jazz e, em sua réplica, manteve-se inflexível[19]. Com uma sólida formação musical, Adorno edificara sua filosofia da música em consonância com a tradição alemã, divisando, na hermética propositura da Segunda Escola de Viena, a grande alternativa à degradação da experiência musical promovida pela sociedade de consumo e sua indústria da cultura. Em tempos de "valores musicais fetichizados" e "audição regressiva", a música devia recusar-se a ser fácil e agradável, "culinariamente gostosa", devia, pois, mostrar-se árida, indigesta, angustiante, de modo a despertar no ouvinte, pela experiência do choque, a consciência dos horrores da vida alienada[20].

E é dessa convicção que nasce a firme rejeição de Adorno às formas musicais que se destinam ao consumo em grande escala,

15. Cf. Zeitlose Mode: Zum Jazz (Moda Atemporal: Sobre o Jazz), em *Gesammelte Schriften* [GS] (Escritos Reunidos), v. 10. Frankfurt am Main: Suhrkamp, 1996.

16. Abschied vom Jazz (Adeus ao Jazz), em GS, v. 18, Frankfurt am Main: Suhrkamp, 1996, p. 795.

17. Zeitlose Mode: Zum Jazz (Moda Atemporal: Sobre o Jazz), op. cit., p. 126-127.

18. Ibidem, p. 123.

19. Replik zu einer Kritik der "Zeitlosen Mode" (Réplica à Crítica de "Moda Atemporal"), em GS, v. 10, p. 805-809.

20. Cf. O Fetichismo na Música e a Regressão da Audição, tradução de Luis João Baraúna, em *Benjamin, Horkheimer, Adorno, Habermas*, 1. ed., São Paulo: Abril Cultural, 1975, p. 173-199, Coleção Os Pensadores.

ou seja, que se deixam comercializar e popularizar. O jazz que Adorno conheceu nos anos de 1920 na Alemanha era também um gênero popular, alegre e dançante, e, naturalmente, não haveria de suscitar outra reação em quem havia encontrado no dodecafonismo um "sentido" redentor para um "mundo sem sentido"[21]. Porém, Berendt estava certo em reivindicar para o jazz um estatuto diverso daquele que possui a música popular e comercial. Um estatuto digno, artístico e autônomo. Mas Adorno não podia ceder aos argumentos do crítico sem revogar as premissas de sua própria teoria.

É verdade que, no começo dos anos de 1960, Adorno pareceu amenizar o tom de suas críticas ao jazz, aludindo a seus "méritos" em face da "música ligeira" e ao seu "potencial" libertador para jovens descontentes com as "imposturas" da cultura oficial[22]. Com a formação de uma cultura jazzística moderna na Alemanha, capitaneada pelo ativismo de Berendt, Adorno foi obrigado a reconhecer o poder de atração do jazz sobre músicos e intelectuais de vanguarda, muitos deles, como observaria o filósofo, manifestando-se contra o "ideal musical clássico-romântico"[23]. O cerne de sua concepção, entretanto, continuou imutável.

* * *

O maior erro de Adorno talvez tenha sido não perceber que a história do jazz é, antes de tudo, uma história de luta e liberdade. Luta de homens que ganharam seu pão como artistas independentes numa sociedade segregada pelo racismo e que, embora tendo de se submeter às leis do mercado, souberam preservar espaços e formas de autonomia (os mais radicais e *outsiders*, sofrendo consequências amargas, quando não, trágicas, por isso). Como nunca se pautou por critérios de pureza, o jazz pôde abraçar a vida em sua totalidade, não raro misturando-se, de fato, à música popular e comercial, mas abrindo caminho através dela para expressões autorais de altíssimo valor artístico. E se a música de concerto desenvolveu padrões cada vez mais abstratos de sonoridade e execução, num processo de "racionalização total" que suscitou a crítica do próprio Adorno[24], o jazz, mesmo em suas tendências mais vanguardistas, sempre exigiu a presença humana concreta e individual, a habilidade artesanal do músico para moldar o som e fazer dele a expressão de um ser vivo que pensa, sente e propõe.

Berendt foi um crítico polêmico, sobretudo dentro da Alemanha. Uma voz dissonante, singular. Evitando as opiniões vulgares contra a música de concerto europeia, o crítico se sobressaiu àquelas formas ressentidas de luta por reconhecimento do jazz afro-americano, formas que, infelizmente, até hoje se renovam dentro e fora dos Estados Unidos. De outro lado, não sendo um teórico no sentido estrito do termo, seu sistema de pensamento parece repousar sobre fundamentos vagos e especulativos. Berendt era essencialmente um "místico esclarecido".

Mas ficou, acima de tudo, uma mensagem e um legado. Ao abraçar a causa do jazz, o crítico lutou – e, nisso, em sintonia com a tradição humanista dos poetas alemães Johann Wolfgang von Goethe (1749-1832) e Heinrich Heine (1797-1856) – por uma Alemanha e um mundo harmoniosos, democráticos e culturalmente abertos à diferença. Há cinco décadas, seu *O Livro do Jazz* circula pelo mundo inteiro, levando consigo essa mensagem. Se hoje a cena do jazz alemão e europeu, com seu intenso fluxo migratório, é uma vitrina para todas as tendências do jazz contemporâneo, isso se deve muito ao devoto labor de Joachim-Ernst Berendt.

21. *Filosofia da Nova Música*, tradução de Magda França, 3. ed., São Paulo: Perspectiva, 2002, p. 107.

22. Cf. *Einleitung in die Musiksoziologie* (Introdução à Sociologia da Música), em *GS*, v. 14, Frankfurt am Main: Suhrkamp, 1996, p. 212-213.

23. Ibidem, p. 191.

24. Cf. *Das Altern der Neuen Musik* (O Envelhecimento da Nova Música), em *GS*, v. 14, Frankfurt am Main: Suhrkamp, 1996, p. 143-167. Nesse texto, apresentado em 1954, Adorno lamenta e critica severamente a perda da dimensão expressiva na música dos jovens compositores de vanguarda. Adorno refere-se a uma juventude envelhecida precocemente, que, ao fazer dos processos técnicos de racionalização do material musical um fim em si mesmo, produz uma música esvaziada de sentido, desarticulada e meramente cerebral.

* * *

O Livro do Jazz: De Nova Orleans ao Século XXI vem preencher uma grande lacuna na estante do leitor de língua portuguesa interessado em música, arte, cultura e questões estéticas contemporâneas. Serve ao leigo como excelente introdução, constituindo material permanente de consulta e pesquisa para jazzófilos e músicos, amadores ou profissionais, os quais, assim, dispõem não apenas de uma fonte de informação verdadeiramente enciclopédica sobre músicos, instrumentos, estilos, grupos e conceitos, mas também de um excelente guia para a escuta dos clássicos do jazz e de uma espécie de mapa-múndi do jazz multiestilístico contemporâneo, incluindo, naturalmente, as merecidas referências à música brasileira. De fato, como o leitor poderá ver, a menção a músicos brasileiros – alguns deles desconhecidos (ou esquecidos) em sua própria pátria – é frequente. Nesse aspecto, *O Livro do Jazz* é também um testemunho da importância histórica do Brasil no cenário internacional do jazz e da canção, e, para muitos leitores, uma descoberta de nomes essenciais da música brasileira, de ontem e de hoje.

Esta tradução foi feita com base na edição alemã de 2007, da Fischer Taschenbuch. Ela contou com a gentil colaboração de Daniel Arelli, no capítulo "Os Instrumentos do Jazz", e com a preciosa e generosa ajuda de Frank Michael Carlos Kuehn em passagens mais controversas. A escrita de Berendt e Huesmann alterna entre a exposição técnica, conceitual, e o coloquialismo, a alusão, a metáfora. Mesmo primando pela clareza e inteligibilidade da tradução, procurei respeitar alguns momentos mais subjetivos do estilo dos autores (Huesmann, em seu "Prefácio", diz, sintomaticamente, ter sentido a necessidade de uma "nova linguagem" para capturar a peculiaridade do jazz). Certas passagens e termos ambíguos foram cotejados com a versão norte-americana, publicada pela Lawrence Hill e coordenada pelo crítico alemão radicado nos Estados Unidos Dan Morgenstern. Como a língua nativa do jazz é o inglês, é natural que muitos termos e expressões características tenham sido adotados em nosso universo linguístico. Por outro lado, a predominante informalidade da cultura jazzística num país com tantas particularidades regionais não favorece a consolidação de um vocabulário mais homogêneo e vernacular entre músicos, amantes e críticos de jazz. Algumas notas explicativas foram acrescentadas ao texto, porém com muita parcimônia, de modo a não sobrecarregar um livro já demasiado amplo, repleto de *links*, sugestões, informações e referências as mais diversas sobre o jazz e as culturas musicais do mundo.

Por fim, uma nota de agradecimento aos amigos músicos (jazzistas ou não) que, de algum modo, se fizeram presentes durante este trabalho de tradução, lendo e comentando trechos traduzidos, aconselhando acerca de questões terminológicas ou simplesmente transmitindo incentivos ao tradutor. Em especial: Frank Michael Carlos Kuehn, Ibaney Chasin, Anor Luciano, Lilian Maria, Ronaldo Freire, Manoca Barreto, Edilson Vicente (*in memorian*), Camilo Lemos, Rogério Borges, Hélio Medeiros,Cyran Costa, Gustavo Bracher, Robson Bessa, Bernardo Fabris e Rose Moreira. Agradeço também a meu pai, Nelson Patriota, que, com sua larga experiência em matéria de escrita, me deu sugestões valiosas para a estilística do texto. Por fim, meu agradecimento à editora Perspectiva, especialmente à Fany Kon, quem, à revelia da pressão e da pressa do "tempo do mercado", manteve generosa compreensão e respeito para com o "tempo do tradutor".

Rainer Patriota

Prefácio

Quando o programa de jazz de Joachim-Ernst Berendt ia ao ar pela rádio Südwestfunk, em Baden-Baden (Alemanha), mesmo quem não tinha nenhuma familiaridade com o jazz sentia-se estranhamente atraído pela voz sussurrante e hipnótica do apresentador. Críticos de jazz tendem a ser professorais. Não era o caso de Berendt, que falava como um sedutor e um profeta. Ele era dono de uma empatia proverbial e suas ideias, aceitas ou não, sempre suscitavam reações nas pessoas. Ele provocava leitores e ouvintes, apelando-lhes ao coração e à alma. Para usar uma de suas expressões prediletas: ele "falava aos sentidos".

Berendt foi, acima de tudo, um mediador, um homem que, com grande talento, soube construir pontes entre ouvintes e músicos. Ele não tinha medo de mostrar-se apaixonado. Por isso, sua fala inconfundível às vezes repercutia de forma polêmica e polarizadora. A intensidade, tão cara ao jazz, Berendt traduziu em palavras. Era a sua forma de reduzir a distância entre a palavra e a música.

A causa que ele ardorosamente defendeu, qual seja, a do "ouvinte consciente", não se restringia ao terreno da música. Berendt acreditava que uma experiência musical consciente e profunda não podia ser dissociada da luta por uma ordem social mais justa, por um mundo melhor.

Para Berendt, a espiritualidade é um aspecto essencial da música e da vivência musical. Essa ideia ninguém conseguiu comunicar de forma tão sensível quanto ele. Neste livro e em outros de sua autoria, como *Nada Brahma** e *Das dritte Ohr* (O Terceiro Ouvido), Berendt exercitou o grande talento que lhe era próprio: guiar os homens pelas sendas de uma concepção musical espiritualizada, além da análise técnica do material. Ele revelou no plano discursivo a qualidade do jazz – a espontaneidade e a magia que, por um breve lapso de tempo, transcendem toda compreensão racional.

* * *

Este foi o primeiro livro que li sobre jazz. Ganhei de amigos aos 16 anos. Li-o com avidez e entusiasmo, tornando-me tão curioso por esse estilo musical que nunca mais deixei de ouvi-lo. Ainda

* *Nada Brahma: A Música e o Universo da Consciência*, tradução de Zilda Schild e Clemente Mahl, 1. ed., São Paulo: Cultrix, 1993. (N. da T.)

hoje – após vinte anos trabalhando como crítico de música e produtor de rádio – considero o jazz a tradição musical mais viva e estimulante que existe.

Meu primeiro e decisivo encontro com o jazz trouxe-me rapidamente até o autor deste livro. Quando, anos depois, Berendt me convidou para dar continuidade a *O Livro do Jazz*, não hesitei um segundo. Era uma honra poder trabalhar na continuação de um livro que, com suas diversas edições, já prestara um serviço essencial a quatro gerações de amantes – e não amantes – do jazz.

Tive a felicidade de poder colaborar em três revisões ampliadas desta obra: a de 1981, como assistente; a de 1989, como revisor; a de 2005, como autor. Em cada uma delas, o que me pareceu mais desafiador foi dar um enfoque minimamente adequado à diversidade crescente da cena do jazz.

Desde a última edição de 1989 até aqui, a cena do jazz cresceu explosivamente. Em prol de uma visão mais panorâmica, fui obrigado a fazer algumas abreviações e simplificações. Músicos que hoje não se contam entre os essenciais foram deixados de fora. Outros foram apenas mencionados *en passant*. No entanto, até onde posso ver, todos os jazzistas criadores de estilo estão aqui devidamente apresentados. Quem quiser saber mais sobre esse ou aquele intérprete pode consultar as edições anteriores desta obra.

Este livro também pode ser lido seletivamente, ou seja, o leitor pode determinar a seu modo a ordem dos capítulos. Por exemplo, é perfeitamente possível começar com o capítulo sobre os instrumentos e daí seguir para "Os Elementos do Jazz", saltando depois para a parte que trata das grandes personalidades dessa música.

A propósito, observe-se que, em relação às épocas mais antigas do jazz, os nomes merecedores de destaque impõem-se quase automaticamente. Nos anos de 1970, porém, desaparece esse músico capaz de representar sozinho todos os desdobramentos do jazz no período de uma década. Assim, para dar um exemplo, podemos destacar, nos anos de 1990, a atuação de um Dave Douglas, um Bill Frisell ou um Uri Caine, mas nenhum deles é tão representativo das tendências antiestilísticas dessa década quanto John Zorn e seus inúmeros projetos musicais. Os estilos de jazz não sucedem mais um ao outro em ciclos de dez anos. Desde os anos de 1970, esse tipo de ordenação temporal cumpre uma função muito mais cronológica que estilística.

Os especialistas precisam ter em mente que este livro também foi concebido como uma introdução; seu objetivo é "abrir uma porta" para quantos se interessem pelo mundo do jazz, sem a exigência de conhecimentos prévios. "O jazz está morto" – desde o fim do século XIX essa frase vem sendo repetida como uma rima fácil do tipo "amor" e "dor". Rima que até a presente data continua a inspirar adesões. A verdade, porém, é que o jazz nunca esteve tão vivo e múltiplo quanto hoje.

A história nos mostra que devemos ser cautelosos na hora de julgar determinados instrumentistas contemporâneos como musicalmente limitados e sem estatura. Sabemos que muitos músicos hoje festejados como heróis do jazz moderno – John Coltrane, Eric Dolphy, Thelonius Monk – não foram compreendidos em seu tempo e receberam críticas pesadas pelo que propuseram e realizaram. Alguns só foram reconhecidos após a morte, motivo pelo qual o clarinetista Don Byron disse com sarcasmo: "Nada mais fácil que amar um negro morto."

Nos anos de 1990, tentou-se por várias vezes criar um clima de rivalidade entre o jazz europeu e o norte-americano, ressaltando um em detrimento do outro, conforme o ponto de vista subjetivo de cada um. Não me interessa participar dessa guerra de trincheiras. Todavia, não deixei de considerar neste livro o significado crescente do jazz europeu.

Também não procurei tomar nenhum partido no debate "inovação ou tradição", que desde os anos de 1990 vem acirrando os ânimos. No jazz, tradição e inovação vivem relações de tensão bastante complexas e cada um cumpre um papel insubstituível. A obsessão com que os *young lions* abraçaram a tradição nos anos de 1990 – interrogando-a e festejando-a à luz do presente – foi frequentemente criticada como um projeto restaurador. Crítica que tem suas razões. No entanto, a ênfase com que os músicos afro-americanos colocaram a tradição do jazz no centro de seu fazer musical tem a ver com o fato decisivo de que a música afro-americana é de transmissão primordialmente oral. Não é difícil compreender que essa primazia da oralidade torna a investigação e a constante revisão crítica dessa herança tão imprescindíveis.

O trompetista Clark Terry descreveu de forma impecável o processo de aprendizado de um músico de jazz. Terry distingue três graus de evolução: "imitação, assimilação, inovação". Poucos músicos atingem o último grau dessa escala – a inovação. Isso não significa que todos os instrumentistas que assimilam e diferenciam as formas de execução existentes realizem um trabalho menor. Para John Golsby: "Não podemos esquecer que é justamente polindo e apurando as novas técnicas e ideias musicais que se chega ao progresso e ao crescimento dentro da tradição do jazz."

De um modo geral, a crítica tende a supervalorizar os músicos inovadores em detrimento daqueles que, com base em estilos preexistentes, criam desdobramentos e diferenciações individuais. Por mais compreensível que isso seja, é preciso atentar para um fato crucial na trajetória do jazz, a saber, que os grandes responsáveis pela consolidação das inovações estilísticas são justamente aqueles milhares de instrumentistas que, apropriando-se dessas novas técnicas, submetem-na a um tratamento pessoal de refinamento, desenvolvimento e diferenciação. Sem um vínculo com a tradição, nenhuma novidade acontece. Para Eddie Henderson: "Você não pode estar no presente, se não esteve no passado".

Porém, um respeito excessivo pela tradição resulta sempre em certa rigidez e embotamento. Quem encara as obras-primas do jazz como referenciais absolutos renuncia ao direito de constituir um ponto de vista pessoal. O jazz é o som da mudança, da metamorfose, da expansão e do desenvolvimento. Nada nessa música permanece como foi. Para Ben Allison: "O bebop foi uma música de seu tempo. Mas hoje um *hot dog* também não custa mais cinco centavos." E Uri Caine diz: "A tradição real do jazz é sua permanente inovação."

Este livro pretende dar uma ideia global da tradição do jazz, de seu desenvolvimento constante, de seu eterno fluir. Apropriação e desdobramento de inovações alheias, troca permanente entre músicos que improvisam – é isso a tradição do jazz. Também a pluralidade é-lhe intrínseca. Em certo sentido, a "tradição" do jazz hoje se constitui de inúmeras tradições, como o jazz europeu e o norte-americano, o world jazz, o *electric jazz* etc. Este livro quer apresentar todos eles, abstendo-se dos juízos unilaterais, exageros e obstinações ideológicas que tendem a prevalecer nas avaliações dos críticos.

Peço licença para tomar emprestadas as palavras de Berendt:

> Artistas criativos de todos os campos são unânimes em dizer que o papel do crítico não é criticar, mas expor, propiciar um entendimento, contribuir para isso. Sempre achei que esse fosse o seu papel principal. Claro que também há juízos críticos neste livro, porém, seria extremamente pretensioso e pedante querer fazer a crítica de cada músico em particular, um defeito que os músicos (e os artistas em geral) sempre apontaram nos críticos.

É fascinante perceber como os músicos de jazz estão sempre procurando desenvolver, com base na tradição, uma voz individual e marcante, imediatamente reconhecível como a voz de um velho amigo ao telefone. A busca de todo jazzista por um estilo inconfundível é também a busca por uma *inner voice*, isto é, por uma voz interior. O guitarrista John Scofield é dessa mesma opinião: "Gosto do que Charlie Haden diz: cada um tem sua própria sonoridade. Ela está lá. Você precisa apenas confiar em si mesmo para fazê-la aparecer."

* * *

Nos anos de 1990, o jazz globalizou-se a uma velocidade incrível. A grande síntese do jazz contemporâneo não acontece apenas na integração do velho com o novo, mas também em sua abertura crescente às outras tradições musicais. De fato, o interesse pela música africana, latino-americana e asiática perpassa toda a história do jazz, mas os anos de 1990 foram especialmente ávidos em termos de multiculturalismo. Os méritos disso não são apenas do *melting pot* nova-iorquino, mas também do jazz europeu e sua cultura da migração. Ao mesmo tempo, os músicos do "folclore imaginário" deram provas de uma personalidade marcante, pois, apesar da alergia pós-moderna a definições estilísticas, eles preservaram a diversidade das culturas regionais em seu jazz.

Jazz é música do mundo. E assim foi desde o começo – uma arte que surgiu em solo norte-americano pela interação de duas tradições musicais muito diferentes: a africana e a europeia. O jazz conta-nos histórias que são como caminhos e mensagens aproximando as culturas do mundo. Não raro temos a sensação de que os músicos de jazz, em seus diálogos culturais, transcendem sociedades e épocas.

Pensando no crescente significado dos migrantes no jazz, alguns críticos passaram a falar em "guetização". Porém, no jazz não há nada que se pareça com uma "guerra de culturas" (Samuel Huntington), haja vista que o fundamento dessa música sempre foi a mistura. A despeito das circunstâncias de opressão e racismo que emolduram o seu surgimento, o jazz não se constitui mediante processos de segregação, mas pelo cruzamento e pela influência recíproca de culturas distintas – a africana, a europeia e a norte-americana. O jazz é um "bastardo". E sempre o será, no futuro mais do que nunca.

Por mais que o jazz tenha se globalizado e – como é de esperar-se – continue a se globalizar, o núcleo de sua mensagem será sempre aquele formulado lá atrás pelos afro-americanos. O jazz não diz apenas "seja você mesmo", mas também "liberte-se". Jazz significa coletividade, convivência, partilha, presteza, acordo. Numa palavra: capacidade de comunicação.

Em seu poder de diálogo esconde-se um elemento emancipador. Música improvisada existe em toda parte do mundo. Mas o jazz contém necessariamente uma *lesson of non-conformity*. O impulso comunicativo que os afro-americanos transmitiram ao jazz agregou um novo princípio à história da música: a transposição para a linguagem dos sons e dos ritmos de conceitos como individualidade, igualdade de direitos, dignidade e liberdade. Para Wynton Marsalis: "A força do jazz é sua liberdade de expressão."

O jazz dos anos de 1990 mostrou que a tentativa de amarrar o jazz a elementos clássicos como o blues, o swing, o *groove* ou os *standards*, pode ser útil, mas não é decisiva. A essência do jazz tem raízes mais fundas: a ética musical da autodeterminação improvisatória, da individualidade, da responsabilidade e da liberdade.

O jazz não é apenas a "única forma de arte processual a ter desenvolvido uma tradição" (Diedrich Diederichsen), mas é também, como disse Max Roach, uma *democratic art form*. Dar-me-ia por satisfeito se um pouco da essência dessa música pudesse ser captada nestas páginas.

* * *

Durante a escrita deste livro, tive a sensação frequente de que seria preciso criar uma nova linguagem para expressar adequadamente a peculiaridade dessa música. Sempre que se trata do desenvolvimento musical, das sutilezas e diferenciações crescentes e misturas estilísticas heterodoxas, as palavras falham, esbarrando na multiplicidade e profundidade da música – ou, como disse Kodwo Eshun, nesses casos, "a língua fica sempre para trás com seu traseiro gordo".

Finalmente, para entender o jazz, nada melhor que o ouvir; daí a discografia elaborada por Thomas Loewner, que oferece ao leitor acesso rápido aos discos mais importantes dos músicos citados no texto.

Este livro tem como base as obras que o precederam. É devedor, sobretudo, da *Encyclopedia of Jazz*, de Leonard Feather; *Jazz: Its Evolution and Essence*, de André Hodeir; e *Hear and Now*, de Niklas Wilson. Considero especialmente inspiradores aqueles livros que contam com a colaboração direta dos músicos, a exemplo de *The Making of Jazz*, de Paul F. Berliner; *Hear Me Talkin' to Ya*, de Nat Shapiro e Nat Hentoff, e também do léxico *Rough Guide Jazz*, escrito por três jazzistas atuantes: Ian Carr, Brian Priestley e Digby Fairweather.

Sua fina ramificação estilística, seu permanente crescimento musical e a generosa troca entre os músicos fizeram do jazz uma estimulante aventura musical. Considero um grande privilégio participar dessa aventura como um mediador entre os músicos e os ouvintes.

Fiz absoluta questão de manter, tanto quanto possível, o tom de Berendt nas passagens clássicas deste livro, e alegro-me em saber que há lugares aqui em que não foi preciso alterar nada e outros em que as alterações foram mínimas, como no caso das seções "Coleman Hawins e Lester Young" ou "Charlie Parker e Dizzy Gillespie".

Esta nova edição também é um testemunho de gratidão a Berendt, que influenciou meu desenvolvimento profissional como ninguém mais. E é, sobretudo, um agradecimento a todos os músicos – homens e mulheres – que fazem do jazz essa forma musical viva e plural. Também agradeço à minha mulher Christiane Gerischer e a Martin Rubeau pelo firme incentivo que me deram para a realização deste trabalho, especialmente naqueles momentos em que ele me pareceu quase impossível.

Günther Huesmann

Os Estilos do Jazz

O jazz sempre foi uma música de minorias. Mesmo nos anos de 1930, ou seja, em plena era do swing, os criadores negros do jazz, com raras exceções, não tiveram o reconhecimento merecido. No entanto, essas minorias que se interessam por jazz e se ocupam do jazz também estão a serviço da maioria, pois toda a música popular dos séculos XX e XXI se abastece dessa fonte. A música que ouvimos em seriados e comerciais de televisão, elevadores, corredores de hotel, filmes e MP3-*players*, além da música que dançamos – do charleston, passando pelo rock, ao funk e ao hip-hop –, ou seja, toda a música utilitária e de entretenimento de nossa época, tão logo possua beat (em seu sentido especificamente moderno), é um produto derivado do jazz.

Quem abraça a causa do jazz eleva o nível musical dos sons que nos cercam. Isso implica também desenvolvimento espiritual, intelectual e humano, além da expansão da consciência – pois, de outra forma, não faria sentido falar de nível musical. E, numa época em que nada acontece sem acompanhamento musical, seja a decolagem de um avião ou a venda de um detergente, época em que os sons à nossa volta influenciam diretamente a forma e a qualidade de nossas vidas, é de se esperar que qualquer um que se interesse realmente pelo jazz torne-se um transmissor da força, do calor e da intensidade inerentes a essa música. Nesse sentido, é fácil compreender a conexão imediata e concretamente demonstrável dos diferentes tipos, formas e estilos de jazz com os períodos e fases de sua criação.

Se nos perguntassem sobre aquilo que julgamos mais fantástico no jazz, além de seus momentos de apogeu, responderíamos: seu desenvolvimento estilístico. Ele ocorre dentro da mesma coerência e lógica sequencial que caracterizou o processo histórico da arte desde sempre. Por isso, esse desenvolvimento compõe um todo orgânico. Tentar isolar qualquer um de seus elos, não importa se no intuito de engrandecê-lo ou desmerecê-lo, é destruir a unidade do todo, é violentar o princípio de unidade do desenvolvimento musical, princípio sem o qual só é lícito falar de moda, mas não de estilos. Estamos convictos de que os estilos do jazz são estilos no sentido mais autêntico do termo. Eles estão para o desenvolvimento do jazz assim como o barroco, o clássico, o romântico ou o impressionismo estão para a música de concerto europeia. Isso quer dizer que eles representam seu tempo.

O próprio leitor pode tentar perceber a riqueza e a diversidade dos estilos de jazz. Ele pode começar a leitura deste livro pelo capítulo sobre os primeiros estilos – ragtime e New Orleans – e daí saltar para a seção sobre o free jazz, ouvindo em seguida alguns discos representativos de cada um deles (a discografia ao final é um excelente guia nesse sentido). Qual outra arte, no intervalo de cinquenta anos, desenvolveu estilos tão contrastantes e, apesar disso, tão perceptivelmente interligados?

É importante ter consciência de que a história do jazz é um fluxo ininterrupto, como a correnteza de um rio. Certamente não é por acaso que a palavra *stream*, que significa "corrente, correnteza", seja tão usual na linguagem dos críticos e dos músicos de jazz, a exemplo de *mainstream* – em referência primeiramente ao estilo swing, mas depois à corrente predominante do jazz contemporâneo – e *third stream*. De Nova Orleans aos dias de hoje são as mesmas águas que correm. Visto retrospectivamente, até as rupturas, as revoluções – como a do bebop e a do free jazz – parecem inserir-se dentro de um processo unitário e necessário. Não importa se essa corrente vai de uma época a outra em cataratas, formando redemoinhos e cachoeiras, o fato é que ela sempre segue adiante e é sempre a mesma. Nenhum estilo *substitui* outro, nenhum estilo é *melhor* que outro. Cada um absorve o estilo anterior – na verdade, *todos* os anteriores!

Muitos jazzistas de peso perceberam a conexão entre seu estilo e seu tempo. À alegria despreocupada do Dixieland corresponde o período anterior à Primeira Guerra Mundial. Já o estilo Chicago nasce da intranquilidade dos *roaring twenties*. O estilo swing corporifica a segurança e a massificação da vida durante os anos que precederam a Segunda Guerra Mundial, mas também é, segundo Marshall Stearns, uma resposta ao "*love of bigness* tão típico dos norte-americanos (e no fundo tão humano)". No bebop, percebe-se a intranquilidade nervosa dos anos de 1940. O cool jazz diz muito da resignação de homens que vivem no conforto, mas cientes da construção da bomba de hidrogênio. O hard bop surgiu impregnado de um espírito de protesto, mas logo foi amortecido pela moda do funk e do soul. O free jazz repõe, com radicalismo e, não raro, violência, esse espírito de protesto tão decisivo na luta pelos direitos civis dos negros e na revolta dos estudantes. Com o jazz dos anos de 1970, instaura-se uma nova fase de consolidação – muito do jazz rock corresponde à fé tecnológica daqueles tempos. O jazz dos anos de 1980, ao contrário, transmite o ceticismo de homens que desfrutam de uma vida confortável, mas que também conhecem as consequências desse progresso permanente e inexorável. Por fim, o jazz dos anos de 1990, com seu pluralismo e sua veemente tendência multiestilística, é resultado da explosão digital da era da informação. E tudo isso que falamos de um ponto de vista extremamente genérico se aplica de forma ainda mais contundente aos estilos individuais dos músicos e dos grupos musicais.

Muitos jazzistas se mostram céticos em relação à reconstrução de estilos do passado. Eles sabem que o historicismo contradiz a essência do jazz. O músico de jazz é um ser vivo e tudo o que é vivo se transforma. Quando a música de Count Basie virou sucesso mundial nos anos de 1950, chamaram Lester Young – o solista mais importante da orquestra de Basie – para se reunir com os antigos músicos dessa orquestra e com eles gravar um disco reconstruindo o estilo dos anos de 1930. "Não posso fazer isso", disse Lester. "Não toco mais assim. Toco de outra forma, vivo de outra forma; isso foi naquela época. Mudamos, saímos do lugar." Claro está que isso também vale para a atual reconstrução dos estilos históricos.

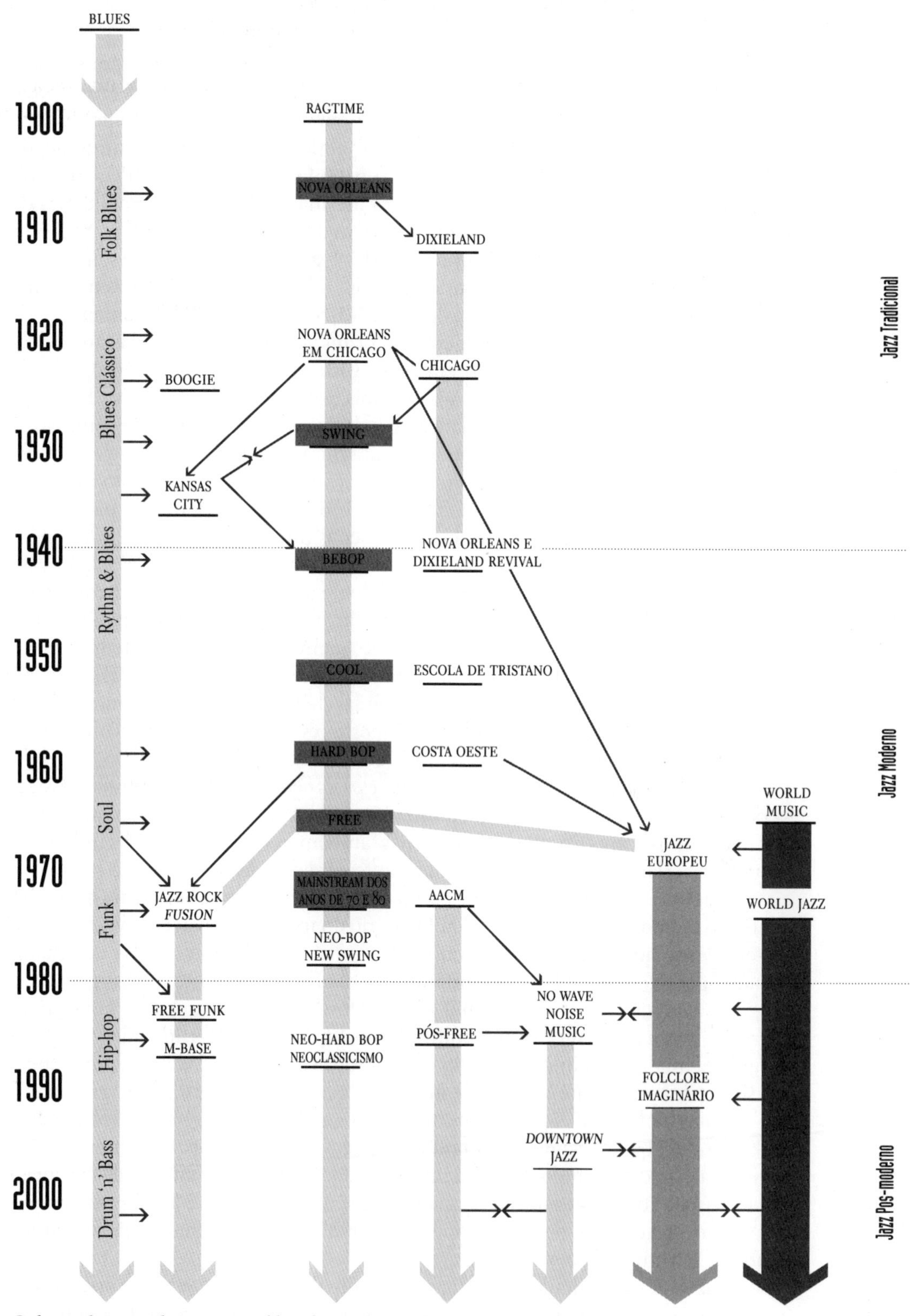

O desenvolvimento do jazz, com o blues formando espinha dorsal, e um quadro do delta estilístico pós-free jazz.

1890: RAGTIME

O jazz surgiu em Nova Orleans. Essa afirmação é, naturalmente, um lugar-comum – com tudo o que há de verdadeiro e falso num lugar-comum. Verdadeiro é que Nova Orleans foi a cidade mais importante para o surgimento do jazz. Mas é falso que ela tenha sido a única. O jazz, como música de um continente, de um século, de uma civilização, não pode ser patenteado por nenhuma cidade, pois era algo que pairava no ar dos tempos. Nessa mesma época, formas semelhantes de tocar se desenvolviam autonomamente em Memphis, Kansas City, Dallas, St. Louis e em outras cidades do sul e do centro-oeste dos Estados Unidos. Desde sempre isso é característico de um estilo: que indivíduos diferentes, em lugares diferentes, cheguem, por caminhos próprios, a resultados artísticos idênticos ou semelhantes.

O jazz de Nova Orleans é tido como o primeiro estilo de jazz. Mas antes dele havia o ragtime, cujo centro não era Nova Orleans, mas Sedalia, no estado de Missouri. A ida de Scott Joplin para lá não foi casual. Joplin, nascido no Texas em 1868, é o primeiro compositor e pianista de ragtime – uma música predominantemente escrita e pianística. Por ser escrita, falta-lhe um componente que é decisivo no jazz: a improvisação. Mas o ragtime possui swing, ainda que um tanto rudimentar, e por isso tem sido classificado como jazz. Ademais, não demorou para que as composições de ragtime deixassem de ser apenas interpretadas e fossem também aproveitadas em sua estrutura melódica como tema para improvisações jazzísticas.

O que hoje nos parece constituir o símbolo do ragtime – o piano de Scott Joplin e de outros músicos importantes – é, na verdade, o apogeu de um desenvolvimento que, ao longo do tempo, faria nascer grande quantidade de formas de ragtime: a forma-canção, o banjo texano (de onde teria surgido o ragtime para piano, como supõem os musicólogos), o ragtime para bandas de sopro, o ragtime para cordas e, finalmente, a valsa-ragtime, escrita por compositores que Joplin popularizou e cujos nomes hoje apenas os especialistas conhecem.

O que ficou na memória como legado dessa época foi apenas o ragtime clássico, o ragtime para piano. E isso com razão, pois nele se cristalizaram não apenas os resultados artisticamente mais valiosos, mas também os que tiveram mais influência sobre o jazz (já a forma-canção foi importante para a tradição da música popular).

O ragtime clássico parece ser composto dentro dos padrões da música para piano do século passado. Às vezes lembra o trio do minueto clássico; às vezes parece desenrolar-se numa sequência de unidades formais, semelhante à valsa de Johann Strauss, por exemplo. Mas é importante perceber – e isso mostra a complexidade da gênese da música afro-americana – que as formas do ragtime também possuem origens africanas, ou seja, numa cultura musical em que as formas aditivas jogam um papel ainda mais importante do que na música europeia. É no ragtime que a música africana e a europeia se encontram pela primeira vez em pé de igualdade.

Também em termos pianísticos, muito do ragtime vem do século XIX: ele assimilava tudo o que havia de importante na época – Chopin e principalmente Liszt, a marcha e a polca, e tudo isso com uma concepção rítmica e um tipo de execução característicos da música afro-americana. A essência do ragtime já está contida em seu nome: *ragged time*, ou seja, tempo "quebrado". Nele, diferentemente da música europeia, o ritmo dita a melodia.

O ragtime foi particularmente apreciado nos acampamentos dos trabalhadores que construíram as grandes linhas ferroviárias ao longo do território norte-americano. Em toda parte, tocava-se ragtime: Sedalia, Kansas City, St. Louis e Texas, a terra natal de Joplin. Os compositores de ragtime gravaram seu *rags* nos rolos das pianolas e esses rolos foram reproduzidos aos milhares.

Por não ter sido gravada em disco, essa música só veio a ser realmente conhecida muito tempo depois. Nos anos de 1950, vários rolos antigos foram encontrados mais ou menos por acaso (alguns em antiquários) e gravados em discos.

Além de Scott Joplin, outros pianistas de ragtime se destacaram: Tom Turpin, dono de bar em St. Louis (muito engenhoso melodicamente); James Scott, um organista de teatro em Kansas (que tocava com muita intensidade rítmica); Joseph Lamb, um comerciante de tecidos (célebre pelas complexas texturas motívicas de seus *rags*); Louis Chauvin; May Aufderheide; e, sobretudo, Eubie Blake. Em 1973, aos 90 anos de idade, ele viveu um *comeback* sensacional no grande festival de New Port/Nova York e, no fim dos anos de 1970, chegou inclusive a fazer uma apresentação na Broadway. Foi nessa década que Eubie Blake mostrou o sentido dessa música a milhares de jovens que não conheciam o ragtime. Ele morreu em 1983, às vésperas de completar 100 anos.

Entre os grandes pianistas de ragtime da virada do século, havia alguns que não eram negros (e é digno de nota que, aqui, os especialistas não tenham sido capazes de perceber diferenças entre brancos e negros). O ragtime, como disse Orrin Keepnews, está *on the cool side* – no lado frio dos estilos de jazz.

Scott Joplin foi um mestre da invenção melódica, um músico extremamente fértil. Dele conhecemos mais de trinta *rags*, dentre os quais, melodias que sobrevivem até hoje, como "Maple Leaf Rag" e "The Entertainer" (uma música que, em 1973, quase setenta anos após a morte de Scott Joplin, fez grande sucesso com o filme *Golpe de Mestre*). Na música de Joplin – e no ragtime em geral –, muito da antiga tradição musical europeia vem se misturar ao senso rítmico dos afro-americanos. Nesse sentido, é lícito dizer que, mais do que as outras formas de jazz, o ragtime é branco na composição e negro na execução. A ligação de Joplin com a tradição musical europeia não se mostra apenas nos elementos formais de seus *rags*, mas também no fato de que compôs uma sinfonia e duas óperas – ou, pelo menos, obras batizadas como tais.

Um dos primeiros músicos que, em suas interpretações, deixou de obedecer à estrutura fixa das composições de ragtime para lidar com o material melódico das obras de forma livre e jazzística foi Jelly Roll Morton. Ele é um dos músicos mais importantes dos primórdios da tradição jazzística de Nova Orleans. "Inventei o jazz em 1902", afirmou ele; já em seu cartão de visita podia-se ler: "criador do ragtime". Nem uma coisa nem outra é verdade, mas, em que pese isso, Jelly Roll Morton entrou para a história como o primeiro pianista de jazz famoso a improvisar de verdade – na maioria das vezes em cima de temas próprios, construídos com base na herança dos ragtimes. O fato decisivo no jazz, qual seja, o de que a personalidade do músico que toca é mais importante que o material fornecido pelo compositor, torna-se perceptível pela primeira vez com Jelly Roll Morton.

Jelly levou a tradição do ragtime para a Chicago dos *roaring twenties* e também para a Califórnia. Outros pianistas, como James P. Johnson, Willie "The Lion" Smith e o primeiro Fats Waller, mantiveram acesa a chama do ragtime – ao menos de sua tradição – na Nova York dos anos de 1920. Nessa época, dificilmente havia um pianista de jazz – deixando de lado os músicos de boogie-woogie – que de alguma forma não proviesse do ragtime.

1900: NOVA ORLEANS

Na virada do século, Nova Orleans era um caldeirão de povos e culturas. A cidade viveu sob os domínios francês e espanhol antes de ser vendida para os Estados Unidos como parte do território da Louisiana. De um lado, estavam os europeus – franceses e espanhóis, depois ingleses e italianos, finalmente alemães e eslavos; de outro, os descendentes dos inúmeros negros levados como escravos da África. Também entre eles a diversidade nacional e cultural não era menor que a existente entre brancos provenientes da Espanha e da Inglaterra, por exemplo.

Todos esses imigrantes – voluntários e involuntários – amavam, antes de tudo, a sua própria música, os sons que traduziam sua pátria e que eles queriam manter vivos. Em Nova Orleans, ouvia-se, pois, canções inglesas e de danças espanholas, música popular e de balé francês, marchas de bandas militares tipicamente prussianas, hinos e corais de puritanos, católicos, batistas e metodistas, e, misturado a tudo isso, os *shouts* – o canto lamentoso dos negros, com suas danças e ritmos. Até a penúltima década do século XIX, os negros se encontravam regularmente na Congo Square para celebrar rituais de vodu, um tipo de culto que remonta aos primórdios da cultura africana. Lá, invocavam o seu novo deus cristão de uma forma muito próxima àquela com que seus antepassados invocavam os espíritos bons e maus da África.

Fazer música na antiga Nova Orleans devia ser maravilhoso. Da primeira década do século XX, tem-se conhecimento de aproximadamente trinta orquestras. É preciso deixar bem claro o que isso significa: nessa época, a cidade no delta do Mississippi possuía pouco mais de 200 mil habitantes. Havia, pois, trinta orquestras fazendo uma música viva, desenvolvendo-se com a cidade e improvisando espontaneamente!

Nova Orleans possuía uma atmosfera romântica e exótica que encantava viajantes de toda parte do mundo. Sem dúvida, é um mito que Nova Orleans esteja sozinha na origem do jazz, mas é verdade que ela foi seu ponto de cristalização. Também contribuíram para essa gênese os *worksongs* dos negros no campo, os *spirituals* entoados em celebrações religiosas a céu aberto, bem como as primeiras e "primitivas" canções de blues.

William Christopher Handy, compositor de blues, conta que a música feita na Memphis de 1905 não era diversa da que se fazia em Nova Orleans nesse mesmo ano. "Foi apenas em 1917 que tomamos conhecimento da existência dessa música em Nova Orleans." Handy acrescenta: "Qualquer banda de circo tocava desse modo." Toda a região em torno do rio Mississippi vivia encharcada dessa música. "O rio e a cidade eram igualmente importantes para o jazz."

Mas o significado especial de Nova Orleans nessa história – até os anos de 1930 aproximadamente 60% dos jazzistas importantes vinham de lá – repousa em quatro motivos:

1. A velha cidade franco-hispânica do Delta, em oposição às demais cidades norte-americanas, calcadas na tradição vitoriana e puritana, favorecia o intercâmbio cultural.
2. Os negros estavam divididos em dois grandes grupos étnicos que se contrapunham e promoviam rivalidades estimulantes.
3. Os negros viviam permanentemente expostos à vida musical agitada da cidade, dominada pela tradição europeia, tanto a culta quanto a popular.
4. Todos esses elementos étnicos diversos se agrupavam de forma relativamente tolerante e não hierárquica no Storyville – o quarteirão da cidade com numerosos *établissements* de todas as categorias e classes.

Os dois grupos afro-americanos existentes em Nova Orleans eram o dos *créoles* (crioulos) e o dos "negros norte-americanos"; os *créoles* – geograficamente falando – eram tão norte-americanos quanto os próprios "negros norte-americanos", e talvez até mais. Os crioulos da Luisiana provinham da velha mistura cultural franco-colonial. Eles não eram, como os outros negros, descendentes dos escravos libertados após a Guerra Civil. Seus antepassados eram homens livres há muito mais tempo: muitos deles foram libertados pelos colonos e comerciantes franceses abastados em troca de serviços particulares.

Esses crioulos tinham se assenhorado da cultura francesa. Muitos eram comerciantes bem-sucedidos. Sua língua não era o inglês, mas o crioulo – um francês "abastardado". Recebiam nomes franceses: Alphonse Picou, Sidney Bechet, Barney Bigard, Albert Nicholas, Buddy Petit, Freddie Keppard, Papa e Louis Delisle Nelson, Kid Ory etc. Era uma honra pertencer a um grupo crioulo. Jelly Roll Morton sempre procurou deixar bem claro que ele não era um "negro norte-americano", mas um *créole*, e que seu verdadeiro nome era Ferdinand Joseph La Menthe.

Já os "negros norte-americanos" são "africanos". Seus senhores eram de origem anglo-saxônica. Nesse caso, não se estabeleceu nenhum elo social entre europeus e negros como foi comum no território de colonização franco-hispânica. Os negros norte-americanos constituíam o proletariado sem posses e desvalido de Nova Orleans. E os negros crioulos, conscientes de si como classe, casta e grupo social, olhavam naquela época para os negros norte-americanos "de forma ainda mais preconceituosa do que os brancos", segundo o guitarrista Johnny St. Cyr.

Havia, assim, dois grupos muito distintos de músicos em Nova Orleans, e essa diferença se refletia na música: o grupo dos crioulos era mais culto e instruído (os músicos sabiam ler partitura muito bem); o grupo norte-americano era o mais vivo e espontâneo (advindo da tradição oral). No entanto, como é comum em tais casos, não demorou para que os melhores músicos viessem justamente da simbiose dessas duas tradições. O exemplo mais eloquente é o do pianista, compositor e regente de orquestra Jelly Roll Morton.

O principal instrumento dos crioulos era o clarinete – fortemente enraizado na cultura musical da França. Nesse sentido, não é à toa que a velha tradição francesa das madeiras tenha permanecido viva na execução dos grandes clarinetistas do swing dos anos de 1930. Eric Dolphy foi o primeiro a renunciar completamente a ela no fim dos anos de 1950.

Na própria Nova Orleans, a influência franco-crioula dificilmente pode ser exagerada. Muito do que é fascinante em Nova Orleans – e sem o qual a vida musical da cidade seria impensável – vem da França, a exemplo de seu célebre carnaval, o *mardi gras*, que se tornou expressão da alegria frenética da cidade. Também têm origem na cultura francesa os *funerals* – o traslado fúnebre em que os músicos de jazz acompanhavam o enterro do morto com uma música triste, mas faziam o caminho de volta em ritmo de festa.

Da interação entre as culturas e os grupos musicais distintos de Nova Orleans – interação que surge espontaneamente sobre o concorrido asfalto social de prazeres de Storyville – surgiu o estilo Nova Orleans. Ele é conhecido por suas três linhas melódicas, normalmente tocadas por um *cornet* (ou trompete), um trombone e um clarinete. A liderança fica por conta do som brilhante do *cornet*, do qual se destaca de forma contrastante o canto grave e potente do trombone. O clarinete faz o enlace com ambos por meio de muitos nexos. Esses três instrumentos melódicos contrapõem-se à seção dos instrumentos rítmicos: baixo ou tuba, bateria, banjo ou guitarra e, às vezes, piano.

O ritmo original do estilo Nova Orleans é muito semelhante ao ritmo de marcha europeu. O efeito tipicamente *balançante* do ritmo de jazz, em que os compassos 1 e 3 continuam sendo as partes "fortes", mas em que os tempos 2 e 4 são acentuados, ainda não existe. O acento recai, como na música de marcha, sobre o tempo 1 e 3. As velhas bandas de Nova Orleans eram, aliás, semelhantes às orquestras de marcha e de circo da virada do século XIX ao XX. Na formação instrumental e na função social, elas estavam imediatamente conexas.

É na música de Nova Orleans que pela primeira vez se verifica a execução *hot*. O arroubo expressivo é típico dessa forma "quente" de tocar. Construção do som, articulação, entonação, *vibrato*, ataque – tudo aqui é individualizado. O instrumento é menos "tocado" que "falado", expressando o sentimento individual e único do músico.

1910: DIXIELAND

Fazer jazz em Nova Orleans não era privilégio dos afro-americanos. Desde o começo havia também as bandas formadas por euro-americanos. Desde 1891, Papa Jack Laine tinha suas bandas em Nova Orleans. Ele era tido como o "pai do jazz branco". Em Nova Orleans, as bandas percorriam as cidades em cima de carroças – as chamadas *bandwaggons* – ou saíam marchando pelas ruas. Quando duas bandas se encontravam, começava a disputa musical, a *battle* ou *contest*. Normalmente, as bandas brancas e negras disputavam entre si, e, se Papa Laine fosse o chefe da branca, então provavelmente a banda rival dos negros saía derrotada.

Ainda nos primeiros tempos, surgiu um tipo particular de execução branca no jazz de Nova Orleans, uma execução pouco expressiva, mas tecnicamente rigorosa. As melodias eram mais contidas, as harmonias mais "asseadas", a construção do som pouco original; glissandos e portamentos, assim como *vibratos* de expressão saíram de cena e seu uso passou a ser questionado e depreciado como um mero gracejo excêntrico; ao passo que nas bandas dos negros, com seu entusiasmo alegre e vital, assim como no canto lamentoso do blues, isso permaneceu sempre como uma necessidade intrínseca.

De Papa Jack Laine vieram todas as primeiras orquestras brancas de sucesso do jazz. Sem dúvida, foram as orquestras brancas – com seu acesso fácil aos meios de produção – que deram ao jazz seu primeiro sucesso: sobretudo a New Orleans Rhythm Kings (NORK) e a Original Dixieland Jazz Band (ODJB). A ODJB, com suas eletrizantes improvisações coletivas, em que raramente se solava, fez que muitos dos primeiros sucessos do jazz se tornassem famosos – por exemplo o "Original Dixieland One Step" e o "Tiger Rag", gravados em 1917, ou "At the Jazz Band Ball", gravado em 1919. Já a New Orleans Rhythm Kings, com seus dois solistas fenomenais, o trombonista George Brunies e o clarinetista Leon Rapolo, conseguiu dar mais espaço à improvisação individual. Ela fez sua primeira gravação em 1922 e foi uma das grandes estrelas dos anos de 1920.

Em 1917, a Original Dixieland Jazz Band obteve sucesso indescritível tocando no restaurante Reisenweber's, situado no Columbus Circle, em Nova York. Com eles, a palavra *jazz* – no começo escrita *jass* – seria amplamente divulgada. Tom Brown, chefe de uma das bandas brancas, afirmou que essa palavra fora usada em 1915, ano em que ele tocou em Chicago pela primeira vez. Mas já em 1913 ela apareceu num jornal de São Francisco. Antes disso, o termo *jass*, e ainda antes, *jasm* e *gismo*, era empregado como uma espécie de jargão ou expressão dialetal no mundo do esporte e do jogo, significando destreza ou energia; também era usado como gíria para se referir ao ato sexual.

Virou hábito chamar Dixieland essa forma de tocar euro-americana em contraposição ao verdadeiro jazz de Nova Orleans. Apesar disso, essa distinção nunca foi tão rigorosa, principalmente depois, quando músicos negros passaram a tocar em bandas brancas e músicos brancos, em bandas negras, a ponto de não ser mais possível distinguir qual banda fazia Dixieland e qual fazia jazz de Nova Orleans.

Sobre o surgimento da palavra Dixieland há muita especulação e muita lenda. Fala-se, por exemplo, que ela surgiu da nota de dez dólares da Luisiana, em que, ao lado do número dez em inglês, isto é, *ten*, vinha escrito *dix*, portanto, dez em francês. Os "ianques" do norte teriam, assim, por conta do dinheiro, batizado a região de Dixieland e, mais tarde, por conta da região, batizado a música. De acordo com outra explicação, a palavra Dixieland vem do nome do agrimensor [Jeremiah] Dixon, que, junto com seu colega [Charles] Mason criou a linha Mason-Dixon, separando os estados do sul e do norte.

Com o ragtime, o jazz de Nova Orleans e o Dixieland, começa a história do jazz. O que veio antes pertence – como disse o pesquisador Marshall W. Stearns – à "pré-história do jazz". Na Alemanha, Alfons M. Dauer reuniu muito material para a investigação dessa pré-história, porém, só podemos nos aproximar de seu incalculável valor percebendo ali as formas rudimentares e primitivas do jazz, formas ainda ligadas em maior ou menor medida à música africana, sem confundi-las, pois, com a essência mesma do jazz.

O jazz é fruto do encontro entre "negros" e "brancos"; por isso, surge onde esse encontro foi mais intenso: no sul dos Estados Unidos. Até hoje não há como pensar o jazz fora desse encontro. Ele perde o fundamento de sua existência quando, por motivos e ressentimentos raciais (comuns em ambientes intelectuais e fanáticos), um elemento – o branco ou o negro – é privilegiado em detrimento do outro.

Nessa interação de culturas, tão importante para o surgimento e o desenvolvimento do jazz, reside o símbolo da "interação espontânea", tão característica do jazz em sua essência musical, nacional, internacional, social, sociológica, política, expressiva, estética, ética e etnológica.

1920: CHICAGO

Três aspectos resumem o essencial dos anos de 1920: a grande época dos músicos de Nova Orleans em Chicago, o blues clássico e o estilo Chicago. O desenvolvimento do estilo Nova Orleans em Chicago é geralmente associado à entrada dos Estados Unidos na Primeira Guerra Mundial. Essa relação parece um pouco duvidosa, mas, ao lado de outros fatores, ela pode, sim, ter tido algum papel. Nessa época, Nova Orleans se tornara base militar. O capitão da Marinha de Nova Orleans via na vida sortida de prazeres de Storyville uma "ameaça à moral de suas tropas". Por isso, por meio de um decreto oficial, puseram fim a Storyville.

Esse decreto retirou o pão não apenas das "damas" de Storyville, mas também de muitos músicos, principalmente dos pianistas que concentravam seu trabalho em Storyville e que, nessa época, eram chamados *professores*. Também aqueles inúmeros músicos para quem Storyville não possuía mais um grande significado entrariam em dificuldades financeiras. Muitos deixaram a cidade. Chicago, a *windy city*, a cidade ventilada pela brisa do mar de Michigan, já antes havia fascinado muitos músicos de

Nova Orleans. Uma grande leva de músicos saiu de Nova Orleans para Chicago, e é claro que essa leva representava apenas uma parte do êxodo dos negros do sul rumo ao norte. Ora, o primeiro grande estilo de jazz realmente se chama jazz de Nova Orleans, mas sua época de ouro aconteceu na Chicago dos anos de 1920. Lá, e não em Nova Orleans, foram feitos os discos célebres do estilo Nova Orleans para gramofone, os quais, depois da Primeira Guerra Mundial, se tornariam cada vez mais populares.

King Oliver regeu a banda mais importante de Nova Orleans em Chicago. Foi lá que Louis Armstrong formou seu Hot Five e seu Hot Seven, Jelly Roll Morton, seu Red Hot Peppers, Johnny Dodds, seu New Orleans Wanderers, e por aí afora. O que hoje entendemos como estilo Nova Orleans não é o jazz arcaico, que praticamente inexiste em gravações e que foi feito nas duas primeiras décadas do século XX em Nova Orleans, mas a música feita pelos músicos que saíram de Nova Orleans para Chicago nos anos de 1920.

O blues também viveu sua época de ouro na Chicago dos anos de 1920. Sem dúvida, cantores de blues existiam muito antes do jazz – pelo menos desde meados do século XIX. Já nessa época se cantava blues na zona rural dos estados do sul – a maior parte em ritmos livres, sem um beat contínuo de jazz e, de um modo geral, ainda sem a forma do blues de 12 compassos que mais tarde se tornaria convencional. Muitos cantores de blues, munidos de um banjo ou de uma guitarra*, além de uma meia dúzia de pequenos pertences, saíam de vila em vila, de fazenda em fazenda, cantando seus blues e suas *folk songs* com uma entonação arrastada e "suja", uma forma de cantar que passou a ser denominada blues rural ou arcaico.

Quando a primeira banda de jazz começou a tocar em Nova Orleans, havia entre essa música e o blues uma diferença. Mas logo o canto de blues no estilo canção, o blues rural, desaguou na corrente dominante do jazz, e daí em diante o blues e o jazz se viram tão entrelaçados que Ernest Borneman pôde escrever que o jazz nada mais é que uma tranposição do blues para a música europeia, ou, em sentido inverso, uma transposição da música europeia para o blues. E os jazzistas mais modernos e "livres" de hoje também se sentem vinculados ao blues, e até se pode dizer que a consciência do blues é mais forte no jazz atual que na maioria dos estilos antigos.

Os anos de 1920 são tidos como a época do blues clássico. Bessie Smith foi a grande cantora dessa fase. Em seções específicas deste livro, falaremos sobre ela, bem como sobre a harmonia, a melodia e a forma do blues. Intencionalmente apresentamos o blues como um elemento do jazz, não apenas por ter sido no começo um estilo específico de jazz, mas também por ter impregnado todas as formas de jazz e atravessado toda a sua história. Mas aqui importa, primeiramente, oferecer uma visão panorâmica desse desenvolvimento conjunto, a fim de que o leitor possa se orientar melhor nos próximos capítulos.

Em torno dos grandes instrumentistas de Nova Orleans e das famosas cantoras de blues, constitui-se nos anos de 1920, no quarteirão afro-americano localizado na zona sul de Chicago, uma vida de jazz tão intensa quanto a de dez ou vinte anos atrás em Nova Orleans. É certo que faltava aí o entusiasmo alegre da velha Nova Orleans; nesse sentido, a música refletia a vida difícil da grande cidade de Chicago e também – e de forma crescente – a discriminação racial.

Sob o aguilhão da vida jazzística da zona sul de Chicago, desenvolveu-se o chamado *estilo Chicago*. Colegiais, estudantes, músicos amadores e profissionais viviam tão impressionados com os grandes representantes do jazz de Nova Orleans em Chicago

* Nas demais culturas do mundo, com exceção da brasileira, o termo "guitarra" (em alemão, *Gitarre*) é empregado para denotar não apenas a guitarra elétrica, mas também as diversas variantes do instrumento que no Brasil se consagrou com o termo "violão" e cujo modelo é a guitarra clássica projetada pelo *luthier* espanhol Antonio de Torres Jurado (1817-1892) no final século XIX. Na presente tradução, utiliza-se o termo "violão" ao invés de "guitarra clássica". Para os demais casos, porém, mantêm-se o termo guitarra, mais abrangente e genérico. (N. da T.)

que passaram a imitá-los. A imitação não era feliz, mas enquanto eles tentavam imitá-los surgia algo novo: o estilo Chicago. Em sua condução melódica, não havia mais o trançado polifônico de linhas se cruzando, típico do estilo Nova Orleans. De modo geral, quando mais de uma melodia era tocada ao mesmo tempo, elas não se contaminavam, antes corriam em movimento paralelo. No estilo Chicago predominava a voz individual. De agora em diante, o solo passava a ter um significado cada vez maior. Muitas das músicas que conhecemos como estilo Chicago não são mais do que uma sucessão de solos, ou, como se diz na linguagem especializada, de *chorus*.

Só agora o instrumento que para muitos leigos é a encarnação da própria essência do jazz começa a ganhar importância: o saxofone. O estilo Chicago – depois do ragtime para piano – é o segundo estilo *frio* do jazz. Bix Beiderbecke é o grande porta-voz desse estilo. Na seção "Bix Beiderbecke" do capítulo "Os Músicos do Jazz", falaremos mais detalhadamente do *Chicago style*.

1930: SWING

Os estilos mais antigos do jazz são conhecidos pela expressão *two-beat jazz*. A palavra *beat* significa batida, acento rítmico. O compasso do *two-beat jazz* possui duas batidas, dois acentos rítmicos. No fim dos anos de 1920, parecia que o estilo *two-beat* havia se esgotado. No Harlem (Nova York) e mais ainda em Kansas City, entre 1928-1929, surgiu uma nova forma de tocar jazz. O estilo swing surgiu do encontro do estilo Chicago com os músicos de Nova Orleans, os quais, nessa época, empreenderam o segundo êxodo da história do jazz – de Chicago para Nova York. Em oposição ao *two-beat jazz*, ele foi denominado de *four-beat jazz*, porque, nele, os quatro tempos do compasso são "batidos". Isso é correto no geral, mas, como em quase tudo no jazz, também existem as exceções. Louis Armstrong, por exemplo, e alguns músicos do estilo Chicago, já na época do *two-beat jazz* conheciam o ritmo de quatro batidas. Jimmie Lunceford, por sua vez, em pleno auge do estilo swing, adotava as duas levadas.

Swing é a palavra-chave do jazz. Ela é usada em duas acepções – o que pode gerar certos mal-entendidos. Em primeiro lugar, ela caracteriza um elemento rítmico a partir do qual o jazz obtém sua tensão peculiar, tensão que a música europeia haure de sua estrutura formal. Esse elemento está presente no jazz em todos os seus estilos, épocas e modos de tocar, sendo-lhe tão essencial que até se pode dizer que, onde não há swing, não há jazz.

Em segundo lugar, entende-se por swing o estilo dos anos de 1930, aquele que muito antes do jazz rock e do *fusion* fez do jazz uma música de grande sucesso comercial. Assim, Benny Goodman foi o *king of* swing.

Existe uma diferença essencial entre uma peça de jazz "com swing" e "no estilo swing". De fato, toda peça de jazz tocada no estilo swing, se for tocada por músicos competentes, terá swing, ao passo que nem toda peça com swing é estilo swing. Na seção "Ritmo, Swing, *Groove*" do capítulo "Os Estilos do Jazz", falaremos mais sobre o "ter swing".

Característico do estilo swing dos anos de 1930 foi o surgimento da grande orquestra, da *big band*. Em Kansas City, por exemplo, na orquestra de Bennie Moten e, mais tarde, na de Count Basie, desenvolveu-se um estilo baseado em *riffs*, em que o velho esquema *call-and-response*, tão importante para o desenvolvimento do jazz e que vem da música africana, foi utilizado com os naipes das orquestras de jazz – do trompete, do trombone e do saxofone. Os *riffs* (frases marcantes de dois ou quatro compassos tocadas repetidamente) fazem uma *big band* "ferver". Muitas vezes, esses *riffs* surgiam espontaneamente nas orquestras e *jam sessions* de Kansas City para "incendiar" o solista. Outro elemento constitutivo dessa forma de jazz grande-orquestral foi consolidado pelos brancos do estilo Chicago: certo refinamento "europeu". Na música de Benny Goodman, confluem os mais diversos elementos: a tradição de Nova Orleans, a técnica de *riff* proveniente de Kansas City e o rigor acadêmico europeu. Este último, sem dúvida, fez o jazz perder muito de sua expressividade, mas, de outro lado, lhe imprimiu um caráter *cantábile*, correspondente à entonação "mais limpa" da música europeia. Isso tornou o jazz mais palatável para o grande público.

Parece contraditório (mas não é) que em meio a esse processo de formação da *big band* nos anos de 1930 também o solista cresça em importância e significado. O jazz sempre foi simultaneamente coletivo e individual. Mais do que os outros tipos de música, o jazz consegue ser as duas coisas ao mesmo tempo, o que é, aliás, muito revelador de sua natureza. Como veremos mais tarde, isso mostra uma particularidade do jazz que reflete a situação social do homem moderno.

Os anos de 1930 também foram, por isso, a era dos grandes solistas, a exemplo dos sax-tenoristas Coleman Hawkins e Chu Berry, do clarinetista Benny Goodman, dos bateristas Gene Krupa, Cozy Cole e Sid Catlett, dos pianistas Teddy Wilson e Fats Waller, dos sax-altistas Johnny Hodges e Benny Carter, dos trompetistas Bunny Berigan, Rex Stewart e Roy Eldrigde.

Normalmente, a tendência grande-orquestral e a solista caminham juntas. O clarinete de Benny Goodman soava mais brilhante com o background de sua *big band*; o trompete de Louis Armstrong se tornava mais plástico quando acompanhado pela grande orquestra de Luis Russel ou pelas orquestras de estúdio do próprio Armstrong; e o som encorpado do sax-tenor de Coleman Hawkins ou de Chu Berry fascinava ainda mais por meio do contraste com o som incisivo da banda de Fletcher Henderson.

1940: BEBOP

No fim dos anos de 1930, um negócio milionário foi montado em volta do estilo swing. Falava-se, então, do "maior negócio musical de todos os tempos" (o que na época era verdade, embora o recorde dos anos de 1930 e de 1940 seja mínimo quando comparado às dimensões gigantescas que o *musical business* assumiria depois). A palavra swing virou um rótulo de sucesso para mercadorias de toda espécie – de cigarros a roupas femininas. Manipulada comercialmente, a música vai enrijecendo por meio de clichês repetidos à exaustão. Mas, no jazz, quando um estilo ou uma forma de tocar se comercializa, o curso do desenvolvimento inverte sua direção. Numa tentativa mais ou menos consciente de romper com o sucesso fácil do estilo swing, que naquela época havia se transformado em moda, surgiu um grupo de músicos com algo novo a dizer.

A novidade começou a germinar em Kansas City, amadurecendo, porém, em Nova York, especificamente nos pontos de encontros musicais do Harlem, o clube Minton's em particular (também, nesse caso, no começo da década). É falso dizer que, em oposição a uma música velha e que já não convencia ninguém, alguns músicos se reuniram e decidiram parir a novidade a qualquer preço. Ora, a música velha convencia, sim – como dito: tratava-se do estilo swing, que, na época, era o "maior negócio musical de todos os tempos". E não procede a ideia de que o novo estilo surgiu do esforço consciente e coletivo de um grupo de músicos. O novo nasceu no cérebro e no instrumento de músicos diversos situados em lugares diversos e independentes. Acontece que o Minton's foi o ponto de cristalização desse processo estilístico, da mesma forma como, quarenta anos antes, Nova Orleans havia sido o ponto de cristalização do nascimento do jazz. E seria tão absurdo que um grupo de músicos se arvorasse em criador do jazz moderno quanto foi absurdo que Jelly Roll Morton tenha se intitulado o criador do jazz.

O novo estilo foi denominado bebop, termo que, segundo o trompetista Dizzy Gillespie, é uma alusão onomatopeica ao salto intervalar mais apreciado na época: a quinta diminuta descendente. Pronunciamos involuntariamente os fonemas bebop ou *rebop* quando tentamos "cantar" esse salto melódico, igual ao "lá-lá-lá" de quem solfeja uma música popular sem saber a letra. Porém, é preciso ter claro que qualquer explicação sobre a origem da palavra bebop será sempre duvidosa, precaução, aliás, que vale para quase todos os termos do jazz. No jargão dos *bad boys* norte-americanos, bebop ou bop era uma briga de braço ou de faca.

A *flatted fifth* – a quinta diminuta – é o intervalo principal do bebop (ou bop, forma abreviada que entrou em circulação bem cedo). Até então, ela fora tida como problemática e cacofônica, podendo ser empregada apenas como "acorde de passagem" ou no sentido daqueles efeitos harmônicos que Duke Ellington e o pianista Wille "The Lion" Smith gostavam de produzir. Mas agora ela caracterizava todo um estilo, ampliando a concepção harmônica das velhas formas de jazz. Dez anos depois – também falaremos sobre isso – a *flatted fifth* se tornará uma *blue note*, empregada e soando como as terças e sétimas indeterminadas típicas do blues.

Eis a lista dos músicos mais importantes que frequentavam o Minton's: o pianista Thelonious Monk, o baterista Kenny Clarke, o guitarrista Charlie Christian, o trompetista Dizzy Gillespie e o sax-altista Charlie Parker. Esse último foi a personalidade realmente genial do bebop, assim como Louis Armstrong foi o gênio do jazz tradicional. Charlie Christian, por sua vez, não está apenas entre os criadores do jazz moderno, mas também entre aqueles que, a partir do estilo swing, criaram os pressupostos para o surgimento do jazz moderno. Existe um verdadeiro grupo de preparadores, uma espécie de "última geração do swing", que se antecipou e pavimentou o caminho para a chegada do bebop. Esses preparadores existiram em quase todos os instrumentos: no trompete, Roy Eldridge; no piano, Clyde Hart; no sax-tenor, Lester Young; no baixo, Jimmy Blanton; na bateria, Jo Jones e Dave Tough; na guitarra, como já dito, Charlie Christian.

O que os ouvintes achavam característico do bebop eram as frases velozes, "nervosas", que às vezes soavam como retalhos de uma melodia. Toda nota desnecessária era deixada de fora. A concentração era extrema. Segundo um músico da época, "tudo o que não é evidente cai fora". No bebop, há muitas frases que, de tão curtas, são como cifras de um todo maior. São aquilo que na estenografia se chama de "abreviações". Devemos ouvi-las como se lêssemos estenogramas: criando conexões ordenadas com base nos signos.

Os improvisos em cima do tema, que muitas vezes é apresentado em uníssono no começo e no final da peça, são feitos normalmente por dois músicos, na maioria dos casos, um trompetista e um saxofonista (tipificados por Dizzy Gillespie e Charlie Parker). Esse uníssono sinaliza, antes mesmo de os músicos começarem a improvisar, para um novo som, uma nova atitude. Do ponto de vista psicológico, o uníssono cumpre uma função muito clara na música – seja na "Ode à Alegria", de Beethoven, e mesmo no motivo principal do primeiro movimento da Nona Sinfonia, seja na música dos beduínos do Magrebe, no norte da África, ou nos corais do mundo árabe: afirmar uma identidade de grupo. É como se os músicos dissessem: "Estamos aqui e formamos um todo solidário. E vocês, a quem nos dirigimos, são diferentes de nós e provavelmente oponentes."

Sob a influência da sonoridade então vanguardista do bebop, muitos amantes do jazz se afastaram do desenvolvimento musical de seu tempo. Com aferro crescente, passou-se a valorizar as origens do jazz e o ideal de uma música simples. Foi quando aconteceu o renascimento do jazz de Nova Orleans, um *revival*, como se dizia então, que se espalhou pelo mundo.

Esse movimento começou como um processo muito saudável de conscientização das fontes do jazz – daquela tradição que nutriu e tem nutrido o jazz em todas as suas formas e fases até os dias de hoje. Mas isso não tardou a degenerar-se numa visão clichê e simplista do "jazz tradicional", fortemente rejeitada pelos músicos afro-americanos. Deixando de lado os poucos músicos ainda vivos da velha Nova Orleans e que possuíam uma relação espontânea e real com o jazz tradicional, não havia nessa Dixieland-*renaissance* um único músico importante de pele negra – por mais surpreendente que isso possa parecer.

Terminada a Segunda Guerra Mundial, as *jazz boîtes*, localizadas no Saint-Germain-des-Prés, em Paris, converteram-se, com o apoio da filosofia existencialista, no principal ambiente do movimento Dixieland. Depois os jovens existencialistas se deram conta de que sua filosofia possuía uma música mais adequada, que não refletia a tranquilidade feliz da época anterior à Primeira Guerra Mundial, mas a intranquilidade existencial do presente. Eles encontraram as formas de jazz contemporâneas, de modo que o centro de gravidade desse renascimento do Dixieland se deslocou para a Inglaterra. Lá o Dixieland viveu na segunda metade dos anos de 1950 um *revival* altamente rentável.

Esse contraste entre o bebop e o Dixieland *revival* – extremidades de uma oposição irreconciliável – corresponde à percepção da época. Mas hoje – na verdade, desde o surgimento do free jazz nos anos de 1960 – esses polos são vistos de forma menos dualista. Aos ouvidos da juventude atual essa oposição não é mais perceptível. Para eles, Charlie Parker é tão tradicional quanto Louis Armstrong.

Descrevemos o bebop com palavras como "veloz", "nervoso", "retalho", "abreviação", "brusco". Mas em vista do sentido que esses predicados adquiriram na cena contemporânea, nada mais natural que, para os jovens de hoje, quase todo o jazz produzido nos anos de 1940 soe como um modelo de equilíbrio clássico. Desejaríamos que tanto o ouvinte quanto o crítico de hoje extraíssem lições desse desenvolvimento e se precavessem contra juízos extremistas. Aqueles críticos que, diante do nervosismo do bebop nos anos de 1940, falaram do "fim do jazz" ou do "fim da música" hoje nos parecem patéticos. E muitos – ouvintes e críticos – sustentaram essa opinião! Ainda hoje há quem se comporte assim em face do que parece "nervoso" e "barulhento".

Também é oportuno indagar o que foi feito dos criadores do bebop. Apenas um deles continuou a produzir até os anos de 1980 e de 1990 em sintonia com as novas tendências dessas décadas: Max Roach – por exemplo, em seu grupo de percussão contemporâneo ou em seus concertos em duo com músicos de vanguarda, como Cecil Taylor, Anthony Braxton, Archie Shepp, ou ainda em trabalhos com quartetos de corda e o Beijing Trio, inspirado na música chinesa. Outro que continuou criando até o fim, mas com base em seu estilo original, foi Dizzy Gillespie, que faleceu em 1993. Os demais, por problemas de saúde física ou mental, consumo de heroína e álcool, enrijeceram artisticamente ou então morreram de forma prematura, como

Charlie Parker, falecido aos 34 anos; no entanto, esses músicos de vida breve chegaram ao ápice de sua condição criativa antes mesmo da fase que os levaria à morte, portanto, numa idade em que os outros artistas, principalmente os europeus, ainda estão descobrindo seu estilo.

Na verdade, esse é o tributo que o artista negro norte-americano tem de pagar ao país e que este lhe toma sem remorso. Mas também é o pano de fundo sobre o qual a força dessa música se torna tão mais impressionante e a obra dessas vidas que enrijecem e naufragam precocemente se mostra tão digna de admiração. Assim, no fim dos anos de 1970, fomos surpreendidos com um *comeback* do bebop que, até poucos anos antes, parecia impossível. O bebop se tornou o paradigma do jazz clássico moderno. Dos anos de 1990 em diante, ele se tornou um fator tão central que Scott DeVeaux escreveu: "para entender o jazz é preciso entender o bebop". Muitos jovens tocam essa música, hoje (2005) mais do que nunca. Eles não sofrerão nenhum colapso nem morrerão de heroína. E tudo isso acontece cinquenta anos depois da morte de Charlie Parker, sessenta anos depois do primeiro colapso de Bud Powell e 55 anos depois da morte de Fats Navarro, que na época tinha apenas 26 anos de idade.

1950: *COOL*, HARD BOP

No fim dos anos de 1940, a "intranquilidade nervosa e a excitação do bebop" começaram a dar lugar à calma, à ponderação e ao equilíbrio. A mudança apareceu pela primeira vez com Miles Davis. Em 1945, aos 19 anos de idade, como membro do quinteto de Charlie Parker, ele ainda comungava do estilo turbulento de Dizzy Gillespie, mas pouco tempo depois já estava tocando de uma forma equilibrada e "fria". Depois dele, surgiram as improvisações do pianista John Lewis, um estudante de antropologia do Novo México, que, em 1948, depois de viajar a Paris com a orquestra de Dizzy Gillespie, fez opção pela música. Por fim, há os arranjos que Tadd Dameron escreveu na segunda metade dos anos de 1940 para a orquestra de Dizzy Gillespie e para outros pequenos grupos. Os solos de trompete que Miles Davis fez em 1947 no quinteto de Charlie Parker, como "Chasin' the Bird", ou o solo de piano que John Lewis fez no concerto de Paris da orquestra de Dizzy Gillespie em 1948 sobre o tema "Round about Midnight" são os primeiros solos de cool jazz da história – à parte os solos de Lester Young, que, no fim dos anos de 1930, na orquestra de Count Basie – antes do bebop – antecipou a concepção *cool*. Em sentido estritamente estilístico, é com esses três músicos – Miles Davis, John Lewis e Tadd Dameron – que começa o que chamamos de cool jazz.

A concepção *fria* dominou o jazz como um todo na primeira metade dos anos de 1950, mas não há dúvidas de que sua marca mais expressiva e válida remonta à primeira fase desse estilo com a célebre Miles Davis Capitol Band, que surgiu em 1948 em função de uma breve série de concertos no Royal Roost, em Nova York, e, em 1949 e 1950, gravou um disco pela gravadora Capitol. Na seção "Miles Davis" do capítulo "Os Músicos do Jazz", falaremos detalhadamente dessa orquestra que teve um significado decisivo para a sonoridade de grupo e para a concepção musical do jazz dessa década.

Lennie Tristano, um pianista cego de Chicago que, em 1946, foi para Nova York, onde fundou, cinco anos depois, a New School of Music, deu fundamentação teórica ao cool jazz por meio de sua música e de suas ideias. O som da escola de Tristano, frequentada, dentre outros, pelo sax-altista Lee Konitz, pelo sax-tenorista Warne Marsh e pelo guitarrista Billy Bauer, foi decisivo para que o cool jazz suscitasse nos leigos a impressão de uma música fria, intelectual e sem emoção. Ao mesmo tempo, não há dúvida de que justamente Lennie Tristano e seus músicos improvisavam de modo particularmente livre e tinham a improvisação melódica no centro de seu interesse. Por isso, líamos cartazes que diziam "Lennie Tristano e sua música intuitiva". Ele sempre quis destacar o caráter intuitivo de sua concepção de jazz e acabar com a opinião dos leigos de que sua música era baseada num procedimento calculista. Apesar disso, para muitos ouvintes, a música de Tristano irradiava uma frieza quase glacial. Mas o desenvolvimento do jazz moderno foi determinado por formas mais vitais e menos abstratas dessa frieza.

"A questão", como disse Stearns, "era tocar *cool* sem frieza". A influência da escola de Tristano sobre o jazz moderno de um modo geral – tão logo ele também tenha se distanciado da concepção "tristanoide" do *cool* – é visível tanto em sentido harmônico quanto melódico (uma preferência característica por melodias longas e lineares).

Depois de Lennie Tristano, o peso se deslocou provisoriamente para a Costa Oeste. Havia, então – numa relação estreita com a Miles Davis Capitol Band –, o *West Coast jazz*, praticado principalmente por músicos que ganhavam a vida tocando nas orquestras de filmes dos estúdios de Hollywood. O trompetista Shorty Rogers, o baterista Shelly Manne e o saxofonista e clarinetista Jimmy Giuffre eram os músicos mais representativos da Costa Oeste. Nessa música, vários elementos provenientes da tradição musical acadêmica europeia ocupavam um lugar de relevo. Consequentemente, aqueles aspectos originais e vitais do jazz eram relegados a um segundo plano. Mas não tardou para que os especialistas observassem que o grande centro do jazz, como sempre, era Nova York. Lá o jazz pulsava de forma vital e autêntica, moderna, mas ao mesmo tempo sem romper os fios com a tradição. Ao *West Coast jazz* se contrapunha o *East Coast jazz*.

Nesse meio tempo, percebeu-se que o *West Coast jazz* e o *East Coast jazz* constituíam menos conceitos estilísticos que etiquetas comerciais para gravadoras. A tensão real no desenvolvimento do jazz dos anos de 1950 não residia numa oposição entre o leste e o oeste, mas entre a orientação clássica, de um lado, e um grupo de jovens músicos, a maior parte de origem africana, que fazia um bebop mais moderno – o chamado hard bop.

Esse classicismo dos anos de 1950 partia da música que Count Basie e Lester Young haviam tocado nos anos de 1930, primeiramente em Kansas City, depois em Nova York. Ele atraía músicos da Costa Oeste e da Costa Leste, músicos negros e brancos: Al Cohn, Joe Newman, Ernie Wilkins, Quincy Jones, Manny Alban, Johnny Mandel, Chico Hamilton, Buddy Collette, Gerry Mulligan, Bob Brookmeyer, Shorty Rogers, Jimmy Giuffre. Nos anos de 1950, saíram vários tributos a Count Basie. Basie passou a ser sinônimo de simplicidade, clareza, melodismo, swing, bem como daquela "nobre inocência" de que fala Winckelmann* em sua célebre definição do classicismo. É incrível como aquilo que os autores clássicos alemães da época de Goethe escreveram sobre o classicismo alemão, de um modo geral, pode ser aplicado literalmente ao classicismo do jazz. Basta trocar alguns nomes e conceitos da arte grega e da mitologia por um par de nomes e conceitos da tradição do jazz: Count Basie, Lester Young, swing, beat, blues.

Em oposição a esse classicismo adveio uma geração de jovens músicos que viviam em Nova York, embora não fossem de lá. A maioria provinha de Detroit ou da Filadélfia. Faziam o mais puro bebop e eram possuidores de um grande conhecimento dos pressupostos harmônicos e de uma grande perfeição

* O estudioso alemão Johann Joachim Winckelmann (1717-1768) revolucionou a pesquisa em arte greco-romana e foi responsável pela fundação do movimento neoclássico na Alemanha. (N. da T.)

técnico-instrumental. O hard bop foi o jazz de maior vitalidade do fim dos anos de 1950. Participavam dessa corrente grupos como o do baterista Art Blakey e o do pianista Horace Silver, aos quais, por sua vez, se ligavam músicos como os trompetistas Lee Morgan e Donald Byrd, e os sax-tenoristas Sonny Rollins e Hank Mobley; também John Coltrane começou como um hard bopper.

As inovações trazidas pelo hard bop não comprometeram sua vitalidade, contrariamente ao que normalmente ocorre na história do jazz. Assim, enquanto o baterista Shelly Manne, na Costa Oeste norte-americana, em nome do refinamento musical de sua execução, perdeu muito em termos de vigor, Elvin Jones, em Nova York, soube reunir de uma forma inédita ritmos ao mesmo tempo complexos e de grande vitalidade. Horace Silver, por sua vez, chegou a novos padrões formais, unindo a forma-canção de 32 compassos, adotada na maior parte das improvisações de jazz, com outras formas (isso foi feito de modo semelhante por Jelly Roll Morton e outros músicos do jazz antigo sob influência das formas aditivas africanas e europeias). E o sax-tenorista Sonny Rollins, com improvisos de estrutura grandiosa em cima de um material harmônico dado, mostrou um desprendimento e uma leveza que jamais existiram na escola de Lennie Tristano.

Marshall W. Stearns, na época, escreveu: "De fato, o jazz moderno tocado em Nova York por Art Blakey and the Jazz Messengers, Jay & Kai, Max Roach e Clifford Brown, Art Farmer e Gigi Gryce, Gillespie, Davis e uma série de outros músicos, nunca perdeu seu ímpeto. As harmonias do cool jazz e do bebop foram assimiladas, a atitude resignada desapareceu, a suavidade se manteve, mas a música ganhou uma agudeza mordaz. Numa palavra: ela mudou, mas permaneceu *hot* e *swinging*..." Nesse sentido, a palavra *cool* perde aquela conotação de "delicado" e "flexível". Essa afirmação vale para ambas as orientações do jazz da segunda metade dos anos de 1950: o classicismo de Basie-Young e o novo bop.

Mas ambas as orientações encontraram novas relações com o blues. O pianista e compositor Horace Silver – e, com ele, ao mesmo tempo outros músicos – instituiu uma forma de tocar que foi chamada *funky*: um blues mais ou menos lento, incisivo no beat, com toda a carga de sentimento e expressão típica do velho blues. E não apenas o blues. Também a música feita nas igrejas pelos negros, o gospel, irrompe com uma nova força no jazz, inaugurando um gênero musical associado a nomes como Horace Silver, mas também Ray Charles e Milt Jackson, e denominado soul.

Jazzistas de todas as tendências, seja na Costa Oeste, seja na Costa Leste, beberam avidamente das fontes do funk e do soul. Se as razões musicais que levaram a isso não são muito claras, as extramusicais são fáceis de identificar. O funk e o soul trazem em seu âmago o desejo de um abrigo, a procura nostálgica por um mundo mais acolhedor diante da dureza de uma vida fria e resignada. O soul, proveniente do gospel, e o funk, proveniente do blues, fizeram um grande sucesso de massa no campo da música pop – o primeiro na segunda metade dos anos de 1960 e o segundo ao longo dos anos de 1970. É importante ter claro que ambos surgem do jazz – e em geral da tradição negra e do *feeling* negro. Essa necessidade de segurança e calor humano tornou-se ainda mais evidente na década seguinte com o advento do free jazz. Albert Ayler, por exemplo, apropriou-se da música de circo e da música rural, da música de baile e de diversão da virada do século (num retorno nostálgico aos "bons e velhos tempos"), alimentando com elas as suas improvisações livres, atonais, extasiantes. Outros músicos do free jazz encontraram no ódio e na cólera contra o mundo branco, bem como na aliança com aqueles que comungam desse mesmo estado de espírito, um substituto para o acolhimento – uma reação psicológica muito conhecida dos psicanalistas.

Na época do cool jazz, com o Modern Jazz Quartet do pianista John Lewis, a música melódica e contrapontística de Johann Sebastian Bach veio saciar essa sede de acolhimento e foi característico que, em meados dos anos de 1950, existisse um mundo onde os músicos gravavam fugas. Essa onda morreu quando elementos como força e vitalidade entraram novamente em cena por meio do hard bop.

1960: FREE JAZZ

O jazz dos anos de 1960 – o free jazz – trouxe algumas novidades. São elas:

1. O ingresso no espaço livre de uma tonalidade expandida que, inicialmente, suscitou a impressão de "atonalidade".
2. Uma nova concepção rítmica que se caracteriza pela dissolução do metro, do beat e da simetria.
3. A adesão à música do mundo, numa abertura súbita a todas as grandes culturas musicais, como Índia, África, Japão e os países árabes.
4. Uma ênfase no quesito intensidade como nunca se vira nos estilos de jazz do passado. O jazz sempre foi uma música que, em termos de intensidade, esteve além das outras formas musicais do Ocidente, mas nunca na história do jazz a intensidade foi buscada com um sentido tão catártico e orgíaco – em alguns casos também religioso – como no free jazz.
5. Uma expansão do som musical para o âmbito do ruído, sem necessariamente incorrer numa estética do feio, do desconforto, da agressão e da violência, mas antes refletindo o mero prazer pelo som em si mesmo.

No começo dos anos de 1960, o jazz passou por uma experiência que os especialistas já vinham esperando há mais ou menos quinze anos – claramente anunciada pela "Intuition" de Lennie Tristano em 1949 e preparada por vários músicos dos anos de 1950, principalmente George Russel e Charles Mingus – e que a música de concerto já conhecia há quarenta ou cinquenta anos: o ingresso no espaço da tonalidade livre e da atonalidade. Surgiu uma "nova música", um "novo jazz", causando um grande choque na época, fenômeno geralmente inevitável nos momentos de inovação da arte. A força e a veemência do novo jazz, bem como seu *pathos* revolucionário, em parte extrínseco à música, foram terríveis, especialmente porque, nos últimos quinze anos, quando a ruptura começara a se anunciar, tendo sido evitada por um medo quase doentio ao novo, uma grande tensão havia se acumulado. De fato, como uma descarga elétrica de alta voltagem, o novo jazz sacudiria um público acostumado a ouvir Oscar Peterson e o Modern Jazz Quartet.

Para as gerações mais jovens do free jazz, quase tudo o que se oferecera até então em termos de execução e técnica, condução harmônica e padrões métricos parecia ter chegado ao seu esgotamento. Restara apenas o clichê, a fórmula previsível – como há vinte anos antes na situação musical em que surgira o bebop. Tudo parecia transcorrer sobre o mesmo esquema imutável, todas as possibilidades oferecidas até então pelas formas e pela tonalidade convencional pareciam exauridas. Por isso, os músicos jovens da época buscaram novas formas de fazer jazz e o jazz se tornou novamente aquilo que era na época em que fora descoberto pelo mundo dos brancos nos anos de 1920: uma aventura grande, louca, excitante e incerta. Novamente, voltou-se a improvisar coletivamente – com linhas selvagens, livres, que se cruzavam e se atritavam incisivamente. Isso também lembrava – com as restrições que veremos mais adiante – a música de Nova Orleans.

O crítico e músico de Nova York Don Heckman disse: "Acredito que ao longo da história do jazz a improvisação tende naturalmente a emancipar-se cada vez mais das restrições harmônicas".

No entanto, o que se entende por atonalidade no jazz é essencialmente diferente daquilo que se verifica na música de concerto europeia. No free jazz da vanguarda nova-iorquina nos idos de 1965, o chamado *centro tonal* (cf. a seção "Harmonia" do capítulo "Os Elementos do Jazz") não é liquidado, já que, diferentemente do que acontece na música serial da vanguarda europeia, a força gravitacional da relação tônica-dominante continua operando, porém, num contexto em que os demais graus da escala são "livres".

Esse desenvolvimento foi muito espontâneo e obedeceu ao movimento do próprio jazz, de sorte que o termo atonal não pode ser empregado nesse caso em seu sentido acadêmico. Não foi por acaso que muitos músicos do free jazz manifestaram desapreço pela música de conservatório e pelo vocabulário ligado a ele (segundo Archie Shepp, "onde meus próprios sonhos me bastavam, a tradição musical ocidental nunca foi importante"). Portanto, o free jazz só é atonal num sentido bastante genérico e relativo: entre a insinuação de centros tonais e a completa liberdade harmônica há uma série de graus intermediários.

Apesar de sua curta história, o jazz possui uma tradição atonal mais longa do que a da música erudita (europeia). Os *shouts*, os *field hollers*, o blues arcaico das *plantations* do sul dos Estados Unidos, em suma, praticamente todas as formas primitivas do jazz no século XIX eram, sob certo aspecto, "atonais" – seja apenas porque esses cantores negros não conheciam a tradição europeia, seja porque não a dominavam. Também na velha Nova Orleans alguns músicos não faziam muito caso das regras harmônicas e, recentemente, no século XX, alguns dos mais belos discos de Louis Armstrong – como *Two Deuces*, com Earl Hines – apresentam movimentos harmônicos que, segundo a teoria ensinada nas escolas, configuram erros.

O jazz, portanto, surgiu dentro de uma longa tradição de atonalidade e de liberdade harmônica, ao passo que a atonalidade ocidental só nasceu com a vanguarda europeia – a vanguarda "clássica" que começou com Schönberg, Webern e Alban Berg. Tradição e vanguarda puderam se encontrar no tonalismo livre do jazz – uma situação verdadeiramente feliz e que raramente se oferece a uma arte que avança!

Não há dúvidas de que músicos como Ornette Coleman, Archie Shepp, Pharoah Sanders e Albert Ayler possuem vínculos mais diretos com os processos mais autônomos e "concretos" da harmonia popular, do *field cry* e do *folk* blues arcaico, do que com a atonalidade europeia intelectual e "abstrata". Ornette Coleman, por exemplo, só tomou conhecimento da existência de uma liberdade tonal europeia no ano em que conheceu John Lewis e Gunther Schuller (1959-1960), portanto, numa época em que sua própria concepção musical já estava formada. O free jazz não é uma ruptura com a tradição do jazz, mas uma parte dela.

Durante alguns anos, a liberdade almejada pelo free jazz esteve fundada – e na maioria das vezes de forma consciente – numa rejeição cabal às normas musicais provenientes da Europa (grife-se a palavra Europa). Quanto mais distante se estivesse dos elementos formais e harmônicos do "continente branco", mais distante se estaria também de seus aspectos raciais, sociais, culturais e políticos. A "música negra", tal como difundida por muitos músicos e também pelo escritor e ideólogo LeRoi Jones (Amiri Baraka), tornara-se mais "negra" que nunca, pois seu principal elo com a tradição europeia – a organização harmônica – havia sido totalmente partido (cf. nas seções "Ornette Coleman" e "John Coltrane" do capítulo "Os Músicos do Jazz" as declarações de Jones e de um colaborador seu).

O paralelo com a música de concerto europeia só é plausível na medida em que, tanto aqui quanto lá, o caráter mecânico da harmonia funcional é rejeitado como um sistema esgotado em suas possibilidades artísticas e que, por isso, é obrigado a substituir cada vez mais as decisões pessoais por um automatismo alienado de regras mortas. Nada mais legítimo que esse desenvolvimento, perceptível nas mais diversas artes, culturas e tradições: se um princípio ordenador é levado aos limites de suas possibilidades e os artistas passam a sentir que já não há nada a dizer por meio dele, então é hora de abandoná-lo.

Como toda novidade estilística do jazz, também o free jazz trouxe uma nova concepção rítmica. Todos os ritmos de jazz, do estilo Nova Orleans ao hard bop, possuem uma base dupla: um metro ou compasso constante – de dois ou quatro acentos até o aparecimento da valsa e dos compassos irregulares nos anos de 1950; e um *jazz beat*, que estabelece um tipo de acentuação rítmica que não coincide com aquele que escolheríamos para o respectivo compasso se adotássemos o ponto de vista da tradição europeia. O free jazz minou esses dois pilares do ritmo de jazz até então vigentes – o metro e o beat. No lugar do beat, surge o pulso e, no lugar do metro – que muitos bateristas do free jazz fazem questão de ignorar, como se não existisse –, surge uma "execução livre" que não se pauta numa regularidade rítmica e em que grandes arcos de tensão são construídos e desenvolvidos com enorme intensidade (cf. as seções "Ritmo, Swing, *Groove*" do capítulo "Os Elementos do Jazz" e "A Bateria" do capítulo "Os Instrumentos do Jazz"). Um dos maiores bateristas do free jazz, Sunny Murray, definiu a execução tradicional de "clichê beat" e disse que esse clichê era como "a escravidão e a pobreza. A execução livre de bateria aspira a uma melhor qualidade de vida".

Pelo menos tão importante quanto as inovações harmônicas e rítmicas é a chegada da música do mundo no jazz. Ao jazz é intrínseca a diferença, a alteridade. O jazz nasceu dessa relação com o outro, isto é, do encontro entre o negro e o branco. Nos primeiros sessenta anos da história do jazz, esse outro foi a música europeia. O confronto com nossa tradição musical ocidental não foi uma ocupação secundária dos jazzistas. Nele e por meio dele, surgiram quase todos os estilos do jazz.

O espaço referente àquilo que chamamos de música europeia foi se estreitando gradativamente. Os pianistas de ragtime da virada do século se pautavam nas composições para piano do século XIX. Os músicos de Nova Orleans se pautavam na ópera francesa, na música de circo hispânica e na música marcial prussiana. Bix Beiderbecke e seus colegas de Chicago descobriram Debussy nos anos de 1920. Os arranjadores do swing aprenderam com a arte orquestral do romantismo tardio. Até a época do cool jazz, os jazzistas provaram e exploraram praticamente tudo o que puderam na história da música europeia entre o barroco e Stockhausen.

A música europeia como esse "outro" – como a única alteridade – é um ciclo encerrado. Além das razões especificamente musicais, advieram, como já se viu, razões extramusicais, de natureza étnica, social e política. Por isso, os músicos de jazz se lançaram cada vez mais no descobrimento de novas "alteridades": as grandes culturas musicais não europeias – Índia, Japão, África, mundo árabe etc. Um olhar especial foi dirigido aos países árabes e à Índia. Certa inclinação ao Islã é algo que já se podia notar entre os afro-americanos dos Estados Unidos desde o segundo lustro dos anos de 1940, ou seja, mais ou menos desde o surgimento do jazz moderno. Dezenas de músicos de jazz se converteram ao islamismo e muitos adotaram um nome árabe – a exemplo do baterista Art Blakey, que passou a se chamar Abdullah ibn Buhaina, ou o saxofonista Ed Gregory, que se tornou Sahib Shihab.

Esses músicos acreditavam que, rompendo com as "religiões brancas", seria possível se distanciar de modo ainda mais efetivo do homem branco. O poeta e escritor afro-americano James Baldwin escreveu: "todo aquele que busca um desenvolvimento humano e moral tem primeiramente de se libertar de todos os mandamentos, crimes e hipocrisias da Igreja cristã. O conceito de deus só é válido e útil quando pode nos fazer maiores, mais livres e mais capazes de amar". Milhões de negros afro-americanos estavam convencidos – "após duzentos anos de tentativa sincera, fervorosa e vã" – que o deus cristão não podia proporcionar isso. Logo, concluiu Baldwin, "é hora de deixá-lo".

O interesse pela religião mulçumana e o interesse musical pelo mundo árabe são duas faces da mesma moeda. Músicos como Yusef Lateef, Ornette Coleman, John Coltrane, Randy Weston, Herbie Mann, Art Blakey, Roland Kirk, Sahib Shihab, Don Cherry e, na Europa, principalmente George Gruntz e Jean-Luc Ponty expressaram sua fascinação pela cultura árabe em composições e improvisações.

Mais forte que a música árabe foi o interesse pela música indiana, com sua grande tradição clássica. O que primeiramente fascinou os músicos de jazz foi a riqueza rítmica dessa música. A grande música clássica indiana está baseada em talas e ragas. Talas são séries e ciclos rítmicos de grande diversidade, variando de três a 108 tempos. Observe-se que os músicos e ouvintes indianos conseguem acompanhar o tala mais longo, o de 108 tempos, como se este fosse uma única série e um único processo musical.

Normalmente, um tala se constitui de múltiplas articulações. Por exemplo, um tala de dez tempos pode apresentar séries de 2-3-2-3, de 3-3-4 ou de 3-4-3. Em cima de qualquer uma delas, o músico tem a liberdade de improvisar. A tensão específica da música indiana não é que os improvisadores possam se afastar entre si durante a execução de uma série, mas que, no fim de tudo, tenham de se reencontrar no primeiro tempo, no *sam*. Após um movimento melódico em que os improvisadores tomam caminhos separados e atritantes, a sensação é que esse "reencontro" propicia uma espécie de redenção.

Foi justamente a riqueza rítmica da música indiana que atraiu os músicos modernos de jazz. Eles queriam se libertar do beat convencional em 4/4, executado metronomicamente, e conquistar a intensidade jazzística por meio de novas ordenações rítmicas e métricas.

Diferentemente do tala, que se define ritmicamente, o raga constitui uma série melódica que congrega muito daquilo que conhecemos e conceituamos na música europeia: tema, tonalidade, afinação, frase e a forma dada por meio do processo melódico. Um raga pode estabelecer, por exemplo, que uma determinada nota não seja empregada antes que todas as outras notas já tenham soado. Existem ragas que só podem ser tocados de manhã ou à noite, em noites de lua cheia ou com pensamentos religiosos. E principalmente: ragas são modos e correspondem com perfeição à tendência à modalidade no jazz moderno (cf. a seção "Harmonia" do capítulo "Os Elementos do Jazz").

Vários músicos de jazz se dedicaram ao estudo dos grandes mestres da música clássica indiana – clássica, na medida em que não se trata de uma música popular. Ela é tão clássica quanto a música da cultura europeia. A abertura que dezenas de jazzistas dos anos de 1950 e de 1960 demonstraram em face das grandes culturas musicais tradicionais do mundo é muito maior que aquela realizada pela música de concerto europeia. Visto com os olhos de hoje, o trabalho que Debussy, Messiaen e Roussel desenvolveram em cima das sonoridades da Índia e de Báli ou a ligação de Boris Blacher com os ritmos chineses nos parecem tentativas inseguras e tímidas diante do que foi feito no jazz. Considere-se, por exemplo, as composições "3-3-2-2-2-1-2-2-2" e "New Nine", que Don Ellis derivou com tanta intensidade e autenticidade do tala indiano; ou o "jazz flamenco", que Miles Davis e Gil Evans criaram a com base no *Concierto de Aranjuez*, de Joaquín Rodrigo; ou a mistura de Yusef Lateef, em seu álbum *A flat, G flat and C*, que traz para o blues elementos japoneses, chineses e egípcios; ou ainda a forma como Sahib Shihab, Jean-Luc Ponty e George Gruntz, em seu álbum *Noon in Tunisia*, trocaram experiências com músicos beduínos.

Os músicos do novo jazz se abriram às culturas musicais do mundo com fervor messiânico e muito amor pela humanidade, como se pode ver já no título dos álbuns: *Spiritual Unity* e *Holy Ghost*, de Albert Ayler; *Complete Communion*, de Don Cherry; *Communication*, de Carla Bley; *Globe Unity*, de Alexander von Schlippenbach; *Peace*, de Ornette Coleman; *A Love Supreme*, de Coltrane, bem como *Ascension*; ou as peças, "The Sun Myth" e "Nebulae", do álbum *The Heliocentric Worlds of Sun Ra*, de Sun Ra e seu grupo, a Solar Arkestra. Pode-se perceber melhor a mensagem desses títulos reduzindo-os a um denominador comum: unidade espiritual consumada na forma de uma plena fusão com a totalidade do mundo, resultando em paz e amor universal; redenção num êxtase pan-religioso através de uma viagem cósmica, de uma ascensão ou elevação ao plano mítico dos astros.

É importante perceber que o jazz – como é frequente em sua história – apenas formula em termos artístico-musicais aquilo que a parte espiritualmente ativa da comunidade negra vivencia socialmente. Considere-se o seguinte exemplo: em março de 1967, numa escola superior frequentada majoritariamente por afro-americanos, em Nova York, professores e alunos boicotaram concertos de música clássica europeia. E não foi por falta de interesse nesse tipo de música. De forma alguma, pois o envolvimento dos alunos dessa escola com a música era particularmente intenso e acima da média. No entanto, eles não achavam justo que a escola só considerasse a música clássica europeia, ignorando não só o jazz, mas também as músicas indiana, árabe, africana e japonesa: "Esse recorte é arbitrário. Ele se justifica do ponto de vista da história europeia, mas não da nossa."

A estes dois fatores – a inclusão da música do mundo e o desenvolvimento de uma intensidade espiritual extrema – veio juntar-se um terceiro: a ampliação da música para o âmbito do ruído. Por meio de uma intensidade explosiva – a *high energy playing* –, muitos músicos do free jazz literalmente arrebentaram o campo sonoro tradicional de seu instrumento. Saxofones agora soam como um intenso ruído "branco"; trombones, como ruídos de esteiras em campos de mineração; trompetes, como corpos de aço estourando sob pressão atmosférica; pianos, como arames estalando; vibrafones, como vento soprando em folhas de metal; e agrupamentos de improvisação coletiva, como seres míticos do mundo primordial em algazarra.

No free jazz dos anos de 1960, os músicos se arvoraram, como pensa Kodwo Eshun, em "centrais elétricas para a captação de um som universal". O free jazz possui uma relação especial com a energia musical – e é esse adensamento extremo de sons e ritmos em apelo à corporalidade que separa o free jazz da experiência sonora na "nova música" ocidental. Seu alto grau de intensidade e, a despeito de toda abstração, seu *groove* energético deitam raízes na tradição do jazz.

A fronteira entre som e ruído, que ao ouvinte comum parece tão sensata e natural, não é uma determinação física, mas um consenso tácito transmitido de uma geração a outra. No fundo, a música pode se utilizar de tudo o que é audível. Sim, seu sentido reside nisso, em dar forma artística ao audível. Esse sentido fica prejudicado quando, em meio a uma paisagem acústica imensurável, apenas poucos sons são tidos como apropriados à música e os demais são vetados.

Aquele que ri quando um piano é tocado além das teclas, ou seja, na parte de dentro junto das cordas, quando um violino é golpeado como uma percussão ou quando um trompete é tocado sem o bocal apenas demonstra sua limitação para entender a música, limitação determinada por um conjunto de regras convencionais. Um instrumento é construído para produzir sons. Não está dito em nenhum lugar como esses sons devem ser produzidos. Ao contrário, é tarefa dos músicos descobrir novos sons em seus instrumentos e, com isso, não apenas reinventar a forma de usar instrumentos tradicionais, como também inventar instrumentos novos e aperfeiçoar os já existentes. Para muitos músicos, essa tarefa se tornou uma questão fundamental. Assim, por exemplo, o baterista Tony Oxley escreveu para uma edição da revista de vanguarda *Microphone*, na qual os bateristas modernos da Grã-Bretanha discutem seus temas de forma prolixa, apenas essa frase: "minha principal atividade é a ampliação de meu vocabulário".

Vivemos numa época em que novos sons estão sempre surgindo no mundo: aviões e explosões atômicas, ruídos que oscilam e a crepitação fantasmagórica das fábricas da indústria de precisão. Os habitantes das grandes cidades são bombardeados com uma massa de decibéis que um dia já foi considerada fisicamente insuportável, causadora de transtornos psíquicos. Os cientistas amplificaram em milhões de vezes o ruído de plantas e flores em processo de crescimento, convertendo-o, assim, num grande zumbido. E o peixe, que os românticos do passado consideravam a forma de vida mais silenciosa, revelou-se para nós como portador de uma aura sonora em permanente atividade. Todos os homens de hoje são afetados por essa ampliação do campo sonoro. Deveriam então os músicos, os mais interessados no som, permanecer indiferentes a isso?

É preciso acabar com a ideia de que o free jazz é uma música desestruturada, em que se improvisa compulsivamente e cada qual toca o que bem quer, sem atentar ao conjunto. Toda música de verdade – também o free jazz – é estruturada, necessita de um vocabulário, de um sistema de regras. Entretanto, o free jazz parte da convicção de que tanto esse vocabulário quanto esse sistema de regras, diferentemente das formas de jazz anteriores, não são mais introduzidos de fora nem aceitos como algo fixo, antes se desenvolvem a partir da execução e nela encontram seu fundamento. O que move a improvisação livre é a necessidade de negociar essas "regras de execução" a cada vez.

Quem improvisa livremente precisa ser dotado de uma capacidade muito específica, a última que um leigo associaria ao free jazz: disciplina. Numa situação musical em que as "regras de execução" são negociadas a cada vez, os músicos não podem se contentar com uma exposição nebulosa, mas antes devem se mostrar capazes de introspecção, de ouvir a si mesmos e de estar atentos aos demais. Hão de ter aquela capacidade que John Coltrane expressou na época de seu mais puro free jazz mediante o conceito de *selflessness* (abnegação).

"O som improvisado transporta para dentro e não para fora", sublinha Peter Niklas Wilson. Ele e alguns outros falaram por isso de uma "ética da improvisação". O compositor Cornelius Cardew, que foi um entusiasta do free jazz e ele próprio um improvisador livre, identificou sete "virtudes" da improvisação: simplicidade, integridade, ausência de ego, tolerância, prontidão (*preparedness*) e – surpreendentemente apenas à primeira vista – identificação com a natureza. (A sétima, e talvez a mais verdadeiramente surpreendente, é a "aceitação da morte", que Cardew relaciona ao caráter essencialmente efêmero da música.)

A ideia de uma liberdade de expressão musical ilimitada, como a que foi suposta por alguns músicos na fase inicial do free jazz, não passa de uma ilusão. Se o free jazz trouxe libertação, despojamento de normas, papéis e clichês, isso não quer dizer que ele próprio não tenha instituído suas normas, papéis e clichês. Sun Ra se referiu aos instrumentistas do free jazz como *freedom boys* numa prisão. Alguns músicos do free jazz podiam pensar que tocavam a partir do instante, que tudo nascia espontaneamente. "Não", contestava Sun Ra, "estamos numa prisão, mas estamos na prisão mais livre do mundo".

Mesmo no free jazz "mais livre", em que se improvisa sem nenhum código prefixado de linguagem, seguem implícitas certas regras. Seja no *power play* e no *high energy sound*, de Albert Ayler, Cecil Taylor e Peter Brötzmann, seja nas redes sonoras finamente tecidas de bandas como a AMM ou a Music Improvisation Company: são sempre as permissões e proibições tácitas que criam a coesão musical e garantem o discurso estruturado.

O conceito *free* – tomado ao pé da letra – induz ao erro. Quando, em 1961, Ornette Coleman fez um concerto em Cincinnati, Ohio, os organizadores do evento fizeram a divulgação com o *slogan* "Ornette Coleman – Free Jazz Concert". A multidão que foi ao concerto entendeu a coisa de uma forma literal e protestou por ter de pagar o ingresso...

Em poucos anos, o free jazz se converteria numa forma de expressão altamente articulada, abarcando toda a escala das emoções humanas. É preciso acabar com outra ideia: a de que o free jazz só conhece a cólera, o ódio, o protesto. Essa concepção extremamente unilateral remonta em primeiro lugar ao comportamento extravagante de um pequeno grupo de críticos e músicos nova-iorquinos, grupo que está muito longe de representar o free jazz em sua totalidade. Além do protesto, há o fervor hínico-religioso de um John Coltrane, a veia popular de um Albert Ayler, o *cool* intelectual e, apesar disso, bem-humorado de um Paul Bley ou de um Ran Blake, a dimensão cósmica de um Sun Ra ou a sensibilidade da fase inicial de uma Carla Bley.

Cada vez mais jovens músicos e amantes do jazz de toda parte do mundo se abrem a novas sonoridades. Enquanto alguns críticos e uma massa de pessoas sem entendimento ainda empregam o termo "caos", o novo jazz vai cativando seu público, inclusive na Europa, onde bem cedo nasceu um modo particular – europeu – de fazer "música livre".

Foi por meio do free jazz que o jazz europeu encontrou sua identidade. Foi com ele que começou a emancipação do jazz europeu. Não por acaso, um processo um pouco tardio – meados dos anos de 1960 – em relação ao desenvolvimento norte-americano. Só quando o jazz se libertou da harmonia funcional e do ritmo contínuo é que os músicos europeus conseguiram realmente deixar de imitar o jazz norte-americano. É certo que houve um Django Reinhardt, que bem antes disso exerceu uma influência estilística sobre o jazz norte-americano – mas se tratava de uma exceção. O fato é que, até a chegada do free jazz, os músicos europeus eram fascinados pelo que a América produzia.

E é interessante observar que, no começo do free jazz, essa tendência à imitação permaneceu inalterável. Se antes os músicos europeus haviam copiado e imitado o swing, o bebop, o cool jazz e o hard bop, agora eles copiavam e imitavam o free jazz de Ornette Coleman, Cecil Taylor e Albert Ayler. Mas, à medida que faziam isso, interiorizavam aquela mensagem explosiva do free jazz, a saber, que nenhuma regra musical é inquestionável. Aparentemente, é um paradoxo dizer que foi por copiar o free jazz norte-americano que os músicos europeus encontraram seu próprio caminho. Ao assumir esse modelo, segundo o qual as regras são negociadas no decurso da própria execução, eles foram arrastados para si mesmos, descobrindo aí um vácuo, o qual, por sua vez, suscitou vivências autênticas, plurais e radiantes. Não resta dúvida: o free jazz foi o impulso decisivo para a emancipação do jazz europeu.

Na Europa, o free jazz logo se ramificou em diferentes linguagens, as quais, embora se misturassem através de um vivo intercâmbio internacional, constituíram as peculiaridades nacionais e regionais desse continente. Na cena inglesa, com músicos como o guitarrista Derek Bailey, o saxofonista Evan Parker, o baterista Tony Oxley, predominou o interesse pela dimensão interior do som. Em nenhuma outra parte da Europa os experimentos com ruídos e a colagem sonora – no uso de um material frágil, transparente, fragmentário – foram levados tão longe quanto na cena britânica. Nada mais natural que essa viagem à interioridade atômica do som levasse os músicos ingleses do free jazz – como a banda AMM, que faz um trabalho bastante sutil – ao dialogar com a música eletrônica.

Nos Países Baixos, prevaleceu um free jazz de caráter mais jocoso, espirituoso, mordaz, que raia à paródia e ao burlesco. Por meio deles, músicos como Misha Mengelberg, Han Bennink ou Willem Breuker inventaram recursos teatrais que enriquecem sua execução. Na Alemanha Ocidental, pode-se reconhecer um movimento em direção ao som pesado e forte, seja na execução com *overblow* de um Peter Brötzmann, seja no free jazz orientado à clareza de um Manfred Schoof e de um Gunter Hampel. No fim dos anos de 1960, surgiu também na então Alemanha Oriental um tipo de free jazz em que – apesar de refrações ironicamente plurais – o senso de ordem e de apuro técnico era tão determinante que até se falou de uma variante "prussiana" do free jazz.

Peter Niklas Wilson apontou para o seguinte fato: o free jazz europeu sofreu um cisma já em seu começo. Para os improvisadores britânicos, a selva sonora de um Peter Brötzmann soava demasiado "teutônica" (com o título de seu disco *Machine Gun*, Brötzmann provocou esse tipo de associação). O jazz britânico, por sua vez, inspirado na música pontilhista de um Anton Webern, que emprestou ao evento sonoro isolado o predomínio sobre o desenvolvimento linear, foi caracterizada por Brötzmann como uma "doença inglesa".

Há uma ideia que sempre emerge na crítica a esse novo tipo de música: que a música "deságua no caos". Diante disso, os músicos – após um júbilo inicial de libertação, humanamente compreensível – enfatizam que a liberdade não é decisiva por si mesma. Assim falou o já mencionado baterista Sunny Murray: "Uma liberdade completa você pode conseguir de qualquer pessoa que achar na rua. Dê a ela vinte dólares e ela provavelmente fará algo muito livre com isso."

Também a ideia de caos não se aplica aqui como critério. E os europeus podem tomar a história de sua própria música como referência. A música ocidental se viu três vezes diante de uma "música nova". Primeiramente, por volta de 1350, com a *ars nova*, cujo compositor mais significativo foi Guillaume de Machaut. Dois séculos e meio depois, em 1600, surgiu em Florença *Le nuove musiche* – a música monódica do chamado *stile rappresentativo*, que se projetava por meio de compositores como Orazio Vecchi e Claudio Monteverdi. Em ambas as ocasiões, os mestres de música das igrejas e das cortes reagiram como se o caos estivesse tomando conta da música. Desde então, esse tipo de reação foi uma constante: Johann A. Hiller falava "com asco" da "crueza" de Bach. Mozart recebeu de volta a primeira impressão de seus quartetos de corda enviados à Itália porque a "edição continha muitos erros". "Julgou-se que aquele monte de acordes e dissonâncias era erro de edição" (Franz Roh).

Um crítico contemporâneo de Beethoven pode servir de exemplo para o que acontece nos dias de hoje. Sobre a abertura da ópera *Fidélio*, ele escreveu: "Todos os especialistas e amantes da música imparciais foram unânimes em asseverar que nunca tinham ouvido em toda a história da música nada mais desagradável, desconexo e incômodo aos ouvidos." Brahms, Bruckner, Wagner – todos eles em algum momento foram rotulados de "caóticos". Pela terceira vez, surgiu uma "nova música", com todos os escândalos, equívocos e mal-entendidos que hoje pertencem à história da música europeia: os turbulentos protestos na estreia da *Sagração da Primavera*, de Stravinsky, em 1913, os escândalos provocados por *Pierrot lunaire* e as Cinco Peças para Orquestra Opus 16, de Schönberg, ou a estreia de *Pelléas e Mélisande*, [de Debussy,] em 1902, acusada de "cerebral" e "niilista"! Hoje essas músicas integram o repertório da tradição clássica e os compositores de filme empregam suas harmonias em obras encomendadas por Hollywood.

Algo bem parecido sucedeu com o jazz. A nova música de Nova Orleans, sobretudo para os ouvidos do europeu, parecia caótica, uma irrupção selvagem, sem controle, de um país confuso. Porém, na curva final dos anos de 1950, o jazz de Nova Orleans passou a ser a música da alegria ordeira e conformada da juventude bem-educada da Europa. Quando o bebop entrou em cena, em 1943, não só os leigos, mas também quase todos os críticos especializados de jazz entoaram em coro: agora o caos se instalou definitivamente, o jazz chegou "ao fim". Hoje os *chorus* de trompete e os vocais de Dizzy Gillespie nos parecem tão corriqueiros quanto "When the Saints Go Marching in". A conclusão disso é que "caos" não é mais do que um termo vazio, utilizado como uma rima fácil na história da música – tão fácil quanto "amor" e "dor". E o free jazz rima muito bem com ele.

Mas o free jazz veio com um propósito – ele nos força a abandonar o hábito de ver na música um meio de autoconfirmação. O homem que desenvolve células de combustível e envia sondas para o espaço possui melhores possibilidades de autoconfirmação. E aquele que ainda pensa em termos racistas ou ainda faz política nos padrões do século XIX não pode encontrar nenhuma autoconfirmação.

Por autoconfirmação em música compreendemos a forma como todos nós ouvimos música até hoje: depois de uns poucos compassos, quando aquilo que esperávamos (que julgávamos poder exigir) acontece, pelos menos em termos aproximados, sentimos uma confirmação de nós mesmos. Ficamos orgulhosos por termos acertado. Daí que a música não tenha mais nenhum outro papel senão o de despertar essa forma de autoconsciência. Tudo ocorre dentro do esperado, e os detalhes, que fogem a isso, servem de estimulante.

O free jazz precisa ser ouvido sem essa necessidade de confirmação. A música não segue mais o ouvinte. É o ouvinte que precisa seguir a música, sem pressupostos, para onde ela for. Nos anos de 1960, os músicos do quinteto de Manfred Schoof – um grupo alemão que fazia jazz de vanguarda – falaram dessa necessidade de começar do zero, de fazer tábula rasa de si mesmo. Nos Estados Unidos, observou-se que as crianças se entusiasmavam com o free jazz. As crianças simplesmente ouvem o que acontece – e muita coisa acontece! Elas seguem o som aonde quer que ele vá. Elas não estão programadas para exigir de cada frase musical um desenvolvimento padrão, taxando de erro tudo o que soa diferente. Elas não exigem nada e por isso captam tudo. Os adultos, porém, com suas exigências sem fim, diante de uma música, de um poema ou de uma imagem, não se dão ao trabalho de ser convencidos e não aceitam nada que não possam reconhecer de imediato.

O free jazz não é um estilo fechado em regras rígidas. Ele reforça o caráter da improvisação como processo aberto. Como os músicos do free jazz e os músicos da improvisação livre sempre levaram muito a sério essa ideia, tem sido inevitável a diferenciação e o refinamento permanentes das formas de improvisação nos últimos quarenta anos.

No decorrer dos anos de 1980 e de 1990, o free jazz europeu ampliou sua influência sobre a cena do free jazz norte-americano a partir de músicos como Derek Bailey, Evan Parker e Misha Mengelberg. Não apenas John Zorn, mas também a geração mais jovem da cena de Chicago – Ken Vandermark, Hamid Drake, dentre outros – reporta-se expressamente à linha europeia dos *free players*.

Nos anos de 1990, o interesse pelo free jazz voltou a crescer por meio de estilistas como David S. Ware, Charles Gayle e Matthew Shipp. Paradoxalmente, esse "renascimento do free jazz" não foi capitaneado pelos representantes da ala *hardcore* do jazz, mas pelos grupos de rock experimental, como o Sonic Youth e outros, que encontraram na indomável linguagem sonora do free jazz uma fonte de inspiração para os descendentes do punk e do *metal*.

Free jazz *lives*. Nada pode ilustrar melhor o fascínio irresistível da improvisação livre do que a guinada do pianista Keith Jarrett: em 2001, com o álbum *Inside Out*, ele deixou de lado a execução romântico-impressionista e se voltou para a improvisação livre:

> aqueles que não fazem free jazz (como Wynton Marsalis, Ken Burns etc.) não entendem, não compreendem, que o free jazz é uma parte importante da grande história do jazz. Onde está a forma? Não faça esse tipo de pergunta. Não pense nisso. Não se antecipe. Simplesmente entre na coisa. Tudo está lá, em algum lugar recôndito. De repente, a forma surge por si mesma.

1970

Até agora foi possível organizar os estilos por décadas, com alguma simplificação, sem dúvida, mas em favor de uma grande visão de conjunto. Com a chegada dos anos de 1970, porém, não há mais como estabelecer esse tipo de ordenação simples. Essa década caracterizou-se ao menos por sete tendências:

1. O *fusion* ou jazz rock. A improvisação clássica do jazz é contaminada pelos ritmos e pela sonoridade eletrônica do rock.

2. A tendência à música de câmara do romantismo europeu, originando uma espécie de "jazz estético". Nessa época, surgiu uma infinidade de trabalhos solos ou em duos sem acompanhamento. Outros dispensaram só a seção rítmica – o baixo e a bateria. Renunciou-se a muito do que antes era tido por imprescindível no jazz: força explosiva, incisividade, sede de expressão, intensidade, êxtase, aceitação da "feiura". O jazz foi – segundo um crítico norte-americano – *beautified*, ou seja, embelezado, estetizado.

3. A música da nova geração do free jazz. No começo dos anos de 1970, quando o jazz rock subiu à cena e logo obteve grande sucesso comercial, muitos críticos concluíram que o free jazz havia morrido. Fora uma precipitação. A música livre havia apenas ingressado na esfera *undergroud* (na época, isso significava migrar para a Europa!). Por volta de 1973-1974, teve início o *comeback* das formas livres de execução, aglutinadas em torno da AACM (Association for the Advancement of Creative Musicians), uma associação de músicos cofundada em Chicago pelo pianista Muhal Richard Abrams. No decorrer dos anos de 1970, os músicos do free jazz, sobretudo aqueles da AACM, tornar-se-iam cada vez mais importantes, num contexto caracterizado por estruturas transparentes e pela atmosfera de calma inquietude. O free jazz da AACM – e não há nenhum paradoxo nisso – buscava conscientemente estruturas compositivas e a mistura de gêneros, ao mesmo tempo em que se reportava de modo

cada vez mais decidido e programático às raízes africanas da música negra. Os músicos da AACM não falavam mais de jazz, mas – orgulhosamente – da "Great Black Music" (cf. a seção "AACM" do capítulo "As Bandas do Jazz").

4. O surpreendente *comeback* do estilo swing. Subitamente entrou em cena uma nova geração de músicos que, na aparência, não se distinguiam muito dos músicos de rock ou *fusion*, mas, na verdade, faziam uma música que evocava os grandes mestres da era do swing – no sax-tenor, podemos citar Ben Webster ou Coleman Hawkins; no trompete, Harry Edison ou Buck Clayton. O mais bem-sucedido desses jovens músicos foi o sax-tenorista Scott Hamilton, natural de Providence, capital do estado de Rhode Island, nos Estados Unidos. Mencione-se ainda o trompetista Warren Vaché e o guitarrista Cal Collins. Reedições de gravações clássicas do estilo swing passaram a despertar agora um inesperado interesse.

5. O *comeback* ainda mais surpreendente e amplo do bebop. O grande responsável por isso foi o sax-tenorista Dexter Gordon. Ele viveu anos reservadamente na Europa – principalmente em Copenhague. No fim de 1976, ele foi para Nova York tocar no clube Village Vanguard. O que, a princípio, devia ser uma temporada curta, acabou se tornando um *comeback* não apenas de Dexter Gordon (que voltou a morar nos Estados Unidos), mas do próprio estilo bebop.

Na história do jazz, essa foi a terceira onda do bebop – posterior ao bebop original dos anos de 1940 e ao hard bop da segunda metade dos anos de 1950. Assim como o hard bop assimilou as experiências do cool jazz – sobretudo as frases melódicas alongadas –, o novo bebop do fim dos anos de 1970 assimilou tudo aquilo que fora produzido nesse meio-tempo. Dois músicos em especial, embora já falecidos na época, pareciam ser onipresentes: Charles Mingus e John Coltrane. Mas houve também aqueles que trouxeram ao bebop as experiências do free jazz e, assim, criaram uma espécie de *free* bop. A esse grupo pertencia o baterista Barry Altschul, assim como os saxofonistas Arthur Blythe, Oliver Lake, Dewey Redman e Julius Hemphill.

6. O jazz europeu encontra a si mesmo. Esse desenvolvimento já havia sido preparado pelo free jazz dos anos de 1960. A única novidade é que ele agora vai além do free jazz, abarcando também as formas tonais de execução. Assim como os músicos da AACM se voltaram para as suas raízes africanas, também os músicos europeus passaram a buscar suas próprias origens. Alguns procuraram sua identidade no âmbito da música de concerto europeia; aqueles que seguiam na linha do tonalismo partiram para a música romântica ou impressionista; no caso dos músicos do free jazz, o leque era bem variado: Webern, passando por Berg até Stockhausen, Boulez, Nono, Rihm e, sobretudo, Eisler e Weil. Outros encontraram raízes e estímulos no folclore europeu – na música étnica de suas culturas – e em outras músicas folclóricas do mundo, bem como nas grandes culturas musicais não europeias.

Não raro, esses distintos campos de influência apareceram em intrincadas relações de tensão; e isso naturalmente incluiu o permanente diálogo com influências do jazz norte-americano.

7. A formação paulatina de um novo tipo de músico, que transitava entre o jazz e a música do mundo, integrando e transcendendo ambos.

Inúmeras combinações e conexões formaram-se entre essas tendências. E isso também por surgirem num contexto em que o free jazz interagia com múltiplas tendências: heranças da tonalidade e da composição estruturada, elementos do jazz tradicional, música erudita de vanguarda, elementos de culturas musicais exóticas – sobretudo a indiana –, do romantismo europeu, do blues e do rock. "Não é mais simplesmente execução livre, é tudo junto", disse o clarinetista Perry Robinson. Certamente, e eis a grande novidade, o princípio categorial de todos esses elementos se desfaz. Os elementos não são mais agrupados lado a lado como nas misturas de antigamente; eles perderam seu caráter típico, são apenas música.

A verdadeira razão de ser do surgimento do free jazz nos anos de 1960 se mostrará na década seguinte. Os músicos compreenderam que a liberdade do free jazz não existia para que cada um pudesse fazer o que quisesse, mas para que todos pudessem dispor livremente daquilo que, no passado, era feito dentro de um automatismo coercitivo.

Tomemos a harmonia como exemplo. Quando os jazzistas descobriram a tonalidade livre, eles não deixaram de lado os processos harmônicos; eles apenas se libertaram da coerção, do funcionamento mecânico prescrito pela teoria convencional, em que, uma vez determinado um esquema harmônico, se fixava com ele toda uma série de progressões de acordes. Quando os músicos do free jazz romperam com o "autoritarismo" do círculo mecânico dos processos harmônicos, eles se viram livres inclusive para poder dispor com mais autonomia daquelas harmonias consideradas "belas" em termos estéticos.

O mesmo valeu para o ritmo. A métrica regular do jazz tradicional – e isso ficaria bem claro na década de 1970 – não foi desfeita simplesmente em nome de uma iconoclastia impiedosa; essa ideia só passou pela cabeça dos fanáticos da primeira hora do free jazz. A dissolução da métrica ocorreu a partir do momento em que o automatismo e a pretensa naturalidade do beat contínuo foram postos em discussão. Na verdade, a métrica regular havia se tornado tão óbvia nos anos de 1960 que era quase impossível um artista isolado levantar alguma dúvida sobre esse ponto. Com a chegada da década seguinte, porém, nada mais seria óbvio, nem em relação ao ritmo. E consequentemente o músico se tornaria inteiramente livre para lidar com todos os tipos de ritmos e métricas – inclusive os de caráter regular e contínuo.

O free jazz foi um processo de libertação. Só agora o músico de jazz era realmente livre. Era livre inclusive para escolher aquilo que na época do free jazz havia se tornado inadmissível para muitos jazzistas: terças, tríades, progressões da harmonia funcional, valsas, canções e metros com quatro batidas, formas e estruturas coesas, sonoridades românticas. O free jazz dos anos de 1970 melodizou e estruturou a liberdade adquirida nos anos de 1960.

Para os leigos, os anos de 1970 são, em primeiro lugar, a década do jazz rock ou – como se diz nos Estados Unidos – do *fusion*. Ambos os conceitos denotam a mesma coisa: a fusão do jazz com o rock, muito embora, como já indicado, essa fusão tenha envolvido uma série de outros elementos.

A fusão era uma tendência já posta na segunda metade dos anos de 1960, como se pode ver em grupos como o quarteto de Garry Burton, o Jeremy & The Satyrs (do flautista Jeremy Steig), o Fourth Way, do pianista Mike Nock, o quarteto de Charles Lloyd, o Free Spirits (do guitarrista Larry Coryel), o primeiro Lifetime, de Tony Williams, o grupo Dreams, com o saxofonista Michael Brecker e o trompetista Randy Brecker, além de diversas *compact big bands*, cujo modelo proviera da banda Blood, Sweat and Tears.

A Inglaterra foi onde esse processo de fusão teve maior impulsão inicial (1963) e também onde arrefeceu mais rapidamente (por volta de 1969). Quase se poderia dizer – com um certo exagero – que a década de 1960 inglesa foi também a década do jazz rock, marcada por grupos como o Graham Bond Organisation, do organista Graham Bond, Colosseum, Cream, Soft Machine; e músicos como o guitarrista John McLaughlin, o baixista Jack Bruce, os bateristas Ginger Baker e Jon Hiseman, além do saxofonista Dick Heckstall-Smith.

De outro lado, não resta dúvida de que Miles Davis ajudou a alavancar o jazz rock com seu álbum *Bitches Brew*, de 1970. Miles criou a primeira integração equilibrada e musicalmente satisfatória do jazz com o rock. Ele é o catalisador do jazz rock – não apenas por conta dos discos que gravou, mas também porque uma grande parte dos músicos importantes dessa década tinha passado antes por seus grupos.

Chama muito a atenção o momento de confluência desse processo. Como já dito, *Bitches Brew* apareceu em 1970 – em pleno "crepúsculo dos deuses" da era do rock: quando morrem Jimi Hendrix (1970), Janis Joplin (1970), Brian Jones (1969), Jim Morrison (1971), Duane Allman (1971); e também quando os Beatles chegam ao fim (1970). Em 1969, os Rolling Stones faziam um concerto em Altamont, Califórnia, quando uma catástrofe – a maior da era do rock, com quatro mortos e centenas de feridos – veio jogar um balde de água fria na maravilhosa boa vontade que irradiava do festival de Woodstock. A partir desse momento, o milagre da "Woodstock Nation" – uma sociedade nova e jovem, repleta de amor, tolerância e solidariedade – caiu por terra e surgiu aquilo que realmente estava em sua base: o excelente negócio de seus organizadores. Em Nova York e São Francisco, as principais casas de concertos de rock – a Fillmore East e a Filmore West – fecharam suas portas (1971). De uma hora para outra, a era do rock ficou sem fôlego, sem rock. Desde então, não surgiria mais nenhum grupo fora do comum, nenhuma grande personalidade. No fim desse ano, Don McLean cantou o triste e resignado verso "The day the music died" (O dia em que a música morreu), em seu hit *American Pie*, o hino de despedida da *rock age*. O mundo inteiro estava de luto. Durante várias semanas, essa canção fez sucesso nas *charts**.

Tudo isso aconteceu entre 1969 e 1972, quando o novo jazz desabrochava, integrando o rock com o jazz. Em 1969, apareceu *In a Silent Way*, o álbum de Miles Davis que preparou *Bitches Brew*. Em 1971, surgiu o Weather Report e a Mahavishnu Orchestra. Em 1972, o novo jazz já estava completo – com todos os grupos que apresentamos na seção "Jazz Rock e *Fusion*" do capítulo "As Bandas do Jazz". A era do rock – ou pelo menos a melhor parte dela – desaguou no novo jazz. O novo jazz sensibilizou o rock dos anos de 1960, assim como este havia sensibilizado o *rock'n'roll* dos anos de 1950.

A influência do rock sobre o jazz pode ser claramente percebida em quatro âmbitos: na eletronização do instrumental, no ritmo, numa nova forma de relação com o solo e, conexo a isso, numa maior ênfase na composição e no arranjo, de um lado, e na execução coletiva, de outro. Em todos esses âmbitos, o que se verifica é um refinamento de elementos típicos do rock, mas que não tinham mais como ser desenvolvidos pelos músicos de rock.

No que diz respeito ao processo de eletronização dos instrumentos, observa-se o seguinte: de um lado, o grupo dos chamados *instrumentos eletroacústicos*, em que o som é produzido mecanicamente e só depois amplificado e manipulado eletricamente – pianos elétricos, clavinetes, guitarras com amplificadores e alto-falantes, mas também outros instrumentos, como saxofone, trompete e até bateria (às vezes acoplando um pedal *wah-wah* e um pedal *fuzz*), aparelho de eco e *hall*, *phase-shifter*, *ring* modulador, feedback, aparelho de duplicação de oitava e harmonização automática de linhas melódicas (harmonizador, circuito varitone, *multi-vider* etc.) e guitarra *two-board* (que agrupa num único instrumento duas guitarras de seis ou de doze cordas ou uma guitarra e um baixo). Ao segundo grupo pertencem os instrumentos eletrônicos, em que – como o próprio nome já diz – o som é produzido de forma *totalmente eletrônica*, como o órgão e os instrumentos de teclado eletrônico (conhecidos como *keyboards*), sobretudo os sintetizadores de diversos formatos, ainda monofônicos no começo dos nos de 1970, mas, desde meados dos anos de 1980, já polifônicos e com dinâmicas de ataque.

* As *charts* são listas semanais elencando os sucessos do momento. (N. da T.)

Igualmente importantes foram as técnicas de gravação. O estúdio moderno ganhou um significado novo, transformando-se num "instrumento" – um instrumento tão importante quanto o do músico. Um bom engenheiro de som precisa ter o conhecimento e a sensibilidade de um músico – além de todo o conhecimento técnico pressuposto para o exercício da profissão. Ele toca com botões e aparelhos. De outro lado, os músicos também ganharam um bom conhecimento técnico e alguns deles não ficam atrás de nenhum engenheiro. A manipulação do som se tornou uma arte. Por meio de equipamentos como o *phaser*, o *flager* e o *chorus*, o som passou a mudar, cintilar e "peregrinar".

A um observador superficial fica a impressão de que os jazzistas tomaram todo esse instrumental do rock e do pop. Mas é necessário examinar com mais atenção, pois sabemos que a guitarra elétrica, no fim dos anos de 1930, já havia sido usada por Charlie Christian na orquestra de Benny Goodman. O órgão eletrônico já era popular no rhythm & blues negro por meio de músicos como Wild Bill Davis e ganhou projeção depois de 1956 graças ao sucesso mundial do organista de jazz Jimmy Smith. O som perolado do piano elétrico chegou à consciência dos músicos de jazz por meio do sucesso mundial de "What'd I say", de Ray Charles, em 1959. O rock branco só veio a se apropriar desse instrumento depois que Miles Davis gravou seu álbum *Filles de Kilimanjaro* com Herbie Hancock e Chick Corea no piano elétrico. Sonny Stitt (1966), Eddie Harris (1967) e Lee Konitz (1968) foram os primeiros a experimentar instrumentos de sopro eletrônicos, duplicadores de oitava e equipmentos de harmonização. É certo que o sintetizador provém do experimentalismo da música de concerto europeia. Ele começou a ser desenvolvido e testado em estúdio em 1957 por R. A. Moog (com a colaboração de Walter Carlos). Mas o primeiro concerto público de sintetizador foi dado por um músico de jazz: o pianista Paul Bley, que, em 1969, tocou na sala da Filarmônica de Nova York com um sintetizador Moog. Também o modulador anular, o *phase-shifter*, o feedback etc. surgiram dos estúdios eletrônicos da música de concerto.

A impressão de que tudo isso vem do rock é, em grande medida, decorrência da gigantesca força publicitária do rock e da indústria fonográfica. Isso explica a grande repercussão desse fenômeno sonoro. No entanto, o fato é que a eletronização dos instrumentos é obra dos músicos negros e a invenção de um som "puramente" eletrônico é obra da música de vanguarda europeia. O trabalho pioneiro na amplificação elétrica e na manipulação eletrônica de instrumentos tradicionais foi feito principalmente pelos afro-americanos. Nesse contexto, é interessante observar que também foi uma cantora negra – Billie Holiday – quem percebeu pela primeira vez as possibilidades de emprego e tratamento da voz humana através do microfone – possibilidades completamente novas e desconhecidas até então (anos de 1930). Na verdade, o estilo de Billie Holiday, considerado "revolucionário" na época, apoiou-se essencialmente na "microfonização" da voz, numa forma de cantar inimaginável sem o microfone. Não é preciso lembrar que hoje essa "microfonização" é tão óbvia para os cantores da música popular que ninguém sequer toca nesse assunto. Charles Keil e Marshall McLuhan evidenciaram o talento especial dos afro-americanos para "tornar audível" aquilo que se tornou possível por meio da eletrônica.

Não apenas os instrumentos e os sons, mas também a necessidade auditiva do homem moderno se fez "eletrônica", perpassando todas as classes e camadas da sociedade: dos guetos e das favelas até os festivais de música do mundo intelectual. A eletrônica, segundo o compositor norte-americano Steve Reich, transformou-se num *ethos*, ou seja, ela é o "meio para veicular a música" que "as pessoas" escutam hoje, assim como na África eram as madeiras e as peles dos animais. A música sempre é "veiculada" por um meio determinante na vida de uma época. Hoje esse veículo é a eletrônica.

Com a eletrônica, surgiu o problema do volume do som. Para o leigo, isso representa tanta dificuldade quanto a que representou a "marcação contínua e rígida" do beat há cinquenta anos. Conhecemos tudo o que já foi dito sobre isso: que é fisiologicamente errado, impróprio às condições do ouvido humano, que danifica a audição e pode até destruí-la. Nunca faltaram otorrinos para corroborar essas teses "com base na práxis médica". A imprensa adora esse tema. Todavia, o volume do som também cria novas sensibilidades: nos anos de 1960, ninguém imaginava que, uma década depois, fosse possível descobrir tantas sutilezas em domínios sonoros tão avassaladores quanto aqueles da Mahavishnu Orchestra ou do Weather Report. O volume do som é um "desafio". Numa época em que os decibéis da paisagem sonora cotidiana ganham dimensões imprevistas, a música não pode mais permanecer no mesmo volume de antes. Do ponto de vista artístico, isso significaria a negação das situações auditivas em que vivemos – naquele mesmo sentido apontado por nós em relação ao "ruído" no tópico sobre o jazz dos anos de 1960.

No que diz respeito ao ritmo, a combinação entre jazz e rock se mostrou pouco satisfatória nos anos de 1960, sobretudo porque a fórmula rítmica básica do rock, como se pode ver nas bandas famosas, é pobre em variações e, nesse sentido, não convém a uma música tão sensível quanto o jazz moderno. Quando se pensa em bateristas de jazz atuantes já na primeira metade dos anos de 1960, como Elvin Jones, Tony Williams ou Sunny Murray, no que eles faziam em termos de variedade, intensidade e complexidade rítmicas (algo sem paralelo no mundo ocidental), é natural que nos soem retrógradas todas as fórmulas criadas pelos bateristas da música popular, sem exceção. E é instrutivo perceber que alguns bateristas de jazz, ao se voltarem para os ritmos extrovertidos do rock, conseguiram criar um tecido rítmico tão diferenciado quanto o do jazz. Nos anos de 1960, os principais bateristas que atuavam nessa linha eram Billy Cobham, integrante da primeira formação da Mahavishnu Orchestra, e Alphonse Mouzon, que tocou na primeira formação do Weather Report. Ambos formaram suas próprias bandas depois.

Quanto à nova relação com o solo, convém dizer, primeiramente, que em todas as fases estilísticas do jazz, do estilo Nova Orleans ao free jazz, o momento de apogeu foi sempre a improvisação solista de alguns músicos excepcionais. Em oposição a esse princípio solista, o free jazz dos anos de 1960 apresentou uma tendência crescente à atuação coletiva, manifestada primeiramente nos Estados Unidos e depois na Europa. Muitos músicos viam na prática da improvisação solo, focada no desempenho individual, o princípio motor do sistema capitalista. Na medida em que esse princípio é questionado em sua lógica político-social – o que já vinha acontecendo há alguns anos –, também a conduta solista se torna questionável em termos musicais. A improvisação coletiva será cada vez mais comum nessa época. O precursor desse desenvolvimento foi o baixista Charles Mingus, que, já no fim dos anos de 1950 e início dos anos de 1960, praticava a improvisação coletiva em seus grupos, não imaginando que, em poucos anos, essa prática seria a tônica de um grande desenvolvimento musical – ainda mais forte na Europa que nos Estados Unidos. Em grupos como a primeira Mahavishnu Orchestra prevalecia uma intensa interação entre os músicos, mas de modo que sempre se podia reconhecer aquele que, a cada momento, atuava como solista principal; no entanto, agora não se pode mais falar em solo no sentido tradicional. E o pianista Joe Zawinul disse o seguinte sobre a primeira formação do Weather Report: "Entre nós, ou ninguém fazia solo, ou todos solavam ao mesmo tempo."

Desde o começo do jazz rock ou *fusion* o papel das gravadoras e dos produtores se deu de uma forma como nunca se vira antes. Com base em critérios predominantemente comerciais, eles determinavam o conteúdo das gravações mais que os próprios músicos. Daí que o impulso musical do jazz rock tenha esmorecido mais ou menos num prazo de cinco anos – na Inglaterra, o mesmo já tinha acontecido meia década antes.

Enfatizar o virtuosismo e tocar cada vez mais rápido, mais alto e mais agudo são duas tendências típicas do jazz rock que fizeram o guitarrista John Scofield sugerir o termo "a maldição do *fusion*": "O que eu odeio no *fusion* é a ginástica." Em 1975, o crítico Robert Palmer assinalou:

> O jazz rock elétrico – a *fusion music* – começa a mostrar seu esgotamento. As bandas de *fusion* acham que o bom é trabalhar com acordes bastante simples, pois de outra forma o som fica pesado e ruim. Isso significa dizer que as sutilezas do fraseado do jazz, a complexidade dos ritmos do jazz e a riqueza da linguagem harmônica do jazz são deixados de lado.

Os anos de 1970 assistiram a uma enxurrada de álbuns de jazz rock. No entanto, o que fica dessa onda avassaladora? Certamente, as obras que representam a fase experimental do começo do jazz rock, com sua avidez por novas sonoridades: as gravações de Miles Davis, principalmente seus dois álbuns pioneiros (*In a Silent Way* e *Bitches Brew*); todos os álbuns da primeira Mahavishnu Orchestra; um pouco do *Return to Forever*, de Chick Corea; um pouco do sexteto de Herbie Hancock e do Weather Report; e quatro ou cinco álbuns de outros músicos. Não é muito se considerarmos que, na grande fase do bebop ou, antes, na do swing, a cada mês um disco fundamental era lançado – e hoje reeditado e confirmado em sua atemporalidade. Muitos dos melhores músicos do jazz rock – consciente ou inconscientemente – sentiram uma ponta de insatisfação em relação à própria música.

Principalmente a partir da segunda metade dos anos de 1970, nota-se naquelas gravações e concertos reputados programáticos pelo mundo do jazz um retorno crescente à "música acústica". (Por "música acústica" – uma expressão pouco feliz, já que toda música é acústica – compreende-se a sonoridade não eletrônica dos instrumentos tradicionais. Existe, assim, uma contraposição entre "acústico" e "eletrônico".) Dois dos mais bem-sucedidos músicos do jazz rock, Herbie Hancock e Chick Corea, na turnê em duo que fizeram em 1978, renunciaram aos equipamentos eletrônicos com que costumavam se apresentar e retornaram ao "velho e bom" piano de cauda. E, desde 1976, o V.S.O.P. é um grupo acústico formado por músicos que fizeram sucesso com o jazz rock eletrônico, como Herbie Hancock, Tony Williams, Freddie Hubbard e Wayne Shorter. Não há dúvida de que todos esses músicos pareceram "florescer" justamente quando, despojando-se dos complicados aparatos eletrônicos, retornaram aos seus instrumentos "normais" e, "enfim", puderam "simplesmente fazer música".

O que facilitou a integração do rock com o jazz foi o fato de que quase todos os elementos do rock são provenientes da música negra norte-americana, isto é, do jazz, mas principalmente do blues, do spiritual, do gospel e da música dos guetos, o chamado rhythm & blues. São estes os elementos: o beat fixo e contínuo do rock, as frases do gospel e do soul, a forma e a construção do som do blues, o predomínio da guitarra elétrica etc. "Dizer que o jazz bebe do rock é dizer que ele bebe de si próprio", disse o baterista Shelley Manne. O grande protagonista desse desenvolvimento é o guitarrista B.B. King, de onde vem praticamente tudo o que é feito pelos guitarristas de rock, pop e beat music. Eric Clapton foi muito honesto ao dizer: "Há pessoas que falam de mim como se eu fosse um inovador. Isso é uma tolice, pois na verdade eu apenas copiei B.B. King." Nesse sentido, entende-se quando o vibrafonista Gary Burton diz "Não existe influência do rock sobre nós. O que acontece é que possuímos a mesma base."

Falamos da coletivização da improvisação. Ela existe nas diversas formas do jazz moderno – do free jazz, passando pelo *mainstream* contemporâneo, até o jazz rock. No entanto, como em praticamente tudo no jazz, também aqui existe uma contratendência, portanto, uma tradição de solo desacompanhado, sem os instrumentos da seção rítmica. O sax-altista Anthony Braxton e o vibrafonista Gary Burton foram precursores desse movimento, que, desde o fim dos anos de 1960, cresce com uma infinidade de gravações, algumas solo, algumas em duo, mas sempre sem acompanhamento. A lista é longa: os pianistas McCoy Tyner, Chick Corea, Keith Jarrett, Cecil Taylor, Oscar Peterson, o saxofonistas Archie Shepp, Steve Lacy e Roland Kirk, o trombonista George Lewis, o trompetista Leo Smith, o vibrafonista Karl Berger, os guitarristas John McLaughlin, Larry Coryell, Attila Zoller, John Abercombrie e Ralph Towner, os violinistas Zbigniew Seifert e Billy Bang e muitos outros; na Europa, Gunter Hampel, Martial Solal, Derek Bailey, Terje Rypdal, Albert Mangelsdorff, Alexander von Schlippenbach, John Surman; no Japão, Masahiko Sato, dentre outros.

O solo desacompanhado não era propriamente uma novidade no jazz. Em 1948, Coleman Hawkins gravou o primeiro solo sem acompanhamento para instrumento de sopro: "Picasso". Entre os grandes pianistas, essa prática foi sempre algo natural, desde os mestres do ragtime na virada do século XIX ao XX, passando por James P. Johnson e Fats Waller, até Art Tatum e por aí afora. Precursor desse desenvolvimento foi também Louis Armstrong, seja em sua gravação com Earl Hines de "Weather Bird" (1928), seja em suas dezenas de cadências e *breaks*.

Mas todos esses músicos apenas abriram caminho rumo a uma tendência que, a partir dos anos de 1970, se consolidou como reflexo social do estranhamento e isolamento do músico de jazz.

A tendência ao solo desacompanhado revestiu-se de uma aura romântica, na medida em que rejeitava a potência dos amplificadores e da sonoridade eletrônica para cultivar uma expressão de alta sensibilidade e personalismo. Tratava-se de um novo tipo de romantismo sonoro e material. Não resta dúvida de que a Europa cumpre um papel essencial na história desse movimento, que não apenas privilegia solos e duos desacompanhados, mas também encerra um pendor "estetizante". A gravadora alemã ECM (Edition of Contemporary Music) desenvolveu uma concepção e um som que se tornou exemplar dessa estetização do jazz.

Mais importante que boa parte dessas tendências foi a formação de um novo tipo de músico, que, embora tenha sido antecipado pelo free jazz, foi assumindo contornos cada vez mais nítidos ao longo dos anos de 1970. Tratava-se daquele músico que, de um lado, estava intimamente ligado à cena do jazz, mas, de outro, tinha no jazz apenas uma base ou mesmo um componente entre outros. Ele integrava elementos de muitas culturas musicais em seu modo de tocar, como a indígena e brasileira, a árabe, a balinesa, a japonesa, a chinesa, a indiana, as africanas, e, às vezes, até da música de concerto europeia. Eles sentiam o que McCoy Tyner definiu com as seguintes palavras: "Eu vejo conexões em todos os tipos de músicas. A música de todas as partes do mundo constitui uma unidade. Vejo na música uma totalidade." Segundo o trombonista de free jazz Roswell Rudd, professor de etnomusicologia da Universidade do Maine:

> Apenas agora começamos a entender que realmente existe uma música do mundo que podemos executar. Ouvimos hoje uma música que é feita no mundo

> todo – nas florestas da Amazônia, nas montanhas da Malásia, entre os povos primitivos redescobertos das Filipinas. Tudo isso está disponível agora [...]. Hoje é preciso uma forma de ouvir e ver intercultural.

Um protótipo desse novo tipo de músico foi o antigo parceiro de Ornette Coleman: Don Cherry, falecido em 1995. No começo dos anos de 1960, ele se revelou como trompetista de free jazz. Mas depois, nos anos de 1970, como classificá-lo? Cherry se aprofundou como nenhum outro músico nas culturas do mundo e aprendeu a tocar vários instrumentos dessas culturas – tibetanos, chineses, indianos, balineses. A resposta veio dele próprio: "Faço música do mundo." Ele chamava sua música de *primal music* (música primordial).

O impulso para esse novo tipo musical partiu de John Coltrane, embora ele certamente pertencesse a uma geração anterior, com outra sensibilidade. Músicos dos anos de 1960 já representativos dessa linha foram o clarinetista Tony Scott (que viveu muito tempo na Ásia e foi um dos primeiros a trabalhar com os elementos dessa cultura plural) e o flautista Paul Horn (que fez a comovente gravação solo no Taj Mahal indiano). Ao longo dos anos de 1970, cresceu cada vez mais o número de improvisadores que transitavam entre o jazz e a música do mundo, num processo que se prolongaria pela década seguinte (cf. a seção "1980" deste capítulo).

À segunda geração de músicos do *jazz-meets-world music* (o jazz encontra a música do mundo) pertenceram, por exemplo, o tocador de *sitar* e de tabla Collin Walcott e os demais músicos do Oregon, assim como Stephan Micus e o violonista e compositor brasileiro Egberto Gismonti. Nos anos de 1970, em Woodstock, surgiu um núcleo de estudos musicais, o Creative Music Studio (CMS), do vibrafonista alemão Karl Berger, em que a música do mundo foi inserida como parte do programa. "Quando iniciamos, no começo dos anos de 1970, talvez tenhamos nos designado como 'escola de jazz'. O que realmente nos interessa hoje, o que fazemos, tocamos e ensinamos aqui é a música do mundo."

1980

O estilo como a negação dos estilos. De um lado, o jazz dos anos de 1980 se caracteriza pelo fato de que as fronteiras estilísticas são continuamente desfeitas e ultrapassadas. E por fazer isso, por implodir as categorias estilísticas, num processo constante de mistura e fusão, ignorando limites, o jazz dos anos de 1980 se mostra sincrético e eclético. Nunca antes – nem nos anos de 1970, quando esse processo tem início – a convivência promíscua e multicolor de orientações e fluxos estilísticos diversos foi tão surpreendente. O que excita e fascina no jazz dos anos de 1980 é a sua diversidade.

De outro lado, a eliminação das fronteiras estilísticas foi tão intrínseca ao jazz dos anos de 1980 que a falta de um estilo definido quase se tornou um estilo. Da consciência de sua própria plenitude e riqueza, bem como da consciência de que esse estilo estava mais para uma atitude aberta que para um estilo propriamente dito, nasceu o jazz pós-moderno.

Até os anos de 1960, o jazz se desenvolveu dentro de uma linha evolutiva clara e unitária. Cada estilo que surgia se colocava diante dos anteriores não apenas como o mais novo, mas também como o melhor. A partir dos anos de 1980, isso muda. O jazz pós-moderno diz: nenhum estilo explica o mundo sozinho, nenhum é melhor que o outro. Todos agora podem ser vistos como musicalmente vivos e atuais: não apenas o jazz contemporâneo, não apenas o jazz moderno, mas também as formas de execução tradicionais, seja o hard bop, o bebop e o swing, sejam os elementos do jazz de Nova Orleans e de antes. E isso não se aplica apenas aos estilos, mas também aos gêneros. Todos os meios musicais imanentes e também exteriores ao jazz são utilizados, misturados e amalgamados entre si.

A crença na equivalência de todos os gêneros e estilos musicais é, pois, o fundamento do jazz pós-moderno. Os aspectos determinantes do jazz dos anos de 1980 são três:

1. De repente, tudo aquilo que faz parte do jazz até o advento do novo jazz – portanto, a grande herança do jazz – se abre ao improvisador como um grande e livre manancial. O jazz dos anos de 1980 aprofunda o diálogo com a sua tradição.

2. O jazz pós-moderno cria unidade a partir da diversidade de elementos estilisticamente distintos e díspares. Ele joga com as contradições e os paradoxos, agregando e integrando opostos dentro de uma totalidade. Um princípio comum ao jazz pós-moderno é a "coerência da incoerência".

No jazz de David Murray, John Zorn e Louis Sclavis ou mesmo na execução de um músico conservador como Wynton Marsalis, é comum que dois ou mais planos estilísticos coexistam sem se misturarem. Fala-se nesse sentido (tomando de empréstimo um conceito do arquiteto Charles Jencks) de uma "codificação dupla" ou "codificação múltipla".

3. A arte da citação se torna um recurso essencial no jazz dos anos de 1980. Como disse o baterista David Moss, é a "música do travessão", em que fragmentos musicais são agrupados e dispostos lado a lado através de paráfrases e citações.

Nas formas antigas do jazz, um músico passava a vida inteira se esmerando para dominar um estilo. Mais tarde, nos anos de 1980, os músicos de jazz passaram a dominar mais de um estilo e modo de tocar – geralmente, com tanta soberania e virtuosismo que fica praticamente impossível classificá-los numa categoria específica. O virtuose da tabla e tocador de *sitar* Collin Walcott, morto em 1984, sempre dizia se sentir um nômade na música, pois não era nem um músico indiano, nem um jazzista, nem um músico de salsa, nem um percussionista africano, mas alguém que transitava por todos esses campos. "Cada vez mais surgem músicos com esse background, que sabem de muitas coisas e não apenas de uma coisa só e específica. Isso gera um dilema: quando não estou bem, me sinto um diletante. Quando estou bem, me sinto *expert* em muita coisa." O sax-altista e compositor John Zorn acrescenta:

> Com o *boom* da indústria fonográfica, as pessoas da minha geração se familiarizaram com uma quantidade maior de tipos de música do que as gerações do passado. Quando criança, eu ouvia os discos de jazz de 78 rotações de meu pai, ouvia blues, pop e rock no rádio – gostava muito da surf music; ouvia Harry Partch, Steve Reich, Ives, Stravinsky, Varèse; e, entre os 18 e os 19 anos, comecei a estudar saxofone. *Todas* essas músicas fizeram de mim o que sou. Em certo sentido, minha música não possui raízes, porque estou sempre recorrendo a todas essas tradições. Não pertenço a nenhum universo específico.

Consequentemente, o músico de jazz pós-moderno é, em primeiro lugar, um multiestilista. Para ele, a ideia de um estilo "puro" é um engodo.

A liberdade do jazz dos anos de 1980 é a liberdade de escolha. Como disse o pianista Anthony Davis, ela é a possibilidade "de sentir-se à vontade para abrir-se a qualquer tipo de influência imaginável".

Nesse sentido, o jazz pós-moderno implica uma violenta crítica ao vanguardismo. Ele questiona a espontaneidade e os mandamentos tácitos do free jazz.

Livre, de fato – uma opinião crescente entre os músicos no começo dos anos de 1980 –, é apenas aquele que pode dispor sem compromissos de tudo o que lhe é oferecido, optando livremente por uma coisa ou outra: pelo metro livre ou pela execução com beat, pela forma aberta ou pela forma padrão de 32 compassos, pela tonalidade livre ou pela eufonia e pela tonalidade maior ou menor, pelo free jazz ou pela música do mundo, ou, ainda, bebop, minimalismo, rock, jazz de Nova Orleans, *trash rock*, tango, hip-hop. A mensagem do jazz dos anos de 1980 é: *anything goes* – tudo pode.

Já disseram que o jazz multiestilístico, com suas alegres misturas, não passa de um fenômeno da moda. Mas numa época em que todos vivem expostos a uma enxurrada permanente de informações e a distância entre países e culturas diminui cada vez mais, os músicos não podem se furtar ao contato contínuo com sons, melodias e ruídos diversos: eles sofrem um verdadeiro "bombardeio" de informações musicais. "As influências são incontornáveis," disse o baterista David Moss, "elas simplesmente estão aí, não podemos escapar delas. Elas soam o tempo todo!"

O surgimento do jazz pós-moderno possui razões culturais, sociais e políticas. O ecletismo transbordante, as execuções radiantes em cores estilísticas, a interpenetração e montagem de elementos estilísticos díspares são a tentativa ao mesmo tempo desesperada e criativa de instituir sentido e nexo num mundo em desfazimento e fragmentação. Numa época em que as tecnologias digitais e computacionais da comunicação nos trazem uma quantidade avassaladora de informações, o mundo se afigura ao músico como um monte de estilhaços sonoros, cujos cacos ele deve reunir para formar seu ponto de vista pessoal e único acerca do mundo. Dos anos de 1980 em diante, não há mais como se fiar numa forma unitária da verdade, nem no jazz nem em qualquer outra arte. Ela só é possível agora como *patchwork*, como uma costura sonora de verdades parciais.

Mas é natural – apesar da ironia – que justamente essa situação precária de colagem de fragmentos estilísticos mantenha vivo o sonho nostálgico da totalidade, o sonho por um mundo acolhedor. Esse sonho foi sempre uma chama acesa na tradição do jazz, renovando-se de tempos em tempos. O jazz dos anos de 1980 foi predominantemente conservador. E não é casual que essa etapa tradicionalista, historicista, do jazz tenha sucedido paralelamente ao conservadorismo do mundo ocidental (*reaganomics*, tatcherismo etc.).

"Hoje há centenas de estilos", diz o baixista elétrico e produtor Bill Laswell. Ao mesmo tempo, algumas formas de tocar se mostram dominantes e mais significativas que outras. Uma visão de conjunto dessas formas nos obriga a pôr tudo numa sequência compartimentada, mas é importante ter claro que elas não se desenvolvem isoladamente, que entre elas existem transições e interpenetrações complexas e sutis. Eis as tendências importantes no jazz dos anos de 1980:

- A tradição segundo a visão do pós-free jazz. Partindo do som da antiga vanguarda, os músicos dos anos de 1980 traduzem cada vez mais a grande herança da tradição para a linguagem da improvisação contemporânea. Elementos do free jazz são combinados e misturados com formas de tocar tradicionais.
- Em sentido contrário a essa tendência, encontram-se os jazzistas do *mainstream* e do neo-bop. Eles apresentam a tradição do ponto de vista do jazz clássico-moderno e, numa explícita rejeição ao free jazz, partem justamente de onde o bebop *revival* dos anos de 1970 havia parado, retomando e desenvolvendo, com consciência conservadora, os resultados do jazz clássico moderno. O crítico de jazz norte-americano Gary Giddins denominou esses músicos do neo-bop de "neoclássicos", uma

denominação não muito exata, pois a relação dos músicos desse novo *mainstream* com a tradição do jazz era mais conservadora e restauradora, ao passo que a relação da antiga vanguarda com a tradição do jazz se fundamenta num diálogo maior com o presente. Assim, seria mais coerente ver na tradição que vem do free jazz uma tendência *neoclássica*, ao passo que a execução inspirada no bebop dos anos de 1980 corresponderia, pelo contrário, a um tipo de classicismo. O classicismo do neo-bop volta a valorizar o momento artesanal no jazz.

- Seguindo o modelo do jazz rock, surgiu o free funk: uma combinação das improvisações livres feitas pelos sopros com os ritmos e sons do funk, do *new wave* e até do punk.
- O diálogo do jazz com as culturas musicais do mundo continua, pois cada vez mais os músicos improvisadores fazem world jazz, integrando em sua execução elementos das culturas musicais asiática e africana, dentre outras.
- Do atrito entre o free jazz, de um lado, e o rock e o punk, de outro, surge a *noise music* (também denominada *no wave* ou *art rock*): uma mistura das improvisações do free jazz com os sons e os ritmos selvagens – intratáveis – do punk, do heavy metal, do *trash rock*, do minimalismo, da música étnica e de várias outras influências.

Quanto ao diálogo da antiga vanguarda com a tradição do jazz, é importante observar que, no começo dos anos de 1980, o free jazz – por meio da AACM, de Chicago, e do Black Artist Group (BAG), de St. Louis – havia se tornado tão melódico e estruturado que já não se podia falar de free jazz em sentido estrito. A corrente do free jazz desaguou no *mainstream* dos anos de 1980. Foi uma grande sensação quando o trio vanguardista Air lançou seu álbum *Air Love*, em 1979, unindo o free jazz com melodias-ragtime de Scott Joplin e elementos do estilo Nova Orleans de Jelly Roll Morton. Na época, com o espírito de permanente inovação da vanguarda, era preciso coragem para retornar aos velhos mestres do jazz. No entanto, poucos anos mais tarde, esse retorno se tornaria algo natural.

Esse olhar atualizador sobre a história do jazz encontrou seu mote no álbum *In the Tradition* (1980), do sax-altista Arthur Blythe. Participam dessa "tradição" todos os músicos importantes que, provenientes do free jazz, dialogam com a herança do jazz: o pianista e compositor Muhal Richard Abrams; o saxofonista, flautista e compositor Henry Threadgill e seu sexteto; o sax-tenorista David Murray, seu octeto e sua *big band*; os trompetistas Lester Bowie e Olu Dara; o baixista Dave Holland; o flautista James Newton e muitos outros.

É fácil identificar o estilo que, nos anos de 1970, um músico do neo-bop reconstruía e atualizava com base em sua sensibilidade contemporânea: o bebop, claro. Mas, no caso de um músico como David Murray, outrora ligado ao free jazz, o que dizer sobre sua reconstrução estilística nos anos de 1980? Sua música contém de tudo um pouco, desde as improvisações coletivas de Nova Orleans até o *jungle sound* da banda de Duke Ellington, do turbilhão de motivos do bebop, passando pelos deslocamentos de tempo de um Charles Mingus até o *overblow* do free jazz e os *shuffles* do rhythm & blues. Existe aqui uma postura muito diferente daquela que um dia caracterizou as tendências retrospectivas do jazz, a exemplo do *New Orleans revival* nos anos de 1940 ou do neo-bop nos anos de 1970: o "tradicionalista" do free jazz não reconstrói nenhum estilo isolado, ele enxerga a tradição do jazz em seu todo.

Não há dúvida de que o jazz neoclássico dos anos de 1980 possui uma tendência conservadora. Mas ela não é nostálgica (nem todos os críticos fazem essa distinção). De fato, seus representantes modernizam e atualizam a tradição do jazz. Daí vem sua importância como figuras de integração – no melhor sentido do termo. Eles não se contentam em buscar as origens do jazz moderno, mas, de um modo apaixonado e apaixonante, impregnam as formas tradicionais de execução com a consciência do presente. Nesse sentido, pode-se compreender o que disse o trompetista Lester Bowie: "Tentamos nos apropriar do que passou, deixar com que toque nossos corações e então acrescentar algo pessoal... É assim que vemos o que passou."

Seguindo uma tendência típica do jazz, foi no ritmo que essa nova relação com o passado se mostrou em toda a sua clareza. Ao longo dos anos de 1980, muitos músicos outrora afeitos ao pulso livre do free jazz retornaram ao princípio do beat contínuo. Foi um retorno àquilo que muitos representantes do free jazz reprovavam e que, de um modo geral, era tido como clichê no free jazz estruturado dos anos de 1970: a marcação constante, ou seja, a execução sobre um ritmo de base que é o mesmo do começo ao fim. Cada vez mais os músicos descobriam, ultrapassando os limites tácitos do free jazz, que a execução métrica possuía qualidades próprias e insubstituíveis. O interessante é que não se tratava simplesmente de tocar num beat constante, mas de conciliar essa concepção com os ritmos mais soltos e fluentes do free jazz, rompendo, assim, com os ritmos convencionais do bebop, do swing e do jazz de Nova Orleans em prol de elementos mais atuais. O que antes fora uma percepção vaga dos músicos do free jazz, a exemplo de Albert Ayler e Ornette Coleman, tornava-se uma realidade cada vez mais vivida e festejada pelos músicos dos anos de 1980, a saber: que a tonalidade livre começa com o country blues e o jazz arcaico de Nova Orleans, não com o free jazz, ou seja, que o abandono da métrica não foi uma invenção dos anos de 1960, mas uma tendência inerente a tudo o que de alguma forma – no bebop, no swing e nos ritmos de marcha das *parades* de Nova Orleans – remete à flexibilidade métrica da música afro-americana.

O free jazz desenvolveu clichês, embora tenha declarado guerra aos clichês. O jazz neoclássico dos anos de 1980, por sua vez, também rompeu com clichês, mas com a diferença de ter conscientemente jogado com eles, conservando-os, citando-os e ordenando-os. Apesar de seu humor e de suas paródias, nota-se nele um profundo respeito pela grande herança do jazz tradicional. "Nada é contemporâneo", diz o guitarrista John McLaughlin, "enquanto você não sente a tradição que está oculta".

Mesmo sem consciência disso, Duke Ellington foi o primeiro neoclássico do jazz. Ele associou a inovação à tradição como ninguém mais, criando o novo com base num profundo envolvimento com as grandes e velhas formas da música afro-americana. Não é por acaso que o jazz dos anos de 1980 foi marcado por inúmeros tributos a Ellington – James Newton, World Saxophone Quartet, Chico Freeman e muitos outros dedicaram a Ellington álbuns inteiros. Intuitivamente, muitos músicos captaram o paralelo que aproxima Ellington do jazz dos anos de 1980: ambos movem-se *beyond category* – além das categorias.

Em oposição aberta a essa forma livre de ver a tradição do jazz, desenvolveu-se um fluxo classicista ao longo de 1980: o neo-hard bop. Sem dúvida, ele também atualizava a tradição do jazz, trazendo-lhe, pois, elementos completamente novos. No entanto, tomando uma distância consciente do free jazz, ele levava adiante a tendência que o neo-bop dos anos de 1970 já havia inaugurado: a de continuar e desenvolver o bebop. No começo dos anos de 1980, os jovens se voltaram cada vez mais para a grande herança de Charlie Parker, Dizzy Gillespie, Thelonious Monk, Fats Navarro, Clifford Brown, Bud Powell e outros. Desde os anos de 1980, porém, são tantos os elementos extrínsecos confluindo para esse bebop *revival* – como modalidade (cf. a seção "Harmonia" do capítulo "Os Elementos do Jazz"), deslocamento de tempo, liberdade de forma e, às vezes, também a presença de estilos antigos – que não é mais possível falar de neo-bop em sentido estrito. A corrente do neo-bop desaguou no classicismo dos anos de 1980. Execução e improvisação sobre *changes* (sequência predefinida de acordes numa forma estrófica), tonalidade e beat – eis os fundamentos do neo-bop. Trata-se do que os músicos chamam de jazz straight-ahead, uma vez que esse tipo de jazz é concebido com base numa linha melódica contínua e de uma base rítmica invariável.

O que une todos os músicos importantes do jazz straight-ahead esclarecido é a certeza de que o bebop é o fundamento do jazz moderno. No entanto, eles não atualizam e modernizam apenas o bebop, mas também tudo o que foi produzido daí até o começo do free jazz: a modalidade de John Coltrane, o hard bop abstrato de Wayne Shorter, a ousadia rítmica e harmônica do segundo e legendário quinteto de Miles Davis, a complexidade melódica do primeiro Eric Dolphy etc. Ao contrário do que ocorria no neo-bop, não existem aqui meros adereços, mas a confluência com princípios estilísticos autônomos e válidos por si.

Músicos importantes do classicismo do jazz são o jovem trompetista Wynton Marsalis, os saxofonistas Donald Harrison e Bobby Watson, o trompetista Terence Blanchard, o pianista Mulgrew Miller, o baterista Jeff "Tain" Watts, o baixista Charnett Moffett, dentre outros.

Alguns críticos acusaram os músicos do jazz straight-ahead esclarecido de copiar os mestres do bebop – e ainda pior: de deixar passar "erros sintáticos e gramaticais". Mas são justamente tais "erros sintáticos e gramaticais" – erros harmônicos, melódicos e rítmicos – que constituem o charme do neo-hard bop. Os grandes bateristas jovens dessa orientação, Jeff "Tain" Watts, Marvin "Smitty" Smith, Ralph Peterson e outros, atam-se à rica tradição de bateristas do bebop: partindo de Max Roach e Art Blakey, passando por Roy Haynes, até os desdobramentos rítmicos de Tony Williams e Elvin Jones. Entretanto, eles soam contemporâneos e diferentes porque são mais violentos, agressivos e incisivos. Eles tocam os ritmos do jazz moderno com a consciência de quem, nesse meio tempo, conheceu o *fusion* e o jazz rock, trazendo para o novo jazz straight-ahead algo da força motora e da fúria dos estilos de rock. Certamente, eles cometem "erros" de sintaxe e gramática, mas é preciso ter claro que toda novidade no jazz, tudo o que caminha em direção à autonomia e à individualidade – no campo estilístico ou pessoal – começa justamente com tais desvios sintáticos e gramaticais, com tais "erros".

O *mainstream* renovado do jazz também surpreende por nos mostrar como as possibilidades de diferenciação podem, no jazz, nascer justamente da semelhança. O "soar como" e o "soar conforme", pode ser um caminho para se chegar a um som próprio, ao "soar como eu mesmo". Em nenhuma outra época do jazz, isso ficou tão claro quanto no classicismo dos anos de 1980. Em concertos inteiros ou numa única peça (ou numa única frase), o sax-tenorista Branford Marsalis faz lembrar, ora Joe Henderson, ora Buddy Tate e Don Byas, ora John Coltrane e Sonny Rollins. Porém, ninguém ousaria censurar as cópias de Marsalis. Ele soa sempre como si mesmo. Que seja um paradoxo, mas é assim: quanto mais ele parafraseia, mais autônomo fica.

O perigo implicado nessa prática é evidente e muitos se perderam nisso nos anos de 1980 (não apenas no âmbito do jazz straight-ahead). É o perigo de que a citação, em vez de servir de pretexto para algo mais, permaneça isolada como fragmento e frase sem sentido. Nenhuma citação – por mais brilhante que seja – dispensa um músico de jazz do grande desafio que é tocar com personalidade. A citação, os músicos sempre ressaltam isso, precisa ser vivida e sentida, caso contrário, ela se torna um artifício vazio.

Um traço capital do jazz dos anos de 1980 é a tensão existente entre a tendência neoclássica e a tendência classicista. Ambas as orientações – o neo-hard bop e a tradição segundo o pós-free jazz – mantêm um diálogo fecundo com a história do jazz e valorizam a grande tradição do jazz com base na realidade dos anos de 1980. Porém, enquanto o hard bop esclarecido supõe uma tradição a ser conservada pelos novos criadores, os neotradicionalistas provenientes do free jazz preferem ver na tradição um permanente impulso de renovação. Nos termos do baterista Beaver Harris, eles vão "do ragtime ao *no time*".

Passando ao largo das tensões entre classicismo e neoclassicismo, o free funk ganhou corpo nos anos de 1980. Esse estilo buscou para si aquilo que o jazz rock dos anos de 1970 desperdiçou ou deixou esquecido pela metade. Munido dos recursos criados pelo free jazz, ele libertou e flexibilizou os ritmos e as melodias do jazz rock. Inversamente, por meio dos ritmos dançantes do funk e do rock, o free funk trouxe movimento e carnes ao abstracionismo do free jazz. No começo dos anos de 1980, a fusão do jazz com o rock tornar-se-ia novamente, e por um breve espaço de tempo, uma aventura excitante e arrebatadora.

Um momento-chave desse processo de libertação data ainda dos anos de 1970, quando o *fusion* e o jazz rock exibiam os primeiros sinais de esgotamento – mais exatamente, em 1977, com Ornette Coleman e seu álbum *Dancing in Your Head*. Nessa obra, os ritmos borbulhantes e "livres" do funk, assim como as improvisações coletivas eletrificadas e em afinação não temperada da banda de Coleman, a Prime Time, descortinaram um novo horizonte para o jazz rock, que havia então adentrado por um verdadeiro beco sem saída. Na verdade, *Dancing in Your Head* e *Body Meta* anteciparam em alguns anos o free funk.

É certo que experimentos voltados à fusão do free jazz com o funk não eram propriamente uma novidade. Albert Ayler, num álbum de 1968, o *New Grass*, misturou elementos do rhythm & blues e do soul com o free jazz. No começo dos anos de 1970, Rashied Ali, que fora baterista na última banda de John Coltrane, liderou um grupo que tocava free funk; e, em 1974, o Human Arts Ensemble, liderado pelo baterista Charles Bobo Shaw, fez gravações em St. Louis que uniam free jazz com rock, rhythm & blues e funk. Entretanto, não há dúvida de que Ornette Coleman foi quem empreendeu a primeira integração realmente artística do free jazz com os ritmos do funk em seu álbum *Dancing in Your Head*.

A importância de Ornette Coleman para o free funk é a mesma de Miles Davis para o jazz rock e o *fusion*. Dele vieram todos aqueles que nos anos de 1980 fizeram seu nome na zona de fronteira entre o free jazz e os ritmos do funk, do rock e do pop: o baterista Ronald Shannon Jackson com as várias formações de sua Decoding Society, o guitarrista James "Blood" Ulmer e o baixista elétrico Jamaaladeen Tacuma. Todos eles passaram pela Prime Time. Mas também músicos e bandas que nunca tiveram contato muito pessoal com Ornette foram influenciados por sua música: o Slickaphonis, do trombonista Ray Anderson; os Five Elements, do sax-altista Steve Coleman; Greg Osby; a banda Defunkt, do trombonista Joseph Bowie; e ainda a Noodband, na Europa; o saxofonista Kazutoki Umezu, no Japão, dentre outros.

Ainda que nos anos de 1970 as figuras rítmicas da bateria do jazz rock tenham transcendido os limites do rock, comparadas à complexidade rítmica do jazz moderno, elas representam um retrocesso: a simetria de seus ritmos *two-beat* produzia rigidez e esquematismo. Foi o free funk que libertou os ritmos do jazz rock. De repente, os ritmos do funk começaram a *respirar*, ganhando elasticidade e plasticidade, e a métrica se desenvolveu em formas plurais de interpretação e execução.

Entretanto, as figuras rítmicas do funk, como claramente se pode ver no curso dos anos de 1980, se libertaram apenas parcialmente, pois uma libertação total destruiria o que elas possuem de mais característico: seu *funkiness*, a força motora, o furor dançante. Os *riffs* e *ostinato* do funk são incompatíveis com a forma aberta e a concepção livre do free jazz.

Há, pois, diferenças insuperáveis entre o *free* e o funk; e, por ser assim, o free funk oscila entre dois extremos: ou traduz os ritmos pulsantes do funk para a linguagem da métrica livre – perdendo com isso algo de seu *funkiness*; ou, pelo contrário, enfatiza os rígidos padrões rítmicos do funk, enrijecendo também as possibilidades melódicas e harmônicas do free jazz.

Diz muito da complexidade do jazz dos anos de 1980 o fato de que tal contradição não seja necessariamente encarada como um problema, representando para alguns até mesmo uma vantagem, uma espécie de estímulo à criação. O baterista Ronald Shannon Jackson, com muita maestria, trouxe esse conflito para dentro da linguagem de sua Decoding Society: nela, os temas construídos pelos sopros, numa execução cheia de *rubato*, fluência e tranquilidade, opõem-se energicamente às figuras da bateria de Jackson, pulsantes e inspiradas no funk.

Entretanto, é notório que conflitos dessa intensidade não podem durar muito tempo: num assombroso paralelo com o jazz rock, após um breve e violento período de florescimento no começo da década, o free funk passou a apresentar sinais muito claros de envelhecimento.

O dilema do free funk deriva, em grande parte, do fato de que seus ritmos muito raramente comportam qualidades interativas – que promovam a mutualidade entre os músicos –, como, aliás, é próprio dos ritmos de jazz. O *ostinato*, padrão compositivo do free funk, por sua relativa autossuficiência, inibe a realização de um princípio vital e imprescindível ao jazz (e que é praticado por todos os grandes bateristas, de Nova Orleans ao free jazz): o diálogo musical. Por esse motivo – e novamente podemos constatar o paralelo com o jazz rock – poucos álbuns de free funk realmente convenceram em termos artísticos: em primeiro lugar, o *Dancing in Your Head*, de Ornette Coleman, depois algumas gravações mais antigas da Decoding Society, de Ronald Shannon Jackson, como *Street Priest* ou *Nasty*, e alguns trabalhos de James "Blood" Ulmer, como *Odyssey*. Nesse sentido, não é de estranhar que Ornette Coleman, com sua Prime Time – mesmo após 25 anos de *Dancing in Your Head* –, continue a ser a figura de proa do free funk: ele conseguiu estabelecer dentro desse estilo – e apesar dele – valores como integração, conexão e equilíbrio.

Paralelamente ao free funk e com ramificações em várias orientações estilísticas, desenvolveu-se outra importante corrente, cujos primeiros frutos datam já dos anos de 1970: o encontro do jazz com as culturas musicais do mundo. Quando Don Cherry, pelo fim dos anos de 1960, falou em estabelecer um diálogo entre o jazz e as músicas africana, asiática, oriental e latino-americana, portanto, em fazer uma "música do mundo", ele era praticamente uma voz isolada. Vinte anos depois, a condição de estar *entre* as culturas tornou-se natural para o músico de jazz. A música do mundo deixou de ser um movimento visionário e se tornou um ramo lucrativo da música popular – tanto que a indústria fonográfica, em 1987, apropriou-se do termo música do mundo, a fim de com isso poder capitalizar as tendências da música popular de origem não ocidental. Em virtude de uma consideração panorâmica – e também de uma melhor diferenciação –, as inúmeras tendências que reúnem o jazz e as músicas não ocidentais passaram a ser referidas pelo termo world jazz.

O world jazz começou nos anos de 1960 por um processo de adições periféricas. Qualquer coisa que despertasse o interesse dos músicos – elementos indianos, balineses, japoneses, africanos, brasileiros – era assimilada como complemento à práxis cotidiana do jazz. Só nos anos de 1970 é que o world jazz chegou a resultados de alto nível artístico, pautados num princípio de fusão e integração.

A década de 1980 aprofundou e vivificou ainda mais esse processo de fusão. Contribuíram para isso grupos como o Codona e o Oregon, além de músicos como o percussionista Okay Temiz, o baixista David Friesen, o tocador de *oud* residente na Europa Rabih Abou-Khalil, o saxofonista Charlie Mariano, o percussionista Bengt Berger, o trompetista Jon Hassell, o percussionista Naná Vasconcelos e muitos outros.

Por implodir categorias (já nos anos de 1970), o world jazz tornou-se *o* catalisador de todas as formas, tendências e modas que, no jazz dos anos de 1980, praticam a desconstrução estilística em prol do sincretismo e do ecletismo. Mais do que qualquer outra corrente do jazz – talvez mais que o próprio free jazz –, essa combinação de jazz e música do mundo levou a um apagamento das fronteiras entre estilos, gêneros e categorias. Por isso, o músico de jazz que se abre ao diálogo com os músicos de outras culturas é o protótipo do multiestilista, pois ele busca na diversidade o que é comum. O trombonista Roswell Rudd diz: "Descobrimos a música dos pigmeus e percebemos que ela também é a nossa." Segundo Karl Berger, que dirigiu por vários anos o Creative Music Studio, em Woodstock, Nova York: "Se você ouve através das músicas, você logo percebe que todas possuem algo em comum. Todas possuem as mesmas raízes."

Muitos músicos concebem a viagem musical por outras culturas como uma viagem à própria interioridade. Berger, em seus cursos sobre música do mundo, em Woodstock, sempre apontou para isso: "Listen into yourself." Ouça dentro de você mesmo. Encontre tudo em você mesmo.

Um bom exemplo é o caso do baterista Ed Thigpen, que pertence a uma geração mais antiga, conservadora, completamente diferente da geração jovem do world jazz. Quando o percussionista do sul da Índia T.A.S. Mani, durante um encontro de música do mundo no Festival de Música de Donaueschingen (Alemanha), em 1984, explicou a Ed que o difícil compasso em 11/8 era comum na música indiana, mas não existia no jazz, este, após "entender" o ritmo alguns minutos depois de tocar com o grupo, deu a seguinte resposta: "É engraçado, mas de algum modo eu já conhecia isso. É como se a coisa já estivesse em mim desde sempre. Quem sabe?"

Reconhecido já em seu tempo, mas morto prematuramente, em 1967, John Coltrane foi quem deflagrou essa fusão do jazz com a música do mundo. Quando ele descobriu as músicas árabe e indiana, sentiu-se como diante de um enigma – uma *trip into your inner self*, uma viagem para dentro de si mesmo. Existe, assim, uma motivação psicológica para o world jazz: a descoberta de arquétipos musicais. O percussionista e sitarista Collin Walcott adorava dizer que a música do mundo era o modelo de uma convivência mais humana e solidária num planeta superpovoado.

De outro lado, os anos de 1980 mostraram muito claramente que a verdadeira fusão não acontece se as culturas mundiais (africana, tibetana, balinesa, brasileira etc.) são vistas como materiais permutáveis. A primeira fase do world jazz produziu coisas extremamente superficiais por isso. Vários músicos observaram reiteradamente que era preciso conhecer o conteúdo e o significado daquilo que se pretendia misturar, a fim de que os componentes individuais pudessem se amalgamar numa totalidade.

Não há como aprender a música de outras culturas em cursos intensivos. Se os músicos de uma cultura não ocidental precisam de metade de uma vida para fundamentar e assimilar as condições simbólicas, míticas, religiosas e funcionais de sua própria música, seria absurdo supor que um músico de jazz pudesse interiorizar a riqueza dessa música em pouco tempo – ou mesmo ao longo de um estudo sistemático e rigoroso. O problema aumenta ainda mais pelo fato de que o músico do world jazz normalmente não se ocupa apenas de uma única cultura musical, mas de muitas.

Por esse motivo, o músico do world jazz tenderá – não por desinteresse, mas pela própria situação – a pairar na superficialidade. É preciso rigor formal e integridade para contornar esse risco. Incrivelmente, muitos o conseguem. "A pilhagem colonialista das riquezas musicais das culturas do mundo", uma prática que também existe no world jazz, perde importância diante dos resultados artísticos de alto nível provenientes desse encontro do jazz com a música do mundo .

Ao lado do world jazz – e influenciada por ele de muitas formas – desenvolveu-se a *noise music* ou *no wave*. Costuma-se incluir nessa classificação as múltiplas tendências, os tipos de execução e as modas geradas no atrito entre o free jazz, de um lado, e, de outro, o punk, o rock experimental, o minimalismo, a música étnica, além de várias outras influências. Os rótulos são tão variados quanto os próprios resultados: *art rock*, *punk jazz*, *out music*, *fake jazz* etc. Apesar da diversidade, todos esses tipos de execução estão unidos pelo fato de se subtraírem – com sua natureza excêntrica, bizarra, baseada em fragmentos estilísticos – a qualquer categorização unívoca. Por isso, fala-se da *no wave* como de uma música intransigente com todas as ondas e modas, embora muito do que se faça, nesse caso, contenha traços inconfundíveis da moda.

Músicos excepcionais atuantes nessa linha são o sax-altista e compositor John Zorn, o guitarrista Arto Lindsay, o baterista David Moss, o *scratcher* Christian Marclay, os guitarristas Fred Frith e Elliott Sharp, o saxofonista John Lurie, o tecladista Wayne Horvitz, a harpista Zeena Parkins e o baixista Bill Laswell.

No wave e *noise music* são estilos que dão prosseguimento – por meio do punk, do *trash rock*, do minimalismo e de numerosas outras influências – ao que o free jazz iniciara: a emancipação do ruído. De forma chocante, agressiva e selvagem, rompendo com tudo o que se toma como musicalmente válido e agradável, os músicos da *no wave* traduzem os sons que nos cercam para a linguagem da música improvisada. Eles infringem as regras autoimpostas do free jazz com o mesmo ímpeto e a mesma radicalidade com que o free jazz um dia se lançou contra a harmonia funcional, o beat regular e a tonalidade. Pelo menos em quatro pontos a *noise music* questionava a lógica do free jazz.

1. Os músicos da *noise music* não estão de acordo com o free jazz no que tange ao desenvolvimento musical. Em vez dos grandes e extasiantes arcos de tensão, típicos da improvisação coletiva do free jazz, busca-se o evento sonoro isolado. Os músicos da *noise music* e da *no wave* despedaçam e atomizam a continuidade discursiva do free jazz, engendrando uma sucessão de eventos sonoros em rápida alternância.

O free jazz agrupa os sons. A *no wave* os isola. A ruptura musical é o procedimento mais importante da *noise music* e seu método predileto é a colagem: a conexão de decursos e sons musicais aparentemente desconexos, de onde surge, apesar de toda ironia, fragmentação e ambiguidade, um plano superior de conexões e ordenamentos musicais.

2. A sensibilidade temporal do free jazz ganha mais intensidade e velocidade. De fato, com a *no wave*, o pulso do free jazz se adensou em tempos retorcidos. Submetidas à alta velocidade, peças e formas são comprimidas e reduzidas. Nas palavras do baterista e cantor David Moss: "Já é muito quando uma peça chega a um minuto."

3. O free jazz rompeu com muitos valores musicais do passado, mas de uma coisa não abriu mão: a ideia do artesanato e da excelência técnica. A *noise music* se desvencilhou até desse ideal. Movida por um espírito de protesto, ela abraçou propósituras diletantes, fórmulas *kitsch* e banalidades diversas, parodiando, distorcendo e ironizando todo o lixo acústico que habita nosso cotidiano.

4. Os músicos da *noise music* tocavam sem a utopia do free jazz. Através de sons estilhaçados e lúgubres, a *no wave* e a *noise music* abdicam da fé de que a música possa contribuir para transformações políticas e sociais. Renegando a projeção de um

mundo melhor, mais humanizado, os músicos da *noise music* apostam num frio e cínico "é assim mesmo". Na verdade, eles criticam a aridez das cidades, a loucura de um mundo não sustentável do ponto de vista ecológico e fortemente militarizado, na medida em que refletem e desmontam em termos acústicos a realidade nua e crua.

Sem dúvida, muito do que verificamos no âmbito da *noise music* e da *no wave* já se esboçara no free jazz. A diferença é que a *noise music* leva ao extremo, numa linguagem despudorada e ambígua, aquilo que o free jazz realizara tímida e parcialmente.

Já se falou muito que a *noise music* e a *no wave* possuem um caráter destrutivo. No entanto, agressivos, brutais e violentos não são os músicos da *no wave*, mas as circunstâncias de vida e audição na qual eles estão inseridos e de onde extraem sua música. É sempre a mesma história: os artistas são responsabilizados por aquilo que captam com sua sensibilidade e perspicácia. Diz o saxofonista e compositor John Zorn: "Dê um passeio de bicicleta ao meio-dia pela Broadway e você verá de perto tudo o que pomos em nossa música."

Numa síntese conclusiva, gostaríamos de enfatizar que o neo-hard bop, o free funk, o world jazz e a *noise music* não são estilos isolados. Ao contrário: frequentemente, aparecem misturados em múltiplas e coloridas combinações. Uma situação que se complica ainda mais pelo fato de que muitos desses músicos transitam entre um estilo e outro. É cada vez mais difícil um músico se contentar com um único estilo, ao contrário do que ocorria nas décadas passadas, quando, de um modo geral, um estilo se destacava e outros dois ou três circulavam nas margens.

1990

No começo dos anos de 1990, o delta estilístico do jazz cresceu até adquirir proporções imensuráveis. O jazz pós-moderno, transgredindo as fronteiras de estilos e gêneros, deu vazão a um hibridismo sem restrições, misturando e justapondo estilos de toda ordem. Ao mesmo tempo, o jazz se tornou extremamente permeável a outros tipos de música. "Aquilo que confere importância e significado ao jazz", afirma o crítico norte-americano Tom Piazza, "se diluiu. A música precisou de uma metáfora reavivante, organizadora". Dessa situação, nasceu um novo agrupamento de músicos, o qual, apoiado por alguns críticos, construiu sua identidade em cima de um lema coletivo: *we need a canon*.

Precisamos de um cânon – essa reivindicação retoricamente lapidar, aguda e radical, partiu de Wynton Marsalis, encontrando em sua música a mais clara realização. O trompetista, compositor e *bandleader* pretendia resgatar aquilo que o jazz – trinta anos depois do free jazz, vinte anos depois do jazz rock e dez anos depois do jazz pós-moderno – parecia ter perdido: a condição de ser agradável, clássico e rigoroso em seus pressupostos.

Aceite-se ou não o cânon de Marsalis, o fato é que ele uniu uma geração inteira de jovens jazzistas, os chamados *young lions*. Tal como Wynton Marsalis, eles se apresentavam em ternos feitos sob medida e adotavam formas de tocar conservadoras, que partiam do bebop e visavam a uma reapreciação da tradição do jazz.

Os *young lions* queriam dar ao jazz um sentimento de totalidade e continuidade. Eles queriam contar histórias e não as desconstruir, servir e não provocar. Seu conservadorismo se refletia em improvisações cujo propósito não era modificar nem inventar, mas afirmar e reencontrar. "Antes de poder se livrar do fardo histórico do jazz, você precisa carregá-lo", disse Branford Marsalis.

Os novos conservadores redefiniram padrões e – por mais questionáveis que fossem suas posições (como veremos) – criaram formas de tocar inteiramente pessoais. É incrível o modo como eles lidavam com a grande herança do jazz – eles faziam da tradição um instrumento, dominando-a magistralmente.

Em janeiro de 1991, o Lincoln Center, em Nova York, ganhou um departamento permanente de jazz, com Wynton Marsalis na direção artística. Sua fundação veio acompanhada de uma subvenção de 3,4 milhões de dólares, necessária para que o Jazz at Lincoln Center (JaLC) pudesse operar no mesmo patamar de outras instituições de prestígio, como a Metropolitan Opera, a Juilliard School, o New York City Ballet e a New York Philharmonic.

Em termos de política cultural, o significado disso foi enorme. Pela primeira vez um afro-americano ascendeu ao topo de uma importante instituição ligada à alta cultura dos Estados Unidos. Com um orçamento na época acima de 2,3 milhões de dólares, foi traçada a meta de apresentar os cânones do jazz clássico.

"Afirmação, majestade e sofisticação" – as três qualidades norteadoras do programa (e termos-chave de Albert Murray, sociólogo da cultura e mentor de Wynton Marsalis). O problema da sobrevivência do jazz diante do "sucesso da música pop" e a "morte dos grandes jazzistas" foi enfrentado pelo Jazz at Lincoln Center com o resgate dos "valores imortais" do jazz – valores que Marsalis acreditou ter descoberto em alguns elementos clássicos: o blues, o swing, o *groove* e os *standards*.

Tratava-se, pois, de um programa conservador, que privilegiava o jazz straight-ahead dos *young lions* e celebrava, em retrospectiva, os grandes heróis da era do swing, do bebop, do hard bop e do jazz de Nova Orleans. Tudo o que fosse além disso – vanguarda e free jazz, *hip-hop jazz* e jazz rock, jazz europeu e world jazz – ficaria de fora. "Podem me falar de nova música ou de folclore imaginário", disse Stanley Crouch, "mas, por favor, não me digam que isso é jazz."

O Jazz at Lincoln Center (JaLC) atuou como catalisador no conflito entre a concepção antiga e a nova do jazz, e seu programa deflagrou uma discussão que resultaria em acirradas polêmicas. O debate tradição *versus* inovação se fez tão agudo em determinados momentos que os jornais chegaram a publicar manchetes como "A guerra do jazz em Nova York".

"Os jazzistas Armani, com seus *standards*, não se arriscam a nada", ironizou o clarinetista Don Byron. "Exposição de museu", disse o trompetista Lester Bowie, que, a propósito, acredita "que rebelião é a única tradição efetiva do jazz". E o sax-tenorista Gary Thomas acrescenta: "Se querem usar o cajado da tradição para bater naqueles que não se enquadram nela... *Fuck the tradition!*"

Wynton Marsalis e os *young lions* tiveram de pagar um preço alto pelo ingresso no mundo da alta cultura: a exclusão da maior parte do jazz contemporâneo. Marsalis chamou os músicos do free jazz de "patrulha perdida", seu mentor e promotor Stanley Crouch intitulou os músicos negros voltados às raízes africanas do jazz de "caras pintadas de lança na mão". Segundo Crouch, os últimos 25 anos do século XX foram, no melhor dos casos, um "período dadaísta" na história do jazz. Diante do cânon clássico do jazz, não há nada que se salve em meio às produções do jazz de vanguarda, do jazz rock e do world jazz. "Os bebop *cats* e os músicos clássicos possuem algo em comum", afirma o guitarrista Vernon Reid. "Ambos dizem: nós somos aqueles que tocam a *real thing*, portanto, deem a nós o dinheiro."

Há duas formas de se colocar diante da tradição, segundo o baterista Hamid Drake, que distingue a *small tradition* da *great tradition*. A *small tradition* consiste na imitação, continuação ou ampliação de um determinado estilo. A *great tradition*, ao contrário, é mantida por instrumentistas que buscam o atrito com o cânon herdado. A *great tradition* repousa sobre um paradoxo: eles se mantêm fiéis aos velhos mestres justamente porque dão continuidade à atitude firme que os caracteriza. "A tradição dessa música – sua essência –", diz o compositor Muhal Richard Abrams, "é a transformação em si mesma".

Por mais pertinentes que sejam algumas críticas dirigidas à moda retrospectiva dos anos de 1990, não se pode deixar de observar que também houve excessos na polêmica contra o jazz neoconservador. O que a maioria dos *young lions* queria não era recriar o passado do jazz, mas antes captar sua essência mais profunda. Eles acreditavam que, na comparação com o jazz tradicional, encontrariam a si próprios. Muitos improvisadores – o sax-tenorista Joshua Redman, os trompetistas Nicholas Payton e Roy Hargrove, os pianistas Benny Green e Cyrus Chestnut – conseguiram isso. Soa paradoxal, mas também os neoconservadores contribuíram para a transformação do jazz. Eles mostraram que pode haver uma gama infinita de sutilezas e possibilidades de diferenciação nesse processo de reapreciação e mistura das execuções tradicionais.

O crescente incentivo institucional do jazz nos Estados Unidos não acabou, como se temia, com o ramo criativo do jazz. Muito pelo contrário: o incentivo acabou promovendo o jazz como um todo. No fim dos anos de 1990, percebeu-se que o Jazz at Lincoln Center flexibilizou seu padrão canônico e modernizou seu programa.

"'As guerras do jazz não têm nada a ver com criatividade", disse o trompetista Dave Douglas no começo do terceiro milênio. E o sax-tenorista David Murray acrescentou: "Posso dizer o que eu gostaria de ver no fim dessa maldita polêmica? O respeito entre os músicos das diversas frações da comunidade do jazz. Não faz sentido desrespeitar as pessoas porque elas se movimentam em gêneros musicais diferentes do nosso."

O *boom* do bebop dos anos de 1990 trouxe uma poderosa valorização do fazer artesanal. Em estreita conexão com o sucesso dos *young lions* (promovendo-os e tirando proveito deles), o ensino do jazz viveu um surto de expansão.

Em 1975, o pai de Branford Marsalis tocou com o sax-tenorista Sonny Stitt. Branford, na época com 15 anos e encantado com os titãs tradicionais do jazz, tocou alguma coisa para o mestre. "Oh, está muito bom", disse o mais velho, "você está trabalhando nessa merda [*shit*]". Branford respondeu: "Você sabe bem que tipo de merda é essa, Sr. Stitt". Stitt: "Não diga isso, filho. Eu posso xingar. Você não."

De um lado: "O jazz é uma das formas artísticas menos lecionáveis" (Keith Jarrett). Pode-se fazer que um músico jovem toque como um músico mais velho, mais maduro? "Não", disse o saxofonista David "Fathead" Newman, "você precisa *viver* e *ouvir*".

De outro lado: o ensino do jazz funciona. Hoje não são os clubes e as *jam sessions* que oferecem aos jovens um espaço para o aprendizado do jazz, mas as escolas, com seus programas e *workshops*. "Nova York mudou", diz o saxofonista Marcus Strickland. "Acredito que a escola substituiu as ruas como rede social de trabalho." A história e o desenvolvimento da pedagogia do jazz, suas chances e riscos, move-se entre esses extremos.

O mundo acadêmico do jazz oferece aos músicos uma ocupação estável e, para alguns, até lucrativa. Essa nova geração de professores/instrumentistas rebate o ditado que diz "quem sabe faz, quem não sabe ensina", pois o músico de jazz, jovem ou velho, vê cada vez mais nas universidades – e não nas "ruas" – o espaço central para a exercitação de seu talento.

Em 1972, apenas quinze universidades ou *colleges* ofereciam nos Estados Unidos cursos de jazz. Em setembro de 1998, eram mais de cem. O jornal *Jazz Times* relatou em 1992 que só nos Estados Unidos havia mais de 100 mil estudantes frequentando cursos de jazz. Em escala mundial, o IAJE (International Association of Jazz Educators) contava com mais de 7 mil membros em 32 países.

Para ganhar prestígio perante as escolas de música clássica, muitos professores de jazz buscaram fórmulas e códigos que pudessem enobrecer o jazz e conferir-lhe o *status* artístico da música de concerto. Fizeram do bebop sua plataforma – uma música notada segundo o modelo ocidental, que ainda possui a vantagem de poder ser descrita segundo as regras da harmonia funcional europeia.

A expansão do ensino do jazz fez medrar um tipo de execução que pode ser perfeitamente descrito como um "bebop conceitual". Essa música é tão dominada por fórmulas e códigos, malgrado toda a sua abertura estilística, que o baterista Kenny Washington opinou: "Os músicos de hoje não sabem nada sobre *feeling*. Os músicos mais jovens nem querem mais tocar blues. Eles acham que isso já era. O blues é deixado de lado."

Com ou sem consciência, alguns ramos do ensino do jazz foram amplamente cooptados pelos ideais da música clássica. O professor exagera no exercício de leitura e harmonia, exigindo o aprendizado de certos desenhos melódicos (*patterns*), das *note choices* e da precisão na articulação. Mas os professores que procedem assim esquecem que a peculiaridade da música de Lester Bowie, Joe "Tricky Sam" Nanton, Peter Brötzmann ou Jan Garbarek é resultado de um trabalho pessoal com os timbres. Sem dúvida, quem quiser improvisar em cima de *standards* precisa munir-se de conhecimentos harmônicos. "Porém", diz David Ake, "não entendo por que o ensino de harmonia é tão central nos cursos de improvisação nem por que a notação goza de tanto privilégio no ensino de jazz dos *colleges*".

Não seria difícil, por exemplo, ensinar os *shrieks* e *sounds* dos saxofonistas do free jazz. Mas ensinar a tocar como o Coltrane tardio, Evan Parker ou Albert Ayler seria uma meta que, por sua inviabilidade pedagógica, afrontaria a "autoridade" dos professores e desmoralizaria suas instruções "precisas" e objetivas". Isso por um simples motivo: a peculiaridade desse som não é passível de notação. Por essa razão, ele não pode ter lugar nas pedagogias institucionais do jazz; por isso, também o pianista e compositor Anthony Davis lamenta com razão: "É muito triste que a pedagogia não possa incluir toda a experiência norte-americana."

Felizmente, em tempos recentes, essa orientação "clássica" da pedagogia do jazz tem sido cada vez mais questionada. Há muitas alternativas aos rituais tradicionais de ensino/aprendizagem centrados em códigos e exercícios. Steve Coleman, por exemplo, ensina suas composições extremamente complexas de outra forma: ele põe os estudantes para reproduzi-las de ouvido. Cada vez mais os professores se tornam conscientes da importância dos elementos rítmicos e timbrísticos – da audição intuitiva.

Um bom jazzista nunca cessa de aprender. "Educação é um processo para toda a vida", assinalou o trombonista Slide Hampton. Na época em que disse isso, ele tinha 70 anos de idade. Mas também seria tolo – como às vezes acontece – supor que o melhor para o jazz contemporâneo seria que não houvesse escolas de jazz. O contrário é verdadeiro. Todos os grandes músicos de jazz que, dos anos de 1990 para cá, tiveram e têm peso em termos de criação – Jason Moran, Brad Mehldau, Branford Marsalis – dizem a mesma coisa: sem esse impulso que, em certo momento de suas carreiras, eles receberam dos *colleges* e das universidades, de mentores e professores, eles não seriam o que hoje são – improvisadores criativos com uma inconfundível assinatura pessoal.

"O ensino do jazz traz resultados", diz o pianista Jason Moran.

> Estudei diariamente com Jaki Byard. Ele não poderia ter sido melhor. Mas a coisa passa mesmo é pelo estudante. Antes de você optar por estudar jazz numa escola,

você deve ter uma ideia do que quer, do que você quer ser. Certa vez encontrei um jovem no Brasil que sonhava em estudar jazz numa escola em Nova York. Eu apontei para sua cabeça e disse: "Aí está sua escola."

À primeira vista, o jazz dos anos de 1990 parece estar totalmente regido pelo signo da restauração e do conservadorismo. Na realidade, o jazz não perdeu nada de sua curiosidade: nunca a cena do jazz foi tão plural e original. Ao largo do jazz neoconservador dos *young lions* – e às vezes em acirrado contraste com ele –, desenvolveram-se pelo menos seis tendências marcantes, entre as quais é possível todo tipo de combinação:

1. A cena *downtown* nova-iorquina que surge como catalisadora das diversas tendências multiestilistas do jazz.
2. O surgimento de um "folclore imaginário", em grande medida, fruto do fortalecimento da consciência do jazz europeu.
3. A inclusão da cultura *sampler* e *remix* no jazz, da qual fazem parte os livre improvisadores e todos os instrumentistas que, em suas improvisações, fazem empréstimos ao hip-hop, ao *drum'n'bass*, e ao *techno*.
4. O florescimento do coletivo de música autodenominado M-base, especialista em fazer da métrica um "quebra-cabeça", isto é, improvisar dentro de um labirinto métrico e rítmico.
5. A globalização veloz da cena do jazz e o salto quântico do world jazz, com migrantes formulando na linguagem do jazz suas condições de vida e experiências culturais e, cada vez mais, músicos não ocidentais ajudando a modelar a fisionomia do jazz contemporâneo.
6. O enorme crescimento de uma onda vocal deflagrada pela cantora canadense Diana Krall, cuja popularidade, tida então como insuperável, logo seria ultrapassada pela vocalista Norah Jones, várias vezes ganhadora do Grammy. Desde o fim dos anos de 1990, as cantoras de jazz fazem grande sucesso, seja pela via dos *standards*, isto é, dos grandes clássicos da música popular norte-americana, seja pela do *singer songwriting* – das canções autorais (cf. a seção "As Cantoras" do capítulo "As Vozes do Jazz").

Partindo dos resultados (geralmente estridentes e policromáticos) da *no wave* e da *noise music* – mas dentro de um processo que os agrupa e supera –, surgiu lá pelo fim dos anos de 1980, no Lower East Side, em Manhattan, uma cena interessante para a música experimental – a cena *downtown* nova-iorquina.

"O que brota dessa cena é uma música indiscutivelmente hibrida", observa o sax-altista e compositor John Zorn. "Ela é fruto de pessoas que cresceram nos anos de 1970 e passaram a maior parte de suas vidas conscientes ouvindo e vivenciando músicas advindas de todo o mundo."

Um dos principais lemas da cena *downtown* é: "A unidade está morta." Ela foi substituída pela pluralidade. Com seu agradável e divertido jogo de citações, ela é consequência de uma estética paradoxal, que busca a coesão por meio da desconstrução. Um traço da cena *downtown* é justamente a sua irrestrita pluralidade estilística.

Esse pluralismo não significa arbitrariedade, mas uma variedade de diferenciações e vinculações. "Muita gente tem dificuldade em me classificar estilisticamente", disse o guitarrista Jim O'Rourke, que, embora não seja nova-iorquino, tem pontos em comum com a cena *downtown*. "Dizem por aí: ele não faz nada além de agrupar coisas que não tem nada a ver. Eu vejo diferente: para mim, tudo tem a ver. E os denominadores comuns são situações difíceis, quase sem solução, das quais eu preciso me libertar esteticamente para poder aprender algo novo com elas."

A cena *downtown* é filha da grande cidade de Nova York – uma música que está associada a valores musicais como intensidade, densidade e barulho. Bricolagens livres, combinações multiestilísticas (às vezes estridentes) em técnicas de pastiche – Thomas Miessgang fala de "estética *cut* + *paste*" (cortar + colar) –, é disso que se constitui a linguagem sonora corrente da cena *downtown*. Com uma avidez de estilos e citações, combinando linguagens e idiomas musicalmente contraditórios, as improvisações da cena *downtown* mostram que o jazz é uma música feita de curiosidade, indignação, inquietação e protesto.

Os sons da cena *downtown* surgem de um mundo onde o tempo da percepção musical ficou extremamente acelerado. Isso explica porque tudo é tão instável e abreviado. "Ouvimos música como se assistíssemos a um filme", diz o pianista Uri Cane, "com cortes rápidos, *jump cuts* e mudanças abruptas de cena".

"Em nossa época somos bombardeados por músicas de todas as épocas e gêneros", diz o trompetista Dave Douglas. "Como fazer uma síntese disso tudo? Eis a questão." Todos os músicos importantes da cena *downtown* nova-iorquina – o sax-altista John Zorn, o trompetista Dave Douglas, o pianista Uri Cane, o clarinetista Don Byron, o guitarrista Marc Ribot, o tecladista Jamie Saft, os bateristas Joey Baron e Bobby Previte, o violinista Mark Feldman –, todos eles têm uma resposta pessoal a essa questão.

Entre eles foram muitos os que perceberam e vivenciaram intuitivamente a proximidade especial entre o jazz e as grandes culturas musicais não ocidentais; a riqueza da música do mundo é uma inspiração importante. Por isso, não é de se espantar que muitos músicos de origem não europeia – migrantes e instrumentistas com experiência de vida multicultural – tenham podido dar um impulso criativo a essa cena: o percussionista brasileiro Cyro Baptista, a baterista de origem filipina Susie Ibarra, a japonesa Ikue Mori, o percussionista cubano-americano Roberto Rodríguez, entre outros.

Por si só, essa diversidade cultural dos músicos aponta para a intensidade da mistura de estilos e sons da cena *downtown*. Porém, ao longo dos anos de 1990, duas tendências se mostraram marcantes nas improvisações inspiradas na música do mundo da cena *downtown*:

1. A partir do *revival* do klezmer* – mas levando-o adiante e radicalizando-o experimentalmente –, os músicos judeus da cena *downtown* se debruçaram sobre os elementos novos e velhos de sua cultura musical e criaram um novo jazz klezmer multiestilístico, promovendo, assim, o desenvolvimento de uma *radical jewish culture* ou seja, de uma cultura judaica radical (esse nome vem de uma série de álbuns do selo Tzadik, de John Zorn).

2. A isso, veio somar-se uma forte e visível atração dos jazzistas nova-iorquinos pelos ritmos e melodias do folclore balcânico (voltaremos a isso a propósito do "folclore imaginário").

O jazz klezmer e a *radical jewish culture* representaram para muitos músicos uma alternativa bem-vinda ao dogmatismo dos *young lions* e "um antídoto certo contra o 'atestado de pureza racial' afro-americano" (Peter Niklas Wilson).

Assim como os músicos negros da AACM encontraram na Great Black Music as raízes para um jazz de vanguarda que desconhecia fronteiras de estilos e gêneros, também os músicos da cena *downtown* encontraram e encontram na música judaica as raízes para um novo jazz híbrido. "Faltava-nos uma identidade étnica", disse o tecladista Anthony Coleman,

* Gênero musical judaico não litúrgico de caráter festivo e dançante. (N. da T.)

"e aí encontramos essa coisa que era *cool* e tinha tanto *funkiness* quanto o blues ou as outras músicas negras que tentávamos roubar".

Outros músicos da cena *downtown* nova-iorquina – o trompetista Frank London ou o baterista Joey Baron, por exemplo – exploram a relação de proximidade da música judaica com o blues. Em ambos os gêneros, nota-se predileção por notas um pouco abaixo da afinação padrão, as chamadas *blue notes* (cf. a seção "O Blues" do capítulo "Os Elementos do Jazz"). Assim como no blues, emoções contraditórias – êxtase de felicidade e dor, tristeza e alegria – podem irromper simultaneamente na música judaica. O clarinetista Ben Goldberg resume isso no seguinte paradoxo: "A música klezmer me abriu um caminho para tocar blues sem tocar blues."

O novo jazz klezmer deu a muitos músicos aquela sensação de proteção e acolhimento que parecia ter se perdido com o jazz multiestilístico. É como se a música judaica permitisse que esses improvisadores da cena *downtown* continuassem aquecidos em meio ao vento frio da pós-modernidade.

Mas o que é "música judaica"? O que é soar "judeu"? Os músicos da cena *downtown* dão sempre respostas individuais e originais a essas questões. Não basta tocar algumas escalas orientais, observa Anthony Coleman: "Posso usar um chapéu de *cowboy* e me sentir um norte-americano típico." Mas há um limite nisso. O mais interessante é tocar uma música judaica que nunca foi tocada antes: "uma música além dos clichês ortodoxos".

Afro-beat, música latina, samba, free jazz, klezmer – para Frank London, trompetista do Klezmatics, tudo isso é parte de sua herança judaica. Ele vivencia e toca todos esses estilos, celebrando-os em seu jazz simultânea e organicamente, por exemplo, com sua *big band* Shekinah. Caso parecido é o do clarinetista David Krakauer: sua banda Klezmer Madness, com base no som de Jimi Hendrix e de elementos da *noise music*, rompe com os clichês e dogmas da música judaica tradicional, conservando, ao mesmo tempo, a grande herança do klezmer.

A música da nova cena *downtown* judaica se alimenta de um paradoxo: de um lado, ela supera o aleatório do pós-modernismo, porquanto se volte para suas raízes judaicas. Mas, ao mesmo tempo, ela emprega toda a multiplicidade estilística herdada na construção de uma nova música. Para Frank London, a música judaica representa tanto a tradição quanto a inovação. "Não se trata de misturar free jazz com klezmer", diz o clarinetista Ben Goldberg. "Posso ouvir todos os elementos modernos no klezmer: melodias fantásticas, uma relação especial com harmonias, estilo, vocabulário, loucura."

A figura central – integradora e dinâmica – da cena *downtown* é John Zorn. Dele partiu o impulso para a realização desse encontro entre o jazz e a música judaica de ontem e de hoje. Tudo começou em 1992 com a montagem de um programa musical centrado na "nova cultura judaica" para o festival Art Projekt, de Munique. Por meio de um manifesto, ele reivindicou uma *radical jewish culture*: o *patchwork* musical de Nova York deveria contribuir para a renovação da cultura judaica. Demorou poucos anos para que a visão se transformasse em realidade sonora.

Com seu quarteto Masada, John Zorn criou o modelo para um tipo de improvisação que interpreta a música judaica com base num ponto de vista individual, moderno. Com o seu selo Tzadik, ele firmou a série "Radical Jewish Culture", que, até agora, conta com mais de setenta álbuns em que mais de vinte artistas e grupos formularam sua concepção sobre o jazz judaico contemporâneo. Cada um deles tem sua própria resposta para a questão de Zorn: "O que é a nova música judaica para você?"

O poder de irradiação desse novo jazz *downtown* mede-se também por sua crescente internacionalização. Hoje há muitas bandas espalhadas pelo mundo: Ahava

Raba, Paul Brody's Sadawi (Berlim), Koby Israelite (Londres), Cracow Klezmer Band (Cracóvia) e Zakarya (Paris), além daquelas que fazem parte do círculo da *radical jewish culture*, de John Zorn.

Todos esses músicos vivem o fascínio de poder fazer uma música judaica sem preconceitos, dogmas e clichês. Quando o trompetista judeu Paul Brody foi indagado sobre o "radicalismo" da *radical jewish culture*, ele respondeu: "Que nos dias de celebrações judaicas eu possa preparar para meus filhos comida judaica ou árabe. Que na mesa eu possa colocar tanto *falafel* quanto pão ázimo."

"Boa parte do que hoje temos de mais original e vital no jazz vem da Europa", observou em 2003 o crítico de jazz norte-americano Dan Ouellette na revista *Down Beat*. Outro crítico vai ainda mais longe com a provocativa tese: "O jazz se mudou para a Europa."

Fato é que, nos anos de 1990, o jazz europeu se equiparou ao jazz norte-americano em termos de criatividade e riqueza. E a formação de um "folclore imaginário" contribuiu muito para isso. O "folclore imaginário" não surgiu nos Estados Unidos, mas na Europa durante os anos de 1970. As forças motoras desse movimento foram a ARFI (Association à la Recherche d'un Folklore Imaginaire), centrada na figura do clarinetista Louis Sclavis, em Lyon; e, na Noruega, o saxofonista Jan Garbarek, que, com suas reflexões sobre o folclore escandinavo e os *balkan moods*, mostrou ser possível fazer um jazz europeu contemporâneo com base em raízes locais.

O conteúdo musical do "folclore imaginário" é feito de alusões e insinuações. Trata-se, no dizer de um especialista, de uma "arte da alusão". Sempre surgem motivos que soam como folclore, mas que são novos e criados pelos próprios músicos de jazz. "O folclore a que nos referimos", explica o pesquisador de jazz Ekkehard Jost, "não existia na realidade, mas era algo que o músico trazia consigo, era parte de sua identidade multicultural". Com esse tipo de alusão ao passado e insinuação a uma tradição, os músicos do "folclore imaginário" desenvolvem os elementos folclóricos no espírito do século XX e XXI.

O contrabaixista francês Renaud Garcia-Fons, por exemplo, faz um world jazz pan-mediterrâneo, para o qual confluem elementos das músicas francesa, hispânica, síria, turca e de outras culturas árabes. A toda hora somos surpreendidos com ritmos flamencos, improvisações do maqam arábe, hinos medievais e melodias sefarditas, mas o que fica ao final é a sensação de uma música nova.

Caso parecido é o do clarinetista italiano Gianluigi Trovesi: suas improvisações recuperam elementos musicais do Renascimento italiano (a dança saltarelo), da *ars nova*, de temas folclóricos de sua terra natal, Bérgamo, da música serial, das bandas de sopro italianas e das composições para o cinema de Nino Rota – tudo isso com base num profundo conhecimento da tradição do jazz, de Charlie Parker e Eric Dolphy até Ornette Coleman e a *new thing* do jazz de vanguarda.

"O jazz é um grande rio", diz Gianluigi Trovesi, "e, à medida que o rio se aproxima do mar, ele se abre a um delta. O delta é o lugar onde os músicos europeus se estabeleceram. Eles se abastecem do rio e do mar; eles juntam o jazz e a música histórica da tradição europeia".

Assim como Gianluigi Trovesi, os músicos do "folclore imaginário" se reportam a seu próprio background para contar histórias pessoais na linguagem do jazz. O pianista espanhol Chano Domínguez reúne a tradição do jazz com melodias e ritmos do flamenco; Theodosii Spassov, que toca *kaval* (um tipo de flauta da região dos Bálcãs), incorpora melodias da dança búlgara *hora* ao jazz contemporâneo; o percussionista turco-armênio Arto Tuncboyaciyan, com sons do Cáucaso e da Anatólia, faz um jazz não ocidental. Os exemplos são incontáveis.

"Estamos vivendo um novo tipo de transformação cultural", diz o escritor italiano Umberto Eco, "em que as diferenças entre os gêneros não são mais tão nítidas". E acrescenta: "Do encontro de tradições aparentemente incompatíveis, surgiram os espíritos de etnias musicais inexistentes."

A cena do jazz europeu é duplamente beneficiada: primeiramente, por conta da riqueza imensurável de diferenças culturais regionais e de tradições folclóricas; em segundo lugar, pelo fato de que os países europeus se tornaram o destino privilegiado das migrações e, com isso, um caldeirão de experiências transculturais (como foram os Estados Unidos no fim do século XIX).

É justamente essa pluralidade linguística musical que faz o jazz europeu ser tão interessante. E não demorou muito para que as particularidades regionais dessem seus frutos. Especialmente impressionante por causa de seu experimentalismo eletrônico é a cena norueguesa (com instrumentistas como Bugge Wesseltoft, Nils Petter Molvaer e grupos como o Supersilent e The Jaga Jazzist), que produziu um movimento de jazz além das diferenças de estilos e gêneros, integrando, entre outras, as tendências pop da Europa. O jazz da Grã-Bretanha se beneficiou em larga medida das heranças culturais dos imigrantes caribenhos e de seus descendentes britânicos, de modo que Londres – por meio de músicos como Courtney Pine, Soweto Kinch e Denys Baptiste – tem produzido uma variante europeia com características próprias do jazz "negro". A cena francesa (com o trio Romano/Sclavis/Texier e Renaud Garcia-Fons) se destaca por meio de seu senso harmônico brilhante e de sua sensibilidade para timbres refinados, além de um pendor para as melodias delicadas do "folclore imaginário". Em relação aos Países Baixos, floresce em Amsterdã (com improvisadores como Wolter Wierbos, Aab Bars e Tobias Delius) uma cena que agrega o jazz, a música de improvisação livre e a nova música. Em Viena, por meio de músicos como Christian Fennesz e Martin Brandlmayr, formou-se uma nova cena eletrônica regida pelo uso do *laptop* e que transita entre a improvisação, o pop e a música escrita.

O primeiro músico de jazz propriamente europeu apareceu já nos anos de 1930 – Django Reinhardt. Quando esse guitarrista gravou seus primeiros solos com o Hot Club de France, impeliu o jazz europeu a se reinventar. O desafio era fazer surgir uma música mais consciente de si, capaz de refletir seu entorno e suas próprias raízes. Na época, as melodias e os *grooves* dos Bálcãs surgiram no jazz pela primeira vez – de início, com um caráter meramente decorativo. Nos anos de 1990, entretanto, o interesse dos músicos de jazz por melodias e ritmos do sudeste da Europa e do Oriente cresceu tanto que um crítico de Nova York falou da "balcanização do jazz contemporâneo". Músicos da vanguarda *downtown* nova-iorquina fizeram da música dos Bálcãs o centro de suas pesquisas musicais. Os jazzistas do oeste da Europa abriram-se cada vez mais aos *odd meters* (compassos complexos) e às melodias folclóricas do leste da Europa. Desde então, cada vez mais os músicos dos Bálcãs e do Oriente invadem a cena do jazz, cena, vale dizer, em acelerado processo de globalização.

É como se os metros irregulares e as melodias ricamente ornamentadas do Mediterrâneo e do sudeste da Europa fossem especialmente próximas do *spirit of jazz*, pelo menos mais próximas do que a estética baseada nas formas clássicas da música ocidental.

A música dos Bálcãs é blues, a começar pelo fato de que "ela vive da mistura ambígua de exaltação e melancolia", conforme observou o pianista sérvio Bojan Zulfikarpašić. Os músicos também descobriram um forte parentesco entre as melodias dos Bálcãs e o blues por causa da tendência da música balcânica a tocar um pouco abaixo da afinação e operar na esfera dos microtons.

Muitas vezes as *wedding bands* dos Bálcãs, com seus tambores enérgicos, cheios de swing, e seu *drive* vital, lembram os ritmos *second line** do jazz de Nova Orleans. A extrema facilidade com que os músicos dos Bálcãs improvisam em cima de ritmos irregulares cativou profundamente os músicos do jazz clássico moderno (Lennie Tristano, Dave Brubeck, Don Ellis). "Penso que os músicos norte-americanos buscam sempre humanidade e honestidade", diz o trompetista Dave Douglas. "E podemos encontrar esses componentes em estado puro em praticamente todas as expressões musicais dos Bálcãs."

Assim, em meados dos anos de 1990, muitos músicos e bandas da cena *downtown* de Nova York – Pachora, Dave Douglas' Tiny Bell Trio, Brad Shepik & The Commuters – importaram melodias e ritmos irregulares dos Bálcãs para seu jazz. Não o fizeram no intuito de reconstruir o folclore tradicional. Eles tocavam a música do Oriente mediados por uma nova sensibilidade jazzística. Muitas das peças do quarteto Pachora soavam como as músicas tocadas há séculos pelas *wedding bands* dos Bálcãs. Ao mesmo tempo, as melodias eram reinventadas. "Mesmo não parecendo", explicava o guitarrista da banda, Brad Shepik, "99% da música vem de nós".

O guitarrista de Nova York nunca esteve na Bulgária, tampouco visitou o Egito, o Marrocos ou a Tunísia. Mas, por isso, seriam menos verdadeiras as histórias que ele conta em seu world jazz? Histórias em que elementos magrebinos, orientais, sobretudo melodias e ritmos dos Bálcãs afloram por meio do experimentalimo da vanguarda *downtown* nova-iorquina?

Brad Shepik e os músicos da cena *downtown* não cometeram nenhum canibalismo musical. O ritmos irregulares do folclore balcânico, via internet, álbuns ou comunidade balcânica de Nova York, tornaram-se parte inseparável da vida e da experiência musical desses músicos. "Quando as pessoas nos ouvem, elas perguntam de onde viemos", conta Shepik. "E então respondemos: do Brooklin."

Sobre o assunto, o saxofonista norueguês Jan Garbarek disse que, quanto mais ele se dedicava à música indiana, mais ele percebia a importância dos Bálcãs para o caminho da música oriental rumo ao centro e ao norte da Europa. Os Bálcãs – isso explica a riqueza cultural dessa região – estão na divisa entre o leste e o oeste. Por isso, suas melodias e seus ritmos sempre estimularam e inspiraram os jazzistas. "A música dos Bálcãs é como um tapete voador para mim", afirma o guitarrista macedônio Vlatko Stefanoski. "Com ela vou a qualquer lugar."

Os anos de 1990 trouxeram um novo *set* de instrumentos, o que permitiu que os músicos de jazz construíssem e modificassem os sons de um modo inteiramente novo. Na verdade, esses instrumentos já estavam disponíveis na década de 1980, mas apenas nos anos de 1990 eles se tornaram manuseáveis, transportáveis, de boa qualidade e bom preço, daí a sua presença em muitos grupos de jazz. Estamos falando do *sampler* e do computador (ou *laptop*).

"A geração atual de equipamentos eletrônicos possibilita uma experimentação que vai muito além do *wickka-wickka* do scratching ou dos *loops* sampleados destinados a acompanhar improvisações", escreveu o crítico britânico Stuart Nicholson. "Hoje a arte da improvisação pode partir de uma textura sonora feita de fragmentos de sons, ritmos e *samplers* eletrônicos."

As improvisações com *sampler* contribuíram muito para a renovação do jazz eletrônico. "O *sampling* oferece um universo ainda não descoberto de sons e texturas", opina o arranjador e saxofonista Bob Belden. E Greg Tate: "O *sampling* possibilita que a música negra de todas as épocas colapse dentro de um único *chip*."

* Nas *parades* e nos *jazz funerals* de Nova Orleans, a *second line* é o grupo de pessoas que sai atrás do cortejo dançando e festejando. (N. da T.)

O *sampler* é o instrumento universal, que reúne virtualmente todos os outros instrumentos, na medida em que pode imitá-los, "produzi-los" e citá-los livremente. Se o *sampler* dá ao músico o poder da recombinação, é inútil ficar se lamuriando e dizendo, como alguns críticos, que o *sampler* promove uma espécie de furto musical. O *sampler* é uma imagem musical instantânea de um outro tempo. Somente pela apropriação, modificação e configuração pessoal dos elementos sonoros é que pode o *sampler* resultar em arte. Como disse o crítico musical afro-britânico Kodwo Eshun: "O *sampler* pressupõe que você saiba qual som lhe apaixona."

O jazz eletrônico trouxe à música de improvisação dos anos de 1990 um ímpeto renovador, de onde surgiram pelo menos quatro tendências em que os músicos de jazz usavam criativamente *samplers* e equipamentos eletrônicos. Essas tendências se misturavam e se sobrepunham:

1. O movimento do *jazz-meets-hip-hop*. "Gosto quando a música tem beat", diz o baterista Albert "Tootie" Heath, um veterano da bateria bebop. "Ouço hip-hop porque os músicos possuem um *serious beat*."

O hip-hop, por meio de seus *loops* e *sampler*, acabou com a reverência aos antepassados e instaurou um processo *groove* de pilhagem. Muitos músicos de hip-hop se apropriam do jazz sem nenhum pudor, utilizando abertamente trechos dos discos dos grandes jazzistas, como Art Blakey, Sonny Rollins, Charlie Parker e Miles Davis. Foi muito legítimo que os músicos de jazz tenham dado uma resposta a isso, formulando sua própria versão do jazz com hip-hop.

Em busca de novas sonoridades, eles encontraram desde o fim dos anos de 1980, nessa aproximação com o hip-hop, o rap e o soul, uma fonte ideal de inspiração para suas improvisações. Fizeram isso também porque esses estilos recordavam suas próprias raízes. Max Roach, um dos fundadores da moderna bateria de jazz, disse com muita precisão: "No beat do hip-hop, ouço os ritmos velozes do bebop."

Os jazzistas-hip-hoppers da primeira hora, como Gary Thomas, sabem intuitivamente que a experiência do rap e do hip-hop equivale àquilo que os músicos de jazz já nos anos de 1960 tentaram fazer por meio da poesia (Charles Mingus com Langston Hughes e outros). Quando o jazzista abdica das formas vivas da *black music*, ele abdica de si próprio.

O trompetista Nicholas Payton disse: "No *groove* e no ritmo, o hip-hop é idêntico ao jazz. Veja, por exemplo, a música 'Donna Lee', de Charlie Parker: se você fizer abstração das linhas melódicas e da estrutura harmônica, tocando apenas o ritmo, você terá um hip-hop."

A forma como o hip-hop lida com o *sampler* tem sido acusada de falta de criatividade. Mas quem usa *loops* e se vale de antigas letras de música não está necessariamente cometendo furto ou pilhagem. O *sampler* permite fazer música sem o uso de instrumentos tradicionais. O músico de hip-hop cria músicas originais com base em fragmentos de músicas já existentes. Assim como no jazz, trata-se aqui da improvisação – da capacidade de criar no calor do momento.

Mas o que os músicos afro-americanos viram na improvisação espontânea do rap e nos baixos carregados do hip-hop foi, acima de tudo, um potencial de rebeldia e protesto. "Muitos pensam atualmente que os rapazes do rap querem apenas se queixar", diz o sax-tenorista Gary Thomas, "mas a verdade é o contrário. Eles têm raiva e por razões muito justas. O racismo, por exemplo, que está até na forma como respiramos. O fim da segregação racial não acabou com o racismo".

Nos anos de 1990, o rap e o hip-hop deixaram de ser uma arte popular urbana para se tornar um fenômeno global – e também um grande negócio. Verdadeira *street credibility* possui apenas aquele que é lançado no mercado como "músico de rua". Na opinião de Q-Tip, "o problema do hip-hop é que, no instante em que a firma percebe que pode fazer dinheiro com ele, a coisa se corrompe".

2. *Drum'n'bass meets jazz*. "Ouço Tony Williams quando ouço Roni Size", constata o arranjador Bob Belden. Assim como Belden, vários outros músicos de jazz sentiram a mesma coisa nos anos de 1990: os ritmos velozes do *drum'n'bass* apresentavam uma variabilidade semelhante àquela que os jazzistas, há décadas, apreciavam nas diferenciações rítmicas do jazz moderno.

O *drum'n'bass* surgiu no multiculturalismo dos clubes de Londres. O estilo, com seus ritmos fractais, interativos – os *breakbeats* –, deita raízes no *reagge* (que, por sua vez, tem raízes no rhythm & blues e no jazz). Os ritmos do *drum'n'bass* e do *jungle* possuem um efeito muito peculiar: a música, straight-ahead em sua essência, "emaranha-se" num conflito consigo própria. Os ritmos do *drum'n'bass* – semelhantes aos do jazz – possuem uma "regularidade irregular". "É como se tatuassem o *groove* em seu corpo" e "fizessem de você um *stepper* que se movesse com reflexos melhores. A audição aguça seus sentidos até eles ficarem eriçados como espinhos" (Kodwo Eshun).

Essa tensão rítmica interna aumentada pela velocidade e por uma agitação "febril" despertou nos jazzistas uma onda improvisatória. Muitos músicos e bandas europeias utilizaram os elementos do *drum'n'bass* e do *jungle* (e os *grooves* eletrônicos da cena *club*) como base para grandes improvisações: na Noruega, Bugge Wesseltoft, Nils Petter Molvaer e a banda Jaga Jazzist; na Grã-Bretanha, Matthew Herbert; na França, o trompetista suíço Erik Truffaz. Também impressionam os músicos e grupos norte-americanos que, na divisa entre o *drum'n'bass* e o jazz, encontraram novas soluções: o trompetista Graham Hynes, o saxofonista Bob Belden, o trompetista Tim Hagans, dentre outros. Nesse diálogo com o *drum'n'bass*, todos esses músicos e bandas descortinaram para os *breakbeats* uma dimensão melódico-harmônica e interativa que o *drum'n'bass* deixara de lado com sua obsessão rítmica.

Não é por acaso que os jazzistas gostam de improvisar com os DJs do *drum'n'bass*: eles fazem música no fluxo, sem muitas definições prévias. "Gosto da velocidade do *drum'n'bass*", confessa o guitarrista Derek Bailey, "essa porra não te deixa ficar enrolando".

3. *Nu jazz* (*lounge jazz*) e *acid jazz* (do começo dos anos de 1990). Chama-se *nu jazz* um tipo de jazz eletroacústico inspirado no pop, no soul e no hip-hop e que se nutre principalmente da *dance floor*. Nesse âmbito, em que se nota uma grande propensão aos modismos da vez, fizeram sucessos nos anos de 1990: [na França,] St. Germaine, Soel, a banda francesa No Jazz; na Alemanha, Roberto Di Goa, Joo Kraus, a banda Nighthawks etc.

No começo dos anos de 1990, tentou-se irmanar o *groove* do jazz com o do pop através da eletrônica e da improvisação. O *acid jazz* (conceito cunhado pelo DJ londrino Gilles Peterson) começou como uma música estilisticamente aberta e cheia de frescor, na qual os ritmos do hip-hop e as melodias do soul se misturavam despreconceituosamente com as improvisações do jazz. Bem-sucedidas nesse âmbito foram bandas como US3, Jazzmatazz e U.F.O. (United Future Organization). Mas depois, quando a indústria fonográfica descobriu o potencial mercantil dessa música híbrida, o *acid jazz* se degradou numa mitura vazia, em que os elementos jazzísticos viraram meros adereços.

Fundamental ao sucesso do *nu jazz* e do *acid jazz* foi terem os DJs descoberto e agregado ao seu *turntablismo* as gravações clássicas do hard bop. Virou moda remixar os grandes temas e solos gravados pela Blue Note e pela Prestige nos anos de 1950 e de 1960.

Nem todos os músicos que se colocaram esse desafio tiveram êxito. Principalmente no âmbito do *dance floor jazz*, nota-se que o processo *groove* de pilhagem prevaleceu diante da criatividade. Inúmeras gravações clássicas de jazz remixadas no estilo do *dance floor* são pálidas e superficiais quando comparadas ao original. "É como se alguém reescrevesse a Bíblia!", ironiza o baterista Rashied Ali. "Esse tipo de *remix* é uma blasfêmia." Que haja, apesar disso, formas criativas de *remix* é um fato demonstrado, por exemplo, pelo baixista elétrico Bill Laswell através de sua reelaboração sensível e autêntica das primeiras gravações de jazz rock de Miles Davis no álbum *Panthalassa*.

4. *Free electronics*. Sempre houve no free jazz e na música de livre improvisação um interesse pela *live electronic*. Mas, com o advento da era digital e das tecnologias computacionais acessíveis e transportáveis, as possibilidades da *live electronic* se ampliaram, dando um verdadeiro salto qualitativo. As improvisações com *laptop* e a execução com DJs e computadores abriram aos músicos da improvisação livre possibilidades antes inimagináveis.

Em meados dos anos de 1980 dificilmente um improvisador acreditaria que os DJs pudessem contribuir de algum modo para o desenvolvimento de sua música. Porém, dez ou quinze anos depois, foi justamente o que aconteceu: os instrumentistas provenientes do free jazz, como Evan Parker, Derek Bailey, Matthew Shipp, William Parker, Tim Berne e muitos outros, passaram a se apresentar com grande autonomia em projetos conjuntos com músicos da nova eletrônica.

A principal crítica levantada contra o novo *jazztronic* é a mesma de sempre: o homem é descorporificado pela tecnologia. "Mas as máquinas não nos afastam de nossas emoções", diz Kodwo Eshun. E prossegue: "Pelo contrário. O som das máquinas *amplifica* o que sentimos, promovendo um espectro de emoções mais amplo que nunca." Kodwo diz ainda que a eletrônica digital nos transforma – como profetizara Marshall McLuhan – em tribos eletrônicas.

Na verdade, a eletrônica digital, com seu leque de possibilidades – *sampling*, *turntable*, DJ, *remix* –, ampliou fortemente o espaço da improvisação jazzística. De outro lado, é um erro achar que a tecnologia – por mais evoluída que seja – constitua por si mesma um avanço musical. As inovações no jazz não são determinadas por progresso tecnológico, o qual não passa de mera oportunidade musical. "Toda música precisa ser orgânica, precisa vir da terra e da alma para poder significar algo. Com a música eletroacústica não é diferente", diz o trompetista Dave Douglas. "O que é M-base?", perguntou a cantora Cassandra Wilson. "Vejo cada vez mais que é um modo de vida. É uma possibilidade de viver a verdade numa encruzilhada... É um movimento espiritual."

No fim dos anos de 1980, foi fundado no Brooklyn, em Nova York, um coletivo musical que se autodefiniu como "Macro-basic array of structured extemporization" (M-base). O M-base é um caldeirão de ambientes e experiências musicais. Todavia, há um traço que lhe é marcante: a mudança constante de ritmo. Metros complexos, em permanente mudança, são o distintivo do M-base. A isso vem juntar-se um pendor pelo *funkiness* e pelos *street rhymths* da *black music*. O M-base é o som de uma geração de improvisadores que cresceu com o funk, o rock e o rhythm & blues. Motown + metros irregulares – eis a fórmula do M-base, além, é claro, de todo o espectro de possibilidades novas do jazz multiestilístico dos anos de 1990.

A figura central do M-base é o sax-altista Steve Coleman. Ele começou a improvisar em cima de metros alternantes depois de uma experiência num parque de Chicago. Enquanto ele tocava, reparava no voo das abelhas. A rotação de suas asas e a agitação de seus corpos despertaram-lhe uma concepção rítmica particular: a improvisação "no interior de estruturas cíclicas entrelaçadas".

Na peça-título do álbum *Drop Kick*, do grupo de Steve Coleman, o Five Elements, o saxofone, o piano, o baixo e a bateria, tocam cada um dentro de seu próprio metro. É a polimetria. Na *bridge*, parte intermediária da peça, Coleman improvisa dentro de um compasso de vinte tempos, articulado em ciclos de 4 ½, 5, 5 ½ e 5, tendo por base uma estrutura de trinta compassos e a ela se contrapondo.

Sempre perguntam a Coleman e seus músicos como eles conseguem improvisar espontaneamente em cima de ritmos e metros tão complexos. Mas sempre que lhe perguntam sobre aspectos técnicos e a contagem dos metros, fórmulas e ciclos, ele responde: "Pela intuição."

M-base não é para Coleman um estilo, mas uma forma de vida. Ele chama suas improvisações em grupo de "meditação coletiva". A música é uma linguagem simbólica "para expressar a natureza do universo – uma força que emite ondas ampliadoras da consciência". Ele organiza princípios e ritmos de acordo com os ensinamentos da Cabala e da astrologia, relaciona ritmos com a proporção aúrea e os signos astrológicos e agrupa acordes com fórmulas geométricas e símbolos místicos.

"M-base é uma forma de pensar a música criativa", diz Coleman. "É a capacidade de ver a intuição e a lógica como uma única 'ciência'. Essa unidade é o que dá à música africana e afro-americana sua qualidade e caráter peculiar. A percepção ocidental no fundo separa o intuitivo do lógico."

Intuição + lógica. O pianista indo-americano Vijay Iyer, que no fim dos anos de 1990 se voltou para o coletivo M-base, chama essa consciência de "afrológica" (um termo que ele tomou emprestado ao trombonista George Lewis). Na consciência afrológica, a interação e as narrativas pessoais estão em primeiro plano. O foco incide sobre a troca, a mudança e um fluxo de ideias que cria "comunicação entre as culturas", diz Iyer. "O que quer que seja a M-base, sinto que essa música lida com importantes temas globais e transculturais – isso com base numa série de pontos de vista afrológicos."

O JAZZ NA ERA DA MIGRAÇÃO

O jazz é o som da migração. Desde sempre. Sem os grandes movimentos migratórios do século XIX, o grande caldeirão cultural de Nova Orleans não teria surgido e o intercâmbio das raças, nacionalidades e culturas não teria possibilitado o surgimento do jazz. No fundo, a mensagem do jazz – a *freedom of speech* – é uma reação às dores de uma migração fundada na violência: no desenraizamento e na escravização de milhões de africanos que, a contragosto, foram arrastados pelo Atlântico para a *black diaspora* – a diáspora negra.

O jazz é a música do mundo. Híbrida. Por isso, o jazz contribuiu – talvez mais do que qualquer outra música ocidental – para que as culturas se desenvolvessem numa base de interação e influência recíproca.

Cada vez mais instrumentistas da África, Ásia e América Latina gravam seu nome como criadores na cena em rápida internacionalização do jazz. Ao mesmo tempo, o desenvolvimento de novas linguagens musicais entre as culturas trouxe um novo formato ao jazz.

Quando Don Cherry e Collin Walcott, nos anos de 1970, falaram em cruzar fronteiras culturais – mais que isso, quando traduziram esse sonho em prática musical pela primeira vez –, boa parte da crítica ridicularizou-os como utópicos. Hoje percebemos que sua visão de uma música do mundo – música de improvisação entre as culturas – tornou-se evidência através da migração e da globalização. Ninguém considera mais uma insanidade que um guitarrista franco-vietnamita como Nguyên Lê misture sua experiência em jazz europeu com melodias e ritmos do sul da Ásia; ninguém se espanta mais que um flautista turco como Kudsi Erguner traga a música sufi do Oriente Médio para o jazz contemporâneo.

A música asiática está presente hoje em praticamente todo lugar. Homens de origem asiática que saem do continente amarelo se fixam em muitas regiões do mundo – Europa, América do Norte, África. E o que aqui foi dito sobre a música asiática vale também para a africana, árabe, hindu etc. "Nesse meio tempo", conta o tocador de *oud* tunisiano Dhafer Youssef, "eu sei que não preciso estar na África para ter ideias africanas. Sem falar que alguns dos melhores músicos africanos vivem na Europa. Para se achar um bom tocador de *doumbek*, é preciso ir à França."

É principalmente nas grandes metrópoles que encontramos atualmente as mais diversas linguagens musicais numa coexistência dinâmica, competitiva ou integrativa. Elas formam um complexo *patchwork* estilístico. Etnomusicólogos falam de uma "diáspora moderna", em que a identidade só é possível quando o outro, o estrangeiro – a "diferença" (Stuart Hall) –, não é apenas reconhecido, mas também integrado numa experiência comum. Essa atitude exige a mistura, a abertura, a mudança. A diáspora moderna surgiu sob o signo da hibridez.

O jazz dos anos de 1990 é *cross-cultural*. Nos Estados Unidos, dessa selva de misturas surgiram duas tendências dignas de menção:

1. O novo formato do encontro entre o jazz e a música latino-americana. O que músicos como o sax-tenorista David Sánchez e o sax-altista Miguel Zenón (de Porto Rico) ou o trompetista Diego Urcola e o pianista e arranjador Guillermo Klein (da Argentina) tocam hoje, não é latin jazz no sentido tradicional (música latina com solos inspirados nos jazz), mas *jazz-latin*. Eles partem de uma relação soberana (inexistente no latin jazz), com a tradição do jazz em seu todo, e a diferenciam, modificam e renovam, na medida em que incorporam organicamente as influências latino-americanas ao universo do jazz.

Cada vez mais, os músicos latino-americanos enriquecem a cena do jazz contemporâneo. E esse desenvolvimento prosseguirá. Isso também porque, nos dias de hoje, a minoria predominante dos Estados Unidos não são mais os afro-americanos, mas os latinos (33%). "Em minha opinião, o futuro do jazz virá da pesquisa sobre a multiplicidade de ritmos latino-americanos", diz o percussionista Bobby Sanabria. "Temos 22 países na América Latina. Estima-se que só a Colômbia possui mais de 160 ritmos e estilos. Há muito terreno a ser desbravado."

2. A música dos *Asian Americans* (norte-americanos descendentes de asiáticos). Depois dos latinos e dos afro-americanos, os descendentes de asiáticos constituem a terceira minoria dos Estados Unidos. O dualismo "negros" e "brancos" há muito perdeu o sentido diante do número crescente de norte-americanas e norte-americanos de origem asiática que promovem a música de improvisação contemporânea. Músicos como o pianista Jon Jang, o saxofonista Fred Ho, a tocadora de coto Miya Masaoka e a baterista de origem filipina Susie Ibarra dominam com excelência os estilos de improvisação ocidentais e, ao mesmo tempo, desfrutam de uma ligação especial a cultura chinesa, japonesa e filipina. Essa relação é determinada menos pelos valores tradicionais que pelas ideias modernas.

É instrutivo perceber que esses músicos não estão preocupados em atender primeiramente às expectativas de seus grupos étnicos. Pois, mesmo conservando forte consciência das raízes e particularidades regionais de sua execução, eles veem a si mesmos como membros da comunidade do jazz em seu todo e se movimentam nela com uma irrestrita abertura estilística. Essa flexibilidade vai tão longe que não exige dos músicos nenhum *branding* (uma marca cultural regional). O sax-tenorista David Sánchez, de Porto Rico, é tão convincente e autêntico tocando um solo dentro da tradição de Sonny Rollins quanto improvisando nos ritmos de bomba. E Nguyên Lê, o guitarrista de Paris de origem vietnamita, é igualmente soberano e brilhante, seja na esfera do "puro" novo jazz, seja nos projetos em que une o jazz e a música vietnamita.

Nos dias de hoje, a diversidade estilística do jazz é praticamente independente de etnias e nações. No mundo globalizado e digital, o jazz norte-americano e eurocêntrico vem perdendo cada vez mais seu monopólio. Ele precisa dividir o espaço com outros tipos de jazz; a hierarquia entre o jazz ocidental e a música das "outras culturas" foi suplantada por uma relação de curiosidade recíproca. Nos anos de 1990, o jazz se constituiu numa música que comunica, aproxima e instiga dentro de um caldeirão universal de culturas. A *designer* de moda senegalesa Oumou Sy fala de *métissage*, de uma mistura de tudo com tudo.

Alguns críticos e músicos de jazz afro-americanos se colocam em face desse desenvolvimento com sentimento misto. Entretanto, o medo de que o world jazz seja um movimento criado para neutralizar a *negro aesthetic* é, em última análise, infundado. Não há direitos de propriedade no jazz. *Play your own song* (Toque sua própria canção) – essa exortação do sax-tenorista Lester Young tem sido cada vez mais o critério dos músicos que fazem sua trajetória no jazz por vias alternativas à tradição norte-americana e europeia. Na medida em que eles trazem suas particularidades locais e regionais – chinesas, japonesas, vietnamitas e todas as experiências transculturais já vividas – para dentro do jazz moderno, eles ampliam, modificam e revolucionam esse jazz.

O futuro do jazz inscreve-se em seu potencial intercultural. Tudo o que hoje se efetiva sob o signo da globalização e que os antropólogos da cultura descrevem por meio de chavões como hibridização, crioulização e bastardização já existia no jazz, e isso muito antes de se começar a falar em "tecnologia cultural do futuro". A improvisação no jazz, como pensa o trombonista George Lewis, "é natural e necessariamente transcultural".

Mais do que qualquer outra música do Ocidente, o jazz será uma importante correia de transmissão na invenção de uma nova música entre as culturas. O compositor e guitarrista Steve Martland diz: "A música do futuro será híbrida, uma mistura multicolor, feita sobretudo por exilados e migrantes. Eles não possuem dinheiro nem meios de produção, mas possuem o que é fundamental: a sensibilidade que dará forma ao som do futuro."

Os Músicos do Jazz

"Toco o que vivo", disse Sidney Bechet, um dos grandes músicos da antiga Nova Orleans. E Charlie Parker, numa formulação parecida, afirmou: "A música é a tua própria experiência, as tuas ideias, a tua sabedoria. Não podes tocar no teu *horn** aquilo que não vivestes."

Veremos aqui o quanto o som inconfundível dos grandes solistas de jazz é dependente, inclusive nas questões técnicas, da personalidade do músico. De fato, a vida do músico de jazz está sempre se transmutando em música, a despeito dos valores vigentes na tradição europeia, como beleza, forma etc. Daí a necessidade de, num estudo como este, esboçar alguns quadros biográficos. Nesse sentido, é bastante legítimo o interesse dos jazzófilos pela vida privada dos músicos. Da mesma forma, não é casual que a literatura sobre jazz se dedique a essas particularidades individuais. Elas são úteis à compreensão da música e não podem ser confundidas com as fofocas publicadas nas revistas sobre artistas de Hollywood.

"É preciso ter vivido para poder fazer jazz de verdade, ou seja, para não fazer mera cópia", disse o baixista Milt Hinton. Neste livro, tivemos de nos contentar com poucos nomes, dando preferência àqueles músicos marcantes cuja história remete diretamente à história de um estilo: Louis Armstrong representa a grande tradição de Nova Orleans; Bessie Smith, o blues e a canção jazzística; Bix Beiderbecke, o estilo Chicago; Duke Ellington, o swing orquestral; Coleman Hawkins e Lester Young, o swing solista; Dizzy Gillespie, o bebop grande-orquestral; Charlie Parker, as bandas de bebop (e o jazz moderno!); Miles Davis, o desenvolvimento do cool jazz e do jazz rock; Ornette Coleman e John Coltrane, a revolução dos anos de 1960; John McLaughlin, a *fusion* dos anos de 1970; David Murray e Wynton Marsalis, o classicismo dos anos de 1980; John Zorn, a explosão multiestilística dos anos de 1990.

LOUIS ARMSTRONG

Até a ascensão de Dizzy Gillespie nos anos de 1940, não havia um só trompetista de jazz que não descendesse

* Na gíria do jazz, *horn* é qualquer instrumento de sopro. (N. da T.)

de Louis Armstrong, também chamado Satchmo. Mesmo depois, a influência de Satchmo não deixou de se fazer notar, ainda que de forma mais indireta. Foi o que ficou claro quando o empresário George Wein organizou o aniversário de 70 anos de Armstrong no Festival de Jazz de Newport, em 1970 (Satchmo dizia que tinha nascido em 4 de julho de 1900. Na verdade, ele tinha nascido em 4 de agosto de 1901, como provou Gary Giddins, com base na certidão de batismo). Muitos trompetistas famosos de jazz renderam sua homenagem ao mestre. Bobby Hackett disse ser "o fã número 1 de Louis Armstrong"; Joe Newman contestou, afirmando ser ele "o primeiro fã de Louis"; Jimmy Owens disse que, se não pudesse ser o "primeiro fã" de Armstrong, ele seria o "fã mais jovem". E Dizzy Gillespie disse: "O lugar de Louis Armstrong na história do jazz não tem comparação. Se ele não existisse, nós não existiríamos. Portanto, quero agradecer expressamente a Louis Armstrong pela minha vida."

Mas também músicos que não tocavam trompete expressaram sua gratidão a Armstrong. Frank Sinatra observou que "foi a partir de Louis Armstrong que o canto na música popular se tornou arte". Wynton Marsalis disse: "Pode-se ver baixistas e naipes inteiros de trombonistas e saxofonistas tentando soar como ele; e há arranjadores que escrevem seus *licks* no estilo de Armstrong." Quando Louis Armstrong morreu em julho de 1971, Duke Ellington disse: "Se alguém pode ser tido como Mr. Jazz, esse alguém é Louis Armstrong. Ele foi a expressão máxima do jazz e para sempre o será. Todos os trompetistas que tocam no estilo norte-americano foram influenciados por ele... Ele foi um produto genuinamente norte-americano. Eu o amo. Que Deus o abençoe."

Satchmo foi criado no burburinho portuário do Mississipi – no velho bairro crioulo de Nova Orleans. Seus pais se separaram assim que ele nasceu – o pai trabalhava numa fábrica e a mãe era faxineira. Ninguém lhe dava muita atenção. Certo dia, entusiasmado com o frenesi da noite de Ano-Novo de Nova Orleans, Satchmo saiu pelas ruas dando tiros a esmo com a pistola do pai. Como consequência, levaram-no para um reformatório, onde ele se juntou a um coral de alunos que acompanhava enterros e festas populares. Foi no reformatório, munido de um *cornet* velho e amassado, que ele recebeu as primeiras lições desse instrumento.

Uma das orquestras mais famosas em que Armstrong tocou foi a de Kid Ory, o trombonista superlativo de Nova Orleans. Ory conheceu Satchmo ainda de calça curta. Ele tocava numa festa de rua quando viu o pequeno Louis passando com um *cornet* debaixo do braço. De repente, alguém perguntou ao garoto de quem era aquele instrumento, ao que ele respondeu: "De ninguém! É meu." Era difícil acreditar. Mas Satchmo começou a tocar e foi contratado de imediato.

Quando Storyville foi fechada pelo capitão da Marinha e os grandes músicos de Nova Orleans começaram a debandar, Armstrong foi um dos poucos a permanecer na cidade. Somente em 1922 é que ele partiu para Chicago, atendendo a um chamado de King Oliver, que, na época, tocava com sua banda no Lincoln Garden. Depois de Buddy Bolden, o legendário trompetista de Nova Orleans – que não deixou nada gravado –, King Oliver foi intitulado o segundo *king of jazz* (Louis Armstrong seria o terceiro). A banda de Oliver era o grupo de jazz mais importante da época e tinha como formação o próprio Oliver e Louis Armstrong no *cornet*, Honoré Dutrey no trombone, Johnny Dodds no clarinente, seu irmão Baby Dodds na bateria, Bill Johnson no banjo e Lil Hardin no piano. Com a saída de Armstrong em 1924, a banda de Oliver entrou numa fase de dificuldades. Sem dúvida, Oliver ainda conseguiu gravar excelentes discos de jazz – em 1926-1927, por exemplo, com a sua Savannah Syncopators –, mas, nesse entretempo, outras bandas viriam a ocupar a cena – a Red

Hot Peppers, de Jelly Roll Morton, a banda de Fletcher Henderson e a banda do jovem Duke Ellington. Em seus últimos anos de vida, Oliver tornou-se uma figura trágica, pobre, acabada, sem dentes para tocar, sem dinheiro para viver e que tinha vergonha de ser visto pelos amigos. No entanto, este homem um dia havia sido o "rei do jazz". Oliver encarnou uma das tragédias típicas da vida artística tão recorrentes no mundo do jazz. Já Armstrong, de um modo intrigante, jamais foi atingido por esse destino trágico. Ele nunca conheceu os altos e baixos que acometem a vida de tantos músicos de jazz. Sua trajetória foi sempre ascendente.

É típico da superioridade de Armstrong que apenas em dois momentos de sua vida ele tenha conseguido formar grupos à altura de sua musicalidade. No primeiro, os músicos se articulavam exclusivamente para gravações de disco e não tocavam juntos com muita frequência: O Hot Five e o Hot Seven (1925-1929). O outro era o All Stars, do fim dos anos de 1940, com o trombonista Jack Teagarden, o clarinetista Barney Bigard e o baterista Sid Catlett. Com o All Stars – de fato, uma verdadeira constelação do jazz tradicional –, Louis Armstrong fez grande sucesso mundial. Em 1947, em Boston, ele gravou com o All Stars um dos concertos mais célebres de sua carreira.

Os músicos que faziam parte do Hot Five e do Hot Seven nos anos de 1920 estavam entre as grandes personalidades do jazz: o clarinetista Johnny Dodds; o pianista Kid Ory, que quatro anos antes, em Nova Orleans, havia dado o primeiro emprego a Louis Armstrong; e, depois, o pianista Earl Hines. Por meio de Satchmo, ele criou um estilo que, pela primeira vez, daria ao piano condições de se colocar em pé de igualdade com os sopros. Depois disso, o piano de jazz não seria mais o mesmo.

O Hot Five e o Hot Seven de Louis Armstrong foram a trilha sonora do novo mundo das partículas, das imagens em movimento, da comunicação-relâmpago, da psicologia freudiana, do automóvel, do *stream of consciousness* na literatura, da arte cubista e dadaísta e dos arranha-céus de Manhattan. O escritor afro-americano Robert G. O'Meally vai ainda mais longe ao dizer que nas gravações do Hot Five e do Hot Seven encontramos uma estratégia de sobrevivência para os tempos modernos. A força para se introduzir e firmar como solista num grupo, e o jogo de cintura (swing) para lidar com as vicissitudes da vida, fazem de Louis Armstrong um dos "curandeiros feridos do blues". É um homem que não nos ajuda apenas a sobreviver, "mas a triunfar", como disse William Faulkner.

São raros os artistas em que a obra e a personalidade coincidem de forma tão direta. Armstrong é um caso assim. É graças à sua personalidade que mesmo suas limitações musicais causam tanta impressão. No encarte do disco com as músicas do filme *Satchmo the Great* (Satchmo o Grande), de Edward R. Murrows, Armstrong escreveu (tentaremos traduzir o que ele disse preservando minimamente o sabor de sua linguagem tão característica):

> Quando pego no *horn*... deixo tudo para trás. Concentro-me apenas no *horn* e em nada mais... Não penso diferente hoje do que na época em que tocava em Nova Orleans. Não! Essa é a minha forma de viver e minha vida como um todo! Eu amo esses sons. Por isso, tento tocá-los corretamente... Por isso, casei--me quatro vezes. Minhas meninas não gostavam do *horn*... Quando brigo com minha mulher, sei que não deixarei de me divertir quando estiver tocando num concerto. Tenho certeza de que eu seria capaz de soprar meu *horn* se ela fosse embora... Sou apaixonado pelo meu *horn* e meu *horn* por mim... Nós tocamos a vida e a natureza... Se é para um concerto, para se divertir ou se é para tocar num quintal, como estudo, tanto faz. Tudo é real... Sim, sou feliz – faço o que tem de ser feito e toco para ricos e pobres... E não espero nada além de aplausos. Isso

> é tudo o que preciso. Pois eu tenho minha vida e eles têm suas categorias... Na Alemanha, as pessoas chegam com aqueles lornhões de antigamente e te olham da cabeça aos pés. Mas, cara, quando a música começa a soar, os lornhões caem e todo mundo swinga com você! [...] Quando tocamos em Milão... depois de um concerto, precisei sair correndo para o Scala, pois eu tinha de posar para umas fotos no panteão dessa gente famosa como Verdi e Wagner. As pessoas diziam que nossa música é a mesma: tudo o que fazemos vem do coração.

Essa citação é mais reveladora da essência e da música de Armstrong do que qualquer outra coisa que possamos dizer sobre ela... O diagnóstico musical é tão simples e imediato quanto a música: Louis Armstrong trouxe "rigor" ao jazz. Ele propiciou o encontro entre o fluxo das emoções e a técnica musical. Depois de Armstrong, não é mais aceitável que um músico de jazz apele à vitalidade e à originalidade para compensar deficiências técnicas. Depois de Armstrong, o jazz se tornou uma música tão rigorosa quanto qualquer outra.

Num artigo brilhante do crítico de São Francisco Ralph Gleason, escrito por ocasião da morte de Armstrong, lia-se:

> Com sua técnica incomparável, ele se apropriou dos materiais ordenadores da música europeia – acorde, notação, compasso e tudo o mais – e acrescentou a isso os ritmos das igrejas negras, da música de Nova Orleans e da África, bem como as *blue notes* do blues e os segredos da forma de ligar e distorcer as notas. Ele foi extremamente longe ao empregar o blues e a canção popular de seu tempo como esquema para suas improvisações...

Muitos jovens adoram falar de revolução no jazz, mas eles esquecem que Armstrong é o maior de todos os revolucionários. Eles pensam apenas em Charlie Parker, Cecil Taylor e Albert Ayler, mas a diferença entre o que havia antes – por exemplo, a música de King Oliver – e o que surgiu depois, com Armstrong, é muito maior do que a diferença entre a música que existia antes de Charlie Parker, Cecil Taylor ou Albert Ayler e a que passou a ser feita a partir deles. Isso significa que a revolução desencadeada por Armstrong no jazz não tem paralelo.

Nesse sentido, foi muito justa a carta que o jovem baterista de jazz rock, Bob Melton, por ocasião da morte de Armstrong, endereçou à revista norte-americana *Down Beat*:

> Nos últimos anos, perdemos muitos músicos importantes. Mas agora perdemos o grande revolucionário: Louis Armstrong. Eu sou um baterista jovem e cabeludo de jazz rock. Nos últimos três anos, eu só quis saber de ouvir os tenores do free jazz e os guitarristas de rock. Mas há pouco estudei o *Town Hall Concert*, de 1947, de Armstrong. Eu tinha esquecido o quanto ele é audacioso e arrojado. Lamento a morte de Armstrong também por isso: porque muitos jovens da minha geração esqueceram a mensagem de Satchmo ou talvez nunca a tenham sequer conhecido. Vocês sabem que não se deve confiar em ninguém com mais de 30 anos. Mas Louis Armstrong é, neste século, um dos poucos em quem eu confio.

A mídia tentou mostrar Louis Armstrong como uma espécie de "bom selvagem" – um negro emotivo e espontâneo que, com um riso da largura do Mississipi e brincalhão como um palhaço, estaria sempre no clima de "Hello, Dolly!". Mas Armstrong foi o "primeiro intelectual do jazz" (Wynton Marsalis). Pois Satchmo foi o primeiro a swingar de forma consciente. Louis Armstrong fez do swing uma condição necessária do jazz. Naquela época, ou seja, no jazz de Nova Orleans, muitos músicos ainda fraseavam no estilo das marchas e do ragtime: de modo duro, rígido e – para o contexto de hoje – afetado. Sem dúvida, havia muitos músicos competentes para fazer um fraseado macio e com swing. Mas, nessa época, o swing era quase um acessório, um item opcional, como uma expressão de dinâmica ou um *tremolo*. A partir de Armstrong é que o jazz se tornou inconcebível sem o swing. Com ele – e já como um ápice – nasceu o fraseado fluente, em tercinas. Muito do que Louis Armstrong fazia em termos de fraseado – sua flexibilidade com o tempo e o ritmo – prefigurava aspectos do fraseado moderno de jazz. Satchmo fez do swing um elixir da vida. Nesse sentido, como disse André Hodeir, o swing de Armstrong "é a manifestação de uma força de atração pessoal", a expressão de uma inteligência emocional, a capacidade de se colocar em face da vida, seja qual for o contexto, com uma espontaneidade lúcida e correta.

Armstrong também deu início ao processo de substituição do *two-beat* pelo *four-beat*. Muito antes que a execução solo se estabelecesse como padrão no jazz de Chicago, Louis Armstrong já havia se tornado solista no jazz. Graças a seu impetuoso talento criativo, os seus solos abrangentes romperam com as variações limitadas e estreitas do jazz de Nova Orleans. Ele não improvisava sobre um tema inicial, mas partia de um tema para desenvolver sua própria linha melódica. Essa foi a mensagem transmitida por Louis Armstrong: "Let yourself go!" (Deixe-se levar!) Toque tudo o que houver dentro de você em termos de ideias, estímulos e sentimentos. Não toque qualquer melodia. Toque o que você é. E com isso enriqueça o mundo.

Entre o Armstrong do Hot Five e do Hot Seven dos anos de 1920 e o Armstrong do All Star do fim dos anos de 1940 e início dos anos de 1950, encontramos o Armstrong da grande orquestra. Esse período começou em 1924, quando ele, depois de se separar de King Oliver, passou um ano na orquestra de Fletcher Henderson. Armstrong insuflou tanta vida a essa orquestra, originalmente de perfil mais comercial e mediano, que é lícito dizer que o ano de 1924 assinala o verdadeiro começo do jazz grande-orquestral. Há um significado profundo no fato de que Armstrong, como a mais importante personalidade da tradição do jazz de Nova Orleans, tenha ajudado a inaugurar a fase que alguns anos mais tarde haveria de substituir a música de Nova Orleans: a era do swing dos anos de 1930 e suas *big bands*. Na verdade, com as gravações de seu Hot Five e de seu Hot Seven, Armstrong já tinha dado um passo para além da forma típica do jazz de Nova Orleans: o entrelaçamento a três vozes de trompete, trombone e clarinete. Foi Armstrong, justamente nas gravações mais importantes do jazz de Nova Orleans, quem desfez esse esquema. Como é característico de muitos desenvolvimentos estilísticos do jazz, sempre as personalidades importantes de um estilo preparam no apogeu de seu sucesso o estilo subsequente. Os fãs sempre foram conservadores, mas os músicos sempre quiseram – e querem – seguir adiante.

A execução de Armstrong com a banda de Fletcher Henderson no Roseland Ballroom, na Broadway, foi a maior sensação entre os músicos da época. Conta-se que a quantidade de músicos que afluíam ao grande salão de dança ultrapassava a dos dançantes. O próprio Armstrong adorava o som compactado (para os padrões da época) dos naipes da grande orquestra de Henderson. Cada vez mais ele se convencia de que o som de seu trompete podia se desenvolver melhor no interior de uma grande orquestra do que em pequenos grupos – o que certamente não coincidia com o sentimento da maioria dos amantes de jazz.

Acontece que Armstrong, desde o começo, tinha o desejo de "cativar o grande público" – desejo que talvez tenha sido a principal mola de seu trabalho musical. Louis Armstrong foi não apenas o primeiro ícone da música popular do século XX, mas também o primeiro a fazer do jazz uma arte. "Não há dúvida de que Louis Armstrong quer antes de tudo agradar o seu público", diz George Avakian. Muitos jazzófilos deram tão pouca importância ao hit de Armstrong, o "Hello, Dolly!", que fica a sensação de que esse sucesso não foi compreendido por eles. Mas, para Armstrong, o verdadeiro apogeu de sua carreira foi quando, em 1964, ele tirou os Beatles do primeiro lugar na lista dos discos mais vendidos do mundo e passou várias semanas com "Hello, Dolly!" à frente.

Louis Armstrong foi o músico que mais converteu o pop em jazz. E, de modo inverso, ele conseguiu levar o jazz para o mundo pop com um senso artístico tão apurado que, quando ouvimos seus grandes sucessos, sempre percebemos algo da força, do calor e da vitalidade característicos do jazz.

Se toda a música popular do século XX constitui um único rio, um rio que parte do blues e do jazz, ramificando-se no delta cada vez mais amplo do pop, do rock, do funk, da disco, do rap e do hip-hop, então Louis Armstrong é o símbolo do princípio que unifica esse rio. Ninguém fez a união do jazz com a música popular de modo tão orgânico e fluente quanto Louis Armstrong.

Para Armstrong, cantar era pelo menos tão importante quanto tocar trompete – não apenas em seus últimos anos de vida, quando ele, por causa de sua saúde debilitada, mal podia tocar trompete, embora continuasse a ser um grande cantor. Armstrong sempre soube que o cantor atingia um público muito maior do que o trompetista. Seu canto – rouco, rude, vigoroso – chocou os ouvintes dos anos de 1920. Num mundo marcado pela cultura vitoriana e pela moral burguesa, era muita ousadia transformar em música de forma tão franca sentimentos e ideias pessoais. Para o público contemporâneo, a naturalidade e honestidade com que Louis Armstrong fazia sua música era um importante sinal. Sua voz e seu trompete diziam: "Mostrem seus sentimentos!" Era a mensagem de um século e todos compreenderiam. Surgiram, então, inúmeros cantores expressando seus próprios sentimentos. Não apenas cantores de jazz, mas também cantores de rock e quase todos os cantores da música pop. O fato de hoje essa sinceridade não chocar ninguém evidencia ainda mais o papel de Louis Armstrong: na época, ele era o único a possuí-la; hoje são milhares.

Não é comum na história da música que um mesmo músico inove como cantor e instrumentista. "É como se Beethoven se levantasse do piano e cantasse", observou o crítico de jazz Stanley Crouch.

O trompetista Rex Stewart teve de admitir:

> Louis impressionou o mundo com tantos dotes que é quase impossível dizer onde mora o seu significado. Em minha opinião, em seu talento para se comunicar. Por maior que tenha sido o seu talento como trompetista, eu diria que isso não foi o fundamental, pois sua voz "suja" levou a mensagem de nossa música para regiões e países onde a nossa música instrumental era praticamente desconhecida e onde havia barreiras de ordem política, isto é, onde o jazz era rotulado como decadente. Quando Satchmo cantava, o mundo se transformava: as pessoas viam a verdade.

Num programa de televisão sobre a comemoração dos 70 anos de Armstrong no Festival de Jazz de Newport, Louis disse:

> Saibam vocês que as pessoas amam a mim e a minha música, pois elas sabem que eu as amo. Eu não tenho problema com as pessoas. Não se pode enganar seu público. Eu sou meu público. E não acho divertido me ver tocando ou cantando mal. Por isso não faço isso com os outros. Alguns críticos dizem que sou um palhaço. Mas um palhaço é algo grandioso. É uma felicidade fazer as pessoas felizes. A maior parte daqueles que criticam são incapazes de distinguir uma

nota da outra. Quando toco, penso simplesmente em todos os meus dias felizes e, então, as notas surgem por si mesmas. Se você quer tocar, você precisa amar.

Louis Armstrong foi um gênio da comunicação e nunca deu crédito aos rumores sobre "o fim do jazz" ou "a morte do jazz" em circulação já nos anos de 1920.

> Eu poderia provar o contrário para as pessoas que acreditam nisso. Eu abriria uma gravadora e então gravaria todas essas músicas que as pessoas dizem estarem mortas – e ganharíamos 1 milhão de dólares. Iríamos nos reunir e gravar nossa música e não haveria erro. Hoje todos se voltam para os grandes sucessos, mas eles dormem e não ouvem a música que desencadeou tudo isso.

Para o trompetista Wynton Marsalis, Louis Armstrong é o "Merlim" do jazz. "Armstrong trouxe uma alegria genuína para a música", diz Wynton. "Ele tem tudo o que você quiser – o calor humano e a inteligência, o global e o provinciano, o espiritual e o decorativo, o rústico e o sofisticado. Ele é o instrumentista mais complexo que já existiu e, no entanto, ele pode soar como um *country boy*."

O sucesso de Louis Armstrong é também o sucesso de sua humanidade. Todos aqueles que o conheceram ou trabalharam com ele tiveram alguma experiência que comprovava a bondade e o calor de sua pessoa. Em 1962, eu mesmo (Joachim-Ernst Berendt) produzi um programa de televisão em Nova York com o All Star de Armstrong. Satchmo parou diante das câmeras e disse: "Saúde todos os fãs que tenho na Alemanha e lhes diga que, se eu for lá, podem preparar a salada de repolho e a salsicha..." Depois que o programa acabou, o estúdio em poucos minutos ficou vazio e escuro. Numa sala ao lado, fui falar com o cameraman sobre os cortes. Satchmo, então, foi cercado por uma multidão de fãs e saiu com eles... Algum tempo depois, a cortina se abriu e Louis Armstrong voltou: ele havia feito sua refeição no táxi... Ele não havia se despedido. Eu perguntei se ele havia esquecido algo e ele disse que não, que queria apenas dar tchau. Então, disse "good bye" e saiu. Jack Bradley, o fotográfo de jazz, comentou: "Pois é, ele é assim!"

Nos anos de 1960, era moderno chamar Louis Armstrong de Uncle Tom* e dizer que ele não estava engajado na luta emancipatória dos afro-americanos. Mas, quando em 1957 militantes brancos impediram estudantes negros de assistir às aulas, apoiados pelo governador do estado de Arkansas, Faubus, e sem nenhuma intervenção do presidente Eisenhower, Satchmo disse a um repórter: "Se é assim como eles tratam minha gente nos estados do sul, que o governo vá para o inferno! O presidente não tem pulso!" Depois, ele desistiu de uma turnê pela Rússia que o Departamento de Estado, em Washington, havia organizado para ele e se recusou a fazer uma viagem de concerto para um governo liderado por semelhante presidente: "As pessoas lá fora me perguntariram: O que há de errado com seu país? O que eu responderia? Que eu tinha uma vida maravilhosa na música, mas que sofria com a situação tanto quanto qualquer outro *negro*..."

Em 1965, quando a polícia agiu brutalmente contra uma passeata de negros organizada por Martin Luther King em Selma, Alabama, Armstrong disse a um repórter: "Bateriam até em Jesus Cristo se ele fosse negro e saísse em passeata." Louis Armstrong manifestava solidariedade e compaixão humana, mas não era um

* Uncle Tom é o personagem central do livro *Uncle Tom's Cabin; or, Life Among the Lowly* (A Cabana do Tio Tom; ou, A Vida Entre os Humildes), da escritora e filantropa norte-americana Harriet Beecher Stowe (1811-1896), traduzido no Brasil como *A Cabana do Pai Tomás*. Publicada inicialmente numa série de fascículos para folhetim, entre 1851 e 1852, essa obra retrata o sofrimento e a luta dos negros sob a ordem escravocrata no sul dos Estados Unidos, convergindo e colaborando com os eventos que levaram o candidato republicano Abraham Lincoln (1809-1865) à presidência em 1860. Uncle Tom, em que pesem a violência e a humilhação a que é submetido, jamais se revolta, suportando seu fardo com a dignidade de um mártir. Sua morte, decorrente de dezenas de chicotadas por parte de um amo cruel, tornou-o um símbolo inspirador do movimento abolicionista norte-americano. No entanto, mais tarde, por uma corrupção de sentido, o termo "Uncle Tom" seria usado pejorativamente para rotular o negro subserviente, que baixa a cabeça aos patrões brancos e não luta por seus direitos. (N. da T.)

homem político. A sua música expressava um otimismo inabalável. Louis Armstrong não deixava que nada nem ninguém – nem mesmo o ódio contra o racismo, a segregação e a discriminação – lhe tirasse a alegria de viver. "Ele ama muito os seres humanos e até em um criminoso enxerga algo de bom. Ele não consegue odiar", escreveu um crítico inglês. O grito da alma que sofre – tal como se mostra nas cantoras de blues e de forma sublimada e sufocada em Billie Holiday – transformava-se em Armstrong num grito jubiloso de alegria pela condição de estar vivo – mesmo com todos os infortúnios circunstanciais. Para que estamos no mundo? A resposta de Armstrong era simples e clara: não para juntar dinheiro. Não para pecar. Não para sofrer. Estamos no mundo para desfrutar da vida, malgrado todas as desventuras. O trompete de Armstrong era jubiloso, entoava o triunfo da humanidade. Ele queria celebrar a vida no agora, no instante – e não só depois que as batalhas da revolução tivessem triunfado.

Entretanto, a espontaneidade e a vitalidade de suas linhas encobriam a alta maestria técnica com a qual ele conduzia suas improvisações. Armstrong era um super-técnico. Seus *tags* – respostas em registros graves a suas *high-notes* – são legendárias. Ele tocava trompete com uma capacidade física sem paralelo. Com sua entonação perfeita, ele foi um mestre da articulação consistente.

"São muitos os artistas norte-americanos que marcaram o século XX?", perguntou-se o musicólogo norte-americano Martin Williams, que respondeu: "Não estou muito certo disso em relação a nossos escritores, pintores e compositores clássicos. Mas tenho certeza que Louis Armstrong marcou."

Em 1971, num programa de televisão sobre a morte de Louis Armstrong, eu (Joachim-Ernst Berendt) disse:

> Hoje não há nenhum som, no rádio, na televisão, nos discos, que não deva algo a Louis Armstrong. Pode-se compará-lo a qualquer outro grande artista deste século – Stravinsky, Picasso, Schönberg, James Joyce... Ele foi o único norte-americano entre eles. Sem Armstrong, não haveria jazz. Sem jazz, não haveria a música moderna popular que hoje dançamos e ouvimos. Todos os sons que nos cercam no cotidiano seriam diferentes sem Satchmo, não existiriam sem ele. Sem ele, o jazz continuaria a ser a música local de Nova Orleans – tão obscura quanto dezenas de outras músicas étnicas.

"Música do povo?", indagou Louis, "O que você quer dizer com isso? Toda música vem do povo. Não conheço outra. Ou alguém já viu um cavalo fazendo música?"

E o poeta soviético Yevgeny Yevtushenko, ao tomar conhecimento da morte de Armstrong, escreveu:

> Faça o que você sempre fez:
> toque, alegre os anjos,
> e que assim os pecadores no inferno
> não sofram com tantos tormentos
> e possam ter alguma esperança.
> Anjo Gabriel,
> dê um trompete a Armstrong!

Papa, papa, you in a good man's way
Papa, papa, you in a good man's way
I can find one better than you any time of day

You ain't no good so you better haul your freight
You ain't no good, you better haul your freight
Mama wants the live wire, papa, you can take the gate

I'm a red hot woman just full of flamin' youth
I'm a red hot woman just full of flamin' youth
*You can't cool me, daddy, you no good, that's the truth**

Spencer Williams, Worn Out Papa Blues.

"Ela é a realidade nua e crua: uma mulher que abriu seu coração com uma faca e o expôs a quem quisesse ver...", disse C.v. Vechten sobre Bessie Smith.

Ela é a maior cantora da era clássica do blues, ou seja, a maior cantora dos anos de 1920. Gravou 160 discos e um pequeno filme. Na primeira metade da década de 1920, no auge de sua carreira, fez tanto sucesso com seus discos que até salvou a Columbia Records de uma bancarrota. Os discos de Bessie Smith chegaram a vender uma média de 3 milhões de cópias. Bessie Smith: "The empress of the blues" – A imperatriz do blues.

Bessie Smith irradiava uma aura majestosa. Normalmente, seus ouvintes tinham a sensação de serem arrebatados por uma experiência religiosa. Eles gritavam "amém" quando ela terminava de cantar, como ocorria com os spirituals e gospels dentro das igrejas. Como na boa música soul até hoje, o blues de Bessie Smith transmitia a sensação de uma estreita proximidade entre o blues e a música religiosa dos negros.

Mahalia Jackson, a grande cantora de música gospel, uma versão moderna do spiritual, disse: "Todos aqueles que cantam blues se sentem dentro de uma funda caverna e clamam por ajuda." O blues fala de perdas: perda do amor, da felicidade, da liberdade, da dignidade. Muitas vezes, fala-se através de um véu de ironia. A coexistência entre tristeza e humor é um traço característico do blues. É como se aquilo sobre o que se canta se tornasse mais suportável pelo fato de não ser totalmente levado a sério; é como se, mesmo nas piores situações, algo de engraçado pudesse ser realçado. Às vezes, o cômico deriva do fato de que certas desgraças são tão inconcebíveis que não há como descrevê-las de modo exato. Mas há sempre alguma esperança no blues. "Um dia", é dito em "Trouble in Mind Blues", "o sol vai brilhar em minha porta dos fundos".

Bessie Smith cantou como alguém que espera que um dia o sol brilhe em seu quintal. E o sol brilhou. Bessie ganhou muito dinheiro, mas também perdeu muito. Ela dissipava tudo no redemoinho de sua vida, com gim e com o que mais ela quisesse. Ela distribuía dinheiro às pessoas que lhe pareciam necessitadas e aos homens por quem se apaixonava.

Bessie Smith nasceu em 15 de abril de 1895 em Chattanooga, Tennessee. Ninguém lhe dava bola quando ela começou a cantar. Um dia a cantora de blues Ma Rainey – "a mãe do blues", como era chamada – esteve em sua cidade, ouviu Bessie cantar e a levou embora consigo.

Bessie cantava em apresentações de circos itinerantes e pobres, nas vilas e nas pequenas cidades dos estados do sul. Em

* Papai, papai, tu atrapalhas o caminho de um homem bom... / A qualquer hora se pode achar um homem melhor que ti / Não és bom, melhor arrumar tuas coisas... / Mamãe quer um elo de verdade, papai, tu podes ir embora. / Sou uma moça ardente, cheia de fogo e juventude... / Não podes me deter, papai, não és boa gente, / Essa é que é a verdade.(N. da T.)

1923, ela gravou seu primeiro disco: o *Down Hearted* Blues. O disco foi uma sensação e vendeu 800 mil cópias, quase todas para consumidores afro-americanos. Na verdade, apenas um único blues de Bessie Smith faria sucesso entre o público branco da época – isso por razões deturpadas: o "Empty Bed Blues" (Blues da Cama Vazia), de 1928, com o trombonista Charlie Green. Em Boston, a canção foi proibida por motivos morais. "Porém", diz George Hoefer, "é difícil acreditar que o Departamento de Censura de Boston tenha capturado o sentido da letra – quem dirá da música. Tudo isso por conta da palavra cama..."

Além de Bessie Smith, havia outras cantoras de blues clássico: a já mencionada Ma Rainey, a "mammie" de Smith, que gravou o primeiro blues em disco em 1920; Trixie Smith e Clara Smith, que, assim como Mammie Smith, não eram parentes de Bessie Smith; Ida Cox, que deu fama ao "Hard Time Blues"; e, finalmente, Bertha "Chippie" Hill, que gravou o blues "Trouble in Mind", em 1926, com Louis Armstrong e, depois, em 1946, com Lovie Austin and her Blues Serenaders. Bessie Smith, porém, estava acima de todas.

É difícil dizer de onde provinha o encanto fenomenal de sua voz. Talvez do fato de seu aspecto duro e rude evocar uma tristeza profunda, inclusive em melodias mais relaxadas e divertidas. Bessie cantava como a porta-voz de um povo que tinha vivido séculos de escravidão e que, após a libertação, ainda tinha de sofrer com uma discriminação pior do que a da própria época da escravidão. Seu segredo residia na falta de sentimentalidade com a qual ela cantava sua tristeza, na dureza e na imponência de seu canto.

Para seus discos, Bessie Smith procurava acompanhadores seletos: músicos como Louis Armstrong, o pianista James P. Johnson ou ainda Jack Teagarden, Chu Berry, Benny Goodman, Tommy Ladnier, Eddie Lang, Frankie Newton, Clarence Williams e outras grandes estrelas do jazz de seu tempo. Fletcher Henderson, maestro da principal orquestra de jazz dessa época, acompanhou Bessie Smith por muito tempo com seu combo e colocou seus músicos à disposição dela.

Louis Armstrong relatou: "Ela me atingia no íntimo assim que começava a cantar. O modo como ela cantava a nota – com aquele não sei quê na voz – nenhuma outra cantora conseguia reproduzir. Ela tinha a música na alma. Ela sentia tudo o que cantava. A sinceridade de sua música era uma inspiração."

Na segunda metade dos anos de 1920, começou o declínio de Bessie Smith. Os empresários de Bessie queriam que ela se adequasse ao modelo moderno das novas canções. O problema era que esse tipo de música não a realizava. Assim, em 1930, Bessie Smith, que há quatro ou cinco anos tinha sido uma das artistas de maior sucesso dos Estados Unidos (e a maior artista negra que existira até então), estava tão pobre que teve de aceitar um contrato de segunda classe num teatro da Broadway. Porém, Bessie não se adaptou ao espetáculo e, dois ou três dias após sua estreia, resolveu pôr novamente o pé na estrada. Infelizmente, dessa vez sua turnê não previa passagem pelos grandes teatros do norte. Ela voltava ao ponto de partida: às pequenas apresentações interioranas dos estados do sul.

Bessie Smith morreu em 26 de setembro de 1937, completamente pobre, depois de um acidente de carro nas proximidades de Clarksdale, Mississipi.

Numa edição anterior deste livro, contamos a história muito difundida no mundo do jazz de que Bessie Smith teria morrido por ter sido levada a um hospital "para brancos" que se recusara a atendê-la; "nas escadas" desse hospital, ela teria perdido sangue até morrer.

Mesmo admitindo que essa história seja o reflexo do que acontecia nos estados do sul nessa época, fica provado que o mundo do jazz estava mal-informado a respeito de Bessie Smith. Ela foi trazida para um hospital de "negros" em Clarcksdale, que, por sua vez, não ficava tão mais distante do local do acidente que o hospital "branco". Ela não despertou do coma e morreu no mesmo dia.

Mas a história de Bessie Smith não terminou aí. Em 1971, a Columbia Records relançou a obra completa de Bessie Smith em cinco álbuns duplos. O resultado foi que, 34 anos depois de seu falecimento, a "imperatriz do blues" voltou a ser conhecida mundialmente, fenômeno que até então nunca ocorrera com uma artista da música popular. As pesquisas de mercado mostraram que os jovens eram os principais consumidores daquele "mais importante e amplo relançamento da história do disco". Portanto, foram os jovens que compreenderam o que John Hammond, o grande descobridor e promotor de Bessie Smith, resumiu a seu respeito: "O que Bessie Smith cantou nos anos de 1920 e de 1930 é o blues de hoje."

Esse renascimento da música e do nome de Bessie Smith teve ainda outra consequência: seu túmulo – uma cova sem nome, quase identificável, na quadra 20, seção 10, no Cemitério Mount Lawn, de Sharon Hill, Pensilvânia – finalmente ganhou uma lápide. Cidadãs negras da Filadélfia e Janis Joplin, a cantora de rock branca do Texas que aprendeu muito com Bessie Smith, pagaram os quinhentos dólares para a compra da lápide. Nela está gravada a seguinte inscrição: "THE GREATEST BLUES SINGER IN THE WORLD WILL NEVER STOP SINGING – BESSIE SMITH – 1895-1937" (A maior cantora de blues do mundo nunca cessará de cantar).

BIX BEIDERBECKE

Em torno da figura de Bix Beiderbecke, criou-se um mito que dificulta a compreensão de quem realmente ele era. Ele era um homem retraído, nunca estava satisfeito consigo e sempre se propunha fins que não tinha condições de realizar. "Acredito que um dos motivos pelos quais ele bebia tanto era o seu perfeccionismo. Ele queria chegar sempre mais longe com a música, indo além dos limites de qualquer ser humano. O complexo que surgiu daí foi um fator importante, acho eu", disse o trompetista Jimmy McPartland, que, do ponto de vista musical, era muito próximo dele.

Paul Whiteman contou:

> Bix Beiderbecke – que Deus o abençoe – era louco pelos compositores modernos – Schönberg, Stravinsky, Ravel –, mas ele tinha pouco tempo para os clássicos: uma noite o levei para ver a ópera *Siegfried*. Quando ele ouviu o gorjeio do pássaro no terceiro ato – com os intervalos que hoje são tidos por modernos –, quando ele começou a compreender que os *Leitmotiven* da ópera eram trabalhados de muitas formas, aparecendo ora explicitamente, ora disfarçados, desfeitos e refeitos, então ele percebeu que o velho Wagner, apesar de tudo, não era tão antiquado quanto parecia, e que os músicos do swing não sabiam tanto quanto imaginavam.

O fato de Bix ter tocado nas orquestras comerciais de Paul Whiteman e, antes, na de Jean Goldkette gerou muitos mal-entendidos. Os fãs procuravam explicar que, se Bix havia feito isso, era porque não tinha como viver só do jazz. Porém, ele foi um dos músicos mais bem-sucedidos da segunda metade dos anos de 1920. Podia tocar onde quisesse e ganhava dinheiro em toda parte. George Avakian disse: "Ninguém pôs uma pistola na cabeça de Bix para que ele fosse tocar nessa banda." Na realidade, Bix foi tocar com Paul Whiteman – o suprassumo da música comercial da época – porque era fascinado por seus arranjos. Assim, ele podia lidar pelo menos um pouco com a paleta orquestral de Ravel, Delius, Stravinsky e Debussy. Depois – nos anos de 1930 e de 1940 –, aconteceu o seguinte fenômeno: colecionadores de discos de todo o mundo saíram em busca dos antigos e esquecidos discos de Whiteman em 78 rpm apenas para ouvir os oito ou dezesseis compassos tocados por Bix. Essas gravações passaram a ser relançadas em CD, o que ainda não tinha acontecido com nenhuma outra música da primeira metade do século XX. Na verdade, nenhuma outra música da primeira metade do século XX permaneceu tão viva quanto o jazz... Ainda sobre a atuação de Bix na orquestra de Paul Whiteman, é preciso dizer que a diferença entre ela e as verdadeiras gravações de jazz que ele fez com os músicos de seu círculo não é tão grande se observada do ponto de vista de hoje. Nenhum dos músicos com quem Bix gravou estava à sua altura. É por isso que desses discos não sobrou muita coisa além do *cornet* de Bix: os naipes que ele liderava e os solos que ele improvisava.

Mais do que qualquer outro músico, Bix Beiderbecke era o porta-voz do estilo Chicago. A esse círculo – partindo dele e, mais tarde, fazendo sucesso em outros campos estilísticos – pertenciam: o sax-altista Frankie Trumbauer; os trompetistas Muggsy Spanier e Jimmy McPartland; os bateristas Gene Krupa, Georg Wettling, Dave Tough e Ray McKinley; os irmãos Dorsey (Jimmy no sax-alto e no clarinete, Tommy no trombone); o sax-tenorista Bud Freeman; o violinista Joe Venuti (um dos poucos violinistas da época); os guitarristas Eddie Lang e Eddie Condon, os trombonistas Glenn Miller e Jack Teagarden; os clarinetistas Pee Wee Russell, Frank Teschemacher, Benny Goodman e Mezz Mezzrow; o pianista Joe Sullivan e mais dez ou quinze músicos.

A história desses músicos é trágica em muitos aspectos. Poucas vezes o espírito do jazz esteve tão concentrado num ponto quanto aqui. No entanto, a maior parte dos discos que temos dessa época é pouco convincente. A razão disso é principalmente o fato de que não havia nenhuma grande orquestra que representasse o estilo Chicago. Não havia nenhum grupo como o Hot Seven, [de Louis Armstrong,] ou o Red Hot Peppers, de Jelly Roll Morton, inconfundíveis como representantes do jazz de Nova Orleans; nenhum grupo como as orquestras de Count Basie e Benny Goodman ou os combos de Teddy Wilson, que representavam o estilo swing; nada como o quinteto de Charlie Parker, representativo do bebop. Do ponto de vista da prática de conjunto – a que voltaremos no capítulo "As Bandas do Jazz" –, o estilo Chicago não deixou nenhuma gravação consistente. Dignos de nota são praticamente apenas alguns solos individuais: o inconfundível som do clarinete de Frank Teschemacher, as improvisações do sax-tenorista Bud Freeman, as "frias" linhas do sax-alto de Frankie Trumbauer e – acima de todos – o *cornet* de Bix Beiderbecke.

Por esse motivo, foi discutido se o estilo Chicago é realmente um estilo. Suas gravações mais belas estão realmente tão próximas do estilo Nova Orleans e do Dixieland, que o elemento típico do estilo Chicago parece residir apenas no inacabado de suas poucas gravações relevantes. No entanto, existem algumas características musicais, sobretudo a ênfase inovadora na execução solo, que diferenciam o estilo Chicago do estilo Nova Orleans e do Dixieland. Além disso, a unidade humana e o sentimento de pertencimento dos músicos do estilo Chicago são tão fortes e se refletem de forma tão imediata em sua música que não há como separar a vida e a música.

Bix Beiderbecke era natural de Davenport (Iowa). Era filho de pais que tinham saído da Alemanha em 1903. Seus antepassados foram pastores e organistas em Pomer e Mecklenburg. Seu pai se chamava Bismarck, como o grande chanceler prussiano.

Abreviado para Bix, Bismarck tornou-se o prenome também do filho. Quando jovem, Bix cantou no coral da igreja luterana de Davenport, onde seu avô dirigia uma associação alemã de canto coral masculino.

Desde o início, Bix foi uma criança de grandes dotes musicais. Com 7 anos, ele podia tocar de ouvido no teclado as melodias em qualquer tom. Da mesma forma que o jovem Bix não aceitava que tapassem suas orelhas de abano com esparadrapo, ele se recusava a aprender a ler partituras. Podia tocar tudo o que ouvisse.

Bix teve sua primeira aula de piano com o professor Charles Grade. O irmão de Bix recordou que:

> Bix tinha pedido ao professor Grade para tocar a lição da próxima semana, "só para ouvir uma vez como ela soa". Quando o professor voltou na semana seguinte, Bix tocou exatamente como ele a tinha ouvido. Como o professor havia cometido alguns erros na semana anterior, os mesmos erros tinham sido reproduzidos por Bix. Finalmente, o professor Grade descobriu a astúcia de Bix e informou minha mãe que ele não podia mais dar aulas de piano ao meu irmão – e isso devia ser entendido como um elogio.

Conta-se que Bix travou conhecimento com o jazz pela primeira vez por meio dos *riverboats* que chegavam à cidade pelo Mississipi, pois muitos deles traziam bandas de Nova Orleans que podiam ser ouvidas da margem do rio. Da mesma forma como tinha aprendido a tocar piano, ele aprendeu a tocar o *cornet*: imitava os sons que vinham das embarcações e ouvia os discos de sua banda predileta, a Original Dixieland Jazz Band, diminuindo a velocidade de rotação do gramofone e reproduzindo nota por nota os solos do trompetista Nick LaRocca.

Bix ficou tão absorto em sua música que as pessoas começaram a achá-lo "meio esquisito". A escola teve de mandá-lo embora por causa de sua falta de interesse por qualquer outra coisa que não fosse música. Quando ele finalmente começou a tocar *cornet*, a cidade inteira se pôs a falar daquele jovem que andava meio distraído pelas ruas da cidade portando um instrumento amassado debaixo do braço e embrulhado num jornal.

Com Bix Beiderbecke, o romantismo alemão – e todo o seu universo de afetos – entrou para o jazz. Talvez essa herança romântica impregnada de nostalgia e melancolia seja o que aproxime Bix de uma situação emocional parecida com aquela de discriminação e escravidão sofrida pelos negros. O que era para os músicos de Nova Orleans a herança musical da África preservada de modo inconsciente eram, para Bix, a trompa e as "flores azuis" do romantismo alemão. Ele foi um Novalis* do jazz – um menino enjeitado que cresceu na era do jazz dos *roaring twenties* com toda aquela sede de vida típica dos personagens de Scott Fitzgerald.

Quando seus fãs lhe questionavam sobre seus famosos *breaks* e solos, ele não sabia dizer nem por que nem como havia chegado àquele resultado. Se alguém pegasse o trompete e tocasse um de seus solos nota por nota, ele reagiria com frieza. "Nunca sinto a mesma coisa duas vezes", dizia ele. "Essa é uma das coisas que amo no jazz. Não sei o que acontecerá no momento seguinte. Você sabe?"

Bix Beiderbecke foi o primeiro trompetista de jazz de origem euro-americana que deixou uma impressão duradoura nos instrumentistas de jazz afro-americano. Rex Stewart estudou nota por nota o solo de Bix em cima de "Singing the Blues". Em termos harmônicos, a influência de Bix vai muito além de seu instrumento – os saxofonistas e clarinetistas analisaram e copiaram seus

* Novalis, pseudônimo de Georg Philipp Friedrich Freiherr von Hardenberg (1772–1801) foi um poeta sensível e precoce da primeira geração do romantismo alemão. Sua "flor azul", descrita no romance inacabado *Heinrich von Ofterding*, tornou-se um símbolo do espírito romântico. (N. da T.)

solos tanto quanto os trompetistas. "Ele era capaz de achar uma nota que ninguém mais achava", disse Bing Crosby. Jimmy McPartland recordou: "Bix! O que dizer? Para mim, ele foi o maior! Que sonoridade bela! Que sensibilidade melódica! O *drive*, a tranquilidade, tudo! Seu jazz era simplesmente maravilhoso."

Deixando de lado os velhos pianistas do ragtime, podemos dizer que Bix Beiderbecke foi o primeiro grande solista *cool* da história do jazz. De sua concepção fria, abriu-se um caminho até Miles Davis. Suas ideias e seu estilo não tinham relação com técnica e velocidade, mas com originalidade, *feeling* e som – uma característica dos músicos que, como se diz, "tocam com alma". Quando o sax-tenorista Sid Stewart censurou Bix, dizendo que ele se tornava mesquinho ao economizar tanto nas notas, que ele podia "buscar um pouco mais de brilhantismo", ele respondeu: "Sid, o seu problema é que você toca muita nota com pouco sentido."

Bix começou a tocar em público aos 18 anos. Em 1923, ingressou na primeira banda do estilo Chicago, os Wolverines. Em 1924, ele se juntou ao sax-altista Frankie Trumbauer, com quem fez algumas das mais belas gravações de sua carreira. Em seguida, veio uma série de trabalhos com grupos diversos – com Jean Goldkette, Hoagy Carmichael e orquestras próprias. No fim dos anos de 1920, Bix seria um dos músicos a conferir um toque jazzístico à música de Paul Whiteman.

Bix Beiderbecke foi o músico mais brilhante do jazz de Chicago. No quesito harmonia, foi muito além de seus contemporâneos. De forma precoce, usou a escala de tons inteiros e fez experimentos com acordes estendidos e de décima primeira, melodias em quarta e acordes alterados – características que muito mais tarde seriam incorporadas à linguagem do jazz moderno. Isso era tão estranho aos músicos de jazz tradicional que muitos chegaram a achar que Bix Beiderbecke tocava *out of tune* – desafinado.

"Aqui e ali introduzíamos algumas coisas mais refinadas em nossas peças", contou um colega de Bix, o clarinetista Pee Wee Russell. "Elas eram tão ousadas, ou melhor, tão à frente de seu tempo, que mais de uma vez o empresário, diante daqueles crimes, vinha até nós e dizia "pelo amor de deus, o que vocês estão fazendo?"

Em 1927, Bix começou a sofrer com dores no pulmão. Mas ele não deu atenção a isso e continuou tocando, bebendo e frequentando os concertos de música clássica. Ele gostava de fazer experiências com o universo harmônico de Debussy, principalmente ao piano. Ele escreveu cinco peças para piano que – de um modo incrivelmente refinado e conscientemente jazzístico – mostram a absorção de elementos impressionistas. A começar pelos próprios títulos: "In the Dark" (No Escuro) e "In a Mist" (Numa Névoa) – essa última, provavelmente, a sua composição mais famosa.

Disse o pianista Fred Bergin sobre o surgimento de "In a Mist":

> Certa manhã, Bix e eu saímos para dar uma volta. Havíamos passado a noite inteira tomando gim e ouvindo *O pássaro de fogo*, de Stravisnky, só com uma luz vermelha sobre o toca-discos. Caminhamos um pouco e avistamos o mar. O sol estava nascendo e as névoas que cobriam o mar durante a noite começavam a se dissipar.
>
> Alguém corria pela praia e Bix ficou fascinado com o movimento de um pássaro. Bix perguntou se eu via o que ele estava vendo, os ritmos do pássaro lembravam a ginástica matinal. Concordei com ele, mas acho que meus olhos, encharcados de gim, viam tudo e não viam nada. Bix me disse que queria trabalhar essa cena numa peça para piano solo que ele estava compondo...

Como trompetista, ele estava mais próximo do jazz; como pianista, ele se mostrava mais inclinado à tradição europeia.

Em 19 de março de 1928, Maurice Ravel foi a uma seção de gravação da orquestra de Paul Whiteman na Liederkranz Hall, em Nova York. Whiteman tocou para ele as peças "Metropolis" e "Suite of Serenades". Ravel se mostrou cordial, mas não se impressionou muito com a música de Whiteman. A única coisa que o fascinou foi o trompete de Bix Beiderbecke.

"Às vezes transcrevíamos nota por nota os solos de Bix e os entregávamos a ele, para que ele os reproduzisse no grupo", contou Frankie Trumbauer. "Bix olhava as notas e dizia: cara, isso é impossível."

Sua saúde piorava a olhos vistos, até que um dia Paul Whiteman o mandou de volta para Davenport, de modo que ele pudesse se recuperar. Whiteman continuou lhe pagando, mas já era tarde. Bix não conseguiu chegar à sua casa. Uma mulher – uma das poucas de sua vida – convenceu Bix a ir morar em Long Island e arranjou um apartamento para ele.

Ele passou suas últimas semanas de vida no apartamento do baixista George Kraslow, onde aconteceu uma história que é característica do afeto que todos nutriam por Bix. No apartamento de Kraslow, ele se levantava às três ou quatro horas da madrugada e ia tocar seu *cornet* tranquilamente, sem se preocupar com o volume do som. É quase impossível que alguém faça isso sem que os moradores da casa e os vizinhos reclamem. Mas isso não aconteceu com Bix. As pessoas diziam a Kraslow: "Por favor, não diga a ele que conversamos sobre isso. Não queremos que ele se sinta inibido, queremos que ele toque."

Em agosto de 1931, Bix morreu no apartamento de Kraslow. Na Alemanha – no Lüneburger Heide –, ainda há membros da família Beiderbecke. Perguntamos sobre Bix certa vez, mas nunca tinham ouvido falar dele.

DUKE ELLINGTON

A orquestra de Duke Ellington é um entrançado complexo de elementos musicais e espirituais. Certamente, o que se ouve é a música de Ellington, mas, com ela, a música de cada um dos integrantes do conjunto. Muitas peças de Ellington são verdadeiras objetivações coletivas, mas sempre com o predomínio de sua personalidade musical. Já se tentou inúmeras vezes descrever a forma como certos discos de Ellington nasceram. O processo, no entanto, é tão sutil que qualquer descrição em palavras se torna grosseira. O tema podia vir de Duke, de seu *alter ego*, o arranjador e compositor de jazz Billy Strayhorn, ou de qualquer outro membro da banda. Ellington tocava o tema no piano. A seção rítmica entrava com toda força. Depois, esse ou aquele sopro assumia o comando. O sax-altista Johnny Hodges improvisava um solo em cima do tema. Os metais da orquestra criavam um background. Duke Ellington se sentava ao piano e ouvia, atacava com alguns poucos acordes e, de repente, concluía: é exatamente assim que a peça tem de soar... Quando ele passava a música para o papel, no fundo ele fixava uma música que, no sentido mais preciso do termo, havia sido improvisada – improvisada uma vez.

É difícil saber quem saía ganhando nesse processo de doação mútua: Ellington ou os músicos que tocavam com ele. A orquestra de Ellington soava como uma única voz e, ao mesmo tempo, era um instrumento de individualidades. "Você precisa escrever pensando em determinadas pessoas", dizia Ellington, "você escreve para as capacidades e disposições naturais de cada um e abre um lugar para que cada um possa dar o seu melhor... Minha banda é meu instrumento".

Uma das melhores qualidades de Ellington era a forma com que ele transmitia aos músicos suas ideias, deixando em cada um a impressão de ser, como compositor, apenas um meio para o desenvolvimento daquilo que era inato e latente em cada músico. Nessa relação entre Duke e seus músicos, uma relação difícil de traduzir em palavras, constata-se que tudo o que ele escreveu parece ter sido escrito exclusivamente para ele e sua orquestra, sendo, por isso, quase inconcebível entregar suas obras a outros intérpretes. Certa época, Paul Whiteman e seu arranjador Ferde Grofé iam todas as noites ao clube em que Ellington costumava tocar, na intenção de assimilar algo de sua sonoridade típica. Mas, com o tempo, desistiram: "Não dá pra roubar nada dele." Duke Ellington, no quesito sonoridade, era o grande sensualista e mago do jazz, que impressionava o público com seus timbres brilhantes e sua paleta sonora de raríssima qualidade. Além disso, que em sua orquestra cada integrante possuísse uma sonoridade pessoal e inconfundível não era apenas um aspecto dentre outros de seu estilo, mas o traço determinante e a força organizadora de sua música.

Ele compôs inúmeras melodias populares, na linha das grandes canções de Jerome Kern, Richard Rodgers, Cole Porter ou Irving Berlin. No entanto, justamente suas melodias mais populares – "Sophisticated Lady", "The Mooche", "Mood Indigo", "Creole Love Call", "Solitude" – irradiavam uma elegância e um refinamento sem comparação no Great American Songbook (Grande Cancioneiro Norte-Americano). Aos dezoito anos de idade, Ellington queria ser pintor, mas ele não abandonou a pintura depois de se tornar músico, apenas trocou as tintas pelos sons. Suas composições, com uma multiplicidade de cores harmônicas e tímbricas, são verdadeiras pinturas musicais. Às vezes isso transparecia nos próprios títulos das peças que tocava: "The Sidewalks of New York" (As Calçadas de Nova York), "The Flaming Sword" (A Espada Flamejante), "The Beautiful Indians" (Os Belos Indianos), "Portrait of Bert Williams" (Retrato de Bert Williams), "Sepia Panorama" (Panorama Sépia), "Country Girl" (Garota do Interior), "Dusk in the Desert" (Crepúsculo no Deserto), "Mood Indigo" (Humor Índigo) e outras mais. Também como compositor e maestro, enfim, Ellington permaneceu um pintor – fosse em sua elegância diante da orquestra, fosse na forma com que, por meio de poucos e seguros gestos, ele salpicava a tinta em telas feitas de sons.

Liga-se a isso o fato de que, para ele, sua música consistia na "transformação de recordações em sons". Recordações são imagens. Sobre o assunto, Ellington chegou a dizer: "As recordações são importantes para um músico de jazz. Uma vez escrevi uma peça de 64 compassos com base numa recordação da infância: os passos de um homem que caminha enquanto assovia uma canção; certa noite, deitado em minha cama, escutei pela janela esse homem que ia pela rua."

Duke Ellington sempre se orgulhou de ser um afro-americano. Ela lia muitos livros sobre a história dos negros e da arte africana. Muitas de suas obras mais importantes versam sobre a história dos afro-americanos: "Black, Brown and Beige", que trata dos diversos tons de pele dos negros, narrando que, na época em que chegaram ao Novo Mundo, eles eram "negros", tornaram-se "marrons" com a escravidão e hoje são "beges" – não apenas em sua pele, mas também em sua essência; "Liberian Suite", uma obra em seis partes que, por encomenda do governo da Libéria, foi composta em comemoração ao centenário dessa república na África subsaariana; "Harlem", a grande obra que captura a atmosfera do famoso bairro negro de Nova York (Duke Ellington fez duas versões para essa obra: uma para orquestra de jazz e outra para orquestra de jazz e grande orquestra sinfônica. Toscanini foi convidado para reger a apresentação de estreia). Entre essas grandes obras, encontra-se ainda "Deep South Suite", que relembra as origens do jazz no sul profundo, e "New World A-Comin", obra que retrata o sonho de um mundo melhor no futuro, livre da discriminação racial.

"Eu quero fazer a música do negro norte-americano", disse Ellington, enfatizando o "norte-americano" e, com isso, expressando a consciência de que o afro-americano está mais próximo do mundo dos brancos que da África negra. Um crítico lhe escreveu certa vez que ele, com sua "música selvagem", devia o quanto antes voltar para a África. Em resposta, Ellington disse de modo bastante cordial que, infelizmente, aquilo era impossível, pois o sangue dos negros norte-americanos, ao longo das gerações, havia se misturado de tal modo com o da raça de seu interlocutor, que ele não seria mais aceito na África. Ainda observou que, caso o conselho de seu interlocutor branco fizesse sentido, ele partiria para a Europa, pois "lá a gente é aceito".

Alguns críticos observam que Ellington se aproximou demais da música europeia. Sua tendência às grandes formas é apontada como prova disso. No entanto, na configuração dessas formas, nota-se uma particularidade que certamente não tem origem na tradição europeia. Ellington escreveu seus poemas sonoros, suas suítes e seus pot-pourris sempre com base na consciência de que os músicos de sua orquestra eram, acima de tudo, improvisadores. Em 1923, Ellington fez parte de um combo com cinco integrantes, dentre os quais, três mais tarde vieram a ser solistas famosos de sua orquestra: Otto Hardwicke (sax-alto), Sonny Greer (bateria) e Arthur Whetsol (trompete). A banda se chamava The Washingtonians, em alusão à capital norte-americana, onde Ellington nasceu em 1899 e onde desfrutou de uma infância segura e tranquila.

The Washingtonians foi para Nova York – como contaria Ellington mais tarde –, onde seus integrantes tinham de dividir poucas salsichas para cinco pessoas. O grupo acabou em seis meses.

Três anos depois, Ellington fez uma nova tentativa. Dessa vez, bem-sucedida. Ele foi tocar no clube mais caro do Harlem, o Cotton Club, que, embora fosse no Harlem, era frequentado sobretudo por gângsteres e turistas brancos, os quais adoravam dizer que "já tinham estado no Harlem". O primeiro disco famoso de Ellington trazia as seguintes faixas: "East St. Louis Toodle-oo", "Birmingham Breakdown", "Jubilee Stomp", "Black and Tan Fantasy" – com a citação na época muito comentada da "Marcha Fúnebre", de Chopin.

Até os anos de 1950, Ellington preservou o núcleo de sua antiga orquestra. Nenhum outro *bandleader* conseguiu manter a própria orquestra reunida por tanto tempo. Enquanto nas outras bandas bem-sucedidas a rotatividade de integrantes era algo normal, cotidiano, em trinta anos Ellington fez apenas seis ou sete alterações fundamentais. Entre os solistas mais importantes que Ellington reuniu no Cotton Club, estavam o trompetista Bubber Miley, o trombonista Joe "Tricky Sam" Nanton e o sax-baritonista Harry Carney. Com Miley e Nanton, Duke criou o seu famoso *jungle style* – seu estilo selvagem. O efeito *growl* dos trompetes e trombones, isto é, o som espremido e rude, suscitava nos ouvintes da época a impressão de uma voz que clamava no meio de uma selva escura. A associação com essas florestas era tão forte que alguns ouvintes gritavam: "Por que você não sai da floresta e volta para o Harlem, de onde você vem?" Langston Hughes, o poeta do Harlem, que havia contado sobre o caso, acrescentou: "Os moradores do Harlem não sabiam nada dessas florestas e não se preocupavam com isso. Eles não se identificavam com a África; um bom *hot jazz* lhes interessava mais."

O *jungle style* é uma dos quatro tipos de execução a que o nome de Ellington está associado. Os três outros são (dito de um modo simplificado, porém sistemático): o *mood style*, o estilo concertante e o estilo *standard*, que remonta imediatamente ao primeiro líder de orquestra importante dos anos de 1920, Fletcher Henderson, e que, no fundo, não traz muita novidade, mas sempre contém aquelas cores e sons típicos de Ellington. Há, obviamente, as várias misturas entre esses estilos.

O *mood style* é melancólico, triste e possui algo do mais genuíno estado de espírito do blues, mesmo nas peças que não são propriamente do blues. Associado ao *mood style*, estão as composições de Ellington mais ambiciosas em termos de cores. "Solitude", a canção que em três minutos diz tudo sobre a solidão, é o maior exemplo desse estilo.

No que diz respeito ao estilo concertante, há duas tendências: de um lado, os pequenos concertos para os diversos solistas da orquestra de Ellington – seu protótipo é o "Concerto for Cootie", escrito para o trompetista Cootie Williams; de outro, a já mencionada tentativa de escrever jazz dentro das grandes formas clássicas, como algumas das peças já mencionadas acima.

A orquestra de Ellington é a história da orquestra de jazz. Não existe nenhuma *big band* de verdade que não tenha sido influenciada direta ou indiretamente por Duke. Além disso, a lista de estilos e técnicas que Duke Ellington antecipou e que depois foram trabalhadas por outras orquestras e solistas não tem concorrente.

Em 1927, com "Creole Love Call", ele foi o primeiro a empregar a voz humana – a de Adelaide Hall – como instrumento. Mais tarde, ele fez algo semelhante com o soprano *coloratura* Kay Davis. Hoje, a expressão "voz como instrumento" se tornou um termo corrente.

Em 1937, com "Caravan" – uma de suas melodias compostas em parceria com o trombonista porto-riquenho Juan Tizol –, ele antecipou o que nos anos de 1940 começou a ser chamado de cuban jazz e que hoje é chamado de latin jazz: a união entre os ritmos afro-cubanos e latino-americanos com melodias e harmonias do jazz norte-americano.

Duke Ellington foi o primeiro a empregar câmara de eco nas gravações de sua grande orquestra, algo hoje usual na música para *big bands*. Em 1938, o solo de Johnny Hodges em "Empty Ballroom Blues" foi gravado com câmara de eco.

Ellington foi, nos anos de 1930, o primeiro a experimentar o microfone estéreo. A formação com dois baixistas que se tornou moda nos anos de 1960 foi inaugurada por ele nos anos de 1930.

No fim dos anos de 1920, já se podia ouvir em muitas peças de Ellington a *flatted fifth* (quinta diminuta), o intervalo característico do bebop.

Com Harry Carney, Ellington instituiu o sax-barítono no jazz.

A história do baixo de jazz passa por desdobramentos tão amplos na orquestra de Duke Ellington que, talvez, seja melhor falar sobre isso na seção "O Baixo" do capítulo "Os Instrumentos do Jazz". O caminho é longo e vai da primeira gravação com baixo amplificado – "Hot and Bothered", de 1928, com o baixista Wellman Braud – até as execuções de Jimmy Blanton – que, nos anos de 1940, como membro da banda de Ellington, fez do baixo o instrumento que ele é hoje no jazz – e Oscar Pettiford.

Com Duke Ellington, viu-se pela primeira vez o som ganhar autonomia no jazz. Que o som por si mesmo (ritmo, melodia e harmonia em pé de igualdade) possa ser o único meio determinante da forma musical foi uma descoberta de Ellington muito antes de o jazz dos anos de 1960 convertê-la em princípio normativo. Tudo o que significa orquestração e instrumentação no jazz remonta quase exclusivamente a Ellington.

E o mais importante: Duke Ellington resolveu numa década o paradoxo que a música escrita colocava à música que tem como base a improvisação. Pois Duke não compunha para instrumentos, mas para personalidades. Desde Ellington, a autêntica composição de jazz precisa constituir um diálogo entre o compositor e os instrumentistas. Com Ellington, o ato de compor – esse monólogo interior de um indivíduo – tornou-se um ato de intercâmbio musical entre autor e intérprete. Sem essa empatia, sem essa referência ao caráter e à personalidade do músico que realiza a obra, não há mais como pensar a composição de jazz. Entre os anos de 1925 e de 1945, ele era praticamente o único a compor no nível em que as composições de jazz são escritas hoje em dia. Só depois vieram os demais: John Lewis, Ralph Burns, Jimmy Giuffre, Bill Russo, Georg Russell, Gerry Mulligan, Gil Evans, Oliver Nelson, Charles Mingus, Carla Bley, Toshiko Akiyoshi, Muhal Richard Abrams, Henry Threadgill, David Murray, Maria Schneider, Klaus König, Wynton Marsalis, Mathias Rüegg, Dave Douglas...

"Jazz significa liberdade de expressão", disse Duke, que, por isso, nunca se ateve a nenhuma determinação ou classificação estilística. Em muitas de suas composições, a mistura de sonoridades e as nuanças tímbricas iam além do que imaginaram os grandes visionários do som da música europeia – Stravinsky e Schönberg. "Algumas harmonizações e orquestrações de Ellington eram tão peculiares", diz um músico, "que você não podia dizer quais instrumentos tocavam no disco. Você precisava ver a banda ao vivo para descobrir".

Duke Ellington feria as regras não por um desejo abstrato de subversão. Ele só se contrapunha às convenções quando elas interditavam seu desenvolvimento pessoal. Assim, ele usou e abusou de recursos que na era do swing soavam como verdadeiras aberrações: dissonâncias ásperas e excesso de cromatismo, transições politonais e desdobramentos formais, registros extremos e progressões inabituais. O mais incrível é que Ellington, mesmo violando as regras, era amado por todos. Incomparável foi também a forma como Ellignton lidou com o problema do piano de jazz – ainda falaremos sobre isso. O piano se tornou uma extensão de seu "braço de regente". Ele tocava apenas o estritamente necessário, as harmonias e transições, e deixava todo o restante para os músicos de sua orquestra. Suas intervenções ao piano eram semelhantes aos breaks de um baterista. Duke geralmente fazia isso sem usar o banco do piano, mas com uma força impressionante. Quando ele tocava um daqueles seus raros solos, ouvia-se o eco do velho e autêntico ragtime.

As duas orquestras de maior renome de Ellington foram a do fim dos anos de 1920, com Bubber Miley e Joe "Tricky Sam" Nanton, e a do começo dos anos de 1940, com o baixista Jimmy Blanton e o sax-tenorista Ben Webster, quando o moderno jazz grande-orquestral foi inaugurado. "Ko-Ko" é sua peça característica. Fala-se que depois veio o declínio de Duke Ellington. Houve quem lhe sugerisse dissolver a orquestra ou pelo menos fixar temporadas de trabalho, de modo que no resto do tempo ele se dedicasse à composição. Mas Duke precisava de seus músicos: "Quero-os em torno de mim", citou Leonard Feather, "para tocar minha música. Não me interessa criar música para a posteridade. A única coisa que quero é que ela soe bem agora, nesse momento".

No Festival de Jazz de Newport, em 1956, Duke Ellington pôs fim a esse processo de "declínio" de que falavam os críticos. A orquestra de Ellington era só mais uma dentre outras. Ninguém esperava ouvir nada de especial, mas sua apresentação acabou sendo o ponto alto do festival. Duke Ellington tocou seu velho "Diminuendo and Crescendo in Blue", de 1937, uma das composições mais longas que escreveu; Paul Gonsalves soprou seu sax-tenor durante 27 *chorus* cheios de vigor e a banda se encheu de uma vitalidade e de um *drive* que há muito não se via em Duke Ellington.

Essa foi uma das grandes noites do jazz dos anos de 1950, em que se viu Duke Ellington reaparecer como o *grand old man* da orquestra de jazz. Nessa noite, ouviu-se uma série de novas obras-primas, sobretudo a suíte de inspiração shakespeariana "Such Sweet Thunder", dedicada ao Festival de Shakespeare em Stratford, Canadá, que está entre as mais belas obras de vulto de Ellington, expressando os excessos, as paródias e as caricaturas das figuras mais famosas de Shakespeare, de Otelo a Hamlet.

Ellington sempre reescrevia as partes de suas composições. Sempre havia seis ou sete arranjos de uma mesma peça circulando no repertório da orquestra. Quando alguém chegava pela primeira vez – recordou o trompetista Benny Bailey –, ninguém "dizia qual delas era a versão atual".

Por sua vez, os músicos de Ellington nunca tocavam um arranjo da mesma forma. Eles adoravam incrementar e aperfeiçoar as composições com interpolações e trechos de improvisação. Assim, a cada noite, a cada concerto, surgia um novo arranjo. Em 1967, morria Billy Strayhorn; em 1970, o sax-altista Johnny Hodges. Desde a morte do trompetista Bubber Miley, em 1932, que ajudou Ellington a criar o *jungle style* na segunda metade dos anos de 1920 (e que pôde ser substituído por um solista tão impressionante quanto Cootie Williams!), nenhuma outra perda atingiu Ellington com tanta força quanto a desses dois grandes músicos. Os solos ricos e sensuais de Hodges, que se pareciam muito com os de Duke, refletiram de 1928 a 1942 o lado romântico, sensorial-impressionista do caráter de Ellington. Billy Strayhorn, compositor e arranjador que escreveu a canção-tema da banda de Ellington – "Take the A-train", "Lush Life", "Chelsea Bridge" e tantas outras peças importantes da orquestra de Ellington, era um orquestrador que "sintonizava" de forma tão perfeita com Duke que mesmo os especialistas tinham dificuldade em dizer onde começava um e terminava o outro.

Mas a perda de Strayhorn também liberou uma inusitada energia em Ellington. Nos anos de 1960, ele delegava cada vez mais a Strayhorn o trabalho de arranjo e composição. Com a morte do músico, ele teve de assumir o trabalho sozinho. Surgiu, então, uma quantidade de novas e importantes obras de grande porte: os álbuns *A Concert of Sacred Music* (1965) e *Second Sacred Concert* (1968), *Duke Ellington's 70th Birthday Concert* (considerado no mundo inteiro o disco do ano de 1969), *Far East Suite* (em que Ellington reflete de um modo pessoal a turnê pela Ásia feita por intermédio do Departamento de Estado) e, sobretudo, *New Orleans Suite*, "disco do ano" de 1970, no qual Ellington homenageia e reformula a herança de Nova Orleans, transformando-a em música "ellingtoniana". Especialistas afirmam que o período posterior à morte de Strayhorn foi um dos períodos mais ricos e férteis da vida criativa semissecular de Ellington.

Em 1970, a orquestra de Ellington empreendeu uma das turnês mais longas já registradas na história das orquestras de jazz: Rússia, Europa, América Latina – tudo de uma só vez ao longo de três meses. Tinha-se a impressão que o Ellington de 70 anos de idade, diante dessa orquestra de 50 anos, era o músico mais jovem, ativo e vivaz. Enquanto os demais músicos pareciam cochilar por trás de suas estantes, Ellington brilhava, irradiando espírito, charme e humor. Quando seus músicos se cansavam, ele reunia no fim de seus concertos um pequeno grupo de quatro ou cinco solistas e criava ápices solitários de enorme vitalidade juvenil. Em 1969, quando organizamos (Joachim-Ernst Berendt) uma grande festa de comemoração pelos 70 anos de Ellington no Berliner Jazztage (Festival de Jazz de Berlim), vários músicos famosos – não apenas da velha guarda – renderam seu tributo a Ellington, mas ele se destacou, no dizer de um crítico, como "o músico mais jovem de todo o festival".

Cinco anos depois, em 25 de maio de 1974, o grande orquestrador do jazz Duke Ellington morria de pneumonia num hospital de Nova York. Fazia apenas poucas semanas que a revista *Down Beat* lhe havia dedicado um caderno inteiro por seu aniversário de 75 anos. Todo o mundo da música – de Leonard Bernstein a Miles Davis – rendeu sua homenagem. O baterista Louie Bellson talvez tenha sido o que melhor se expressou: "Você, maestro, me deu uma educação musical fantástica. Por meio de você, eu realmente me tornei um ser humano. Sua sabedoria e sua amizade guiam-me até hoje. Você é o modelo de um cidadão do mundo. Sua música significa paz, amor, felicidade."

A música de Duke Ellington permanece entre nós. Não apenas em sua orquestra, que Mercer, filho de Duke, assumiu após a morte do pai e que interpretaria as composições do *grand old man* até os anos de 1980, mas também – dos anos de 1990 até hoje – na grande orquestra de Wynton Marsalis, financiada pelo Jazz at Lincoln Center (JaLC), e em outros projetos como esse.

Nos anos de 1990, inúmeras orquestras de repertório disputaram entre si para ver qual delas era a que melhor promovia e preservava a obra de Ellington. Críticos e músicos acharam de mau gosto – apesar de todo o virtuosismo técnico – a concepção de algumas dessas orquestras: assimilar a tradição de Ellington sem criar nada de novo.

Sobre o assunto, o pianista Uri Caine diz:

> Se você realmente quer tocar Duke Ellington, então você também precisa perceber o quão flexível e aberto ele era. Pois você não pode soar como uma *big band* de universidade lendo as partituras de Ellington. Isso só faz de Ellington um músico ainda mais misterioso. Ele sempre soube encontrar um caminho para transformar o velho em novidade.

Hoje em dia, Duke Ellington é referência comum para vanguardistas e tradicionalistas – tanto os apologistas do jazz tradicional como os entusiastas da *new thing* elegem-no como testemunha de suas concepções musicais.

Entretanto, Ellington sobrevive principalmente nas centenas de músicos que aprenderam com ele e que, por sua vez, transmitem aos seus alunos e descendentes aquilo que eles vivenciaram e eventualmente desenvolveram. Enquanto houver jazz, a corrente "ellingtoniana" nunca cessará de fluir.

COLEMAN HAWKINS E LESTER YOUNG

Antes de a guitarra e os instrumentos eletrônicos se tornarem modelos na segunda metade dos anos de 1960, o som do jazz moderno – para usar um termo caro ao arranjador Bill Russo – era um som *tenorizado*. O responsável por isso foi o saxofonista Lester Young.

Nenhum outro instrumento reúne tantos músicos importantes de jazz quanto o sax-tenor. O som da Miles Davis Capitol Band foi definido como uma "orquestração" da sonoridade do sax-tenor de Lester Young, o que contribuiu para que a banda de Miles Davis se tornasse uma das orquestras do jazz moderno de sonoridade mais inconfundível.

Outra concepção sonora marcante dos anos de 1950 – a *four brothers* da orquestra de Woody Herman –também tinha como base o sax-tenor. No cool jazz da primeira metade dos anos de 1950, tanto os sax-tenoristas quanto os trompetistas, trombonistas, sax-altistas e sax-baritonistas foram todos influenciados por Lester Young.

Lester Young abriu caminho para o jazz moderno porque libertou o saxofone de toda carga inútil e de toda escória acumulada em volta do instrumento desde a época do jazz de Nova Orleans. Lester Young libertou a linha melódica das algemas do som. Foi apenas por intermédio dele que o saxofone adquiriu aquela leveza e agilidade essenciais para o surgimento dos estilos modernos.

Com Lester "President" Young, surgiu o cool jazz, o jazz dos anos de 1950, antes mesmo do advento do bebop, ou seja, do estilo que representou o jazz dos anos de 1940. Ele apareceu com os solos que Lester tocava na orquestra de Count

Basie, como "Song of the Island" e "Clap Hands, Here Comes Charlie!", de 1939; num combo de Basie, como "Lady Be Good", de 1936; ou, antes, em 1934, quando Lester Young se tornou membro da orquestra de Fletcher Henderson. Sobre essa época, Lester recordou:

> A banda toda me xingava. Eles queriam que eu tocasse como Hawkins, mas por que eu deveria fazer isso, se eu podia tocar a meu modo? A mulher de Fletcher Henderson quase me enlouqueceu. Ela me acordava bem cedo e punha discos de Hawkins para tocar, de modo que eu aprendesse seu estilo. Mas eu queria tocar como eu mesmo. Eu apenas ouvia aquilo para não lhe ofender.

Coleman Hawkins e Lester Young – os dois nomes designam as duas eras do sax-tenor e pode-se mesmo dizer que essas eras correspondem sumariamente às duas grandes eras do jazz em geral. Por ambos tocarem sax-tenor e por estarem no mesmo nível de representatividade em relação a suas respectivas épocas, "Bean" e "Pres" – como eram conhecidos – estão entre as personalidades do jazz em que se pode ver nitidamente a imensidão de tudo aquilo que o jazz é e pode significar. De um lado, está Coleman Hawkins, o rapsodo extrovertido com um som escuro e volumoso e um *vibrato* forte e veloz; incisivo e enérgico em suas peças rápidas, de uma expressividade erótica nas peças mais lentas, sempre vital e contagiante, nunca econômico no emprego de frases e notas – um Peter Paul Rubens do jazz. De outro lado, está Lester Young, o lírico introvertido com um som suave, macio e um *vibrato* leve; agradável e amoroso em suas peças velozes, ternamente devoto em suas peças lentas, constante em suas frases, jamais exagerando nas nuanças – um Cézanne do jazz, como Marshall W. Stearns o denominou, o que designa com precisão não apenas sua orientação artística, mas também seu papel histórico: assim como Cézanne lançou as bases da pintura moderna, Lester Young lançou as bases do jazz moderno.

É uma simplificação dizer que um representa o jazz tradicional e o outro o jazz moderno. Ambos provêm da tradição e ambos são modernos.

Lester Young foi um mestre da execução horizontal – mais interessado no desenvolvimento linear da melodia –, ao passo que Coleman Hawkins era um virtuose da execução vertical, nunca desperdiçando a oportunidade de preencher a sequência acórdica de um *chorus* com suas linhas arpejadas e rapsódicas.

Georg Russell comparou esses dois modos opostos de tocar com a imagem de um navio que, em suas viagens, passa por várias cidades portuárias ao longo de um rio, em que cada pequena cidade representa um acorde e cada grande cidade, uma "tônica". Os solos de Hawkins se assemelham à viagem de um navio regional que passa por cada cidade do rio, ao passo que os solos de Young recordam as viagens de um navio expresso que aporta preferencialmente nas capitais.

Coleman Hawkins vem do Jazz Hounds, o grupo que acompanhava Mamie Smith; Lester Young nasceu nas redondezas de Nova Orleans e, em sua juventude, recebeu as mesmas impressões que todos os músicos da velha Nova Orleans: os desfiles de rua, o carnaval e os funerais. De outro lado, quando o jazz moderno surgiu nos anos de 1940, Coleman Hawkins foi o primeiro músico do jazz tradicional que se uniu aos jovens músicos do bebop para tocar. Na segunda metade dos anos de 1950, época em que Lester – pouco antes de sua trágica morte – havia se transformado numa mera sombra de si mesmo devido ao consumo de álcool e de maconha, o homem que viera antes dele – Coleman Hawkins – mantinha sua velha e indestrutível vitalidade e energia.

Hawkins é o "pai do sax-tenor". Certamente, houve outros sax-tenoristas antes dele, mas seu instrumento ainda não era reconhecido como um instrumento de jazz. De algum modo, ele aparecia dentro da categoria dos instrumentos estranhos, como o eufônio, o sousafone e o sax-baixo.

Coleman Hawkins tinha 21 anos de idade quando foi para Nova York com a cantora de blues Mamie Smith em 1923. Ele tocava blues e jazz de Nova Orleans como King Oliver e Louis Armstrong. Era um dos poucos negros que tocavam com os jovens músicos do estilo Chicago. Em 1923, ele se tornou membro da primeira *big band* do jazz – a orquestra de Fletcher Henderson – à qual pertenceu até 1934. Foi um dos primeiros saxofonistas – se não o primeiro – a fazer solos como os grandes virtuoses da era do swing e também um dos primeiros a gravar com os jovens músicos da Europa que, nessa época, haviam começado a ouvir a mensagem do jazz – em 1935, com Jack Hylton na Inglaterra, The Ramblers na Holanda e Django Reinhardt em Paris (França). Quando o jazz moderno começou – já falamos sobre isso –, tornou-se também um de seus primeiros protagonistas: Hawkins sempre estava lá onde o jazz pulsava e florescia.

"Ele podia tocar qualquer canção, qualquer sequência de acordes, e ninguém ouvia o material", disse Joe Lovano. "O que você ouvia era o homem, o *feeling* e o som. Ele tocava com uma intensidade e uma beleza extremamente lírica." Seu primeiro disco de sucesso foi *Stampede*, de 1926, com a orquestra de Fletcher Henderson. Nela, Coleman cultivou uma ampla variação de dinâmica e um som potente, cheio, graças ao que ele conseguir fazer solos longos que pairavam por sobre sete ou oito instrumentos de sopro. "Ele possuía um dos sons mais graves, belos e potentes do saxofone. Ele era quase um baixo", disse Charlie Haden.

Em 1929, veio "If I Could Be With You" com o Mound City Blue Blowers. Em 1932, "It's the Talk of the Town", novamente com Henderson, provavelmente a primeira grande interpretação solo de balada da história do jazz, prefigurando tudo o que no jazz moderno é compreendido como balada – Miles Davis disse: "Foi ouvindo Hawkins que aprendi a tocar balada." Depois, vieram as gravações na Europa – por exemplo, "I Wanna Go Back to Harlem", com a banda holandesa The Ramblers, e "Stardust", com Django Reinhardt, em 1935. Quando Hawkins voltou em 1939 para os Estados Unidos, surgiu aquele que seria o grande sucesso de sua vida: "Body and Soul", uma gravação de jazz que virou hit, a matriz, o modelo de todas as baladas de jazz – um sucesso mundial que Hawkins nunca compreendeu, pois: "Coisas assim toquei a minha vida inteira, não é nada de especial para mim." Em 1943, ele fez um solo de tirar o fôlego em cima de "The Man I Love", com Oscar Pettiford no baixo e Shelly Manne na bateria; em 1947, veio "Picasso", uma improvisação para sax-tenor desacompanhado sobre a harmonia da peça "Body and Soul", associada a Hawkins. No delineamento geral, na estrutura e na condução melódica, ela lembra a Chacona da Partida em Ré Menor, de Johann Sebastian Bach, para violino solo, expressando o mesmo extravasamento barroco.

Em todos esses discos e em quase tudo o que Hawkins tocou, ele aparece como o grande artista do *chorus* – da improvisação sobre um esquema de acordes. Um solo de Hawkins, já se disse, é um exemplo clássico de como desenvolver um solo com base numa frase. Quase toda frase que Hawkins tocou pode por si mesma ser utilizada como tema para uma improvisação de jazz. Só há um músico que se compara a ele nesse sentido, justamente aquele que em outro sentido é o seu oposto: Lester Young.

Enquanto o homem Hawkins é em tudo simples, compreensível e previsível, tudo em Lester é estranho e incompreensível. "Um de seus agentes", contou Nat Hentoff, "se separou dele porque não conseguia falar com ele. 'Eu falava com ele', diz o agente, 'e tudo o que ele respondia era 'Bells!' ou 'Ding-Dong!'. Eu pensava comigo que o melhor era ir logo a um hospício, se é que eu tinha de lidar com gente maluca'."

Diz a lenda que Lester Young deixou a orquestra de Count Basie, de onde veio e à qual está ligado, assim como Hawkins está ligado a Fletcher Henderson, porque Basie marcou a gravação de um disco para uma Sexta-feira 13.

Como seu jargão era quase outra língua, nem sempre era fácil conversar com ele. Ninguém cunhou tantas expressões da linguagem do jazz quanto Lester. Até o termo *cool* – que não se refere apenas ao estilo, mas também a tudo aquilo que se faz por prazer – vem dele. Ele se referia a seus colegas como *ladies* e, aos chefes de clubes, como *Pres* (presidente); às Forças Armadas, ele se referia como Mr. Hangman (Senhor Carrasco); e, ao pianista Bobby Scott, ele perguntava por sua *left people* (gente da esquerda), quando queria fazer troça com o fato de Bobby – tal como a maioria dos pianistas modernos – tocar frases à maneira dos sopros com a mão direita e não fazer quase nada com a esquerda. Norman Granz contou que Lester durante muito tempo falou uma língua estranha: "Ele gostava de salmodiar, mas fazia isso com autêntica expressão e poder de convencimento."

Se na orquestra de Basie alguém cometia uma falha ou um novato se desencontrava do todo, Young tirava um pequeno sino do bolso e fazia "Ding-dong!". Se algo o perturbava, ele tocava o primeiro compasso de "Running Wild". Assim, ele reagia aos músicos que não tinham uma história própria para contar. "Eu tento não ser um lápis de repetir", dizia ele, "não quero ser um papagaio".

Lester – ou "Pres", como era chamado – possuía a sensibilidade de um Baudelaire ou de um James Joyce. "Ele vive em seu mundo particular", disse um agente musical a seu respeito, "e o que está além desse mundo, para ele, não faz parte do mundo". Porém, esse seu mundo particular é um mundo maravilhoso, um mundo cheio de ternura, fraternidade e amor. "Tudo o que de algum modo agredia o ser humano, agredia a ele", disse o baterista Jo Jones.

O bailarino Rudolf Nureyew uma vez disse que um grande bailarino não era aquele que conseguia fazer um passo difícil parecer fácil, mas aquele que conseguia fazer um passo fácil parecer interessante. Isso se aplica perfeitamente ao modo de tocar de Lester Young. Lester conseguia fazer que até a frase mais fácil soasse instigante.

Ele não se escondia atrás de uma fachada de ornamentações e maneirismos. Sua execução mostrava toda a sua delicada sensibilidade. Ele dizia: "O som é uma janela para a alma. Com seu solo você libera seus pensamentos e afetos. Todo solo precisa contar uma história e a história precisa ser verdadeira, relatando os afetos daquele momento. Se não for a sua própria história, então esqueça." Jo Jones disse:

> Lester tocava uma infinidade de frases musicais que na realidade eram palavras. Ele podia soletrar as palavras em seu instrumento. Era sua forma de falar. Em 85% dos casos, eu conseguia descrever o que ele dizia. Eu seria capaz de anotar suas ideias num papel só ouvindo ele tocar. Benny Goodman até fez uma música com base numa frase tocada por Lester: "Preciso de grana."

Porque Lester falava por intermédio de seu instrumento, amava ouvir os cantores: "Passo a maior parte de meu tempo ouvindo discos de cantores e tentando aprender a letra das canções."

Ao improvisar sobre uma melodia, Lester Young tentava comunicar ao ouvinte a letra dessa melodia de forma direta e sem palavras. Por isso, seus melhores solos foram feitos acompanhando uma cantora: Billie Holiday, a grande cantora entre

Bessie Smith e Ella Fitzgerald, talvez a maior de todas e, sem dúvida, o paradigma do canto da era do swing – assim como Bessie Smith é o paradigma do blues clássico. A forma como Lester acompanhava Lady Day – esse apelido veio dele – é até hoje um modelo de acompanhamento no *jazz vocal* – por exemplo, em "Time on My Hands", "Without Your Love" ou "Me, Myself and I". Eles se comportavam como se lessem os pensamentos um do outro, como se um sentisse o que o outro sentia. Saxofone e voz se tornavam um, estavam de tal modo entristecidos, que se fundiam num equilíbrio perfeito de confiança e entrega.

O que Lester narrava quando improvisava com liberdade em seu sax-tenor poderia ser traduzido nas seguintes palavras:

> Nasci nas redondezas de Nova Orleans em 27 de agosto de 1909. Permaneci em Nova Orleans até completar 10 anos. No carnaval, todos viajávamos com uma trupe de menestréis através de Kansas, Nebraska, Dakota do Sul e por aí afora. Eu toquei bateria até os 13 anos. Abandonei porque achava aquilo um fardo. Depois das apresentações, eu sempre queria chegar junto das garotas, mas até que eu guardasse a bateria, elas já tinham ido embora.
>
> Durante cinco ou seis anos toquei sax-alto, depois sax-barítono... Deixei meu pai aos 18 anos. Fui embora com o Art Bronson's Bostonians. Toquei três ou quatro anos com esse grupo... Eu tocava barítono e sentia ele pesar no pescoço. Você sabe, eu sou mesmo preguiçoso. Quando o sax-tenorista foi embora, assumi o lugar dele... Eu sempre ouvia a orquestra de Count Basie na rádio e pensava: "Eles bem que podiam precisar de um sax-tenorista." Eles tocavam no Reno Club em Kansas City. Eles eram "loucos" – a banda inteira era fantástica, menos esse tenor. Eu pensava: "Eles já devem estar atrás de um melhor."
>
> Basie era como uma escola. Na escola, eu vivia cochilando porque já tinha feito meu trabalho e não havia nada mais para fazer. O professor ensinava apenas àqueles que em casa não tinham feito a lição, mas como eu sempre fazia a minha, eu ficava dormindo... A gente tinha de sentar e tocar a peça de novo... A gente ficava sentado no banco...
>
> Em 1934, fui para Detroit com Fletcher Henderson... Henderson me ofereceu um salário melhor. Basie disse: "Pode ir." Fiquei apenas seis meses com Henderson. Não havia muito o que fazer na banda... Então, voltei para Basie e fiquei até 1944. Depois, fui para o Exército.

O Exército arruinou Lester Young. Nat Hentoff diz que ele foi vítima de maus-tratos e teve a sua individualidade e sensibilidade destruídas. Ele descobriu o ódio por intermédio do Exército. Hentoff supõe que, desde então, Lester passou a odiar todos os brancos. Para um músico cuja mensagem fora sempre o lirismo, a bondade e a união, o estrago era imenso.

O que também lhe fez muito mal – fosse ele consciente ou não disso – foi terem transformado seu estilo em moda. De fato, houve um tempo em que todo sax-tenorista queria tocar como Pres (isso só mudou com o surgimento, nos últimos anos de sua vida, de Sonny Rollins e dos músicos de sua escola). Mas o pior era que entre estes imitadores havia um que tocava "melhor" que o próprio original: Paul Quinichette ou Lady Q, como lhe chamava Pres. O empresário de Lester contou que ele subia ao palco do Birdland – o clube de jazz mais conhecido de Nova York naqueles tempos – e dizia: "Não sei mais se devo tocar como eu ou como Lady Q, pois ele toca muito parecido comigo."

Terrível ironia: de um lado, nada mais demonstrativo do grande sucesso de Lester que o surgimento de toda uma geração de tenores tocando *à la* Lester; de outro, um individualista tão incondicional quanto ele não tinha como suportar que todos tocassem como ele e ele como todos. "Eles bicam a tua costela com a tua carne ainda quente", disse Lester.

Os discos que Lester gravou nos anos de 1950 – como aqueles para o selo Verve de Norman Granz – refletiam os danos causados por essa situação. O grande Presidente dos Tenores perdera muito de seu antigo brilho. Apesar disso, algo de seu gênio perdura, como se pode ouvir, por exemplo, no álbum *The Jazz Giants of 1956*, com Teddy Wilson, Roy Eldridge, Vic Dickenson e outros grandes músicos do estilo swing.

Por vários anos Lester Young viajou pelo mundo com o grupo de Norman Granz, o Jazz at the Philharmonic, e viu noite após noite como Flip Phillips sacudia o público com seu exibicionismo. Ele detestava essa forma orgástica de tocar, mas acabou adotando-a em algumas situações – e também deve ter sofrido bastante por isso.

Por anos ele viveu num estado de permanente embriaguês, até morrer na primavera de 1959, após um desastroso contrato com o clube Blue Note, em Paris. Ben Benjamin, dono do clube, relatou: "Lester estava muito doente quando tocou para mim. Estava quase apático. Ele queria ir para casa porque, como havia me dito, não conseguia falar com os médicos franceses. Ele tinha uma úlcera no estômago e eu acho que ele bebia demais..." Lester voltou para Nova York apenas a tempo de morrer. Um dia depois de chegar, ele morreu no Hotel Alvin, localizado no "cruzamento dos músicos" – a rua 52 com a Broadway. Nesse hotel, ele viveu os últimos anos de sua vida.

A única coisa que Lester preservou em seus últimos anos de vida e nos diversos períodos de crise que conheceu foi a sua sonoridade. Coleman Hawkins também nunca perdeu essa identidade. "A única coisa que ninguém pode me tomar é minha sonoridade. Apenas isso é importante", disse Hawkins. O francês Jean Ledru, em seu famoso estudo sobre o sax-tenor, *Le Problème du saxophone-ténor* (O Problema do Sax-tenor), desenvolveu uma complicada teoria sobre a relação entre o volume e a coluna de ar, o tamanho da frase melódica e a quantidade de notas, a força e a articulação, a boquilha, a paleta e tudo o que pode ser importante na execução de um sax-tenor. Com isso, ele mostrou que há uma conexão obrigatória entre a sonoridade e tudo o que um saxofonista toca. Foi o respaldo acadêmico para uma convicção de muitos especialistas de jazz: que, no jazz, nada é mais importante que a construção do som e que esse elemento é peculiar a cada músico, o que leva o jazz a se diferenciar da música europeia. Em Lester Young, o som não é uma grandeza fixa. Ele está sempre em fluxo, para cima e para baixo, em *vibratos* sutis, com portamentos e glissandos, numa constante mudança de timbres. O som de Lester é a arte dos zigue-zagues, a própria materialização da intangibilidade. Através do dedilhado alternativo, o chamado *false fingering*, ele podia, como num trompete com surdina, produzir o efeito *wah-wah* e imprimir a um mesmo som diferentes tonalidades afetivas. Ele explorava todos os registros do saxofone. "Tento desenvolver meu saxofone continuamente", disse ele, "quero soar como um alto, como um tenor e como um baixo, e estou sempre nesse processo de ampliação".

A sonoridade de Lester vem de Frankie Trumbauer e Bud Freeman, músicos do estilo Chicago: "Trumbauer foi meu ídolo... Creio que ainda hoje posso reproduzir todos os seus solos. Ele tocava o C melody. Eu tentava extrair o som do C melody no tenor. Por isso, meu som não é como o dos demais sax-tenoristas... Eu também adoro Bud Freeman. Ninguém tocou como ele." A linha que vai do estilo Chicago, passando por Lester Young, até o cool jazz, é uma linha reta.

O nome de Lester está intrinsecamente ligado à origem do bebop. Kenny Clarke contou:

> Começou-se a falar sobre Bird (Charlie Parker) porque ele tocava seu sax-alto como Lester Young. Por isso, as pessoas se interessaram por Bird. Para nós, aquilo

> era algo fenomenal, pois Lester Young fora o criador do estilo, o precursor desse novo tempo... Ouvíamos Bird no Monroe's (Nova York) somente porque ele soava como Pres... Isso, claro, até descobrirmos que ele tinha algo de seu para oferecer... algo de novo.

O próprio Charlie Parker disse: "Eu fiquei louco com Lester Young – ele tocava de forma tão limpa e maravilhosa –, mas ele não me influenciou. Nossas ideias seguiam caminhos distintos." De fato, os caminhos eram distintos. Seria possível mostrar que todo o jazz moderno – até o free jazz – é resultado do desdobramento das ideias de Lester Young e Charlie Parker. Primeiro, veio Young, depois, Charlie Parker, que se tornou a influência dominante; por fim, nos anos de 1950, Lester novamente se projetou por meio de uma legião de músicos que tocavam cool jazz *à la* Lester. Finalmente, com os músicos do hard bop, com a influência dominante de Bird e a sonoridade do sax-tenor de Sonny Rollins, houve um retorno de Coleman Hawkins, que entrou em cena na hora certa, ou seja, após o sonho "youngiano" por um mundo "belo e amoroso" – ainda que longamente partilhado por todos os músicos de jazz – ter se mostrado irrealizável. Hawkins – cuja carreira precedeu a de Lester em quase dez anos – sobreviveu a ele também em dez anos. Tão robusta quanto sua execução era a sua saúde (descontando seus últimos anos de vida). Até poucas semanas antes de sua morte, em junho de 1969, ele fez concertos e participou de programas de televisão. Os sax-tenoristas do free jazz que nesse meio-tempo haviam modificado o jazz com um radicalismo nunca visto – Archie Shepp, Pharoah Sanders, Albert Ayler, dentre outros – eram da opinião de que Coleman Hawkins fora o primeiro a desconstruir o som do sax-tenor. Archie Shepp disse: "I play Hawk today (Eu toco Hawk hoje)."

Para Coleman Hawkins, toda essa grande era do jazz que ele atravessou e ajudou a moldar – da cantora de blues Mamie Smith em 1922 até a era pós-Coltrane em 1969 – não soava tão descontínua quanto nos soa hoje. Na verdade, tudo parecia ser *um* único estilo e *uma* única época. O estilo se chamava jazz e constituía um único processo de desenvolvimento. Progresso era uma palavra estranha para Hawkins. Ele comentou com o crítico Stanley Dance: "O que Charlie e Dizzy fizeram é, para muita gente 'vanguardismo'; para mim, foi apenas música." Se ele gravou com os músicos do bebop, foi somente porque "eles precisavam de ajuda". Quando Stanley Dance falou de Mamie Smith, de Fletcher Henderson e dos velhos tempos, Hawkins disse: "Não acredito que já fui criança um dia."

CHARLIE PARKER E DIZZY GILLESPIE

Leonard Feather contou:

> Uma semana antes de sua morte, Parker encontrou Dizzy Gillespie no clube Basin Street. Parker estava em um desespero de dar pena... "Vamos nos juntar de novo", falou para Dizzy, "quero tocar com você outra vez, antes que seja tarde". "Dizzy não conseguiu esquecer aquele pedido de Parker", sustenta Lorraine, esposa de Dizzy. "Ainda hoje ele chora quando pensa nisso."

Charlie Parker e Dizzy Gillespie são os "dióscuros" (Castor e Pólux) do bebop.

Charlie Parker nasceu em Kansas City, em 29 de agosto de 1920, mas, quando morreu em 1955, os médicos que fizeram a autópsia disseram que ele parecia ter 53 e não 35 anos.

Dizzy Gillespie nasceu na Carolina do Sul, em 21 de outubro de 1917. Em todas as fases de sua vida, ele parecia ser cinco a oito anos mais jovem.

Ambos cresceram num mundo de discriminação racial e desde jovens apreenderam a conviver com tudo o que há de degradante.

Ninguém se ocupou da formação de Charlie. Ao longo de toda a sua infância, ele foi carente de afeto e proteção.

Dizzy teve uma infância tranquila e cresceu num ambiente familiar saudável.

Nenhum dos parentes mais próximos de Charlie Parker possuía talento musical. Com 13 anos, ele começou a tocar sax-barítono. Um ano depois mudou para o sax-alto.

O pai de Dizzy Gillespie era um músico amador. Na infância ele tinha aprendido a tocar diversos instrumentos. Quando fez 14 anos, seu instrumento principal era o trombone. Um ano depois ele começou a tocar trompete.

Não se sabe o que levou Charlie Parker a se tornar músico. O sax-altista Gigi Gryce – um de seus melhores amigos – disse: "Parker é um gênio natural. Se ele tivesse se tornado encanador, eu acho que ele teria feito algo de grande importância."

Desde o começo, Dizzy parecia predestinado a ser músico. Ele estudou harmonia e teoria musical.

Com 15 anos, Charlie Parker foi obrigado a dar conta do próprio sustento. "Tínhamos que tocar das nove da noite às cinco da manhã sem parar. Geralmente, ganhávamos um dólar por noite."

Com 15 anos, Dizzy Gillespie concluiu um curso pago por seu pai.

Em 1937, aos 17 anos de idade, Parker se tornou membro da orquestra de Jay McShann, uma típica orquestra de blues e *riff* de Kansas City. Parker disse que "ficou louco por Lester Young", mas que nem Lester nem ninguém o influenciaram diretamente. No começo, seus colegas achavam-no "vergonhosamente ruim", porque ele "tocava diferente de todo mundo".

No mesmo ano, 1937, Dizzy Gillespie assumiu o lugar de Roy Eldridge na banda de Teddy Hill. Roy Eldridge foi um dos modelos de Dizzy Gillespie. A banda de Teddy Hill surgiu da orquestra de Luis Russell, que, por sua vez, havia adquirido a banda de King Oliver em 1929. A "genealogia do jazz" de Dizzy até King Oliver e Louis Armstrong é incrivelmente direta.

A escola e a tradição propriamente ditas de Parker foi o blues. Ele ouvia muito blues em Kansas City e tocou com Jay McShann.

Também Dizzy Gillespie está ligado à tradição do jazz, mas, sobretudo, à tradição alegre do jazz de Nova Orleans e do Dixieland.

Simbolicamente, os títulos dos primeiros discos que ambos gravaram são:

Confessin' the Blues, gravado por Parker em 30 de abril de 1941, em Dallas (Texas), com a orquestra de Jay McShann. (Há gravações ainda mais antigas: por exemplo, um programa de rádio de 1940 com a orquestra de Jay McShann. O mais antigo documento

Dizzy Gillespie gravou, em maio de 1937, logo após entrar para a banda de Teddy Hill, a música "King Porter Stomp", de Jelly Roll Morton.

preservado de Charlie Parker é uma gravação privada de um solo não acompanhado em cima de "Honeysuckle Rose" e "Body & Soul"

No começo, Charlie Parker não foi muito além de Kansas City. Ele levava uma vida sombria, cheia de adversidades e, segundo seu próprio relato, a época em que ele descobriu a música foi a mesma em que conheceu as drogas. Leonard Feather acreditava que Charlie Parker tinha consumido heroína já em 1935, ou seja, aos 15 anos de idade. Yardbird era como as pessoas o chamavam. Cada músico contava uma história diferente de como Charlie tinha ganhado esse apelido, mas todos concordavam em dizer que se referia a uma galinha destinada à panela.

Os impedimentos e complexos de sua vida começaram no momento em que ele se tornou músico.
Charlie Parker tocou até 1941 com Jay McShann. Alguns meses depois, eles romperam. Uma vez, ele passou 22 dias na prisão por se recusar a pagar um táxi e ferir o taxista com uma faca. Depois, ele fugiu para Chicago aonde chegou sujo e maltrapilho como se tivesse "saído de um trem de carga". Mas ele tocou "como nunca se ouviu alguém tocar antes"

Durante três meses, ele foi lavador de pratos num estabelecimento do Harlem. Era comum ele passar um tempo sem ter nem o instrumento para tocar. "Eu vivia numa espécie de pânico", é uma de suas frases mais conhecidas. "Eu precisei dormir muitas noites em garagens... O pior era que ninguém entendia minha música."

Uma vez, tocando com a banda de Count Basie, Parker começou a deixar todo mundo irritado, até que o baterista Jo Jones jogou o prato no chão na direção de Parker. Parker pegou suas coisas e foi embora chorando.

No verão de 1937, Dizzy Gillespie foi à Europa com a banda de Teddy Hill. Segundo Teddy Hill: "Alguns músicos ameaçaram deixar a banda caso eu levasse aquele maluco. Mas depois ficou claro que o jovem Dizzy – com todas as suas excentricidades e suas constantes brincadeiras – era o músico mais lúcido da banda. Ele economizava tão bem o dinheiro que até encorajava seus colegas a tomar emprestado dele, fazendo assim uma pequena poupança para os tempos ruins."

Dizzy Gillespie obteve sucesso a partir do momento em que começou a tocar. Em Paris, observou-se pela primeira vez que ele tocava "diferente" dos demais. Um baterista francês escreveu na época: "Existe na orquestra de Teddy Hill um jovem trompetista muito promissor. É uma pena que não haja nenhuma oportunidade para fazer uma gravação com ele. Ele é talvez – junto com o trombonista Dickie Wells – de longe o músico mais talentoso da banda. Seu nome é Dizzy Gillespie."

Após retornar da Europa, Dizzy Gillespie se tornou um músico de grande sucesso, tocando em diversas bandas, a maior parte das vezes como solista livre. Em 1939, tornou-se membro da orquestra de Cab Calloway.

Cab Calloway não gostava do modo como Dizzy tocava nem como ele se comportava (sempre muito gaiato e, às vezes, provocador). Certa vez, no meio de uma apresentação, alguém jogou uma bolinha de papel no *bandleader*. Cab achou que havia sido Dizzy e, depois da apresentação, os dois discutiram. Como explicou o baixista Milt Hinton: "Cab só se deu conta de que Dizzy o tinha ferido com uma faca quando foi ao vestuário e viu o sangue."

Parker contou: "Eu não podia mais suportar as harmonias estereotipadas que na época todo mundo empregava. Eu estava sempre pensando que alguma coisa diferente tinha de ser feita. Às vezes eu conseguia ouvir isso dentro de mim, mas não conseguia tocar..."

Dizzy contou: "Quando cresci, eu só queria tocar swing. Roy Eldridge era meu exemplo. Tentei muito tocar como ele, mas nunca consegui. Eu ficava louco por não conseguir isso. Finalmente, tentei fazer algo diferente. Daí surgiu o que se chama bop."

[Charlie Parker disse:] "Sim, essa noite eu passei um bom tempo improvisando em cima de "Cherokee". Enquanto eu fazia isso, percebi que, utilizando os intervalos mais agudos dos acordes como linha melódica e, então, empregando novos acordes relativos, eu podia ouvir o que há tempos eu ouvia dentro de mim. Eu fiquei bastante animado com isso."

Um dos primeiros discos que Dizzy gravou como membro da banda de Cab Calloway tinha o título de *Chop, Chop, Charlie Chan*. Foi em março de 1940. Alguns anos depois, no último disco que Dizzy e Parker gravaram juntos, o nome de Parker apareceu como "Charlie Chan", construído com base no nome de Parker e do nome de sua mulher na época, Chan Parker.

Parker contou que, para ganhar força e foco, ele se exercitou com a palheta mais dura que conseguiu – ele colocou uma palheta de sax-tenor em seu sax-alto. Disso resultou um som que se distinguia essencialmente do som suave e cálido do alto, tão característico da era do swing. O som de Parker era duro, anguloso, agudo e rico de sobretons – sem a doçura que havia antes em execuções com *vibrato* como a de Benny Carter e Johnny Hodges.

A execução de Dizzy Gillespie lembra "um pintor que pega uma bacia de tinta e joga na tela e, depois, tenta fazer alguma coisa com isso, configurando ousadamente o espaço entre o tempo e o som", disse Lonnie Hillyer. E Barry Harris diz: "Dizzy consegue inserir suas frases em espaços inusitados, enfiando-se neles e produzindo um som maravilhoso."

Quando não estava tocando com Jay McShann, Charlie Parker fazia muitos bicos. Ele não perdia uma *jam session*.

Em 1939, Dizzy Gillespie começou a arranjar. Muitas bandas de sucesso, como as de Woody Herman, Jimmy Dorsey e Ina Ray Hutton, compraram seus arranjos.

Em 1941, Parker foi para NovaYork com a banda de McShann. A banda tocou no Savoy Ballroom, no Harlem.

Dizzy Gillespie foi até o Savoy Ballroon e perguntou se podia tocar com eles.

Charlie Parker e Dizzy Gillespie já tinham se conhecido em Kansas City em 1939, mas é provável que nessa noite eles tenham tocado juntos pela primeira vez.

A banda de McShann não ficou muito tempo em Nova York. Parker foi com ela até Detroit (Michigan). Depois, não suportou mais tocar os arranjos de sempre. Ele deixou a banda sem dizer nada. Não tinha muito interesse em *big bands*.

Dizzy Gillespie desenvolveu-se cada vez mais como músico de *big bands*. Depois de sua desavença com Cab Calloway, ele tocou, em 1943, nas *big bands* de Benny Carter, Charlie Barnet, Lucky Millinder, Earl Hines e, em 1944, nas de Duke Ellington e Billy Eckstine.

Depois que Charlie Parker deixou a banda de McShann, ele passou a ir quase todas as noites ao Minton's, no Harlem. Lá tocava uma banda formada pelo pianista Thelonious Monk, o guitarrista Charlie Christian, o trompetista Joe Guy, o baterista Kenny Clarke e o baixista Nick Fenton. Segundo Monk, "ninguém sentava lá com o objetivo de fazer algo novo. O trabalho no Minton's era um trabalho em que tínhamos que tocar e pronto". Mas, apesar disso, o Minton's foi o ponto de cristalização do bop. Lá, Dizzy Gillespie e Charlie Parker se encontraram de novo.

Monk relatou que a competência e a autoridade de Charlie Parker foram aceitas prontamente. Todos no Minton's perceberam sua genialidade para criar espontaneamente. "Charlie Parker foi o catalisador", disse Gillespie. "Ele foi o cara que fundou o estilo."

Billy Eckstine contou: "Dizzy é como uma raposa. Ele é uma das pessoas mais inteligentes que conheço. Em termos musicais, ele dá conta de tudo o que faz. Tudo o que ele escuta – e que pode simplesmente entrar por um ouvido e sair pelo outro – fica gravado dentro dele. Mais tarde ele vai para casa e pensa sobre aquilo."

Charlie Parker e Dizzy Gillespie se tornaram inseparáveis. Em 1943, tocaram juntos na banda de Earl Hines e, em 1944, na banda de Billy Eckstine. No mesmo ano, montaram um quinteto, que tocava na rua 52 – a rua do bebop. Em 1944, gravaram também o primeiro disco juntos. Dizzy falou que, quando ele e Bird tocavam juntos, era como se um único instrumento fosse tocado.

Tony Scott contou: "Uma noite, Bird veio e tocou com Don Byas. Ele tocou "Cherokee" e todos ficaram simplesmente malucos. Quando Bird e Dizzy passaram a tocar com regularidade na 'rua', todos ficavam pasmos. Ninguém tocava nada que fosse sequer parecido com aquilo. Finalmente, eles gravaram um disco e, com isso, abriram a possibilidade de que outros os imitassem. Em 1942, todos experimentavam, mas ninguém tinha encontrado um estilo. Só Bird."

Leonard Feather disse: "Dizzy tinha uma porção de fãs incondicionais na rua 52. Eles o imitavam em tudo, na roupa, no andar, na barba e em outras exterioridades." Dizzy criou o que, na época, ficou conhecido como bebop *mood*. As revistas falavam de uma "gravata-bebop".

Charlie Parker havia encontrado no quinteto do bebop a formação que mais lhe convinha: saxofone, trompete e base rítmica. O quinteto de Charlie Parker foi tão importante para o jazz moderno quanto o Hot Five de Louis Armstrong para o jazz antigo.

Gillespie foi em sua essência um músico de *big band*. Em 1945, ele fundou sua primeira *big band*. De 1946 a 1950, ele esteve quase ininterruptamente à frente de uma grande orquestra. Em 1948, ele foi à Europa. Seu concerto em Paris teve um grande significado para o encontro dos jovens músicos europeus com o novo jazz.

Hoje está bastante claro que Dizzy Gillespie foi o músico do bebop mais celebrado. Certamente, não foi ele quem deu o grande impulso criativo para essa música, pois isso partiu de Charlie Parker, mas ele trouxe a força e o brilho que internacionalizaram o bebop.

Billy Eckstine disse: "Mais do que qualquer outro, Bird foi responsável pela verdadeira execução dessa música, mas a escrita dessa música se deve a Dizzy."

Com seu quinteto, Bird fez as gravações com a banda mais importantes do bebop: "Koko", em cima da harmonia de "Cherokee"; "Now's the Time", um blues; "Chasin' the Bird" com a introdução em *fugato* de Miles Davis,

"Things to Come" foi o disco mais importante da *big band* de Dizzy Gillespie, uma visão apocalíptica do que está por vir: uma lava incandescente, borbulhante, com figuras fantasmagóricas que surgem aqui e ali

inaugurando a moda da fuga e dos *fugatos* no jazz moderno; "Embrace You", a primeira gravação do moderno jazz clássico, em que se improvisava do começo ao fim, sem tema, uma tendência presente já em "Koko", como observou André Hodeir, e várias outras. Com Errol Garner, ele gravou "Cool Blues", vinculando já no título o blues e o jazz "frio".

O sax-alto de Charlie Parker foi a voz mais expressiva do jazz moderno – cada nota sua transmitia a força da tradição do blues, brotando, às vezes sem muita perfeição, das fontes de uma alma torturada.

Parker possuía um senso rítmico fulminante. "Os ritmos de seus solos são tão contundentes", opinou um músico, "que praticamente com qualquer nota se tem um resultado excelente". Bird foi um improvisador incondicional, o homem-*chorus* por excelência, interessado unicamente no voo de suas melodias. "Ele era como Midas", disse Chico O'Farrill, "tudo o que ele tocava musicalmente virava ouro". Parker trouxe o jovem Miles de 19 anos para seu quinteto – o homem que se tornaria o improvisador maior da próxima fase do jazz moderno. Parker encorajou Davis, que começou tocando *à la* Parker e *à la* Gillespie, a encontrar seu próprio estilo.

Anos depois, quando Parker trabalhava para Norman Granz, ele gravou com a orquestra Machito. Mas ela foi pouco representativa para Bird. A fórmula de Bird permaneceu sendo o quinteto: a menor formação em que, através do tema tocado em uníssono no começo e no fim da peça, era possível criar "forma", sendo todo o restante destinado à liberdade de improvisação.

Velocidade era a característica precípua da personalidade de Parker. Rápida como sua música era sua vida de excessos e extravagâncias. Ele viveu diferentes papéis, todos convincentes e intensos – o intelectual e o viciado em drogas, o filósofo e o boêmio, o pai de família cuidadoso e o playboy. O único lugar onde ele não se dilacerava nem se sentia pressionado, mas antes descansava

e depois desaparecem. Acima de tudo, porém, o som claro e triunfante do trompete de Dizzy. Música do caos, mas também – como muitos músicos e amantes do jazz perceberam na época – música da vitória do homem sobre o caos!

O trompete de Dizzy Gilespie foi o trompete mais claro e triunfante – e ao mesmo tempo suave – da história do jazz. Praticamente todas as suas frases eram perfeitas.

Dizzy Gillespie se interessou cada vez mais pelo lado percussivo do novo jazz. "I'm a rhythm man" (Eu sou um homem do ritmo), disse ele, "o ritmo é o fundamento do edifício. Se você ignora o fundamento, todo o resto vem abaixo". Billy Eckstine comentou: "Quando Dizzy cantarola alguma coisa, você percebe que ele também faz a parte da bateria e a do baixo. Pois é próprio dele. Por exemplo, 'Oop Bop Sh'Bam' é um lance de bateria. 'Salt Peanuts' também..."

Dizzy se interessou pelos ritmos afro-cubanos. Ele tocou com os músicos da orquestra cubana de Machito. Em 1947, ele trouxe o percussionista cubano Chano Pozo para sua *big band* e usou uma miríade de figuras e ritmos de percussão do oeste africano em seu jazz moderno. Sobre a questão de como o jazz se desenvolveria, ele disse: "provavelmente da mesma forma como começou: com um homem tocando um tambor".

Dizzy Gillespie, com sua sólida formação musical, contribuiu muito para a ampliação do vocabulário harmônico do jazz. Doc Cheatham comentou: "Dizzy tornou o jazz verdadeiramente *straight* quando encontrou novas *bridges* – seções intermediárias de transição – para peças como 'I Got Rhythm'."

espontaneamente em si mesmo, era na música. O bebop foi encarado pelos críticos como esse turbilhão de motivos em aceleração máxima. Charlie Parker disse: "Eu ficaria feliz se o que faço fosse simplesmente chamado de música."

Charlie Parker disse: "A vida sempre foi difícil para os músicos – assim como hoje. Já ouvi dizer que Beethoven, em seu leito de morte, esbravejou contra o mundo porque este não o havia entendido. Em sua época, ninguém realmente entendeu o que Beethoven escrevia. Mas assim é a música."

Leonard Feather comentou: "Dizzy Gillespie nunca levou muito a sério a si próprio nem a música que criou, pelo menos não como os numerosos amantes dessa música e os músicos, que passam seu tempo pesquisando, discutindo e imitando tudo."

Em 1946, Charlie Parker teve o primeiro colapso de sua vida. Foi na época da gravação de "Lover Man" no estúdio da gravadora Dial. Quando voltou do estúdio, ele pôs fogo no quarto do hotel e saiu correndo nu e gritando.

Um crítico observou nos anos de 1980: "Os outros músicos que participaram do processo de incubação do bebop, hoje, ou estão mortos ou sofrem com a dependência de drogas. Dizzy Gillespie nunca teve nenhum tipo de complexo ou de neurose..."

Orrin Keepnews afirma: "Há pouca dúvida de que ele foi um homem atormentado e muito solitário." Muitas vezes ele passava a noite inteira andando sozinho e sem destino pelas estações de metrô. Como músico, ele nunca soube "comercializar" a si e aos músicos. Ele simplesmente subia no palco e tocava.

Quanto mais ele percebia que não tinha como sustentar sua *big band*, mais ele foi se tornando conscientemente o comediante de sua música. Como *clown* do bebop, ele tentou vender aquilo que de outra forma não tinha como ser vendido. Ele não foi apenas o melhor trompetista do bebop, mas também um dos melhores vocalistas do bop. Contudo, ele sempre manteve uma superioridade técnica controlada.

Em 1948-1950, Bird e Dizzy fizeram gravações com grandes orquestras de cordas, Bird em Nova York, Dizzy na Califórnia. Foi o único grande sucesso financeiro que Parker teve em sua vida. Alguns fanáticos disseram que Bird e Dizzy haviam se "comercializado". A reação de cada um foi bem característica:

Parker, para quem essa gravação com cordas era a realização de um desejo e para quem as cordas traziam aquela aura da grande música sinfônica que ele sempre reverenciou, sofreu com o juízo preconceituoso dos fãs.

Dizzy Gillespie, para quem a gravação com as cordas era apenas mais um dia de gravação entre outros, riu da falta de noção daqueles que falavam em "comercialização".

Charlie Parker nunca estava satisfeito consigo. Ele nunca soube dizer qual era o seu melhor disco. Quanto a seus músicos favoritos, só em terceiro lugar é que vinha um jazzista: Duke Ellington. Antes dele estavam Brahms e Schönberg, depois Hindemith e Stravinsky. Acima de todos os músicos, ele amava Omar Chaijam, o poeta da Pérsia.

Uma vez, durante o aniversário de sua mulher Lorraine, alguém esbarrou no trompete de Dizzy. O instrumento empenou e o cano ficou levantado. "Depois que a raiva passou", contou Leonard Feather, "Dizzy tentou tocar com o instrumento. Ele observou que o som chegava melhor ao ouvido. No dia seguinte ele, foi a um construtor de trompete e perguntou

Leonard Feather disse: "Charlie bebia cada vez mais a fim de se livrar das drogas e ao mesmo tempo se manter afastado do terror da realidade nua e crua."

Numa época em que praticamente não havia um único músico no mundo que não estivesse de alguma forma sob a influência de Bird – uma influência que não deixou de fora nem a música de salão e as músicas de sucesso comercial –, Parker tocava apenas ocasionalmente. Orrin Keepnews comenta: "No fim de sua vida, ele desistiu de lutar... Em 1954, ele enviou a sua ex-mulher Doris um poema. É uma espécie de credo: 'Ouça as palavras! Não as doutrinas! Ouça os sermões, não as teorias... A morte é iminente... meu fogo é inapagável'." Ele morreu no dia 12 de março de 1955. Ele havia se sentado de frente à televisão e dado uma gargalhada por conta de uma piada dos irmãos Dorsey. O mito de Parker se instalou quase imediatamente. O DJ "Jazzbo" Collins organizou um dos discos em homenagem a Parker que apresenta de uma forma sistemática a sua obra: "Penso que em toda a história do jazz nenhum músico foi mais reconhecido e menos compreendido que ele."

"Bird lives!" (Charlie Parker vive). Isso vale ainda hoje – e cada vez mais. Desde os anos de 1950, todos os sax-altistas importantes do jazz foram marcados pelo vulto de Charlie Parker: Ornette Coleman, Phil Woods, Lee Konitz, Sonny Stitt, Charlie Mariano, Jackie McLean, Cannonball Adderley, Anthony Braxton, Oliver Lake, Richie Cole, Arthur Blythe, Paquito D'Rivera, Greg Osby, Antonio Hart, Stefano Di Battista... No fim dos anos de 1980, surgiu um jovem músico que soava como um Bird "dos dias atuais": Steve Coleman.

se aquele tipo de trompete podia ser fabricado em série...". Dizzy queria patentear aquela "invenção". Só que o instrumento já estava patenteado há 150 anos.

Dizzy Gillespie foi o primeiro *world statesman*, ou seja, o primeiro embaixador, das turnês de jazz organizadas pelo Departamento de Estado dos Estados Unidos. Com apoio financeiro de Washington, em meados dos anos de 1950, ele conseguiu reunir novamente uma grande orquestra. Ele saiu numa turnê mundial – primeiro pela Ásia e pelo sudeste da Europa, depois pela América do Sul. Em Atenas, ele deu um dos concertos mais triunfantes de sua carreira. Era o auge da Crise no Chipre, em 1956. Os gregos estavam furiosos com os norte-americanos. As manchetes dos jornais perguntavam por que Washington enviava um monte de músicos de jazz em vez de canhões, de modo que os ingleses pudessem finalmente ser enxotados de Chipre. O concerto de Dizzy em Atenas começou com uma grande tensão. Mas quando os quatro músicos brancos e os nove músicos negros começaram a swingar no concerto de Dizzy, que eu tinha descrito pouco tempo antes como *tour de force*, o público irrompeu em aplausos. Atenas ficou entusiasmada com a banda de Dizzy Gillespie e o clima político mudou tanto que um jornal observou: "Dizzy Gillespie é um diplomata melhor do que todos os diplomatas que os Estados Unidos já tiveram na vida."

Mais do que qualquer outro, Dizzy trouxe a linguagem do bebop para uma série de estilos e modos de execução: influências do *cool*, do hard bop, do *free* e do rock. Ele se tornou por isso um clássico do jazz. Com sua Orquestra das Nações Unidas, ele empreendeu turnês mundiais nos anos de 1980 e de 1990. Nessa *big band*, músicos dos mais diversos países reuniram os estilos das três Américas (do Sul, do Norte e Central) com a herança do bebop.

Quando Dizzy foi contratado para um "concerto exclusivo" num clube da Turquia, ele observou um grupo de jovens de rua que estava do lado de fora olhando pelo muro. Antes de começar a tocar, Dizzy pediu ao proprietário que deixasse as pessoas entrarem, pois

"Estamos aqui para tocar para todas as pessoas". Seu grande desejo, conforme escreveu em sua autobiografia, era que ele pudesse ser lembrado como um amigo da humanidade. Dizzy Gillespie morreu no dia 6 de janeiro de 1993. Wallace Roney afirma: "Ninguém pode levar adiante o que Dizzy tocou – nem o próprio Miles. O modo como Dizzy articulou permanece até hoje inalcançável." O saxofonista Joe Lovano conta: "Dizzy Gillespie foi para mim o instrumentista mais moderno de todos. Ele fez que muitos trompetistas jovens parecessem velhos. Ser moderno não é ser jovem. Ser moderno é ter uma concepção e desenvolver um modo de tocar baseado na liberdade. Ser livre é ter um conceito de melodia, harmonia e ritmo que te autoriza a ser criativo. Nenhum limite! O jazz é expressão e imaginação."

No fim dos anos de 1970, o novo bebop se tornou uma execução dominante e, no classicismo dos anos de 1980 e de 1990, ele se tornou tão determinante que passou a ser confundido com o jazz em geral. As composições de Charlie Parker são mais tocadas pelos jovens músicos hoje do que nos anos de 1950. Desde o fim dos anos de 1980, vem ocorrendo um renascimento do bebop por meio de inúmeros relançamentos. Por mais que esses jovens músicos se diferenciem em seu fraseado, todos estão de acordo com o que disse Steve Reich sobre Charlie Parker: "É como se perguntassem o que se acha de Johann Sebastian Bach – ele é simplesmente o padrão com o qual todos têm de se medir."

MILES DAVIS

"Talvez tenhamos de reconhecer que os únicos feitos verdadeiramente estéticos depois da grande época de Parker e Gillespie foram os de Miles Davis", ponderou André Hodeir, ainda em 1956. O crítico de jazz inglês Michael James afirmou: "Não é nenhum exagero dizer que nunca antes na história do jazz alguém tinha capturado e traduzido o fenômeno da solidão de forma tão penetrante quanto Miles Davis." Com essas duas citações, demarcam-se, respectivamente, a situação histórica e a peculiaridade expressiva da música de Miles. Em ambos os casos, o fator decisivo é o som. O som de Miles – puro, macio, quase sem *vibrato* e sem ataque – representa uma concepção de mundo, e podemos ouvi-la em cada uma de suas notas...

O som de Miles Davis era a voz de um desamparo existencial e de um estado de espírito dividido entre a agressividade e a melancolia. É verdade que ele até podia se mostrar triunfante, mas tratava-se do triunfo da interioridade sobre a natureza triunfante do trompete. O arranjador Gil Evans disse: "Miles não podia tocar como Louis Armstrong porque o som deste trompetista não se harmonizava com suas ideias. Miles não partiu de nenhum outro som para desenvolver o seu. Ele não podia ancorar suas ideias nas antigas possibilidades de expressão."

Como ninguém mais, Gil Evans soube transportar o som de Miles para o contexto orquestral, transformando-o numa *sonoridade* característica. Nos anos de 1940, Evans fez arranjos para a banda de Claude Thornhill, da qual Lee Konitz fizera parte. Ele contou: "À primeira vista, o som da banda era praticamente um retorno à inatividade, ao silêncio. Tudo se movimentava com velocidade mínima... Da lentidão se buscava extrair uma sonoridade... O som pairava como uma nuvem."

Por isso, o encontro entre o improvisador Miles Davis e o arranjador Gil Evans tinha de ser um dos grandes momentos históricos do jazz. O resultado foi a Miles Davis Capitol Band, uma banda que se reuniu em setembro de 1948 para um contrato de duas semanas no Royal Roost, um dos estabelecimentos mais conhecidos do bebop, que no fundo não durou mais do que essas duas semanas. "A instrumentação da banda", contou Gil Evans, "surgiu porque esta era a menor formação que se podia ter para produzir a sonoridade e todas as harmonias da banda de Thornhill. Miles queria representar sua concepção musical com esse tipo de sonoridade". A Miles Davis Capitol Band era formada por Miles (trompete), um trombone (Kai Winding ou Jay Jay Johnson), dois saxofones (Lee Konitz no alto e Gerry Mulligan no barítono) e, para caracterizar a concepção sonora, dois instrumentos pouco empregados no jazz, uma trompa e uma tuba, assim como uma base rítmica com Al Haig ou John Lewis no piano e Max Roach ou Kenny Clarke na bateria.

Gerry Mulligan e John Lewis também fizeram arranjos para essa orquestra, mas a sonoridade foi concebida por Gil Evans. Ele também arranjou duas peças importantes dessa banda: "Boplicity" e "Moon Dreams". Com essas peças, surgiu uma sonoridade que fez escola em todo o desenvolvimento do cool jazz. É claro que não se tratava meramente da sonoridade da banda de Thornhill com poucos instrumentos. Era uma recusa consciente da complexidade melódica e rítmica do bebop: uma sonoridade cultivada e escura, suavemente misteriosa. Para a época, sua concepção rítmica soava quase como uma provocação de tão suave e plana que era.

A peça mais "moderna" dessa banda era "Israel", de Johnny Carisi. Carisi tinha sido aluno de Stefan Wolpe, um compositor alemão de música sinfônica moderna com quem vários músicos importantes de jazz estudaram. "Israel" é um blues em tom menor, e é interessante que justamente essa peça de sons ásperos, secos, desbravadores seja tributária da tradição mais fundamental do jazz: o blues.

Essa formação de 1948 da Miles Davis Capitol Band que a gravadora Capitol gravou em 1949 e 1950 foi um meio-termo entre um pequeno grupo e uma *big band*. Sete anos mais tarde, em 1957, Miles Davis deu um passo à frente. Ele gravou com uma grande orquestra e não foi por acaso que Gil Evans – de quem não se tinha mais ouvido falar durante todo esse tempo – fosse novamente escolhido para fazer os arranjos. "Gil", assim falou Gerry Mulligan, "de todos os arranjadores cujas peças eu tive a oportunidade de tocar, é o único capaz de escrever uma nota exatamente como um solista tocaria". O próprio Miles disse: "Desde Charlie Parker, eu nunca ouvi nada que me tocasse tão fundo quanto Evans."

Gil Evans reuniu para o álbum *Miles Ahead* uma formação de *big band* bem peculiar. Ela não tinha nenhum naipe de saxofone, mas, além dos naipes de trompete e trombone, um agrupamento de efeito sonoro incrível constituído de trompa, tuba, sax-alto, clarinete, clarinete-baixo e flauta. Em algumas das peças – por exemplo, na peça-título do disco que tinha como base um tema de Miles –, Gil Evans conseguiu "elevar" a sonoridade da Capitol ao nível de uma *big band*. Assim, podia-se ouvir claramente a versão grande-orquestral que correspondia à sonoridade da Capitol e que expressava não o estilo da banda de Thornhill, mas o som de 1957 de Gil Evans e Miles Davis. Renunciava-se conscientemente àqueles ataques temperamentais, buscava-se a calma, o lirismo, o estático; os ápices eram longamente preparados e as linhas eram privilegiadas não apenas em termos melódicos, mas também dinâmicos. Todavia, ouvia-se ao fundo o ritmo pulsante, tradicional, empolgante da bateria de Art Taylor e do baixo de Paul Chambers.

Essa relação simbiótica no melhor sentido do termo entre Miles Davis e Gil Evans perduraria até a morte de Evans em 1988. O arranjador Evans deu a Miles contexto, estrutura e novos sons. Inversamente, o trompetista Miles conseguiu dar impulso a Evans, no sentido de fazê-lo romper com um recolhimento quase místico, e criou para suas texturas uma voz solista. "Era um trabalho totalmente cooperativo", disse o trompetista Ian Carr. "O solista não apenas compreendia a partitura, mas colaborava com sua configuração e sua atmosfera; o compositor não apenas compreendia os solistas, mas sabia intuitivamente criar um contexto que amplificasse os elementos estilísticos do solista."

Outros ápices da parceria Evans/Davis foram o álbum *Porgy and Bess*, de 1958, baseado na ópera de Gershwin, e principalmente o grandioso *Sketches of Spain*, de 1959, que trabalha em cima de composições espanholas com influências do flamenco. Nesse caso, Miles deu uma contribuição fundamental a uma tendência do jazz que desde então se tornaria cada vez mais importante: o diálogo entre o jazz e a música do mundo.

Não há dúvida: Miles era um improvisador de jazz exemplar. Mas ele improvisava graças a uma grande sensibilidade para o arranjo e a composição. Nesse sentido, é de se supor que Miles seguiu literalmente o conselho que ouviu de Dizzy no começo dos anos de 1940, quando, aos 18 anos de idade, perguntou a ele e a Charlie Parker o que fazer para tocar bem: "Aprenda a tocar piano, cara, e aí você poderá inventar os solos mais loucos que quiser."

Marshall W. Stearns, quem contou essa história, é categórico: "Aquele foi um ponto de mutação na trajetória de Miles Davis." Isso concorda com o que relatou Gil Evans sobre o contrato da Capitol Band com o clube Royal Roost: "Do lado de fora do Royal Roost havia uma placa dizendo: 'ARRANJOS DE GIL EVANS, GERRY MULLIGAN, JOHN LEWIS'. Miles a tinha mandado colocar. Nunca antes alguém havia dado tanto destaque aos arranjadores."

Até a metade dos anos de 1950, Miles Davis fez suas mais belas gravações em quarteto, acompanhado apenas por uma base rítmica – geralmente com John Lewis ou Horace Silver no piano. Até aquele momento, ele nunca havia tido um sucesso consistente de público. A mudança veio com o Festival de Jazz de Newport, em 1955. De uma hora para outra, o nome de Miles Davis deixou de ser uma referência restrita a poucos críticos e fãs para se difundir em toda parte. Desde então, o sucesso (até sua morte em 1991) nunca mais lhe abandonou. Pela primeira vez, registrou-se um capítulo da história do jazz em que o músico de maior sucesso musical e financeiro não era um branco, mas um negro. Não é por acaso que ele se tornou o modelo não apenas musical, mas também humano, de toda uma geração de músicos negros. No mundo negro – do Congo ou da Guiné até a Jamaica e o Harlem –, muitos pais começaram a batizar seus filhos com o nome de Miles, ou mesmo Miles Davis.

Decisivos foram os quintetos que Miles Davis liderou desde então. Dois foram particularmente influentes: o primeiro – com John Coltrane (tenor), Paul Chambers (baixo), Red Garland (piano) e Philly Joe Jones (bateria) – instituiu o padrão para todos os outros quintetos do jazz moderno de 1956 em diante. Depois desse quinteto, que entre 1956 e 1957 foi o ápice da integração no campo do hard bop, parecia não haver mais nada a aprimorar. Mas é característico de Miles Davis que, poucos anos depois, ele tenha precisado renovar seu quinteto, o qual, em termos artísticos, era tão excelente quanto o primeiro e, talvez, até melhor no que se referia à interação de seus integrantes. Foi de longe o grupo de Miles que mais perdurou com a mesma formação – de 1964 a 1968 –, com jovens músicos inspirados no free jazz da época: Herbie Hancock (piano), Wayne Shorter (sax-tenor), Ron Carter (baixo) e Tony Williams (bateria). Com razão, tornou-se hábito referi-lo como o "segundo" quinteto de Miles Davis (embora, cronologicamente, ele tenha surgido depois de muitos outros). Pois, não apenas musicalmente, mas também em termos de influência e concepção, ele foi a continuação do primeiro: o segundo quinteto de Miles Davis foi um modelo importante para os quintetos "acústicos" dos anos de 1970 e, de longe, a principal fonte de inspiração para as bandas que reavivaram o hard bop nos anos de 1990.

Uma especialidade do segundo quinteto de Miles Davis foram as chamadas "peças em pulsação". Nelas – a exemplo de "Gingerbread Boy", do álbum *Miles Smiles*, de 1966 – ouve-se um beat que pulsa de forma livre, independentemente da barra de compasso e das estruturas simétricas.

Miles Davis foi um *bandleader* com disposição e coragem para aprender com os talentosos e ousados *sidemen* mais jovens que ele. Ele tinha a capacidade de absorver as novas tendências musicais e, desse modo, construir o novo comunicando a seus *sidemen* a visão de uma música que ainda não estava pronta – como um farol. "Miles foi o único *bandleader* que pagava a seus músicos para que eles não se exercitassem em casa", conta Wayne Shorter. "Miles queria-os sempre verdes."

Também é de grande importância o grupo que gravou o álbum *Kind of Blue*, de 1959, com o pianista Bill Evans, pois nele a nova liberdade descoberta por músicos como Mingus, Coltrane e Miles se tornou perceptível pela primeira vez como elemento integrador de grupos, deixando entrever um lirismo e uma sensibilidade até então desconhecidas nessa música. Mais de trinta anos da história das bandas de jazz estão contidas nesses grupos de Miles Davis – um indício de que Miles Davis não foi importante apenas como trompetista, mas também como um leme responsável por conduzir o jazz pelos mares da modernidade.

A ressonância de Miles como músico de grande popularidade também está ligada a sua forma de usar a surdina – quase como se ele "respirasse" dentro do microfone. Seu solo em "Round about Midnight" se tornou particularmente famoso; já o solo "abafado" sobre "All of You" foi elogiado sobretudo pelos músicos como o solo de jazz mais bonito dos anos de 1950. Era principalmente na execução com surdina de Miles que se percebia a sua completa falta de ataque. Não era mais como no jazz tradicional e como nos demais trompetistas, em que a nota, de forma bem clara, começava aqui e terminava ali. Em Miles, não havia como demarcar o início da nota, ela parecia surgir do nada e cessar sem que percebêssemos, desaparecendo também de forma misteriosa. No entanto, como Gil Evans observou, às vezes ouvia-se uma intensidade cortante nesse som aparentemente tão sensível e tímido, uma força e uma presença expressiva que ninguém conseguia obter com o *harmon mute*, a surdina de alumínio. Desde que Miles empregou essa surdina pela primeira vez em 1954 na peça "Oleo", a execução com o *harmon mute* se tornou tão comum no jazz, no rock, no pop e na música de concerto moderna que é preciso lembrar que foi Miles quem difundiu essa sonoridade pela primeira vez.

Foi na execução de Miles com surdina (e colado no microfone) que se mostrou pela primeira vez tanto a sua percepção aguçada e precursora – em meados de 1950! – de que a eletrônica é "a continuação da música por outros meios" como o seu incondicional desejo de sucesso, uma característica, diga-se de passagem, que ele partilhava com o seu grande antípoda, Louis Armstrong. Essa preocupação com o sucesso levaria Miles a ouvir e explorar com bastante atenção os músicos bem-sucedidos de seu tempo – por exemplo, o pianista Ahmad Jamal (como Gunther Schüller mostrou) –, bem como, no fim dos anos de 1960, Jimi Hendrix, James Brown e Sly Stone e, nos anos de 1980, Prince, Michael Jackson e Cyndi Lauper.

Mas voltemos aos anos de 1950. Miles Davis é o maior criador de um tipo de jazz que pode ser descrito, numa formulação precisa, como a junção entre os resultados do bebop e o estilo de Lester Young. A diferença decisiva entre a música de Lester Young e a de Miles Davis (incluindo os músicos que o seguiram) é que Miles tocava com a consciência de que entre ele e Lester Young tinha existido o bebop. Nesse sentido, compreende-se a observação de André Hodeir: "Miles Davis é o único trompetista que soube dar à música de Parker um caráter íntimo, o que é, aliás, responsável por parte de seu charme." Por "caráter íntimo", entenda-se Lester Young.

Esse caráter íntimo é também a simplicidade da execução de Miles. Nenhum outro músico na história do jazz soube transformar tão bem a simplicidade em refinamento e sofisticação quanto Miles. A contradição entre simplicidade e complexidade cessava em sua execução. Miles Davis fez da relação consciente com sons e pausas uma arte. "Miles foi *o* autêntico minimalista", sublinham Keith Jarrett, Gary Peacock e Jack DeJohnette, "embora ele tocasse poucas notas, havia muito em cada uma delas. A despeito do barulho que houvesse a sua volta, Miles tocava com serenidade, criando notas que dependiam exclusivamente de sua própria pureza". O produtor e arranjador Quincy Jones opina: "Miles tocava sempre a nota menos esperada, mas essa nota era a mais perfeita."

Nessa busca por uma execução simples, Miles foi libertando suas improvisações do esquema das progressões harmônicas. Sua base passou a ser a escala. Sobre sua versão para *big band* de *Porgy and Bess*, Miles disse: "Quando Gil Evans escreveu o arranjo de 'I Love You, Porgy', ele anotou para mim apenas a escala. Nenhum acorde." E Miles acrescentou que isso lhe dava "uma liberdade muito maior". Em uma das composições mais tocadas que Miles Davis escreveu, "So What", os dezesseis compassos iniciais estão baseados numa única escala; na parte intermediária, ela é substituída por uma outra escala; depois, surge, nos últimos oito compassos do tema, a primeira escala novamente.

Miles e John Coltrane, que na época pertencia ao quinteto de Miles, tornaram esse tipo de improvisação sobre escalas uma referência para todo o universo do jazz e criaram com isso o penúltimo degrau para a liberdade completa do free jazz. Esse tipo de improvisação também é chamado de *modal* (cf. a seção "Harmonia" do capítulo "Os Elementos do Jazz").

Com seu trompete, Miles Davis parecia sempre buscar eliminar o desnecessário. Com razão, Peter Niklas Wilson apontou que o *espaço* de Miles não era o espaço privado, mas o espaço coletivo, um espaço de grupos. As indicações geralmente criptografadas que Miles dava a seus músicos "eram no sentido de *rarefazer* a música... de criar espaço para a audição recíproca".

"Não toquem o que está aí", dizia Miles a seus músicos, "mas o que não está aí". As frases simples, geralmente com poucas notas, que Miles soprava em cima das escalas modais, não possuíam apenas um fundamento estético, mas também prático: do ponto de vista técnico-instrumental, as possibilidades do trompetista Miles Davis eram limitadas, principalmente quando comparadas as de seu principal concorrente no jazz clássico moderno: o trompetista Dizzy Gillespie, que parecia ser capaz de tocar tudo o que quisesse no trompete. Para se manter no nível de Dizzy e se tornar mais popular do que ele, Miles tinha de fazer de sua desvantagem técnica uma virtude. Daí a cultura da simplicidade. Com sua "sofisticação na simplicidade" pode-se dizer que Miles – por mais inovadoras que tenham sido as possibilidades que ele abriu para a improvisação de jazz – sempre optou pela tradição quando se viu diante da alternativa "tradição ou vanguarda". Ele acusou o pianista Thelonius Monk de tocar "acordes errados", embora não haja dúvida de que os acordes de Monk não eram errados, mas apenas mais modernos e abstratos do que os de Miles na época. Miles classificou o grande Monk, que muito antes dele havia dado uma contribuição fundamental ao desenvolvimento do jazz moderno, como "não músico" e censurou o dono de uma gravadora por ter contratado Monk para a gravação de um de seus álbuns… Apesar de tudo, o resultado foi um dos álbuns mais importantes dos anos de 1950 – o *Bag's Groove*, pela Prestige.

Outro exemplo dessa ligação de Miles Davis com a tradição pode ser visto nas palavras duras e ofensivas com que ele, por vários anos, se referiu a um dos mais importantes vanguardistas do jazz, o multi-instrumentista Eric Dolphy (no fim dos anos de 1960, Miles procurou se retratar em alguns aspectos).

Quando um fanático ultramoderno taxou Art Blakey de "antiquado", Davis disse: "Se Blakey é antiquado, eu sou branco." Sobre a vanguarda dos anos de 1960, ele disse: "O que há de vanguardismo nisso? Lennie Tristano e Lee Konitz há quinze anos já haviam criado ideias que são mais novas do que essas coisas de hoje. E o que eles tocavam tinha um sentido musical."

Quando o sax-tenorista Stan Getz desdenhou Coleman Hawkins, taxando-o de "antiquado", Davis o repreendeu: "Se não fosse Hawkins, provavelmente você não tocaria da forma que sabe."

Muitas vezes Miles Davis foi duro em seu julgamento, não apenas com os leigos (o que é compreensível), mas também com seus colegas e companheiros de música. Num "teste cego" que o crítico norte-americano Leonard Feather lhe propôs em 1964, Miles Davis desfez de muitos músicos conhecidos, utilizando tantos palavrões que a revista *Down Beat* não ousou publicar tudo. Músicos renomados como Clark Terry, Duke Ellington, Eric Dolphy, Jaki Byard, Cecil Taylor e outros foram extremamente insultados por Davis.

De outro lado, é preciso ver que – fora Charles Mingus, George Russell e Eric Dolphy – nenhum outro músico, de forma cada vez mais coerente, fez que o jazz tonal se aproximasse tanto do tonalismo livre quanto Miles Davis. Com razão, Dan Morgenstern o definiu como um dos "pais espirituais" do novo jazz. Os membros do segundo quinteto de Miles, na metade dos anos de 1960, ao gravarem seus próprios discos (a maioria pela Blue Note), mostraram-se engajados num jazz "livre" ou quase "livre": Tony Williams (bateria), Herbie Hancock (piano), Ron Carter (baixo) e Wayne Shorter (sax-tenor) (Esses músicos serão apresentados no capítulo "Os Instrumentos do Jazz"). Apenas Miles evitou dar o passo decisivo nessa direção.

O que Miles Davis realmente queria – nessa tensão entre tradição e vanguarda – não era o arbitrário, mas a liberdade controlada. "Veja, você não precisa tocar de modo caótico. Isso não é liberdade. Você precisa controlar a liberdade."

Com essa liberdade controlada, ele se colocou no polo diametralmente oposto ao vanguardismo dos anos de 1960. Já para o jazz dos anos de 1970, liberdade controlada era palavra de ordem e ela se aplicava de forma ainda mais radical ao jazz pós-moderno dos anos de 1980 – não mais exclusivamente à música de Miles, mas a toda uma geração de jovens músicos que davam continuidade ao que Miles Davis apenas aparentemente não empreendia com seu jazz elétrico.

O crítico japonês Shoichi Yui vai ainda mais longe, considerando Davis o "ápice de todo o desenvolvimento do jazz". Para ele, Davis é superior a Louis Armstrong e Charlie Parker porque eles definiram os rumos do jazz apenas por alguns anos, ao passo que Miles foi a figura dominante do jazz no intervalo que vai do fim dos anos de 1940 até a sua morte em 1991, ou seja, "por um tempo maior que o de qualquer outro". Miles sempre parecia estar um passo à frente do desenvolvimento geral do jazz. "É como uma maldição. Eu tenho de estar sempre me transformando", disse ele. Não se sabe o que é mais incrível: a força de um músico como Charlie Parker, que conseguiu gravar uma quantidade tão grande de coisas inovadoras num espaço de tempo tão curto, semeando sua influência até os dias de hoje, ou a constância de um Miles Davis, que, por quase meio século, permaneceu sinalizando caminhos novos e diferentes para a maioria dos músicos de jazz.

Para poder avaliar esse intervalo de quase meio século, convém ter em mente que Miles Davis, no fundo, atravessou cinco fases estilísticas distintas, com todas as sobreposições e cruzamentos que naturalmente existem entre elas:

1. Bebop: na época em que tocou com Charlie Parker, de 1945 a 1948.
2. Cool jazz: da Miles Davis Capitol Band de 1948 às gravações orquestrais com Gil Evans em 1957-1958.
3. Hard bop: do sucesso do primeiro quinteto de Miles Davis com John Coltrane, em 1955, passando pelos diversos quintetos e sextetos com Cannonball Adderley e Bill Evans, até aproximadamente 1963. Nesse período, verificou-se também o desenvolvimento crescente da improvisação modal.
4. *Liberdade controlada*: o segundo quinteto de Miles Davis, de 1964 a 1968, abstratiza a execução modal até a fronteira do free jazz, sem nunca cruzá-la.
5. *Electric jazz*: de *In a Silent Way*, de 1969, e *Bitches Brew*, de 1970, passando pelo funk econômico de *We Want Miles*, de 1982, e pelo Miles pop de *You're Under Arrest*, de 1985, e *Tutu*, de 1986, até o *hip-hop jazz* de *Doo*-Bop, de 1992.

A expressão *electric jazz* se aplica muito bem à música que Miles Davis fez com um instrumental eletrônico de porte desde *Bitches Brew*. Também álbuns como *A Tribute to Jack Johnson* e *Live-Evil* pertencem a essa linha – com músicos como o saxofonista Wayne Shorter, o guitarrista inglês John McLaughlin e, principalmente, em parcerias sonoras importantes com pianistas diversos (tocando em instrumentos elétricos), a exemplo de Chick Corea, Larry Young, Herbie Hancock, Keith Jarrett, o brasileiro Hermeto Pascoal e, em especial, o vienense Joe Zawinul, que, nessa fase de Miles Davis, desempenhou um importante papel. Miles começou a eletrificar sua música depois de ter ouvido o piano elétrico de Zawinul no hit "Mercy, Mercy, Mercy", de 1966, de Cannonball Adderley.

Entretanto, ainda mais importante para Miles foi o impulso advindo dos músicos de rock e funk, como Jimi Hendrix, James Brown e Sly Stone. O Miles elétrico dos anos de 1970 estabeleceu critérios de excelência musical que foram bastante úteis para os músicos do rock. De outro lado, ele apresentou o jazz a um público jovem que estava originalmente ligado ao rock. Miles chegou a dizer que podia montar uma banda de rock melhor que Hendrix. A guinada do Miles "acústico" ao elétrico não aconteceu de uma hora pra outra, mas através de um processo lento, tateante e experimental, que teve lugar em numerosas seções de estúdio entre 1967 e 1970. Já a prudência e o cuidado com que Miles transitou do jazz "acústico" para o elétrico invalida a opinião negativa de alguns críticos de que, em 1970, com *Bitches Brew*, ele teria entrado numa "rota de esgotamento musical". Miles não era um inovador incondicional. Era coerente com sua natureza conservadora a atitude de adiar, retardar e deter as mudanças estilísticas até o momento em que elas se tornavam inevitáveis: "Você sabe por que não toco mais baladas?", perguntou Miles no começo dos anos de 1970 ao pianista Keith Jarrett. "Porque amo demais tocá-las."

Bitches Brew, com suas sonoridades elétricas e suas texturas borbulhantes de sons de teclado, com seus *ostinatos* e *grooves* hipnóticos, representou uma despedida radical da estética tradicional do jazz. Aqui, mais importante do que o solo perfeito era a criação de *moods* e *grooves*, de atmosferas e texturas. Novamente o sentido espacial de Miles foi um fator decisivo de seu procedimento formal. O guitarrista Carlos Santana confessa ter extraído de *Bitches Brew* a lição "de que é preciso deixar a música respirar e que as pausas são o meio para fazer que uma guitarra de rock não soe como uma metralhadora".

Com *Bitches Brew* (mais do que com *In a Silent Way*), o estúdio de gravação passou a cumprir um papel-chave: ele se tornou um "instrumento musical" como qualquer outro. O "instrumentista" que com esse "instrumento" se tornou um parceiro importante de Miles foi Teo Macero. O papel de criação desse produtor formado em escola clássica (ele estudou composição na Juilliard School) nos discos do Miles elétrico nunca teve o reconhecimento merecido, mas talvez se possa dizer que Macero está para o Miles dos anos de 1970 assim como o arranjador Gil Evans, com seus refinados timbres, está para o Miles dos anos de 1940 e de 1950. Ambos criaram o contexto para que o potencial de Miles emergisse em toda a sua plenitude.

No estúdio com Macero, Miles sempre deixava a banda tocando, fosse para fins de ensaio ou gravação. Depois que algo era gravado, Miles e Macero (às vezes apenas Macero) reuniam e montavam o material, partindo em seguida para o trabalho de criação com *tape editing*, *loops*, *eco* e *hall*, *delay* e *phase shifter*. O resultado disso era uma fantasia – uma composição feita com base numa improvisação.

"Foi uma *jam session* como a que se fazia no Minton's nos velhos tempos do bebop", disse Miles em sua autobiografia sobre a gravação de *Bitches Brew*. Mas havia uma pequena diferença: partindo-se de uma *session* espontânea, construía-se através da *tape editing* uma estrutura *post factum*.

Alguns críticos dizem que Miles interferia pouco no processo de edição, que ele deixava os cortes serem feitos por Teo Macero, o Paganini da Tesoura. No entanto, Miles não deixava de mostrar quem realmente era o capitão da fragata. A última palavra cabia a ele. Um dos pontos fortes de Miles era a liberdade que ele dava aos músicos.

A parceria de Davis e Macero no processo de edição começou em 1969 com a peça "Circle in the Round" (lançada em 1979 no disco homônimo) e obteve com *Bitches Brew* um primeiro ápice. Daí em diante, a redução ao essencial de Miles e a competência de edição de Macero determinaram em parceira os rumos do jazz elétrico.

Entre 1968 e 1975, a música de Miles se desenvolveu e transformou tão rapidamente que a Columbia mal conseguiu acompanhar o ritmo das gravações. O uso excessivo de *loops*, *delays* e *wah-wah* foi uma característica do álbum *On the Corner*, de 1972. Ele soava um tanto perturbador não apenas ao crítico de jazz, mas também ao público e aos músicos. "Um atentado ao intelecto dos ouvintes", opinou Bill Cole, biógrafo de Miles. E Stan Getz escarneceu: "Soa como se eles estivessem reunidos num cemitério de elefantes... Essa música não tem valor. Ela não significa nada. Não há forma nem conteúdo, e praticamente não há swing também."

Há ainda outro ponto em que *On the Corner* colide com os valores do jazz: muito daquilo que, a despeito de toda inovação, era típico da música de Miles até então – improvisação e melodia – vai para segundo plano. *Grooves* e texturas se tornam mais importantes. Muitos DJs da cena remix apontaram que *On the Corner* e outros discos do Miles elétrico anteciparam o que viria a ser moeda corrente no "turntablismo" contemporâneo, com seus *loops*, *samplers* e *grooves*. Também os instrumentistas criativos da *ambient music* – Brian Eno, por exemplo – e da *trance music* enfatizaram o quanto os *grooves* e as texturas de Miles foram marcantes para essa época. O trompetista franco-suíço Erik Truffaz observa que, no álbum *Live-Evil*, de 1970, "há peças em que se pode ouvir os primeiros sinais do *drum'n'bass*. Existe uma riqueza musical tão enorme e ampla no Miles elétrico que não dá para desconsiderar sua influência."

O interessante é que, após o álbum *In a Silent Way*, que gira em torno da calma, a música de Miles Davis foi se tornando cada vez mais percussiva. Isso também tem a ver com a inclusão de Mtume, percussionista que busca inspiração na música africana. Ele pagou um tributo à abertura do jazz à música do mundo quando fez uso de uma tabla e de um *sitar* indiano.

Desde então, Miles acostumou-se a tocar seu trompete com um pedal *wah-wah* ligado a um amplificador. O som puro, claro, "solitário", sempre um pouco triste, dos anos precedentes tornava-se, então, difícil de reconhecer. Miles Davis levou o pedal *wah-wah* aos limites de suas possibilidades técnicas e musicais. Qualquer trompetista que hoje faça uso da amplificação elétrica é um devedor das conquistas de Miles.

Por usar amplificação elétrica no trompete, Miles chegou a ser acusado de romper com o jazz tradicional. Na verdade, quando ele introduziu o pedal *wah-wah*, fechou-se um círculo do trompete jazzístico. Em sua origem, esse aparelho eletrônico de distorção foi inventado para possibilitar aos guitarristas de rock efeitos correspondentes ao *growl* e ao som de surdina dos metais, um som bruto, espremido – o som *wah-wah*. Tocar com pedal *wah-wah* nada mais era, no caso de Miles, do que retornar ao *jungle sound* dos trompetistas de Ellington – Bubber Miley e Cootie Williams –, mas um *jungle sound*, sem dúvida, modificado e transformado pela consciência sonora da era eletrônica.

Também num sentido orquestral, o Miles elétrico se atava ao jazz tradicional com mais força do que querem crer muitos desses críticos habituados à sonoridade convencional do jazz. No fim dos anos de 1960, Miles Davis e Gil Evans cogitaram montar novamente uma *big band*. Entretanto, dificuldades financeiras impediram que a ideia se concretizasse. Com a chegada dos instrumentos eletrônicos – o piano Rhodes Fender, o órgão, a guitarra elétrica e os recursos técnicos de estúdio –, o *bandleader* Miles Davis pôde finalmente dispor sobre as próprias possibilidades orquestrais, explorando-as plenamente em seus discos.

Em nenhuma outra parte, Miles Davis esteve tão perto de seu ídolo Duke Ellington quanto nos experimentos futuristas dos começos de sua fase jazz rock. Como Ellington e sua orquestra, o Miles elétrico foi um mestre no tratamento das cores sonoras. No entanto, seus discos não propunham nenhuma renovação conservadora da tradição do jazz, mas um novo mundo sonoro, utópico para as circunstâncias da época. Com o sucesso eletrizante do "Miles elétrico", o mundo do rock e do pop tentou cooptá-lo e reivindicá-lo para si. Davis não cedeu a isso. No verão de 1970, o mundo da música viveu uma grande expectativa: o lendário trompetista de jazz tocaria ao lado de grandes nomes do rock como Eric Clapton e Jack Bruce no Festival de Randall's Island, em Nova York. Miles, porém, acabou desistindo e disse que não tocaria senão com seu próprio quinteto: "Eu não quero ser um homem branco. Rock é uma palavra dos brancos."

No começo dos anos de 1970, Miles Davis possuía na cena do jazz a mesma "posição de liderança" que em períodos anteriores possuíram Louis Armstrong e Charlie Parker. Mas ele não desempenhava esse papel com a leveza natural de Satchmo. Também Miles, assim como Armstrong, queria atingir um grande público. Mas Miles tocava com o orgulho, a autoconsciência e a fome de protesto da geração negra de sua época. Ele fazia "música negra" e, entretanto, precisava reconhecer que seu público – as pessoas que compravam seus discos e frequentavam seus concertos – era predominantemente branco. Numa entrevista reveladora a Michael Watts do *Melody Maker*, de Londres, Miles disse: "Para mim, não importa quem compra meus álbuns, desde que eles cheguem aos negros e, desse modo, eles possam se lembrar de mim quando eu estiver morto. Eu não toco para pessoas brancas, cara. Eu quero ouvir um negro dizer: 'Sim, eu gosto de Miles Davis'." As capas dos álbuns *On the Corner* e *In Concert: Live at Philharmonic Hall* foram concebidas, segundo a vontade de Miles, para atender ao público negro. Nelas, vemos dançarinos negros, *fashionable*, desenhados no estilo dos quadrinhos; em *On the Corner*, os dançarinos trazem nas camisas e nos chapéus *slogans* como "Vote Miles" e "Free Me" ("Vote em Miles" e "Liberte-me").

Por ocasião de uma turnê de Miles pela Europa no fim dos anos de 1970, um crítico fez o seguinte comentário: "Ele parece odiar seu público tanto quanto se pode odiar alguém. Por que ele toca para nós? Ele quer apenas nosso dinheiro?" Não, ele sempre dizia aos críticos e repórteres: "Eu faço o que me dá prazer."

Às vezes, ele tocava de costas para o público. Miles: "O que eu deveria fazer em vez disso? Sorrir, por exemplo?" Daí sempre a mesma frase, tão repetida: "Faço o que me dá prazer."

O carisma de Miles Davis muitas vezes assumia formas chocantes. Por duas vezes, ele andou envolvido em casos de violência. Uma vez, dois gângsteres tentaram acertá-lo com um tiro no momento em que ele, acompanhado de uma mulher, estacionava seu carro no Brooklyn (Nova York). Miles ofereceu uma recompensa de 10 mil dólares pela captura dos dois gângsteres. Ninguém foi buscar a recompensa, mas algumas semanas depois ambos foram misteriosamente mortos a tiros.

Alguns anos antes, quando estava em frente ao Birdland, na Broadway, um policial lhe deu uma cacetada na cabeça. Palavras de Miles: "O policial também foi morto. No metrô."

Sua atitude em relação ao mundo dos brancos era de absoluta não conciliação. Dessa forma, ele caminhava em sentido contrário aos padrões correntes que, durante muito tempo, determinaram o comportamento dos músicos afro-americanos em face do *establishment* branco. O modo franco e geralmente brusco com que Miles – já nos anos de 1950 – se colocava diante de temas como racismo e discriminação fizeram do mais bem pago músico de jazz da época um símbolo da luta pela melhoria das condições de vida dos afro-americanos.

O trompetista Eddie Henderson falou de uma apresentação em 1961 no Nightclub Blackhawk, em São Francisco (Califórnia):

> Certa noite, uma mulher com aspecto de quem vinha dos estados do sul pressionava Miles a tocar "Bye, Bye, Blackbird". Ela não parava de insistir e Miles

> olhava para ela de um jeito diferente. Finalmente, Miles saiu do palco e disse ao proprietário do clube, Georgio: "Tire essa vaca daqui", o que foi feito por Georgio. Aí Miles tocou "Bye, Bye, Blackbird".

Miles Davis era um aficionado por carros esportivos. Em 1972, durante um acidente, ele fraturou os dois tornozelos. Desde então – e principalmente desde sua operação na articulação coxofemoral tempos depois –, ele apareceu pouquíssimas vezes em público. Entretanto, não há dúvida de que seu recolhimento não se deu apenas por motivos de saúde, mas também de ordem musical e psicológica: Miles queria ser o "maior". Não só porque ele se habituara a isso, mas também porque necessitava disso. Era a meta de seu desenvolvimento musical e humano. Em meados dos anos de 1970, a música de Miles se tornou tão sobrecarregada e sem rumo que, decerto, sua autoimagem há tempos já não podia ser tão positiva.

Depois de 1972, a música de Miles foi se tornando gradativamente mais densa, africana e percussiva: o som espacial do teclado de *In a Silent Way* e *Bitches brew* fora suplantado pela selva de uma percussão escura, claustrofobicamente densa, e por hipnóticos ritmos de funk e *riffs* de baixo. Geralmente, Miles punha todos os instrumentos – com exceção da percussão – para tocar com pedal *wah-wah*. Isso deu origem a um cosmo fervilhante, borbulhante, de ritmos e sons em explosão, em que o grupo de Miles Davis soava como uma orquestra de tambores da África ocidental modificada pela era do rock e da eletrônica. Com toda essa extrema densidade, dificilmente podia restar algum espaço para a luz irradiada pelo Miles de outrora. Fisicamente debilitado, Miles tocava cada vez menos trompete. A partir de 1972, tudo em sua música denotava recolhimento – no entanto, foi um choque quando, em 1975, ele deixou por seis anos a cena musical. Não é por acaso que essa fase de silêncio coincida com o período em que o *fusion* e o jazz rock estagnaram.

"Esqueçamos Miles de uma vez", escreveu em 1980 um irritado leitor da *Down Beat*, logo que surgiram os murmúrios de uma volta do trompetista. "É meio doentia essa coisa de ficar lamentando a falta de álbuns novos de Davis com seu escancarado desprezo pelo público... Além do mais, Miles não é nenhum deus..." No entanto, após seis anos de expectativas e especulações, trataram Miles como um deus quando ele finalmente voltou durante o Festival de Jazz de Nova York. Ele tocou maravilhosamente e conduziu seus músicos, a maioria jovens, até um clímax de beleza luminosa e ardente. Sem utilizar aparelhos eletrônicos de distorção, ele tocou trompete mais e melhor do que nos anos anteriores a seu recolhimento. O velho ardor inconfundível de Miles Davis estava de volta – triunfante e resignado a um só tempo.

Estilisticamente não havia nada de novo. Miles Davis continuava tocando jazz, rock e *fusion*, estimulado, de fato, pelos ritmos do funk e pelo *pop sound* dos anos de 1980, mas também cada vez mais enredado em visões retrospectivas, que iam do antigo Miles fusion, passando pela fase de *Porgy and Bess*, no fim dos anos de 1950, até o *Miles blues* do cool jazz e do hard bop. Era evidente: Miles vivera tão isolado que não tinha noção de o quanto as coisas, nesse meio-tempo, haviam mudado – por exemplo, através da *noise music*, do free funk e do world jazz.

O mundo do jazz esperava algo de sobrenatural de Miles Davis. Por três vezes ele tinha modificado de forma revolucionária a história do jazz. Não era justo exigir dele uma quarta revolução. Ele fez o bastante.

Depois de seu retorno, o jazz rock de Miles foi se tornando cada vez mais transparente. Essa tendência à clareza se refletiu na solução do ritual sonoro favorável a uma redescoberta da canção. Desapareceram a selva percussiva hipnótica e as névoas sonoras dos anos de 1970. A polissemia psicodélica cedeu lugar à clareza da estrutura da canção e do *groove*. Miles renunciara inteiramente à execução com *wah-wah* e *eco*, concentrando-se cada vez mais na execução "abafada" de seu *harmon cup*.

O ponto alto desse jazz rock executado de forma econômica foi alcançado por Miles entre 1981 e 1985. Nessa fase, surgiu em estado puro e genuíno o que nos anos de 1970 sua música havia esboçado como uma promessa e deixado encoberto por uma cortina de experimentos sonoros: um funk mais quebrado, mais vital e firme, tocado de forma mais arrebatada, com interlúdios de swing *feeling*, com alusões ao blues e uma execução em que os músicos interagiam de forma consciente. Importantes foram as diferentes formações de sua banda com o baterista Al Foster (que também havia tocado com Miles nos anos de 1970), o baixista elétrico Marcus Miller e os guitarristas Mike Stern e John Scofield. Com um efeito incrivelmente impetuoso, firme e compacto, eles destilaram a essência do funk. O ápice desse funk executado dentro de um padrão interativo e econômico apareceu no álbum *We Want Miles*, de 1982, premiado com o Grammy. Esse disco introduziu padrões para a execução em grupo, uma virtude que até então não constituía nenhuma evidência no jazz rock. As palavras de Miles se transformaram numa divisa do jazz rock dos anos de 1980: "Tem de ser um time."

Também são importantes os álbuns *Decoy*, de 1984, e *You're Under Arrest*, de 1985, nos quais Miles cultivou um funk altamente cromático. O material para os temas das peças brotou, como em "What it is", dos solos do guitarrista John Scofield, cujas linhas cromáticas e melódicas complexas, com acentos de blues, foram transcritas por Gil Evans e outros músicos, reunidas a novas melodias e arranjadas. Desde 1984, a música de Miles tinha se tornado cada vez mais pop e álbuns como *Tutu* e *Amandla* finalmente fizeram dele uma superestrela do jazz. De fato, desde sua volta, ele se inspirava na música pop dos anos de 1980, de Michael Jackson, Ashley & Simpson e, sobretudo, Prince. Mas, em 1984, Miles começou não só a aceitar hits da música pop, como também – e não propriamente para a alegria dos fãs de jazz – a tocá-los de forma praticamente literal, por exemplo, "Human Nature", de Michael Jackson, ou "Time After Time", de Cyndi Lauper. Quanto mais ele se voltava para a forma-canção da música popular de seus contemporâneos, mais claramente seu conceito de jazz rock aberto, improvisado coletivamente, passava ao segundo plano.

Nos anos de 1950, Miles Davis já havia se apropriado de canções da música popular e as incluído em seu repertório. "My Fanny Valentine" e "Autumn Leaves", naquela época, não eram outra coisa senão *pop songs*, no entanto, alguns críticos apontaram, com razão, que Miles havia trabalhado essas canções com a brilhante criatividade de seus improvisos e, assim, as teria elevado a um novo patamar de qualidade. Mas agora era como se ele tocasse os *pop hits* nota por nota. Dizia-se que Miles havia perdido sua capacidade de fazer de uma simples canção da música popular uma obra de valor artístico.

Entretanto, não há dúvidas de que Miles fez surgir algo novo nessas canções apenas com a força expressiva de seu som. O pianista Keith Jarrett falou acertadamente que as conquistas revolucionárias de Miles consistiam no fato de que "o som, por si só, é capaz de dizer tanto ou mais que um monte de frases". Quem, a partir do som de uma única nota, é capaz de criar a expressão necessária para todas as outras não precisa recorrer à ajuda de improvisações.

Em *Tutu*, de 1986, orquestrado e produzido pelo baixista Marcus Miller, Miles se voltou mais e mais para a melodia. A imagem sonora era predominantemente marcada por sintetizadores e *drum machines*, os *samplers* cresceram e as produções em estúdio recorreram cada vez mais aos *overdubs* – com um espaço limitado para improvisação.

Por esse motivo, a crítica tentou contrapor o Miles elétrico de antigamente àquele dos anos de 1980 e de 1990 e, assim, constatar uma "ruptura" entre o jazz rock ousado e vanguardista dos anos de 1970 e o Miles pop dos anos de 1980 e de 1990. Entretanto, o Miles pop esteve tão próximo da fonte de sua música – se não ainda mais próximo – quanto o da fase elétrica. Depois de ter feito, entre 1968 e 1983, uma música altamente abstrata, Miles se concentrou sobre dois de seus pontos fortes: o som inimitável de seu trompete e sua capacidade melódica. "Era grandioso ouvi-lo tocar suas canções novamente, depois de tantos anos de uma tão severa *out music*", contou John Scofield. "As pessoas estavam muito felizes em ouvi-lo tocar outra vez uma melodia."

O trombonista Jay Jay Johnson disse:

> Miles agiu de forma natural. Ele apenas adaptou as coisas à moldura de hoje e com seu jeito. Você sabe o que ouviria se levasse Miles e seus novos grupos para um estúdio, gravasse tudo com microfones individuais e simplesmente separasse o que foi gravado para deixar tocar apenas o trompete? O velho Miles de sempre. A única novidade seria o quadro referencial.

Miles esteve mais próximo de Louis Armstrong nos anos de 1980 e de 1990 do que jamais esteve em sua carreira. Em termos sonoros, ele começou como antípoda de Satchmo, mas terminou com uma forma de sentir igual à sua. Ambos romperam pioneiramente as fronteiras entre o jazz e o pop. Assim como Satchmo reavivou em sua época as canções e os sucessos da música popular com o *feeling* do jazz, Miles Davis reavivou a música pop dos anos de 1980 e de 1990.

Do ponto de vista dos solos, Miles viveu altos e baixos nessa nova fase de sua carreira. De um lado, houve momentos em que sua execução oscilou entre o brilho arrebatador e a grandeza luminosa, por exemplo, em "Back Seat Betty", de 1982, uma lição de como construir um solo no jazz rock, ou, de forma ainda mais surpreendente, no blues "It Gets Better", de 1983, em que Miles tocou um solo longo e estonteante, responsável por desencadear no jazz dos anos de 1980 uma *renaissance* do blues lento. De outro lado, um certo cansaço já se fazia notar em sua execução, e a imprecisão da entonação muitas vezes tornava evidente que só o som extraordinário de Miles era capaz de impedir o que aconteceria com outros trompetistas em condições semelhantes. Mais importante que o solista nos anos de 1980 foi o Miles que orquestrava e catalisava grupos. Ele possuía o raro dom de, sem instruções específicas, conduzir uma banda ao extremo da concentração e da coesão, provendo-a de intensidade humana e musical. Para Keith Jarrett e Jack DeJohnette, o líder Miles era "um meio, um modificador, uma pedra de toque, um campo magnético". Em concordância incrível, é o que dizem também outros músicos que passaram por suas bandas para quem a presença de Miles era tão forte que bastava ela para liberar no grupo forças e capacidades que ninguém – pelo menos os próprios músicos – imaginava possuir.

O mais surpreendente de sua volta aos palcos foram os novos traços do homem Miles Davis. Para a surpresa de seus ouvintes, agora ele acenava amigavelmente para o público, fazia graça a respeito de si próprio no palco, abraçava espontaneamente seus músicos após um solo bonito e se mostrava tão cortês com os ouvintes e os jornalistas que ninguém podia imaginar que por trás desse homem existia o Miles fechado e intratável de antigamente. "Sim", confessou Miles ao boquiaberto jornalista Cheryl McCall, "eu sou um *entertainer*".

"Se algum dia eu tiver de olhar para trás, eu morro", disse uma vez Miles Davis. Em 1991, ele olhou para trás – e por duas vezes num curto espaço de tempo: em concertos retrospectivos durante o Festival de Jazz de Montreux (Suíça) e no

Festival La Villette, em Paris (França). Em Montreux, ele tocou a música legendária que no fim dos anos de 1950 foi gravada com Gil Evans, seu parceiro de alma na música. Apoiado por uma orquestra escolhida a dedo, regida por Quincy Jones, ele tocou peças de álbuns como *Birth of the Cool*, *Miles Ahead*, *Porgy and Bess* e *Sketches of Spain*. Em Paris, durante o Festival de La Villette, ele se encontrou com um elenco fenomenal de instrumentistas provenientes de suas *working bands* que renderam um tributo ao seu mentor com músicas que cobriam toda a carreira do trompetista – do *cool* ao bebop: John McLaughlin, Herbie Hancock, Joe Zawinul, Wayne Shorter, Chick Corea, Dave Holland, Al Foster e John Scofield.

Doze semanas depois, Miles estava morto. Ele morreu em 28 de setembro de 1991. O biógrafo de Miles Davis, Paul Tingen, escreveu: "Em vez de dramatizar a situação e dizer que ele morreu porque olhou para trás, é mais provável que ele tenha olhado para trás porque sabia que ia morrer."

Miles morreu antes de poder concluir o álbum *Doo*-bop, em que fazia uma mistura de jazz e hip-hop. Apesar disso, quando o disco póstumo foi lançado, o mundo do jazz o acolheu como um ato de justiça reparadora. Várias produções de hip-hop, através de cortes e sampleamento, haviam imitado Miles e sua marca registrada: a execução com surdina *harmon cup*. Convinha agora que o original respondesse com sua própria mistura de batidas de hip-hop e solos de trompete. Miles, sem recorrer aos *backbeats* duros acrescentados depois pelo produtor Easy Mo Bee, deu essa resposta com todo o brilho que lhe era próprio: "Você gostaria que eu contasse onde nasci – essa velha história?", perguntou Miles, certa vez, quando ainda era relativamente jovem – nos anos de 1950.

> Foi na boa e velha Alton, Illinois, em 1926. Uma semana antes desse meu último aniversário, eu precisei telefonar para minha mãe e lhe perguntar quantos anos eu ia fazer.
>
> Havia um bom professor em nossa cidade. Ele consertava os dentes com meu pai... "Toque sem nenhum *vibrato*", ele costumava nos dizer, "quando vocês ficarem velhos, começarão a tremer". Assim, eu tentava tocar rápido, leve e sem *vibrato*.
>
> Quando eu tinha 16 anos, Sonny Stitt foi à nossa cidade e nos ouviu tocar. Ele disse para mim: "Você parece com um cara chamado Charlie Parker e também toca como ele. Venha com a gente."
>
> Os caras da banda trajavam smoking e me ofereceram sessenta dólares por semana para eu tocar com eles. Eu fui para casa e perguntei para minha mãe se podia ir. Ela disse não. O que eu devia fazer era ir para a escola. Eu fiquei duas semanas sem falar com minha mãe, mas também não fui embora com a banda.
>
> Eu soube quem era Charlie Parker quando fui a St. Louis (Missouri). Eu até toquei com ele ainda nessa época de escola. Nós sempre tentávamos tocar como Dizzy e Charlie Parker.
>
> Quando soubemos que eles viriam para nossa cidade, eu e meus amigos fomos os primeiros a aparecer no salão – eu com um trompete debaixo do braço. Dizzy veio e disse: "Jovem, você já está filiado ao sindicado dos músicos?" Eu disse: "Seguramente" E assim pude tocar essa noite com a banda. Eu não conseguia ler nenhuma nota, de tão encantado que estava por ouvir Dizzy e Bird tocarem.
>
> Aí o terceiro trompetista adoeceu. Eu amava tanto aquela música que já conhecia a parte dele de cor. Então, pude tocar com a banda por algumas semanas. Eu tinha de ir para Nova York. Um amigo meu foi estudar na Juilliard School. Eu fiz o mesmo. Passei meu primeiro grande período em Nova York correndo atrás de Charlie Parker.
>
> Morei um ano com Charlie Parker. Eu sempre ia com ele à rua 52 – acompanhava-o aonde quer que ele fosse tocar. Ele me deixava tocar com ele. "Não tenha medo", dizia, "apenas toque, sem pensar muito..."
>
> Você precisa saber disso: se você pode ouvir uma nota, você também pode tocá-la. Se eu ouço uma nota aguda, então essa é a única nota que eu posso tocar

no momento, a única nota na qual eu posso pensar em tocar e que é adequada. Você não aprende a tocar blues, você simplesmente toca...

Se eu prefiro compor ou tocar? Não posso dar uma resposta a isso. Há certo sentimento que surge quando se toca, nunca quando se escreve, e, quando você toca, é como se você estivesse compondo...

JOHN COLTRANE E ORNETTE COLEMAN

Desde os anos de 1960, o jazz é dominado por duas personalidades excepcionais: John Coltrane, morto de forma chocante em julho de 1967, e Ornette Coleman. É preciso ter em mente a diferença entre ambos para se avaliar a extensão da influência de cada um. Então, talvez se possa aferir melhor a amplitude da expressão do novo jazz. Nenhum dos dois pretendeu revolucionar a música, mas suas obras foram revolucionárias mesmo assim. Ambos vieram dos estados do sul: Ornette Coleman nasceu em 1930, no Texas; John Coltrane, em 1926, na Carolina do Norte. Ambos estão solidamente enraizados na tradição jazzística do blues: Ornette Coleman mais na tradição rural do *folk* blues; John Coltrane mais fortemente na tradição urbana do rhythm & blues.

Coltrane desfrutou de uma formação musical relativamente sólida dentro dos limites traçados à classe média mais desfavorecida e negra – o pai era alfaiate. Já os pais de Ornette Coleman eram tão pobres que não puderam dar nenhuma educação musical a seus filhos. Sua formação musical foi obra de seu próprio empenho autodidata. Entre os 14 e 15 anos, portanto, num período decisivo do desenvolvimento, tudo o que ele tocava pela partitura soava desencontrado em relação ao que os demais músicos faziam, ainda que as relações intervalares fossem as mesmas. Ninguém lhe havia ensinado que, no saxofone, instrumento transpositor, a nota escrita na pauta não corresponde ao som produzido no instrumento. Para Martin Williams, esse fato explica a singularidade harmônica desenvolvida por Ornette Coleman desde o começo.

O que quer que Ornette Coleman tocasse o resultado era sempre uma música que dificilmente se adequava em termos harmônicos, sonoros e técnicos ao que tradicionalmente convinha ao jazz, ao blues, ao rhythm & blues, portanto, àquela música a qual ele estava ligado do ponto de vista de origem, estilo, inclinação e expressão. Ele recordou: “A maioria dos músicos não queria saber de mim. Eles diziam que eu não conhecia os acordes e não tinha uma boa entonação.” Sobre o guitarrista e cantor Pee Wee Crayton, líder de uma das primeiras bandas em que Ornette tocou, a Rhythm & Blues Band, do Texas, ele disse: “Ele não entendia o que eu tentava fazer, a tal ponto de me pagar só para eu não tocar.” O baixista e proprietário de um clube noturno Howard Rumsey disse: “Os músicos entravam em pânico se você falasse em Ornette. Bastava dizer seu nome para que as pessoas rissem.” Para se ter uma ideia mais clara disso, recorde-se que Lester Young, na orquestra de Fletcher Henderson, e Charlie Parker, em Kansas City, tiveram experiências semelhantes.

Ao contrário, John Coltrane – Trane, como o chamavam, uma brincadeira com *train*, um trem de alta velocidade – foi aceito desde o começo: em 1947, ele teve seu primeiro emprego profissional na Joe Webb Rhythm & Blues Band, de Indianópolis, e com a cantora de blues Big Maybelle. Depois, ele só tocou com grupos e músicos de grande prestígio e geralmente por um período mais longo – Eddie “Cleanhead” Vinson Rhythm & Blues Band, 1947-1948; Dizzy Gillespie, 1949-1951; Earl Bostic, 1952-1953; Johnny Hodges, 1953-1954 – até Miles Davis, em 1955, segurá-lo em seu quinteto, em que Coltrane se tornou rapidamente conhecido com um solo em cima de "Round About Midnight". É preciso ter em mente que ele ficou conhecido e famoso com um tipo de jazz aceito e celebrado em seu tempo.

Já a aparição de Ornette Coleman foi um choque. Em Los Angeles (Califórnia), ele trabalhou como ascensorista porque os músicos não queriam saber dele. Muitas vezes ele mantinha o elevador pouco utilizado no décimo andar para estudar livros de harmonia. Depois, Lester Koenig, em 1958-1959, gravou os dois primeiros discos de Ornette Coleman pela sua Contemporary: *Something Else!!!! The Music of Ornette Coleman* e *Tomorrow is the Question*. Alguns meses depois, Coleman foi para a Lenox School of Jazz, onde havia muitos professores famosos: Milt Jackson, Max Roach, Bill Russo, Gunther Schuller, John Lewis... Porém, um tempo depois, o desconhecido estudante Ornette Coleman passou a chamar mais atenção do que todas essas celebridades.

John Lewis logo se pronunciou: "Ornette Coleman é autor da única novidade efetiva no jazz desde as inovações de Dizzy Gillespie e Charlie Parker em meados de 1950 e desde Thelonious Monk." A parceria de Ornette Coleman, munido de seu sax-alto de plástico branco, com seu amigo Don Cherry, tocando uma espécie de trompete para crianças, foi comentada pelo diretor musical do Modern Jazz Quartet (MJQ) nos seguintes termos: "Eles são quase gêmeos, eles tocam juntos de uma forma como eu nunca vi antes. Eu não faço ideia de como eles fazem para começar juntos. Eu ainda não tinha ouvido um *ensemble* como esse."

Embora Ornette Coleman não tivesse tido a menor ideia de promover uma revolução, pois ele queria apenas fazer sua própria música e ser deixado em paz, o mundo do jazz, em 1959, foi subitamente acometido da sensação de que havia uma ruptura ali, que Ornette Coleman dava início a um novo estilo. "Ele é o novo Bird!"

A liberdade harmônica que caracteriza praticamente tudo o que Ornette Coleman toca e compõe foi descrita com particular precisão por George Russell:

> Parece-me que Ornette, na maioria das vezes, quando toca uma canção, detém-se sobre uma tonalidade de modo apenas aproximativo, intuitivo. Ele a utiliza como ponto de partida para sua própria melodia. Com isso, não quero dizer que sua música possa se fixar numa determinada tonalidade. Digo que as melodias e os acordes de suas composições possuem, no lugar de um tom específico, uma sonoridade geral, que Ornette usa como fundamento. Essa aplicação realmente o libera, como improvisador, para cantar suas próprias canções sem precisar satisfazer as exigências de um determinado esquema de acordes.

O próprio Ornette denomina isso de *sistema harmolódico*, no qual – como o nome indica – as harmonias são determinadas apenas pela linha melódica. Esse sistema influenciou diversos jazzistas – por exemplo, o guitarrista James "Blood" Ulmer – e também o ensino na Creative Music Studio (CMS) do vibrafonista alemão Karl Berger, em Woodstock (Nova York). Ornette acha que uma música não tem de ser regida por princípios harmônicos trazidos de fora, mas sim pela individualidade dos próprios músicos. "Quando você se levanta de manhã, você precisa primeiro se vestir antes de poder sair e viver o seu dia. Mas suas roupas não dizem aonde você pode ir, elas vão aonde você for. Uma melodia é como uma roupa sua."

A liberdade harmônica que Ornette Coleman traz espontaneamente consigo, John Coltrane – trata-se de uma liberdade semelhante, mas não idêntica – conquista com sofreguidão ao longo de uma década de extenso e árduo desenvolvimento: das primeiras e prudentes tentativas modais com Miles Davis em 1956 até *Ascension*, de 1965.

É uma fascinante e enriquecedora "aventura pelo jazz" procurar perceber por intermédio dos álbuns o quanto seu processo de desenvolvimento obedeceu a uma lógica consequente e necessária. No começo, como já foi dito, houve o encontro com Miles Davis e o modalismo, isto é, não mais a improvisação sobre acordes que mudavam sucessivamente, mas sobre uma escala que, de modo fixo, dava sustentação a todo o processo melódico. Foi o primeiro passo para a liberdade.

É característico que, apesar da atitude atenta e curiosa com que o mundo do jazz acompanhou esse desenvolvimento em todos os seus estágios, ninguém saiba dizer com segurança se foi Miles Davis ou John Coltrane quem deu o primeiro passo – característico, pois não se tratou de decisão consciente, mas de uma síntese espontânea de "algo que pairava no ar".

O segundo passo de Coltrane é dado em 1957 no trabalho conjunto com Thelonious Monk (ainda que, em várias ocasiões posteriores, Trane tenha retornado a Miles Davis, já que apenas em 1960 eles se separaram de forma definitiva). Sobre Monk, deixemos falar o próprio John Coltrane:

> Às vezes, ele tocava um esquema próprio de acordes alterados que diferiam dos que eu tocava, e nenhum de nós tocava os acordes da peça. Caminhávamos para um ponto determinado e, se terminássemos juntos, podíamos ficar felizes. Monk sempre vinha nos momentos decisivos e nos salvava. Muita gente nos perguntava como podíamos dar conta de tanta coisa, mas não tínhamos muito do que dar conta. Apenas os acordes fundamentais, e então cada um partia para o que quisesse.

Nessa época, Coltrane desenvolveu o que o crítico Ira Gitler denominou *sheets of sounds* a execução de notas rápidas que produz a impressão de faixas e lâminas sonoras. LeRoi Jones descreveu isso da melhor forma:

> As notas que Trane tocava em seus solos eram mais do que uma nota sucedendo outra. As notas se perseguiam de forma tão rápida e com tantos sobretons e subtons que produziam o efeito de um pianista tocando velozmente uma série de variados acordes, mas que, ao mesmo tempo, fosse capaz de articular certas notas individuais e suas vibrações subtonais.

Muitos dos discos que Coltrane gravou na metade dos anos de 1950 para a Blue Note e para a Prestige são exemplos dessa forma de tocar: para a Prestige, por exemplo, com o Red Garland Trio e, para a Blue Note, com o álbum *Blue Train*. John S. Wilson escreveu que Coltrane tocava seu sax-tenor "como se quisesse tocar aos pedaços". Zita Carno formulou na *Jazz-Revue* a frase bastante citada: "A única coisa que você pode esperar de John Coltrane – e deve esperar – é o inesperado." É uma das poucas frases escritas sobre John Coltrane válidas igualmente para todas as estações de Trane.

O que os críticos de então não perceberam, mas os músicos captaram de forma instintiva, é que as *sheets of sound* traziam uma implicação rítmica pelo menos tão importante quanto a harmônica: se as notas não eram mais definidas como colcheias, semicolcheias, fusas etc., se elas eram quiálteras de cinco, sete ou nove notas, então cessava também – em virtude de sua complexidade e da impossibilidade de subdividi-las em pares – a relação de simetria entre a divisão rítmica da melodia e os acontecimentos métricos subjacentes. As *sheets of sounds* eram, portanto, um passo para substituir o tempo regular pela flutuação e vibração do pulso – uma consequência que Elvin Jones extraiu do quarteto de John Coltrane a partir de 1960 e o jovem Tom Williams a partir de 1963 do quinteto de Miles Davis.

Em 1960, quando John Coltrane assinou um contrato exclusivo com a gravadora Atlantic, as *sheets of sounds* caíram numa certa obsolescência, embora Trane, até sua morte, tenha demonstrado, sempre de forma ocasional, que não perdera a capacidade de executá-las. Em vez de lâminas e superfícies de sons, prevalecia uma forte concentração no evento melódico: linhas longas e oscilantes que se adensavam e relaxavam alternadamente, conforme uma lei imanente, oculta, de tensão e distensão. Tinha-se a sensação de que Coltrane precisava criar pressupostos rítmicos e harmônicos apenas para poder capturar de forma cada vez mais exclusiva a dimensão musical que mais lhe interessava: a melódica. Foi o melódico Coltrane que, pela primeira vez, obteve um declarado e amplo sucesso de público com "My Favorite Things", uma melodia de valsa despretensiosa – no original um tanto tola – extraída de um musical de Richard Rogers. Coltrane tocou a peça em seu sax-soprano com uma entonação anasalada, lembrando o *shenai* (instrumento de sopro de cano duplo de origem indiana) ou a *zoukra* (espécie de oboé árabe), e, da repetição contínua das notas do tema, com pequenas variações, obteve uma intensidade hipnotizante, algo até então desconhecido no jazz, mas que fazia lembrar alguns exemplos das músicas indiana ou árabe. Nessa época, ele confessou seu interesse por essas músicas, confirmando-o mais tarde, com *Olé Coltrane*, de 1962 (em que também se notava a influência da música árabe espanhola), e com outros discos gravados pela Impulse, para a qual ele se mudou depois do sucesso de sua versão de "My Favorite Things". Em *Africa/Brass*, de 1961, Coltrane trabalhou suas impressões árabes e, em "India", de 1961, com o já falecido Eric Dolphy no clarinete-baixo, foi a vez de suas impressões acerca da música indiana. Ele admirava tanto a música indiana que alguns anos depois seu segundo filho recebeu o nome de Ravi – de Ravi Shankar, o grande tocador de *sitar* indiano.

Na medida em que a tonalidade convencional – europeia – era impelida para seus extremos e, em certos casos, até desfeita, Coltrane parecia encontrar nos "modos" das músicas indiana e árabe um tipo de liberdade e de abertura que a harmonia funcional ocidental – por mais ampliada que fosse – não era mais capaz de lhe oferecer. Influenciado pela música indiana, Coltrane rompeu gradativamente com o sistema tonal, em que se trata de dominar a música por meio de acordes. Em vez disso, a começar com "My Favorite Things", ele fez da execução em torno de um *drone* (ou vários *drones*) – de um pedal – o elemento central de sua música. Desde 1960, deixando de lado algumas alterações e acréscimos ocasionais, John Coltrane dirigiu um quarteto formado por Elvin Jones (bateria) e McCoy Tyner (piano); o baixista foi trocado mais de uma vez – um sinal do desenvolvimento constante de sua concepção acerca da tarefa harmônica (e rítmica!) desse instrumento: de Steve Davis, passando por Art Davis e Reginald Workman até Jimmy Garrison, único músico de seu quarteto que, após sua grande mudança em 1965, ele manteve consigo até o fim. A propósito, era cada vez mais comum Coltrane usar dois baixistas.

Esse quarteto de John Coltrane – sobretudo depois da entrada de Garrison – foi um grupo perfeito que seguiu de modo maravilhoso as intenções de seu líder – até a mudança decisiva em 1965. A partir desse ponto, Coltrane precisou de um baterista completamente "livre" – Rashied Ali – e de um pianista igualmente "livre"; ele escolheu sua esposa: Alice Coltrane.

Antes disso, em 1964, havia sido lançado o álbum que, para muitos, foi o ponto alto da criação de Coltrane: *A Love Supreme*, uma única grande prece de glorificação. A letra da canção homônima foi escrita pelo próprio Coltrane: "Toda glória a Deus, que é o único merecedor de glória... Eu quero fazer tudo, ó Senhor, para ser digno de ti... Eu te agradeço, Senhor... Palavras, sons, discursos, homens, recordações, pensamentos, medos, sentimentos, tempo – tudo vem de ti, Deus." Na conclusão da prece, aparecem três palavras que caracterizam com perfeição a música feita pelo quarteto de John Coltrane: "ELEVAÇÃO – ELEGÂNCIA – ENTUSIASMO".

Para o leigo, essa confissão religiosa de um dos mais comentados jazzistas de seu tempo pode parecer surpreendente. No entanto, assim como Duke Ellington, John Coltrane, ao longo de sua vida complexa e radiante, envolveu-se cada vez mais com as questões religiosas. Em 1957, ele se livrou de uma dependência de heroína graças a uma experiência religiosa. Ele contou que, em 1957, "por uma benção de Deus", ele viveu um "despertar espiritual" que o teria conduzido "a uma vida mais rica, plena, criativa". Em 1962, ele disse:

> Eu acredito que a coisa mais importante que um músico pode fazer é oferecer aos seus ouvintes uma imagem das muitas maravilhas do universo que ele sente e conhece. Isso é o que a música significa para mim: simplesmente uma possibilidade, dentre muitas outras, de dizer que vivemos num mundo enorme, magnífico, feito para nós.

Seus discos sempre traziam títulos de teor religioso. Um deles foi denominado *Om*. Nat Hentoff escreveu:

> Para Coltrane, a música – o sentido pelo qual ele se ocupava da música – consistia em ser uma parte da fonte de consciência dos primórdios do tempo... Para John, o "Om" foi a primeira vibração – o som e o espírito que pôs todos os outros em movimento. Ele queria entrar em contato com aquela paz universal, transcendente, tornando-se um só com ela.

John Coltrane pensava a religião como um hino de gratidão ao mundo. Aquela salmodia, as quatro composições de *A Love Supreme* construídas sobre um único acorde, sobre um *drone*, e que por isso pareciam sem princípio nem fim, eram, a seu ver, a expressão da infinitude em forma de som. Em *Meditations*, disco lançado pouco tempo depois, John Coltrane voltou ao tema religioso. "The Father and the Son and the Holy Ghost" (Pai, Filho e Espírito Santo) e "Love" (Amor) – numa acepção religiosa – eram duas composições desse disco.

Nesse meio-tempo, no decorrer de um ano, preparou-se, fora do campo de visão do público de jazz, o que veio a ser a grande surpresa do inverno de 1964-1965: John Coltrane se uniu humana e musicalmente à vanguarda de Nova York.

Em março de 1965, no Village Gate, em Nova York, ele participou de um concerto de free jazz com a *new black music*, um concerto programático não apenas do ponto de vista musical, mas também social e político, organizado em benefício da Black Arts Repertory Theatre School (BARTS). O diretor dessa escola, o colérico escritor e poeta negro LeRoi Jones comentou:

> Trane é oriental em sua peça "Nature Boy"... uma expressão de paz... Quando ele fala de Deus, você compreende que se trata de um Deus oriental. Alá, talvez... Essa é a música da cultura negra contemporânea. As pessoas que fazem essa música são intelectuais, místicos ou ambos. Energia rítmica negra, blues *feelling* e sensibilidade negra são projetados no plano da reflexão... Você ouve nesse disco poetas da nação negra.

Steven Young, o "coordenador musical" da escola, acrescentou:

> Podemos batizar esses músicos de "os lutadores maravilhosos", "feiticeiros" ou "povo ju-ju"... Magos da alma. Quando eles tocam, é como uma invocação espiritual de almas e imaginações. Se você não está interiormente preparado

> para as terras do Dada surreal *à la* Harlem, para o sul da Filadélfia ou as noites negras da Geórgia e os ataques noturnos dos mau-mau, para as sombras escuras dos discos voadores e a música das esferas, então é possível que você não sobreviva à experiência de ouvir John Coltrane, Archie Shepp ou Albert Ayler. Essa gente é perigosa e pode até matar, pois faz que corações negros e consciências corruptas se atirem da janela ou, aos gritos, abandonem seu despedaçado mundo de sonho... Essa música contém dor, cólera e esperança... a visão de um mundo melhor para além do atual.

Em alguns discos, Coltrane incluiu seu nome de celebridade no intuito de fazer que músicos jovens, desconhecidos e determinados do free jazz conquistassem público. Também as gravações que o sax-tenorista Archie Shepp fez durante o Festival de Jazz de Newport do mesmo ano foram reunidas com uma peça de Coltrane num disco da Impulse. Archie Shepp se tornou famoso de uma hora para a outra.

Alguns dias antes do Festival de Jazz de Newport, *Ascension* foi gravado em 28 de junho de 1965: o primeiro disco de Coltrane completamente livre do ponto de vista tonal.

Coltrane reuniu aqui praticamente todos os músicos da vanguarda de Nova York em torno de si: três sax-tenoristas (Trane, Pharoah Sanders e Archie Shepp), dois trompetistas (Freddie Hubbard e Dewey Johnson), dois sax-altistas (John Tchicai e Marion Brown), dois baixistas (Art Davis e Jimmy Garrison), bem como McCoy Tyner ao piano e Elvin Jones na bateria. Descrevendo a intensidade absurda de *Ascension*, que ia aos limites do que era possível executar e suportar fisicamente, Marion Brown disse: "Com essa música você poderia aquecer uma casa num dia frio de inverno... As pessoas que estavam no estúdio gritavam verdadeiramente." É uma música de êxtase e glorificação, violenta como um orgasmo de quarenta minutos.

Voltemos a Ornette Coleman. Com *Ascension*, Coltrane atingiu uma liberdade harmônica que Coleman possuía há vários anos. Mas que liberdade potente, firme, agressiva era essa de *Ascension*! Era como dizia o título: uma escalada, uma ascensão do homem a Deus, ambos – Deus e os homens, o mundo inteiro – em união.

A liberdade de Ornette, ao contrário, parece lírica, calma, melodiosa. É interessante que a estrutura de *Ascension*, de forma consciente ou não, seguia um esquema formal que Ornette Coleman havia empregado cinco anos antes em seu álbum Free Jazz, saído pela Atlantic (com Ornette Coleman em 1960, apareceu pela primeira vez o conceito que mais tarde seria aplicado ao jazz dos anos de 1960). Era a improvisação coletiva de um quarteto duplo, formado pelo quarteto do próprio Coleman (com Don Cherry no trompete, Scott LaFaro no baixo e Billy Higgins na bateria) e um outro quarteto (com Eric Dolphy no clarinete-baixo, Freddie Hubbard no trompete, Charlie Haden no baixo e Ed Blackwell na bateria). Da concentração por atrito do coletivo, desenvolvia-se por vez um solo, que levava a um novo coletivo, do qual surgia o próximo solo – exatamente nesse sentido: solos livres que nasciam de um parto doloroso.

Nos anos em que John Coltrane empreendia, sob a atenção incansável do mundo do jazz, seu desenvolvimento dinâmico, Coleman passava por uma fase de relativa tranquilidade. Por dois anos, ele viveu inteiramente recolhido em seu modesto estúdio-apartamento no Greenwich Village, em Nova York.

Falava-se que ele não tocava por falta de trabalho, mas a verdade é bem o contrário. Ele vivia cercado de ofertas sedutoras, mas não queria tocar. Ele continuou a desenvolver sua música, compôs e aprendeu a tocar dois novos instrumentos: trompete e violino. Ele também compôs para quartetos de cordas (que lembravam os de Béla Bártok) e outras formações camerísticas – também se dedicou à música do filme de Conrad Rooks, *Chappaqua*. Ao ouvir a música, o diretor teve de se perguntar: "Deve-se usar uma música que é por si mesma tão maravilhosa? Sua força não prejudicaria o filme, em vez de ajudá-lo?" Rooks encomendou uma nova música – a Ravi Shankar – e a *Chappaqua Suite*, de Ornette, apareceu apenas num disco da Columbia gravado por seu trio, juntamente com Pharoah Sanders no sax-tenor e um grupo de câmara de onze músicos.

No começo de 1965, Ornette Coleman voltou à cena pública no Village Vanguard (Nova York). Só então aparecia, pelo selo ESP, o disco que Coleman havia gravado antes de seu exílio voluntário, em 1962, durante um concerto no Town Hall (Nova York). Outros álbuns de Ornette Coleman apareceram na Europa. O ano de 1965 não foi o ano da gravação de *A Love Supreme*, mas foi o de seu lançamento. Foi também o ano que nos trouxe *Ascension* e, talvez, por isso o ano mais rico da história do jazz desde as grandes gravações de Charlie Parker e Dizzy Gillespie nos anos de 1940.

Nesse mesmo ano, Coleman fez uma turnê pela Europa. Para o mundo do jazz, foi uma surpresa que ele, depois de tantos anos recusando qualquer oferta, assinasse esse contrato em função do convite para participar do Festival de Jazz de Berlim. Ele saiu com um trio formado por ele, o baixista David Izenzon e o baterista Charles Moffett. No Berliner Sportpalast, ele fez imenso sucesso, enfurecendo aquele que devia ser a estrela da noite: Gerry Mulligan. No Gyllene Cirkeln, um restaurante de Estocolmo, Ornette gravou um álbum duplo, que logo foi lançado pela Blue Note e que, por seu lirismo, poderia ser comparado a *A Love Supreme*, de Coltrane. O crítico sueco Ludwig Rasmusson escreveu para o encarte do disco:

> O conteúdo da música de Ornette é praticamente a beleza em sua forma pura – uma beleza cintilante, arrebatadora, vibrante, sensível. Há alguns anos, ninguém pensava assim. Todos consideravam a música de Ornette grotesca – um poço de cólera e caos. Mas agora parece quase incompreensível que alguém ainda possa defender semelhante opinião – talvez tão incompreensível quanto repudiar os retratos femininos de Willem de Kooning ou o teatro do absurdo de Samuel Beckett. Ornette Coleman, portanto, pela simples força de sua visão pessoal, foi capaz de mudar totalmente nosso conceito sobre o belo. Belo é, sobretudo, quando o baixista de Coleman, David Izenzon, toca com Ornette. É maravilhoso, é quase enfeitiçante.

Quem compara o álbum de Coleman *At the Golden Circle Stockholm*, lançado pela Blue Note, com *A Love Supreme*, de John Coltrane, pode chegar a uma boa compreensão acerca da diferença fundamental entre os dois músicos. À música estática, suave e espontânea de Ornette Coleman opõe-se o caráter dinâmico de John Coltrane. Os dois músicos fazem uma música bela – no sentido simples, *naïf*, dessa palavra. Suas músicas são de enorme intensidade. Mas, em John Coltrane, a dinâmica da intensidade está em primeiro plano em relação à estática. Em Ornette Coleman, é o contrário.

Por isso, não causa espanto que praticamente tudo o que foi gravado por John Coltrane tenha sido concebido a partir de improvisações, incluindo suas composições! Na música de Ornette Coleman, a composição é talvez tão importante quanto a improvisação. Ornette Coleman é um compositor apaixonado. O crítico musical John Tynan contou uma história bastante típica nesse sentido. Segundo ele, em 1958, quando depois de muito meditar, viu que não sabia mais como se sustentar, Ornette Coleman saiu, meio desesperado, em busca do produtor Lester Koenig para perguntar se ele não queria comprar suas composições. Ou seja, Ornette não oferecia a gravação de um disco, mas a venda de suas composições. Ele considerava isso mais promissor, e pensou primeiramente nas composições quando buscou uma saída. Ele só veio a gravar com a Contemporary porque Lester Koenig quis que essas composições fossem tocadas por Ornette no saxofone.

Mais tarde, com a longa e violenta discussão no mundo do jazz sobre os prós e os contras da música de Ornette, ficou evidente que justamente os críticos que rejeitavam Ornette como improvisador reconheciam a beleza e a competência de suas composições. Hoje, quarenta anos depois, sabe-se que Ornette Coleman entrou para os anais do jazz como um dos mais talentosos e influentes criadores de temas. Graças à sua força melódica de fundo, as composições de Ornette acharam maior inserção no repertório de *standards* do jazz do que as de todos os outros músicos dos anos de 1960: "Ramblin", "Blues Connotation", "Lonely Woman", "Broadway Blues" etc.

O compositor Ornette Coleman foi mais rapidamente aceito que o improvisador. Se ele tinha conseguido se ausentar por dois anos da cena do jazz, isso se deu porque seu ímpeto criador era capaz de se contentar por bastante tempo só com a atividade de composição. Com mais frequência do que outros músicos de free jazz, ele fala de *tunes* ou canções. Ele diz: "Se eu toco a nota Fá numa canção que se chama 'Paz' (*peace*), então eu penso que esse Fá não deve soar da mesma forma que soaria numa peça intitulada 'Tristeza' (*sadness*)." A mensagem de Ornette foi tão simples quanto radical: o estado de espírito do músico que improvisa – seus pensamentos e sentimentos presentes, e não as regras da música de escola – é que deve precisar a altura das notas. Foi por sua capacidade de compor espontaneamente enquanto improvisa que Ornette Coleman, com suas alturas melódicas que fluem livremente, tornou-se uma influência decisiva no jazz de vanguarda.

Um traço característico de Ornette Coleman é sua firme recusa em submeter sua música aos ditames de uma sequência harmônica padronizada. Segundo sua crença, a essência da improvisação é incompatível com esquemas e modelos, de caráter harmônico, rítmico ou formal. Não é a forma dada que determina a linha de improvisação, mas é só a improvisação que deve *criar* a forma.

Se Ornette Coleman aprendeu a tocar trompete e violino sozinho, isso se deve ao fato de que nele o som tem primazia em relação às alturas fixas, isto é, às notas. É a partir disso que se deve julgar o modo como Ornette toca esses instrumentos. Decerto, como instrumentista, ele é perfeito apenas no sax-alto. Mas não seria exato dizer que, como trompetista e violinista, ele é um "amador". O critério de amadorismo é estabelecido com base no profissionalismo da música de escola. No entanto, Ornette toca o violino com a mão esquerda e, apesar disso, afina como se tocasse com a direita. Ele não fricciona, mas golpeia ou rabequeia o violino com movimentos circulares. Para ele, não é a nota que importa, mas o som que obtém quando pode fazer soar o máximo número de cordas ao mesmo tempo. O que resta do violino convencional nas mãos de Ornette Coleman é apenas sua imagem fenomênica e externa. Ele o manuseia como um instrumento próprio, reinventado. Ele visa justamente aos efeitos que necessita para suas composições. Apenas aí, e não em outro lugar, é que mora o critério. Através dele a habilidade violinística de Ornette se mostra brilhante.

De fato, nos anos de 1980 e de 1990, sua atuação como violinista e trompetista vai para um segundo plano (ele os insere apenas episodicamente, em especial no fim de suas apresentações ao vivo). Mas a ousada adaptação a dois instrumentos que lhe eram totalmente estranhos não deixou de influenciar as gerações seguintes de músicos improvisadores: o reconhecido multi-instrumentalismo de músicos provenientes da AACM (Association for the Advancement of Creative Musicians) de Chicago, como Anthony Braxton, o Art Ensemble of Chicago, Leroy Jenkins ou Leo Smith, seria praticamente impensável sem a performance do multi-instrumentista Ornette Coleman.

Ornette Coleman é um mestre da coesão total. Suas improvisações constituem--se de motivos melodicamente independentes do tema, mas que ele desenvolve de modo incrivelmente consequente. Independentemente de um *chorus*, de uma sequência de acordes que sirva de base à improvisação, ele desenvolve conexões a partir de um fluxo de consciência (o *stream of consciousness*, de James Joyce), em que um motivo surge de outro, é reformulado e conduz a um motivo seguinte. O musicólogo Ekkehard Jost denominou essa forma de improvisação de "encadeamento de elos motívicos".

Essa sensibilidade de Ornette para a coesão ficou ainda mais evidente quando ele, finalmente, encontrou um parceiro de sopro com quem pudesse tocar com verdadeiro prazer: o saxofonista tenor Dewey Redman. Isso o levou a formar um novo quarteto. Dois de seus integrantes já haviam tocado com Ornette no começo da carreira do músico: o baixista Charlie Haden (com quem Ornette gravou duetos maravilhosos) e o baterista Ed Blackwell. O último veio de Nova Orleans, onde Ornette tocou várias vezes em sua juventude. Blackwell fez com os *patterns* do rhythm & blues praticamente a mesma coisa que Ornette fez com o *folk* blues do Texas: deu-lhe um caráter abstrato.

"Coleman revelou possuir, entre os jazzistas de vanguarda, o mais amplo conceito de ordem musical para além das formas preestabelecidas", observou Stanley Crouch. Praticamente tudo o que Ornette toca ou escreve vem à tona a partir de um único fluxo de inspiração. Por isso, nos discos, as peças de Ornette Coleman são, na maioria das vezes, consideravelmente mais curtas do que as de John Coltrane. Quem ouve John Coltrane vivencia um parto doloroso. Quem ouve Ornette contempla o ser vivo recém-nascido.

Segundo Archie Shepp:

> Uma das conquistas de Coltrane foi abrir-se à concepção de que um músico de jazz não precisaria – nem poderia – se limitar a poucos minutos em seu solo. Coltrane mostrou que uma pessoa pode tocar com intensidade por muito mais tempo e que as exigências de sua concepção tornavam de fato necessário que ele improvisasse num espaço de tempo mais longo. Eu não quero dizer que ele demonstrou ser um solo de trinta e quarenta minutos necessariamente melhor do que um de três minutos. Mas ele demonstrou que era possível improvisar de forma criativa por trinta ou quarenta minutos e mostrou a todos que é preciso firmeza – tanto em termos de fantasia e imaginação como de condição física – para empreender voos musicais tão longos.

Uma das opiniões mais superficiais difundidas pelos críticos é a de que os grandes músicos do passado – King Oliver, Lester Young, Teddy Wilson – teriam dito tudo o que precisavam dizer num ou dois *chorus* de doze ou 32 compassos. Logo, se um músico como Coltrane – e muitos outros de sua geração – se estendia tanto em seus solos é porque seu poder de concisão era pequeno. No entanto, se os músicos do passado tocavam tão abreviadamente nas gravações era porque a maioria dos discos da época oferecia um espaço de apenas três minutos por música. Se eles tivessem podido tocar como gostariam – como nas *jam sessions* ou nos clubes – também teriam preferido fazer solos mais longos. A grande música – da sinfonia europeia até os *ragas* e *talas* indianos – precisa de tempo. Só os hits do momento se esgotam em dois ou três minutos.

Mas voltemos a Ornette. A execução de baladas com *rubatos* e de peças lentas num tempo livre se tornou muito apreciada no jazz contemporâneo, de Keith Jarrett, passando por Pat Metheny, até Shannon Jackson e outros. Na origem dessa tendência encontramos Ornette Coleman e sua célebre "Lonely Woman", de 1959.

O anseio de fazer sua música com a máxima independência possível e seu recolhimento temporário também são reflexos de sua difícil relação com o mundo do jazz. John Coltrane era um agrupador. Ornette Coleman é um solitário. Ele vivia numa profunda desconfiança do mundo. Ele sempre achava que qualquer agente ou empresário queria lhe passar a perna. Por isso, ele os substituía com tanta frequência – isso, claro, quando havia algum agente ou empresário consigo. Praticamente todos os seus empresários vinham de seu círculo de amizades. Mas quando Ornette, fiando-se nessa amizade, apostava neles como empresários, a relação rapidamente se desgastava. Começava então a desconfiança, em geral, infundada, mas capaz de criar situações tão desagradáveis que, com o tempo, Ornette acabava encontrando motivos plausíveis para desconfiar.

Numa entrevista concedida a Dan Morgenstern, em 1965, ele disse:

> Como negro, sempre me pergunto como o branco criou certos princípios e certas prescrições. Mas, quando essas questões dominam minhas relações comerciais com as gravadoras, agentes e organizadores de concertos, eu acabo me tornando esquizofrênico ou agindo como um neurótico. Eu não gostaria de ser explorado pelo fato de não saber como certas coisas são feitas para que se possa sobreviver nos Estados Unidos de hoje. Chegamos a tal ponto que, no sistema em que você vive e que tem certo poder, você precisa pagar para partilhar desse poder, pois só assim você pode fazer o que gosta. É natural que por essa via não se possa criar um mundo melhor. Cria-se apenas mais segurança para o poder. Mas o poder deixa o sentido das coisas em segundo plano.

Nunca é demais destacar que as raízes de Ornette são o Texas e o mundo do blues rural. Não foi em vão que ele gravou seu primeiro disco – como *sideman* – na primeira metade dos anos de 1950 com o cantor de blues Clarence Samuels (que, por sua vez, veio da banda de Jay McShann, a mesma orquestra de onde saiu Charlie Parker). Na seção "1960: Free Jazz" do capítulo "Os Estilos do Jazz", mostrei que, no caso de Ornette, a concepção livre da harmonia é resultado direto da liberdade harmônica que os músicos de blues e folk provenientes da região interiorana do sul sempre possuíram. A transgressão do esquema de doze compassos do blues não conduz Ornette Coleman a um distanciamento das raízes do blues, mas a um giro consciente rumo a suas origens. O saxofonista tenor Archie Shepp – justamente um dos grandes músicos do novo jazz – diz:

> Em minha opinião, Ornette Coleman revigorou a linguagem do blues, insuflando-lhe uma nova vida, sem destruir sua simplicidade. Coleman não retirou o blues de seu universo expressivo original; ao contrário, ele reconduziu o blues a seus desenvolvimentos iniciais, livres, clássico-africanos, não harmonizados. Sempre senti que a obra inicial de Ornette Coleman estava mais próxima das origens que da modernidade. Sem dúvida, Blind Lemon Jefferson, Huddie Ledbetter e outros cantores antigos de blues tocavam blues com treze, dezessete ou 25 compassos. No entanto, ninguém seria tolo de taxá-los de vanguardistas.

E o crítico A.B. Spellman disse: "A música de Ornette não é nada além de blues." Ornette é um músico de blues completo. Se no jazz convencional há apenas duas *blue notes* e, desde o bebop, com a inclusão da chamada *flatted fifth*, três *blue notes*, então se pode dizer que Ornette Coleman transformou a escala inteira em *blue notes*. Praticamente todas as suas notas são levemente desafinadas para cima ou para baixo, *off pitch*, ligadas, alteradas a partir de sua articulação – numa palavra: vocalizadas no sentido do blues. Pense-se nas palavras citadas acima, que um Fá numa peça intitulada "Paz" certamente não pode ser o mesmo Fá tocado numa peça chamada “Tristeza”. É justamente essa a concepção do músico de blues. Se, após anos de familiaridade com o jazz convencional, esse tipo de concepção nos causa espanto (porque todo Fá, expressando paz, tristeza ou o que quer que seja, precisa ser a mesma nota em termos de frequência), então fica clara a influência da música europeia tradicional, uma influência que Ornette, pelo menos nesse campo, eliminou continuamente.

Enquanto a relação de Ornette com o tonalismo livre é serena e espontânea, a relação de John Coltrane é tensa e complexa. Isso ficou claro quando, depois de *Ascension*, apareceu o álbum da Impulse *Live at the Village Vanguard Again!*. Coltrane já não podia mais continuar tocando com os músicos de seu quarteto, juntos há tanto tempo. Como mencionado, ele fundou um novo grupo, um quinteto: Pharoah Sanders como segundo tenor, a mulher de Trane, Alice, no piano, o baterista Rashied Ali e o baixista Jimmy Garrison – o único músico do quarteto que Trane manteve consigo. Se, nesse disco, Coltrane voltou a tocar temas já conhecidos de suas gravações anteriores – “Naima” ou “My Favorite Things” –, então é de se concluir que ele amava esses temas e, de preferência, teria continuado a tocá-los como se fossem temas atuais, desde que, dessa forma, ele pudesse expressar o que havia em seu coração! Se John Coltrane tivesse visto alguma possibilidade de atingir todo o ardor do êxtase a que almejava pelos meios convencionais, ele teria sido cativo da tonalidade até o fim.

Coltrane foi um hesitante judicioso. Ele levou dez anos para dar o passo que deu em 1965, passo que, nessa mesma época, seria dado num único dia por uma geração inteira de músicos. Quem ouve as linhas de “Naima” fluindo como uma oração, vibrando de modo sublime, percebe a nostalgia de Coltrane em relação ao tonalismo. Coltrane sabia que pagara um preço alto rompendo com esse sistema e retornaria satisfeito a ele se, nesses dez anos, não tivesse sido cada vez mais impelido contra os limites da tonalidade convencional para poder expressar tudo o que lhe parecia necessário.

A execução cheia de ruídos – os *growls, tooting* e *squeezing* – que os músicos de Nova Orleans praticaram por um breve tempo no auge de seus solos *hot*, esse jogo com sons e intensidade sonora, Coltrane ampliou em solos ardentes e *free*, em descargas tempestuosas de intensidade com duração de meia hora. O saxofonista tenor Charles Lloyd disse: “A meu ver, Bird descobriu o átomo, mas quem o fissionou foi Trane.”

Jazz é uma música de intensidade e a coisa mais intensa que se pode dizer por meio do sax-tenor foi dita por John Coltrane. “Mesmo em sua execução livre, a base sempre é nitidamente audível”, diz Dave Liebman. Ernie Watts acrescentou: “O Coltrane vanguardista é como um compêndio de todas as possibilidades que, em termos sonoros, são possíveis para o saxofone. É um estudo inacreditável do som do saxofone, de todas as nuanças e possibilidades do instrumento, daquelas que normalmente não utilizamos.”

Foi apenas com o intuito de descobrir uma intensidade ainda mais forte que Coltrane procurou um segundo saxofonista tenor para seu grupo. O eleito foi justamente aquele que, pela força física e pela capacidade técnica para realizar com seu instrumento justamente o sons mais selvagens e inacreditáveis, era, após Albert Ayler, o saxofonista tenor mais impressionante que havia nesse campo nos anos de 1960: Pharoah Sanders. A seu lado, Coltrane intensificou a si mesmo, mas também exauriu suas forças. Por isso, no outono de 1966, ele precisou cancelar uma turnê já confirmada pela Europa. Por isso, a necessidade de períodos longos ou curtos de descanso aumentou. Várias vezes, durante esses descansos, seus amigos previam pausa de mais de um ano. No entanto, em poucas semanas Trane já estava novamente em cena, exibindo a força dilacerante e extasiante de seus hinos de jazz e amor.

O problema no fígado que os médicos diagnosticaram como a causa de sua morte pode ter sido apenas o último estrago do completo esgotamento ao qual sua vida intensa, forçada ao extremo das possibilidades humanas, fora conduzida. Cada vez mais, em concertos e apresentações, ele parecia exaurir suas forças. Ele era como um corredor: a um determinado ponto ele passava a tocha a Pharoah Sanders, que precisava continuar de maneira ainda mais forte, mais intensa e com mais êxtase, entretanto, sem aquela vibração amorosa que, como um hino, irradiava de Coltrane.

Havia outro músico no círculo de Coltrane que possuía essa vibração, mas que tragicamente não era capaz de expressá-la artisticamente no mesmo nível de Trane: sua mulher – a pianista, harpista, organista e compositora Alice Coltrane, ou, como ela originalmente se chamava quando o vibrafonista Terry Gibbs a apresentou pela primeira vez no começo dos anos de 1970: Alice McLeod (segundo sua fé religiosa, ela passou a se chamar Turiya Aparna). No sentido espiritual, ela deu uma continuidade coerente à mensagem de John Coltrane.

Para o álbum *Universal Consciousness* – que fechou um círculo –, Alice buscou a colaboração de Ornette Coleman, que moldou – ou pelo menos estabeleceu em sua essência – um som de violino bastante singular, diferente de todas as experiências violinísticas do jazz moderno. Conscientemente, ele renunciou ao som esteticamente belo, à homogeneidade. Foram convocados quatro violinistas de escolas distintas: dois da música de concerto – Julius Brand e Joan Kalisch –, um do free jazz – Leroy Jenkins – e o outro da música soul – John Blair. Em peças como "Oh Allah" e "Hare Krishna", eles teceram uma densa teia de sons de violino unindo a complexidade da moderna música de concerto com a intensidade transmitida pelo jazz, a força espiritual de John Coltrane com a tradição do bebop e do blues.

Ornette Coleman amava – e continua amando – violinos. Assim, ele reverenciava – como o fez Charlie Parker vinte anos antes dele – a grande tradição da música de concerto europeia. Por diversas vezes, ele apresentou composições para orquestra sinfônica, conjuntos de cordas e quartetos de cordas – particularmente impressionante é seu álbum *Skies of America*, que, em 1972, a Orquestra Sinfônica de Londres gravou sob a regência de David Measham. Ornette Coleman permanece um jazzista também quando escreve para orquestra sinfônica. Em suas mãos, ela funciona como um *horn* gigante com o qual ele toca e improvisa.

A veneração de Coleman pelo violino e pelos sons ricos em sobretons da orquestra sinfônica também foi, ironicamente, o fator decisivo para que, em meados dos anos de 1970, ele amplificasse eletronicamente a sua música. "Uma guitarra pode soar como dez violinos" – foi o que sentiu Ornette, que, de modo consequente, montou seu grupo com um coral de guitarras elétricas, em que ele, num processo de adensamento crescente, finalmente encontrou a formação com dois baixos e duas guitarras elétricas. A música de Ornette, pelo mero caráter de sua instrumentação, ganhou feições cada vez mais próximas do rock. Ela ganhou um empurrão adicional em direção ao funk quando o baterista Ronald Shannon Jackson, em 1975, reuniu-se à banda. Nunca antes o *ryhythm & blues* de Ornette ficou evidente de forma tão ostensiva e impressionante quanto em sua banda Prime Time dos anos de 1980 e de 1990: seus álbuns *Dancing in Your Head*, de 1977, e *Body Meta* foram a primeira centelha que desencadeou o free funk (cf. a seção "1980" do capítulo "Os Estilos do Jazz").

Ornette, sobre todos os planos – melódico, rítmico, harmônico –, abriu o funk para a livre improvisação, tornando-o interativo. Ao romper com o caráter estático dessa música, ele a libertou para a interação e reflexão conjunta.

Notório é que, com sua banda Prime Time, Ornette retornou ao princípio da dupla formação, que, em 1960, ele havia empregado pela primeira vez com sucesso no álbum *Free Jazz*. Mas dessa vez não eram dois quartetos com os mesmos direitos que se punham lado a lado, mas dois trios que incorporavam papéis distintos: enquanto uma banda dava estrutura com base num eufórico ritmo de funk "livre" (por exemplo, Calvin Weston, na bateria, Al McDowell no baixo elétrico e Charles Ellerbee na guitarra), o outro trio tocava de forma independente, fazendo livremente comentários sobre a base (Jamaaladeen Tacuma no baixo elétrico, Bern Nix na guitarra elétrica e Denardo Coleman na bateria).

Com enorme ímpeto e energia, esses dois planos se entrechocavam nas improvisações coletivas de sua Prime Time. Sobre essa base de fundo, que pulsava vigorosa a partir de melodias livres e ritmos de funk fervilhantes, pairava – irradiando tudo – o sax-alto de Ornette, no qual, como num espelho ardente de extrema luminosidade, todas as complexas linhas da banda reuniam-se na radiância de um canto único, que brilhava incandescente.

O encontro, em 1973, com músicos berberes da irmandade Master Musicians of Joujouka, no Marrocos – documentado numa faixa do álbum *Dancing in Your Head* –, foi tão impressionante para Ornette que, desde então, ele passou a tocar em sua Prime Time afinações não temperadas inspiradas em culturas musicais não europeias. Os músicos joujouka, comprometidos com um ramo do misticismo sufista, concebem a música não em termos de *l'art pour l'art*, mas como ritual mágico, sagrado, harmonizando-se, assim, com a visão musical de Coleman, que esteve sempre em busca de uma música que pudesse melhorar a existência humana.

Ornette disse que a música do chamado *Terceiro Mundo* é a única vanguarda que restou em nosso século.

> Instrumentos não temperados podem expressar um sentimento que inexiste no mundo ocidental. Eu acho que a música europeia é muito bonita, mas os músicos que a fazem nem sempre possuem a capacidade para expressá-la. Eles desperdiçam a maior parte de suas energias apontando, em função de um uníssono perfeito, que "fulano está um pouco baixo" ou "um pouco alto".

É fácil perceber quem avulta por trás dessa paixão pela música não europeia de afinação não temperada: o bluesman Ornette Coleman.

Muitos críticos queixaram-se da quantidade estrondosa de decibéis da Prime Time. Mas não resta dúvida de que, sem essa enorme potência sonora, o free funk de Ornette realmente não teria como ser saboreado. Ornette sabe que o volume modifica o som. Ela eleva parte do espectro sonoro ao âmbito da percepção, tornando acessíveis alguns sobretons* antes inaudíveis. É justamente porque a banda de Ornette soa como uma trovoada de decibéis, no limite do fisicamente suportável, que sua música encontra novas possibilidades de som e expressão: melodias de sobretons que zunem e tremulam, recobrindo seu free funk como uma rede cintilante. É porque a Prime Time toca com uma afinação não temperada, porque os instrumentos soam, em seus microintervalos, "desafinados" em relação uns aos outros, que esses sobretons colidem entre si com toda a força das partículas elementares, produzindo, no atrito, novas séries de sons parciais: como uma melodia que reproduz a si própria numa sequência infinita. O guitarrista de rock Lou Reed nunca escondeu a fonte de onde extraiu o impulso decisivo para tocar guitarra elétrica de um jeito novo, ou seja, não como um instrumento "normal", mas como um instrumento de *feedback* (com alturas livremente flutuantes): de Ornette Coleman, que Reed ouviu em 1959 no bar Five Spot, em Nova York. "O jazz livre de Ornette me fez pensar em como seria interessante fazer a mesma coisa numa guitarra elétrica!"

* Em geral, os sobretons (*öbertone*) são conhecidos como "harmônicos", porém os harmônicos representam apenas uma faceta dos sobretons: aqueles que são múltiplos inteiros da frequência fundamental. Há também os múltiplos não inteiros ou inexatos, denominados inarmônicos. (N. da T.)

Ao público contemporâneo, o free funk de Ornette soava estridente e atordoante. Na verdade, também fica claro na música da Prime Time que Ornette Coleman é um melodista absoluto. No começo dos anos de 1960, quando ele transformou o jazz de um modo extremamente vigoroso, seu estilo já era muito mais o de um melodista que o de alguém que houvesse sacrificado a beleza da linha melódica à força enérgica da execução ruidosa e *free*. O mesmo vale para o seu free funk. Suas improvisações não são nada mais do que música "bela": linhas construídas pelo sax-alto de forma clara, cantante, maravilhosamente equilibrada.

Foi uma grande ironia que justamente um dos maiores melodistas da música afro-americana chocasse o mundo do jazz com suas posições desbravadoras. Por duas vezes, Ornette exerceu influência decisiva no processo de desenvolvimento do jazz. Em ambas, ele também foi um melodista grandioso. A teoria de Ornette da música "harmolódica" declara que, entre os elementos musicais – melodia, harmonia, ritmo, tempo, metro e frase –, deve haver uma relação de equilíbrio. Apenas aparentemente isso contradiz o que constatamos acima. Pois o segredo da música harmolódica de Ornette reside também no fato de que ela *melodiza* todos os outros parâmetros musicais. Segundo Ornette, "a harmonia, a melodia, o movimento, o ritmo... – todas essas coisas podem se converter numa melodia".

"Os caminhos próprios de Coleman após 1960 mostram", escreveu Peter Niklas Wilson, "que não se trata da destruição de forma, tonalidade, harmonia, métrica, mas de sua flexibilização e singularização: a forma não deve ser previamente dada, mas ir se constituindo no processo da execução, embora com o mesmo rigor de um sistema pré-determinado".

Se Coleman foi um revolucionário com sua música harmolódica, como saxofonista ele se portou como um clássico. Em 1987, quando ele gravou o álbum duplo *In All Languages*, havia nisso um caráter programático, tanto que ele confiou todo o disco à música de seu célebre quarteto "clássico", agora com nova formação: Don Cherry no trompete, Charlie Haden no baixo e Billy Higgins na bateria! Nos demais álbuns, ele trabalhou com o free funk contemporâneo de sua Prime Time. *30 Years of Harmolodic Music* – foi este o subtítulo do álbum duplo. Muitas vezes ele interpretava a mesma composição tanto com um grupo como com outro – por exemplo, "Peace Warrior", "Space Church (Continuous Services)" ou "Feet Music" –, documentando de modo fascinante a continuidade de sua música.

Antes, em 1986, foi lançado o álbum *Song X*, que muitos consideram o auge de sua música nos anos de 1980. Tratou-se de um trabalho conjunto e típico com outro grande melodista do jazz: o guitarrista Pat Metheny, que utilizou principalmente uma guitarra sintetizador. Juntos com o baixista Charlie Haden e os bateristas Jack DeJohnette e Denardo Coleman, eles fizeram uma música que arrebatava. Ornette impulsionou Pat Metheny para as linhas mais selvagens e intensas que o guitarrista tinha executado até aquela época. Ele próprio encontrou, em peças como "Endangered Species" e "Song X", improvisações longas, cantantes, de beleza radiante – mais abrangentes e ardentes do que as da Prime Time, em que, na maioria das vezes, ele se continha um pouco a fim de preservar a coesão do conjunto. Bastante orgulhoso, Ornette compara a intensidade e o *spirit* desse álbum com o *Ascension*, de John Coltrane.

A música de Coltrane se tornou cada vez mais influente e viva nos anos posteriores à sua morte, instaurando intranquilidade, estimulando desenvolvimentos em toda parte, do rock ao jazz, passando por todos os estilos intermediários. O elemento hínico existente em toda a cena do rock e do jazz contemporâneo vem de Coltrane, sobretudo de *A Love Supreme*.

Quando, em meados de 1970, a influência de Miles Davis refluía, era Coltrane quem se tornava o músico de maior influência na cena do jazz. Sim, houve um classicismo inspirado em John Coltrane, comparável ao de Count Basie e ao de Lester Young dos anos precedentes.

É impressionante como a história do jazz contemporâneo desde 1960, em grande medida, foi marcada pelo reflexo desses dois músicos: nos anos de 1960 ambos foram de grande influência. Mas nos anos de 1970 predominou o influxo de Coltrane. Justamente o contrário se deu nos anos de 1980: Ornette Coleman tornou-se a figura de maior relevo na cena do jazz. No jazz classicista dos anos de 1990, John Coltrane voltou à liderança.

Nenhuma música de jazz dos últimos quarenta anos esteve tão enraizada no *cry* do blues quanto a de Ornette Coleman. Ao mesmo tempo, John Coltrane foi um símbolo da infatigável pesquisa musical tanto para os músicos straight-ahead do novo hard bop e dos *young lions* como para os *free players* na Europa e nos Estados Unidos. O som de Coltrane era o som da alegria de descobrir, era o *sound of surprise*, que Nat Hentoff uma vez descreveu como a essência do jazz.

Para seus amigos, John Coltrane foi um predestinado, pelo menos desde *A Love Supreme*. Já naquela época ele sabia que seu som marcava o jazz de seu tempo. E ele sofreu com essa responsabilidade. Ele próprio se via muito mais como um pesquisador obstinado e certamente não ficaria feliz em saber que suas opiniões, hoje, são tidas no mundo do jazz como a "última palavra" e o "farol artístico do jazz".

Quando observamos o desenvolvimento de Coltrane, a começar pelo momento em que ele se tornou conhecido em meados dos anos de 1950 com o quinteto de Miles Davis, deparamos com um percurso que passa por seis distintos modos de execução musical. Quando perguntado se havia nesse processo um ponto final, Coltrane, no encarte de um de seus últimos discos, confessou: "Não, deve-se simplesmente seguir adiante, tão profunda e amplamente quanto se possa. É preciso tentar ir ao âmago das coisas."

Se Ornette Coleman é a Fênix cuja música – se não em termos de maturidade, pelo menos enquanto concepção –, desde o começo, parece já pronta, como que "saída da cabeça de Zeus", então Coltrane foi o "Sísifo" que precisou rolar montanha acima, e sempre de novo, a dura e angulosa pedra do conhecimento. Talvez se possa dizer com certa ironia que, se Coltrane chegou ao topo, Ornette Coleman sempre esteve lá em seu terno azul circense tocando suas belas melodias. Porém, a música que Coltrane tocou do alto da montanha, próximo a Ornette, possuía a força solene do peregrino que venceu mais uma etapa no longo e sinuoso caminho do conhecimento (ou, conforme a convicção de Coltrane, no caminho até Deus) e que intuía muitas estações futuras, embora, nos meses de esgotamento que precederam sua morte, ele não soubesse mais como continuar essa travessia.

JOHN MCLAUGHLIN

Nota prévia: não existe um músico em particular que represente os anos de 1970. O jazz se tornou demasiado amplo. McCoy Tyner, Keith Jarrett, Chick Corea, Joe Zawinul, Wayne Shorter, Herbie Hancock, Dexter Gordon, e outros, são igualmente de grande importância. Miles Davis (principalmente na primeira metade da década) e John Coltane (a partir da segunda metade da década) foram as figuras dominantes. Entretanto, além deles, o cenário musical se divide especialmente entre o "jazz acústico" e o "jazz elétrico", mas, na verdade, em muitos outros subgrupos também.

Apesar disso, existe *um* músico dos anos de 1970 que pertence a todos os grupos, que tocou blues e bebop, free jazz e jazz rock, *fusion* e world jazz, além de se sentir igualmente comprometido com as músicas elétrica e "acústica": John McLaughlin.

A entrevista que se segue foi realizada em 1980 no apartamento de John McLaughlin, em Paris. Ele é um daqueles jazzistas contemporâneos que pode falar por si mesmo, de modo que seu entrevistador se limitou a dar algumas sugestões. Nesse sentido, minhas perguntas (Joachim-Ernst Berendt) foram mantidas apenas quando necessárias à compreensão do texto. Outras informações sobre McLaughlin são oferecidas na seção "1970" do capítulo "Os Estilos do Jazz", na seção "A Guitarra" do capítulo "Os Instrumentos do Jazz" e no capítulo "As Bandas do jazz".

John McLaughlin

Nasci em 1942, numa pequena vila de Yorkshire, Inglaterra. Meu pai era engenheiro, minha mãe tocava um pouco de violino. Em minha casa, a música sempre gerou muito interesse e sou muito grato por isso: a música clássica, os três grandes B's – Bach, Beethoven, Brahms.

Quando eu tinha 9 anos, minha mãe me fez tomar aulas de piano. Mais tarde, nos mudamos para Northumberland – perto da fronteira com a Escócia. No verão chegavam as bandas de gaita de fole escocesa. Às vezes, elas vinham com seis ou sete gaitas de fole e três ou quatro bateristas, – bateristas fantásticos. Eles tinham um modo próprio de swingar. Eles me impressionaram muito.

Quando eu tinha 10 anos, a revolução do blues chegou à Inglaterra. De início, era um movimento marginal de estudantes – um firme e crescente interesse pelo blues dos negros. Um de meus irmãos tinha uma guitarra. Ele me ensinou três acordes. A partir desse dia tudo foi decidido. Eu me apaixonei pela guitarra. Eu ouvia discos de músicos de blues como Muddy Waters, Big Bill Broonzy, Leadbelly...

(*Enquanto John dizia isso, eu vi que os discos desses três músicos estavam em cima de seu toca-discos; portanto, era claro que ele ainda os ouvia*).

Eu me alimentei literalmente de blues. Era fantástico. Inacreditável.

Quando eu tinha 15 anos, eu ia todos os domingos com minha guitarra e um pequeno amplificador a um clube de jazz local. Eu pedia aos músicos: "Por favor, deixem-me tocar uma música com vocês." Eles diziam: "Ok, venha." Então, eles tocavam numa velocidade louca e aquilo me arrasava completamente. Eu simplesmente não podia acompanhá-los, mas isso foi uma boa escola. Eu compreendi o quanto eu ainda tinha de aprender.

Nessa época, eu tinha começado a ouvir Django Reinhardt e Tal Farlow. Eles eram meus heróis da guitarra – e são até hoje. Talvez eu goste tanto de violino porque na época eu amava a parceria de Django Reinhardt na guitarra e Stéphane Grappelli no violino. Com 16 anos eu fiz minha primeira turnê. Foi com uma banda de jazz tradicional, os Professors of Ragtime. Por causa disso, eu fui para Londres, que naturalmente era o grande centro do jazz. Havia dois clubes: o Marquee e o Flamingo. Todo mundo se encontrava lá e todo mundo podia tocar com todo mundo. Eu fazia exatamente isso. Eu me lembro de *jam sessions* com todos os músicos ingleses que mais tarde se tornaram famosos.

Um dia apareceram os Rolling Stones para uma apresentação. Eu não gostei deles. A voz não era limpa, e eles não swingavam, mas pelo menos tocaram um blues de Muddy Waters.

Comecei a tocar regularmente com a Graham Bond Organization e com Alexis Korner. Praticamente todo mundo já tocou com Alexis. Mas depois ouvi as gravações de Miles Davis com a *big band* de Gil Evans, e essa música me comoveu. Miles cristalizou uma nova escola e eu compreendi isso rapidamente: essa era minha escola.

Apesar disso, continuei a tocar rhythm & blues. Acredito que isso tenha sido bom para mim, pois nas bandas de blues inglesas nós tocávamos verdadeiros solos de jazz. Era blues, mas era ao mesmo tempo muito mais do que blues.

Toquei com Eric Clapton, Dick Heckstall-Smith, Ginger Baker e praticamente todos os que na época tinham algum significado no cenário musical inglês, porém o mais importante era Graham Bond. Gostaria de falar sobre ele. Ele significa muito para mim.

Na escola que frequentei, ensinava-se religião do modo convencional. Meu professor não compreendia o que a religião – e o cristianismo – realmente significava. Ele não era realmente um cristão. Eu nunca fui à igreja. Mas Graham Bond – abençoada seja sua alma – era um homem de aspirações. Ele se interessava pelo que não é visível e pelas coisas do além. Ele me deu um livro sobre a cultura do velho Egito e, pela primeira vez em minha vida, compreendi que um ser humano é mais do que aquilo que podemos ver. Depois, descobri um disco de Ramana Maharshi, o grande sábio indiano. Havia uma foto dele e, pela primeira vez, vi alguém que se pode chamar de iluminado: um ser humano iluminado. Comecei a compreender que a Índia, como cultura e como nação, possuía algo que eu precisava descobrir.

Nesse época, eu havia me tornado amigo de um guitarrista chamado Jim Sullivan, um famoso músico pop. Passamos muito tempo juntos e ambos fomos membros da Sociedade Teosófica de Londres. Uma noite Jim colocou um disco de Ravi Shankar. Eu ainda não podia compreender essa música, mas nela havia algo que me tocou imediatamente. No texto do encarte do disco, diziam-se coisas que eu também tinha lido no livro de Ramana Maharshi. Por isso, ficou claro para mim que havia uma conexão entre a música e a sabedoria religiosa. Eu percebi que ainda tinha muito a ouvir para compreender essa conexão.

Nessa época, eu não me alimentava bem. Não tinha dinheiro. Vivia duro. Por conta disso, fiz *pop sessions* com gente como Tom Jones, Engelbert Humperdinck, Petula Clark... Musicalmente isso era terrível para mim. Depois de algum tempo, percebi que essas seções me deixavam doente. Eu tinha de fazê-las para poder viver, mas o que me interessava musicalmente era completamente diferente daquilo. Uma manhã eu disse: isso não pode continuar assim. Peguei meu carro e fui embora, não parei enquanto não cheguei ao norte da Inglaterra. Lá fui morar com minha mãe.

Eu não queria mais voltar para Londres. Por isso, decidi ir para a Europa continental e fazer a música que gostava. Minha primeira chance veio com Gunter Hampel na Alemanha. Durante uns seis meses, toquei free jazz com ele.

Fico realmente feliz de ter tido essa experiência com Gunter. Eu sei que, teoricamente, não há nenhum problema em tocar música livre, mas há sempre esse grande "porém". Pois geralmente – e essa é de fato a minha opinião sobre a *música livre* – ela é bastante indulgente. Para tocar de forma realmente livre, você precisa, em primeiro lugar, saber tudo de harmonia e melodia; em segundo lugar, você precisa ter uma personalidade forte, um caráter humanamente amadurecido. Na época em que toquei com Gunter Hempel, eu vivia a maior parte do tempo na Antuérpia (Bélgica). Assim eu podia ir e voltar de Londres. Lá tínhamos uma pequena banda com o baixistaDave Holland e o baterista Tony Oxley, e essa banda era realmente fantástica. Eu também gravei o álbum *Extrapolation* com Tony Oxley e John Surman (saxofonista soprano e barítono).

Ficamos todos imensamente orgulhosos quando Dave Holland foi para Nova York tocar com Miles Davis. É preciso imaginar isso: um inglês tocando com Miles Davis! Isso era algo inédito. Um verdadeiro *coup* (golpe de sorte)!
Alguns meses depois, em novembro de 1968, Dave Holland me telefonou de Baltimore (Maryland). "Advinha com quem estou aqui?", perguntou. "Miles Davis", eu disse. "Não, com Tony Williams. E Tony quer falar com você." Tony me contou que queria montar uma banda e que gostaria muito de me incluir como guitarrista. Jack DeJohnette tinha lhe apresentado uma banda em que havíamos tocado juntos na época em que Jack e Bill Evans estavam em Londres. Eu disse a Tony: "Quando você estiver pronto, telefone-me. Eu irei."

No começo de 1969, ele me telefonou. Na primeira semana de fevereiro, eu tomei um avião para Nova York. Dois dias depois, eu estava no estúdio com Miles Davis. Aquilo foi inacreditável. Você precisa imaginar que Nova York era o objetivo supremo de todo músico europeu. Poder estar lá e poder tocar lá, isso era simplesmente o máximo!

Tony Williams e Dave Holland tocavam com Miles. Por isso foi automático que eu os encontrasse juntos tão rapidamente: Miles, Wayne Shorter, Chick Corea, Jack DeJohnette e Gil Evans! É preciso imaginar isso. Era como um sonho – no entanto, era real.

Nunca esquecerei de uma noite naquela semana. Miles Davis estava conversando com Louis Armstrong e Dizzy. Eu gostaria de ter uma câmera naquela hora. Imagine: os três reunidos! Só em vê-los reunidos eu já me sentia maravilhado.

Em meu segundo dia em Nova York, Tony precisou ir ao apartamento de Miles Davis para pegar um dinheiro. Ele me levou junto. No dia seguinte, Miles tinha uma gravação para fazer. Ele sabia que Tony sairia do grupo para montar o seu com Larry Young no órgão e eu na guitarra. Mas Miles não queria perder Tony. Ele lhe tinha muita afeição. Miles disse: "Traga sua guitarra amanhã." Tony não ficou muito feliz com isso, pois, de repente, havia surgido um clima de competição entre eles. E eu – isso era realmente difícil de acreditar – era o objeto dessa competição. Isso era realmente a última coisa que eu podia esperar.

Mas então veio o dia seguinte (a gravação de *In a Silent Way*). Chick Corea, Joe Zawinul e Herbie Hancock estavam lá. Ter tido a sorte de ser convidado e de estar lá no momento certo era algo com que eu não contava. Foi uma bênção.

Joe Zawinul tinha trazido uma nova composição (a faixa-título do disco). Uma música cheia de acordes complicados. Miles disse: "John, por que você não tenta tocá-la na guitarra?" Eu perguntei: "Com todos esses acordes? Vai levar um bom tempo para que eu apronte tudo." Nesse momento, eu tive minha primeira experiência com a forma de Miles liderar um grupo. Ele queria que eu tocasse a peça com apenas um acorde!

Então todos se sentaram e esperaram que eu começasse, e eu não sabia o que devia fazer. Miles disse: "Pois bem, agora você já sabe o acorde." Então eu toquei, fiz dois acordes. Comecei e vi que a luz havia acendido. Assim, fiz o primeiro solo, Wayne Shorter tocou o tema, Miles e Wayne tocaram juntos. Eu estava completamente confuso, mas simplesmente continuei, tateante.

Quando ouvimos a banda, eu fiquei chocado com o resultado tão maravilhoso daquilo tudo. Então compreendi: aquela era de fato a peça trazida por Joe Zawinul, porém, num minuto, Miles havia descoberto e capturado a verdadeira essência e a beleza daquela música. Esse era o grande lance de Miles: a forma como ele conseguia capturar o lado extraordinário das coisas.

Depois, Miles me perguntou se eu não queria entrar para seu grupo. Era realmente inacreditável. Porém, ainda mais inacreditável era que eu tivesse de recusar o convite. Para mim, era importante tocar com Tom Williams. Eu tinha composições próprias e sabia que minhas chances de tocá-las eram maiores com Tony que com Miles.

Pouco tempo depois estávamos juntos: Tony Williams, Larry Young e eu. Batizamos nosso grupo de Lifetime. Ganhávamos pouco dinheiro, mas musicalmente aquilo era fantástico. Não conseguíamos entender como a gravadora Columbia podia nos rejeitar. Precisávamos apresentar nosso trabalho a um rapaz chamado Al Kooper, que na época estava com a Blood Sweat & Tears. Ele disse: "Não." Perdi logo o meu respeito por ele, pois estávamos ardendo de vontade. Eu não compreendia por que ele não queria nos ouvir.

Essa foi sua primeira experiência com o musical business *nos Estados Unidos? Talvez você queira falar alguma coisa a esse respeito.*

Eu acho que eles não compreendem o jazz nos Estados Unidos. Eles estão muito distantes da realidade em geral. Depois de oito anos nos Estados Unidos, eu realmente acredito que eles não compreendem a própria música. Eles não sabem como ela deve ser levada às pessoas. Na Europa e no Japão, as coisas são muito melhores, pois as pessoas amam a música. Desde o começo, ela é reconhecida como uma arte. Se na Europa alguém quer fazer um negócio com você, então ele o considera, de forma consciente ou não, como um artista. Nos Estados Unidos, isso não acontece. Naturalmente, há um monte de pessoas que amam o jazz. Mas, no que se refere a negócios, a coisa é terrível. Não há festivais como na Europa. Eu fiquei realmente surpreso quando fui obrigado a perceber isso. Eu pensava que nos Estados Unidos tudo era melhor do que na Europa. Um dos choques em minha vida foi quando fizemos o primeiro disco com o Lifetime de Tony Williams, pois eles o mixaram sem que estivéssemos presentes! O som ficou terrível. Então me dei conta pela primeira vez que eles não têm respeito nem pela música nem pelos músicos.

E os fãs, junto com a crítica, naturalmente, censuraram Tony Williams por conta da má qualidade da gravação. As críticas foram terríveis. O disco foi uma catástrofe para a decolagem do Lifetime – uma catástrofe que se prolongou até meados de 1970. A pior decolagem que Tony Williams já teve, pois ele nunca conseguiu se livrar disso... Apesar de tudo, John, creio que você teve sorte em sua carreira no que diz respeito à questão comercial. Quando penso no que Tony Williams, Ornette Coleman, Cecil Taylor e a maior parte dos outros enfrentaram, nos péssimos empresários e agentes embusteiros que tiveram na maior parte de sua carreira, então eu realmente penso que você teve sorte.

Mas eu também fui enganado. Eles tomaram meu dinheiro, deixaram-me numa situação péssima. Nunca vou esquecer da minha primeira experiência com a Douglas Records. Quando conheci Douglas, pensei que ele fosse um bom rapaz. Mas a coisa foi terrível no primeiro álbum que fiz para ele, *Devotion*, com Buddy Miles na bateria e Larry Young no órgão. Depois de gravar o disco, fiz uma turnê com Tony Williams. Ao voltar, o disco já estava pronto, mixado, com uma porção de coisas eliminadas, de forma que certos trechos eu não podia mais reconhecer como minha música. Horrível.

Quanto você recebeu?

Recebi 2 mil dólares.

Por um disco tão famoso que foi vendido no mundo inteiro?

Não, não por *um* álbum. Eu recebi 2 mil dólares pelos dois álbuns que fiz para a Douglas Records: *Devotion* e *My Goal's Beyond*...

Esse é o disco com um lado solo: o disco que realmente consagrou a guitarra solo no universo do jazz. Precursor de dúzias de guitarras solos que vieram em seguida, em minha opinião, ele continua sendo o mais belo, em todo caso, o mais influente disco nesse formato... Bem, da Douglas você foi para a Columbia, gravadora que, na época, era considerada a melhor no mundo do jazz.

Porém, dez anos depois compreendi que não há nada mais importante para mim do que deixar definitivamente a Columbia. Vou pedir minhas contas. Eles se interessam apenas por música eletrônica. Para mim, são uns cínicos. Também em relação ao público. Eles prescrevem às pessoas o que elas devem ouvir. Eles querem vender discos como se vendem hambúrgueres.

Fale-me, por favor, sobre Sri Chinmoy, o guru que você encontrou naquela época.

Quando ainda morava em Londres, eu já costumava fazer exercício de ioga todas as manhãs. Quando fui para os Estados Unidos morar em Manhattan, pensei que devia me esforçar para me manter em forma. Também do ponto de vista interior. Por isso, continuei a praticar meus exercícios. Uma hora e meia pela manhã e uma hora e meia à noite. Apenas ioga. Depois de algum tempo, suspeitei que estava numa condição física muito boa, mas que interiormente me faltava algo. Por isso, comecei a meditar com diferentes professores – a maioria indianos. Um dia o empresário de Larry Coryell me apresentou a Sri Chinmoy. De imediato,

soube que aquele era o homem certo para me guiar. Ele respondeu uma questão sobre música e espiritualidade que me era muito cara. Minha pergunta foi: "Qual a relação entre a música e a consciência espiritual?" Ele respondeu: "Não se trata tanto do que você faz, mas da consciência com a qual você faz. Um limpador de rua, por exemplo, pode limpar sua rua com perfeição e encontrar grande satisfação nisso. Ele pode até ser iluminado. Pois se trata sempre de sua própria consciência, pois ela determina: 1) como você age, 2) a qualidade de suas ações e 3) a qualidade de sua própria pessoa. Portanto, se você é um músico e quer ser iluminado, então sua música será necessariamente parte disso."
Eu percebi logo: era essa a resposta que eu buscava. Assim, passei a visitar Sri Chinmoy e depois de algum tempo me tornei seu aluno.

Porém, alguns anos depois a mídia alardeou que você o teria deixado.

Nunca o deixei... (*Esperei ele continuar*) Nunca o deixarei porque realmente amo Chinmoy. Ele é um grande homem, é um homem iluminado e isso é o máximo que um ser humano pode ser, pois, para isso, é necessário um trabalho inacreditável dentro de si mesmo... A única coisa com a qual não estou de acordo são as formalidades: fazer isso e não fazer aquilo. Eu não posso agir assim, pois preciso viver como músico. Preciso fazer turnês.

Talvez devêssemos voltar outra vez à sua carreira. Pois bem, paramos no ano de 1971.

Certa vez, Miles Davis me disse que eu deveria fundar minha própria banda. Eu logo me uni ao baterista Billy Cobham. Eu o conheci durante a gravação de um disco de Miles Davis. Mas eu também precisava de um violinista. Uma vez, em Paris, conversei com Jean-Luc Ponty, mas ele não queria ir para os Estados Unidos (*apesar disso, ele acabou indo dois anos depois*). Finalmente, encontrei Jerry Goodman. Um dia o baixista Miroslav Vitous me telefonou e disse: "Joe Zawinul e Wayne Shorter fundaram um novo grupo. Eles o batizaram de Weather Report e querem que você toque com eles." Eu disse: "É muito gentil da parte deles, mas eu preciso montar meu próprio grupo." Miroslav falou: "Se você precisar de um pianista, ligue para Jan Hammer. Ele também veio da Tchecoslováquia e toca com Sarah Vaughan."

Assim, eu reuni a Mahavishnu Orchestra: Jan Hammer, Billy Cobham, Jerry Goodman e o baixista Rick Laird, com quem eu já havia tocado na Inglaterra. Desde o começo formamos um conjunto maravilhoso. Uma noite falei sobre isso com Sri Chinmoy. Disse que ainda não sabia como chamar a banda. "Chame-a de Mahavishnu Orchestra." Minha reação: "Mahavishnu? Esse nome é impossível. Todo mundo vai perguntar o que isso significa." "Tente, apesar disso", falou ele. Tentamos e o resultado foi um grande sucesso aproximadamente por um ano. Tínhamos uma identificação real com a banda, com o som e a energia. A música era incrível. Eu sabia que isso poderia ser bom, mas não esperava um sucesso tão grande. Foi fantástico.

Também foi bom porque eu pude continuar a viver minha própria vida. Muita gente me perguntava sobre isso. Os outros músicos não estavam interessados em Sri Chinmoy e todas as questões espirituais – meditação, Índia, religião. Pouco a pouco, eles começaram a ficar ressentidos. Eu acredito que resolveríamos o problema, mas com Jan Hammer e Jerry Goodman a coisa era realmente difícil, e chegou mesmo a ficar psicótica. Tocamos no Japão, onde as coisas ficaram ainda piores. Quando fomos para Osaka, eu disse: "Por que vocês não falam mais comigo? Digam-me o que vocês estão pensando. Se vocês me detestam, então falem. É melhor assim." Nenhum deles disse uma palavra. Rick Laird interveio: "Porque vocês não falam nada? Vocês sempre falam dele quando ele não está presente." Nesse momento, precebi que era o fim da banda.

Acho que a coisa tinha a ver com nosso sucesso. Você sabe, é realmente difícil aguentar o sucesso.

Para mim, a Mahavishnu Orchestra é a maior de todas as bandas de jazz rock. Isso ainda hoje. Seus dois álbuns permanecem isolados no topo: Birds of Fire *e* The

Inner Mounting Flame. *Mas você logo montou uma segunda Mahavishnu Orchestra. Sempre tive a impressão que a intensidade, a inspiração e a densidade da primeira nunca foram alcançados.*

Eu acho que às vezes nós até conseguíamos. Talvez duas vezes ao ano. Para mim, o álbum *Visions of the Emerald Beyond* (com a segunda Mahavishnu Orchestra e um quarteto de cordas) é um dos melhores que já fiz. Na época, também fiz *Apocalypse* com a Orquestra Sinfônica de Londres, que foi dirigida por Michael Tilson Thomas.

Nesse meio-tempo, começou Shakti. Ainda lembro o quanto ele foi sensacional. Depois de toda potência sonora e energia elétrica, você foi tocar com três indianos música acústica! E você era o único ocidental do grupo.

Shakti começou antes mesmo da primeira Mahavishnu Orchestra acabar. Eu tinha alguns amigos que possuíam uma loja de música e havia dito a eles que procurava alguém com quem pudesse estudar música indiana. Na época, aprendi o canto indiano, e o tocador de *mrindanga* (instrumento de percussão do sul da Índia) que me acompanhava era o tio de L. Shankar. Assim conheci Shankar, o violinista que teve enorme importância para mim. Nunca esquecerei quando Jean-Luc Ponty veio da Califórnia para tocar com a segunda Mahavishnu Orchestra. Shankar e eu tínhamos passado o dia juntos. Por isso, os dois violinistas se encontraram: L. Shankar da Índia e Jean-Luc da França. Depois, Shankar começou a tocar e eu vi no rosto de Jean-Luc aquela expressão de quem está diante do inacreditável. Ele simplesmente não queria acreditar que alguém pudesse tocar daquela maneira. Nunca vi algo tão espantoso em toda a minha vida.

Eu tive sorte de também poder estudar com Ravi Shankar e outros mestres da música indiana. Eu amo a Índia – sua música, sua espiritualidade, suas religiões. A espiritualidade *é* a música: você não pode separar uma da outra, como se faz no Ocidente.

Zakir Hussain, o tocador de tabla que foi integrante do Shakti, eu o conheci na escola de música indiana Ali Akbar College of Music (AACM), perto de São Francisco. Khan Sahib, o grande mestre do *sarod*, sentou-se em sua cadeira e disse que devíamos tocar juntos. Ele prestou muita atenção e, depois que tocamos, tive a sensação de que nunca tinha tocado com alguém de modo tão maravilhoso quanto nessa noite com Zakir Hussain. Fiz três discos com Shakti. A Columbia nunca investiu neles.

Você retornou à música eletrônica a pedido da Columbia?

A coisa não foi assim tão simples, você sabe. Havia algo maior em jogo: o jazz e a música ocidental fazem parte de mim. Eu não posso eliminá-las. Na época, já fazia um bom tempo que eu vinha me ocupando da música indiana, que requer um tipo de disciplina bem diferente. A banda Shakti permaneceu unida, na verdade, por alguns anos. Por isso, eu tinha necessidade de voltar à música ocidental. Ela é uma parte de mim que eu não posso simplesmente renegar.

Eu realmente queria voltar a tocar acordes ao lado de um percussionista e de um baixista. Por isso, eu fiz o disco *Electric Guitarist*. Com ele, de algum modo voltei ao meu começo: simplesmente uma guitarra elétrica e uma base rítmica. Naturalmente, o disco também foi um reencontro com praticamente todos os meus antigos colegas da Mahavishnu Orchestra. Foi maravilhoso: esquecemos todos os velhos problemas e simplesmente tocamos juntos – como nos velhos tempos.

Para algumas pessoas, existe uma espécie de cisma entre a música elétrica e a acústica. Creio que você simplesmente não liga para esse cisma.

Ambas fazem parte de mim. Não existe um estilo de música determinado e um determinado modo de realização que eu só possa tocar com instrumentos elétricos, assim como não existe um estilo que eu só possa tocar com a guitarra acústica.

Eu ainda me recordo de como a Mahavishnu Orchestra se apresentou no festival de jazz por ocasião dos jogos olímpicos, em Munique, de 1972. Eu lhe conhecia da Inglaterra e você era, para mim, mais ou menos um músico europeu. Por isso, falamos sobre Nova York. Você disse: "Só podia acontecer lá. Nova York lhe fortalece. Nova York é realmente a cidade do jazz." Hoje, dez anos depois, você vive em Paris, tem uma esposa francesa, que toca música clássica, e tem um apartamento na Pont Neuf, em Paris. Isso não significa que você voltou às raízes europeias?

De certo modo, sim. Eu acho que Nova York mudou. Os Estados Unidos mudaram. Os Estados Unidos de algum modo viverão um renascimento musical, mas eu não sei quando isso vai acontecer. No momento, a Europa é, em termos musicais, melhor do que Nova York.

O que você acha do jazz rock, da música fusion*?*

Eu acredito que muitas fusões, na realidade, não geram uma verdadeira vinculação, uma fusão efetiva. Quando um músico é obrigado a tocar um determinado tipo de música ou quando ele mesmo acredita que deve tocar um determinado ritmo para poder ter sucesso, isso é no fundo um pecado contra o espírito da música, logo também contra o espírito do jazz. A fusão precisa acontecer dentro de você. Sem isso, ela não acontece. Sem isso, ela é uma pseudofusão. Hoje o mundo está cheio de pseudomúsica.

Não se pode fazer o que se diz: toquemos essa ou aquela música com *discobeat*, ou toquemos com *rockbeat*. Uma música que surge dessa maneira não terá nenhum peso. Nenhuma força de convicção. Esse é o motivo pelo qual não costumo mais apreciar *fusion* e jazz rock. Essa música não me toca. Uma música precisa me tocar realmente, se não, não perco meu tempo com ela. Ela precisa realmente tocar meu ser interior. É só esse tipo de música que levo comigo quando saio em turnê.

O quê, por exemplo?

Coltrane, Miles Davis. Também música cigana. Uma fita cassete com grandes tocadores indianos de *nagaswaram* e a maravilhosa música para tabla indiana. E também Chopin e Schumann.

WYNTON MARSALIS E DAVID MURRAY

O fato de os jovens músicos aprenderem a improvisar em todos os estilos históricos do jazz foi o que ocorreu de mais significativo no desenvolvimento do jazz nos anos de 1980. Diferentemente das gerações anteriores, eles tinham à disposição um repertório enciclopédico de modos de execução, o que lhes dava a oportunidade de manter um intenso diálogo com toda a tradição do jazz. O mais característico dos anos de 1980 e de 1990 não foi a negação da tradição, mas sua reapreciação. Pela primeira vez na história do jazz, o diálogo com o passado em sua totalidade foi mais importante do que o olhar visionário para o futuro – o confronto com a tradição do jazz se revelou mais promissor que a utopia. Porém, não existe um princípio exclusivo para se relacionar com a tradição – existem múltiplos.

Em nenhuma outra parte a amplitude do jazz neoclássico dos anos de 1980 foi tão evidente quanto no contraste entre a música de David Murray e a de Wynton Marsalis. Ambos conseguiram inovar através de um olhar retrospectivo. Ambos renovaram a sensibilidade para os *standards* no jazz e ao mesmo tempo consolidaram novos *standards*. Ambos fizeram uso de uma gama de informações antes inexistentes nas improvisações de jazz. Entretanto, como veremos, a diferença entre eles dificilmente poderia ser maior. Depois de vinte anos de destruição de normas e clichês em nome do "jazz livre" e uma década de fórmulas superficiais e maneirismos cristalizados pela música *fusion*, Wynton Marsalis e David Murray deram um novo impulso ao jazz por meio da reutilização de elementos clássicos.

"Rude, passional, enérgico e maciço. David Murray toca *gospel avant-garde*, *free'n'*blues, swing-*funk*. Em suas frases de tenor arde a magia da história do saxofone negro", escreveu Hans-Jürgen Schaal. "Murray ama o trêmulo brando, as multifonias resmungonas, o salto do *growl* ao falsete. E ninguém sibila como ele no registro hiperagudo dos sobretons: o globo do olho cintila entre as pálpebras semicerradas, um saxofonista a caminho do êxtase do jazz."

A primeira coisa que chama a atenção no som do sax-tenor de David Murray é, de fato, sua robustez, sua densidade e seu peso – um som com sabor de barro e terra: original, rústico e extrovertido, com o peso do blues e o calor da paixão. O crítico de jazz Stanley Crouch exalta a arte de David Murray, sua capacidade "de resumir cinquenta anos de técnica de saxofone em duas ou três frases, de sair da sofisticação harmônica para os gritos do rhythm & blues, dos sons limpos e articulados para os rangidos e zunidos de sons percussivos, ou de melodias exuberantes para um turbilhão de timbres".

Tudo o que David Murray toca é marcado por uma enorme intensidade. Seu sax-tenor parece mover-se num transe, especialmente quando, numa furiosa espiral melódica, ele sobe até os últimos agudos e então deixa fluir sua hercúlea respiração circular. É a mesma autoentrega, o mesmo êxtase, a mesma *spirit possession* que ocorre nas celebrações religiosas das igrejas negras. Segundo Murray:

> A igreja de onde venho é a Igreja Pentecostal da América, em que há rituais africanos e pessoas são possuídas por espíritos. Elas falam numa língua que elas mesmas não entendem... É o mesmo quando atingimos um determinado estágio com a música. Às vezes tenho a sensação de poder sair de meu corpo e observar como eu mesmo toco. Eu me vejo tocar. Eu não penso mais no que faço. Alguém faz isso por mim.

As improvisações de David Murray são a mais perfeita encarnação da liberdade musical. Elas confirmam a declaração de Ornette Coleman de que a alma dos negros norte-americanos encontra sua melhor expressão no sax-tenor. A aspereza natural, a vitalidade e a força originária da música de David Murray contrastam energicamente com a tendência de Wynton Marsalis à clareza, à lógica e à coesão. O som do trompete de Wynton é a pureza em sua plenitude. "Nenhum outro trompetista possuiu os recursos técnicos que Marsalis possui", observou Ulrich Olshausen. "Um talento como esse não nasce mais do que uma ou duas vezes por século."

Desde Dizzy Gillespie, ninguém no jazz tocou trompete com uma maestria técnica tão lúcida quanto Wynton Marsalis. Muitos críticos são da opinião de que Wynton, em termos de capacidade técnica, chega até a ultrapassar Dizzy em alguns aspectos: no som claro como cristal, nos gestos redondos e radiantes, na condução melódica precisa e polida. Com sua inacreditável fluência, ele consegue dominar as regiões agudas sem que o som se torne estridente. No entanto, não há dúvidas de que a execução de Wynton surge de uma expressividade condensada – um fogo que é, no entanto, um fogo intelectualmente frio – semelhante à luminosidade fria de um Miles Davis, porém, sem a sua trsiteza e seu desamparo, antes saturada de muito "trabalho mental", de uma relação intelectual, quase científica, com o blues.

Wynton Marsalis foi o principal catalisador do renascimento do jazz nos anos de 1980 e de 1990. Nenhum músico teve tantos imitadores nesse processo de reapreciação da forma tradicional de tocar quanto ele e ninguém polarizou a cena do jazz mais que ele. "Minha máxima é não eliminar nada", disse Wynton. "Essa ênfase total na inovação permanente como aprendemos na década de 1960 é falsa, pois ela nos deixa sem raízes. A tarefa consiste não em imitar nossos antepassados, mas em transportar a força de sua execução para o nosso tempo." A tarefa de um músico é retomar a linha da tradição, estudar as obras-primas do jazz, aprender com elas e, a partir da própria individualidade e personalidade, medir-se com elas.

Ao declarar sua adesão à tradição do jazz, a música de Marsalis ficou rotulada como mero *revival* do bebop. No entanto, desde 1989 nota-se um recuo ainda mais fundo: como instrumentista, ele vai até os veteranos do trompete tradicional; como compositor, até o estilo de Duke Ellington e o jazz de Nova Orleans. Na curva final dos anos de 1990, Marsalis se tornou a figura reitora de uma geração de músicos jovens que buscavam um renascimento do jazz e uma transformação de suas formas tradicionais de execução.

Em oposição ao despojado *dress code* do jazz de vanguarda, Wynton e os discípulos de sua escola – os *young lions* – vestem-se com ternos elegantes e feitos sob medida, sublinhando a seriedade de seu esforço musical com gravatas chiques e sapatos aristocráticos. Essa forma extremamente bem-cuidada de se apresentar em público não é apenas um modismo: "Há 150 anos eu teria sido um escravo, há 50 eu seria obrigado a sentar no banco de trás do ônibus, como aconteceu com meu pai. Hoje eu não tenho que fazer isso", disse Wynton. Quando um crítico branco classificou o trompetista e os *young lions* de *young men in suits*, Wynton respondeu: "Como eu deveria subir no palco? Nu?"

Sobre isso, disse o sociólogo e escritor afro-americano,– e mentor de Wynton Marsalis – Albert Murray: "A coisa mais radical que um norte-americano negro pode fazer é ter boa aparência, vestir-se bem, ter boas maneiras e poder mostrar boa educação. Esse é o bastardo mais perigoso desse país!"

O sucesso que Wynton Marsalis conheceu nos anos de 1990 não tem paralelo. A revista *Life*, em julho de 1995, incluiu o nome de Wynton entre as "50 personalidades em ascensão mais influentes" e a revista *Time*, em 1996, incluiu o músico na matéria de capa sobre as "25 pessoas mais influentes dos Estados Unidos".

O que Wynton Marsalis domina com maestria é a arte de passar de uma nota para outra com o rigor de um encadeamento lógico. Ele faz isso com tanta perfeição que o ouvinte primeiro se admira e depois se convence, dizendo para si mesmo: "É assim mesmo que tem de soar, não pode ser diferente!" Alguns críticos consideram uma abstração vazia essa mistura altamente organizada de clareza mental e precisão. Mas, de fato, sua capacidade de construir totalidades orgânicas ali, no calor da hora, é muito superior à daqueles que recorrem a esquemas mentais pré-elaborados ou mesmo a composições. Um conceito sempre presente nas entrevistas de Marsalis é o de lógica.

Wynton Marsalis – como Louis Armstrong e Jelly Roll Morton – vem de Nova Orleans.

Ele nasceu em 18 de outubro de 1961 e cresceu sob as condições modestas da classe média negra. Seu pai, Ellis, embora fosse professor e pianista de jazz renomado (que tocou com Cannonball Adderley e Ornette Coleman), encontrou em Nova Orleans poucas possibilidades de atuação musical, pois na cena jazzística saudosa dos velhos tempos da Crescent City, o pianista pós-bop era tido como modernista.

"O racismo é o principal problema de nossa sociedade", recorda Wynton. "Quando criança, senti na pele o que é ser xingado de *nigger* – para isso não existe tecla *delete*."

Com 6 anos de idade, Wynton recebeu seu primeiro trompete.

> Miles, Clark, Terry, Al Hirt e meu pai sentaram numa mesa no Als Club em Nova Orleans... Meu pai fez piada com o fato de estarem reunidos tantos trompetistas famosos e disse: "É melhor eu comprar um trompete para Wynton." Al então falou: "Ellis, deixe-me dar ao garoto um dos meus trompetes", e Miles disse: "Não faça isso. Aprender trompete é muito difícil para ele."

Quinze anos mais tarde, na enquete da revista *Down Beat*, em 1982, foi uma ironia do destino que, em vez de Miles Davis, cujo grandioso retorno aos palcos acabara de completar um ano, os leitores tenham escolhido Wynton como o jazzista do ano. E não foi diferente na categoria "O Disco de Jazz do Ano" e na seção "Trompete", pois, também, Wynton, que havia entrado em cena mal fazia dois anos, aparece em primeiro lugar, enquanto Miles, após seu retorno cheio de expectativa ao mundo do jazz, era obrigado a se contentar com o segundo. Desde então, Wynton Marsalis nunca se saiu mal nas pesquisas.

Wynton desenvolveu sua habilidade musical na Ben Franklin High School e na New Orleans Center of Creative Art (NOCCA). Como seu pai ministrava um curso de jazz na NOCCA, decidiu-se que Wynton deveria seguir um curso de música clássica. Ele aprenderia jazz em casa. Ao contrário de outros músicos de sua geração, desde os 12 anos Wynton estudou o jazz e o clássico paralelamente: Bird e Bach, Coltrane e Corelli, Monk e Mozart. Graças às suas preferências musicais, ele foi pouco compreendido por seus contemporâneos: "Quando você dizia que tocava música clássica, as pessoas riam na sua cara: *Classical music, man? Give me a dollar* (Música clássica, cara? Fala sério)."

Ele tocou na banda marcial do guitarrista Danny Barker, em grupos de funk e foi primeiro trompete da New Orleans Civic Orchestra, onde era o único músico negro. "Todo ano", conta Wynton, "havia uma competição de solistas e os três ganhadores sempre faziam um concerto para jovens com a Filarmônica de Nova Orleans. Ninguém acreditava que eu tivesse chance. 'Quem ia querer ouvir um concerto para trompete?'" Wynton ganhou a competição com 14 anos. Premiado em primeiro lugar, ele tocou o Concerto para Trompete, de Haydn, com a Orquestra Filarmônica da Luisiana; dois anos mais tarde, ele tocaria o Concerto de Brandenburgo n. 2 em F maior [de Bach]. Seu sucesso no campo da música clássica lhe rendeu apresentações com a Filarmônica de Nova York e com a Cleveland Orchestra, além da atuação como solista em concertos regidos por Leonard Bernstein, Zubin Mehta e Seiji Ozawa.

Já o caminho musical de David Murray foi completamente não acadêmico. Ele aprendeu a tocar saxofone sozinho. Ele nasceu em Berkeley, Califórnia, no dia 19 de fevereiro de 1955. Sua mãe era uma respeitada pianista de gospel e seu pai um pregador na Missionary Church of God in Christ. David tinha 8 anos quando começou a tocar sax-alto e a acompanhar a banda da família Murray nos cultos gospels ("Na primeira noite em que peguei meu saxofone, toquei na igreja"). Com 12 anos, ele tocou numa banda de rhythm & blues. Poucos anos mais tarde, ele tentou ser músico de rua, tocando guitarra ao modo de Jimi Hendrix com uma faixa na cabeça na Telegraph Avenue, em Berkeley. "Eu queria *ser* Jimi Hendrix... Eu sou um hippie negro."

Com 15 anos, na região de São Francisco, ele foi líder num trio de órgão – aquela formação de órgão, saxofone e bateria que na época era tão comum nos guetos e que exigia dele, com seu som de saxofone elétrico, fervilhante e selvagem, o máximo de disposição física e emocional. Foi nessa época que David Murray – inspirado num concerto solo e sem acompanhamento de Sonny Rollins – chegou ao sax-tenor: "Para mim, ficou claro que eu não podia mais tocar sax-alto. Ele tinha muito pouca massa." Murray disse ainda: "Quando eu já estava crescido, todo mundo se esforçava para aprender todos os solos de Coltrane. Assim, falei para mim mesmo: 'Talvez eu não deva estudar seus solos, pois em cinco anos toda essa gente vai tocar da mesma forma'. E eu estava certo: todos eles tocavam da mesma forma."

David estudou no Pomona College, em Los Angeles, com John Carter e Bobby Bradford. Paradoxalmente, ele foi para Nova York, em 1975, não como músico, mas para escrever um trabalho de conclusão de curso: "A história do saxofone depois de Ornette Coleman". Ele encontrou e entrevistou instrumentistas como Ornette Coleman, Cecil Taylor e McCoy Tyner. Quando ele esteve com o saxofonista Dewey Redman, para quem tocou, recebeu dele o seguinte conselho: "Jogue o lápis fora e pegue o *horn*." Por fim, em Nova York, Murray tocou mais do que trabalhou em sua pesquisa de campo. Ele se tornou uma sentinela ativa na cena *loft* no Greenwich Village/Lower East Side, assimilando e levando adiante os resultados do free jazz.

"De tanto pesquisar seu instrumento", escreveu o crítico de jazz norte-americano Martin Williams, "David Murray acabou encontrando e tocando notas na região aguda do sax-tenor que ninguém imaginava existir". De fato, David Murray abriu e desenvolveu a execução de *overblows* que causavam êxtase – como aqueles que foram explorados pelos saxofonistas do free jazz – de um modo singular no contexto da execução tradicional. Murray descende, de um lado, de Albert Ayler, o mestre do *overblow* no contexto do free jazz, morto em circunstâncias misteriosas; de outro, dos saxofonistas tenores de sensualidade vibrante da era do swing: Paul Gonsalves, Ben Webster e Lester Young.

Greg Tate se recordou da primeira apresentação de Murray na Loft-Szene, em Nova York:

> Lá estava o *vibrato* rude da escola de Ben Webster e Archie Shepp, a invenção melódica espontânea de Sonny Rollins e Paul Gonsalves, o lamento, o gemido e o choro assustador de Albert Ayler. E lá estava algo que eu antes ouvira apenas na versão ectoplásmica que Jimi Hendrix dera a "Machine Gun": o brilho harmônico assustador que brotava de seus nostálgicos sobretons – sua versão do blues vinha com o acompanhamento de *Poltergeist*.

Murray colocou as duas formas de improvisação – a antiga e a moderna – numa equilibrada balança. Ele gradativamente melodizou e fez soar "tonal" o free jazz de Ayler e sua execução com *overblow* – e que se caracteriza por arcos sonoros em glissando e linhas agudas que deslizam pelos microtons – sem sacrificar nada de seu ardor e êxtase selvagens. Ao contrário, ele se empenhou na revitalização da sonoridade clássica do tenor desenvolvida pela linhagem Hawkins-Webster-Rollins e, ao mesmo tempo, abriu caminho para as linhas brilhantes do *energy playing*.

É fascinante acompanhar a forma como Murray, gradativamente, aplica a técnica ortodoxa do *overblow* consagrada pelo free jazz a figuras melódicas cada vez mais concretas. Seu álbum de estreia *Flowers for Albert*, gravado em 1976, revelou uma poderosa influência de Albert Ayler e seu fluxo sonoro eruptivo. Porém, um ano depois, em *Live at the Lower Manhattan Ocean Club*, já se esboçava o que Murray construiria e aperfeiçoaria cada vez mais, nos anos de 1980 e de 1990, com o baterista Jack DeJohnette, com o guitarrista James "Blood" Ulmer, com o World Quartet Saxophone, cofundado por ele em 1976, e, sobretudo, com seus próprios grupos: um *overblow* a serviço da forma-canção e de figuras melódicas de fácil reconhecimento. "Eu amo a forma-canção", disse ele. "O modo como toco tem muito a ver com a forma-canção... Penso que a forma-canção nunca cessa de existir. Quando você ouve música no rádio hoje, o problema é justamente a ausência dela. É o caso do rap, por exemplo."

Essa tendência à forma-canção, à tonalidade e ao beat já era inerente a Murray desde o começo, quando, em 1975, aos 20 anos, ele foi para Nova York, onde passou a tocar com o primeiro time do jazz de vanguarda da época.

> Muita gente que vem da Califórnia tem mais sensibilidade para ouvir as coisas de forma melódica que as pessoas da Costa Leste. Gente como Charles Mingus, Eric Dolphy e Ornette Coleman – embora este não seja da Califórnia, enfim, todo mundo que vem do Texas vem, na verdade, da Califórnia.

Cinco anos depois de David Murray chegar a Nova York, é a vez de Wynton Marsalis. Ele se matriculou na Juilliard School no intento de se preparar para a carreira de concertista clássico. Em 1980, ele faz uma turnê pela Europa com o *ensemble* do baterista de bebop Art Blakey, tornando-se alguns anos depois membro do famoso Jazz Messengers, com o qual permaneceu até 1982. "Se Art Blakey não existisse", contou Wynton mais tarde, "eu não teria tocado jazz. Eu nunca tinha tido a intenção de fazer isso profissionalmente. Foi Art Blakey que me deu a chance de tocar todas as noites".

Wynton Marsalis é uma síntese grandiosa do que se produziu de melhor na história do jazz – da riqueza rítmica de Louis Armstrong, passando pelo agudo insistente de Dizzy Gillespie, do calor redondo de Clifford Brown, passando pela poesia fria de Miles Davis e o ataque enérgico de Freddie Hubbard, até o turbilhão melódico de Don Cherry (cf. a seção "O Trompete"). No entanto, tudo o que Wynton toca vem da força integradora de sua personalidade imaginativa. Pois Wynton Marsalis cita menos que parafraseia – transcrevendo e cultivando com gesto próprio, com suas próprias palavras e com remissão ao presente – as verdades do jazz que outros músicos antes dele falaram de um modo igualmente próprio.

Wynton Marsalis é o primeiro músico que domina de modo soberano tanto o jazz como a música de concerto europeia, e é igualmente aceito e celebrado em ambos os mundos. Maurice André, que muito contribuiu para a preservação e interpretação do repertório para trompete clássico, referiu-se a Wynton Marsalis como "possivelmente o maior trompetista de todos os tempos". Na opinião do renomado baixista de jazz Ron Carter, Marsalis é o "músico jovem mais interessante desde os anos de 1960". Wynton Marsalis é o único músico que ganhou o Grammy tanto na categoria "Jazz" como na categoria "Música Clássica" no mesmo ano, 1983.

Wynton tomou o caminho que, segundo suas próprias palavras, "eu precisava seguir": o difícil caminho de se firmar como músico negro no mundo da música de concerto, dominado pelo padrão europeu, sem se entregar à sedução comercial desse mundo. Ele poderia ter seguido a carreira de um brilhante e bem pago trompetista clássico, vivendo num mundo de luxo e riqueza e sem grandes desgastes físicos. Mas Wynton escolheu – por razões inteiramente políticas – o caminho da herança afro-americana do jazz: "Eu acredito – eu sei – que é mais difícil para um jovem ser bom jazzista que bom músico clássico! No jazz, ser bom significa ser individual e isso não precisa necessariamente acontecer numa performance de música clássica." Em outra ocasião, disse:

> A técnica de saxofonistas como Charlie "Bird" Parker ou John Coltrane, de bateristas como Art Blakey ou de pianistas como Art Tatum e Thelonius Monk

> requer mais compreensão para composição do que Bach ou Bártok. É mais difícil tocar corretamente jazz do que música clássica. O jazz é a música clássica de nosso século.

O que Wynton Marsalis e seus discípulos, os *young lions*, buscavam era o *essencial* do jazz. A mensagem de Wynton é claramente conservadora. Elementos fundamentais e irrenunciáveis do jazz, segundo ele, são o blues e o *standard*, uma levada cheia de swing, harmonia funcional e tonalidade, refinamento artesanal e uma apropriação autônoma da tradição jazzística – a começar pelo jazz de Nova Orleans até a primeira fase da música (ainda tonal) de Ornette Coleman. Tudo o que foge a isso – o jazz de vanguarda e o free jazz, o *jazz hip-hop* e o jazz rock, o jazz europeu e as improvisações asiáticas – é um falso caminho.

Wynton costuma ser polêmico em suas declarações. Ele zombou do rap, dizendo se tratar de "música pop movida a hormônios". Autodeclarou-se feliz por não ser um músico de hip-hop, já que assim "eu não preciso ficar pegando no saco o tempo todo em público". E xingou o Miles pop dos anos de 1980 nos seguintes termos: "Ele é como um general que traiu seu país."

Quem se porta com tanta veemência não pode ficar surpreso em ser também tão atacado. Um crítico deu a Marsalis o título de "A Máquina de Ressuscitar do Jazz". Já outro disse o seguinte sobre o virtuosismo de seu trompete: "Toda a técnica serve apenas para fornecer ao passado uma polida vitrina de museu." Em 1997, Keith Jarrett, num artigo contundente para o *New York Times*, escreveu:

> Wynton imita bem o estilo de outras pessoas. Saber imitar todo mundo é algo que não se aprende sem um justo déficit. Eu nunca ouvi nada de Wynton que tivesse um caráter significativo. Sua música soa como a de um trompetista talentoso de universidade... Ele é tão bom jazzista quanto um motorista de BMW é bom num carro esportivo.

Marsalis responde a esse tipo de ataque com uma mistura particular de polêmica e indiferença: "Você não pode entrar numa guerra esperando não ser ferido." Seu prazer em provocar e discutir não o lançou em conflito apenas com críticos e músicos distantes, mas também com seu modelo Miles Davis.

Quando Wynton e Miles se encontraram pela primeira vez, Miles o saudou com as seguintes palavras: "Então, aí está a polícia..." Quando Wynton, durante o Festival de Jazz de Vancouver (Canadá), em 1986, sem se anunciar, subiu ao palco para tocar com a banda elétrica de Miles, Miles parou a banda assim que Wynton começou a tocar e disse: "Volte amanhã."

É evidente que, por dominar seu instrumento com tamanha perfeição técnica, as faculdades criadoras de Marsalis foram, de fato, ensombrecidas. Isso é especialmente patente em sua primeira gravação com Art Blakey e em seu álbum de estreia *Wynton Marsalis*, de 1981, ambos sensacionais em seu polido brilhantismo, mas limitados por uma certa atmosfera de exercício musical, de execução virtuosística de escala.

Decerto, não é por acaso que Wynton, em meados de 1980, ao resolver se concentrar no jazz (daí em diante ele fará apenas apresentações esporádicas como intérprete de música clássica), perca cada vez mais a rigidez e se torne cada vez mais rítmico, redondo, refinado e espontâneo. No curso desse desenvolvimento, Wynton Marsalis encontrou uma rara maestria no tratamento das nuanças rítmicas. Sua arte de inserir uma nota precisamente lá onde ela "precisa chegar", é sensacional. A música de seu quinteto com Branford Marsalis (saxofone) e Kenny Kirkland (piano) e de seu quarteto com Marcus Roberts (piano), Bob Hurst (baixo) e Jeff "Tain" Watts (bateria) trouxe-lhe a fama de um nostálgico do bebop. Mas a capacidade de Wynton em jogar com o tempo e com a métrica vai além de seus modelos – John Coltrane, Charles Mingus e, principalmente, o segundo quinteto de Miles Davis. De fato, a música é straight-ahead, de fato, ela possui o que Wynton considera *essencial* no jazz – tonalidade e beat, *changes* e *walking bass*. No entanto, em termos de variação e riqueza métricas, não há nada que se compare a ela.

O crítico Martin Williams observou com razão, em 1987, "que há indícios de que existe na obra de Wynton mais do que uma síntese brilhante do passado" – e o crescimento de Wynton como trompetista está alicerçado predominantemente no ritmo. Sua grande e original contribuição é a *variação métrica* – o virtuosismo absoluto e a liberdade com que Wynton e seus músicos improvisam com (e sobre) uma métrica em constante mudança. O metro não é mais uma obrigação rígida – ele pode variar e mudar tanto quanto os elementos melódicos e rítmicos. Entretanto, Wynton estabelece limites: por mais livre que cada músico seja na escolha do metro, ele precisa resolvê-lo *corretamente* no interior da forma dada. Na arte de improvisar com métricas distintas – polimetria, bimetria – e de tocar em condições métricas ambivalentes, o grupo de Marsalis não conhece paralelo no jazz. Sua música de meados de 1980 é uma continuação moderna da concepção do bebop, uma interpretação da história do jazz.

Quando ouvimos David Murray, somos levados a crer que encontramos a força primordial do som. "Primeiramente o som", disse ele uma vez. E seu som é de fato tão potente que Murray (como Coleman Hawkins, Ben Webster ou Albert Ayler) não precisa usar microfone em casas de concerto. A execução de Murray, assim como suas composições, está impregnada de sons de jazz terrosos, rudes, espremidos: do som caloroso e vocalizado do jazz arcaico de Nova Orleans, das notas explosivas, potentes dos sax-tenoristas do swing, do *jungle sound* excitante da orquestra de Ellington, do timbre gutural do blues e dos sons extasiantes do free jazz, que, nesse meio-tempo, já podemos quase chamar de tradicional. A relação de David Murray com a tradição do jazz consiste, assim, em selecionar e atualizar especialmente os elementos em que os aspectos expressivos da construção do som se sobressaem.

David Murray é aficionado por *big bands*. Isso porque, de um modo geral, os saxofonistas que mais o influenciaram depois de Albert Ayler gravaram com *big bands*: Paul Gonsalves e Ben Webster com a orquestra de Duke Ellington, Coleman Hawkins com Fletchter Henderson e Lester Young com a orquestra de Count Basie. Nesse sentido, não é de espantar que a música de Murray – também em pequenas formações ou mesmo em concertos solo – possua um gesto poderoso, quase orquestral, com um *love for bigness* no som: compacto, maciço, resoluto e sempre um pouco rude e sujo, malgrado sua sensibilidade melódica. Sobre sua sonoridade orquestral, ele disse: "Se eu não pudesse ousar ao tocar, eu preferiria morrer."

A paixão por *big bands* fez que Murray, ao longo dos anos de 1980, se destacasse cada vez mais como compositor. Muitas de suas composições – "Flower for Albert", "Last of the Hipmen", "Dewey's Circle" – foram gravadas por ele em todas as formações possíveis (sobre isso, é oportuno dizer que um especialista em Murray mostrou que, mesmo dirigindo vários grupos paralelamente – um quarteto, um octeto, uma *big band* etc. –, Murray não perdeu o frescor). De modo convincente, cada uma dessas versões se afirma por si mesma. Apesar disso, quanto maior a formação do conjunto, mais maduras, coesas e dinâmicas são as interpretações de Murray. "Arranjos são como crianças", disse Murray, "precisam crescer".

Especialmente celebradas foram suas composições e arranjos para o seu famoso octeto com o qual ele se apresentou pela primeira vez em 1978 no Public Theatre, em Nova York, e que esteve entre os grupos mais importantes dos anos de 1980 e de 1990. Murray, assim como seu ídolo, o *bandleader* e baixista Charles Mingus, sempre sonhou em liderar uma grande orquestra. Mas, assim como Charles Mingus, na maioria das vezes, as condições financeiras o obrigam a se contentar com grupos de porte médio. Também como no caso de Mingus, Murray fez da necessidade uma virtude. Ainda que Murray tenha realizado seu desejo, conseguindo montar uma grande *big band*, os críticos e os músicos foram uníssonos em dizer: Murray é mais convincente não quando compõe para *big band*, mas para octeto.

"Eu tento fundir o antigo e o moderno, a tradição e a vanguarda." É principalmente como compositor – mais do que como saxofonista – que David Murray domina com maestria a arte de transcender fronteiras estilísticas. Sua música é uma brilhante reapreciação não apenas da tradição do jazz, mas de toda a música negra: reminiscências do bebop, free jazz, rhythm & blues, música africana, soul, swing e o jazz arcaico de Nova Orleans. Isso não de uma forma restauradora, mas mediante uma reflexão livre e pessoal, que, por vias transformadoras, conduz ao novo. Sua música nunca fala dos outros através da música, mas, através dos outros, fala sempre e apenas de si própria. Quem mistura tantas influências diferentes, quem junta e repõe Duke Ellington, Charles Mingus, King Oliver, Jelly Roll Morton e Albert Ayler corre sempre o risco de fracassar e cair na superficialidade. David Murray contorna esse risco de um modo singular. Os vários pedaços que ele costura em sua música não são materiais sem vida, permutáveis. É como numa cerimônia gospel: os gritos e cantos dos participantes – as *call-and-response* – ocorrem de forma independente e aos poucos vão se adensando num processo paulatino de intensificação até formarem um coro de múltiplas vozes, em que cada voz é parte reconhecível do coletivo, mas, apesar disso, conserva seu caráter individual. De fato, na música de Murray as diversas influências se concentram e se sobrepõem: são vozes com as quais ele – como um pregador – constrói um diálogo permanente e cheio de êxtase.

Tudo o que David Murray toca e compõe está diretamente ligado – sobretudo em termos harmônicos – à música das igrejas negras. Nas celebrações gospels, os fiéis, independentemente uns dos outros, inserem-se na música, de modo que, a partir de um movimento espontâneo, surge uma espécie de politonalidade casualmente constituída, distintos centros tonais simultâneos. O mesmo acontece com as composições de Murray. A forma natural e relaxada com que ele alcança a politonalidade e sua maestria no tratamento livre das ideias do contraponto vêm das igrejas – o free jazz desempenha aqui apenas um papel de reforço.

Wayne Saroyan observou:

> O que impressiona nas composições de Murray é a estrutura melódica de suas canções. Às vezes, ele até pode tocar de modo complicado e *free*, mas suas composições sempre retornam a um terreno familiar. Suas melodias ficam gravadas na cabeça e se ajustam confortavelmente ao fluxo das vivazes improvisações, que, seguindo um fio narrativo musicalmente claro e preciso, se expandem até formar um boa história de ficção – o que também se via nas improvisações de Lester Young, Ben Webster ou Coleman Hawkins. Um dos traços mais fortes de Murray é que, não importa se ele parte para terrenos novos ou se retorna às raízes de seu rhythm & blues, como contador de histórias ele oferece a seu público uma música que é tão relevante quanto acessível.

"Interessa-me pouco o que as pessoas pensarão sobre minha música após minha morte", disse David Murray uma vez. "Eu quero saber o que elas pensam agora."

Semelhante a Sonny Stitt, Murray tem sido repreendido por não conseguir dizer "não" a nenhuma proposta de gravação de disco. Entre os jazzistas vivos, Murray é, de longe, o músico com maior número de gravações. Ele lançou com seu próprio nome (e com o World Saxophone Quartet) mais de 220 álbuns – sem incluir os mais de cem discos em que ele aparece como *sideman* ou convidado. "A discografia de Murray dá um novo significado à ideia de 'esbanjar riqueza'", observa o crítico norte-americano Gary Giddins. "Algumas de suas gravações pertencem às conquistas mais exemplares da pós-modernidade, enquanto outras mostram uma durabilidade rara em todos os tempos."

Um álbum-chave para o jazz dos anos de 1980 é o *Ming*, de 1980, em que Murray apresenta pela primeira vez seu famoso octeto, com Anthony Davis (piano), George Lewis (trombone), Olu Dara (trompete), Butch Morris (*cornet*), Wilber Morris (baixo), Henry Threadgill e Steve McCall (bateria). Nele, com uma amplitude multiestilística inédita, Murray transforma em música a mensagem de que a "vanguarda é a tradição conjunta do jazz" (Stanley Crouch). Não se trata de pontificar sobre a história do jazz, mas, antes, de deixar claro, de modo surpreendente e sensível, como são revolucionárias as improvisações coletivas do jazz de Nova Orleans, como o *jungle sound* da orquestra de Duke Ellington é progressista, como são estimulantemente revolucionários o bebop de Charlie Parker e a pulsação livre da banda de Charles Mingus. Ao lidar com a tradição, Murray libera o núcleo que nela aponta para o desenvolvimento do jazz contemporâneo. Essa capacidade foi testemunhada primeiramente em seu álbum *Home*, de 1982, e, depois, no trabalho com seu octeto: a experiência mais ousada e livre de todas as que a música negra, misturando e amalgamando, conheceu em termos de grande sonoridade: gospel, free jazz, música afro-caribenha, blues arcaico, soul. "Nele, toda nota é tradição tornando-se viva para nós", escreveu Hans-Jürgen Schaal.

Assim como David Murray, também o trompetista Wynton Marsalis percorreu praticamente toda a herança do jazz, tocando e reinterpretando tudo o que pareceu significativo segundo sua avaliação pessoal e crítica. Apesar disso, a trajetória inicial de Wynton nesse seu balanço da tradição do jazz foi especialmente marcada e influenciada por um músico: Miles Davis. Nenhuma outra banda cultivou e levou tão longe o conceito de Miles da "liberdade controlada" quanto o quarteto de Wynton na segunda metade dos anos de 1980.

Como já foi dito, sua banda conseguiu uma rara maestria especialmente nas execuções com trocas de ritmo, modificações de tempo e sobreposição de métricas distintas. Cada novo disco que Marsalis lançava nos anos de 1980 trazia um aumento e um refinamento das nuanças rítmicas – e toda vez que se pensava que ele havia finalmente chegado ao apogeu de sua capacidade rítmica, ele surpreendia com novas mudanças métricas e novos refinamentos rítmicos.

Os pontos culminantes desse desenvolvimento estão registrados em três principais álbuns: *Marsalis Standard Time v. I*, de 1987, em que os *standards* – as grandes canções da música popular norte-americana – aparecem sob uma nova luz em termos de métrica; *J. Mood*, de 1986, em que ele homenageia o blues ("O blues é a alma da música norte-americana", disse Wynton); e *Live at* Blues *Alley*, de 1988, especialmente impressionante por conta de seus *interplays* intensamente vivos.

No fim dos anos de 1980, seu conceito de concentração rítmica havia atingido uma complexidade tão grande que parecia difícil qualquer novidade de refinamento. É característico do desenvolvimento dinâmico de Marsalis e de seu espírito autocrítico que, a essa altura, ele sentisse ser inevitável uma mudança estilística. Em oposição ao bebop contemporâneo, que até então marcara sua execução (um *high-energy* bop, com tempos rápidos e loucos, ritmos agressivos e complexas sobreposições métricas) Wynton se voltou para ritmos "lânguidos", calmos, e elementos tradicionais do jazz.

Essa mudança, documentada no álbum *The Majesty of the* Blues, de 1989, não consistiu, como um crítico levianamente opinou, num regresso nostálgico. É uma consequência lógica do desenvolvimento musical de Wynton Marsalis. Depois de ter explorado e diferenciado todos os fundamentos rítmicos do pós-bop, a qualidade do som – o timbre – torna-se cada vez mais importante em sua execução.

Isso se faz visível em sua adesão aos mais variados modelos de surdina (*plunger, derby, cup-mute* etc.) e a um tipo de construção do som mais expressivo, mais ligado ao blues, cuja execução *dirty*, isto é, suja, ele agora domina com a mesma argúcia e o mesmo controle com que antes dominara o fraseado em estilo bop.

Por isso, desde 1988, as raízes que ligam Wynton ao jazz de Nova Orleans e ao swing – que até então existiam de forma camuflada e mediada em sua execução – ascendem cada vez mais claramente ao primeiro plano. A partir daí, ele também vai refletir intencionalmente a tradição do jazz arcaico, com sua construção do som expressiva, seus *dirges*, seu *call-and-response*, suas melodias vitais, seus alegres ritmos carnavalescos do *mardi gras* e seus sons cheios de humor. Tudo isso sem que o elemento bop deixe de se fazer presente em sua música. Ao longo dos anos de 1990, sobretudo as "velhas" técnicas de trompete que haviam caído no esquecimento com o advento do bebop foram trazidas de volta e transformadas por Wynton, a seu modo pessoal e virtuoso. Os jazzistas modernos romperam com essas formas de execução porque, em meados dos anos de 1940, tinha-se a impressão de que elas haviam enrijecido e se tornado clichês. Mas agora Marsalis encontrava nelas uma fonte inesgotável de autonomia e individuação – por exemplo, nos *rips* de Louis Armstrong (quando não se toca uma nota diretamente, mas, deslizando de baixo para cima até chegar nela), nas elaboradas técnicas de *growl* e surdina de King Oliver, Rex Stewart e Cootie Williams ou na capacidade de Ray Nance de sensualizar uma mesma nota com uma infinidade de cores. "Você sabe o que é grande em Wynton?", pergunta o trompetista Steven Bernstein. "É que ele trouxe muitos benefícios para os trompetistas... É engraçado. Quando eu converso com outros trompetistas, eles se queixam muito: 'Cara, nós deixamos de tocar essa coisa em 1946.' Então respondo: 'Sim, por isso essa coisa é tão *hip* hoje em dia, porque faz sessenta anos que ninguém ouve essa coisa.'"

Wynton disse:

> Tudo o que você deveria saber na vida está no jazz de Nova Orleans. Duke Ellington sabia disso melhor que ninguém. Você tem um conceito polifônico de improvisação, um alto refinamento estilístico do blues, um conceito virtuosístico do solo, a tradição dos conjuntos com interlúdios e divisões formais... *riffs, breaks*, efeitos tímbricos, um conceito novo para a execução do baixo, tuba, saxofone e bateria – esse instrumento que até então não existia como set de bateria. Tudo o que você quer já está nessa música. Quando me tornei adulto, eu não tinha ideia disso. Eu imaginava uma gente antiga que tocava em clubes para turistas.

Não há dúvidas de que o mundo musical de Wynton – também onde ele aparece na forma de um jazz puro e vital – está marcado pelos padrões estéticos do conceito ocidental de arte. Quando os jornalistas Rafi Zabor e Vic Garbarini, numa entrevista de 1985 para a revista *Musician*, conversaram com Wynton Marsalis e o tecladista Herbie Hancock, Marsalis fez o seguinte comentário: "Todo mundo pode dizer: 'Eu tenho sensibilidade.' Eu penso que milhares de trompetistas tinham alma e sensibilidade quando pegavam no trompete, mas nenhum deles foi um Louis Armstrong.

Por quê?" Herbie Hancock opinou de imediato: "Porque ele era um ser humano melhor." Em seguida, Wynton rebateu: "Porque Louis Armstrong era melhor tecnicamente... quem pode dizer que ele tinha uma alma melhor do que a de qualquer outro? Como alguém pode medir almas?... A alma é uma parte da técnica. Sensibilidade é uma parte da técnica. Música é artesanato, cara."

Sobre isso, escreveram Rafi Zabor e Vic Garbarini:

> O que perturba na concepção de alma, tal como ela é empregada normalmente, é seu subtexto racista: espera-se dos músicos negros que eles sejam soul*ful* e inarticulados, pois isso faz eternizar o mito dos primitivos talentosos, cuja inspiração está fundada numa base misteriosa e rácica e que, assim, *não lhes pertence*. Isso quer dizer que ele não é artista no sentido ocidental e deísta do conceito e, caso ele seja um gênio, automaticamente, é gênio de uma segunda categoria.

É esse o princípio motor do desenvolvimento de Wynton Marsalis: ele quer ser um artista no sentido ocidental da palavra: reconhecido como alguém que cria de forma *consciente*. Daí que o intelecto seja realçado frente à emoção, daí a veemência com que ele transporta os padrões estéticos da música europeia para o jazz e daí também o exagero de sua atitude purista. "Se você não acredita na razão", diz ele, "então você não pode crescer como músico".

Wynton Marsalis repudia qualquer depreciação da *black life* e se refere empaticamente ao jazz como uma "nobre forma artística". É difícil uma entrevista em que Marsalis não fale de excelência musical, responsabilidade, nobreza e do constante desejo de liberdade na música negra – em razão do que se exige que "a igualação da posição social do norte-americano negro com a do branco também tenha consequências culturais" (Christian Broecking).

Em oposição ao preconceito de que as capacidades musicais dos negros são "inatas", Wynton Marsalis enfatiza o desempenho criativo mental do jazzista afro-americano. Para Wynton Marsalis, o negro não é nenhum "bom selvagem", mas um herói de mil figuras, cuja criatividade histórica se reflete numa série de obras-primas. "O jazz é a música clássica do século XX."

Quando se pergunta a Marsalis sobre seu compositor preferido, ele diz – tal como Duke Ellington o fazia – Ludwig van Beethoven, "mais por sua consciência musical do que por seu estilo".

Mas, de outro lado, talvez o Wynton Marsalis perfeccionista e defensor da ética do trabalhado constitua o principal obstáculo ao Wynton Marsalis *bandleader*. Um crítico considerou a banda de Marsalis "o paraíso de um *control freak*". De fato, os grupos de Marsalis, às vezes, sofrem com a tendência do trompetista de querer controlar e dirigir tudo intelectualmente. Não obstante, não há dúvidas de que seu quarteto nos anos de 1980, com Marcus Roberts, e de seu septeto nos anos de 1990, com o trombonista Wycliffe Gordon, o pianista Eric Reed e o baterista Herlin Riley, instituíram novos padrões na confecção multiestilística da herança do jazz (especialmente seu septeto com a caixa de oito CDs *Live at the Village Vanguard*).

Se para Wynton Marsalis a ideia de alma é uma invenção do homem branco a serviço da depreciação da música negra, para Murray é o contrário, pois cada frase tocada por ele vem carregada de uma consciência e de um sentimento orgulhosos em relação à alma negra. "Minha experiência", diz ele, "vem – mais do que de qualquer outra coisa – do rhythm & blues". Assim como o tradicionalismo de Wynton Marsalis está marcado pelos padrões da estética musical europeia, a música de David Murray, em igual medida, está marcada por sua adesão às raízes africanas da música negra – adesão que, não raro, atinge formas tão extremas que o ouvinte tem a impressão de ter ali uma música africana coberta por um véu de jazz, soul e blues. Johnny Dyani, baixista da África do Sul morto em 1986, que gostava de tocar com Murray, disse: "Sua música soa como a música de minha terra." Dyani achava que David, "numa vida anterior, vivera na África".

O interesse de Murray começa pelas raízes do jazz e termina nos marcos mais longínquos da diáspora africana. Nos anos de 1990, nenhum jazzista empenhou-se tanto quanto Murray em integrar ao jazz contemporâneo as outras músicas da *black diaspora* – a diáspora do povo negro. David Murray é um *jazz ambassador* ávido de encontros musicais. Desde 1995, ele vive em Paris e utiliza a metrópole multicultural como plataforma para trabalhar com músicos africanos e afro-caribenhos. Quando um jornalista lhe perguntou se ele se sentia membro da comunidade negra nos Estados Unidos, ele respondeu: "Minha comunidade é o mundo."

Em 1994, no festival de jazz de Paris Banlieues Bleues, ele tocou com o mestre do *sabar* senegalês Doudou N'Diaye Rose (o percussionista e compositor do hino nacional do Senegal, que, segundo se diz, conhece mais de mil ritmos). Ambos viajaram até Dacar (Senegal) para ministrar *workshops* e fazer concertos juntos. O álbum *Fo Deuk Revue*, que nasceu desse encontro, tentou dar uma resposta às muitas questões sobre identidade cultural, tradição, raízes e história colocadas pelos negros de Dacar a Nova York. *Fo deuk* significa na língua wolof "de onde você vem?". O álbum *Fo Deuk Revue* é uma mistura de *grooves* frenéticos feitos a partir do *turntablism*, do hip-hop senegalês, da percussão afro-ocidental suave, das canções tukulor islâmicas da cultura wolof e do jazz afro-americano contemporâneo. Na música de David Murray, o diálogo entre o jazz e a música do mundo não funciona a partir de um princípio de mão única. É uma comunicação na base do respeito mútuo e da troca recíproca. Ela funciona, para manter a imagem, como "uma via de mão dupla". Murray: "Eu estou atento para o próximo John Coltrane que aparecer, onde quer que seja. Talvez ele não venha da Carolina do Norte ou de Nova Orleans. Talvez ele venha de Dacar, de Guadalupe ou da Martinica."

É em busca das raízes e da alma da *black music* que David Murray vive em permanente viagem pelo mundo. Ele dirigiu inúmeras orquestras em *workshops*, transformando-as em ramificações *internacionais* de sua *big band*. Ele tocou junto com músicos da Costa do Marfim, do Senegal e de Gana, improvisou com a banda Dieuf Dieul de Dacar e juntou a música *foula* (uma forma urbana, modernizada, da música tukulor islâmica tradicional) com o jazz contemporâneo.

No álbum *Creole*, de 1997, seu quarteto de jazz teve um encontro com o hipnótico *groove* afro-caribenho e a música ritualística de transe de Guadalupe (com o cantor Guy Konket e o percussionista Klod Kiavue). Com os músicos de *gwo ka* de Guadalupe e a cantora Fontella Bass, ele também produziu, em 1999, um dinâmico projeto gospel – o álbum *Speaking in Tongues*, em que seu octeto, junto com músicos caribenhos, dá continuidade à linha da tradição negra do spiritual.

Em 2002, ele formou em Cuba – com músicos de Havana – uma *big band* latina, para a qual escreveu gráficos, em que as figuras da percussão *bata* cubanas foram transpostas para a rede melódica e o fraseado de uma orquestra de jazz.

Ele não aceita ser visto como um músico cosmopolita.

> Algumas pessoas viajam pelo mundo e recolhem algumas músicas – é algo do tipo cartão-postal. Eles não chegam a entrar na essência verdadeira da música. Eles ficam da dimensão material… Isso me repele. É como se você fosse um ladrão. Minha ideia é adentrar a música africana, afro-caribenha e cubana.

É através do blues que Murray "adentra" esses universos. Sua música acentua o lado africano do blues.

> Os dois elementos essenciais do jazz norte-americano são o gospel e o blues. Se você extirpa esses dois elementos, então não sei o que você ganha. Mas os europeus precisam retirar esses elementos porque têm dificuldade para lidar com eles... Eu não digo que eles não utilizem as *formas*. Eu falo do *feeling*.

Nos anos de 1990, David Murray empreendeu com sua música uma *great crossing*, uma grande travessia. Ele inverteu o *middle passage* na medida em que perseguiu a linha da tradição da *black music* até suas raízes – dos Estados Unidos de volta ao Caribe, de lá, através da África Ocidental, para a África Central e do Sul. Em seus encontros com músicos africanos e caribenhos, ele ampliou globalmente o campo da *great black music*, chegando até a polifonia dos corais zulus da África do Sul, a técnica vocal e percussiva do povo wolof senegalês, os ritmos flexíveis da Martinica e os *beats* hipnóticos do vodu da música de *gwo ka* de Guadalupe. O poeta Blaise N'Djehoya, também chamado Coffin Mokassa, escreveu sobre o projeto do world jazz de Murray: "Odisseu não viveu muito tempo no Ocidente. Seu navio foi embora – *in the heart of darkness* – no coração da escuridão."

Enquanto David Murray, por intermédio de projetos mundiais de improvisação, conectou em rede a consciência para a força global da *black music*, Wynton Marsalis, paralelamente, ajudou a elevar a um novo patamar o *status* do jazz na América do Norte. Em 1987, Wynton Marsalis se tornou diretor artístico do Jazz at Lincoln Center. O projeto de prestígio de Nova York dispõe de um orçamento milionário. Com Wynton Marsalis e seus conselheiros Albert Murray e Stanley Crouch, os afro-americanos pela primeira vez deram as cartas numa instituição cultural de primeira linha. Jazz at Lincoln Center foi um poderoso veículo para a realização dos projetos interligados de Wynton: preservar o jazz e divulgar o ensino do jazz. Desde sua fundação, o JaLC prestou incalculáveis serviços à divulgação do jazz mediante projetos como: séries de concertos, apresentações da Lincoln Center Jazz Orchestra e de outros grupos, documentários de televisão e séries de filmes, *workshops* e musicoteca de jazz, e uma grande sala de concerto para grupos de jazz (Frederick P. Rose Hall no Time Warner Center, em Manhattan).

O êxito dos programas da JaLC é um símbolo do papel decisivo que Wynton Marsalis e os *young lions* desempenharam para enfatizar a autoridade do músico consciente da tradição junto dos processos de definição do jazz.

Embora Marsalis sempre tenha estado sob o fogo cruzado da crítica, percebe-se que, depois do JaLC, ele passou a ser ainda mais atacado pelos críticos de jazz. Ele é censurado em três pontos. Eles acusam Wynton, primeiramente, pela alocação de contratos de composição e uma política de nepotismo e preferências particulares em relação às apresentações. Em segundo lugar, acusam o programa da JaLC de ser obstinadamente tradicionalista, já que excluiria os defensores do jazz de vanguarda e as esquerdas políticas. Sobre isso, Wynton disse: "Um tronco de madeira pode passar uma eternidade no fundo do rio e, mesmo assim, ele nunca se transformará num crocodilo." Essa animosidade dos críticos (brancos em sua maioria) atinge seu ápice na suposição de que Wynton promove no JaLC um "racismo às avessas". Ele desprezaria em seus programas de concerto o papel histórico dos músicos brancos de jazz e excluiria continuamente instrumentistas brancos na escolha dos integrantes da Lincoln Center Jazz Orchestra.

Segundo Wynton, a verdadeira razão pela qual seu programa político no Lincoln Center teria sofrido ataques tão violentos seria o fato de um músico de jazz negro ter sido escolhido para dirigir um programa de tanto prestígio. "Os críticos atuais comportam-se como senhores de escravos", esbravejou ele numa entrevista concedida a Christian Broecking:

> Não podemos resolver o problema do racismo em cima do palco do Jazz at Lincoln Center. A construção do homem negro já está por demais equivocada. Qual a porcentagem necessária de sangue negro para ser um negro? Como toca um trompetista negro que estudou com imigrantes alemães – metade como branco, metade como negro?

O trompetista Terence Blanchard acrescentou: "Os jornalistas que contam o número de brancos e negros na JaLC deveriam antes dar uma olhada na Filarmônica de Nova York para se surpreenderem com o fato de haver tão poucos negros sentados nessa orquestra... Mas acusar justamente Wynton de racismo, para mim, é algo infame." A veemência com que Marsalis exalta a tradição dos negros como o *non plus ultra* da improvisação do jazz tem um fundamento. O esforço do trompetista e de seu mentor Albert Murray para dar uma definição final do que é e do que não é jazz, "é também uma luta contra a apropriação dessa tradição musical pelos não norte-americanos e, sobretudo, contra o desenvolvimento da linguagem estilística do jazz através de influências que se afastam consideravelmente das origens dessa música", escreveu Wolfgang Knauer.

Wynton Marsalis poderia ter recebido milhões de dólares se tivesse se dedicado a uma carreira solo e teria viajado o mundo em turnês com seu quarteto e seu octeto. Em vez disso, ele optou por dedicar a maior parte de seu tempo ao trabalho como diretor artístico do Jazz at Lincoln Center e chefe de orquestra Lincoln Center Jazz Orchestra.

Desde os anos de 1990, junto com seu trabalho na JaLC, Wynton Marsalis se volta cada vez mais para a composição. Ele escreveu um número impressionante de obras que, rico em cores ellingtonianas modernas, refletem a tradição do jazz – Coltrane, Monk, Mingus, spirituals e blues. Também com sua tendência ambiciosa para as grandes formas, Wynton mostrou sua admiração por Ellington ("Duke é um dos fundamentos da música"), razão pela qual suas *extended pieces* provocaram entre os críticos uma irritação semelhante àquela provocada por Duke em seu tempo.

Em 1992, ele publicou *In this House, On this Morning*, uma suíte em quatro partes para seu septeto, composta a partir das formas da música afro-americana cultivadas nas igrejas (spirituals e gospel). Em 1993, apareceu a suíte *Citi Movement and Jazz: Six Syncopated Movements*, composta para o New York City Ballet, em que, de modo sensível, o tempo e a vida pulsante das grandes cidades norte-americanas foram capturados. Ele escreveu quartetos de cordas, como o *At the Octoroon Ball*, de 1995, e compôs a música para balé *Sweet Release*, de 1996, encomendada pelo Alvin Ailey American Dance Theater. A joia que coroa o compositor de jazz Wynton Marsalis é, entretanto, o oratório de jazz com duração de três horas, o *Blood on the Fields*, com o qual, em 1997, obteve – e foi o primeiro músico de jazz a fazê-lo – o prêmio Pulitzer.

Blood on the Fields é tanto uma descrição histórica da experiência afro-americana como um comentário sobre os Estados Unidos atual. A ação começa com um navio negreiro, mas rapidamente muda para uma parábola sobre a identidade dos afro-americanos e a história dos Estados Unidos. *Blood on the Fields* celebra a contribuição dos afro-americanos para os valores democráticos e libertários da sociedade norte-americana, uma sociedade que Wynton enxerga como irreversivelmente híbrida e "incontornavelmente *mulata*".

Para Wynton, o símbolo da humanidade afro-americana é o blues, que trata de triunfo e alegria rebelde – e não de derrota e depressão.

> O jazz é uma forma de arte e expressa uma forma de o negro ver a vida no século XX (e XXI). Os negros não aceitam o que lhes foi dado. Eles expressam essas experiências na forma simbólica da arte e provam que os mesmos princípios do respeito pelo indivíduo e pelo coletivo podem ser convertidos em *atos* artísticos. Esse foi um acontecimento importante na história da arte e do mundo... O jazz é a máxima expressão das emoções individuais na história da música ocidental.

Blood on the Field transita por quatro tonalidades através de formas assimétricas. O blues é a base em todas as suas manifestações, entretanto, Marsalis também trabalha em sua obra com spirituals e corais, texturas contrapontísticas e ritmos latinos, melodias do *mardi gras* de Nova Orleans e marchas europeias, harmonias do bebop, improvisações modais e swing. É um poderoso pastiche estilístico da história do jazz, em que o compositor Marsalis, com sua tendência pessoal ao pomposo, mas não sem a sensibilidade para a integração, reúne influências que vão de Ellington a Mingus, de Igor Stravinsky a Leonard Bernstein.

A banda de Wynton Marsalis atua na orquestra de *Blood on the Fields* como um coral no antigo teatro grego – afirmando, negando e comentando as ações por intermédio de intervenções improvisadas. "À medida que os protagonistas ganham mais liberdade, o espaço para os músicos improvisarem vai aumentando."

A tendência de Wynton para as formas monumentais mostrou-se também em dezembro de 1999, quando ele estreou sua obra *All Rise* no Avery Fisher Hall, em Nova York, com mais de duzentos músicos interagindo, incluindo a Filarmônica de Nova York, a Lincoln Center Jazz Orchestra e o Morgan State University Choir.

Talvez tão importante quanto o Wynton Marsalis trompetista e *bandleader*, compositor e chefe de orquestra seja o Wynton Marsalis professor e pedagogo do jazz. Wynton é um mentor apaixonado, que transmite sua mensagem musical a milhares de jovens músicos por meio de *master classes* e seminários, *workshops* e apresentações em rádios, transmissões de televisão e conferências. Com seu engajamento, ele criou uma nova consciência sobre a grandeza da tradição do jazz e desenvolveu um trabalho em rede com instrumentistas jovens que conhecem (praticamente) toda a história do jazz. Segundo Tom Piazza: "Ele despertou mais interesse pelo jazz do que qualquer outro nos últimos vinte anos."

JOHN ZORN

John Zorn mudou e ampliou de forma fundamental nossa percepção sobre o significado da pluralidade no jazz. Sua música pode ser ouvida como o apelo a uma nova experiência da pluralidade e a uma nova vivência da pluralidade.

Nos anos de 1970, ainda era possível a um músico de jazz, com certo orgulho, se dizer plural dominando três ou quatro estilos. Já significava muito para um músico dessa época dispor do vocabulário do free jazz e ao mesmo tempo "ser bom" no bebop e no jazz rock. John Zorn ampliou radicalmente esse tipo de pluralidade.

Disse o saxofonista e compositor:

> O que eu recuso completamente é a concepção de que a música é uma hierarquia: as chamadas formas complexas, ou seja, o clássico posto acima do jazz, que, por sua vez mais complexo, é posto acima do blues, que, por sua vez, é posto acima da música pop ou do que quer que seja. Todas estão no mesmo nível! E todas devem ser respeitadas da mesma maneira.

O democrata radical da música pós-moderna levou a sério essa ideia. Na música de John Zorn, Pernalonga é posto ao lado de Pierre Boulez e do bebop; *hillbilly* ao lado de Ornette Coleman, *death metal* ao lado de Stravinsky, o ébrio *coctail piano* ao lado da música de corte japonesa, Beethoven ao lado de Brötzmann e dos Beatles: "All the genres are the fucking *same* (Todos os gêneros são a *mesma* coisa)", disse Zorn.

Em última instância, isso significa que nenhum estilo musical explica o mundo sozinho. O que vale para estilos vale ainda mais para gêneros, mídias, tradições e culturas. A música de Zorn não se limita a constatar esse fato; em seus momentos mais radicais, mais provocantes, ela grita: toda uniformização da pluralidade é opressão, é violência.

Não é tão simples compreender John Zorn, pois ele não cabe em nenhum rótulo. Ele escreveu música para quartetos de cordas e orquestra sinfônica, tocou música de improvisação livre, fez *jam sessions* com bandas de *death metal*, encenou um contagiante tributo ao hard bop, tocou com gigantes do blues, como Albert Collins e Big John Patton, traduziu a música klezmer para o século XXI e compôs música para cinema de grande valor. Mas as obras que fazem dele um músico pós-moderno *par excellence* são suas colagens – peças como "The Big Gundown", "Spillane" ou "Godard". Com elas, Zorn alçou-se para além das sombras do *outsider* criativo e se tornou mundialmente famoso.

"Minha música é ideal para pessoas impacientes, pois ela é feita de informações que mudam muito rapidamente." A longa duração não aparece nas imagens musicais criadas pelo método da colagem de Zorn; sem parar, cruzando o espaço "caótica" e velozmente, uma imagem se choca com outras imagens imprecisas de estilo; partículas relampejantes que, reciprocamente, se atomizam, relativizam, torcem, colidem e pulverizam. "Essa é a principal coisa para mim", diz ele, "realizar com muita nitidez mudanças abruptas de estilo. De um mundo para outro, sem nunca permanecer numa coisa por um espaço de tempo muito longo. Sempre definindo uma coisa e então passando rapidamente para outra".

É uma celebração singular – selvagem – da velocidade. É na embriaguês da aceleração, na mudança vertiginosa de estilos, mensagens e imagens, que Zorn encontra sua linguagem – em aventuras humorísticas e, ao mesmo tempo, ácidas e velozes, no turbilhão de um *zapping* furioso.

Zorn foi tão radical ao assumir as possibilidades da colagem na música que qualquer outro grupo empenhado numa linha semelhante de trabalho, por mais que se esforce, deixa sempre a impressão de algo forçado. Sua técnica é a da intensificação, da abreviação máxima (escrever um romance inteiro só com palavras-chave); sua tática é a do ataque-surpresa. Na embriaguês vibrante da pressa, na essência do instante, tudo parece possível, com exceção de uma coisa: a afirmação individual de um estilo unitário. "Quando uma peça termina da mesma forma como começou, então não há o que ouvir."

O desenvolvimento musical de John Zorn, em sua totalidade, pode ser diretamente associado à sua paixão por música de desenho animado (particularmente os de Carl W. Stalling). Nas músicas para desenhos animados, não há desenvolvimento direcionado, construções lentas, mas um bombardeio incessante, anárquico, de sons atomizados, abreviados. Zorn radicalizou essa concepção não linear, incoerente, que caracteriza o tempo das músicas de desenho animado, traduzindo-a para o campo da música de improvisação. "Minha música não se desenvolve lentamente de uma coisa a outra... É mais como um 'bum-bum-bum', essa mudança realmente veloz de um mundo para o próximo mundo, sem nunca ficar lá por muito tempo, mas definindo uma coisa e passando rapidamente a outra."

O método de Zorn é cinematográfico. Ele é um mestre do *setting* com gestos concentrados, diminutos, abreviados, indicando atmosferas, espaços, estados de alma, gestos que apelam tão fortemente à fantasia visual do ouvinte que logo fazem surgir imagens em sua cabeça.

A música de Zorn não é apenas alegórica, imagética, visual: sua música *é* filme. Pequenos quadros seccionados com habilidade de mestre e que teriam feito a alegria dos corifeus da montagem cinematográfica – Vsevolod Pudovkin, Sergei Eisenstein, Béla Bálasz. Toda mudança de estilo na música de Zorn é como um *coitus interruptus* – uma determinada sequência sempre cessa onde promete atingir seu clímax.

Toda colagem bem-feita repousa sobre uma contradição. A contradição entre desintegração, dissolução de um todo, de um lado, e integração, produção de unidade, de outro. Mas a relação entre integração e desintegração pode ocorrer de muitas formas. A música de Zorn é radical (principalmente a mais antiga) porque está inclinada no sentido da desintegração. Trata-se de malabarismo estilístico como princípio: fendas, rupturas e separações se convertem, nas mãos de John Zorn, em colisões de mundos sonoros em rápida sucessão. Em nenhuma outra parte as rupturas soam tão lógicas quanto nele.

É paradoxal: a música de Zorn soa de um modo extremamente "seccionado". Mas, na elaboração de suas peças, ele evita cortes *a posteriori* no estúdio. "As pessoas geralmente pensam que as rápidas mudanças em minha música são um resultado da edição. Nada poderia estar mais distante da verdade", diz John Zorn. "Não há cortes de edição em minha música, nunca."

Em vez disso, Zorn se entrega ao fluxo do momento – justamente quando ele faz do estúdio um "instrumento".

> O que eu faço é feito ao vivo no estúdio. Exercitamos o primeiro segmento de seis segundos, gravamos na fita, voltamos à fita para o começo, exercitamos a próxima seção, passamos a fita e nos preparamos para a segunda sessão enquanto ouvimos a primeira. Assim que a primeira sessão termina, dou a entrada e então eles começam (os músicos) com a próxima sessão e vamos em frente. Temos os trechos A e B. Desse modo, há sempre uma pequena sobra, um leve atraso – assim que cessa o A, soa o B. Há uma espécie de conexão orgânica, como se uma seção saísse da outra, em vez de elas serem seccionadas e depois reunidas novamente. Ao fim de um dia de trabalho, normalmente tenho uma média de três minutos de música.

Na era da computação seria fácil produzir esses cortes com um clique de *mouse* ou o toque de uma tecla. Mas John Zorn insiste, com um radicalismo que beira à desinteligência, na presença do elemento físico. As rupturas e cortes da música atingem igualmente os corpos dos músicos. Enquanto muitos artistas pós-modernos querem eliminar o corpo, transformando-o no componente de uma máquina, John Zorn traz o corpo ao centro, fazendo dele, como fala Thomas Miessgang, "sujeito da dor do dilaceramento".

As colagens de Zorn, via de regra, são construídas intencionalmente como um "Frankenstein". Embora as rupturas e fendas sejam perceptíveis sempre que Zorn, em suas peças, faz colidir estilos, gêneros, climas e atmosferas num plano mais elevado, elas se revelam propícias à arte da fusão elegante.

A música de John Zorn, porém, não é uma profissão de fé no multiculturalismo de supermercado, não adota a estética indiscriminada do *anything goes*. Denomina-se autêntico o jazz em que a história de vida do músico se faz de algum modo presente em sua música. John Zorn pode ser criticado por muitos motivos, mas não por negar seu desenvolvimento pessoal na música que faz.

Tudo está dentro de sua música: o jovem, cujos responsáveis por sua educação foram a televisão e o rádio, o adolescente entusiasmado, que acompanhava as músicas de desenho animado de Carl W. Stalling, o ouvinte de música de concerto que sofreu um golpe quando, aos 15 anos, assistiu a um concerto de John Cage pela primeira vez, o colecionador de discos, que ouvia aleatoriamente todos os gêneros e estilos, o cinéfilo que sentia correr um frio na espinha ao ouvir as músicas de Ennio Morricone, o vanguardista para quem Ornette Coleman constituiu um ato revolucionário de libertação e a dança *pogo*, uma expressão de protesto.

"O que de modo algum se escuta na música de John Zorn", diz o crítico norte-americano Gene Santoro, "é um distraimento entediado, uma perambulação vaidosa e superficial. Bem ao contrário: Ela é na realidade um retrato provocativo e desafiador da condição, em tempos descontextualizados, de ser bombardeado por informações cada vez mais atomizadas".

Em geral, as colagens de Zorn são tematicamente organizadas e, embora por dentro sejam constituídas por um monte de cacos e estilhaços, atingem unidade num plano narrativo superior. O álbum *Spillane* pinta com meios musicais um panorama acústico de um filme de detetive dos anos de 1950: depravação e risco, casa de jogos e de *striptease*, espeluncas esfumaçadas e cinemas de periferia; solidão, crime e traição – o ambiente da "série negra" resumido em histórias policiais em formato de áudio, num filme de ação musical. A peça "Shuffle Boil", dedicada ao grande pianista de jazz e compositor Thelonious Monk, gira em torno das características de Monk – humor oblíquo, melancolia, calma, pausa e inovação. Na peça "Godard", Zorn transporta a linguagem do diretor de cinema Jean-Luc Godard e a técnica de campo e contracampo da *nouvelle vague* para o âmbito da música improvisada.

Também a seleção musical de Zorn – num primeiro momento tão irritantemente plural – possui suas especificidades, seus traços e *topoi* recorrentes. *Um* dos traços característicos de Zorn – que emerge de modo proeminente em seu cosmo vibrante de estilos e citações – é a sua paixão por tudo o que, em música, é lusco-fusco, abismal e efêmero: piano-bar pegajoso, melodias sentimentais de filmes de segunda classe, pseudojazz, derivados piegas de *country & western*, ataques histéricos de free jazz, blues propositalmente casual, corais adocicados de trilha sonora, reggae de Okinawa etc. Nada disso, porém, é reduzido a um mesmo nível ou transformado em paródia, mas antes repousa num equilibro precário, *on the edge*, pouco antes da queda, entre o sublime e o ridículo – uma epifania singular do cotidiano e do trivial, celebrado com o *pathos* de um "*that's life*" cheio de bom humor e cinismo.

"Esse é o segredo do conceito de Duke Ellington: que você dê algo às pessoas e elas transformem isso através de seu filtro pessoal", diz John Zorn. "Quando você encontra alguém cujo filtro interage de um modo muito criativo, colaborativo, com o seu, então você tem um companheiro de grupo, você tem um *pool*."

John Zorn não é apenas o músico mais conhecido da vanguarda *downtown* de Nova York, mas também sua figura integradora mais vibrante. Seus grupos e projetos atuam como catalisadores na cena *downtown* de Nova York.

Assim como na orquestra de Duke Ellington todo músico acrescentava uma sonoridade pessoal, um timbre inconfundível, à música de Duke, no grupo de Zorn cada músico contribui com um estilo, com um gênero diferente. Enquanto a orquestra de Ellington era um coral de timbres inconfundíveis, a música do conjunto de Zorn é uma polifonia desenfreada de gêneros e estilos. "Cada músico tem seu próprio mundo musical na cabeça", diz Zorn, "e, queira ele ou não, tão logo esse músico é incluído em algo interessante e estimulante, ele passa a acrescentar seu mundo a essa coisa. Isso torna minha peça, meu mundo, mais profundo".

A influência de Zorn sobre os músicos do East Village (Nova York), nos anos de 1990 e na virada do milênio, foi tão grande que passaram a considera-lo o "manipulador de marionetes da cena *downtown*". "Zorn é um tirano?", perguntou assustado um crítico, para em seguida dar ele mesmo uma resposta: "No que diz respeito à sua música, sim. Ele é o diretor mais despótico de seus curtos dramas musicais em formato de filme. Os outros obedecem a seu apito como a turma de atores do Hospício de Charenton obedece à direção do Marquês de Sade."

O contrário também é verdadeiro. Dificilmente alguém que tenha tocado com Zorn permaneceu imune a suas ideias, mas com isso só teve a ganhar. Se é indubitável que o saxofonista lucrou com a personalidade de seus músicos – e não há dúvida de que ele lucrou bastante –, é inequívoco que eles também se enriqueceram com as ideias de Zorn.

É preciso apontar para um fato que costuma passar batido: sob a influência de Zorn, a execução antes etéria e algo indecisa do guitarrista Bill Frisell se tornou mais dura, angulosa, roqueira, experimental. O baterista Bobby Previte, que antes compunha dentro dos estritos parâmetros do *free* bop, graças a Zorn encontrou uma mistura bizarra de estilos e gêneros que o tornaram famoso. Wayne Horvitz, tecladista proveniente da nova música e do free jazz, foi estimulado por Zorn a desenvolver suas maravilhosas melodias melancólicas. Podemos estender à vontade a lista de nomes que hoje são conceitos de música criativa e inovadora: o guitarrista Marc Ribot, o tocador de acordeão Guy Klusevcek, o baterista Joey Baron, o guitarrista Arto Lindsay, a virtuose do laptop Ikue Mori, o DJ Christian Marclay...

É a constelação ideal da troca recíproca: sem a contribuição desses músicos, sem sua presença criativa, John Zorn continuaria a ser o que era em meados dos anos de 1970: um saxofonista *freakish*, barulhento, tocando free jazz e compondo nova música. Mas, pelo contrário, Zorn se tornou aquele que, com seu poder de integração e suas ideias musicais, enfeixou pela primeira vez todas as energias estilísticas dispersas na Nova York *downtown* e as reuniu sob a perspectiva de um olhar unificante. Suas composições são mais do que a soma de todas as ideias dos músicos envolvidos.

Em Zorn, o princípio da fragmentação, da contraposição pós-moderna, funciona tanto no interior de uma peça ("Spillane", "Godard") como entre as faixas de um álbum (por exemplo, no *Radio* com sua banda Naked City ou no *Voices in the Willderness* com o *sampler* do Masada). Mais que isso: ele dá a conhecer o desenvolvimento estilístico do saxofonista e compositor que fez seu caminho como um "camaleão que percorre um 'estojo de tintas'" (*Down Beat*).

Por isso, toda tentativa de criar ordem no cosmo de Zorn, cosmo da contradição estilística alegremente provocada, é um empreendimento inútil. Não obstante, pode-se classificar o desenvolvimento musical de Zorn pelo menos em oito categorias, que de modo algum se sucedem em termos rigorosamente cronológicos, mas antes se cruzam e se relacionam de forma plural.

1. *O músico da improvisação livre*. Nessa categoria estão os dois álbuns solos *The Classic Guide to Strategy*, v. 1 e v. 2, assim como os discos *OTB* e *Mumbo Jumbo*, em duo com o trombonista Jim Staley. É o Zorn do barulho e da improvisação livre que aperfeiçoou a execução com *duck calls* – com bocais e chamariz para caça – a ponto de convertê-la numa linguagem sonora interessada em barulhos e ruídos, indisciplinada e cheia de furioso protesto. Ele possui uma média de sessenta chamarizes diferentes.

Originalmente, Zorn experimentou esses *duck calls* nas lojas de caça de Nova York. "Hoje as pessoas não me deixam ir a uma loja. Tenho de comprar tudo por e-mail."

2. *As chamadas game pieces*. Influenciado pelas composições aleatórias da nova música (Pierre Boulez, Earle Brown, Karlheins Stokhausen), John Zorn escreveu peças em que os músicos tocam numa linguagem de signos firmada previamente segundo regras tomadas de empréstimo aos jogos esportivos e sociais. Com sinais de mão, movimentos corporais e escrivaninha, os músicos que improvisam podem intervir no processo da composição, produzir mudanças abruptas, eliminar parceiros e escolher novos. Obras como *Cobra*, *Lacrosse*, *Hockey* ou *Track and Field* foram criadas em parcerias improvisadas conscientemente.

> Minha primeira decisão foi – e eu penso que foi a mais importante – nunca falar sobre a linguagem musical e sobre o som. Eu deixo isso tudo aos intérpretes... Eu posso falar sobre *quem* faz algo e com quais *combinações*, mas eu não posso dizer o que acontece. Eu posso dizer 'uma mudança ocorre *aqui*', mas não posso dizer que *tipo* de mudança é essa.

Cobra configura o auge das *game pieces* de Zorn e, em termos de estrutura, é a mais complexa.

3. *File card pieces*. A atitude compositiva de Zorn assemelha-se muito mais ao trabalho de um diretor de cinema do que ao de um compositor convencional munido de caneta e papel. Geralmente suas composições consistem em instruções e associações breves, as quais, escritas num cartão, são formuladas de forma intencionalmente vaga, apelando, assim, à fantasia do músico improvisador. Essas *file card pieces* contêm instruções como: "Tente evitar os caminhos com as unidades de energia, até que você esteja pronto para atacar um monstro",ou "Barulho de um acidente de carro, enquanto alguém toca flauta".

A maioria das *file card pieces* de Zorn são guiadas por impressões visuais. Quando lhe perguntaram como seria uma *file card piece*, caso ele escrevesse uma peça sobre a China, ele disse: "Lenda da montanha... tambores e flautas chinesas... trovão... chuva e trovão... tocador de alaúde chinês no castelo... metamorfose do gato... pássaros nas árvores."

Os álbuns *The Godard Fans* e *Spillane* provavelmente são as obras de Zorn mais fortemente marcadas pelo método do *file card pieces*. A pluralidade de estilos é explosiva, arrebatadora, de tirar o fôlego. Entretanto, dela irradia uma unidade surpreendente. Só no álbum *Spillane* – uma alusão aos romances de detetive dos anos de 1950 e à atmosfera correspondente dos filmes *noir* – ocorrem seis mudanças de estilo em 25 minutos. Entretanto, Zorn solda numa firme unidade todos esses elementos divergentes e alheios entre si, na medida em que os ordena a partir de uma ideia superior. "Nas *file card pieces*, eu precisei de alguma coisa que reunisse todos os diferentes gêneros musicais, assim utilizei sujeitos dramáticos como a figura do detetive Mickey Spillane ou do diretor de cinema Jean-Luc Godard. Todos os momentos da música se referem de algum modo ao sujeito dramático."

4. *A banda Naked City*. No começo dos anos de 1990, Zorn vai ficando farto das *file card pieces*. "Às vezes, gravávamos quinze tomadas de um trecho da música que durava apenas seis segundos." Resultado: Zorn fundou a banda Naked City, de modo a poder fazer ao vivo aquelas flutuações estilísticas que antes, no estúdio, costumavam ser bem dispendiosas. Naked City é "uma cidade completa concentrada em explosões de dois ou três minutos" (Simon Hopkins). A música (com o guitarrista Fred Frith e o cantor Yamatsuka Eye) é uma carnificina cultural de ritmo alucinante, uma compressão da história da música do século XX em ciclos velozes.

Conta John Zorn:

> Naked City começou com esse tipo de rhythm & blues/música de *Spillane*, mas depois se desenvolveu para essa fase hard-core. Ela surgiu, creio, porque eu vivia no Japão e lá sofria muita hostilidade e rejeição. Eu tinha muita raiva dentro de mim e isso veio à tona nessa música hard-core... Meu interesse pelo hardcore também me atiçou a escrever peças cada vez mais curtas. Como você pode criar uma música de dez segundos que possua integridade? Isso não é tão simples.

5. *John Zorn como mediador entre o* hardcore *e o* free jazz. Isso aparece de modo especialmente proeminente na banda Painkiller (com o baixista elétrico Bill Laswell e o baterista do Napalm Death, Mick Harris). Nela se aprecia da melhor forma possível o furioso e mal John Zorn, o qual, vestido com uma camiseta em que se lê "Die Yuppie-Scum, Yuppie Abschaum, stirb!" (Malditos *yuppies*, morram!), recobre seus ouvintes com ruidosas teias de barulhos e colisões. "A união entre hardcore e free jazz parece tão natural para mim... Quando a música de Ornette Coleman surgiu, ela teve o significado de um choque. Justamente esse tipo de violência, de choque, era o que eu queria... – como um tapa na cara."

O John Zorn hard-core, punk, *noise* e *death metal* é também o Zorn *agent provocateur*: o rebelde e obsceno que intitula suas músicas de "Purgatory of Fiery Vulvas" (Purgatório das Vulvas em Chamas) ou "Mantra of Resurrected Shit" (Mantra da Merda Ressuscitada) e que preenche as capas de seus álbuns explicitamente com fotos de crueldade: imagens com os horrores da patologia médica, de pornografia sadomasoquista, de vítimas de assassinatos terrivelmente premeditados e corpos mutilados em massacres. O CAAAV (Committee Against Anti-Asian Violence) atacou Zorn em virtude da arte gráfica dos álbuns *Torture Garden* e *Leng Tch'e*, sob a alegação de que essas imagens mostram uma visão indigna do povo asiático. Para evitar problemas, Zorn publicou o disco numa nova embalagem (Black Box), de modo que a controversa arte gráfica ficava escondida dentro da caixa. John Zorn: "Você deve então perguntar aos grupos de *heavy metal* se eles se sentem culpados quando um sujeito que escuta a sua música pira e mata três homens. Perguntaram isso a eles e a resposta foi: 'Ei, a culpa não é nossa.' E eles têm razão, a culpa não é deles."

Quando Zorn quebra um tabu ele se insere numa linha nobre da tradição. Desde o dadaísmo do Fluxus, passando pelo punk e pelo *death metal*, o impulso é sempre o mesmo: através de choque e nojo mobilizar sentimentos de onde possam emergir forças estimulantes, renovadoras e, eventualmente, morais.

Não obstante, os críticos falam também que a "postura sadomasoquista" tem algo de ritualístico. "Quem vive numa condição de alienação", escreveu um jornalista, "precisa de choques para experimentar algo".

6. O jazzista Zorn e seu tributo aos grandes da tradição do jazz. É paradoxal que precisamente aquele sax-altista que vê a si mesmo como suprassumo da vanguarda tenha empreendido um dos tributos mais contagiantes e originais à tradição do jazz.

A homenagem de Zorn ao jazz não privilegia os ícones consagrados da história dessa música, antes procura saudar, com elogios musicais, os vigorosos, originais e criativos *outsiders* da cena. Se o álbum *News for Lulu* honra os praticamente esquecidos estilistas do hard bop, como Hank Mobley, Kenny Dorham e Freddy Redd, o álbum *Voodoo* é dedicado ao pianista Sonny Clark, injustamente relegado à completa obscuridade – obras como essas de Zorn continuarão a ser ouvidas com entusiasmo mesmo quando o nevoeiro nostálgico do historicismo do jazz tiver se dissipado e a reciclagem do bop não tiver mais nenhum benefício da moda.

Também não é o bebop tradicional que John Zorn toca aqui. É um novo bop, que consiste menos em comentar que fazer a crítica – no sentido de completar o passado a partir do presente. "Não foi solo, solo, depois um *trading fours* e um *head* para terminar… Eu disse: nós tocamos o tempo todo – nenhum solista, cada um toca quando quiser, e faremos pequenas peças. Pareceu fazer sentido desenvolver a música a partir de qualquer ponto, em vez de simplesmente *ruminá-la*."

Uma forma de compreender a tradição que é diametralmente oposta àquela da renovação do bop proposta por Wynton Marsalis. "É uma postura em que o passado do jazz é tratado como um museu", opinou Zorn sobre Marsalis. "Você sabe, esses tipos tocam de forma tão semelhante ao original que não há nenhum motivo para que eles toquem isso. É *ridículo*… Eu acredito que em certo sentido é racista. Tudo o que exclui outras formas de visão e expressão, na minha opinião, é racista."

7. *John Zorn compositor da nova música*. Embora seu nome frequentemente apareça nos livros sobre a nova música nos Estados Unidos, Zorn é continuamente ignorado pelos agrupamentos que se dedicam à música de concerto. Zorn é parcialmente responsável por isso. Obras como *Angelus Novus*, de 1993, ou *Chimeras*, de 2001, trazem boa arte artesanal pós-serial e técnicas de codificação exigentes, mas não vão muito além disso. As flutuações estilísticas que fazem bandas como Naked City tão excitantes, quando aplicadas a obras clássicas como "Carney", de 1989, para piano solo, resultam estranhamente superficiais. As composições de Zorn são mais vivas quando o seu criador se mantém numa relação mais direta com o intérprete, cuja forte capacidade de personalizar o som é potencializada pela própria obra de Zorn. Também por isso as composições de Zorn soam às vezes pouco expressivas quando executadas por grupos clássicos: é que no mundo da música clássica não há essa movimentação improvisatória e essa aspiração a um som fortemente individualizado.

> Dizer a Anthony Coleman que ele deve tocar a trilha sonora para a primeira cena do filme *Dtour* (Curva do Destino) de Edgar G. Ulmer ou dizer a Bobby Previte para tocar sua bateria como uma criança de 6 anos numa *acid trip* – tudo isso é uma forma de comunicação extremamente privada, que seria erradamente compreendida por qualquer outro, funcionando apenas porque temos uma relação pessoal peculiar.

Não é de maneira metafórica que Zorn fala de um *private code* (código pessoal) em sua comunicação com seus músicos. Ele os chama de "família". "Você não pode ir até Gidon Kremer e dizer: 'Toque aí um acidente de carro'."

8. *O diálogo de Zorn com a música judaica e sua radical jewish culture*. Esse desenvolvimento que persiste até hoje (2003) é tão importante para Zorn que vamos nos ocupar disso no que se segue.

Em 1992, John Zorn atingiu o ápice de sua fama. Tudo o que ele tocava musicalmente parecia trazer a estampa qualitativa do vanguardismo. Mas aí o iconoclasta da música pós-moderna – "Downtown's Master of Unsuspected" (Mestre Downtown do Inesperado) – de repente se apresenta tocando com um quarteto acústico de klezmer e jazz.

Na banda Masada, o destruidor de estilos de outrora sonhou o sonho da unidade estilística. Com ela, Zorn provou ser capaz de tocar, compor e dirigir um grupo dentro dos padrões do jazz tradicional. Naked City e Painkiller haviam sido um assalto à percepção. Masada constitui uma reflexão sobre a identidade judaica e sua herança.

Pela primeira vez em sua carreira, a origem judaica de Zorn passou ao centro de seu interesse musical. Ele esclareceu:

> Eu não sei por que é assim, mas de repente foi como um tipo particular de inspiração. Pela primeira vez, eu observei que a maioria dos músicos aos quais eu estava estreitamente ligado era judia. Tipo: "Um momento. Como pode ser que todos esses músicos sejam judeus?" Isso começou a me interessar. E eu continuo sem saber se tenho uma resposta para isso.

Tudo começou em 1992, no festival Art Projekt, em Munique (Alemanha), quando John Zorn estreou sua obra *Kristallnacht* e, ao mesmo tempo, publicou um manifesto reivindicando uma "cultura judaica radicalmente nova".

O álbum *Kristallnacht* é uma busca pelas raízes judaicas de Zorn, mas, justamente por isso, um confronto, uma exigência, um grito de rebeldia e resistência. O disco começa com uma faixa sobre a recordação da vida no gueto (*shtetl*), na qual se ouvem sons originais de discursos nazistas históricos. O todo é brutamente dominado por uma seção infernal de doze minutos: em "Never Again", sons eletrônicos estilhaçantes despencam em alta frequência (em nota, Zorn advertia sobre os danos que o volume muito alto pode causar aos ouvidos) sobre melodias populares tristes, orgulhosas.

Kristallnacht é a tentativa de documentar sob todas as perspectivas possíveis a história mais recente dos judeus. Os sete movimentos contam a história da experiência judaica, da sobrevivência e do holocausto, da formação de um Estado judeu, da diáspora judaica, da atração e do repúdio pela ideia de ser assimilado e dos problemas decisivos do fundamentalismo religioso fanático. A peça termina nos tempos atuais, em Nova York. John Zorn: "Nós somos *Garim* – o novo assentamento."

No álbum *Tet*, John Zorn cita Gershom Scholem, o historiador da Cabala e doutrinador da mística judaica:

> Há uma espécie de vida na tradição que não consiste apenas num zelo conservador, na continuação ininterrupta dos bens culturais e espirituais de uma comunidade. Também existe algo como uma caça ao tesouro dentro da tradição, que produz uma relação viva com a tradição e à qual se deve muito daquilo que hoje pertence ao melhor da consciência judaica – ainda que isso tenha sido expresso e continue a sê-lo fora da moldura ortodoxa.

Numa sucessão frenética, Zorn compôs 250 peças em quatro anos, reunindo escalas do Oriente Médio e as possibilidades do novo jazz. "Masada surgiu porque eu sempre quis escrever um 'livro de melodias'... era um desafio – eu não havia feito isso antes. As composições de Ornette Coleman – Uau! Que coleção de canções! É inacreditável! Eu queria contribuir com algo semelhante."

O songbook Masada, que, em 2007, foi para mais de 530 canções, não apenas se tornou o fundamento do movimento criado pelo próprio John Zorn em prol de uma "cultura judaica radical", mas também serviu como ponto de partida para as improvisações selvagens e arrebatadoras de seu quarteto Masada, que se firmou como uma das bandas mais coesas de jazz dos anos de 1990.

A música – com o trompetista Dave Douglas, o baixista Greg Cohen, o baterista Joey Baron e o sax-altista John Zorn – oscila entre a resistência e a exaltação, a negação e a alegria de partilhar. Para além da virtuosidade e da maestria técnica com que o Masada domina o material, existe um entendimento profundo sobre uma energia particular que ali se oculta: aquele *cry*, aquele "grito" que o blues, Ornette Coleman e a música judaica possuem em comum.

Rapidamente, os críticos acreditaram ter encontrado a fórmula: Ornette Coleman + klezmer = Masada. De fato, o Masada apresenta a mesma instrumentação e um *interplay* instintivo semelhante ao quarteto de cordas de Ornette Colemann. Mas, na verdade, o Masada é muito mais do que a soma de klezmer com Ornette.

Ele é uma confluência de música sefardita, ritmos dos Bálcãs, melodias romenas e búlgaras, boleros, *freebop*, *bogaloos* e *dirges*, música chassídica de casamento e luto; e a tudo isso vem juntar-se o contexto do jazz, do rock, da música do mundo e, certamente em doses suaves, do *trash* e do *noise*, elementos importantes para Zorn, o protetor da pluralidade musical. Ocorre apenas que Zorn não se apresenta nesse caso – como havia feito ainda nos anos de 1980 – como o labiríntico destruidor de estilos, mas como saxofonista e grande improvisador, como narrador de histórias musicais produzidas de modo orgânico.

Ele deu às peças do Masada títulos em hebraico e aramaico, batizou suas composições com nomes de lugares lendários da Bíblia, personagens míticas e parábolas extraídas do Velho Testamento e da Cabala, por exemplo: "Paran" (deserto Paran, onde os israelitas acamparam sob a liderança de Moisés, para quem Deus apareceu) ou "Neshamah" (Alma), "Kodashim" (Coisas Sagradas), "Halom" (Sonho), "Mochin" (Protestar, em aramaico), "Lachish" (cidade conquistada após dois dias de cerco pelos israelitas, onde Josué "destruiu tudo o que nela vivia, com espada afiada"), "Avelut" (Angustiar-se), "Ziphim" (Cerda), "Lebaoth" (Coisas que Virão), "Rahab" (1. prostituta de Jericó que foi salva pelo espião de Josué e que fora poupada na tomada da cidade; 2. monstro proveniente da mitologia babilônica que simboliza o caos originário), "Jair" (Que Deus Ilumine), "Tzofeh" (Espionagem) e "Zebdi" (Meu Presente).

Ele ilustrou a capa de seus álbuns com símbolos judaicos e caracteres hebraicos, com a Estrela de Davi e objetos litúrgicos da antiguidade judaica.

Logo choveram críticas: a "música judaica radical" de Zorn trairia uma inclinação ao sionismo político. Sua reivindicação por um renascimento cultural judaico caiu sob suspeita ideológica. E de fato o *slogan radical jewish culture* soa um tanto deslocado no começo do século XXI, quando a violência no Oriente Médio faz sua escalada sangrenta. E o que é quase insuportável: soa cínico. Um guitarrista de vanguarda de Nova York, após o 11 de Setembro de 2001, se declarou contra a *radical jewish culture* de Zorn em pleno palco, dizendo que não queria tocar em nome de uma religião que intitulava a si própria de radical. Ele foi aplaudido por isso.

Mas dificilmente se poderia classificar a série "Radical Jewish Culture" como sionista, haja vista que, por meio dela, dezenas de bandas e centenas de músicos tiveram a oportunidade de formular suas respectivas concepções, distintas e individuais, acerca da *new jewish music*. No álbum do guitarrista Elliott Sharp produzido por Zorn, *The Revenge of the Stuttering Child*, o poeta palestino Ronny Sonneck leu seu poema em inglês e árabe para o arranjo sensível que o judeu Elliott Sharp escreveu para guitarra, *mandocello* elétrico, bandolim, clarinete-baixo, saxofone, computador, harpa, acordeão, *cello*, piano e *doumbek* (um tambor árabe).

Igualmente vazia é a acusação de uma delimitação étnica e religiosa – acusação que os críticos sempre levantam contra a *radical jewish culture* de Zorn. Pois, na música do Masada, os músicos judeus dividem espaço de maneira igualitária com músicos de outras origens e credos. Por exemplo, o trompetista Dave Douglas no quarteto Masada ou o clarinetista Matt Darriau no Trio Paradox.

Não existe nenhuma *promised land* na *radical jewish culture*. E não existem definições reducionistas. Para Zorn, ser judeu é uma questão aberta e não um conjunto de qualidades musicais específicas. "Para mim, ficou claro que judeu é aquele que ingenuamente acredita que, se contribuir de modo altruísta com a cultura que lhe acolhe, será aceito. Mas nós somos os que estão do lado de fora do mundo. Foi isso o que me atraiu na tribo – a cultura do *outsider*."

A música do Masada de Zorn não é radical num sentido político, étnico ou ideológico. Ela é radical porque se aparta de forma veemente tanto do *mainstream* da comunidade judaica ortodoxa como do *mainstream* da cultura norte-americana. Pois, em John Zorn, o *shtetl* (gueto) há muito tempo chegou à *global village*, de um modo definitivamente multiestilístico (e individual e provocativo). Isso – e não as supostas implicações ideológicas e políticas – é o elemento propriamente "radical" na *radical jewish music*.

A obra de Zorn com o Masada e seu orgulho pela cultura judaica realizam – *en miniature* – um jogo complexo e paradoxal de alternância entre um enraizamento profundo na cultura popular, de um lado, e um desvio imaginativo do *mainstream*, de outro. Assim como a série "Radical Jewish Culture" produzida pelo selo Tzadik, de Zorn, a música do Masada não limita a música judaica ao klezmer, mas também abarca outros estilos e gêneros que os judeus de todas as épocas viveram, compuseram e tocaram. "Todos esses tipos de música – das sinfonias de Mahler até as melodias pop de Burt Bacharach e o rock dissonante de Lou Reed – estão refletidos no songbook Masada... É uma música que recusa classificações, mas que permanece fiel a seus elementos."

O espírito incansavelmente inovador de Zorn no contexto da consciência judaica tradicional levou a um criativo *output*, que atua de modo verdadeiramente proteico. Só em 1998 foram lançados onze novos álbuns assinados por John Zorn; sete pelo selo Tzadik, que, em hebraico, significa algo como "líder carismático, que pratica ações honradas". Nos primeiros quatro anos de Tzadik, o produtor John Zorn divulgou mais de 140 álbuns de outros artistas. Alguns deles jamais teriam tido a chance de serem lançados sem a ajuda de Zorn.

Zorn mostrou que a música Masada admite qualquer tipo de instrumentação. Ele fundou um ramo elétrico da banda – a Electric Masada, reunindo o Miles Davis elétrico dos anos de 1970 com escalas do Oriente Médio. Ele traduziu para o sexteto Bar Kokhba a música Masada numa ambientação de música de câmara. Em 2003, por ocasião do aniversário de 10 anos do Masada, ele fez que sua música fosse interpretada por diferentes músicos: bandas de punk e tocadores ucranianos de bandurra, grupos de *trash rock* e conjuntos de câmara clássicos, guitarristas solo e sextetos de jazz, bandas de música popular sefardita e grupos de *noise*. Zorn surge sempre de novo, completamente multiestilístico, eclético, crescido e amadurecido em seu novo mundo Masada judaico. "Não tenho medo de estilos", diz ele. "Gosto de todos."

Os Elementos do Jazz

CONSTRUÇÃO DO SOM E FRASEADO

O que mais especificamente distingue o jazz da música clássica europeia é a *construção do som*. *Grosso modo*, a distinção é a seguinte: numa orquestra sinfônica cada integrante toca sua parte buscando o máximo de homogeneidade dentro do conjunto. O importante é que todos tenham tanto quanto possível o mesmo ideal sonoro e saibam realizá-lo. Um ideal que corresponde ao padrão estético transmitido espontaneamente de uma geração a outra. O instrumento precisa soar "belo". Para um jazzista, o importante, em primeiro lugar, não é ajustar-se a uma concepção sonora universal. Um jazzista possui seu próprio som. Seu objetivo supremo, como disse David Murray, é desenvolver uma *signature sound*, um som que o transforme num músico inconfundível e de imediata identificação. Os critérios desse tipo de som são de ordem mais expressiva e emocional que normativa. Sem dúvida, o mesmo também ocorre na música europeia. Porém, no jazz, a expressão prevalece sobre a beleza. Na música europeia, ao contrário, é o som belo que prevalece.

Embora o jazz tenda a contrariar a estética normativa, isso não quer dizer que ele seja forçosamente "inestético"; quer dizer, sim, que é possível conceber uma música artística contrária ao padrão estético tradicional.

Na construção do som não normatizada dos grandes improvisadores de jazz, o músico espelha-se a si próprio de um modo extremamente imediato e direto. No jazz, não há lugar para o *bel canto* nem para a suavidade de um violino; nele prevalecem os sons duros e francos – a voz humana que lamenta e xinga, grita e chora, geme e murmura, e os instrumentos expressivos, eruptivos, libertos de toda e qualquer prescrição sonora, seja ela qual for. Por isso, a música tocada por um jazzista é "verdadeira" num sentido muito mais estrito que aquela provavelmente executada por um músico europeu mediano. Dos cem ou 120 músicos reunidos numa grande orquestra, não há dúvida de que a maior parte nada percebe das "lutas titânicas" que se desenrolam na música de Beethoven ou dos segredos de forma que estruturam a música sinfônica. Mas um jazzista – mesmo numa *big band* – percebe e sente, compreende e visualiza aquilo que toca. A falta de compreensão e o "burocratismo musical" de que tantos regentes se queixam em relação às orquestras sinfônicas – sobretudo quando se trata da música moderna – é algo incompreensível e impensável no jazz e do ponto de vista do jazz.

Quando a música executada é verdadeira num sentido puramente imediato, ingênuo e "primitivo", então ela é bela, mesmo se contradiz a norma estética. Pode-se dizer: a beleza da música jazzística tem um caráter mais ético que estético. Ser capaz de ouvir jazz significa, em primeiro lugar, ter sensibilidade para essa beleza.

A palavra que logo ocorre ao leigo sempre que se fala em jazz, a palavra *hot* (quente), não é uma questão apenas de vigor rítmico, é, sobretudo, uma questão atinente à construção do som. Fala-se de uma *hot intonation*.

É a forma pessoal e inimitável com que um músico de jazz constrói seu som que explica o "mistério" que sempre espanta o não iniciado: o fato de que o conhecedor de jazz, após ouvir duas ou três notas, saberá reconhecer com bastante segurança quem está tocando. Na música clássica, tal segurança inexiste. Ao ouvir uma sinfonia de Beethoven, por exemplo, apenas com muita dificuldade ou, pelo menos, raramente com suficiente segurança, alguém saberá dizer quem é, por exemplo, o regente ou quem faz o primeiro violino.

Exemplos de construção do som no jazz: o *vibrato* expressivo e "berrado" do sax-soprano de Sidney Bechet, o som cheio e sensual do sax-tenor de Coleman Hawkins, o *cornet* "embaçado" de King Oliver, o *jungle sound* (som selvagem) de Bubber Miley, a clareza delicada do clarinete de Benny Goodman ou a frieza metálica e cintilante de Buddy DeFranco, a tristeza e o desamparo de Miles Davis ou o otimismo triunfante de Louis Armstrong, o lirismo de Lester Young, a irradiação enérgica e comprimida de Roy Eldridge, o brilho límpido de Dizzy Gillespie ou a melancolia jubilosa de Jan Garbarek.

São nas formas antigas do jazz que a construção do som se mostra mais realçada. Em compensação, nas formas modernas, além da construção do som, encontramos um elemento completamente ausente nas formas anteriores: o *fraseado* jazzístico. As frases do trombonista Kid Ory, por exemplo, sempre tinham um pé na música de circo ou na música de marcha da virada do século, e não precisavam ser frases de jazz propriamente ditas. Apesar disso, o que ele fez foi um jazz inequívoco – e o fez através da construção do som. Stan Getz, de outro lado – pelo menos o Getz dos anos de 1950 –, construía seu som de uma forma que, se tomada em abstrato, não distava muito do som construído pelos saxofonistas sinfônicos. Mas seu fraseado era tão fortemente jazzístico que, certamente, não há como compará-lo a nenhum outro instrumentista de sopro, seja no campo do jazz tradicional, seja no da música sinfônica. Certas gravações de jazz moderno – como, por exemplo, as de Jimmy Giuffre, do violinista Zbigniew Seifter ou do violoncelista Erik Friedlander – se aproximam significativamente da música de câmara produzida por compositores sinfônicos modernos, mas possuem um fraseado tão jazzístico que são realmente ouvidas e sentidas como jazz – mesmo se nelas falta o beat, a levada contínua e regular.

Ao longo da história do jazz, nota-se, pois, um deslocamento de acento que vai da construção do som ao fraseado. Mas em certos músicos do free jazz e do jazz pós-moderno ocorre também um deslocamento em sentido contrário, do fraseado à construção do som. Deixaremos isso mais claro no capítulo "Ensaio sobre a Qualidade do Jazz".

A construção do som e o fraseado são tão representativos do jazz, dizem tanto do que nele há de realmente importante, que, quando um jazzista toca uma peça de concerto típica da música europeia, essa peça pode automaticamente ser convertida em jazz, mesmo se ele tocar praticamente nota por nota numa leitura à primeira vista. Isso acontece simplesmente porque ele constrói seu som e seu fraseado de modo jazzístico.

A construção do som e o fraseado de jazz são os elementos mais "negros" da música jazzística. Eles remontam aos *shouts* dos negros que viviam nas *plantations* no sul dos Estados Unidos, bem como à sua travessia pelo mar e à sua antiga pátria africana. Junto com o swing, eles são os únicos elementos do jazz que evocam predominantemente o homem negro.

A construção do som que caracteriza o modo como os afro-americanos começaram a tocar os instrumentos europeus nos primeiros anos do jazz pode ser comparada àquela situação linguística com que os africanos – deportados como escravos para o Novo Mundo – tiveram de lidar como estrangeiros. De fato, já se observou que a dicção particularmente cantante no sul dos Estados Unidos está fortemente relacionada à influência dos negros, e é uma estranha ironia que também os brancos dessa mesma região falem desse modo, isto é, aqueles brancos que se referiam aos negros apenas com o termo *nigger* – termo que em sua origem nada mais é do que a forma dos próprios negros falarem *negro*. Nesse mesmo sentido, a construção do som e o fraseado do jazz surgiram da forma como o negro, tocando instrumentos europeus, reproduzia as linhas melódicas europeias. Essa forma – exatamente como a forma de falar nos estados do sul – inseriu-se tão perfeitamente no mundo branco que conquistou o público desse mundo, passando a ser manipulada por músicos brancos de maneira tão legítima – ou, na maioria dos casos, quase tão legítima – quanto a de qualquer negro.

O que esse ponto de vista da construção do som nos esclarece é que a questão de saber se a cor de pele de um músico é branca ou preta permanece superficial quando não se tem em conta a complexidade oculta sob ela. Roy Eldridge – com base no sentimento autoconsciente de que a maioria dos músicos criativos do jazz é negra – afirmou poder distinguir entre um músico negro e um branco. O crítico de jazz norte-americano Leonard Feather submeteu-o a um "teste cego": Roy Eldridge precisaria ouvir e avaliar certa quantidade de discos com músicos e títulos desconhecidos para ele. O resultado foi a sua completa desilusão acerca do pertencimento étnico dos músicos. Apesar disso, Leonard Feather não refutou – como se supôs – Roy Eldridge nem demonstrou que os músicos negros, no jazz, são iguais aos brancos. Ele apenas mostrou a complexidade do problema.

Para deixar isso claro: o negro Fletcher Henderson, de fato, escreveu os arranjos sem os quais o branco Benny Goodman provavelmente não teria se tornado o "rei do swing". Benny Goodman, por sua vez, com sua orquestra branca tocou esses arranjos "melhor" do que o próprio Fletcher Henderson com sua orquestra de negros. Ou o inverso: o branco Neal Hefti escreveu brilhantes arranjos para a orquestra do negro Count Basie, e a orquestra do negro Count Basie tocou esses arranjos "melhor" do que o próprio Neal Hefti com sua própria orquestra, constituída em sua maior parte por músicos brancos.

Finalmente, nos anos de 1950, antes das atuais vanguardas, Charles Mingus foi expoente de um vanguardismo experimental, cujo raciocínio abstrato – se todas essas generalizações trazidas para o problema da raça viessem a ter algum sentido – atribuiríamos intuitivamente a um músico branco e não a um negro. Músicos brancos como Gerry Mulligan ou Al Cohn, antes mesmo da onda do hard bop, chamaram a atenção para a importância do beat, do swing e do blues, ou seja, da originalidade, da vitalidade e da simplicidade, elementos que, em tese, esperariamos mais de um músico negro.

Quando a questão da raça se põe no campo do jazz – obviamente, não apenas nele! –, surge sempre essa dualidade. E é impossível, sobretudo para um crítico europeu, fazer mais do que constatar sua existência.

IMPROVISAÇÃO

Uma espécie que não improvisa
está condenada à extinção.

DEREK BAILEY

Num artigo sobre a improvisação no jazz, Burnett James disse:

> Há 150 anos nossos antepassados iam a um concerto para ouvir Beethoven, Thalberg e Clementi realizarem brilhantes e grandiosas improvisações. Recuando um pouco mais, eles iam ouvir a improvisação dos grandes organistas: Bach, Buxtehude, Böhm, Pachelbel... Hoje, para desfrutar do mesmo tipo de prazer musical, precisamos ouvir Lionel Hampton, Erroll Garner, Milt Jackson, Duke Ellington e Louis Armstrong. Gostaria de convidá-los a tirar as conclusões possíveis desse estranho fato.

Realmente, em toda a história do jazz, de Nova Orleans à ascensão das vanguardas, as técnicas e os métodos de improvisação não se diferenciam daqueles empregados na antiga música europeia: ambos se pautam pela base harmônica.

Entretanto, os principais solistas de hoje, de um modo geral, não estão mais em condições de improvisar as cadências que, ainda em muitos concertos do período romântico, eram reservadas à improvisação. Há uma evidente desproporção na situação musical atual: de um lado, qualquer interpretação de música clássica é avaliada segundo o critério da fidelidade à obra, pelo qual se procura saber se uma peça musical foi realmente executada e cantada tal como seu compositor provavelmente a concebeu; de outro, quando se executa, por exemplo, um concerto de Vivaldi ou uma sonata de Händel tal como Vivaldi e Händel a compuseram, interpreta-se apenas a parte escrita daquilo que o compositor realmente pensou. Toda a força improvisatória e toda a liberdade dessa música são esmagadas pelo ideal abstrato da fidelidade à obra. Arnold Dolmetsch disse que eliminar a ornamentação musical – o embelezamento improvisado sobre a música escrita – é algo tão bárbaro quanto querer eliminar a prolixidade da decoração *flamboyant* do gótico sob o pretexto de se preferir um estilo mais simples.

O músico de jazz (o que toca dentro de padrões tonais) improvisa sobre uma harmonia dada. A técnica de ornamentação, de "embelezamento" de uma melodia, que no período barroco foi tão florescente, também se verifica no jazz quando um Coleman Hawkins, por exemplo, toca o seu célebre "Body and Soul". Baixo contínuo, *organum* e *cantus firmus* surgem, antes de mais nada, para estruturar e facilitar a improvisação, no mesmo sentido com que hoje um músico de jazz emprega os acordes e a forma do blues, ou a sequência de acordes dos *standards*, para dar estrutura à improvisação. Winthrop Sargeant, nesse sentido, fala da harmonia como um "princípio de controle estrutural no jazz".

Naturalmente, isso não quer dizer que os primeiros músicos de jazz tenham conscientemente se apropriado da técnica de improvisação da música antiga. O paralelo aqui é ainda mais significativo justamente porque nasce de forma inconsciente:

como resultado de uma concepção musical que, sem dúvida, não é idêntica, mas é semelhante em seu fundamento. Pelo contrário, o paralelo se torna perigoso quando posto em prática de forma consciente e, quando jazz e música antiga, por conta da semelhança de seu método de improvisação, são colocados sob uma mesma rubrica. Também não se trata de dizer que essa concepção musical, semelhante em seu fundamento, seria a concepção da música antiga. A concepção é que é comum a *todas* as culturas musicais em que "é mais importante fazer a própria música do que ouvir a música dos outros", em que a espontaneidade da relação musical não cria problemas de concepção e interpretação, em que a música não é avaliada segundo seu significado intelectual, mas conforme seu sentido vital. Esse tipo de cultura e estilo musicais existe igualmente tanto na África quanto na Europa, tanto na América quanto na Ásia – de fato, pode-se dizer que quase todas as culturas musicais que se fixaram em alguma parte do mundo partilham dessa mesma concepção de base, à exceção da música que floresceu na Europa do século XIX e que até hoje determina o sentimento musical do mundo branco.

É essencial à improvisação não só uma benévola relação com a espontaneidade, mas também certa atitude positiva que permite ao músico acreditar no êxito de sua execução, não obstante todas as surpresas e problemas que podem surgir a partir de uma situação musicalmente aberta. Essa atitude implica a ideia de que pretensos erros não são erros, mas janelas abertas para um mundo novo e até então oculto. Janelas que podem ser destrancadas quando o "erro" é integrado de modo coerente na totalidade conclusa e logicamente ordenada. "Jazz é uma forma de se colocar diante da vida", disse Paul F. Berliner.

A improvisação faz parte do jazz. Ora, o problema da improvisação não se esgota com essa afirmação, mas apenas começa com ela. Dizer que há improvisação no jazz é tão óbvio que muitos fãs e leigos acreditam poder extrair disso a seguinte conclusão: quando não se improvisa numa peça de jazz, então não há jazz. Mas Humphrey Lyttelton, o mais brilhante defensor do jazz tradicional na Europa, disse o seguinte a esse respeito: "No pleno sentido da composição *ex tempore* – isto é, sem nenhum tipo de preparação –, a improvisação não se mostrou essencial e, na prática, ela não existe na boa música de jazz."

A maioria das improvisações de jazz tem um tema como base. Na maior parte das vezes – à exceção do free jazz dos anos de 1960 e das formas mais complexas de canções que foram utilizadas nas décadas posteriores –, tem-se uma das seguintes situações: a canção padrão de 32 compassos (o AABA da nossa canção popular), cuja estrutura é uma ideia principal nos primeiros oito compassos (A), depois a repetição dessa ideia (A), em seguida, uma nova ideia de oito compassos, ou seja, a chamada parte intermediária ou *bridge* (B) e, como conclusão, o retorno aos oito compassos do começo (A); ou então a forma do blues de doze compassos (cf. a seção "Blues" deste capítulo). O músico de jazz sobrepõe à harmonia dada da canção ou do blues novas linhas melódicas. Isso pode ser feito de duas formas: na primeira, a melodia da canção ou blues é apenas embelezada – "ornamentada" – e sutilmente modificada – André Hodeir aplica a esse tipo de improvisação o conceito *paraphrase*; na segunda, criam-se linhas melódicas completamente novas sobre a harmonia dada, um modo de improvisação que Hodeir define como *chorus phrase*.

A *paraphrase* que ornamenta, isto é, embeleza, foi o modo de improvisação predominante das formas mais antigas de jazz. Como contou o clarinetista de Nova Orleans, Buster Bailey: "Naquela época, eu não sabia o que eles queriam dizer com improvisação. Mas embelezamento (*embellishment*) era uma expressão que eu entendia. Era isso que acontecia em Nova Orleans: embelezamento". A *chorus phrase*, criação de linhas melódicas completamente novas, é o modo de improvisação predominante do jazz moderno. Suas possibilidades são infinitamente mais ricas. O Exemplo 1 mostra, na pauta superior, o começo de "How High the Moon" – o tema mais querido da era do bebop – com sua respectiva harmonia e, nas pautas inferiores, o começo de três improvisos diferentes, cada um tocado por um jazzista de renome. Pode-se ver imediatamente que o resultado são três linhas melódicas inteiramente distintas. Não há nenhuma conexão entre elas no que se refere à melodia original, mas a conexão é estabelecida a partir da harmonia de "How High the Moon". É a mesma harmonia que está na base desses três improvisos tão distintos entre si.

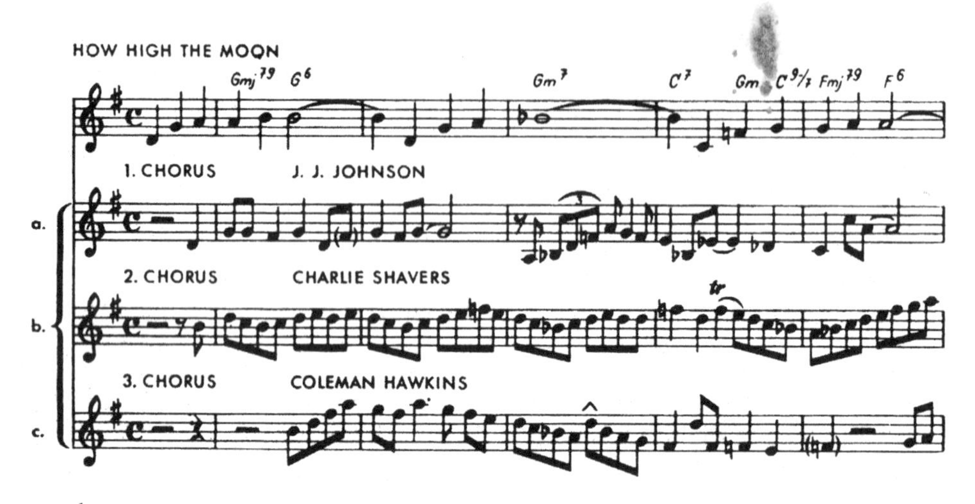

exemplo 1

O exemplo foi escrito de acordo com um disco que, no título, não faz nenhuma menção ao tema original "How High the Moon". O disco, gravado pelo selo RCA, chama-se *Indian Winter*. Os três *chorus* citados no exemplo – *chorus* significa a improvisação sobre a harmonia do tema durante o número de compassos correspondente ao tema – foram executados, respectivamente, pelo trombonista Jay Jay Johnson, pelo trompetista Charlie Shavers e pelo sax-tenorista Coleman Hawkins.

No jazz, é comum que os temas mais importantes nunca deixem de ser uma base para os improvisadores. Esse tema é chamado de *standard* porque é o ponto referencial comum que possibilita ao jazzista improvisar da forma mais criativa possível. Por um processo espontâneo, muitos músicos, depois de tocar cem ou duzentas vezes um determinado *chorus*, chegam às frases que vão definir mais fortemente sua execução e a partir das quais vai se constituir algo como um *chorus ideal* do tema subjacente.

Há muitos *chorus* famosos que os apreciadores do jazz não gostariam de ouvir numa outra versão. É o caso, para dar alguns exemplos, de "Dippermouth Blues", de King Oliver; "High Society", de Alphonse Picous; "Parker's Mood", de Charlie Parker; "Cotton Tail", de Ben Webster; "Early Autumn", de Stan Getz; "Singing the Blues", de Bix Beiderbecke; "West End Blues", de Louis Armstrong; "Song of the Island", de Lester Young; "Body and Soul", de Chu Berry ou Coleman Hawkins; "All of You", de Miles Davis; "My Favorite Things", de Coltrane; "Spain", de Chick Corea; "Are You Going with Me", de Pat Metheny; "J. Mood", de Wynton Marsalis. Esses solos são, para nós, ápices de improvisação que não gostaríamos de ver desafiados, pois, na verdade, nada garante que, de fato, uma nova tentativa, uma nova improvisação, possa levar a algo melhor. Ao contrário, isso parece bastante improvável. Seria absurdo pensar que aqueles *chorus* altamente consagrados do jazz, por já terem sido repetidos mil vezes, "deixaram de ser jazz". Aquilo que foi improvisado antes e, por ter se mostrado valioso, repetido outras vezes, pertence ao universo da improvisação.

O conceito *improvisado-antes* é essencial. Ele deixa claro que a improvisação é um processo exclusivo, individual e intransferível, jamais passível de imitação. Quem não entende isso descaracteriza a improvisação de outrem, reduzindo-a a uma mera e vazia repetição de notas.

Nesse caso, a distinção entre improvisação e composição se faz clara. A música europeia, na medida em que é escrita, torna-se irrestritamente passível de reprodução por qualquer um que possua capacidade instrumental e compreensão musical adequadas. O jazz, por sua vez, só é reproduzível por aquele que o produziu. Um intérprete pode ser melhor tecnicamente e possuir uma concepção intelectual mais elevada, mas ele nunca será capaz de reproduzir o improviso de outro jazzista, pois um improviso de jazz é a expressão pessoal do improvisador e de sua condição musical, emocional e espiritual.

Portanto, em sua acepção mais exata, o conceito de improvisação é inexato. O criador de um *chorus* de jazz é simultaneamente improvisador, compositor e intérprete. No jazz – inclusive no que concerne ao arranjo, como esclareceremos depois –, esses três aspectos precisam seguir juntos, caso contrário, a música se torna duvidosa. Na música europeia eles *podem* ser separados sem que a qualidade da música saia prejudicada. Ao contrário, pode haver um ganho de qualidade. Beethoven pode ter sido um mau intérprete de sua própria música; outros músicos conseguiram tocar melhor suas peças. De modo análogo, no começo de sua carreira, Miles Davis não foi nenhum trompetista excepcional do ponto de vista técnico. Apesar disso, é inconcebível que algum trompetista tecnicamente melhor, caso escrevesse as frases de Miles Davis e em seguida as tocasse, conseguisse um "Miles Davis melhor" do que o original. Pode-se expressar isso com um paradoxo: no começo, Miles Davis pode ter sido um trompetista mediano, mas ele era o maior intérprete que se podia desejar para a sua música. E a força espiritual de suas improvisações exerceu grande influência sobre outros músicos, a despeito do fato de que, do ponto de vista técnico, ele costumasse produzir um som ruim. Miles Davis impressionou e também influenciou outros trompetistas que tocavam com uma técnica mais perfeita que a sua.

Quando executado por outro músico que não o seu criador, um *chorus* improvisado de jazz corre o risco de perder sua autenticidade e se tornar falso, postiço, pois, em vista da pluralidade das vivências humanas, é impensável que *um outro* possa, em sua execução, se achar na mesma situação em que o autor do improviso se achava. No jazz, a vinculação do resultado sonoro com seu autor é mais importante para a improvisação do que a completa falta de preparação prévia. Copiar ou imitar sem preparação pode ser mais danoso à essência do jazz do que uma preparação sistemática, de muitas horas, já que aqui as frases elaboradas pertencem a quem toca e são expressão de sua personalidade. Esse é o sentido das palavras de Humphrey Lyttelton citadas anteriormente. Um músico como Shorty Rogers, tão diferente de Lyttelton, pensa da mesma forma quando diz:

> Em minha opinião, todos os bons jazzistas são compositores. Assim eu os considerei em meus arranjos quando compus partes providas apenas de instruções. Muito espaço era reservado à capacidade de composição espontânea dos músicos, bem como a um sentimento estilístico recíproco, uma espécie de elo de união entre nós" (entre o arranjador e o improvisador).

E o pianista holandês Misha Mengelberg fala da improvisação como um método de *instant composing* – de composição instantânea – expressando de outra forma a identidade do improvisador, do compositor e do intérprete.

Quando se trata da improvisação no jazz, essa identidade é fundamental, mas não no sentido de um selvagem jorro *ex tempore*. Também o arranjador tem de efetivar a identidade entre improvisador, compositor e intérprete. Além de ajudar a coordenar a improvisação a ser feita com o "improvisado-antes", ele encontra a justificativa mais própria de sua situação no fato de poder satisfazer a exigência de identidade entre o improvisador, o compositor e o intérprete, isso, às vezes, até melhor do que o solista que improvisa espontaneamente. Jack Montrose, um dos principais arranjadores do jazz da Costa Oeste, falou o seguinte na época em que essa música estava no auge:

> O arranjador e o compositor de jazz diferenciam-se de forma muito singular dos colegas que atuam em outras áreas da composição musical porque sua capacidade de escrever música representa um prolongamento direto de sua capacidade – anterior – de poder tocar jazz. É uma convicção minha que o jazz só estampa autenticidade quando é criado por compositores que, antes de qualquer coisa, aprenderam a improvisar.

Em outra ocasião, ele também disse: "Tão logo uma música seja obra de um jazzista, ela produzirá jazz." Falaremos sobre isso principalmente no próximo capítulo ("Os Instrumentos do Jazz"). Mas já apresentaremos seis assertivas com as quais o problema da improvisação pode ser exposto de forma resumida:

1. A improvisação e o improvisado-antes se equivalem.
2. improvisado-antes é reproduzível pelo autor do improviso e por ninguém mais.
3. A improvisação e o improvisado-antes traduzem a situação pessoal daquele que improvisa e repete o seu improviso.
4. É intrínseco à improvisação a coincidência entre o improvisador, o compositor e o intérprete.
5. Desde que o arranjador corresponda ao item quatro, sua função se diferencia daquela do intérprete que compõe improvisando apenas do ponto de vista técnico-artesanal: o arranjador escreve, mesmo quando para outros, com base em sua experiência como intérprete que compõe improvisando.
6. A improvisação – no sentido das frases um a cinco – é indispensável no jazz; a improvisação no sentido da falta completa de preparação e espontaneidade ilimitada *pode* existir, mas não é necessária.

ARRANJO

Muitos amantes de jazz e quase todos os leigos pensam haver uma contradição entre improvisação e arranjo. Quando a improvisação assume um papel decisivo, o arranjo automaticamente decai de sua importância, pois "quanto mais arranjado, menos se pode improvisar".

Os jazzistas – desde o começo do jazz, ou, pelo menos, desde a grande era do jazz de Nova Orleans na Chicago dos anos de 1920 – são de outra opinião. Eles não consideram o arranjo um impedimento à liberdade de improvisação, mas um expediente auxiliar. A própria experiência ensina que, se o solista conhece a parte executada pelo músico que o acompanha, sua improvisação pode acontecer com mais liberdade e fluência. Por isso, muitos dos grandes improvisadores – dentre eles Louis Armstrong – sempre fazem questão de arranjos. Também por isso apenas para o observador superficial é uma contradição que, de um lado, Fletcher Henderson seja o primeiro grande arranjador do jazz e, de outro, sua orquestra tenha se caracterizado por uma liberdade de improvisação rara entre as *big bands* da época.

Na relação entre arranjo e improvisação, existe uma tensão que, de um modo imprevisível, pode ser fecunda. Jelly Roll Morton disse a seus músicos: "Eu ficaria muito satisfeito se vocês tocassem apenas esses pequenos pontos pretos. Os pequenos pontos pretos que eu escrevi. Vocês não têm de ficar inventando nada." Apesar disso, o clarinetista Omer Simeon, antigo integrante da banda de Jelly Roll Morton, comentou: "O motivo pelo qual seus discos são tão cheios de truques e surpresas é a liberdade que ele dava a seu pessoal. Ele estava sempre aberto a propostas..." Essa é uma tensão que – independentemente de qualquer teorização – acontece rotineiramente. Todos os membros da orquestra do jovem Duke Ellington acreditavam tocar de acordo com a própria vontade, mas, apesar disso, cada nota soava "ellingtoniana".

O desenvolvimento paulatino do arranjo remonta aos anos de nascimento do jazz. Os primeiros músicos de jazz – King Oliver, Jelly Roll Morton, Clarence William, Louis Armstrong – ensaiavam com seus grupos improvisos para as músicas, integrando os melhores resultados ao repertório. Isso mostra o quão facilmente a improvisação transita para o arranjo. O que ontem foi um improvisado-antes, amanhã talvez se torne um arranjo firmemente estabelecido.

George Ball mostra como o New Orleans Rhythm King – a triunfal banda de Dixieland dos anos de 1921-1925 – procedia de um modo semelhante,

> ao estabelecer de antemão para cada músico as partes que eles precisavam tocar; ao adotar um esquema de improvisação – embora muito simples; e, finalmente, pelo uso de uma base rítmica homogênea. Arranjos tais como os que conhecemos hoje eram, naturalmente, impossíveis, em primeiro lugar, porque os instrumentistas mais importantes do grupo melódico – Mares, Rappolo e Brunies – eram incapazes de ler uma única nota que fosse. Mas o pianista Elmer Schoebel disciplinava essa gente fazendo inúmeros exercícios nas partes que hoje seriam denominadas arranjos. Os músicos precisavam memorizar essas coisas.

Talvez o mal-entendido provenha da falta de uma definição exata do que é um arranjo. As pessoas tendem a falar de arranjo como algo que foi escrito previamente. Mas é fácil perceber que, no fundo, é apenas uma questão de procedimento se um determinado trecho é escrito de antemão ou se ele é simplesmente ditado. O arranjo começa no momento em que qualquer coisa é combinada de antemão. Não importa se isso acontece de forma escrita ou verbal.

Desde os anos de 1930, fixou-se no meio das *big bands* a expressão *head-arrangement* – um arranjo que "está na cabeça". Nas grandes orquestras de Fletcher Henderson, Count Basie ou também no primeiro "Herd" de Woody Herman, nos anos de 1940, estabelecia-se geralmente apenas os primeiros 24 ou 32 compassos de uma peça, reservando-se todo o restante à capacidade de improvisação dos músicos. Também esse conceito de *head-arrangement* torna claro o quão natural e contínua é a transição da improvisação ao arranjo através do improvisado-antes.

Uma vez que inexiste contradição entre arranjo e improvisação, entende-se por que a improvisação não ficou em segundo plano no curso da progressiva constituição do arranjo na história do jazz. Arranjo e improvisação se desenvolveram progressivamente na mesma medida. Charlie Parker, Miles Davis e John Coltrane – e mais ainda Albert Ayler, Evan Parker e outros músicos do free jazz – reivindicaram uma liberdade de improvisação que, por exemplo, King Oliver, Louis Armstrong ou Bix Beiderbecker, no ponto culminante do jazz tradicional, nunca possuíram. Isso pode ser estabelecido de forma muita exata com a ajuda das diferentes matrizes de discos que geralmente precisam ser feitas para a gravação de uma faixa até que o diretor de gravação e os músicos fiquem satisfeitos. Nas diferentes matrizes de uma mesma faixa, oferecida, por exemplo, por Louis Armstrong ou Bix Beiderbecke, os solos que Satchmo ou Bix executam, são, de fato, muito distintos uns dos outros, mas não menos comparáveis; estrutura e direção melódica raramente sofreram alguma modificação. Muitos *takes* de Charlie Parker, porém, diferenciam-se tão fortemente entre si que cada repetição, no fundo, faz surgir uma peça completamente nova. As quatro tomadas de "Cool Blues", de Charlie Parker – todas gravadas no mesmo dia em sequência e das quais apenas a última foi aceita por Parker como *master* – puderam ser utilizadas comercialmente em três faixas distintas: "Blowtop Blues", "Cool Blues" e "Hot Blues".

Por isso, para músicos que participam de *ensembles* dependentes de arranjos não é contraditório dizer que a improvisação é a "palavra-chave". Carson Smith, por exemplo, o baixista do Chico Hamilton Quintett nos gloriosos anos do jazz da Costa Oeste, falou do improviso como "chave": "Encontramos a liberdade (para improvisar) no que está escrito (como arranjo)." John Lewis, o maestro do Modern Jazz Quartet, para quem o arranjo e a composição são de significado decisivo, disse: "O que torna o jazz peculiar é a improvisação coletiva." O clarinetista Tony Scott, que também se destacou como arranjador e compositor de jazz, durante uma mesa-redonda promovida pelo Festival de Jazz de Newport (Rhode Island), de 1956, disse que o jazz avançaria antes pela via da improvisação que pela da escrita.

Certamente, o arranjo só pode cumprir sua finalidade quando o arranjador satisfaz a exigência que, como vimos na conclusão da seção "Improvisação" deste capítulo, foi exposta por Jack Montrose. Para ele, o arranjador precisa ser jazzista e improvisador de jazz. Em toda a história do jazz, não existe nenhuma exceção importante a esse pressuposto de fundo. É característico da história do jazz que não se possa falar de arranjo sem uma menção à improvisação.

Desde que o arranjador satisfaça a exigência de ser um jazzista que improvisa, basta um passo para que ele se torne compositor. Sem dúvida não há propriamente nenhuma contradição entre a improvisação e o arranjo, mas entre, de um lado, improvisação e arranjo e, de outro, composição. Uma vez que a improvisação está no centro do jazz, certamente há lugar para arranjos, mas apenas em casos extremos e raros para obras compostas do começo ao fim. Dado que a música europeia – ou antes, a música europeia a partir do romantismo – é uma música composta e formalmente definida pela composição, não há aqui praticamente nenhum espaço para improvisação, com exceção do gênero *aleatório* na moderna música de concerto (sem entrarmos nessa questão, diga-se apenas que justamente a sua forma desajeitada e saturada de mediações teóricas deixa ainda mais clara a relação confusa dos músicos de concerto com a improvisação).

O "compositor de jazz", portanto, é um paradoxo: jazz significa improvisação e composição significa – pelo menos na Europa – exclusão da improvisação. Mas o paradoxo pode ser frutífero: o compositor de jazz configura sua música no sentido da grande tradição europeia e deixa, apesar disso, espaço para improvisação. Mais ainda: aquilo que ele configurou no sentido da tradição europeia já nasce com um sentido jazzístico. Não há dúvida de que o jazz, em relação à configuração formal da música europeia, é um gênero inferior, de modo que, assim, o jazz só pode sair vitorioso onde a configuração e a maestria da forma se tornam possíveis sem que nenhum elemento constitutivo de sua peculiaridade se perca, a saber: na vitalidade, na polirritmia, na comunicação imediata – numa palavra: no que é jazzístico. As palavras de Stravinsky, segundo as quais a composição é uma "improvisação seletiva", mostram-se, sob esse ponto de vista, muito mais significativas para os compositores de jazz do que para aqueles de origem europeia.

Nesse contexto é útil chamar a atenção para a relatividade de conceitos como "composição" e "improvisação". Não há antagonismo entre esses dois procedimentos musicais. Toda composição contém – conscientemente ou não – elementos de improvisação. Inversamente, em toda improvisação – mesmo na mais selvagem e "livre" improvisação coletiva do free jazz – existem *patterns* pré-formulados, *licks* e elementos usados pelo executante – portanto, estruturas compostas. O que separa a composição da improvisação é uma diferença apenas de grau, pois elementos da improvisação e da composição se relacionam reciprocamente nesses dois tipos de procedimentos musicais.

A rigor, é apenas a partir dos anos de 1950 que a figura do compositor de jazz começou realmente a se desenvolver, assumindo traços cada vez mais expressivos em músicos como Jimmy Giuffre, John Lewis, Bill Russo, Ralph Burns, Oliver Nelson, Charles Mingus, Carla Bley, Chick Corea, Muhal Richard Abrams, Henry Threadgill, Vince Mendoza, Maria Schneider e Klaus König. Porém, apenas Duke Ellington, que compunha desde meados dos anos de 1920, estava realmente no nível dos grandes improvisadores de jazz – Charlie Parker, Louis Armstrong, Lester Young, Coleman Hawkins, John Coltrane, Miles Davis.

O compositor e arranjador de jazz concebe a si mesmo primeiramente como organizador, como aquele que fornece ideias aos músicos (modelos rítmicos, *riffs*, escalas, harmonias, desenvolvimento formal, camadas sonoras etc.). Um momento básico da composição jazzística é a escolha de músicos específicos que desenvolvam suas respectivas partes de acordo com o material executado. Todos os grandes compositores de jazz – a começar por Ellington – deixam rastros nessa direção.

Além disso, era necessário que desde o começo do jazz outro tipo de compositor entrasse em cena: o músico que, compondo temas de blues de doze compassos ou canções de 32 compassos, produzisse para si e para os demais músicos material de base para a improvisação. Essa linha vai desde os primeiros jazzistas, como Jelly Roll Morton e Fats Waller, passando por Thelonious Monk, até os renomados improvisadores modernos que escrevem seus próprios temas: Sonny Rollins, Mile Davis, John Coltrane, Herbie Hancock, Wayne Shorter, Muhal Richard Abrams, Kenny Wheeller, Gianluigi Trovesi. Portanto, estamos nos referindo a praticamente todo improvisador de jazz. Esse tipo de composição se converte diretamente – sem mediação do arranjo – em processo improvisatório. Naturalmente, entre essa composição temática estabelecida a partir de um simples esquema acórdico e as composições jazzísticas formalmente complexas, organizadas e estabelecidas em escrita polifônica, existe uma série de transições graduais, em que tudo se desenvolve de forma tão orgânica que a fixação de fronteiras se torna sempre arbitrária em alguma medida.

Junto do problema da relação entre arranjo e improvisação, é costume indagar sobre o vínculo entre o coletivo e o individual no jazz. Já foi dito que jazz "é música de massa", mas também que "é música de um individualismo sem limites". Ora, muito mais coletiva é uma orquestra sinfônica, em que cem músicos, no limite da abnegação, submetem-se a uma única vontade. De outro lado, só é lícito falar em individualismo sem limites, se regras, prescrições e leis são desconsideradas. Mas não é esse o caso do jazz nem mesmo do free jazz.

O free jazz apenas aparentemente obedece a princípios distintos. Certamente não há mais – ou há bem pouco – arranjos escritos na linguagem tonal que Oliver Nelson, Gerry Mulligan ou Gary McFarland cultivaram em suas *big bands*. Entretanto, nas *big bands* experimentais do free jazz – por exemplo, na orquestra de

Anthony Braxton, de Barry Guy ou a na Globe Unity, de Alexander von Schlippenbach e na orquestra ICP, de Misha Mengelberg –, a existência de trechos escritos não é de modo algum uma raridade. Neles, as possibilidades limitadas da notação tradicional ou são ampliadas por formas diferenciadas de notação gráfica ou são completamente substituídas.

A concepção de arranjo do free jazz remonta, ademais, ao começo da história do jazz – aos arranjos estabelecidos em acordo na King Oliver Band ou na New Orleans Rhythm King. A inevitável tensão entre liberdade da improvisação e a ordem do arranjo que caracteriza os estilos de jazz do passado também perpassa a *conduction* de Butch Morris ou as *game pieces* de John Zorn (formas distintas de improvisação guiada). Naturalmente, há também as formas de improvisação em que nada é combinado, que renunciam, pois, a qualquer forma de arranjo. Mas com o tempo se percebeu que essa "completa falta de interligação" era apenas um estágio de transição, restrito ao movimento de emancipação dos anos de 1960. Depois, conquistou-se uma relação mais objetiva com a composição, em que as experiências da improvisação "livre" puderam ser limitadas, estruturadas e ordenadas por processos compositivos.

Em todo caso, foi um passo consequente e lógico que, com o significado cada vez maior do arranjo no jazz, não só a improvisação, mas também a composição (como uma reação ao excesso de liberdade dos improvisadores) tenham crescido em extensão e significado. Dave Brubeck falou de modo muito eloquente e verossímil: "O jazz é provavelmente a única forma de arte hoje existente em que a liberdade do indivíduo não colide com o sentimento de comunidade." Nessa simultaneidade de coletividade e liberdade repousa o que no começo deste livro designamos de "situação sociológica do jazz".

BLUES

Dois críticos de jazz, um produtor musical e um músico de jazz se reuniram para discutir "se o blues é essencial ao idioma do jazz". O pianista Billy Taylor – o músico que participou da discussão – disse:

> Desconheço um único jazzista importante – antigo, recente, do período intermediário dos anos de 1930 ou do cool jazz – que não tenha manifestado grande respeito e afetividade pelo blues, tocasse ele blues ou não. Ou o espírito do blues estava presente em sua forma de tocar ou ele não era realmente um grande jazzista.

Nesuhi Ertegun, diretor da gravadora Atlantic e renomado crítico, disse: "Deixem-me colocar apenas uma questão: vocês acreditam que um homem como Lester Young tocaria uma melodia como "Body and Soul" como toca, caso ele nunca tivesse tocado blues?" Billy Taylor respondeu: "Não." Leornard Feather resumiu: "Eu acredito que a questão decisiva é que o blues é a essência do jazz. Ser sensível ao blues significa ser sensível ao jazz. Em outras palavras: os acordes e as notas que são importantes para o blues são as mesmas que importam ao jazz – a terça menor, a sétima menor e assim por diante." Sobre o que disse Billy Taylor:

> Receio ser um pouco simplista, mas gostaria de dizer que a questão é o espírito do blues. O importante não é o fato de que alguém num determinado trecho diminua ou ligue este ou aquele intervalo, ou faça qualquer outra coisa que seja típico do blues. A questão é simplesmente que esse nebuloso blues *feeling* (espírito do

> blues) – a vitalidade que se extrai do blues ou o que quer que seja – é justamente o que diferencia um "Body and Soul" de Coleman Hawkins e essa mesma peça tocada por um sax-tenorista de uma banda de baile comercial.

Nessa conversa, fica claro que o blues pode ser definido de vários modos. Pode-se defini-lo em termos de estado de espírito, etnia, condições sociais, melodia, harmonia e forma. Em relação ao que foi dito neste livro na seção "Bessie Smith" do capítulo "Os Músicos da Jazz" e no começo da seção "1920 – Chicago" do capítulo "Os Estilos do Jazz", parece que a definição do blues como estado de espírito é a mais importante. Leadbelly, uma das cantoras da época em que o blues ainda era uma arcaica arte popular, apresentou esta definição do blues como estado de espírito de modo insuperável:

> Nenhum homem branco jamais conheceu o blues, pois o branco não tem com o que se preocupar. Se você se deita na cama e vira de um lado para outro sem conseguir dormir, o que está acontecendo com você? O blues lhe pegou. Se você acorda pela manhã e fica sentado na cama, mesmo que estejam com você mãe e pai, irmã ou irmão, amigo ou amiga, marido ou mulher, sem querer falar com nenhum deles, embora ninguém tenha feito nada contra você, o que está acontecendo? O blues lhe pegou. Se você senta à mesa e olha para o prato com frango assado e arroz, levanta, treme e diz: "Deus do céu, não consigo comer, não consigo dormir, o que está acontecendo comigo?" O blues lhe pegou.

Bessie Smith disse: "Nobody knows you when you're down and out" (Ninguém quer saber de você, se você está pobre e desvalido). John Lee Hooker: "I've got the blues so bad, it's hard to keep me from cryin'" (Eu estou tão saturado de blues, que é difícil não chorar). Em "You Don't Know My Mind", encontramos: "When you see me laughin', I'm laughin' just to keep from cryin'" (Se vocês me veem rir, eu rio apenas para não chorar).

Essa definição do blues como estado de espírito é pertinente também quando o blues é irônico e bem-humorado – e isso acontece em muitos casos. Também aqueles artistas de blues cuja obra encerra tanto a tristeza quanto a alegria – como Big Broonzy, o último B.B. King ou Otis Rush – ajustam-se bem a essa definição do blues como estado de espírito.

Há também as definições melódica, harmônica e formal. O cantor de blues T-Bone Walker disse: "No fundo, existe apenas um único blues. É o esquema harmônico dos doze compassos. Você precisa interpretá-lo. Você simplesmente escreve uma nova letra em cima dele, faz um improviso e aí você tem um novo blues."

A estrofe do blues, segundo a regra, é de doze compassos, em que são dispostos os três acordes fundamentais do campo harmônico: tônica, dominante e subdominante.

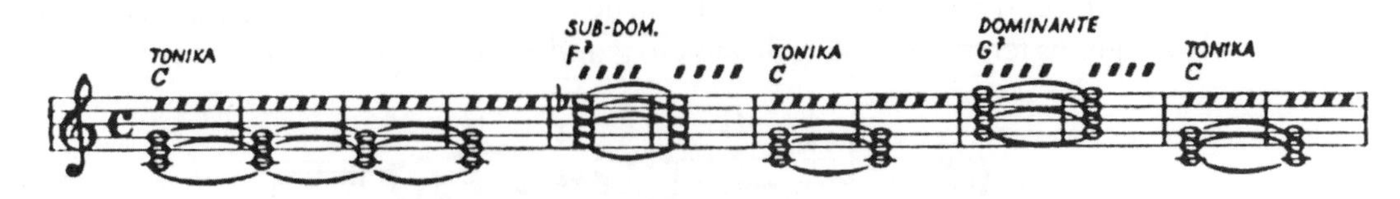

exemplo 2

Essa base acórdica de doze compassos, excluindo as exceções, é obrigatória tanto para os blues mais antigos (desde que correspondam à forma do blues que já definimos) quanto para as complexas improvisações de blues feitas pelos músicos modernos, os quais, sem ferir a funcionalidade harmônica do blues, levam a harmonia ao extremo do refinamento. A forma de doze compassos é a forma padrão do blues. Dela se ramifica uma gama abundante de outras formas (só o musicólogo Alfons M. Dauer apontou 180).

As improvisações e melodias de blues baseadas nessa estrutura acórdica de doze compassos se tornam tão fascinantes graças às chamadas *blue notes*. Antigamente, dizia-se que elas haviam surgido de uma dificuldade: os negros deportados da África para o Novo Mundo precisavam adaptar o sistema tonal predominantemente pentatônico (de cinco graus) que conheciam pela prática de sua própria música a nosso sistema heptatônico, constituído de sete graus. Para que o terceiro e o sétimo graus de nosso sistema tonal se tornassem compatíveis com sua sensibilidade musical, os negros teriam sido obrigados a abaixá-los, o que – embora, de fato, possa dar no mesmo – é algo, em princípio, distinto do que a teoria europeia chama de *diminuição*. As *blue notes* não consistem numa diminuição de meio tom, mas em diminuições muito menores, microtonais, que variam de acordo com o músico e com seu estado de espírito. A terça menor e a sétima menor – para empregar conceitos da música europeia, embora nesse caso não sejam adequados – tornam-se, assim, *blue notes*. Isso difere do que se passa na música europeia, porquanto a diminuição que dá origem às *blue notes* não está relacionada à definição de modo (maior ou menor).

Mas essa "teoria da incapacidade" foi abandonada com o tempo. Em primeiro lugar, porque o sistema tonal de sete notas chegou à África, instalando-se facilmente por lá; em segundo lugar, a pregnância e a frequência com que as *blue notes* emergiram no começo do blues e do jazz testemunham que essa instabilidade na altura da terça e da sétima foi desde o começo voluntária, tendo sido fixada como meta para a obtenção de uma melhor sonoridade.

Mais tarde, quando o bebop diminuiu a quinta, surgiu mais uma *blue note*, primeiramente nos blues em tom menor, depois em qualquer tipo de blues: a quinta diminuta terá assim o mesmo direito das *blue notes* feitas a partir do terceiro e do sétimo grau.

No blues, é comum que um acorde de tônica ou dominante sirva de base para uma *blue note* – a voz do baixo, por exemplo, toca uma terça maior, ao passo que o soprano toca uma terça menor. Disso resulta um atrito sonoro, que pode ser interpretado como fruto do encontro de dois sistemas harmônicos distintos: a estrutura acórdica correspondente à tradição europeia e as *blue notes* da linha melódica, oriundas da música africana.

O Exemplo 3 mostra uma linha melódica bem típica. Cada segunda colcheia é uma *blue note*. As *blue notes* tradicionais sobre o terceiro e o sétimo graus estão indicadas com uma seta; a *blue note* formada a partir da *flatted fifth* (quinta diminuta) vem indicada com duas setas. O acorde de Dó é a base de toda a cadência – o que não prejudica o processo de constante tensão. Cada *blue note* funciona como apojatura de uma nota "normal", em que a *blue note* se resolve. Nesse sentido, a cadência nada mais é do que a sucessão de seis movimentos de tensão e resolução. A tendência do jazz a se desenvolver nesse movimento contínuo de tensão e resolução fica particularmente clara aqui. As tensões não se realizam em grandes arcos como na música europeia.

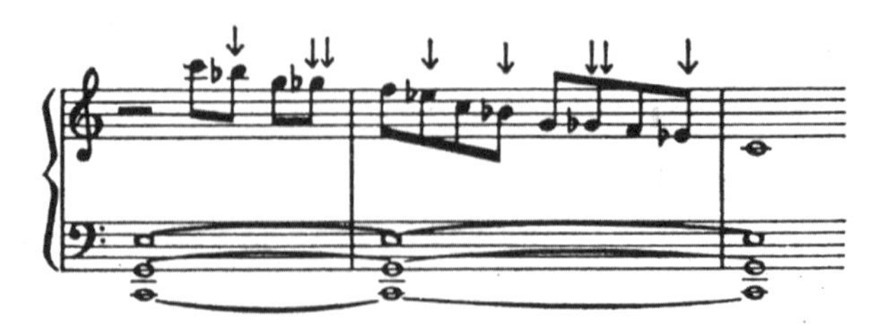

exemplo 3

Na medida em que as *blue notes*, de um modo geral, resolvem-se no grau imediatamente inferior, pode-se constatar no blues certa tendência a linhas melódicas descendentes. É o que também aparece neste Exemplo 3. São linhas melódicas como essa ou semelhantes a essa que surgem em milhões de improvisos de jazz – fora e dentro do blues. Isso evidencia o quanto o jazz, em sua universalidade, alimenta-se de elementos oriundos do blues – trate-se ou não de um blues padrão.

Os doze compassos do blues são formados a partir de três frases quaternárias, configurando-se da seguinte maneira: nos primeiros quatro compassos (A), uma afirmação é feita; nos quatro seguintes (A1), essa afirmação – com base em outra harmonia – é repetida, enquanto os últimos quatro (B) extraem daí uma "consequência".

Sara Martin cantou:

> Blues, blues, blues, *why did you bring trouble to me?*
> *Yes*, blues, blues, blues, *why did you bring trouble to me?*
> *Oh Death, please, sting me and take me out of my misery.*
>
> (Blues, blues, por que você me atormenta?
> Sim, blues, blues, blues, por que você me atormenta?
> Oh Morte, por favor, fisgue-me e tire-me desta infelicidade.)

Essa forma tripartite – uma pergunta feita duas vezes e sua resposta – cria coesão e densidade semântica, o que também é, do ponto de vista literário, um traço comparativo das "formas breves". Nessa imbricação de forma e conteúdo, reside o máximo critério da forma. Surpreendente é também o fato de que, em relação ao ideal da configuração artística ocidental – a unidade de forma e conteúdo –, o mundo do blues, "proletário", "negroide", revelou-se capaz de uma correspondência tão exata e densa que a relação entre ambos os termos se tornou "causal".

Certamente, a coesão formal do blues – tanto em sentido musical quanto textual – não se desenvolveu plenamente desde o começo. Quem observar o velho folk blues chegará à conclusão de que a estrutura A-A-B (cada um de quatro compassos) existia no começo apenas como uma ideia vagamente presente, mas nunca atingida. Essa concepção formal foi se consolidando cada vez mais ao longo dos anos. Também em termos harmônicos, o blues "primitivo" continha inúmeros "erros". Passava-se soberanamente por cima das leis harmônicas e fazia-se o que o sentimento determinava. O cantor de blues Big Bill Broonzy falou várias vezes que a "exatidão" intuitiva é mais importante do que a de caráter harmônico e formal.

Geralmente, o cantor de blues não realiza totalmente as três frases de quatro compassos, indo, respectivamente, só até o começo dos compassos terceiro, sétimo e décimo primeiro. O restante da frase fica à disposição para a improvisação, chamada *break* – uma breve sequência cadencial de notas, com a qual a frase anterior é interrompida pela seguinte. Nesses compassos pela metade do blues *break*, reside o núcleo de toda a improvisação do jazz e de sua fascinante realização no jogo de força entre o desprendimento do solista e o senso de responsabilidade diante do coletivo por parte dos músicos que acompanham.

As letras de blues correspondem ao nível de sua forma. Jean Cocteau considerou a poesia do blues como a única contribuição essencial no domínio da poesia autenticamente popular do século XX. Alfons M. Dauer foi ainda mais longe ao se referir ao blues como um gênero literário de primeira linha. Nessas letras de blues pulsa tudo o que há de significativo na vida dos cantores: o amor e a discriminação racial, a prisão e a polícia, as grandes inundações, os comboios e as profecias dos ciganos, o poente e os hospitais. O imediatismo com que a "vida" desemboca nas letras de blues é surpreendente e não encontra paralelo em nossa poesia tradicional, nem na popular nem na erudita.

Mais da metade das letras de blues fala do amor. O amor é visto de forma nua e crua como aquilo que gera alguma consequência, mas permanece sendo amor quando espelha relações destruídas, transformadas em inimizade, o que os sociólogos mostraram em seus estudos sobre os guetos e as áreas de habitação e que, de resto, remonta ao dilaceramento das famílias negras ao longo da escravidão secular. Numa época em que, de um modo geral, as canções de amor não vão além de um "azul, azul, azul florescem as gencianas"*, o blues mostra uma grandeza humana não sentimental e uma força de emoções e paixões que, num país como a Alemanha, só se conhece por intermédio da "grande literatura". Não existe um só blues sobre criadas do tipo "Criada bonita, você não tem um tempo hoje para mim?"**; não obstante, o blues pertence ao mundo daqueles que servem a todo um continente, que vivem e trabalham em posições subalternas.

Existem blues ligeiros e alegres. Porém, em primeiro lugar, o blues é a música de um proletariado que leva uma vida sofrida. O fator sociológico do blues é pelo menos tão importante quanto o fator racial. De modo geral, é raro um blues autêntico em que o cantor não faça parte do proletariado. Um blues cantado por um "aristocrata" é uma contradição em si mesmo. "Eles não têm motivo para sofrer".

Que alguém "tenha" ou "não tenha" o blues é sempre uma questão decisiva em relação ao texto do blues. É preciso "ter" o blues para poder cantá-lo. "O blues é uma parte de mim", disse a cantora Alberta Hunter.

Aquilo que, à primeira vista, parece faltar ao blues, a saber, um princípio de continuidade, é determinado por seu estado de espírito e pela atmosfera que lhe são típicos. É quase como se a falta de coesão, em oposição ao que a arte ocidental sempre exigiu até o século passado, fosse um signo do blues (o que naturalmente também está ligado à tradição oral). Seus versos e estrofes – geralmente montados a partir de blues e canções diversas – não estão de acordo com o que denominamos de lógica e desenvolvimento narrativos. Às vezes, é como se o próprio cantor fosse o agente; às vezes, fala-se de um terceiro como agente. No primeiro caso, o sujeito aparece como "ele"; no segundo, como "ela"; no primeiro, domina o passado; no segundo, o futuro; no primeiro, fala o singular; no segundo, o plural.

Mesmo quando a composição nasce de uma só pessoa, é como se o autor do blues não se preocupasse muito com a unidade. Em "Old New Orleans Blues", embora o título e o tema se refiram univocamente à velha Nova Orleans, na penúltima estrofe fala-se de Memphis e, no fim, de candeeiros balançando ao vento diante das janelas das casas onde as pessoas dormem. Em "Two Nineteen Blues", fala-se primeiro da ferrovia, depois da uma moça na rua e assim por diante: quase todos os blues oferecem exemplos dessa "descontinuidade típica"; além disso, custa encontrar um blues em que cada palavra decorra necessariamente da anterior. Seria falso ver aqui uma incapacidade em relação à unidade. Simplesmente, a unidade não é interessante, não é o que está em jogo. Os versos e as estrofes lembram o impressionismo: eles ficam lado a lado como agrupamentos de cores numa tela. Quem observa de perto não sabe por que o vermelho está ao lado do azul ou o verde ao lado do laranja; no entanto, se se dá alguns passos atrás, surge uma unidade. A essência do blues é seu estado de espírito e sua atmosfera. Elas criam continuidade. As coisas – eventos, recordações, pensamentos – são envolvidas pelo estado de espírito do blues e saem dele como blues.

* "Blau, blau, blau blüht der Enzian". Referência à "Blau blüht der Enzian" (Azul, Florescem as Gencianas), de Erich Becht (n. 1926), um dos grandes sucessos da música popular e tradicional da Alemanha. (N. da T.)

** "Schöne Maid, hast du heut' für mich Zeit?". Referência à "Schöne Maid" (Criada Bonita), de Jack White (n. 1940), canção alemã que ficou famosa na voz do cantor Tony Marshall (n. 1938). (N. da T.)

Tudo o que faz parte do mundo dos cantores de blues converte-se em blues. Tudo comparece, nada pode ficar de fora. O cantor de blues Big Bill Broonzy conta como ele, quando jovem, junto com seu tio, capturou uma tartaruga:

> Levamo-na para perto de casa e aí meu tio disse que eu devia fazer com que sua cabeça saísse de dentro da couraça. Eu peguei um bastão e o coloquei diante da tartaruga. Ela agarrou o bastão e não soltou mais. Meu tio pegou um machado e bateu com ele em sua cabeça. Daí, entramos em casa, onde ficamos algum tempo. Quando voltamos, não havia mais tartaruga. Procuramos por ela e a encontramos já perto do mar onde ela havia sido capturada. Trouxemo-la de volta e meu tio disse: "Uma tartaruga que está morta e não sabe." E assim falou Big Bill: "E assim acontece com muita gente hoje em dia. Eles têm o blues e não sabem."

O começo do blues está ligado aos cantos de trabalho e aos *field holler*, cantos arcaicos simples que os afro-americanos entoavam durante o trabalho no campo ou na costa do Mississipi. Eles cantavam porque era mais fácil trabalhar com o ritmo da canção do que sem ele, porque o ritmo exercia um efeito sobre aqueles que cantavam e, finalmente, porque, sob esse efeito, trabalhavam todos aqueles que, de outro modo, talvez não trabalhassem, pelo menos não suficientemente. "Law, cap'n, I's not a-singin' – I's jes a-hollerin' to he'p me wid my wu'k" (Senhor capitão, isso não é uma canção, é só um brado pra me ajudar no meu trabalho). Por isso, o homem branco quis que o negro cantasse. "Um negro que canta é um bom negro", disse o crítico francês François Postif descrevendo a opinião de um latifundiário ou de um vigia de cela.

Junto com os cantos de trabalho e os *field holler* havia as canções e baladas populares ligadas à tradição "branca" europeia. Havia ainda um tipo de música com estrutura semelhante às antigas canções circulares, com a alegre e contínua repetição de um refrão curto e fácil de assimilar que é cantado em coro pelos ouvintes.

Blind Lemon Jefferson, Big Bill Broonzy, Leadbelly, Robert Johnson, Elmore James, Blind Boy Fuller, Rev. Gary Davis, Big Joe Willians, Bukka White, Blind Willie MacTell, Sonny Terry, Brother John Sellers, John Lee Hooker, Lighntin' Hopkins – esses são alguns dos representantes do *folk* blues que se tornaram famosos. A maioria acompanhava suas canções com *guitarras* e, em geral, eram incríveis *guitarristas*, como Lonnie Johnson e Lightnin'Hopkins. Outros cantores de blues – por exemplo, os falecidos Sonny Terry, Little Walter e Sonny Boy Williamson – sabiam tirar sons maravilhosos da gaita de boca. Já outros gravaram discos com a participação de jazzistas renomados acompanhando o canto de seu *folk* blues.

Na maioria das vezes, o instrumento que acompanha o cantor de blues é mais do que um instrumento de acompanhamento. É um interlocutor. Ele inspira e instiga, comenta com um sentido afirmativo ou negativo, interrompe e retoma.

O blues não deve ser encarado como se pertencesse a um passado distante. Quase todos os autores renomados de blues nutrem, de forma consciente ou inconsciente, um sentimento dessa ordem, imaginando que são os últimos a tempo de documentar uma arte popular em vias de desaparecimento. De fato, é próprio da relação do homem branco com suas tradições populares ligar-se com nostalgia, sentimentalismo e recordação aos "bons e velhos tempos". No que se refere ao blues, esse sentimento é falso.

Hoje, mais do que nunca, o blues se multiplica em diversas correntes e estilos. Nenhuma das velhas formas – *folk* blues, *country* blues, *prison* blues, blues arcaico, *cajun* blues etc. – está morta. Há formas novas: *city* blues, *urban* blues, *jazz* blues, rhythm & blues, soul blues, *hip-hop* blues. Existem também os diversos estilos regionais. Os mais fáceis de reconhecer são o Mississipi blues (áspero e arcaico), o Texas blues (movido, insinuante, próximo do jazz) e o blues do Leste, por exemplo, na

Flórida e no Tennessee (com a presença marcante do country branco e do *hillbilly*). O *folk* blues do Texas e do centro-oeste (os chamados *territories*) marcou o *big city* blues californiano; o *folk* blues dos estados do Mississipi – tendo Memphis como ponto central – marcou o *big city* blues de Chicago. Mas também as misturas não são menos interessantes que a pureza, a qual, na verdade, no mundo do blues é ilusória, pois o blues é essencialmente uma mistura. Assim, nos anos de 1960, o sucesso do blues criado em Memphis – de Albert King, por exemplo, e também de cantores de soul como Otis Redding – teve por base justamente a integração e urbanização de elementos oriundos do Mississipi e do Texas.

Quase todos os cantores importantes de blues sentem-se à vontade em meio à variedade de formas e tipos de blues, e isso não apenas no sentido de evoluírem de uma forma a outra, como, por exemplo, do *country* blues ao *urban* blues, passando pelo *city* blues (Muddy Waters, Howlin' Wolff, B.B King, Otis Rush), mas também no sentido de lidarem paralelamente com várias formas (como John Lee Hooker, Johnny Shines e Louisiana Red, que alternam entre o folk, o country e o *city* blues; como Jimmy Witherspoon, T-Bone Walker, Ray Charles, que também atuaram como jazzistas em diversas ocasiões; ou como Gatemouth Brown, que funde praticamente tudo: blues, jazz, country, *cajun* etc.).

Na metade dos anos de 1950, o blues começou a se aproximar da música popular contemporânea de uma forma antes impensável. Primeiro, o rhythm & blues – a música dançante dos negros do sul e dos guetos do norte – desaguou no *rock'n'roll*. Bill Haley e Elvis Presley foram as primeiras estrelas brancas desse gênero, porém, logo na sequência, foram artistas negros – Chuck Berry, Fats Domino, Ray Charles – que obtiveram um sucesso estrondoso, considerado impossível até mesmo para os artistas brancos da cena pop. Até 1963, o melhor do rhythm & blues esteve tão imerso no *mainstream* da música popular norte-americana que a revista *Billboard*, por algum tempo, desistiu de separar, em suas edições, o rhythm & blues do pop; depois eles voltaram atrás, mas mudaram várias vezes de procedimento, pois já não estavam seguros sobre como agir. Os maiores talentos da música negra, a partir desse momento, também faziam parte da cena branca. Os leitores mais jovens dificilmente podem compreender como isso foi inédito. A expressão rhythm & blues só seria introduzida no fim dos anos de 1950. Até então se falava em discos de raça (*race records*). A terminologia já evidencia que a música negra dos anos de 1950 fora por um bom tempo tocada em guetos que apenas indiretamente, quando muito, chegavam ao conhecimento dos brancos, ou seja, por intermédio de músicos como Paul Whiteman, Benny Goodman, Frank Sinatra, Glenn Miller, Kay Starr, Peggy Lee etc. Esses músicos superficializavam, banalizavam e esvaziavam o que em suas autênticas formas negras permanecia desconhecido da maior parte do público branco.

Ao cruzar o caminho de músicos como Bill Haley, Elvis Presley, Chuck Berry, Fats Domino, Little Richard etc., o blues literalmente destroçava a música afetada, *kitsch* e fundada em sentimentos postiços do Tin Pan Alley. Se a música popular de hoje é mais realista, clara, honesta e, ao mesmo tempo, mais rica em termos poéticos, musicais e emocionais do que a música popular de meados de 1950 (deixemos de lado a *disco music*), isso se deve à ruptura provocada pelo blues dentro da música pop. O blues – e, em geral, a música negra – sempre foi aquilo que a música branca só veio a ser agora em nossa época: realista e com referências sociais, uma crônica da vida cotidiana e dos problemas cotidianos daqueles que a cantavam.

O que aconteceu nos anos de 1950 foi apenas a preparação para a "década do rock", como é costume chamar os anos de 1960. Se Bob Dylan criou uma nova consciência musical nos Estados Unidos, os Beatles e os Rolling Stones (estes tomaram seu nome de um blues de Muddy Waters) criaram uma nova consciência musical, primeiramente, na Inglaterra, mas depois no mundo inteiro. Os artistas mais representativos de um rigor musical elevado, como Frank Sinatra, em pouco tempo se tornariam "antiquados". Mas os padrões musicais do mundo pop que haviam sido destruídos representavam padrões morais, sociais e políticos daquele mundo burguês que produzira o pop. Esses padrões do mundo burguês eram, de fato, os alvos do novo movimento. Ambos – Bob Dylan e os Beatles – são inimagináveis sem o blues. Os Beatles surgem do rhythm & blues, sobretudo de Chuck Berry, a quem eles sempre se referiram. Dylan surge de Woody Guthrie e do folk norte-americano, no centro do qual pulsava o *folk* blues. Ele morou seis meses com o cantor de blues Big Joe Willians. Quando disseram que Dylan foi o "primeiro poeta da música popular", esqueceram de mencionar centenas de cantores de *folk* blues afro-americanos, os quais desde o fim do século XIX – e talvez até antes disso – atuaram como verdadeiros "poetas da música popular".

"Se houvesse outro nome para o *rock'n'roll*, esse nome seria Chuck Berry", disse John Lennon (Berry é uma das grandes estrelas negras do blues e do rhythm & blues). Quando se diz que os Beatles e Bob Dylan modificaram a consciência musical e social de toda uma geração, é importante deixar claro que essa mudança partiu do blues e, sem ele, não teria sido possível. O guitarrista Eric Clapton falou sobre isso com muita propriedade: "O rock é como uma bateria. De tempos em tempos precisa voltar ao blues e se recarregar novamente."

Certamente, dos pontos de vista do jazz e do blues autêntico, muitos daqueles derivados do blues que surgiram na era do rock dos anos de 1960 e no *rock'n'roll* dos anos de 1950 são piores do que o produto puro não comercializado. Mas esse ponto de vista é válido apenas para uma minoria de conhecedores de jazz e de blues. Para a maioria, o que fica é o contrário: por meio do blues, a música pop atingiu um nível antes impensável. Esse processo tem desdobramentos. A corrente da música negra que deságua na música pop e no rock do mundo branco se tornou tão forte e ampla que, entre a música popular branca e a negra, as diferenças muitas vezes acabam se apagando, se não totalmente, ao menos em grande medida. Nos anos de 1970, o *funkiness* resumiu a moda do rock comercial; e o funk – como dez anos depois o rap e o hip-hop – também vem do blues e dos guetos dos negros norte-americanos.

Em primeiro lugar, a consciência do blues puro foi mais forte na Inglaterra do que nos Estados Unidos. Quase todos os grandes músicos britânicos de rock e pop dos anos de 1960 estudaram por anos a fio os cantores e instrumentistas negros de blues, imitando-os e, com base neles, encontrando seu próprio estilo.

Na Inglaterra, desde o fim dos anos de 1950, houve um extraordinário "movimento de blues", liderado pelo guitarrista e vocalista Alexis Korner – que nasceu em Viena, estudou na França e foi morar na Inglaterra – e por John Mayall. É curioso que essa consciência contemporânea do blues tenha ocorrido na Inglaterra alguns anos antes de chegar aos Estados Unidos, embora a ilha britânica esteja muito mais distante dos centros de criação de blues do que Nova York e Los Angeles. Daí, chega-se à seguinte questão: será que nos Estados Unidos o preconceito contra o blues negro era tão grande que essa "onda do blues" só vingou quando se percebeu que grupos britânicos, como Rolling Stones, Led Zeppelin ou John Mayall, ganhavam muito dinheiro com ele? Outra dúvida amarga: é casual que justamente os músicos brancos sejam aqueles que, na cena britânica e norte-americana atual, fazem fortuna com o blues, ao passo que os criadores negros dessa música – com algumas poucas exceções – permanecem, como sempre, vozes obscuras de uma camada discriminada da população?

No começo deste capítulo citamos Leadbelly: "Nenhum branco jamais viveu o blues [...]". Por décadas, o blues foi tido como o último reduto da música negra, ao qual nenhum branco podia ter acesso. Em todos os campos musicais criados originalmente por negros, os brancos se tornaram mais bem-sucedidos e ricos do que os próprios criadores negros: Benny Goodman e Artie Shaw no swing, Stan Getz e Dave Brubeck no cool jazz e todos os outros... Apenas no blues os brancos não conseguiram soar de forma mais convincente.

Mas, a partir dos anos de 1960, esse *réduit* começou a se desfazer. É crescente a existência de músicos brancos que – pelo menos como instrumentistas – fazem um blues negro autêntico. Como dissemos, os ingleses Alexis Korner e John Mayalll foram os primeiros a se destacar, porém, eles ainda estão distantes da autenticidade que apenas a geração seguinte conseguiu atingir: guitarristas como Eric Clapton ou Rory Gallagher na Inglaterra, mas depois também norte-americanos como o guitarrista Mike Bloomfield, os gaitistas Paul Butterfield, Charlie Musselwhite e Paul Osher (os quatro educados musicalmente na parte sul de Chicago, especialmente com Muddy Waters) e Johnny Winter, os guitarristas Duane Allman, Stevie Ray Vaughan, Duke Robillard e Derek Trucks, o pianista e guitarrista Dr. John, os músicos do grupo de rock Canned Heat e outros.

Malgrado isso, perdura certa diferença. O blues branco, justamente quando é artisticamente levado a sério, mostra-se mais exato, "acurado", limpo, menos expressivo e, por isso, via de regra, mais vulgar, menos sutil e flexível do que o blues negro. Charles Keil mencionou uma enquete sobre a essência do blues e do soul organizada por uma rádio negra em Chicago com seus ouvintes negros. Nas respostas, surgia sempre a palavra *mellow* (suave, mole, maduro, meigo): "They' re mellow (Eles são suaves)" (o blues e o soul). O blues branco, se é blues, não é *mellow*; quando se torna *mellow*, deixa de ser blues.

Não é à toa que John Mayall, portanto, um homem que conhece o assunto e está pessoalmente envolvido nele, diz: "Quando falamos de blues, falamos do blues negro. Esse é o verdadeiro blues." Numa edição da revista inglesa *Melody Maker*, no auge da onda branca do blues nos anos de 1960, podia-se ler: "A sorte dessa gente é que uma série de grandes artistas negros de blues, como Robert Johnson, Elmore James e Sonny Boy Willianson, não estão mais vivos."

Sem dúvida, precisamos ver o lado social do problema. Se o blues é uma música negra, isso também se deve ao fato de que as condições de vida dos afro-americanos nos guetos e no sul dos Estados Unidos, não apenas em grau, mas também na própria essência, eram inimaginavelmente distintas – e, em grande medida, ainda o são – das condições de vida dos brancos. O crítico norte-americano já falecido Ralph Gleason pressupôs que, na mesma medida em que essa situação se modificasse, músicos brancos e negros ficariam lado a lado "com os mesmos direitos". No começo do século XXI, está bem claro que ainda falta muito para que esse ciclo de desenvolvimento chegue ao seu fim.

SPIRITUAL E GOSPEL

A cantora cuja voz mais se aproximava da força e da expressividade de Bessie Smith não cantava blues, mas gospel: Mahalia Jackson, falecida em 1972. O gospel é a forma moderna do spiritual, da canção religiosa dos afro-americanos – mais vital, dançante e jazzístico que o spiritual antigo e sobre o qual, por vezes, nota-se o efeito de certa proximidade com a música religiosa europeia, sobretudo com os *white spirituals*, o spiritual de origem branca do século passado (sua existência é, na maioria das vezes ,ignorada pelos "românticos rácicos").

O blues é a forma mundana do spiritual e do gospel. Ou o inverso: o gospel e o spiritual são as formas religiosas do blues. Por isso, não é apenas metafórico, mas literal, o sentido do que diz a cantora de blues Alberta Hunter: "Para mim, os blues são quase religiosos. Assim como os spirituals, o blues são quase sagrados. Quando cantamos blues, cantamos com base em nossos corações, cantamos tudo o que sentimos." O cantor de blues T-Bone Walker escreveu:

> Naturalmente, muitos chegam ao blues por meio da igreja. O primeiro boogie-woogie de minha vida ouvi na igreja. Foi na Igreja do Espírito Santo, em Dallas, Texas. Lá, o boogie-woogie era um tipo de blues, penso eu. O padre muitas vezes procurava rezar na entonação do blues. Muitas pessoas pensam que vou ser padre quando não tiver mais condições de cantar, por conta da forma como eu canto o blues. Elas dizem que soa como uma prece.

Para os homens de origem africana levados como escravos para a América do Norte, as canções religiosas foram um importante meio de sobrevivência na "diáspora negra". No spiritual e no gospel, os louvores entoados a Deus traduziam a fé num futuro melhor. Eles representavam o grito de liberdade e, mais tarde (com a abolição da escravidão), a esperança numa vida melhor, sem discriminação racial e desigualdades sociais.

Por mais religiosos que fossem, os spirituals transmitiam em determinadas situações mensagens secretas pelas quais os escravos podiam se comunicar a respeito de intenções e planos de fuga. Quando na música se falava do "rio Jordão", a referência não era apenas ao metafórico rio bíblico, mas concretamente também ao rio Ohio, o qual, na época, constituía a fronteira com os estados do norte, alvo das aspirações dos fugitivos, já que lá a escravidão era proibida. Boa parte dos spirituals – por exemplo "Steal Away to Jesus" ou "Sweet Canaan" – eram gritos de independência. Neles, podia haver indicações sobre a saída da carruagem que levaria clandestinamente os fugitivos para a liberdade ("Swing Low, Sweet Chariot"). Podia-se alertar os fugitivos sobre o perigo da estrada e recomendá-los a seguir pelas águas, a fim de se livrar dos cães farejadores ("Wade in the Water") etc.

Nos spirituals, Jesus, Maria e todos os santos do cristianismo tornam-se membros da comunidade escrava, companheiros de sofrimento: "irmã Maria", "irmão Jesus", "irmão Paulo". Quando cantavam, em júbilo, os homens raptados da África celebravam ao mesmo tempo os *spirits* de seus antepassados, seus *ancestors*.

Nos spirituals, Moisés não é mais uma figura bíblica, mas um *ancestor*, um antepassado que protege o destino dos escravos e mostra um caminho para a liberdade. Essa súplica aos *spirits*, como sempre, continua viva na música dos afro-americanos. Quanto mais empática e pessoal, mais plena a sua realização. Essa sinceridade na expressão, a importância do *testifying* (testemunho) no gospel, é algo que também está presente – sem dúvida de uma forma moderna e modificada – no som individualizado do jazz (David Murray: "Basta apropria-se de uma única nota longa. Quando você a produz, milhares de outras também passam naturalmente a ser suas.").

Quem vai a uma igreja gospel no sul de Chicago, por exemplo, não nota nenhuma grande diferença em relação à atmosfera de êxtase que reina num concerto de jazz (pensemos num Lionel Hamptom). A música exibe os mesmos ritmos, o mesmo beat e o mesmo swing; de um modo geral, os instrumentos são os mesmos do jazz – saxofone, trombone, bateria (recentemente, também teclados) –, os mesmos baixos do boogie-woogie, a mesma estrutura do blues e as mesmas pessoas entusiasmadas que batem palmas e muitas vezes começam a dançar.

Natalie Curtis Burlin descreveu uma missa típica dos estados norte-americanos do sul da seguinte forma:

> Passaram minutos, longos minutos de uma estranha tensão. Os murmúrios, os lamentos, foram se tornando cada vez mais altos, dramáticos, até que eu, de repente, senti a tensão criativa percorrer as pessoas, como uma corrente elétrica. Era um sussurro que quase não se ouvia. As emoções se acumulavam como nuvens. Depois, das profundezas da má consciência de um "pecador", surgiu um lamento breve, compassivo, um típico suspiro de negro, modulando-se plangentemente numa cadência musical. De algum outro ponto da multidão comprimida, uma voz improvisou uma resposta. O lamento voltou, dessa vez mais alto e impaciente. Mais vozes se uniram à resposta e lhe imprimiram a forma de uma frase musical. Assim, desse metal fundido da música, por assim dizer, surgiu aos nossos ouvidos uma nova canção, composta por ninguém em particular e, entretanto, por cada um em geral.

As modernas canções de gospel, em sua maioria, são composições comercializadas em edições musicais por grandes editoras especializadas. No entanto, nas missas, essas composições são tratadas livremente, decerto nem tão livremente quanto o jazz trata seus temas.Em todo caso, elas servem de base para a atividade pessoal e o aperfeiçoamento do músico. Entre os letristas de gospel, encontramos escritores afro-americanos de grande peso, como o poeta Langston Hughes, morto em 1967. E as músicas alcançam tiragens que geralmente são mais altas do que a de muitos sucessos comerciais.

A mais importante cantora gospel foi – e continua sendo, mesmo depois de morta – Mahalia Jackson. Ela nasceu em Nova Orleans e, durante sua infância, conheceu intimamente a vida tumultuada da cidade. Em 1945, ela se tornou subitamente célebre quando seu disco com a canção "Move on up a Little Higher" virou um *best-seller* na categoria dos grandes hits: mais de oito milhões de discos foram vendidos!

Foi assim que, pela primeira vez de forma ampla, o mundo branco tomou conhecimento da arte musical do gospel. No fundo, essa percepção se deu apenas por meio de Mahalia Jackson. O gospel é a verdadeira arte *underground* dos negros dos Estados Unidos: uma arte próspera e cheia de vitalidade, mas que, ao mesmo tempo, é menos conhecida no mundo branco do que, por exemplo, as complicadas e exigentes realizações do free jazz. O norte-americano típico não faz a menor ideia da vida musical maravilhosa e arrebatadora que se faz aos domingos nas igrejas afro-americanas.

Os amantes do jazz – impressionados com a riqueza da cena jazzística contemporânea – podem não acreditar, mas o fato é que existem mais grupos de gospel do que de jazz. Para dar uma ideia dessa proporção, citamos apenas os nomes mais importantes, isto é, o daqueles artistas e grupos de gospel comparáveis aos melhores artistas e grupos de jazz.

Entre as cantoras: Inez Andrew, Marion Williams, Delois Barret Campbell, Bessie Griffin, Shirley Caesar, Dorothy Love, Edna Gallmon Cooke, Marie Knight, Willie Mae Ford Smith, Queen Esther Marrow e Clara Ward.

Entre os cantores: Robert Anderson, Alex Bradford, James Cleveland, Reverend Cleophus Robinson, R.H. Harris, Jessy Dixon, Isaac Douglas, Claude Jeter e Brother Joe May.

Entre os grupos femininos: Davis Sisters, Stars of Faith, Angelic Gospel, Barrett Sister, Robert Patterson Singers, Caravans, Liz Dargan e Gospelettes, Roberta Martin Singers e Sweet Honey in the Rock.

Entre os grupos masculinos: Five Blind Boys of Mississipi, Brooklyn All Star, Gospel Clefs, Gospelaires, Fairfield Four, Gospel Keynotes, Highway QC' Mighty

Clouds of Joy, Pilgrim Travelers, Pilgrim Jubilee Singers, Soul Stirrers, Swan Silverstones, Swanee Quintet, Blind Boys of Alabama, Supreme Angel e Violinaires.

E entre os corais: o Gospel Singers Ensemble, Rosie Wallace e the First Church of Love, o Staple Singers, o Faith and Deliverance Choir, o Thompson Community Singers, o Mattie Moss Clark and the Southwest Michigan State Choir, J.C. White and the Institutional Church of God in Christ Choir, Harrison Johnson e His Los Angeles Community Choir, Walter Hawkins and the Love Center Choir, Edwin Hawkins Singer, Garden State Choir, Harlem Gospel Singers, Linda Tilley and the Cultural Heritage Choir, Brockington Ensemble, B.C +M. Mass Choir e The Montreal Jubilation Gospel Choir.

De importância especial é o velho bispo Kelsey, de Washington. Em alguns de seus discos, por exemplo, *Little Boy*, pode-se notar o modo como, ao longo do sermão, o bispo imperceptivelmente vai assumindo o papel de um chantre, de onde surge, então, de forma espontânea e arrebatadora, um gospel entoado por toda a paróquia. Dificilmente em alguma outra parte a fluida transição entre fala e música – característica da música negra – se faz tão clara quanto nessa transição essencialmente lábil entre o sermão e o gospel.

Muitos dos pregadores e cantores masculinos do gospel são mestres naquele tipo de falsete por meio do qual o tenor ou o barítono masculino vai além de seu registro natural e chega até a região do soprano feminino (e além dele) – um modo de cantar que há séculos tem sido praticado na África, servindo como distintivo dos homens mais viris, dos "esganiçadores". Esse tipo de canto começa no spiritual e no gospel e se estende ao blues e, muito além dele, ao jazz moderno (por exemplo, Leon Thomas ou contemporâneos do rock e do soul, como Prince e Michael Jackson), tornando-se perceptível também no falsete agudíssimo dos sax-tenoristas pós-Coltrane.

Nas paróquias onde se canta gospel, uma prece só é boa quando comove. "To move somebody" – excitar a paixão, fazer vibrar cada célula do corpo num frenesi espiritual – não é nenhum sacrilégio no gospel afro-americano, antes representa o caminho mais rápido para Jesus. A questão do estilo vem em último lugar. Existem gospel com *hillbilly* e cowboy, mambo, valsa, boogie-woogie e hip-hop. Existe – em tempos de videoclipe e MTV – o rap gospel e, principalmente, o gospel com o beat forte e arrebatador do jazz. Tudo o que existe na vida real ingressa no gospel e no blues: eleições políticas, arranha-céus, ferrovias e telefones. Nós, brancos, com nossa característica presunção, podemos considerar *naïf* que, num cântico de igreja, alguém expresse o desejo de telefonar para seu Deus ou de viajar para o céu a bordo de um Pullman Express de primeira classe. Porém, nos tempos áureos de nossa arte religiosa, as coisas não eram diferentes: os pintores holandeses transplantavam a história da crucificação para a paisagem flamenga e holandesa, e, nos cantos de Natal silesianos, a história do nascimento de Cristo era inserida no gelo e na neve das montanhas dessa região, como se tal evento tivesse mesmo ocorrido no topo dessas montanhas gigantes.

Ao contrário do que se costuma pensar, spiritual e gospel não são expressões meramente históricas da música, gêneros que existiram no começo do jazz em algum lugar dos estados do sul dos Estados Unidos. Ao contrário, no curso de seu desenvolvimento, eles se tornam cada vez mais influentes, vitais, vivos. Desde os anos de 1950, o gospel e o soul penetram com força também nos outros setores da música negra. Isso ocorre primeiramente no jazz. Milt Jackson – o vibrafonista superlativo do jazz moderno – disse, em resposta à questão sobre a origem de seu estilo peculiar e de seu modo inspirado de tocar: "O que é a alma do jazz? É o que vem de dentro de você. Em meu caso, acredito que seja aquilo que eu ouvi e senti na música da minha igreja. Essa foi a grande influência da minha vida. Todo mundo quer saber de onde vem esse *funky stil*. Pois bem, ele vem da igreja."

O contrabaxista e compositor Charles Mingus acentuou que seu jazz seria impensável sem a experiência do spiritual e do gospel, isto é, sem as músicas que ele sempre ouvia na Igreja Pentecostal. Sua gravação de "Wednesday Night Prayer Meeting", com Pepper Adams (sax-barítono), Booker Ervin (sax-tenor) e Jimmy Knepper (trombone), descreve com vivacidade a experiência de uma missa gospel: o modo como os fieis evocam o criador, como caem em transe, como o pregador expulsa os maus espíritos e "fala em línguas" (uma língua africanizada que não pode ser entendida pelo diabo), além do modo como os homens entram numa condição de excitação religiosa coletiva.

Músicos como Milt Jackson, Horace Silver e Ray Charles desencadearam na segunda metade dos anos de 1950 uma onda de soul que teve na música gospel um impulso decisivo e que, desde os anos de 1960, também se disseminaria pela música pop. Alguns dos cantores de rock e soul dos anos de 1960 e de 1970 não podem ser concebidos sem esse pano de fundo do gospel: Otis Redding, Aretha Franklin, Little Richard, Wilson Pickett, James Brown, Isaac Hayes, Marvin Gaye. O soul é a secularização do gospel. E justamente os melhores cantores de soul nunca deixaram de cantar, mesmo no apogeu de seu sucesso, em igrejas evangélicas para uma plateia de negros, por exemplo, Aretha Franklin (cf. a seção "As Cantoras do Jazz" do capítulo "As Vozes do Jazz"). Há especialistas que consideram o gospel mais importante do que o blues para o desenvolvimento das sonoridades contemporâneas do rock, do pop e do jazz. Segundo apontou Charles Keil, há "em Chicago, a capital mundial do blues, pelo menos quarenta igrejas para cada bar onde o blues ou o jazz é tocado". O jovem afro-americano tem, portanto, quarenta vezes mais chances de ouvir gospel em vez de ouvir blues.

A ligação entre o jazz e o gospel vem também do fato de que muitas das melhores cantoras de jazz começaram na igreja, por exemplo: Sarah Vaughan, que imprimiu a concepção de Charlie Parker no canto moderno de jazz; Dinah Washington, a renomada "rainha" já falecida do rhythm & blues, que, em sua igreja, era não apenas cantora, mas também pianista; ou também a já mencionada Aretha Franklin. Sister Rosetta Tharpe, que se tornou conhecida no mundo do jazz nos anos de 1930 como cantora da orquestra de Cab Calloway e Lucky Millinder, havia antes cantado em igreja. Depois, já como cantora de jazz, ela voltaria a essas origens. Já o renomado compositor de gospel Thomas A. Dorsey começou nos anos de 1920 e início dos de 1930, em Chicago, como pianista de blues e boogie-woogie.

O guitarrista Danny Barker contou a respeito de Bessie Smith: "Se você foi muito à igreja como as pessoas do sul, como eu, por exemplo, então você sabe que há uma semelhança entre o que Bessie Smith faz e o que o pregador e o evangelista do sul fazem. Em certo sentido, ela foi o que hoje é Billy Graham."

HARMONIA

No que diz respeito à melodia e à harmonia, o jazz não pariu muitos revolucionários. Paradoxalmente, tem-se justamente aqui uma distinção entre o jazz e a música de concerto. Quando ocorre algo de revolucionário e inédito no âmbito da cultura musical europeia, trata-se sempre, em primeiro lugar, de revolução e inovação melódica e harmônica. Mas no jazz, que pertence ao que há de mais revolucionário no âmbito da arte do século XX, a melodia e a harmonia são predominantemente conservadoras. A novidade reside no ritmo e na construção do som.

Em termos harmônicos, as *blue notes* são praticamente a única coisa que se tem de novo e intrínseco no jazz. Fora isso, a linguagem harmônica do jazz convencional – que se constitui antes do advento da execução "livre" – é idêntica à linguagem harmônica da música popular de dança e diversão. Ragtime, jazz de Nova Orleans e Dixieland possuem – além das *blue notes* – harmonias que quase equivalem à estrutura acórdica da polca, da marcha e da valsa. Elas são construídas sobre a tônica, a dominante, a subdominante e suas funções relativas. Bix Beiderbecke trouxe ao jazz certos acordes e efeitos de tons inteiros semelhantes aos de Debussy. Os grandes músicos do estilo swing começaram a enriquecer a tríade com a sexta e o acorde de sétima com a nona ou a décima primeira. Desde o bebop, é costume inserir na harmonia básica acordes de passagem – os chamados *substitutos* – e ampliar essa harmonia por meio de acordes alterados. Os músicos de jazz têm orgulho – ou tiveram, pelo menos durante a era do *bepop* e do cool jazz – do que fizeram em suas músicas nesse âmbito. Quando eles conversam sobre isso, falam principalmente de problemas harmônicos, mas toda essa discussão – considerada do ponto de vista da música europeia – é uma velha estrada batida. Em todo caso, certos acordes com quinta aumentada ou diminuta, nona aumentada ou menor, característicos, sobretudo, do jazz moderno, não existem dessa mesma forma na música convencional – sobretudo quando tais intervalos são combinados uns com os outros.

Existem harmonias em que a voz do baixo, por exemplo, traz uma quinta diminuta – *flatted fifth* – e o soprano, uma quinta aumentada, além de uma nona aumentada ou eventualmente a nona menor na linha mais aguda. O Exemplo 4 mostra duas construções acórdicas dessa natureza com suas respectivas resoluções.

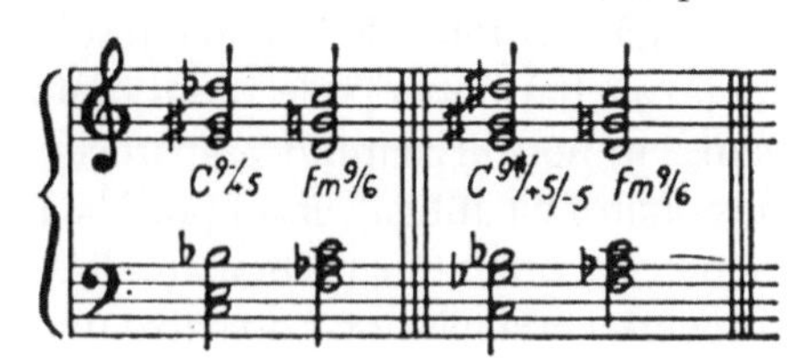

exemplo 4

O Exemplo 5 mostra o primeiro compasso do tema "I Can't Give You Anything but Love", canção bastante apreciada nos anos de 1920. O A representa a harmonia simples que constituía a base da improvisação sobre o tema. O B mostra como a harmonia foi modificada nos anos seguintes – por exemplo, na transição do swing para o bebop. Não há nenhuma dúvida de que pelo menos a harmonia simples dos anos de 1920 (5A) podia servir de base para uma valsa. A harmonia moderna (5B), da mesma forma, podia ser empregada em qualquer música moderna de entretenimento.

exemplo 5

O desenvolvimento harmônico que vai do ragtime e do jazz de Nova Orleans até o bebop e o cool jazz não é um desenvolvimento peculiar do jazz. Ele ocorre de modo paralelo e sincrônico ao desenvolvimento harmônico da música popular ligeira, desde a polca até a concepção instrumental refinada de uma trilha sonora de Woody Allen. André Hodeir supôs que o jazz, nesse ponto, até sofreu influência da música popular: uma ideia plausível, pois os músicos de jazz, abertos a tudo o que parecesse bom e digno de ser imitado em música, perceberam que aqui eles podiam aprender e tomar para si algo que em seu próprio âmbito ainda não estava muito desenvolvido. A harmonia do jazz, segundo Hodeir, é "produto de empréstimos". Por isso, ela é representativa da tradição do jazz, pois é da natureza originária do jazz "tomar emprestado" e vincular o melhor de duas culturas musicais distintas – a africana e a europeia. Já entre os primeiros afro-americanos que compunham ragtime, que faziam o jazz de Nova Orleans e que cantavam blues e spirituals, havia alguns que reconheciam – ou intuíam – que em seu próprio passado musical não havia nada que correspondesse sequer aproximadamente ao estágio de maturidade e riqueza no qual se encontrava a harmonia vinda da Europa. De outro lado, na música europeia não havia nada que correspondesse, ainda que aproximadamente, à força expressiva da construção do som e da vitalidade da tradição rítmica africana. Assim, cada uma das duas culturas contribuía com sua própria "especialidade".

A forma como a harmonia se constitui em seus encadeamentos internos – em suas mudanças de acorde – segue, porém, uma legalidade própria. Dito em termos simplificados: ao contrário da música europeia, em que a finalidade da harmonia é marcar e estabilizar grandes seções formais, a harmonia do jazz baseia-se fundamentalmente numa rápida sucessão acórdica de tensão e resolução.

No bebop e no cool jazz a harmonia pode variar tanto quanto a melodia varia no jazz tradicional. Assim, em nosso Exemplo 5, aparecem na versão moderna (B) oito acordes no lugar dos quatro da antiga versão (A). Na antiga versão, são empregados exclusivamente aqueles acordes que participam diretamente da região de Dó maior. Já a concepção moderna cria nas notas do baixo uma linha melódica que faz um contraponto com a melodia do tema. O quadro harmônico se torna mais fluente e amplo. Os acordes geram relações de tensão com a linha melódica – no sentido daquelas tensões que são importantes para o jazz. Também no interior da sucessão acórdica, existe uma sucessão contínua de tensão e resolução. A maioria dos acordes empregados na versão moderna (5B) são acordes de suspensão que tendem à resolução no acorde seguinte. A versão antiga (5A) traz apenas no quarto compasso um processo de resolução. A versão moderna exibe três processos resolutivos. Também nesse ponto fica claro o quanto a história do jazz consiste numa concentração cada vez mais forte e intensa dos elementos de tensão e resolução.

Na versão moderna, surge uma estrutura harmônica que, de um lado, é completamente nova, mas, de outro, nem tão nova assim, já que nela cada acorde preserva e evidencia uma referência à harmonia original. Os novos acordes, de certa forma, apenas substituem o que vem em seguida, por isso são chamados *substitutos*. A referência tonal do conjunto permanece tão ordenada e regulada quanto se possa querer.

Para muitos daqueles leigos e amantes do jazz tradicional que não se familiarizaram com a linguagem harmônica do jazz moderno, certos sons parecem atonais. Atonalidade significa, como a própria palavra expressa, que uma música renuncia a qualquer tipo de tonalidade e ordenamento tonal. Mas não é esse o caso das formas habituais do jazz moderno anteriores ao free jazz – também nesse o atonalismo é muito raro. Se muitas pessoas não ouvem o centro de gravidade tonal, isso não quer dizer que esse centro não exista, mas que não se está habituado a esse tipo de harmonia, pois, de um modo geral, a compreensão da harmonia musical é uma questão de hábito. Todo sistema harmônico e também a capacidade de manejá-lo com fluência tornam-se naturais quando se habitua o ouvido, ainda que no começo elas soem como uma absurdidade.

De um modo geral, pode-se constatar alguns paralelos entre o desenvolvimento harmônico do jazz e a música de concerto moderna – sempre sob o pressuposto de que o jazz, em grande medida, é retardatário em relação aos resultados da música de concerto. A *flatted fith* – a quinta diminuta –, que foi o intervalo predileto dos músicos do bebop dos anos de 1940, corresponde em muitos casos ao trítono, presente na música de concerto – Hindemith, Bartók, Stravinsky, Honegger, Milhaud e assim por diante. Em seu *Unterweisung im Tonsatz* (Lições sobre Composição), uma das principais obras teóricas da música de concerto moderna, Hindemith conferiu ao trítono um grande papel. Ele disse: "Com afastamento crescente, ela afrouxa a relação de parentesco, até que, no som mais extremo – a quarta aumentada ou a quinta diminuta –, no trítono, essa relação dificilmente se torna perceptível," Em outra ocasião, ele disse que o trítono é indiferente ao acorde fundamental. Hindemith achava, portanto, que a *flatted fifth* não destruía a tonalidade, mas antes criava uma relação de indiferença com ela. Também os jazzistas pensam assim. Essa "indiferença" é o principal motivo pelo qual o trítono é tão querido no jazz moderno. Através do trítono, que, segundo Hindemith "nem pode ser classificado como eufônico, nem visto como cacofônico", uma velha tradição de jazz será renovada: a predileção pelo que é oscilante e polissêmico, características que também estão presentes nas *blue notes* do blues. Não é à toa que a quinta diminuta, à medida que deixava de ser uma novidade, assumia cada vez mais fortemente a função de uma *blue note*. O Exemplo 3 (cf. p. 263) mostra que a *flatted fifth* e a *blue note* tradicional, com toda razão, figuram lado a lado.

Flatted fifth e *blue note* no jazz e trítono na música sinfônica moderna não significam, portanto, uma dissolução da tonalidade, mas seu afrouxamento e sua ampliação. Os dois primeiros se estabelecem no jazz pela mesma razão com que se explica o lugar do último na nova música sinfônica de um Hindemith: "Força harmônica e melódica relacionam-se por contradição." Portanto, onde a força harmônica é mínima – justamente na quinta diminuta – a força melódica é máxima. O que está em questão é a força da linha melódica.

Sem dúvida, não é lícito dizer que os músicos do bebop (Charlie Parker, Dizzy Gillespie, Charlie Christian, Thelonious Monk), ao empregarem pela primeira vez a *flatted fifth*, tenham tido alguma intuição do trítono ou de *Unterweisung im Tonsatz* de Hindemith. Eles se formaram por caminhos próprios, assim como Hindemith – tomando-o sempre como porta-voz da música moderna de concerto – formou-se com base na tradição musical europeia. Isso não se refere apenas à harmonia, mas à constituição geral do som musical. O som da Miles Davis Capitol Band – em músicas como "Move", "Budo" ou "Israel" – aproxima-se notoriamente do Concerto em Mi bemol (Dumbarton Oaks) de Stravinsky, de sua Sinfonia em Dó ou de qualquer outra obra de sua fase clássica.

Apenas algumas formas de jazz dos anos de 1950, como aquelas forjadas por músicos como Lennie Tristano, Charles Mingus e Georg Russel, avançaram gradativamente para a dissolução da tonalidade tradicional. Russel, que escreveu a célebre "Cubana Be-Cubana-Bop", famosa com a *big band* de Dizzy Gillespie na segunda metade dos anos de 1940, criou um sistema tonal que ele denominou "Concepção Lídio-cromática da Organização Tonal" e que, sob muitos aspectos, recorda a tonalidade da velha música grega. Em 1949, portanto, bem antes do free jazz, Lennie

Tristano improvisou de modo completamente livre com alguns músicos de sua escola uma peça que chamou "Intuition". O compositor Wolfgang Fortner viu nisso uma tendência ao dodecafonismo.

Músicos como Lennie Tristano, George Russell, Jimmy Giuffre e Charles Mingus foram os preparadores daquela liberdade harmônica súbita e explosiva que, nos anos de 1950 e começo de 1960, levou o jazz a uma espécie de anarquia. O free jazz, cujos primeiros defensores foram Cecil Taylor e Ornette Coleman, renunciou, em grande medida, às leis tradicionais da harmonia funcional. Sons e linhas se atritam dura e abertamente, conferindo êxtase à música, caráter muito além de tudo o que as formas anteriores do jazz podiam promover em termos de "êxtase".

De outro lado, em muitas das "mais livres" gravações do free jazz, a música permanece atrelada ao que os músicos chamam *centro tonal* – e *tonal* aqui não deve ser entendido no sentido da harmonia funcional. Ela simplesmente indica um determinado centro de gravidade, do qual se parte e a ao qual também se retorna. Na seção "Miles Davis" do capítulo "Os Músicos da Jazz", a palavra *modal* já foi mencionada. Na forma de improvisação criada por Miles Davis ou John Coltrane, a harmonia não é mais determinada pela contínua mudança de acordes provenientes de uma estrutura harmônica. O que autoriza um acorde é sua conformidade ao *modo*, à escala. Trata-se de uma forma de fazer música que existe há séculos em muitas das grandes culturas musicais não ocidentais – a árabe ou a indiana, por exemplo –, mas também em algumas tradições populares da Europa. De um lado, ela propicia liberdade harmônica e, de outro, impede a arbitrariedade. A execução modal também significa ampla africanização: rompe-se com a ditadura da harmonia europeia para assumir a harmonização livre que existe em muitas culturas musicais africanas, e não apenas na árabe ou islâmica. O jazz dos anos de 1970 e de 1980 une a liberdade do free jazz às possibilidades harmônicas dos estilos mais antigos do jazz. A novidade que ele também apresenta em termos harmônicos consiste principalmente no virtuosismo e na soberania com que as harmonias de diferentes proveniências são tratadas. No caso do pianista Keith Jarret, por exemplo, que é um exemplo típico das possibilidades harmônicas dos anos de 1970, encontramos lado a lado, compreendidos e articulados em termos modais, acordes de blues, harmonias de tons inteiros debussynianas, ressonâncias de música sacra medieval, de música barroca, romântica, não europeia – improvisações árabes no estilo *maqam*, por exemplo – e toda a gama de possibilidades harmônicas do jazz convencional e do free jazz. Isso, geralmente, em transições tão imediatas que, mesmo se conhecendo a proveniência de cada um dos diferentes acordes, fica difícil acompanhar seu movimento – embora isso aconteça numa sequência que opera de modo obrigatório e lógico, não se sabe de nenhum sistema teórico que possa fundamentar a obrigatoriedade e a lógica dessa sequência harmônica. Justamente nisso reside a liberdade, não do atonalismo, mas de um tipo de consideração em que o tonal e o atonal, o europeu e o não ocidental, assim como os elementos tradicionais e modernos do jazz, são postos em conexão. Essa liberdade também supõe seu oposto: a possibilidade de não a adotar. Nisso consiste a superação do caráter missionário e sectário da liberdade do primeiro free jazz dos anos de 1960 – aquela concepção de liberdade que condena e maldiz como uma regressão todas as execuções não livres, enxergando nisso não apenas um fato musical, mas também um gesto político, social e moral.

MELODIA

Se partirmos de uma convicção cara à teoria musical moderna, segundo a qual não há diferenças significativas entre harmonia e melodia – melodia é "harmonia horizontal", harmonia é "melodia vertical" –, então quase tudo que pode ser dito sobre a melodia do jazz já foi dito na seção "Harmonia" deste capítulo. Aquilo que se pode denominar "melodia do jazz" praticamente não existiu em suas formas iniciais – com exceção, novamente, das melodias em que ocorrem as *blue notes* (Exemplo 3). Elas não se diferenciam muito das melodias da música circense e marcial nem das melodias da música para piano e de salão do século XIX. Quanto mais o fraseado jazzístico ganha importância, mais influência ele exerce sobre as linhas melódicas, que, nesse processo, se modificam e remodelam, fazendo que finalmente surja a chamada "melodia do jazz".

A melodia do jazz se caracteriza, sobretudo, por sua fluência. Se a improvisação se desdobra em movimentos melódicos, ela naturalmente reduz a incidência de repetições – diferentemente da música europeia, em que a repetição é empregada de maneira estruturante. Há, pois, uma considerável eliminação das repetições, pois o solista que improvisa, na maioria das vezes, se vale da intuição e da espontaneidade para pôr ordem no material musical, e por isso não é capaz de repetir as passagens maiores que acabou de tocar (isso só é possível ouvindo-se atentamente a gravação do próprio improviso). A repetição diz respeito à relação da música com o tempo. Ao ser repetida, uma melodia é destacada do fluxo temporal. É como se um episódio recém-transcorrido fosse recuperado e vivido uma segunda vez. Por ser a repetição tão rara no fluxo da improvisação, compreende-se que a relação do jazz com o tempo – elemento em que a música acontece – é mais intensa do que a da nossa música europeia. O fenômeno do swing e diversas outras peculiaridades do jazz também apontam para essa direção. Isso pode ser expresso de maneira provocativa: se a música é a "arte no tempo" – como explicam quase todos os filósofos da música –, então o jazz corresponde mais fortemente à essência do fenômeno musical do que a música escrita da tradição europeia.

Uma das peculiaridades do jazz reside em sua relação imediata com o instrumento. André Hodeir se expressou com muita precisão acerca da questão da melodia e da harmonia no jazz:

> Os compositores da tradição europeia concebem uma frase em si mesma e depois a adaptam às condições de um determinado instrumento. O improvisador de jazz, no entanto, só cria na relação imediata com seu instrumento. Nos casos mais extremos de adaptação, é como se o instrumento se tornasse uma parte do próprio músico.

Porque o instrumento e, por esse instrumento, o próprio músico são "projetados" para dentro de uma melodia, elementos como ataque, *vibrato*, acentuação, distribuição dos pontos de apoio rítmicos etc. ficam de tal modo unidos à melodia de jazz que é bastante difícil concebê-la sem tais elementos. Enquanto uma melodia europeia se constitui sempre *in abstracto*, a melodia de jazz só se constitui pela relação concreta com o instrumento em que é executada e com o músico que a executa. Ela se torna literalmente *nonsense* se dissociada dessas fontes de criação. Isso explica por que, na maioria das vezes, as tentativas de registrar no papel os improvisos de jazz não se mostram muito convincentes. As últimas sutilezas do fraseado, formas de ataque, acentuação, expressão e concepção não se deixam fixar numa notação precisa. Dissociadas dessas sutilezas, as melodias de jazz fixadas na partitura muitas vezes dão a impressão de algo bastante primitivo e banal.

Ao longo do desenvolvimento do jazz, os improvisadores cultivaram uma habilidade intraduzível em palavras: trazer para o âmbito das sutilezas o que é propriamente jazzístico. A fim de acentuar o caráter fluente da melodia do jazz, abandonam-se as insistentes semínimas e colcheias pontuadas, tão características do jazz dos anos de 1920. Esses ritmos pontuados despertam a sensação de algo fora de moda, encontrando espaço ainda nas músicas de sucesso comercial ou quando se trata de lembrar com nostalgia dos "bons e velhos tempos" (alguns músicos do free jazz, como o falecido saxofonista Albert Ayler, e, depois, com o jazz dos anos de 1990, o sax-altista Henry Threadgill, por exemplo, divertiram-se com tais frases "fora de moda" de marcha, polca e circo!). Miles Davis, Lee Konitz, Lennie Tristano e outros músicos instituíram um tipo característico de improvisação, com base em colcheias, quase sem pontuação. Certas melodias que nasciam, caso fossem postas na partitura, pareceriam tipicamente europeias e sinfônicas. Porém, se é Miles Davis, Lee Konitz ou qualquer outro jazzista dessa época em diante quem toca essas linhas melódicas, elas se revelam essencialmente jazzísticas. O princípio característico do jazz não é mais impresso pela rudeza e obviedade dos ritmos pontuados e sincopados, mas pelas sutilezas da concepção. Foi isso que Fats Waller e tantos outros jazzistas tiveram em mente ao dizer: "Jazz não é *o que* você toca, mas *como* você toca."

Assim como todas as sutilezas, quase imperceptíveis, mas infinitamente importantes, de ataque, fraseado, *vibrato*, acentuações rítmicas, pequenos *rubati* ou *accelarandi* etc., também o beat – a pulsação gerada pela seção rítmica – pode ocorrer no interior da linha melódica. É cada vez mais comum o solo de jazz não acompanhado que não deixa nada a desejar em termos de qualidade jazzística às improvisações realizadas com *rhythm section*. Falamos na seção "1970" do capítulo "Os Estilos do Jazz" que Coleman Hawkins foi o primeiro a gravar uma peça inteira – "Picasso", em 1970 – sem instrumentos rítmicos. Essa peça foi o verdadeiro precursor daquelas improvisações e cadências não acompanhadas, lentas e de pulso oscilante, típicas de um Sonny Rollins (na Alemanha, de um Albert Mangelsdorff), que, nessa década, desencadeou uma onda romântica. Pode-se dizer que, desde meados dos anos de 1950, a maior ambição de um improvisador de jazz é construir melodias lentas, fluidas e fluentes, em que, em vez de efeitos jazzísticos muito óbvios, se evidencie a sutileza da execução. Daí a origem da concepção rítmica fluente e pulsante desenvolvida por bateristas como Elvin Jones (tocando com John Coltrane) ou Tony Williams (tocando com Miles Davis).

Estamos a um passo daquelas melodias livres que seriam praticadas pelos músicos do free jazz. Na verdade, com o free jazz, o sentido melódico construído a partir de Lester Young e Charlie Parker se converte no elemento fundamental do fraseado jazzístico. Esses músicos também encaminharam a intensidade expressiva para um clima de êxtase que remonta às raízes africanas dessa música. De outro lado, o free jazz também é um momento em que o fraseado recua a um segundo plano em face da construção do som, que agora assume formas ruidosas, a exemplo dos *jungle sounds* de um Bubber Miley (cf. a seção "Construção do Som e Fraseado").

No desenvolvimento orgânico de uma linha melódica de jazz é especialmente significativa a capacidade de o improvisador simplesmente "comer" certas notas. Qualquer um que ponha no papel os improvisos de jazz conhece esse fenômeno que André Hodeir caracterizou acertadamente como *ghost note* – nota fantasma: a nota está lá, pode ser ouvida claramente e registrada naquele ponto da partitura; porém, pode-se ouvi-la não porque ela realmente foi tocada, mas porque não o foi. Ela é apenas indicada e sugerida.

O tema sobre o qual se improvisa vai se tornando ao longo do desenvolvimento do jazz cada vez menos importante. A arte de ornamentar e florear a melodia-tema, tão importante no passado do jazz, vai perdendo espaço, sobrevivendo agora principalmente nas interpretações jazzísticas de "baladas" – peças lentas, em que as melodias e o esquema harmônico instigam o jazzista. Mas, de modo geral, improvisa-se de maneira tão livre que a melodia-tema acaba perdendo o sentido. Não há mais como a identificar. Desde os anos de 1950, o jazzista que toca peças rápidas improvisa menos sobre um tema que sobre a harmonia desse tema. Por isso, como disse Hodeir, a variação no jazz é "variação sem tema".

O Exemplo 6 ilustra bem esse processo pelo qual a improvisação jazzística vai ganhando autonomia em relação ao tema. O exemplo foi copiado de um disco do quinteto de Max Roach, intitulado "Prince Albert". Não obstante, ele é justamente o tema da melodia de Jerome Kern chamada "All the Things You Are". Os primeiros compassos dessa melodia estão na linha *a*. Em cima da harmonia (b) desse tema o trompetista Kenny Dorham e o sax-tenorista James Moody inseriram um *riff* (c) – um novo tema, mais jazzístico e mais rítmico. Esse *riff* é apresentado no começo pelos dois sopros em uníssono. O tema original de "All the Things You Are" fica, com isso, inaudível. Os músicos improvisam sobre o novo tema, construído a partir da harmonia de "All the Things You Are", que, por sua vez, é tocada com algumas alterações. Uma dessas improvisações e os acordes correspondentes estão dispostos nas linhas *d* e *e* (com a *flatted fifth* no quarto compasso).

exemplo 6

Claro está que esse ciclo poderia ser ampliado à vontade. É sempre possível criar um novo *riff* para a harmonia (e), e esse *riff* também pode servir de base a outra improvisação, a qual, por sua vez, implica novas alterações harmônicas. A relação com o tema é sempre mantida, e o jazzista, bem como os amantes do jazz, – caso conheçam o tema –, percebem que o ponto de partida, em algum lugar já distante, lá atrás, fora "All the Things You Are".

Muitas melodias e *standards* da história do jazz que se tornaram célebres se baseiam em harmonias de outros temas e *standards*: "Oleo", de Sonny Rollins, e

"Anthropology", de Charlie Parker, baseiam-se em "I Got Rhythm"; "Donna Lee", de Parker, baseia-se em "Indiana", e seu "Warming up a riff" em "Cherokee". Os exemplos poderiam ser multiplicados à vontade. De fato, existe no jazz uma tradição de apropriação de material temático melódico e harmônico, apropriação que é sempre uma reapresentação modificada, renovada e personalizada desse mesmo material. Frank Tirro fala de uma *silent theme tradition* no jazz.

De maneira radical, vigora aqui um princípio existente em todas as formas musicais em que a improvisação é uma prática viva – incluindo a música barroca: a melodia é material, mesmo que apenas na forma de sua harmonia. Ela não é um fim em si mesma, como na música romântica, por exemplo. Quando a melodia é um fim em si mesma, ela se torna sacrossanta. E porque nós, com toda a nossa consciência musical romântica, vemos as melodias como sacrossantas, não é tão fácil encontrar quem tenha sensibilidade para a "materialidade" da melodia.

Johann Sebastian Bach ainda tinha essa sensibilidade. O que importa não é a melodia – como na música romântica –, mas aquilo que se faz a partir dela. A *executio* vem antes da *inventio*: a execução antes da invenção, ao passo que a concepção musical romântica mistificou a invenção e a colocou acima de todo o resto. Uma vez que para Bach a música era material, ele podia tomar melodias de outros mestres de seu tempo – como Vivaldi – e empregá-las a seu modo, muitas vezes sem apresentar sequer a sua origem. Segundo nosso entendimento atual, isso seria uma espécie de plágio. Para Bach, no entanto, tratava-se de uma coisa normal, e exatamente no mesmo sentido que também o é para o jazzista. A melodia é material, de sorte que o músico pode fazer com ela o que bem quiser – desde que aquilo que é formado com base no material tenha um sentido musical.

A arte de criar e recriar linhas melódicas sobre harmonias dadas ganhou formas cada vez mais diferenciadas no curso do desenvolvimento do jazz. Em gravações antigas, nota-se com frequência que a improvisação consiste essencialmente num desmembramento dos acordes: as notas que nos acordes vêm sobrepostas são tocadas em sucessão nas melodias. Os movimentos melódicos possuem o caráter de tríades e acordes de sétima cadenciados. No jazz moderno, as melodias se tornam uma urdidura complexa. Não se trata mais de arpejar os acordes, mas de contrastá-los com uma linha melódica autônoma. Entre as linhas verticais e horizontais impera a tensão; desse modo, a antiga tendência do jazz a buscar possibilidades de tensão é alimentada.

A melodia de jazz ganha sua estrutura – excluindo a chamada "execução livre" –, sobretudo, pela forma do blues de doze compassos ou pela forma-canção AABA de 32 compassos; nos estágios mais recentes do jazz, por meio de uma variedade de formas assimétricas. No entanto, os jazzistas tendem sempre a desrespeitar as segmentações de estrutura – o que também elucida a fluência temporal do jazz. Mas se diga de antemão que isso não implica uma dissolução da forma. A forma periódica – dada pelo esquema harmônico – permanece de pé; apenas no free jazz ela é dissolvida, ou melhor, substituída por formas que se sucedem mais abertamente, mais flexivelmente (e não em períodos fixos). Esse fato é de bastante relevância para o jazz. Pode-se quase dizer que a segmentação formal é acentuada justamente por não o ser. Também aqui surge uma nova possibilidade de criar tensões: tensões entre a forma dada e a linha oscilante sobre ela.

A tendência a desrespeitar essas segmentações de estrutura e a introduzi-las onde elas não são esperadas tem a ver com o fato de que, no jazz moderno, existe uma predileção por linhas melódicas longas – linhas que são mais longas que as das formas mais antigas do jazz.

Kenny Clarke e Mary Lou Williams contaram que os pioneiros do bebop passavam por cima das segmentações de estrutura (ou seções) no intuito de impedir que alguém interessado em roubar suas ideias encontrasse um ponto de referência. Não se sabia mais "onde um solo começava e onde parava". Thelonious Monk disse: "Criamos algo que ninguém pode roubar porque ninguém consegue tocá-lo." Foi justamente essa a impressão dos músicos que não pertenciam ao círculo dos iniciados. O baterista Dave Tough contou como chegou pela primeira vez à rua 52, onde Dizzy Gillespie, naquela época, tocava com seu quinteto:

> Quando entramos – Ó Deus! – esses caras desempacotaram seus *horns* e tocaram as coisas mais malucas. De repente, um deles parava – sem motivo evidente – e outro começava. Nunca sabíamos quando um solo ia começar ou terminar. Apesar disso, todos pararam ao mesmo tempo e depois foram embora. Aquilo era chocante.

Marshall W. Stearns, no entanto, observou que, um ano depois, na orquestra de Woody Herman, o mesmo Dave Tough estava tocando essas mesmas coisas que o haviam chocado.

Independentemente da estrutura musical específica – períodos de quatro ou oito compassos, *chorus* de blues ou a forma-canção de 32 compassos –, existe a estrutura natural de tensão e resolução. O free jazz foi bastante longe quando introduziu essa "forma orgânica" no lugar de estruturas prefixadas, na maioria das vezes, simétricas. Um grupo de free jazz que improvisa coletivamente cria sua própria forma "respirando", pois, nesse caso, a interação dos músicos determina a forma, e não o contrário. Essa é uma aquisição do free jazz que se revelou importante e duradoura também para o jazz das décadas subsequentes. Mesmo os músicos mais novos que retomaram a antiga harmonia funcional – como os músicos do neoclassicismo – adoram criar suas próprias formas "respiradas", formas que independem de estruturas de doze, dezesseis ou 32 compassos. Também são cada vez mais comuns combinações de estruturas preconcebidas e "respiradas".

É esclarecedor ver que essa forma respirada e constituída pelo jogo de tensão e resolução principiara no jazz de Kansas City dos anos de 1930, no assim chamado *estilo-riff*: o *riff* cria a tensão, e a linha melódica improvisada que se segue cria a resolução. Essas frases em *ostinato*, com grande força rítmica, muitas vezes de apenas dois ou quatro compassos, que podem ser repetidos até preencher toda a unidade de 32 compassos da canção, são extremamente apropriadas para gerar tensão.

O guitarista Charlie Christian – um dos músicos responsáveis pelo surgimento do jazz moderno – construía os seus solos de modo que cada novo *riff* fosse contrastado com uma nova linha melódica. Seus solos são sequências de *riffs* e linhas melódicas que fluem livremente, em que os *riffs* criam tensão e as linhas melódicas relaxamento. O modo de improvisar de Charlie Christian foi adotado por vários músicos e exerceu – consciente ou inconscientemente – grande influência sobre eles.

O relaxamento – o momento da resolução – vai mais fundo e além daquilo que se conhece a partir da música europeia. Obviamente, tensão e relaxamento fazem parte de toda arte musical orgânica. No jazz, no entanto, ele remonta ao antigo princípio do *call-and-response* da música africana. Os *riffs* nas improvisações de Charlie Christian são a "pergunta"; as linhas que vêm em seguida são a "resposta". O solista não interage mais – como na música africana ou no spiritual – com o coro que responde; o solista que improvisa se relaciona consigo mesmo. A solidão criadora do jazzista não poderia se tornar mais clara do que nesse quesito. Tudo o que se passa no jogo interativo de pergunta e resposta praticado pela comunidade que canta o spiritual na igreja ou, indo ainda mais longe, que celebra o culto num povoado do oeste africano está presente de maneira concentrada na improvisação de um único solista.

Claro que não se pode ir longe demais nessa especulação. Mas o princípio do *call-and-response* não se projeta apenas sobre o músico isolado. O "chamado" do *riff* é muitas vezes apresentado durante a improvisação do solista, que "responde", pelos demais músicos que dão suporte à linha melódica. Desse modo, cria-se uma intensidade particularmente estimulante. A intensidade está na concentração: *call-and-response* não acontecem sucessivamente, mas soam simultaneamente. Diferentes esquemas melódicos de personalidade se comunicam entre si – esse é o elixir da vida do jazz.

Compreende-se melhor o momento da resolução subsequente à tensão quando se emprega a palavra inglesa *relaxed*. A *relaxation* vai mais fundo do que aquilo que se designa com o vocábulo alemão *Lösung* (resolução). É característico que a língua alemã não possua um termo correspondente. E isso porque esse tipo de resolução e liberdade interior não existe para uma tradição que sobrecarrega a exigência natural de controle e disciplina, fazendo que o controle se converta em rigidez e, no lugar de uma disciplina individual e maleável, instaure-se um processo coletivo de enrijecimento. O ingresso da palavra *relaxation* no vocabulário do jazz é mais explicativo da essência dessa música do que qualquer tratado de análises e teorizações.

RITMO, SWING, *GROOVE*

Toda banda de jazz tonal, grande ou pequena, é formada por um grupo melódico e um rítmico: a *melody section* e a *rythm section*. Ao primeiro grupo (ou seção), pertencem instrumentos como o trompete, o trombone, o clarinete e a família do saxofone; ao segundo grupo, pertencem a bateria, o baixo, a guitarra, o piano – esses, na verdade, apenas na medida em que não se destacam com improvisações próprias.

Entre o grupo melódico e o rítmico impera a tensão. O grupo rítmico, no entanto, sustenta também o grupo melódico. Ele é como um rio em que flui a corrente das linhas musicais. A tensão, no entanto, não impera apenas entre os grupos melódico e rítmico, mas pode também existir entre os instrumentos do grupo melódico ou do grupo rítmico entre si, e isso a tal ponto que a função de ambos acabe se confundindo. No jazz moderno, acontece corriqueiramente de instrumentos *melódicos* assumirem funções rítmicas, e instrumentos *rítmicos* assumirem funções melódicas. No free jazz essas funções estão tão misturadas entre si que a separação entre os grupos melódico e rítmico é constantemente abolida.

Daí surgir uma sobreposição rítmica que corresponde inteiramente à sobreposição melódica da música de um Johann Sebastian Bach. Dizer que o ritmo de jazz "não é senão um batuque primitivo", como ainda fazem alguns, apenas revela a ignorância dessas pessoas em relação ao fato de que o ritmo possui tantas possibilidades quanto a harmonia ou a melodia. Esse erro certamente repousa sobre a lógica da tradição musical do Ocidente. Hans H. Stuckenschmidt – portanto, alguém que não vem do jazz, mas da música de concerto – falou certa vez sobre o "definhamento rítmico na música das raças brancas". É uma estranha ironia que a recriminação de primitivismo dirigida tão frequentemente ao jazz e a tantas outras coisas semelhantes reverta agora contra si – justamente contra o mundo do qual ela vem, ou seja, contra o nosso mundo europeu-ocidental, em que se verifica uma estranha fratura entre, de um lado, um admirável desenvolvimento de elementos melódicos, harmônicos e formais e, de outro, como diz Stuckenschmidt, o definhamento do elemento rítmico.

Certamente, isso não quer dizer que não haja ritmo na tradição da música europeia. Há magníficas construções rítmicas – como no caso de Mozart, Brahms ou, mais frequentemente, na música de concerto moderna –, mas até mesmo elas perdem algo de seu fascínio se comparadas, por exemplo, aos grandiosos ritmos da música indiana ou balinesa, em que a "ciência rítmica" possui uma tradição tão longa e venerável quanto os segredos da forma entre nós. Nesse sentido, não é preciso pensar no jazz para reconhecer o caráter subordinado do elemento rítmico na música escrita da tradição europeia. Trata-se simplesmente de uma subordinação do sentimento rítmico. Aquilo que qualquer garoto de rua é capaz de fazer no Oriente Médio – percutir, com braços e pernas, estruturas rítmicas em caixotes ou em panelas de cozinha, sobrepondo três ou quatro ritmos diferentes de modo complexo – poucos percussionistas de uma orquestra sinfônica, em nossa tradição ocidental, depois de anos a fio de estudo, conseguem fazer. Por esse motivo, deve-se aliar frequentemente três ou quatro percussionistas na música europeia para obter fins dessa natureza.

No jazz, a sobreposição do ritmo se orienta pelo beat, um ritmo fundamental, tocado do início ao fim de uma maneira regular: o coração pulsante da música de jazz ou – como disse o baterista Jo Jones – "a respiração contínua". Esse ritmo fundamental é o princípio organizador do evento musical. Ele fica a cargo do baterista, mas no jazz clássico-moderno o baixo também assume esse papel por meio das quatro semínimas do *walking*. Essa função ordenadora corresponde a uma necessidade europeia. Sem dúvida, o swing está relacionado ao sentimento rítmico africano, porém, como Marshall W. Stearns apontou, a música africana tradicional não sabe o que é o swing. O swing surgiu quando o sentimento rítmico africano foi "aplicado" ao compasso uniforme da música europeia – num longo e complexo processo de fusão.

Nos estilos ou grupos estilísticos de jazz, certos ritmos fundamentais predominam, como mostramos de maneira simplificada no Exemplo 7. Esse exemplo reproduz a parte da bateria de modo convencional: as notas com a haste para baixo são tocadas pelo *bass drum* (bumbo), ao passo que as notas com haste para cima são tocadas pelo *snare drum* (caixa) – a sequência do meio nos exemplos do bebop e do jazz rock; as notas riscadas são tocadas no prato. O bumbo é o portador do ritmo fundamental nos estilos Nova Orleans, Dixieland, Chicago e swing; no bebop e no cool jazz, o prato é quem se encarrega dessa função. Os acentos rítmicos são marcados pelo sinal >.

exemplo 7

No estilo de Nova Orleans e no ragtime (7a), os apoios rítmicos incidem sobre os assim chamados *tempos "fortes"* do compasso, ou seja, sobre o 1 e o 3 – semelhante à música de marcha. A partir desse momento, o jazz se desenvolve cada vez mais em termos de complexidade e intensidade rítmicas. Os estilos Dixieland, Chicago e o jazz de Nova Orleans, que, nos anos de 1920, prosperou em Chicago (7b), mostram a colocação dos acentos sobre os tempos 2 e 4, de modo que os tempos 1 e 3 continuam sendo, de fato, os tempos fortes do compasso, mas o 2 e o 4 são acentuados. É assim que surge a típica atmosfera rítmica *balançante*, de onde o swing retira seu nome.

Os ritmos de Nova Orleans e do Dixieland são ambos ritmos *two-beat*. Eles são binários porque o bumbo, responsável pelo ritmo fundamental, realiza duas batidas por compasso. Certamente, também houve nesse caso exceções desde o começo. Louis Armstrong – o filho de Nova Orleans! – exigia de seu baterista, Baby Dodds, a batida regular de quatro beats. Assim, o estilo swing estabelece quatro batidas por compasso (7c), mas tende a acentuar os tempos 2 e 4. Até essa época os ritmos de jazz eram tocados quase em *staccato* e com notas pontuadas: veja o ritmo do prato no exemplo do estilo swing. O bebop traz outra concepção, uma vez que, no lugar do *staccato*, surgem frases amplas, com *legato* e geralmente em tercinas. O ritmo se transforma – como disse o baterista francês Gérard Pochonet – num *son continu* (som contínuo). Os pratos ficam soando o tempo todo – daí o *son continu*. Nesse *son continu*, o ritmo adquire a presença de um som em movimento contínuo, que, como um rio, sustenta e recobre o acontecimento musical por completo. Nas outras partes da bateria – principalmente na *snare drum* –, o baterista distribui os acentos rítmicos de forma variada, realçando o ritmo fundamental como se ele fosse um centro orbital. Os acentos feitos pelo bumbo, com os quais os bateristas do bebop comentavam as melodias dos solistas eram chamados *dropping bombs*. O ritmo do cool jazz muitas vezes parece representar um retrocesso diante da mobilidade rítmica do bebop, pois ele mistura elementos rítmicos desse estilo com os do swing.

Por fim, a sequência da parte inferior traz um modelo rítmico do *fusion* e do jazz rock (um dentre tantos possíveis!). Aqui o ritmo *two-beat* aparece novamente, mas de forma camuflada. A *snare drum* (linha do meio) faz alusão a ele. O bumbo acentua o ritmo fundamental cercando-o.

O free jazz não possui nenhuma fórmula rítmica específica. No lugar do beat aparece agora o que muitos músicos chamam de pulso: um pulsar do acontecimento percussivo, na maioria das vezes rápido e livre. Não há mais como se orientar pelos beats regulares e automáticos. Vários *tempi* – completamente diferentes uns dos outros – podem, simultaneamente, existir lado a lado e uns sobre os outros! Os bateristas do free jazz empregam várias fórmulas rítmicas do jazz anterior, bem como uma abundância de ritmos estrangeiros, novos, que eles encontram nas músicas africana, árabe, indiana e em outras tradições não ocidentais – às vezes, também na música de concerto europeia.

No caso de boa parte daqueles músicos para os quais a liberdade do free jazz não significa apenas uma libertação das amarras da harmonia convencional, mas também uma atitude diante de questões étnicas, sociais e políticas, os elementos africanos são privilegiados com orgulho no interior da tradição negra.

Ouve-se dizer com frequência que o swing, como elemento fundamental e imprescindível do jazz, desaparece no free jazz. Mas o que realmente desapareceu foi certa simetria métrica, e o nosso sentimento musical, até hoje, parte da convicção de que o swing está presente justamente no atrito entre a simetria de um ritmo fundamental convencional e a assimetria dos ritmos laterais, sobrepostos ao ritmo fundamental e em oposição a ele. Na realidade, o que o free jazz fez foi apenas repetir e desenvolver de modo mais concentrado e radical uma tendência que surge com o bebop: a da introversão crescente do swing. Muitos músicos modernos adquiriram a capacidade de produzir swing através de seu fraseado e, com isso, de trazê-lo para dentro do fluxo melódico. Para eles, o swing tradicional – que repousa unicamente sobre a simetria de uma batida fundamental regular (às vezes, auxiliada pela linha do baixo) – se tornou óbvio e sem graça. (Desde os anos de 1970, no entanto, renova-se o prazer na acentuação – e na superacentuação! – do swing tradicional, bem como, naturalmente, nos ritmos do estilo swing.) Também quando o bebop surgiu nos anos de 1940, a maioria dos críticos e apreciadores do jazz fez a seguinte observação: "Essa música não tem mais swing!" Alguns anos depois, porém, esses mesmos críticos e apreciadores de jazz, acostumados aos novos ritmos, adotaram a opinião contrária: nunca houve tanto swing quanto antes. Algumas bandas de Dixieland até trouxeram bateristas bebop para suas *rhythm sections*.

Em relação ao jazz dos anos de 1960, o jazz dos anos de 1970 se encontra numa situação parecida com a do cool jazz em relação ao bebop: os elementos das formas precedentes são novamente empregados sob o ponto de vista da nova liberdade. Nisso entram os elementos do rock, sobre o qual falamos na seção "1970" do capítulo "Os Estilos do Jazz".

Desde 1980, praticamente não é mais possível pensar num princípio rítmico estilístico de obrigatoriedade geral. No jazz pós-moderno, todos os modelos rítmicos do jazz (e até mesmo os ritmos externos ao jazz) podem ser – para além de todo esquematismo – amalgamados e combinados entre si. O jazz mais recente mostra com muita frequência que simetrias métricas e um beat contínuo também abrem espaço para criações rítmicas individuais.

Nossa época computadorizada nos trouxe o hábito de qualificar os ritmos do jazz rock como *binários* e, por meio disso, diferenciá-los dos metros *ternários* do jazz tradicional. É que a base do jazz rock é formada por colcheias regulares, ou seja, ritmos binários; daí a forte relação que todos os ritmos do rock, do jazz rock e do *fusion* possuem com a música latino-americana. Bateristas como Billy Cobham e Pierre Courbois perceberam bem cedo essa relação. Contrariamente a isso, as usuais colcheias do jazz têm por base um *feeling* em tercinas, ou seja, um sentimento rítmico ternário.

Segundo o crítico de jazz norte-americano Martin Williams:

> No jazz, as tercinas não são um mero complemento decorativo ou um ornamento estilístico. Elas estão entre os elementos mais fundamentais do jazz. Uma das leis não escritas do jazz reza que todo grande músico já encontrou – consciente ou inconscientemente – um caminho para frasear as tercinas à sua própria maneira: a tercina de Roy Eldridge não soa como a de Louis Armstrong; a de Miles Davis, como a de Dizzy Gillespie; a de Lester Young era diferente da de Coleman Hawkins; e a de Stan Getz também se diferenciava da de Lester Young.

Essa colossal abundância de formas rítmicas individuais está entre os mais fascinantes eventos artísticos que o jazz produziu. Por conta de toda essa variedade de formas rítmicas é que até hoje nenhum sistema de notação ou análise computacional está em condições de captar satisfatoriamente a sutileza desses fenômenos rítmicos, que se distinguem entre si não apenas em termos estilísticos, mas também individualmente e segundo a especificidade de cada grupo.

Mas o que hoje domina o universo rítmico do jazz são as figuras instituídas pela bateria do bebop, em que o *feeling* em tercinas se desenvolveu da forma mais plena. Ele é onipresente no jazz atual, fazendo-se notar mesmo naquelas formas que, do ponto de vista sonoro, melódico e harmônico, não sofrem praticamente nenhuma influência do bebop.

Para melhor compreender as tensões existentes no interior dessas estruturas do bebop, veja-se o que diz Miles Davis:

> Tocávamos um blues, por exemplo, e, depois, no décimo primeiro compasso, Bird (Charlie Parker) começava a improvisar. Uma vez que a *rhythm section* seguia com a mesma marcação e Bird com a sua, o resultado era que o ritmo parecia estar apoiado nos tempos 1 e 3, em vez de nos tempos 2 e 4. Sempre que isso acontecia, o baterista Max Roach gritava para o pianista Duke Jordan não seguir Bird, mas permanecer como estava. Assim acontecia exatamente o que Bird queria e, depois, nos encontrávamos novamente.

Segundo contou Marshall W. Stearns, Miles Davis denominava isso de *turning the beat around* (virar o beat de ponta-cabeça). Ele disse que isso o confundia tanto a princípio que ele "fugia todas as noites".

Stearns demonstrou, com base em gravações de música africana, que, antes da ascensão do free jazz, nenhum outro estilo chegou tão perto dos ritmos originários da África como o bebop. No lugar do tempo simples, em compasso de marcha, da música de Nova Orleans e do Dixieland, apareceram formas rítmicas em que as batidas polirrítmicas e percussivas africanas pareciam ter renascido de repente.

Tudo isso aconteceu sem que os músicos urbanizados do jazz clássico-moderno tivessem qualquer experiência com esses ritmos do oeste africano. É como se, mais uma vez, eles tivessem captado inconscientemente o desenvolvimento secular de seus antepassados ou, ao contrário, como se tivessem se livrado de um peso suportado por trinta anos, a saber, aquele dos hábitos europeus adquiridos, de modo que, agora, por meio de uma liberdade crescente, eles podiam redescobrir, consciente ou inconscientemente, sua autêntica herança rítmica. Essa ideia é reforçada também pelo fato de ter sido o free jazz, por exemplo, por meio de bateristas como Sunny Murray, Milford Graves ou Rashied Ali, um novo momento de "africanização" dos ritmos de jazz. Já nos anos de 1950, Art Blakey viajou para a África e lá conheceu antigos ritmos africanos. Ainda antes, no fim dos anos de 1940, Dizzy Gillespie trouxe para sua orquestra o tocador de bongô e conga Chano Pozo, que, em Cuba, fora membro de uma seita africana. E a grande fascinação dos músicos bop pelos ritmos da música cubana se explica pelo fato de que, em Cuba, a tradição do oeste africano foi preservada de forma muito mais forte do que na América do Norte. Nesse meio-tempo, o que antes fora uma exceção torna-se, graças a uma série de novas gravações de jazz, praticamente uma regra: cada vez mais os percussionistas de ritmos africanizados – latino-americanos e africanos – conquistam seus direitos de cidadania nas *rhythm sections* dos grupos de jazz, e, com isso, deixa de haver o que antes era motivo de crítica às combinações de ritmos de jazz e ritmos africanos: uma fratura na concepção estilística.

Contudo, todas essas considerações não bastam. Pode-se registrar e reproduzir todos esses ritmos fascinantes de Art Blakey, Max Roach, Tony Williams, Billy Cobham, Jack DeJohnette e Jeff "Tain" Watts, mas sempre notaremos, ao final, que aquilo que foi registrado e reproduzido é apenas um esqueleto rudimentar do que realmente soa. Pois se trata de uma música rica em swing, e não há como grafar o swing. Também não se pode capturá-lo em palavras. Disse Jo Jones:

> É algo bem simples, mas aí há coisas que não se podem descrever; coisas que nunca foram descritas. A melhor forma de explicar o swing é dizer que ou você o faz porque sente ou então não tem jeito. É simples como a diferença entre um aperto de mão caloroso e outro sem muita vontade.

Jo Jones acreditava que a principal diferença entre o jazz e a música europeia era justamente o swing. Na música europeia, "a relação com a música é científica": o músico toca a música que lhe colocam na frente. Se alguém estudou música e é suficientemente musical, então ele pode tocar suas partituras. Para tocar jazz, não basta que alguém seja musical e tenha estudado tempo suficiente, é preciso ter swing. Quase todos os representantes significativos do jazz moderno estudaram música, e exige-se de um bom músico que ele conheça e compreenda sua música. Mas o decisivo não pode ser aprendido intelectualmente: o swing. Não se pode sequer dizer o que ele é (talvez se possa apenas indiretamente).

Ao longo de seu desenvolvimento, o swing deixou sua marca de forma cada vez mais forte e concentrada. Disse André Hodeir:

> O swing não deve ser visto como resultado imediato do encontro do gênio rítmico da África com o compasso 2/2. O que sabemos do jazz primitivo exclui a hipótese de que o swing tenha surgido como uma fagulha resultante da fricção de duas pedras. Discos pré-Armstrong provam, ao contrário, que, no começo, o swing só existia de maneira latente e que apenas após um longo período de tempo ele foi emergindo mais claramente.

O swing pressupõe o momento da tensão e o do relaxamento, referidos há pouco no tópico sobre a melodia do jazz. Segundo Jo Jones, "uma outra coisa a respeito do ritmo é que, quando um artista toca seu instrumento, ele deve respirar normalmente e deve estar consciente de que tem ouvintes que respiram junto com ele". A firmeza da condição natural da "respiração" determina a peculiaridade do swing. Disse o pianista Wally Rose:

> O único modo pelo qual eu posso descrever o swing está no tipo de movimento rítmico a partir do qual você coloca uma nota no lugar certo e na hora certa. A única forma pela qual uma banda pode se manter unida é chegando junto ao beat, na fração de segundo em que todos sentem que o beat acontece. O menor desvio disso ocasiona tensão e inibição.

Por meio do swing, o jazz adquiriu sua forma característica de precisão, que não é igual àquela que conhecemos da música europeia. Regentes e compositores de música sinfônica – como Wolfgang Fortner – já admitem isso. A diferença entre a precisão de uma orquestra de Count Basie e o tipo de precisão que as melhores orquestras sinfônicas europeias possuem está no fato de que a precisão de Basie é adquirida com base no swing, ao passo que essa outra precisão geralmente é adquirida pela *padronização rítmica*. Os músicos de Basie pressentem que a nota é apropriada, e, porque todos pressentem isso a partir do swing e no mesmo momento, então tudo se faz preciso – de modo natural e livre. A precisão adquirida com base na tradição acadêmica é, em comparação a ela, menos natural e menos livre.

Além disso, o swing implica a sobreposição de ritmos e a tensão entre eles – o deslocamento dos acentos rítmicos com tudo o que já falamos. Esse deslocamento é denominado *síncope* na música europeia. Porém, quando aplicado ao jazz, esse termo trai uma má compreensão fundamental sobre a especificidade do jazz. Na música europeia, a síncope significa um deslocamento exato e definido do tempo forte do compasso; o acento recai exatamente à meia distância entre duas batidas. Já o deslocamento dos acentos no jazz é muito mais livre, flexível e sutil. O acento pode recair em qualquer ponto entre dois beats e, de fato, exatamente onde o músico sente que ele é "apropriado". Na medida em que esse acento se afasta do beat e, no entanto, destaca-o pela negação, ele é chamado *off-beat*.

Há muito já se sabe que o swing não é algo que o baterista oferece aos solistas para que estes possam swingar. Um jazzista que não sabe extrair swing de si mesmo, sem qualquer grupo rítmico, não é um jazzista. Daí a convicção de muitos músicos modernos que mencionamos na seção "Melodia": o baterista não é decisivo para o swing de um músico, pois este pode swingar sem ele: "O *drive* que cria impulsão tem de estar em você. Eu não compreendo porque é que outra pessoa tem de movê-lo", disse Jimmy Giuffre. Nat Hentoff ainda observou a esse respeito: "A capacidade de swingar deve estar resolvida primeiramente em cada músico individualmente. Se ele é dependente de um grupo rítmico, então ele está na situação daquele pretendente rejeitado, que não entende que um homem, para ser amado, deve ser capaz de amar."

Não há mais dúvida de que as melhores reflexões sobre o fenômeno do swing são aquelas feitas por músicos e críticos com sensibilidade musical e não as sugeridas por teóricos que não possuem a vivência do swing. Especialmente problemático é querer explicar o swing equiparando-o a uma acentuação *off-beat*, como se o *off-beat* pudesse ocupar o lugar do swing. O *off-beat* – ou seja, a acentuação fora do beat – não cria necessariamente o swing: a parte preponderante da música não ocidental, até mesmo o folclore europeu e toda a música pop moderna – inclusive aquela que não tem swing –, está repleta de *off-beats*.

Igualmente problemática é a tentativa, cada vez mais presente na literatura do jazz, de igualar o *feeling* em tercinas com o swing. Certamente existe uma relação aqui, mas é falso identificar as tercinas do jazz com o swing, pois basta lembrar que muitos jazzistas abolem o fraseado em tercinas completamente ou quase completamente – como o John Coltrane tardio, Eric Dolphy ou David Murray – e, no entanto, fazem swing de forma extremamente vital e espontânea.

Algumas das reflexões mais lúcidas sobre o swing foram feitas pelo musicólogo suíço Jan Slawe. Em seu *Versuch einer Definition der Jazzmusik* (Tentativa de uma Definição do Jazz), o autor disse, em conexão com os conceitos de "ritmo e métrica": "O conceito principal da teoria do jazz é a 'construção de conflitos': essas construções de conflitos são, originariamente, de natureza rítmica e consistem na colisão de diferentes, mas simultâneas ordenações do tempo vivido musical." Em outro lugar, pode-se ler: "A essência geral do swing se expressa na base rítmica da música como um todo. Em particular, o swing postula a regularidade do decurso temporal, a fim de poder negá-lo. A essência particular do swing é a construção de conflito entre os ritmos de base e os da melodia; esse é o princípio musical e técnico do jazz."*

Evidentemente, também essas asserções permanecem insatisfatórias. Já se falou tanta coisa sobre o swing, que a vontade que fica é a de aceitar de uma vez por todas o fato de que o swing não se deixa dizer em palavras. Talvez isso tenha a ver com o fato de que, no swing, o sentimento do tempo oscila; esse fenômeno é desconhecido na música europeia. A etnologia mostrou que o sentimento africano do tempo – o sentimento do tempo de várias culturas em geral – é mais unitário e elementar do que o sentimento do tempo cronométrico do homem ocidental: o swing surgiu quando esses dois sentimentos do tempo se cruzaram. Nas sobreposições rítmicas da música tradicional africana, que frequentemente vão além do que se conhece no jazz, não existe swing – exatamente como na música europeia. Pode-se supor que sua essência está na sobreposição de duas camadas de tempo distintas.

Não é de hoje que a musicologia entende que a música pode acontecer em duas dimensões distintas do tempo. Stravinsky as denomina *tempo psicológico* e *tempo ontológico*. Rudolf Kassner fala do *tempo vivido* e do *tempo medido*. Essas duas dimensões do

* Também há estudos musicológicos que apontam para um conflito temporal entre os planos métrico e rítmico na música afro-brasileira. O musicólogo Edilson Vicente de Lima, por exemplo, observou em "O Enigma do Lundu" (*Revista Brasileira de Música*, Rio de Janeiro, v. 1, n.1, 2010) que este conflito se verifica já no lundu luso-brasileiro do século XVIII. (N. da T.)

tempo não coincidem naqueles instantes da nossa existência sobre os quais a arte se concentra privilegiadamente: no momento da dor, um segundo se transforma numa eternidade; diante da felicidade, uma hora parece passar rápido demais. Isso tem consequências para a música. A música é a arte do tempo assim como a escultura é a arte do espaço e a pintura a arte da superfície. Mas, se a música é a arte do tempo, então há de se perguntar: de qual tempo? – do tempo psicológico ou ontológico, relativo ou absoluto, vivido ou medido?

Essas perguntas não podem ser respondidas sem uma consideração dos estilos. Sim, foi dito que a relação do tempo vivido e do tempo medido em música está essencialmente ligada ao estilo. Assim, a música romântica e, acima de tudo, a música do romantismo tardio, é uma arte quase exclusivamente do tempo vivido, psicológico. A vivência privada e subjetiva do tempo está em primeiro plano. De outro lado, a música de um Johann Sebastian Bach é a arte de um tempo preponderantemente medido, objetivo, ontológico, em que tudo parece apontar para uma transcendência cósmica, a despeito do fato de que para nós um minuto pode parecer uma eternidade e uma eternidade um minuto.

A pergunta persiste: qual o tempo do swing? Nesse ponto fica claro por que o homem ocidental precisa "pular a própria sombra de seu sentimento temporal", caso queira experimentar algo de preciso sobre o swing. Pois não há dúvida: o swing se refere simultaneamente a ambos os planos temporais – ao tempo medido, objetivo, e ao tempo psicológico, vivido. Ele se refere simultaneamente ao sentimento temporal africano e europeu. O swing brota do sentimento de uma impotência tão desesperada quanto ousada de reunir planos e sentimentos temporais distintos sob um mesmo denominador. Dito de modo mais preciso, os planos e sentimentos temporais são de fato reunidos sob um denominador, porém, quem ouve, percebe e sente um duplo denominador; ou seja, ele percebe o swing.

Disse Paul F. Berliner:

> De todos os desafios que se colocam a um grupo (de jazz), há um que é extremamente sutil e importante para o seu progresso. Trata-se de um elemento da interação de grupo que requer a negociação de um sentido partilhado do beat, algo que, em sua forma mais exata, é conhecido como *striking a groove*. Na medida em que abrange os atributos da estabilidade, da intensidade e do swing, o *groove* lança as bases para "que tudo se encontre na mais completa sintonia".

As palavras de Berliner deixam claro que o *groove* é um fenômeno da percepção que se refere tanto à estrutura musical quanto ao processo musical. Por esse motivo, o emprego do termo *groove* no jazz é extremamente multifacetado. Ele se modifica conforme o apliquemos à comunicação de um grupo ou a trechos específicos da estrutura musical.

Referido ao plano do fenômeno musical – à estrutura –, o *groove* surge quando modelos rítmicos (*patterns*) se cruzam e se interpenetram até que surja um efeito de autopropulsão, resultando numa sensação de inexorabilidade e, ao mesmo tempo, de espontaneidade, de ausência de esforço – uma sensação "que vai lhe empurrando até que você fique tão *funky* como uma locomotiva" (Kodwo Eshun).

Com essas palavras, tocamos numa característica imprescindível para a sensação do *groove*. O *groove* é como um redemoinho que arrebata o músico e o ouvinte. O *groove* apela à corporalidade de ambos, é uma energia possante que suscita o movimento. Quanto mais intenso é o impulso para o movimento que uma música provoca, mais forte é o *groove*. Um bom *groove* também é – na música afro-americana, bem como, há séculos, na música africana – sempre a promessa "de uma boa dança".

Por esse motivo, o *groove* vale na música afro-americana como a prova da mais alta potência rítmica. Em vista do desperdício de formulações teóricas acerca do *groove*, o guitarrista Bo Diddley disse: "Poupem suas tentativas de explicação. Eu *tenho groove*."

O *groove* é um fenômeno mais geral e mais abrangente que o swing. Quem tem swing, tem *groove* necessariamente, mas nem todo aquele que tem *groove* tem também swing. Quase toda a música pop tem *groove*. Até algumas obras de Johann Sebastian Bach têm *groove*, como também o tem a música dos Bálcãs, a dança *ketchak* de Báli ou a música para *mrindangam* do sul da Índia, embora na época barroca ninguém soubesse, e até hoje em várias culturas tradicionais e não ocidentais muitos não saibam, o que a palavra *groove* significa.

O conceito *groove* vem do inglês e significa, na verdade, "sulco", "via", "túnel", como também as ranhuras ou microssucos do vinil. Segundo a gíria afro-americana, *to groove* significa "sentir-se bem". Logo, *groovy* é tudo aquilo que suscita um gozo. Quem tem *groove* domina a arte de uma relação positiva com a vida, de certo modo de pensar e agir. Entre os negros discriminados e desprivilegiados da sociedade escravocrata, aquele que tinha *groove* saía em vantagem na luta pela sobrevivência: pois é psicologicamente benéfico saber como lidar com as situações difíceis.

Normalmente, como conceito jazzístico, o termo *groove* é usado para descrever uma determinada relação no interior da base rítmica. Se, por exemplo, o fraseado de um baixista e os ritmos de um baterista casam tão bem a ponto de intensificarem o sentido do beat (ou do pulso, no caso do free jazz), que assim é partilhado e comunicado entre os músicos, o *groove* surge como consequência.

Por conta do grande significado do *groove*, a seção rítmica carrega uma responsabilidade especial num conjunto de jazz. Ao contrário do que um leigo pode pensar, ela não é jamais uma parte subordinada no todo, inferior aos solistas, mas antes constitui o centro e o coração do conjunto. Na medida em que o *groove* está ancorado na seção rítmica, é grande a importância do *togetherness* – da coesão e do entrosamento – entre os músicos que a compõem. Ao longo da história do jazz, sempre houve baixistas e bateristas que estabeleceram entre si uma relação especialmente forte de comunicação: Jimmy Garrison e Elvin Jones possuíam essa mutuação espontânea no quarteto de John Coltrane; Tony Williams e Ron Cartes com Miles Davis; Jaco Pastorius e Peter Erskine com o Weather Report; Palle Danielsson e Jon Christensen com Jan Garbarek.

"O baterista e o baixista precisam 'casar um com o outro' para que as coisas funcionem no conjunto", explica o baterista Charlie Persip. "Quando ouço um baixista e um baterista tocarem juntos, quero ouvir soarem os sinos do casamento!"

O *groove* consiste num entendimento mútuo, num princípio de interação, numa sintonização rítmica particular com os outros. Quando uma música tem *groove*, os músicos entram numa poderosa relação rítmica uns com os outros. Quem faz *groove* entra imediatamente em modo de comunicação. Por esse motivo, um bom *groove* é expressão viva de uma comunhão rítmica e musical. Ele cria segurança musical, rítmica, humana, cultural. "Se nos encontramos no mesmo sentimento temporal, no mesmo ritmo que os outros (em *groove*, como se diz na música), então estabelecemos uma relação em que o puramente verbal passa para a dimensão corporal." Palavras do vibrafonista Christopher Dell.

Por mais estranho que possa soar, esse "entrar-em-acordo" – essa sincronia – não significa que todos os músicos devam fazer a mesma coisa do ponto de vista rítmico. O poder do *groove* reside muito mais na paradoxal interação entre uma base rítmica uniforme, de um lado, e movimentos rítmicos que se desviam sutilmente dela, de outro. O *feeling* dominante é aquele do *togetherness* – de um movimento rítmico e musical em constante coordenação – e de uma experiência coletiva. Entretanto, as partes individuais se movimentam também *out of phase* e se friccionam constantemente, desviando-se, com isso, de um uníssono hipotético. Charles Keil denominou esses desvios graduais e intencionais em relação ao pulso fundamental (que ao mesmo tempo confirmam o todo e produzem fricção) de *participatory discrepancies* (discrepâncias participatórias).

O *groove* surge das relações rítmicas que ao mesmo tempo se buscam sincronicamente e se desconectam entre si (*out of phase*). Nessa oscilação entre o sincronismo rítmico e o consciente desvio em relação ao pulso fundamental reside a força do *groove*.

No entanto, o *groove* não é jamais um privilégio dos grupos rítmicos. Todo músico de uma banda de jazz precisa ter *groove*, pois só assim é que surge aquele sentido partilhado do beat (ou, no free jazz, do pulso) em que a tensão entre sincronia rítmica e desvio microrrítmico é percebida como prazerosa, instigante e benéfica.

Até mesmo o músico isolado pode ter *groove*. Também aqui – por exemplo, no monólogo de um concerto solo não acompanhado – subsiste um último resto de interação. Um solista não acompanhado toca com *groove* apenas quando distribui os acentos rítmicos como se conduzisse um "diálogo íntimo" consigo mesmo, isto é, quando consegue se "comunicar" com sua respiração, seus membros, pensamentos etc. Um *groove* se desenvolve também quando o ouvinte é embalado pelo movimento rítmico e pode vivenciá-lo de forma ativa.

O *groove* é inerente a todo efeito rítmico de forte autopropulsão. O poder do ritmo atua de maneira tão imperiosa que se tem a impressão de uma perda de autocontrole. "Todo jazzista gostaria de estar inserido nesse *groove*, em que você não pode mais se desviar do tempo", diz Franklin Gordon. "Você está tão à vontade nele que não há mais como fugir dele, e todos estão juntos, encerrados dentro dele. Esses são momentos mágicos, os melhores momentos do jazz."

As repetições favorecem enormemente esse efeito de autopropulsão. As repetições rítmicas – sejam os *ostinatos* do funk e do jazz rock, sejam os *riffs* do jazz de Kansas City ou, simplesmente, sejam as formas cíclicas do acompanhamento de bateristas e baixistas – instigam e intensificam a sensação de *groove*.

O *groove* representa segurança rítmica. Assim como a agulha do disco é sustentada pelo movimento giratório regular dos microssulcos do disco (*groove*) e é conduzida do começo até o fim do disco, também o ritmo forte, através de estruturas de repetição, conduz os músicos do começo ao fim de uma peça de jazz. Explicou o baixista elétrico e arranjador Marcus Miller:

> O *groove* ocorre quando um ritmo é repetido constantemente na música, de modo a suscitar certo transe. Você se sente como se estivesse girando nos microssulcos do disco, como se você estivesse num espaço vazio que não se move. Mas a música segue adiante. Embora ela se transforme de modo imperceptível, ela se torna cada vez maior – como uma bola de neve que rola de uma montanha. Isso é o *groove*.

É próprio da complexidade do *groove* que as repetições, apesar disso, não sejam imprescindíveis à sensação de *groove*. Também na improvisação livre – com suas figuras "respiradas", pouco repetitivas – pode-se ter *groove*.

Em seu sentido específico, exclusivo, o termo *groove* refere-se àquele momento raro da improvisação em que o músico, graças a uma completa simbiose com o grupo, é assaltado por uma enorme sensação de felicidade, comparável a uma experiência de transe e êxtase, a uma intensa vivência religiosa ou erótica. "O *groove* acontece quando você decola, quando você entra em alfa", disse David Sanborn. "O *groove* acontece quando você está no lugar certo na hora certa." Característico dessa sensação intensa de *groove* é o fato de você estar tocando com os outros, em plena fusão com eles, e ao mesmo tempo poder ser você mesmo. "Quando você toca com *groove*, é como se estivesse no Jardim do Éden", afirmou Herbie Hancock.

Groove é um nome que se dá quando os instrumentistas desenvolvem um sentido partilhado do beat, em que a tensão entre a sincronia rítmica e o desvio microrrítmico é sentida como prazerosa, instigante e benéfica. Trata-se de um acento rítmico mais sutil que o *rubato* ou a síncope na música ocidental.

Ao mesmo tempo é importante o seguinte dado: o corredor temporal para esses desvios microrrítmicos, o corredor em que os desvios graduais em relação ao pulso fundamental despertam a sensação de prazer, é bastante pequeno. Os músicos possuem uma intuição que os faz reconhecer os limites desses *slots*: os acentos que extrapolam essa moldura temporal são percebidos como perturbadores e falsos. Embora flutuações sutis no interior do *groove* sejam possíveis, os músicos procuram evitar grandes mudanças de tempo (ou pulso, no caso do free jazz). Esse corredor temporal varia de músico para músico e de estilo para estilo, mas está aí e parece ser essencial para a música viva, que tem *groove*, que ele, de modo intenso, seja empregado para desvios rítmicos sutis, delicados.

Disso se segue que o *groove* – apesar de toda a liberdade de variação – está estreitamente ligado a um agudo sentido de precisão rítmica – uma precisão, no entanto, que é viva e que considera a personalidade do músico dentro do grupo, em vez de dominá-lo mecanicamente.

Freddie Green, o guitarrista da orquestra de Count Basie, durante cinquenta anos, praticamente não tocou outra coisa senão semicolcheias, mas ele fraseava essas colcheias com uma microrrítmica tão individual que conseguia promover como ninguém o *groove* da *big band* de Basie. Admirador da execução de Green, o baixista Red Mitchell homenageou seu ídolo com um poema, em que se diz de forma muito significativa que, nele, o que se destaca não é o tempo rígido e metronômico. Trata-se antes do som e da alma, da comunicação e do amor, do apoio e do equilíbrio.

"Eu não teria conseguido formular melhor", respondeu Freddie Green.

Red Mitchell, na esperança de saber mais sobre o segredo do *groove*, perguntou:

"Você pode me dizer o que você faz?"

"Bem, você precisa tocar o primeiro tempo corretamente."

Red Mitchell não sabia se havia entendido:

"Você quer dizer o primeiro tempo de cada compasso?"

"Não, o primeiro tempo da peça toda. Se você quer o certo, busque o chute certo. Se não for assim, esqueça."

Os Instrumentos do Jazz

Erga o trompete orgulhosamente e serás um pregador, um xamã ou um griot.

WYNTON MARSALIS

O TROMPETE

Não é por acaso que o trompete já foi chamado de o "instrumento régio" do jazz: é que sua sonoridade, extremamente afiada e brilhante, parece predispô-lo automaticamente ao papel de líder – o *lead trumpet* –, onde quer que ele apareça, seja num coletivo de Nova Orleans, seja no âmbito maior de uma *big band*. Quase sempre o naipe dos trompetes, com seu brilho intenso, acaba por ofuscar as demais seções de instrumentos.

Além do trompete, existe o *cornet*, muito utilizado nas formas mais antigas do jazz, e o *flugelhorn*, mais cobiçado entre os novos estilos. No princípio do jazz, quando se falava em trompete, geralmente se tinha em vista o *cornet*. Depois restaram poucos adeptos do *cornet*, certamente por conta das melhores possibilidades técnicas oferecidas pelo trompete. Rex Stewart, por exemplo, é considerado um dos "trompetistas" mais técnicos e virtuosísticos da história do jazz até o começo do bebop; no entanto, ele tocava *cornet*. Outros trompetistas excelentes, do ponto de vista técnico, voltados principalmente ao Dixieland, como Wild Bill Davison e Muggsy Spanier, continuaram tocando *cornet*. No âmbito do jazz moderno, também tocavam *cornet* Nat Adderley e, de modo mais eventual, Clark Terry; no âmbito do free jazz, Bobby Bradford e Butch Morris. Porém, graças a seu som arredondado e fluente, o *flugelhorn* foi quem melhor se adaptou aos estilos mais novos de jazz. Alguns jazzistas conseguem extrair desse instrumento uma maciez que é típica do saxofone, ao mesmo tempo em que conservam o brilho próprio dos metais. Entre os melhores tocadores de *flugelhorn* do jazz moderno estão Art Farmer, Thad Jones, Jimmy Owens, Roy Hargrove, o holandês Ack van Roozen, o canadense residente na Inglaterra Kenny Wheeler, o alemão Claus Stöter, o italiano Flavio Boltro e, novamente, Clark Terry.

Na primeira geração dos cornetistas de jazz estão Buddy Bolden – o lendário ancestral do jazz de Nova Orleans (não se sabe da existência de nenhum disco seu) – e seus contemporâneos: a geração que, entre o final do século XIX e o começo do século XX, tocava jazz ou música similar ao jazz, vale dizer: ragtime e música de marcha interpretados com *hot intonation*. Pertencem a essa geração Freddie Keppard, Emmanuel Perez, Bunk Johnson, Papa Celestin e, principalmente, King Oliver. Freddie Keppard não gostava de gravar discos; ele tocava usando um lenço sobre a mão direita, de modo que os concorrentes não pudessem "roubar" suas digitações. De outro lado, os discos de King Oliver constituem o material de estudo mais abundante. Eles relevam uma sonoridade áspera, rústica e dura, desprovida ainda do toque de gênio com que Louis Armstrong (Satchmo) brindaria o trompete de jazz.

O tempo do jazz arcaico foi uma época de grandes descobertas sonoras e expressividade individual. Havia uma competição entre os trompetistas para ver quem produzia a maior diversidade possível de sons vocais. No jazz de Nova Orleans e, posteriormente, no swing, não era raro que um trompetista possuísse até dez surdinas.

A fantasia dos trompetistas afro-americanos não tinha limites no tocante à individualização expressiva do som. De início, eles experimentaram inserir na campana garrafas de cerveja, cinzeiros, sacos de papel, cones de madeiras, caixas etc. Posteriormente, apareceram surdinas de jazz feitas industrialmente, algumas tiveram tanto sucesso que até foram utilizadas pelos músicos de sopros das orquestras sinfônicas.

King Oliver conta a seguinte história:

> Eu juntei uma garrafa de cerveja e uma borracha que se usa quando a privada está entupida e manufaturei, assim, a primeira surdina do jazz. Mas eu não sabia como obter a patente disso; aí veio alguém com melhor escolaridade que eu e acabou ganhando um monte de dinheiro com as minhas ideias.

É muito provável que essa história tenha sido inventada, mas mesmo assim a mencionamos, pois ela circunscreve precisamente as condições sob as quais o jazz apareceu. Era Oliver quem manejava a surdina de modo mais criativo e variado no jazz de Nova Orleans.

Tommy Ladnier uniu esse tipo de sonoridade a um forte e expressivo sentimento do blues, privilegiando a região grave de seu instrumento. A influência decisiva na formação de Ladnier foi King Oliver. Em sua longa turnê dos anos de 1920, que passou até por Moscou, ele se apresentava como "Tommy, o *Cornet* Falante". Ele também fez muito sucesso na Alemanha, sobretudo em Berlim.

Ladnier, nascido em 1900, já pertence à geração de Louis Armstrong, embora, no que se refira ao aspecto expressivo, ele pertença ao período anterior a Armstrong, sobre quem já falamos na seção "Louis Armstrong" do capítulo "Os Músicos do Jazz". Foi apenas em 1928 que ele substituiu o *cornet* pelo trompete. Armstrong instituiu para o trompete de jazz um critério que é válido até hoje.

Entre os músicos que mais tocavam à maneira de Armstrong estão Hot Lips Page, Teddy Buckner e Jonah Jones. Page, que faleceu em 1954 e tocou do fim dos anos de 1920 até meados dos anos de 1930 no Círculo de Músicos de Kansas City, era tão cativo do estilo de Armstrong que chegou a ser confundido com Satchmo. Também como cantor, a semelhança era incrível. Page é o mestre inconteste dos *growls*, ou seja, daquelas modulações vocais que soam "espremidas" e terrosas e que ele sabia produzir com as mais diferenciadas nuanças (mais tarde, Cootie Williams se tornou outro mestre dos *growls*). Em inglês, *to growl* significa "rosnar, murmurar" ou "estrondar". No jazz, o *growl* é um som áspero e "sujo", que pode ser feito de duas maneiras pelos metais: ou o instrumentista sopra tremulando a língua contra a boquilha ou extrai o som da garganta.

Quem pertence à primeira geração dos trompetistas brancos é Nick La Rocca, oriundo de Nova Orleans e fundador da Original Dixieland Jazz Band. Sua forma de tocar o *cornet* era devedora da sonoridade dos músicos circenses daquele tempo, fato que contraria sua pretensão em exibir a Original Dixieland Jazz Band (formada por brancos) como a primeira orquestra de jazz e atribuir aos músicos negros um efeito tardio.

No âmbito do antigo Dixieland, a execução do trompetista Sharkey Bonano, oriundo de uma família italiana, é mais musical e diferenciada. Ele e Muggsy Spanier estão entre os trompetistas brancos que os apreciadores tradicionais do jazz costumam enquadrar mais entre os negros de Nova Orleans que entre os brancos do Dixieland. Em 1924, com seu Bucktown Five, Muggsy Spanier fez algumas das primeiras gravações do estilo Chicago e, em 1939, durante alguns meses, liderou a banda Muggsy Spanier Ragtime, que, com seu Dixieland espontâneo e popular, deixou uma impressão bastante duradoura. Em 1940, Spanier gravou duos com o sax-sopranista Sidney Bechet, acompanhado apenas por guitarra e baixo. É uma espécie de "música de câmara" do jazz tradicional.

Seguindo a mesma linha que deu origem a Nick La Rocca, porém de forma mais sofisticada e musical, estão Red Nichols e Phil Napoleon, músicos representativos do estilo de Nova York. A expressão "estilo de Nova York" aplica-se, de um modo geral, à música dos jazzistas brancos da Nova York dos anos de 1920 e princípio dos anos de 1930. Esses músicos não tinham o privilégio de desfrutar de um contato permanente e instigante com as grandes estrelas de Nova Orleans, como seus colegas de Chicago, mas, em compensação, eram mais adiantados do ponto de vista acadêmico e técnico-artesanal. Nesse sentido, a comparação entre Red Nichols e Bix Beiderbecke é elucidativa: Nichols talvez tocasse de modo mais puro e indefectível que Bix; no entanto, nem de perto se aproximava da sensibilidade e da criatividade de Bix. Tanto o Original Memphis Five de Phil Napoleon nos anos de 1920 quanto, e sobretudo, Red Nichols e seu Five Pennies faziam um jazz "limpo" muito apreciado também pelo público comercial.

Bix Beiderbecke trouxe elegância e introversão ao trompete de jazz. Nenhum outro trompetista branco de jazz possuiu tantos imitadores e seguidores quanto ele. Bunny Berigan, Jimmy McPartland e Bobby Hackett são alguns exemplos. A influência de Bix Beiderbecke se estende até o cool jazz. Em muitos solos de Miles Davis e mais ainda nos de Chet Baker, é como se o estilo Chicago de Beiderbecke – de modo "não intencional", entenda-se – se "metamorfoseasse" em jazz moderno. O estilo Chicago também está entre os estilos "frios" do jazz.

Do ponto de vista estilístico, o seguidor mais importante de Beiderbecke foi Bobby Hackett. Hackett era um mestre, sobretudo, na interpretação de *standards*, as grandes canções da música popular norte-americana. O seu jazz "tradicional" foi temperado com as várias experiências harmônicas e rítmicas do jazz dos anos de 1940 e 1950.

Rex Stewart pode não ter sido um discípulo de Beiderbecke, mas reproduziu seus solos nos anos em que Beiderbecke era comentado em todo o meio musical. Em especial, cite-se a gravação em 1931, com a orquestra de Fletcher Henderson, da tão celebrada "Singin' the Blues", um dos mais famosos solos de trompete da história do jazz. Com Rex Stewart, entramos no universo dos trompetistas que podem ser qualificados de "trompetistas de Ellington". São os chamados músicos do *jungle style*.

Quem primeiramente introduziu o *cornet* no *jungle style* foi Bubber Miley, morto em 1932. Nos anos de 1920, também foi ele quem deu à orquestra de Duke Ellington aquela cor característica até hoje associada ao conceito "ellingtoniano". Ele surgiu sob a influência de King Oliver. Quando se pensa no solo mais popular de Oliver – o "Dippermouth Blues" –, fica evidente a ligação direta com o famoso solo de Miley na primeira gravação de "Black and Tan Fantasy", em 1927, uma parceria de Duke e Miley.

Miley tornou o som *wah-wah*, intimamente associado ao *jungle style*, mundialmente conhecido. Ele tocava de modo curioso: acoplava ao trompete uma pequena surdina de *cornet* e, ao mesmo tempo, manipulava com a mão esquerda uma surdina de borracha (*plunger*) junto da campana, comprimindo, espremendo e modelando seu som *wah-wah*.

Duke Ellington sempre procurou conservar a "cor" criada por Miley em sua orquestra. Rex Stewart, Cootie Williams, Ray Nance, Clark Terry e outros tiveram de assumir essa preocupação em diferentes etapas da carreira de Ellington. Rex, falecido em 1967, foi muito admirado pela leveza e segurança que caracterizavam seu estilo de tocar, sempre tão expressivo, mesmo em peças mais rápidas. No contexto do jazz alemão, ele ocupa uma posição privilegiada. Ele foi o primeiro músico de jazz importante a ir para a Alemanha depois da Segunda Guerra Mundial. Os discos que gravou em Berlim, em 1948, com uma banda mista de músicos negros e brancos berlinenses para a gravadora Amiga, na então Alemanha Oriental, estão entre os documentos importantes da história do jazz alemão.

Cootie Williams tocava seu trompete *growl* com uma expressividade bem particular. Ele foi denominado o "mestre das mil sonoridades". Nenhum outro trompetista soube produzir com o *plunger* uma gama mais variada de sons, *talking sounds* altamente "falantes" e apaixonados, sempre com muita desenvoltura melódica. Cootie é o solista de um dos mais importantes discos que Duke Ellington gravou, o *Concerto for Cootie*, de 1940, cuja melodia fez tanto sucesso que até ganhou uma letra: "Do Nothing Till You Hear From Me".

Uma característica da técnica de Rex Stewart era comprimir os pistos do trompete só até a metade. Essa forma de tocar foi traduzida por Clark Terry para o universo do jazz moderno, que assim criou um estilo totalmente próprio e original: um som alegre, cheio e encorpado, que ele vivificou com os seus característicos *bends* – técnica que consiste em "curvar" a nota. Talvez Clark Terry seja o único trompetista moderno do free jazz que não sucumbiu à dualidade Dizzy Gillespie/Miles Davis. Acima de tudo, ele domina com maestria um tipo de humor musical extremamente espirituoso.

No fundo, todos os trompetistas mencionados até aqui podem ser inseridos na escola de Armstrong. No polo oposto, figura aquela que podemos denominar com alguma simplificação de "a escola de Gillespie", que também deu origem a uma tradição, pois até hoje a forma de tocar de Dizzy Gillespie é a base para a execução de muitos trompetistas. Na verdade, a tradição de Gillespie começou um pouco antes do próprio Dizzie Gillespie, vale dizer, com Henry "Red" Allen. Falecido em 1967, Allen tornou-se seguidor de King Oliver em 1929 ao ingressar para sua orquestra, que à época passara para as mãos de Luis Russell. Com "Red" Allen, o fraseado começou a ter mais importância que a construção do som. O estilo de Allen, ao menos em comparação com os outros trompetistas de seu tempo, privilegiava mais o *legato* que o *staccato*, ou seja, linhas mais contínuas que articuladas.

A tendência a esse tipo de execução é cada vez mais clara em alguns trompetistas posteriores, como Roy Eldridge, Buck Clayton e Harry Edison. Roy se tornou o mais importante trompetista de seu instrumento ao lado de Armstrong e Gillespie, com ele a "fluência" se tornou pela primeira vez um ideal para um trompetista de jazz. O saxofone é o "mais fluente" dos instrumentos de jazz; não por acaso, nota-se, por essa época, também pela primeira vez, o influxo que esse instrumento exerceu sobre o jazz moderno no que tange à construção do som. Eldridge disse: "Eu toco um belo saxofone no trompete." É verdade que mais tarde ele próprio acabaria abandonando esse estilo saxofonizado; no entanto, certos resquícios disso jamais desapareceram. Ele possuía um som áspero, encrespado, e se tornou famoso por sua maneira emotiva de construir solos, de chegar com seus *riffs* a um emocionante clímax rítmico no registro agudo.

Por fim, Buck Clayton e Harry Edison foram os trompetistas que extraíram de seu instrumento o som "mais suave" e delicado de todos os músicos do estilo swing. Edison ganhou o apelido "Sweets" porque adorava doces, mas esse nome também pode evocar perfeitamente seu estilo suave de tocar. Do ponto de vista harmônico, ele é o trompetista mais moderno antes de Dizzy Gillespie. Buck Clayton, por sua vez, sempre foi mais ligado às harmonias tradicionais. Sweets e Buck estiveram entre os grandes solistas da clássica orquestra de Count Basie no período que vai do fim dos anos de 1930 ao começo dos anos de 1940. Mais tarde, Edison se tornou um atarefado músico de estúdio, gravando discos em Hollywood, por exemplo, com Frank Sinatra, ou, em Nova York, trabalhando em produções de jazz e de rock. Não há outro trompetista que, por meio do idioma do estilo swing, expresse com tanta perfeição a sensibilidade do jazz clássico-moderno.

Normalmente, quando se pergunta, partindo do exemplo de Ruby Braff, por um trompetista branco estilisticamente fenomenal, o nome que logo vem à mente é o de Buck Clayton. Como músico, ele pertencia à geração de jazz dos anos de 1950 e, não obstante, seguia a tradição dos trompetistas de jazz, em vez da linha de Dizzy ou Miles. Tratava-se de um perfeccionista do *cornet* que tocava os estilos swing e Dixieland com muita doçura e leveza. Nos anos de 1970, ele e Georg Barnes lideraram um quarteto cuja marca principal era justamente a leveza flutuante de seu estilo swing. Note-se que, como é de praxe, essa tradição do swing continuou a deixar grandes herdeiros, a exemplo do trompetista Warren Vaché, que se tornou conhecido no fim dos anos de 1970, e, depois, Randy Sandke – em ambos, o estilo swing é um compromisso íntimo que se faz perceber em tudo o que eles tocam.

Os trompetistas de jazz logo apreenderam a fazer uso do efeito eletrizante das *high notes* – notas executadas na região mais aguda de seu instrumento e que vão além da extensão tradicional do trompete. Uma técnica que remonta a Louis Armstrong, como tudo o mais na história do trompete de jazz. Ele descobriu notas no trompete que a literatura especializada da época (de origem europeia) não conhecia. Mas foi Charlie Shavers, versátil e exímio trompetista do swing, quem se tornou a referência número 1 dos especialistas em notas agudas do trompete: "Cat" Anderson e Al Killian, da orquestra de Duke Ellington, e também Maynard Ferguson, que veio do Canadá e ganhou fama como membro da orquestra de Stan Kenton. Os discos de Kenton obtiveram grande sucesso com o estilo "arranha-céu" de Ferguson, mas vários críticos se incomodaram com a falta de gosto dessa forma de tocar. Mais tarde, Ferguson provou ser um músico de verdadeiro sentimento jazzístico e de swing contagiante, sobretudo com sua Maynard Ferguson's Big Band, a grande orquestra de swing selvagem que ele dirigiu na segunda metade dos anos de 1950 nos Estados Unidos e, posteriormente, na Inglaterra (cf. o capítulo "As *Big Bands* do Jazz").

Ferguson tocava com uma leveza e segurança espantosas coisas que outros trompetistas simplesmente não conseguiam tocar. Em seus "agudos de arranha-céu", ele não apenas produzia um som estridente, mas, lá em cima, alcançava as notas com precisão e fraseava sem comprometer a musicalidade. Só por volta do fim dos anos de 1970 é que apareceu um concorrente: Arturo Sandoval. Natural de Cuba, Sandoval levou adiante o estilo "alpinista" de Ferguson com estro inflamado e uma impressionante tranquilidade. Na orquestra Irakere, até 1981, e, posteriormente, em seus próprios grupos, ele combinou a execução *high notes* com o virtuosismo típico do bebop *à la* Dizzy Gillespie.

Uma forma particular de execução *high notes* se desenvolveu dentro das *big bands*. Para melhor liderar um naipe de trompetes, via de regra, o trompetista também precisa dominar muito bem o registro agudo. Nos anos de 1990, o australiano James Morrison, por exemplo, com seu estilo robusto, atingia alturas estratosféricas e sibilantes. Entretanto, no caso de Morrison, nota-se também, apesar de toda a sua excelência, o lado sensacionalista e circense da execução *high notes*: às vezes, ele toca dois trompetes ao mesmo tempo.

"No que concerne ao papel do líder, há uma concepção terrivelmente equivocada", disse o trompetista Marcus Printup. "Muita gente pensa que a liderança é feita basicamente de *high notes*. Isso é apenas um aspecto. Muito mais importante é saber frasear." Ernie Royal e Snooky Young, Cat Anderson, Jon Faddis, Bobby Shew e, no jazz contemporâneo, Alex Sipiagin e Jeremy Pelt são líderes eminentes nesse sentido.

Baseando-se nos pré-requisitos instrumentais que Roy Eldridge criara e nas contribuições estilísticas dos outros pioneiros do bebop, Dizzy Gillespie desenvolveu sua própria técnica: antípoda de Louis Armstrong, mas comparável a ele na intensidade e no esplendor de seu trompete (cf. a seção "Charlie Parker e Dizzy Gillespie" do capítulo "Os Músicos do Jazz"). Se todos os trompetistas de jazz tradicional vêm de Louis Armstrong, todos os trompetistas do jazz moderno vêm de Dizzy Gillespie. Os quatro nomes principais surgiram com a primeira onda do jazz moderno. São eles: Howard McGhee, Fats Navarro, Kenny Dorham e Miles Davis. A morte precoce de Fats Navarro foi tão lamentada pelos jazzistas de sua geração quanto a de Bix Beiderbecke pelos músicos do estilo Chicago. Com as improvisações elegantes e impecáveis de Fats teve início a técnica que a geração do hard bop cultivou a partir do fim dos anos de 1950 e que consistia em unir os arcos melódicos de Miles Davis ao arrebatamento de Dizzy Gillespie. Em sua autobiografia *Beneath the Underdog*, o baixista Charles Mingus definiu Fats Navarro como um paradigma do jazz moderno.

Miles Davis começou imitando Dizzy Gillespie, assim como Dizzy imitara Roy Eldridge; no entanto, ele não tardou a encontrar um caminho próprio e original para seu estilo. Miles inaugura e representa a segunda fase do trompete moderno de jazz, posterior a Dizzy Gillespie, em que se nota a predominância de curvas melódicas de caráter lírico (aqui a "*sophistication* com simplicidade" é cultivada maravilhosamente), pouco *vibrato* (ainda menos que Dizzy), além de uma sonoridade bastante própria, pautada mais na melancolia que no brilho e impregnada de um espírito de protesto *cool* e, mesmo assim, ardente. Depois de Miles Davis, o desenvolvimento do trompete de jazz ocorrerá fundamentalmente pelo cruzamento de Dizzy Gillespie com Miles Davis, mas temperado com uma pitada de Fats Navarro (sucedido depois por Clifford Brown [Brownie]).

Kenny Dorham é um músico a quem ainda não se deu a devida atenção. Sua execução cheia de vida e afeto irradia uma grande competência harmônica. Chet Backer, Johnny Coles e Art Farmer são músicos ligados a Miles Davis, mas apenas Chet foi influenciado diretamente por ele, tornando-se uma grande sensação em 1952 como membro do quarteto de Gerry Mulligan graças a um solo em cima de "My Funny Valentine". Naquela época, por um breve lapso de tempo, ele imperou em quase todos os *jazz polls**. Seu fraseado era tão elegante que até foi taxado de "feminino" (hoje isso seria um elogio). Depois de Miles Davis, nenhum trompetista capturou o fenômeno da solidão e do luto de forma tão emocionante quanto Chet Baker, que era, além de tudo, um cantor refinado. Cada nota sua expressava a melancolia de uma despedida. Muitas vezes parecia que o trompete não era tocado, mas cantado, motivo pelo qual, com a leveza flutuante e melancólica de seu estilo, sempre que ele trocava o instrumento pelo canto, era como se este fosse uma continuação do primeiro. Art Farmer, que viveu muito tempo na Europa, portava-se com tanta *sophistication* que suas possibilidades de expressão no *flugelhorn* pareciam ilimitadas: tocando com surdina, ele combinava fluência com uma expressividade bastante inspirada. Art e Johnny Coles foram os únicos trompetistas modernos que alcançaram a intensidade lírica de Miles Davis sem imitá-lo, de uma forma totalmente própria e inconfundível. É de fato elucidativo que esses dois, que estão acima de qualquer suspeita de imitação, cheguem mais perto da expressividade de Miles Davis que todos aqueles que foram diretamente influenciados por ele.

Art Farmer entrou em cena em 1952 como músico da orquestra de Lionel Hampton, a mesma de onde também saiu o mais louvado trompetista do jazz clássico-moderno depois de Miles Davis: Clifford Brown, falecido tragicamente num acidente de carro, em 1956. Brownie, como era chamado, levou adiante o estilo de Fats Navarro. Ele é, sob certos aspectos, uma espécie de "pai do trompete hard bop". Os músicos negros que não se sentiram atraídos pelo cool jazz continuaram a tocar bebop na primeira metade dos anos de 1950, embora sem serem muito notados. Foi apenas com o sucesso de Brownie que começou o sucesso do hard bop. Clifford Brown tocava com uma agilidade e um som tão aveludado que o trompete soava quase como uma madeira. Ele sabia suscitar euforia sem se exceder nas *high notes*, criando tensão com seus ritmos e o direcionamento de suas linhas melódicas. Clifford trouxe lógica ao hard bop. Nenhum outro músico antes de John Coltrane foi tão feliz quanto Brown em conferir direção e ordem ao turbilhão de motivos do bebop. Ao mesmo tempo, as linhas de Brownie irradiavam alma, vida e um otimismo incondicional. Após sua morte, criou-se um mito comparável ao de Beiderbecke em torno de seu nome. Também no neo-bop dos anos de 1970 e, ainda mais fortemente, no neo-hard bop dos anos de 1980 e 1990, notava-se a influência de Clifford Brown: não há praticamente nenhum trompetista ligado a essa vertente que não se relacionasse com o som grande e redondo de Clifford, bem como com a sua agilidade harmônica e seu fraseado lógico.

No hard bop, a experiência musical do cool jazz da primeira metade dos anos de 1950 conflui com a vitalidade do bebop dos anos de 1940. São trompetistas que exemplificam essa corrente: Donald Byrd, Thad Jones, Lee Morgan, Bill Hardman, Nat Adderley, Benny Bailey, Ira Sullivan, o iugoslavo Dusko Gojkovic, Ted Curson, Blue Mitchell, Booker Little, Freddie Hubbard e Woody Shaw. Donald Byrd conjuga consistência acadêmica com flexibilidade profissional, razão pela qual ele se tornou um dos músicos mais gravados da primeira geração do hard bop. Nos anos de 1970, ele fez sucesso com um tipo saboroso de funk jazz, no entanto, os críticos não aprovaram a fórmula. Em 1993, no álbum *Jazzmatazz*, ele e o rapper Guru reuniram e misturaram elementos do jazz e do hip-hop. É verdade que tanto os ritmos do hip-hop quanto as melodias do jazz possuem *groove*, mas são elementos que não se fundem e muitas vezes parecem correr paralelamente.

Thad Jones, proeminente arranjador e, até 1979, codiretor da *big band* Thad Jones/Mel Lewis, que entrou para a história

* Votação promovida pelas revistas de jazz para classificar, em categorias diversas, os melhores jazzistas. Há dois tipos de *polls*: o da crítica e o dos leitores. (N. da T.)

do jazz, atuou na orquestra de Count Basie e tocou alguns de seus primeiros solos importantes no Jazz Workshop de Charles Mingus, com sua proposta experimental. Lee Morgan, falecido em 1972, tocava na *big band* de Dizzy Gillespie em meados dos anos de 1950. Descoberto por Dizzy aos 18 anos, ele se tornou, como membro do Art Blakey and the Jazz Messengers, um músico recorrente nas gravações de hard bop. Seu som transmitia de maneira indisfarçável seu estado de humor momentâneo – um som enérgico, impositivo, expressivo e imbuído de humor. Ele possuía o dom de construir um solo como uma grande melodia – uma arquitetura musical com alma e coração. Lee possuía uma astúcia cheia de *groove*, mais próxima da música soul que das escalas matemáticas de conservatório. Um traço característico de Lee Morgan é seu personalíssimo *half valve*. A influência de Morgan no neo-bop e entre os trompetistas *young lions* dos anos de 1990 foi semelhante à de Clifford Brown e à de Freddie Hubbard (sobre quem ainda falaremos).

Benny Bailey foi um trompetista de hard bop que viveu e atuou na Europa. Ele conquistou muitos admiradores graças a seu som grande e cheio. Um verdadeiro estilista do trompete e, além disso, um dos melhores líderes de naipe que se pode desejar para uma *big band*. Ele morreu em 2005. De resto, o desenvolvimento do hard bop, na medida em que se deu segundo os padrões do jazz "tonal", não trouxe grandes novidades do ponto de vista estilístico até o fim dos anos de 1990. Ele trouxe, sim, um aperfeiçoamento contínuo e espantoso do "fogo" bebop, surpreendente também por seu duplo desdobramento: de um lado, o neo-bop do fim dos anos de 1970; de outro, o neoclassicismo dos anos de 1990. Os trompetistas mais importantes que levaram o hard bop para o caminho do neo-bop foram, sem dúvida, Booker Little, Freddie Hubbard e Woody Shaw.

Booker Little, falecido prematuramente em 1961, tornou-se famoso por sua atuação no Max Roach Ensemble; ele também abriu o hard bop de seu centro para as inovações e liberdades do jazz que estavam por vir nessa década. Ele foi o primeiro trompetista de jazz a privilegiar em suas improvisações os grandes saltos intervalares em vez dos usuais graus conjuntos. Não por acaso, ele realizou algumas de suas mais belas gravações com Eric Dolphy, outro mestre dos grandes intervalos. O lema de Booker era: "Quanto maior a dissonância, maior o som." Ele manejava os pistos com muita maestria, ornamentando as notas com *scoops* (alterações microtonais) e emprestando às suas melodias um ar de dignidade e *pathos*. Little também era um compositor de talento. Suas peças complexas têm pouco em comum com as convenções do hard bop. Elas são cheias de rupturas e contrastes e se configuram por estados alternantes de luz e sombra, consonância e dissonância num espaço mínimo. Essas contradições e complexidades fizeram de Booker Little uma referência importante para o trompete de jazz pós-moderno na virada ao século XXI.

Freddie Hubbard é o trompetista mais brilhante de uma geração que tem um pé no hard bop e o outro no *fusion*. Ele se destacou com o mesmo vigor seja no conjunto de Max Roach, seja na *big band* de Oliver Nelson, Blues and the Abstract of the Truth, seja ainda em vários discos de sua autoria que espelham o desenvolvimento do jazz desde o hard bop, passando pela execução "livre" dos anos de 1960, até o som elétrico dos anos de 1970. Hubbard tocava trompete como Coltrane em seu início: com uma ótima fluência melódica e um som eloquente, grande e uno. A precisão melódica de suas linhas é legendária: ele nunca perdia o centro do beat, mesmo quando às vezes se excedia no uso das *high notes*.

Muitos críticos lamentaram o caráter estereotipado das produções de Hubbard no campo do *fusion*. Porém, nos anos de 1980, ao lado de Woody Shaw e também com grupos próprios, Hubbard reencontrou e fortaleceu as raízes de seu bebop. Woody

Shaw, falecido em 1989, é o elo de união entre Freddie Hubbard e Wynton Marsalis. Sem meios-termos, ele trilhou seu caminho como o mais inspirado trompetista do neo-bop. Shaw criou obras monumentais, seja com Eric Dolphy, seja com a banda que Dexter Gordon dirigiu em 1976 por ocasião de seu glorioso *comeback*. Ademais, ele soube como ninguém integrar ao bebop os resultados do jazz modal, a exemplo das escalas pentatônicas. Sua marca registrada é a ênfase nas melodias em quarta. No início dos anos de 1980, Shaw dirigiu um quinteto bastante reputado, cuja linha de frente era composta por metais: trompete e trombone, o segundo tocado por Steve Turre.

O neo-bop nasceu da confluência do bebop com o jazz modal. Nele é claramente visível a influência avassaladora de John Coltrane, principalmente sobre os músicos mais jovens. Jack Walrath, Jimmy Owens, Eddie Henderson, Jon Faddis, o suíço Franco Ambrosetti, Lew Soloff, Hannibal Marvin Peterson, Terumasa Hino e Randy Brecker são trompestistas que se movem dentro dessa vertente. Alguns deles, paralelamente a outras tendências, adotaram o neo-bop e o levaram adiante.

Randy Brecker, por exemplo, tornou-se conhecido como um estilista do *fusion* (ainda falaremos dessa sua faceta), mas ele também toca neo-bop com grande dinâmica e vigor. Com sua grande habilidade para criar clímax, ele traduziu alguns elementos do jazz rock para o neo-bop; nos anos de 1980, ressalte-se seu trabalho ao lado da pianista brasileira Eliane Elias. Lew Soloff é um grande especialista em *big bands* que adquiriu prestígio atuando na orquestra de Thad Jones/Mel Lewis e na de Gil Evans (a quem esteve ligado por quase vinte anos). Ele tem uma clara predileção pelo lado metálico – brônzeo – do som do trompete e consegue alternar os registros com grande destreza. Jack Walrath, de Montana, que foi trompetista e arranjador na última banda de Charles Mingus, faz um neo-bop estilisticamente fraturado, "ensandecido", bem-humorado e irônico. Tom Harrell, que tocou com Horace Silver e Phil Woods, é o grande lírico do *mainstream* do swing do trompete. Nesse terreno tão propenso a exibicionismos técnicos, ele é mestre em sutilezas e possui uma rara intuição para a economia e o equilíbrio. Nenhuma nota desnecessária sai de seu trompete. Jon Faddis é um *lead trumpet* dos mais seguros do neo-bop. Ele preenchia as *big bands* com um som de brilho extraordinário e foi um excelente virtuose das *high notes* à maneira de Dizzy Gillespie. Nos anos de 1980, ele encontrou seu próprio estilo.

Hannibal Marvin Peterson, apresentado primeiramente por Gil Evans, tinha um domínio tão completo das mais variadas vertentes do jazz, de Bessie Smith a Coltrane, que o *New York Times*, em meados dos anos de 1970, definiu-o como um "Muhamed Ali do trompete".

Também os trompetistas bebop da geração mais antiga e intermediária suscitaram nos anos de 1980 um interesse novo, até mesmo pouco esperado. Assim sucedeu, sobretudo, com Red Rodney (falecido em 1994) e Ira Sullivan, ambos vivamente apaixonados pela música de Charlie Parker. Além do trompete, Sullivan toca três tipos de sax: soprano, alto e tenor; Rodney era um veterano, que tinha atuado no quinteto de Charlie Parker e em grandes *big bands*, como as de Jimmy Dorsey, Les Brown e Woody Herman. O fascínio que a orientação do novo bebop exerceu sobre os jovens músicos nos anos de 1980 transparece claramente na poderosa influência de Wynton Marsalis. Ele chegou à cena do jazz no momento em que o *fusion* e o jazz rock ainda dominavam o mercado fonográfico, mas logo se tornou mundialmente conhecido com o seu jazz straight-ahead acústico, transformando-se em ídolo de toda uma geração musical. Wynton Marsalis é o músico nobre do jazz contemporâneo. Ele transporta os elementos da música clássica – ordem, disciplina e certa dose de luxo e exclusividade – para a esfera de sua execução compassiva.

Apesar do caráter retrospectivo de sua música, ele contribuiu muito para o desenvolvimento do trompete de jazz. Wynton não toca simplesmente nesse ou naquele estilo – jazz de Nova Orleans, bebop, hard bop ou swing –, mas antes retém em sua música tudo o que lhe parece duradouro em cada um dos estilos tradicionais. Nesse sentido, o bebop soa por meio de *sua* linguagem, Miles Davis vibra por meio de *sua* sensibilidade e a atitude clássica de Louis Armstrong se faz efetiva por meio de *seu* som.

No âmbito da concepção multiestilística, Wynton vai além dos conceitos prévios do pós-bop. Desde o fim dos anos de 1980, nenhum músico fez mais pelo jazz straight-ahead que ele. Wynton é um técnico compenetrado, que, com originalidade, trabalha linhas e ritmos em movimentos de expansão e recolhimento. Por sua estrutura lógica, seus improvisos são como composições, traindo uma leve influência de Miles Davis e de certa sonoridade incontornável do jazz de Nova Orleans (cf. a seção "Wynton Marsalis e David Murray" do capítulo "Os Músicos da Jazz").

Wynton Marsalis é o ponto de partida de uma linhagem de trompetistas que, oriundos de Nova Orleans, intensificaram e vitalizaram o jazz straight-ahead dos anos de 1990, dando com isso prosseguimento à formidável tradição de trompete da Crescent City. Esses músicos são: Terence Blanchard, Marlon Jordan, Nicholas Payton, Leroy Jones e Irvin Mayfield.

Quando, em 1982, Marsalis abandonou o *Jazz Messengers*, seu lugar foi ocupado por um trompetista de 19 anos. Ele também provinha de Nova Orleans e do New Orleans Center for Creative Arts (NOCCA). Trata-se de Terence Blanchard. Seu estilo está fortemente imbuído das melodias e ritmos da Crescent City e revelam um amor especial pela música do *mardi gras* – o carnaval de Nova Orleans –, bem como uma forte consciência das raízes africanas da música negra. No quinteto liderado por ele e pelo sax-altista Donald Harrison em meados dos anos de 1980, Blanchard – com seu som aveludado e delicado – deu uma guinada em direção ao neo-hard bop. Mais tarde, ele fez sucesso compondo música para os filmes de Spike Lee – "Mo' Better Blues" e "Malcolm X" – e em Hollywood. "The trumpet is the mirror of the mind" (O trompete é o espelho da alma), disse. "Para os músicos de minha geração, é chegada a hora de jogar fora as algemas do passado e investigar novos campos."

O trompete simboliza poder. Que, desde os anos de 1990, isso também se verifique no jazz acústico, com sua consciência da tradição, comprova-o Nicholas Payton de maneira particularmente fenomenal. Ele se tornou conhecido com as bandas de Elvin Jones e Clark Terry. Payton possui vigor e elasticidade, aliando com grande maestria um som encorpado ao *legato* em colcheias *à la* Freddie Hubbard. De forma bastante convincente, ele cruzou – e assim reanimou – as técnicas do pós-bop com elementos do jazz "antigo", como se pode ver no álbum *Gumbo Nouveau*, de 1996, feito em conjunto com o trompetista Doc Cheatham, na época, com 91 anos de idade – um veterano da escola de Louis Armstrong. No disco, ele traduziu os sons tradicionais de Nova Orleans para a linguagem de um pós-bop contagiante. Posteriormente, ele se tornou um inspirado estilista do *jazz-meets-hip-hop*.

Irvin Mayfield não é apenas um instrumentista de destaque do neo-hard bop; com a banda Los Hombres Calientes, ele também traduz com maestria o legado de Wynton Marsalis para o universo das melodias e dos ritmos da música afro-caribenha.

Com o sucesso de Wynton Marsalis, surgiu, no começo dos anos de 1990, o movimento dos *young lions*, que desencadeou uma verdadeira onda "trompetística" no jazz e deu a conhecer uma leva de novos jovens talentos. É verdade que alguns desses instrumentistas não eram muito mais que marionetes das gravadoras, ávidas para lucrar com a nova onda do hard bop. Na mesma velocidade com que entravam em cena, também caíam no esquecimento. O que realmente chama a atenção nessa época é que muitos trompetistas *young lions*, do ponto de vista técnico-instrumental, causavam uma impressão maior que seus modelos, embora não possuíssem a autenticidade e o frescor deles. "Eu não sei do que eles têm medo", dizia Lester Bowie. "Parece que eles têm medo de conduzir a própria vida." Explicou um jovem trompetista: "Há uma enorme pressão sobre nossa geração, uma pressão para que dominemos todas essas informações."

No entanto, não há dúvidas de que centenas de músicos acabaram encontrando seu próprio estilo dentro do neo-hard bop, o que é um testemunho da diversidade e do vigor da cena acústica do jazz dos anos de 1990. Digno de nota entre os trompetistas dessa corrente é que, mais que os trompetistas do neo-bop, eles mantêm uma relação eclética com praticamente toda a história do trompete do jazz tonal, embora sob a égide de uma lógica dominante: a fusão do swing de Miles Davis com o hard bop redondo e aveludado de Clifford Brown e uma forte influência de Wynton Marsalis.

Os mais importantes instrumentistas alinhados ao hard bop são: Roy Hargrove, Wallace Roney, Alex Sipiagin, Marcus Printup, Ingrid Jensen, Terrell Staffod, Jeremy Pelt, Greg Gisbert, Joe Magnarelli, Eddie Allen, Don Sickler, Tim Bolden e David Weiss; na Alemanha, Till Brönner; na Grã-Bretanha, Gerard Presencer e Guy Barker; e na Itália, Flavio Boltro.

O trompete é o mais genioso de todos os instrumentos do jazz. "Ele fica bem quietinho no estojo, rodeado de luxo, só esperando para complicar a vida de quem se meter com ele", disse Dizzy Gillespie certa vez. Com Roy Hargrove, no entanto, tocar trompete parece ser a coisa mais simples do mundo.

Hargrove não se presta ao rótulo de "neotradicionalista". Ele se tornou mundialmente conhecido depois que foi "descoberto", com 18 anos de idade, por Wynton Marsalis num *workshop* na Escola de Música de Dallas. Desde então, seu desenvolvimento é contínuo. A seu modo, ele une a concepção redonda e aveludada do hard bop de Clifford Brown com a objetividade de Freddie Hubbard e é imbatível quando se trata de criar continuamente novos desafios rítmicos em execuções sobre *changes*. Mais tarde, Hargrove tocou com D'Angelo e Erykah Badu e, em 2003, fez sucesso com sua banda RH-Factor, um projeto que unifica o jazz e o *neo*-soul, processando influências do hip-hop e do *drum'n'bass*.

Wallace Roney, natural da Filadélfia, toca um trompete poderoso, inspirado em Miles Davis, com um timbre escuro e metálico inconfundível. No período de transição da década de 1980 à de 1990, ele era tão solicitado que acabou atuando em dois grupos simultaneamente – o de Art Blakey e o de Tony Williams. Por aí se mede sua estatura. No que tange à execução neoclássica, seu domínio se estende desde o campo mais conservador e orientado ao hard bop até o campo de inspiração contemporânea. Ele é brilhante nas *changes* e adora dar emoção às suas melodias por meio de *out chords* – acordes que geram atrito.

Salta aos olhos a quantidade de trompetistas fenomenais entre as grandes estrelas do jazz neoconservador dos anos de 1990: Wynton Marsalis, Roy Hargrove, Nicholas Payton, Terence Blanchard, Wallace Roney... Isso ocorre porque o trompete é um instrumento extremamente favorável a uma execução conservadora. Em termos comparativos, é mais difícil fazer música de improvisação livre no trompete que no saxofone.

A canadense Ingrid Jensen, que se fez conhecida pela orquestra de Maria Schneider, toca com graça, poder e sensibilidade inacreditáveis; com sua forma elegante e ágil de tocar, ela oscila entre Art Farmer e Woody Shaw. Já Jeremy Pelt, proveniente da *big band* de Charles Mingus, está mais interessado na arte do drama e dos *interplays* incandescentes com bateristas.

Também há na Europa instrumentistas que, de um modo pessoal, seguem a linha de Marsalis: Gerard Presencer protagonizou um escândalo quando, aos 20 anos, foi empossado diretor da Divisão de Jazz da Royal Academy of Music, em Londres. Digno de nota é a elegância com a qual ele desenvolveu a herança de Clifford Brown em variados campos estilísticos – neo-hard bop, *jazz-meets-drum'n'bass, big bands*. Till Brönner improvisa com elegância tranquila e maturidade, às vezes também com um virtuosismo um pouco vaidoso. Ele homenageia a grande tradição do trompete negro – Kenny Dorman, Freddie Hubbard, Clark Terry – e mostra ter domínio sobre um arco estilístico que vai do hard bop até as batidas de soul e hip-hop programadas por DJs dos anos de 1990.

No que tange à execução "livre", convém iniciar pelo trompetista desbravador: Don Cherry, que toca um *pocket trumpet*, um trompete para criança de melhor qualidade e que lembra um *cornet*. Quando, no fim dos anos de 1950, ele se tornou conhecido como membro do quarteto de Ornette Coleman, a maioria dos críticos viu nele apenas um trompetista amigo de Ornette. No entanto, logo ficou claro que Cherry trazia um novo trompete para o free jazz. Ele se tornou célebre graças à completa espontaneidade de sua execução e a seu melodismo extremamente lírico; suas linhas insubmissas à métrica fluem livremente pelo espaço e tempo. Depois, ele se tornaria um "poeta do free jazz" dotado de uma expressividade intimista e luminosa, merecendo elogios até mesmo de um crítico tão rigoroso quanto Miles Davis. Em meados dos anos de 1960, Cherry viveu na Europa, onde realizou um trabalho duplamente notável: de um lado, compôs obras ambiciosas para um novo jazz grande-orquestral que se caracterizam, sobretudo, por seu charme e melodismo; de outro lado, Cherry se tornou um expoente do world jazz e da apropriação jazzística de elementos provenientes das grandes culturas musicais não ocidentais. Elementos balineses, indígenas, tibetanos, indianos, árabes, chineses e africanos foram trabalhados por Cherry não apenas no trompete, mas também na flauta e no *douss'n gouni* (uma harpa usada com arco, oriunda de Mali).

É prova da importância incontestável de Cherry que todos os outros trompetistas do free jazz tenham permanecido, durante anos, à sua sombra: entre os negros, (o antigo) Lester Bowie, Bobby Bradford, Wadada Leo Smith, Bill Dixon, Butch Morris; entre os brancos, Don Ellis e Mike Mantler; entre os músicos japoneses, Toshinori Kondo.

Ellis, falecido em 1978, tornou-se conhecido na segunda metade dos anos de 1950 como membro do sexteto de George Russell e depois acabou se dispersando numa fase menos frutífera de *happenings in jazz*. Em 1966, no entanto, a apresentação de sua *big band* modernista no Festival de Monterey foi um imenso sucesso. Ellis tocava num "trompete de quarto de tom", construído especialmente para ele, e que permitia as mais sutis nuanças sonoras; antes dele, o trompetista tcheco Jaromir Hnilička, entusiasmado com a música em quartos de tom do compositor tcheco Alois Hába, utilizara um instrumento semelhante.

Quando Bill Dixon apresentou, em 1964, sua lendária série de concertos "October Revolution in Jazz", no Cellar Café, em Nova York, ao lado de músicos desconhecidos na época, como Sun Ra, Jon Tchicai, Roswell Rudd, Milford Graves, Paul Bley, David Izenzon e seu próprio sexteto, ele contribuiu de maneira fundamental para a formação do movimento do free jazz. Dixon transmitia a impressão de estar emocionalmente ligado a cada nota e a cada frase que tocava. Seu estilo no *flugelhorn* era intimista, mas ele também era mestre na execução *cluster* ao trompete: frases "estaladas" e disparadas em pequenos jatos, tão compactas que transmitem a impressão de multifonia. Wadada Leo Smith descobriu a magia do silêncio e da pausa no trompete do free jazz e desenvolveu, então, num desvio em relação ao sistema da música de concerto europeia, sua própria forma de notação, que ele chama *Ankras-mation*. Também com suas composições multifacetadas, à procura de novos sons, Smith deu uma contribuição essencial, desde os anos de 1970, à estruturação do free jazz.

Mas também nos anos de 1980 e de 1990 houve trompetistas que diferenciaram e desenvolveram a execução de vanguarda proveniente do free jazz. Rajesh Mehta, nascido nos Estados Unidos, mas de raízes indianas, une a riqueza microtonal da música indiana com o espírito rítmico aventureiro e o ímpeto de liberdade da vanguarda em gestação do free jazz. Além do trompete tradicional, Mehta toca um instrumento que ele próprio desenvolveu – o *hybrid trumpet*, que unifica dois trompetes por meio de um complexo sistema de tubos e chaves, o que lhe possibilita uma variedade de sons multifônicos.

Assim como Rajesh Mehta, também Greg Kelley, Rob Mazurek e Axel Dörner são instrumentistas de improvisações "abstratas", os quais, por meio de suas execuções – oscilantes entre free jazz, hard bop, *noise*, minimalismo e música eletrônica experimental –, ampliam coerentemente os limites do trompete e da música.

"O trompete é um instrumento difícil de tocar", disse o berlinense Axel Dörner. "É preciso construir o próprio som com os lábios – na verdade, com todo o corpo. São os lábios que criam o som, e não a palheta, como nas madeiras, ou as cordas, como no caso do violino ou do piano."

Dörner é um mestre da respiração circular e, com suas improvisações e composições livres, é responsável por promover uma "evolução do som". Ele aumentou de maneira notável as possibilidades sonoras do trompete por meio das chamadas "técnicas ampliadas", produzindo, nesse sentido, os mais diversos sons murmurantes, *multiphonics* (multifônias) e notas pedais (muito graves, que vão além da extensão normal do trompete), sons que ele modela e desenvolve segundo as grandes formas controladas que Luigi Nono e Bernd Alois Zimmermann inspiraram. Também não lhe é estranha a prática do tonalismo livre. Ele próprio, junto de Alexander von Schlippenbach, confirmou isso numa homenagem original ao lendário pianista de jazz Thelonious Monk.

A redescoberta da tradição é um traço que perpassa todos os modelos de execução. Ela se mostra tanto no novo bebop quanto nos trompetistas que tocam "livremente". Lester Bowie, que veio do círculo da AACM em Chicago, foi, em vários sentidos, uma espécie de fundador do trompete pós-moderno. Ao final dos anos de 1960, ele começou como músico de free jazz da segunda geração, emprestando ao trompete do free jazz uma noção de drama, estrutura e humor. Posteriormente, ele enveredou por execuções mais tonais. Com seus solos *growls*, ele entrava em cena como uma espécie de "Cootie Williams da vanguarda". A arte de Bowie, a saber, modelar e modificar o som do trompete, parecia inesgotável. "Ele encontrou certos timbres no trompete que, desde Miles Davis, ninguém mais havia conseguido extrair", disse Wynton Marsalis (seu antípoda em vários sentidos). "Nossa tradição da música negra remonta não apenas a Nova Orleans", disse Bowie certa vez. "Ela possui milhares de anos. É isso que tentamos expressar com a nossa música."

Por isso, ele denominou sua banda From Roots to the Source, cujo repertório, em meados dos anos de 1980, ia da música da África, passando pelo gospel, até o jazz contemporâneo. Com seu Brass Fantasy – oito metais e uma bateria –, Bowie realizou deliciosas adaptações de hits do rhythm & blues e de canções pop – de Fats Domino a Whitney Houston: uma extensão moderna da tradição das *brass bands* de Nova Orleans, plena de exuberância, espirituosidade e alegria sardônica. Ele faleceu em 1999.

Foi se reportando às performances de Lester Bowie que os trompetistas do jazz pós-moderno oriundos do free jazz desenvolveram sua forma de tocar: Olu Dara, Baikida Caroll, Herb Robertson, Rasul Siddik, Stanton Davis, Ron Horton, Roy Campbell, Dave Ballou e Paul Smoker. É digno de nota que muitos trompetistas associados a essa linha de orientação – em nítido contraste com a orientação moderna, que tende a uma sonoridade mais doce e clara – revalorizem os sons rústicos e vocais do jazz arcaico e os traga para o contexto de uma forma contemporânea de execução. Particularmente bem-sucedido é o caso de Olu Dara, que veio das bandas de Henry Threadgill e David Murray. Ele toca o *cornet* mais melódico e rústico do jazz multiestilístico. Em seus solos cheios de alma e blues afluem de forma muito orgânica reminiscências do Texas e do Mississippi – nesse sentido, ele caminha em direção à música do mundo por meio de sons mexicanos e afro-caribenhos. Isso foi documentado no álbum *In the World: From Natchez to New York*.

Intimamente ligado a esse giro em direção ao trompete do jazz, tem-se um admirável e inesperado renascimento da execução com surdina. Herb Robertson, que se tornou conhecido nos anos de 1980 em grupos com o saxofonista Tim Berne, é um desses mestres da execução "abafada". Vários trompetistas utilizam, durante um solo, uma única surdina. Robertson mobiliza brilhantemente um arsenal inteiro – no meio do solo, ele alterna entre uma pluralidade de surdinas. Ele anima o jazz pós-moderno com seus sons *jungle* e *plunger*, indo de Bubber Miley até Rex Stewart.

Em contrapartida, Paul Smoker, Ron Horton e Dave Ballou possuem um fraseado de marcante fluência. Do ponto de vista estilístico, eles são instrumentistas ágeis e melódicos do *free* bop, distinguindo-se pelo prazer com que improvisam e pela capacidade do *let it go*. Depois de Don Cherry e Olu Dara, Jon Hassel é o mais convincente trompetista do world jazz. Natural de Memphis, ele trabalhou com músicos minimalistas, como La Monte Young e Terry Riley. Como nenhum outro, Hassell "desmaterializa" o trompete. Nenhum grama do bronze ou do metal vibra em sua execução; ao contrário, trata-se de uma corrente de sons flutuantes e murmurantes, mais próximos do efeito de um sussurro que dos sons clangorosos de um trompete. Estimulado por Miles Davis e pela música étnica, Hassell estudou canto com o cantor indiano Pandit Pran Nath e transpôs esse estilo vocal para a execução singular de seu trompete com distorção eletrônica – valendo-se das mesmas linhas microtonais e ricamente ornamentadas. Em colaboração com o tecladista Brian Eno, ele desenvolveu o conceito *Fourth World Music*, unificando os sons altamente tecnicizados e computadorizados do assim chamado "Primeiro Mundo" com as melodias e os ritmos mágicos e vitais do "Terceiro Mundo" – particularmente impressionante nesse sentido foi seu encontro, em 1988, com o grupo de percussão africano Farafina, de Burkina Faso.

"O trompete e a bateria são parentes", disse certa vez Dizzy Gillespie. Na medida em que o ataque com que o trompete de jazz habitualmente é tocado possui uma forte energia percussiva, músicos latino-americanos e caribenhos encontraram um acesso natural ao trompete de jazz. Já conhecemos o mais importante e influente instrumentista nesse campo, Arturo Sandoval. Citem-se ainda o brasileiro Claudio Roditi, o argentino Diego Urcola, o cubano Jesus Alemañy, o nova-iorquino de origem porto-riquenha Ray Vega, bem como os norte-americanos Brian Lynch e Michael Philip Mossman.

Claudio Roditi unifica em suas improvisações elegantes as raízes da bossa nova com as influências de Freddie Hubard e Lee Morgan. De maneira particularmente virtuosística, Diego Urcola abriu as melodias do hard bop para as figuras argentinas do tango e da milonga. Ray Vega e Jesus Alemañy, com suas improvisações jazzísticas, reportam-se tanto a Dizzy Gillespie e Clifford Brown quanto à tradição do *trompetista* de música *son* e da salsa: de Alfredo "Chocolate" Armenteros, passando por Víctor Paz até Roberto Rodriguez e Rene Lopez.

Mas há dois músicos sem nenhuma ascendência latina que, por seus convincentes fraseados em cima dos ritmos de clave e do montuno, são hoje improvisadores reputados tanto no terreno do novo hard bop quanto no da música latina: Brian Lynch tocou com Eddie Palmeri e Horace Silver; Michael Philip Mossman foi trompetista na banda de Ray Barretto e, além disso, atuou como diretor musical da Afro-Cuban Jazz Orchestra, de Mario Bauzá.

Passemos para os trompetistas europeus. Com base nos fundamentos do free jazz, eles desenvolveram, já no início dos anos de 1960, um modo próprio de tocar – geralmente com uma visível tendência ao *melos*, razão pela qual muitos deles, nos anos de 1970, tomaram um caminho alternativo ao free jazz. Os mais importantes são: Kenny Wheeler e Harry Beckett, na Inglaterra; Enrico Rava e Paolo Fresu, na Itália; Tomasz Stanko, na Polônia; Hans Kennel, na Suíça; Bumi Vian e Thomas Gansch, na Áustria; Eric Vloeimans, na Holanda; por fim, Manfred Schoof, Herbert Joos e Uli Beckerhoff, na Alemanha. Entre as gerações mais novas estão Johannes Faber, Markus Stockhausen, Reiner Winterschladen, Claus Stötter, Thomas Heberer e Ingolf Burkhardt.

O canadense Kenny Wheeler, residente na Inglaterra, é quem possui, dentre todos, o maior raio de abrangência estilística: ele vai do free jazz até uma forma de tocar estetizada, que, para muitos amantes do jazz, está associada à gravadora ECM. Dentre os trompetistas que vivem na Europa, Wheeler foi quem exerceu a maior influência sobre a cena jazzística norte-americana. Ele está entre aqueles trompetistas que, em seus solos, sempre procuram uma canção ou uma grande melodia – e sempre as encontram. Ele foi chamado de "o trompetista-cristal do jazz". Seus solos emanam uma melancolia sofisticada, que, de sua atmosfera flutuante, irradia mais as tonalidades ásperas que as sentimentais da tristeza. "É justamente esse *in between* que constitui o charme de Kenny Wheeler, essa alternância entre um tipo de execução gestado pelo bebop e a falta de fronteira estilística que ele encontrou no círculo dos improvisadores livre", escreveu Bert Noglik.

Com os álbuns *Gnu High*, de 1976, e *Deer Wan*, de 1978, Wheeler assinalou seu nome como um inconfundível compositor de jazz. Suas obras apresentam um maravilhoso mundo de harmonizações modernas e flutuante melancolia. Entre os pontos fortes das composições de Wheeler, incluem-se melodias exuberantes e não convencionais, acordes resolutos e formas inabituais. "Acredito que faço o mesmo desde que tenho 30 anos. Tento encontrar melodias românticas e *kitsch*, misturadas com um pouco de caos", disse ele.

Na esteira de Kenny Wheeler, o holândes Eric Vloeimans revela, com seu trompete de jazz, um brilho típico da música de câmara. No jazz do século XXI, ele é um músico formado nos mais diversos estilos – do free jazz, passando pelo rock e pela música de concerto, até o swing – e com raízes igualmente profundas na tradição do jazz.

Mas voltemos à primeira geração do jazz europeu: Manfred Schoof dificilmente fica atrás de Wheeler em matéria de diversidade: ele vai da *big band* tradicional ao free jazz da orquestra Globe Unity, do bebop à estética do suave e do belo. Os traços característicos de Schoof são os "sons de arremesso", como Ekkehard Jost os denominou: fluxos sonoros velozes, virtuosísticos e cheios de sobreposições.

Tomasz Stanko também está entre os primeiros trompetistas que, no fim dos anos de 1960, encontrou uma linguagem própria dentro do jazz europeu. Sua execução, de um exibicionismo dramático, privilegia os sons vocais mais ásperos. Melodias eslavas e certa liberdade modal à Coltrane emprestam a seu gesto musical um júbilo melancólico. Stanko ama atmosferas sonoras flutuantes, em que sua agressiva execução em zigue-zague irrompe como faíscas. No início do século XXI, ele obteve sucesso internacional com seu quarteto formado por músicos poloneses nascidos duas gerações depois dele.

Nos anos de 1990, na Alemanha, Thomas Heberer renovou a sonoridade de Stanko a seu próprio modo, mostrando-se particularmente convincente nos tributos à música de Jelly Roll Morton e Louis Armstrong, em que o estilo moderno e o antigo são intercalados com perspicácia.

Outro pioneiro do jazz europeu é Enrico Rava. Ele é um mestre dos melismas – bem no sentido da tradição italiana – e possui um desses *singing horns* que, desde o começo, fazem parte do jazz. A origem musical de Rava é Miles Davis, mas ele traduziu o som de Davis para um ambiente jazzístico inspirado na ópera italiana: melodioso e dramático. "Nele nada soa pré-fabricado, tudo vem de dentro", escreveu Nat Hentoff.

Também Paolo Fresu, aproximadamente duas gerações mais jovem que Rava, vem da Itália. Ele nasceu na Sardenha, mas vive, desde 1996, em Paris e está entre os trompetistas mais solicitados do velho continente. Com suas linhas sensíveis e delicadas, Paolo Fresu é um lírico visionário do jazz europeu. Ele transforma, com base nos sons das *bandas* – os conjuntos de sopro à céu aberto italianos, em meio aos quais ele cresceu –, a sonoridade de Miles Davis numa poesia jazzística mediterrânea e rutilante. No álbum *Sonos e Memoria*, de 2001, ele assimila e elabora de um modo jazzístico influências da música folclórica da Sardenha, com os sons típicos das *launeddas* (uma espécie de flauta tripla) e do *canto de tenores* (canto polifônico arcaico da Sardenha), que são concebidos com simplicidade e melodias singelas, numa concepção musical que integra o Mediterrâneo europeu e o norte da África. Para moldar mais vivamente o som do trompete, como uma continuação da voz humana, Fresu também lança mão de recursos eletrônicos.

Markus Stockhausen, filho do compositor Karlheinz Stockhausen, toca um trompete de linhas intuitivas, plenas de um poder de irradiação e interioridade espiritual. Suas improvisações, situadas entre o jazz, a nova música e as influências da música do mundo, são exemplos do mais extremo recolhimento e concentração meditativos. Alguns desses músicos também revelam uma influência do *Miles fusion* dos anos de 1970 e de 1980. É o caso de Uli Beckerhoff, Reiner Winterschladen e Ian Carr. Este ganhou nome, sobretudo, por conta da música de seu grupo Nucleus, uma música cheia de harmonias interessantes e inteligentes. Uli Beckerhoff equilibra sua sensibilidade por meio do vigor e é versado tanto no campo acústico quanto no contexto do *fusion* – mais tarde, também com aportes extraídos do Miles pop dos anos de 1980. Reiner Winterschladen, que se tornou conhecido nos anos de 1980 com o seu trio Blue Box, tem alma de melodista e seu som compacto, enérgico e com muito senso de direção, é solicitado tanto pelas *big bands* quanto por pequenos grupos.

Entre os trompetistas que assimilam e reelaboram elementos do rock, há de citar-se primeiramente Randy Brecker, Chuck Mangione e o dinamarquês Palle Mikkelborg. Mangione fez sucesso nos anos de 1970 com uma música cativante e plena de efeitos, sobretudo entre o público ginasial e universitário norte-americano. O dinamarquês Palle Mikkelborg, também atuante como arranjador, "europeizou" a concepção de Miles Davis de um modo exemplar: por meio do lirismo, mitigou seu *fusion* enraivecido e rebelde e derramou sobre ele luzes nórdicas, sem, com isso, eliminar o caráter um pouco opressor da música de Davis. Mikkelborg está entre os poucos trompetistas que, para além de Miles Davis, encontrou um estilo próprio no uso do pedal *wah-wah* e de outros equipamentos eletrônicos de distorção. Para se ter uma ideia do prestígio de Mikkelborg, é suficiente lembrar que justamente seu ídolo, Miles Davis – que em geral não gostava de se apresentar como convidado –, aceitou de imediato um convite seu para atuar como solista na execução de uma composição orquestral de sua autoria. A suíte "Aura", dedicada a Miles e cuja estreia se deu em 1995 em Copenhague (Dinamarca), foi lançada em disco depois. Em sua autobiografia, Davis definiu-a como uma obra-prima.

Randy Brecker, exímio também no *flugelhorn*, tornou-se conhecido por meio de sua participação no grupo de Art Blakey, o Jazz Messengers, e também no quinteto de Horace Silver. Ele ganhou fama graças ao enérgico *stacatto funk* de seu trompete no Brecker Brothers, uma vigorosa banda de *fusion* que ele liderou ao lado de seu irmão Michael Brecker nos anos de 1970 (depois, com uma nova versão, nos anos de 1990). Ele é provavelmente o trompetista de jazz rock mais complexo em termos de técnica e um dos mais requisitados músicos de estúdio de Nova York. Talvez ele seja mesmo o trompetista de maior experiência no campo do jazz rock:

> Tocar rock no trompete costuma ser difícil porque você tem de brigar com a eletricidade. Certamente alguns elementos do jazz entraram no rock, mas os músicos de rock ainda não são capazes de improvisar no mesmo nível que o pessoal do jazz. Como um músico de jazz, você se sente você mesmo; como músico de rock, você se sente uma estrela.

Novos impulsos para o trompete inspirado no rock surgiram nos anos de 1990 a partir do movimento do *jazz-meets-hip-hop*. Novamente, foi Miles Davis – com seu álbum *Doo* Bop, lançado postumamente – quem deu o pontapé inicial nesse sentido (vinte anos antes, ele o fizera em direção ao jazz rock). Na verdade, os *backbeats* rígidos, introduzidos posteriormente pelo produtor do disco, dificilmente deixam intuir o que Miles realmente tinha em vista (ele faleceu pouco antes da conclusão do álbum). Entretanto, *Doo* Bop foi uma espécie de sinal. Centenas de trompetistas compreenderam a mensagem imediatamente: a sonoridade triste e desamparada de Miles acrescida de uma batida eletrônica. Essa combinação se tornou o padrão estético para aqueles trompetistas de jazz que, de um modo pessoal, retrabalham, em suas improvisações jazzísticas, elementos do hip-hop, do *drum'n'bass*, da música ambiente, da *dance floor* e do *neo*-soul.

Entre os mais importantes músicos ligados a essa vertente estão, nos Estados Unidos, Russell Gunn, Tim Hagans, Jeff Beal, Graham Haynes, Ben Neill e (em certo sentido) também Roy Hargrove; na Europa, o suíço Erik Truffaz, o norueguês Nils Petter Molvaer, o sueco Goran Kajfes e o alemão Joo Kraus.

Tim Hagans, exibindo um fraseado repleto de consciência harmônica, uniu de forma muito convincente, primeiro com Bob Belden e depois com a *big band* norueguesa Norbotten, os *breakbeats* do *drum'n'bass* com as estruturas do jazz orquestral.

Russell Gunn, que também é um vigoroso representante do neo-hard bop, com sua banda Ethnomusicology, compõe um vasto panorama de ritmos negros dançantes: *funk beats*, hip-hop, DJ *samples*, rhythm & blues, *house*, swing de Nova Orleans e ritmos bebop – todos celebrados como momentos equivalentes da *black music*.

De maneira particularmente sensível e sutil, dois europeus desenvolveram a sonoridade de Miles Davis na região limítrofe entre jazz, *drum'n'bass* e música eletrônica: o suíço Erik Truffaz, residente em Paris, e o norueguês Nils Petter Molvaer.

Truffaz é um mestre da execução econômica, atmosférica – sua vocação é menos a de um solista que a de um músico camerístico. Embora ocasionalmente faça uso de efeitos eletrônicos de eco e de *hall*, Truffaz é um "trompetista natural". As inspirações que ele recebe dos beats eletrônicos – do *drum'n'bass*, do *trip-hop* e do *jungle* – são canalizadas por ele e sua banda em termos predominantemente acústicos.

"O que apreciamos nessa atitude é a flexibilidade que nos permite crescer como banda. Sem dúvida, a ligação entre o ser humano e a máquina é um dos maiores desafios do século XXI", disse ele. "Quando ocorre uma verdadeira fusão, a máquina se humaniza."

Tal confluência de humanidade e tecnologia se faz presente no trompete de Nils Petter Molvaer. Ele promove uma síntese da execução acústica com a música ambiente ao reunir os beats eletrônicos rígidos e fractais do *techno* e do *drum'n'bass* com o tipo de improvisação flutuante e espacial do jazz escandinavo. O que ele faz com a sonoridade desemparada de Miles Davis é mais ou menos o mesmo que fez o saxofonista Jan Garbarek com a sonoridade modal de Coltrane: preenche-a de uma nostalgia nórdica e de uma plangente melancolia. O *cornet* de Molvaer soa menos como um trompete do que como uma extensão da voz humana que canta. "O que para mim é instigante no trompete e nos demais instrumentos é a possibilidade de interiorizar um sentimento a ponto de trazê-lo para a minha execução. Isso também com influências de outras culturas musicais e de outras concepções sonoras."

Nos anos de 1990, outras formas de tocar trompete, que fogem a categorizações, também se incorporaram à execução acústica. Instrumentistas norte-americanos em particular, mais exatamente aqueles ligados à cena *downtown* de Nova York, fizeram o trompete pós-moderno avançar com base numa combinação de vários idiomas. Estão entre os melhores improvisadores desse grupo: Steven Bernstein, Cuong Vu, Jonathan Finlayson, Frank London, James Zollar, Ralph Alessi, Taylor Haskins, Ron Miles – oriundo de Denver (Colorado) – e, sobretudo, Dave Douglas.

Com suas linhas espontâneas e turbulentas, Frank London e Paul Brody – este residente em Berlim – desenvolveram o trompete de jazz contemporâneo no contexto da *radical jewish culture*: Brody em grupos menores, London em várias orquestras, marcadas tanto pelos *grooves* do estilo *balkan brass* quanto pelo Miles Davis elétrico e o som das *big bands* modernas. Segundo London: "O klezmer não me interessa por si mesmo; o que me interessa é boa música."

Ron Miles, conhecido por sua participação na banda de Bill Frisell, toca com uma sonoridade delicada e um belo som escuro e à moda antiga. Como Wynton Marsalis, ele toca um "trompete *monette*", um instrumento maciço com bocal integrado. O trompete *monette* é incomparavelmente mais pesado do que um trompete normal e também soa diferente do instrumento tradicional. "O simples fato de pesar tanto torna esse instrumento bastante diferente", disse Steven Bernstein. "É como a diferença entre uma guitarra *hollow-body* e uma *solid-body*."

Steven Bernstein é o instrumentista mais bem-humorado e astuto dos trompetistas multiestilísticos do jazz, um *bandleader* carismático (da banda Sex Mob) e um excepcional instrumentista *plunger*, cuja prontidão para assumir riscos musicais o levou a algumas situações limites. No novo jazz de sua banda Diaspora Soul, por exemplo, ele mostra que há espantosas similaridades e paralelos entre a música judaica de dança, de um lado, e a música afro-cubana, o rhythm & blues e a música das bandas marciais de Nova Orleans, de outro. Suas gravações com o saxofonista Sam Rivers também são brilhantes. O álbum "Diaspora Blues" propõe interpretações apaixonadas na linha do free jazz de cânticos judaicos e canções sinagogais. "O canto judaico do precentor é música soul. É um canto cheio de soul", disse Bernstein, que ocasionalmente usa um trompete *slide* – um instrumento que, semelhante ao trombone, é operado por meio de uma vara.

O músico mais imponente e influente da cena *downtown* de Nova York é Dave Douglas. Ele é o verdadeiro decano do trompete no jazz multiestilístico. Em contraposição a John Zorn, fundador do quarteto Masada, no qual ele toca, Dave Douglas é um mestre das misturas elegantes, inigualável em seu modo de fazer as mais variadas combinações de estilos soarem "harmoniosas". Ele toca com enorme leveza e ênfase, com um som claro como um sino e similar a um *cornet*, geralmente matizado com um *vibrato* irônico. Douglas usa os sons e registros mais variados do trompete e faz alusões bem-humoradas a estilos antigos, ao mesmo tempo em que, sem parecer pretensioso, procura e encontra novos sons e elementos.

Douglas confessa que suas principais influências são Igor Stravinsky, John Coltrane e Stevie Wonder. Embora tenha um forte background no jazz clássico moderno – ele veio da banda de hard bop de Horace Silver –, está sempre questionando as fronteiras do gênero e, a cada projeto novo, julga a música de acordo com um padrão de valor diferente.

Além de sua influência como instrumentista e *bandleader*, Douglas é um importante compositor de jazz. Em suas obras, ele faz um jogo sutil com as linhas de demarcação entre composição e improvisação. Ele sempre encontra um acesso característico e coletivo para suas composições e é, ademais, um músico engajado política e socialmente.

Inspirado no sucesso mundial de Wynton Marsalis, o classicismo dos anos de 1980 e de 1990 trouxe uma pujante prosperidade ao trompete. Também no diversificado âmbito multiestilístico da cena *downtown* – e na cena europeia –, houve um verdadeiro *boom* do trompete de jazz. Nunca houve no jazz uma quantidade tão grande de estilistas narrando coisas tão variadas no trompete quanto hoje. Trata-se de um notável contraste em relação às décadas passadas. Após a ascensão dos saxofones do jazz moderno nos anos de 1940 e de 1950 e dos teclados nos anos de 1970, o trompete se tornou novamente aquilo que fora no princípio do jazz, de Nova Orleans ao swing: um instrumento líder. Segundo Dave Douglas: "Estamos num tempo grandioso para o trompete."

O TROMBONE

No início, o trombone era um instrumento de caráter rítmico e harmônico. Nas antigas bandas de jazz, ele funcionava basicamente como um "contrabaixo de sopro". Seu papel consistia, de um lado, em conferir aos instrumentos melódicos – o trompete e o clarinete – um background harmônico sobre o qual eles pudessem se movimentar e, de outro, em acentuar os tempos fortes do ritmo. Nas *big bands*, o naipe dos trompetes e dos trombones compõe a *brass section*: ou seja, a seção (ou naipe) dos metais, a que se contrapõe a *reed section*, a seção dos saxofones. Ambas – *brass* e *reeds* conjuntamente – formam a *horn section*, que, por sua vez, tem na *rhythm section* sua parceira e opoente.

Foi por desempenhar esse papel de baixo nas *marching bands* (orquestras de marcha) da antiga Nova Orleans, que, desde o começo, a execução do trombone no jazz transcorreu dentro de uma lógica estilística já bastante amadurecida e conhecida como *tailgate* (porta traseira). Esse termo vem da necessidade maior de espaço do trombonista: nos veículos que desfilavam com as bandas pelas ruas da antiga Nova Orleans, o trombonista, fosse sentado ou em pé, tinha de ficar ao fundo, ou seja, perto da *tailgate*, de modo que, assim, ele pudesse dispor do espaço necessário para movimentar a vara de seu instrumento sem esbarrar nas laterais internas do veículo. Graças à porta, o trombonista podia fazer aquelas cadências ricas em efeitos e glissandos entre as frases dos demais instrumentistas. E é Kid Ory, falecido em 1973, o músico que melhor representa esse estilo de tocar.

Charlie Green é um trombonista que, dentro da tradição de Nova Orleans, revela uma personalidade musical bastante singular. Bessie Smith gostava muito de ser acompanhada por ele, como se percebe em seu famoso "Empty Bed Blues". De fato, Charlie tocava trombone com uma pegada de blues: de modo totalmente extrovertido e com uma sonoridade rústica. Ele é uma espécie de Tommy Ladnier de seu próprio instrumento.

O primeiro músico de jazz a tocar solos musicais verdadeiros, cheios de expressão e riqueza melódica no trombone foi Jimmy Harrison, considerado, então, o mais significativo trombonista de jazz dentro dos estilos antigos. Harrison, falecido em 1931, foi um dos mais importantes solistas da orquestra de Fletcher Henderson.

Miff Mole é, em vários sentidos, uma "versão branca" de Jimmy Harrison. Talvez ele não possuísse a poderosa inspiração de Harrison, mas era dotado de uma técnica impecável. Foi muito mais por seu modo de tocar que pelo de Harrison que os músicos brancos daquele tempo tiveram a percepção de que o trombone finalmente havia adquirido os "mesmos direitos" que os demais instrumentos. O trombone de Miff constituía uma voz importante do Original Memphis Five do trompetista Phil Napoleon. Napoleon, Red Nichols e Mole formavam o triunvirato dos memoráveis tocadores de metais do "estilo de Nova York".

Os trombonistas de Chicago – como Tommy Dorsey e Jack Teagarden (Big T) – também ficaram impressionados com o trombone de Mole. Dorsey, que começou como trombonista do círculo de Chicago, nos anos de 1930 se tornaria, à frente de sua *big band*, o *sentimental gentleman*, acabando por perder quase totalmente a sua fibra jazzística. No entanto, ele sempre revelou grande capacidade técnica e soul *feeling*. Jack Teagarden, oriundo de uma família indígena do Texas, foi um representante do jazz tradicional que, nos anos de 1950, ainda inspirava grande respeito nos músicos do cool jazz graças à sua sonoridade controlada, à sua expressividade e à fluência de suas linhas. Bill Russo – o antigo arranjador de Stan Kenton e, ele mesmo, um excelente trombonista – elogiou-o como "um músico de jazz que, graças à sua leveza e suavidade, poderia gravar com qualquer trombonista de qualquer estilo e de qualquer época. Sua influência foi decisiva para o amadurecimento da relação com o trombone de jazz que hoje possuímos". Teagarden – conhecido como Big T – era o trombonista preferido de Louis Armstrong. A seu lado, ele tocou e cantou algumas das mais espirituosas e bem-humoradas gravações em duo do jazz. Seja como cantor ou trombonista, Teargarden foi um músico de blues, embora tenha mantido uma relação bastante moderna e indireta com esse gênero.

Entre os trombonistas, também há os adeptos de Duke Ellington, embora eles não sofram uma influência tão direta, estilisticamente, quanto os trompetistas. São eles "Tricky Sam" Nanton, Juan Tizol – proveniente de Porto Rico – e Lawrence Brown. Tricky Sam é o maior trombonista da execução *growl*. Até hoje, especialistas tentam adivinhar como ele produzia aqueles efeitos sonoros rústicos e dramáticos, haja vista a forma tão singular com que ele associava uma surdina *plunger* a um *straight mute* de trompete (uma surdina cônica introduzida na campana). Juan Tizol, que, com Ellington, compôs a "Caravan" – uma das mais importantes obras do antigo jazz de influências latino-americanas –, não tocava trombone de vara como a maioria dos trombonistas de jazz, mas trombone de pisto. Ele tocava de forma branda e doce, por vezes até um tanto "melosa". Pouco comum no jazz, essa forma de tocar inspirou comparações com a sonoridade do violoncelo. Lawrence Brown era um melodista refinado, dono de uma sonoridade "coriácea", ligeiramente anasalada e com pouco *vibrato*, mas, apesar disso, um músico de forte carisma pessoal e uma preferência por melodias boas de cantar, geralmente um pouco sentimentais.

Os grandes trombonistas do estilo swing são Benny Morton, J.C. Higginbotham, Vic Dickenson, Dicky Wells e Trummy Young. Todos demonstram certa virulência no estilo. Morton, Wells e Dickenson fizeram parte da orquestra de Count Basie. Morton tocara antes ao lado de Fletcher Henderson e se distinguia por sua execução intensa e bluesística – exatamente como uma espécie de síntese, no estilo swing, entre Jimmy Harrison e Charlie Green. Dicky Wells foi descrito por André Hodeir como um "romântico do jazz" – romântico, no entanto, não no sentido de um sentimentalismo autocomplacente, mas no sentido de uma sensibilidade veemente e imaginativa. O romantismo também está presente, de maneira não menos importante, no *vibrato* incomparável do trombone de Dicky Wells.

J.C. Higginbotham é o mais intenso e enérgico trombonista da era do swing – sua sonoridade lembra um som rústico e compacto, que gerou, nos anos de 1920, a expressão "trombone *gut-bucket*"*. Às vezes ele surpreende o ouvinte com aquelas súbitas explosões, como se o trombone fosse tocado percussivamente e não por meio do sopro. Vic Dickenson possui um humor agradável e folgazão, muitas vezes visível até mesmo em seus solos lentos. Certa vez, Dan Morgenstern escreveu sobre Dickenson: "Sempre que pega o trombone, ele conta uma história bem pessoal. Seu *horn* parece ser uma parte de seu corpo. Ele domina o trombone com muita facilidade, fazendo que esse instrumento pesado apareça como a essência da elegância."

O que Roy Eldridge representa entre os trompetistas, Trummy Young representa entre os trombonistas – uma "charneira" entre o estilo swing e o bebop. Trummy foi, entre 1937 e 1943, um dos mais importantes solistas da orquestra de Jimmie Lunceford. A obra "Margie", que ele gravou naquela época, foi um verdadeiro sucesso. Quando, em 1952, Teagarden o deixou, Louis Armstrong o convidou para o seu All Stars. Trummy, então, popularizou e banalizou o seu estilo de tocar.

Imediatamente ligado a Trummy Young – e, do ponto de vista sonoro, à verve dos trombonistas do swing – encontra-se o trombonista que criou o moderno estilo de tocar de seu instrumento e que até hoje o representa mais que qualquer outro: Jay Jay Johnson. Mas, antes de falarmos dele, convém mencionar outro trombonista de pele branca: Bill Harris, um mestre de técnica brilhante e virtuosística. Nos períodos de 1944-1946 e 1948-1950, Harris pertenceu à orquestra de Woody Herman. Depois, ele continuou tocando ocasionalmente com Herman. O solo de trombone de Harris na música "Bijou" com a orquestra de Woody Herman foi o mais admirado em meados dos anos de 1940. Sua personalidade era constituída pelo contraste entre a execução penetrante e elástica de seus solos rápidos, e o *vibrato* polido e estudado de seus solos lentos. O contraste é tão forte que diríamos tratar-se de dois músicos diferentes, caso não soubéssemos que o mesmo Bill Harris, com sua aparência de professor,

* Instrumento de corda rústico, doméstico, semelhante a um contrabaixo que se utiliza de um balde metálico como ressonador. (N. da T.)

está por trás de ambos os estilos. Depois de Jay Jay Johnson, Bill Harris – falecido em 1973 – exerceu longamente a mais forte influência sobre os trombonistas no período que vai dos anos de 1940 até meados de 1960.

Jay Jay Johnson, falecido em 2001, tornou-se o "Dizzy Gillespie do trombone": o que ele fazia no trombone não era só um trombone bebop, mas também um "trompete-trombone". Ele tocava de forma tão brilhante que lembrava um trompete, feito não alcançado por nenhum outro trombonista antes dele. De outro lado, o contraste era grande quando Jay Jay se valia da surdina: ele extraía uma sonoridade vocal e escura, que lembrava o trombone de blues de Charlie Green nos antigos discos de Bessie Smith e Fletcher Henderson, mas, ao mesmo tempo, mostrava uma agilidade típica do jazz moderno. Johnson percorreu o mesmo ciclo de desenvolvimento de Dizzy Gillespie: do nervosismo do bebop a um estilo que denota soberania e calma. Jay Jay, que também foi um excelente arranjador, partiu para Hollywood no fim dos anos de 1960, a fim de lá fazer carreira como compositor e arranjador de cinema e televisão. Quando o bebop ressurgiu no fim dos anos de 1980, ele voltou a aparecer como trombonista solo – ainda mais maduro e soberano que nos tempos de sua grande influência. Esse amadurecimento também se fez notar em sua fala:

> Uma mudança na arte não deveria ocorrer – como é o caso na moda – em função de uma novidade. Uma nova música, uma nova pintura ou uma nova poesia deve ser o resultado de um novo modo de pensar para o mundo. O próximo estilo musical deverá vir das cabeças e corações de verdadeiros artistas, e não de oportunistas.

Johnson também atuou como âncora – com sua sonoridade típica e possante, além da grande clareza e consistência de suas ideias – no jazz de inspiração bebop dos anos de 1990. "J.J. estabeleceu um padrão, um nível que até hoje não foi alcançado", disse Steve Turre.

Kai Winding é a versão branca de Jay Jay Johnson. Foi independentemente de Jay Jay que Winding encontrou seu estilo, mas ele lembra tanto Jay Jay que às vezes o confundimos com este. De fato, é um fenômeno típico do jazz que dois músicos tão diferentes quanto Kai Winding e Jay Jay Johnson possam tocar de forma tão parecida. Nascido em Aarhus, Dinamarca, Kai foi membro da orquestra de Benny Goldman e depois se tornou conhecido por tocar com Stan Kenton; portanto, é, sobretudo, um músico de *big bands*. Jay Jay Johnson, do estado de Indiana, é um *combo-man* afro-americano da era do bebop que se tornou conhecido na rua 52.

Entre os músicos do hard bop merecem ser citados Curtis Fuller, Jimmy Knepper, Julian Priester e Slide Hampton (que também foi um notável arranjador). Fuller é prototípico da geração do hard bop de Detroit (Michigan); além disso, ele é um especialista em linhas rápidas, aveludadas, que chamam a atenção, sobretudo, pela fluência e leveza. Fuller "saxofoniza" o trombone bebop advindo de J.J. Johnson e, desse modo, reelabora e adapta ao seu instrumento os elementos do primeiro John Coltrane. Nos anos de 1970, Fuller foi um dos primeiros a eletrificar o trombone – embora com sucesso apenas relativo. Jimmy Knepper, descoberto por Charles Mingus, possuía um estilo "penetrante" e vital, dividido entre o swing e o bebop. Knepper foi um trombonista *all-round* e sua mobilidade estilística ia desde a *big band* convencional até os experimentos vanguardistas. Julian Priester tornou-se conhecido, nos anos de 1950, por sua execução sutil e inteligente no quinteto sem piano de Max Roach. De 1970 a 1973 com o sexteto de Herbie Hancock e depois com seu próprio grupo, Priester fez um jazz rock de muito bom gosto, retornando, nos anos de 1980, à execução acústica – impressionantes são principalmente suas gravações sofisticadas e rudes a um só tempo com o baixista Dave Holland.

Slide Hampton, em seu octeto de 1959, modernizou a Miles Davis Capitol Band de 1949 com base no soul. Slide viveu por muitos anos na Europa, onde tocou nas mais variadas formações – de quarteto a *big band*. Um trabalho conjunto particularmente frutífero uniu-o ao sax-tenorista Dexter Gordon – nos anos de 1960, na Europa, e, dez anos depois, nos Estados Unidos. Slide Hampton é também o responsável pela mais imponente concentração de trombone que já houve no jazz: em 1979, ele fundou o seu World of Trombones, inicialmente, com nada menos que nove excelentes trombonistas, entre eles Janice Robinson e Curtis Fuller. Em 2002, Hampton expandiu o World of Trombones, chegando a uma formação de até doze trombones. Dela resultou o álbum *Spirit of the Horn*, com trombonistas do mais alto quilate como Benny Powell e Steve Davis.

Jay Jay Johnson é o pai do trombone moderno de jazz. Ele está para o trombone assim como Charlie Parker está para o saxofone. Jay Jay exerceu uma influência difícil de exagerar sobre todos os trombonistas posteriores a ele. Frank Rosolino é um típico ítalo-americano, cuja sensibilidade para efeitos, temperamentos e humor geralmente se destacava na orquestra de Stan Kenton no período de 1953 e 1954. Ele permaneceu fiel ao bebop em suas inúmeras apresentações e gravações até sua trágica morte em 1978. Carl Fontana é um "Rosolino mais jovem", sem a sua paixão por efeitos, mas com grande suavidade e uma sensibilidade apurada para harmonias requintadas. Ele também é um músico de *big bands* e surge com Stan Kenton e Woody Herman. Outros trombonistas dessa orientação são Frank Rehak e Eddie Bert – este um improvisador de particular vivacidade, também influenciado por Bill Harris.

Frank Rehak, Eddie Bert, Al Grey, Bill Watrous e, sobretudo, Urbie Green são trombonistas habilidosos, acostumados a atender a qualquer demanda estilística e musical. Urbie, que se tornou conhecido especialmente por sua participação na *big band* de Benny Goodman nos anos de 1950, regendo-a muitas vezes como substituto, disse: "Minha forma de tocar foi associada com a de quase todos os trombonistas que já existiram. O motivo disso é provavelmente o fato de que eu tenha tido de tocar muitos estilos – Dixieland, *lead*, Tommy Dorsey e, mais tarde, jazz moderno." A essa versatilidade, Al Grey ainda acrescenta o humor, que sempre foi tradição entre os trombonistas desde o *tailgate*, passando por Vic Dickenson e Trummy Young, até Albert Mangelsdorff e Ray Anderson (que ainda serão apresentados). Grey é um veterano das *big bands*: de Benny Carter e Jimmie Lunceford, passando por Lionel Hampton e Dizzy Gillespie até Count Basie.

Entre os principais trombonistas dos anos de 1970 estão Curtis Fuller – já mencionado –, Jimmy Cleveland e Bob Brookmeyer. Cleveland era um "super-Jay Jay Johnson", mestre em surtir efeitos explosivos, realizando tais "explosões" com a fluência natural de um saxofonista.

O trombonista de pisto Bob Brookmeyer, de outro lado, foi um seguidor do classicismo moderno de Lester Young que "esfriou" a tradição de Kansas City, sua cidade natal. Junto com Jimmy Giuffre, Brookmeyer gravou um álbum intitulado *Traditionalism Revisited*, que ilustra perfeitamente seu classicismo: jazz tradicional visto por meio do jazz moderno (e bem antes que isso virasse moda no jazz pós-moderno). Nele, velhos temas famosos do jazz – como "Santa Claus Blues" e "Some Sweet Days", de Louis Armstrong; "Sweet Like This", de King Oliver; "Jada", de Tommy Ladnier e "Louisianna", de Bix Beiderbecke – foram transpostos para o universo do jazz moderno. Desde os anos de 1970, Brookmeyer ganhou nome também como excelente arranjador: primeiramente na orquestra de Thad Jones/Mel Lewis e, nos anos de 1990, com orquestras europeias, como a *big band* WDR ou com sua própria New Art Orchestra.

Com Mike Fahn – proveniente da orquestra de Maynard Ferguson e um solista tecnicamente versado do pós-bop, dono de uma sonoridade brônzea e pujante – surgiu o estilista que dará prosseguimento, no século XXI, ao trombone de pisto de Bob Brookmeyer.

Entre os trombonistas que continuaram cultivando, refinando e atualizando a herança de Jay Jay Johnson nos anos de 1970 estão Janice Robinson, Bruce Fowler, Tom Malone (que toca, além do trombone, outros treze instrumentos) e Jiggs Wigham, que vive na Europa e foi diretor do Departamento de Jazz da Escola Superior de Música de Colônia (Alemanha). Wayne Henderson, Glenn Ferris, Fred Wesley e o brasileiro Raul de Souza expandiram essa forma de tocar até o domínio do jazz rock, do funk e do *fusion* – em parte em gravações com muito suporte eletrônico. Com seu trabalho na linha da *disco music*, Raul de Souza fez um sucesso que, entre os trombonistas, é comparável ao de Tommy Dorsey nos anos de 1930. Especialmente convincente foi a volta de Glenn Ferris à execução acústica nos anos de 1980 e 1990. Ele toca com uma agilidade que lembra o violoncelo. Em virtude dessa fluência, ele também foi denominado o "Stan Getz do trombone". "Ele canta mais do que toca", disse um crítico. "O trombone é um instrumento duro", disse Ferris. "Para tocar rápido, é preciso fazer movimentos acrobáticos com a vara do trombone. Ninguém gostaria de te ver lutando com a vara."

Fred Wesley faz o funk mais bem-humorado e potente que se possa conceber no trombone. Ele provou, com a banda J.B. Horns de James Brown, com Maceo Parker e também com seus próprios grupos, que se pode ter um swing contagiante também no contexto do rock e do soul.

O jazz classicista dos anos de 1980 e 1990 trouxe poucas novidades estilísticas para o trombone. Em compensação, nota-se uma diferenciação cada vez maior e mais refinada da herança de Jay Jay Johnson. Os melhores instrumentistas ligados a essa vertente são, nos Estados Unidos, Steve Davis, John Fedchock, Delfeayo Marsalis e Andre Heyward, assim como Henning Berg e Ludwig Nuss, na Alemanha. Todos são músicos excepcionais, demonstrando grande poder de controle sobre o ritmo e capacidade de direcionamento melódico em suas improvisações inspiradas no bebop. "O trombone do bebop lhe dá uma vantagem", disse Slide Hampton, "que é a experiência de improvisar de modo organizado".

Quanto mais "bela" e clara é a sonoridade do trombone, tanto mais elásticos, precisos e dinâmicos podem ser os ritmos. Essa máxima do bebop foi traduzida para o século XXI de maneira particularmente impressionante por Steve David. Ele tocou com Chick Corea e Jackie McLean e ama, em suas improvisações elásticas em *legato*, o intercâmbio com bateristas e pianistas. David é mestre, sobretudo, na execução sobre progressões de acordes, as chamadas *changes*. Ele não é apenas um grande intérprete de *standards* – em suas próprias composições, complexas por conta das *changes*, ele atinge com muita facilidade e desenvoltura aquilo que constitui o seu objetivo: "I really want to sing a song in my solo." (Eu realmente quero cantar uma canção em meu solo.)

David e muitos dos trombonistas mencionados acima possuem uma clara ligação com o mundo das *big bands*, embora também sejam virtuoses de pequenos grupos. O som rústico e possante do trombone é especialmente propício aos conjuntos orquestrais. Isso vale particularmente para o trombone-baixo, cujas possibilidades virtuosísticas, embora desenvolvidas pelos jazzistas para além de sua função original como "substituto do baixo", não obliteraram as qualidades de apoio e âncora desse instrumento.

Dois dos melhores trombonistas-baixos do jazz contemporâneo são Dave Bargeon e Douglas Purviance. Dave Bargeon, que também toca tuba, é um dos mais cobiçados músicos de estúdio de Nova York. Ele transpôs *standards* para o campo do jazz rock em seus solos com o grupo Blood, Sweet and Tears. Douglas Purviance, também muito reputado, é um cobiçado músico *allround* do *mainstream* orquestral de Nova York, a exemplo da Vanguard Jazz Orchestra.

No free jazz, surgiram, entre outros, os seguintes músicos: Grachan Moncur III, Roswell Rudd, (o antigo) Joseph Bowie e Garnett Brown, que expandiram e distorceram a sonoridade de seu instrumento de uma maneira radical, dando espaço até para o ruído. Roswell Rudd suscita um interesse particular ao excursionar pelo universo da tonalidade livre banseando-se no Dixieland e no blues. Os seus *smears* – técnica que consiste em "borrar" e arrastar o som intencionalmente – são lendários. Ele toca de forma bastante extrovertida e próxima a Monk (apoiado nas linhas bizarras do pianista Thelonious Monk). Trabalhando as propriedades vocais do blues, Rudd descobriu as grandes culturais musicais do mundo:

> Eu percebi que as técnicas vocais que antes, na minha cabeça, existiam apenas nos cantores de jazz de meu próprio país estão entre as mais antigas e conhecidas tradições musicais de todo o mundo. O que eu julgava como a quintessência da expressão musical da América, o blues, pode ser encontrado na música popular de todo o mundo.

Uma relação particularmente frutífera uniu Rudd ao sax-sopranista Steve Lacy, falecido em 2004. Ambos saíram do Dixieland diretamente para a execução livre, saltando os estágios intermediários. Com Joseph Bowie, o trombone foi do free jazz ao *funk jazz* (veja-se, por exemplo, a banda Defunkt dos anos de 1980 e 1990).

Com efeito, mais do que a qualquer outro instrumento, com exceção do clarinete, o trombone sofreu um processo de enrijecimento no decorrer dos anos de 1960: Roswell Rudd é a única grande exceção. Jay Jay Johnson, Kai Winding, Bill Harris, total ou parcialmente, ficaram fora de cena. Nos *polls* de jazz, não havia nenhum instrumento com tão poucos nomes listados quanto o "trombone". Nesse contexto, os trombonistas europeus tiveram um papel fundamental: Paul Rutherford na Inglaterra, Eje Thelin na Suécia e – o mais importante dentre eles – Albert Magelsdorff na Alemanha. É graças a eles que hoje existe uma cena novamente viva e em desenvolvimento para o trombone.

Mangelsdorff (1928-2005) captou harmonicamente e de modo cada vez mais livre e amplo as antigas linhas do sax-altista Lee Konitz, sob cuja influência ele surgiu nos anos de 1950. Ele "libertou" essas linhas (no sentido preciso desse conceito) por meio de passos gradativos e necessários. Os limites do que é possível no trombone moderno foram, assim, expandidos num processo contínuo de busca e descoberta. Seja numa execução polifônica, seja em seu famoso *tremolo*, Mangelsdorff realiza intervalos, sons e harmonias que por muito tempo foram considerados irrealizáveis no trombone.

No começo dos anos de 1970, Mangelsdorff desenvolveu uma técnica que lhe deu a honra de ser o primeiro trombonista de jazz a fazer "acordes" em seu instrumento. Ao tocar uma nota e solfejar outra ao mesmo tempo (que é na maioria das vezes uma nota mais alta), a nota vocal ganha a qualidade sonora do trombone. Com base nesses dois sons, Mangelsdorff consegue produzir – simultaneamente! – acordes de três ou quatro notas, jogando com as combinações das notas tocadas e cantadas. Esse emprego consciente dos *multiphonics* – dos sons polifônicos num instrumento normalmente monofônico – não é nenhuma descoberta específica do free jazz dos anos de 1960. Os músicos do jazz tradicional já faziam o mesmo, como o sax-tenorista Illinois Jacquet nos anos de 1940. No entanto, em parte alguma a arte da execução *multiphonic* foi tão cultivada e desenvolvida quanto no free jazz; certamente, menos entre os trombonistas que entre os saxofonistas (Dewey Redman, Evan Parker ou Archie Shepp, por exemplo) – nesse caso, muitas vezes os multifônicos ganharam mais importância que as notas tocadas *de facto*. Muitos dos melhores discos de Mangelsdorff contaram com a participação de importantes bateristas norte-americanos – Elvin Jones, Alphonse Mouzon e Ronald Shannon Jackson. Mas ele também é um especialista do trombone solo. Sozinho num palco, ele consegue prender a atenção do público graças à multiplicidade de suas ideias e sons. A música de Albert Mangelsdorff – sem qualquer recurso ao folclore, a elementos da música nova ou da música clássica, mas tão só com sua energia plena de swing e a atmosfera afetiva de sua rítmica – repercutiu como um chamado à consciência jazzística europeia independente.

Desde os anos de 1970, seu nome tem sido destaque nos *jazz polls* norte-americanos, e isso a despeito do fato de ele nunca ter vivido nos Estado Unidos. Via de regra, entre os músicos europeus, apenas aqueles que viveram nesse país obtiveram semelhante sucesso. Mas a verdade é que, independentemente de Mangelsdorff, a cena de trombone europeia é mais rica que a norte-americana e sua especialidade é a execução multifônica. O sueco Eje Thelin e o alemão oriental Conrad Bauer chegaram por vias próprias a uma concepção análoga à de Mangelsdorff em termos de solo e harmonia.

As figuras mais ilustres da segunda geração de trombonistas europeus do free jazz são o alemão Günter Christmann, o holandês Willem van Manen, o italiano Giancarlo Schiaffini, o outro alemão (da então Alemanha Oriental) Johannes Bauer e, sobretudo, seu irmão, o já mencionado Conrad Bauer. Conrad toca o trombone mais fluente do free jazz. No começo dos anos de 1970, com o quarteto Synopsis, ele definiu alguns pontos importantes para o jazz da então Alemanha Oriental. Contra todas as regras de conservatório, ele desenvolveu um novo modo de tocar que, embora seja suave, não é frio e que trabalha com "sons em movimento contínuo": sons sustentados por muito tempo e sem interrupções por meio da respiração circular, com muitas variações e desenvolvimentos. Assim como Mangelsdorff, Conrad Bauer é um mestre da execução multifônica. Porém, enquanto Mangelsdorff desenvolve e refina o lado tonal dos multifônicos, Bauer os utiliza para criar cores "livres", recorrendo até a ruídos. Bauer não toca o trombone tenor tradicional, mas um instrumento que, igual ao trombone baixo possui uma válvula Quart que lhe permite produzir trinos e notas graves inabituais, ricos em sobretons. À procura de novos sons, ele também utilizou, nos anos de 1990, *samplers* e pedais MIDI (Interface Digital de Instrumentos Musicais), o que lhe possibilitou compor um criativo "diálogo" consigo por meio de playbacks.

Entre os novos trombonistas europeus, são importantes o holandês Wolter Wierbos, a inglesa Annie Whitehead, os franceses Yves Robert e Denis Leloup, o austríaco Christian Radovan (que se tornou conhecido por meio da Vienna Art Orchestra), o italiano Gianlucca Petrella, o sueco Nils Landgren e os alemães Jörg Huke e Nils Wogram. Wierbos toca de modo particularmente marcante. De modo firme e enérgico, ele expõe a tradição da execução "livre" do trombone à mistura de estilos do jazz contemporâneo: as ressonâncias do rock e do bebop e as técnicas de *growl* dos trombonistas do swing. Annie Whitehead, que tocou com a Bortherhood of

Breath de Chris McGregor, é uma solista sensível e devota à arte das linhas simples e despretensiosas.

Nils Landgren, o homem do trombone laqueado de vermelho metálico, é altamente enérgico em seu instrumento. Com sua banda Funk Unit, ele cria melodias e ritmos indestrutíveis, compactos, impulsivos. De outro lado, graças a seu leque estilístico, ele desenvolveu um trabalho com a pianista Esbjörn Svensson em cima de canções populares suecas, interpretando-as na linha do jazz moderno; já com o trompetista Tomasz Stanko ele fez adaptações dos corais sacros que seus antepassados, pastores que viveram na ilha Gotland (Suécia), cantavam.

Nessas últimas duas décadas, um dos grandes nomes do novo jazz francês foi Yves Robert. Assim como Louis Sclavis, de cuja banda ele provém, Robert transita com facilidade pelos estilos. Ele adora brincar com seu instrumento e possui muito tino para as aventuras musicais dotadas de sentido. Por meio das "técnicas ampliadas" (notas em registros agudos insólitos, execução de acordes e respiração circular), Robert celebra uma música viva e lírica, em que a dimensão sensível do som está em primeiro plano. Por esse motivo, Robert, que a cada projeto muda seu fazer musical, privilegia formações camerísticas em execuções altamente dialógicas.

Nils Wogram parece criar com base num reservatório inesgotável de ideias, e as nuanças de sua técnica vão do som macio e cremoso ao *vocal growling*. Sua flexibilidade estilística é tão grande que ele cria papéis inesperados para o trombone. Em seus solos fulminantes, notam-se influências de Gyorgy Ligeti, Ornette Coleman, *drum'n'bass*, *free* bop e nova música, música do mundo e música minimalista – a todos é atribuída a mesma importância. Wogram é um mestre das mudanças súbitas de ritmo e dos metros ímpares, unindo elementos abstratos e românticos de forma orgânica. Dignas de nota são também suas composições, com as quais ele consegue, com base em possibilidades quase ilimitadas do ponto de vista estilístico, "traçar percursos improvisatórios".

Nos Estados Unidos, o trombone vem evoluindo desde os anos de 1970: no âmbito do *mainstream* contemporâneo, com Bill Watrous; no free jazz, com Anthony Braxton, apresentado primeiramente por George Lewis. Bill Watrous é um "ginasta" do trombone. Sua elegante execução straight-ahead combina flexibilidade com uma grande extensão sonora. Seu segredo é tocar com um ataque leve e preciso, o que só é possível graças a um estupendo domínio técnico. Mas com Watrous os limites da execução virtuosística também se fazem nítidos. Disse outro trombonista:

> Existe uma maneira determinada de tocar o trombone de vara que é como se o próprio trombone começasse a "tocar" o tocador. Todos os instrumentos possuem uma região "doce", em que é tão divertido fazer certas coisas que é difícil parar a brincadeira. Em vez de criar uma linha melódica, de improvisar realmente, a gente fica exibindo virtuosismo, e isso está bem longe da improvisação.

Lewis, que pertence à AACM, estudou filosofia – principalmente a filosofia alemã, como Heidegger e Husserl. A abstração do pensamento inerente à filosofia também é visível em sua música. Ele também se interessa por música computacional e outras sonoridades eletrônicas: "Por meio do sintetizador, cria-se uma fonte totalmente nova de sons, ritmos, timbres e cores. É preciso apenas organizá-las adequadamente do ponto de vista rítmico. Quero chegar ao ponto de tocar o sintetizador no mesmo nível que toco meu trombone."

Outros trombonistas norte-americanos que, nos anos de 1990, deram prosseguimento ao trombone "livre" são Nicolas Collins e Jeb Bishop. Collins, após se graduar em composição com Alvin Curran, enveredou pela *noise music* de Nova York. Ele constrói seus solos com base em fragmentos estilísticos contraditórios e pequenas quantidades de materiais avulsos. Ele toca um trombone acoplado a um *sampler*, "controlando-o" por meio da vara. Cautelosamente, Collins introduziu o computador também em concertos ao vivo. O que ele disse a respeito do trombone digital poderia se aplicar perfeitamente a todos os demais instrumentos eletrônicos: "Computador, circuitos e processadores não são senão gazuas para entrar em espaços cujas chaves verdadeiras ainda precisam ser dadas a nós pelo locador – o ladrão que chocalha alto demais as gazuas é preso num segundo."

De todos os instrumentos de metal, talvez o trombone seja o mais difícil de "domesticar". Incivilidade e imprevisibilidade são, desde o princípio, características do trombone de jazz. Ele produz um som impactante, imediato, que atinge o ouvinte como um soco no estômago. Roswell Rudd resumiu isso nas seguintes palavras: "Você toca numa extremidade e na outra sai um som que faz o universo explodir."

O trombone moderno de jazz inaugurado por Jay Jay Johnson, de forte inspiração bebop, não é mais do que uma tentativa ousada de controlar a incontrolabilidade. Nos anos de 1990, porém, os trombonistas retornaram cada vez mais à velha sonoridade da tradição jazzística, ao mesmo tempo em que descobriram uma nova palheta de cores – eles fazem "maluquices" no instrumento, aliando-as aos meios de expressão do jazz moderno. Segundo Josh Roseman: "O papel estereotipado do trombone exigiu uma renovação radical, e o instrumento precisou de uma cirurgia plástica."

Os anos de 1980 e de 1990 assinalaram um renascimento dos instrumentos de metal. Nesse sentido, é característico o desenvolvimento da técnica do trombone jazzístico levado a cabo por estilistas como Ray Anderson, Frank Lacy, Gary Valente, Steve Turre, Curtis Fowlkes, Art Baron, Dan Barrett, Avi Lebovitch, Craig Harris, Wycliffe Gordon, Robin Eubanks e Josh Roseman. O mais visceral dentre eles é Ray Anderson, que também foi apresentado primeiramente por Anthony Braxton, embora não compartilhe de sua abstração. Trata-se de um estilista cheio de dramaticidade e paixão selvagem, que traduz a sonoridade áspera e emocional do *tailgate* e do trombone *gut bucket* para a linguagem do jazz contemporâneo. Típicos de seu estilo são os sons e as linhas oscilantes, sinuosas, além de uma extensão sonora excepcional e muita flexibilidade estilística. Anderson é um melodista nato, graças a quem somos levados a lembrar que nenhum instrumento – por razões intrínsecas – criou dentro do jazz tanto espaço para o humor quanto o trombone. Frank Lacy, que também canta, tornou-se conhecido com a *big band* de Mingus e, em seus solos inteligentes e cheios de personalidade, explora de modo muito particular as possibilidades do trombone, enfatizando a sua dimensão vocal. "A meu ver, acredito que o trombone é o instrumento que mais se aproxima da voz humana."

O trombone de Gary Valente é o mais robusto e "sonoro" do jazz pós-moderno. Valente é um músico que, com base em sua potência sonora, retorna ao som renegado do pré-bop. Suas linhas deliciosamente rebeldes são construídas com uma intensidade cortante – os combos e as *big bands* de Carla Bley, mais do que quaisquer outros, lucraram com sua sonoridade poderosa e grave.

Se há algum sentido em dizer que um trombonista toca seu instrumento como uma percussão, então esse é o caso de Steve Turre, natural de Omaha (Nebrasca). Suas linhas articuladas com maestria levam adiante o legado de Jay Jay Johnson, o que não é tudo, pois seu estilo também assimila influências de saxofonistas e trompetistas como Charlie Parker, John Coltrane, Miles Davis e Woody Shaw (em cujo quinteto ele tocou até 1985). Turre, que também faz arranjos, é um dos poucos trombonistas que domina a execução em pentatônicas fluentemente – uma execução tão difícil do ponto de vista técnico. Com uma força arrebatadora, ele introduziu na execução do trombone bebop elementos afro-cubanos e brasileiros. Segundo Turre: "O que está dentro de você vem para fora por meio do trombone – com ele você não pode esconder nada."

Turre também tocou várias vezes em bandas de salsa afro-cubanas e porto-riquenhas. A música latina é regida pelos metais. Muitos trombonistas de jazz – entre eles Steve Davis e Nils Wogram, além de Turre – tocavam e tocam até hoje, fora de seus grupos, com bandas de música latina. Inversamente, um número crescente de trombonistas de música latina encontrara no world jazz dos anos de 1980 e de 1990 o caminho para o jazz contemporâneo. Os melhores trombonistas do latin jazz são, além de Turre, Barry Rogers, Juan Pablo Torres, William Cepeda, Joe Gallardo, Luis Bonilla e Conrad Herwig.

Barry Rogers, falecido em 1991, é considerado com razão o fundador do trombone solo no latin jazz – isso graças aos solos poderosos e dilacerantes que ele fazia na banda La Perfecta de Eddie Palmieri sobre os ritmos de clave. Com uma sonoridade colossal e improvisações "explosivas", ele fez o trombone de jazz inspirado na música afro-cubana passar de fase. Nos anos de 1970, Rogers foi também um requisitado músico de estúdio de Nova York, trabalhando, dentre outros, com os Brecker Brothers e George Benson.

William Cepeda, membro da famosa família Cepeda que tanto fez pela tradição do folclore porto-riquenho, tocou na United Nations Orchestra de Dizzy Gillespie e também com Lester Bowie. Ele denomina a sua música de *afro-rican-jazz* e celebra, assim, a herança da música porto-riquenha e suas raízes africanas por meio da perspectiva do jazz contemporâneo. "Há vários anos existe a fusão dos ritmos cubanos com o jazz. Eu amo essa música, mas eu queria criar algo que fosse um retorno completo às minhas raízes."

O mais fluente trombonista do latin jazz é, no entanto, Conrad Herwig, que também fez sucesso com o neo-bop. "Como trombonista, sempre me senti como um saxofonista frustado", disse ele, o que não impediu Eddie Palmieri nem Dizzy Gillespie de tomá-lo como solista principal em vários de seus projetos latinos. Seus solos, na maioria das vezes, são influenciados por John Coltrane, Wayne Shorter e Joe Henderson, assim como por Jay Jay Johnson, Slide Hampton e Frank Rosolino. Com o álbum "The Latin Side of John Coltrane", que vincula a espiritualidade da música de Coltrane diretamente à espiritualidade da música afro-caribenha, Herwig ganhou, em 1998, o Grammy de Melhor Perfomance Latina.

Craig Harris, proveniente das bandas de Sun Ra e David Murray, toca um trombone de sonoridade cheia no contexto do world jazz – por exemplo, em intercâmbio com músicos que fazem música turca cigana. Junto com Ray Anderson, Gary Valente e o tubista Bob Stewart, Harris fundou, no começo do século XXI, o quarteto Heavy Metal, um aglomerado sólido de sons de metal. Wycliffe Gordon, proveniente das bandas de Wynton Marsalis e originário da Georgia, possui um fraseado mais ligado à execução tradicional. Dan Morgenstern chamou-o de um "moderno Tricky 'Sam' Nanton". Wycliffe, que também toca trompete, tuba, piano, contrabaixo, bateria e clarinete, toca um trombone pesado com muita naturalidade e uma coragem rara. Ele deu desdobramento à técnica do "*talking* trombone", com seus *growls* e sons falantes, cheio de humor e presença de espírito. Seus solos são inseparáveis dos sons produzidos pelos negros nas igrejas batistas dos estados do sul dos Estados Unidos.

Robin Eubanks, originário da Filadélfia, encontrou, na interseção entre o trombone bebop e a execução livre, uma linguagem improvisatória totalmente pessoal. Seu fraseado, inspirado no saxofone de Wayne Shorter, destaca-se por uma grande soberania e capacidade de abstração harmônica. De todos os trombonistas do jazz contemporâneo, Eubanks é aquele que talvez disponha do maior espectro estilístico. Sua sonoridade escura e enérgica se difundiu de maneira impactante em muitas direções: na M-base do sax-altista Steve Coleman; no hard bop do Jazz Messengers de Art Blakey; no ambicioso novo jazz do quinteto de Dave Holland; na música modal de McCoy Tyner. Ele disse: "Quando você considera tipos distintos de música de ângulos distintos, você descobre elementos em comum que não são perceptíveis de um ângulo fixo."

Outro multiestilista de seu instrumento é Josh Roseman, o nome mais citado nos dias de hoje em se tratando do trombone de jazz avançado. Como Roswell Rudd, Frank Lacy e Gary Valente, ele pertence aos instrumentistas rústicos do trombone, produzindo uma sonoridade rica, "estrondosa", com linhas potentes e selvagens, além de suas lendárias *dog notes*. Ele é também insaciável na absorção dos mais variegados estilos musicais. A sua banda Josh Roseman Unit faz música com base num caleidoscópio das mais distintas influências: *jazzscapes* oníricas e *grooves* de ska jamaicano, Hermeto Pascoal, Björk, M-base e AACM. Roseman encontrou soluções próprias para questões de sonoridade e de fraseado unificando em seu modo de tocar elementos contrários: *groove* vital e dinâmica, de um lado; leveza e um *out-of-space-feeling*, de outro.

"Meus músicos favoritos sempre fizeram uma música que estabelece uma ligação interna com as leis da natureza", disse ele. "O trombone é um instrumento amoral, potente e indissolúvel – ele me levou consigo em sua própria cavalgada. Se você liberta este tipo de *vibration*, coisas extremas podem acontecer. Nas mãos de um mestre, o trombone pode levar os seres humanos a reexaminarem seu lugar na natureza."

O CLARINETE

Em todos os estágios de desenvolvimento do jazz, o clarinete sempre tipificou o papel do mediador. Característico de sua condição é que, no antigo contraponto de Nova Orleans, constituído por trompete, trombone e clarinete, ele tenha unificado e preenchido de forma rizomática o contraste entre os extremos, isto é, entre o trompete e o trombone. Não por acaso, foi na era do swing, quando o jazz e a música popular eram em larga medida idênticos, que o clarinete viveu seus dias de maior glória.

Alphonse Picou (1879-1961) foi o primeiro clarinetista da antiga Nova Orleans a se tornar conhecido por seu modo de tocar. Seu solo em cima do tema de "High Society" é um dos mais copiados da história do jazz. Até hoje, praticamente todo clarinetista tem de copiá-lo ou citá-lo, assim como praticamente todo trombonista tem de citar o solo de George Brunies na New Orleans Rhythm Kings sobre o tema de "Tin Roof Blues". Outro clarinetista importante da antiga Nova Orleans foi George Lewis (1900-1968). Aos 16 anos, ele começou a participar da vida jazzística de Nova Orleans, onde trabalhou, nos anos de 1930, como carregador no porto. Ele se tornou conhecido mundialmente por ocasião do movimento "New Orleans Revival", nos anos de 1940. Foi graças à música gravada por George Lewis nos anos de 1940 e 1950 – a princípio com o trompetista Bunk Johnson e, posteriormente, em grupos próprios, formados pelos melhores músicos de Nova Orleans – que o público, saturado de gravações comerciais de Dixieland e jazz de Nova Orleans, pôde rememorar o autêntico jazz dessa cidade. A delicada fragilidade do clarinete de Lewis, como no clássico "Burgundy Street Blues", atraiu a atenção de todo o mundo.

É próprio do complexo desenvolvimento histórico do jazz o fato de que algumas das melhores gravações do grande triunvirato do clarinete de jazz – Johnny Dodds, Jimmie Noone e Sidney Bechet – sejam anteriores a Picou e Lewis, embora, do ponto de vista musical e estilístico, elas devam ser compreendidas justamente a partir da maneira de tocar deles. Picou, Lewis e, com certeza, também Bechet foram no fundo apenas os últimos representantes de uma forma de tocar que inúmeros outros clarinetistas crioulos cultivaram na antiga Nova Orleans. Eu próprio [J.-E. Berendt] ouvi, ainda em 1964, por ocasião de uma festa popular na ilha Martinica, um músico octogenário que podíamos confundir com Bechet (mas que nunca tinha ouvido falar desse grande clarinetista). De outro lado, quando Bechet foi a Paris e ali conheceu pela primeira vez a música da Martinica, ele foi de imediato tomado por um sentimento de familiaridade e passou a tocar várias músicas populares da Martinica como se fossem antigas danças populares crioulas de Nova Orleans (e, no fundo, elas bem que poderiam sê-lo).

Tornemos ao triunvirato Dodds, Noone e Bechet. Noone se tornou conhecido principalmente pela fineza e sutileza de sua sonoridade. Comparadas a ela, as improvisações de Johnny Dodds parecem selvagens e brutais. Dodds, um mestre dos registros mais graves de seu instrumento, foi o clarinetista preferido de Louis Armstrong na época de suas gravações com as bandas Hot Five e Hot Seven. Por fim, Sidney Bechet – de quem falaremos mais tarde na subseção "O Sax-soprano" da seção "A Família dos Saxofones" deste capítulo – é a encarnação perfeita do jazz *expressivo*. O *vibrato* rápido e expressivo de seu clarinete criou um som que até mesmo os leigos em matéria de jazz conseguem identificar. Na França, onde Bechet viveu até a morte em 1959, ele era tão popular quanto um *popstar*. Nessa última fase de sua vida, seu estilo havia se tornado um tanto amaneirado, mas causava uma impressão marcante ouvir o respeitável homem de cabelos brancos da antiga Nova Orleans tocando ao lado dos jovens "existencialistas Dixieland" que frequentavam o Saint-Germain-des-Près. Paris, e depois a Suíça (Basileia), foi onde se estabeleceu também o último grande clarinetista de Nova Orleans: Albert Nicholas, falecido em 1973. Ele possuía uma forma de tocar bastante suave e tecnicamente magistral, que nos anos de 1950 lembrava o estilo de Bechet, embora preservasse muito da riqueza de ideias e da agilidade que Bechet visivelmente perdera nos últimos dez anos de sua vida. Nicholas – também um crioulo – veio da orquestra de King Oliver, enquanto Bechet ficou conhecido pelas gravações que fez, nos anos de 1920, com o grupo Blue Five de Clarence Williams e, nos anos de 1930, com o próprio grupo, o New Orleans Feet Warmers. Entre os mais importantes discos de Bechet estão aqueles que foram gravados nos anos de 1940 para a Blue Note com o pianista Art Hodes.

Albert Nicholas pertencia, junto de Omer Simeon e Barney Bigard, a uma geração que pode ser classificada como a terceira geração do clarinete de jazz. Omer Simeon foi o clarinetista preferido de Jelly Roll Morton, enquanto Barney Bigard se tornou conhecido, sobretudo, pela fluência e elasticidade de seus solos com a orquestra de Duke Ellington (1928-1942) e com o All Star de Louis Armstrong (1946-1955). Ele foi um dos poucos músicos que conviveu com estes dois gigantes do jazz: Duke e Satchmo. Bigard era um mago da melodia, que se destacava ainda por sua sonoridade "amadeirada" e seus arpejos engenhosos e fluentes: as *waterfalls*. Ele tocava com forte sensibilidade e uma dinâmica que dificilmente ficava atrás daquela de Benny Goodman.

Bigard, embora ligado à tradição de Nova Orleans, pertencia realmente aos clarinetistas do estilo swing. Antes de falar dele, é preciso recapitular a história do clarinete de jazz entre os músicos brancos. Ela começou com Leon Rappolo do grupo New Orleans Rhythm Kings, a famosa orquestra de jazz composta por músicos brancos do início dos anos de 1920. Rappolo é um daqueles tipos tão característicos do jazz – o "tipo Bix Beiderbecke" – que, tanto na vida quanto na música, é consumido por um excesso de ardor (talvez seja o primeiro, se deixarrmos Buddy Bolden de fora). Entre os seus seguidores, os mais importantes no âmbito do estilo Chicago são: Frank Teschemacher, Jimmy Dorsey e Pee Wee Russell. Os três tocaram com Bix Beiderbecke. Teschemacher, falecido em 1932, adorava ligar as notas e fazer glissandos, talvez a partir do sentimento inconsciente de que assim "ele soaria mais parecido com um músico negro". Ele exerceu forte influência sobre o jovem Benny Goodman. Pee Wee Russell preferia os registros inferiores do clarinete e, por seu *vibrato* e fraseado, ele se aproxima de Lester Young e Jimmy Guiffre, da mesma forma como Bix Beiderbecke parece se aproximar de Chet Baker. Com seu fraseado imprevisível, ele toca com uma "loucura" suave e inteligente. Willis Connover denominou-o "o poeta do clarinete".

Por fim, deve-se mencionar também Mezz Mezzrow entre os clarinetistas do estilo Chicago, um músico que também se tornou conhecido por seu trabalho com o crítico de jazz Hugues Panassié. É verdade que Mezzrow era um clarinetista mediano do ponto de vista técnico-artesanal e, como improvisador, limitava-se basicamente a encadear tríades, embora o fizesse com um sentimento de blues bastante raro num músico branco dessa geração. "Os negros", dizia Mezzrow, "me trouxeram um sentimento de inferioridade e me levaram a pensar que eu talvez não servisse para a música, apesar de meus grandes planos e esperanças". Por esse motivo, a maior contribuição de Mezzrow não está tanto em seu clarinete quanto em seu livro "Really the Blues", no qual a atmosfera de Chicago dos anos de 1920 e, sobretudo, a do Harlem dos anos de 1930 e 1940 é capturada de modo incomparável.

Deve ser uma consequência da própria natureza do instrumento que alguns elementos da tradição do jazz até os anos de 1970 e de 1980 tenham se tornando mais vivos entre os clarinetistas que entre a maior parte dos demais instrumentistas. Isso se aplica, por exemplo, a Bob Wilber – inspirado originalmente em Sidney Bechet – e a Kenny Davern. Ambos aliam a atmosfera calorosa da tradição a uma sensibilidade particular para o *looseness* e um tipo de elegância completamente moderno. Wilber disse certa vez: "Eu sempre achei e continuo achando que existe um momento de unidade no jazz. O 'estilo' não pode se tornar uma barreira entre músicos."

De volta aos anos de 1930: o clarinetista que imediatamente surge na mente dos leigos quando se fala no clarinete de jazz também é oriundo do círculo do estilo Chicago: Benny Goodman, o "rei do swing". O brilho e a elegância de seu clarinete se devem ao fato de que o clarinete e a era do swing se copertencem mutuamente. B.G., como era chamado, é um dos grandes estilistas do jazz, superlativo em matéria de charme, espírito e doçura. Seu clarinete está associado às gravações de sua grande orquestra tanto quanto aos pequenos e variados "Goodman-Ensembles", desde o Benny Goodman Trio, com Teddy Wilson no piano e Gene Krupa na bateria, passando pelo quarteto em que o vibrafonista Lionel Hampton se tornou conhecido pela primeira vez, até o sexteto com o qual o guitarrista Charlie Christian abriu os caminhos para o jazz moderno. No que tange à expressividade, Goodman fez o clarinete dizer praticamente tudo aquilo que nos demais instrumentos foi dito apenas nos estilos mais modernos. E o que surpreende é que ele tenha feito isso sem o refinamento harmônico e a complexidade rítmica do jazz moderno – o que talvez ajude a explicar a posição incômoda que os clarinetistas ocupam na modernidade. De outro lado, B.G. foi um mestre das sutilezas. Como em nenhum outro clarinetista, sua dinâmica se estendia sem qualquer fratura do *pianissimo* sussurrado até o *fortissimo* jubilante. Particularmente espantosa era a maestria com a qual Goodman conseguia tocar as notas mais delicadas e, ao mesmo tempo – até no contexto de uma *big band* –, fascinar todos os ouvintes, mesmo aqueles sentados nas últimas filas de uma grande sala de concerto.

Jimmy Dorsey, Artie Shaw (que do ponto de vista técnico-artesanal às vezes tocava melhor e de maneira mais progressista que o "rei do swing") e, finalmente, Woody Herman foram músicos que, cada um a seu modo, vieram na esteira de Benny Goodman e, com suas grandes orquestras, "celebraram" o clarinete à maneira goodmaniana.

Jimmy Hamilton, Buster Bailey e, indiretamente, Edmond Hall também foram influenciados por Benny Goodman, aliás, como todos os clarinetistas que tocaram com ele ou depois dele – com exceção de Lester Young e dos clarinetistas modernos que provêm desse último. Na orquestra de Duke Ellington, Hamilton fazia solos mais macios e introvertidos que os de Benny Goodman. Se as teorias racistas do jazz estivessem corretas, deveríamos supor, ouvindo Hamilton e Goodman, que Hamilton é branco e Goodman negro, quando, na verdade, é o contrário. Hamilton tornou-se uma importante voz do clarinete de jazz moderno nos anos de 1950 e é uma pena que seu nome seja tão pouco mencionado quando se fala dos clarinetistas famosos dessa época, a exemplo de Buddy DeFranco, Tony Scott e Jimmy Giuffre. Nos anos de 1980, Hamilton tocou no Clarinet Summit, o imponente quarteto de clarinetes que, em sua formação (Hamilton, Alvin Batiste, John Carter e David Murray), reúne facilmente quatro gerações do clarinete de jazz – do swing, passando pelo bebop, ao free jazz e ao neoclassicismo.

Edmond Hall, falecido em 1967, foi o mais importante clarinetista negro do swing e, ao lado de Benny Goodman, o grande estilista do swing em seu instrumento. Ele possui uma sonoridade incisiva e penetrante que geralmente contrasta com a maleabilidade de Benny Goodman. Hall tocou, nos anos de 1940 e 1950, no círculo nova-iorquino de Dixieland concentrado em torno de Eddie Condon.

É característico da coerência orgânica do desenvolvimento do jazz que as distintas formas de execução tenham se desenvolvido paralelamente entre os instrumentos. Quase todo instrumento possui o seu Roy Eldridge ou o seu Charlie Parker. O "Eldridge" do clarinete é Edmond Hall, ao passo que o "Parker" desse instrumento foi Buddy DeFranco, um improvisador de grande velocidade. O empresário Norman Granz se interessou por ele e o reuniu em vários discos com Lionel Hampton e outros grandes músicos do swing. Foi ele o primeiro clarinetista a sobrepujar Benny Goodman tecnicamente. O brilho de seu som é tão radiante que já foi muitas vezes confundido com "frieza": trata-se de um dos paradoxos do jazz que um improvisador originariamente tão "quente" quanto DeFranco possa causar essa sensação de "frieza" em muitos ouvintes. É característico da situação difícil e quase desesperançada do clarinete de jazz moderno que DeFranco tenha, por fim, assumido resignadamente a direção da orquestra de Glenn Miller, "em que ele fazia uma música tediosa que não contribuía em nada para seu próprio desenvolvimento, mas que ao menos lhe permitia sobreviver economicamente" (Leonard Feather). Nos anos de 1980 e 1990, ele obteve grande sucesso tocando jazz outra vez: em gravações com o pianista Oscar Peterson e também com o vibrafonista Terry Gibbs, com quem dirigiu um quinteto. Aqui ele finalmente achou um desafio artístico à altura de suas aspirações como instrumentista.

Não contradiz nossa definição de Buddy DeFranco como o "Charlie Parker do clarinete" o fato de ter havido antes dele um músico europeu que, a rigor, foi o primeiro músico do clarinete moderna de jazz. Trata-se do sueco Stan Hasselgard. No começo de 1948, Benny Goodman o recebeu em seu sexteto, de modo que Stan se tornou o único clarinetista que B.G. toleraria a seu lado. Poucos meses depois – em novembro do mesmo ano –, Hasselgard foi fatalmente vitimado num acidente de carro, de modo que sua influência acabou ficando sem um alcance maior. Depois de Django Reinhardt, francês de origem cigana que exerceu grande influência sobre quase todos os guitarristas de jazz entre o fim dos anos de 1930 e princípio dos anos de 1940, Stan Hasselgard foi o segundo europeu a criar seu próprio estilo, causando admiração também entre os jazzistas norte-americanos.

Depois da velocidade e da "frieza" de Buddy DeFranco, o estilo econômico e "caloroso" de Jimmy Giuffre surte um efeito ainda maior. Talvez ele extraia de seu instrumento uma sonoridade das menos "clarinetísticas". Giuffre toca quase exclusivamente nas regiões graves – no assim chamado "registro de *chalumeau*". Mais tarde, Giuffre esclareceu que isso só acontecia porque ele era tecnicamente incapaz de tocar de outro modo. De fato, a maior dificuldade na execução desse instrumento é conseguir passar com fluência das regiões graves para as mais agudas. É interessante: o *handicap* técnico de Giuffre ganhou nos anos de 1950 um teor estilístico. Sua execução aveludada e escura pareceu finalmente responder a uma condição que há muito se buscava: um estilo moderno de tocar clarinete, o qual, em termos gerais, equivale ao "Four Brothers sound" do sax-tenor. Mas Giuffre tocava como já havia tocado Lester Young vinte anos antes (os poucos discos que ele gravou tocando clarinete – com um conjunto de Kansas City em 1938 e com a orquestra de Count Basie por essa mesma época – são suficientes para se perceber esse fato). Muitos especialistas não têm dúvidas de que, se Lester tivesse se dedicado mais ao clarinete, ele teria se tornado tão importante nesse instrumento quanto o foi no sax-tenor. O próprio Lester comentou várias vezes que só não tocava mais clarinete por não conseguir encontrar um instrumento apropriado. No fundo, impera a situação paradoxal de que o jazz "frio" possui apenas dois clarinetistas que correspondem a esse conceito em sentido mais estrito: Lester Young e Jimmy Giuffre. Já entre os sax-tenoristas, a sonoridade de Lester Young multiplicou-se de tal maneira que é como se o sax-tenorista Lester Young vivesse num mundo de espelhos. Sem dúvida, alguns sax-tenoristas indiretamente levaram adiante a concepção fria de Lester Young ao fazerem do clarinete um instrumento auxiliar em execuções esporádicas – Zoot Sims e Buddy Collette, por exemplo. No entanto, infelizmente, o que eles faziam no clarinete, de um modo geral, não era levado muito a sério, passando mais por um efeito colateral do que por uma prática genuína – o clarinetista Zoot não possuía o mesmo prestígio que o sax-tenorista Sims.

Mas voltemos a Jimmy Giuffre. Na segunda metade dos anos de 1950, ele abdicou cada vez mais da preferência pelas regiões graves de seu instrumento – e isso porque seu estilo escuro fez tanto sucesso que ele se viu compelido a se dedicar mais ao clarinete, superando, assim, seu *handicap* técnico. Finalmente, a partir de 1960, Guiffre se destacou como um músico sensível, autor de uma versão camerística fria e reservada do free jazz.

Dois outros músicos importantes que lutaram para acabar com a complicada situação do clarinete no jazz moderno são o alemão Rol Kühn e o norte-americano Tony Scott. Kühn viveu de 1956 a 1959 nos Estados Unidos e foi denominado por John Hammond, na época, como "um novo Benny Goodman". Segundo Leonard Feather, "Rolf Kühn teve o azar de entrar na cena do jazz num momento em que o seu instrumento perdia popularidade a cada dia que passava. Não fosse isso, Kühn seria hoje provavelmente um grande nome do jazz". Ao longo dos anos de 1960 e 1970, Kühn experimentou vários elementos de caráter mais moderno: primeiramente, os de Eric

Dolphy, depois também aqueles do free jazz e do jazz rock. Graças a sua enorme envergadura estilística, ele pôde viver um *comeback* nos anos de 1990, aproximando-se de Ornette Coleman, Michael Brecker e Peter Erskine.

Tony Scott é um verdadeiro músico de *jam sessions*, um dos poucos que ainda existem, para quem a música é uma alegria infinita e uma necessidade vital. Ele possui "o som mais potente de todos os clarinetistas" (Perry Robinson) e é um músico que sente por meio de seu instrumento. Ele não sofre com a situação estilisticamente desfavorável do clarinete. "Não gosto de funerais", disse Scott, quando, no fim dos anos de 1950, o clarinete de jazz parecia ter sido definitivamente enterrado. "Por isso fui para a Ásia."

Na Ásia, Scott inspirou e formou dezenas de músicos. Aquilo que todos os inúmeros *americans in Europe* realizaram em conjunto, Scott realizou praticamente sozinho numa geografia enorme como a da Ásia – de Taiwan à Indonésia, de Okinawa à Tailândia: transmitir a mensagem do verdadeiro jazz a uma geração de jovens músicos. No começo dos anos de 1970, Scott foi viver em Roma, onde faleceu em 2007.

Decerto, a fuga de Tony Scott para a Ásia não trouxe uma solução para o dilema do clarinete, que simplesmente não parecia se enquadrar no modelo sonoro do moderno jazz clássico definido a partir do "saxofone". Quem começa a solucionar esse dilema no clarinete – e, mais ainda, no clarinete-baixo – é o grande vanguardista Eric Dolphy, falecido em 1964, em Berlim. Antes dele, o clarinete-baixo nunca havia sido um verdadeiro instrumento de jazz. Isso mudou com as emoções e expressões dilacerantes e selvagens de Dolhpy, além de seu enorme vigor físico, graças às quais ele conseguia despertar nos ouvintes a sensação de terem diante de si não um músico que tocava o antigo clarinete-baixo, tido então como meio fora de moda, mas alguém que lhes apresentava um instrumento totalmente novo e nunca ouvido antes. A obra de Dolphy para clarinete-baixo foi tão mais revolucionária porque antes esse instrumento havia passado apenas por experiências esporádicas no jazz. Ele era visto como uma curiosidade, e é característico do despreparo com que os jazzistas de Nova Orleans lidavam com o clarinete-baixo que as primeiras gravações documentadas em disco desse instrumento – "Someday Sweetheart", com o Red Hot Peppers de Jelly Roll Morton, de 1926 – estejam entre as gravações menos conhecidas de Morton. Naquela época, Omer Simeon tocava o clarinete-baixo ainda de forma desajeitada e rígida em termos rítmicos – não como um instrumento próprio, mas, por assim dizer, como um substituto do baixo.

Em contrapartida, o clarinete-baixo de Harry Carney (que também trouxe para o instrumento a respiração circular) representou um progresso. O fraseado de Carney nesse instrumento – em oposição a seu potente sax-barítono – soa como se fosse o de um delicado instrumento de baladas e sua sonoridade aveludada e escura trouxe para as peças lentas da orquestra de Duke Ellington sutis efeitos atmosféricos.

O clarinete-baixo possui um som orgânico, natural. "Ela nos dá o sentimento de que alguém está soprando num tronco de árvore", disse David Murray. Seu som escuro, aveludado, misterioso e sempre um pouco "entubado" é ideal – como Harry Carney mostrou pela primeira vez – para efeitos colorísticos. Com um sentido análogo, embora mais moderno, Bennie Maupin tocou seu clarinete-baixo nas atmosferas psicodélicas e nas sonoridades flutuantes do antigo jazz rock do Bitches Brew de Miles Davis – como uma voz instrumental enevoando enigmaticamente o som. Também Marcus Miller é um sensível estilista do clarinete-baixo e levou a sugestiva sonoridade atmosférica de Maupin para o *pop jazz* do século XXI.

Mas isso é uma antecipação, voltemos a Eric Dolphy e aos anos de 1960: comparado à rara utilização do instrumento no jazz tradicional, seu clarinete-baixo teve um efeito desbravador. Ele transformou o clarinete-baixo – com seus grandes saltos de intervalos e seus sons selvagens e dilacerantes – num instrumento que recobre todo o leque de sensações, pensamentos e sentimentos humanos.

Eric Dolphy fraseia de maneira mais angulosa e incisiva que muitos clarinetistas--baixo antes e depois dele. Suas selvagens melodias em torvelinho levaram Don Byron a fazer o seguinte comentário: "É como se introduzissem um abelhão dentro de suas veias e esse abelhão procurasse um caminho dentro de seu corpo". Por causa de Dolphy, centenas de músicos partiram para esse instrumento, não tanto nos Estados Unidos quanto na Europa. Instigados por Dolphy, o holandês Willem Breuker, o inglês John Surman, os alemães Gunter Hampel e Gebhard Ullmann, e, sobretudo, o italiano Gianluigi Trovese desenvolveram um modo pessoal de tocar clarinete-baixo. Se a execução de Dolphy possui sempre quinas e arestas excêntricas, as linhas de Surman fluem arredondadas e em progressivos arcos diatônicos extremamente suaves. Para a maioria dos músicos, entretanto, o clarinete-baixo permaneceu sendo um instrumento secundário. Apenas Michel Pilz, Rudi Mahall, Michel Portal, Gianluigi Trovesi e Louis Sclavis conseguiram se expressar de forma tão completa no clarinete-baixo que ou lhe deram a preferência ou a utilizaram desde o começo: é digno de nota que muitos deles provenham de regiões francófonas, onde o clarinete possui uma rica tradição: Pilz vem de Luxemburgo, ao passo que Portal e Sclavis, da França.

Diferentemente do clarinete tradicional, o clarinete-baixo admite aquelas colorações que os saxofonistas de jazz adoram: sons vocais, rudes e com *overblow*. Michel Pilz, que só toca clarinete-baixo, trouxe a herança de Dolphy para as improvisações coletivas, livres e extasiantes da Globe Unity Orchestra. Rudi Mahall "saxofoniza" o clarinete-baixo como nenhum outro, com linhas abstratas, rudes e ásperas, inspiradas mais no som "rosnante" do sax-barítono de Pepper Adams e na execução rústica dos sax-tenoristas que no som dos clarinetistas. Seu modo de tocar envolvente e cheio de humor, junto de seu profundo conhecimento da tradição do jazz, tiveram efeitos particularmente intensos nos duos com a pianista Aki Takase e na banda Die Enttäuschung.

Como já falamos, até o fim dos anos de 1970 parecia que Eric Dolphy já havia dito tudo o que podia ser dito no clarinete-baixo. Mas ocorre que, com a emancipação do jazz europeu, apareceram instrumentistas que inovaram e ampliaram o modo de tocar desse instrumento (e com ele o do clarinete tradicional) por meio de uma relação consciente com suas próprias raízes, seja o folclore, a música clássica etc. O multi-instrumentista Michel Portal, originalmente ligado à nova música, foi quem primeiro encontrou, já nos anos de 1960, uma genuína linguagem europeia para o clarinete de jazz. Esse músico francês, que tocou com Pierre Boulez, Luciano Berio e Karlheinz Stockhausen, combina em seu clarinete-baixo a verve dançante e o alegre furor da música folclórica do sul da França com a pesquisa e consciência sonora do free jazz. Ele também costuma ceder aos encantos da distorção eletrônica.

Gianluigi Trovese é o decano do jazz italiano. Em sua execução, ele une influências norte-americanas e europeias. Seus solos são fortemente enraizados na música folclórica tradicional italiana. De uma maneira bem própria, ele trouxe para o clarinete-baixo a música do *saltarelo*, uma dança italiana do século XIII, em compasso 3/4 ou 6/8, originalmente tocada na flauta barroca. Ele mistura esses ritmos e melodias com elementos do blues, da música dodecafônica, da *chanson* e do jazz de vanguarda. As composições para seu octeto mostram a história do jazz através de um prisma que integra pelo menos seis séculos de elementos europeus: canto gregoriano, árias de *bel canto*, danças e canções folclóricas tradicionais. O resultado são "pequenas histórias" plenas de emoções, ironia e paixão. "Nada é mais sedutor que o refinamento que se exibe humildemente com as vestes da ingenuidade", escreveu Umberto Eco sobre

Trovesi. Entretanto, nunca houve na música de Trovesi uma ruptura com a tradição norte-americana do jazz. "Eu simplesmente queria reunir outra vez, na minha própria música, todos os elementos musicais que havia perdido ao longo de meu caminho."

Toca de uma maneira particularmente impressionante Louis Sclavis, conhecido por sua participação no Workshop de Lyon e na orquestra La Marmite Infernale, além de ser cofundador da ARFI (Association pour la Recherche d'un Folklore Imaginaire), de Lyon, da qual se desvinculou depois). Poucos estilistas marcaram o evento jazzístico europeu de forma tão profunda quanto ele. "O prestígio lendário que envolve seu nome se dá graças a uma habilidade excepcional para extrair vida e calor humano dos conceitos mais abstratos", escreveu Wolf Kampmann.

Sclavis é um mago da melodia – com linhas brilhantemente macias e reluzentes, equilibradas entre a livre fantasia e a disciplina rigorosa, entre o arcaico e a perfeição. Sclavis começou como uma figura central do *folklore imaginaire* – um estilo de música que, no princípio, fora alegre e bucólico, mas que depois se tornaria escuro e conflituoso. Esse "folclore imaginário", embora de algum modo traga consigo uma mensagem folclórica, não encerra praticamente nada de originariamente étnico: trata-se de um folclore de fantasia, de um espaço livre e brilhantemente construído para sensibilidades criativas. Posteriormente, Sclavis, em suas improvisações, elaborou estímulos originários da música artística europeia. Seu interesse por compositores europeus como Luciano Berio, Pierre Boulez e Brian Ferneyhough foi subestimado por muitos daqueles que ressaltam sua grande influência como estilista do *folklore imaginaire*.

Sclavis vê o clarinete-baixo como seu meio de expressão mais autêntico. Em 1988, ele fundou, junto com Jacques Di Donato e Armand Angster, o Trio de Clarinettes, cruzando a improvisação livre com melodias folclóricas fictícias. Nos anos de 1990, Sclavis, Henri Texier e Aldo Romano realizaram duas extensas turnês pelo oeste e pelo sul da África. Documentada no álbum *Carnet de Routes*, a música que surgiu dessa experiência está entre as mais bem-sucedidas fusões do espírito africano com o europeu.

Chama a atenção que no clarinete-baixo nenhum músico tenha feito escola da mesma forma como Charlie Parker ou John Coltrane o fizeram no saxofone. Sem dúvida, Eric Dolphy e – na Europa – Louis Sclavis exercem uma insubestimada influência no âmbito do clarinete-baixo, mas é notório que suas inovações nunca instituíram um padrão. O que deles ficou como fonte de inspiração não foi tanto a propositura estilística quanto a atitude firme para dar destaque ao clarinete-baixo e dotá-la de uma sonoridade própria.

Constitui uma vantagem o fato de não haver "antepassados" no clarinete-baixo. "Como não há aqui qualquer modelo com que se medir, você se sente mais livre", disse Louis Sclavis. "Comparado com muitos outros instrumentos, é essencialmente mais fácil ser você mesmo no clarinete-baixo".

Os músicos norte-americanos que pertencem a esse contexto são: Doug Ewart, Hamiet Bluiett, David Murray, John Purcell, Marty Ehrlich e Bob Mintzer. Murray extrai do clarinete-baixo uma sonoridade delicada, em contraste com o estilo espontâneo e vital de seu sax-tenor, mas também costuma tocar de um modo percussivo por meio da técnica *slap-tongue*. Bluiett, que também toca clarinete-alto, geralmente confundido por conta de sua semelhança visual com o clarinete-baixo, entrou em cena nos anos de 1980 com seu projeto Clarinet Family, a mais colorida e opulenta concentração de sonoridades do clarinete de jazz até hoje: oito clarinetistas e uma base rítmica que refletem e atualizam toda a tradição desse instrumento, de Nova Orleans ao free jazz.

O excepcional John Purcell, advindo do grupo de Jack DeJohnette e Muhal Richard Abrahms, é um dos poucos multi-instrumentistas de verdade. A expressividade e uniformidade de seu fraseado são impressionantes, tanto no clarinete-baixo quanto no oboé, no corne inglês, no sax-tenor e no sax-soprano. Todos os *horns* são seu instrumento principal. Marty Ehrlich dificilmente fica atrás dele – um musicista com experiência em todos os estilos do jazz pós-moderno e que, tanto em seu clarinete-baixo quanto nas linhas de seu sax-alto e de sua flauta, não esconde o amor pela riqueza de cores e pelos contrastes. Como mostrou Bob Mintzer com suas linhas fluentes, ricas em variações e swing, o clarinete-baixo também tem seu lugar na renovação empreendida pelo pós-bop.

Para além das vertentes vanguardistas, também o *mainstream* deságua na música dos anos de 1980 e de 1990. Os clarinetistas que pertencem a esse campo são Bill Easley, Bill Smith, Ken Peplowski, Paquito D'Rivera, o sueco Putte Wickman, o britânico Tony Coe e, de modo particularmente brilhante, Eddie Daniels. Putte Wickman realizou, em 1998, gravações sofisticadas de duos com o baixista Red Mitchell. Ele se inspira no charme dos clarinetistas do swing, temperando-o ao mesmo tempo com uma receptividade mais moderna e harmonicamente orientada. Ken Peplowski une a sonoridade amigável e amável de Benny Goodman com a agilidade rítmica de Buddy DeFranco. Tony Coe ocupa um lugar especial no interior desse grupo, tocando de uma forma marcadamente não ortodoxa, em que técnicas tradicionais e vanguardistas são de tal modo combinadas entre si que ele jamais perde o swing, nem mesmo quando se move nas regiões mais agudas em peças de velocidade.

Nos anos de 1980 e de 1990, Eddie Daniels foi quem obteve o maior sucesso dentre todos eles, começando como sax-tenorista e se destacando como um hábil músico de estúdio. Desde 1985, o clarinete é seu instrumento principal. Um ano depois, os leitores da revista *Down Beat* elegeram-no o melhor clarinetista do ano (o que se repetiria em outros *polls*), e isso numa década que, como nenhuma outra, foi dominada pelos antigos grandes mestres desse instrumento. Daniels, um "Wynton Marsalis do clarinete" (Leonard Feather), deu prosseguimento ao clarinete bebop de Buddy DeFranco de maneira singular: com suas linhas espantosamente flexíveis, fluentes e transbordantes de ideias, além de uma relação especial com a música de Charlie Parker. "O clarinete possui a maior extensão sonora de todos os instrumentos de madeira. É o instrumento que tem a sonoridade mais cálida. Desde o bebop, é também um dos instrumentos mais negligenciados, principalmente por ser um dos mais difíceis de tocar."

Daniels também foi responsável pelo tímido *comeback* que o clarinete vivenciou nos anos de 1980. No entanto, isso também é um mérito dos clarinetistas que vieram da execução "livre" e se desenvolveram em outras direções. Eles praticamente não levam em conta o déficit desse instrumento – sua debilidade em termos de penetração sonora e presença física –, na medida em que utilizam a riqueza de registros do clarinete como uma matizada paleta de sons diversos. São eles: Anthony Braxton, J. D. Parran, Perry Robinson, Michael Moore, o alemão Theo Jörgensmann, o húngaro Lajos Dudas, o canadense François Houle e John Carter, o mais importante de todos.

O multi-instrumentista e compositor Braxton dispõe de forma magistral sobre toda a família do clarinete, desde a soprano até a baixo, criando aquela sonoridade por camadas que a muitos ouvintes soa demasiado abstrata e que, ao mesmo tempo, fez dele um sucesso mundial nos anos de 1970. Perry Robinson tocou com a Jazz Composers Orchestra, com Roswell Rudd, Charlie Haden e Sunny Murray, com

Gunter Hampel, Dave e Darius Brubeck. Sua universalidade é, assim, um fato óbvio. Já nos anos de 1970, ele levou o free jazz, o *cool*, o bebop, o swing e o rock para a soleira do jazz pós-moderno (que apenas na década seguinte se tornaria um estilo comum).

> Queremos fazer todo tipo de música e, apesar disso, sermos inteiramente nós mesmos. O clarinete é fantástico, pois ele tem esses diferentes registros. Frustrante é apenas que tenha tão puco som; ele não possui a massa sonora necessária para se impor num conjunto. Ocupei-me principalmente disso ao desenvolver uma execução enérgica no clarinete. Aprendi um tanto de coisas sobre o som e o *overblow*.

Theo Jörgensmann traduziu a expressão aberta da execução livre para o bebop e para o jazz modal. Com sua surpreendente habilidade para mudar de registros, ele utiliza, de forma particularmente sensível, na linha camerística de Jimmy Giuffre, o registro escuro e cálido de seu instrumento. Nos anos de 1980, Jörgensmann dirigiu o quarteto de clarinetes CL-4, que descobriu sonoridades inusitadas na região limítrofe entre o jazz e a nova música. John Carter, o outrora companheiro texano de Ornette Coleman, mas que só nos anos de 1980 se tornou conhecido, é um melodista fulminante e sutil do tonalismo livre no jazz. Sua execução está ancorada na grande tradição do clarinete de jazz. Carter enriqueceu a execução moderna de seu instrumento com novas e criativas sonoridades: sons rodopiantes baseados na respiração circular e acordes alterados inabituais que desembocam na execução multifônica. Além disso, Carter é soberano no *flageolet*. Enquanto outros clarinetistas preferem o caminho mais fácil de produzir ruídos com seu instrumento, Carter extrai do clarinete – em afinação temperada e dentro do tonalismo livre – notas elásticas e certeiras que chegam até três oitavas acima da extensão normal do instrumento. Nos anos de 1980, ele se tornou importante também como compositor: um mestre da grande forma e do equilíbrio raro entre a música escrita e a improvisada. Sua obra "Roots and Folklore: Episodes in the Development of American Folk Music" representa um ápice da coesão musical; uma composição constituída por cinco suítes e documentada em cinco discos. Ao lado de "Black, Brown and Beige", de Duke Ellington, e "Blood on the Fields", de Wynton Marsalis, trata-se da mais bem-sucedida e criativa imagem sonora sobre mais de duzentos anos de cultura negra na América: desde a deportação e escravidão, passando pela emancipação e o folclore negro rural, até a urbanização dos homens negros modernos.

O que era uma tendência em John Carter, Don Byron realizou com veemência desde o começo dos anos de 1990. Com seu estilo resoluto, incisivo e divertido, ele buscou para o clarinete o direito de plena cidadania no mundo do jazz contemporâneo. Don Byron é sinônimo de infinitude musical. Em 1993, ele gravou o álbum *The Music of Mickey Katz*, que, anos antes do jazz klezmer tornar-se uma moda, revestiu os clássicos da música judaica com uma nova luz jazzística. Ele realizou novos e estimulantes projetos de latin jazz, tocou Brahms e Schubert e improvisou no contexto do hip-hop, do funk e do free jazz. Assim como Charles Mingus, Byron é um observador crítico e às vezes cínico de temas como racismo e desenvolvimento político e social dos Estados Unidos.

Depois de Benny Goodman, o clarinete de jazz foi tocada quase sem *vibrato*. Byron devolveu-lhe o *espressivo* das grandes diferenciações de dinâmica. Ele é um fascinante improvisador e possui um som cálido e grande, além de uma cortante intensidade rítmica e um incorruptível senso de direção melódica. Não por acaso Byron adora tocar com bateristas interativos e enérgicos (Ralph Peterson, Pheeroan akLaff). As linhas de seu clarinete se conectam de maneira particularmente comunicativa com a energia rítmica dos bateristas. É provavelmente por isso que sua Band Music for Six Musicians tornou-se o veículo perfeito para seu clarinete: nela os ritmos afro-caribenhos e latino-americanos se encontram de um modo heterodoxo com o novo jazz.

Don Byron disse: "O clarinete lhe leva a uma situação singular. Não há como tocar clarinete sem tocar música clássica." Durante décadas, essa situação caracterizou o dilema do clarinete de jazz. Nos Estados Unidos, o jazz moderno advindo do bebop gerou a sensação de que a "herança clássica" do clarinete constituía um obstáculo e um problema para uma execução expressiva. Agora, ou seja, no contexto do jazz multiestilístico dos anos de 1980 e de 1990, as raízes da música clássica não significam mais um peso para os clarinetistas de jazz, mas são, especialmente para os músicos europeus, uma fonte preciosa de inspiração a que se pode recorrer sem restrições.

O alemão Michael Riessler inventou um jazz novo com base em raízes eruditas e folclóricas da música europeia, reunindo ludicamente a composição com a improvisação. Em se tratando de produzir no clarinete a impressão de polifonia, por meio da respiração circular e das técnicas especiais de dedilhado e embocadura, Rissler se revela um mestre. Sua música admite inúmeras identidades. Nela, estilos e gêneros variados se sobrepõem – jazz, *tarantelas*, música francesa de realejos, música antiga e música de vanguarda –, como se colocássemos, sobrepostas, películas diferentes que se interpenetram e se completam.

O jazz multiestilístico dos anos de 1990 e começo do século XXI brindou o clarinete jazzístico com um inesperado *comeback*. Enquanto o instrumento "típico" do jazz – o saxofone – é pouco cultivado na música clássica e raramente empregado no folclore, o clarinete pode lançar mão, além de sua herança jazzística, das variadas tradições clássicas e folclóricas que expandem ainda mais suas possibilidades instrumentais. Nesse sentido, não é estranho que, nos anos de 1990, os músicos europeus em primeiro lugar, junto com Byron, tenham dado ao clarinete de jazz contemporâneo um incremento antes tido como quase impossível: além de Louis Sclavis (mencionado há pouco), Gianluigi Trovesi e Michael Riessler, mencionem-se Gabriele Mirabassi, Aab Bars, Klaus Dickbauer, Jürgen Kupke e Claudio Puntin.

O italiano Gabriele Mirabassi, conhecido por sua atuação no Rabih Abou-Khalil-Ensemble, fraseia como um Barney Bigard moderno do "folclore imaginário": linhas ramificadas e ornamentadas decoram seus solos de jazz camerísticos situados entre a música clássica e o folclore. Mirabassi é um clarinetista extremamente brincalhão e comunicativo; suas improvisações, leves e aéreas, são pontuadas de verdadeiras pérolas melódicas, exibindo charme mediterrâneo e uma forte inclinação para os ritmos brasileiros. Não por acaso, Mirabassi é tido na Europa como um renomado especialista do *choro*, um gênero que antecede todas as demais formas da música popular do Brasil.

O suíço Claudio Puntin – tal como Chris Speed, de quem ainda falaremos – é um músico de *legatos* extremos, um improvisador de belíssima sonoridade e grande técnica, que liga e esmera as notas suavemente, fraseando ao mesmo tempo com uma imensa força rítmica. Em seu grupo Mondo – um trio com o chinês tocador de *guhzeng* Wang Yong e o percussionista argentino Marcio Doctor –, surge a visão de um world jazz meditativo e camerístico. Em 2004, ele fundou com Gabriele Mirabassi o World Clarinet Quartet.

Louis Sclavis, Gianluigi Torvesi e Gabriele Mirabassi formam o triunvirato do clarinete do "folclore imaginário" europeu. Outros músicos importantes desse movimento são os norte-americanos David Krakauer, Ben Goldberg e Matt Darriau, precursores de uma brilhante linhagem de clarinetistas do jazz klezmer, e Evan Ziporyn e Chris Speed, donos de um fraseado notável, sendo o último representante do balkan jazz, em Nova York.

Com sua execução enérgica e passional, e com suas linhas inspiradas em John Coltrane, Sidney Bechet e Charlie Parker, David Krakauer é o grande clarinetista do jazz klezmer. Ao mesmo tempo, ele representa a ala conservadora, mas não ortodoxa, da *radical jewish culture* de Nova York. "I want my music to be klezmer, not some sort of a fusion mishmash" (Quero que minha música seja klezmer, não algum tipo de fusão caótica), diz ele. O nome de sua banda, Klezmer Madness, é programático. Com ela, e de maneira bem-humorada, Krakauer vira de ponta-cabeça as melodias judaicas tradicionais – como "Kale Mazel Tov", "Kusatzke", mas também danças balcânicas como o Bulgar – misturando-as com Jimi Hendrix, blues, funk e música eletrônica. Ben Goldberg combina, no New Klezmer Trio, uma tonalidade flutuante, inspirada no free jazz, com novas e antigas melodias judaicas. "No klezmer, o clarinete geralmente lembra uma voz humana", diz David Krakauer, explicando o motivo pelo qual muitos clarinetistas se voltam para a herança desse estilo. "As pessoas falam muito acerca do riso e do choro dos clarinetistas do klezmer. Para mim, no entanto, isso soa muito mais como prece e celebração. Há sempre essa relação com a música litúrgica dos Kantoren, mesmo quando se trata de uma música profana de dança."

Evan Ziporyn, radicalmente adepta da distorção eletrônica no clarinete, faz uma costura bastante complexa do ponto de vista rítmico entre o novo jazz e a música da Indonésia. Chris Speed, que se tornou conhecido com a banda Pachora, é mestre num tipo de execução por assim dizer "a jatos": com suas lacônicas e fluentes linhas em *legato*, ele converte os metros irregulares do jazz balcânico e as linhas ornamentais da música do Leste europeu em novo jazz.

Nenhum instrumento de sopro trouxe ao "folclore imaginário" estilistas tão marcantes quanto o clarinete. Isso certamente tem a ver com a circunstância de que o clarinete – para além de sua herança clássica – ramifica-se em diversas tradições folclóricas – seja a música cigana da Grécia ou da Turquia, seja o klezmer, seja o folclore balcânico, seja o choro brasileiro. A improvisação desempenha um papel importante em todas essas formas musicais.

Por isso não surpreendente que, em sentido inverso, músicos que originalmente estão mais ligados à música do mundo que ao jazz procurem um diálogo cada vez maior com esse último: Paulo Moura, no Brasil, Giora Feidman, em Israel, Mustafa Karindali, na Turquia ou Ivo Papasov, na Bulgária.

O significado de tudo isso no começo do século XXI pode ser resumido numa frase: "The clarinet is back again" (O clarinete está de volta). Uma realidade completamente diferente das décadas anteriores, quando se acreditava que o clarinete, meio antiquado e embolorado, não tinha muita chance no jazz moderno. Hoje é crescente o número de instrumentistas interessantes na cena, dentre eles, estilistas marcantes, como Greg Tardy, Klaus Dickbauer e Aab Bars. A forma como eles tocam (eles e todos os grandes clarinetistas), apenas prova a extrema versatilidade do instrumento.

A FAMÍLIA DOS SAXOFONES

O instrumento ideal do jazz deve possuir a força expressiva de um trompete e a agilidade de um clarinete. Os instrumentos da família do saxofone reúnem essas duas qualidades, excludentes na maior parte dos instrumentos. Daí a importância do saxofone no jazz, pelos menos dos anos de 1930 em diante. A rigor, não se pode falar de uma tradição de saxofonistas de Nova Orleans. Os poucos que existiram – dois ou três – não criaram nenhum estilo. Eles causavam nessa época uma impressão semelhante a de um tocador de sousafone ou de teremim hoje em dia, impressão determinada muito mais pela estranheza do instrumento do que pela música em si. De um modo geral, o saxofone pertencia mais ao mundo das baladas de sucesso e da música *sweet* do que ao mundo do jazz. Foi na época do estilo Chicago que isso mudou. É bastante sintomático que os New Orleans Rhythm Kings (NORK), de Nova Orleans, não possuíssem nenhum saxofonista quando partiram para Chicago em 1921. No entanto, o Friar's Inn, clube que contratou o grupo e lhe trouxe fama, exigiu a inclusão de um saxofonista. Introduziram o saxofonista no coletivo do NORK, que nunca se entrosou com o grupo, até que um dia, quando os Rhythm Kings quase não tocavam mais no Friar's Inn, ele foi demitido.

Como não havia nenhuma tradição de saxofone no jazz, foi necessário recorrer à tradição do clarinete. Era a forma de conduzir o saxofone em seu novo caminho. O significado que o saxofone – o tenor em particular – veio a adquirir no universo do jazz moderno fica imediatamente claro se lembrarmos que, no começo da história do saxofone, ele foi tocado mais ou menos como um tipo especial de clarinete, ao passo que, nos anos de 1950, ao contrário, foram os clarinetistas quem buscaram no sax-tenor o modelo para sua execução.

A família do saxofone é completa. Na região aguda temos o sopranino e o sax-soprano, na região média e grave, o sax-alto, o tenor e o barítono, e, por fim, no grave profundo, o sax-baixo e o contrabaixo. Os mais importantes para o jazz são o soprano, o alto, o tenor e o barítono. Dedicamos a cada um deles uma subseção.

Adrian Rollini tocou Dixieland e estilo Chicago no sax-baixo, com sua sonoridade abafada e um pouco maçante, dentro do mesmo propósito com que Boyd Raeburn, mais modernamente, utilizou esse instrumento como a voz mais grave da seção de saxofone de sua *big band*, a saber: o de conferir base e profundidade à tessitura. Muitos conjuntos de saxofone voltados ao jazz contemporâneo, além de outros grupos, como aqueles de Carlo Actis Dato ou Steffen Schorn, empregam o sax-baixo como uma espécie de motor *groove* rude e impetuoso.

Um *handicap* dos instrumentos baixos mais graves da família do saxofone é a dificuldade de se definir a altura exata das notas e, junto disso, a tendência a uma entonação difusa: um *handicap* que se tornou produtivo, na medida em que os músicos improvisadores do jazz estão sempre em busca de novos desafios musicais. Especialmente aqueles músicos instigados pelo free jazz – Joseph Jarman e Roscoe Mitchell no Art Ensemble of Chicago, ou Vinny Golia – fizeram da fatal tendência ao ruído do som do sax-baixo uma estrutura experimental para a sua música ávida de novas sonoridades. Às vezes é como se o saxofone "guinchasse", o que gera uma aura exótica em torno de sua sonoridade, semelhante ao que ocorria no começo do desenvolvimento do saxofone na antiga Nova Orleans.

Scott Robinson e Anthony Braxton, com base em pontos de vista diametralmente opostos erguidos sobre a tradição do bebop, projetam-se com o sax-baixo e contrabaixo: Braxton, com as linhas revolvidas de um músico que encontrou novos sons no vórtice sonoro do *free* bop; Robinson, na medida em que enriquece o neo-hard bop com suas linhas enérgicas e impetuosas. Contudo, o sax-baixo continuou sendo um instrumento marginal.

O *Sax-soprano*

O sax-soprano começa onde finda o clarinete, quanto mais não seja, em virtude de sua superioridade em termos de volume. Há uma grande desproporção em seu desenvolvimento histórico, bem maior que a de todos os instrumentos utilizados no jazz, inclusive o violino. No começo, praticamente só havia Sidney Bechet, mas hoje há centenas de sax-sopranistas. Em inúmeras *big bands* e orquestras de estúdio, o sax-tenorista só é aceito se dominar o sax-soprano como segundo instrumento, e, na verdade, desde os anos de 1970, é comum a ordem inversa: o sax-soprano como instrumento principal e o sax-tenor em segundo lugar.

Durante décadas, foi dito que o pouco emprego do sax-soprano devia-se à dificuldade de extrair dele um som "limpo". Trata-se de um instrumento genioso que às vezes também é chamado depreciativamente de *fish horn*. Suas notas agudas soam inevitavelmente "desafinadas". No entanto, sabe-se que essa é justamente a vantagem desse instrumento, pois a *dirtiness*, a "sujeira" na entonação, um elemento tão importante em todas as fases da história do jazz, radica na própria constituição sonora do sax-soprano. Quase se pode dizer que o sax-soprano tende a *abaixar* quase todas as notas a fim de produzir *blue note*. A escala como um todo é "bluesificada". Essa é uma tendência inerente ao *folk* blues e às formas arcaicas do jazz desde o começo. Nesse sentido, as três clássicas *blue notes* do jazz são uma espécie de acordo estabelecido com o sistema harmônico europeu, pois, na realidade, a música dos africanos e dos afro-americanos tende a distorcer todas as notas. Aqui nenhuma nota é aceita tal como é em si, mas só depois de ser transformada num enunciado pessoal. O sax-soprano é um caso exemplar: ele "africaniza" o som. Que sua força reside justamente nisso é o que se mostra também por um contraexemplo. Certos sax-sopranistas tocam de forma completamente "limpa", como, por exemplo, Lucky Thompson, que, nos anos de 1960, trouxe para esse instrumento a perfeita beleza sonora de seu sax-tenor. A despeito do elevado refinamento de sua execução, não resta dúvida de que, como sax-sopranista, ele nunca teve muito sucesso. Ele causa admiração, mas não sensibiliza nem move.

Com sua expressão majestosa, Sidney Bechet é o "Louis Armstrong do sax-soprano". Já em seu desenvolvimento pessoal, Bechet faz ver como o sax-soprano gradualmente vai tomando o lugar do clarinete. No curso de sua agitada vida, que o levou da Nova Orleans aos tempos da Primeira Guerra Mundial para a Paris dos anos de 1950, ele passou – a princípio, de forma gradual, mas depois com muita determinação – do clarinete para o sax-soprano. Ora, isso não ocorreu simplesmente porque Bechet, envelhecendo, achava mais fácil tocar o sax-soprano, mas porque esse instrumento lhe possibilitava uma maior expressividade. Bechet chegou ao máximo da expressividade. Seu *vibrato* "resmungão" e provocante foi denominado *talking vibrato* – de tão próximo que ele chega, com o som alegre e jubilante de seu saxofone, aos sons da fala. "I am a storyteller" (Sou um contador de estórias), enfatizou Sidney Bechet repetidamente. Suas turnês nos anos de 1920 traziam o anúncio "Sidney Bechet, o saxofonista falante". Não por acaso ele foi considerado um antepassado da grande tradição de baladas do jazz. Para os leigos, essa tradição começou em 1939 com

"Body and Soul", de Coleman Hawkins. Na realidade, ela se iniciou com Bechet (e Louis Armstrong).

Sidney Bechet teve apenas alguns poucos seguidores no sax-soprano: Johnny Hodges, Don Reman, Charlie Barnet, Woody Herman, Bob Wilber, Kenny Davern e, em certo sentido, Budd Johnson e Jerome Richardson durante a era de John Coltrane. Todos eles trouxeram a experiência de Bechet para dentro de seus respectivos ambientes estilísticos. Johnny Hodges, talvez o mais famoso solista da orquestra de Duke Ellington, se dedicou à expressividade de um modo semelhante a Bechet. Porém, os solos feitos por ele no sax-soprano durante os anos de 1920 e de 1930 na orquestra de Ellington soam pálidos em comparação com a força de seu sax-alto. Por esse motivo, Hodges abandonou completamente o sax-soprano depois de 1940. Talvez Hodges tenha intuído que, como sax-sopranista, ele sempre ficaria um pouco à sombra do grande Bechet, a quem ele, de fato, devia tanta coisa. Somente nos últimos anos de sua vida, numa época em que a sonoridade do sax-soprano se tornara moda, reascendeu o interesse de Hodges por esse instrumento. Mas ele não foi muito longe, pois faleceu em 1970.

Com Woody Herman, fica clara a correspondência entre Sidney Bechet, como sax-sopranista, e Johnny Hodges, como sax-altista. Herman provém de ambos: como soprano, sua origem é Bechet, como alto Hodges.

John Coltrane também é um discípulo de Bechet nesse instrumento. Falo isso [J.-E.Berendt.] com conhecimento de causa, pois na transição dos anos de 1950 para os de 1960, com o propósito de estudá-lo, Coltrane me pediu que lhe enviasse discos de Sidney Bechet tocando sax-soprano, sobretudo aqueles de sua temporada na França. Por meio de seu solo sobre o tema de "My Favorite Things" (cf. a seção "John Coltrane e Ornette Coleman" do capítulo "Os Músicos do Jazz"), Coltrane, em 1961, de repente, seria consagrado como um mestre do sax-soprano.

Portanto, também em relação ao sax-soprano é real aquela continuidade de desenvolvimento tão característica do jazz: ela vai de Nova Orleans, precisamente de Sidney Bechet, até as realizações modernas de Coltrane e Wayne Shorter, e também de seus "discípulos" e contemporâneos.

Coltrane preservou a expressividade e a *dirtiness* de Sidney Bechet. No entanto, em vez da clareza majestosa com a qual Sidney Bechet evoca Louis Armstrong, Coltrane abraçou a cultura asiática e sua meditação. O som do sax-soprano de Coltrane lembra o *shehnai* do norte da Índia, o *nagaswaram* do sul da Índia e o *zoukra* da música árabe. Sua forma de tocar sax-soprano impõe a modalidade, e modalidade num sentido muito claro: como aquilo que no jazz equivale aos *maqams* árabes e aos *ragas* da música indiana.

A grande onda asiática do jazz é inconcebível sem o sax-soprano de Coltrane, não apenas no que concerne ao sax em si, mas a todos os outros instrumentos, sobretudo aqueles que, desde os anos de 1970, foram sendo incorporados ao jazz ou submetidos a um outro modo de execução: violino, flauta, gaita de fole, oboé, corne inglês, além de instrumentos árabes, como o *oud*, o *ney*, o *kanun* etc. Sim, é preciso dizer: foi graças à execução característica de Coltrane que todos esses instrumentos começaram a ser incorporados ao jazz ou submetidos a um novo padrão de execução.

Apesar disso, não foi Coltrane o primeiro jazzista moderno a tocar sax-soprano, mas Steve Lacy. Seu desenvolvimento atípico já foi mencionado na seção "O Trombone" deste capítulo: ele veio do Dixieland diretamente para o free jazz, sem fazer o caminho habitual pelo bebop e pelo cool jazz. Ao contrário, ele só descobriu o bebop depois do free jazz. Em 1952, ele tocou Dixieland com músicos como Max Kaminsky, Jimmy McPartland e Rex Stewart; em 1956, tocou com Cecil Taylor; e, em

1960, com Thelonious Monk. Ele é um dos poucos instrumentistas – provavelmente o único branco – que Thelonious Monk compreendeu e assimilou por completo.

A originalidade de sua forma de tocar pode ser deduzida já de seu desenvolvimento – de Kaminsky, passando por Cecil Taylor até Monk. Ele é um pensador instigante em seu instrumento – de incorruptível sonoridade, articulação e raciocínio. Sua marca registrada é o fraseado em colcheias prudente e metódico. Lacy é o primeiro saxofonista da história do jazz que, desde o começo, optou pelo sax-soprano como instrumento principal e é capaz de se expressar tão perfeitamente por meio dele que não necessita recorrer a nenhum outro instrumento. Sua forma de tocar, por isso mesmo, não é derivada do clarinete, do sax-tenor ou do alto. Lacy, que viveu em Paris e voltou para a América pouco antes de morrer (2004), não está ligado a nenhuma das três correntes do sax-soprano que fizeram escola, quais sejam: as de Sidney Bechet, John Coltrane e Wayne Shorter. Ele foi o primeiro a construir seu som com uma técnica invertida de sopro: em vez de soprar para dentro do instrumento, ele suga o ar de dentro do instrumento. Muitos passaram a fazer o mesmo de lá para cá. Ele é um mestre do *overblow*, produzindo sobretons que soam com uma clareza cristalina. Um músico que, nos anos de 1980, pôde dar prosseguimento à execução seca e angulosa de Lacy foi Bruce Ackley. Ele se tornou conhecido por meio do Rova Saxophone Quartet.

A canadense Jane Bunnett expôs a sonoridade lacônica de Lacy à energia selvagem e aos ritmos explosivos da música afro-cubana. Desde 1981, ao visitar Cuba pela primeira vez, Bunnett compatibilizou a sonoridade do sax-soprano de forma tão intensa com as raízes do *son*, da rumba, da güira e do guaguancó, que os músicos de Cuba chamaram-na "Havana Jane" (vide seu diálogo com o pianista cubano Hilario Durán, com o percussionista Tata Güines ou com o Afro-Cuban Rhumba All Stars). "Você não precisa ser austríaco para tocar Mozart", disse o sax-altista Paquito D'Rivera, cubano exilado. "Ela sabe mais de música cubana que eu."

Leonard Feather supõe que foi por meio de Steve Lacy que Coltrane se interessou pelo sax-soprano. A ideia procede, pois antes que Lacy fizesse parte do quarteto de Thelonious Monk, Coltrane tocava com Monk. Naquela época, o clube onde Monk tocava com frequência era o Five Spot, em Nova York, ponto de encontro do *in-group* do jazz. Certamente, foi lá que Coltrane ouviu Lacy tocar.

"My Favorite Things" de Coltrane tornou-se, como já dito, um hit. Imediatamente, as *big bands* e as orquestras de estúdio investiram no som do sax-soprano. Isso fez aumentar a paleta da seção dos saxofones. Alguns arranjadores se tornaram especialistas em introduzir a nova sonoridade do sax-soprano nessa paleta: Oliver Nelson, Quincy Jones, Gil Evans, Gary McFarland, Thad Jones e, posteriormente, Toshiko Akiyoshi e Maria Schneider.

O sax-soprano não tomou posse apenas da herança do clarinete, mas, em certo sentido, também da do sax-tenor. Na época do free jazz, muitos tenores adoravam empregar o *overblow*, técnica que corresponde ao falsete dos vocalistas de blues e gospel. Trata-se, pois, de atingir registros que vão bem além da região sonora do sax-tenor, penetrando já o espaço do sax-alto. Dessa forma, o sax-tenor se transforma em "dois instrumentos num só": sax-tenor e sax-alto. A tendência a "tocar para cima" fará parte do jazz enquanto ele existir. A execução *hot* frequentemente é obtida por meio da "execução aguda". Por isso, o etnomusicólogo alemão Alfons M. Dauer chegou à suposição de que a palavra *hot* provém, na realidade, do francês *haut* = "agudo". Compreende-se que o emprego do *overblow* no sax-tenor resulta numa voz instrumental de fato bastante extasiante e intensa, mas também, de outro lado, relativamente limitada do ponto de vista musical. O mais importante é que a extensão do sax-soprano segue adiante a partir do ponto em que o sax-tenor, tocado no registro do alto, esgota suas possibilidades. Um sax-tenorista que, de um lado, emprega o *overblow* e, de outro, também toca sax-soprano, dispõe, assim, de toda a extensão musical, desde os graves do sax-tenor até os agudos quase análogos aos da flauta do sax-soprano com *overblow*. Por esse motivo, não surpreende que haja tantos sax-sopranistas que foram, primeiramente, especialistas no sax-tenor com *overblow* – por exemplo, Pharoah Sanders, Archie Shepp, Roscoe Mitchell, Joseph Jarman, Sam Rivers, James Carter e os ingleses Evan Parker e John Surman (cujo instrumento principal foi, de início, o sax-barítono, e que tocava o sax-soprano como um "barítono com *overblow*", migrando, com o passar do tempo, do barítono para o soprano). De resto, todos esses músicos – cujos instrumentos principais são o sax-tenor, o alto ou o barítono – serão apresentados nas subseções "O Sax-tenor", "O Sax-alto" e "O Sax-barítono" desta seção.

Outros sax-sopranistas importantes, sucessores de Coltrane, são o sax-altista Charlie Mariano e os sax-tenoristas Dave Liebman, Roland Kirk (ele também tocava o *manzello*, que se assemelha ao soprano), Zoot Sims, Gary Bartz, René McLean e Wayne Shorter, o mais importante dentre eles e que influenciou muitos dos artistas mencionados acima. Charlie Mariano é um mestre da grande melodia. Ele explorou a "sonoridade asiática" do sax-soprano de uma forma muito competente em seu diálogo jazzístico com a música carnática do sul da Índia – por exemplo, por meio do Karnataka College of Percussion. A sonoridade luminosa, madura e feliz de seu soprano exala sapiência e uma melancolia toda particular, aberta mais ao otimismo que ao sentimentalismo.

Muitos tenores que adotam o sax-soprano como instrumento secundário preferem usá-lo em baladas, tomando-o como um reconfortante polo de repouso em contraposição ao potente sax-tenor, reservado às peças de velocidade. Essa tradição, instituída de forma avassaladora por Coltrane, com o tempo foi caindo num automatismo que limitaria cada vez mais a liberdade de movimento do soprano. Pouco a pouco, ele seria eleito a voz ideal para as peças lentas.

Dave Liebman rompeu com esse clichê da forma mais radical e virtuosística possível. Ele começou sua carreira ainda intimidado no grupo de Elvin Jones. Mas já no grupo de Miles Davis dos anos de 1970, em que o sax-tenor era seu instrumento principal, Liebman começou a intensificar o uso do sax-soprano, decidindo-se por ele completamente em 1980 (só em 1996 é que ele voltou a tocar, agora esporadicamente, o sax-tenor).

Como sax-tenorista, Liebman provém de John Coltrane, mas, em relação ao sax--soprano, ele desenvolveu um estilo próprio, independente de Trane, Bechet, Lacy e Shorter. A sonoridade intencionalmente "suja" de sua execução, com a qual ele tece linhas intuitivas e finamente "buriladas", confere ao sax-soprano maior expressividade. Seja em seus duos (sem acompanhamento nem tonalidade definida), seja na formação camerística de seu quarteto Quest, o fraseado de Liebman se mostra mais rebelde, rítmico, espacial e duro do que o habitual entre os sax-sopranistas. Em suma, Liebman confere ao sax-soprano uma rusticidade que normalmente só associamos ao trompete ou ao sax-tenor.

Advindo de uma das formações do Jazz Messenger, Wayne Shorter tornou-se conhecido como o grande saxofonista do grupo dirigido por Miles Davis entre 1964 e 1970. Sua primeira gravação com o sax-soprano foi no álbum *In a Silent Way*, de 1969, entretanto, na época, isso foi visto como algo tão incidental que as informações sobre a banda no encarte do disco não mencionavam o sax-sopranista. Mas o mundo do jazz percebeu-o de pronto. *Bitches Brew*, lançado um ano depois, é impensável sem o soprano de Shorter. Sua forma de tocar o sax-soprano teve uma influência tão grande sobre Miles Davis que, desde então, ele não admitiria mais em sua banda nenhum saxofonista que não tocasse sax-soprano (por esse motivo é que alguns instrumentistas que começaram tocando sax-tenor ou alto tiveram de aprender a tocar o soprano). Wayne Shorter estetizou a herança de Coltrane. Miles + "Trane" = Shorter, ou seja: Shorter alia o caráter meditativo de Coltrane ao lirismo de Miles. A sonoridade de seu sax-soprano possui a expressão que descrevemos no início da seção "Miles Davis" do capítulo "Os Músicos do Jazz": solidão, desamparo existencial – "O som pairava como uma nuvem." Como sax-sopranista – talvez mais ainda do que como sax-tenorista! –, Shorter se encontra no nível dos grandes improvisadores do jazz: seu som encerra já toda a música e toda a personalidade musical do improvisador.

Shorter ama a música brasileira. Uma de suas obras mais brilhantes é sua versão de "Dindi" – uma das primeiras composições da bossa nova, dedicada por seu autor, Tom Jobim, a Sylvia Telles, a primeira cantora desse movimento musical. Shorter faz aqui uma excursão instigante e hínica pelo free jazz, no entanto, preserva em cada nota a delicadeza brasileira.

O que é mais importante: Wayne Shorter fez parte do mais bem-sucedido grupo de jazz rock que já existiu – e isso desde o começo, ou seja, de 1970 até a sua dissolução em 1985. Trata-se do Wheater Report. O lirismo e a luminescência melódica de Shorter se sobressaíam em meio aos sons eletrônicos desse grupo como signo de um pensamento musical humanizado.

Em virtude de seu registro agudo, o sax-soprano possui, se comparado aos outros tipos de sax, uma maior capacidade de penetração em face da densa massa sonora do jazz elétrico. Mas Shorter foi o primeiro sax-sopranista que, com seu estilo melódico, refinado e simples, às vezes veloz , abriu caminho para que o sax-soprano se tornasse um dos mais queridos instrumentos de sopro do jazz rock e do *fusion*. Outros músicos dignos de menção que gravaram com o sax-soprano peças mais ou menos orientadas ao *fusion*, ao rock ou ao funk são: Ernie Watts, Tom Scott, Ronnie Laws, Grover Washington, Kenny G. (ou Gorelick), Bendik (ou Bendik Hofseth), George Howard, Bill Evans (que não possui nenhum grau de parentesco com o pianista de mesmo nome) e, na Europa, sobretudo a inglesa Barbara Thompson.

Como sax-sopranista, Wayne Shorter fez escola tanto quanto John Coltrane e Sidney Bechet. Dentre os vários sopranos que deram prosseguimento à linha de Shorter nos anos de 1980, os três mais importantes são: Branford Marsalis (o irmão um ano mais velho de Wynton Marsalis), Greg Osby e, sobretudo, Jane Ira Bloom. O sax-tenorista Branford Marsalis foi quem melhor traduziu – levando-o adiante depois – o desamparo existencial e a solidão do soprano de Shorter para o classicismo do jazz dos anos de 1980 e de 1990. Branford Marsalis toca seu sax-soprano com extrema flexibilidade, swing e elegância poética. Além disso, com o som doce de seu sax-soprano, Brandford deu uma contribuição significativa ao charme e à poesia da música pop de Sting. Não há dúvida de que Sting de fato dirigiu a banda pop mais *integrada* dos anos de 1980, mas essa integração também se deve – e não em último lugar – a Marsalis, na medida em que ele, assim como os outros músicos de jazz da banda de Sting (o pianista Kenny Kirkland, o baixista Daryl Jones e o baterista Omar Hakim), primou por um discurso musical aberto e caloroso em contraposição à crescente mecanização e computadorização da música pop.

Greg Osby, que também toca sax-alto, compreendeu a concepção de Shorter e, de maneira particularmente impressionante e com desdobramentos complexos, a transpôs para o campo da M-Base. Jane Ira Bloom é, depois de Steve Lacy, a única voz capaz de se expressar desde o princípio – e exclusivamente! – por meio do sax-soprano. Ela possui uma sonoridade cheia e gorda. O seu sax-soprano cromático e lírico repousa sobre uma musicalidade intuitiva, que dá preferência à liberdade das linhas em contraposição às coerções harmônicas de sons. As marcas registradas de Jane Ira Bloom são melodias incomuns e duplicações. Digna de nota é também sua capacidade de criar novas formas. Ela descobriu sonoridades especiais combinando a execução acústica com o *live electronics* e foi a primeira musicista contratada pelo programa artístico da Nasa para compor uma obra. Além disso, a Internation Astronomical Union batizou com seu nome um corpo celeste descoberto em 1983: o asteroide 6083.

Com Shorter, teve início a grande linhagem melódica do sax-soprano, uma linhagem que se faz cada vez mais imponente, pois há sempre músicos novos acrescentando novas facetas ao caráter delicado e íntimo desse instrumento: na Europa, Andy Sheppard, Anatoly Vapirov e Stefano Di Battista; nos Estados Unidos, Michael Blake e Jimmy Greene; no Canadá, Christine Jensen. Com alguns desses instrumentistas, principalmente aqueles que pertencem ao campo do free jazz, fica muito claro que o sax-soprano pode se reportar mais fácil e organicamente às raízes africanas da música negra do que os outros instrumentos dessa família. É principalmente no círculo da AACM que encontramos os músicos do free jazz que se destacaram no sax-soprano: Anthony Braxton, Joseph Jarman e Roscoe Mitchell, assim como, do campo do Black Artist Group, Oliver Lake e Julius Hemphill. Em Jarman, ouve-se aqui e ali aquele *growl* típico de Sidney Bechet, com o qual ele criava formas tão movidas nos registros graves de blues e baladas. Hemphill dedicou uma de suas obras ao povo Dogon, uma etnia totalmente isolada de Burkina Faso, leste da África, voltando-se não só à música, mas também à mitologia desse povo.

O sax-soprano é um instrumento que, estilisticamente, carece de uma ramificação genealógica mais ampla. Quem quiser aprender a tocá-lo terá a chance de começar tudo do zero. Com Evan Parker, mais do que com qualquer outro, isso fica claramente manifesto. O britânico Parker faz o sax-soprano parecer um instrumento novo, recém-descoberto. Nenhum outro sax-sopranista lhe pode rivalizar na capacidade de conferir ao instrumento tanta riqueza de ideias no que concerne à construção dos sobretons. Graças à sua magistral respiração circular, ele produz infinitos fluxos de notas e sons que se desenvolvem sem pausa por vários minutos e percorrem espectros de timbres "como num arco-íris acústico" (Thomas Miessgang).

Parker participou dos começos do free jazz europeu como integrante do Spontaneous Music Ensemble do baterista John Stevens e do Music Improvisation Company, com Derek Bailey. Sua execução no sax-soprano é representativa de toda uma corrente improvisatória do free jazz. Ele é um dos principais representantes da execução "por camadas" (*laminar playing*), que consiste fundamentalmente em dispor em camadas blocos e grupo de sons, opostamente à execução "atomística" (*atomic playing*), em que predominam os sons individuais isolados.

Evan Parker se tornou um dos mais influentes saxofonistas de vanguarda desde John Coltrane. Suas improvisações no sax-soprano deram origem a uma linhagem de músicos que levariam adiante a execução "livre", repetitiva e cheia de meandros sonoros: John Butcher na Grã-Bretanha; Hans Koch na Suíça; Wolfgang Fuchs e Dirk Marwedel na Alemanha; Ariel Shibolet em Israel; bem como, em certo sentido, Ned Rothenberg e Michael Riessler, que já se aproximam dos projetos multiestilísticos do jazz pós-moderno.

Antes de Evan Parker, o norte-americano Joe Maneri já havia desenvolvido uma forma bem própria de construir linhas microtonais no sax-soprano. Ele estudou composição dodecafônica com o aluno de Alban Berg, Josef Schmid, recorrendo, em suas improvisações, a um sistema microtonal que subdivide a oitava em 72 notas. De outro lado, Maneri toca com uma energia e um *drive* totalmente estranhos ao mundo acadêmico. Segundo ele: "Quando o ritmo não tem qualquer energia criativa para mim, 5 mil microtons também não me ajudam."

O lituano Petras Vysniauskas pode ser chamado de o poeta do *avant-garde jazz* do Leste europeu. Ao contrário de seu mestre Vladimir Chekasin, dono de um fraseado selvagem, Petras ama estruturas abertas e "respiradas". "Eu ouço ecos da música de John Coltrane nas canções populares lituanas", diz ele.

Também no campo do *mainstream esclarecido* do jazz, a herança de Coltrane mantém-se viva. Herança que, misturada às influências de Shorter e Liebman, é assimilada e digerida pelos jazzistas sempre dentro de uma visão própria. Mencione-se a esse propósito John Purcell, Chris Potter, Sam Newsome, Steve Wilson, Roger Hanschel, Ted Nash e – *last but not least* – Ravi Coltrane, filho de John.

John Purcell trouxe com seu sax-soprano certo intimismo para o World Saxophone Quartet. Além disso, ele é um compositor original. Roger Hanschel – componente fixo do Saxophon Mafia, de Colônia (Alemanha) – individualizou a sonoridade cortante e fina do sopranino como nenhum outro na Europa.

Também a herança "pura" de Bechet prossegue, mais sensível ao estilo swing que ao legado de Coltrane e Shorter. Bob Wilber e Kenny Davern (que retornaria ao clarinete) representam-na exemplarmente, quer nas gravações que cada um realizou individualmente, quer em seu trabalho conjunto no Soprano Summits.

"Pura" no sentido do esteticismo contemporâneo é a execução do norueguês Jan Garbarek e de Paul Winter, mas também de alguns outros músicos, como o já mencionado John Surman em seus duos com Jack DeJohnette e em diversas formações camerísticas. Surman é um mestre da respiração circular e da ampliação da sonoridade do sax-soprano por meio de meios eletrônicos. Suas melodias hipnóticas, que oscilam o tempo todo entre o tom maior e o menor, soam como se tivessem centenas de anos. Em 1979, empregando o *overdub*, ele fez o álbum solo *Upon Reflections*, em que as melodias sacras do madrigal inglês, as *jigs* irlandesas e os *reels* e *laments* escoceses são transformados numa catedral sonora erguida com o sax-soprano.

Uma atenção especial foi dada ao som claro e elegíaco de Jan Garbarek. Ele possui, entre a melancolia jubilosa e a alegria lamentosa, uma das sonoridades mais personalistas do jazz europeu. Com suas melodias contemplativas e intensamente lamentosas, além do recurso ao folclore escandinavo, Garbarek demonstra – seja com Eberhard Weber, músicos do norte da Índia ou a Hilliard Ensemble (em adaptações de canções litúrgicas do começo do Renascimento) – que o saxofone de jazz não consiste em abundância de notas, mas na capacidade de o músico fazer que cada nota individual soe como uma "usina de sentimentos pessoais". Surman e Garbarek estão à frente de uma geração de músicos que trazem para seu novo jazz a diversidade da herança musical europeia (folclórica e erudita) e as influências de outras culturas – norte-americanas, africanas, asiáticas. A essa geração pertencem Louis Sclavis, Gianluigi Trovesi, Karl Seglam, Julian Argüelles, Luidas Mockunas e outros.

O Sax-alto

A história do sax-alto só começou de fato na era do swing. Assim como Jimmie Noone, Johnny Dodds e Sidney Bechet constituíram o supremo movimento dos clarinetistas dos anos de 1920, Johnny Hodges e Benny Carter representaram o par dominante nos anos de 1930 em relação a tudo que se tocou no sax-alto.

Johnny Hodges, o músico de Duke Ellington falecido em 1970, era um melodista da estatura de um Louis Armstrong ou de um Coleman Hawking. Seu *vibrato* afetuoso e expressivo e seu jeito de misturar as notas por meio de glissandos fez que a "sonoridade Hodges" se tornasse uma das mais conhecidas do jazz. Hodges foi o primeiro grande instrumentista do sax-alto. Com ele, cada som individual podia "desabrochar" de várias maneiras e havia mais emoção e sutileza em sua execução do que na dos outros músicos. Sua sonoridade parecia revestir-se de certo calor tropical, de uma vibração erótica, podendo decair no mais puro sentimentalismo em peças lentas. Já nas peças mais rápidas, Hodges continuou sendo o maior e mais enérgico improvisador, uma característica que nunca perdeu desde quando começou a tocar com Duke Ellington, em 1928.

Dentre os vários discípulos de Hodges, Woody Herman é o mais importante. Herman tocava solos inspirados em Hodges, os quais contrastavam claramente – e às vezes de forma divertida – com a concepção mais moderna dos músicos jovens de sua orquestra.

Benny Carter (1907-2003) é o oposto de Hodges. Enquanto Hodges ama a melancolia e a expressão, Benny Carter é dono de um estilo claro e leve. Hodges se comportava com seu instrumento como um Don Juan, seu sax-alto parecia envolver o som numa rede de astúcias voluptuosas. Já Carter era o homem da elegância, de linhas sóbrias, quase sem *vibrato*. Ele tocava com a convicção de que seu sax-alto tinha de soar como um grande e solene cantor.

Nos anos de 1940, Carter se estabeleceu em Hollywood, onde, analogamente ao trompetista Harry Edison, começou uma segunda carreira como arranjador e compositor para estúdios cinematográficos e de televisão. Ele foi um dos mais versáteis músicos do jazz, tão importante como sax-altista quanto como arranjador e chefe de orquestra, além de um músico notável no trompete, no sax-tenor, no trombone e no clarinete. Falaremos mais sobre Benny Carter no capítulo "As *Big Bands* do Jazz".

Impressiona a maturidade com a qual Hodges e Carter representaram o sax-alto, sobretudo porque antes deles pouquíssimos músicos se destacaram tocando esse instrumento. Havia Don Redman, cuja influência como arranjador sobre a concepção sonora das grandes orquestras de jazz do fim dos anos de 1920 e início dos anos de 1930 não tinham como ser exagerada. Vez ou outra ele também fazia solos de sax-alto em suas orquestras. Depois dele surgiu Frankie Trumbauer, um músico do estilo Chicago que gravou com Bix Beiderbecke. Trumbauer não tocava o sax-alto em Mi bemol, mas outro instrumento, aparentado com ele, chamado C-Melody. Suas linhas claras e frias exerceram certa influência sobre o jovem Lester Young.

Após Hodges e Carter, todo o desenvolvimento do sax-alto concentrou-se em torno de uma personalidade extraordinária: Charlie Parker. Na seção "Charlie Parker e Dizzy Gillespie" do capítulo "Os Músicos da Jazz", tentamos delinear sua condição singular como jazzista. Parker possuía tanto a emoção de Hodges quanto a clareza de Carter. Quando ele surgiu, foi com um significado tão grande que praticamente não havia nenhum outro sax-altista digno de atenção no bebop. Havia apenas Sonny Stitt, que oscilava entre o tenor e o alto e que, por um caminho independente, como ele costumava dizer, chegou a tocar de um modo análogo ao de Bird, isto é, com muita clareza e expressão saturada de blues.

No âmbito do *jump* – uma forma de tocar (e dançar!) popular nos anos de 1940, no Harlem e nos guetos negros das cidades grandes norte-americanas –, havia sax-altistas que passavam ao largo da influência de Parker. Mencionemos Earl Bostic, Louis Jordan e Johnny Hodges. Este último, sobretudo nos anos finais de sua longa carreira, quando já não pertencia à orquestra de Duke Ellington, era um mestre dos ritmos elásticos do *jump*, como se pode observar em suas gravações com o organista Wild Bill Davis. No fim dos anos de 1940, com algumas gravações, a exemplo de "Flamingo", Bostic obteve um sucesso estrondoso, semelhante ao de um astro do rock, embora muito antes da era do rock. Louis Jordan encontrou um tipo de execução que aliava a desenvoltura de Benny Carter ao humor e a descontração do blues. Em suas orquestras bem-sucedidas comercialmente, ele desenvolveu um modo de tocar com *riffs* que fizeram dele um precursor do rhythm & blues.

Na grande era do bebop, embora cada instrumento possuísse seus representantes paradigmáticos, havia sempre espaço para uma série de outros instrumentistas importantes, embora de menor estatura. No caso do sax-alto (fazendo abstração de Sonny Stitt), foi apenas no começo do cool jazz que surgiu um caso desse tipo: Lee Konitz. Ele veio da escola de Lennie Tristano. Assim como nas de Tristano, as velhas linhas abstratas e cintilantes que Konitz tocava na virada dos anos de 1940 para os anos de 1950 em suas próprias gravações se tornariam posteriormente mais cantáveis, calmas e concretas. Segundo Lee, "no jazz não se trata tanto de tocar com emoção, mas com *feeling*". Nesse meio-tempo, Konitz absorveu e digeriu muito do que veio a ocorrer no jazz – incluindo certos elementos de Coltrane e da execução vanguardista – e, ainda assim, permaneceu sendo ele mesmo. Konitz domina as implicações harmônicas que estão na base de seus solos de maneira tão soberana que suas linhas – inclusive quando elas nascem de canções e *standards* – transmitem a impressão de serem improvisações "livres". Provavelmente por isso é que ele pôde se desenvolver continuamente. Nos anos de 1970, ele se destacou com um noneto nada convencional. Depois disso, ele se tornou um especialista sensível em duos não acompanhados e de alta qualidade – destaquemos, sobretudo, as gravações com os pianistas Harold Danko, Hal Galper ou Michel Petrucciani, mas também com o trombonista Albert Mangelsdorff e o baterista Matt Wilson. Do ponto de vista do jazz alemão, é de interesse o fato de que Lee tenha exercido uma influência mais duradoura na Alemanha do que em qualquer outro lugar. Nos anos de 1950, quase todos os jazzistas alemães conhecidos – não apenas saxofonistas, mas também trombonistas, guitarristas e pianistas, por exemplo – apontavam-no como aquele que mais os influenciara.

Depois de Charlie Parker e Lee Konitz, o desenvolvimento do sax-alto constitui um campo de tensão entre esses dois polos. Art Pepper alcançou um estilo maduro e emotivo de tocar fortemente influenciado por Parker. Pepper, que passou a maior parte de sua vida em prisões e sanatórios, é um exemplo especialmente tocante do potencial destruidor da heroína na vida de certos jazzistas. Ele escreveu sobre isso em sua autobiografia *Straight Life*, publicada em 1979, um documento comovente sobre a vida de um músico de jazz. Quando o livro apareceu, Pepper viveu um *comeback*. Morreu em 1982.

Um representante de muito sucesso da linha Konitz foi Paul Desmond, compositor de "Take Five", a primeira peça de jazz em compasso 5/4 e com a qual Dave Brubeck conquistou as *hit parades*. Desmond foi o sax-altista do quarteto de Brubeck durante muito tempo e, de um modo geral, o maior talento jazzístico desse grupo: um lírico de seu instrumento e um mestre das linhas lúcidas, reluzentes e cheias de swing.

Os mais importantes sax-altistas do jazz da Costa Oeste foram Bud Shank, Lennie Niehaus, Herb Geller e Paul Horn. Nos anos de 1950, Bud Shank era um amante das frases curtas e incisivas, nas quais já se podiam notar os sinais de suas futuras frases nervosas. Ele foi o primeiro jazzista a tocar – já em 1961! – com um dos grandes mestres da música clássica indiana – o sitarista Ravi Shankar. Herb Geller, que vive na Alemanha, possui a clareza de Benny Carter, mas nele o estilo de Carter aparece misturado a influências de Bird e de muitos outros que vieram à tona nesse meio-tempo.

A força da personalidade de Charlie Parker é tão grande que sua influência foi se fazendo cada vez maior desde a segunda metade dos anos de 1950 (após as ideias advindas de Lee Konitz terem sido assimiladas). Provêm de Charlie Parker: Lou Donaldson e sua robusta emotividade hard bop; o arranjador Gigi Gryce; Sonny Criss; Charles McPherson (oriundo dos círculos hard bop de Detroit); Oliver Nelson (que se tornou conhecido, sobretudo, como arranjador); bem como Frank Strozier e James Spaulding (que marcam a transição para o free jazz). Porém, os mais importantes músicos desse grupo são: Jackie McLean, Cannonball Adderley e Phil Woods. Mais do que qualquer outro sax-altista inspirado no bebop, Jackie McLean descobriu uma gama de nuanças para o swing anguloso e pontiagudo de seu *horn*. Seu sax-alto, inspirado no soul, que, de modo bem-humorado e sarcástico, parece estar sempre *off-pitch*, une o *feeling* do blues de Parker com uma expressão "mais livre" e mais desembaraçada.

Cannonball Adderley foi para Nova York por sugestão do saxofonista de blues Eddie "Cleanhead" Vinson. Com o sexteto de Miles Davis e com seus próprios grupos, ele gravou no fim dos anos de 1950 solos de grande valor. Suas linhas alegres e ricamente ornamentadas soam simultaneamente rústicas e cultivadas. Com sua vivacidade, Adderley contribuiu decisivamente para que o hard bop se deixasse impregnar pelo blues *feeling*. Seus solos guardam um equilíbrio quase clássico entre o refinamento do jazz moderno e a forte expressão da tradição do jazz (talvez por isso, ou seja, por seu classicismo, Adderley tenha se tornado, como veremos, um dos heróis dos *young lions* no novo hard bop dos anos de 1980 e 1990). Cannonball também obteve muito sucesso com o funk de seu quinteto pouco antes de sua morte em 1975 e fez do contexto do soul e do rock uma fonte de belas improvisações.

Nenhum outro sax-altista aliou de forma tão coerente a herança de Charlie Parker com o *mainstream* contemporâneo como Phil Woods. Ele é imbatível em suas tercinas de bebop, em seu ritmo fluente e leve. Em 1972, o crítico suíço Peter Rüedi o definiu como "o mais completo sax-altista" do jazz de seu tempo. É importante saber que nessa completude vibra a consciência de tudo aquilo que Woods percorrera em 25 anos: a escola de Lennie Tristano, o cool jazz de Jimmy Raneys, o bebop de George Wallington e as *big bands* de Dizzy Gillespie e Quincy Jones. Desde o fim dos anos de 1970, Woods encontrou no sax-alto de Richie Cole a continuação, no âmbito do neo-bop, de sua música, portanto, a continuação de uma linha de desenvolvimento que manteve viva a herança de Parker. Em sua execução, Cole combina a alegria de tocar com uma ardente intensidade expressiva.

Mas não nos antecipemos: quando a linguagem de Bird ainda dominava a cena, Ornette Coleman apareceu. Foi no verão de 1959, na Lenox School of Jazz, dirigida por John Lewis. Já falamos pormenorizadamente da revolução musical provocada por esse grande músico (cf. a seção "John Coltrane e Ornette Coleman" do capítulo "Os Músicos do Jazz"). Dizer que ele, assim como todos os verdadeiros revolucionários, apenas realizou aquilo "que estava no ar", implica o reconhecimento de que, nessa mesma época, havia uma série de outros músicos percorrendo caminhos análogos. Entre os sax-altistas, é esse o caso, sobretudo, de Eric Dolphy, falecido em 1964, que até hoje se mostra influente (sua execução estava muito mais fundada na harmonia funcional do que a de Coleman). Advindo dos conjuntos de Chico Hamilton e Charles Mingus e realizando, com o trompetista Booker Little e com grupos próprios, gravações monumentais, Dolphy atingiu – com seu som carregado de emoção, seus grandes saltos intervalares e o voo livre e selvagem de suas ideias – um êxito que não fica atrás do de Ornette Coleman.

Para se ter uma ideia de o quanto a execução livre estava na "ordem do dia" por essa época, basta observar que, independentemente de Coleman e Dolphy, o jamaicano Joe Harriott desenvolveu um *free* bop na Grã-Bretanha dos anos de 1960 que, apesar de seu alto nível, nunca obteve o reconhecimento merecido.

A ruptura que Ornette Coleman e Eric Dolphy instauraram no jazz teve uma repercussão particularmente libertadora entre os sax-altistas. À primeira geração do free jazz pertencem John Tchicai, Jimmy Lyons e Marion Brown, o qual alia o virtuosismo e a clareza de um Benny Carter às possibilidades da execução livre. Depois deles, vieram Byard Lancaster, Carlos Ward, Charles Tyler, Anthony Braxton (da AACM), Joseph Jarman, Roscoe Mitchell, Henry Threadgill e John Purcell, assim como Julius Hemphill e Oliver Lake, provenientes do Black Artist Group (BAG) de St. Louis. Sintomático é o desenvolvimento de Marion Brown: depois de sua passagem pelo free jazz no começo de sua carreira (meados de 1960), ele se tornou um músico de visão ampla, dominando toda a paleta estilística de seu instrumento. Oliver Lake, membro do World Saxophone Quartet (ainda a ser visto), foi denominado por Tim Berne como um instrumentista que "mesmo tocando as coisas mais intrincadas, é como se tocasse um funk. Ele é totalmente soul*ful*". A música de Lake é marcada por um inimitável faro para a coerência da música negra – seja no contexto de seu quarteto de vanguarda, seja no âmbito da banda Jump Up, inspirada em melodias de reggae e ritmos *highlife*. Nela, "trata-se sempre da mesma coisa: de blues".

Jarman e Mitchell são os membros fundadores do Art Ensemble of Chicaco (cf. o capítulo "As Bandas do Jazz"). Foi nesse trabalho em conjunto que a singularidade da execução de cada um se fez evidente em seu contraste: Jarman fraseia mais sobre elementos africanos, enquanto Mitchell desenvolveu no sax-alto um sopro minimalista, secamente intelectual. Em seus próprios projetos musicais, o contraste também permaneceu vivo: o primeiro adorava trazer citações da poesia negra moderna para suas improvisações tocantes e gestuais; o último, com seu modo frágil e econômico de tocar, tornou-se um eminente solista do sax-alto sem acompanhamento.

Igualmente vasta é a gama dos músicos não norte-americanos que pertencem a esse contexto: o japonês Akira Sakata; os ingleses Trevor Watts e Mike Osborne; o alemão (nascido na antiga Alemanha Oriental) Ernst-Ludwig Petrowsky e o sul-africano Dudu Pukwana (em sua emocionante síntese da música Bantu com Bird).

Anthony Braxton, que já foi mencionado na seção "1970" do capítulo "Os Estilos do Jazz", expandiu o vocabulário do sax-alto com sonoridades e texturas espetaculares. Ele criou uma obra que até os especialistas acham difícil de visualizar inteiramente. Braxton é, simultaneamente, improvisador e compositor. Na banda Circle, com Chick Corea, Dave Holland e Barry Altschul, assim como em seu quarteto, Braxton alargou extremamente o repertório sonoro da vanguarda do jazz.

Ele constrói melodias bruscas e segmentadas, ainda mais pontiagudas e angulosas do que as de Eric Dolphy. Isso levou certos críticos a taxar sua forma de tocar como demasiado "cerebral" e dura, desprovida de swing. Mas Braxton reagiu a isso de forma muito tranquila, lembrando que, nos anos de 1950, Lee Konitz e Paul Desmond tiveram de ouvir a mesma crítica – "e o que aconteceu com sua música depois? Ela virou uma parte integrante do cânone do jazz".

Braxton elevou o sax-alto não acompanhado a um novo patamar – começando em 1968 com o álbum *For Alto* e prosseguindo por meio de inúmeros concertos solo. Tratava-se de estudos sobre ruído e sonoridade que esbanjavam grande riqueza formal, além de fraseado e articulação heterodoxos: contrastes extremos de registro, blocos de ruídos e sons vocalizados, *stacatti slap-tongue* percussivos, linhas puídas ziguezagueantes.

Talvez mais do que como improvisador, foi como compositor que Braxton inventou um novo universo musical. Ele criou uma obra vasta e hermética, com títulos gráficos para as obras e propostas conceituais abstratas que, por seu grau de impenetrabilidade, chegavam às vezes a projetar sobre Braxton a suspeita de um pseudointelectualismo. Na realidade, suas composições são tentativas altamente diferenciadas e individuais de "guiar" a improvisação, conferindo-lhe "maior direcionamento". Os elementos de sua filosofia musical se encontram em seus inúmeros escritos, sobretudo nos três volumes de seu *Tri-Axium Writings*.

Desde meados dos anos de 1990, Braxton vem avançando paulatinamente na descoberta do princípio da "redução musical", desenvolvido por ele em sua "Ghost Trance Music" e inspirado em elementos da música indígena norte-americana, assim como em músicas *trance* persas e africanas e corais gregorianos. Segundo Braxton: "Eu afirmo que a música não é idêntica ao som. A música é o que está por trás do som, a informação espiritual que é transportada por meio do som. Este é o ponto que eu defendo."

A força com que Ornette Coleman marcou a cena contemporânea do sax-alto fica clara quando se considera que sua influência sobre o jazz dos anos de 1980 e de 1990 cresceu ao invés de diminuir. Isso ajuda a entender por que, nesse meio-tempo, muitos sax-altistas também surgiram como compositores. Junto com Braxton, deve-se mencionar Henry Threadgill, Julius Hemphill, John Zorn e Tim Berne (os dois primeiros numa revalorização da tradição do jazz por meio do olhar vanguardista; os dois últimos em prosseguimento à herança de Coleman no campo estilisticamente bastante ramificado do jazz pós-moderno). Henry Threadgill, que se tornou conhecido por meio da música aérea e transparente do trio Air, foi sensação nos anos de 1980 com as obras para o seu "sexteto" (na realidade, um septeto, com dois bateristas que Threadgill emprega como uma única voz). Em 1988, a crítica o nomeou, por meio da revista *Down Beat*, em nada menos que onze categorias, entre elas: sax-altista, flautista, sax-baritonista, *bandleader*, compositor e arranjador. Seu som espremido e dramático no sax-alto acentua de forma primitiva as qualidades vocais do saxofone. Suas composições estão repletas de uma aspereza mórbida, sombria e irônica, celebrando a pluralidade da tradição do jazz com uma energia crua em *voicings* ao mesmo tempo densos e bem calculados. Com a utilização de instrumentos graves – tuba, corne inglês etc. –, Threadgill fecha suas linhas melódicas dentro de um misterioso, eufórico e hipnótico emaranhado sonoro. Threadgill é mestre em fazer transições imperceptíveis entre a composição e a improvisação. Ele também faz convergir facilmente a herança do free jazz com os *dirges* e as *funeral marches* de Nova Orleans ou com Ellington e Mingus. "Todo vocabulário é válido. Não se pode jogar nada fora", disse ele. Mas "a tradição é um pano de fundo repleto de elementos – por si mesma, ela não é nada. Se não temos condições de desenvolver nada com base nela, então é porque o mundo pode se virar sem ela". Threadgill manteve-se fiel, também nos anos de 1990, ao princípio da dupla formação instrumental – por exemplo, na banda Very Very Circus (duas tubas, duas guitarras etc.). Seus confrontos enviesados e bem calculados com os diferentes estilos musicais não são meditações nostálgicas sobre a história do jazz, mas ataques crus a clichês, uma celebração sofisticada do passado por meio de um pensamento orientado ao futuro. John Zorn começou como saxofonista radical da *noise music*, produzindo sonoridades incomuns e abruptamente alternantes com base num arsenal de mais de sessenta boquilhas de saxofone e clarinete, além de uma diversidade de apitos de caça. Posteriormente, ele se tornou um inspirado sax-altista, capaz de contar histórias contundentes e instigantes (cf. a seção "John Zorn" do capítulo "Os Músicos do Jazz").

Julius Hemphill, que foi uma espécie de "especialista multimídia" no free jazz dos anos de 1970 e trabalhou com atores, dançarinos, filmes, vídeos e teatro, transpõe o timbre gutural dos saxofonistas do Texas para a execução de vanguarda do sax-alto. Hemphill é um mestre quando se trata de fazer alusões ao blues. Até mesmo em suas improvisações mais livres e em suas composições mais abstratas ele mantém o contato com as raízes da *black music*. Seus solos soam totalmente espontâneos. Porém, sua contribuição como "um dos mais importantes compositores da música criativa" (John Zorn) tem sido frequentemente esquecida. Ele escreveu algumas obras de duração épica: "Water Music for Woodwinds", para sete instrumentos de madeira; "One Atmosphere", para o quarteto de cordas Arditti; e "Long Tongue: a Saxophone Opera", para seu sexteto. A maior e melhor parte das músicas do World Saxophone Quartet é aquela composta por ele durante seus anos de atuação nesse grupo, desde a sua fundação em 1976 até 1988.

Tim Berne avança do ponto em que parou seu mentor Julius Hemphill. Ele é um rico melodista, que, com seu som estilhaçado e penetrante, libertou o free jazz da exigência de infinitas sequências de solos e desenvolveu estratégias precisas de comunicação. Berne considera a si próprio primeiramente como organizador de grupos e compositor. Ele é um mestre da grande forma. Com a sua banda Bloodcount (versão jazzística de um conjunto de câmera), ele desenvolveu, nos anos de 1990, exemplos modelares de improvisação e composição processuais. Grandes arcos de tensão são erguidos com base numa dramaturgia cuidadosamente fomulada e conduzida a culminâncias extremas.

Em 1996, ele se tornou independente das grandes gravadoras e fundou um selo próprio, o Screwgun. Especialmente frutífera foi sua parceria com o guitarrista francês Marc Ducret, unidos por um mesmo espírito iconoclasta e senso de liberdade melódica. Assim como Berne, os sax-altistas da M-base também fraseiam com base na recém-adquirida consciência multiestilística do jazz dos anos de 1980 e de 1990. David Binney, Rudresh Mahanthappa e, sobretudo, Steve Coleman e Greg Osby dispõem de uma paleta estilística inesgotável – do funk, rock e rhythm & blues, passando pela música do mundo, até o pensamento abstrato da AACM. Ao mesmo tempo, eles se tornaram mestres em improvisar em cima de métricas complicadas e por meio de labirintos rítmicos.

Steve Coleman foi longe com sua depuração abstrata da herança de Charlie Parker: apaixonante em gravações com o quinteto de Dave Holland, no começo dos anos de 1990, e particularmente instigante e consequente também com seu Five Elements – nesse caso, ele adensou o funk e o hip-hop em entrelaçamentos rítmicos altamente complexos, traduzindo a força motora e a pressão do *street funk* em melodias e ritmos assimétricos. Posteriormente, ele foi abrindo cada vez mais seu modo de improvisar labiríntico às influências da música do mundo.

Coleman acredita que o saber acerca das grandes culturas do passado – o saber dos antigos egípcios e sumérios – veio do oeste da África para a América por meio dos africanos que teriam sido trazidos como escravos para Cuba, Haiti, Porto Rico, Brasil e Estados Unidos. Seus projetos musicais não são outra coisa senão a tentativa de estabelecer contato com esse saber, com essas tradições primordiais e essas informações soterradas pelo tempo.

Nenhum outro sax-altista debruçou-se tão intensamente sobre as raízes da música africana na "diáspora negra" quanto Steve Coleman. Com seu Five Elements, ele viajou por Cuba, Haiti, Senegal, Brasil, Porto Rico e Índia, instituindo um intercâmbio intenso com os músicos dessas culturas.

Ele nunca deixa de lembrar que não existe barra de compasso em sua música – nem mesmo aquela dos "compassos irregulares" tão evocados pelos críticos. Para Coleman, M-base é antes "uma concepção não ocidental", que retorna às raízes africanas e à experiência dos seres humanos na "diáspora negra". "Uma das ideias principais da M-base é o crescimento por meio da criatividade. Nessa música, trata-se principalmente de crescimento espiritual, rítmico e melódico."

No que concerne à divulgação de sua música, Coleman não tem medo de dar passos radicais. Desde 1996, ele disponibiliza grande parte de seus discos – até então, comercialmente disponíveis – para *download* gratuito na Internet (<www.m-base.org>). "O mundo hoje é regido fundamentalmente pela avidez e justamente por isso existe o conceito de posse. A busca por dinheiro e acumulação de bens é uma barreira para o crescimento espiritual. Acredito que as ideias constituem um âmbito a que todos os seres humanos deveriam ter acesso."

Greg Osby, apresentado inicialmente por Jack DeJohnette e membro da Associação de músicos da M-base, desenvolveu, independentemente de Coleman, um modo de tocar sinuoso e assimétrico análogo ao dele – tão próximo, diga-se de passagem, que às vezes ele é confundido com Coleman; mas a sonoridade de Osby é mais escura e mais tenra, e seu estilo traz um amor por Wayne Shorter e pela música japonesa. Osby é o verdadeiro camaleão estilístico da M-base e, a cada projeto, parece reinventar seu jazz. A sonoridade de seu sax-alto irradia uma segurança melódica incomum, além de uma firme convicção rítmica – sons que estranhamos com outros músicos soam "coerentes" e "afinados" com ele.

Partindo de Coleman e Osby, o saxofonista indo-americano Rudresh Mahanthappa desenvolveu um jeito próprio de tocar transpondo para o sax-alto a riqueza de ornamentos do canto Dhrupad indiano e os ritmos complexos da música clássica indiana. David Binney, conhecido por meio dos ritmos instigantes de sua banda elétrica Lost Tribes, mostra em seus trabalhos acústicos um pronunciado senso para dramaturgia. Ele cria atmosferas sugestivas que lembram a música de cinema.

Nomes que surgiram no campo do *fusion* e do jazz rock: David Sanborn, Kenny G., Chris Hunter; os ingleses Elton Dean e Iain Ballamy; o japonês Sadao Watanabe e o holandês Candy Dulfer. Particularmente influente – mesmo não sendo um solista versátil – foi Sanborn. Suas linhas melódicas conservam, até nos momentos mais limpos e belos, aquele *cry* característico do rhythm & blues. Sanborn "saxofonizou" de maneira inimitável o estilo vocal de Stevie Wonder (com quem tocou no começo dos anos de 1970), assimilando seus ornamentos e idiomatismos (como mordentes e apojaturas expressivas) e traduzindo-os para uma execução apaixonada em registro agudo.

Mas também saxofonistas mais antigos de soul e funk, como Maceo Parker – que se tornou conhecido tocando com James Brown –, despertaram interesse nos anos de 1990. Maceo Parker é um mestre do *groove* – seus *riffs* e *licks* são plenos de vitalidade e vivacidade rítmica, exibindo aquele *bounce* típico de seu estilo soul*ful*. A holandesa Candy Dulfer unifica a vitalidade de Maceo Parker com a execução *high notes* de David Sanborn. Com seu sax-alto *funky*, ela cruzou as fronteiras de seus grupos, integrando-se ao rock e ao pop de Prince e Dave Stewart.

O universo do sax-alto também se desenvolveu por meio de um *mainstream* radicado não apenas no swing, mas também no bebop e em Coltrane. Seus representantes são John Handy, Paquito D'Rivera, Arthur Blynthe, Eric Kloss, Charlie Mariano (que vive a maior parte do tempo na Alemanha), assim como os músicos esclarecidos do jazz straight-ahead, Bobby Watson, Donald Harrison, Kenny Garrett e Gary Bartz. D'Rivera, proveniente da banda cubana Irakere (e que vive, desde 1980, nos Estados Unidos), toca o sax-alto mais quente do pós-bop. Por meio de seu temperamento vulcânico, ele une a grande comunicabilidade da música cubana com Bird. Donald Harrison e Kenny Garrett são exemplos particularmente sintomáticos de sax-altistas que expandem a herança de Bird sob uma forte influência de Coltrane. Harrison, no quinteto liderado por ele e pelo trompetista Terence Blanchard nos anos de 1980, expandiu a mensagem do bebop de maneira particularmente interessante em termos harmônicos, articulando elementos politonais, bitonais, africanos e indianos. Após a dissolução do grupo, Harrison voltou para Nova Orleans, sua cidade natal, onde desenvolveu o conceito do *nouveau* swing: uma música na qual os ritmos do *mardi gras* de Nova Orleans, além do reggae e do calipso, são mediados pela sofisticação melódica e harmônica do jazz moderno.

O som do sax-alto é bem menos potente e robusto que o do sax-tenor. Mas não é o que parece quando ouvimos Kenny Garrett tocar. Ele toca como se tivesse tochas em seu instrumento: com ardente e furiosa expressividade. Seu som é bilioso, mordaz, perfurante e intenso. Com perda quase zero de tensão, ele transpôs para o sax-alto a força que caracterizou John Coltrane em sua fase intermediária.

Kenny Garrett nasceu numa cidade que produziu muitos músicos de hard bop: Detroit. Já no fim dos anos de 1980, na banda de Miles Davis, ele atuava como um garante de processos musicais flamejantes. Sempre que o Miles tardio perdia a força, o sax-alto de Garrett vinha em socorro com solos ardentes e intensificações dramáticas. Posteriormente, em grupos próprios, ele fez um pós-bop *high energy* e veloz. Sua execução repousa sobre um cromatismo harmonicamente ambicioso e instigante. Segundo um crítico de jazz norte-americano, num mundo cada vez mais desarticulado, o modo como Garrett toca faz mais sentido do que as melodias simpáticas e complacentes de um Phil Woods.

Em contrapartida, Bobby Watson – proveniente, como Harrison, do Jazz Messengers, de Art Blakey e, posteriormente, líder do quinteto New Horizon – toca uma espécie de neo-hard bop "risonho", cheio de alegria e otimismo melódico. Ele reavivou o jazz straight-ahead esclarecido e swingante com melodias ousadas, ágeis e ensolaradas. Arthur Blythe, músico de enorme dinamismo, é um excelente exemplo de que no jazz dos anos de 1980 foram os tradicionalistas, mais do que os vanguardistas, que dominaram a cena. Ele reelaborou e desenvolveu a música de Bird de um modo particularmente original, recebendo também influências de Johnny Hodges, Maceo Parker e Ornette Coleman. É um músico de transbordante expressividade, cujo fraseado agressivo – cortante em sua sonoridade e penetrante em seu *vibrato* – traduz uma concepção moderna de execução no interior da tradição do sax-alto de jazz.

Gary Bartz, conhecido por meio da banda elétrica de Miles Davis dos anos de 1970, ocupa uma posição privilegiada. Ele se tornou um mestre do jazz acústico de grande maturidade e soberania. Bartz enriqueceu a espiritualidade e a modalidade de John Coltrane com sonoridades arcaicas de blues e ritmos de funk, e é um especialista em vocalizações com o sax-alto. Nos anos de 1970, ele fundou a banda NTU Troop. O nome do grupo foi tomado de empréstimo ao idioma banto: *NTU* significa unidade em todas as coisas, unidade entre tempo e espaço, vida e morte, visível e invisível.

"Eu toco sax-alto graças a Charlie Parker", disse Bartz certa vez. Nos anos de 1980 e 1990, também os *young lions* se voltaram cada vez mais para a música de Bird e para a herança do bebop, acrescentando à sua execução eclética muito daquilo que aconteceu desde então. No neo-hard bop dos anos de 1990, foram importantes os músicos Abraham Burton, Antonio Hart, Vincent Herring, Steve Wilson, Myron

Walden, Jesse Davis, Aaron Fletcher, o suíço George Robert (fortemente influenciado por Phil Woods), Rosario Giuliani e Stefano Di Battista, na Itália, e, na Inglaterra, Soweto Kinch, bem-sucedido também no campo do *jazz-meets-hip-hop*.

Abraham Burton, Vincent Herring e Antonio Hart deram prosseguimento à herança de Parker da perspectiva de Cannonball Adderley. Abraham Burton, proveniente da banda de Art Taylor, unificou em sua possante execução a exuberância rítmica de Cannonball com a linguagem *hard-core*-bebop de sax-tenorista como Benny Golson e Sonny Rollins. Ele adora ser acompanhado por uma *burning rhythm section*, um grupo rítmico que ataca e realiza com vigor. Stefano Di Battista, que provém em igual medida de Art Pepper e John Coltrane, também encarna aquilo que os jazzistas chamam de *burner*: um músico que esbanja vigor ao tocar. É como se o italiano – residente em Paris desde 1992 – passasse uma grossa lixa de expressividade na sonoridade macia do sax-alto. Ele libera sons tão penetrantes e expressivos que consegue literalmente acabar com a tese segundo a qual falta intensidade rítmica ao jazz europeu. No ano 2000, o grande baterista Elvin Jones foi para Bruxelas participar da gravação do álbum *Stefano Di Battista*. Após as gravações, Jones só queria ir embora depois que Stefano Di Battista aceitasse participar de uma turnê mundial com seu Jazz Machine.

Antonio Hart prima por um fraseado particularmente "suculento", alegre e sensual. Ele toca Adderley com base na consciência possibilitada pela globalização: revitalizando e alargando o seu neo-hard bop com influências da música do Senegal, do Marrocos, do Oriente Médio e da América Latina.

Steve Wilson também acredita que o jazz só faz sentido se beber da profusão da vida e não de um compêndio de fórmulas velho e empoeirado. Mesmo em seu mais puro jazz straight-ahead pode-se ouvir elementos do funk, rhythm & blues e soul. Ele fraseia com uma sonoridade vocalizada que faz lembrar o cello. Myron Walden, proveniente da banda de Benny Golson, cultivou a herança de Charlie Parker num tipo de improvisação quase "composicional". Sua execução sofreu particular influência de sax-tenoristas e trompetistas. Com suas melodias inteligentes, ele combina a sonoridade "cantante" de Bird com a "evangelizante" de John Coltrane e as melodias contagiantes de Wayne Shorter, mas também com elementos de Miles Davis, Freddie Hubbard e Booker Little.

O quanto a herança de Parker permaneceu viva mostra-nos o irônico fato de Frank Morgan, um músico da segunda geração do bebop, ter podido fazer tanto sucesso nos anos de 1980. Ele é um estilista apaixonante que mantêm acesa a chama expressiva de Bird.

Particularmente "conservador" – no sentido positivo da palavra: conservando toda a grande herança do jazz – é o fraseado de Wes Anderson. Como um músico sensível à sonoridade do blues, ele ocupou nos diversos grupos e orquestras de Wynton Marsalis um papel semelhante em termos de importância e caráter àquele de Johnny Hodges na orquestra de Duke Ellington.

Na Europa, o jazz pós-moderno dos anos de 1980 deu a conhecer alguns saxofonistas relevantes: o austríaco Wolfgang Puschnig, o holandês Paul van Kemenade, o norte-americano Michael Moore – vivendo em Amsterdã desde 1982 –, os italianos Carlo Actis Dato e Roberto Ottaviano, assim como os alemães Frank Gratkowski, Roger Hanschel e Jan van Klewitz. Se esses nomes representam o avanço do jazz europeu, isso acontece na medida em que eles, abrindo-se a diversas influências musicais, dialogam com a herança do jazz norte-americano a partir de uma certa distância. Antes de falarmos desses saxofonistas, é preciso mencionar o polonês Zbigniew Namyslowski, que desenvolveu, já nos anos de 1970, a sua própria linguagem de jazz europeia. Seu som irradia um lume de melancolia eslava, quer quando ele se move dentro da tradição do jazz e do repertório de *standards*, quer quando retrabalha os temas folclóricos de seu país.

Wolfgang Puschnig, membro fundador da Vienna Art Orchestra, é um músico completo, cujo fraseado se destaca pela alegria e espirituosidade. Ele conserva um perfil inconfundível em meio aos vários estilos em que se movimenta – do world jazz com o grupo de percussão coreano Samul Nori até o duo de vanguarda com o músico eletrônico Wolfgang Mitterer, do jazz rock avançado dos Pat Brothers até o jazz contemporâneo do grupo Air Mail. Em 1988, ele realizou maravilhosas gravações em duo com Carla Bley, Jamaaladeen Tacuma, Bob Stewart, entre outros. Michael Moore toca como um "Lee Konitz da pós-modernidade". Ele evita as torrentes de notas, preferindo construir epigramas ricos em pausas no sax-alto. É um mestre da economia poética e contrasta fortemente com a música turbulenta e eclética da banda Available Jelly e do caótico trio Clusone pelos quais passou.

Paul van Kemenade, vencedor do prêmio Podium da Holanda, toca com muito *groove* e *moaning* (lamento). Ele unifica os ideais da execução livre com as ideias inspiradas no soul de um David Sanborn. Carlo Actis Datos, com suas linhas turbulentas, caóticas e anárquicas, oscila conscientemente entre a facécia e o protesto.

"No jazz, não se trata de nenhum estilo determinado, mas de certa postura", disse Frank Gratkowski, natural de Colônia. Ele desenvolveu no sax-alto uma profusão de técnicas alternativas de sopro e embocadura. Com seu som afiado e mordaz, ele encontrou, em duo com o pianista Georg Gräwe ou em seu próprio quarteto com Gerry Hemingway, um modo bastante espontâneo de cruzar improvisação e composição. Esta última é concebida não como uma tarefa impositiva e rígida para os intérpretes, mas como construções flexíveis, que apenas na interação com os músicos podem ser confirmadas e modificadas.

Dentre os saxofonistas que moram na Europa, Charlie Mariano, natural de Boston (Massachusetts), talvez seja aquele de maior envergadura estilística (isso poderia surpreender os leitores norte-americanos, pois, segundo Mariano, "minha carreira norte-americana acabou quando fui para o Japão em 1962 com Toshiko"). Mariano começou ainda sob a influência de Johnny Hodges em 1941; ele também tocou com Charlie Parker e, com base nele, desenvolveu seu estilo; tocou na orquestra de Stan Kenton em meados dos anos de 1950 e com Charles Mingus no começo dos anos de 1960. Com a japonesa Toshiko Akiyoshi, sua esposa na época, ele foi para o Japão; no Japão, na Malásia e na Índia, ele aprendeu e assimilou a música indiana. Sob a influência de Coltrane – e dos instrumentos de sopro indianos –, ele se voltou para o sax-soprano e estudou o *nagaswaram*, uma espécie de oboé do sul da Índia; no começo dos anos de 1970, por fim, ele foi à Europa e se abriu ao jazz rock em suas variantes mais exigentes e musicais. Um desenvolvimento que nunca cessou ao longo de quarenta anos.

Sua sonoridade madura e dourada alia uma atitude afirmativa diante da vida a um senso de tolerância e respeito. Charlie Mariano já tocava música do mundo quando pouquíssimas pessoas sabiam algo sobre esse conceito. Em seus encontros com músicos não ocidentais, ele não "tira proveito", não usa o outro para promover a si próprio. Em conjunto com o Karnataka College of Percussion, Mariano fez de seu sax-alto um instrumento de empatia e encontros.

Talib Kibwe (que se tornou conhecido ao lado de Randy Weston), o cubano Yosvani Terry e, em especial, o porto-riquenho Miguel Zenón são outros saxofonistas importantes do world jazz. Crescido num bairro pobre de San Juan, Zenón se fez conhecer pela primeira vez em sua participação no disco de David Sanchés. Ele está entre aqueles músicos que redefiniram o latin jazz. Sua sonoridade seca, em nada "afro-americana", e seu sublime e melódico modo de tocar contradizem todos os preconceitos sobre a música afro-caribenha. Ele é o primeiro sax-altista a realizar na música afro-caribenha uma ideia fundamental de Ornette Coleman: com entonações "cantadas" e fluidas, cada nota pode se tornar uma *blue note*. As raízes de Zenón nesse universo melódico alargado não são o rhythm & blues ou o *folk* blues, mas os ritmos de bomba e plena da música porto-riquenha. "Minha música é um caldeirão onde exploro as infinitas possibilidades de combinar os elementos musicais mais diversos. Jazz, *Latin music*, música clássica norte-americana e europeia, melodias e ritmos porto-riquenhos. Minha música é um todo coeso."

O Sax-tenor

> *O melhor que os negros disseram*
> *sobre sua alma foi dito num sax-tenor.*
>
> ORNETTE COLEMAN

O sax-tenor desenvolveu-se num sentido contrário ao do clarinete: enquanto a história do clarinete começou com uma profusão de nomes brilhantes para depois, ainda que de forma sinuosa, entrar numa rota de declínio, a história do sax-tenor foi sempre um contínuo e imponente *crescendo*. De início, existia apenas um músico. Hoje, no entanto, são tantos os sax-tenoristas que é difícil até mesmo para um especialista compor um panorama da profusão de músicos e das sutilezas por meio das quais eles se diferenciam. Dizíamos que a sonoridade do jazz moderno foi "tenorizada" – e isso desde Lester Young; depois, na segunda metade dos anos de 1960, ela foi "guitarrizada" e, por fim, "eletronicizada". "O sax-tenor é um instrumento tão expressivo que cada saxofonista extrai dele um som diferente" (Michael Brecker).

Coleman Hawkins foi o músico que iniciou essa história. Até o fim dos anos de 1930, a execução do sax-tenor no jazz pautava-se nele: em seus dramáticos percursos melódicos, sua sonoridade volumosa e suas improvisações rapsódicas. Todo músico que tocava sax-tenor naquela época era aluno de Coleman Hawkins. Os mais importantes foram: Chu Berry, Arnett Cobb, Hershel Evans, Ben Webster, Illinois Jacquet, Buddy Tate, Don Byas, Lucky Thompson, Frank Wess, Eddie "Lockjaw" Davis, Georgie Auld, Flip Phillips, Carlie Ventura e Benny Golson. Chu Berry foi quem chegou mais próximo de seu mestre. Na segunda metade dos anos de 1930 – quando Hawkins vivia na Europa –, ele foi um músico muito solicitado, em quem primeiro se pensava quando se queria um sax-tenorista. Um de seus solos mais populares foi "I Don't Stand a Ghost of a Chance". Hershel Evans era o rival de Lester Young na orquestra de Count Basie. Ainda que Lester tenha sido melhor músico que Evans, o solo com sax-tenor de maior sucesso da antiga orquestra de Basie foi feito por Evans: "Blue and Sentimental".

"Porque você não toca sax-alto?", disse Evans para Lester, fazendo troça. "Você tem uma sonoridade de alto". Lester "Pres" Young, apontando para a cabeça, disse: "Há coisas rolando aqui dentro, cara. Alguns de vocês são só estômago." Count Basie achou tão interessante o contraste entre Lester Young e Herschel Evans que depois, em suas outras bandas, ele muitas vezes buscou repetir o formato. Por volta dos anos de 1950, esse contraste foi corporificado pelos "Two Franks": Frank Foster, representante da orientação mais moderna; e Frank Wess, representante da orientação de Hawkins. Posteriormente, Wess ocupou temporariamente a posição do sax-alto na orquestra de Basie e Eddie "Lockjaw" Davis assumiu seu lugar entre os tenores. Davis foi um típico "tenor do Harlem", dono de uma expressão incisiva e fascinante. Foster depois também se revelou como arranjador e *bandleader* de primeira classe. Em 1986, dois anos após a morte de Count, ele assumiu a direção da orquestra de Count Basie.

Antes de Herschel Evans chegar, havia um sax-tenorista na primeira Kansas City Band: Buddy Tate. Quando Evans faleceu em 1939, Buddy retomou seu lugar na orquestra de Basie. Depois, ele ficou muito tempo fora de cena, até que a onda *mainstream* dos anos de 1960 o tornou conhecido outra vez. No Harlem, Tate dirigiu durante anos uma orquestra, unindo o estilo das *big bands* clássicas do Harlem – tal como se conservou no antigo Savoy Ballroom – com as tendências mais modernas do rhythm & blues. Tate e Arnett Cobb são típicos "tenores do Texas"; seu som rústico e expressivo é temperado com a emotividade do blues texano e ao mesmo tempo com o refinamento da grande arte do swing (Outros significativos tenores do Texas são Hershel Evans, Illinois Jacquet, James Clay e David "Fathead" Newman). Cobb – que foi denominado *the wild man* por conta de sua execução extrovertida – e Tate – cuja grande sonoridade vocal e direção melódica causaram grande impressão em tenores mais modernos – estão entre os poucos músicos de sua geração que, sem interrupções, ainda permaneciam ativos na segunda metade dos anos de 1980.

Don Byas tornou-se conhecido, sobretudo, por seu *vibrato* extremamente "sensual" e suas interpretações de baladas. Em sintonia com os padrões da era do swing, seu estilo é marcado por uma consciência harmônica extremamente flexível, herdada de seu ídolo, o pianista Art Tatum. "Naquela época, não havia nenhum tenor que se inspirasse nos pianistas; ou seja, eu estava na frente de todos", disse Byas. Ele pertenceu à orquestra de Count Basie e foi, no começo dos anos de 1940, um dos primeiros músicos do swing a tocar ao lado de jovens adeptos do bebop. Depois ele se mudou para a Holanda.

Ben Webster – falecido em 1973, em Amsterdã – possuía a seguinte peculiaridade: nas peças rápidas, ele se destacava por um *vibrato* gutural e áspero; nas peças lentas, era o mestre das baladas cheias de sensualidade. Webster está entre os maiores especialistas em baladas do jazz. De todos os músicos da escola de Hawkins, ele foi o que se mostrou mais influente – sua influência chegou até alguns músicos do jazz moderno e pós-moderno. Webster foi excelentemente descrito pelo escritor Geoff Dyer:

> Ele tinha um som enorme. Quando o ouvíamos seduzir o som com sua suavidade, surgia diante de nós um camponês segurando delicadamente um animal recém-nascido entre as mãos ou um homem que labutou pesadamente o dia inteiro na construção civil para, à noite, entregar à mulher amada um buquê de flores. Em "cotton Tail", seu som é como o punho de um pugilista, mas quando ele toca uma balada é como se ela fosse um animal severamente ferido, frio e moribundo e que só o calor de nossa respiração pode trazer de volta à vida.

No começo dos anos de 1940, Webster foi membro da orquestra de Duke Ellington e, naquela época, fez um solo em "cotton Tail" que se tornou famoso. O lugar de Ben Webster na orquestra de Duke Ellington foi assumido primeiramente por Al Sears e depois por Paul Gonsalves. Os trechos para tenor de "Marathon" que Gonsalves tocou em várias apresentações com a orquestra de Ellington gozaram de uma reputação lendária: trechos de grande violência e fúria, tocados de forma fluente e instigante, sem repetições banais de notas e sem aqueles efeitos berrantes e estridentes que muitos tenores produzem em nome de um êxtase, mas que geralmente redunda em perda de musicalidade. Duke

Ellington sempre quis ter consigo um músico que pudesse assumir o papel do grande – e, em última instância, inalcançável – Ben Wester.

Benny Golson é um fenômeno estilístico: tenor e arranjador revelado pela orquestra de Dizzy Gillespie em meados dos anos de 1950, ele tocou com todos os músicos jovens do jazz moderno dessa época, embora dentro do estilo de balada maduro e rico de Don Byas, Ben Webster e Coleman Hawkins. Nos anos de 1950, Golson se tornou, ao lado de Horace Silver, um dos mais importantes compositores do hard bop. Ele brindou esse estilo intermediário entre o soul e o jazz com melodias imortais – *standards* com arcos melódicos redondos e harmonias cheias, que os jazzistas sempre usam para suas improvisações: "Stablemates", "I'll Remember Clifford", "Whispher Not", "Along Came Betty" e a especialmente conhecida "Blues March". Illinois Jacquet, por sua vez, talvez seja o músico mais "quente" e excitante da escola de Hawkins. Antecipando-se aos tenores do moderno free jazz, ele conseguiu dilatar a extensão sonora de seu instrumento até a região do *flageolet*. Jacquet advêm da orquestra de Lionel Hampton e nela fez um solo sobre o tema de "Flyin' Home" que se tornou famoso. Ele também se tornou conhecido pelo sucesso que fez durante as primeiras turnês com o Jazz at the Philharmonic (JatP) de Norman Granz. Segundo Jacques: "Granz deve a mim o fato de que o JatP (Jazz at the Philharmonic) tenha se tornado um sucesso mundial."

George Auld, Flip Phillips e Charlie Ventura são os mais importantes sax-tenoristas brancos da escola de Hawkins – os dois primeiros, por meio da influência de Ben Webster. Como membro do JatP, Flip Phillips foi durante alguns anos um músico de grande impacto, que levava seu público ao êxtase. Já em meados dos anos de 1940, como membro da orquestra de Woody Herman e em gravações e concertos posteriores, ele tocou baladas modeladas maravilhosamente, cultivando e "reduzindo" a sonoridade de Hawkins. Charlie Ventura tornou-se conhecido por meio do *ensemble* de médio porte que dirigiu várias vezes após 1947. No tempo do bebop, ele tocava sob o lema "bop for the people" (bop para o povo) e contribuiu muito para a popularização do bebop.

A Coleman Hawkins antecipou-se Bud Freeman em termos de impacto: o tenor do estilo Chicago que influenciou Lester Young em seu período inicial. Bud se tornou o mais vibrante tenor de Dixieland e, embora fosse um instrumentista sênior nos anos de 1950, não teve receio de estudar o cool jazz na escola de Lennie Tristano.

Com esses músicos terminou o capítulo "Hawkins" do sax-tenor. Nos anos de 1940 e de 1950, Lester Young se tornou o nome mais representativo desse instrumento; no entanto, a tensão entre "Hawk" e "Pres" permaneceu viva, de modo que, no fim dos anos de 1950, notava-se novamente a predominância da tradição de Hawkins entre os saxofonistas da escola de Sonny Rollins. O que é fascinante para os sax-tenoristas em Coleman Hawkins é sua sonoridade grande, forte e volumosa. O que os fascina em Lester Young são suas linhas líricas e sinuosas. Logo, dito em termos fáceis, a tensão histórica do sax-tenor por anos a fio se deu entre o som de Hawkins e a linha melódica de Lester. Essa tensão já estava presente em alguns músicos mencionados no começo deste capítulo como representantes da vertente Hawkins, como Don Byas, Paul Gonsalves, Flip Phillips e Charlie Ventura. A esses músicos vem somar-se um grupo de sax-tenoristas que, do ponto de vista estilístico, pertence de modo inequívoco ao grupo de Lester Young, mas que ainda assim manifesta uma nítida tendência à sonoridade de Hawkins. Gene Ammons é a figura mais importante desse grupo. Filho de Albert Ammons, pianista de boogie-woogie, ele foi membro da orquestra de Woody Herman no fim dos anos de 1940 e se tornou conhecido na década seguinte por meio das *battles* (batalhas) de sax-tenor com Sonny Stitt (naquela época, os músicos de jazz adoravam duelar). Ele possuía a maior e mais poderosa sonoridade entre os músicos que não pertenciam à escola de Coleman Hawkins. "Grande como uma casa, como um prédio de quinze andares e também muito vocal" – é o que disse Ira Gitler, comparando a execução de Gene Ammons com o desempenho vocal da cantora de blues Dinah Washington.

De resto, pode-se classificar os sax-tenoristas da escola de Lester Young, ainda que de forma muito simplificada, da seguinte maneira: de um lado, estão aqueles que uniram as ideias de Lester Young com as do bebop; de outro, os representantes do classicismo "frio" de Lester Young, que, a cada nova geração, se reportam menos ao bebop. Os mais importantes sax-tenoristas da orientação "Lester + bop" são Wardell Gray, James Moody, Budd Johnson e Frank Foster, assim como os músicos que ainda mencionaremos neste capítulo como precursores de Sonny Rollins. James Moody – que toca não apenas sax-tenor, mas também sax-alto e flauta – foi uma das grandes personalidades musicais do bebop, dono de um bom humor brincalhão que mais tarde, nos anos de 1970, daria lugar a uma postura madura e soberana. Dizzy Gillespie trouxe-o para seu quinteto duas vezes: uma nos anos de 1960 e outra nos anos de 1980. Moody conservou até o início do século XXI o frescor e a abertura que sempre lhe fizeram descobrir caminhos interessantes para as *changes*. Em 2003 – com 78 anos de idade! –, ele gravou o álbum *Homage*. Dessa homenagem participam Chick Corea, Herbie Hancock, Joe Zawinul, Kenny Barron, Horace Silver e Marc Copland. "O homem é o que ele pensa. Minha esposa diz que eu sou um homem de 78 anos caminhando para os 18, e eu me sinto exatamente assim."

Budd Johnson provém das mais importantes *big bands* da época do bebop – Earl Hines, Boyd Raeburn, Billy Eckstine, Woody Herman, Gillespie – e é provavelmente o único que tocou em todas elas. Johnson, nascido em 1910, sempre balizou sua execução nas tendências contemporâneas (incluindo Coltrane) e está entre os poucos músicos de sua geração que assimilaram de maneira criativa as correntes musicais dos anos de 1970. Wardell Gray, misteriosamente assassinado no deserto de Las Vegas em 1955, foi um músico de imenso significado. Ele reuniu e enfeixou numa convincente unidade estilística as linhas de Lester, o fraseado bebop, ataques incisivos e muita agilidade. Gigantes do swing, como Benny Goodman e Count Basie, por mais de uma vez deram preferência a Gray, no entanto, a diferença estilística era gritante. As *battles* de sax-tenor que Wardell Gray travou com o igualmente significativo Dexter Gordon (ainda a ser visto), em 1947, sob o característico título de "The Chase" (A Caçada), estão até hoje entre as mais excitantes disputas musicais da história do jazz.

Chama a atenção que, no começo, poucos sax-tenoristas pudessem ser considerados "músicos bebop" em sentido estrito. Wardell Gray, James Moody e Sonny Rollins (o do começo da carreira, ainda o veremos mais à frente), Dexter Gordon e Allen Eager eram os únicos na época. Imbatível era a influência de Lester Young. Até Sony Stitt, que no sax-alto é um puro *bopper*, deixava transparecer a influência de Lester Young ao tocar o sax-tenor. De fato, desde o começo da segunda metade dos anos de 1950, o significado de Lester – e não, por exemplo, o de Charlie Parker – tornou-se cada vez mais forte entre os sax-tenoristas.

Wardell Gray ocupa uma posição intermediária entre as duas correntes do sax-tenor dos anos de 1950, os "Brothers" e a escola de sax-tenor ligada ao nome de Charlie Parker e liderada por Sonny Rollins. Na sonoridade dos "Brothers" é que Lester Young celebra seu grande triunfo. Fizemos uma lista dos músicos que se filiaram ao classicismo de Lester Young. Entre os primeiros, nota-se a presença de elementos do bebop: Allen Eager, Stan Getz, Herbie Steward, Zoot Sims, Al Cohn, Bob Cooper, Buddy Collette, Dave Pell, Don Menza, Jack Montrose, Richie Kamuca,

Jimmy Giuffre e Bill Perkins. Uma parte marcante desses músicos tocou na orquestra de Woody Herman ou está ligada mais ou menos fortemente ao jazz californiano. Aqui surgiu, em 1947, a sonoridade "Four Brothers". "Tínhamos uma banda", conta Stan Getz, "no bairro espanhol de Los Angeles, o Pontrelli. Um trompetista chamado Tony de Carlo era o líder da banda e nós contávamos apenas com o seu trompete, quatro sax-tenores e a base rítmica. Tínhamos também alguns arranjos de Gene Roland e Jimmy Giuffre". Roland e Giuffre compuseram a sonoridade "Four Brothers", que surgiu a partir dos quatro saxofones. Os quatro sax-tenoristas que tocavam em Pontrelli eram Herbie Steward, Zoot Sims, Jimmy Giuffre e Stan Getz.

Woody Herman, naquela época, pelejava por uma nova orquestra. Ele ouviu os quatro sax-tenoristas mais ou menos por acaso e ficou tão empolgado com o que ouviu que chamou três deles para a sua banda: Zoot Sims, Herbie Steward e Stan Getz. No lugar do quarto sax-tenorista, ele inseriu o sax-baritonista Serge Chaloff, que, graças a seu timbre escuro, dava ainda mais profundidade e calor à combinação dos instrumentos. A nova sonoridade tornou-se famosa por meio de uma peça que Jimmy Giuffre escreveu em 1947 para Woody Herman e que se chamava "Four Brothers" – a partir de então essa sonoridade passou a ter um nome. Ao lado do som "Capitol", de Miles Davis, ela se tornou a sonoridade típica de *ensemble* mais almejada pelos jazzistas até o *Bitches Brew*, de Miles, e nunca deixou de exercer influência. Cálida e aveludada, ela simboliza a sonoridade ideal do cool jazz.

Pelos anos subsequentes, nas diferentes formações da orquestra de Woody Herman, vários sax-tenoristas passaram pela "Four Brothers Section". O primeiro foi Al Cohn, que assumiu o lugar de Herbie Steward já em janeiro de 1948. Depois, vieram Gene Ammons, Jimmy Giuffre e vários outros até Bill Perkins e Richie Kamuca. Em 1949, Stan Getz – que foi considerado, desde o começo, o *primus inter pares* dos sax-tenoristas "Four Brothers" – realizou gravações conjuntas com Zoot Sims, Al Cohn, Allen Eager e Brew Moore. Cinco sax-tenoristas "celebram" a sonoridade "Four Brothers".

Ira Gitler – um crítico que possui um sentimento preciso a respeito da cena pouco nítida do sax-tenor – falou de sua impressão sobre as difíceis nuanças que distinguem todos esses sax-tenoristas entre si:

> Podemos encontrar um exemplo extraordinário de diferença interna num campo análogo, quando comparamos a obra de Zoot Sims e Al Cohn com a de Bill Perkins e Richie Kamuca. Em sentido geral, dever-se-ia denominar os quatro como modernistas da tradição de Basie-Young, mas Sims e Cohn – originalmente inspirados em Lester Young – cresceram nos anos de 1940, quando Charlie Parker estava no auge de sua influência. Embora não tocassem como Parker, eles foram fortemente afetados por sua concepção harmônica e, de certa forma, também estilística. Kamuca e Perkins, porém, se tornaram ativos apenas nos anos de 1950. Eles buscaram inspiração diretamente no Lester Young da fase Count Basie e nos Brothers, ou, exatamente, em Sims, Cohn e Getz. Portanto, Charlie Parker foi uma influência apenas indireta, ou seja, por meio dos Brothers. Uma vez que se trata de uma influência duplamente atenuada, seus rastros são pouco audíveis.

Os rastros de Parker são mais fortes em Allen Eager, como comprovam os solos grandiosos e instigantes feitos por ele em torno de 1945 na *big band* de Buddy Rich.

Como dito, Stan Getz é o membro mais eminente dessa escola, um dos grandes improvisadores do jazz e um dos mais importantes jazzistas de pele branca. Tecnicamente, é um virtuose, detalhe importante que o distingue da maioria dos demais "Brothers", sobretudo da consciente simplicidade de Al Cohn, Zoot Sims, Bill Perkins, Richie Kamuca etc. Getz tornou-se conhecido do grande público, sobretudo, como intérprete de baladas. Apesar disso, nos anos de 1950, ele tinha uma preferência por tempos velozes, inspirados em Charlie Parker. Duas gravações extremamente instigantes de Getz são, por exemplo, a de 1953 com o guitarrista Jimmy Raney, no clube Storyville, em Boston, e a de 1954 com o trombonista Bob Brookmeyer durante um concerto no Shrine Auditorium, em Los Angeles (Califórnia).

Stan Getz possui uma sonoridade extremamente leve e arejada, o que lhe é característico, com sons macios no registro grave e sons leves como plumas no agudo. Seu ouvido e seu senso harmônico são extraordinários: ele não fica preso aos movimentos acórdicos das *changes* como Sonny Stitt ou James Moody e colhe sempre a essência de uma melodia.

Em 1961, quando a bossa nova veio do Brasil para os Estados Unidos com as suas canções poéticas e amáveis, Stan Getz travou contato com ela por meio do guitarrista Charlie Byrd, que havia estado no Brasil fazia pouco tempo. Ele obteve grande sucesso com a música brasileira, primeiramente com Byrd, depois sem ele.

Já se falou tanto que Getz foi "alçado" pela bossa nova e que "deve tudo a ela" que se tornou necessário lembrar que, antes disso, houve uma influência em sentido inverso: do cool jazz (de onde Getz provém) para o samba brasileiro. A bossa nova surgiu do encontro do cool jazz com o samba. Um círculo se fechou, portanto, quando Getz, segundo ele próprio, "tomou de volta" algo da música brasileira. Talvez aí resida um forte motivo da fascinação exercida por seu cool jazz abrasileirado e melódico. No entanto, para alguns músicos brasileiros, suas gravações não foram bem-sucedidas do ponto de vista rítmico, mostrando-se "inautências" e "bastardas".

Desde meados dos anos de 1970, após o esmorecimento da onda da bossa nova, Getz aliou sua herança classicista advinda de Lester Young a alguns ingredientes mais duros e expressivos, provenientes, sobretudo, de Sonny Rollins. A paleta de possibilidades expressivas desse grande jazzista, até a sua morte em 1991, pareceu tornar-se cada vez mais universal e soberana.

Zoot Sims era um dos "Brothers" que mais entendia de swing. Al Cohn era o representante mais expressivo dessa escola voltada a melodias e fraseados em *legato*. Sims era um improvisador livre e vital, com uma tendência a enfatizar os registros agudos de seu instrumento, de modo que seu sax-tenor por vezes adquiria a sonoridade de um sax-alto. Não por acaso, ele também tocou sax-alto e, posteriormente, sob influência de Coltrane, com um timbre totalmente particular, sax-soprano. Suas ideias possuíam um fluxo intensivo. Cohn refletia uma reviravolta consciente em direção ao classicismo de Basie-Young, e isso não apenas em sua execução, mas também como arranjador e *bandleader* em incontáveis gravações. As pequenas curvas e inflexões de sua sonoridade lírica e macia à Lester Young dão à sua execução uma expressividade toda particular. Durante anos, Cohn e Sims dirigiram em conjunto um "Two-Tenor-Quintet", cujo grande atrativo repousava nas dessemelhanças – fundadas em semelhanças – desses dois músicos.

A maior parte dos músicos restantes de nossa lista sobre o classicismo de Lester Young é composta por representantes do jazz da Costa Oeste. Jimmy Giuffre deixa transparecer também no sax-tenor algo de sua relação com o clarinete: uma preferência por *blue notes* "destiladas" e uma concepção bastante singular do jazz. Ele institui um vanguardismo especificamente "branco" que tem como base o classicismo de Young e uma consciente preferência por melodias e canções populares. Buddy Collette é um dos poucos músicos negros que pertencem ao jazz da Costa Oeste. Porém, não é tanto em seu sax-tenor – um pouco sem expressão – que percebemos essa proveniência, mas em seu sax-alto influenciado por Charlie Parker. Don Menza, que também é um excelente arranjador de *big bands*, nos anos de 1970 e de 1980, buscou uma aproximação entre a sonoridade dos "Brothers" e o estilo de Sonny Rollins.

É justo acrescentar um nome europeu a essa ilustre série de músicos norte-americanos: o austríaco Hans Koller. Já se disse muito que o jazz europeu dos anos de 1950 foi imitativo e se manteve escravo dos modelos norte-americanos, mas isso não é bem assim. É preciso observar que a emancipação do jazz europeu não começou apenas com o free jazz, pois já nos anos de 1950 havia dialetos independentes no jazz europeu – como o estilo de Koller no sax-tenor. O austríaco falecido em 2003 realizou turnês com Dizzy Gillespie, Lee Konitz e Stan Getz, e foi, com seus solos simultaneamente enérgicos e abstratos, um importante pilar do jazz alemão do pós-guerra. Koller, que enveredou pela pintura abstrata nos anos de 1960, voltou em 1970 para Viena (Áustria). Ele é o pai do jazz austríaco, um dos poucos músicos europeus advindos do cool jazz que também foi reconhecido por seus colegas mais jovens como um modelo inspirador.

Alguns músicos não se encaixam em nenhum dos dois grupos que mencionamos acima para tentar classificar os sax-tenoristas ligados à corrente de Lester Young. Entre eles estão Paul Quinichette, Brew Moore e Warne Marsh. Brew Moore – que não fez o desvio pelo classicismo dos anos de 1950 – está em íntima proximidade com Lester Young. Ele dizia: "Quem não toca como Lester está errado." Brew Moore e Warne Marsh surgiram da escola de Lennie Tristano. A respeito de Marsch, dizia-se que ele tocava um "Konitz tenorizado". No entanto, ele possuía seu próprio estilo, fluido e lacônico, de linhas imprevisivelmente longas, que oscilavam livremente pelo compasso, ignorando as segmentações formais. Esse estilo voltou a ser tão atual nos anos de 1970 e de 1980 que Marsh pôde gravar excelentes duetos com sax-tenoristas bem mais jovens que ele, a exemplo de Pete Christlieb e Lew Tabackin.

Até aqui pode ter ficado a impressão de que a contraposição entre Coleman Hawkins e Lester Young no que tange ao desenvolvimento do sax-tenor tenha resultado numa vitória de Lester Young. Isso muda subitamente quando, na segunda metade dos anos de 1950, Sonny Rollins adquire um enorme significado. O improvisador Rollins tornou-se tão importante que se falava dele e de Miles Davis ao mesmo tempo. Apesar disso, nem ele nem seu modo de tocar são, no sentido estrito da palavra, propriamente "novos". Desde 1946, ele tocou com muitos músicos importantes do bebop: Art Blakey, Tadd Dameron, Bud Powell, Miles Davis, Fats Navarro, Thelonious Monk etc. Seu estilo consiste numa convergência das linhas de Charlie Parker com a sonoridade volumosa de Coleman Hawkins, desenvolvida por Sonny a seu modo e transformada numa sonoridade totalmente própria, individual, cheia de arestas e ângulos, além de uma leve influência de Young, da qual praticamente nenhum sax-tenorista posterior a ele pode escapar. Essa combinação, que ressoou de maneira tão revolucionária na segunda metade dos anos de 1950, foi bastante corriqueira nos tempos do bebop. Sonny Rollins não era o único que tocava desse modo. Também Sony Stitt e, sobretudo, Dexter Gordon são músicos dessa orientação e, em certo sentido, aproximam-se do já mencionado grupo "Lester + bop" (de um James Moody). Sonny Stitt, que também surgiu como sax-altista, tocou em 1945 na banda de Dizzy Gillespie. Em suas improvisações com o sax-tenor, o decurso sonoro – motivo a motivo, linha a linha – obedecia a uma lógica tão rigorosa que seus solos pareciam seguir "um manual" (David Murray). No entanto, os solos de Stitt não provinham dos cadernos de estudo dos conservatórios, mas do voo livre de sua fantasia espontânea. Dexter Gordon foi *o* tenor do bebop por excelência, com todo o nervosismo frenético que caracteriza esse estilo. Ao mesmo tempo, pulsava uma calma soberana em sua sonoridade e sua maneira lacônica de tocar sempre um pouco atrás do beat (*laid back*) tornou-se lendária. Em 1944, na gravação de "Blowing the Blues Away", com a *big band* de Billy Eckstine, Gordon fundou, ao lado do já mencionado Gene Ammons, aquela moda de *battles* e *chases*, as batalhas e "caçadas" musicais de que já falamos duas vezes neste capítulo.

Se, apesar disso, Sonny Rollins ganhou subitamente um significado tão estrondoso, é porque, por meio de seu temperamento e de sua vitalidade, ele se firmou e continua se firmando como grande improvisador, como um músico de nível. Rollins é o representante maior das *improvisações motívicas*: seus solos são elaborações e desdobramentos geniais de motivos temáticos. Graças a isso é que ele pôde – e pode – estabelecer uma relação bastante livre com os suportes harmônicos sobre os quais improvisa, insinuando – e assim ridicularizando e ironizando – as linhas melódicas unicamente com notas espaçadas em *staccato*. Trata-se de um desprendimento análogo ao que constatamos nas improvisações de Thelonious Monk (e também aqui se torna claro que aquilo que Monk iniciou nos anos de 1940 só foi verdadeiramente compreendido na segunda metade dos anos de 1950). "Sonny Rollins n'a peur de rien" (Rollins não tem medo de nada), disse uma vez o sax-tenorista francês Barney Wilen, um dos muitos músicos da escola de Rollins.

Essa escola continuou ativa nos anos de 1980 e de 1990. Rollins, que nesse meio--tempo esteve na Índia e estudou as religiões asiáticas e a ioga, nos anos de 1970 gravou principalmente no campo do jazz rock. De fato, isso desagradou aos amantes mais ortodoxos do jazz, que, a bem da verdade, não perceberam que Rollis conservou como nenhum outro os aspectos do bebop no campo do jazz rock. Ele nunca perdeu aquilo que nele é o mais importante: sua sonoridade e seu humor um tanto sarcástico (que deve ter algo a ver com a origem caribenha de sua família). Ele sempre compôs e reformulou o calipso – assim como temas e ritmos latino-americanos em geral. Nos anos de 1980 e de 1990, ele boquiabriu as plateias com seus solos sem acompanhamento e suas improvisações longas de tirar o fôlego.

Antes que nos voltemos para John Coltrane e os músicos de sua orientação, devemos primeiramente mencionar alguns sax-tenoristas que atuam com maior ou menor independência, quer na escola de Rollins, quer na de Coltrane (embora alguns até possam ter aproveitado em seu desenvolvimento um ou outro estímulo, sobretudo de Coltrane). São eles: Wayne Shorter, Hank Mobley, Johnny Griffin, Yusef Lateef, Charlie Rouse, Stanley Turrentine, Booker Ervin, Teddy Edwards, Roland Kirk e Clifford Jordan.

Nesse grupo, Wayne Shorter é o instrumentista que se desenvolveu de maneira mais imponente: do hard bop de Art Blakey, em cujo Jazz Messengers ele ficou conhecido, em fins de 1950, passando pela liberdade controlada do segundo quinteto de Miles Davis até as sonoridades altamente eletrônicas do lendário jazz rock do Weather Report, depois seguindo até a execução "livre" e abstrata de seu quarteto acústico, no princípio do século XXI. Seu som ríspido, velado e ainda assim cheio, transmite distância com perfeição. A marca registrada de Shorter são suas melodias abstratas e iridescentes em quartas, que se voltam contra modelos harmônicos convencionais e, mesmo assim, preservam os fundamentos da execução tonal. "Wayne sempre foi um experimentador da forma", disse Miles Davis. Provavelmente, isso explica porque sua obra dos anos de 1960 – sobretudo no famoso segundo quinteto de Miles Davis – deixou uma impressão tão forte nos sax-tenoristas do *mainstream* pós--moderno. Como compositor, Shorter é o principal autor de peças modais realmente duráveis. Suas composições, ricas de uma atmosfera melodiosa e econômica, fascinam e desafiam os músicos improvisadores até hoje: "Nefertiti", "Footprints", "Yes or No", "Masqualero". Shorter toca como compõe: de forma econômica, circunspecta e abreviada. Nenhuma nota além do necessário. Segundo Miles, "Wayne conta histórias curtas monumentais".

Em 1961-1962, antes de Shorter, Hank Mobley foi membro do quinteto de Miles Davis. Ele tinha um estilo próprio e sofisticado, um som aveludado que repousa como um véu sobre as suas linhas longas em rotação contínua com base em si mesmas. Stanley Turrentine (Big T) aliava um soul *approach* de rock às linhas em saltos de Ben Webster e Hawkins. Seu som bem-humorado, com influências do blues, não tinha nada a ver com tristeza ou raiva. Ele se alimentava de um *feeling* dançante, no qual corpo, alma e espírito – ou seja, o interno e o externo – encontravam-se plenamente num ponto aglutinador: o soul. Outra característica de Big T – como ele foi chamado – era o seu *vibrato* escrachado: "é como uma gargalhada, como se ele fosse rir" (Geoff Keezer).

No começo e em meados dos anos de 1960, o falecido Booker Ervin, que se tornou conhecido por meio de Charles Mingus, era um dos "mais sólidos" improvisadores, dono de uma criatividade fantástica inspirada no blues e de um swing veemente. Johnny Griffin é considerado um dos sax-tenoristas mais velozes de sua geração. Graças à velocidade infalível com que improvisava seus arpejos e suas linhas borbulhantes em cascata sobre harmonias bebop, ele adquiriu o título de um excelente instrumentista straight-ahead, que improvisava com um *timing* afiadíssmo.

Charlie Rouse se voltou para a música de Thelonious Monk como poucos saxofonistas. Parecia que ele nunca havia tomado um xarope para tosse. Com seu som seco e meio rouco, ele conseguia como ninguém transpor a linguagem de Monk para o sax-tenor. No total, ele permaneceu onze anos na banda do misterioso pianista. Yusef Lateef advém do círculo dos músicos hard bop de Detroit e foi o primeiro – já nos anos de 1950 – a tentar trazer elementos da música árabe e oriental para dentro do jazz. Em suas estimulantes gravações, Lateef toca outros instrumentos além do sax-tenor, como flautas (algumas de origem não ocidental), o oboé e o fagote (pouco utilizado no jazz). Por fim, há também o músico cego Rahsaan Roland Kirk, nascido em Columbus (Ohio), que migrou, no verão de 1960, para Chicago com três saxofones dependurados no pescoço (que ele soprava ao mesmo tempo!). Ele também tocava flauta e um monte de instrumentos e, entre um e outro, ainda fazia sinais com um apito. Kirk, que faleceu em 1975 e enlutou todo o mundo do jazz, foi um dos músicos mais vitais e comunicativos do jazz moderno. Ele parecia um daqueles antigos músicos populares que atravessavam o mundo carregando uma trouxa com seus pertences. Por isso, ele foi para muitos um símbolo do que ocorreu no jazz durante esses anos: "sofisticação" oriunda da espontaneidade, ingenuidade autêntica, sensibilidade com base na vitalidade. Segundo Kirk, "as pessoas falam de liberdade, mas o blues é ainda uma das coisas mais livres que você pode tocar". Para Kirk, o jazz era a *black classical music*. Era tão forte sua ligação com os grandes músicos negros – Duke Ellington, Charles Mingus, Sidney Bechet, Fats Waller, Don Byas, John Coltrane, Clifford Brown, Lester Young, Bud Powell, Billie Holiday etc. – que se pode falar com ênfase especial: Kirk tocava – muito antes disso se tornar autoevidente no jazz pós-moderno – "a partir" da tradição negra. "God loves black sound" (Deus ama o som negro), dizia Roland Kirk.

Eddie Harris (1936-1998) foi um solitário criativo e original que já nos anos de 1960 experimentou eletrificar a sonoridade do sax-tenor e que, além disso, tocava piano elétrico, órgão e um instrumento híbrido – um trompete com boquilha. As improvisações de Harris se tornaram a mais alta expressão do *funkiness*, e isso muito antes da palavra *funk* ter sido empregada para expressar o *hipness* das bandas de *fusion* e jazz rock dos anos de 1970. Nos solos de Harris, a enérgica concentração do bebop misturava-se à elasticidade rítmica do boogaloo, do soul e do rhythm & blues. Sua composição "Freedom Jazz Dance", que se tornou famosa depois da gravação feita pelo quinteto de Miles Davis em 1966, é um dos poucos *standards* legado pelo jazz dos anos de 1960.

Característica de muitos desses músicos – e certamente de Sonny Rollins e Roland Kirk – é sua relação com o ritmo. O mesmo desprendimento com que eles tocam em cima das harmonias norteia a sua relação com o ritmo. Porquanto eles se distanciam muito do ritmo elementar, mas ao mesmo tempo nunca se dissociam completamente dele, surge uma tensão rítmica emocionante, na qual repousa o fator verdadeiramente estimulante desse tipo de execução. Também nesse sentido Rollins segue na esteira de Charlie Parker. "Os sucessores de Charlie Parker tocam sax-tenor" era a manchete principal de uma revista de jazz francesa da segunda metade dos anos de 1950, quando a influência de Rollins alcançou seu ápice.

Ao atingir esse ápice, começou a influência – certamente mais abrangente – de John Coltrane. Coltrane (cf. a seção "John Coltrane e Ornette Coleman" do capítulo "Os Músicos do Jazz") tem sido professor e mestre da maioria dos sax-tenoristas até hoje, e não apenas dos sax-tenoristas! Pode-se classificar esses "alunos", incluindo os músicos que tocam outros instrumentos, em dois grupos: aqueles que atuam dentro e os que atuam fora dos limites da tonalidade, embora, naturalmente, seja preciso levar em conta nessa divisão tão genérica todas as nuanças e zonas intermediárias. No primeiro grupo, a influência de Coltrane é mais direta e fortemente perceptível, ao passo que, no segundo, o impulso dado por Coltrane geralmente se faz notar em seu papel "libertador", que, aliás, foi decisivo para sua própria individualidade.

Ao primeiro grupo pertencem músicos tão diferenciados quanto Joe Henderson, George Coleman, Charles Lloyd, Joe Farrell, Jim Pepper, Sam Rivers, Billy Harper e outros. Henderson (1937-2001) trouxe a grande tradição do bebop de modo particularmente exemplar para o jazz pós-Coltrane. Ele possui o som mais escuro e "mais negro" de toda a cena do sax-tenor de orientação bebop. Uma parte de seu misterioso efeito reside em sua forma suave e paciente de frasear. Henderson tocou, de 1964 a 1966, na banda de Horace Silver e, nos anos de 1960, no sexteto elétrico de Herbie Hancock. Ele é um mestre das improvisações temáticas e tem um *time* inacreditável (sabe tocar a nota certa exatamente no momento preciso). "Joe Henderson é a essência do jazz", disse o guitarrista John Scofield.

> Ele incorpora todos os elementos que vieram juntos com sua geração: a excelência do hard bop e a vanguarda. Ele é capaz de elaborar abstrações harmônicas e permanecer, ainda assim, junto às raízes. Ele é capaz de tocar um blues *shout* no estilo de Joe Turner e logo depois fazer a música atonal mais rápida, louca e labiríntica que você já ouviu na vida. Qual músico de qualquer instrumento consegue ser melhor, mais interessante e ter mais pegada que Joe Henderson? Ele é o modelo de jazz para mim.

Nos anos de 1990, Henderson – que até então permanecera um típico *musicians' musician* – gozou de um grande sucesso de público e obteve, finalmente, o reconhecimento por sua execução cada vez mais soberana e madura, reconhecimento, na verdade, de que ele já era merecedor desde os anos de 1960 e 1970.

Charles Lloyd, na segunda metade dos anos de 1960, dirigiu um grupo que está entre os precursores do jazz rock. No auge de sua carreira, Lloyd se retirou, decepcionado, do mundo musical, voltando apenas em 1983: primeiramente, tocando com o pianista francês Michel Petrucciani, depois com seus próprios grupos. Como nenhum outro sax-tenorista, Lloyd tornou lírica e romântica a herança de John Coltrane, frequentemente em conjunto com outros músicos europeus, como os suecos Bobo Stenson e Anders Jormin. Charles Lloyd não *toca*, mas *canta* o saxofone. Trata-se de um canto repleto de uma doce melancolia e com o sorriso budista da sabedoria do Extremo Oriente. Um crítico escreveu: "A energia espiritual de Coltrane parece estar conservada na sonoridade de Lloyd como num tabernáculo."

Jim Pepper, falecido em 1992, alia a música de Coltrane a suas raízes indianas. De fato, ele não é nenhum grande mestre da técnica, mas possui alma e cria ambientações com seus solos que brotam do coração. Seu "Witchi-Tai-To" foi um *standard* muito tocado nos anos de 1970.

Sam Rivers – assim como Coleman – tocou com Miles Davis na década de 1960 e, posteriormente, com Cecil Taylor. Nos anos de 1970, ele foi o pai da cena *loft* de Nova York e conduziu a transição para o próximo grupo de sax-tenoristas.

Ligados à vanguarda do "tonalismo livre", sobretudo aquela nova-iorquina, estão os músicos Archie Shepp, Pharoah Sanders, Albert Ayler, John Gilmore, Fred Anderson, Dewey Redman, Frank Wright, Joe McPhee, Charles Tyler e – da geração mais jovem – David Murray, Chico Freeman, Charles Gayle e David S. Ware. Sheep, que no começo fora um músico de free jazz engajado e "feroz", findou diluindo as experiências da execução livre na tradição de Coleman Hawkins, Ben Webster e Duke Ellington. Shepp possui aquele *cry* que não se envergonha de mostrar as feridas da alma e as cicatrizes que as reviravoltas da vida deixam no som de um músico. Nenhum saxofonista dispõe de um conhecimento mais profundo da tradição afro-americana do sax-tenor do que ele. Evan Parker foi longe a ponto de afirmar que Archie Shepp é o primeiro sax-tenorista pós-moderno. Mesmo tocando free jazz radical com Cecil Taylor em 1960, Shepp se manteve ligado a muitos estilos do passado – Coleman Hawkins e Ben Webster, *field holler* e rhythm & blues. Ao mesmo tempo, seus solos não farfalham virtuosisticamente como um arquivo de citações. É a simples e expressiva qualidade vocal de sua execução que nos move.

Albert Ayler – assim como tantos músicos contemporâneos – também se engajou em domínios extramusicais. "We play peace" (Nós tocamos a paz) foi sempre seu lema. As erupções livres do sax-tenor de Ayler (que foi totalmente independente de Coltrane e até o antecedeu) fazem um caminho histórico muito particular: elas retornam à música de marcha e de circo da virada ao século XX, assim como às danças populares, valsas, polcas e também aos *dirges*, ou seja, às músicas de procissão fúnebre da antiga Nova Orleans. Seus blocos sonoros impuros, tocados com *overblows* em registros estratosféricos, assim como suas "rajadas multifônicas em *staccato*" (Peter Niklas Wilson), foram particularmente marcantes no free jazz. Na música altamente energética de Ayler, o que está em jogo não é raiva ou ira, pois ele é pacífico e espiritual, tudo em sua música gira em torno do *love*. Ayler, falecido em 1971 aos 34 anos de idade – seu corpo foi encontrado no East River, em Nova York, vinte dias depois de desaparecido – esteve

> mais próximo, em muitos sentidos, da antiga sonoridade de Bubber Miley e de "Tricky" Sam Nanton do que da de Charlie Parker, Miles Davis ou Sonny Rollins. Ele resgatou o sentimento selvagem e primitivo que o jazz abandonara no fim dos anos de 1930. Sua técnica não tinha limites, sua escala sonora ia desde grunhidos graves até os sons mais estridentes em registro mais agudo – sem paralelo (Richard Williams).

Joe McPhee toca como se fosse um Albert Ayler mais calmo e, por assim dizer, perdido em pensamentos. Pharoah Sanders é o sax-tenorista de potência musical e física que John Coltrane introduziu como segundo saxofonista em seu grupo no intuito de crescer com esse desafio. Como nenhum outro desses novos sax-tenoristas, ele expande seu instrumento por meio de *overblows* para as mais extremas regiões do agudo. Seus discos gravados para o selo Impulse em fins dos anos de 1960 e começo dos anos de 1970 são lendários. Eles irradiam uma atmosfera pacífica, quase pacifista (de modo característico, lê-se no título de uma de suas peças mais conhecidas: "The creator has a master plan, peace and happiness for every man" (O criador tem um grande plano, paz e felicidade para todos os homens). Sanders transpôs o ardor e o fogo do free jazz negro para o mundo da música tonal com grande força melódica, valendo-se da mesma energia espiritual que caracteriza seus solos desde os anos de 1960. Ele prosseguiu desenvolvendo esse estilo – linhas expressivas e erupções extasiantes no saxofone sobre uma harmonização pendular, hipnótica e africanizada – de maneira soberana até os anos de 1990 em álbuns produzidos pelo baixista Bill Laswell e sob a influência da música indiana e africana, assim como da *ambient music* e do *drum'n'bass*.

Dewey Redman, na transição dos anos de 1960 para os anos de 1970, tornou-se o parceiro congenial que Ornette Coleman – e depois também Don Cherry – tanto procurou para sua música. Ele foi um dos primeiros a "cantar" no instrumento e tocá-lo ao mesmo tempo, vocalizando e vivificando emocionalmente a sonoridade do sax-tenor. "Old and New Dreams" é o nome do grupo que ele dirigiu nos anos de 1970 e de 1980 com Cherry. É exatamente isso o que se oferece aqui: "novos sonhos" a respeito de uma antiga e, a rigor, atemporal tradição negra.

Mas aí vem o jazz pós-moderno, que conta com uma portentosa contribuição de David Murray (cf. a seção "Wynton Marsalis e David Murray" do capítulo "Os Músicos do Jazz"). Ele procurou revitalizar a sonoridade clássica do sax-tenor da linha Hawkins-Webster-Rollins, na medida em que se abriu para as sonoridades ardentes do *energy playing*. Outros sax-tenoristas importantes que refletem e diferenciam a herança do free jazz no âmbito das execuções tradicionais são Chico Freeman, George Adams, Bennie Wallace, John Purcell, Ned Rothenberg e Edward Wilkerson. Com exceção de Wallace, todos esses instrumentistas possuem forte ligação com a música de Coltrane; mas depende da individualidade de cada um refletir e integrar ecleticamente, sobre esse pano de fundo chamado Coltrane, uma pluralidade de outros mestres do sax-tenor. Freeman é um "músico *inside-outside*" particularmente intenso. *Inside* quer dizer que Freeman permanece vinculado à tradição; *outside* significa que ele adentra o campo da sonoridade livre. A particularidade de Freeman é que, em geral, ele não alterna, mas pratica simultaneamente as duas tendências. Chico aprendeu a tocar *inside* com seu pai, o também sax-tenorista Von Freeman; seus momentos *outside* advêm de sua ligação com a AACM, o grupo de vanguarda de Chicago, sua cidade natal. George Adams, que se tornou conhecido por meio de Charles Mingus e Gil Evans, faz que suas improvisações vitais e guturais explodam com tanta selvageria na região superior do instrumento que elas sempre evocam o canto em falsete do gospel e do blues – com a mesma intensidade e êxtase na expressão. Em peças rápidas, ele reformula a música de Coltrane e os *overblows* em glissando de Albert Ayler, ao passo que, em peças lentas, ele se volta para a sonoridade macia das baladas de Ben Webster. Segundo ele, "às vezes, eu quase chego a pensar que não toco o instrumento, mas que eu o canto".

Bennie Wallace, oriundo do Tennessee, foi um dos poucos sax-tenoristas dos anos de 1980 e de 1990 que desenvolveu um modo próprio de tocar independente da toda-poderosa influência de Coltrane. Wallace porvém de Rollins, cujo som veemente e sardônico ele transforma com elã rapsódico numa nova e original linguagem musical. Wallace sopra melodias cheias de grotescos e bizarros saltos intervalares, passando rapidamente dos registros mais agudos do *flageolet* para os registros graves, e vice-versa. Nessa execução em ziguezague e bem-humorada, ele engloba Coleman Hawkins, Don Byas, Eddie "Lockjaw" Davis e as sonoridades mais roucas dos sax-tenoristas do rhythm & blues.

A execução livre encontrou solo bastante frutífero entre os sax-tenoristas da Europa. Alguns desses sax-tenoristas possuem um estilo inteiramente seu. O holandês Willem Breuker, já mencionado como clarinetista-baixo, graças a seu humor burlesco e sua música teatral clownesca, exerceu um papel libertador em meados dos anos de 1970, uma época em que dogmas implícitos e uma seriedade exagerada caracterizavam o free jazz europeu. Ele satiriza e desfigura a música popular do século XIX – polca, opereta, valsa, marcha, tango –, atacando alegremente em suas paródias até mesmo o mundo da vanguarda. Ele foi denominado um "Kurt Weill do jazz". O alemão Peter Brötzmann toca *clusters* no sax-tenor com uma intensidade que, em geral, lembra os músicos negros, mas ele o faz de maneira totalmente autônoma. A execução de Brötzmann despertava em Don Cherry a sensação de uma metralhadora – significativamente, um de seus álbuns mais influentes (gravado em 1968 – "o primeiro álbum de jazz que se pode caracterizar como europeu", segundo Steve Lake) chama-se *Machine Gun*.

A execução frenética de Brötzmann – extremamente alta, cheia de *overblows* e violentos ataques de metralhadora – foi muito associada à primeira fase do free jazz europeu: a "fase quebradeira" (*Kapputspielphase*). Trata-se da primeira fase radical da música livre, cujo objetivo primordial era decompor modelos gastos e superá-los. No decorrer desse processo de libertação, Brötzmann construiu um vocabulário para o saxofone que o transformou num excelente contador de histórias do free jazz europeu. Ele é um dos mais selvagens e comunicativos improvisadores dessa sonoridade – altamente energético no *power play*, mas também (o que é facilmente esquecido) um mestre das baladas frágeis e delicadas.

O inglês Evan Parker foi provavelmente o sax-tenorista do free jazz europeu que mais avançou no campo da pesquisa de sonoridades com *overblow*. Evan realmente criou um novo estilo – abstrato e minimalista, melodizando fluidamente o falsete sem qualquer influência reconhecível de John Coltrane e Ornette Coleman. Ele era capaz de tocar até três frases simultaneamente graças ao tratamento virtuosístico de ruidosas multifonias e sobretons. O free jazz não é para Evan uma fase histórica, mas um método vivo; a prova disso é seu contínuo desenvolvimento – em diálogo com músicos eletrônicos *live* ou com especialistas em computadores ou *laptops*, a exemplo de Lawrence Casserley ou Walter Prati.

Evan Paker e Peter Brötzmann exerceram influência não apenas na Europa, mas também na cena norte-americana mais jovem do free jazz. Nesse sentido é exemplar a execução do sax-tenorista de Chicago Ken Vandermark, que ganhou, em 1991, o "McArthur Fellowship Genuis Award" no valor de 265 mil dólares – um prêmio concedido anteriormente a músicos como Max Roach, Ornette Coleman, Cecil Taylor e Anthony Braxton. Vandermark empregou as várias linguagens do free jazz desenvolvidas na Europa no âmbito do jazz norte-americano experimental (advindo da AACM). Ele possui um background ligado tanto ao jazz quanto ao rock e ao funk, e cria em seus solos livres relações de rápida alternância entre *tension* e *release*. Em contraposição à execução exploratória da primeira geração do free jazz, Vandermark aprecia mudanças rápidas e viragens surpreendentes na textura sonora.

Entre os sax-tenoristas europeus que estruturaram e diferenciaram soberanamente a liberdade conquistada no campo do pós-free jazz, são dignos de nota Anatoly Vapirov e Vladimir Chekasin, ambos da antiga União Soviética; assim como, no oeste e no centro europeus, os franceses André Jaume e Sylvain Kassap; os suíços Hans Koch e Daniel Schnyder; os holandeses Tobias Delius e Peter van Bergen; bem como os alemães Alfred Harth, Matthias Schubert e Gebhard Ullmann. Vapirov, que entrementes passou a viver na Bulgária, transpõe o som macio e delicado do saxofone da música de concerto europeia para o âmbito do free jazz – com um particular interesse também pela música da Segunda Escola de Viena. Kassap é um misturador de estilos bem no sentido do jazz pós-moderno. Folclore, música minimalista, free jazz, rock e música vanguardista de concerto europeia, tudo se funde nele como uma simultaneidade do não simultâneo. A execução de Tobias Delis se destaca pelo requinte e pela musicalidade. Seus solos na linguagem do tonalismo livre também refletem aportes da grande tradição negra do sax-tenor: desde a densidade melódica de Archie Shepp, passando pelo sussurrar erótico de Ben Webster até o robusto pré-bop de um Don Byas. No começo dos anos de 1980, com suas visões lúgubres e suas colagens sonoras fragmentadas, Alfred Harth derramou poesia e ternura sobre o *no wave*, mas não retirou dessa música nada de seu espírito de protesto e de suas estimulantes revoltas. Matthias Schubert move-se com liberdade tanto no campo do jazz straight-ahead quanto no da vanguarda – ele associa uma força intuitiva com uma energia selvagem e rasgada, como se o seu sax-tenor fosse enlevado e dilacerado pelos mais variados sentimentos e paixões. O berlinense Gebhard Ullmann explora seu tonalismo livre com base em formas inabituais, apesar de estar profundamente enraizado na tradição do jazz – nos anos de 1990, de todos os jovens sax-tenoristas alemães, foi ele quem estabeleceu o mais intenso contato com os músicos da cena de Nova York, como Ellery Eskelin, Tony Malaby, George Schuller, entre outros.

O universo dos sax-tenoristas europeus dignos de atenção que reformulam a herança de Coltrane se tornou tão amplo que apenas podemos citar os principais nomes que o representam: os ingleses Alan Skidmore, Andy Sheppard e Julian Arguelles; os poloneses Tomasz Szukalski, Leszek Zadlo e Adam Pieronczyk; os suecos Lennart Åberg e Bernt Rosengren; o finlandês Juani Aaltonen; o francês François Jeanneau e os alemães Heinz Sauer, Gerd Dudek, Johannes Barthelmes e Christof Lauer. Skidmore, que se tornou conhecido por meio de sua participação no European Jazz Quintett e com o trio SOH, reflete a modalidade do Coltrane intermediário em sua execução apaixonada e melódica. Ele foi um dos primeiros jazzistas europeus a fazer contato com a cena de jazz sul-africana após o fim do *apartheid* (e do boicote cultural fomentado pela ONU). Juntamente com o grupo de percussão Amampondo, da Cidade do Cabo (África do Sul) – e depois com Ubizo –, ele criou uma vitalizante ponte musical entre o jazz europeu e a música *xhosa*. Sheppard, aproximadamente duas gerações mais jovem que Skidmore, é um arquimelodista, que toca o sax-tenor de maneira leve e delicada, com uma intuição para melodias redondas e macias. Ele também é muito admirado por Carla Bley e Steve Swallow e parece acariciar seu instrumento. Szukalski transpõe o elemento dançante da música popular polonesa para a linguagem de Trane. Zadlo e Pieronczyk são estilistas emocionais e de muita força, cuja execução está profundamente ancorada na grande tradição negra do sax--tenor. No campo do world jazz, Åberg se distinguiu em gravações com os grupos Rena Rama e Oriental Wind graças a seus arcos melódicos de enorme pregnância e empatia. Dudek encerra a força de Coltrane em sua execução sensível e introvertida. Apenas poucos saxofonistas foram tão longe quanto Christof Laufer ao europeizar a herança de Coltrane. Originalmente ligado ao quinteto de Albert Mangelsdorff, ele cultiva – em duo com o pianista Jens Thomas, mas principalmente em suas próprias bandas – uma execução de risco, que, não obstante, sabe do valor das *roots* do jazz. Seus solos intensos e dinâmicos são exemplos de comunicação e criatividade. O predecessor de Lauer no quinteto de Mangelsdorff foi Heinz Sauer. Ele possui um estilo gutural e espremido, em que os elementos de tensão do sax-tenor negro (Shepp, Sanders) fundem-se de maneira muito pessoal com o *melos* europeu. Voltemo-nos agora para os músicos influenciados pelo rock e pelo *fusion*. São eles: Wayne Shorter, o argentino Gato Barbieri, Tom Scott, Wilton Felder, Ernie Watts e Michael Brecker, assim como, na geração mais jovem, Bill Evans (sem parentesco com o pianista de mesmo nome), Bob Berg, Gary Thomas e Johannes Enders. O mais conhecido deles é Wayner Shorter, que tem suas raízes tanto em Sonny Rollins quanto em Coltrane. A posição de destaque de Shorter como saxofonista de jazz rock na banda Weather Report já foi mencionada na subseção "O Sax-soprano" desta seção. Após a dissolução desse grupo, ele dirigiu, no contexto do *fusion*, suas próprias bandas. Nelas, ele figura como criador de composições tortuosas e cheias de complexas figuras contrapostas, um estilo que contrasta fortemente com as peças econômicas de sua fase modal. Em 2002, quando Shorter lançou o álbum *Footprints Live!*, ele gozou de um sucesso fenomenal: não se tratava apenas do primeiro disco ao vivo de Shorter em seu próprio nome, mas também de um retorno triunfal ao som acústico – em 1967 ele havia tocado pela última vez com sua própria banda acústica no álbum *Schizophrenia*. Segundo Courtney Pine, "eu enviaria a música de Wayne Shorter ao espaço dentro de uma sonda espacial como representante mundial do saxofone. Para mim, o som mais grandioso de saxofone é o dele".

Michael Brecker, com suas linhas relampejantes na região do *flageolet*, trouxe uma contribuição ainda maior que a de Shorter para o sax-tenor do jazz rock. Paralelamente, unindo a execução acústica e a elétrica, ele se tornou um apaixonado e harmonicamente hábil estilista do pós-bop, incorporando à herança de Coltrane o ímpeto e a pressão do rock: *electric* bebop – foi assim que Brecker chamou coerentemente sua música. Brecker é um dos poucos sax-tenoristas no campo da música tonal que soube reformular a tradição de Coltrane com tamanha originalidade que até desenvolveu com base nela uma execução totalmente singular e inconfundível. Por isso, o som de Brecker – claro como cristal, agudamente metálico e, mesmo assim, que cresce e decresce dinamicamente com plena força luminosa – tornou-se uma das cores primárias no sax-tenor do jazz pós-moderno. Segundo George Duke, "de todos os saxofonistas com quem trabalhei – mesmo na época do *fusion* com Billy Cobham –, Michael foi sempre o gênio melódico. Ele é capaz de juntar coisas e produzir sons que nenhuma outra pessoa poderia imaginar."

Na música da Costa Oeste norte-americana, Ernie Watts foi, nos anos de 1970, um músico de estúdio altamente dotado. Nos anos de 1980, no Quartet West, de Charlie Haden, ele fez um jazz straight-ahead sofisticado e cheio de sensibilidade. Seu estilo ornamental e altamente decorativo contém uma leve pátina de magia e romantismo, sempre fortemente enraizado na herança de Coltrane. Gary Thomas, uma dos mais criativos saxofonistas dos anos de 1990, expandiu a linguagem da M-base com a sonoridade escura e enérgica de seu sax-tenor e com sua execução labiríntica e aventureira. Menos convincentes foram suas tentativas de unir o rap com o jazz. Com um som hard bop proveniente de Coltrane, Shorter e Henderson, Johannes Enders trouxe calor humano e uma "terceira dimensão" para os projetos eletrônicos com *samplers*, computadores e DJs, por exemplo, na banda Tied, Tickled & Toe e em seu próprio grupo, o Enders Room.

Desde os anos de 1990, Michael Brecker (1949-2007) é o mais influente sax-tenorista branco. A força de seu estilo mostra-se também pelo fato de que sua influência não diminui, mas até aumenta, à medida que os sax-tenoristas se retiram do âmbito do jazz rock e se inclinam para o neo-hard bop. Dentre os vários sax-tenoristas que, inspirando-se nele, procuram por meio da "ponte Brecker" manter viva a herança de Coltrane, os mais importantes são: Bob Mintzer, Bob Malach, Larry Schneider, Bob Berg, Tony Dagradi, Rick Margitza, o inglês Tommy Smith (que tocava com o vibrafonista Gary Burton), o norueguês Bendik Hofseth (que se tornou conhecido por meio do grupo Steps Ahead), o francês Sylvain Beuf, o húngaro Tony Lakatos, o alemão Peter Weniger e o particularmente impressionante Chris Potter. Bob Mintzer e Bob Malach, também significativos como regentes de *big bands* e arranjadores, são músicos de estúdio que cresceram em meio a todas as exigências técnicas e estilísticas contemporâneas e que reformularam a seu modo o vocabulário de Brecker, tanto no campo do jazz rock quanto no do *mainstream esclarecido*.

Escreveu um crítico:

> Alguns músicos tocam como se dirigissem em Manhattan com ajuda de um mapa. Há muitas possibilidades de partir de A e chegar a B, mas depois de passar algumas vezes pela Fifth Avenue você fica conhecendo o trajeto. Chris Potter toca como se fosse caminhar com uma bússola pela floresta. Cada passo é, de alguma maneira, novo, fresco e incalculável.

Proveniente da banda do trompetista Red Rodney, Potter tocou solos de valor perene no quinteto de Dave Holland. Seu estilo vocal abriga uma imaginação impetuosa e cortante, que lhe permite refletir em suas improvisações as mais diferenciadas influências – Lester Young, Miles Davis, Stravinsky, Mozart e Bach, Beatles, Stevie Wonder, Joni Mitchell e The Meters, os ritmos da música indiana etc. Há sempre um ar de risco e perigo no estilo de Potter. Segundo ele, "os momentos de maior beleza e originalidade parecem ocorrer sempre que não se tem nenhum plano".

Entre os sax-tenoristas brancos – além de Brecker e Joe Lovano, este último ainda a ser visto –, o norueguês Jan Garbarek exerce particular influência desde os anos de 1970. Foi Don Cherry quem levou Garbarek a introduzir o folclore escandinavo em sua música. "Don modificou minha relação com a música folclórica de maneira radical, abrindo-me novos caminhos". De um modo dramático, Garbarek imprimiu uma lógica fria, estetizada e elegíaca ao *cry* flamejante dos sax-tenoristas do free jazz, sobretudo o Coltrane tardio, mas também Albert Aylers e Archie Shepps. Sua execução rica em pausas expressa tristeza e alegria ao mesmo tempo. O sax-tenor de Garbarek chora, mas não lamenta. Suas linhas abrem espaço de uma amplitude mágica: imagens oníricas, entretecidas com elementos da música foclórica escandinava, do free jazz e de músicas asiáticas de encantadora beleza. No fundo, Garbarek é o único sax-tenorista europeu de concepção tonal que exerceu influência na cena norte-americana; o que é tanto mais notável porquanto sua obra tenha se distanciado espantosamente das raízes afro-americanas do jazz e, no lugar delas, afirmado as raízes da música europeia, sobretudo da música folclórica escandinava.

Quando a influência de Brecker estava no auge, entrou em cena um novo elemento: a sonoridade dura, metálica e brilhantemente arredondada de Brecker encontrou sua contraparte imediata na execução de Joe Lovano, que traz calor humano e um som quase operístico de *bel canto* à execução pós-Coltrane.

A maioria dos saxofonistas provenientes de Coltrane toca com uma sonoridade penetrante e metálica. Diante disso, Lovano cultiva um som terno e amadeirado, com contrastes dinâmicos de intensidade – é como se ele "acariciasse" cada nota.

Ao mesmo tempo, ele fraseia com muita desenvoltura harmônica e humor. Em 1976, Lovano tocou na *big band* de Woody Herman e, em 1980, na orquestra de Mel Lewis. Assim como Brecker, ele é um firme improvisador rítmico – durante anos, antes de descobrir o sax-tenor, ele foi baterista. Intuitivamente, grandes bateristas de jazz farejaram esse passado e chamaram o saxofonista para suas bandas: Mel Lewis, Paul Motian, Elvin Jones, Peter Erskine...

A partir dos anos de 1990, muitos sax-tenoristas incluíram elementos de Lovano em sua execução. Seamus Blake, Mark Turner, Ravi Coltrane, até mesmo Chris Potter e Joshua Redman (que ainda veremos), além de outros instrumentistas do straight-ahead, foram sensibilizados pela sonoridade "humana" e terna de Lovano.

No caso do neo-bop, deve-se primeiramente falar retrospectivamente de um sênior, cujo nome já apareceu várias vezes neste capítulo: Dexter Gordon. De uma riqueza de ideias aparentemente inesgotável, Dexter pertence à geração dos grandes músicos do bebop. John Coltrane considerava-o uma das poucas influências que teve. De outro lado, Gordon incluiu posteriormente elementos de Coltrane em seu som. Como tantos jazzistas norte-americanos, decepcionado com a cena norte-americana, Dexter Gordon foi à Europa no começo dos anos de 1960, onde viveu primeiramente em Paris e depois em Copenhague. Durante anos, foi umas das figuras centrais da vida jazzística europeia. Em 1976 – falamos a esse respeito em outro contexto –, ele foi a Nova York para uma rápida apresentação e, com isso, tornou-se uma espécie de catalisador do *comeback* do bebop. Em 1986, ele foi protagonista no filme de Bertrand Tavernier, *Round Midnight*, que narrava ficcionalmente motivos da vida de Bud Powell e Lester Young na atmosfera dos clubes de jazz dos anos de 1950. *Round Midnight* foi o primeiro longa-metragem a pintar uma imagem sensível e fiel da vida e dos problemas dos jazzistas daquele tempo, um feito que se deve também ao desempenho – musical e teatral – de Gordon. Também nos anos de 1980 ele exerceu uma influência duradoura na cena do sax-tenor: sua sonoridade majestosa e seu fraseado sempre um pouco atrás do beat produziam um efeito instigante.

Mas também o bom e velho swing teve seu lugar nos anos de 1970. Ora, depois de tudo o que já foi dito, está claro que o porta-voz da nova geração do swing é um sax-tenorista: Scott Hamilton, mencionado na seção "1970" do capítulo "Os Estilos do Jazz". Seu colega Howard Alden traduziu nos anos de 1990 a sonoridade cheia e volumosa de Paul Gonsalves para a linguagem de um *neo*-swing de emocionante impacto.

Desde meados dos anos de 1970, é tão grande a quantidade de seguidores do bebop que também só podemos nomear os principais músicos: Ricky Ford, Carter Jefferson, Bob Berg, Billy Pierce, Ralph Moore, Ralph Bowen e Todd Williams pertencem à primeira geração do neo-bop. A maioria deles percorreu um trajeto evolutivo que começou na segunda metade dos anos de 1970 por ocasião do renascimento do bebop e que, no decorrer dos anos de 1980, avançou até a rica corrente do neoclassicismo, em que, além do bebop como componente principal, também operaram outros elementos, a maioria modernos: jazz modal, Coltrane, Shorter, ocasionalmente até mesmo influências do antigo free jazz, mas também elementos da era pré-bop. Rocky Ford, que se tornou conhecido por tocar com Charlie Mingus, é fundamentalmente o único dentre os sax-tenoristas do neo-bop que se furta inteiramente à toda-poderosa influência de Coltrane e dá prosseguimento à linha de Rollins.

Desde meados dos anos de 1980, impulsionados pelo sucesso de Wynton Marsalis, vários sax-tenoristas entraram em cena para dialogar com a tradição do jazz e a grande herança de estilos do sax-tenor – tudo isso do ponto de vista do pós-bop.

Branford Marsalis é o sax-tenorista mais versado e inteligente dessa escola. De 1982 a 1985, ele foi um membro fundamental do quinteto de Wynton Marsalis e depois fez gravações importantes com seus próprios grupos, principalmente seu trio com Jeff "Tain" Watts, um músico que adora correr riscos. Com sua banda Buckshock LeFonque – um encontro entre jazzistas, músicos de rap, *scratchers* e DJs –, ele trouxe importantes contribuições ao *hip-hop jazz*.

Marsalis cria o novo à medida que reflete a seu modo o estilo do sax-tenor do passado. Os sax-tenoristas de jazz do passado eram grandes especialistas, eles desenvolviam um estilo. Ao contrário, Branford Marsalis e os sax-tenoristas do neoclassicismo que vieram depois dele revitalizam o jazz straight-ahead com variedade estilística explosiva e eclética. Branford dispõe de um saber estupendo da tradição do sax-tenor e destila, em seus solos, o melhor dos estilos do passado: Sonny Rollins, John Coltrane, Buddy Tate, Joe Henderson, mas também elementos de Miles Davis e Louis Armstrong – tudo isso em linhas contrastantes e com um foco pessoal. "Os jovens devem conhecer o jazz do passado. Quanto mais aprendemos, mais recursos obtemos", disse ele.

Ao lado de Branford Marsalis, Joshua Redman tornou-se o mais importante sax-tenorista do novo jazz acústico. A princípio, ele não queria ser um jazzista profissional e pretendia fazer um curso de direito. De forma mais ou menos acidental, o autodidata do saxofone veio para Nova York e ganhou, em 1991, o concurso de saxofone Thelonious Monk – um pouco depois, seus álbuns straight-ahead venderam como se fossem de rock. Ninguém desde Wynton Marsalis – em se tratando de jazz – despertou mais interesse na mídia e teve mais sucesso comercial do que Redman. Tudo isso com um jazz straight-ahead acústico, sem compromissos, influenciado pelo bebop.

Redman foi fortemente influenciado por sax-altistas: Charlie Parker, Cannonball Adderley e Ornette Coleman. O filho do saxofonista Dewey Redman toca com entusiasmo e uma contagiante alegria de viver e é um mestre das linhas emocionais e repletas de alma. "Uma coisa que eu descobri a meu respeito é que sou eclético, como pessoa e como músico. Eu sei que nunca vou me sentir bem como especialista de um determinado tipo de música ou como representante de um único estilo. Não deve haver contradição entre ser eclético e ao mesmo tempo ter foco."

De um lado, Branford Marsalis se queixou da jovem geração de sax-tenoristas dos anos de 1990: "They all want to play like speed demons" (Todos querem tocar pisando fundo no acelerador). Com a crescente oferta de cursos universitários de jazz e de *clinics*, a habilidade técnico-instrumental desses jovens sax-tenoristas cresceu tanto que não fica atrás das virtuosísticas habilidades dos grandes mestres do jazz – em muitos casos, até as transcendem. Técnica não é o problema dessa geração; o problema é o que ela faz com toda essa técnica. Em meio a tantas possibilidades virtuosísticas, alguns *young lions* dos anos de 1990 parecem ter esquecido de procurar sua identidade pessoal. Ou, como disse David Murray, "eles não sabem o que tocar a fim de trazer sua verdadeira alma à tona".

De outro lado, foi sobretudo no campo do pós-bop esclarecido e swingante que se pôde provar a enorme possibilidade de individuação da sonoridade do sax-tenor. Os sax-tenoristas do *young lions* apuraram e redefiniram a consciência e o padrão de medida dos *standards* do jazz.

Essa contradição interna – esse "ou-ou" – acompanhou o desenvolvimento do sax-tenor ao longo dos anos de 1990, mas uma decorrência do movimento dos *young lions* é que ela nunca se resolveu inteiramente.

Há, no entanto, grandes improvisadores do sax-tenor que priorizam o *mainstream* pós-moderno do jazz. O jazz straight-ahead de orientação bebop criou uma onda de sax-tenoristas com vários músicos criativos que se desenvolveram posteriormente em direção a outras orientações estilísticas. Ao lado de Branford Marsalis e Joshua Redman, entre os músicos negros estão Don Braden, Mark Turner, Javon Jackson, Brice Winston, Ravi Coltrane (filho de John Coltrane), Gregory Tardy, Jimmy Greene, Victor Goines, Craig Handy, Tim Warfeld, Marcus Strickland e os ingleses Courtney Pine e Denys Baptiste; entre os brancos, Ted Nash, Seamus Black, Eric Alexander, John Ellis, Tim Ries e Walt Weiskopf. De modo típico, toda essa geração de sax-tenoristas cresceu no convívio com o pop e o rock, o funk e o soul, e muitos desses músicos só se socializaram com o jazz tardiamente. Essa multiplicidade de influências reflete-se em suas improvisações, mesmo quando eles fazem puro jazz straight-ahead.

Don Braden substituiu Branford Marsalis quando este último deixou o quinteto de Wynton. Mark Turner é um sax-tenorista de pensamento agudo e som macio. Ele concilia a tradição Coltrane-Rollins com a execução abstrata de Warne Marsch – um músico extremamente consciente do ponto de vista harmônico, que não segue simplesmente o movimento das *changes*, mas lhes sobrepõe e contrapõe melodias criadoras de tensão. Markus Strickland, que se tornou conhecido ao lado de Roy Haynes, alia energia à excitação e fraseia com uma força irrefreada e ousada. Walt Weiskopf toca como uma espécie de Coltrane melancólico. Já Seamus Blake, advindo da banda de Victor Lewis, está mais ligado a Wayne Shorter, modernizando e levando adiante sua execução econômica e com *legato*. Seu som é rico em pausas, *fermatas* e pontos de repouso. Victor Lewis disse que o que diferencia Blake dos vários *whiz-kids* é o fato de que seu *whiz* – sua perícia técnica – termina com um "dom". E *wisdom*, sabedoria, não é uma palavra estranha a esse sax-tenorista.

Courtney Pine, o sax-tenorista negro da Inglaterra e filho de imigrantes jamaicanos, é um fenômeno: um instrumentista que imprime emoção à herança de Coltrane de maneira tão enérgica e exuberante que suas linhas, ao atingir o topo, explodem mais por paixão do que por cálculo, lembrando assim os sax-tenoristas do free jazz Albert Ayler e Archie Shepp. Ele associa humor a uma profunda intuição para melodias e ritmos do Caribe. Em 1987, o seu álbum de estreia foi parar no "Top 40" britânico. Nos anos de 1990, foram suas algumas das mais bem-sucedidas tentativas de misturar o jazz com o hip-hop, o rap e o soul.

"De uma hora para outra Courtney Pine e seus colegas criaram um domínio para o jazz negro na Grã-Bretanha", afirmou espantado o baterista Art Blackey, em fins da década de 1980. O núcleo dessa cena, formada por músicos ingleses de origem caribenha, foi a *big band* Jazz Warriors de Courtney Pine. Dela provêm a maioria dos jazzistas britânicos importantes de pele negra dos anos de 1980 e de 1990 (da mesma forma como significativos músicos britânicos de pele branca advêm dos Loose Tubes, a versão branca do Jazz Warriors). Outros representantes da cena negra do sax-tenor britânico são Denys Baptiste, que traduziu os ritmos libertários e as melodias sardônicas de Sonny Rollins para uma execução fluida, e Steve Williamson, que se afinou muito bem com as métricas ímpares e os ritmos assimétricos da M-base.

Antes de falarmos dos saxofonistas que compõem a cena *downtown* de Nova York, cumpre mencionar um sax-tenorista que, nos anos de 1990, era quem melhor conhecia a tradição do jazz: James Carter, oriundo de Detroit. Sua execução tecnicamente versada possui uma força impressionante e uma amplitude vertiginosa. Carter dispõe de uma compreensão perfeita e transpõe todas as tradições do tenor para sua execução de expressividade pessoal. A rígida linha de combate traçada no jazz de Nova York durante os anos de 1990 separando tradicionalistas e vanguardistas parece não existir para Carter. Ele é o único sax-tenorista que goza de prestígio em ambos os campos dessa disputa estilística, representada por Wynton Marsalis e Lester Bowie, e já tocou com ambos. Com a sua sonoridade de sax-tenorista densa e jubilante, ele é um instrumentista de particular qualidade vocal e física, um escavador e um malabarista de estilos, capaz de transitar em seus solos e frases entre Roland Kirk, Arnett Cobb, Albert Ayler, Eddie "Lockjaw" Davis e Don Byas. Tudo isso com um equilíbrio raro de agressividade e beleza, em que seu som inconfundível jamais se perde – um som áspero e romântico, expressivo e *sophisticated*.

O que confere originalidade ao sax-tenor jactancioso de Carter é seu trato aberto – e ao mesmo tempo enciclopédico – com a tradição do jazz. Carter "conversa" com a herança do jazz como quem está diante de um igual, a quem se pode admirar, mas com quem também se pode discutir. Assim, no sax-tenor de James Carter, ao lado do amor pela grande tradição do jazz, também existe espaço para ataques e irrupções agressivas, para um humor totalmente particular e histérico.

"Os *young lions*?", perguntou o sax-tenorista Roy Nathanson. "Deveríamos colocá-los num zoológico e esperar que eles crescessem – e só então soltá-los". Nathanson foi, nos anos de 1990, um dos mais coloridos instrumentistas do sax-tenor da cena *downtown* de Nova York. Com o seu Jazz Passengers, ele desenvolveu uma execução turbulenta pautada em retalhos estilísticos. Outros sax-tenoristas importantes da cena *downtown* de Nova York são Michael Blake, Peter Apfelbaum, Chris Speed, Ellery Eskelin e Tony Malaby. Com os Lounge Lizards, Michael Blake tocou um *punk jazz* espinhoso; de outro lado e contrariamente a isso, sua execução melodiosa irradia uma economia apaziguante. Eskelin está entre os sax-tenoristas mais subestimados da cena de Nova York – ele é um mestre da execução livre em formas rigorosas. Peter Apfelbaum toca como se fosse um Don Cherry "tenorizado"; com o seu Hieroglyphic Ensemble, ele reuniu de maneira especialmente melódica elementos do jazz e do *afro-beat*, do *high-life* e da *juju music*, do soul, do reggae e do *township jazz*.

Apfelbaum foi uma espécie de transição para o grupo de sax-tenoristas importantes do world jazz: o húngaro Mihaly Dresch, o israelita Gilad Atzmon, o libanês Toufic Farroukh, o sul-africano McCoy Mrubata, o alemão Norbert Stein e o porto-riquenho David Sánchez.

Dresch transporta elementos da tradição negra do sax-tenor – sobretudo Archie Shepp – para a tradição folclórica húngara. "Archie Shepp costuma fazer melodias livres em cima de um ritmo, o que torna sua música muito espacial. Também os músicos do folclore húngaro tocam muitas vezes num tempo flexível, 'falado', menos rígido, geralmente com muito rubato. São coisas que combinam." O libanês Touf Farroukh, que vive em Paris, é exemplo de um estilo em que melodias orientais *taksim*, jazz e *club-beats* eletrônicos formam uma conexão nova e sugestiva.

Norbert Stein desenvolveu – influenciado pela Arfi (Association à la Recherche d'un Folklore Imaginaire), de Lyon – uma variante própria e rude do "folclore imaginário". Sua "patamúsica", como ele a denomina, surgiu por analogia com o conceito *patafísica*, criado pelo francês Alfred Jarry em 1898: uma "ciência da lógica irreal" que é desprovida do raciocínio causal a que estamos habituados. Em suas diversas formações – desde os *patahorns* até as *pataorquestras* e em intercâmbio com músicos marroquinos, brasileiros e indonésios –, Stein utilizou os mais diferenciados elementos estilísticos da música pós-moderna e com eles mostrou em que consiste sua patamúsica: "Tudo é substituível, mutável, invertível e intercambiável: coisas, tempos e espaços. Mas nada é indiferente, apenas cada elemento simples é um múltiplo que se entrelaça e interpenetra."

David Sánchez toca sax-tenor como se tivesse enfiado a clave cubana dentro de seu instrumento. Hesita-se chamar sua música de latin jazz, pois a grande tradição negra do sax-tenor – Rollins, Coltrane, Shorter – está presente aqui por meio dos ritmos de bomba e *danza* de Porto Rico com plenos direitos e sem nenhuma restrição estilística. Crescido em San Juan, Sanchez veio no princípio dos anos de 1990 para Nova York, onde desfrutou de sucesso graças à novidade de seu latin straight--ahead jazz. Seu saxofone soa com a inevitabilidade rítmica de um instrumento de percussão. Segundo ele, "quando os ritmos alcançam determinada intensidade, é como se eles falassem com alguém".

Em nenhum outro instrumento a intemporalidade da grande tradição negra se torna mais convincente que no sax-tenor, representado também por músicos veteranos, anteriores aos *young lions*: Dave Liebman, Sal Nistico, Pete Christlieb, Odeon Pope, John Stubblefield, Jerry Bergonzi, Billy Drewes, Lew Tabackin e muitos outros, que, em parte, já foram mencionados (entre eles, também sax-tenoristas do primeiro grupo de Coltrane e do neoclassicismo). Em Tabackin, notam-se interessantes reflexos contemporâneos de Sonny Rollins, ao passo que na música de quase todos os outros é Coltrane que permanece influente de muitas maneiras. Junto com a maioria dos sax-tenoristas do neo-hard bop e da linha de Brecker, eles formam o grupo de músicos que representam o classicismo de John Coltrane, iniciado nos anos de 1970 e desde então em contínuo aprofundamento. Há mais de quatro décadas os sax-tenoristas alimentam-se da herança musical de John Coltrane; no entanto, é sempre impressionante, e algo antes impensável, essa profusão de individualidades.

Mais do que qualquer outro instrumento, o sax-tenor manifesta uma grande propensão à individuação do som – sua pluralidade de timbres fez dele o instrumento jazzístico *par excellence*. Suas possibilidades de diálogo e reflexão parecem ilimitadas, tanto que Wynton Marsalis pôde dizer: "O sax-tenor é o instrumento do ser humano pensante."

O Sax-barítono

"Duke Ellington tinha duas bandas: a orquestra e Harry Carney. A sonoridade de Harry era grande como uma *big band*", disse Hamiet Bluiett certa vez. Durante décadas, Harry Carney representou o sax-barítono com um monopólio que ninguém nunca teve no mundo do jazz. Em 1926, Duke Ellington recebeu a concessão da família Carney para que o jovem Harry, então com 16 anos, gravasse com sua orquestra. Desde então, Carney pertenceu ininterruptamente – até a morte de Ellington em 1974 (cinco meses depois ele próprio faleceu) – a essa orquestra, cuja história e sonoridade estão intimamente atreladas à desse saxofonista. Harry Carney foi um Coleman Hawkins do sax-barítono em termos de força e intensidade. Ele explorava toda a energia e rudeza escuras que caracterizam seu instrumento: "Nenhum sax--baritonista deveria ter medo do barulho que produz. Carney não tinha medo", disse Pepper Adams, um sax-baritonista da geração que, em fins da década de 1950, abraçou a tradição de Carney. Até meados dos anos de 1940, Carney dominava regiamente a "cena do sax-barítono". Além dele, havia também Ernie Caceres, que conseguiu tocar Dixieland no complicado sax-barítono, e também Jack Washington, que procurou dar uma base profissional e potente ao naipe de saxofones da orquestra de Count Basie, mas que nem de perto possuía o brilho e a estatura que Carney havia posto a serviço da orquestra de Ellington. Com ele, o papel do sax-barítono foi fixado pela primeira vez: sua sonoridade impetuosa e efusiva é utilizada habitualmente para "ancorar" *big bands*.

Depois veio o bebop, e, embora pareça estranho que alguém possa fazer aquelas frases nervosas e agitadas do bop num instrumento tão grande quanto o sax-barítono, logo surgiria uma legião inteira de sax-baritonistas aptos a isso. Serge Chaloff, de família russa, foi o primeiro deles. Todas as inovações trazidas por Parker foram "aplicadas" por ele no sax-barítono, tal como o fizera Buddy DeFranco no clarinete ou Jay Jay Johnson no trombone. Chaloff está entre os músicos que tocaram bebop orquestral na importante banda de Woody Herman de 1947. Dez anos mais tarde, em 1957, para reconstruir o estilo "Brothers" com Herman, ele teve de ser levado numa cadeira de rodas para o estúdio. Poucos meses depois, o câncer o derrotou.

Leo Parker tocava uma mistura de rhythm & blues e bebop. Com sua sonoridade grande e vigorosa e com sua técnica fluente, ele trouxe um forte sentimento de blues às complexas harmonias progressivas do bop. Ele tocou em 1946 no combo e na *big band* de Dizzy Gillespie, e, em 1947, gravou com Jay Jay Johnson. Trata-se, portanto, do representante mais virtuosístico daquela orientação moderna do sax-barítono enraizada na música de dança da *black music*. (No contexto do rhythm & blues, antes da chegada do baixo elétrico Fender, a tarefa de reforçar as partes do baixo geralmente cabia ao sax-barítono).

A expressividade nervosa do sax-barítono de Serge Chaloff e Leo Parker foi aplacada por Gerry Mulligan e elevada a uma superioridade "fria". Mulligan, falecido em 1996, começou ainda totalmente *à la* Chaloff em fins dos anos de 1940 com os grupos de Kai Winding e Chubby Jackson. Ele tocava nas *big bands* de Claude Thornhill e Elliot Lawrence e foi um dos músicos importantes que participou das gravações da Capitol de Miles Davis, não apenas como sax-baritonista, mas também como arranjador. Depois de 1951, ele se tornou o sax-baritonista mais influente do classicismo de Basie-Young. Quando Mulligan tinha de escolher entre um acorde ou uma melodia, ele sempre se decidia pela melodia. Pouco volume, eleição cuidadosa dos timbres e uma forma amena, mas enérgica de fazer swing são marcas registradas de sua música. Mulligan é importante não só como sax-baritonista, mas também como arranjador e *bandleader*, e, sobretudo, como uma das personalidades que ajudaram a traçar os rumos do cool jazz. Poucos músicos do jazz moderno possuíram bases tão firmes no *mainstream* da era do swing quanto ele (vide seus discos com músicos como Harry Edison, Ben Webster e Johnny Hodges).

O mais bem-sucedido quarteto sem piano do jazz – que rendeu fama a Mulligan na primeira metade dos anos de 1950 (cf. o capítulo "As Bandas do Jazz") – foi reunido por ele na Costa Oeste. Embora nunca tenha pertencido ao jazz da Costa Oeste, Mulligan exerceu ali uma influência duradoura. Desde fins dos anos de 1960, ele tocaria periodicamente com o quarteto de Dave Brubeck no lugar de Paul Desmond (sax-altista).

O verdadeiro sax-baritonista do jazz da Costa Oeste foi Bob Gordon, morto num acidente de carro em 1955: um improvisador vital e contagiante que também representava o classicismo de Basie-Young. Os discos que gravou com o sax-tenorista e arranjador Jack Montrose no quinteto deste figura entre as mais notáveis gravações de banda do jazz da Costa Oeste.

Sem interferências de Mulligan e Gordon, o sueco Lars Gullin desenvolveu uma execução pessoal e delicada no sax-barítono. Depois de Django Reinhardt e Stan Hasselgard, ele foi o terceiro jazzista europeu a exercer uma influência duradoura sobre instrumentistas norte-americanos. Em 1959, ele realizou uma turnê com Chet Baker na Itália e tocou com Lee Konitz e Stan Getz. Lars Gullin transcendia a dificuldade do instrumento barítono com uma execução em *legato* de fluência incomum. Ele foi um dos primeiros jazzistas europeus a evocar suas próprias raízes culturais: em seus solos elegantes, descontraídos e cheios de swing, podiam ser percebidos elementos da música folclórica escandinava e da música de concerto sueca do século XIX. Menos influenciado pela tradição dos sax-baritonistas que pelo estilo de Charlie Parker e dos outros grandes músicos do bebop, Sahib Shihab foi um saxofonista subestimado. Shihab tocava seu instrumento de forma bastante convincente e geralmente com um humor cheio de ironia, sem maneirismos de qualquer tipo e paralelamente aos três modernos "estilos de sax-barítono", representados por Chaloff, Mulligan e Pepper Adams (este último ainda a ser visto).

Cecil Payne, um melodista *par excellence*, desde a época do bebop também está entre os músicos citados como referência nesse instrumento. Charles Fowlkes ficou conhecido nos anos de 1950 e de 1960 como um convincente músico de *section* entre os músicos com os quais fez gravações no estilo de Count Basie.

O homem que deu nova vida ao desenvolvimento do sax-barítono na segunda metade dos anos de 1950 foi Pepper Adams, falecido em 1986. "A sonoridade de Pepper era inacreditável", contou Gary Smulyan, "assim como seu tempo, seu sentido humorístico e sua singularidade harmônica". Antes de Pepper, parecia que as possibilidades do sax-barítono haviam se esgotado com Gerry Mulligan e com os músicos que seguiam seus passos, e que a única coisa que ainda restava era o aperfeiçoamento crescente desse estilo. Foi apenas com o som "cortante" de Adams que essa ideia veio abaixo. Em 1957, Pepper surgiu com a orquestra de Stan Kenton, em que ele era chamado The Knife. Segundo o baterista Mel Lewis, "nós o chamávamos The Knife porque sempre que ele se levantava para tocar um solo, sua execução nos atingia quase como uma chicotada. Ele espetava e batia, e, antes de terminar, ainda fatiava tudo". Adams está entre aqueles que mais contrariam a convicção de que é possível diferenciar músicos brancos e negros no jazz. Antes de suas primeiras fotos aparecerem nas revistas de jazz, toda a crítica europeia achava que ele era negro – e essa convicção ainda era reforçada pelo fato de ele ter crescido em Detroit: origem e celeiro de muitos músicos negros importantes de sua geração. "Hawkins", disse Adams, "me deixou uma gigantesca impressão". Nessa linha, outros músicos que se tornaram conhecidos depois de Pepper são Nick Brignola, Ronnie Cuber, Charles Davis, Bruce Johnstone, Bob Militelo, Glenn Wilson, Jack Nimitz e – da geração mais jovem – Denis di Blasio, Scott Robinson e Gary Smulyan. A maioria tocou em *big bands*, principalmente na orquestra de Woody Herman, esse verdadeiro *breeding ground* (celeiro) dos sax-baritonistas do jazz moderno – de Chaloff, nos anos de 1940, até Brignola e Gary Smulyan, nos anos de 1970.

Por causa de sua constituição material, o sax-barítono é um instrumento grande e pesado. Mas, também do ponto de vista técnico-instrumental, o *big horn* – como é denominado respeitosamente por vários músicos – impõe resistências, debate-se, como quem precisa ser domado. Segundo Nick Brignola, "toda vez que pego o *big horn*, eu o desafio, exatamente como ele me desafia. Tenho de conquistá-lo e, com isso, provar que se pode tocá-lo com força e convicção".

Brignola, falecido em 2002, foi a voz eminente do sax-barítono no neo-bop desde o fim dos anos de 1970. Em suas linhas ardentes e largamente arqueadas, ele foi um mestre da execução com "substitutos" (acordes novos derivados da harmonia original). "Se congelássemos um solo de Brignola e examinássemos seus desenhos sonoros, descobriríamos complexas teias melódicas", escreveu um crítico. "Adicione mais um elemento positivo à Brignola – seu forte compromisso rítmico – e então você terá uma nova forma comunicativa de swing."

De volta aos anos de 1960. Entre os músicos com inclinação ao free jazz, apenas dois sax-baritonistas dessa época se tornaram internacionalmente conhecidos: Pat Patrick, membro da Sun Ra Arkestra e, na Europa, o inglês John Surman, considerado por críticos japoneses como o "mais importante sax-baritonista do novo jazz". Suas improvisações transmitem a impressão de que algo novo é continuamente criado. Com redemoinhos sonoros em glissando, Surman ampliou a extensão do sax-barítono – limitada até então – para as regiões do *overblow* típicas do sax-tenor, de onde ele extrai uma sonoridade pontiaguda e crua, contrária ao som macio, tenro e espesso de seus graves. Pela segunda metade da década de 1970, sua música foi se tornando cada vez mais estética e "bela", refletindo algumas influências: a música folclórica inglesa e escandinava, a polifonia da música sacra inglesa e os modelos em *ostinato* da música minimalista.

Mats Gustafsson, o sueco que vive em Chicago desde meados dos anos de 1990, é um exemplo de como destilar os aspectos poderosos do free jazz europeu num estilo de sax-barítono próprio e inconfundível. Gustafsson, que tocou com Peter Brötzmann e Ken Vandermark, desconstrói em suas improvisações hínicas canções infantis e de ninar escandinavas, arrancando *overblows* e *split tones** da sonoridade enérgica do sax-barítono. Ele foi capaz de criar essas sonoridades individuais não apenas tocando seu sax-barítono, mas também vocalizando de forma altamente emotiva e musical no instrumento, "gritando" e "rugindo" por meio dele.

A presença do sax-barítono no free jazz dos anos de 1960 foi bem pouco explorada. Surman disse a esse respeito que o instrumento barítono, segundo sua própria natureza, possui uma inclinação muito mais forte que os outros saxofones a determinados padrões de frases e efeitos, e que, no âmbito do free jazz, ele tende claramente à coagulação de clichês. Foi só ao longo dos anos de 1970 e de 1980 que a cena do sax-barítono ganhou novamente dinamismo, o que se deve a músicos como Henry Threadgill, Mwata Bowden, Vinny Golia, Fred Ho, o finlândes Seppo Paakkunainen, o alemão Bernd Konrad e, sobretudo, Hamiet Bluiett. Threadgill, ligado tanto ao free jazz do trio Air quanto ao neoclassicismo de seu sexteto, toca o sax-barítono com uma leveza admirável, como se fosse uma flauta, o que não é de estranhar, na medida em que ele também é um flautista convincente do ponto de vista estilístico. Fred Ho (que antes se chamava Fred Houn) é um norte-americano de origens chinesas que desenvolveu uma sensibilidade particular para unir a música afro-americana e a asiática; sua execução ao sax-barítono é marcada por potentes pentatônicas. Segundo Ho, "muitas canções chinesas possuem uma natureza bem próxima ao blues". Seu sax-barítono possui uma dureza bluesística que remonta a Mingus e Julius Hemphill – expressiva, rústica e pesada. Como compositor, Ho escreveu longas suítes. Elas são conscientemente políticas e criticam, entre outros, o desenvolvimento social dos Estados Unidos. Em sua opinião, "músicos norte-americanos de origem asiática são marginalizados no jazz, pois em geral somos considerados estranhos e tudo o que fazemos é tido como 'exótico'".

Hamiet Bluiett, originário do Black Artist Group, domina a cena do sax-barítono desde meados dos anos de 1980 com a mesma soberania com que Harry Carney dominou o swing e Gerry Mulligan, o cool jazz. Ele dispõe da mais poderosa sonoridade no sax-barítono desde Harry Carney. Bluiett toca seu instrumento com aquela veemência vibrante e aquele poder que normalmente se associam aos sax-baritonistas de *big bands*, mas Bluiett adaptou esse timbre massivo de maneira espetacular à música de bandas – primeiro no contexto do free jazz, depois no do neoclassicismo. Destaque-se, sobretudo, o World Saxophone Quartet, que ainda veremos. "Ninguém bombeia mais ar para dentro do instrumento do que Hamiet Bluiett", disse Don Byron.

* Técnica que consiste em obter um efeito multifônico em instrumentos de sopro . (N. da T.)

"Você fica impossibilitado de realizar um monte de coisas técnicas dessa forma. O som dele é como um 'BUUUUM'!". Sem influência de Surman, Bluiett se tornou um virtuose do *overblow* com sax-barítono – até três oitavas acima da extensão de seu instrumento, com muitos portamentos bluesísticos, os característicos *smears* e *growls*. Posteriormente, ele passou a acentuar cada vez mais os registros graves. A esse respeito, ele dizia que "Serge Chaloff tocava o sax-barítono mais como um sax--alto. Mulligan, por sua vez, mais como um sax-tenor – assim como Lester Young tocaria se fosse um sax-barítono. Eu toco o sax-barítono como um sax-barítono". Bluiett fraseia com uma clara consciência das raízes africanas da música negra. Ele não é apenas um *free player*. Como tantos músicos do jazz de vanguarda cientes da tradição, ele toca "tudo": free e blues, bop e swing, dixie e rhythm & blues. Ele lida com tudo isso como se fosse um único tipo de música, pois de fato é assim que ele encara as coisas. James Carter, que também se destaca com o sax-tenor, avança a partir do ponto em que Hamiet Bluiett estaciona. Ele faz um "super-Bluiett" – com uma sonoridade igualmente enérgica e colossal, no entanto, explorando o *big horn* com uma agilidade técnica estupenda, incluindo ataques estridentes de *overblow*. Carter também é membro da Baritone Nation de Hamiet Bluiett, até hoje a mais imponente aglomeração de sax-barítonos: três *big horns* e Ronnie Burrage na bateria.

Não apenas do ponto de vista sonoro, mas também em relação à flexibilidade da entonação, Bluiett e Carter conferem uma expansão lógica à linha de Harry Carney. Eles transcenderam as características de seu instrumento e o transformaram numa parte integrante de si mesmos: por meio de *honks* e *slaps*, de sobretons vocalizados e *vibratos* dilacerantes, além do uso percussivo das chaves.

Mas também no jazz straight-ahead conservador e swingante, a sonoridade fulminante de Carney foi continuamente desenvolvida e ampliada. Nos últimos trinta anos, quem mais atuou nessa direção foi Joe Temperley. No começo, em 1974, ele adotou totalmente o estilo de seu ídolo Harry Carney, então recém-falecido, cujo lugar na orquestra de Ellington (agora dirigida por Mercer Ellington) fora assumido por ele. Desde então, Temperley buscou em inúmeras gravações – por exemplo, com Benny Carter, Humphrey Lyttelton e a Lincoln Center Jazz Orchestra – fazer que a sonoridade cálida e poderosa de Carney fosse constantemente levada adiante e desenvolvida.

"Se você é sax-baritonista numa banda, via de regra, você é o cara que fica sentado atrás da estante", dizia Claire Daly. A emancipação do sax-barítono como voz solista, de fato, foi acontecendo de maneira gradativa desde os anos de 1950 no campo das bandas, uma tendência que se fortaleceu no começo do século XXI. Claire Daly também é especialista em bandas. Embora tenha sido membro, por mais de dez anos, da *big band* de mulheres, a Diva, ela é uma especialista em pequenos grupos e cresceu em meio a todos as vertentes estilísticas – rock, *free*, *groove*, straight-ahead. Ela deu forma à sua sonoridade autoconsciente com base no modelo de Sonny Rollins e Rahsaan Roland Kirk, mas também de Leo Parker e Ronnie Cuber. Talvez ela seja a voz mais lírica do sax-barítono no jazz contemporâneo. Em virtude de sua sensibilidade para formar e "modelar" a sonoridade do sax-barítono, ela foi comparada por Billy Taylor ao sax-tenorista Ben Webster.

Na Europa, Steffen Schorn, que vive em Colônia, descobriu no fim dos anos de 1990 uma execução estimulante. Nenhum outro sax-baritonista é capaz de explorar de forma tão rica em variações os diferentes matizes dinâmicos e sonoros das notas graves desse saxofone como Steffen Schorn. Ele estudou com Sergio Celibidache e Hermeto Pascoal, é membro permanente, desde 1944, da Kölner Saxophon Mafia e, em suas improvisações potentes e saborosas, mostra muita habilidade para enriquecer seu *groove* abstrato com elementos brasileiros e indianos.

O sax-baritonista é o "lutador de sumô" das palhetas. O *big horn* é um instrumento desengonçado e pesado. "Carregar o instrumento já é, em si, um desafio", dizia Claire Daly. "É semelhante ao caso dos instrumentistas que tocam contrabaixo. É preciso que você seja extremamente impelido a essa sonoridade grave para aceitar carregar todo esse fardo."

A quantidade de jazzistas aptos a dominar semelhante instrumento é naturalmente pequena, embora ela venha crescendo permanentemente nos últimos vinte anos. Desde o começo do século XXI, é crescente o número de estilistas do barítono – como Claire Daly e Gary Smulyan, Stteffen Schorn e James Carter – preocupados em fazer que a voz de seu instrumento ganhe peso dentro dos pequenos grupos. Não é preciso ser muito clarividente para profetizar com Hamiet Bluiett: "No futuro, teremos mais e mais sax-baritonistas. O sax-barítono será um instrumento solista e não apenas um recurso complementar."

Os Grupos de Saxofones

Em nenhum outro lugar a ideia do diálogo musical aberto, característico do jazz, mostra-se tão claramente quanto num quarteto de saxofones. Em nenhum outro lugar dentro do universo do saxofone, essa ideia se implementa de forma tão acabada, fechada e vital quanto no World Saxophone Quartet. De fato, ouvir os saxofonistas desse conjunto é ouvir uma conversa entre quatro seres humanos, um fluxo contínuo de argumentos e contra-argumentos. Sem dúvida, o momento dialógico é vital à música dos grupos "puros" de saxofone e, na medida em que esse diálogo se faz mais claro e homogêneo no âmbito camerístico de um grupo de saxofone do que em outros grupos de formação "pura", pode-se entender a explosão de conjuntos de saxofones no jazz dos anos de 1980. Quando David Murray, Julius Hemphill, Hamiet Bluiett e Oliver Lake, em 1976, formaram o World Saxophone Quartet e, sem os instrumentos da seção rítmica – sem acompanhamento de bateria ou baixo –, mostraram possuir mais swing que algumas boas bandas de jazz, eles eram um caso isolado. Mas de lá para cá foram tantos os grupos "puros" de saxofones que se constituíram sob influência e em consequência do World Saxophone Quartet que há muito tempo já não é possível tratar desses grupos de saxofones – incluindo ainda uma série de *reeds*, ou seja, de instrumentos de madeira e mesmo as flautas – no capítulo "As Bandas do Jazz" e mostrou-se necessário dedicar uma subseção específica a eles.

O World Saxophone Quartet é o mais importante e influente grupo de saxofones do jazz. No entanto, ele não foi o primeiro. Muito antes de seu surgimento no jazz, havia quartetos de saxofones na música de concerto europeia, sobretudo na França. Mas a influência desses quartetos para o desenvolvimento do grupo de saxofones de jazz foi sempre e surpreendentemente pequena. O quarteto de saxofones surgiu no jazz com base numa legalidade própria e da lógica interna da música negra e improvisada.

"No princípio era Duke Ellington" – como em tanta coisa no jazz. De fato, já em fins dos anos de 1920, Duke arranjou as seções de saxofones de uma forma que ultrapassava o que na época se entendia como uma "seção típica". Já em "Hot and Bothered", uma gravação de 1930, a seção de saxofones da orquestra de Ellington ganhou tanta presença e autonomia que começou a operar menos como um corpo funcional da orquestra e muito mais como um novo instrumento, recém-descoberto e separado do conjunto orquestral. Em 1947, surgiu a sonoridade "Four Brothers" da orquestra de Woody Herman e, com ela, outra compreensão do saxofone "puro" no jazz. A sonoridade "Four Brothers", resultante da execução conjunta de quatro saxofonistas, imprimiu sua marca à imagem sonora da orquestra em todos os seus detalhes, incluindo a confecção de temas e arranjos. Quando se procura a origem da execução a quatro vozes dos quartetos de saxofones no jazz, ela é encontrada nessa imagem sonora homogênea e transparente do "Four Brothers" e das diversas gravações que seus saxofonistas realizaram também sem a *big band*.

Até onde sabemos, o primeiro grupo "puro" – sem base rítmica! – de saxofones de jazz surgiu na Europa, mais precisamente na Inglaterra, quando o sax-tenorista Alan Skidmore, o sax-baritonista e sax-sopranista John Surman e o sax-altista Mike Osborne se reuniram, em 1973, para formar o grupo fixo SOS. As improvisações livres desse trio (dele sobrou apenas uma gravação, feita em 1968-1969) nasceram inteiramente sob o impacto da novidade dessa combinação instrumental. O quanto a ideia de grupos "puros" de saxofones já pairava nos ares da época prova-o a gravação feita um ano depois por Anthony Braxton do álbum *New York Fall*, 1974, que, além do próprio Braxton, contou com a presença de Julius Hemphil no sax-alto, Oliver Lake no sax--tenor e Hamiet Bluiett no sax-barítono. Trata-se da mais antiga gravação de jazz para quarteto de saxofones da história, revelando já aquele espírito de *diálogo permanente* que haveria de se tornar tão importante para os grupos de saxofones posteriores (como o Rova Saxophone Quartet, que, aliás, citou essa gravação como fundamental para seu nascimento). Data do mesmo ano o lançamento do álbum *Saxophone Special*, gravado pelo sax-sopranista Steve Lacy e os saxofonistas Trevor Watts, Evan Parker e Steve Potts.

No entanto, apesar do esforço desses precursores, os grupos "puros" de saxofones continuaram sendo uma curiosidade. Foi apenas com o World Saxophone Quartet que esse agrupamento instrumental – até então visto como "inabitual" e "exótico" – tornou-se uma instituição no jazz ou mesmo um gênero de música instrumental. Com a vitalidade e o dinamismo de uma execução pontuada de *riffs* selvagens e emocionantes – que convertem as improvisações coletivas do free jazz em swing, rhythm & blues, bebop, jazz de Nova Orleans, Ellington e Mingus –, o World Saxophone Quartet evidencia de modo exemplar como se constitui um quarteto jazzístico de saxofone. Cada saxofonista possui uma sonoridade inconfundível e própria e, não obstante, elas se fundem numa combinação musical coletiva, que resulta numa voz *unitária* e maior do que a soma das partes.

A falta de base rítmica nos quartetos de saxofones – os próprios saxofonistas têm de assumir essa função rítmica – gera uma maior preocupação dos músicos com o fraseado. Nesse sentido, o World Saxophone Quartet (WSQ) teve um papel pioneiro. Seu primeiro concerto, em dezembro de 1976 na Southern University, em Nova Orleans, contava ainda com o apoio de uma base rítmica. Depois – premido por razões financeiras – o grupo se apresentou sem acompanhamento de baixo e bateria. Desde então, os quatro músicos transpõem o beat para dentro da linha dos saxofones, e isso de forma tão intensa e vital, com tanto swing *to the point* que a ninguém mais ocorre indagar por uma *rhythm section*.

A dificuldade para substituir qualquer uma das vozes desse grupo mostra o extremo grau de coesão do WSQ. Depois de Julius Hemphill ter deixado o WSQ em 1986, seu lugar foi ocupado por variados saxofonistas – James Spaulding, John Stubblefield, Arthur Blythe e Eric Person –, até John Purcell se estabelecer no grupo e com o som de seu *saxello* (em acréscimo à sonoridade *reed* habitual) propiciar um upgrade à música do WSQ.

Nesse meio-tempo, o WSQ gravou com a cantora Fontella Bass, em 1992, com percussionistas africanos, em 1985, e com o baterista Max Roach, uma gravação inédita até hoje. Embora o som do WSQ tenha se tornado, depois de três décadas, um tanto autocomplacente e previsível, no que concerne ao *groove* e à motricidade rítmica, ele ainda detém a hegemonia no âmbito dos quartetos de saxofones.

O Rova Saxophone Quartet tornou-se, junto com o WSQ, o mais importante quarteto de saxofones – contrapondo-se-lhe como um polo "frio". Fundado em 1977 em São Francisco, com Larry Ochs, Bruce Ackley, Jon Raskin e Andrew Voigt (este último substituído em 1988 por Steve Adams), o grupo talvez transcenda até mesmo o World Saxophone Quartet em matéria de complexidade e refinamento na invenção de novas sonoridades para o instrumento, mas não possui nem de longe sua vitalidade e força. Comparada com o som mais rústico e veemente do WSQ, sua música parece fria e abstrata; contudo, ela é extraordinariamente densa e encadeada. Com suas complicadas linhas entrelaçadas provenientes do free jazz (de Anthony Braxton em particular), o Rova Saxophone Quartet consegue fazer que o espontâneo e o predefinido se relacionem de maneira tão artística que até mesmo os especialistas acham difícil dizer onde termina a composição e onde começa a improvisação. Os músicos desse quarteto se expressam de forma tão completa no grupo que até hoje – começo do século XXI – eles sentiram pouquíssima necessidade de fazer gravações fora do contexto do Rova.

Por mais que os instrumentos individuais da família dos saxofones se diferenciem entre si, eles também possuem, assim como os instrumentos de corda, uma grande homogeneidade sonora. Uma vez que o grau de fusão de seus timbres é muito elevado, os grupos de saxofones jazzísticos tornaram-se uma grandeza fixa. De todos os quartetos de saxofones que existem, o 29th Street Saxophone Quartet (com Bobby Watson, Jim Hartog, Ed Jackson e Rich Rothenberg) é o que possui o fraseado mais melódico e pregnante. Em suas linhas contrapontísticas e emocionantes, o dinamismo elástico dos ritmos do bebop depara de maneira bastante interessante com as melodias e os ritmos incisivos e instigantes da *street music* – o funk, o rap, o soul e o hip-hop. O 29th Street Saxophone Quartet possui equilíbrio e homogeneidade. Segundo o sax-tenorista Rich Rothenberg, "numa *big band*, a base é fornecida por toda a *section* de saxofones. Em nosso caso, no entanto, cada músico é, por si e em si, uma *section*".

A onda dos quartetos de saxofones, desencadeada no começo dos anos de 1980, tirou um proveito considerável da arte do solo não acompanhado, o qual, por sua vez, tornou-se um gênero próprio no jazz dos anos de 1970. "Quando surgiu a ideia do quarteto de saxofones, isso parecia uma coisa natural", explicou Oliver Lake, a respeito do WSQ. "Cada um de nós podia figurar uma noite inteira como solista não acompanhado; nesse sentido, parecia fácil enfrentar uma noite inteira de quarteto sem seção rítmica." Outros importantes quartetos de saxofones que reformularam e refinaram o conceito do World Saxophone Quartet de um modo pessoal são o Your Neighborhood Saxophone Quartet e o Windmill Saxophone Quartet, nos Estados Unidos; Itchy Fingers e o Hornweb Saxophone Quartet, na Inglaterra; o Atipico Trio com Carlo Actis Dato, na Itália; o New Art Saxophone Quartet, na Suíça, também bem-sucedido na música de câmara erudita; o grupo Saxofour (com Wolfgang Puschnig e Klaus Dickbauer), na Áustria; Position Alpha, na Suécia; por fim, a Ta Lam de Gebhard Ullmann e a Kölner Saxophon Mafia, na Alemanha.

O Your Neighborhood Saxophone Quartet cultiva, em moldura camerística, a grande tradição de saxofone das orquestras de swing, de Basie até Ellington. Sediado em Washington D.C., o Windmill Saxophone Quartet se especializou em trabalhos com músicos convidados que tocam outro instrumento, a exemplo dos pianistas Ran Blake e Frank Kimbrough, do baixista bem Allison e do percussionista Mark Merella.

Com suas improvisações bem-humoradas, os Itchy Fingers (Mike Mower, Martin Speake, John Graham e Howard Turner) parecem um caleidoscópio estilístico fascinante e maluco: sobrepondo-se e volteando-se de várias maneiras, latin, pop, bebop, funk e jazz rock formam modelos sempre novos e fascinantes. Os Itchy Fingers oriundos da Orquester Hiatus, com doze integrantes, não foram originalmente concebidos como um quarteto de saxofones. Tratava-se antes de compensar a sonoridade do Hiatus, pois a orquestra havia caído em dificuldades financeiras; por isso, Mike Mower escreveu arranjos para o conjunto de saxofones como quem pensa numa *big band*. Com humor anárquico, o Position Alpha faz toda a selvageria e avidez do punk irromper no campo dos grupos de saxofones, mas seu fraseado deixa entrever uma especial devoção às canções de marinheiro da música folclórica sueca.

O mais criativo e duradouro conjunto de saxofones do jazz europeu é o Kölner Saxophon Mafia, fundado em 1982. Ele representa uma execução marcadamente europeia, vinculando em sua música de câmara potente e cheia de *groove* doses de humor à paixão por grandes desenvolvimentos formais e harmonias complexas. Ao mesmo tempo, o Kölner Saxophon Mafia descobriu caminhos interessantes para promover a diversidade rítmica dentro de um conjunto de saxofones.

Paradoxalmente, a imagem sonora do Kölner Saxophon Mafia não encolheu com a redução do grupo de um sexteto para um quinteto, em 1986, e, posteriormente, para um quarteto, em 2003; antes, ficou ainda maior. Isso é resultado, de um lado, da soma de competências improvisatórias – de fato, Roger Hanschel, Wollie Kaiser, Joachim Ullrich e Steffen Schorn estão entre os melhores improvisadores do jazz alemão – e, de outro, do fato de que, por mais de duas décadas, o Kölner Saxophon Mafia ampliou continuamente a extensão e as possibilidades de seu som. O seu instrumental vai desde o raro subcontrabaixo tubax em Si bemol – um tipo especial de saxofone que soa uma oitava abaixo do sax-baixo –, passando pelo clarinete-contralto até instrumentos agudos pouco utilizados, como o sax-mezzo-soprano e o sopranino.

É importante notar que o desenvolvimento de grupos "puros" de saxofones exige um novo modo de tocar, o que se aplica especialmente aos saxofones graves. O sax-barítono sustenta o conjunto – normalmente como instrumento harmônico – e, entretanto, precisa atender à exigência de atuar no conjunto como um integrante solista igual aos demais. As linhas de Hamiet Bluiett foram fundamentais para a definição do modo de execução do sax-barítono num grupo de saxofones: em *riffs* pulsantes e propulsantes que, no entanto, irrompem no contexto do conjunto sempre como voz solista. Seguindo o modelo de suas improvisações – de um lado, o barítono como centro de gravidade, de outro lado, como legítimo instrumento solista –, vários músicos continuaram desenvolvendo nos grupos de saxofones os recursos desse instrumento: Jon Raskin, Jim Hartog, Tom Hall, Steffen Schorn, Steve Adams.

É tão rico o modo como os conjuntos de saxofones supramencionados "celebram" sonoridades saxofonísticas novas e inabituais que seria impossível qualquer previsão nesse sentido há vinte ou trinta anos. É um desenvolvimento que não cessa, que segue sempre adiante.

A FLAUTA

No começo dos anos de 1950, os comentários sobre a flauta faziam parte da seção "Outros Instrumentos" deste capítulo e não constituíam uma seção específica deste livro. Mas, à medida que o clarinete foi saindo de cena, a flauta foi conquistando espaço. Assim, por volta da segunda metade dos anos de 1950, ela passou a ocupar a posição que antes, nos velhos tempos do swing, fora privilégio do clarinete: a de uma eminência triunfante, leve e jocosa. Em meados de 1970, sob influência de Coltrane, essa posição começou a ser transferida para um segundo "sucessor do clarinete": o sax-soprano.

A flauta possui uma tradição relativamente curta no jazz. O solo de flauta mais antigo que conhecemos é o do cubano Alberto Socarras de uma gravação feita em 1927 com a orquestra de Clarence Williams – "Shootin' the Pistol". Socarras era na verdade clarinetista e sua flauta ainda possuía aquela rigidez e dureza típica de um músico proveniente da escola clássica europeia. O primeiro flautista de jazz que realmente merece ser levado a sério é Wayman Carver. Em "Sweet Sue", uma gravação da Spike Hughes and His All American Orquestra, de 1933, ele tocava seu instrumento com uma elasticidade impressionantemente moderna. Nos tempos iniciais do swing, Chick Webb também utilizou a flauta ocasionalmente em sua orquestra. Mas até então esse instrumento ainda era visto como uma curiosidade. É estranho como isso mudou abruptamente: no começo dos anos de 1950, surgiu uma legião de flautistas de jazz e, quando menos se viu, a flauta já estava consolidada no universo jazzístico. Apenas com a ampla difusão do microfone é que foram criadas as bases técnicas para que a "delicada" flauta – preterida nos grandes *dance halls* dos anos de 1920 e de 1930 pelo som estrondoso do saxofone e do trompete – pudesse se impor como um instrumento solista.

O primeiro músico a gravar solos modernos de flauta foi o sax-tenorista Jerome Richardson: seu solo em "Kingfish", gravado em 1949 com Lionel Hampton, irradia um bop *feeling* vital e imediato. Em seguida, foi a vez de Frank Wess e Bud Shank se tornarem conhecidos. Wess, já mencionado na subseção "O Sax-tenor" da seção "A Família dos Saxofones" deste capítulo, pertencia à orquestra de Count Basie, conceito máximo em matéria de swing. Nessa época, a flauta era tida pelos fãs de jazz como "inimiga do swing", no entanto, Wess tocava esse instrumento com a mesma naturalidade com que um jazzista toca trompete ou saxofone.

Frank Wess é um divisor de águas na história da flauta. No entanto, foi Lester Young quem tornou possível a inserção desse instrumento de pouca penetração sonora no jazz, pois, graças a ele, o fraseado jazzístico, flexível, elástico e moderno ganhou predominância diante da construção expressiva do som. Lester Young é o "principal culpado" por esse deslocamento de acento da construção do som para o fraseado; por isso, os flautistas de jazz devem muito a ele. Frank Wess evidencia isso de uma maneira quase irônica. Como sax-tenorista, ele pertence à escola de Coleman Hawkins, mas, como flautista, ele pertence à orientação de Lester Young. Wess tocou seus solos mais interessantes de flauta em 1955, num disco com Milt Jackson (vibrafone), Hank Jones (piano), Eddie Jones (baixo) e Kenny Clarke (bateria): o *Opus de Jazz*.

Bud Shank foi o mais importante flautista do jazz da Costa Oeste. Ele veio da orquestra de Stan Kenton e, ainda em 1950, sob influência da música latino-americana, fez um interessante solo de flauta em "In Veradero". Posteriormente, seus duos com Bob Cooper, temperados pelo swing de Max Roach, chamaram muita atenção. Yusef Lateef toca com uma forte influência da música árabe e asiática – não apenas a flauta, mas todos os seus outros instrumentos. Além da flauta de concerto convencional, ele utiliza um arsenal inteiro de flautas não ocidentais: uma flauta de bambu chinesa, uma flauta da música popular eslovaca, uma flauta de cortiça, a flauta árabe *ney*, a flauta taiwanesa e uma flauta *ma ma*, construída por ele próprio.

Também são dignos de menção Sahid Shihab, James Moody, Herbie Mann, Sam Most, Buddy Collette, Paul Horn, Rahsaan Roland Kirk, Joe Farrell, James Spaulding, Eric Dixon e Sam Rivers. Muitos deles, é bom lembrar, são saxofonistas que usam a flauta como segundo instrumento. É o caso de James Moody, o sax-altista e sax-tenorista que já mencionamos em "O Sax-tenor". Ele provinha do círculo inaugural do bebop dos anos de 1940; embora a flauta fosse para ele apenas "um instrumento entre outros", ele esteve durante mais de cinquenta anos entre os melhores flautistas do jazz – um *bopper par excellence* também nesse instrumento.

Sam Most começou em 1948 como clarinetista da orquestra de Tommy Dorsey, mas depois mudou para a flauta, sentindo que, por meio dela, expressaria melhor as ideias modernas que tinha em mente. Ele foi o primeiro flautista branco a tocar verdadeiros solos de bebop em seu instrumento – por exemplo, em "Undercurrent Blues", de 1953.

Sam Most e Herbie Mann contribuíram em igual medida para a crescente popularidade da flauta de jazz. Em 1955, eles gravaram discos e se apresentaram juntos em duelos excitantes, embora "frios". Depois desses concertos, os fãs de Most costumavam exclamar: "Most is the man!" (Most é o cara!), a que os fãs de Herbie Mann respondiam: "Mann is the most!" (Mann é o máximo!).

Mas Herbie Mann seria por muito tempo o mais bem-sucedido flautista de jazz. Com seus solos brilhantes, ele contribuiu decisivamente para que a flauta obtivesse um lugar digno nesse universo musical, a começar pela inversão de papéis em relação aos instrumentos: seu instrumento principal era a flauta e só esporadicamente é que ele tocava sax-tenor. Mann (1930-2003) absorveu muitos impulsos provenientes das culturas musicais do mundo em suas gravações de jazz: elementos brasileiros, africanos, árabes, judeus, turcos e caribenhos. Embora houvesse algo de superficial em tais fusões – elas eram mais uma "jazzificação" do folclore do que uma verdadeira e recíproca interpenetração –, Mann contribuiu muito para a expansão do espectro estilístico do jazz. Nos anos de 1970 e de 1980, ele também gravou rock e *fusion*. Seu "Memphis Underground", de 1968, reapareceu em formato sampleado em vários *remixes* do *dance jazz* dos anos de 1990.

No lugar de Herbie Mann, que, de 1957 a 1970, figurou em primeiro lugar na votação dos leitores da revista *Down Beat*, surgiu, em 1971, o flautista Hubert Laws. A nova estrela da flauta de jazz é um técnico brilhante, dono de uma sonoridade típica da música de concerto. Ele fez excelentes adaptações jazzísticas de obras clássicas de Bach, Mozart, Debussy, Stravinski etc., mas também gravou jazz rock e *fusion*. Nesse campo, Laws ainda desenvolveu sua execução na flauta *piccolo* com muita maestria.

Paul Horn, que se tornou conhecido na segunda metade dos anos de 1950 por sua participação no quinteto de Chico Hamilton, gravou, nos anos de 1970, solos de flauta não acompanhados no sarcófago do Taj Mahal, o famoso mausoléu indiano. Na cúpula de trinta metros de altura da maravilhosa edificação, o som da flauta ecoa "como um coral de anjos", multiplicando-se centenas de vezes como numa sala de espelhos acústica. É como se um mantra se transformasse em música para flauta. O sucesso desse álbum intitulado "Inside" foi tão grande que, depois dele, veio um segundo nessa linha da meditação espiritual, agora gravado na câmara mortuária de Quéops e de outras pirâmides egípcias. Mais tarde, Horn se projetaria como o flautista universal da música do mundo. Ele viajou pela China e pela União Soviética recolhendo as técnicas de flauta não ocidentais para introduzi-las no universo da flauta de concerto europeia: elementos indianos, tibetanos, chineses e japoneses. Suas gravações "em duo" com o canto das baleias também despertaram muito interesse.

A cena da flauta não para de se renovar. É como se houvesse uma fonte inesgotável de flautistas. É cada vez mais comum encontrar saxofonistas que, depois de fazerem da flauta um segundo instrumento, descobrem de repente que ela se tornou seu instrumento principal, como já ocorrera antes com James Moody.

Eric Dolphy, o vanguardista morto em 1964, ocupa um posto de especial importância nesse contexto. No entanto, sua influência como flautista só foi percebida pelos músicos em meados dos anos de 1970, ao passo que seu sax-alto e, mais ainda, seu clarinete-baixo ganharam fama no mundo do jazz imediatamente após sua morte. Dolphy foi atraído pela flauta experimental de Severino Gazzelloni – o flautista erudito italiano de ideais progressistas. Entre eles nasceria uma fecunda relação de influências recíprocas envolvendo o jazz e a nova música. Quando visitou a Europa, Dolphy tomou algumas aulas com o italiano e dedicou a ele a peça "Gazzelloni", no álbum *Out to Lunch*. Gazzelloni, por sua vez, foi fortemente marcado pelas inovações rítmicas das improvisações de Dolphy. A genialidade de Dolphy resume tudo o que o conceito "flauta de jazz" significa na cena contemporânea. A leveza, a transparência e a clareza de seu estilo revelavam uma mensagem totalmente diversa daquela que Dolphy evocava com seus outros instrumentos. Quem conheceu pessoalmente esse grande músico talvez tenha ficado com a impressão de que a flauta transmitia mais de sua personalidade – de sua doçura e amabilidade – do que a profusão expressiva arrebatadora de seu sax-alto ou a carga de sofrimento de suas improvisações no clarinete-baixo. Dolphy costumava dizer que sua flauta era inspirada nos sons e nas impressões da natureza: o sussurro do vento, o zunido das abelhas e o canto dos pássaros.

Os flautistas europeus – com sólida formação clássica – foram os primeiros a compreender a mensagem de Dolphy na flauta: o búlgaro Simeon Shterev, o tcheco Jirí Stivín, o alemão Emil Mangelsdorff e o holandês Chris Hinze. Hinze está ligado principalmente ao jazz rock; Mangelsdorff possui um som particularmente cheio e rico; Stivín – também excelente compositor e sax-altista – é um virtuose da tradição musical popular da Boêmia; Shterev serve-se da rica herança musical do folclore balcânico.

Muitos desses flautistas cultivam a técnica do *overblow*. Soprando e cantando (ou sussurrando) simultaneamente no instrumento, eles conseguem produzir duas, três ou quatro vozes, criando, com isso, uma intensidade jazzística espantosa. Quem conhece a flauta com base na música clássica – da música barroca, digamos – não entende muito bem como é possível extrair dela uma intensidade jazzística semelhante à do sax-tenor, por exemplo. Foi graças ao *overblow* que a flauta ganhou intensidade e pôde trilhar seu caminho pelo jazz contemporâneo.

Os primeiros jazzistas a tocar flauta com *overblow* foram Most e Sahib Shihab (este já apresentado na subseção "O Sax-barítono" da seção "A Família dos Saxonofes" deste capítulo) em meados dos anos de 1950. Desde os anos de 1970, essa técnica é utilizada por praticamente todos os flautistas, especialmente pelo falecido Rahsaan Roland Kirk, que, em seus *overblows*, não apenas cantava dentro do instrumento (como seus predecessores), mas praticamente falava e gritava. Às vezes, quando Kirk tocava sua flauta – e simultaneamente (!) sua *nose flute*, soprada pelo nariz –, era como se aquelas diversas sonoridades simultâneas explodissem em múltiplas direções.

Um mestre do *overblow* é Jeremy Steig. Ele foi o primeiro flautista a incorporar efetivamente os ruídos produzidos durante a execução – do ar, das chaves – ao discurso musical, diferentemente, pois, de Roland Kirk, que ainda buscava nos ruídos apenas um momento extra de vitalidade. Em 1976, Steig gravou duos camerísticos altamente interessantes com o baixista Eddie Gomez. Ele também foi muito feliz em integrar a flauta elétrica ao contexto dos grupos acústicos.

Dave Valentin, Tom Scott, Gerry Niewood e as divas Bobbi Humphrey e Barbara Thompson são flautistas que se tornaram conhecidos no campo do jazz rock. Dave Valentin, que estudou com Hubert Laws, toca suas linhas "solares" e claras com um otimismo e uma leveza oriundos dos ritmos elásticos da música latino-americana, sobretudo da brasileira.

Outros dois flautistas que "latinizaram" a ultravirtuosa pegada de Hubert Laws são o cubano Orlando "Maraca" Valle e o porto-riquenho Nestor Torres. Maraca, que tocou seis anos na banda Irakere, alia uma técnica clássica brilhante a explosivas melodias afro-cubanas. Em sua banda Y Otra Vision, um celeiro da jovem cena jazzística cubana, ele se ocupou, nos anos de 1990, de uma renovação da tradição da "descarga" – uma disputa musical espontânea análoga às *jam sessions*.

Os solos em registro agudíssimo de Torres não têm paralelo no universo da flauta de jazz. Seu sopro ritmicamente sensível e sua execução de *high notes* são frutos das *jams* partilhadas com o percussionista Tito Puente – "King of Mambo" – em bandas de salsa. Naquela época, Puente lhe deu o seguinte conselho: "Se você quer entrar nesse tipo de música, você tem de permanecer sempre lá em cima e tocar na terceira oitava."

A flauta sempre possuiu uma vocação particularmente forte para a música do mundo: primeiramente com Yusef Lateef e Bud Shank, nos anos de 1950, depois com o incrível Paul Horn e, por fim, com o fenomenal músico brasileiro e multi-instrumentista Hermeto Pascoal, que extrai *overblows* da flauta com uma intensidade "obsessiva". Certa vez, Bob Moses chamou Pascoal de o "Deus na Terra". Com suas melodias repletas de um humor hilário e muito calor humano, Hermeto (que, além da flauta, também toca acordeão, saxofone, teclados e usa objetos do cotidiano para fazer música) manifesta uma alegria quase infantil em criar um sentido musical com base em situações musicalmente caóticas.

Douglas Ewart, Henry Threadgill, Oliver Lake, Prince Lasha, George Adams, Gary Thomas, Dwight Andrews, Mary Ehrlich e, o mais importante de todos, James Newton são flautistas significativos que, com maior ou menor intensidade, passam pela execução "livre", naquele sentido amplo que implica um diálogo inovador com a tradição do jazz. Todos foram fortemente influenciados por Eric Dolphy.

Nenhum flautista de jazz assimilou e levou adiante a herança de Dolphy de maneira tão autônoma e inconfundível quanto James Newton. Ele possui a maior e mais robusta sonoridade de flauta – penetrante, pujante e cheia. De outro lado, ele nunca se excede no volume, irradiando uma elegância que às vezes lembra o som expressivo da flauta *shakuhachi*. Um dos poucos jazzistas que tem na flauta seu instrumento principal, Newton levou a arte do *overblow* a um grau de maestria difícil de ultrapassar: ele cria multifonias de até quatro vozes e, de uma forma impressionante, consegue tocar e vocalizar em linhas contrapontísticas ao mesmo tempo. "Isso que faço tocando e usando a voz ao mesmo tempo tem muito a ver com o modo como os metais da orquestra de Ellington fazem seus *growls*." O mais belo disco de Newton (*Echo Canyon*) – opinião que também é sua – foi gravado em Echo Canyon, no Novo México, um gigantesco anfiteatro natural criado sobre uma erosão: nele, Newton dialoga com ecos que se refratam em múltiplas direções, como se em todos os cantos do *canyon* houvesse parceiros musicais fazendo um contracanto; ao mesmo tempo, ele integra o som da natureza a seu próprio som – pássaros, coiotes, pedras em queda livre etc.

Em 2002, James Newton apareceu nas manchetes dos jornais por conta de uma polêmica envolvendo o grupo pop Beastie Boys, que, segundo ele, no hit "Pass the

Mic" teria sampleado partes de sua composição para flauta intitulada "Choir". A queixa apresentada por ele contra o grupo não teve êxito judicial.

Nos anos de 1990, foram principalmente duas mulheres que assimilaram e desenvolveram de modo original o estilo enérgico e vocal de Newton: a canadense Jane Bunnett e a norte-americana Nicole Mitchell. Bunnett, que também se destaca como sax-sopranistas, gravou em 1989 no álbum *New York Duets* alguns duos contagiantes com o pianista (e seu mentor) Don Pullen. Em relação à flauta de jazz, talvez não seja um exagero dizer que seu *vibrato* é o mais "expressivo" de todos; e ela é de uma competência extrema na arte de colorir emocionalmente o som quase sempre cálido, apaixonante e sentimental de sua flauta. Mitchell, membro da AACM e de formação clássica, entrega-se com uma vitalidade rara às *roots* africanas da *great black music*. Ela é cofundadora da primeira banda de mulheres da AACM: a banda Semana.

"Se você toca flauta, você tem de enfrentar uma série de preconceitos propagados sobre esse instrumento e sua sonoridade", disse certa vez um flautista. De fato, é muito fácil fazer da flauta um instrumento de sonoridade "bonita" e superficial; todavia, também é verdade que esse clichê, por mais injusto que seja, reflete um comportamento dos próprios flautistas de jazz. Alguns tendem a escolher ambientes onde seja fácil tocar flauta de modo fluente, leve e claro. Só que não é esse o caso de Jamie Baum, flautista nova-iorquina que sempre procura se juntar a grupos densos, desafiadores, que lhe façam crescer como flautista. Exemplos disso: seus diálogos com Dave Douglas, Randy Brecker e outros. Baum se destacou como compositora e *bandleader* e como flautista – suas linhas são escuras e contrapontísticas, e, apesar de propensas à abstração, possuem um maravilhoso swing *feeling*.

Muitos desses flautistas mencionados aliam a execução tradicional às chamadas *extended techniques* (técnicas ampliadas). Um músico que expandiu em termos dramáticos o espectro das *extended techniques* e, com isso, das correlatas possibilidades de expressão da flauta, é o norte-americano Robert Dick. Ele descobriu uma miríade de novas sonoridades na família das flautas (da flauta *piccolo* à flauta contrabaixo): a par da respiração circular (que já se tornou padrão), de glissandos multifônicos incomuns e de colorações tímbricas, ele desenvolveu também uma espécie de *whisper tones* em registros extremamente graves, assim como uma extensa paleta de efeitos percussivos e vocais.

Dick passou dez anos na Suíça antes de voltar para Nova York, onde improvisou com John Zorn e Ned Rothenberg. Em virtude da intensidade de seu som, ele foi denominado o "Jimi Hendrix da flauta", uma comparação que pode falhar em vários sentidos, mas que contém um grão de verdade. Dick foi atraído para a execução aberta ouvindo Hendrix e outros guitarristas de rock dos anos de 1960. Ele trouxe para a flauta essa mesma vastidão de possibilidades sonoras, não apenas criando novas técnicas, mas também inventando instrumentos estranhos. Além do seu arsenal tradicional, ele toca uma flauta com chaves adicionais e outra contendo uma "vértebra cervical superior para glissando" – uma barra parecida com um telescópio que lhe permite modular e distorcer o som da flauta de forma semelhante aos efeitos da *whammy bar* da guitarra elétrica. O lema de Rockert Dick é: "Se posso ouvir um som dentro de mim, então também posso tocá-lo." O norte-americano John Savage, o suíço Matthias Ziegler e o alemão Michael Heupel são flautistas de jazz cujo modo de tocar é influenciado – direta ou indiretamente – pelas *extended techniques* de Robert Dick. No caso de Savage, que estudou com Andrew Hill, as *extended techniques* estão a serviço de conteúdos musicais e não de frivolidades técnicas. Ziegler, que se tornou conhecido tocando com Mark Dresser, dispõe de uma palheta quase orquestral de timbres e sonoridades na flauta – ele descobriu estruturas sonoras inabituais: sons que lembram harmonias corais esféricas até sonoridades parecidas com a onda seno da música eletrônica. Entre outros instrumentos, Ziegler toca a flauta *matusi* inventada por ele – essa flauta possui uma membrana embutida que vibra com o sopro.

No *mainstream* contemporâneo dos anos de 1980 e de 1990, destacam-se, dentre outros, os seguintes nomes: Steve Slagle, Robin Kenyatta, Jerry Dodgion, Steve Kujala, Kent Jordan, Holly Hofmann, Ali Ryerson e Anne Drummond. Jordan, proveniente de Nova Orleans e filho do saxofonista Kidd Jordan, toca flauta *piccolo* no âmbito do neo-hard bop com um virtuosismo estupendo. Por meio de seu swing, ele emancipou esse instrumento, que até então limitava-se a funções predominantemente ornamentais. Anne Drummond, que se tornou conhecida ao lado de Kenny Barron, cultiva uma sensível execução com *legato*, inspirada nas melodias delicadas e afetuosas da bossa nova brasileira. Lew Tabackin, que foi um dos líderes da *big band* Akiyoshi-Tabackin, com virtuosísticas excursões de flauta em quartetos ou em sua *big band*, adquire às vezes uma sonoridade que (análoga à de Newton) lembra a dos flautistas japoneses da *shakuhachi*. Segundo Tabackin, "não é mero detalhe que minha esposa seja japonesa. Absorvo essas sonoridades involuntariamente".

É importante ter claro que não existe *a* flauta, mas existem *as* flautas – nenhum instrumento é tão múltiplo. Todas as culturas musicais do planeta construíram seus tipos específicos de flauta. À medida que os jazzistas aprofundaram seu diálogo com as culturas musicais do mundo, eles foram descobrindo essa diversidade. Certa vez, por ocasião do New Jazz Meeting Baden-Baden, fiz [J.-E. Berendt] algumas gravações com Don Cherry, que chegou munido de 35 flautas diferentes, dentre elas a flauta chinesa *shuan* de cerâmica, a sul-americana "Pássaro Maia", a flauta de Bengala, uma flauta de bambu, uma de metal em Si, uma de plástico em Dó, além de flautas indianas, da América do Norte, flautas japonesas etc.

O encontro entre o jazz e as influências musicais das grandes culturas do mundo acontece com muita fluidez e naturalidade na flauta. Na edição anterior deste livro, previu-se que o horizonte jazzístico da flauta se expandiria ainda mais. Foi exatamente isso que aconteceu: desde os anos de 1990, com instrumentistas da África, da América Latina e da Ásia, foram introduzidas no world jazz novas sonoridades e técnicas de flauta, e isso de maneira crescente.

Orlando "Maraca" Valle, já mencionado, reúne em sua execução duas tradições que se desenvolveram de forma independente. Ele provém tanto dos grandes mestres flautistas do *son* cubano – de músicos como Antonio Arcaño e Richard Egües – quanto dos flautistas virtuoses do jazz especializados em *latin music*, a exemplo de Hubert Laws e Dave Valentin. Ao entrecruzar essas duas linhas de influência, a improvisação na flauta foi conduzida por sendas jamais vistas em termos de vigor e ímpeto.

Kudsi Erguner, o grande mestre turco da música sufi, mudou-se para Paris, onde, com sua flauta *ney* oriunda dos rituais "dervis", aderiu ao jazz e se abriu a novas ideias e estímulos. Hozan Yamamoto, um dos maiores músicos do *shakuhachi* japonês, talvez o maior de todos, foi quem trouxe para o jazz essa flauta de bambu tão expressiva (provavelmente o instrumento mais expressivo de toda a família das flautas disseminada pelo mundo). Veja-se, por exemplo, seu trabalho com a cantora Helen Merrill e com o percussionista Masahiko Togashi.

Um músico de contagiante sensibilidade jazzística e ao mesmo tempo de enraizamento profundo no folclore balcânico da Bulgária é Theodosii Spassov. Ele tocou com Trilok Gurtu, Anatoly Vapirov e Rabih Abou-Khalil e sua execução na flauta *kaval*, flexível e aberta estilisticamente, revolucionou o instrumento. A flauta *kaval* é uma flauta de madeira sem chaves e com seis orifícios na parte de cima. Na parte de baixo da flauta, encontram-se outros quatro pequenos orifícios, denominados *dyavolski dupli* (orifícios do diabo). O som – a intensidade das notas – depende deles. Segundo uma lenda búlgara, o diabo roubou a flauta *kaval* de um pastor adormecido e furou os quatro orifícios no intuito de estragar o instrumento. Mas o resultado foi justamente o contrário, pois o som da flauta ficou ainda melhor. Por fim, o pastor soprou a flauta e o diabo foi embora derrotado.

Na música búlgara tradicional, a flauta *kaval* é tocada diatonicamente, mas Spassov extrai um fraseado cromático desse instrumento. Por meio de técnicas especiais de sopro e dedilhado, ele também modifica a sonoridade de seu instrumento. Spassov fez da flauta *kaval* um instrumento solo elástico, potente e completamente legítimo do ponto de vista do jazz.

Ronu Majumdar e Steve Gorn, que tocam a flauta *bansuri* (uma flauta indiana transversal de bambu), introduziram no jazz as técnicas artísticas do *slide* e da ornamentação – Steve Gorn em parceria com Glen Velez, Majumdar em sutis diálogos com Jon Hassell e Dhafer Youssef.

Malik Mezzadri, conhecido como Magic Malik, talvez seja o flautista mais impressionante do novo jazz dos migrantes europeus. No entanto, ele toca a flauta europeia "convencional" de concerto. Nascido na Costa do Marfim e crescido em Guadalupe, ele estudou flauta clássica em Marselha e migrou, aos 19 anos, para o *melting pot* de Paris, tornando-se uma sentinela ativa da cena jazzística jovem. "Em Paris, se você vai a um *jazz club*, você pode encontrar músicos cubanos, indianos, servo-croatas... É maravilhoso". Magic Malik tocou M-base na banda de Steve Coleman e fundou, em 1999, sua Magic Malik Orchestra, que reúne as mais distintas partículas estilísticas. Geralmente, ele é questionado por que um músico da Costa do Marfim mistura tanta coisa em seu jazz: música peruana dos Andes e *club beats* eletrônicos, música clássica e música *raï* da Algéria, elementos africanos e *drum'n'bass*, *fusion* e reggae. Segundo Malik:

> Na minha música, tudo gira em torno do coração, do cérebro e do corpo. Você pode encontrar esses três componentes em todas as músicas do mundo. Por mais distintas que sejam as músicas do ponto de vista da forma, coração, cérebro e corpo sempre estarão presentes. Você pode, portanto, estabelecer relações funcionais entre *todas* as músicas.

O VIBRAFONE

Os "instrumentos de percussão", ou seja, os instrumentos percutidos ou golpeados, cumprem uma função primordialmente rítmica. Ora, a partir do momento em que esse tipo de instrumento também vem acompanhado de uma gama de possibilidades melódicas, é como se estivéssemos diante do instrumento ideal do jazz. É bem esse o caso do vibrafone. Todavia, só muito lentamente é que ele foi se afirmando no campo do jazz, o que certamente tem a ver com a construção de seu som, bastante diversa daquela dos instrumentos de sopro. O som do vibrafone só pode ser influenciado indiretamente, por meio do uso (ou do não uso) do *vibrato* elétrico ou por meio da força dos golpes de baqueta.

Lionel Hampton [Bags] (1908-2002) e Milt Jackson (1923-1999) são os mais eminentes vibrafonistas da tradição do jazz. Hampton é um vulcão de vitalidade. Como poucos músicos, ele era capaz de transportar milhares de pessoas a um estágio de transe e excitação em seus concertos. Hampton adorava ter atrás de si uma grande orquestra com naipes de trompetes, trombones e saxofone. De um modo geral, essas orquestras não estavam muito preocupadas com entonação, homogeneidade e precisão, mas seus *riffs* orgíacos aumentavam ainda mais a inspiração e o vigor de Lionel Hampton. Seus ataques enérgicos, seu fraseado percussivo e sua inventividade melódica até hoje são um padrão de medida para todos os vibrafonistas de jazz.

O vibrafone foi introduzido no jazz por Hampton e, um pouco antes dele, por Red Norvo no começo da era do swing. Com eles, evidenciam-se as duas grandes possibilidades técnicas e opostas do vibrafone de jazz. De fato, há duas formas de tocar vibrafone: como uma bateria ou como um piano. Hampton fraseia de modo percussivo, Norvo de modo pianístico. É o que se nota já na origem instrumental de cada um deles: Hampton saiu da bateria para o vibrafone; Norvo do xilofone para o vibrafone. Norvo (falecido em 1999) é o pai da execução com quatro baquetas. Seu desenvolvimento musical atesta uma admirável liberdade de espírito – do estilo Chicago, passando pelo swing, bebop e cool jazz até o *mainstream jazz*. Em todas essas fases, ele sempre mostrou uma sensibilidade particular para as formações camerísticas.

Milt Jackson, quinze anos mais jovem que Hampton, tornou-se conhecido em 1945 tocando com Dizzy Gillespie; já a carreira de Hampton como vibrafonista começou com Armstrong e Benny Goodman. Bags, como era chamado, entrou para o jazz numa época em que o vibrafone era tocado percussivamente com baquetas de cabeça dura. No entanto, suas linhas eram mais flexíveis, como se extraídas de um instrumento de sopro, pois ele utilizava baquetas de cabeça macia. De fato, ele soava mais "como um *horn* que como um *novelty instrument*" (Gary Burton). Em 1951, Bags inaugurou o Modern Jazz Quartet, que surgiu como Milt Jackson Quartet e era praticamente a união do vibrafone de Milt Jackson com a "cozinha" da *big band* de Dizzy Gillespie. Sob influência de John Lewis, a banda de Milt Jackson tornou-se o Modern Jazz Quartet e, para muitos, a forma que Lewis imprimiu ao conjunto castrou o fluxo de ideias e a liberdade improvisatória de Milt Jackson. Mas a verdade é o contrário, pois Milt fez os mais belos solos de sua carreira como membro do Modern Jazz Quartet. As improvisações de Milt são, dentro do jazz, as que mais merecem o predicado de "fluentes".

É espantoso como Jackson inconscientemente fez harmonias complicadas parecerem simples e naturais. Também vem daí seu sucesso como um dos maiores músicos de balada do jazz. Ele articulou no vibrafone a mais completa síntese do bebop. Jackson também foi – em meados dos anos de 1950 – um dos fundadores do soul. Por mais que os vibrafonistas posteriores tenham encontrado novos estilos, ninguém na cena contemporânea do vibrafone deixa de se referir a ele com respeito e admiração.

Falemos agora de um grupo de vibrafonistas que, de certa forma, ainda pertence à geração de Milt Jackson: Terry Gibbs, Teddy Charles, Cal Tjader, Vic Feldman, Eddie Costa (um pouco mais jovem), assim como Tommy Vig, Lem Winchester, Larry Bunker, Charlie Shoemake e Mike Mainieri. Gibbs se tornou conhecido na segunda metade dos anos de 1940 graças a seus brilhantes solos na *big band* de Woody Herman. Ele foi até o fim da vida um músico apaixonado por *big bands* e, em especial, pelo contraste entre seu vibrafone e as grandes sonoridades orquestrais. Aqui ele também desenvolveu a sua fabulosa técnica de execução em oitavas: "No contexto de uma *big band*, o vibrafone não se projeta o suficiente se você toca só uma nota. Por isso, você tem de tocar em oitavas" (Bobby Hutcherson). Cal Tjader foi quem primeiro fez do vibrafone um instrumento solo no campo da *latin music*. Sua mistura de fraseado jazzístico com ritmos de mambo, conga, bolero, cha-cha-cha e outros ritmos latino-americanos é uma continuação legítima e inteligente do cuban jazz fundado por Dizzy Gillespie, Machito e Chano Pozo durante a grande era do bebop.

Com Lem Winchster, falecido em 1961, surgiu pela primeira vez um ideal sonoro novo, delicado e matizado, que num primeiro momento foi apenas um germe, mas que nos anos posteriores ganhou cada vez mais consistência com músicos como Gary Burton, Walt Dickerson, Tom van der Geld e Bobby Hutcherson. São esses os músicos que, após quinze anos de reinado absoluto por parte de Milt Jackson, revolucionaram o modo de tocar de seu instrumento, revolução que nessa época só é comparável ao que aconteceu com o baixo. Esses músicos fizeram justamente aquilo que Ornette Coleman queria que acontecesse: que as "regras instrumentais convencionais" fossem suplantadas por "uma constante pesquisa de todas as possibilidades do instrumento". Eles descobriram que uma qualidade sonora brilhante e "oscilante" corresponde melhor a seu instrumento do que uma simples "continuação do bebop tradicional com os recursos do vibrafone".

Lirismo e percussão unem-se poeticamente no vibrafone de Gary Burton: ele faz música com grande virtuosismo e um lirismo delicado e flutuante. Nenhum outro vibrafonista explorou as possibilidades pianísticas do vibrafone de maneira tão exaustiva quanto Burton, em particular a técnica de tocar simultaneamente com três ou quatro baquetas. Com seus acordes, ele buscava sutilezas semelhantes àquelas do pianista Bill Evans, por quem foi influenciado. Outras influências foram o country e o *hillbilly* de Indiana, sua terra natal. Burton reuniu esses elementos de maneira tão segura numa unidade nova e singular que seu sucesso se expandiu para muito além do circulo restrito do jazz. No começo dos anos de 1970, Burton também foi um dos primeiros de seu tempo a tocar sem acompanhamento, sem base rítmica. Seu pioneirismo consistiu no primeiro grande sucesso desse tipo de execução.

Walt Dickerson traduziu os estímulos de John Coltrane para a linguagem do vibrafone. Ele também adora descobrir novas sonoridades e, assim como todos esses vibrafonistas, é um incrível improvisador solo (sem base rítmica para acompanhar).

Porém, desde a segunda metade dos anos de 1970, a figura verdadeiramente central na cena contemporânea do vibrafone é Bobby Hutcherson. Hutcherson, que começou fazendo free jazz com Archie Shepp, passando depois pelo jazz rock, tornou-se depois um eminente vibrafonista do pós-bop. Ele levou adiante a herança de Milt Jackson melhor do que ninguém, aliando soberanamente a música de Coltrane à nova sonoridade do vibrafone. Com suas baquetas leves, ele quase chega a um efeito de *legato*. Trata-se de instrumentista grandioso e "completo", que, em suas linhas, une ambas as possibilidades do instrumento: a percussiva e a pianística. Além disso, Hutcherson é um mago da cultura percussiva, promovendo de múltiplas maneiras a arte de conferir teor emotivo e forma ao som do vibrafone. Segundo ele, "não se trata de tocar as notas, mas de contar uma história por meio dessas notas".

Tom van der Geld é o mais sensível e "delicado" dos novos vibrafonistas. Às vezes é como se seu instrumento não fosse percutido com baquetas, mas acariciado por uma brisa suave e cálida que fizesse as teclas vibrarem. David Friedman possui uma sonoridade brilhante e enérgica, lembrando às vezes um "Lionel Hampton da modernidade" apaixonado por efeitos técnicos. No intuito de "multiplicar" a sonoridade do vibrafone, ele gosta de introduzir em seu grupo um segundo vibrafonista (e também marimbista), David Samuels. Samuels se especializou nas formas mais avançadas do latin jazz, tornando-se um improvisador vivaz. Há mais de dez anos, por meio de seu grupo Caribbean Jazz Project, ele vem redefinindo o latin jazz com solos cheios de arte e – o que é raro nesse âmbito – uma execução aventureira e arriscada. O austríaco Werner Pirchner produz sons singulares e inéditos em seus *tenor vibes*, um vibrafone inventado por ele.

Visivelmente, só uns poucos vibrafonistas se interessaram pelo jazz rock e pelo *fusion*. Roy Ayers, Dave Pike, Mike Mainieri, Ruth Underwood e Jay Hoggard estão entre eles. Trabalhando com a tecnologia MIDI em bandas como Steps Ahead ou N.Y.C, Mainieri modifica eletronicamente, mas de forma sofisticada, o som do vibrafone. Dois alemães que adotaram os Estados Unidos como pátria buscam soluções radicais nesse campo: Gunter Hampel e Karl Berger. O mais sensível é Hampel, que também toca flauta, clarinete, clarinete-baixo e piano. Berger é o mais vital – diretor do Creative Music Studio, em Woodstock (Nova York), ele parte do bebop, mas segue em direção à música do mundo, sempre com interesses diversificados. Hempel, em seus grupos, criou intensos embates sonoros entre vibrafone, flautas e agudíssimos saxofones.

Uma síntese de todas essas tendências foi consubstanciada por quatro músicos norte-americanos, que, embora toquem de modo *free*, também se valem de toda a tradição de seu instrumento: Bobby Naughton, Gust William Tsilis, Khan Jamal e, sobretudo, Jay Hoggard. Jamal gravou free funk com a Decoding Society de Ronald Shannon Jackson. No âmbito da tradição inspirada na vanguarda, Hoggard é um improvisador emocional e emocionante, com um senso apurado para descobrir afinidades entre o vibrafone e seus parentes não ocidentais, como o balafone africano e o metalofone tocado na orquestra de percussão conhecida como *gamelão* na ilha de Báli. No âmbito do jazz rock, para o qual ele têm se voltado desde meados dos anos de 1980, sua expressividade tende a ser menor.

Grosso modo, são três as tendências principais do vibrafone desde os anos de 1980: numa ponta, a percussiva de um Jay Hoggard e de um David Friedman – sua origem é Lionel Hampton; na outra, a sensibilidade sutil inaugurada por instrumentistas como Gary Burton, Lem Winchester, Walt Dickerson e Gunter Hampel e levada adiante por Tom van der Geld e Khan Jamal; acima delas – mas também entre elas como fator de equilíbrio e união – a herança de Milt Jackson, representada hoje pela sonoridade elástica de um Bobby Hutcherson e de um Steve Nelson.

Falemos agora da tendência percussiva: ela tem sido explorada de maneira particularmente impressionante no jazz pós-moderno por Bruan Carrott, Monte Croft, Matthias Lupri e Orphy Robinson. Nesse caso, nota-se um fraseado menos melódico que o dos vibrafonistas da linha Jackson/Hutcherson – é que eles geralmente improvisam de forma mais angulosa e abstrata em termos harmônicos. Bryan Carott, conhecido por sua participação no Fo'tet de Ralph Petersons, sente-se mais atraído pela tradição africana do balafone que pelo xilofone europeu.

O vibrafone é um instrumento excepcionalmente rígido. Suas duras teclas de metal parecem se opor a todo esforço de individualização da sonoridade. Uma dificuldade análoga se nota com o som inespecífico do vibrafone elétrico. Talvez isso explique a escassez de vibrafonistas criadores de estilos no jazz. Todos os grandes vibrafonistas de jazz souberam contornar a seu modo esse *handicap*. A peculiaridade de Bryan Carrott, por exemplo, consiste em tocar um pouco abaixo da afinação. Fazendo um uso conscientemente "exagerado" do *vibrato* e do pedal, ele produz efeitos sonoros comparáveis às inflexões expressivas de um *horn player* ou de um músico de blues.

Monte Croft é um virtuose dos arpejos abstratos e quebrados – ele toca de forma estranha, com forte influência de Monk. Já com o britânico Orphy Robinson, filho de imigrantes caribenhos, o vibrafone se transforma num espelho da "diáspora negra" – ponto de convergência e reflexo de todas as tendências da *black music*: reggae e *griot*, soul e funk, mas também música clássica e de vanguarda. Segundo ele, "quando ouço Monk, ouço os *grooves* do reggae".

A vibração característica do som do vibrafone – e que serviu de ensejo a seu nome – faz dele um instrumento perfeito para efeitos atmosféricos e colorísticos. Algumas jazzistas utilizam a sonoridade transparente do vibrafone para suavizar a sonoridade e o caráter das improvisações. Sem prejuízo do *groove*, o vibrafone cria nesse tipo de contexto um *feeling* onírico, quase fluido e, simultaneamente, impregnado de tonalidade anímica. Foram principalmente os músicos europeus que, partindo de Gary Burton e de Lem Wichester, trabalharam e diferenciaram a matizada sensibilidade desse instrumento no princípio do século XXI: o finlandês Severy Pyysalo ou os alemães Oli Bott, Franz Bauer, Rupert Stamm e Christopher Dell.

Severy Pyysalo foi descoberto no Pori Jazz Festival, de 1982, quando subiu ao palco como músico convidado para tocar com Paquito D'Rivera e Sarah Vaughan. Ele é um *wizard* de seu instrumento, um virtuose das baquetas, que explora com sensibilidade pictórica a dimensão onírica do vibrafone – por exemplo, em seus duos com o saxofonista Peter Weniger e nas obras que ele escreveu para orquestra e vibrafone de jazz.

Christopher Dell intelectualizou e generalizou de forma brilhante a pegada de Burton: na execução com labirintos métricos e complicados entrelaçamentos rítmicos, ele dominou essa técnica magistralmente em sua banda D.R.A. Dell também se revelou um inteligente teórico da improvisação. Seu livro *Prinzip Improvisation* (Princípio Improvisação) é um complexo tratado filosófico, em que o autor dialoga com Hannah Arendt, Immanuel Kant, Sócrates e Paulo, no intento de conferir à improvisação – esse "abraço do repentino" – o estatuto de um "saber prático democrático e intuitivo". Ele ainda atribui à improvisação o poder de uma terapia social.

Dois vibrafonistas que desenvolveram estilos bem pessoais na cena *downtown* nova-iorquina são Bill Ware e Matt Moran. Ware explora muito o *reverb* – ele trouxe o peso do *groove* à colcha de retalhos estilística do Jazz Passangers.

Matt Moran, por sua vez, é um instrumentista conscientemente "antivirtuosístico" (embora ele não tenha problemas com a velocidade); em seus solos, ele rompe com as fronteiras que delimitam os territórios da composição, da improvisação e das tradições folclóricas. Ele está ligado tanto ao balkan jazz da cena nova-iorquina quanto aos projetos transdisciplinares de John Hollenbeck e Ellery Eskelin.

Porém, desde os anos de 1990, o ramo mais forte dos vibrafones de jazz é aquele constituído por músicos que deram prosseguimento à linha Milt Jackson/Bobby Hutcherson. Os três principais estilistas desse grupo são, indiscutivelmente, Joe Locke, Steve Nelson e Stefon Harris.

Stefon Harris parte de onde Bobby Hutcherson estaciona – com uma capacidade incrível para "cantar" as notas do vibrafone e modular cada um delas com seus *mallets* – suas baquetas – com base na situação emocional em questão. Harris tornou-se conhecido ao final dos anos de 1990 por sua atuação ao lado de Wynton Marsalis e Greg Osby. Antes do vibrafone, ele tocou percussão clássica. Hoje, Harris é o maior multiestilista do vibrafone de jazz e vem ampliando estilisticamente o pós-bop de Hutcherson por meio do hip-hop, do rhythm & blues e do *dance floor*, como também de elementos africanos, caribenhos e latino-americanos.

Diferentemente dos saxofonistas e dos trompetistas, os vibrafonistas não podem expandir o registro de seu instrumento por meio de técnicas especiais de execução. O espaço sonoro é estabelecido de forma absoluta pelo número de teclas. "Com uma extensão de três oitavas, você logo se ressente da falta de espaço", disse Mike Mainieri. Steve Nelson, que se tornou conhecido no quinteto de Dave Holland, toca como se o vibrafone possuísse registros ilimitados. Embora complexos, seus solos são fluentes e melódicos. Em suas improvisações criativas e de muito bom gosto, ele consegue criar a ilusão de linhas eternamente ascendentes, com reviravoltas súbitas a cada compasso. "Steve é capaz de te enfeitiçar com as *vibes*", disse o trombonista Steve Davis.

Joe Locke talvez seja o instrumentista mais veloz e lépido dessa corrente. No contexto do pós-bop, ele "lineariza" o vibrafone de uma maneira particularmente virtuosística e evoca, com sua execução extremamente fluente, aquele efeito conhecido como *sheets of sounds* (e que até então estivera associado exclusivamente aos saxofonistas). Embora Locke seja um típico instrumentista do pós-bop, ele avançou continuamente rumo a um fazer musical livre e abstrato – por exemplo, em duo com Cecil Taylor. Ele infringe regras com base numa grande consciência da tradição: "Limites podem nos trazer grande liberdade. Como você pode quebrar regras se você não sabe nada a respeito delas? A improvisação livre é a melhor coisa que existe, mas, sem conhecimento, não há liberdade. Portanto, se você faz música livre dentro de um contexto que é resultado do *great american songbook*, então você é duplamente livre."

O PIANO

Se, de um lado, o jazz começou com o piano, pois a história do jazz começou com o ragtime e o ragtime foi, em primeiro lugar, uma música para piano, de outro, as primeiras bandas que percorreram as ruas de Nova Orleans não tinham piano, não tanto pela dificuldade que é transportar esse instrumento, mas principalmente porque o piano não possibilitava uma construção jazzística do som, o que na época era imprescindível à estética *hot* dos instrumentistas de sopros.

A história do piano de jazz se desenvolveu dentro dessa contradição.

Assim, quanto mais as possibilidades pianísticas do piano são exploradas, mais esse instrumento parece se distanciar do fraseado *hot* dos sopros; inversamente, quanto mais o pianista se apropria desse fraseado, mais visivelmente ele tem de abdicar das verdadeiras possibilidades de seu instrumento, a ponto de cometer o que, segundo os padrões estilísticos do piano clássico, seria um "suicídio pianístico".

Art Tatum e Bud Powell (este último, embora fundador da escola do "suicídio pianístico", foi grande demais para que se possa falar de um "suicídio" de sua parte) representam os extremos dessa contradição. Extremos que remontam à época em que que Scott Joplin começou a tocar ragtime nos anos de 1880 no centro-oeste norte-americano. Joplin foi um "pianista pianístico". Sob muitos aspectos, ele tocava seu instrumento de acordo com os padrões da música de câmara romântica a que o público estava habituado (cf. a seção "1890: Ragtime" do capítulo "Os Estilos do Jazz").

Como não era interessante utilizar "pianistas pianísticos" e como os próprios pianistas ainda não haviam experimentado a construção do som dos instrumentos de sopros, as bandas de jazz da antiga Nova Orleans raramente contratavam pianistas. Mas não era difícil encontrá- los em *saloons*, bares, "casas noturnas", cabarés e espeluncas em geral. Todos esses lugares possuíam seu "professor", e o "professor" era um pianista. O repertório era formado predominantemente por ragtime, e, mesmo quando se tocava blues, *stomps* e *honky-tonky*, havia ragtime por trás.

O grande "professor" dos pianos de Nova Orleans foi Jelly Roll Morton, falecido em 1941 (e já mencionado neste livro algumas vezes). Se quisermos distingui-lo de Scott Joplin, basta dizer que Jelly Roll Morton tocava ragtime com a percepção de quem via as *marching bands* cruzando as ruas de Nova Orleans. Plenamente ciente de sua decisiva contribuição, ele desenvolveu uma espécie de complexo de perseguição: "Roubaram-me no mínimo uns 3 milhões de dólares. Todos tocam minha música hoje em dia, e eu não sou nunca mencionado. Estilo Kansas City, estilo Chicago, estilo Nova Orleans – diabos! Tudo isso é o estilo de Jelly Roll."

Os "professores", os pianistas de *honky-tonk* e *barrelhouse** existiram em Nova Orleans não apenas antes do autêntico estilo de Nova Orleans, mas também depois dele. No entanto, poucos se tornaram famosos fora dos limites da cidade, como Champion Jack Dupree, Huey "Piano" Smith e "Professor" Longhair. Fats Domino, mencionado na seção "Blues" do capítulo "Os Elementos do Jazz" e no capítulo "Os Cantores do Jazz", e que estava no centro do movimento do *rock'n'roll* dos anos de 1950, é filho legítimo dessa tradição. Por duas vezes na história da música afro-americana, Nova Orleans foi uma nascente estilística – primeiro com o jazz de Nova Orleans, depois com o advento do rhythm & blues e do rock. O "professor" pianista unifica esses campos. Jelly Roll Morton fez jazz de Nova Orleans com suas diversas bandas, Fats Domino e "Professor" Longhair fizeram rhythm & blues e *rock'n'roll*. Morton e os pianistas do rhythm & blues da Crescent City estão há meio século de distância uns dos outros e, no entanto, todos pertencem à tradição dos "professores" da antiga Nova Orleans.

O ragtime que se fazia no centro-oeste, como o de Scott Joplin, era bem diverso daquele tocado em Nova Orleans, a exemplo do de Jelly Roll Morton, mas ambos partilhavam de um elemento comum – o "tempo quebrado" do rag. Quando o ragtime surgir em Nova York um pouco depois, ele também terá sua própria sonoridade. Com o ragtime de Nova York começou a época de ouro do piano de jazz do Harlem. A sequência é inequívoca: Scott Joplin tocou em Sedalia (Missouri) nos anos de 1880, Jelly Roll Morton fixou o ano de sua "invenção do jazz" em 1902 e os primeiros pianistas de ragtime tocaram em Nova York e no Harlem por volta de 1910. Mas não se trata de uma evolução linear começando em Sedalia, passando por Nova Orleans e terminando no Harlem. Os estilos – como mencionamos – surgem quando o tempo amadurece para eles, independentemente das linhas causais de desenvolvimento.

James P. Johnson, falecido em 1955, foi o primeiro pianista importante do Harlem. Era um músico instruído, como a maioria dos pianistas desde o começo do jazz (o mesmo não se pode dizer dos outros instrumentistas). James P. Johnson estudou com um aluno de Rimski-Korsakov e compôs numa etapa posterior de sua carreira – nos anos de 1930 – uma série de obras sinfônicas e semissinfônicas.

Com James P. Johnson, tornou-se patente pela primeira vez outra faceta do piano de jazz, que no mínimo é tão importante quanto a das brilhantes performances solo: a arte do acompanhamento. O músico que acompanha precisa se adequar ao solista, funcionando ao mesmo tempo como suporte e estímulo. P. Johnson foi insuperável em seus acompanhamentos de blues – por exemplo em "Preachin the Blues" ou "Backwater Blues".

Nos anos de 1920, Harlem era um celeiro do piano de jazz. Segundo Duke Ellington,

> cada um tentava soar igual ao "Carolina Shout", que Jimmy [James P. Johnson] gravara num rolo de pianola. Eu só consegui imitá-lo depois que deixei o rolo correr bem devagar. Saíamos toda noite, tivéssemos dinheiro ou não. Fiquei muito empolgado quando, certa vez, encontramos Willie "The Lion" Smith. Todas as noites fazíamos essa ronda e observávamos os pianistas.

Willie "The Lion" Smith foi outro pianista significativo da tradição do Harlem, um mestre em criar melodias agradáveis e contrastá-las com os ritmos poderosos de sua mão esquerda.

* Honky-tonk e barrelhouse são casas noturnas frequentadas pela classe trabalhadora, normalmente com música ao vivo, dançarinas e meretrizes. (N. da T.)

Os pianistas do Harlem – James P. Johnson, Willie "The Lion" Smith, Duke Ellington, Luckey Roberts e, por fim, também o jovem Fats Navarro – tocavam o assim chamado *stride piano*, estilo cuja principal característica é a constante e swingante alternância entre uma nota do baixo tocada no primeiro e no terceiro tempos e um acorde tocado no segundo e no quarto tempos. Na alternância entre uma nota grave do baixo e um acorde na região aguda medeia um passo largo, isto é, um *stride*. Ragtime, Harlem e *stride piano* eram os estilos tocados na agitada vida noturna do Harlem, também nas *rent parties* e *cuttin' contests*. As *rent parties* eram festas "beneficentes", em que os músicos arrecadavam dinheiro para pagar o aluguel atrasado de quem já estava à beira do despejo; nas *cuttin' contests*, todos os pianistas conhecidos tocavam apostando e o vencedor era aquele que tivesse "cortado" todos os outros.

O mais importante pianista oriundo da tradição pianística do Harlem foi Fats Waller, falecido em 1943. Louis Armstrong disse que bastava mencionar o nome de Fats Waller e "você veria um sorriso em todos os rostos". Fats se destacou duplamente: ele foi um dos mais grandiosos pianistas da história do jazz e um dos mais bem-humorados e interessantes comediantes da música popular. Ele associou as duas coisas de forma inimitável e com uma naturalidade maravilhosa.

"Livin' the life I love" (Vivendo a vida que eu gosto) era a epígrafe de sua vida e de sua música. De fato, ele realmente queria viver a vida que adorava, mas isso nem sempre era possível, dentre outras razões porque, de um modo geral, o público de suas apresentações preferia o comediante ao músico. Gene Sedric, o sax-tenorista de Fats, contou que

> às vezes, Fats Waller ficava bastante descontente com sua música. É verdade que ele encontrou reconhecimento em suas apresentações e na forma como tocava piano nos discos, mas pouquíssimos fãs de Waller sabem que ele tocava melhor ao vivo que nos discos. Como cantor, Fats não tinha grandes pretensões, era só uma coisa de diversão... mas no órgão e no piano ele queria fazer música de verdade – e era capaz de fazê-lo.

Outra vez, Sedric disse que, "quando ele ia gravar seus discos, sempre lhe davam um monte de melodias chinfrins, pois parecia que só ele podia extrair algo delas".

Como compositor, Fats Waller escreveu alguns dos temas mais belos do jazz, adaptáveis a todos os estilos: "Honeysuckle Rose" (cujo esquema harmônico tornou-se o modelo predileto dos músicos do bebop) e "Ain't Misbehavin'" são os mais importantes. Antes mesmo que os músicos do jazz moderno nos anos de 1950 experimentassem as métricas ímpares, Waller introduziu a primeira grande valsa do jazz: a sua "Jitterburg Waltz", de 1942. "Waller", disse Coleman Hawkins, "compunha tão rápido quanto tocava".

Seus solos conciliavam opostos. Eles reuniam fúria com delicadeza, harmonias ousadas com clareza melódica. Como pianista, Fats possuiu a mão esquerda mais potente da história do jazz, capaz de fazer o papel não apenas de uma seção rítmica, mas de uma banda inteira. Tratava-se, na verdade, de um pianista "orquestral". Seu instrumento soava rico e cheio como uma orquestra. Não por acaso, o mais orquestral de todos os pianistas de jazz, Art Tatum, tem sua origem nele: "Cara, minha música vem de Fats. Ele é verdadeiramente alguém de quem se pode vir."

O outro grande pianista que provém de Fats Waller é Count Basie. Basie contou de seu primeiro encontro com Fats Waller: "Eu tinha acabado de chegar ao velho Lincoln Theater, no Harlem. Eu ouvi um jovem garoto swingando no órgão. A partir de então, virei seu fã. Eu me atinha a cada nota, sempre me sentava atrás dele, fascinado pela leveza com a qual suas mãos batiam nas teclas e seus pés castigavam os pedais."

Às vezes, pode-se ouvir nos solos de piano que Count Basie veio a tocar como líder de sua grande orquestra a influência de Fats Waller. É como se ele tocasse um Fats "econômico": um arcabouço abstrato e espiritualizado proveniente da música de Fats Waller, do qual restou apenas um fragmento, mas um fragmento que vale por todo o resto. Count Basie tornou-se um dos pianistas mais econômicos da história do jazz, incomparável em criar tensão com notas isoladas e afastadas. Muitos pianistas tentaram imitar isso: Johnny Guarnieri na era do swing e, nos anos de 1950, John Lewis, o maestro do Modern Jazz Quartet, em quem se podia perceber, por trás da economia inconsciente herdada de Count Basie, uma clara compreensão do sentido da economia e da abstração como recurso da música e da arte em geral. Quando músicos como Basie ou John Lewis tocam "pausas", não se trata de pausas, mas de meios expressivos, tão importantes quanto qualquer nota.

Em Count Basie desemboca ainda outra corrente do desenvolvimento pianístico: a corrente dos grandes pianistas boogie-woogie. Basie não toca apenas um Fats Waller econômico, mas também boogie econômico.

No começo, os pianistas que tocavam ragtime e o Harlem piano olhavam com certo desprezo para os "pobres pianistas boogie-woogie". Chicago tornou-se o centro do boogie: assim como se tocava ragtime nas *rent parties* e nas *cuttin' contests* do Harlem, tocava-se blues ou boogie-woogie em eventos de igual natureza na zona sul de Chicago. O boogie teve origem no centro-oeste norte-americano e nos estados do sul até o Texas, de onde provém um pianista pouco reconhecido, que ainda nos anos de 1970 e de 1980 do século XX tocava o piano blues e boogie-woogie autêntico e não comercial: Sam Price. Memphis Slim, oriundo de Memphis e falecido em 1988, em Paris, também está entre esses mestres tardios do boogie. Na verdade, Slim foi principalmente um cantor de blues. Havia nos círculos negros das cidades norte-americanas muitos desses cantores de blues que sabiam acompanhar a si mesmos com ritmos de boogie e foram importantes *boogie-men*: Roosevelt Sykes, Little Brother Montgomery e, principalmente, Otis Spann.

Os *ostinatos* do boogie – os desenhos na linha do baixo fortemente acentuados e reiterativos – devem ter surgido no sul dos Estados Unidos com base em desenhos criados pelos cantores de *folk* blues para se acompanharem com seus banjos e guitarras. Blues e boogie se pertencem desde o início. Os primeiros boogies foram tocados como acompanhamento pianístico de blues, e até hoje quase todos os boogies seguem com a forma do blues de doze compassos. A diferença entre o blues e o boogie desaparece com muita facilidade, o que desmente a ideia de que o boogie deve ser necessariamente rápido e acelerado, ao passo que o blues deve ser necessariamente lento. Também existem blues rápidos e boogies lentos.

Se nessa busca pela origem do boogie formos além das figuras de acompanhamento da guitarra e do banjo utilizadas pelos cantores de *folk* blues, chegaremos a uma época em que a diferença entre a música latino-americana (rumba, samba, tango etc.) e a norte-americana (influenciada pelo jazz) ainda não era tão nítida. Jimmy Yancey, o "pai do boogie-woogie", assim como outros pianistas de boogie, construiu seus boogies com base em figuras de baixo características de algumas danças latino-americanas – sua "Lean Bacon-Boogie", por exemplo, está baseada numa figura de tango. No fim das contas, o boogie é um "ritmo ancestral" da música afro-americana. Por esse motivo, é fácil encontrá-lo também na música mais recente, como no rhythm & blues dos anos de 1950, no soul dos anos de 1960 ou nas improvisações de piano de

Muhal Richard Abrams dos anos de 1980 e 1990 (nesse caso, compreenda-se, geralmente de uma forma abstrata e mediatizada). A força e a perenidade do autêntico boogie-woogie ficaram patentes quando uma série de músicos ingleses de rock e de blues formaram, em 1988, o grupo Rocket 88 por ocasião do 50º aniversário do boogie – em 1928, Pinetop Smith gravou o seu "Pinetop's Boogie-Woogie" (desse título surgiu o termo que definiria o gênero). Do Rocket 88 fizeram parte, dentre outros, o baterista do Rolling Stones Charlie Watts, o *team* inglês do boogie George Green e Bob Hall (tocando piano), assim como Alexis Korner, o pai da cena inglesa do blues. Igualmente vivas são as gravações que o alemão Axel Zwingenberger realizou nos anos de 1980 com o cantor de blues Big Joe Turner e o vibrafonista Lionel Hampton. Todos esses músicos tocam o boogie-woogie com aquela intensidade "febril" que dominava a atmosfera dos antigos redutos de boogie da Chicago dos anos de 1920.

Naquela época, Jimmy Yancey, Pinetop Smith, Cow-Cow Davenport e Cripple Clarence Lofton foram os primeiros pianistas importantes de boogie. Yancey era originalmente um dançarino de sapateado, e isso também pode ter inspirado seu característico modo de tocar *eight-to-the-bar* – oito colcheias por compasso.

O mais brilhante de todos os pianistas de boogie foi Meade Lux Lewis, falecido em 1964 num acidente de carro. O seu "Honky Tonk Train Blues", gravado em 1929, gozou de uma fama lendária. Em meados dos anos de 1930, quando o público negro – para quem os boogies eram tocados no *southside* de Chicago e em todos os lugares nos anos de 1920 – já se distanciava do boogie, o mundo branco começou a requentá-lo. O crítico de jazz John Hammond, na época, procurou Meade Lux Lewis e foi encontrá-lo lavando carros no subúrbio de Chicago. Ele o trouxe para o Café Society de Nova York com dois outros pioneiros do piano boogie: Albert Ammons e Pete Johnson. As gravações desses três mestres do boogie ao piano estão entre os exemplos mais excitantes dessa música.

O terceiro ramo do desenvolvimento do piano de jazz, a execução *hornlike* (referenciada nos instrumentos de sopro, ou seja, nos *horns*) se manifestou mais tardiamente. Earl Hines geralmente é considerado o primeiro músico dessa orientação; em todo caso, ele é um precursor. Sua forma de tocar ficou conhecida como *trumpet-piano style*, pois os potentes movimentos de oitavas da mão direita de Earl lembram as linhas do trompete de Armstrong. Mas Earl Hines vale por si mesmo: um músico cheio de vitalidade e humor, que continuou crescendo musical e humanamente até a velhice (ele faleceu em 1983), uma personalidade marcante que, ainda em vida, tornou-se uma lenda.

Nenhum piano pode soar como um *horn*, ou seja, como um instrumento de sopro, mas Earl Hines fundou uma escola – que se expandiria paulatinamente – em que os pianistas, se não na expressão, ao menos nos contornos de frase, se aproximam disso. Essa escola vai de Mary Lou Williams, Teddy Wilson, Nat King Cole e, em especial, Bud Powell, até os inúmeros pianistas do jazz atual. No caso de Mary Lou Williams (1910-1981), percebe-se de maneira bastante clara que ela seguia essa escola, mas também se desenvolveu por um caminho paralelo. Mary Lou foi uma das poucas mulheres do jazz instrumental que pode ser citada junto com os importantes representantes masculinos dessa música. No começo de sua carreira, por volta de 1930, ela ainda estava totalmente inserida no estilo do boogie-woogie--blues daquele tempo. Em Kansas City, ela foi arranjadora e pianista no conjunto de Andy Kirk e escreveu, dentre outros, para Kirk, Benny Goodman ("Roll 'em") e Duke Ellington ("Trumpet No End"), arranjos que não podem nunca ficar de fora da história do jazz. Como pianista, ela desenvolveu, passando pelo swing e pelo bebop, uma madura concepção do piano jazzístico moderno; por isso, dizia-se que essa *first lady of jazz* não tinha nenhum estilo pessoal. Ela própria falou sobre isso com muita consciência:

> Eu encaro isso como um elogio, embora acredite que quem tiver ouvidos será capaz de me identificar sem dificuldades. Mas é verdade que eu experimento constantemente, modifico-me constantemente, encontro sempre algo novo. Lá atrás, em Kansas City, encontrei acordes que só agora começam a se tornar usuais. Muitos pianistas importantes se estilizam tanto que ficam aprisionados em seu próprio estilo.

Mary Lou Williams também demonstrou sua abertura para o novo quando, em 1977, realizou um célebre concerto em duo com o mais conhecido vanguardista do piano *free* do jazz: Cecil Taylor.

No estilo swing dos anos de 1930, Teddy Wilson foi quem melhor representou a orientação de Earl Hines. Ele também agregava a concepção dos grandes instrumentistas de sopro negro do swing, bem como a elegância e a doçura que Benny Goodman trouxe ao jazz de seu tempo. Ao depurar o *stride piano* do Harlem, retirando-lhe o elemento estrondoso e pesado, ele acrescentou ao piano da era do swing requinte e elegância. Como pianista dos combos de Benny Goodman ou como líder de seus próprios grupos, Teddy fez parte de algumas das melhores e mais típicas gravações de banda da era do swing. Nos anos de 1930, ele influenciou quase todos os pianistas da época – dentre outros, Mel Powell, Billy Kyle, Jess Stacy e também Joe Bushkin, o qual vivia ao mesmo tempo sob a influência do *grand old man* de todos os pianistas de jazz: Art Tatum. Marian McPartland converteu a elegância de Teddy Wilson, com quem gravou um álbum em duo, em *mainstream jazz*, apropriando-se de muitas das experiências musicais realizadas até então. Ela também é uma daquelas instrumentistas que parece ganhar cada vez mais envergadura e maturidade formal.

Art Tatum representa o desaguadouro de tudo aquilo que a história do piano de jazz havia produzido até o seu aparecimento, em meados dos anos de 1930. Com ele, surgiu um virtuosismo pianístico comparável àquele dos grandes pianistas da música de concerto – um Rubinsten ou Cherkassy. As cadências e passagens de velocidade, os arpejos e a ornamentação da virtuosística música para piano do fim do século XIX estão presentes em Tatum tanto quanto o mais forte sentimento do blues (veja-se, por exemplo, suas gravações com o cantor de blues Joe Turner).

Tatum improvisava de forma tão virtuosística que dava a impressão de tocar não com dez, mas com doze dedos. Seus arpejos rápidos como um relâmpago, suas harmonias densas e suas ousadas e complicadas piruetas percorrendo toda a extensão do piano não possuem paralelo no jazz. A compreensão harmônica de Tatum parece transcender qualquer espécie de forma ou conceito. Sua aparição nos *clubs* de Nova York gerava uma espécie de culto não apenas entre jazzistas, pois também pianistas de concerto, como Leopold Godowsky, Wladimir Horowitz e Walter Gieseking peregrinavam até o Onyx Club, na famosa rua 52, onde Tatum tocava regularmente. Sendo tão imbuído da música para piano do século XIX, é natural que Tatum demonstrasse certa predileção pela música de salão daquele tempo – as "Humoresques", de Dvořák, a "Elegia", de Massenet, e várias outras coisas desse tipo –, a qual, diga-se de passagem, nem sempre satisfaz exigências artísticas mais ambiciosas. No entanto, é característico da enorme estima de que Tatum gozava no meio jazzístico a onda avassaladora de protestos que surgiu quando o crítico de jazz francês André Hodeir ousou condená-lo por isso. Até mesmo aqueles músicos que normalmente não se dão ao trabalho de escrever, escreveram cartas fervorosas em defesa de Tatum.

Tatum, falecido em 1957, foi um "solista por excelência". Para ele, o seu piano era a melhor banda. A despeito de alguns discos em combo em formato *all star* ou das mencionadas gravações com o cantor de blues Joe Turner, ele costumava tocar sozinho ou com seu trio, o Art Tatum Trio.

Art Tatum continua repercutindo – pense-se, por exemplo, no francês Martial Solal ou no pianista polonês Adam Makowicz, ou, ainda, indiretamente, em dezenas de pianistas que, hoje em dia, tocam piano solo de maneira virtuosística. Nesse sentido, poder-se-ia dizer que o *approach* universal do piano de Art Tatum celebra seu triunfo desde os anos de 1970, mais de 25 anos depois da morte desse grande músico. Simon Nabatov, norte-americano de origem russa, é um pianista que traduziu a herança de Tatum de modo incomparável para o jazz multiestilístico dos anos de 1990.

Depois de Art Tatum, a contraposição entre a concepção pianística e a *hornlike* se torna bastante clara. Bud Powell, falecido em 1966 sob circunstâncias trágicas, foi o expoente da orientação *hornlike* e o maior pianista formador de escolas do jazz moderno. Aos 18 anos, ele já tocava no Minton's com Charlie Christian e Charlie Parker. Ele foi denominado o "Bird do piano de jazz" – e do ponto de vista humano também sofria da mesma perturbação e vulnerabilidade a riscos. Após seu período criativo, que vai de meados de 1940 até o começo de 1950, ele passou mais da metade de sua vida em sanatórios. Não é de todo falso dizer que nessa época ele era apenas uma fosforescência extenuada daquela estrela que fora nos poucos anos em que criou a forma moderna de tocar piano de jazz.

O problema de Bud Powell é um caso extremo do problema que afeta os jazzistas de um modo geral, a saber, o do artista que sofre discriminação social e racial, que se torna alvo de zombaria e desprezo. Bud Powell burilava suas linhas com muita precisão, linhas que, ao soar, lembravam um metal incandescente que acabou de endurecer. Mas Bud foi também um músico de inspiração romântica: peças como "Glass Enclosure", de sua autoria, ou interpretações de baladas como "Polka Dots and Moonbeams" são de uma magia intimista semelhante à das "Cenas Infantis", de Schumann. Essa tensão entre a dureza de suas linhas metálicas e a sensibilidade romântica é um traço muito evidente de sua música e talvez até se possa dizer que ela nascia de uma personalidade contraditória, tensionada entre extremos incompatíveis e, no limite, trágica.

Como pianista, Bud Powell libertou a mão esquerda da função do *time keeping*. Nele, diferentemente do que ocorre no boogie ou no *stride*, a mão esquerda não representa mais uma espécie de seção rítmica virtual. Ela se torna muito mais o indicador harmônico das melodias *single line* longas, enérgicas e *hornlike* da mão direita. Com isso, Bud Powell promoveu uma guinada epocal no mundo do piano de jazz: o piano bop tornou-se um instrumento solista com os mesmos direitos que os instrumentos de sopro.

A técnica provém de Art Tatum, o estilo de Bud Powell. Art Tatum instituiu um padrão pianístico que por muito tempo pareceu insuperável, mas Bud Powell foi quem fez escola. Por esse motivo, no piano de jazz moderno há mais "discípulos" de Powell que de Tatum.

De Art Tatum descendem músicos como Bolly Taylor, o francês Martial Solal, Kank Jones, Jimmy Rowles, Phineas Newborn e Oscar Peterson. Naturalmente, eles também sofrem influências de Bud Powell e outros pianistas. Hank Jones misturou o bebop com Art Tatum e, desde os anos de 1970, vem amadurecendo cada vez mais essa síntese, seja em trabalhos com grupo, seja em suas impressionantes apresentações como pianista solo. Solal é o grande pai do moderno jazz francês. Sua execução propensa a abstrações possui a elegância dos franceses e o humor espirituoso dos gauleses. Às vezes, sua abundância de ideias e referências explode como fogos de artifício.

Quando o pianista polonês Adam Makowicz surgiu nos anos de 1970, ficou demonstrada a força do legado de Tatum. Makowicz toca como um pianista de concerto, fazendo um Tatum "chopiniano". Guiado por John Hammond, o grande caçador de talentos do jazz, ele se mudou para Nova York em 1979. Segundo ele: "O que eu mais aprendi aqui foi o ritmo." Simon Nabotov trouxe a herança de Tatum para os anos de 1990 com um grande senso de humor e espírito de aventura. Assim como Tatum, ele é um amante de cascatas sonoras rapsódicas. De outro lado, Simon "desconstrói" elementos do piano de jazz tradicional, transformando-o, com muito rigor e sensibilidade, em caminhos "livres".

Porém, o mais bem-sucedido pianista da escola de Tatum é Oscar Peterson. Ele sempre fez questão de expressar seu sentimento de ligação com Tatum. Peterson é um swing*er* de enorme vigor e ataques enérgicos. Quando, nos anos de 1970, ele começou a dar concertos solo, dispensando o pequeno grupo com o qual tocava, ficou claro que os pianitas do Harlem, ancestrais de Tatum, também o haviam influenciado, a exemplo de Fats Waller e James P. Johnson com suas poderosas linhas de baixo. Mas Peterson não é mera repetição de seu ídolo e mentor Art Tatum, diferenciando-se dele por alguns aspectos dignos de menção. Em primeiro lugar, Oscar Peterson, além de um grande solista, é um acompanhador genial. Em segundo lugar, seus trios lengendários – por exemplo, aquele com Ray Brown e Ed Thigpen – são mais do que plataformas para o virtuosismo pianístico, são verdadeiros modelos de integração, com os quais Peterson institui novos ápices de *interplay* e equilíbrio coletivo. Por fim, Peterson tem um swing poderoso, telúrico. Tatum é o grande harmonista do piano de jazz; Peterson é o mais swingante dentre todos os melodistas.

Nesse intervalo de tempo, Peterson formou sua própria escola. Entre os pianistas que surgem sob sua influência encontra-se o jamaicano Monty Alexander, que combina o ataque *à la* Peterson com o charme e o *groove* do *ska* e do reggae da Jamaica.

De Bud Powell provém Al Haig, Georg Wallington, Lou Levy, Lennie Tristano, Hampton Haves, Claude Williamson, Joe Albany, a japonesa Toshiko Akiyoshi, Wynton Kelly, Russ Freeman, Mose Allison, Red Garland, Horace Silver, Barry Harris, Duke Jordan, Kenny Drew, Walter Bishop, Elmo Hope, Tommy Flanagan, Bobby Timmons, Junior Mance, Ray Bryant, Horace Parlan, Roland Hanna, Les McCann, Harold Mabern, Cedar Walton, Dave McKenna, o austríaco Fritz Pauer e uma legião inteira de pianistas, incluindo representantes não apenas do neo-bop (como muitos dos mencionados aqui), mas também do neoclassicismo.

Al Haig, Duke Jordan e George Wallington, nos anos de surgimento do jazz moderno, já tocavam nas bandas da rua 52. Lennie Tristano (1919-1978) foi o fundador da já mencionada "escola de Tristano", que foi tão significativa nos anos de cristalização do cool jazz. Ele construía linhas altamente ágeis, rápidas e melódicas, quase no sentido da linearidade bachiana desenvolvida sobre esquemas harmônicos complexos. Tristano antecipou certas liberdades harmônicas do free jazz em aproximadamente dez anos. Suas linhas de baixo "funcionavam" às vezes de maneira contrapontística, bem no sentido da música barroca. A crítica Lynn Anderson escreveu:

> Ele foi o primeiro pianista a improvisar livremente sobre sequências inteiras de acordes, em que cada acorde consistia numa maravilhosa condução melódica ao acorde seguinte. Ele também foi o primeiro a conseguir improvisar contrapontisticamente. Outra de suas inovações era se desviar da resolução harmônica, conferindo a suas harmonias um curso inesperado.

A influência de Tristano atravessa os mais diversos estilos. Entre os pianistas que se reportam explicitamente a ele estão, entre outros, Dick Twardzik, falecido prematuramente em 1955, assim como Don Friedman, Clare Fischer e, sobretudo, Bill Evans; entre os mais jovens estão Alan Broadbent, Connie Crothers, Robin Holcomb, Ken Werner, Eric Watson, Georg Gräwe e John Wolf Brennan, que mostram que a influência de Tristano continua viva.

Hampton Hawes, Claude Williamson e Russ Freeman pertencem ao grupo dos pianistas da Costa Oeste. Hawes, falecido em 1977, tocava com muita sensibilidade para o blues e para Charlie Parker, algo que certamente decorria de sua origem afro-americana. Mose Allison (cf. a seção "Os Cantores" do capítulo "As Vozes do Jazz") faz uma conexão direta entre as antigas canções do *folk* blues e o piano de Bud Powell. Red Garland é um pianista do hard bop de ideias brilhantes, que se tornou conhecido por meio de sua participação no quinteto de Miles Davis em meados dos anos de 1950. Ele criou *voicings* incríveis, e as *single lines* concisas de sua mão direita formavam um surpreendente contraste com as "explosões" de seus blocos de acordes. Depois que Garland abandonou a banda de Miles Davis, Bill Evans e depois Wynton Kelly assumiram o seu lugar. De fato, Kelly tocava com menos refinamento harmônico que Garland, mas sabia temperar suas linhas borbulhantes e alegres com um swing muito redondo e um *timing* que serviu de exemplo para vários pianistas do neo-hard bop nos anos de 1990. Segundo Miles, "sem Wynton é como café sem creme".

Kelly e, sobretudo, Junior Mance, Les McCann e Bobby Timmons estão entre os pianistas do hard bop inspirados no funk e no gospel. As composições de Timmons, como "Moanin'", "This Here" e "Dat Dere", do fim dos anos de 1950, quando ele integrou o Jazz Messengers e o quinteto de Cannonball Adderley, tiveram muito sucesso. Les McCann aliou o seu piano soul – que apareceu nos anos de 1970 e fez muito sucesso – a sonoridades elétricas contemporâneas. Ray Bryant é um mestre das linhas de blues expressivas, fortemente ritmadas, nas quais ele sempre deixa penetrar elementos do boogie. Tommy Flanagan, um músico que pertence à geração do hard bop de Detroit, encontrou – um feito raro! – delicadeza na "dureza" do hard bop – um pianista que fez do acompanhamento de cantores uma arte em si mesma. Em 1962-1965, ele extraiu da cantora Ella Fitzgerald o seu melhor. Durante toda a sua vida (ele morreu em 2001), Tommy liderou um dos mais consistentes trios de jazz do *mainstream* swingante. Barry Harris sempre foi apontado por vários músicos oriundos de Detroit nos anos de 1950 como seu verdadeiro mestre. Ele é a mais poderosa e obstinada personalidade da cena de jazz de Detroit – e continuou sendo uma potência da pedagogia do jazz até o começo do século XXI. Horace Silver deu prosseguimento à herança de Powell de maneira particularmente convincente, transformando-a num modo de tocar inspirado no funk e no soul, com melodias e ritmos cheios, plenos de *riff* e de *groove*, além de um lúcido e ousado sentido formal, esbanjando vitalidade. Isso também veio a ser uma fórmula de sucesso comercial para ele e seu quinteto.

"É próprio do jazz a noção de espontaneidade; Thelonious Monk tocava piano como se nunca tivesse visto algum antes", escreveu Geoff Dyer. Ninguém soa como

Monk. Ele foi um músico claramente percussivo, um dos mais importantes músicos do *in-group* criador do bebop, mas a sua influência tornou-se clara apenas depois da segunda metade dos anos de 1950. Logo após ter sido cocriador do bop, ele se afastou e criou algo totalmente novo. Monk "africanizou" o piano – esse instrumento primordialmente europeu –, ao se especializar em ataques duros e angulosos com um claro e consciente sentido percussivo. Monk tocava linhas "análogas a um *al fresco*", bastante espaçadas e geralmente apenas insinuadas, e foi particularmente longe – antes do free jazz – na dissolução da frase como unidade e da harmonia como sistema funcional. Muito do que desembocou em Ornette Coleman, John Coltrane, Eric Dolphy e todos os outros vanguardistas do jazz surgiu com ele pela primeira vez, permeado de um humor satírico, às vezes cínico. Por mais inovadora que tenha soado, sua música estava profundamente enraizada na tradição do jazz, o que ficou bem claro quando ele assimilou elementos do *stride piano* com base numa lógica, por assim dizer, "desconstrutivista". Os temas que Monk compôs – com seus deslocamentos rítmicos e suas estruturas irregulares – estão entre os mais originais do jazz moderno.

Monk inovou à luz do estilo swing. Por isso, hoje em dia ele é idolatrado tanto pelos conservadores do bebop quanto pelos vanguardistas. Os jazzistas neoconservadores que gravitam em torno de Wynton Marsalis afirmam que a música de Monk não se ressente de nenhum *out content*, de nenhuma força que transgrida princípios de ordem e lógica. Já os vanguardistas enfatizam o elemento transversal, refratário, rebelde e inadaptado na música de Monk. Ambas as posições são coerentes com ele e com sua música, que dizia: seja diferente dos demais, seja você mesmo. Monk traduziu isso em música de forma muito consequente e com muito swing.

Monk improvisava como um compositor que pensava em voz alta no piano; ele tocava *composer's piano*. Seus solos bizarros e angulosos sem dúvida surgiam espontaneamente, mas nem por isso se desprendiam do tema, antes se mostravam intimamente ligados à composição, desenvolvendo-se de forma tão lógica que até pareciam ter sido "compostos". Isso provavelmente explica o fato de Monk ter encontrado tão poucos imitadores bem-sucedidos no piano – seu modo de tocar piano estava pouco ligado ao virtuosismo jazzístico e parecia ser mais uma continuação da composição por outros meios. Os primeiros a captar a linguagem musical de Monk e a lhe dar prosseguimento de modo pessoal foram Randy Weston, Herbie Nichols e Mal Waldron. Weston, que tem Monk e Ellington como modelos, viveu vários anos no norte da África e lá entabulou um intenso diálogo com a força hipnótica e as melodias e ritmos de transe da Gnawa árabe. Segundo Weston: "Descobri que muito do que eu pensava ser moderno já existia na África há milhares de anos." Weston toca de maneira mais amena e rapsódica que Monk – sua execução se torna inconfundível também por meio da força e da economia expressiva com que ele utiliza os registros graves do piano. "Tenho aqui no grave alguns belos tambores", disse ele.

Herbie Nichols tocava em bandas de Dixieland e blues antes de ter a oportunidade de apresentar suas composições modernas, exdrúxulas e muito pouco conhecidas. Ele faleceu de leucemia, completamente pobre e esquecido, em 1963. Suas gravações em trio para a Blue Note em 1955, com suas melodias delicadas e cheias e suas estruturas abstratas, que concedem à bateria os mesmos direitos dos demais instrumentos, são um aceno para a vanguarda do jazz. Mais tarde, pianistas do free jazz como Misha Mengelberg e Cecil Taylor confessaram que, depois de Monk, Nichols foi seu grande libertador. Quanto a Mal Waldron, que gozou de grande sucesso no Japão nos anos de 1970, fala-se primeiramente que ele tocava num "estilo telegráfico": suas frases – algo do tipo "longo-longo-curto-longo" – soavam como um código morse enigmático. Waldron foi o último pianista da grande cantora Billie Holiday. Daí até sua morte em 2002 seu estilo assumiu formas cada vez mais personalizadas. A coragem para a expressão simples e angulosa era particularmente grande em seu caso. Waldron também descobriu o *power of repetition* no piano moderno de jazz. Ele destilava os emaranhados torrenciais de motivos do bop em figuras curtas e pregnantes, "martelando-as" repetidamente num processo criador de tensão e novidade harmônica, melódica e rítmica. Essas figuras soavam como um códio morse do futuro, como mensagens escritas numa linguagem cifrada de surpresas.

Trajetória especialmente brilhante foi a de Bill Evans, falecido em 1980: um dos poucos músicos brancos a ter sido aceito no círculo fechado do hard bop. Ele tocava com um estilo totalmente diferente do que era comum nos outros pianistas do hard bop, muito mais sensível e frágil. Ele também foi o primeiro pianista modal (no sentido atual). Chamaram-no de o "Chopin norte-americano" – nenhum jazzista foi tão hábil em deixar o piano "soar", algo que o erguia ao nível de um Rubinstein. Com suas linhas sensíveis, ele descortinou para o piano moderno de jazz uma dimensão lírica totalmente nova. Evans foi o primeiro a tocar o piano de jazz de modo irrestritamente "pianístico" – sem nenhum vestígio do estilo percussivo de seus antecessores; em suas mãos, o piano cantava.

Não surpreende que uma ligação tão singular e interessante de elementos heterogêneos também tenha resultado em sucesso comercial – referimo-nos ao trio de Bill Evans. A atuação de Evans com outros músicos – como Miles Davis ou o baixista Scott LaFaro – "diz de um músico que parecia compreender seu ambiente de um modo imediatamente espiritual. Só toca assim quem é capaz de se entregar", disse o pianista alemão Michael Naura.

Bill Evans revolucionou o trio para piano no jazz – um gênero que remonta aos anos de 1920. Desde Bill Evans, o trio para piano de jazz é um entrançado de três ou mais vozes de mesmo valor. Ele descortinou para essa formação novos modos de integração, na medida em que foi além da divisão mecânica de papéis entre solo e acompanhamento vigente até então. Simplificando um pouco a questão, pode-se dizer que graças ao trio para piano de Evans, fundado em 1959, o trio para piano de jazz finalmente deixou de ser "bidimensional". Na concepção antiga, o piano dominava e conduzia, cabendo à base rítmica de baixo e bateria a tarefa de fornecer um chão firme. Contrariamente a isso, o trio de Bill Evans foi o primeiro grupo "tridimensional" do jazz: cada um dos instrumentos do trio era responsável pela condução, o que explica porque Scott LaFaro não tocava apenas *walking lines* – quatro semínimas por compasso –, mas também linhas autônomas do ponto de vista rítmico e melódico, independentes de sua função de apoio. Da mesma forma, Paul Motian desenvolveu um estilo mais livre de tocar, que expandiu o *time keeping* – a marcação do beat – e propiciou à bateria possibilidades melódicas adicionais. Ao redistribuir as tarefas do piano, do contrabaixo e da bateria, Bill Evans trouxe ao trio para piano um elemento que desde então se tornou imprescindível para o êxito musical nesse campo do jazz: a alegria do diálogo entre iguais.

Também é esclarecedor que Bill Evans, a despeito de sua sensibilidade essencialmente tonal, tenha sido o *point of departure* para uma série de pianistas interessados numa música mais livre do ponto de vista harmônico. Don Friedman (com suas improvisações pianísticas sensíveis e claras), o polônes Krzysztof Komeda e Clare Fischer (residente na Califórnia e também arranjador) foram os primeiros; depois vieram Fred Hersch, o italiano Enrico Pieranunzi e – especialmente imponente – o francês Michel Petrucciani. Krzysztof Komeda (1931-1969) é o lendário pai do jazz polonês moderno, importante também como compositor: por meio de suas composições tingidas de uma certa melancolia eslava, ele criou algumas das mais belas e duradouras melodias do jazz europeu, dentre as quais a mais conhecida é "Sleep Safe and Warm" (para o filme *O Bebê de Rosemary*, de Roman Polanski).

Com sua execução brilhante, Enrico Pieranunzi tornou-se o decano do *mainstream jazz* italiano – poucos pianistas de jazz europeus se comparam a ele no que concerne à sensibilidade rítmica e ao refinamento harmônico. Fred Hersch é um pianista da linha de Bill Evans dono de uma grande clareza melódica. Sua especialidade é dar às vozes secundárias um tratamento tão delicado e detalhista que elas próprias acabam se tornando autônomas. Quando Michel Petrucciani, em 1981, saiu de Paris para os Estados Unidos, ele era conhecido apenas por alguns poucos especialistas europeus de jazz. Com 18 anos de idade à época, ele tocou com o saxofonista Charles Lloyd e, mais tarde, com Lee Konitz e Jim Hall. Até sua morte em 1999 que chocou a todos, seus concertos eram uma das experiências mais estimulantes que havia de todos os grandes festivais de jazz. Quando o pianista anão – que precisava de ajuda para se sentar ao piano – se debruçava sobre as teclas, ele manejava o vocabulário de Evans de maneira tão vital e arriscada que suscitava a impressão de tocar um Evans "percussivo" – completando a sensibilidade deste com ardor e força rapsódica. Observe-se, a esse propósito, que Petrucciani – cujas improvisações refletem também Art Tatum, Maurice Ravel e Claude Debussy – começou como baterista.

Mas o *touch* de Evans também não tem como ser dissociado do esteticismo dos anos de 1970 e de 1980: Chick Corea, Keith Jarrett, Paul Bley, Steve Kuhn – "Evans é o pai de todos eles", disse Michel Petrucciani. Nos anos de 1980 e de 1990, o piano de jazz assistiu ao nascimento de um classicismo de Bill Evans (voltaremos a falar sobre isso).

Uma posição especial é ocupada por Jaki Byard, falecido em 1999 e proveniente do grupo de Mingus. De um lado, com seu prazer em produzir choques e tensões sonoras, ele foi um grande adepto da improvisação moderna, quase *free*, mas, de outro, estava enraizado no *stride piano* dos anos de 1920. Nos anos de 1950, ele trazia consigo aquela plenitude de envolvimento com a tradição negra exigida por Mingus e Roland Kirk.

Mas nem todos os pianistas cabem dentro do nosso esquema de classificação e ordenação. Falemos desses casos agora. Milt Buckner criou, como membro da orquestra de Lionel Hampton, um "estilo *block chords*", com notas que se movem concatenadas e paralelamente e que produzem um efeito forte e contagiante. Com esse tipo de execução, denominado *locked hands* (mãos atadas) em virtude da condução paralela de ambas as mãos, Buckner foi capaz de transpor naipes inteiros de *big band* – um naipe de trompete por exemplo – para o piano, sem prejuízo da velocidade.

George Shearing, que migrou da Inglaterra para os Estados Unidos, incorporou o estilo de Buckner à sonoridade de seu quinteto, transformando-o, em conexão com as linhas de bebop de Bud Powell, numa verdadeira fórmula de sucesso.

Os dois pianistas que mais fogem à classificação por escolas estilísticas são também os de maior sucesso: Dave Brubeck e Erroll Garner. Brubeck trouxe para o seu piano uma abundância de elementos da música europeia, de Johann Sebastian Bach a Darius Milhaud (com quem estudou), elementos que nele se mesclam romanticamente de uma maneira toda particular. A questão de se Brubeck possui swing ou não têm sido discutida há anos. De outro lado, Brubeck é um improvisador completamente obstinado e criativo. Ele e seu sax-altista, Paul Desmond, inspiram-se mutuamente numa relação simbiótica. Brubeck geralmente vai a ápices ardentes.

É realmente incrível a forma como ele lentamente vai "construindo" esses ápices sobre longos trechos, até atingi-los de fato.

Desde Fats Waller nenhum outro pianista foi tão automaticamente associado à alegria quanto Erroll Garners. Erroll também é comparável a Fats – ou a Art Tatum – pelo fato de tocar seu instrumento de forma "orquestral", dominando soberanamente todo o teclado. *Concert by the Sea* é o título de um de seus vários discos de sucesso, e esse título não é apropriado apenas por ter sido gravado no litoral do oceano Pacífico, mas, sobretudo, pela sensação que nos causa: a de ouvirmos o rumorejar das ondas nas cascatas pianísticas de Garner.

A independência rítmica que Garner alcançou entre a mão esquerda e a direita é fenomenal. Ele pôde conferir a cada mão um *timing* próprio, imprimindo a esses dois planos rítmicos uma divertida relação de tensão. Além disso, Garner é um mestre da *relaxation*; geralmente, ao ouvi-lo, tem-se a impressão de que seu beat vem atrasado, mas, quando ele vem, percebe-se que é precisamente no lugar em que deve vir. As introduções de Garner são magistrais: com suas cadências e bem-humoradas alusões, elas parecem protelar a apresentação do tema e do beat; e o público sempre reagia com aplausos e empolgação quando o pianista e seus ouvintes, por assim dizer, "chegavam em casa" – ou seja, nas famosas melodias e no ainda mais famoso "Garner beat": acordes em semínima da mão esquerda que "trotam" num ritmo regular.

A ideia de que os pianistas de jazz tocam como se seu instrumento fosse uma grande orquestra é particularmente válida para o caso de Garner. Ele, que nunca conseguiu ler uma única nota, dizia: "Eu toco sempre o que sinto. Eu me sinto sempre como a mim mesmo, mas a cada dia sou outro. Eu assimilo ideias de toda parte. De uma cor forte, do som da água ou do vento, de um raio de luz ou de algo frio. Tocar é como viver. Ou você sente ou não sente."

Erroll Garner era tão autônomo e original que só dois pianistas desenvolveram-se sob sua influência: Ellis Larkins e Ahmad Jamal. Larkins participou de um disco em que Ella Fitzgerald canta Gershwin – um dos mais belos acompanhamentos de piano da história do jazz. Jamal, bem mais jovem que Larkins, no fim dos anos de 1950 vivia uma estranha situação: enquanto os críticos tinham-no apenas como um brilhante pianista *cocktail*, muitos músicos, sobretudo Miles Davis, viam Jamal como um grande gênio. O *timing* de Jamal, associando ornamentação e economia, é magistral. Gunther Schuller acredita que a veneração de Miles por Jamal decorre principalmente do fato de que, nos anos de 1950, Miles teria desenvolvido certas formas de ornamentação e – até certo ponto – sua própria "sofisticação com simplicidade" a partir de Jamal, o qual, assim, estaria na origem do grande sucesso do trompetista. Desde os anos de 1980, Jamal foi africanizando cada vez mais seu conceito de economia e seu *feeling* para tensões mediadas por pausas. Com suas melodias e ritmos dançantes, o *mainstream* swingante do piano se tornou mais próximo da "Mama África".

Cecil Taylor desenvolveu praticamente sozinho uma linguagem pianística que se tornou representativa do estabelecimento do free jazz. Nascido em 1929, em Long Island, Cecil Taylor foi o primeiro (ainda nos anos de 1950) que, de um profundo conhecimento da mística afro-americana, da arte dos arranjos de Ellington e de compositores europeus como Béla Bartók, soube extrair a conclusão correta para o jazz: a de que seu futuro seria a libertação de toda norma rígida – fosse a forma-canção, o ritmo ou a tonalidade. Em seus *clusters* que passeiam por todo o teclado do piano, um cosmos de ideias sonoras e rítmicas vibra e swinga. O aspecto físico de uma apresentação de Taylor é um espetáculo arrebatador: a resistência com a qual ele desdobra suas massas sonoras de *clusters* percussivos e dinâmicos durante uma ou duas horas, de um apogeu a outro, é tão fulminante que a delicada e delgada estrutura de sua música geralmente é ofuscada por essa dimensão corporal embriagante. Ao mesmo tempo, os solos de Taylor possuem uma lógica rigorosa e uma clareza cativante. É uma ironia da história do jazz que justamente aqueles pianistas mais coerentes e rigorosos no desenvolvimento de seus blocos sonoros tenham sido acusados de caos e anarquia.

Taylor desdobra suas sequências de motivos "livres" segundo um modelo intuitivo. A lógica do *call and response* da música africana desempenha aí o mesmíssimo papel de nossa conhecida estrutura de tese, antítese e desenvolvimento subsequente. Até mesmo o princípio da improvisação temático-motívica que Gunter Schuller constatou na música do sax-tenorista Sonny Rollins pode ser facilmente aplicado à música de Taylor. A única diferença é que ele não foi vertido para nenhuma forma fixa e se constitui menos de elementos tonais do que de blocos sonoros e *clusters*, os quais ele relaciona entre si e desenvolve continuamente com uma forte energia propulsiva.

O próprio Taylor aponta para o fato de se sentir ligado à tradição negra, sobretudo Duke Ellington. Uma escuta atenta é capaz de perceber dezenas de elementos da história pianística negra em seu som, como cadências de blues, frases de bebop e baixos de boogie, mas tudo isso em certo sentido codificado, esboçado, modificado e abstraído em *clusters* e inseridos num contexto que rapidamente dissolve a ideia exposta em prol do próximo elemento musical. Sua intensidade não se resume a um simples "voo rasante sobre o piano". Como ele sempre diz, ela se alimenta "da elevação mágica do espírito a um estado de transe" e tem algo a ver, portanto, com "forças religiosas" no sentido da tradição africana. Suas raízes africanas e indianas foram enfatizadas por ele de maneira tão demonstrativa quanto os aspectos de transe da dança. Numa de suas declarações mais famosas, ele disse: "Eu tento imitar no piano os saltos de um dançarino no espaço."

A música de Cecil Taylor é uma constante autossuperação, uma permanente transposição de limites em termos de intensidade e expressão. O pianista alemão Alexander von Schlippenbach, que foi fortemente influenciado por Taylor, observou que alguns pianistas conseguem sustentar uma carga extrema de intensidade explosiva e febril durante minutos, mas que é incompreensível que Taylor, com sua forma de tocar, seja capaz de passar noites inteiras em longos concertos ou apresentações em clubes.

Nos anos de 1980 e de 1990, a música de Taylor se tornou cada vez mais clara, econômica, impressionista, mais tonal e calma em certas passagens, que assim ganharam em força e poder de diferenciação. Cecil Taylor é, sem dúvida, o grande pianista do free jazz, porém, há uma série de outras possibilidades pianísticas nesse âmbito que, em parte, estão ligadas a ele e, em parte, independem dele. Em primeiro lugar, mencionemos os músicos norte-americanos. São pianistas importantes do free jazz (os quais, de um modo geral, continuaram se desenvolvendo em outras direções): Paul Bley, Carla Bley, Ran Blake, Sun Ra (que se tornou conhecido principalmente como líder de sua grande orquestra de free jazz), Dave Burrell, Bobby Few, Borah Bergman, Marilyn Crispell, Matthew Shipp, Vijay Iyer e – já passando para o campo da nova tradição do jazz centrada no ponto de vista da vanguarda – Muhal Richard Abrams, Don Pullen, Anthony Davis, Amina C. Myers, Geri Allen e Myra Melford. Podemos destacar aqui apenas alguns desses pianistas. Paul Bley foi o primeiro pianista a tocar baladas no espírito do free jazz (tornando-se assim uma fonte de inspiração de Keith Jarrett, como veremos). Pode-se afirmar com certa razão que a frutífera relação de Bley com as inovações de Ornette Coleman é semelhante à de Bud Powell com as conquistas de Charlie Parker. Assim como Bud Powell utilizou no piano o redemoinho de motivos do bop de Bird, Bley transpôs as linhas "cantadas" e com motivos livres de Ornette para o piano de jazz, tornando-se assim um inovador do piano dos anos de 1960. Ran Blake e Carla Bley são músicos particularmente sensíveis. Ran – influenciado por Thelonious Monk – é um mestre quando se trata de produzir estranhamento com os *standards* dos grandes compositores da música popular norte-americana. Ele rasga, despedaça e abstratiza essas peças, traduzindo-as para um novo mundo musical, diametralmente oposto àquele para o qual essas peças foram compostas (o que, certamente, também é um processo de crítica social). Carla Bley (cf. o capítulo "As *Big Bands* do Jazz") se tornou conhecida, sobretudo, como intérprete de suas delicadas composições; talvez ela seja a compositora de jazz mais original depois de Thelonious Monk. A peça "Chronotransduction" / "Escalator over the Hill", composta em parceria com o escritor Paul Haines, é a primeira *magnum opus* de sucesso do jazz pós-moderno, antecipando já em 1971 um multiestilismo e um ecletismo transgressor que só se tornariam óbvios dez anos depois (nos anos de 1980). A palavra "Chronotransduction" deixa claro o que está em jogo: tempo e espaço são transcendidos, em sentido poético e musical.

Borah Bergman trouxe leveza e elasticidade ao piano do free jazz. Como disse um crítico, ele possui uma "força incomum na mão esquerda". Geralmente, as linhas de sua mão esquerda – influenciadas por Ornette Coleman – soam como se fossem duas mãos tocando. Com isso, Bergman alcançou a plena igualdade das mãos.

No entanto, foi uma musicista que nos anos de 1980 e de 1990 deu o prosseguimento mais interessante e original à linha de Cecil Taylor. Referimo-nos a Marilyn Crispell, que pertenceu ao grupo de Anthony Braxton e estudou na Creative Music Studio, em Woodstock. Ela uniu a energia veloz de Taylor à espiritualidade de Coltrane. Assim como Taylor, ela saiu da música clássica de concerto para o jazz e, assim como ele, ela também estudou no Conservatório de Boston. Mas Crispell toca de forma mais lírica, pontilhista ou, se preferirmos, "feminina": ela dissolve a violência dos *clusters* de Taylor e os transforma em arte contrapontística livre, vibrante em intensidade, buscando inspiração antes no espírito que nos elementos estilísticos da música barroca – Bach, mais exatamente. Em Crispell, partículas de ideias energizadas colidem entre si em frações de segundo – e isso com uma atitude soberana, purificada, própria de uma musicista do pós-*free* que encontrou no "caos controlado" formas mais coesas. Muhal Richard Abrams é o "chefe" (ele certamente contestaria essa qualificação) da AACM, a que já nos referimos várias vezes neste livro: um dos primeiros free *jazzer* a realizar conscientemente, como pianista, a guinada rumo ao jazz poliestilístico, incorporando em sua música toda a herança da tradição negra do ragtime e do boogie. Assim como Abrams, Myra Melford provém de Chicago e, assim como ele, também ela parece trazer, com sua execução *free*, toda a tradição do jazz "na ponta dos dedos". Ela sintetiza o blues e o boogie, o *barelhouse* e o bop com força explosiva e um *feeling* rítmico bastante aguçado para linhas de rara densidade contrapontística. Além disso, ela é uma expert no controle da aceleração e diminuição do tempo.

O mais selvagem e vital pianista da nova interpretação da herança do jazz inspirada na "execução livre" é Don Pullens, que se fez conhecido no quarteto com o sax-tenorista George Adams. Mais do que qualquer outro, Pullen conferiu integridade tonal e melódica à música baseada em *clusters* de Taylor. Ele toca *clusters* rápidos e rudes com a mão direita, acoplando-os, no entanto, em acordes claramente tonais e harmonicamente funcionais, que ele executa simultaneamente com a mão esquerda. Por vias autônomas, ele desenvolveu uma técnica de *clusters* inteiramente pessoal: diferentemente de Taylor, ele não *bate* os *clusters*, mas os *esfrega* com o nó dos dedos, com o canto e o peito da mão, encontrando, assim, fluxos sonoros em glissando, quase melódicos, que preservam a crueza e a imediaticidade do blues.

Ele dizia: "Gosto assim, bem escrachado". Poucos anos antes de sua morte em 1995, Don Pullen se abriu às influências da música do mundo com sua banda African-Brazilian Connection, celebrando um jazz vivo, alegre e exultante, influenciado pelas melodias do oeste da África, do Brasil e do Caribe.

Já Anthony Davis é um músico *cool* e consciente, influenciado também pela música romântica e clássica – sobretudo a camerística –, que ele ouvia na casa de seus pais. Trata-se do músico mais destacado de uma geração que, no campo do jazz "livre", descobriu o valor da composição em sua execução. "Eu queria que tudo aquilo que fosse tocado se inserisse numa associação com o que aconteceu antes e com o que virá em seguida", disse ele ao crítico norte-americano Francis Davis. "Mesmo quando improviso de maneira totalmente livre, penso de maneira compositiva. Tudo acaba dando no mesmo." Em 1985, a sua ópera X: *The Life and Times of Malcolm* X foi apresentada ao público pela primeira vez.

Michele Rosewoman transpôs empaticamente a força percussiva dos ritmos afro-cubanos – que remontam a ritos imemoriais da cultura iorubá – para o piano de jazz contemporâneo. Com Geri Allen, oriunda de Detroit, chegamos a uma musicista que desenvolveu no piano o princípio pós-moderno da mistura estilística de maneira particularmente original. Allen, que se tornou conhecida tocando ao lado de James Newton e Steve Coleman, provém, sobretudo, de Cecil Taylor e Thelonious Monk, mas suas linhas complexas e labirínticas são exemplos modelares da multilateralidade no piano de jazz: nelas pulsa o romantismo de Chick Corea (ainda a ser visto), a força percussiva da música para balafom africana, a arte das pausas de Count Basie, a percepção timbrística de Ellington. Tradição e vanguarda poucas vezes estiveram tão próximas quanto no piano de Geri Allen. Ela fraseia com grande liberdade e sabe tocar, harmônica e ritmicamente, tanto *inside* quanto *outside*. São dele as figuras de baixo e os *ostinatos* mais originais do piano de jazz contemporâneo, marcados por mudanças rítmicas complicadas, deslocamentos e dissonâncias cheias de efeito num fluxo rítmico admirável e uma forte sensibilidade para as raízes africanas da música negra. Geralmente, seu piano de cauda soa como um "mbira de 88 teclas", como uma gigantesca kalimba com uma roupagem ocidental. "Meus estudos sobre a música afro-americana e as culturas musicais do mundo ampliam o meu vocabulário."

Assim como Allen, Vijay Iyer, norte-americano de origem indiana, está entre os poucos pianistas que interiorizaram congenialmente em sua música a estética M-base. Durante anos, ele foi um componente vital dos grupos centrados em Steve Coleman e buscou na escola percussiva do piano de jazz seus modelos – músicos como Cecil Taylor, Thelonious Monk e Bud Powell. Em seu jazz personalizado e inspirado na vanguarda, ele recorre às complexas métricas dos tambores do sul da Índia e da África, reunindo-os de forma singular com os entrelaçamentos rítmicos da M-base. Com suas pontes entre a música livremente improvisada e a eletrônica, Matthew Shipp, advindo do quarteto de David S. Ware, estabeleceu novos padrões. Em 2001, ele se tornou curador da "Blue Series" para a gravadora Thirsty Ears, instituindo uma plataforma criativa para o encontro do free jazz com os DJs e os músicos eletrônicos. Ele fez o free jazz voltar a ser *hip* ao buscar a cooperação dos músicos de *samplers* e computadores. Mas, quando toca o piano de cauda de modo "apenas" acústico em seus concertos solo, ele se mostra um especialista da "música pantonal". É comum ele introduzir em seus solos passagens com glissandos suaves bem no meio de *clusters* fulminantes, blocos de acordes barulhentos em *voicings* impressionistas, *sprints* pontilhistas no meio de uma seção suave. Com isso, ele cria em seus solos livres sequências velozes de *tension* e *release*.

Mas também na Europa e na Ásia a mensagem de Taylor encontrou terreno para florescer: entre os mais importantes pianistas livres estão os japoneses Yosuke Yamashita e Aki Takase; o inglês Keith Tippett; o holandês Misha Mengelberg; o belga Fred van Hove; os alemães Alexander von Schlippenbach, Ulrich Gumpert, Achim Kaufmann e Georg Gräwe, as suíças Irene Schweizer e Sylvie Courvoisier, o francês Benoit Delbecq, os russos Vyacheslav Ganelin (que imigrou para Israel em 1987) e Sergey Kuryokhin, assim como o italiano Giorgio Gaslini. Também só podemos destacar poucos músicos neste livro.

Críticos norte-americanos acusaram Yosuke Yamashita de imitar Cecil Taylor, mas Yamashita não haure sua força e intensidade ritualísticas – que lembram, de fato, Taylor – da tradição norte-americana, mas da japonesa, em que há séculos vigora uma cultura da intensidade. Aki Takase alia fineza a uma elevada dose de espírito e humor. Ela recorre soberanamente a elementos antigos do jazz e, de um modo bem próprio, os reveste de um caráter "mais livre" e contemporâneo. Takase é mestre em duos: suas apresentações com Maria João, com Alexander von Schlippenbach ou Rudi Mahall estão entre os brilhantes exemplos de integração e de um *interplay* astuto e enigmático.

Keith Tippett faz um free jazz fortemente influenciado pela música étnica, em que figuras em *ostinato* e estruturas mágicas e meditativas desempenham um importante papel. Sua orquestra Centipede, um aglomerado de 51 músicos de rock e de jazz, que, em 1971, gravou o álbum *Septober Energy*, está entre as mais importantes e transversais formações do jazz dos anos de 1970 (infelizmente, muito pouco reparada). Misha Mengelberg, que se destacou como maestro da Instant Composers Pool Orchestra, faz um free jazz inspirado em Thelonious Monk e Herbie Nichols dotado de um humor estranho e excêntrico. Ele é um mestre da redução e do jogo polissêmico de referências. Seu duo com o baterista Han Bennink, em que reverberam os *happenings* espontâneos do Fluxus, está entre as mais duradouras e vitais bandas do free jazz europeu. Alexander von Schlippenbach é o líder da Globe Unity Orchestra, a primeira e mais longeva orquestra de free jazz europeia, fundada em 1966 e em atividade até hoje (2005). O musicólogo Ekkehard Jost chama as sonoridades de Schlippenbach de "estruturas de ralador": sonoridades altamente enérgicas, concentradas em ritmo e timbres com uma densidade incomum. Irène Schweizer é o polo calmo e comunicativo dos vários conjuntos femininos de jazz – como o Feminist Improvising Group; porém, também em parceria com colegas do sexo masculino, seus solos alcançam uma grande riqueza interativa. Seu fraseado claro se caracteriza por uma extrema força percussiva. Sylvie Courvoisier, que vive desde 1998 em Nova York, trabalha na fronteira entre o jazz e a nova música: sua música lúcida e escura é cheia de estruturas complexas e processos intuitivos. Inspirado em John Cage, Benoit Delbecq explora no piano de jazz possibilidades microtonais e sonoridades flutuantes ao preparar as cordas do piano com muita imaginação. Vyacheslav Ganelin foi do começo ao fim – 1971-1987 – o mentor musical e o verdadeiro dramaturgo do Ganelin-Trio. Ele desenvolveu na outrora União Soviética, por caminhos diversos ao do free jazz europeu, uma versão totalmente personalizada da execução livre coletiva, que se caracteriza por uma abertura estilística consciente, direcionada contra todos os dogmas do free jazz e pontuada de muita paródia, além da tendência a uma dialética irônica típica da tradição soviética.

Em solo europeu, o alemão Georg Gräwe levou a abordagem de Lennie Tristano até as margens da nova música, associando a energia rítmica com o rigor intelectual de um Arnold Schönberg. "Gräwe faz isso de forma inconsútil e ao mesmo tempo desenvolve um estilo singular e verdadeiramente próprio. Sua música é cheia de sutilezas e não teme os andamentos rápidos", escreveu Hans-Jürgen Osterhausen.

Também Jens Thomas, que se tornou conhecido em 1994 com a sua banda Triocolor, fraseia com base numa forte consciência europeia. Em sua apaixonada execução livre, elementos da nova música, do romantismo tardio e do impressionismo confluem junto com toda a herança do piano de jazz. Seus solos conciliam opostos com uma lógica implacável: Frank Zappa e Keith Jarrett; Arnold Schönberg e Bud Powell; Wolfgang Rihm e Paul Bley. Jens Thomas fala de sua música como uma "celebração do instante", uma espontaneidade que, no entanto, é capaz de crescer com base em colorações sutis e líricas e se transformar numa loquacidade frenética, indo ao extremo da "mentalidade Berserk" de um Cecil Taylor.

Com uma execução sensível e uma concepção sonora experimental e alinhada ao tonalismo livre, Achim Kaufmann está entre os mais interessantes pianistas do pós-free jazz europeu. Em cooperação com músicos da cena de Amsterdã e com agentes da nova música e do rock underground dos anos de 1990, ele encontrou novas formas de tocar piano. De modo especialmente sublime, ele explorou as "zonas cinzentas", em que composição e improvisação se sobrepõem.

O piano de jazz se individualiza cada vez mais, não apenas "do lado de lá" de Cecil Taylor, ou seja, do lado da execução livre, mas também do "lado de cá" – alguns pianistas alheios a essa vertente *free* fogem a qualquer classificação. O norte-americano Andrew Hill, falecido em 2007, trouxe muito da tradição africana ainda presente no Caribe para suas composições e improvisações modernas ao piano. Ele disse: "Ouça a vanguarda com atenção e você será capaz de ouvir ritmos africanos. Você ouve as raízes do jazz."

É sabido que o elemento africano, negroide e negro do jazz não foi recalcado com o crescente desenvolvimento dessa música, mas, ao contrário, foi aparecendo de forma cada vez mais concentrada e ativa quanto mais a música negra norte-americana se libertava das algemas normativas da música europeia. Esse fato é claramente perceptível em músicos como Hill, mas também em Muhal Richard Abrams, Don Pullen, Geri Allen e outros.

Andrew Hill também é importante como compositor e *bandleader* em gravações de peças "livres" (por exemplo, "Point of Departure", para a Blue Note, 1964), em que ele une profundidade emocional e complexidade. Suas peças sempre terminam de uma forma diferente de como começaram – com suas estruturas deslocadas e ritmicamente cruzadas e seus *block chords*, elas ignoram todas as formas preestabelecidas – e criam, no entanto, algo de grande valor tonal. No princípio do século XXI, Hill desfrutou de um grande sucesso em festivais internacionais – com o passar das décadas, sua música foi se tornando cada vez mais econômica, sem perder nunca a paixão e o prazer por desafios musicais.

Abdullah Ibrahim (que antes se chamava Dollar Brand), oriundo da Cidade do Cabo, refere-se à África de maneira ainda mais imediata. Ele é um improvisador de grande força espiritual – o primeiro a encontrar no piano (instrumento de origem europeia) uma linguagem autônoma para o jazz africano. O grupo The Jazz Epistles, com quem ele gravou em 1960, em Johannesburgo, tocava "*township* bebop", uma música em que o jazz moderno e os estilos musicais sul-africanos se encontram de igual para igual. Em 1962, Ibrahim – que era protegido de Duke Ellington – foi para o exílio: primeiramente para a Suíça e de lá para os Estados Unidos, onde tocou com Max Roach e Gato Barbieri.

Quem vai a um concerto de Abdullah Ibrahim é imediatamente surpreendido pelo encanto de suas linhas suaves, envolventes como um transe, e de seus ritmos circulares. Seus solos são viagens e peregrinações por estados de alma e sentimentos africanos, mas também pela história do jazz: desde as melodias da cultura zulu até os corais da música sacra dos negros sul-africanos, de Monk e Duke Ellington – o "velho sábio da aldeia" (como Ibrahim o denominou) –, passando pelos ritmos leves do "Coon Carneval", da Cidade do Cabo, até os sons árabes dos malaios do Cabo e as melodias hipnóticas em *ostinato* da música Marabi proveniente dos *townships*. "Sou um piloto", disse ele, "conduzo meus passageiros aos cantos escuros de suas almas – a lugares onde eles habitualmente não ousam entrar".

Em 1983, com "Rockit" (cujas *rhythm tracks* foram realizadas pelo baixista Bill Laswell e pelo tecladista Michael Beinhorn), Herbie Hancock galgou o primeiro lugar dos *charts* internacionais: não apenas o maior hit instrumental que a música pop conheceu nos anos de 1980, mas também uma contribuição valiosa para o surgimento da cultura do *hip-hop tecno*. Apesar de seu sucesso com o funk e o pop, Hancock permaneceu sempre um *jazzman*.

Os álbuns de Hancock *Empyrean Isles* e *Maiden Voyage*, que saíram pela gravadora Blue Note nos anos de 1960, estão entre as poucas "poesias sonoras" convincentes do jazz, fora as obras de Duke Ellington. Eles são "imagens sonoras do mar" equivalentes à composição "La Mer", de Debussy. Hancock foi um dos importantes músicos a se fazer conhecer como integrante do quinteto de Miles Davis nos anos de 1960. Como pianista, ele é possuidor de uma incorruptível e íntima sensibilidade para a forma, conseguindo, por isso, criar tensão jogando com ideias rítmicas e harmônicas abstratas. Na música de Hancock, são as melodias e o *groove* que determinam a improvisação, não as *changes*. O sexteto que ele liderou de 1971 a 1973 ofereceu uma das mais interessantes e refinadas soluções para a problemática do jazz "elétrico". É fácil ver que Hancock não perdeu seu *jazz feeling* nos anos de envolvimento com o funk: na segunda metade dos anos de 1970, ele liderou o grupo V.S.O.P., com Freddie Hubbard, Wayne Shorter, Tony Williams e Ron Carter (todos tocando instrumentos "acústicos"!). Isso se tornou ainda mais claro quando ele e Chick Corea fizeram um duo com dois pianos de cauda: um grande evento internacional, que também falou a um público normalmente fora desse circuito pianístico, mas que foi atraído pelos nomes de Hancock e Corea, conhecidos graças a suas gravações "elétricas". Desde então, Hancock alterna com sucesso entre o mundo "acústico" e o "elétrico", construindo, em ambos os campos e de maneira igualmente soberana, uma assinatura própria e inconfundível. Como nenhum outro pianista, Herbie Hancock aprendeu a expressar-se nos mais variados idiomas muscais. Em 1986, ele recebeu o Oscar pela trilha sonora do filme *Round Midnight*, de Bertrand Tavernier.

Chick Corea também vem do círculo de Miles Davis. Ele fazia free jazz antes de passar ao *fusion*. Ele também liderou o Return to Forever, um grupo em que o jazz rock, logo em seu começo (início dos anos de 1970) chegou ao ápice, sem voltar a alcançá-lo depois. Corea é um músico simpático, com uma tendência para o universo infantil dos contos de fadas e para ritmos reluzentes: ele conhece Bartók, ama música espanhola e latino-americana e é um excelente compositor. Alguns críticos compararam suas peças mais encantadoras às famosas composições para piano do século XIX, como as de Schumann e Mendelssohn, ignorando, desse modo, a tensão jazzística imanente e altamente sensível com a qual Corea "preenche" o romantismo. Essa tendência a "preencher" o romantismo com a tensão da modernidade é encontrada, desde os anos de 1970, também em outros pianistas importantes como Keith Jarreth, Richie Beirach, Stu Goldberg, Art Lande, Denny Zeitlin, Walter Norris, Bob Degen, Ken Werner, o norueguês Bobo Stenson, o holandês Jasper van't Hof, o japonês Makoto Ozone, o alemão Wolfgang Daner, o inglês John Taylor e, anos antes do surgimento dessa tendência, Steve Kuhn. O primeiro a "preencher" o romantismo com uma tensão moderna foi Bill Evans. Beirach é capaz de tocar de maneira muito próxima às "canções populares" e, apesar disso, oferece em sua música uma grande parcela de abstração. Ele exibiu sua força interativa de maneira particularmente impressionante em gravações com David Liebman. Nos anos de 1990, Beirach apareceu com interpretações jazzísticas de compositores clássicos como Béla Bartók, Frederico Mompou e Claudio Monteverdi. John Taylor já é menos dependente da lírica graciosa, a qual os críticos associam à música de Bill Evans; em vez disso, seu som cristalino é marcado por um ataque possante e abrasivo, e muita propulsão rítmica. Romantismo sem autocomplacência nem intuição para melodias e harmonias comoventes é o que encontramos no mais bem-sucedido pianista dessa vertente (que é também e principalmente o mais bem-sucedido pianista dos anos de 1970): Keith Jarrett. Ele é um "pianista totalizador" que traz nos dedos – e, sobretudo, na mente e no coração – praticamente tudo que já foi feito para o piano. Seus concertos solo são viagens musicais não apenas por alguns séculos de história do piano, mas também pelas "regiões" da cada vez mais complexa psique moderna. Jarrett, que abandonou por um ano e meio sua carreira solo para se apresentar como intérprete de música clássica – de Bach e Mozart a Bartók –, voltou em 1985 ao gênero solo. "Eu conheci o mundo dos assim chamados músicos clássicos e nessas pessoas só vi praticamente frustração – quanto maior o posto, mais sofisticada a frustração."

Jarrett tem a capacidade de fazer a nota do piano "cantar", de modo que seu som às vezes parece se confundir com um hino ou com uma obra sacra. Coltrane foi quem introduziu o elemento hínico no jazz, mas Jarrett foi quem de fato o explorou, dramatizando-o e elevando-o a um plano metafísico.

O segredo de Jarrett reside menos nas melodias e harmonias que toca do que na qualidade – espiritual – de sua música. A isso vem somar-se o fato de que, desde Bill Evans, nenhum pianista de jazz possuiu possibilidades de ataque tão diferenciadas quanto ele – uma capacidade de "insuflar alma" às notas que, segundo o crítico Peter Rüdi, vai "desde os arpejos de harpa que pairam sobre o silêncio até as linhas de fandango clamorosas, penetrantes, executadas com uma expressividade desconcertante". É fácil entender por que os sucessores de Jarrett acabam parecendo tão maçantes ou banais, a exemplo de George Winston ou Liz Story: eles imitam Jarrett apenas na superfície; falta-lhes a qualidade, que também se revela pelas formas de ataque. Até quando toca de maneira completamente *free*, Jarrett constrói um fraseado cheio de sentido melódico.

Todos esses pianistas do "grupo romântico" pertencem ao já mencionado classicismo de Bill Evans, que surgiu com a redescoberta da tonalidade e do beat nos anos de 1970 e de 1980, documentada não apenas na execução de pianistas mais jovens como Michel Petrucciani ou Fred Hersch, mas também no de diversos grupos de jazz. Pois, desde os anos de 1980, cada vez mais os pianos-trio reportaram-se aos trios de Bill Evans – particularmente feliz nesse sentido foi o trio de Keith Jarrett (com Gary Peacock no baixo e Jack DeJohnette na bateria), que elevou os *standards* – as grandes melodias atemporais do "Great American Songbook" – a um novo plano, interpretando-os com inabitual frescor e maturidade melódica. Uma continuação contemporânea bem-sucedida – e semelhante na homogeneidade – da concepção de Evans foi realizada por Chick Corea e sua banda acústica.

Keith Jarrett é o cantor de hinos entre os pianistas de jazz. Partindo da linha Bill Evans/Keith Jarrett, inúmeros pianistas encontraram nos anos de 1990, e de maneira personalizada, uma forma de tocar repleta de imaginação e sensibilidade:

Brad Mehldau (ainda a ser visto), Robert Glasper, Marc Copland, Bill Mays e Bill Carothers, nos Estados Unidos. O senso melódico de Evans e Jarrett foi perseguido e desenvolvido especialmente na Europa, sobretudo na Escandinávia e nos países eslavos: na Polônia, com Leszek Mozdzer e Marcin Wasilewski; na Noruega, com Jon Balke, Christian Wallumrød e Kjetil Bjørnstad; na Suécia, com Bobo Stenson e Esbjörn Svensson; na Dinamarca, com Carsten Dahl; na Alemanha, com Florian Ross; em Portugal, com Mario Lagina; na Itália, com Stefano Bollani.

Em meados dos anos de 1970, Bobo Stenson foi membro do quarteto de Jan Garbarek. Ele concilia o jazz norte-americano e o europeu, na medida em que aproxima o modo de tocar de Evans/Jarrett das melodias populares suecas e da herança europeia da música clássica. Sua execução com *rubato*, que flui livremente, também tem muitos traços europeus, assim como seu excelente *feeling* para as atmosferas espaciais. Junto com Anders Jormin no contrabaixo e Jon Christensen na bateria, ele forma um dos mais consistentes pianos-trio do jazz nórdico.

O polonês Lezek Mozdzer também possui uma imensa capacidade para integrar a herança clássica europeia ao universo contemporâneo do piano de jazz – Frederic Chopin, Béla Bartók, Johann Sebastian Bach e as melodias litúrgicas da Idade Média. Tocar livremente sem perder o foco melódico – eis a grande força desse pianista sensível.

Stefano Bollani, que no fim dos anos de 1990 surgiu na banda do trompetista Enrico Rava, é o pianista de jazz europeu com o ataque mais delicado e refinado. Ele sabe que entre o afago e o golpe pugilista há inúmeras gradações intermediárias. Bollani fraseia sem o solene *pathos* de Jarrett, mas antes com muita ironia e humor mediterrâneo. Seus solos são brilhantes como fogos de artifícios e metabolizam de maneira multiestilística influências provenientes da *chanson*, da música étnica, da vanguarda, do rock e da música clássica.

Falemos agora do *mainstream* em sua conotação específica: como aquela corrente principal do desenvolvimento do jazz, que vai do bebop, passa por John Coltrane e chega ao neo-hard bop contemporâneo. McCoy Tyner é aqui a figura central – nos anos de 1970 ele foi várias vezes eleito pela maioria dos *polls* de jazz como o pianista número 1. Trata-se da essência do jazz em seu sentido mais vital e swingante. "McCoy Tyner toca piano como um leão rugindo", disse o crítico norte-americano Bill Cole.

No começo dos anos de 1970, McCoy Tyner se tornou conhecido como pianista do clássico quarteto de John Coltrane. Nesse entretempo – já falamos a esse respeito –, toda a cena musical (jazz, jazz rock, *fusion*, pop) torna-se inimaginável sem Coltrane. Mas McCoy Tyner é parte dessa herança: silencioso e pio, sério e religioso.

O primeiro álbum de McCoy Tyner eleito pelos críticos como o Álbum do Ano – muitos outros ainda viriam – foi *Sahara*, de 1972, pela gravadora Milestone. McCoy cita o historiador árabe Ibn Khaldoun: "É preciso uma vida inteira para atravessar esse deserto de uma ponta à outra, e uma infância para percorrê-lo em sua parte mais estreita." A citação não é casual, pois uma "viagem da alma a uma terra desconhecida" é, para McCoy Tyner, a essência de toda música: "Eu procuro ouvir música de vários países diferentes. África, Índia, música do mundo árabe, música clássica europeia... Todos os tipos de música possuem vínculos entre si."

Os pianistas tentam adivinhar como McCoy Tyner é capaz de extrair tanta potência do piano. Cecil Taylor o faz de forma parecida, mas ele toca sem nenhum compromisso com a tonalidade, o que é mais fácil. Outros pianistas podem bater com toda força sobre as teclas, mas, ainda assim, eles extraem apenas a metade do som de McCoy. De acordo com sua explicação, "você tem de se tornar um só com o instrumento. Você começa a aprender um instrumento, mas, no começo, o piano não é nada senão um objeto para você. Só depois é que você e seu instrumento se tornam um só".

Decerto, é em decorrência dessa "fusão unitária" com o instrumento que McCoy conseguiu descobrir sua própria sonoridade característica no piano – exatamente como os grandes instrumentistas de sopro da tradição do jazz (com a diferença de que isso é muito mais difícil de realizar no piano). McCoy é um dos poucos que conseguiram esse feito. É por isso que ele se recusou a tocar instrumentos elétricos: "Música elétrica é prejudicial à alma."

Muitos pianistas foram influenciados – direta ou indiretamente – por McCoy Tyner. Exemplos: Hal Galper, John Hicks, Hilton Ruiz, Jorge Dalto, Henry Butler, JoAnne Brackeen e o alemão Joachim Kuhn – o pianista europeu que assimilou McCoy da forma mais convincente. Junto com o baixista Jean François Jenny-Clark e o baterista Daniel Humair, Kühn formou um trio de improvisação que trouxe ao piano jazzístico europeu dos anos de 1980 e de 1990 seu lado talvez mais aventureiro e convincente. O estilo era inteiramente livre de influências norte-americanas e, no entanto, continuou marcado por um swing viril e violento.

JoAnne Brackeen também encontrou seu próprio estilo. *Mythical Magic* é o nome de um de seus discos, e é exatamente isso o que sentimos em sua música: uma força ritualística, mítico-mágica. Antes de se apresentar como solista e em formações próprias, JoAnne Brackeen tocou com Art Blackey e Stan Getz, e depois com Joe Henderson. Quando jovem, ela estudou com Lennie Tristano – também ela foi um daqueles inúmeros alunos cuja alma cresceu em individualidade e identidade por meio desse mestre maior do ensino de jazz (Tristano dizia que "ensinar é uma arte tanto quanto tocar").

Mas também é preciso dizer que JoAnne Brackeen foi a primeira a criar uma nova imagem da mulher que toca jazz: a da mulher como alguém que simplesmente toca jazz, que não suscita a pergunta de se é homem ou mulher e que, no entanto, permanece sendo mulher, não explorada pelo homem e pela sociedade dominada pelo homem, muito menos pelo *music business* masculino e chauvinista; a mulher e também a jazzista que não contorna sua situação como mulher, a despeito de sua inferioridade "forçada" no mundo masculino do jazz, pelo glamour ou pelo flerte ou então, como ocorreu até certo ponto com a grande Mary Lou Williams, pela via da religiosidade. Toda essa fibra ainda não havia se mostrado de forma tão pura, clara e convincente quanto agora com JoAnne Brackeen. Com ela, surgiu pela primeira vez, em fins dos anos de 1970, um novo tipo feminino de jazzista: a mulher que não fala de emancipação por já ser emancipada.

Naturalmente, a influência de Coltrane e de McCoy Tyner – direta ou filtrada – é também perceptível entre aqueles pianistas que pertencem ao círculo do neo-hard bop contemporâneo e do neoclassicismo dos anos de 1980 e de 1990: primeiramente, Onaje Allen Gumbs, Kenny Barron, George Cables, Mickey Tucker, Don Grolnick, Jim McNeely, Eliane Elias, Kenny Werner, Mark Soskin; depois, chegando até o âmbito do neo-hard bop, Mulgrew Miller, James Williams, Kirk Lightsey e Larry Willis – cada um com suas próprias construções pessoais e, via de regra, naturalmente, também com as influências advindas de outros músicos. Kenny Barron ainda tocou com os criadores do jazz moderno, com Dizzy Gillespie nos anos de 1960. Ele fraseia seu *mainstream piano* cheio de swing como se não tivesse havido todos aqueles clichês e floreios do bebop que hoje dificilmente atraem algum pianista jovem. Ele realizou instigantes gravações em duos com Stan Getz e levou adiante a herança de Monk na banda Sphere, na qual atua como um dos líderes. Sua execução altamente movida em termos harmônicos expressa a paixão e a doação para além da competição e da concorrência.

Don Grolnick, nos últimos anos de sua carreira (ele morreu em 1996), passou da condição de tecladista *fusion* para a de pianista acústico swingante. Trata-se de um compositor prodigioso do *mainstream jazz* renovado. Delicadas do ponto de vista harmônico e cheias de *groove*, suas peças abrigam momentos surpreendentes de leveza e bom-humor.

Particularmente bem-sucedido é o bebop coltraniano de Mulgrew Miller, que trabalhou com Art Blakey e Tony Williams. Miller potencializa a emoção no piano clássico de jazz por meio de ataques vívidos e uma furiosa intuição para ápices musicais: linhas arrebatadoras, ágeis e esguichadas, e acordes tensionados cheios de reviravoltas imprevisíveis. James Williams, que foi um dos mais ativos *sidemen* da cena nova-iorquina até a sua inesperada morte, em 2005, está enraizado tanto no blues quanto nos spirituals. A essa tradição do bop contemporâneo e esclarecido pertence uma plêiade de músicos europeus. Três personalidades merecem destaque: os ingleses Stan Tracey e o virtuose Gordon Beck, assim como o espanhol (ou catalão, como ele gostava de dizer) Tete Montoliu, falecido em 1977. Segundo Montoliu: "Nós, catalães, somos, no fundo, todos negros." E era como catalão que ele tocava: talvez o "mais negro" dos pianistas europeus e, apesar disso, integrado à tradição de sua terra natal catalã, cujas canções populares ele interpretou com tanta emotividade. Stan Tracey já foi chamado de o "Thelonious Monk britânico", embora ele seja muito mais do que encerram essas três palavras. Seu humor é, de fato, britânico, cheio de *understatement* e alusões, geralmente sarcásticas.

A ampla revalorização da tradição do jazz iniciada nos anos de 1980 pela ótica do bebop trouxe ao piano straight-ahead um grande impulso produtivo. Impelidos pelo sucesso dos *young lions* e seu mentor Wynton Marsalis, legiões de músicos se espremeram em busca de um espaço na cena. Trata-se do maior grupo de pianistas contemporâneos, um grupo que se ligaria imediatamente àqueles que já denominamos herdeiros de Bud Powell. Nos anos de 1990, foram tantos os estilistas interessantes que enriqueceram o *mainstream* swingante do piano, que o *New York Times* falou de uma "época dourada do piano jazzístico".

Todos eles continuam desenvolvendo e individualizando a execução straight-ahead, na medida em que revitalizam e refletem a herança do moderno piano de jazz – e às vezes também do jazz tradicional – em diversificadas formas mistas, além de certa preferência por Herbie Hancock, McCoy Tyner, Bill Evans, Chick Corea e Keith Jarrett.

Para se ter uma ideia da extensão e das difíceis possibilidades dessa orientação, basta comparar Marcus Roberts com Orrin Evans. Ambos vêm de Monk e Ellington, ambos se reconhecem veementemente na tradição do jazz, ambos tendem às formas inabituais e fazem um swing fantástico – no entanto, eles não poderiam ser mais diversos em seu modo de tocar. Roberts, que tocou com Wynton Marsalis, cultiva e sublima vários outros estilos em seu som de muitas ressonâncias (ragtime, swing e blues, *stride piano* e gospel), geralmente misturando todos ao mesmo tempo e de uma forma original. Orrin Evans, ao contrário, expande o ramo moderno do straight-ahead (Hancock e Tyner) por meio de empolgantes mudanças rítmicas e métricas, bem como de improvisações tonais sem *changes*, o que torna bastante compreensível sua recusa em ser classificado como *neo-bopper*.

Com suas formas distintas de tocar, Robert e Evans marcam os polos extremos dessa orientação. Para ordenar a imensa quantidade de músicos que deram novos impulsos ao piano straight-ahead, levamos em conta o modo como eles combinam as tendências modernistas com um tipo orquestral e tradicional de execução. Esse grupo começa com os músicos influenciados por Herbie Hancock e Chick Corea:

Kenny Kirkland, Stephen Scott, Renee Rosnes, Ed Simon, Joey Claderazzo, Mulgrew Miller, Kevin Hayes, Bill Charlap, David Kikoski, Helen Sung, Geoff Keezer, Luis Perdomo, David Hazeltine, George Colligan, David Berkman, Xavier Davis, Kenny Drew Jr., Bruce Barth, Joel Weiskopf, Aaron Parks, Julian Joseph, na Inglaterra; o italiano Antonio Faraò, com um fraseado particularmente percussivo; Michiel Borstlap, nos Países Baixos; Thierry Maillard, na França; Roberto DiGioa, na Alemanha. Pendendo mais para o lado orquestral do piano de jazz, há também Cyrus Chestnut, Eric Lewis, Eric Reed, Bill Charlap, Eric Lewis (com um estilo *flamboyant* e efeitos de bitonalismo e politonalismo) e Benny Green.

Kenny Kirkland, falecido de modo inesperado em 1998, toca um "super-Herbie Hancock" de ilimitada energia, evocando harmonias e ideias rítmicas imprevisíveis e muito interativas. Ele tocou no quinteto de Wynton Marsalis dos anos de 1980 e, com suas próprias bandas, fazia música latina de um modo bastante criativo.

David Hazeltine, proveniente de Cedar Walton e Barry Harris, compõe melodias que qualquer músico improvisador do neo-hard bop "embarca" sem esforço.

A canadense Renee Rosnes, que tocou com Joe Henderson e Wayne Shorter, está entre as mais generosas estilistas do pós-bop – e as mais vocacionadas para o trabalho em grupo: suas linhas brilhantes e virtuosas permitem que outros músicos também brilhem. Edward Simon, oriundo da Venezuela, faz a mediação entre Herbie Hancock e Keith Jarrett: com grande aprumo clássico, ele transpõe a força rítmica da música afro-caribenha para o jazz straight-ahead acústico.

Há mais de dezenove anos membro da banda do baterista Roy Haynes, David Kikoski destila a pegada ritmicamente acurada e cristalina de Chick Corea num estilo pós-bop altamente percussivo. Ele é devoto dos bateristas dinâmicos e interativos e possui um senso brilhante também para ritmos latinos.

Cyrus Chestnut é a essência de um estilo alegre e expansivo, profundamente enraizado no gospel e no blues, de um lado, e no *groove* instigante e pleno de swing de Erroll Garner, de outro. Com um forte senso para efeitos dramáticos, ele consegue "elevar" o nível musical de qualquer banda.

Graças a seu modo de tocar, Benny Green, que tocou com Art Blakey e Betty Carter, é considerado o legítimo sucessor de Oscar Peterson – em grande medida porque ele gravou um disco em duo com Oscar Peterson, em 1993. Ele dá prosseguimento de forma emocionante e arrebatadora ao modo de tocar opulento e harmonicamente amplo de Peterson, Erroll Garner e Art Tatum. Eric Reed aproxima Ahmad Jamal das raízes espirituais de sua experiência gospel.

Com seu som enérgico e focado, Bill Charlap dá uma nova vida às peças da Broadway e aos clássicos do "Great American Songbook". Ele tem um fraseado altamente concentrado e um senso infalível para o foco swingante. Juntamente com Peter Washington no baixo e Kenny Washington na bateria, ele comanda um dos mais empolgantes trios de jazz do *mainstream* esclarecido.

Um trio para piano dispõe fundamentalmente de duas possibilidades distintas de conduzir a improvisação: quando os músicos trocam suas ideais e sugestões de maneira dialógica, "jogando-as como uma bola, para cá e para lá", fala-se de um *trio interativo*. Em primeiro plano, tem-se a engrenagem coletiva, o intercâmbio dialógico. Quando, de outro lado, os três músicos se concentram sobre a realização e consecução simultâneas de um forte movimento rítmico, fala-se de um *power trio*. Nesse caso, trata-se fundamentalmente da energia do *groove*.

O Ahmad Jamal Trio dos anos de 1950 é o protótipo do *power trio*, em que tudo está focado na força elástica e explosiva do *groove*. De outro lado, o trio de Bill Evans é o típico trio interativo, que eleva a um patamar verdadeiramente artístico o diálogo equilibrado entre três vozes de mesmo valor.

A diferenciação entre trios interativos e *power trios* também se mostrou pertinente nos anos de 1990, quando o gênero do trio para piano passou por um renascimento graças à redescoberta da tradição do jazz. Naturalmente, há todo um conjunto de transições e combinações possíveis entre esses dois modelos.

O trio The Bad Plus, com o pianista Ethan Iverson, o Jacky Terrasson Trio e o Jean-Michel Pilc Trio são os mais impressionantes dos *power trios*, ao passo que o Brad Mehldau Trio e Jason Moran & The Bandwagon são os representantes eminentes dos trios interativos.

Os três instrumentistas do The Bad Plus – o pianista Ethan Iverson, o baixista Reid Anderson e o baterista Dave King – foram particularmente longe na desconstrução e transformação de canções famosas do pop e do *drum'n'bass* (Björk, Aphex Twin e Radiohead). Eles não parodiam essas canções, mas as celebram, elevando-as a um novo nível musical em solos de jazz possantes que misturam momentos *free* com rapsódias para piano do século XIX.

Crescido em Paris, mas desde 1990 morando em Nova York, Jacky Terrasson possui a sensacional capacidade de rearmonizar melodias antigas e transformá-las em novo material temático. Suas interpretações de *standards* parecem pequenas sinfonias, cheias de drama interno, engenhosas mudanças de tempo e violentos contrastes de dinâmica. A despeito da complexidade de suas linhas, ele demonstra grande sensibilidade para melodias fortes e profundas: "Talvez eu seja apenas um cantor frustado."

O autodidata francês Jean-Michel Pilc, que vive desde 1996 em Nova York, é um músico que não tem medo de se deixar levar. Com temperamento vulcânico e clareza estrutural, ele traz para o século XXI a herança dos *standards* de jazz. De todos os inúmeros pianos-trios que hoje enriquecem a cena jazzística, o dele é o que mais surpreende em termos de dinâmica. Contrastes extremos entre o forte e o piano – do sussurrar *pianissimo* ao trovejar fortíssimo de acordes – envolvem seu trio num clima de puro êxtase. "Minhas raízes estão no jazz dos anos de 1920 e de 1930", diz Pilc, que começou pelo jazz tradicional e, passando pelo bop, chegou à execução contemporânea. "Do ponto de vista rítmico, lucrei muito com isso. Vejo que hoje em dia nas escolas de jazz as pessoas começam com John Coltrane – o que para mim é um completo absurdo. Sou capaz de ouvir esse absurdo no som dessas pessoas."

É um grande preconceito supor que os *power trios* têm de exagerar no volume e na força, ao passo que os trios interativos devem ser suaves e camerísticos. O trio E.S.T., da Suécia, caracteriza-se por uma lírica engenhosa e pela magia da simplicidade – apesar disso, é um *power trio*. Em suas improvisações elegíacas e românticas, o trio exibe *grooves* refinados com efeitos fantásticos. Suas canções alucinantes, tomadas de empréstimo ao universo do pop, fogem à rotina dos solos previsíveis. Em vez disso, Esbjörn Svensson enriquece suas improvisações sensíveis com elementos cuidadosamente extraídos do campo da música eletrônica: melodias de *drum'n'bass* executadas em *loop* e ruídos atmosféricos que intensificam o *groove*.

É um erro pensar que inexiste interação nos *power trios*, pois aqui também os músicos se comunicam. Mas essa comunicação serve primeiramente para que o conjunto obtenha a maior energia rítmica possível. Inversamente, os trios interativos também tocam com *groove*, mas são os motivos melódicos – com seu movimento em ziguezague pelas vozes instrumentais – que recebem a primazia.

Foi, sobretudo, o Brad Mehldau Trio que realizou os maiores feitos nesse âmbito. Já é lugar comum comparar Mehldau com Bill Evans, coisa que Mehldau recusa veementemente. Nenhum outro pianista dos anos de 1990 traduziu de maneira tão instigante o sentimento da solidão em música. Com seu trio – Larry Grenadier no baixo e Jorge Rossy na bateria –, ele contribuiu decisivamente para a renovação do trio para piano. Mehldau transformou o princípio da improvisação contrapontística num dos pilares do conceito de banda. Ele "polifonizou" o piano de jazz, ou melhor, ele cultivou a habilidade de improvisar em duas ou três linhas simultaneamente, sem priorizar nenhuma delas, mas, antes, adensando-as até o ponto de converter o todo numa festa polifônica da música multidimensional.

Em seu processo de desenvolvimento, a execução de Mehldau foi se distanciando crescentemente da tradição do piano de Bud Powell, em que a mão direita é utilizada como um *horn*, ao passo que a esquerda "como uma garra" (Mehldau), "fisgando" acordes de acompanhamento em registros graves. Seus solos se alimentam de uma dualidade entre a inocência e a ironia: cheios de emoção, eles se mostram ao mesmo tempo introspectivos e contidos, o que torna a música ainda mais charmosa e atraente. Seu trio já foi a ápices melódicos raros no âmbito da execução sem *changes*.

Jason Moran, que vem da banda de Greg Osby, é um exemplo típico, no piano, de uma execução em que tradição e vanguarda, escrita e improvisação transitam entre si sem conflitos. Em suas linhas escuras, mas com contornos claros, ele lança um olhar criativo para o fluxo constante dos ritmos afro-americanos – do ragtime, passando pelo bebop e pela música da AACM, até o hip-hop. Seu trio Bandwagon – com Tarus Mateen no baixo e Nasheet Waits na bateria – prova que uma execução com métricas complexas também pode ser bem-sucedida sem que os músicos se dividam em "chefe" e "empregado".

Assim como a Bandwagon, também outros pianos-trios incorporaram uma experiência decisiva dos anos de 1990 no que tange à base rítmica. Neles, o aumento da competência rítmica é tão grande que a base rítmica pode a qualquer hora inverter a hierarquia do trio. Ou, como diz Jason Moran, "hoje em dia, não é mais absolutamente necessário tocar *free* para ser livre".

Também o desenvolvimento do world jazz contribuiu para que muitas novidades melódicas e rítmicas do jazz adentrassem o campo do piano. No caso do latin jazz, os pianistas cubanos foram as figuras realmente marcantes nesse sentido: instrumentistas com um estilo fortemente percussivo e de formação clássica, como Chuco Valdés, Gonzalo Rubalcaba, Ramón Valle, Carlos Maza, Omar Sosa e Emiliano Salvador. Mas também músicos do Caribe, da América Central e da América do Sul transmitiram ao latin jazz dos anos de 1990 um impulso de renovação antes inconcebível: Danilo Perez, do Panamá; Hector Martignon, da Colômbia; Michel Camila, da República Dominicana; Eddie Palmieri, nascido em Nova York, mas de origem porto-riquenha; Hernan Lugano, da Argentina.

O mais característico de todos esses pianistas é a capacidade de reunir, sem hierarquizações, elementos jazzísticos e latino-americanos com base num profundo conhecimento de ambos os idiomas. Diferentemente das décadas anteriores, nem um nem outro elemento se sobressai; ambos os aspectos – a harmonização jazzística sofisticada com a levada do *mainstream* swingante e os estilos folclóricos latino-americanos – complementam-se de modo orgânico.

O cubano Gonzalo Rubalcaba, que foi descoberto por Charlie Haden em 1989 e vive desde 1996 no sul da Flórida, é um exemplo imponente nesse sentido. Ele é um improvisador grandioso do jazz, que alia uma técnica explosiva a uma profundidade sensível. Como pianista, ele descortina novas perspectivas para o jazz afro-cubano. A particularidade de sua execução consiste em analisar, reformular e ampliar – promovendo um salto qualitativo – a abstração e a complexidade da música afro-cubana com base numa sensibilidade jazzística apaixonada. Seus solos ricos em glissando celebram antigas tradições afro-cubanas – *danzón* (que tem muito em comum com o jazz do ponto de vista harmônico), bolero, cha-cha-cha, rumba, *nueva yoruba*, *guacuanco*. Todos esses gêneros são ampliados e desenvolvidos por ele.

Típico de Rubalcaba é a força quase rachmaninoffiana com a qual ele utiliza os baixos profundos do piano de cauda. Ele também é um mestre das baladas e, por isso, é capaz de revelar o lado menos conhecido da música cubana: seu caráter melódico, lírico e romântico.

Cronologicamente, antes de Rubalcana vem Chucho Valdés, maestro da banda Irakere (cf. o capítulo "As *Big Bands* do Jazz"). Desde os anos de 1970, atuando sozinho ou em trio, ele bebe nas fontes da música afro-cubana e, graças a uma embriagante excelência técnica, confere-lhe uma aura de sofisticação de concerto. Com sua execução extravagante e expansiva, ele reúne Erroll Garner e Art Tatum às raízes da música iorubá afro-cubana. Valdés combina magistralmente os ritmos *bata* e *timba* com novas fórmulas rítmicas. Utilizando a percussão de uma maneira não convencional, ele incrementou a polirritmia e o senso de aventura do latin jazz. Segundo Gonzalo Rubalcaba, "não conheço nenhum outro pianista antes dele com semelhante força e energia".

Já Danilo Perez deita raízes tanto na tradição do piano de jazz (Thelonious Monk, Herbie Hancock, Bill Evans) quanto no folclore do Panamá, sua terra natal. No quarteto acústico de Wayne Shorter, ele mostrou uma extraordinária vocação para desenvolvimentos orgânicos e solos claros e concisos. Sua capacidade para estratificar simultaneamente vários planos estilísticos é fenomenal. Por exemplo: Duke Ellington na mão esquerda, melodias panamenhas na direita e ritmos cubanos no meio. Em que pese toda a abstração de sua execução, os solos que ele constrói são extremamente dançantes. Como pianista, Perez foi o primeiro a trazer determinados ritmos da música latino-americana para o campo do jazz, especialmente os ritmos panamenhos *atraverso*, *tamborito* e *punto*, que, assim como a música de Cuba, possuem uma estreita ligação com os ritmos de Nova Orleans. Ele também introduziu no jazz as cores percussivas e escuras típicas da *caja* panamenha, que soam bastante africanas. Ele dizia: "Quando ouço Monk, ouço uma percussão. Quando ouço Duke Ellington, ouço uma percussão."

Michel Camilo talvez seja o mais alegre e poliglota dos pianistas contemporâneos do latin jazz: um eclético inflamado, que reflete em seus solos bluesísticos não apenas o pambiche de sua terra natal caribenha – a República Dominicana –, mas também o bolero cubano, o tango argentino e as bulerías do flamenco espanhol. De vez em quando, ele tem uma tendência a colocar em primeiro plano sua técnica incendiária – suas velozes passagens em oitavas são lendárias.

Também na Europa muitos pianistas foram promotores do world jazz. Os mais significativos são Aziza Mustafa Zadeh, do Azerbaijão; Mikhail Alperin, da Rússia; Chano Dominguez, da Espanha; Bojan Zulfikarpašić, o pianista de origem sérvia residente em Paris.

Aziza Mustafa Zadeh gozou de um grande sucesso de público nos anos de 1990. Com 17 anos, ela ganhou o concurso Thelonious Monk, em Washington D.C. Críticos censuraram a aura de diva e a autoencenação bizarra de suas apresentações – numa entrevista, ela se definiu certa vez como a "reencarnação de uma princesa do Azerbaidjão". Seja como for, em seus concertos solo sensíveis e cheios de *pathos*, Zadeh realiza improvisos cheios de nuanças, unindo o estilo sensível de um Bill Evans às linhas orientais do *mugam* – ritmo tradicional do Azerbaidjão. São coloridos fogos de artifício pianísticos plenos de coração e alma – opulentas escalas orientais, Bach e Monk, Chopin e Bud Powell, a música dos xamãs caucasianos, assim como a lírica de Keith Jarrett. Quando lhe perguntaram por que a opção pelo jazz, sendo ela uma oriental, a resposta foi: "*Mugam é* jazz. Na música do Azerbaidjão, há muita improvisação. Quando eu adiciono jazz ao *mugam*, eu toco uma espécie de jazz duplicado."

Chano Dominguez, nascido em Cadiz, fez música com Wynton Marsalis e a Lincoln Center Jazz Orchestra. Seu piano de jazz soa como uma guitarra flamenca de 88 cordas. Dominguez promove uma integração artística entre a música flamenca e a tradição de *standards* do jazz norte-americano de Thelonious Monk a Art Tatum passando por Bud Powell. Ele "dança", por assim dizer, o flamenco nas teclas de seu piano, – e o faz de forma tão elástica que a música da Andaluzia se alia organicamente aos *standards* de jazz – como se os "sons de baile" (sapateado) e as "palmas" do flamenco sempre tivessem sido parte integrante dessa tradição jazzística. De fato, os ritmos do flamenco – com bulerías, fandangos, alegrias, tangos e rumbas – possuem uma similaridade com os ritmos de jazz: ambos são bem quentes, diretos e emocionais. O jazz de Chano Domingues tem muito "duende" – uma palavra comum entre músicos flamencos para se referir a um *feeling* intenso da música. "Quando você escuta um saxofonista que toca com muito swing e *feeling* – isso também é duende", disse Dominguez. "Eu toco jazz em espanhol."

Bojan Zulfikarpašić enriquece o jazz contemporâneo francês com o espírito e a alma do folclore balcânico. Ele foi membro das bandas de Louis Sclavis e Henri Texier, e pertence aos pilares do jazz europeu. Bojan Z (como ele se denomina simplificando seu nome) – partindo de Herbie Hancock, Chick Corea e Keith Jarett – percorre uma ponte que vai do jazz europeu contemporâneo até os ritmos assimétricos e as melodias vitais e ornamentais da música balcânica. Ele chegou à sua forma singular de tocar depois de descobrir que os ritmos e compassos da música balcânica "desenvolvem exatamente aquela força e energia que um bom ritmo swingante possui". Sérvio de origem bosniana, Bojan Z esteve no meio do fogo cruzado durante a Guerra dos Balcãs. Ele denunciou a estupidez dessa guerra, fazendo que elementos sérvios, croatas e bósnios transitassem sem rupturas em sua música. Mais do que apenas um gesto simbólico. Música contra o arame farpado do coração. "Se os homens conseguissem sentir com a mesma intensidade dessa música, o mundo seria um lugar melhor", escreveu o saxofonista David Liebman sobre o piano de Bojan Zulfikarpašić.

O alemão Hans Lüdemann – que também é um maravilhoso estilista da música atonal – transpôs as melodias e os padrões pentatônicos da mbira e do balafom do oeste africano para suas improvisações europeias ao piano – por exemplo, em parceria com o virtuose do balafom Aly Keita e o tocador de *kora* Tata Dindin.

Uri Caine é o pianista que se destaca na cena *downtown* nova-iorquina. Ele toca como um "Herbie Hancock da pós-modernidade". Com seu trio, ele deu prosseguimento à pegada do pós-bop dos anos de 1960 com base em interessantes motivos cromáticos e rítmicos. Ele causou sensação nos anos de 1990 com arranjos e projetos para banda – adaptações alegres e arrojadas de compositores clássicos como Gustav Mahler, Johann Sebastian Bach, Ludwig van Beethoven e Robert Schumann. Muito já se discutiu sobre se Caine teria difamado a música desses compositores clássicos e feito troça dela. Mas as adaptações clássicas de Caines não são transcrições em sentido tradicional, mas transformações. Ele redescobre a música de Gustav Mahler com base num olhar jazzístico, trazendo à tona, mediante um turbulento jogo enigmático com gêneros e estilos opostos, conexões transversais com outros idiomas – por exemplo, a música DJ e a barroca, o klezmer e o hip-hop, o rock e a música antiga, o mambo e os solos de free jazz.

Que a diversidade não provoque o colapso da pluralidade, mas que possa ser organizada de modo a conservar a peculiaridade e a força de cada elemento individual, fazendo-o assim entrar num contexto geral de coesão e unidade, eis um dos pontos fortes da música de Caine. Seu método de trabalho é o contrário do de John Zorn (com quem Caine estabelece uma estreita parceria musical). Em vez de promover, como Zorn, a colisão dos estilos particulares como se fossem partículas estranhas e, com isso, gerar rupturas radicais, Caine é mestre em unificar e mesclar idiomas distintos. Disse ele: "Da união do que originalmente não se copertence surgiu toda a música. Com o tempo, a coisa é aceita e deixa de causar estranheza."

ÓRGÃOS, TECLADOS, SINTETIZADORES, ELETRÔNICOS

Em sua origem, o órgão foi o sonho sublime da música sacra europeia, ecoando em igrejas e catedrais como o "rei dos instrumentos" (Ligeti: "A maior prótese do mundo"). Seu ingresso no jazz se deu como a realização sonora de um "sonho". Sonho que começa com Fats Waller.

John S. Wilson disse que, "assim como um palhaço gostaria de representar Hamlet, Fats Waller também tinha o desejo constante e perturbador de compartilhar com o público seu amor pela música clássica e pelo órgão". O próprio Fats Waller, em resposta a um crítico musical de Chicago, que escrevera que o "órgão é o instrumento predileto do coração de Fats, o piano o de seu estômago", disse: "Sim, eu realmente amo o órgão. Eu tenho um órgão em meu apartamento, e várias de minhas composições surgiram nele."

Sem dúvida, o órgão também era para Fats Waller um instrumento de fuga: ele simbolizava um mundo distante e inalcançável, em que o artista é aceito unicamente por causa de suas capacidades musicais, a despeito de todo preconceito social ou de raça, a despeito também de sua vocação para *showman* ou *entertainer*. Quem hoje em dia quiser ouvir as gravações para órgão de Fats Waller, como sua versão do spiritual "Sometimes I Feel Like a Motherless Child", logo perceberá um elemento de sentimentalidade que torna claro que Waller possuía apenas uma ideia confusa do mundo para o qual queria fugir.

O instrumento que Fats Waller tinha realmente em mente era o grande órgão de igreja da tradição europeia: o orgão de tubos. Certa vez, em Paris, Waller teve a oportunidade de tocar no órgão da Notre Dame: como ele próprio disse, "um dos momentos mais importantes de minha vida".

Só depois de Fats Waller é que ficou claro que o órgão de tubos dificilmente podia ter alguma utilidade no jazz. Os tubos respondem muito lentamente; o caminho do console aos tubos é longo demais, motivo pelo qual é complicado produzir swing. Segundo Clare Fischer, "num órgão normal, o que acabou de ser tocado é ouvido sempre com um atraso de meio tempo, o que pode realmente criar problemas quando se tenta tocar música rítmica".

Em 1975, Clare Fischer realizou a gravação provavelmente mais swingante num órgão de tubos (e a mais interessante musicalmente). Não por acaso, tratou-se de um órgão pequeno, chamado "positivo", em que o caminho do ar é relativamente curto. Entre os europeus, o belga Fred van Hove desenvolveu no órgão de tubos um estilo próprio e arrojado na linha do free jazz, com impressionantes massas sonoras e *clusters* empilhados. As gravações que o alemão Hans-Günther Wauer, organista em Merseburg, realizou em duos densos e livres com o baterista Günther "Baby" Sommer também gozaram de bastante reconhecimento.

Órgão Hammond

Quando se fala do órgão no jazz, em geral se pensa a órgão elétrico, disponível no mercado em numerosos tipos diferentes (todos eles possuem sua própria fisionomia sonora).

Fats Waller transmitiu seu amor pelo órgão a seu principal aluno – Count Basie, que tocava esse instrumento com a mesma economia e leveza que o caracterizava como pianista. Dele e de Fats Waller provêm os inúmeros organistas que tocavam esse instrumento à maneira do rhythm & blues. Os primeiros foram Wild Bill Davis, que introduziu o lendário Hammond-B3 no jazz, e Milt Buckner, que sempre tocava com um baixista porque era muito pequeno para alcançar os pedais do baixo. Seu estilo era marcado pelo uso abundante de *riffs* bluesísticos e a influência das *big bands*, com acordes em amplo *crescendo* e uma ênfase extra no pedal de volume.

Nos guetos negros dos Estados Unidos, o órgão, junto com a guitarra, era um instrumento particularmente querido e normalmente tocado em associação com essa ou o sax-tenor (sempre com bateria, mas sem baixo, pois as linhas de baixo podiam ser feitas com os pés pelo organista ou nos registros de baixo do órgão). Os principais organistas que tocavam na linha do rhythm & blues, mesmo vinte anos depois de Wild Bill Davis e Milt Buckner – e assimilando muito daquilo que aconteceu entrementes do ponto de vista musical e estilístico –, são: Jack McDuff, Johnny "Hammond" Smith, Don Patterson, Lou Bennett, Richard "Groove" Holmes, John Patton, Lonnie Liston Smith, Jimmy McGriff e Charles Earland. Shirley Scott trouxe um pouco da tranquilidade e da amabilidade de Erroll Garner para esse tipo de execução. Charles Earland é um mestre no uso de bordões (os *drones*), uma arte particularmente cultivada nessa vertente estilística. Nesse tipo de execução, melodias e acordes são desenvolvidos e dispostos em cima de uma nota pedal longamente sustentada, até que, por meio de uma intensificação da tensão – carregada de afetos bluesísticos – atinge-se um ápice embriagador, a que se segue, finalmente, a "resolução" libertadora. Depois que Ray Charles, também ele organista, começou a fazer sucesso, não apenas elementos do blues, mas também do soul e do gospel ganharam importância para os organistas.

O som do Hammond tradicional preenche tanto o espaço que aquele habituado à execução convencional do órgão de jazz precisa buscar uma abordagem mais percussiva, simples e contida. Uma grande quantidade de organistas de rock se voltou para o rhythm & blues e para a tradição do jazz, como o jovem Stevie Winwood, Al Kooper, assim como os afro-americanos Billy Preston e Booker T. Jones, particularmente engajados no soul. "O órgão foi o primeiro sintetizador." Mesmo que essa frase de Bill Kirchner seja falsa do ponto de vista técnico – no caso do sintetizador, o som é produzido de forma inteiramente eletrônica, ao passo que o som do (antigo) órgão Hammond é produzido de maneira eletromecânica –, ela traduz com exatidão o que os jazzistas daquela época queriam com o órgão Hammond: modificar constantemente o som. Com trinta registros, teclas e *drawbars* diferentes e com as possibilidades de ajustes do amplificador Leslie, eles criavam possibilidades sonoras infinitas. Em consequência disso, os organistas se tornaram especialistas na formação de identidades sonoras claramente distinguíveis entre si. Segundo Bop Porter, "o perfeito domínio de todas as características do órgão Hammond dá aos artistas a capacidade de se fazerem reconhecer por sonoridades claramente diferenciáveis. Percebe-se logo: este é Groove Holmes, Jack McDuff, Jimmy McGriff ou Jimmy Smith".

A configuração geralmente era guardada pelos organistas como segredos alquímicos. O engenheiro de som Rudy van Gelder, que foi responsável por muitas gravações de órgão clássico da gravadora Blue Note nos anos de 1950 e de 1960, contou que alguns organistas de jazz estavam sempre atentos para, ao final da sessão de gravação, trazer os "reguladores" do instrumento de volta à posição original.

Músicos como Richard "Groove" Holmes, Jimmy McGriff, Charles Earland, Booker T. Jones, Billy Preston e muitos outros lembram que o órgão Hammond já era empregado com muito domínio nas igrejas gospel antes de começar a ser usado no jazz. É muito importante perceber que, para os ouvintes negros e brancos, a palavra "órgão" está associada a um background totalmente distinto. Para ambos, o órgão vem de fato da igreja, mas "igreja" leva os ouvintes afro-americanos a pensarem no som "fervilhante" das igrejas gospel. "Ainda me lembro exatamente", diz o sax-tenorista James Carter, "do som cheio do órgão que nos dava base – era como se alguém tivesse atirado gasolina ao fogo".

Antecipamo-nos a fim de poder elucidar os nexos da tradição do soul e do blues com o órgão de jazz. Mas antes que o caminho estivesse livre para todos os organistas posteriores a Wild Bill Davis e Milt Buckner, Jimmy Smith teve de entrar em cena. Ele foi o primeiro a improvisar *walking lines* com os pedais de baixo: linhas com quatro semínimas flexíveis e cheias de swing, como se viessem de Ray Brown ou de outro mestre do baixo de jazz.

Smith conquistou para o órgão o que Charlie Christian conquistou para a guitarra: a liberdade. Foi graças a ele que o órgão se tornou um instrumento com direitos iguais aos dos demais instrumentos no jazz. Aquela que talvez seja sua gravação mais consistente, lançada em 1956, é uma improvisação de órgão sobre o tema "The Champ", de Dizzy Gillespie. Antes dele, ninguém havia conseguido algo semelhante: efeitos que lembram uma *big band* do bebop – mais exatamente, a contagiante banda de Dizzy Gillespie do fim dos anos de 1940, uma *big band* que "constrói" sua dinâmica sobre grandes arcos em intensificação contínua.

Jimmy Smith pode ser comparado a Charlie Christian também por outro motivo: assim como Christian efetuou a transição da guitarra acústica para a elétrica, foi ele o primeiro a tocar órgão com a consciência da era eletrônica. É verdade que Wild Bill Davis, Milt Buckner e outros tocaram o órgão Hammond antes de Jimmy Smith, mas em suas mãos esse instrumento parecia um piano com sonoridade elétrica de órgão. Foi Smith quem compreendeu pela primeira vez que o órgão Hammond-B3 era um instrumento próprio, novo e autônomo, cujo único elemento em comum com o piano ou o órgão de igreja tradicional são as teclas. Na verdade, apenas muito lentamente as pessoas foram percebendo que a eletrônica não tinha simplesmente eletronizado e amplificado os instrumentos convencionais, mas criado algo novo a partir disso. A eletrônica – convém sublinhar outra vez – foi uma revolução para órgãos, guitarras, violinos, bem como os baixos e os outros instrumentos.

Nos anos de 1960 e de 1970, Jimmy Smith fez várias gravações baratas e comerciais de *pop jazz*. Mas seu feito histórico no jazz é inequívoco: ele revelou o órgão como um instrumento artístico apto a elevadas improvisações jazzísticas. Quando, nos anos de 1990, o interesse pela herança da tradição do jazz cresceu, Smith tocou novamente solos estimulantes inspirados no blues e no bebop, cheios de intensidade e força. Suas bandas, lideradas por ele até sua morte em 2005, foram um importante *breeding ground* para muitos *young lions* – era comum as pessoas terem a sensação de que o sênior Jimmy Smith, que podia até ser o avô desses jovens instrumentistas, era quem improvisava nessas bandas com mais jovialidade e frescor.

Jimmy Smith apareceu em 1956. Apenas nove anos depois, em 1965, é que o órgão avançou a uma nova etapa. O responsável por isso foi Larry Young (que depois adotou o nome muçulmano Khalid Yasid). Young, falecido em 1978, inspirava-se na fase intermediária de John Coltrane. Não é à toa que ele tenha ganhado evidência num momento em que Jimmy Smith, de tanto repetir clichês de blues e soul, assemelhava-se cada vez mais a um "Frankenstein barulhento no castelo Hammond". É compreensível que, no começo, os organistas – e também o público! – tenham se embriagado com a enorme dinâmica do órgão, com o alcance de seu *fortissimo*. Khalid Yasin, por sua vez, descobriu as possibilidades do órgão no *pianissimo*.

Escreveu Cordelia Scherwitz:

> É uma particularidade de sua música que ela deixe para trás todo o nervosismo e maneirismo de que esse instrumento é capaz. Seu som pobre em *vibrato*, mas caloroso, sua condução linear e econômica, suas improvisações apoiadas sobre desenvolvimentos melódicos exibem uma calma e uma graciosidade então inéditas nesse difícil instrumento. O "Coltrane do órgão", como se dizia, não apenas restituiu a esse instrumento sua espiritualidade originária, mas também o intelectualizou.

Young, que pertence à geração de músicos que levou a herança de Coltrane para o rock progressivo, foi o primeiro a transpor o conceito da modalidade para o órgão. Ele foi membro de uma das mais importantes bandas precursoras do jazz rock – o trio Lifetime, com Tony Williams e John McLaughlin – e fez *sessions* com Jimi Hendrix (algumas gravações dessa parceria saíram em *bootlegs*). É lamentável que ele nunca tenha realmente conseguido um grande sucesso comercial. Mas a influência de Larry Young (com seu rítmico binário típico: um forte *feeling* em colcheias) é onipresente em todos os organistas modernos do jazz e do rock. Particularmente perceptível é sua influência sobre os ingleses Brian Auger (que, assim como Larry Young, gravou com Tony Williams, entre outros) e Mike Ratledge (do grupo inglês Soft Machine).

Na França, Eddy Louiss (francês de origem caribenha – sua família provém da ilha Martinica) canalizou a influência de Coltrane para um estilo hínico próprio, em que também se notam influências da Martinica. Nos anos de 1970 e de 1980, Carla Bley, Amina Claudine Myers, Clare Fischer, o cubano Chucho Valdés (do grupo Irakere), o inglês John Taylor, o polonês Wojciech Karolak e – o particularmente original – Arturo O'Farrill criaram sonoridades novas e interessantes no órgão, embora seja preciso dizer que o desenvolvimento do órgão estagnou depois de Larry Young/Khalid Yasin. Isso se deve principalmente ao fato de que, em fins dos anos de 1970, o órgão ficou deslocado com o surgimento de novos instrumentos de teclado, elétricos e eletrônicos (como o piano elétrico e o sintetizador). Nas *club gigs*, o pesado órgão Hammond-B3 – com o peso de 180 quilos – tinha agora uma desvantagem diante dos instrumentos mais leves. Com a morte de Larry Young, o Hammond-B3 desapareceu por muitos anos. O jazz para órgão foi considerado pelos especialistas como uma "forma artística morta".

Em meados dos anos de 1980, no entanto, "The Beast" – forma carinhosa e respeitosa com que os jazzistas se referiam ao Hammond-B3 – retornou com toda a força. Também porque o interesse pelas grandes sonoridades da tradição do jazz cresceu imensamente nos anos de 1990, teve lugar um renascimento do órgão, com muitos músicos jovens e brilhantes descortinando novas perspectivas para o instrumento.

Outro motivo para o retorno do órgão Hammond foi sua sonoridade singular, clara e *hornlike*. Certamente não é por acaso que o renascimento do Hammond aconteceu inesperadamente quando os instrumentos musicais digitalizados e computadorizados – *samplers, hard disks, laptops* – se estabeleceram no universo do jazz. Na era digital, o som clássico do Hammond é saboreado como a própria essência de uma realidade musical "calorosa", "natural" e "humana".

Mas em vez de se contentar com esse olhar retrospectivo, a nova geração de organistas conferiu ao instrumento novas possibilidades de expressão. Com isso, formaram-se dois ramos do órgão contemporâneo: a partir dos anos de 1990 – e de maneira personalizada –, Barbara Dennerlein, Larry Goldings, John Medeski, Dan Wall, Jimane Nelson e Sam Yahel levaram adiante a tradição de Larry Young; por sua vez, Joey DeFrancesco, Melvin Rhyne, Tony Moreno, Chris Foreman e Dan Trudell desenvolveram a linha de Jimmy Smith com seu hard bop impregnado de blues.

Sem dúvida, é a alemã Barbara Dennerlein que se sobressai em termos de envergadura e abertura estilística. Ela expande a tradição organística do jazz norte-americano – de Jimmy McGriff a Jimmy Smith – por meio de uma sensibilidade própria e enraizada no jazz europeu. Dennerlein continuou desenvolvendo a sonoridade do órgão ao conectar seu clássico instrumento Hammond-B3 a tecnologias MIDI, *samplers* e sintetizadores. Já como compositora, ela conduz sua execução *à la* Charlie Parker em direção a um estilo aberto e moderno – incluindo o funk e o *free*, o blues e o *latin*, o swing e o rock. Seu feito mais importante, porém, foi trazer a execução com pedais a um nível maior de virtuosismo e independência rítmica.

John Medeski, o cérebro do famoso trio Medeski, Martin & Wood, está sempre à procura de novos sons com seu Hammond A-100. Com muita habilidade, ele transpôs Jimi Hendrix para o jazz. Sua predileção é pelos graves escuros e conscientemente "sujos" do órgão.

"Quando o som do órgão não exala calor, eu o odeio", disse Larry Goldings, que se tornou conhecido tocando com Maceo Parker e Michael Brecker. Goldings (que toca um CX-3) é também um pianista excepcional e sua especialidade consiste em tocar as linhas do baixo não com os pedais, mas manualmente – donde a extraordinária leveza e fluência rítmica de seus solos. Goldings lidera um dos trios de órgãos mais duradouros do jazz contemporâneo: desde 1988, ele cultiva com o guitarrista Peter Bernstein e o baterista Bill Stewart um som bastante interativo e dialógico, que se distingue da abordagem unidimensional dos trios de órgãos tradicionais e descobre novas e excêntricas facetas no *mainstream jazz*.

Dentre os organistas de jazz contemporâneo, Joey DeFrancesco, proveniente das bandas de Miles Davis e John McLaughlin, é o mais caloroso. Com seus solos flamejantes, ele é um mestre do "bebop-vapor" (produzido sob uma pressão rítmica coltraniana), um amante dos tempos rápidos e um mestre das linhas longas e polidas. Ele sabe mais do que ninguém como inserir o ataque rápido do Hammond-B3 na tradição do hard bop bluesístico. Melvin Rhyne segue mais na linha pianística e possui uma musicalidade mais refinada que a típica execução *funky à la* Don Patterson.

Wayne Horvitz ocupa uma posição especial, que não se enquadra em nenhum dos grupos mencionados acima. Ele se tornou conhecido tocando com John Zorn e seu Naked City e é o organista mais interessante da cena *downtown* nova-iorquina. Em contraposição a Zorn, ele não lança mão dos virtuosismos da técnica *cut-off*, mas antes emprega as técnicas de estratificação estilística que cultiva e domina de forma extremamente coerente. Horvitz é um exemplo típico de órgão executado com notas curtas, quase em *staccato*, na contramão das notas sustentadas que caracterizam a cena padrão do Hammond-B3.

Hoje em dia, muitos órgãos produzem seu som digitalmente por meio da tecnologia do *sampling*. No entanto, todos eles têm como base a sonoridade redonda, calorosa e clara do lendário Hammond-B3, com seu ataque veloz e seus típicos ruídos de zumbido, estouro e estalo.

Cheick Tidiane Seck, oriundo de Mali e residente em Paris, chegou a impressionantes resultados no campo do world jazz por meio de uma interseção entre o jazz rock e a música *griot* dos *mandingos*. Os diálogos que travou com o *grand seigneur* do *mainstream* do piano, Hank Jones, revelaram uma empatia toda especial. Lucky Peterson e Neal Evans (do trio Soulive) estabeleceram a sonoridade Hammond com enorme ímpeto e energia no contexto do funk e do *neo*-soul. Don Pullen revitalizou a execução do órgão ao transferir elementos do free jazz para o blues. Craig Taborn tocou o órgão Hammond de maneira bastante convincente no contexto do pós-free jazz. Rob Burger adaptou o órgão para o estilo *patchworks* da cena *downtown* nova-iorquina.

Em nenhum outro instrumento de jazz – com exceção da bateria – o instrumentista deve trabalhar tanto a sua coordenação quanto no órgão. O pé esquerdo toca os pedais, o pé direito controla o volume. A mão esquerda toca o baixo (junto com os pedais), enquanto a mão direita assume a parte melódica. Naturalmente, os instrumentistas do Hammond-B3 estão constantemente empenhados em modificar o som de seu instrumento manipulando as *drawbars* ou variando a programação do gabinete Leslie (um amplificador com falantes rotativos).

"Pode-se chegar a 250 milhões de combinações sonoras no órgão Hammond", disse Joey DeFrancesco. E completa: "Se você quer tocar órgão, você deve colocar alma. Se lhe falta *groove*, então esqueça!" Esse conselho de DeFrancesco continua valendo para os improvisadores desse instrumento renascido, independentemente da geração a que pertencem e do estilo a que estão vinculados.

Teclados e Sintetizadores

Na virada dos anos de 1960 para os anos de 1970, um novo tipo de músico entrou em cena: aquele que *também* toca órgão, mas que não é organista no sentido estrito, como os que foram apresentados acima. Para ele, o órgão é um instrumento de teclado entre outros, como o piano acústico e elétrico, o clavinete, o sintetizador (de várias espécies) e todos os acessórios que podem acompanhá-lo: *wah-wah*, *fuzz*, *vibrator*, *echoplex*, *echolette*, *phase shifter* e *ring modulator*. Esse músico é chamado de "tecladista" (*keyboard player*). *Keyboard* significa teclado e no fundo esse é o grande e único elemento que aproxima entre si os diferentes instrumentos do *keyboard player*.

Joe Zawinul, por exemplo – protótipo do novo tecladista –, senta como um astronauta na cabine de sua nave espacial, no meio de diferentes instrumentos de teclado, rodeado por equipamentos eletrônicos de última geração – e é quase uma ironia que até o velho conhecido som do piano acústico seja aqui produzido eletronicamente num Yamaha Electric Grand Piano.

O significado de Joe Zawinul para a consolidação do sintetizador no jazz é enorme, sobretudo por ter sido ele o primeiro a superar completamente a rigidez mecânica, técnica e eletrônica dessa máquina. Zawinul "humaniza" o sintetizador. De todos os tocadores de sintetizador, foi ele quem encontrou os sons mais orgânicos, de um colorido vivo, claro e rico. Antes de Zawinul, Paul Bley, Richard Teitelbaum, Sun Ra e Wolfgang Dauner extraíram do sintetizador, no free jazz dos anos de 1970, timbres e sonoridades inabituais – e de uma forma mais emocionante e instigante que muita coisa criada posteriormente em matéria de sonoridade no âmbito do *fusion* e do jazz rock. Paul Bley deu o primeiro concerto público para sintetizador em 1969, no Philharmonic Hall, em Nova York. Sun Ra já tocava um Minimoog antes mesmo desse aparelho entrar no mercado, ou seja, um protótipo. Ra sempre dizia que tinha tomado o instrumento emprestado com Robert Moog e nunca mais devolvido. Ele abominava as configurações programadas pelo fabricante: os *presets*. "Em vez disso, ele montava seus efeitos até obter algo totalmente diferente", disse John Szwed.

> Em suas primeiras gravações eletrônicas, ele contou com a ajuda do pioneiro do sintetizador Gershon Kingley. Ele veio para o estúdio e configurou o instrumento. Mas o trabalho conjunto não deu certo. Sun Ra começou a polemizar na mesma hora e disse: "Tudo isso me soa muito convencional. Eu quero sons diferentes, mais selvagens."

Sem dúvida, não é casual que esses músicos, salvo exceções, nunca ficassem plenamente satisfeitos com suas próprias descobertas sonoras. Daí que o sintetizador tenha mergulhado numa tendência à arbitrariedade. Sintomaticamente, todos esses instrumentistas – com exceção de Teitelbaum – estavam sempre retornando ao piano. Os primeiros tocadores de sintetizador que chegaram a resultados eletrônicos no âmbito do jazz tonal foram o saxofonista Oliver Nelson e Dick Hyman. Suas apresentações – tímidas, se consideradas sob o prisma atual – sofriam de uma evidente pobreza sonora. Zawinul – superando os dois extremos da arbitrariedade e da pobreza sonora – foi quem deu ao sintetizador uma aura sonora completamente singular e amadurecida. Por isso, no que se refere ao sintetizador de jazz, ele ocupa a mesma posição que Jimmy Smith ocupa em relação ao órgão. A pegada multieletrônica de Zawinul propiciou ao Weather Report uma profundidade de textura que até então não havia sido possível em grupos com essa formação, isto é, num quinteto. Ele consegue se expressar de forma tão completa no sintetizador que, ao contrário da maioria dos tecladistas de *fusion*, nunca precisa recorrer ao piano acústico.

Corresponde a essa posição privilegiada de Zawinul a impossibilidade de entendê-lo com base em qualquer uma das duas formas básicas de execução do sintetizador (que apresentaremos em breve), embora ele tenha tido influência sobre ambas na mesma medida. Posteriormente, após a dissolução do Weather Report, em 1985, Zawinul passou a explorar muitos efeitos em seus concertos solo. Desde os anos de 1990, em sua banda Syndicate, ele se abriu a um world jazz rico em *grooves* fulminantes.

Como a primeira geração de sintetizadores era *monofônica* – ou seja, dotada de uma única voz –, os músicos da primeira geração de tecladistas que tocavam jazz rock e *fusion* se especializavam, tal como os guitarristas, num fraseado solístico: longas linhas melódicas.

São estilistas internacionalmente conhecidos por essa pegada solística (embora também dominem e desenvolvam outros tipos de execução): Chick Corea, Jan Hammer, George Duke, Barry Miles, Mike Mandel, Patrice Rushen, Bob James, Richard Tee, Dave Grusin, Joe Sample e, entre os mais jovens, Scott Kinsey, o polonês Wladislaw Sendecki, a brasileira Eliane Dias, o cubano Gonzalo Rubalcaba, o dinamarquês Kenneth Knudson e o inglês Django Bates (com um fraseado cheio de humor e inteligência).

Dois tecladistas foram particularmente bem-sucedidos com o sintetizador solo: Chick Corea e Jan Hammer. Corea cultivou a riqueza e o calor de timbres do Minimoog em entrelaçamentos melódicos cuidadosamente urdidos e que sugerem uma atmosfera mágica. É um daqueles grandes paradoxos da história do teclado que Corea – com seus aparelhos digitais caríssimos e ricamente fornidos – tenha "imitado", nos anos de 1980, justamente a sonoridade "barata", simples e analógica do Minimoog, sonoridade com a qual ele havia modelado seu perfil inconfundível no começo dos anos de 1970. "O progresso tecnológico do teclado", comentou um famoso tecladista, "não garante qualquer melhoria do aspecto qualitativo do som. Muitos sintetizadores antigos e analógicos possuem individualidades e sons característicos que não foram superados pelas atuais e tão sonhadas máquinas digitais". Na verdade, o Minimoog analógico voltou à cena na primeira década do século XXI, junto com o órgão Hammond e o piano elétrico Fender-Rhodes. Adam Holtzman, que tocou com Miles Davis, ama sons orgânicos e prefere, por isso, a sonoridade do sintetizador Moog analógico à dos instrumentos digitais mais novos.

Na recepção dos instrumentos de teclado, nota-se sempre o mesmo processo: aqueles instrumentos elétricos ou eletrônicos que, no começo, eram vistos como novos e hipertécnicos se transformam, vinte ou trinta anos depois, na essência de um ideal sonoro "caloroso" e "humano" – não apenas porque as pessoas se acostumam a seu som, mas também porque eles transmitem uma sensação de conforto e proteção, em contraste com toda uma geração mais nova de teclados, os quais, por não serem realmente conhecidos, ganham a fama de "frios" e "técnicos". Nesse sentido, é prudente não condenar imediatamente como "inumanas" as novidades que surgem no âmbito do teclado e da eletrônica – algumas décadas mais tarde, juízos de valor desse tipo serão eliminados e ridicularizados.

Jam Hammer, que se tornou conhecido por meio da Mahavishnu Orchestra, foi, na primeira metade dos anos de 1970, a melhor "guitarra do jazz rock" (Wolfgang Dauner) no Minimoog – produzindo um som distorcido, pautado na guitarra de Jimi Hendrix. No âmbito do teclado, Hammer é o verdadeiro mestre do *pitch bending*, a arte de curvar e esticar a nota (isso é feito por meio de um botão ou de uma manivela na lateral do teclado). Essa técnica permite nuanças sonoras menores e mais sutis que os semitons disponíveis no teclado. Mais tarde, Hammer comercializou e banalizou sua música.

Herbie Hancock não faz parte desse "grupo de solistas". Ele apareceu no âmbito do jazz rock, destacando-se principalmente como solista de piano elétrico e clavinete. No entanto, com o sintetizador, ele se manteve visivelmente distante desse gênero de execução. Apesar disso, entre os pioneiros do sintetizador, Hancock é um dos mais relevantes. Ele é o verdadeiro mestre do funk com sintetizador – imbatível quando se trata de conceber e desenvolver entrelaçamentos poderosos de ritmos e *grooves*. Ele é responsável pelas mais refinadas sobreposições e conexões rítmicas de sons eletrônicos. A intensidade da mistura sonora e o *funkiness* de seu sexteto durante 1971 e 1973 foram singulares no contexto de sua concepção aberta de grupo, conquistando um amplo raio de influência no campo da nova música eletrônica: techno, *drum'n'bass* e novo jazz. Também no piano elétrico ele encontrou uma forma totalmente pessoal de organização rítmica e orquestração.

Herbie Hancock é um dos principais responsáveis pela execução com texturas no âmbito do teclado. No fim dos anos de 1970, a concepção solista se desgastou. Os músicos passaram a sentir as intermináveis linhas do sintetizador como óbvias e egocêntricas. Os tecladistas foram se voltando gradativamente – apoiados pelo aparecimento do sintetizador polifônico – para a invenção de texturas, modelos e superfícies sonoras (com o que a execução solista não foi inteiramente abandonada, mas caiu visivelmente para um segundo plano). Importantes instrumentistas nesse campo das texturas são, ao lado de Herbie Hancock e, naturalmente, de Joe Zawinul: Wayne Horvitz, Lyle Mays, Geri Allen, Adam Holtzman, John Irving III, Kenny Kirkland, Mitchell Forman, Scott Jinsey, Jim Beard, Andy Milne, James Hurt, Harold Budd, os britânicos John Surman, John Talor e Brian Eno, assim como o alemão Rainer Brüninghaus. Wayne Horvitz, que vem da cena *downtown* nova-iorquina, mas reside em Seattle, é um mestre na arte de personalizar as sonoridades de teclado estilisticamente heterogêneas, dotando-as de força emotiva. Em contraposição à maioria dos tecladistas, que preferem sons cheios e espessos, Horvitz é um mestre na arte de inventar sonoridades singularmente "magras", bizarras e cômicas. Com tais sonoridades, ele cria atmosferas rarefeitas, mas impregnadas de drama e de um humor às vezes cínico. No fim dos anos de 1980, Wayne Horvitz esfacelou e distorceu, como nenhum outro músico, os sons frios, metálicos, vítreos e obscuros dos primeiros sintetizadores digitais, a exemplo do mais popular daquela época: o Yamaha DX7. Comparados aos equipamentos terrivelmente caros de outros grandes tecladistas, Horvitz usava aparelhos simples e baratos. Mesmo assim, ele produziu sons mais estimulantes e apaixonantes nesses teclados do que aqueles que na época eram produzidos em teclados extremamente caros e sofisticados.

Profundamente enraizado na tradição do jazz, Lyle Mays domina como ninguém a arte das superfícies sonoras. Suas sobreposições de sons e acordes em tons pastéis são delicadas, macias, saturadas de um *pathos* romântico e de uma melancolia longe de todo sentimentalismo. Um Bill Evans do piano eletrônico. A especialidade de Lyle Mays consiste numa mistura sensível e empática do som do piano com o do teclado, de onde resulta aquele agradável e inconfundível "*feeling* sintético-acústico". Sua participação na construção da sonoridade de Pat Metheny, com quem toca desde 1976, é tão fundamental, que se torna até difícil distinguir quais elementos da banda de Metheny provêm de Lyle e quais provêm do guitarrista. Graças à qualidade e intimidade dessa "simbiose musical", não é de estranhar que os projetos independentes de Lyle tenham se mostrado menos convincentes. John Surman é um especialista na arte do *sequencing*, isto é, na construção de *patterns* complexos que se repetem à vontade e sobre os quais ele adora justapor suas longas improvisações de saxofone. Rainer Brüninghaus, de uma forma impressionante, transpôs para o sintetizador os modelos repetitivos da música para gamelão balinesa e da música minimalista.

Os três principais tecladistas da cena *downtown* nova-iorquina que nos anos de 1990 conferiram à música do círculo de John Zorn uma marca registrada inconfundível são Wayne Horvitz, Anthony Coleman e Jamie Saft. Na *radical jewish music*, os dois últimos buscaram de forma instigante as raízes e perspectivas da música judaica e fizeram conexões transversais com uma pluralidade de estilos e gêneros.

Jamie Saft é o tecladista da banda Electric Massada, de John Zorn. Em meados dos anos de 1990, ele foi um dos primeiros em Nova York a tocar ao vivo jazz com influências de *drum'n'bass* e techno. Em seus *dubs* extremos, ele ultrapassa em muito a mentalidade "mais alto/mais rápido/mais potente" do jazz rock. Em vez disso, sua personalidade como tecladista resulta dessa construção e desconstrução de quadros sonoros aparentemente surrealistas, com os quais ele reflete, com base em novas sonoridades, as raízes da música judaica.

Nos anos de 1990, o tecladista Jim Beard levou adiante e expandiu de uma forma extremamente pessoal a pegada de Joe Zawinul – com reviravoltas politonais cheias de bom humor e melodias atrevidas, que aludem humoristicamente ao mundo do circo e das quermesses. No campo da M-base – principalmente ao lado do sax-altista Steve Coleman –, Andy Milne mostrou como organizar ritmos num mundo musical formado por labirintos. Seu teclado corporifica inteligência, abstração e imprevisibilidade harmônica.

Surpreendente é o fato de que a onda de tecladistas formada a partir dos anos de 1970 tenha revelado tão poucas personalidades individuais. Pode-se contar nos dedos aqueles músicos dotados de um estilo próprio e inconfundível. De outro lado, os teclados eletrônicos se tornaram necessários. Tratamos do percurso da música eletrônica na seção "1970" do capítulo "Os Estilos do Jazz". O homem moderno vive num mundo regido pela eletrônica. Dele fazem parte também os sons eletrônicos, dentre os quais estão aqueles produzidos pelos teclados eletrônicos. Trata-se também de uma questão de volume. Instrumentos eletrônicos são mais penetrantes, mais fáceis de amplificar e mais manipuláveis que os acústicos. O som do piano elétrico se diferencia do som do piano acústico mais ou menos da mesma forma como o som do vibrafone se diferencia do som da marimba: ele é mais claro, mais preciso e mais perolado, e, com isso, também mais percussivo. É também por esse motivo que o piano elétrico se estabeleceu tão rapidamente.

Carla Bley observou que a falta de personalidades autênticas na cena musical contemporânea não decorre apenas das condições oferecidas pelos novos instrumentos, mas também é determinada pela indústria fonográfica: "A indústria tende a valorizar um som extremamente puro e isso despersonaliza tudo. Eles querem abolir a personalidade, de modo que cada músico soe como outros milhões e que cada um possa ser substituído por outro a seu bel prazer."

O paradoxo dessa situação é que o sintetizador, dispondo de tantas possibilidades sonoras, deveria naturalmente predispor à expressão pessoal singular. Mas essa multiplicidade e riqueza dos sintetizadores é, ao mesmo tempo, o seu mal.

"Os tecladistas dispõem de muitas opções para elaborar um som inconfundível", disse Adam Holtzman. Os efeitos e as imitações sonoras baratas, assim como a prontidão para o jogo com os sons, são tendências muito sedutoras. Disse John McLaughlin:

> A muitos tecladistas e tocadores de sintetizador falta desenvoltura técnica, porém, eles possuem toda essa massa de programas – e os programas de fábrica de hoje se tornaram tão complexos e interessantes, o desenvolvimento de softwares cresceu tanto que muita gente, mesmo sem muita competência, pode criar um som bonito e por isso querer ser o que não é. É preciso estabelecer uma diferenciação em relação ao fazer musical: uma coisa é produzir sons, outra coisa é fazer música de verdade.

Diferentemente dos instrumentos tradicionais, os aparelhos eletrônicos são mais manipulados que tocados. Isso significa que o acesso ao som é aqui muito mais indireto e, na maioria das vezes, menos intuitivo que nos instrumentos tradicionais, os quais foram se adaptando às capacidades motoras do ser humano ao longo de um processo secular de desenvolvimento e aprimoramento. A dialética dos grandes instrumentos da história da música passa também pela resistência que eles impõem a seus instrumentistas. Na luta contra essa resistência, formam-se as verdadeiras personalidades. Ora, é justamente por facilitar as coisas e não impor resistências que a eletrônica se torna tão desfavorável à formação de individualidades.

Isso explica por que a tendência predominante dos tecladistas é o *fusion* e a *club music*, ou seja, um tipo de música que está essencialmente subordinado a uma ótica comercial. Trata-se de uma música destinada não apenas ao sucesso imediato, mas também, via de regra, ao esquecimento fácil – o que é, aliás, uma forma de abrir espaço a novos "produtos". Isso também explica por que os instrumentistas com individualidade formada no piano acústico são os mais aptos a individualizar sua execução com o teclado: músicos como Kenny Barron, Barry Miles e Bill Evans expressaram com o instrumento elétrico a mesma sensibilidade rica e matizada que já haviam demonstrado possuir no piano acústico.

O complexo de inferioridade que deprimiu a cena do teclado em seus primeiros anos de vida nunca foi tão notório quanto na tentativa, ao mesmo tempo compreensível e tola, de imitar eletronicamente – e com máxima exatidão possível – sonoridades naturais que conhecemos desde as mais remotas eras da música instrumental. Uma *síndrome de imitação* marcou em grande medida a cena do sintetizador. Todos os tecladistas inovadores do jazz se distinguiram principalmente porque venceram essa síndrome.

Quando dizemos que um saxofonista possui *um* som próprio, trata-se na verdade de uma simplificação. Na verdade, um grande saxofonista dispõe – consciente ou inconscientemente – de milhões de sons diferenciados e nuançados. O espectro sonoro, o ataque e o decaimento do som, mudam o tempo todo. Cada mudança no ataque, cada modificação na coluna de ar, cada pressão dos lábios, cada nuança de fraseado, leve ou forte, agudo ou grave, *legato* ou *staccato*, tudo isso modifica os parâmetros do som do saxofone. Até hoje nenhum sintetizador foi capaz de produzir esse enorme complexo de processos sonoros.

O sintetizador perde o sentido de sua existência se empregado para copiar sons naturais. Isso só faz sentido para a indústria fonográfica, que, desse modo, pode prescindir do músico de estúdio (mas, mesmo assim, não totalmente, como já ficou provado). Cada novo instrumento requer um novo tipo de execução e uma estética própria. Na cena do sintetizador, essa estética ainda é embrionária. “O instrumento está muito além da maioria dos músicos”, disse Rick Wakeman, o roqueiro inglês do sintetizador, “e a tecnologia escapa aos músicos”.

O sintetizador, desenvolvido no fim dos anos de 1950 por R. A. Moog, tornou-se popular em 1968 graças ao sucesso mundial do álbum de Walter Carlos, *Switched-on-Bach*. Tratava-se de uma versão eletrônica de composições de Johann Sebastian Bach. As vozes originais foram simuladas eletronicamente. Até então não se tinha um emprego verdadeiramente real de novos sons e de novas possibilidades instrumentais. Na verdade, apenas alguns músicos se empenharam na criação de sons verdadeiramente novos no sintetizador. Citem-se em primeiro lugar os compositores da música de concerto: além de Walter Carlos, temos John Cage e Terry Riley, por exemplo. No âmbito do jazz, sobretudo Paul Bley, Sun Ra, Richard Teitelbaum, George Lewis, Joe Gallivan, Pete Levin e o alemão Wolfgang Dauner – todos eles seguiram na direção dessas novas possibilidades, em que reside o verdadeiro atrativo do sintetizador. Eles criaram sons nunca ouvidos até então. Por várias vezes, o argumento levantado contra o sintetizador (e a música eletrônica em geral), segundo o qual ele soaria mecânico e “inumano” foi radicalmente desmentido. Sun Ra conseguiu ser extremamente convincente graças à intensidade fervorosa de suas improvisações no sintetizador, mas, além dele, podemos citar também músicos como Terry Riley com sua espiritualidade, ou Richard Teitelbaum, com suas aspirações intelectuais inconfundíveis.

Novos sintetizadores e acessórios surgem a todo momento. Especialistas chamam a atenção para o fato de que, embora já tenha quarenta anos, esse desenvolvimento é apenas um começo. É interessante como o universo da música eletrônica possui um jargão bem particular que só os iniciados conhecem, uma espécie de “linguagem cifrada”: *pink noise, white noite, phasing, sawtooth, sequencer, shatter, quare wave, sine wave, trigger, trigger pulse, low-pass, high-pass, band-pass* e assim por diante.

A cena do sintetizador se alargou tanto que agora quase todo instrumento, com ajuda de um MIDI (Musical Instrument Digital Interface), pode embutir um sintetizador. De um lado, já faz tempo que os tecladistas não são mais os únicos a compor o universo do sintetizador. Há também os guitarristas (por meio da guitarra-sintetizador), os saxofonistas (por meio de um *electronic woodwind instrument*, o EWI, ou de um *pitch rider*), os trompetistas (por meio de um *electronic valve instrument*, o EVI), os bateristas (por meio do *Simmons*) etc. De outro lado, os sons eletrônicos desses instrumentos (sopros, cordas e percussão) se tornaram tão parecidos com os do teclado que a cena eletrônica parece ter sido em larga medida "tecladizada". Quando os instrumentos naturais imitam aqueles instrumentos eletrônicos que um dia foram usados para imitar os instrumentos naturais, somos levados ao centro de um paradoxo. No entanto, alguns músicos puderam introduzir essas novas tecnologias de maneira criativa – por exemplo, a guitarra-sintetizador ou o *synth-drums*.

Samplers *e Eletrônicos*

A cena eletrônica se tornou ainda mais complexa com o desenvolvimento do *sampler*: um equipamento digital que possibilita gravar e armazenar sons para – com a ajuda de um dispositivo de controle, por exemplo, um teclado – recuperá-los e utilizá-los em qualquer altura sonora. O verdadeiro atrativo dos *samplers* é que, por meio deles, os músicos podem extrair sons de instrumentos cuja técnica não dominam. "Não sei tocar bateria", disse o guitarrista Henry Kaiser, "mas, graças à tecnologia computacional, posso criar certas coisas e expressar aquilo que antes me era impossível". Os primeiros tecladistas que extraíram dos *samplers* uma sonoridade musical própria – indo além da imitação habitual de sons naturais – foram Bob Ostertag, Peter Scherer, Wayne Horvitz, o austríaco Wolfgang Mitterer e o alemão Heiner Goebbels.

Nos anos de 1980, os *samplers* ainda eram aparelhos extremamente caros e grandes, com memória limitada e um processo de armazenamento lento. Hoje em dia, computadores e *laptop* podem ser utilizados como *samplers*, basta que disponham do software adequado – e o acesso aos sons gravados e a todos os parâmetros musicais ocorre em tempo real.

O *sampler* atua de forma ao mesmo tempo predatória e reverente. Recorrendo aos sons já armazenados, o músico pode distorcê-los, manipulá-los e modificá-los de todas as maneiras que imaginar. Um músico de *sampler* que improvisa, trabalha o som como um escultor trabalha a pedra: ele enforma, modela e modifica blocos e fragmentos sonoros previamente dados.

No entanto, uma vez que o *sampler* retira os sons de seu contexto originário, sua tendência é torná-los anacrônicos e anônimos. Ele despersonaliza os sons. Com razão, Peter Niklas Wilson observou que "uma linha de baixo de Ray Brown dos anos de 1950 reelaborada por um *sampler* dentro de uma improvisação não é uma linha de baixo de Ray Brown, mas uma citação histórica de uma linha de baixo de Ray Brown". No manuseio de um *sampler*, o "quê" é menos importante que o "como". Não é o som em si que é crucial, mas seu contexto.

Músicos eletrônicos virtuoses como DJ Spooky, DJ Olive, DJ Logic, DJ Soul Slinger, Eric M, na França; Otomo Yoshihide, no Japão; e Frank Schulte, na Alemanha; libertaram a música de DJs da gaiola funcional das festas noturnas e a transformaram numa arte da improvisação empolgante e aberta. Tanto a improvisação livre quanto o free jazz sofreram um novo e inesperado surto de crescimento por meio das possibilidades da música eletrônica.

Sempre houve, de fato, seja no free jazz, seja na música livremente improvisada, um interesse pela música eletrônica ao vivo. Richard Teitelbaum e George Lewis, por exemplo, fizeram experimentos já em fins dos anos de 1970 com um computador (que na época ainda era extremamente grande e caro); seu software interativo reagia aos impulsos dos solistas do free jazz. Porém, o surgimento de tecnologias centradas em computadores portáteis, acessíveis e confiáveis elevou as possibilidades da música eletrônica ao vivo a um novo patamar de qualidade.

Há duas formas básicas de manipular um *sampler*: de um lado, burilando o som minunciosamente como um escultor; de outro, mediante um processo de colagem, montando estruturas feitas de fragmentos mínimos. Bob Ostertag, Ikue Mori, Frank Schulte, John Wall, John Coxon, Ashley Wales, Christian Fennesz, Christof Kurzmann, Walter Prati, Marco Vecchi e Lawrence Casserley estão mais próximos do primeiro grupo, o da construção de esculturas sonoras. No outro polo, David Shea, Otomo Yoshihide, DJ Spooky, DJ Olive, John Oswald e Eric M pertencem ao segundo grupo, o da técnica de colagem.

Surpreender com pequenos segmento temporais, valendo-se da linguagem do fragmento, das citações e dos fractais, é um dos atrativos da arte do *sampler*. Na medida em que o corte se faz perceptível, o *patchwork* se torna meio de expressão. É como disse Mark Singer: "Procuramos o universo num grão de som."

O norte-americano David Shea faz algo semelhante ao usar elementos cinematográficos em suas improvisações pan-culturais com *samplers*, como a técnica *jump-cut/cross cut*, e assim alcançar uma dimensão quase visual e "narrativa". Paul D. Miller, mais conhecido como DJ Spooky (ele também se autodenomina "That Subliminal Kid"), mexeu nos fundamentos de todas as hierarquias com seu acesso enciclopédico à história da música. Ele improvisou com Steve Reich, Ornette Coleman e Matthew Shipp, e encontrou soluções radicais e procedentes nas conexões musicais transversais entre idiomas contrários. De maneira particularmente consequente, o japanês Otomo Yoshihide transpôs os sons fragmentados e frenéticos da *noise music* para o campo da música eletrônica, com uma sensibilidade para a velocidade e para a colisão de blocos sonoros que se inspira em padrões asiáticos de intensidade.

"A máquina é algo que lhe transporta para fora de si mesmo, porém mais e mais constato que a máquina também me propicia uma ligação maior com meu próprio interior", disse o pianista Matthew Shipp, que, ao gravar pelo selo Thristy Ear, estabeleceu padrões de medida com suas pontes entre a música livremente improvisada e a música eletrônica. Para o saxofonista Evan Parker, a vantagem dos aparelhos eletrônicos reside em seu poder de despedaçar e abolir a realidade: "Eles são capazes de desumanizar esses sons ultra-humanizados."

Entretanto, a função do *sampler*, em sua essência, não se distingue da função de um instrumento de jazz tradicional: ambos individualizam o som. O *sampler* é indiferente a quem você é. Por isso, você tem de deixar claro quem você é. Ou, como disse Bob Ostertag, músico eletrônico e virtuose do *sampler*, "o som precisa ter algo a ver com a minha própria vida".

Com extrema coerência e rigor artístico, Ostertag cultivou e desenvolveu seu trabalho com o som como se fosse um escultor. Ele é o verdadeiro mestre dos *loops* (passagens repetidas de sons gravados). Modificando e variando, dispondo em camadas e desenvolvendo seus *loops*, Ostertag consegue ser tão sofisticado que elimina qualquer semelhança entre sua música e os *loops* da música comercial.

Quanto aos improvisadores de *laptop*, que operam ao vivo "apenas" com *hard disk software*, é como se eles fossem seus próprios DJs. Hoje há programas que oferecem ao músico um banco de dados com centenas de sons que ele pode descarregar e processar em tempo real. Desse modo eles também têm acesso em tempo real a qualquer outro parâmetro musical: posições do *loop*, configurações de filtro, alturas sonoras, formatações etc.

O maior problema da improvisação com laptop é a relativa falta de corporalidade do som. O momento físico e sensível que, no caso dos instrumentos tradicionais, liga o corpo do músico ao instrumento que ele toca, fica aqui reduzido ao gesto – que permite poucas variações – de apertar teclas e botões. Desse modo, "tocar" se torna um ato virtual na relação com computadores e laptops. Na verdade, nesse tipo de música, não é raro que os músicos se tornem instrumentos da tecnologia que utilizam e às vezes fica difícil saber quais sons foram tocados espontaneamente e quais decorreram da programação.

Todos os grandes improvisadores de laptop distinguem-se pelo fato de superarem esses *handicaps*: na Europa, Christian Fennezs, Christof Kurzmann, Wolfgang Mitterer; nos Estados Unidos, Ikue Mori e DJ Spooky, entre outros.

"Qual improvisador teria pensado em 1985 que, quinze anos depois, a música improvisada receberia impulsos essenciais da música feita por DJs?", indagou o crítico musical Felix Klopotek. "Teria algum apologista da técnica pensado, em 1995, que a imagem do DJ como virtuose só pode ser salva se ele conseguir romper a jaula da funcionalidade, transformando-se, por exemplo, em improvisador?"

DJs trabalham no fluxo, não fixam processos, não deixam nada coagular. Isso os transforma em improvisadores ideais. Mas o diálogo de jazzistas com DJs de outros idiomas conhece também seus limites. Derek Bailey, que sempre buscou inserir os eletrônicos no campo do *drum'n'bass* e chegou a resultados altamente artísticos no âmbito da improvisação livre, disse sobre isso: "Tocar com máquinas é um suicídio, pois elas podem passar dias tocando sem parar."

Assim como o sintetizador não pode suplantar nem substituir o piano acústico, os equipamentos eletrônicos (*samplers*, laptop etc.) não podem suplantar nem substituir os instrumentos acústicos. Eles são uma alternativa no melhor sentido da palavra, não uma substituição, mas um acréscimo.

Em relação à improvisação, os instrumentos eletrônicos não se diferenciam em absoluto dos instrumentos tradicionais. O que credencia o DJ e o músico eletrônico que improvisa a ser um verdadeiro músico de jazz é, no fim das contas, o mesmo que se requer dos instrumentistas tradicionais: capacidade para interagir e dialogar.

Sob esse ponto de vista, Ikue Mori é uma excelente improvisadora. Ela começou como baterista no *wave* do grupo DNA, centrado na figura de Arto Lindsay; daí partiu para a execução com três baterias eletrônicas, transportando, em seguida, a sonoridade que ela própria desenvolveu nesse instrumento eletrônico para a música com laptop. Os sons surreais, sempre um pouco metálicos e vítreos que ela produz são tão idiossincráticos que as pessoas podem reconhecê-los em fração de segundo. Sua sensibilidade para texturas e timbres é sempre uma surpresa e uma experiência auditiva interessante. "Toda vez que você se pergunta de onde vem determinado som, geralmente ele vem de Ikue", disse o trompetista Dave Douglas.

O austríaco Wolfgang Mitterer, que saiu do órgão para a música eletrônica, toca com uma intensidade e complexidade toda particular. Ele é um mestre em partir de oposições para chegar – por meio do método da "montagem" – a acontecimentos musicais imprevisíveis. Também é um mestre da dinâmica: desde sons extremamente baixos até retalhos sonoros explosivos.

Mas também na interseção entre *club beats*, *lounge jazz* e música improvisada, os jazzistas eletrônicos deram à música novos impulsos. Nesse aspecto, a cena norueguesa – especialmente Oslo – é particularmente criativa, multifacetada e original, o que é demonstrado por artistas como o tecladista Bugge Wesseltoft, o guitarrista Eivind Aarset, o trompetista Nils Petter Molvaer ou as bandas Supersilent e The Jaga Jazzist.

Esses e outros músicos noruegueses do circuito das gravadoras Jazzland e Rune Grammophone conseguiram utilizar tecnologias computacionais de modo que elas não fossem apenas efeitos ou cores da moda, mas um meio genuíno de expressão e configuração musical. “Electronic is an extra instrument” (A eletrônica é um instrumento extra), disse o norueguês Helge Sten, que se tornou conhecido por meio de suas improvisações com a banda Supersilent.

Músicos que chegaram a resultados interessantes com o uso de *samplers* na Grã-Bretanha são: Mathew Herbert, ligado originalmente ao *drum'n'bass*; o duo Spring Heel Jack (em diálogo com Evan Parker, Kenny Wheeler e Han Bennink); e The Bays.

O norueguês Bugge Wesseltoft é um improvisador e *bandleader* que domina todos os instrumentos mencionados na subseção “Teclados e Sitentizadores” desta seção: o sintetizador, o Fender Rhodes, o *sampler* e a programação orgânica de baterias eletrônicas. Ele consegue colocar todos esses instrumentos – talvez da forma mais completa possível – a serviço de uma nova arquitetura de sons eletrônicos. De modo muito congenial, ele traduziu para a linguagem do jazz a atmosfera rítmica contagiante da música de boate e, sampleando ao vivo em sua banda, ele utiliza de maneira bastante imaginativa as possibilidades da improvisação *real time*.

“Os meios eletrônicos sempre soam interessantes quando forçados em seus limites”, disse ele. Wesseltoft é um mestre na combinação entre música eletrônica e acústica. Em sua *new conception of jazz*, como ele próprio a denomina, os teclados e os *electronics* soam de fato tão “orgânicos” que parecem uma expansão natural de seu corpo. Fascinante também é a maneira como Wesseltoft reúne improvisação jazzística e *club beats* – com arcos de tensão redondos e amplos “construídos” magistralmente.

Voltemos ao teclado: todo estilista do sintetizador precisa ter conhecimentos de programação para alcançar um som personalizado. Porém, o diálogo com algoritmos, envelopes, osciladores etc. traz ao processo criativo musical um componente matemático, de engenharia, que não condiz com o princípio da invenção sonora intuitiva e espontânea, tão importante no jazz. O sintetizador induz a uma tecnocracia do pensamento musical – tendência que é mais perceptível na segunda geração dos sintetizadores digitais que na antiga geração dos analógicos. Na medida em que a programação de sintetizadores tornou-se uma ciência laboriosa e autônoma, muitos tecladistas deixaram que programadores profissionais confeccionassem seu som (por exemplo, Herbie Hancock, que já teve seu som programado por Patrick Gleeson, o criador da música do filme *Apocalypse Now*, de Coppola). Esses programadores se tornaram tão importantes que seus nomes até aparecem nos encartes dos discos de *fusion* junto com o nome dos músicos. Decerto, não é por acaso que os tecladistas que realmente criam são aqueles que eliminam o *middle man* da programação e saem, eles próprios, *on the search*, isto é, em busca de novas sonoridades: músicos como Joe Zawinul, Sun Ra, Lyle Mays, Wayne Horvitz, Wolfgang Mitterer, Bugge Wesseltoft, dentre outros. Disse George Duke:

> Durante certo período fiz alguns experimentos com máquinas. De repente, todas as minhas faixas começaram a soar como um computador. Elas haviam perdido um bocado de vida. Você tem de ter muito cuidado com os sintetizadores. Venho da escola de Miles Davis… Deixe algumas particularidades dentro da música para que ela se torne um pouco mais humana, deixe alguns erros, deixe ela voar!

Para finalizar esta seção, devemos voltar mais uma vez ao órgão. Fora do jazz, embora com claros impactos nesse campo, Terry Riley desenvolveu nos anos de 1970 um modo próprio de tocar órgão. A música do cofundador do minimalismo não se enquadra em nenhum gênero – seja o jazz, seja o rock, seja a música de concerto moderna. No entanto, ela influenciou músicos de todos esses campos (Don Cherry, o grupo inglês Soft Machine, assim como o compositor Steve Reich – para mencionar três nomes de três campos distintos). Ao mesmo tempo, Riley está longe de tocar o órgão com aquela maestria técnica que notamos nos organistas contemporâneos. Ele toca de forma leve, cuidadosa e modesta, como se fizesse um tipo de terapia meditativa. Sua música está voltada mais aos sentimentos que aos ouvidos. Trata-se de uma música que visa a atingir também a aura do ser humano. A música de Riley é modal, mas não exatamente como a modalidade de Coltrane – embora ouvidos jazzísticos possam ouvi-la assim; ela está mais para aquele modalismo asiático, sobretudo o dos *ragas* indianos. Porém, trata-se de música ocidental, feita com instrumentos eletrônicos ocidentais modernos. O ouvinte tem a impressão de que os mesmos movimentos estão sendo constantemente repetidos. Mas, nesse processo de repetição, surgem pequenos desvios e modificações imperceptíveis. De fato, ao final de uma peça de Riley, os pequenos desdobramentos minimalistas conduzem sempre a algo novo, ainda que o ouvinte permaneça com a impressão de ouvir os mesmos movimentos, frases e sons que foram apresentados no começo da música. As frases de Riley são uma espécie de "mantra musical" que se desenvolve de maneira quase imperceptível para quem medita e, segundo suas próprias leis, ingressa numa esfera espiritual. Riley desmaterializou o órgão, o que é, decerto, um feito significativo em se tratando de um instrumento que parece ser – como em Jimmy Smith, Jack McDuff ou no caso dos músicos de rock como Keith Emerson e Rick Wakeman – um dos mais "materialistas", brutos e robustos. Ele também devolveu ao órgão sua condição original, pré-eletrônica, condição espiritual e religiosa que nada tem de regressiva, já que subtende uma busca constante por novos espaços.

A GUITARRA*

A história da guitarra moderna de jazz começa com Charlie Christian. Em 1939, Christian se juntou a Benny Goodman, passando depois a fazer parte do círculo dos músicos do Minton's. Ele faleceu em 1942. Durante seus dois anos de atuação na cena do jazz, Christian revolucionou a forma de tocar guitarra. É claro que ele não foi o primeiro guitarrista, pois a guitarra – ao lado do banjo – tem uma tradição mais antiga que a de qualquer outro instrumento de jazz. Porém, na história da guitarra existe o antes e o depois de Charles Christian.

Antes de Christian, a guitarra era basicamente um instrumento de acompanhamento rítmico e harmônico. Os cantores de *folk* blues, de *work songs* e das antigas baladas de blues acompanhavam-se com guitarra ou banjo e, no vasto território da "pré-história do jazz" – o da música popular arcaica de influência africana praticada pelos escravos negros do sul dos Estados Unidos –, a guitarra e o banjo eram os instrumentos mais importantes e, muitas vezes, os únicos disponíveis. Esse momento assinalou o começo de uma tradição da guitarra. A partir de então, cantores como Robert Johnson, Leadbelly ou Big Bill Broonzy, bem como seus sucessores e contemporâneos, fariam melodias como aquelas que os verdadeiros guitarristas de jazz só viriam a fazer muito depois.

Numa visão geral, a história da guitarra de jazz começou com Johnny St. Cyr e Lonnie Johnson. Ambos vieram de Nova Orleans. St. Cyr, nos anos de 1920, acompanhava com guitarra ou banjo músicos como King Oliver, Louis Armstrong e Jelly Roll Morton; Johnson, por sua vez, foi desde o começo um solista. Isso significa dizer que a dualidade entre

* Ver nota à p. 38. (N. da T.)

a execução rítmico-acórdica e a execução solista *single notes* – que perpassa todo o desenvolvimento da guitarra – já se prefigurava com St. Cyr e Johnson.

O grande e eminente representante da execução rítmico-acórdica chama-se Freddie Green, o músico de Count Basie que permaneceu mais tempo a seu lado – de 1937 a 1984, o ano do falecimento de Count (três anos depois foi o próprio Green quem faleceu). Não é à toa que Green seja em grande medida o responsável por aquilo que é mais notório na música de Count Basie: a coesão da seção rítmica de sua orquestra. Em nenhuma outra parte o ritmo foi tão fortemente transformado em "sonoridade" quanto em Basie e esse som provinha essencialmente da guitarra de Freddie Green. Este, por sua vez, praticamente não fazia solos nem se destacava. Apesar disso – ou talvez justamente por isso –, ele foi um dos guitarristas mais consistentes da história do jazz. Geralmente, sua guitarra é mais sentida do que efetivamente ouvida e, não obstante, possui, com sua incansável pulsação em semínimas, muita força e presença rítmicas, preenchendo o espaço sonoro entre bateria e baixo com uma elástica potência motora, como se fosse um "lubrificante".

Até hoje os especialistas se impressionam com a forma como Freddie Green tocava os acordes. Ele posicionava os dedos como quem fazia um acorde comum, mas pressionava apenas algumas cordas específicas desse acorde, abafando as demais com a ponta dos dedos. A essência do estilo de Green consiste em que ele fazia "acordes em que apenas *uma* nota soava claramente" (Dr. Mark Allen). Freedie Green é o único guitarrista que passou pela ruptura instaurada por Charlie Christian na história da guitarra de jazz como se ela nunca tivesse existido.

A propósito, Green deixou uma descendência muito bem-sucedida nas cenas do rock, do jazz rock, do funk e do soul dos anos de 1970: também Cornell Dupree tocava aquela guitarra de ritmo firme que Green tocara durante cinco décadas na orquestra de Count Basie – claro que, em seu caso, enriquecida pelas muitas experiências musicais realizadas nesse entretempo.

Lonnie Johnson influenciou principalmente Eddie Lang, o mais importante guitarrista do estilo Chicago, e com ele gravou alguns duos. Lang provém de uma família italiana e nele percebemos muito daquela tendência típica da Itália à *cantilena* e ao *melos* (aliás, muito comum nos jazzistas desse país). Outro guitarrista do estilo Chicago é Eddie Cordon, mais fortemente influenciado por Johnny St. Cyr – de estilo acórdico – e que foi, até sua morte em 1973, um *spiritus rector* da cena do Dixieland e do estilo Chicago em Nova York.

Quem ouviu esses guitarristas tocarem nos Estados Unidos até a segunda metade dos anos de 1930 e depois foi para a Europa, onde ouviu Django Reinhardt, certamente compreendeu o fascínio que Django exerceu sobre os jazzistas norte-americanos. Ele não sabia ler e mal conseguia escrever seu nome, mas quando tocava fazia surgir mundos completamente novos para a guitarra. Seus solos ardiam de tantas inovações surpreendentes, como um fogo que atiçamos na lenha. Django provinha de uma antiga família *sinti* que, depois de percorrer meia Europa, se fixou principalmente na França e na Bélgica. Nascido na Bélgica, mesmo depois de ter se tornado a estrela do jazz francês – e, por extensão, do jazz europeu –, nos anos de 1930 e de 1940, Django ainda morava no trailer de sua família. No dia 2 de novembro de 1928, o trailer de Django pegou fogo. Gravemente ferido, os médicos lhe disseram que ele nunca mais voltaria a tocar. Dois dedos de sua mão esquerda ficaram comprometidos. Contando apenas com a força de vontade, ele reaprendeu a tocar guitarra, desenvolvendo fraseados não ortodoxos e inventando ideias com um "sistema de três dedos" que muitos guitarristas não conceberam nem com os cinco dedos.

Sua música expressa a sensibilidade musical de seu povo para os instrumentos de corda, quer se trate do violino – como na Hungria – ou da guitarra flamenca – como os *gitanos* espanhóis do Monte Sacro. Tudo isso, associado à sua grande veneração por Eddie Lang, ganhou vida no famoso quinteto de Django Reinhardt, o Hot Club de France, composto unicamente por instrumentos de corda: três guitarras, violino e baixo. É a melancolia da velha tradição *sinti* que constitui a magia da música de Django; até seus últimos anos de vida – ele morreu em 1953 –, foi principalmente nas peças de andamento lento que ele encontrou sua grandeza. Ele compôs fragmentos de sinfonias, missas, uma música para teatro com texto de Jean Cocteau e pinturas musicais idílicas, como "Nuages", admirada por compositores de todos os gêneros musicais. Comumente, a atmosfera encantada da música de Django Reinhardt é saboreada já em seus títulos: "Douce Ambience", "Melodie au Crépuscule", "Song d'automne", "Daphne", "Féerie", "Parfum", "Finesse" e por aí a fora. Em 1946, ninguém menos que Duke Ellington levou Django Reinhardt consigo para uma turnê pelos Estados Unidos.

Django Reinhardt foi o primeiro músico a encontrar na guitarra uma linguagem jazzística europeia. Nos anos de 1930, quando tocava seus grandes solos, o músico *sinti* impelia o jazz europeu a se reinventar, convocando-o a se tornar uma música autoconsciente, que refletisse seu ambiente e suas raízes. Segundo uma lenda *sinti*, *django* significa "desperto".

Django também foi o primeiro europeu cujo raio de influência se estendeu até a cena norte-americana, confirmando-se em inúmeros guitarristas. Inclusive o pianista John Lewis, que não tocava guitarra, disse ter sido influenciado pela atmosfera da música de Django Reinhardt; e um dos maiores sucessos do Modern Jazz Quartet é a composição de Lewis intitulada "Django", um verdadeiro monumento musical à memória de Django Reinhardt. Desde os anos de 1980, é crescente a quantidade de guitarristas que confessam sua filiação à Reinhardt. Exemplifique-se: nos Estados Unidos, Earl Klugh, David Grisman (cf. a seção "Outros Instrumentos" deste capítulo) e Larry Coryell; na Europa, os franceses Christian Escoudé, Boulou Ferré, Biréli Lagrène, Mark Fosset, Stochelo Rosenberg e Romane (todos eles também provenientes de famílias romanas ou *sinti*), assim como o belga Philip Catherine, músico fantástico e completamente independente. Este último foi batizado por Charles Mingus – em grande medida por causa de sua sonoridade – como o Young Django.

O fenômeno Django Reinhardt sempre causou espanto. Como foi possível que um músico assim surgisse na Europa? Talvez esse fato só possa ser explicado sociologicamente, por exemplo, com a tese de que o povo *sinti* vive na Europa mais ou menos na mesma situação em que vivem os afro-americanos nos Estados Unidos. Os grandes músicos de jazz costumam vir de minorias étnicas discriminadas – nos Estados Unidos, além dos negros, também os judeus e os italianos; na Europa dos anos de 1930 e de 1940, vários judeus, assim como no jazz atual, imigrantes asiáticos, africanos e latino-americanos. Também aqui se pode ver outra vez que o jazz – o jazz autêntico, o que não é ditado pelo *business* musical –, independentemente do contexto étnico (e do estilo), é sempre um grito por liberdade.

A situação de Django Reinhardt como músico exótico encontra certa equivalência em Laurindo Almeida, um músico brasileiro do quilate dos grandes violonistas de concerto, como um Andrés Segovia ou um Vincente Gomez. Almeida introduziu a tradição violonística espanhola no jazz – primeiro, na segunda metade dos anos de 1940, como membro da orquestra de Stan Kenton. Os solos que ele fez em algumas gravações de Kenton emanam um calor raro na música brilhantemente fria daquela fase do desenvolvimento de Kenton. Nos anos de 1970 e de 1980, ele foi membro – junto com o sax-altista Bud Shank, o baixista Ray Brown e o baterista Jeff Hamilton – do L.A.4, que fez bastante sucesso com sua mistura de música clássica, música brasileira e jazz. Outro guitarrista que fez essa mistura foi Charlie Byrd, falecido em 1999. Ele dominava soberanamente tudo o que se define como "violonística" – de Bach à bossa nova brasileira.

Mas são os grandes violonistas brasileiros que melhor conseguiram ligar a tradição violonística ibérica do barroco com os tempos modernos (e ainda com um sentimento rítmico que vem do leste africano e que nasce na tradição iorubá). Os cinco mais conhecidos são Baden Powell, Bola Sete, Egberto Gismonti, Vinicius Cantuaria e Romero Lubambo. De todos eles, Powell é o mais primordial e, em termos rítmicos, o mais vital. Bola Sete, vivendo nos Estados Unidos desde 1960, tocou com Dizzy Gillespie e considera Django Reinhardt e Andrés Segovia suas mais importantes influências. O autodidata Gismonti, que estudou com índios do Amazonas e colocava linhas de pesca em seu violão de dez cordas, esboça uma música futurista inovadora com base no espírito do rico folclore brasileiro. Nos anos de 1970, ele fez apresentações com o saxofonista norueguês Jan Garbarek e com o baixista norte-americano Charlie Haden, com uma música que transcende limites estilísticos e regionais, que é música do mundo no melhor sentido da palavra. Como compositor e pianista, ele criou uma música de câmara que enfatiza suas raízes afro-brasileiras e as faz confluir com a música clássica europeia de uma forma virtuosística e brilhante.

Bossa, jazz e rock são para Vinicius Cantuária "três planetas que gravitam em torno de um único centro". Na opinião desse cantor e violonista, apenas no exterior – em Nova York – ele teria conseguido desenvolver todo o seu potencial musical brasileiro. Em contato com músicos *noise* como Arto Lindsay e jazzistas como Bill Frisell, Cantuária criou um *jazz bossa* urbano que traz o sinete do cosmopolitismo. Cantuária provém do Amazonas e foi tardiamente que ele entrou em contato com as formas afro-brasileiras da MPB, razão pela qual suas canções cheias de balanço e suas melodias delicadas e sinuosas refletem mais fortemente as raízes indígenas. Romero Lubambo tocou com Dizzy Gillespie, Paquito D'Rivera e a cantora Diane Reeves. Ele é marcadamente um improvisador orquestral, que trouxe elementos do violão da bossa nova para o novo jazz da cena *downtown* nova-iorquina.

Mas voltemos a Django Reinhardt. Situado em outro ambiente cultural (mas em análogo processo de aculturação), ele absorveu muitos elementos da tradição ibérica. As linhas melódicas construídas por ele na guitarra sem amplificação pareciam clamar pelas possibilidades técnicas e expressivas que a guitarra elétrica trouxe depois. Charlie Christian proporcionou à guitarra elétrica aquela ressonância que fez que os guitarristas migrassem quase de uma só vez, na virada dos anos de 1930 para os anos de 1940, da guitarra sem amplificação para a guitarra amplificada eletricamente. Apesar disso, Charlie Christian não foi o primeiro a usar a amplificação na guitarra. Os primeiros foram George Barnes e o arranjador Eddie Durham, também trombonista e guitarrista na orquestra de Jimmie Lunceford e, ocasionalmente, na de Count Basie. O primeiro solo de guitarra elétrica que conhecemos documentado em disco foi tocado por Durham em 1935, numa gravação da orquestra de Lunceford: "Hittin' the Bottle". Em "Time out", tocado pela banda de Basie de 1937, é interessante ouvir o contraste entre a guitarra rítmica de Freddie Green e a guitarra solo de Durham. Depois, os guitarristas passaram a se valer cada vez mais do contraste entre a guitarra não amplificada e a guitarra amplificada: Tal Farlow, nos anos de 1950; John McLaughlin, nos anos de 1970; Pat Metheny, nos anos de 1980; Bill Frisell, nos anos de 1990. No que se refere a Durham e Barnes, é preciso dizer que eles não conseguiam lidar muito bem com a guitarra elétrica. Eles continuaram tocando como se ela fosse um instrumento acústico, mas com uma mera amplificação elétrica, da mesma forma como, nos anos de 1970, vários pianistas continuaram tocando o piano elétrico como se ele fosse o antigo piano, mas com som elétrico. Para reconhecer as novas possibilidades da guitarra elétrica, foi necessário um músico genial: Charlie Christian. Christian é comparável igualmente a Lester Young e a Charlie Parker. Assim como o primeiro, ele pertence à era do swing, porém, como o segundo, ele está entre os criadores do jazz moderno.

Christian é o solista mais marcante de algumas das gravações que, em 1941, foram feitas de forma mais ou menos clandestina no Minton's: "Charlie's Voice", sobre um tema da suíte "Peer Gynt", de Grieg, e "Stomping at the Savoy", gravações que foram lançadas posteriormente e podem ser consideradas as primeiras de bebop da história do jazz.

Christian desbravou terras inexploradas em sentido técnico, harmônico e melódico. Em sentido técnico, ele tocava seu instrumento com um virtuosismo considerado impossível por seus contemporâneos. A guitarra elétrica se transformou num "instrumento de sopro", comparável ao sax-tenor de Lester Young. O estilo de Charlie Christian foi denominado *reed style*, pois se aproximava do estilo dos instrumentos de palheta. Christian tocava com a expressividade de um saxofonista.

Em sentido harmônico, Charlie Christian foi o primeiro a não desenvolver suas improvisações em cima da harmonia de seus temas, mas sobre os acordes de passagem que inseria entre os acordes fundamentais. Em sentido melódico, Charlie Christian atenuou o *stacatto* metálico típico de quase todos os guitarristas anteriores, substituindo-o por linhas mais ligadas, que irradiavam algo da atmosfera que circundava as frases de Lester Young. Caracteristicamente, Christian tocou sax-tenor antes de se tornar guitarrista.

"Charlie Christian foi um inovador não porque eletrificou seu instrumento, mas a verdade é que precisou fazê-lo para poder tocar aquilo que ouvia dentro de si", disse Gary Giddins. O guitarrista de blues B.B. King disse: "Não acredito que haja um único guitarrista depois de Charlie Christian, no campo do jazz, do blues ou do rock, que não tenha de alguma forma sofrido a influência do gênio de Charlie Christian."

Os guitarristas posteriores a ele são todos legatários desse grande músico. A começar pela primeira geração dos guitarristas pós-Christian: Tiny Grimes, Oscar Moore, Irving Ashby, Les Paul, Bill de Arango, Barney Kessel e Chuck Wayne. O mais conhecido deles é Barney Kessel (1923-2004), que realizou, como membro do trio de Oscar Peterson e em grupos próprios, numerosas gravações na linha do swing, tanto nos Estados Unidos quanto na Europa. Ele possuía uma maneira inconfundível de tocar os *block chords* destacando suas elásticas linhas melódicas. É incrível como aquilo que pareceu revolucionário com Charlie Christian suscitará, a partir de Kessel, no fim dos anos de 1950, a impressão de uma tradição já consolidada. Les Paul foi, no começo dos anos de 1950, um guitarrista de enorme sucesso comercial – em suas gravações, ele justapunha diferentes sons, ruídos e vozes e manipulava eletronicamente o som da guitarra. Nessa época, suas técnicas de manipulação do som foram consideradas nos círculos de jazz como "truques extramusicais". Somente hoje podemos perceber que Paul – antes mesmo de Jimi Hendrix e de todos os outros de quem ainda falaremos – foi um precursor das modernas manipulações eletrônicas do som. Se podemos caracterizar Kessel como o guitarrista de maior vitalidade rítmica do jazz dos anos de 1950, então Jimmy Raney é o mais interessante do ponto de vista harmônico e Johnny Smith o mais refinado do ponto de vista sonoro.

Antes de Raney e Smith, no entanto, surgiu Billy Bauer. Ele veio da escola de Lennie Tristano e, no começo dos anos de 1950, tocava na guitarra as mesmas linhas longas e abstratas que Warne Marsch tocava no sax-tenor ou Leo Konitz no sax-alto. Os duetos que Bauer gravou com Lee Konitz – apenas guitarra e sax-alto, como a peça "Rebecca", lenta e profundamente sentimental – são as primeiras gravações em duo do jazz moderno, gravações precursoras da rica cultura de duos que se desenvolve a partir dos anos de 1970. Jimmy Raney também passou pela escola de Tristano, mas suas melodias possuem formas mais concretas e cantáveis, além de uma articulação fluente. Enquanto Billy Bauer abusava das dissonâncias e dos saltos abruptos, fazendo pouco emprego de "retardos", Raney se mostrava mais inclinado aos processos harmônicos nuançados, de contornos arredondados e conexões que pareciam regidas pela lógica, quase inevitáveis.

Johnny Smith adentra fundo nas harmonias. Ele faz surgir todo um universo de sonoridades satisfeitas, "frugais", tardo-românticas – o universo de um "Prélude à l'après-midi d'un Faune", de Debussy, em versão de jazz, sobre um fauno cansado que repousa nas sonoridades cálidas de uma época envelhecida e decadente; o universo de uma "Moonlight in Vermont", balada cuja atmosfera ninguém capturou com tanto refinamento quanto Johnny Smith.

Tudo isso conflui na execução lírica de Tal Farlow, falecido em 1998. Ele provém de Raney, mas, com suas mãos grandes, possui maiores possibilidades do que ele, que só tocava no estilo *single finger*. Desde Tristano e antes de Sonny Rollins, não houve praticamente nenhum outro jazzista além de Farlow, cujas linhas, por meio de um fluxo criativo incessante e endógeno, desenvolvessem-se com tanto desprendimento formal, ignorando as mudanças de seção da música, como *chorus*, períodos, frases e *brigdes*. Porém, essas linhas de Farlow não são abstratas como as de Tristano, mas concretas, típicas do antigo classicismo do jazz dos anos de 1950. Tal Farlow fraseava com um som enorme, grave e escuro. Ele também era chamado Mister Wide Interval.

Fora o trinômio formado por Billy Bauer, Raney e Farlow, mas inspirados nele, encontram-se os outros guitarristas do jazz moderno: Jim Hall, Herb Ellis, Les Spann, Gabor Szabo, Grant Green, o primeiro George Benson, Kenny Burrell e, o mais importante de todos, Wes Montgomery. Herb Ellis se tornou conhecido por seu longo trabalho com Oscar Peterson. Seu *drive* é lendário. "Se lhe faltasse swing, ele o conduzia ao swing" (Les Paul). Ellis associava elementos estilísticos de Charlie Christian a um bocado de blues e *hillbilly* (que eram suas origens).

É difícil se expressar no idioma bebop sem empregar enormes séries em colcheias. Grant Green foi capaz de fazê-lo com um estilo que deu à guitarra bebop mais simplicidade e pureza. Jim Hall, com suas improvisações maravilhosamente melodiosas e cantáveis e com seu som claro e lúcido, tornou-se conhecido, primeiramente, por sua atuação no quarteto de Chico Hamilton e no trio de Jimmy Giuffre. Já nos anos de 1950, ele desenvolveu uma concepção verdadeiramente *free* de tocar guitarra. Jim Hall foi o primeiro, antes mesmo dos mentores e fautores do free jazz, a falar do jazz como uma *instant composition* (no encarte do disco de Jimmy Giuffre intitulado *Piece for Clarinet and String Orchestra / Mobiles*, de 1960); caracteristicamente, suas linhas se tornaram cada vez mais livres e abertas com o passar das décadas.

À medida que se ouvia falar cada vez menos dos outros guitarristas significativos do cool jazz – como Tal Farlow, Jimmy Raney e Billy Bauer –, Hall se confirmava como um mestre das improvisações delicadas e sensíveis, não mais norteadas pela concepção estilística do cool jazz, mas por um estilo que, desde os anos de 1970, podemos caracterizar como o modo atemporal de se tocar jazz na guitarra. Nesse sentido, Jim Hall – que nos anos de 1990 gravou duos incríveis com Pat Metheny – tornou-se o guitarrista de jazz atemporal *par excellence*.

Kenny Burrell, de Detroit, com seu som elegante e terroso, além de suas articulações brilhantes, poderia ser caracterizado como o guitarrista mais proeminente do hard bop; todavia, ele se distinguiu, tanto na guitarra elétrica quanto na acústica, transitando por vários campos estilísticos. A inteireza e consistência de suas improvisações são muito admiradas pelos músicos. Ele tocou com Dizzy Gillespie, Benny Goodman, Gil Evans, Astrud Gilberto, Stan Getz e Jimmy Smith – o que mostra sua versatilidade. Também é digno de nota o caráter econômico de sua execução. "Kenny não é perdulário ao tocar", diz Russell Malone.

Ralph Gleason, o falecido crítico de jazz de São Francisco, considerou Wes Montgomery, falecido em 1968, como "a melhor coisa que aconteceu à guitarra depois de Charlie Christian". Wes é um dos três Montgomery Brothers, de Detroit – os outros dois são o pianista e vibrafonista Buddy Montgomery e o baixista Monk Montgomery, que se tornaram conhecidos primeiramente em São Francisco. Mesmo quando Montgomery se voltava para o campo do *pop jazz* (o que aconteceu várias vezes nos últimas anos de sua vida), ele associava uma técnica fascinante de oitavas – quase incompreensível para a maioria dos guitarristas da época – a um estilo duro e seco, com grande enraizamento no blues e na herança de Charlie Christian. Mas Wes Montgomery é também um exemplo emblemático do processo de transformação da música em mercadoria. O produtor Creed Taylor produziu Wes com orquestra de cordas e músicas comerciais visando apenas ao lucro e jamais permitiu – e isso seria uma concessão mínima, como bem observou o crítico Gary Giddins – que, pelo menos a cada três ou quatro discos, ele fizesse a música que realmente pulsava em suas veias. Em 1962, numa entrevista à revista *Newsweek*, ele disse: "Eu conheço a melodia, e você também a conhece. Porque eu deveria tocá-la?" Alguns anos depois, no entanto, ele não fez outra coisa senão tocar essas "melodias". No fim de sua vida, ele disse: "Estou sempre deprimido com minha performance"

A herança de Wes Montgomery foi levada adiante por vários músicos, dois em especial, que são antípodas um do outro: Pat Martino e George Benson, o último numa vertente comercial, o primeiro numa vertente anticomercial. Também do ponto de vista rítmico, ambos se opõem: se Benson dá continuidade às tercinas da herança de Wes Montgomery – num fraseado cheio de swing em compassos ternários –, Pat Martino intensifica a herança de Wes Montgomery com um modo de tocar orientado aos ritmos binários. Martino foi o primeiro guitarrista de jazz a unir a música advinda do bebop com ideias modais e um fraseado influenciado pelo rock. Sua improvisação veloz é expressão de um pensamento musical veloz. Suas linhas se desenvolvem num fluxo de consciência rítmico e melódico que é de tirar o fôlego. Em seus solos – um perpétuo *flow* de semicolcheias –, ele elevou a arte de tocar melodias modais sobre acordes labirínticos a uma perfeição fabulosa.

George Benson, que vem da grande tradição da guitarra negra, tornou-se um *superstar* durante os anos de 1970, quando seus discos chegaram a alcançar tiragens de milhões de exemplares – ele foi, junto com Herbie Hancock, o músico do jazz moderno mais vendido na época. Como guitarrista de hard bop, Benson trouxe à guitarra as possibilidades expressivas do *bending* – aquela técnica característica do blues de curvar e esticar a nota, que ficou praticamente perdida entre os guitarristas do jazz moderno, desejosos de linhas claras e redondas. Como músico *fusion* e vocalista, ele se mostra de um virtuosismo admirável ao tocar as linhas rápidas e sinuosas de sua guitarra em uníssono perfeito com a voz. Com seu *vibrato* bastante particular, ele toca *grooves* fantásticos. Mas as canções açucaradas e cheias de clichês de seus álbuns de *fusion* também sofreram críticas. A cantora Betty Carter, em entrevista à revista *Rolling Stone*, disse: "George Benson é capaz de fazer música de verdade. Então, por que ele tem de se parecer com Stevie Wonder para poder ganhar dinheiro?" Segundo o próprio George Benson: "Minha função não é educar o público, mas tocar para ele."

Mas antecipamos assunto, pois nesse meio-tempo aconteceu aquilo que a revista inglesa *Melody Maker* denominou de a "explosão da guitarra": "a cena da guitarra cresceu em cem vezes, senão em mil vezes, dentro de poucos anos". Até então, o sax-tenor havia sido o instrumento dominante do jazz; agora esse lugar fora ocupado pela guitarra. Até mesmo os psicólogos se ocuparam do fenômeno. Ambos os instrumentos, explicam eles, são "símbolos sexuais", mas o sax-tenor é um símbolo masculino e a guitarra, feminino (seu formato é semelhante ao corpo de uma mulher).

Três músicos, cada qual em seu próprio âmbito, foram os verdadeiros agentes da explosão da guitarra nos anos de 1960: no jazz, Wes Montgomery; no blues, B.B. King; no rock, Jimi Hendrix.

B.B. King é o pai da guitarra da música pop e rock dos anos de 1960 e de 1970. King "cavalga" o som da guitarra: ele corre, salta, monta; esporeia e solta as rédeas; trava-as novamente, desmonta e pula para o próximo cavalo, ou seja, o próximo som. Com B.B. King, chegamos pela primeira vez ao resultado pleno de um desenvolvimento que começou com Charlie Christian e que consistiu em prolongar cada vez mais o som da guitarra. De fato, esse desenvolvimento começou antes de Christian, já a partir do momento em que primeiramente o banjo e depois a guitarra foram empregados nas formas antigas da música afro-americana. Desde o guizo metálico do banjo no jazz arcaico, que soava tão curto que quase não se conseguia ouvi-lo, passando por Eddie Lang e Lonnie Johnson – que mesmo sem dispor de possibilidades técnicas travaram uma batalha contínua contra a brevidade de seus sons –, passando também pelo estilo saxofonístico de Charlie Christian e pelos grandes guitarristas "frios" dos anos de 1950, até chegar às linhas mordentes e concisas de B.B. King – e, a partir de então (como veremos), até Jimi Hendrix –, há um desenvolvimento para o qual só há um único denominador: o constante e consequente prolongamento do som e, associado a isso, a capacidade de individualizá-lo e moldá-lo (o que, por fim, deixou de despertar tanto interesse, na medida em que a tecnologia veio oferecer uma solução fácil ao problema). O *telos* desse desenvolvimento – a manipulação praticamente ilimitada do som da guitarra – pode ser um dos motivos do gigantesco surto de expansão da guitarra nos anos de 1960 e de 1970.

Nos anos de 1960 e no começo dos anos de 1970, B.B. King atingiu o ápice de um desenvolvimento que apresentava retrospectivamente a história e a pré-história do blues. T-Bone Walker, falecido em 1975, teve uma importância especial na construção desse caminho que vai da guitarra de blues rural até as frases "galopantes" de B.B. King. A parte sul de Chicago é – como já mencionado na seção "Blues" do capítulo "Os Elementos do Jazz" – um dos centros da tradição do blues, o berço de guitarristas como Muddy Waters, Jimmy "Fast Fingers" Dawkins, Buddy Guy e Otis Rush. Da escola dos guitarristas de Chicago – e influenciado, sobretudo, por Muddy Waters –, surgiu também um guitarrista branco, que está autenticamente inserido nessa tradição: Mike Bloomfield. A respeito de Otis Rush, fala-se que ele deu prosseguimento ao estilo de B.B. King, tornando-o ainda mais duro, mais "crepitante", mais emocional (de uma forma quase "desenfreada"). Guitarristas que cruzam a ponte em direção ao rock são Albert King, John Lee Hooker (com o seu "blues minimalista" inimitável), Albert Collins ("The master of the Telecaster"),

Jimmy Johnson, Luther Allison, Taj Mahal, Clarence "Gatemouth" Brown, Stevie Ray Vaughan, Robert Cray, Ronnie Earl, Lucky Peterson, Corey Harris e Keb Mo. Segundo Collins: "Eu queria tocar jazz. Eu queria soar como Kenny Burrell. Eu fazia blues, mas agora quero fazer algo como *rock* blues." Cray é a quintessência do músico de blues contemporâneo: um estilista que não toca apenas blues *down home*, mas domina também o soul, o funk e o rock soberanamente, trazendo-os todos para o mundo de onde eles vieram: a grande herança da música negra.

Sonoridades de intensidade semelhante foram desenvolvidas pelos guitarristas *pedal-steel* nos cultos das igrejas evangélicas, a exemplo de Derrick Campell e Robert Randolph. Seus sons "fervilhantes", contrários às melodias chorosas da guitarra country e da guitarra havaiana, propiciam a esse instrumento uma força de expressão particularmente intensa. Diferentemente da guitarra tradicional, a guitarra *pedal-steel* não é sustentada no corpo, mas deitada sobre o colo. Ela é tocada com um *slide bar* – uma peça de metal – que corre sobre as cordas ao longo do braço, para cima e para baixo. Em nenhum outro instrumento é tão fácil esticar, arrastar e puxar as notas quanto na guitarra *pedal-steel*. Por ser muito fácil fazer essas modulações de altura, o instrumento se tornou uma espécie de *preacher*, um pregador que faz a mediação entre Deus e o povo, na música *gospel* afro-americana.

Dave Easley, Daniel Lanois, Greg Leisz e Robert Randolph fazem parte da geração mais moderna dos guitarristas *pedal-steel*. Randolph fraseia de uma forma particularmente imponente, trazendo com muito virtuosismo ao jazz contemporâneo as energias "telúricas" da guitarra *pedal-steel* e suas possibilidades de êxtase ardoroso.

Falemos agora do terceiro grande músico que, juntamente com Wes Montgomery e B. B. King, foi responsável pelo surto de expansão da guitarra: Jimi Hendrix. Nascido em 1947 como um "índio negro", em Seattle, e falecido em 1970 como uma estrela internacional, em Londres, Hendrix foi uma figura envolta numa aura mítica. Como instrumentista, ele foi o verdadeiro gênio da era do rock dos anos de 1960. Assim como Bob Dylan, Hendrix foi a figura musical simbólica da contracultura nessa década. No famoso Festival de Woodstock, ele estraçalhou o hino nacional norte-americano, mas o que ele queria estraçalhar eram os Estados Unidos: ele fez com que o hino fosse metralhado, destroçado por bombas e enlutado por gemidos e choros de crianças.

Hendrix tinha fortes ligações com o jazz. O crítico Bill Milkowski observa que o guitarrista, na última fase de sua carreira, foi deixando as formas simples e enfadonhas do rock em prol de uma aproximação maior com o jazz. Hendrix fez *jams* com Roland Kirk e, depois, com Tony Williams. Ele sonhava com uma *big band* com acompanhamento vocal. Um trabalho conjunto com Gil Evans estava sendo preparado quando Hendrix morreu de forma inesperada.

Hendrix morreu em 1970 e de lá para cá mais de cinquenta livros foram escritos sobre ele. Há complexas investigações sobre sua técnica: seu modo de usar pedais *wah-wah* e *vibrato*; o modo como ele se servia de anéis, garrafas e até dos dentes; como ele, além da guitarra, também "tocava" seu amplificador com controladores e interruptores; como ele modificava a afinação de seu instrumento no meio de uma música, criando afinações totalmente incomuns; como ele parecia mais batucar do que tocar a guitarra; como ele dialogava com seu próprio *feedback*, aguardando-o, respondendo e devolvendo-o ao amplificador, como se lhe fizesse perguntas, desse as respostas e fosse levado a novas perguntas. Geralmente, parecia que o *feedback* era seu verdadeiro companheiro, mais do que os músicos da seção rítmica de sua banda, com os quais ele nunca estava satisfeito.

O grande feito de Jimi Hendrix foi ter transformado a eletrônica em instrumento. A guitarra era para ele apenas um dispositivo de controle. Ele foi o primeiro a entrar na terra vasta e inexplorável dos sons eletrônicos, fazendo "música eletrônica ao vivo" mais e melhor que todos aqueles que utilizam esse chavão hoje em dia. Ele transformou a eletrônica em música com um instinto genial, como se roçasse as cordas de um instrumento feito de ondas, raios e correntezas. Tudo o que hoje a eletrônica é para a música – no jazz, no *rock jazz*, no *fusion*, no rock, no pop, no techno e no *drum'n'bass* – vem de Hendrix, e isso não se aplica apenas aos guitarristas, mas também aos pianistas elétricos, tocadores de sintetizador e *sampler*, e até mesmo aos instrumentistas de sopro que utilizam acessórios eletrônicos e não se contentam em produzir apenas efeitos e *gags*.

Jimi Hendrix falava de sua guitarra como de uma mulher amada. Ele ficava em êxtase ao tocar. Mas ele também batia nela, destroçava-a, incendiava-a – em pleno palco. Eram amor e ódio ao mesmo tempo, um sadismo que era também masoquismo, como se ali alguém enlouquecesse: um amante que não pode dar nem receber verdadeiro amor.

Wes Montgomery, B.B. King e Jimi Hendrix são, assim, os três pilares. Muitos ergueram seu edifício musical com base neles, mas ninguém com tanta propriedade quanto John McLaughlin. Sua envergadura vai do *folk* blues e Django Reinhardt, passando pelos grandes guitarristas dos anos de 1950 – sobretudo Tal Farlow –, até o sitar indiano (cf. a seção "1970" do capítulo "Os Estilos do Jazz", a seção "John McLaughlin" do capítulo "Os Músicos do Jazz" e o capítulo "As Bandas do Jazz"). John McLaughlin tocou os mais diversos tipos de música. Na Europa, free jazz (entre outros, com Gunter Hampel), jazz rock com Miles Davis, música eletrônica em alto grau com a sua Mahavishnu Orchestra, música indiana com seu grupo Shakti, guitarra solo e duos com o guitarrista francês Christian Escoudé. Mas nada do que ele toca pode ser pensado sem a sua espiritualidade: "Deus", disse ele, "é o maior dos músicos, eu sou apenas o instrumento com o qual Ele toca."

Suas gravações em trio feitas em 1983 com Al Di Meola e o guitarrista flamenco Paco de Lucia são uma celebração arrebatadora e singular da guitarra acústica; na cena dominada pelo *fusion* eletrônico, esse trabalho foi encarado como uma espécie de alerta. Uma legião de grupos "puros" de guitarra acústica seguiu o exemplo do trio. McLaughlin foi menos feliz nos anos de 1980 com a nova formação de sua Mahavishnu, cujo excesso de efeitos soava anacrônico. Entretanto, em sua banda Remember Shakti, formada em 1999 com o tocador de tabla Zakir Hussain, ele voltou a fazer um world jazz genuíno, elevando a uma nova dimensão a fecunda interpenetração entre jazz e música indiana.

A cena da guitarra continuou "bombando". Para termos ao menos uma visão panorâmica, aproximativa, devemos imaginar os seguintes campos (mas cientes de que todos se misturam): rock, jazz rock e *fusion*, *folk jazz*, *free*, free funk, *no wave*, *cool*, tradicional, neo-bop neoclássico, jazz pós-moderno e world jazz.

Os músicos que mais diretamente derivam de Jimi Hendrix (e também do blues) são os roqueiros. Citemos os principais nomes: Eric Clapton, Duane Allman, Carlos Santana (com influência da música latino-americana e da espiritualidade de Coltrane – ele também gravou com John McLaughlin), Jeff Beck, Adrian Belew, Robert Quine, Derek Trucks, Prince e Frank Zappa. Zappa foi talvez o guitarrista de rock mais singular de todos os tempos. O viés enérgico e a virulência desafiante de suas linhas ampliaram os limites de expressão da guitarra. Podemos ouvir as influências de Johnny "Guitar" Watson e dos tocadores gregos de *bouzouki* em seus desenhos melódicos e ornamentos; Zapa era dono de um estilo tão individual e personalizado que é difícil imitá-lo.

Em contraposição a esses estilistas do rock estão os músicos que trouxeram para o jazz contemporâneo a tradição dos guitarristas do cool jazz. O mais importante de todos, ativo já na grande década do cool jazz, ou seja, nos anos de 1950, foi Jim Hall (mencionado há pouco). "The Quiet American" – assim ele foi denominado pelo *Melody Maker* por ocasião de sua ida a Londres. Mesmo tocando guitarra elétrica, é como se ele tivesse uma sonoridade "acústica". "Embora eu nunca tenha tido a oportunidade de tocar com Lester Young, esse é o som que busco."

Outros guitarristas que podemos mencionar nesse contexto são Atilla Zoller (natural da Hungria), Howard Roberts, o canadense Ed Bickert, Doug Raney (o filho de Jimmy Raney, cuja tradição ele leva adiante) e Jack Wilkins. Zoller, que sabe ser reservado com sensibilidade, esteve primeiramente ligado à escola de Lennie Tristano. Ele foi o primeiro guitarrista a trazer as linhas melódicas longas e cantáveis que aprendera nessa época para o mundo livre do novo jazz – por exemplo, em seu trabalho com o pianista Don Friedman. Bickert fez gravações com o sax-altista Paul Desmond, considerado o "poeta do sax-alto" – e "poético" é também o estilo de Bickert. Wilkins – talvez o mais talentoso dos jovens guitarristas dessa vertente – tornou-se conhecido tocando no grupo do trombonista Bob Brookmeyer.

Falemos agora da guitarra do jazz rock e do *fusion*. Essa é a vertente que engloba o maior número de guitarristas e para ela confluem duas tendências diametralmente opostas: o rock e o blues, de um lado, e o *cool* e o bebop, de outro. Daí que o vasto campo dos guitarristas de jazz rock esteja dividido em duas orientações contrastantes (mas não podemos esquecer que entre elas existem transições fluídas). De um lado, há o ramo dos guitarristas virtuoses: com improvisações ricas em gestos, eloquentes e prolixas. Steve Wakeman comparou sua guitarra elétrica a um "tecnofalo".

Esse grupo é marcado predominantemente por músicos mais antigos que ainda fraseiam dentro de um espírito de inovação radical e alto desempenho técnico. Músicos criativos e virtuoses, típicos do antigo jazz rock, são: Joe Beck (o primeiro, em sentido cronológico), Larry Coryell, Pete Cosey, Eric Gale, Earl Klugh, Al Di Meola, Lee Ritenour, o inglês Allan Holdsworth, o holandês Jan Akkerman e o finlandês Jukka Tolonen. Há também os mestres mais jovens, aqueles que deram prosseguimento a essa vertente nos anos de 1980 e de 1990: Stanley Jordan, Charlie Hunter (o mais importante dentre eles), Kevin Eubanks, Robben Ford, Rodney Jones, Scott Henderson, Frank Gambale (conhecido pelo seu *vibrato* bem particular), Dave Fiuczynski, o francês Biréli Lagrène e o alemão Michael Sagmeister. Larry Coryell já fazia jazz rock antes de esse termo surgir: em meados dos anos de 1960, no quarteto de Gary Burton e no grupo Free Spirits. Jimi Hendrix e John McLaughlin são os músicos que mais o marcaram: "Para mim, Jimi Hendrix é o maior músico que já existiu." E acrescenta: "Na verdade, odeio-o, pois ele antecipou muito do que eu queria fazer." Sobre John McLaughlin: "Ele me ouviu tocar naquela época na Inglaterra, e eu ouço hoje alguns elementos de meu próprio estilo em sua música. Depois, quando ele foi para os Estados Unidos, comecei a ouvi-lo. Assim, nós nos influenciamos reciprocamente." Coryell é natural do Texas, e esse é o terceiro elemento que o marcou: "Quem presta atenção em minha forma de tocar percebe que venho do Texas."

No começo dos anos de 1970, Pete Cosey traduziu de maneira inimitável a música de Hendrix para a linguagem dos sons psicodélicos, sombrios e pictóricos do grupo elétrico de Miles Davis. Al Di Meola, no início de sua carreira, gravou um maravilhoso duo com o grande violonista flamenco Paco de Lucia, mas depois disso nunca voltou a atingir o nível desse duo transcultural em que ele se mostrara tão promissor. No entanto, seu brilho – ainda que muito superficial – permaneceu fascinante. Lee Ritenour é o guitarrista mais ativo da cena *fusion* de Los Angeles, todavia preserva um *feeling* para o swing e o blues que vem de Wes Montgomery. Allan Holdsworth, proveniente do grupo Soft Machine, transpôs admiravelmente os *sheets of sounds* de Coltrane para a guitarra do jazz rock – com linhas extremamente rápidas, ele une um *feeling ultralegato* a harmonias sofisticadas. Graças a seu trio IOU, ele deu uma importante contribuição, no princípio dos anos de 1980, para a formação de um jazz rock renovado e mais econômico. Em geral, os guitarristas que usam da velocidade soam simplesmente *velozes*. Quando Holdsworth toca de forma veloz, ele o faz com base numa sensibilidade melódica equilibrada. Dave Fiuczynski é um aventureiro: com suas linhas distorcidas e elegantes, que colidem entre si, ele atinge a velocidade da luz. Larry Coryell dizia: "Eu passei um ano tocando com ele numa banda que fazia músicas de Charles Mingus e eu sempre achava que ali estava a alma de Eric Dolphy no corpo de um guitarrista."

Stanley Jordan e Charlie Hunter (uma geração mais novo que Jordan) revolucionaram o aspecto técnico da guitarra. Atuando como músico de rua em Nova York, Stanley Jordan causou tanta sensação com sua técnica de *tapping*, que, em 1984, George Wein o convidou para tocar em seu festival de jazz. Jordan não dedilha o instrumento, mas bate nas cordas contra o braço da guitarra utilizando a ponta dos dedos de suas duas mãos – como se tocasse nas teclas de um piano. Caracteristicamente, Jordan conta que desenvolveu essa técnica para alcançar, como guitarrista, as possibilidades orquestrais de um pianista.

Jordan não foi o primeiro a desenvolver o *tapping* (também chamado *hammering*). Antes dele, houve Jimmy Webster (que chegou a escrever um manual sobre essa técnica), Eddie Van Halen, David Torn e Adrian Belew. Mas enquanto para esses guitarristas o *tapping* não é mais que um ornamento, um meio técnico entre tantos outros, Jordan fez dessa técnica o fundamento de sua música: com entrelaçamento de linhas tão ricas e polifônicas que temos a impressão de ouvir dois guitarristas tocando, em vez de apenas um. De outro lado, críticos censuraram a falta de corpo de seu som e a dificuldade de integrar seu conceito musical – tão fascinante em concertos solo – no interior de um grupo.

Charlie Hunter, natural de São Francisco, foi do hip-hop ao jazz. Seu estilo é derivado do órgão de Jimmy Smith e Larry Young: ele aplicou as linhas maciças de baixo e os acordes abertos do Hammond-B3 na guitarra. Ao tocar sua guitarra de oito cordas, Hunter – o *guitar wizard* – soa como um "duo de um homem só" altamente virtuoso. Esse instrumento híbrido desenvolvido por ele, com três cordas de baixo e cinco de guitarra, possibilita-lhe tocar ao mesmo tempo complexas linhas de baixo, acordes e *single lines* melódicas. Com seu trio, ele se mostra um músico interativo e cheio de *groove*, que une os *funky vamps* – as figuras em *ostinato* do funk – com ingredientes do rhythm & blues, do hard bop e do hip-hop. "No começo, as pessoas diziam que eu não podia fazer as coisas que um guitarrista e um baixista faziam juntos. Isso é muito limitante. Sim, eu não posso, mas eu não quero soar como um guitarrista e um baixista; eu quero soar como uma guitarra de oito cordas". Larry Coryell disse sobre Charlie Hunter: "Ele vai economizar muito dinheiro por não contratar *sidemen*."

Tuck Andress e Philip DeGruy são outros dois guitarristas que ampliaram o universo da guitarra de jazz contemporâneo por meio de técnicas e instrumentos inabituais. Com a cantora Patti, Tuck Andress montou o famoso duo Tuck & Paty. Com técnicas de *tapping* e golpes inusitados, ele faz coisas incríveis do ponto de vista rítmico. Philip DeGruy toca em sua "guitarp", uma mistura de guitarra de sete cordas e harpa de dez cordas, um jazz virtuoso, cheio de travessuras estilísticas e alusões bem-humoradas. Eis os representantes do jazz rock virtuosístico e da execução *crossover*.

Paralelamente, a guitarra do jazz rock também avança até uma concepção econômica e sóbria: fraseados mais limpos, sem extravagâncias, concentrados em aspectos essenciais e atmosféricos. Os primeiros representantes dessa vertente são Larry Carlton, Steve Khan, o norueguês Terje Rypdal e os alemães Volker Kriegel e Toto Blanke. Porém, a maioria de seus adeptos pertence à segunda e à terceira geração do jazz rock. São músicos que, optando por uma execução fortemente econômica, reagiram ao virtuosismo desenfreado de seus predecessores. São dignos de menção: Pat Metheny, John Scofield, Hiram Bullock, Mike Stern, David Torn, Christy Doran, Eivind Aarset e Wayne Krantz. Terje Rypdal, o cofundador do jazz nórdico, é um pintor musical da guitarra. As imagens que ele pinta lembram os fiordes e as lagoas escuras das montanhas de sua terra natal norueguesa. Hiram Bullock, apresentado primeiramente por David Sanborn e Gil Evans, faz seu jazz rock na guitarra com malícia e uma ironia mordaz, além de desvios harmônicos espirituosos. Steve Khan pertence também ao primeiro grupo de guitarristas do *fusion*, no entanto, nos anos de 1980, ele "depurou" o jazz rock, tocando-o sem muita pompa. Seu quarteto com o baixista Anthony Jackson, o baterista Steve Jordan e o percussionista Manolo Badrena empreendeu uma reforma extraordinária – e pouco percebida – no jazz rock da época. Mike Stern, com sua *solid body guitar*, tornou-se conhecido por meio de Miles Davis e é um especialista do jazz rock de inspiração bebop. Sua familiaridade com os *standards* – as canções do "Great American Songbook" – é digna de destaque no campo do jazz rock. Stern fraseia suas linhas claras e límpidas em *legato* com extrema precisão métrica, *on top of the beat*, obtendo com isso muito *drive and power*. David Torn mistura os sons dilacerantes e selvagens de Hendrix com a complexa consciência harmônica de Allan Holdsworth, manifestando ainda uma forte influência da música étnica. O suíço Christy Doran também possui uma forte ligação com o rock. Na banda OM, por exemplo, ele usa o *delay* com muita criatividade, transmitindo impulsos importantes ao jazz rock europeu. O norueguês Eivind Aarset é o mestre do jazz nórdico na execução da guitarra com *sampler* – é incomparável sua capacidade para integrar *club beats* e som ambiente numa linguagem sonora tão dramática quanto melancólica.

No entanto, não há dúvida de que os dois músicos mais importantes desse grupo são Pat Metheny e John Scofield. Metheny é um mago da melodia. Ele toca linhas cantáveis, eufônicas, calorosas e claras, que se renovam sempre com base em si mesmas e dentro de uma grande envergadura dinâmica. Nas improvisações de Metheny, a guitarra soa como uma harpa, cheia de sobretons e flutuações e se caracteriza ainda por seu famoso *chorus sound* (assim também se chama o aparelho), um efeito que consiste em duplicar a nota numa oitava – o que Wes Montgomery ainda fazia "artesanalmente" –, formando "círculos" flutuantes. Trata-se de uma das mais copiadas sonoridades de guitarra dos anos de 1980 e de 1990, mas só Metheny a domina plenamente. É muito peculiar de sua personalidade musical essa capacidade rara de fazer que sons eletrônicos e sintéticos soem "orgânicos". Críticos censuraram o caráter adocicado de sua música e certa tendência rococó em seus arranjos quase sinfônicos; todavia, mesmo nesse entrelaçamento tropical de melancolia, *kitsch* e beleza angelical, as improvisações de Metheny refletem aquela paixão por clareza, homogeneidade e equilíbrio que fez dele um dos jazzistas mais populares de nosso tempo. De todos os guitarristas do jazz contemporâneo, é ele quem dispõe da concepção harmônica mais sofisticada. Sua criatividade melódica parece inesgotável.

Pat Metheny foi também o primeiro a tocar a guitarra-sintetizador como um novo instrumento independente, produzindo, para além dos sons imitatórios dos teclados, sonoridades agudas, angulosas e mordazes – em contraposição a seu estilo etéreo de antigamente. Em "Endangered Species", de 1986, gravada no álbum *Song X*, com Ornette Coleman, sobressai o elemento extático. O free jazz, que Metheny tocou por pouco tempo na década de 1990 com o Sonic Youth e Derek Bailey, teve em sua trajetória um papel meramente terapêutico, sem consequências para seus grupos posteriores.

Com a guitarra-sintetizador de Metheny cumpre-se o sonho da guitarra de jazz por uma maior presença sonora. O primeiro passo nessa direção foi a troca do banjo pela guitarra. Depois, apareceu a guitarra elétrica de Charlie Christian e, em seguida, a expansão sonora promovida por Hendrix. Agora, com Pat Metheny na guitarra-sintetizador (mas apenas com ele!), esse instrumento adquire uma nova e maior dimensão em termos de impacto sonoro; ele deixa de meramente aspirar à intensidade dos instrumentos de sopro e passa a possuí-la de fato. (Outros músicos que tocam a guitarra-sintetizador são John McLaughlin, John Abercrombie, Bill Frisell e o austríaco Harry Pepl). No entanto, as improvisações de Metheny devem muito à tradição do jazz – bebop, Jim Hall e Wes Montgomery, mas também o country do estado de Missouri, sua terra natal. Isso ficou bastante claro quando ele gravou o álbum duplo *80/81* com os sax-tenoristas Dewey Redman e Mike Brecker, o baixista Charlie Haden e o baterista Jack DeJohnette – um dos mais belos discos de jazz dos anos de 1980.

John Scofield, que se tornou conhecido tocando com Billy Cobham e Miles Davis, possui um dos sons mais personalizados da guitarra de jazz atual. Sua potente sensibilidade para o bebop mistura-se com influências do rock e do blues; seu *legato à la* Jim Hall e Wes Montgomery funde-se com o blues ácido e o *funkiness* de B.B. King. Scofield, que também se revelou um brilhante estilista do neo-bop, fraseia no contexto do rock com muita elasticidade rítmica e muito ardor: com improvisações vigorosas e multifacetadas, ele trouxe um calor improvável ao campo do jazz rock – geralmente frio e demasiado técnico. Sua marca registrada é seu "som de papel esmeril" (Vernon Reid) – um som extremamente sujo, com o qual ele constrói fraseados orgânicos e instigantes. Segundo Derek Trucks: "É característico de seu som uma intranquilidade bela e 'louca' que facilmente podemos reconhecer." Durante os três anos em que tocou com Miles Davis, Scofield trouxe diversas inovações para a música do trompetista, ocupando no Miles *funky* dos anos de 1980, como compositor e solista, uma posição de importância semelhante a que Wayne Shorter possuiu nos anos de 1970.

Até o século XXI, Scofield se reinventou constantemente por meio de sonoridades próprias e interessantes – com o trio Medeski, Martin & Wood, ele se estabeleceu na fronteira entre o *go-go-jazz* e o *acid jazz*; já com a sua banda Überjam, ele usou *samplers* de guitarra e integrou elementos da cultura do *drum'n'bass*.

Nas palavras de Scofield:

> Não há dúvidas de que a guitarra possui seu lugar no jazz. O sujeito que teve um papel essencial na invenção do bebop foi um guitarrista (Charlie Christian). Mas a guitarra também é o instrumento número 1 do rock e da música pop; músicos por quem também fomos influenciados. Toda vez que pego a guitarra, ele está presente – o *open chord*, o acorde aberto. E ele lhe leva a outros lugares, como se você fosse um pianista ou um sax-tenorista. Eu poderia muito mais facilmente viver num mundo isolado de II-V-I (a harmonia típica do jazz), se eu tocasse outro instrumento. Em meu caso, entretanto, a guitarra me arremessa sempre para longe disso.

Com seus saltos intervalares inusitados e sua velocidade, Scofield influenciou inúmeros guitarristas (que geralmente também recebem influências de Pat Metheny e Bill Frisell). Entre eles: Leni Stern, Mitch Watkins e Kurt Rosenwinkel Mini Fox, o inglês Mike Walker e o alemão John Schröder. Kurt Rosenwinkel, que vem da Electric Bebop Band do baterista Paul Motian, é um dos músicos inconfundíveis do começo do século XXI: um estilista de veia lírica e dotado de muita fluência, que sabe frasear linhas complicadas com um som claro e cheio de calor. Ele tempera sua concepção harmônica de vanguarda com uma sonoridade "espectral", ampliada por ecos. Rosenwinkel também é um compositor de visão – ele possui um modo extremamente sensível e inteligente de sobrepor e fundir as diversas sonoridades eletrônicas (entre outras, da *ambient music*, do *dub* e do *drum'n'bass*).

Em certo sentido, os músicos do jazz rock se assemelham aos guitarristas do *folk jazz*. Podemos ver isso de forma bastante clara no som de Steve Tibbetts, oriundo de Minneapolis. Por meio de pinturas sonoras mágicas, ele percorre um arco que vai da guitarra altamente eletrônica e distorcida do rock até os sons acústicos e meditativos da música étnica, sobretudo a indiana e a tibetana. Por caminhos diversos ao de Hendrix, ele desenvolveu uma forma própria de explorar muito o *feedback*. Não causa espanto nenhum que a guitarra tenha chegado ao universo do *folk jazz*, pois a guitarra é um instrumento enraizado na música étnica das mais diversas culturas. Além de Steve Tibbets, fazem parte desse grupo músicos tão distintos quanto Alex de Grassi, William Ackerman, Leo Kottke, Ry Cooder, John Fahey, Richard Leo Johnson, Joel Harrison, Doug Wamble e Michael Hedges. O último, ao tocar uma *steel-string guitar*, manifesta sua paixão por sonoridades "abertas", harpejadas e fortemente percussivas. Joel Harrison, com sua *fretless guitar*, pesquisa a chamada *american roots music*, retomando as raízes melódicas do folk tradicional a fim de rearranjá-las sob o prisma do jazz contemporâneo. Doug Wamble é também um compêndio ambulante da "Americana", inserindo organicamente em sua execução vários estilos, como o blues rural, o gospel, o swing, o bop e o free jazz.

Paralelamente ao desenvolvimento do rock, música em que a guitarra ocupa um papel dominante, os pioneiros do free jazz modificaram radicalmente a concepção sonora desse instrumento. O primeiro foi Sonny Sharrock, ainda nos anos de 1970, que tocou com Pharoah Sanders, Don Cherry e o grupo de *punk jazz* Last Exit, entre outros. O guitarrista francês Noël Akchoté chegou ao ponto de dizer que Sonny Sharrock é o "único guitarrista de free jazz" e assim sempre será. "Por quê? Porque ninguém além dele ousou se libertar tanto. Tudo nele era transgressor, explosivo, extremo, sem uma ponta sequer de convenção." Sharrock tocava o instrumento com plectros na boca, pois elas se despedaçavam com a enorme pressão de sua pegada, e ele usava o cavalete de maneira percussiva, de baixo para cima e de frente para trás, batia com o *slide* nas cordas e nunca deixava passar uma oportunidade de reinventar aquele pedaço de madeira com cordas esticadas sobre si. O que pareciam erros, não eram erros para ele, mas janelas para um novo mundo, até então inexplorado.

Depois de Sonny Sharrock, todo guitarrista adepto da improvisação livre é um herdeiro seu. Os primeiros foram Michael Gregory Jackson, James Emery, Eugene Chadbourne e os ingleses Derek Bailey e Keith Rowe. Depois vieram os alemães Hans Reichel, Uwe Kropinski, Helmut "Joe" Sachse, Jim O'Rourke e Nels Cline, o austríaco Burkhard Stangl e os franceses Jean-Marc Montera e Noël Akchoté.

Bailey talvez seja o mais radical de todos – um músico extraordinariamente aberto ao diálogo e que, por meio de sons fragmentados e linhas pontilhistas, se torna um protagonista da "música não idiomática". Sua música não segue parâmetros fixos e busca uma comunicação instrumental totalmente aberta. Bailey é uma das mentes mais impressionantes do free jazz europeu, cujo modo de improvisar exerce grande irradiação também entre os músicos norte-americanos da improvisação livre. Nos anos de 1960, ele foi membro do Spontaneous Music Ensemble, um grupo muito importante para o free jazz europeu. Nos anos de 1990, ele procurou travar diálogos com músicos de outros estilos e gêneros: com tocadores de *pipa* (um instrumento de corda chinês), ativistas do *drum'n'bass* e DJs, e até com o guitarrista Pat Metheny – e tudo isso sem abdicar da individualidade de seus "sons de agulha" multifacetados e cheios de imaginação.

Com sua *table-top guitar* – uma guitarra que fica deitada sobre uma mesa e cujas cordas são preparadas com todo tipo de objetos de metal e depois tocadas com barras de ferro, agulhas de tricô, pequenos motores elétricos e arcos de violino –, Keith Rowe é o guitarrista mais imaginativo do free jazz. Uma especialidade sua é descobrir materiais. Nenhum guitarrista foi tão longe quanto ele na investigação de sons individuais em seu microcosmo sonoro: "É quase como se alguém olhasse dentro de um microscópio. De um modo geral, você se envolve e os objetos se tornam cada vez maiores", ele disse.

A calma e a tenacidade incomuns da música de Rowe chamam a atenção: ele toca com pouquíssimo volume, extraindo um som calmo, tranquilo e plano. Nessa música de ruídos planos cultivada por ele na banda AMM com grande paciência e tenacidade, Keith Rowe se tornou, involuntariamente, um dos grandes mestres da *ambient music* e da música industrial.

Eugene Chadbourne toca com uma energia fulminante, desconstruindo estilos e gêneros. Em seus solos, ele emprega técnicas complexas de *cut-up* para recortar clichês do country, do free jazz, do rock e do folk, construindo com isso um universo de sons "alucinados". De vez em quando, nota-se em seus pastiches estilísticos burlescos e insistentes algo de acidental e arbitrário. Mas é justamente nessa indeterminação que reside boa parte de sua força.

Hans Reichel veio do blues e do rock (Hendrix e Zappa) para desembocar na improvisação livre. Ele era guitarrista, compositor, designer, luthier e inventor. Raramente se satisfazia com material predeterminado e preferia construir seus próprios instrumentos: como captadores moveis, guitarras que podiam ser tocadas de trás para a frente e de frente para trás, instrumentos de 23 cordas, quatro braços, dobráveis, que podiam ser tocados na região anterior ao cavalete etc. No entanto, seu free jazz não se confundia com um vanguardismo de efeitos chocantes, mostrando-se, antes, incrivelmente melódico – com sobretons difusos, sonoridades que flutuavam de forma bizarra e frágil, mas cheias de doçura e humor. Nas palavras dele: "Não sou um 'curioso', sou um músico."

O norte-americano Jim O'Rourke, que tocou com o Sonic Youth, cria ruídos singulares na guitarra acústica, sem equipamentos de efeitos ou amplificadores. Em comparação com seu modelo Derek Bailey, suas improvisações contêm elementos mais tonais e uma calma ainda maior. Inimigo de todas as regras e rotinas, o francês Noël Akchoté foi marcado por Ornette Coleman e John Cage. Apesar disso, ele sempre lança mão de elementos provenientes da guitarra de rock e da *chanson* – não como um meio estilístico, mas como um meio de referência para elementos próprios. No caso de Noël Akchoté, sons e sonoridades se tornam enigmáticos, misteriosos de um modo especial. Sua especialidade são os sons flutuantes escuros, sombrios, que jogam conscientemente com os lados difusos dos sons da guitarra elétrica – com sobretons e sons prestes a dar microfonia, ruídos de amplificador, impulsos sonoros oscilantes e *vibratos* que giram no espaço como campos de radiação. Ao mesmo tempo, a música de Akchoté vive de requintes de gradação e transformações sonoras: "falso é verdadeiro e menos é mais".

O músico que melhor transita da execução livre ao free funk é James "Blood" Ulmer, proveniente dos grupos de Ornette Coleman. Suas linhas concisas, insistentes e intermitentes conectam o free jazz ao blues arcaico e ao funk, conferindo maior clareza àquele e maior musicalidade a esse. O mote de Ulmer é: "Jazz is the teacher, funk is the preacher" (O jazz é o professor, o funk o pastor).

Outros guitarristas importantes do free funk são Kelvyn Bell, que chama a atenção por seu fraseado claro e "limpo", Jean-Paul Bourelly, que, reunindo elementos do hip-hop e do rap, traduz uma sonoridade pós-Hendrix agressiva e "envenenada" para a linguagem indisciplinada do free funk, assim como Bern Nix, Charles Ellerbee e Vernon Reid. Bourelly sempre procurou o diálogo com os músicos do oeste africano e do Caribe – por exemplo, o percussionista senegalês Doudou N'Diaye e a banda haitiana Ayibobo, com quem desenvolveu um empolgante *voodoo jazz*. Vernon Reid se tornou famoso por meio de sua colaboração com a banda de *hard rock* Living Colour. Ele é cofundador da Black Rock Coalition e, sob influência de Hendrix, criou novos espaços de liberdade musical. Sua execução comprova que muito volume não cria apenas *power*, mas também sutilezas. "Com base em certo volume, o som da guitarra ganha características totalmente diferentes. A guitarra se torna mais maleável quando é *hot*; quanto mais estridente, mais sensível", disse ele.

Nos anos de 1980 e de 1990, sonoridades particularmente originais foram descobertas por aqueles guitarristas que aderiram ao projeto pós-moderno de demolição das categorias estilísticas – os guitarristas *no wave*. O free jazz é apenas um ponto de referência, já que vários outros elementos afluem de maneira fragmentária e anárquica: punk e música étnica, vanguarda e rock, minimalismo e folk. Arto Lindsay, Henry Kaiser, Fred Frith, Elliott Sharp, Rhys Chatam, o franco-canadense René Lussier, o francês Marc Ducret e o alemão Caspar Brötzmann são importantes guitarristas associados a essa vertente. Arto Lindsay, filho de um missionário norte-americano, foi criado no Brasil. Sua guitarra soa "como um prédio de vidro de vinte andares desabando": sons estilhaçados, barulhentos e sombrios, desenvolvidos por ele sob influência dos Golden Palominos e do sax-altista John Zorn. Mais tarde ele se tornaria um poeta da cena downtown de Nova York, refletindo suas raízes brasileiras e norte-americanas em canções lacônicas e melancólicas, bem como em melodias suaves e bizarras.

Com base em recursos tecnológicos, como computadores, MIDI, aparelhos rítmicos e outros meios digitais, Henry Kaiser transforma a guitarra numa orquestra "louca" e frenética. Ele integra estilos musicais que são completamente distantes entre si – elementos coreanos e Delta-blues, elementos vietnamitas e punk, influências de Captain Beefheart e Ali Akbar Khan. Já Fred Frith é o músico mais aventureiro e flexível desse grupo: em 1968, ele tocou com o Henry Cow, nos anos de 1980, fez *punk jazz* com a banda Massacre e, nos anos de 1990, uma alucinante música de colagens com a Naked City. Fred Frith é um mago dos tapetes sonoros leves e flutuantes – ele explorou de forma destemida os limites do ritmo, da harmonia e das texturas. René Lussier faz um folclore imaginário cheio de humor bizarro. Suas linhas seguem de perto a lógica dos modelos linguísticos franco-canadenses, o que explica também a qualidade vocal de seu som.

O autodidata Marc Ducret possui uma das vozes mais singulares do jazz europeu dos anos de 1990. Ele traz novos sons e desafios para a guitarra, unindo melodismo e abstração, fluência e angularidade. Suas improvisações possuem uma gigantesca força rítmica. Ducret saiu da música tonal para o pós-free jazz. Ele toca com uma clareza fascinante, além de possuir um *feeling* excepcional para sons precisos, brilhantes, e para formas transparentes; também chama a atenção sua perspicácia intelectual e presença emocional. Desde 1991, ele toca de modo permanente com o sax-altista Tim Berne. Ducret é um dos poucos músicos europeus reconhecidos como parceiro pelos músicos da vanguarda *downtown* nova-iorquina, sendo sempre incluído em seus projetos.

Para recorrer mais uma vez aos contrastes: os guitarristas que seguiram a tradição do swing se opõem diametralmente aos músicos do free jazz e do *no wave*. Por exemplo: George Barnes, falecido em 1977, George van Eps, que parou de tocar com plectro e fundou o estilo *finger picking* numa guitarra de sete cordas, além de Bucky Pizzarelli, Cal Collins, Chris Flory e Joe Pass, o mais conhecido de todos. Na primeira metade dos anos de 1970, Barnes fundou um quarteto com Ruby Braff. Pizzarelli toca *block chords* numa guitarra de sete cordas e com muita força progressiva. Pass é de um virtuosismo extraordinário e toca com um estilo orquestral. Ele trouxe o *walking bass* – as linhas de acompanhamento do baixo – para o âmbito da guitarra. De fato, sua especialidade era tocar melodias virtuosísticas e acordes com o acompanhamento de um *walking bass*. Ele fez gravações para a Pablo, de Norman Granz, com vários jazzistas importantes, entre eles Ella Fitzgerald e Oscar Peterson, e é um mestre tanto de baladas quanto de *jam sessions* cheias de swing.

Cal Collins, Jimmy Bruno, Howard Alden e o jovem John Pizzarelli pertencem, assim como o sax-tenorista Scott Hamilton e o trompetista Warren Vaché, ao novo movimento do swing, que vem tomando forma desde o fim dos anos de 1970.

Falemos agora do *mainstream* contemporâneo, que vai do bebop, passa por Coltrane e chega ao neoclassicismo dos *young lions*. Aqui a influência dominante de Wes Montgomery é assimilada e desenvolvida por muitos músicos, cada um com seu estilo pessoal de tocar. John Scofield, Emily Remler, Bruce Forman, Joe Diorio, Joshua Breakstone, Peter Leitch, Henry Johnson, Rory Stuart, entre outros, pertencem a esse *mainstream*. O mais conhecido deles é o já mencionado Scofield, que, com seu trio (Steve Swallow no baixo elétrico e Adam Nussbaum na bateria), foi quem determinou o padrão de medida para grupos de guitarra no movimento classicista dos anos de 1990. Suas angulosas improvisações de neo-bop temperadas com blues e rock são de uma densidade em matéria de integração como ainda não havia se visto nos trios de guitarra.

Os guitarristas do *mainstream jazz* comprovam, desde o começo dos anos de 1990, que são infinitas as possibilidades de desenvolver, sob formas individuais, os estilos clássicos da guitarra de jazz (reforçando os aspectos provenientes do bop). Estilistas significativos desse grupo são Mark Whitfield, Russell Malone, Peter Bernstein, Anthony Wilson (que também apareceu como compositor e arranjador), Howard Alden, Jonathan Kreisberg, Joshua Breakstone e Jesse van Ruler.

Mark Whitfield é o protótipo do guitarrista *young lion*. Ao surgir, no começo dos anos de 1990, esbanjando uma técnica fenomenal e um enraizamento consciente no bebop, ele foi censurado como frio e impessoal. Não obstante, Whitfield, cujas linhas refletem elementos de George Benson, Wes Montgomery, Grant Green e Joe Pass, consegue ser inconfundível graças a seu som limpo e clássico, bem como às suas articulações velozes. Ele já tocou, entre outros, com veteranos como Ray Brown, Tommy Flanagan e Brother Jack McDuff.

Russell Malone, que tocou com Diana Krall e Benny Green, improvisa com ardor e paixão. A musicalidade e a técnica ousada com as quais ele revê os estilos clássicos da guitarra de jazz tiveram um efeito estrondoso. A um som doce e bluesístico de guitarra ele acrescenta um *attack* forte, um *vibrato* tempestuoso e uma riqueza harmônica inesgotável. Seu *feeling* para o *time* é tão sólido quanto o de um baterista. Segundo George Benson, “ele toca os maiores acordes do mundo”.

De outro lado, Peter Bernstein é um instrumentista lírico e de um swing alegre. Ele herdou de Grant Green o sentido da simplicidade e de uma economia eloquente, transformando-se, com isso, num dos *sidemen* mais solicitados dos anos de 1990. Howard Alden domina com espírito de doação os estilos clássicos do jazz, do swing ao jazz moderno. Outro músico importante da renovação do *mainstream jazz* é Adam Rogers. Ele tem formação clássica e, além disso, foi fortemente marcado pelos saxofonistas, tendo tocado guitarra elétrica em bandas como Lost Tribes e Brecker Brothers. Com seu som enérgico e intenso, ele transpõe com muita coerência o *flow* de Pat Martino e George Benson para o interior do neoclassicismo: linhas fluídas, redondas e delicadas, cheias de proporção.

Antes de passarmos aos guitarristas do world jazz, devemos mencionar ainda três músicos particularmente autônomos que não se encaixam em nenhum dos grupos comentados aqui: John Abercrombie, Ralph Towner e Bill Frisell. Abercrombie ficou famoso na banda de jazz rock de Billy Cobham. Posteriormente, ele se tornou um dos grandes poetas e sensibilizadores da guitarra contemporânea. Em 1974, ele realizou gravações muito apreciadas com Jan Hammer e Jack DeJohnette. Desde 1986, ele dirige um trio requintado com o baixista Marc Johnson e o baterista Peter Erskine. John Abercrombie é um mestre na arte de unir e articular os sons, procedendo sempre com muita sensibilidade e riqueza de variações. Em sua execução pródiga em *legato*, ele alterna entre a liberdade e a obediência a estruturas previamente dadas; suas melodias escuras e deslizantes são cheias de segredos e melancolia. Ele preservou a relevância do som da guitarra pós-*fusion* na era do neo-bop por meio de suas linhas etéreas e *voicings* harmonicamente complexos, que surgem em todas as formações, desde o trio até a *big band*. Na guitarra-sintetizador, ele toca *power chords* massivos e penetrantes, que contrastam fortemente com o trançado das linhas leves e limpas que ele normalmente produz em sua guitarra elétrica. Em suas palavras:

> Eu sempre penso que a guitarra é o instrumento dos horizontes mais amplos, pois ela transpõe todos os limites. Sax-tenoristas se aprofundam mais na herança do jazz. É fato que a guitarra possui para mim também uma forte tradição jazzística, mas tudo parece dar a ela mais espaço para experimentação e desenvolvimento.

Ralph Towner, líder do grupo Oregon, começou como pianista. Ele toca piano até hoje, e o elemento pianístico no som de seu violão de concerto é notório. Towner estudou em Viena e diz que não sabe ao certo se tem vínculos mais fortes com a música europeia – e justamente com a música de Viena, ou seja, o classicismo e o romantismo vienenses, assim como a vanguarda vienense (Schönberg, Webern etc.) – ou com o jazz. "Eu só entrei para o jazz quando já possuía uma técnica clássica. Acho que instrumentos acústicos são mais simpáticos que os elétricos. Várias vezes, eu trato o violão como se ele fosse um trio para piano. Quando toco sozinho, trata-se praticamente de uma banda de um homem só."

Bill Frisell foi o guitarrista de maior envergadura estilística no jazz pós-moderno dos anos de 1980 e de 1990: desde a sonoridade bela do jazz de Eberhard Weber até o free funk do Trio Power Tools, do *mainstream* contemporâneo do quarteto Bass Desires até a *radical colage music* e a *noise music* da banda Naked City de John Zorn.

A obra de Bill Frisell traz à tona o oculto, coisas soterradas que só podemos ver em sonho. Nenhum outro guitarrista nega tão completamente o aspecto duro e percussivo que surge quando se ferem as cordas quanto ele. Suas linhas parecem vir do nada e desaparecer no nada: sons flutuantes que crescem e decrescem de maneira atmosférica, como se soprados; sons que pingam como a cera de uma vela. "Bill é um grandioso orquestrador; assim como Joe Zawinul, ele é um pintor", disse John Scofield. Ao mesmo tempo, Frisell dispõe de um estilo de guitarra consciente e complexo, como um "Monk da guitarra" humorístico. "Ele pode pegar os sons mais *kitsch* e transformá-los em música clássica do século XX", notou Leni Sern.

Frisell passou do clarinete para a guitarra e, caracteristicamente, são os sons quentes e respirados das madeiras que deixaram marcas insubstituíveis em seu estilo original. Frisell "respira" em sua guitarra de jazz. Sua música é uma fascinante "Americana" – criada a partir de fontes distintas, de onde ele extrai a quintessência dos mais diversos ingredientes norte-americanos: country e rock, Nashville e Aaron Copland, Charles Ives e blues, John Philip Sousa e Jimi Hendrix. John Scotfield considerou a música de Bill Frisell "o conceito mais singular de guitarra hoje em dia".

No começo do século XXI, Bill Frisell não perdeu a capacidade de surpreender. Com sua banda The Intercontinentals, ele assimilou de uma só vez influências da África, da América do Sul, da Ásia e dos Bálcãs. A esse respeito, Frisell disse: "Às vezes, as pessoas ouvem a música do Oriente Médio e pensam: ora, isso soa como um tipo de blues de Louisiana!"

Um guitarrista que assimilou em sua música o melhor de Bill Frisell e de John Abercrombie é Ben Monder. Ele é capaz de juntar melodias e acordes como um tecladista, com intervalos grandes e difíceis, possuindo também uma sensibilidade especial para harmonias belas e escuras.

Uma das principais conquistas dos guitarristas do world jazz talvez seja o fato de que eles revitalizaram e expandiram a moderna guitarra de jazz com base em seus respectivos contextos culturais: os sul-africanos Louis Mhlanga e Jimmy Dludlu, com as melodias e ritmos do *xosha* e do *zulu*; os espanhóis Gerado Nuñez e Tomatito, com elementos da música flamenca; os macedônios Dusan Bogdanovic, Miroslav Tadic e Vlatko Stefanovski, com as métricas complexas e as melodias ornamentais do folclore balcânico; o uzbeque Enver Izmailov com os ritmos exuberantes e os humores melancólicos da música da Crimeia etc.

Nesse contexto, também temos de nos limitar a alguns poucos instrumentistas: Nguyên Lê, Enver Izmailov e Brad Shepik são personalidades particularmente iridescentes do world jazz.

"Eu sou a fusão personificada de duas culturas", disse Nguyên Lê, filho de pais vietnamitas e crescido em Paris. Esse músico francês esboça, com base na situação de um músico que sempre viveu "entre" duas culturas, um novo jazz com uma forte premência. Em sua guitarra (europeia) de jazz, não se pode deixar de ouvir a herança musical asiática. Escreveu o crítico Ulrich Olshausen:

> Não são as rupturas que mais fascinam na música de Nguyên Lê, mas o brilho com o qual ele enfeixa elementos aparentemente díspares numa identidade musical inconfundível. Ora ele oscila entre uma exuberante ornamentação melódica asiática e um *powerhouse rock* inspirado em Jimi Hendrix, ora ele faz com que o autoesquecimento da música de transe asiática se transforme na energia selvagem e elétrica do jazz rock. Cada nota que Nguyên Lê toca é um pequeno cosmo sonoro em si mesmo, que apresenta uma vida própria composta por vários sons menores; esses são fundidos por meio de uma arte enraizada na Ásia, mas de sentimento europeu, a arte das diferenciadas técnicas de *vibrato*, *bending* e glissando.

Nguyên Lê mistura Jim Hall e Jimi Hendrix com os sons flutuantes e meditativos da música asiática, além de influências folclóricas do mundo inteiro. "Pode-se aprender muito de cada tradição que existe no mundo. Há vários músicos fantásticos de *sitar* ou bandolim. É isso que me interessa: o que posso aprender com eles."

O uzbeque Enver Izmailov, cujos pais são tártaros da Crimeia, dá prosseguimento ao estilo de *tapping* virtuosístico de Stanley Jordan. Com seu som "martelado" pelas duas mãos, Izmailov estabeleceu novos padrões para a guitarra de jazz "polifônica" dos anos de 1990. Por meio do *tapping* – quando as cordas da guitarra não são dedilhadas, mas batidas contra o braço com a ponta dos dedos –, Izmailov alcançou certos efeitos orquestrais que levaram os críticos a comparar seu som de guitarra com o de um piano ou de um cravo. Em seu jazz, ele unifica o mundo musical do Uzbequistão com a riqueza de expressão da cultura da Crimeia, mas também a música dos tártaros com as melodias e ritmos do mar Mediterrâneo, da Índia e dos Bálcãs.

Ali Farka Toure, do oeste da África, abriu-se às influências do blues ocidental e, com isso, fez de suas improvisações na guitarra advindas de Mali algo totalmente moderno. Quando ele toca, é como se ouvíssemos as raízes daquela música que levou ao blues de um John Lee Hooker. Em sentido inverso, o afro-americano Taj Mahal, um mestre do blues acústico, expandiu as perspectivas da *black music* em seus encontros com músicos da África – por exemplo, o tocador de *kora* Toumani Diabate, do Mali – e do Havaí.

O norte-americano Brad Shepik é o verdadeiro virtuose das cordas do balkan jazz nova-iorquino. Ele introduziu instrumentos de corda não ocidentais, tais como o *saz* ou a *tamboura*, no jazz da vanguarda *downtown*. No Tiny Bell Trio, com Dave Douglas, ou na banda Pachora, ele associa a fluência de Kenny Burrell e o *soulfulness* de Grant Green com elementos arcaicos da tradição que passam pelo *Delta* blues do Mississippi e recuam aos Bálcãs, ao norte da África e ao Oriente Médio. Muitas de suas peças soam como se já fossem tocadas há séculos nas *wedding bands* dos Bálcãs. No entanto, ele disse: "Não toco nem jazz tradicional nem música balcânica tradicional."

Quando o guitarrista improvisa sobre as métricas deliciosamente irregulares do folclore balcânico e do Oriente, não se trata, para ele, de uma reconstrução da música tradicional. Ele também não quer enobrecer a música de culturas estranhas por meio de um olhar jazzístico supostamente "superior". Ele simplesmente toca a música do Oriente com base numa sensibilidade jazzística contemporânea.

Com Brad Shepik, chegamos aos mais importantes guitarristas da cena *downtown* nova-iorquina: Gary Lucas, David Tronzo, Brandon Ross, Marc Ribot, Oren Bloedow e Tim Sparks.

Tim Sparks, Oren Bloedow e Gary Lucas deram novos impulsos à guitarra de jazz no campo da *radical jewish culture*. Lucas, ex-integrante da banda Captain Beefheart, é inclassificável estilisticamente. Ele associa Wagner com música judaica e chinesa, blues e Sun Ra. Ele se define como um "humanista musical", que trata todas as culturas com a mesma atenção. Brandon Ross fez interessantes gravações com Cassandra Wilson e Henry Threadgill. Como herdeiro de James "Blood" Ulmer, ele se destaca por sua intuição para texturas cruas, atmosféricas e labirínticas – do free jazz ao *groove*. David Tronzo é um dos poucos que toca a guitarra *slide* sobre *changes*. Com seu fraseado fragmentado, ele expande as possibilidades de seu instrumento – como um "*slide* Monk".

O mais complexo guitarrista da cena *downtown* é, no entanto, Marc Ribot, que se tornou conhecido por seu trabalho com John Zorn. Ele possui "na palma da mão" todas as sonoridades e técnicas que já foram criadas para a guitarra. Ele consegue misturar essas abordagens geralmente tão opostas, conferindo-lhes um sentido e fazendo que o todo resulte em algo extremamente coeso e lógico. A consciência estilística de Ribot em relação aos timbres e seu saber enciclopédico sobre jazz, rock, música do mundo, blues e música clássica são impressionantes. Ribot está entre os poucos que podem tocar *standards* e *tradicionals* com as novas "técnicas ampliadas" e não soar irônico por isso. "Marc Ribot é um dos verdadeiros revolucionários da guitarra", disse John Zorn. "E não porque ele pode fazer quase tudo que consideramos possível (e também muita coisa considerada impossível), mas porque ele *repensou* a guitarra completamente: o seu papel, o que ela faz, como ela soa."

Com sua banda Los Cubanos Postizos, Ribot celebrou, nos anos de 1990, a música do instrumentista Arsenio Rodriguez, o tocador de *tres* cubano (um tipo de cordofone). Ele criou um cuban jazz "protético" com cubanos exilados e músicos nova-iorquinos e, com isso, trouxe uma contrapartida inteligente àquelas imitações de *son* e rumba que eram moda na época.

A guitarra percorreu um longo caminho – do banjo africano ao instrumento de John McLaughlin e Marc Ribot, do blues à guitarra-sintetizador. A guitarra é, como a flauta, um instrumento arquetípico. O deus grego Pan, o deus indiano Shiva e deuses astecas tocavam flauta. Anjos e apsaras – os seres sagrados femininos da mitologia hindu – tocavam guitarra. Psicólogos apontaram para a imagem fálica da flauta e para a semelhança da guitarra com o corpo feminino. Assim como o amante mima o corpo da mulher amada, o guitarrista também mima o "corpo" – nesse caso, também se usa essa palavra – de sua guitarra, corpo que ele acaricia e afaga na expectativa de também receber amor. O guitarrista e seu instrumento simbolizam a união de um casal, simbolizam o amor.

O BAIXO

Em 1911, Bill Johnson montou a Original Creole Jazz Band, a primeira orquestra propriamente dita a sair em turnê de Nova Orleans. Bill tocava contrabaixo. Certa vez, quando sua banda se apresentava em Shreveport (Luisiana), seu arco quebrou, de forma que ele foi obrigado a dedilhar o contrabaixo durante metade do concerto. O efeito foi tão novo e interessante que, desde então, o contrabaixo de jazz passou a ser tocado em *pizzicato* (dedilhado). Essa história, contada por jazzistas veteranos de Nova Orleans, com certeza é um mito, mas possui o mérito de refletir bem o espírito da época. Portanto, num sentido mais amplo, trata-se de uma história real. É sabido que a tuba concorria com o baixo na antiga Nova Orleans. Essa tradição da tuba foi tão forte que, trinta anos mais tarde, ainda havia grandes baixistas do swing – como John Kirby e Red Callender – tocando tuba. Muitos baixistas do jazz de Nova Orleans tocavam tuba nos concertos a céu aberto das *marching bands*, mas preferiam o contrabaixo nos *dance halls*.

O papel do baixo é fornecer uma base harmônica sobre a qual os músicos de um *ensemble* de jazz possam se movimentar. Ele é a espinha dorsal de um grupo. Simultaneamente, o baixo cumpre uma função rítmica. Desde o bebop, as quatro batidas regulares do baixo – o *walking bass* – são o único fator que, dentro de um *ensemble*, mantém o ritmo fundamental inabalável. O baixo dedilhado é capaz de cumprir essa tarefa rítmica com mais precisão, fluência e sons mais prolongados que a tuba. Portanto, era natural que o baixo não tardasse a suplantar a tuba. Trinta e cinco anos depois apareceu o baixo elétrico, dividindo o espaço com o contrabaixo "acústico". Tem-se, assim, um desenvolvimento que vai da tuba, passando pelo contrabaixo, até o baixo elétrico. Nesse processo, o impulso rítmico se torna mais preciso, mais forte e mais marcante. De outro lado, o som se torna mais impessoal e mais indireto com o processo de eletrificação. Vários baixistas de renome apontaram para o fato de que o contrabaixo é um instrumento tão sensível e desenvolvido que nunca será substituído pelo baixo elétrico. Nesse meio-tempo, ficou claro que o contrabaixo ocupa uma posição ideal entre os extremos da tuba e do baixo elétrico, na medida em que atende de modo ótimo às demandas de sonoridade e de ritmo.

Todos os baixistas do jazz tradicional partem de Pops Foster. Foster tocou com King Oliver, Freddie Keppard, Kid Ory, Louis Armstrong, Sidney Bechet e todos os outros grandes músicos de Nova Orleans, podendo ser facilmente reconhecido por meio de seu *slappin' bass* (hoje em dia, *slap*). Muito da pregnância rítmica do som de Foster deve-se à sua execução percussiva: ao tocar, ele deixa as cordas percutirem o braço do instrumento. Essa técnica foi rejeitada pelos baixistas dos anos de 1950 como um sinal claro de imperícia técnica, mas novamente utilizada pelos baixistas do free jazz por conta da maior intensidade e sonoridade almejadas. Na técnica do *slap*, pulsa inconscientemente uma antiga tradição estética africana: a ideia de que certos ruídos que acompanham o som não são elementos perturbadores, mas a "pitada de sal", ou seja, tais ruídos "dão vida" a melodias e ritmos. Nos anos de 1930, Foster foi escolhido várias vezes como o baixista "All Time" da história do jazz, isto é, o melhor baixista de jazz de todos os tempos. Em 1942 (o ano de falecimento de Jimmy Blanton, o "libertador" do baixo), Pops Foster se tornou operário no metrô de Nova York (mas continuou tocando ocasionalmente nas *sessions* de Nova Orleans). Em 1969, ele faleceu.

No jazz de Nova Orleans ainda era comum que o baixista, numa mesma peça, dedilhasse, utilizasse o arco e fizesse *slaps*. Sua execução consistia em amparar a banda ritmicamente. Solos eram raros, o conceito harmônico era reduzido e as linhas lembravam (com a tendência para o *staccato*) as partes de tuba. No entanto, swingava-se com grande vitalidade. "Simplesmente, toque qualquer nota, contanto que ela tenha swing", dizia Pops Foster. Um baixista que trocou o arco pelo *pizzicato* de modo especialmente consequente foi Wellman Braud, profundamente enraizado na tradição de Nova Orleans. De 1926 a 1935, ele foi membro da orquestra de Duke Ellington e criou ali, com seu *two-beat* propulsor e ao mesmo tempo seguro e preciso no andamento, uma concepção irresistível de *groove*. Seu som cheio e espacial irradiava energia rítmica. O pequeno *break* que Wellman Braud tocou, em 1927, no Washington Wooble com a orquestra de Ellington, é provavelmente o primeiro solo em *pizzicato* documentado em disco. Steve Brown é o virtuose do *slap* no jazz branco de Chicago: seus solos percussivos foram marcantes nas orquestras de Jean Golkette e Paul Whiteman.

John Kirby, Milt Hinton e Walter Page são os grandes baixistas da era do swing. Kirby apareceu no começo dos anos de 1930 na orquestra de Fletcher Henderson e foi, no fim dessa década, o líder de um *ensemble* que não pode ficar de fora da história das bandas de jazz. Walter Page, falecido em 1957, pertenceu ao famoso grupo rítmico de Basie, marcado pela sonoridade de Freddie Green, mencionado na seção "A Guitarra" deste capítulo. Walter Page é a figura central de uma virada decisiva na história do baixo de jazz: a passagem do *two-beat-feeling* do jazz de Nova Orleans para a execução mais flexível e suave com quatro semínimas da era do swing. Na orquestra de Basie dos anos de 1930 e de 1940, ele estabeleceu o *walking bass* como um elemento padrão do jazz. Jo Jones, o baterista dessa *rhythm section*, conta que Page foi na verdade aquele que o ensinou a desenvolver seu estilo em Kansas City: "quatro semínimas regulares".

Milt Hinton reúne um *time* perfeito com humor e um som percussivo. Ele foi um dos mais cobiçados músicos de *sessions* da era do swing. Em virtude do caráter inexorável e equilibrado de suas linhas de baixo, ele ficou conhecido como The Judge. Milt Hinton dominou a técnica do *slap* no contrabaixo com uma maestria difícil de superar, incluindo virtuosísticos *slaps* em tercinas. Segundo Lonnie Plaxico, "a maioria dos jovens que tocam baixo elétrico com *slap* hoje em dia não sabe de onde vem essa técnica. Milt Hilton já a empregara há décadas."

Devemos mencionar também outros dois baixistas da era do swing: Slam Stewart e Bob Haggart. Slam Stewart se tornou conhecido, sobretudo, por sua maneira de cantar em oitava com o baixo: ele criava o efeito de um zumbido de uma abelha voando – esse som, quando não é ouvido em excesso, pode ser muito prazeroso. (Posteriormente, num campo estilístico um pouco mais moderno, Major Holley também tocou dessa forma, só que cantando em uníssono com as linhas do baixo). Bob Haggart fez um grande sucesso de público em 1941 com a música "Big Noise from Winnetka". Nela, o baterista Ray Baudoc fazia o ritmo com as baquetas na corda Sol do contrabaixo de Haggart enquanto ele tocava as notas.

De resto, pode-se escrever a história do baixo sob um ponto de vista igual ao da história da guitarra. Assim como a história da guitarra moderna começa com Charlie Christian, a história do baixo começa com Jimmy Blanton. Ambos – Christian e Blanton – entraram na cena do jazz em 1939. Ambos faleceram em 1942 de tuberculose. Ambos revolucionaram em dois anos o modo de tocar de seu instrumento. Ambos "transformaram" seu instrumento de corda num *horn*. Nas gravações em duo que Jimmy Blanton realizou em 1939 e em 1940 com Duke Ellington, essa função está tão claramente estabelecida quanto nas gravações em sexteto e septeto que Charlie Christian realizou, na mesma época, com Benny Goodman. Se a orquestra que Duke Ellington dirigiu no começo dos anos de 1940 é a melhor banda de sua carreira, isso tem a ver com o fato de que seu baixista era Jimmy Blanton e que, por meio dele, a banda de Ellington ganhou muito em densidade rítmica e harmônica. Com Blanton, que faleceu aos 23 anos de idade, o baixo se tornou um instrumento solo.

Ele foi o primeiro baixista a realizar em suas improvisações linhas melódicas unitárias, coerentes, que, além do mais, por sua clareza, destacavam-se da sonoridade mais pesada e áspera do jazz tradicional. "Suas notas são mais 'cantadas' e menos 'tum, tum, tum'" (Reggie Workman). Blanton foi um dos primeiros instrumentistas a integrar ornamentações rítmicas em suas linhas de *walking bass*.

A partir de Jimmy Blanton, a linhagem moderna dos grandes baixistas de jazz se expandiu. Oscar Pettiford foi quem veio na sequência. Após a morte de Blanton, ele entrou para a banda de Ellington, que, por sua vez, fez gravações em duo com Blanton no baixo, da mesma forma como antes gravara em quarteto com Pettiford no violoncelo. Harry Babasin foi o primeiro a fazer jazz no violoncelo, mas o violoncelista que realmente começou a chamar atenção no jazz foi Pettiford. O caminho que vai dos sons graves do baixo aos sons mais agudos do violoncelo parecia ser um processo natural do próprio baixo, que deixava de ser um instrumento harmônico para se tornar um instrumento melódico. Desde então, muitos baixistas passaram a escolher o violoncelo como segundo instrumento – no fim dos anos de 1950, por exemplo, é o caso de Doug Watkins. Mais tarde: Ron Carter, Peter Warren e Dave Holland. Por fim, no jazz atual, o violoncelo se torna um instrumento solo com os mesmos direitos que os demais, fato confirmado por instrumentistas como Abdul Wadud, Vincent Courtois, Hank Roberts e outros (cf. a seção "Outros Instrumentos" deste capítulo).

Um bom baixista de jazz deve possuir espírito de equipe, desenvoltura melódica, um senso harmônico e rítmico refinado e, sobretudo, muito *groove* – a capacidade mágica de impulsionar o tempo (sem acelerá-lo), propiciando à banda "uma boa sensação de si própria". Oscar Pettiford, Ray Brown e Charles Mingus são os três grandes baixistas depois de Jimmy Blanton. Pettiford, falecido em Copenhague em 1960, foi o baixista definitivo do bebop, o primeiro a aplicar a linguagem musical complexa do moderno jazz clássico ao baixo. Em meados dos anos de 1940, ele tocou com Dizzy Gillespie na rua 52 e, nessa época, consolidou a nova *Blanton message*. Nos anos de 1950, ele foi o baixista mais solicitado da cena nova-iorquina. Pettiford montou várias *big bands* para gravação de discos e tinha uma técnica no baixo que sempre causava espanto. Ele conseguia fazer que seu baixo soasse como se estivesse "falando" num instrumento de sopro. Pettiford ampliou os fundamentos modernos lançados por Jimmy Blanton ao criar linhas que funcionavam como uma contramelodia perfeita para as vozes dos demais solistas. Como músico de acompanhamento, ele inventou linhas *walking* regulares, cheias de precisão e força, além de muito *feeling* e uma inimitável concepção melódica. Como solista, ele fazia verdadeiras melodias, diferentemente de seu ídolo Blanton, cujas linhas eram compostas na base de escalas e tríades. Nos dois anos vividos na Europa antes de sua morte – primeiramente em Baden-Baden e depois em Copenhague –, ele exerceu uma influência poderosa sobre diversos músicos europeus. Ray Brown (1926-2002) foi o baixista mais autêntico e cheio de swing do moderno jazz clássico. Ele foi solista de um concerto de baixo que Dizzy Gillespie gravou com sua *big band* no fim dos anos de 1940 intitulado *One Bass Hit*. Brown foi o baixista preferido das produções fonográficas de Norman Granz. Segundo o pianista Oscar Peterson, de cujo trio ele participou durante quinze anos, "Brow é capaz de elevar o nível de uma banda inteira, fazendo que ela toque melhor que antes. E ele faz isso em todas as peças todas as noites". O estilo de Brown é um desenvolvimento da pegada de Jimmy Blanton. "Todos os dias, eu levava um baixo da escola para casa e praticava com os discos de Blanton. O que me chamava a atenção era a duração de suas notas."

Ray Brown foi um dos maiores músicos de acompanhamento do moderno jazz clássico. Com seu som belo e amadeirado, além da capacidade imperturbável de não deixar o beat cair, tocando sempre com precisão e impulsão rítmica, ele conferiu ao baixo de jazz um raro esplendor, imitado por milhares de instrumentistas, mas raramente alcançado. "Ray Brown é um sinônimo de *walkin bass* moderno e pertence à elite dessa tradição", escreveu John Goldsby (autor do livro *The Jazz Bass Book – Technique and Tradition*, ao qual muito devemos). Os solos consistentes de Brown são ricos em arpejos e tercinas. Embora tenha se tornado *bandleader* relativamente tarde, em 1984, ele sempre teve a preocupação, por meio de seu trio e de encontros musicais com músicos jovens, de fazer com que os talentosos *young lions* tomassem o rumo do swing e de seu poderoso *beat*.

Charles Mingus, falecido em 1979, é de um enorme significado, não apenas como baixista, mas também e, sobretudo, como compositor e líder de grupo. Mingus, para quem o jazz era a "música clássica" dos negros, possuía uma consciência particular da tradição musical negra, conhecendo-a verdadeiramente antes que isso se tornasse lugar-comum: no começo dos anos de 1940, ele fez jazz tradicional com Louis Armstrong e Kid Ory. Depois se juntou a Lionel Hampton e com seus arranjos e sua personalidade marcou a melhor orquestra de Hampton (a de 1947). Como solista, ele se tornou conhecido em 1950-1951 como integrante do Red Norvo Trio. Posteriormente, ele se esforçou cada vez mais para indicar novos caminhos ao jazz, não temendo as fricções harmônicas bruscas e provocativas. Mingus jamais se curvou ao ditame de servir a um único estilo. Suas composições eram como montanhas-russas estilísticas, em que o contrabaixo absorvia tudo com inesperadas mudanças rítmicas e métricas, de modo que ele era capaz de improvisar blues, Jimmy Blanton, flamenco, música de concerto europeia, gospel, Charlie Parker – e tudo o que estivesse situado no diálogo entre tradição e vanguarda (ou composto pela mistura de ambos). Nos grupos de Charles Mingus dos anos de 1950 e começo dos de 1960, os músicos improvisavam de forma mais coletiva do que em qualquer outro conjunto de jazz conhecido da época. Como baixista, Mingus dirigiu e administrou com segurança instintiva todas as várias linhas e tendências diferentes que foram surgindo na música de seu grupo. Ele era um baixista deliciosamente intratável, que tocava de forma temperamental e agressiva, com uma incrível propulsão rítmica. Quando "apenas" acompanhava, ele se mostrava um gênio da intromissão impertinente e das intervenções musicais furiosas. As improvisações coletivas e livres, bem como o decurso formal elástico e aberto do novo jazz, são conquistas históricas que Mingus, mais do que qualquer outro músico, antecipou precocemente. Com Charles Mingus, o contrabaixo se tornou um campo de batalha de sentimentos em permanente mudança; ele ora expressava ira, protesto e fúria, ora delicadeza, poesia e lirismo. Quando alguém lhe pedia um conselho, ele dizia: "Seja tanto quanto você é capaz, cara." Os diálogos entre Mingus e o grande vanguardista Eric Dolphy, aquele no baixo e este no clarinete-baixo, estão entre as mais fortes experiências emocionais que o jazz é capaz de transmitir.

O triunvirato Pettiford-Brown-Mingus ganha ainda mais brilho quando comparado a outros baixistas de jazz excelentes dessa mesma geração. Mencionamos alguns deles: Tommy Potter, George Duvivier, Percy Heath, Curtis Counce, Israel Crosby, Leroy Vinnegar, Red Mitchell, Paul Chamber e Wilbur Ware. Duvivier era um *musician's musician*, pouco conhecido do público em geral, no entanto, altamente estimado pelos músicos em virtude de sua segurança e autenticidade. Percy Heath é sempre citado em virtude de seu *time* incorruptível e de sua execução soberana no Modern Jazz Quartet (do qual foi membro por quatro décadas). Leroy Vinnegar "virou de cabeça para baixo" o grupo rítmico californiano centrado em Shelly Manne. Enquanto Shelly criava várias possibilidades melódicas na bateria, Leroy fornecia o fundamento rítmico no baixo, a partir do qual o swing era sentido. Ele e Curtis Counce, posteriormente também Monty Budwig, Carson Smith e Joe Mondragon, estão entre os baixistas mais gravados da Costa Oeste norte-americana. As linhas de acompanhamento de Red Mitchell exorbitam de intuições consistentes e "swingantes". Ele foi um sólido baluarte do *West Coast jazz* entre os anos de 1950 e o começo dos anos de 1960. Mitchell afinava seu baixo em quintas, o que proporcionava a ele uma maior extensão sonora. Com sua inimitável técnica de *pizzicato* com dois dedos (que ele transmitiu a Scott LaFaro), Mitchell desenvolveu um estilo rico, dialógico, com uma brilhante sensibilidade para forma, espaço e tensão. Para ele, o jazz era uma "busca por identidade". Quando lhe perguntavam como se fazia isso, ele respondia: "Diga algo. Isso é o mais importante. *Como* você diz é importante, mas eu não creio que seja tão importante quanto o *que* você diz."

Paul Chambers, falecido em 1969, possuía a vitalidade e a intensidade da geração do jazz de Detroit daquela época. O seu *time feeling* foi um elemento decisivo da força propulsora de duas bandas essenciais do jazz moderno: o quinteto de Miles Davis e o quarteto de John Coltrane. Ele era um *team player* adepto de sutilezas e finezas. Seus solos cheios de colcheias "cantavam" e swingavam com um *beat* contagiante e dançante. Sem nenhuma ligação com a concepção da música clássica, Paul Chambers desenvolveu uma virtuosística forma de tocar com arco, temperando seus solos bluesísticos com uma sonoridade de arco granulada e pigarrenta, além de muito *slur* – aquela inflexão sonora em glissando que dava a seu som certa coloração vocal. Acima de tudo, ele possuía aquilo que os jazzistas denominam "grandes orelhas": suas linhas contrapontísticas reagem espontaneamente às melodias dos solistas. Junto com o baterista Philly Joe Jones, ele formou uma das seções rítmicas mais quentes do hard bop. Segundo Freddie Hubbard, "Paul pensava sempre como um *horn player*".

As linhas cheias e flexíveis de Paul Chambers irradiam um forte classicismo, na medida em que alternam equilibradamente entre a função de apoio e a liberdade melódica. Isso explica por que os baixistas do neoclassicismo dos anos de 1980 sempre se reportavam a Chambers. Willbur Ware, falecido em 1979, talvez tenha sido o baixista de Theolonious Monk mais sintonizado com a música do pianista genial. Ele tinha um som poderoso e percussivo, dificilmente superável em matéria de clareza. Enquanto outros baixistas do jazz moderno assimilaram os aspectos harmônicos e melódicos da herança de Blanton, Ware deu continuidade de maneira particularmente consequente ao seu aspecto rítmico. Ele deixava espaço livre entre as notas e alternava entre notas curtas e longas em suas *walking lines*. Com isso, ele criou uma grande variabilidade no fluxo rítmico.

Ware era um músico que moldava não só as notas, mas também as pausas entre as notas, conseguindo assim uma grande expressividade rítmica. Ele observou que um baixista deveria saber quando sair do tempo – *to get on off it* –, quando soltar a corda para alcançar certa sonoridade percussiva e um impulso rítmico. Todos os grandes baixistas de jazz são, cada um de uma maneira diferente, mestres dessa técnica do *release*. Pois eles sabem que o swing *feeling* do baixo de jazz vem não apenas das notas, mas também do espaço entre as notas, e todo baixista de jazz possui um jeito próprio de criar esse espaço.

Com Chambers e Wilbur Ware, entramos no círculo dos baixistas do hard bop: Jimmy Woode (que vem da orquestra de Duke Ellington e se tornou na Europa um dos mais indispensáveis *americans in Europe*), Wilbur Little, Jymie Merritt, Sam Jones, Doug Watkins (falecido em 1962), Reginald Workman e outros. Alguns deles abriram o caminho para o que Scott LaFaro e Charlie Haden realizaram, a saber, a segunda fase da emancipação do baixo – a primeira se deu com Jimmy Blanton e Oscar Pettiford.

Scott LaFaro, que faleceu aos 25 anos de idade num acidente de carro em 1961, foi um músico comparável a Eric Dolphy, criando o novo com base num consciente domínio da tradição harmônica e não de um menosprezo por ela. LaFaro foi o "pioneiro da agilidade no baixo" (George Duvivier). O som "democrático" do trio de Bill Evans se baseava, em larga medida, em suas linhas ágeis, complexas e contrapontísticas. Era como se o baixo de LaFaro tivesse resolvido não apenas "andar", mas também se constituir como uma "voz". Com esse trio de Bill Evans ficou bem claro o novo perfil do baixo após sua "segunda emancipação": ele agora é como uma guitarra de grandes dimensões e com uma afinação mais grave, oferecendo uma gama de possibilidades sonoras antes inexistentes no baixo e cumprindo ao mesmo tempo as tarefas tradicionais que cabem a esse instrumento. LaFaro modificou e influenciou de forma crucial a maneira pela qual os baixos interagem dentro de um grupo ao improvisarem. Segundo Dave Holland: "O baixo se tornou uma espécie de quarta voz melódica dentro de um quarteto. Não devemos isso a Scott LaFaro?". Nos anos de 1990, quando o crítico de jazz Stanley Crouch ousou criticar o estilo de LaFaro como "anti-swing" e "europeu demais" na revista *Jazz Times*, desencadeou-se uma furiosa onda de protestos entre os leitores. David Finck disse: "Todo baixista que nega a contribuição de LaFaro é provavelmente incapaz de tocar de forma limpa para além da quarta posição."

Jimmy Garrison era o baixista do clássico quarteto de John Coltrane no começo dos anos de 1960. Ele transformou o "som de guitarra" de Scott LaFaro num "som de guitarra flamenca" – por exemplo, no longo solo de baixo gravado em 1966 em cima de "My Favorite Things", um sucesso de John Coltrane. Ainda mais impressionante do ponto de vista técnico é o baixo de David Izenzon, falecido em 1979, que pertenceu ao trio de Ornette Coleman em meados dos anos de 1960. Ele tinha um som de guitarra com o *drive* de um percussionista.

Embora o contrabaixo seja um instrumento de pouco volume, ele exerce imensa influência nas bandas de jazz. Além da função de apoio, ele desempenha um papel de condução. O baixo é o elemento intermediário entre diferentes instrumentos e papéis, entre os fatores harmônicos e rítmicos, unificando os solistas com a seção rítmica. Por isso, o baixo é o grande mediador e condutor dos instrumentos do jazz. Ele cria chão para o grupo e, quando bem tocado, torna-se fonte de estímulos, introduzindo novas ideias e processos grupais. Nesse sentido, ele é em grande medida responsável por reunir personalidades distintas de estilos e instrumentos distintos nos grupos de jazz. Ou, como disse Paul F. Berliner, "os baixistas se preocupam geralmente com coisas como continuidade e desenvolvimento".

Charlie Haden integra o quarteto de Ornette Coleman desde os anos de 1960 e – talvez ainda mais fortemente do que Don Cherry – é um parceiro essencial de Coleman. A sua Liberation Music Orchestra, para a qual Carla Bley escreve os arranjos, está comprometida em expandir não apenas a consciência musical, mas também a consciência política: música concebida como um "canal da liberdade", utilizando temas e gravações da Alemanha Oriental, de Cuba, da Guerra Civil Espanhola e dos movimentos de libertação latino-americanos.

Haden revolucionou a concepção harmônica do baixo de jazz. Ele foi o primeiro em seu instrumento a se libertar de forma consequente das *changes* – dos esquemas harmônicos preestabelecidos –, buscando criar um fundamento harmônico consistente com base no voo livre das melodias. Do ponto de vista técnico, Haden não toca virtuosísticamente. Seu virtuosismo é de um nível superior, residindo em sua inacreditável capacidade para deixar o contrabaixo "soar". Pois Haden cultiva o elemento grave de seu instrumento como nenhum outro no jazz: com uma ressonância insondável e escura no som, e um aspecto terroso no timbre, fazendo que até as linhas aparentemente "simples" soem como se fossem cheias de movimento. Ele é um mestre da simplicidade – e isso é uma das coisas mais difíceis que existem.

É essa a "nascente" de onde parte a principal corrente do baixo desde os anos de 1960 até os anos de 1980 – com músicos como Richard Davis, Rufus Reid, Ron Carter, Gary Peacock, Steve Swallow, Barre Phillips, Eddie Gomez, Marc Johnson, Cecil McBee, Buster Williams, Cameron Brown, Mike Richmon, Avery Sharpe, Neil Swainson, Ed Schuller, David Friesen, Glen Moore, Rob Wasserman, o húngaro Aladár Pege, os franceses Henri Texier, Jean François Jenny-Clark e Didier Levallet, os alemães Günter Leny e Dieter Ilg, o sueco Palle Danielsson, os dinamarqueses Niels-Henning Ørsted Pedersen e Mads Vinding, assim como George Mraz e Miroslav Vitous, provenientes da antiga Tchecoslováquia.

Dentre tantos nomes, só podemos destacar alguns. Richard Davis é talvez o baixista mais multifacetado de todos: um daqueles músicos universais, cujo domínio vai, com perfeição, desde a música sinfônica, passando por todos os tipos de jazz, até a execução livre. A sonoridade de Ron Carter é tão pessoal que se pode reconhecê-lo após algumas poucas notas – como a grafia de um bom amigo num cartão postal que acabamos de pegar na caixa do correio. Carter foi o baixista do segundo quinteto de Miles Davis. Junto com o baterista Tony Williams e o pianista Herbie Hancock, ele criou nessa banda uma nova maneira de tocar o *time*, improvisando linhas de baixo abertas do ponto de vista harmônico e, com isso, dando aos outros músicos espaço para se abstrair dos acordes originais. Segundo Todd Coolman, "quaisquer que fossem os experimentos de Tony Williams – polirritmia, abandono de compassos ou modulações métricas –, ele sempre podia ficar tranquilo, pois Ron Carter lhe mostrava o caminho para o 'um'". Ron Carter está entre os baixistas mais gravados do jazz. Ele é um mestre das ornamentações rítmicas com mão esquerda e direita, integrando, em suas linhas cheias de swing, os *hammer-ons* (batida com os dedos na corda contra o braço), os *pull-offs* (a técnica de puxar a corda com a mão esquerda) e as *dead notes* (sons abafados).

Ron Carter explorou, começando pelo baixo acústico, um amplo instrumentário: primeiramente o violoncelo, e depois – desde 1976 – um "baixo *piccolo*", originário da música barroca e com uma afinação análoga à do violoncelo, que está para o baixo tal como o violino está para a viola. Carter toca esse instrumento com o brilhantismo e a leveza de um violino de concerto tocado em *pizzicato* e – ao mesmo tempo! – com o *drive* de um Oscar Pettiford. Como escreveu Ron Carter na revista *Down Beat*:

> A expressão "libertação do baixo" possui alguns subtons negativos porque é como se antes ele estivesse preso… Eu nunca me senti preso diante daquilo que buscava tocar. Eu nunca tive a impressão de ser um baixista de uma seção rítmica que tinha de acompanhar um solista, e que minha função era apenas "funcionar"… Sendo a música em que se toca baixo elétrico tão diferente daquela em que se utiliza baixo acústico, não se pode comparar uma com a outra; é como se comparássemos maçãs com laranjas. Eu não acho que o baixo elétrico possa contribuir de algum modo para o desenvolvimento do baixo acústico…

Como todos os baixistas de jazz antes dele, Scott LaFaro tocava com cordas de tripa, sem amplificação. Nos anos de 1960, baixistas como Ron Carter passaram a usar cada vez mais cordas de aço de baixa tensão. Também o uso generalizado de captadores e amplificadores modificou o som drasticamente. As notas se tornaram mais longas e de maior duração – as linhas solo se tornaram mais movidas. Um baixista que utiliza captador possui uma grande gama de sons à disposição em seu instrumento e isso, como percebeu John Goldsby, é ao mesmo tempo "uma maldição e uma dádiva".

Gary Peacock, Steve Swallow e Barre Phillips (que atualmente vive na Europa) são baixistas particularmente sensíveis e imensamente ágeis que abriram a impostação de LaFaro para a liberdade melódica. Peacock tocou free jazz com Albert Ayler e *standards* melódicos com Keith Jarrett em seu trio, do qual é membro desde 1983. Ele é um dos mais intuitivos e intensos "ouvintes" do baixo e toca com uma vontade incondicional de dar tudo de si, além de possuir uma prontidão rara (também no jazz) para se aventurar com profunda confiança em terrenos musicais desconhecidos. Eddie Gomez é o instrumentista mais brilhante entre os músicos que dão continuidade à linha virtuosística de Scott LaFaro. Ele é o baixista que por mais tempo – onze anos – compôs o trio de Bill Evans. Charles Mingus chamou Gomez para substituí-lo nas gravações que não pôde realizar por problemas de saúde. Gomez constrói no baixo frases melodicamente magistrais, como se o baixo fosse um violoncelo aumentado: um baixo emancipado com uma sonoridade clara e cantante, que chega até os registros mais agudos. Ao mesmo tempo, Gomez "percute" o contrabaixo. Suas linhas em *pizzicato* soam como "batucadas". Ele é um mestre na técnica de "puxar" a corda Sol, mediante o deslocamento abrupto e lateral do dedo, originando um som rasgado e estourado – análogo à técnica do *slap*, porém, mais suave (pois a corda não estala no braço). Certamente, é mais do que uma informação biográfica dizer que Gomez é natural de Porto Rico.

Dentre os baixistas da geração mais jovem que provêm de Gomez, John Patitucci (que se tornou conhecido graças a Chick Corea), Marc Johnson e o alemão Dieter Ilg são os mais notáveis. John Patitucci, que tocou com Michael Brecker e Wayne Shorter, possui uma sensibilidade clássica monumental e muita agilidade *fusion*. Ele é dono de uma técnica brilhante e com tendência ao perfeccionismo. Ao mesmo tempo, ele desenvolveu no contrabaixo uma sonoridade pessoal com determinadas *signature lines* distintivas de seu estilo, integrando elementos africanos e brasileiros. Marc Johnson, advindo do trio de Bill Evans dos anos de 1970, é um eminente mestre do *legato* da cena contemporânea do baixo – um mestre na arte de ligar as notas (é como se sua mão direita trabalhasse menos que a esquerda). Johnson também é dono de uma madura habilidade solística, trazendo para sua banda Right Brain Petrol um estilo bonito, linear e melódico. Ele é ainda mestre na arte de antecipar, induzir e introduzir mudanças harmônicas, transcendendo os acordes por meio de um *feeling* rítmico aéreo. Com seu grupo Bass Desires, ele contribuiu decisivamente para a inesperada valorização que o contrabaixo conheceu nos anos de 1980 no contexto do jazz rock – com *grooves* de rock e de reggae permeando seu jazz. Outros baixistas que trouxeram o calor e a *relaxation* do contrabaixo para o contexto do jazz rock e nele obtiveram conquistas inesperadas, são Charnett Moffett, Lonnie Plaxico, Steve Rodby e o norueguês Ingebrigt Flaten. Mesmo antes, nos anos de 1970, Stanley Clarke, tocando na banda elétrica Return to Forever de Chick Corea, introduziu o baixo acústico no jazz rock de forma muito convincente – um trabalho que normalmente é ofuscado por suas qualidades como baixista elétrico.

Assim como Marc Johnson, Dieter Ilg é um arquimelodista e um mestre do *legato*. Com sua sonoridade cálida e escura, ele liga as notas com muita suavidade. Nos anos de 1980, Ilg fez seu nome no campo do *mainstream* esclarecido como músico de acompanhamento dotado de um swing extremamente redondo (com Albert Mangelsdorff e a Big Band WDR). Daí em diante, ele passou a se distinguir por sua grande flexibilidade no campo poliglota do jazz multiestilístico. Em seu jazz contemporâneo, Ilg trabalhou canções populares alemãs, britânicas e francesas. A forma como as canções populares alemãs foram cooptadas pelos nazistas e banalizadas por meio da ideologia nacionalista não o impediu de encontrar uma via de acesso sensível – livre de elementos *kitsch* – aos elementos folclóricos do país. Segundo ele, "as canções folclóricas vieram primeiro. As deformações são posteriores".

Charnett Moffett, filho do baterista Charles Moffett, tocou na banda de Wynton Marsalis quando ainda tinha 16 anos de idade. Desde então, ele é considerado um dos baixistas mais versáteis da cena contemporânea, com um leque estilístico que vai dos baixistas tradicionais do *mainstream*, como Ray Brown, passando pela continuação da herança de Paul Chamber no neoclassicismo, até os sons *fusion* do baixista elétrico Stanley Clarke.

Baixistas são músicos de equipe (*Teamplayer*) e talvez mais do que outros instrumentistas se sintam responsáveis pelo equilíbrio e pela estabilidade de um grupo de jazz. Nesse sentido, Cecil McBee, Ray Drummond e Buster Williams tocam de forma magistral: eles conservam e atualizam a herança de Coltrane entre os baixistas da mesma forma como McCoy Tyner o faz entre os pianistas. David Friesen e Glen Moore se distinguiram no campo do world jazz com uma série de gravações de música de câmara: Friesen, em duo com o flautista Paul Horn e com um som totalmente personalizado, obtido com base numa invenção sua, o "Oregon-bass", e Moore, no grupo Oregon. Aladár Pege, professor de baixo do Conservatório Nacional Húngaro, em Budapeste (Hungria), foi louvado como um "milagre, praticamente inconcebível em termos técnicos". Sua entrada no Jazz Yantra em 1980, em Bombaim, sensibilizou tão fortemente a viúva de Charles Mingus que ela o presenteou com um baixo do falecido Mingus. Desde então, Pege foi chamado várias vezes para ocupar o lugar do grande Mingus no grupo Mingus Dynasty. Em 1971, Miroslav Vitus foi membro fundador do primeiro Weather Report. Ele é um especialista da execução não convencional com arco, atingindo as regiões mais agudas, elegíacas e "cantantes" do *flageolet*. Henri Texier ficou conhecido também como o "carvalho nodoso" do jazz francês – desde os anos de 1960, sua música representa um centro de gravitação inabalável para as tendências contemporâneas do jazz francófono. Os bateristas sempre ficam muito à vontade com ele. Nos anos de 1990, Texier se transformou numa personalidade de destaque do "folclore imaginário". No trio Carnet de Routes, com o clarinetista Louis Sclavis e o baterista Aldo Romano, ou em seu próprio Azur Quintet, ele criou um jazz europeu refinado do ponto de vista melódico, para onde afluem elementos das grandes culturas musicais do mundo: elementos árabes, do oeste africano, mas também o folclore de sua terra céltica. Desde 1980, Avery Sharpe é o baixista preferido de McCoy Tyner (eles estão unidos pela mesma intensidade percussiva). Com ironia, ele se disse um "baterista frustado". O dinamarquês Niels-Henning Ørsted Pedersen, falecido em 2005, é o baixista mais gravado do jazz europeu. Por mais de quatro décadas, sempre que um conhecido solista norte-americano ia à Europa e precisava de um baixista, Niels-Henning era o primeiro a ser chamado. Ele tocou com Bud Powell, Quincy Jones, Roland Kirk, Sonny Rollins, Lee Konitz, John Lewis, Dexter Gordon, Ben Webster, Oscar Peterson e dezenas de outros músicos famosos. Pederson está entre os gigantes técnicos do moderno baixo de jazz. A maioria dos baixistas de jazz moderno toca com três dedos da mão direita; Pederson utilizava quatro dedos com diferentes formas de ataque e dedilhado.

Como na Europa existe uma grande tradição de música clássica, vários baixistas de jazz europeus puderam tirar proveito de sua formação clássica – uma circunstância que também explica por que, desde os anos de 1970, há cada vez mais baixistas europeus enriquecendo a cena jazzística.

O sueco Palle Danielsson é um instrumentista extremamente versátil e melódico, que forma, desde os anos de 1970, ao lado do baterista Jon Christensen, um dos melhores e mais consistentes grupos ritmos do jazz europeu. Ambos tocaram nas bandas de Jan Garbarek e no quarteto europeu de Keith Jarrett, criando então um fundamento rítmico incorruptível para improvisações maravilhosamente abertas e espaciais.

Palle Danielsson mostrou como se toca um baixo de jazz bonito e genuinamente escandinavo. Outros importantes estilistas do baixo dentro dessa orientação nórdica são os noruegueses Arild Andersen e Eivind Opsvik, os dinamarqueses Lars Danielsson e Chris Minh Doky e o finlândes Pekka Sarmanto. Embora Arild Andersen tenha adaptado, já em 1972, músicas populares regionais para o contexto do free jazz – no álbum *Triptykon*, com Jan Garbarek, que era então seu *bandleader* –, ele só veio a se ocupar mais intensamente do folclore escandinavo no começo dos anos de 1990. Em sua banda Masqualero, ele cultiva um som altamente desenvolvido e interativo, com arcos melódicos cheios e redondos.

O dinamarquês Lars Danielsson é também um excelente violoncelista e o grande "cantor" dos baixistas de jazz escandinavo; um defensor da melodia, que nunca perde seu estilo bonito e elegíaco nem sua sensibilidade lírica e melódica, mesmo quando toca ritmos extremamente vigorosos e vitais. Anders Jormin tocou na banda do saxofonista Charles Lloyd. Seu contrabaixo é um exemplo de calma plena e reclusão meditativa – às vezes, seu instrumento de sonoridade grave e redonda, com seus beats secos nas cordas, lembra o som grave do *sarod* (instrumento de cordas indiano).

Como Andersen, Jormin e Danielsson, vários outros baixistas europeus incorporaram elementos da música popular em sua execução sensível, rítmica e vital: o polonês Vitold Rek, com as melodias melancólicas e a verve dançante do folclore eslavo; o português Carlos Bica, com as melodias belas e tristes do fado (o "blues de Portugal"); o alemão Dieter Ilg, incorporando canções populares escocesas, irlandesas e alemãs do século XVII ao XIX; o italiano Paolo Damiani, com as canções da Sicília; e o espanhol Javier Colina, incorporando melodias e ritmos flamencos.

O francês Renaud Garcia-Fons, no entanto, tornou-se o baixista mais imaginativo e brilhante do "folclore imaginário". Conhecido como o "Paganini do contrabaixo", ele consegue fazer que o som caloroso e cantado de seu instrumento soe, segundo sua vontade, quer como um *oud*, uma guitarra flamenca, um violino árabe ou um *sarangi* indiano. Renaud Garcia-Fons cultivou bastante a execução com arco (muito menosprezada no jazz) e atingiu um ápice virtuosístico difícil de ultrapassar. Utilizando as mais distintas técnicas de arco, ele consegue fazer coisas no contrabaixo que antes eram tidas como irrealizáveis.

Garcia-Fons estudou com François Rabbath, o grande virtuose sírio do contrabaixo da música clássica. Por meio de Rabbath, ele descobriu a grande tradição das músicas árabe e oriental:

> Eu sonhava com um contrabaixo que, meio cigano, meio mouro, fosse da Índia à Andaluzia, atravessando também a região do Mediterrâneo de norte a sul (e vice-versa). O contrabaixo não é um instrumento tradicional nem oriental. Mas suas possibilidades sonoras e a maneira pela qual ele é tocado – seja em *pizzicato*, seja com o arco – parecem estabelecer uma semelhança com certos instrumentos típicos do mundo oriental.

Os álbuns de Garcia-Fons, como *Oriental Bass*, de 1997, e *Navigatore*, de 2001, são ricamente orquestrados e matizados, e tendem ao perfeccionismo – uma festa delirante e única da música mediterrânea, em que seu contrabaixo reflete tudo o que ao longo dos séculos se acumulou na região do Levante em matéria de diversidade musical: música flamenca e sufista, música clássica turca e música para alaúde medieval, fandango e fado, melodias sefarditas e tarantelas italianas. Trata-se, pois, de expedições musicais e espirituais por meio das culturas do Mediterrâneo, uma apoteose das transições culturais e do diálogo entre o Oriente e o Ocidente.

É notório o quanto o jazz francês é mais rico em baixistas de talento que as demais cenas do jazz europeu. A tradição francófona dos instrumentos de corda, com sua inclinação para colorações sonoras calorosas, redondas e matizadas, favoreceu de maneira extraordinária a formação de uma linhagem vigorosa de baixistas modernos de jazz: começando com Jean François Jenny-Clark e Henri Texier, passando por Michel Benita, Remi Vignolo, Patrice Caratini, Jean-Paul Celea e Bruno Chevillon até Sebastian Boisseau, François Moutin e Renaud Garcia-Fons. Talvez não seja por acaso que, até hoje, a mais interessante e densa massa sonora de baixo venha da França: a Orchestre de Contrebasses, formada em 1981 por Christian Gentet: seis contrabaixistas que realizam, de forma soberana e engenhosa, com viagens pelos mais variados estilos e gêneros musicais, todas aquelas funções que normalmente são assumidas por outros instrumentos.

Jean François Jenny-Clark (falecido em 1998) e Jean-Jacques Avenel são dois baixistas europeus que receberam pouquíssima atenção. Foi com o tonalismo livre do trio de Joachim Kühn que Jenny-Clark chegou às mais inusitadas reviravoltas, tocando solos antes inimagináveis. Avenel incorporou elementos melódicos e rítmicos africanos em seu contrabaixo europeu, um mestre também na arte dos sobretons (e um dos poucos europeus a dominar com virtuosismo a harpa *kora* proveniente do oeste africano).

François Moutin se tornou conhecido por meio da banda do baterista Daniel Humair. Nenhum europeu toca o contrabaixo na região aguda de forma tão individual em estilo *pizzicato* quanto ele. Claude Tchamitchian, o francês de origem armênia, toca, a despeito de todo seu vigor rítmico, com uma leveza praticamente inacreditável. O alemão Sebastian Gramms é o líder da banda Underkarl, que, no fim da década de 1990, causou surpresa com seus *covers* extremamente condensados e enviesados de clássicos do jazz, do pop e do rock.

Niels-Henning Ørsted Pedersen resumiu da seguinte maneira a situação do baixo na cena atual:

> O baixo foi se tornando cada vez mais independente. No jazz antigo, havia uma forte relação entre o instrumento e o solo, mas não creio que o solo precise estar condicionado ao instrumento. O que eu mais gosto na situação atual do baixo é o fato de que se deixou para trás o marco das dificuldades técnicas. Não há mais motivos para se impressionar tecnicamente com algo...

Contrariamente ao movimento do baixo "emancipado" do jazz dos anos de 1960 e 1970, vários baixistas dos anos de 1980 e 1990 se preocuparam com o fundamental. Em vez de se voltarem para linhas ágeis e solistas (como a "escola de violoncelo do baixo" – Branford Marsalis), os músicos dessa orientação se concentram na região grave de seu instrumento. De fato, em função da agilidade melódica, muitos baixistas conseguiram que seu instrumento ganhasse uma execução veloz, quer por meio do trabalho com os captadores, que clareiam o som, quer diminuindo a tensão das cordas. De outro lado, o som ficou mais magro e menos pregnante.

Isso levou ao aparecimento, nos anos de 1980 e 1990, dos "fundamentalistas" do baixo. Eles atentaram para as qualidades sonoras graves e possantes do instrumento, para seu peso gravitacional e para sua sonoridade naturalmente cheia, enquanto o interesse pelo virtuosismo solista caiu para segundo plano. A maioria dos instrumentistas situados dentro dessa orientação, evidentemente, provém do jazz neotradicional (ou está ligada a ele e a outros estilos). Nomes como: Bob Hurst, Reginald Veal, Lonnie Plaxico, Charles Fambrough, Ira Coleman e Santi DeBriano. Todos esses baixistas tocam sob forte influência de Paul Chamber. As qualidades clássicas do baixo de jazz – sua função de acompanhamento e de suporte – e seu som natural grave e possante passam a ser revalorizados agora, sem que, com isso, as possibilidades solistas adquiridas antes se percam inteiramente. Alguns baixistas dessa orientação – entre eles John Clayton, Bob Hurst, Reginald Veal – retornaram à sonoridade não amplificada (sem captadores), a fim de alcançar um som bebop natural e o mais "amadeirado" possível.

Outros representantes dessa orientação são Christian McBride, Ugonna Ukegwo, Rodney Whitaker, Michael Hawkins, Eric Revis, Reuben Rogers, Essiet Essiet, Belden Bullock, James Genus, Peter Washington, Ben Wolfe, Doug Weiss, Dwayne Burno, Darek Oleszkiewicz, John Goldsby e John Clayton. Todos eles são mestres da base – músicos capazes de criar uma linha de baixo que não só expresse um valor melódico e rítmico, mas que também possa cumprir o papel fundamental e interativo que cabe ao baixista no interior do grupo.

Chistian McBride é o baixista mais dinâmico e vital do *mainstream jazz* esclarecido e swingante, e também o baixista de jazz mais gravado do renascimento do bebop nos anos de 1990. Ele fraseia como um Ray Brown moderno, com contornos melódicos claros, esculpidos, e um swing alegre e irresistível. Aos 15 anos de idade, McBride tocou com Wynton Marsalis e, posteriormente, com Art Blakey e Joe Henderson. Como solista, superou rapidamente o formato *young lions*. Ele é um baixista do pós-bop de perfil quase clássico, embora com traços estilísticos dos anos de 1970 (pop, soul e funk, James Brown e Sly Stone), traços que se tornam mais nítidos quando McBride – de forma virtuosística, mas nem sempre muito convincente – toca baixo elétrico no contexto do jazz rock. Lonnie Plaxico é um baixista de grande flexibilidade e energia, que já tocou com diversos bateristas, a exemplo de Art Blakey e Jack DeJohnette.

A função de uma linha de baixo no jazz é criar atmosfera e vigor para que os outros músicos se sintam impelidos a dar seu melhor. Dessa forma é que se avalia a execução de um baixista de jazz – só bem depois é que importa o caráter virtuosístico de seus solos. Um exemplo claro disso é o veterano da cena que começou no hard bop dos anos de 1950 com o contrabaixo e, em meados dos anos de 1970, passou a tocar baixo elétrico: Bob Cranshaw. Ele pode ser nada significativo como solista, no entanto, sabe escolher seus sons e ritmos de forma tão confiante e magistral que há mais de quarenta anos é o baixista preferido de Sonny Rollins. Um bom baixista de acompanhamento como Cranshaw é "inferior" apenas sob um ponto de vista superficial, pois, na verdade, dentro de uma banda, ele está em igualdade de condições e direitos. Ele é tão significativo e indispensável quanto o solista, que, por sua vez, para ter um bom resultado sonoro, depende do baixista.

Fora da corrente principal, encontram-se – como no caso dos demais instrumentos – os músicos do free jazz e os músicos do jazz rock, os quais, na maioria das vezes, preferem o baixo elétrico (e aqui também é importante a seguinte observação: justamente na cena atual há músicos que, por seu perfil tão multilateral, podiam pertencer aos mais diferentes campos. Nós os classificamos dentro daqueles grupos com os quais eles mais comumente estão associados). Importantes baixistas do free jazz são Buell Neidlinger, Peter Warren, Sirone, Henry Grimes, Alan Silva, Malachi Favors, Fred Hopkins, William Parker; os ingleses Barry Guy, Paul Rogers e Brian Smith; os japoneses Yoshizawa Motoharu, Katsuo Kuninaka e Yosuke Inoue; o austríaco Adelhard Roidinger; os holandeses Arjen Gorter e Maarten van Regteren Altena; os alemães Peter Kowald e Buschi Niebergall; assim como o sul-africano Johnny Dyani e a francesa Joëlle Léandre. O que os baixistas do free jazz colocaram em xeque com suas técnicas expandidas e suas novas formas de execução não foi de modo algum – como os leigos em geral supõem – a função de apoio do baixo, mas a hierarquia no interior de uma banda entre a seção rítmica e a melódica. Suas improvisações livres mostraram que o baixo *pode* acompanhar (afinal, o acompanhamento é um de seus fortes), mas não *tem* mais de fazê-lo como no passado – dependendo do contexto musical, ele pode até ser a voz principal; no mínimo, ele terá sempre os mesmos direitos que os demais instrumentos, figurando entre eles com a mesma importância. Ou, como Barre Phillips formulou: "Você não precisa mais fazer as mesmas malditas coisas de sempre. Você pode fazer algo novo."

Músicos como Neidlinger, Sirone e Silva pertencem à primeira geração do baixo do free jazz. Neidlinger e Sirone tocaram com Cecil Taylor; Silva, com a orquestra de Sun Ra. Malachi Favors foi o baixista do Art Ensemble of Chicago, cuja execução simples e sensível trouxe para o baixo um vislumbre das raízes da *great black music*. A execução fenomenal de Yoshizawa Motoharus está profundamente enraizada na tradição japonesa, assim como a música de Johnny Dyani (falecido em 1986) está enraizada na tradição da África do Sul, sua terra natal. Maarten Altena e Peter Kowald romperam de maneira particularmente consequente com o princípio do ritmo contínuo, tal como exigido pelo baixo convencional.

Peter Kowald (1944-2002) foi o baixista mais dinâmico e interativo do free jazz europeu. Ele tocava free jazz com grande humanidade e calor. Dignos de nota são a extrema concentração e o virtuosismo com os quais ele construía e modelava novas sonoridades. Ele conseguia fazer que mesmo as complexas técnicas alternativas de baixo – tocar atrás e em cima do cavalete, usar o *flageolet* e cordas duplas, bater nas cordas, no braço e no corpo do baixo, tocar com o queixo etc. – soassem naturais e simples. Em fins dos anos de 1960, Peter Kowald ainda era um porta-voz radical da "fase quebradeira", que, de forma veemente, questionou as normas e clichês da música tonal – e isso queria dizer: o papel de acompanhamento do baixo era encarado como uma "escravidão". Posteriormente, ele se tornou um peregrino soberano e maduro das culturas, um músico que, em suas improvisações livres, travou diálogos construtivos com músicos do Japão, da China e da Mongólia, transcendendo todas as diferenças culturais e regionais. Ele dizia: "Norte-americanos, africanos, japoneses, gregos, russos, sul-americanos, indianos, australianos... todos podem sentar e tocar juntos com base em sua própria experiência, sem combinar nada por meio de uma composição ou algo do gênero: música improvisada é a primeira música do mundo".

A francesa Joëlle Léandre faz um free jazz altamente desenvolvido e dramático com o *arco*. Ela está menos interessada nas alturas fixas das notas ou nas divisões melódicas de papéis que no som como tal, som que ela, utilizando seu arco, procura moldar "como uma escultura". Foi assim que Joëlle pôde descortinar para o baixo com arco um espectro de possibilidades expressivas, espectro que, em sua imensidão e criatividade, é comparável àquele descoberto pelos estilistas do *pizzicato*, como Peter Kowald, Fred Hokins ou William Parker. O britânico Barry Guy é um peregrino que transita entre o jazz de improvisação livre e a nova música. Ele trabalhou tanto com Yannis Xenakis quanto com o Spontaneous Music Ensemble. Pelo fim dos anos de 1990, ele começou a tocar um contrabaixo de cinco cordas. Com o arco, ele cria longos fluxos de *flageolet* virtuosísticos e multifônicos.

William Parker e Dominic Duval são baixistas que tocam com vigor excepcional na cena do free jazz de Nova York. Eles estão entre os poucos baixistas que não sucumbiram à violência elementar dos *clusters* de Cecil Taylor. Com seus arpejos virtuosísticos, Duval tende mais ao tonalismo livre. De outro lado, William Parker é o instrumentista definitivo do *drone* no free jazz, um mestre das técnicas de variação e *ostinato*, trazendo um elemento escuro, hipnótico, para o interior da improvisação livre. De todos os baixistas do free jazz, William Parker é o que se abriu de maneira mais consequente, no começo do século XXI, para o diálogo com DJs e os músicos eletrônicos da improvisação livre.

Associados diretamente ao baixo do free jazz (e muitas vezes a partir dele) estão aqueles instrumentistas que incorporam a tradição de jazz com base numa perspectiva livre, não dogmática, que, em conformidade com o princípio do jazz pós-moderno, procura transcender todo e qualquer limite estilístico. São eles: Dave Holland (o número 1 dessa vertente), Fred Hopkins, Mark Helias, Anthony Cox, John Lindberg, Lindsey Horner, Mark Dresser, Jaribu Sahid e o suíço Martin Schütz. Como baixista, compositor e *bandleader*, Dave Holland foi quem trouxe de forma particularmente impressionante e consequente a herança de Mingus para os novos tempos. Ele é um dos baixistas de pensamento mais livre do jazz, abstratizando e ressignificando os elementos jazzísticos tradicionais. Miles Davis foi buscar o músico inglês no fim dos anos de 1960, integrando-o à sua banda elétrica. "Com meu instrumento, tento influenciar a sonoridade dos outros instrumentos, expandindo-a e modificando-a", é o que disse Holland sobre seu modo de improvisar. De fato, ele é um mestre do *sharing*, do intercâmbio musical – um princípio que ele, com seus grupos das décadas de 1980 e de 1990, transformou numa arte de grande sensibilidade. Suas composições parecem charadas para improvisação – cheias de ritmos intrincados e sobreposições métricas. Apesar disso, Holland improvisa com leveza e intensidade, inspirando jovens e talentosos instrumentistas, razão pela qual suas bandas se tornaram verdadeiros catalisadores para a cena jovem do jazz nova-iorquino. Segundo Holland, "em seu desenvolvimento como músico, se você não anda para frente, então você anda para trás".

O pianista Michael Naura escreveu:

> A coroação de um *ensemble*, em termos rítmicos, é uma tarefa que cabe essencialmente aos baixistas. Quando são realmente bons, eles revelam algo de maternal, de protetor. Gigantes do baixo como Charles Mingus, Ray Brown ou Dave Holland... Criaturas maternais! Quando alguém vai ao palco com esses titãs adquire poderes sobre-humanos. Eu próprio tive essa experiência. A gente toca três vezes melhor. Eu juro!

Fred Hopkins, falecido em 1999, foi o baixista do grupo Air e do sexteto de Henry Threadgill. Ele foi um mestre da execução com *slide* e, de todos os baixistas do pós-free jazz, era aquele que possuía o som mais cheio, com uma ressonância que, segundo um crítico, oscilava "como uma monumental ponte suspensa de madeira escura". Mark Helias começou tocando com Cecil Taylor e Anthony Braxton, e reelaborou, do ponto de vista da vanguarda, toda a herança do jazz. Suas linhas são tão ricas de ideias e tão vivazes que, mesmo sem outro instrumento harmônico acompanhando, não deixam de despertar interesse. Anthony Cox, proveniente das bandas de James Newton e Muhal Richard Abrams, é um dos mais engenhosos e habilidosos especialistas em *ostinato* do contrabaixo contemporâneo, um estilista raro, elegante e ágil, com uma forte intuição para as raízes africanas da *black music*. John Lindberg tocou com Anthony Braxton e foi a base do String Trio of New York. Mark Dresser, descoberto por Anthony Braxton e Ray Anderson, é um dos músicos de acompanhamento mais atuantes da cena *downtown* nova-iorquina. De todos os baixistas *downtown*, é ele quem possui o som mais escuro e amadeirado. Ele tem gravações alucinantes com o trio de cordas Arcado e com o Masada String Trio.

Outros baixistas importantes do jazz *downtown* de Nova York são Greg Cohen, Drew Gress, Ben Allison, Michael Formanek, Ed Howard e Trevor Dunn. Greg Cohen é um instrumentista sólido, que aspira à profundidade emocional e a uma inteligência compassiva. Ele é um daqueles baixistas inspirados em Charlie Haden que não gostam de acréscimos supérfluos – não é um grande solista, mas em cada nota que toca é o *anchor man*, o âncora, ideal, particularmente na banda Masada de John Zorn. Graças a seu refinamento rítmico e à sua delicadeza harmônica, Drew Gress é um dos baixistas mais solicitados do novo jazz. Com *time* firme e entonação perfeita e grave, ele se tornou um baixista muito cobiçado pelos pianistas que trabalham sutilezas e ritmo, como Fred Hersch, Marc Copland ou Simon Nabatov. Quando grandes baixistas como Gress "acompanham", eles não se subordinam nem se curvam, mas "vão juntos", "sentem juntos" – como se acompanhassem um peregrino durante certo tempo da travessia. Por fim, eles são capazes de decidir e determinar conjuntamente o sentido da música por meio de intervenções inteligentes e comentários úteis. "Quando você começa a analisar as grandes linhas de baixo de jazz, percebe sua semelhança com Bach", dizia Chuck Israels.

Ben Allison é o contrabaixista típico da liberdade controlada. "Os tempos selvagens e expressionistas do pós-free jazz passaram", disse o cofundador da associação de músicos Jazz Composers Collective. "Hoje em dia, o grande lance é explorar o campo intermediário: o campo entre tradição e modernismo." De forma consequente, Allison obedece, em suas linhas de baixo, a estruturas fixas, mas se permitindo transgredir as regras com ponderação e rigor. Em sua banda Medicine Wheel, os princípios da composição e da improvisação se fundem de uma maneira tão viva e orgânica que eles nem são sentidos como opostos, mas como esferas comuns. Allison: "Você só pode fazer jazz quando parte de algo existente. E você só pode fazer jazz quando vai em busca de algo novo."

É incrível como muitos contrabaixistas são difíceis de classificar e enquadrar em campos estilísticos específicos. Talvez mais do que em qualquer outro instrumentista de jazz, no baixista a qualidade reside essencialmente na flexibilidade e mobilidade estilística. Segundo Rufus Reid, "um baixista deve ter uma postura aberta. Gosto de dar à música o *feeling* correto, sendo, ao mesmo tempo, livre no interior de um contexto. Não posso tocar com Tommy Flanagan da mesma forma como toco com Jack DeJohnette".

Eis alguns importantes baixistas contemporâneos que escapam a todo tipo de categorização estilística e não se enquadram em nenhuma das orientações acima apresentadas: Larry Grenadier, Scott Colley, Reid Anderson e Chris Wood. Larry Granadier, proveniente da banda do vibrafonista Gary Burton, tem uma sonoridade própria e inconfundível. Tudo o que ele toca, convence. Com um som claro e uma aguda compreensão para encaixes rítmicos, ele expandiu as possibilidades melódicas do contrabaixo de jazz no trio de Brad Mehldau. Scott Colley se tornou conhecido por meio de Jim Hall, estando em pé de igualdade com o guitarrista em termos de sutileza melódica e sofisticação rítmica. Tudo o que Scott Colley toca parece dotado de significado e sentido profundo. Graças à sua capacidade de aliar trabalho de base com abstração e flexibilidade, ele está entre os baixistas mais procurados da cena contemporânea do jazz. Reid Anderson e Chris Wood são dois baixistas impetuosos, enérgicos na improvisação. Com base numa práxis multiestilística, eles trazem algo do espírito subversivo do rock para o contrabaixo de jazz – Wood, no trio Medeski, Martin & Wood, Anderson no trio The Bad Plus.

Falemos agora dos baixistas do world jazz (que, de um modo geral, também se destacaram em outras orientações estilísticas). Neste livro, apenas podemos mencionar poucos nomes. Antes de mais nada, devemos citar retrospectivamente um músico que, nos anos de 1950, foi um dos primeiros a integrar elementos musicais não ocidentais no vocabulário de jazz. Ahmed Abdul-Malik gravou com Thelonious Monk e Art Blakey. Em seus discos – como *East Meets West*, de 1959, ele empregou as improvisações *maqam* e *taksim* da música árabe no jazz moderno. Malik nasceu em Nova York, de pais sudaneses. Seu desejo, que na época não foi muito compreendido, era mostrar que a contribuição originária da música africana para a formação do jazz não se limitava a influências do oeste e do centro da África, mas continha também elementos norte-africanos e árabes.

Outro impulso de relevância para essa abertura do jazz a elementos não ocidentais provém dos baixistas de latin jazz que, nos anos de 1940 e de 1950, decidiram reagir ao desenvolvimento do "Cubop". Na música cubana, o baixo praticamente nunca toca o primeiro tempo em suas linhas de acompanhamento. Essa marcada figura *off-beat* do baixo, que está fortemente ligada ao ritmo de clave da música latina, é denominada *tumbao*. Em virtude de sua abertura à improvisação, não foi difícil aproximar o *tumbao* do jazz. O cubano Cachao, conhecido como o "Rei do Mambo", foi quem abriu os caminhos para o baixo no latin jazz. Cachao é considerado um dos fundadores da "descarga", responsável por introduzir características típicas das *jam sessions* (e, logo, do espírito do jazz) na música cubana. Cachao possuía uma técnica de arco fulminante no estilo *danzón* e foi também pioneiro em explorar percussivamente o corpo do baixo.

Todos os baixistas do latin jazz de ontem e de hoje remontam a Cachao. Entre os mais atuais: Andy Gonzales, John Benitez e Carlos Henriques, oriundos de Porto Rico, bem como o austríaco Hans Glawischnig e os cubanos Jesus Lopez Cachaito e Lazaro Rivero Alarcón. O feito maior desses instrumentistas é que, de um modo inteiramente pessoal, eles misturam e enriquecem o estilo de Cachao com elementos do *walking bass* clássico. Andy Gonzales fraseia com uma imponência toda particular: ele aprimorou o baixo do *tumbao* – por exemplo, na banda Fort Apache de seu irmão Jerry Gonzales –, com os *grooves* calorosos e graves do latin jazz, irmanando, com isso, Monk, Mingus e o *son montuno* dos baixistas cubanos.

O brasileiro Nilson Matta trouxe elementos do samba para o baixo de jazz contemporâneo. Ele tocou com Joe Henderson e Claudio Roditi, e suas linhas às vezes parecem querer nos dizer que os baixistas brasileiros sabem de onde vem a essência do samba: do surdo, um tambor grave tocado com baquetas de feltro.

Omer Avital, israelita de origens marroquinas e iemenitas que vive em Nova York, incorporou de forma consequente em seu jazz influências árabes, além de melodias e ritmos judaicos. Como muitos baixistas dos anos de 1990, Avital toca conscientemente a partir da energia avassaladora de Charles Mingus, um músico para quem a força motora de uma banda provinha não apenas da bateria, mas também do contrabaixo.

Na Europa, o britânico de origem caribenha Gary Crosby criou, nos anos de 1990 com sua banda Jazz Jamaica, uma fusão vibrante de reggae, *ska* e jazz, denominada por ele de *skazz*. Esse sobrinho do guitarrista jamaicano Ernest Ranglin é uma figura central de integração da cena britânica negra do jazz e um importante defensor e intelectual da *black community* em Londres. Seu reggae-jazz britânico também pode soar muito alegre, leve e *groovy*, mas, para o baixista, sua relação com as raízes caribenhas é antes de mais nada uma questão de identidade. Segundo Crosby, “muita gente não percebe que isso é, para nós, algo muito sério. A gente não toca apenas reggae, a gente toca nossa cultura”.

Vários anos foram precisos para que os baixistas elétricos pudessem resolver o problema sonoro de seu instrumento: o som abafado e sempre um pouco vazio. O dilema se apresentava nos seguintes termos: de um lado, o baixo elétrico possuía mais agilidade e combinava melhor, do ponto de vista sonoro (mas também por causa do volume!), com os grupos eletrônicos; de outro, ele não era expressivo o suficiente, não soava “humano”, mas técnico. Monk Montgomery foi o primeiro baixista a tocar o baixo elétrico seriamente no jazz – já no começo dos anos de 1950, na *big band* de Lionel Hampton, ele fazia linhas cheias de swing e agilidade num baixo Fender. Mas ele não deu solução ao problema da individuação, problema que tinha a ver com a baixa qualidade sonora do baixo.

Quem primeiramente começou a mudar isso, na aurora dos anos de 1970, foi um baixista de rock – Larry Graham, da banda Sly and the Family Stone –, que fez justamente o que os professores de conservatório proibiam rigorosamente: tocar – de um jeito altamente percussivo – com o polegar. Nas produções da gravadora Motown, com o seu rock e seu rhythm & blues negro, o uso do polegar entre os baixistas elétricos se tornou uma marca registrada e, por causa da intensidade do toque, as cordas às vezes batiam na madeira, como ocorria com os antigos baixistas de Nova Orleans.

Stanley Clarke uniu a execução com o polegar à técnica de Scott LaFaro (e gozou de um sucesso enorme nos anos de 1970 com seu *fusion*). A técnica de LaFaro já havia sido aplicada ao baixo elétrico por Steve Swallow. O som rijo, ríspido e, não obstante, caloroso e cheio de seu baixo, assim como suas linhas melodiosas, estão entre as assinaturas mais inconfundíveis do baixo elétrico, desenvolvendo-se em diálogos de refinada sensibilidade – com Carla Bley, por exemplo. O som de Swallow foi se tornando cada vez mais cheio com o passar das décadas. Segundo John Patitucci, "seu som é elétrico, mas parece acústico. Swallow está entre os poucos baixistas elétricos que soam como um autêntico jazzista *bona fide*".

Mas foi apenas Jaco Pastorius, natural da Flórida, que resolveu o problema definitivamente. Ele começou a fazer sucesso de uma hora para a outra tocando com o Weather Report em 1976, falecendo onze anos depois em circunstâncias trágicas. Pastorius possuía no baixo elétrico um significado análogo ao de Charlie Parker no sax-alto. Nenhuma sonoridade de baixo elétrico é tão aceita, idolatrada e copiada quanto a de Jaco Pastorius. "Jaco ensinou aos baixistas elétricos que o baixo pode ser tudo – um piano, uma conga, um saxofone", disse Jeff Andrews. Outro baixista elétrico acrescentou: "Jaco abriu a porta e nós a atravessamos".

No baixo *fretless*, Jaco Pastorius combinou o dedilhado e a agilidade de LaFaro com uma técnica de oitavas até então associada ao guitarrista Wes Montgomery e que parecia irrealizável no baixo, acrescentando ainda uma técnica brilhante de *flageolet* e uma virtuosística execução de acordes. Com isso, Pastorius se tornou a verdadeira *bass sensation* dos anos de 1970. Só com ele é que o baixo elétrico foi plenamente "emancipado". Pastorius aplicou e realizou nesse instrumento aquilo que desde Oscar Pettiford constituía o critério principal da execução do baixo jazzístico: "humanidade, expressão, emoção, narração de histórias". Segundo Pastorius: "Toco baixo como se lidasse com a voz. Toco como se falasse. Gosto de cantores." A maioria dos baixistas elétricos que tocam de modo *funky* possuem um fraseado quadrado e percussivo – o que implica prejuízo para a melodia. Jaco Pastorius integrou o *funky* e o *groovy* com grande riqueza melódica e, com isso, tornou-se, simultaneamente, um grande músico rítmico e um melodista até hoje insuperável do baixo elétrico.

Se existe um apogeu no curso evolutivo exemplar do jazz rock do Weather Report, então ele data da época que vai de 1976 a 1981, quando Pastorius o integrava. Como arranjador, compositor e produtor, ele foi (mais que Wayne Shorter!) o contrapeso criativo ideal de Joe Zawinul. Zawinul confessa que perguntou ao então desconhecido Pastorius, depois de tê-lo ouvido pela primeira vez em disco, se ele também tocava baixo elétrico. "Ele tocava mais rápido e fluente que qualquer outro baixista elétrico daquela época, o que me levou a crer que se tratava de um baixo acústico". Jaco Pastorius popularizou o baixo *fretless*, explorando o instrumento até em suas regiões mais agudas. Assim como a sonoridade *harmon-mute* de Miles Davis se tornou padrão para o trompete com surdina, a sonoridade do baixo elétrico de Jaco, calorosa e com muitos sobretons, tornou-se modelo para quase todos os baixistas elétricos.

Quanto aos demais baixistas elétricos dignos de menção, comecemos por cinco que precedem a linha de desenvolvimento apresentada acima: Jack Bruce, Chuck Rainey, Eberhard Weber, Michael Henderson e Hugh Hopper. Jack Bruce pertenceu ao famoso grupo Cream, que nos anos de 1960 trouxe para o rock improvisações inspiradas nas *jam sessions* e no blues, algo até então inédito. Embora totalmente ligado à cena do rock inglês, Bruce gravou com diversos jazzistas, como Charlie Mariano, Carla Bley e Kip Hanrahan. Eberhard Weber desenvolveu, numa linha alternativa à de Jaco Pastorius, uma forma cantante e "humana" de tocar baixo elétrico. Seu som penetrante e caloroso flutua com a leveza de um coral imaginário de anjos. Weber é um músico bastante intuitivo, de bela sonoridade, combinando em seu *electric upright* de cinco cordas melodias oníricas e elegíacas com ritmos ágeis e vivazes. Ele falou de seu compromisso com a tradição europeia e incorporou à sua execução e ao seu grupo Colours elementos dessa tradição – do romantismo em particular –, mas também elementos da música minimalista de Steve Reich.

Dentre os baixistas que tocaram com Miles Davis, Michael Henderson é o de quem menos se fala. No jazz rock psicodélico do grupo de Miles Davis, ele criou, no começo dos anos de 1970, *riffs* escuros e hipnóticos, plenos de soul e funk – aliando a sofisticação rítmica a uma forma minimalista de improvisação. Hugh Hopper esteve ligado à música do grupo Soft Machine. Alphonso Johnson – o predecessor de Pastorius no grupo Weather Report – foi, nos anos de 1970 e de 1980, um músico particularmente elegante, ágil e muito ocupado da cena *fusion* da Costa Oeste.

Todos os baixistas elétricos depois de Pastorius remontam a Jaco, assim como todos os saxofonistas após Charlie Parker remontam a Bird. Portanto, a lista de músicos que formaram estilos individuais a partir da herança de Pastorius é longa: Will Lee, Abe Laborial, Jeff Berlin, Mark Egan, John Lee, Percy Jones, Gary Willis, Tom Barney, Marcus Miller, Bill Laswell, Victor Bailey, Gerald Veasley, Darryl Jones, Jeff Andrews, Jimmy Haslip (que se tornou conhecido com a banda Yellowjackets), Michael Manring, Kim Clarke, Lincoln Goines, o dinamarquês Bo Stief, o sueco Jonas Hellborg, o inglês Lawrence Cottle e o espanhol Carlos Benavent.

"O problema do baixo *fretless* é o seguinte: assim que você começa a tocar todo mundo diz logo: 'Jaco'" (Will Lee). Ainda mais espantoso é que essa linha de influência de Pastorius produziu uma série de músicos com individualidade própria. Jeff Berlin é o único baixista elétrico com quem Bill Evans se permitiu tocar – ele estava à altura do pianista em matéria de sensibilidade técnica, dominando com maestria as diversas técnicas *hammer-on*. Nos anos de 1970, Bo Stief foi o baixista elétrico mais solicitado da cena europeia. Em 1981, Victor Bailey substituiu Pastorius no Weather Report. Partindo da sonoridade calorosa de Pastorius, ele encontrou no baixo – com trastes – o seu próprio virtuosismo. Ele transcende o elemento técnico de seu instrumento como poucos baixistas elétricos. Victor Bailey consegue reunir integração a uma sonoridade amadeirada e calorosa. "Venho da canção", disse ele. Gerald Veasley dizia: "Às vezes, você fica tão impressionado com as coisas que os caras fazem no baixo elétrico em termos técnicos que você deixa de perceber o conteúdo. Mas, no caso de Victor, tudo é conteúdo."

Michael Manring, empregando a técnica do *hammer-on*, tocava com dois baixos elétricos ao mesmo tempo – ele parecia tocar num teclado. John Patitucci, que se tornou conhecido tocando com Chick Corea, levou adiante o fraseado no baixo elétrico de seis cordas (relativamente raro), utilizando toda a extensão sonora e amplitude harmônica desse instrumento tão difícil de dominar. Ainda antes de Patitucci, Anthony Jackson chamou a atenção para as possibilidades do baixo elétrico de seis cordas – com uma aspereza grave e escura na sonoridade e muita maestria na arte do contracanto, razão pela qual ele foi tão cobiçado por músicos como Steve Khan e Gerry Mulligan.

Jaco Pastorius levou o baixo elétrico a seu ápice. Há inclusive quem diga que, depois dele, nada de novo é possível. Seja como for, no começo dos anos de 1980, o baixo elétrico solista, claramente virtuosístico, parecia ter esgotado suas possibilidades. Cada vez mais os baixistas se concentraram na sonoridade robusta e térrea do baixo elétrico, enfatizando suas qualidades de suporte. Um incrível paralelo com o desenvolvimento do contrabaixo. No entanto, é comum que resultados iguais decorram de processos independentes. A consciência do elemento térreo do baixo elétrico é um resultado da própria natureza desse instrumento. Dois músicos abriram caminhos nessa direção, mas chegando a resultados bem distintos: Marcus Miller e

Bill Laswell. Miller racionalizou a herança de Pastorius, reduzindo-a e extraindo dela seu núcleo fundamental. Ele dispõe de uma das sonoridades mais inconfundíveis e personalizadas do baixo elétrico dos anos de 1980 e de 1990. Seus ritmos elásticos representam o ponto ótimo em matéria de intensidade swingante nesse instrumento. Ele toca de forma extremamente *funky* e com um *groove* de suavidade felina – como uma pantera preparando o salto. Mesmo assim, ouve-se sempre a melodia em meio aos *slaps* de suas linhas percussivas. "O que quer que Marcus Miller toque no baixo elétrico, ele nunca perde a conexão com a melodia" (Richard Bona). Sua capacidade para captar o essencial era uma característica que o aproximava fortemente de Miles Davis, coisa que o próprio Miles percebeu imediatamente, trazendo-o para sua banda – e ele foi o baixista elétrico mais flexível de Miles – e contratando-o como produtor, compositor e arranjador de seus três álbuns: *Tutu*, de 1986; *Siesta*, de 1987; e *Amandla*, de 1989. Trata-se de um privilégio que apenas Gil Evans tivera antes dele. De fato, os críticos perceberam semelhanças na forma como Miller e Evans arranjavam. Segundo Miller, "o baixo existe para fornecer uma base ao resto da música. Os caras que mais me interessam são aqueles que fornecem essa base e, além disso, tiram um som bacana".

Bill Laswell, bem-sucedido também como produtor e responsável pelos *rhythm tracks* do hit "Rockit", de Herbie Hancocks, desenvolveu uma versão minimalista da pegada de Pastorius com a veemência vibrante e a aspereza do punk. No entanto, ele também abre sua música a elementos provenientes do rap, do reggae e do free jazz. Ele fraseia linhas sombrias e graves, cheias de peso e *dirtiness*. Sua banda Material foi um dos grupos de *no wave* mais importantes dos anos de 1980. Mais tarde, ele tocou free jazz com influências do heavy metal na banda Last Exit. Ele dizia: "Eu não quero ver o baixo concorrer com a guitarra e com os instrumentos de sopro. Eu quero sentir o baixo fazendo a base."

Outros baixistas elétricos que diversificaram e ampliaram a herança de Pastorius – tornando-a conscientemente mais simples e natural – são Darryl Jones, Lonnie Plaxico, Jeff Andrews, Lincoln Goines, Kim Clarke e os alemães Alois Kott e Stefan Rademacher. Darryl Jones alia firmeza e potência sonora a um claro senso de economia. Nas bandas de Miles Davis e Sting, ele atuou como uma âncora imperturbável. Kim Clarke se tornou conhecido tocando com o grupo Defunkt e com George Gruntz.

A sonoridade de Pastorius também teve muita repercussão no jazz africano, pois o álbum *Black Market* (com o qual Pastorius estreou no Weather Report) era marcado por influências africanas e obtete enorme sucesso no continente negro. Os camaroneses Richard Bona e Etienne Mbappé, e o sul-africano Bakithi Humalo são os três principais baixistas elétricos provenientes da África que, com base numa execução ritmicamente pulsátil e melodicamente ágil, assimilaram todos os movimentos estilísticos do jazz contemporâneo.

Bona e Mbappe se tornaram conhecidos no Syndicate de Joe Zawinul; Kumalo, por sua parceria com Hugh Masekela. Richard Bona trouxe ao estilo de Pastorius a sensibilidade e a consciência da música africana. Ele nasceu num pequeno vilarejo de Camarões. "O disco de Jaco Pastorius – com o solo sobre o tema 'Donna Lee' – mudou a minha vida." O primeiro instrumento baixo de Richard Bona foi um baixo elétrico sucateado. Como não havia nenhum baixista a seu alcance e o jovem Richard fosse muito pobre, ele teve de roubar cabos de freio de bicicleta para colocá-los em seu instrumento. Cabos de freio são muito mais grossos que as cordas de baixo tradicionais que Bona utiliza hoje em dia. Talvez venha daí o ataque virtuosístico de Bona, bem como a extrema fluência com a qual ele realiza suas linhas difíceis *à la* Jaco Pastorius no baixo elétrico.

Com suas linhas redondas e calorosas, com seu canto angelical e ao mesmo tempo viril, Bona criou um *afro jazz* otimista e melódico, contrariando o preconceito de que a música africana tem de estar necessariamente ligada à percussão e ao transe. As canções gentis e agradáveis de Richard Bona estão profundamente enraizadas na tradição africana dos *griots*, que forma, junto com sua música, a memória histórica das comunidades do oeste da África, ao mesmo tempo em que, com suas mensagens, sabedorias e apelos, cria um elo de comunicação entre os ancestrais e os seres humanos de agora.

Citemos agora os baixistas do free funk que não pertencem à escola de Jaco Pastorius, embora sejam impulsionados por ele: Jamaaladeen Tacuma, Melvin Gibbs, Albert MacDowell, Kevin Bruce Harris e Amin Ali. Todos esses músicos – com exceção de Harris – de alguma forma estão ligados à música "harmolódica" de Ornette Coleman. Jamaaladeen Tacuma (originalmente Rudy McDaniel) tocou durante muito tempo no Prime Time de Ornette Coleman, tendo participado da gravação de *Dancing in Your Head*. Tacuma modificou a função do baixo elétrico. A maioria dos baixistas elétricos faz seus *riffs* de um modo estático. Tacuma faz os *riffs* explodirem. Ele modifica os *riffs* por meio de uma constante renovação melódica, modulando e retorcendo a melodia de base segundo parâmetros não tonais. Com isso, ele conseguiu ser simultaneamente um solista como qualquer outro e um músico de base. Ornette Coleman referiu-se a ele como um *master of the sequence*. Melvin Gibbs, que se tornou conhecido por meio da banda Decoding Society, de Shannon Jackson, constrói linhas metálicas e angulosas com um forte impulso dinâmico.

Fora do âmbito do *fusion rock* e do jazz rock, porém, o baixo elétrico apresenta resultados comparativamente mais modestos. Não obstante, alguns instrumentistas conseguiram desenvolver uma visão alternativa. Skuli Sverisson, Tony Scherr e Stomu Takeishi são três baixistas extremamente flexíveis, de ritmos firmes, acostumados às exigências multiestilísticas da cena *downtown* nova-iorquina. Takeishi explorou ao máximo a sonoridade *fretless* de Pastorius por meio do vanguardismo experimental dessa cena, criando linhas extraordinariamente sensíveis e abertas do ponto de vista rítmico. Steuart Liebig e Tarus Mateen tocaram baixo elétrico no âmbito dos projetos de jazz da vanguarda, caracterizando-se ambos por fraseados extremamente elásticos – Liebig com o sax-altista Julius Hemphill; Mateen, no trio Bandwaggon do pianista Jason Moran.

No campo da M-base, Matthew Garrison e Anthony Tidd exibiram um enorme virtuosismo no trato com ritmos e tempos complexos. Matthew Garrison, filho de Jimmy Garrison, baixista de Coltrane, faz arpejos com uma agilidade extrema e sem paralelo no universo do baixo – elétrico ou acústico.

Por fim, devemos mencionar um baixista elétrico inclassificável: Victor Wooten, que se tornou conhecido por meio da banda de *fusion* e *crossover* do banjoísta Bela Fleck. Ele é um pirotécnico da música e possui uma habilidade deslumbrante, fazendo seus solos bizarros, selvagens e densos com base numa técnica de *slap* que combina a mão direita com a esquerda. Ele dispõe de um imenso vocabulário estilístico: da música clássica, passando pelo bebop e pelo country, até o rock e o blues.

O jazz transformou o "elefante" desajeitado da orquestra sinfônica clássica numa voz instrumental altamente sensível, que dispõe de todo o tipo de nuança expressiva, capaz até mesmo de protagonizar concertos solos interessantíssimos, como aqueles de Dave Holland, Peter Kowald e David Friesen. Os baixistas se tornaram *wizards* técnicos, seja sob influência dos progressos no campo do baixo elétrico, seja por meio dos desdobramentos técnicos do baixo no campo da música clássica. A essência do processo evolutivo do baixo elétrico no jazz a partir de Jimmy Blanton pode ser resumida num único episódio: o momento em que Jaco Pastorius põe tranquilamente nos dedos a célebre "Donna Lee", composição de Charlie Parker que, em virtude de sua dificuldade técnica, afugentou muitos instrumentistas de sopro. Para terminar esta seção sobre o baixo, citemos mais uma vez o grande mestre Ray Brown:

> Pense em alguém como eu, que toca baixo desde os 14 anos. Eu vi esse instrumento se desenvolver, deixando de ser um simples instrumento *two-beat* para gozar da mais completa liberdade com caras como Stanley Clarke. Estive na situação de me dizerem: "Você é livre." Minha resposta, nessa época, foi: "Espere aí, eu não sei se quero ser livre assim." Toquei com jovens músicos que não conhecem nada senão a liberdade. Eles não sabem como é tocar o *time* e ficar alegre com isso... Apesar disso, gosto do que acontece com o baixo hoje em dia. Alguns dos jovens que tocam baixo como se ele fosse uma guitarra são fantásticos. Mas eu continuo amando tocar o *time*, produzir uma boa sonoridade rítmica que não pode ser substituída por nenhuma outra coisa. É como um batimento cardíaco.

A BATERIA

Quando a bateira foi introduzida no jazz, os ouvidos habituados à música de concerto europeia achavam-na "um instrumento barulhento". O paradoxo, no entanto, é que a bateria só foi associada ao barulho justamente por ter sido essa a característica que determinou seu ingresso na música europeia. O papel dos tímpanos numa música de Tchaikovsky ou Richard Strauss, Beethoven ou Richard Wagner é fazer "barulho", no sentido de terem de criar efeitos complementares de intensidade (como os *fortissimos*). A música "acontece" independentemente deles, ou seja, o acontecimento musical não cessaria se eles fossem excluídos. Já o beat de um baterista de jazz não é um mero efeito. Ele cria o espaço para que a música "aconteça"; o acontecimento musical pode às vezes ser perturbado se não tiver como ser constantemente mensurado pelo beat de um baterista que swinga. Falamos a esse respeito na seção "Ritmo, Swing, *Groove*" do capítulo "Os Elementos do Jazz": o ritmo é fator de ordenação.

Não é casual a ausência de solos de bateria nas formas iniciais do jazz: não havia bateristas com expressão individual. Dos primeiros tempos do jazz temos conhecimento de Buddy Bolden, Freddie Keppard e a família Tio, conhecemos trompetistas, trombonistas, clarinetistas e até mesmo violinistas, mas não sabemos praticamente nada sobre os bateristas. Sendo o beat um fator de ordenação – e apenas isso! –, o baterista nada mais tinha que fazer senão marcar os tempos com o máximo de regularidade possível. Quanto mais neutro – e menos individual – ele fosse, melhor. Apenas mais tarde é que se descobriu ser possível ter na individualidade do baterista um aliado para a produção daqueles momentos de tensão tão importantes no jazz. Foi assim que, de uma ordenação sem nuanças, simplesmente metronômica, criou-se uma ordenação orgânica, nuançada e artística.

Diferentemente do metrônomo, cujo "tic-tac" segue rigidamente seu curso, o baterista de jazz sustenta o tempo e participa de um jogo rítmico altamente nuançado entre os músicos, ajudando a conduzir e definir a qualidade da improvisação. Os bateristas são os timoneiros do jazz. Eles não apenas "acompanham", mas apontam a direção, definem o curso. Sem eles, o navio vai a pique.

A configuração moderna da bateria não foi obra de um único homem nem surgiu do dia para a noite, mas nasceu ao longo de um processo evolutivo situado entre o fim do século XIX e o começo do XX, envolvendo não apenas músicos, mas também construtores de instrumentos. Por volta de 1890, músicos de Nova Orleans – e de outros lugares – deram um passo novo em relação aos tambores das orquestras militares, na medida em que a caixa e o bumbo agora eram tocados por um único músico. Em 1909, o construtor William F. Ludwig inventou o primeiro bumbo de pedal. Embora alguns dispositivos percussivos já fossem conhecidos na época – acionados pela mão ou pelo pé –, o pedal de bumbo de Ludwig representou um salto qualitativo: ele possibilitava tocar o bumbo com o pé de forma mais rápida e fácil.

Nos anos de 1920, a configuração do set de bateria estava basicamente pronta. Um baterista de jazz de Nova Orleans podia utilizar um set formado por caixa, tom-tom chinês, *wood blocks*, canecas e pequenos pratos, além de um bumbo com um prato ou um triângulo acoplado. Sets análogos também foram introduzidos nos espetáculos de *vaudeville* – geralmente com acessórios bizarros como *bird calls*, apitos e sirenes. Os primeiros sets de baterias eram chamados também de *traps*, na gíria inglesa: coisa engraçada, estranha.

Sem dúvida, foram os músicos afro-americanos de Nova Orleans que transformaram uma parafernália de circo e efeitos especiais num instrumento realmente apto para a improvisação polirrítmica. "A bateria de jazz não tem predecessores na história da música", escreveu Stanley Crouch. "Trata-se de uma maneira original de unir e tocar tambores e pratos. Ela cria um novo tipo de virtuosismo, na medida em que exige a coordenação independente dos quatro membros do corpo."

No começo, Baby Dodds e Zutty Singleton eram os grandes bateristas do jazz de Nova Orleans. Zutty era o mais suave e Baby o mais duro. Zutty criou um ritmo quase flexível; Baby era veemente e impulsivo, ao menos para os padrões da época. Baby Dodds foi o baterista da banda de King Oliver e, posteriormente, do Hot Seven de Louis Armstrong. Ele aparece em vários discos ao lado de seu irmão e clarinetista Johnny Dodds. Baby foi o primeiro a tocar breaks: pequenas variações percussivas, que várias vezes preenchem o intervalo entre o fim de uma frase e o fim de uma seção ou então separa um solo do outro. O break é o ovo a partir do qual os bateristas – sobretudo Gene Krupa – chocaram o solo de bateria.

Sonny Greer foi um ritmista poderoso e – em comparação com outros bateristas do antigo jazz – possuía muita sensibilidade. Foi na orquestra de Duke Ellington entre 1919 e 1951 que sua capacidade para dar colorido à música se mostrou especialmente eloquente. "É engraçado", dizia Don Byas, "Sonny não tinha nada de especial quando tocava sozinho ou com alguma banda. Mas ninguém combinava tão bem com Duke quanto ele!" Greer tocava num set de bateria que continha tímpanos, vibrafone, sinos tubulares, *temple blocks* chineses e gongos, antecipando, assim, uma tendência que se tornaria forte apenas entre os bateristas dos anos de 1960: a de acrescentar ao set timbres de outros instrumentos de percussão.

Estranhamente, foi com bateristas brancos que a tendência característica do jazz para acentuar os tempos fracos – o segundo e o quarto – efetivou-se da forma mais plena. A começar por dois bateristas de orquestras brancas concorrentes: Tony Spargo, da Original Dixieland Jazz Band; e Ben Pollack, da New Orleans Rhythm King. Este último fundou, em 1925, a primeira grande orquestra de jazzistas brancos da Califórnia, em que vários músicos do círculo de Chicago – Benny Goodman, Glenn Miller, Jack Teagarden, entre outros – tornaram-se conhecidos. Em fins dos anos de 1920, Ray Bauduc tocava bateria na orquestra de Ben Pollack. Ray é um dos melhores bateristas brancos da tradição de Nova Orleans e do Dixieland.

Foi no estreito círculo do estilo Chicago que a bateria "branca" se desenvolveu como uma forma virtuosística de trabalhar os ritmos, embora o som às vezes tivesse mais importância que o ritmo. Os três principais bateristas do círculo de Chicago foram Gene Krupa, George Wettling e Dave Tough. George Wettling, falecido em 1968, foi o único entre eles que permaneceu fiel, até o fim de sua vida, à tradição musical do estilo Chicago. Wettling não era apenas baterista de jazz, mas também pintor abstrato. Seus quadros estão expostos em museus de renome. Ele dizia que tocar bateria de jazz e pintar quadros abstratos eram diferentes apenas do ponto de vista técnico; em ambos, o ritmo era o que importava. Se as pessoas ficavam impressionadas com o fato de ser ele ao mesmo tempo pintor e baterista, Wettling também se impressionava com o fato de haver tão poucos músicos que também se expressam como pintores e vice-versa; a seu ver, essas duas atividades se complementavam. Nesse sentido, George Wettling é uma daquelas personalidades que demonstram a unidade da arte moderna por meio de suas obras.

Gene Krupa, falecido em 1973, foi o verdadeiro "virtuose da bateria" da era do swing. O "Sing Sing Sing" da orquestra de Benny Goodman, em que ele fazia um longo solo de bateria – parte dele em cima de um solo de clarinete de Benny Goodman –, entusiasmava os fãs do swing nos anos de 1930. Do ponto de vista técnico, Krupa foi superado apenas pelos bateristas do jazz moderno. Ele foi o primeiro que, nos anos de 1920, ousou utilizar o bumbo em gravações de discos. Antes dele, costumava-se abdicar dessa base da bateria, pois havia o perigo de que a batida possante do *bass drum* fizesse a agulha dos aparelhos de gravação – ainda não muito sofisticadas – saltar das matrizes de cera. O mais importante baterista proveniente do estilo Chicago é Dave Tough, falecido em 1948. Ele também foi um representante da unidade da arte moderna, pois flertou com literatura contemporânea da mesma maneira que Bix Beiderbecke o fez com a música sinfônica. Tough é um dos mais sutis e inspirados bateristas do jazz de sua época. Ele concebia a bateria como uma paleta rítmica e dela extraía as cores para realçar de forma individualizada o *chorus* de cada solista. Em 1944, ele foi muito ovacionado como baterista da orquestra de Woody Herman e gozou da fama de um *drum wonder* (fenômeno da bateria). Tough também abriu caminho para as formas modernas de execução da bateria no jazz, assim como Jo Jones na orquestra de Count Basie. De fato, é interessante observar como, nesse caso, um baterista anglo-americano e um afro-americano chegaram, por vias independentes, aos mesmos resultados.

Falaremos depois sobre Jo Jones. Antes, sem perder o fio da meada, convém apontar para uma situação que ajuda a mostrar o quão rigoroso e coerente é o processo evolutivo do jazz. Fora Baby Dodds, os bateristas brancos do estilo Chicago não remontam a quase nenhum outro músico negro; eles provêm todos de Tony Spargo e Ben Pollack, e, se é verdade que houve recorrentes interações com os músicos afro-americanos, também se deve dizer que as baterias "branca" e "negra" se desenvolveram durante vinte anos de forma independente uma da outra e que ambas chegaram, apesar disso, a resultados correlatos. Dave Tough abriu caminho para a nova maneira de tocar na orquestra de Tommy Dorsey, da qual se tornou membro em 1936. Por essa época, Jo Jones estava em Kansas City fazendo basicamente a mesma coisa como baterista da orquestra de Count Basie.

Jo Jones se desenvolveu sob a influência dos grandes bateristas negros de Nova Orleans e do estilo swing. Na linha que vai de Baby Dodds a Jo Jones, há quatro bateristas de peso. O maior deles é Chick Webb. Graças à sua enorme vitalidade, esse homem poderia ser visto muito mais como um gigante do que como a criatura disforme e aleijada que foi. Chick Webb – que equivale a Gene Krupa entre os bateristas brancos – iniciou a série dos *drummer leaders* na condução das *big bands*: uma série que mais tarde teve um brilhante prosseguimento com bateristas como Mel Lewis, Buddy Rich e Louie Bellson. Webb era um baterista de aura magnética. Há gravações de sua orquestra em que praticamente não se escuta o som de sua bateria; no entanto, pode-se ouvir o tempo todo e em cada detalhe da música a excitação que emana desse homem extraordinário.

Após Chick Web, vieram Big Sid Catlett, Cozy Cole e Lionel Hampton. Big Sid e Cozy são os bateristas típicos da era do swing. Cozy Cole realizou suas primeiras gravações em 1930 com Jelly Roll Morton e se tornou, em 1939, um ativo solista da orquestra de Cab Calloway. No fim dos anos de 1940, ele foi baterista do grupo All Star de Louis Armstrong e, em 1954, fundou com Gene Krupa uma escola de bateria.

Cole e Catlett foram considerados em sua época os bateristas mais multifacetados da cena do jazz. Eles eram procurados para todo tipo de gravação: bandas, *big bands*, jazz de Nova Orleans, Dixieland e swing (Cattlet foi solicitado até para gravações importantes da era do bop). Ou seja, eles transitavam pelos diversos campos em que os demais bateristas atuavam como especialistas. Catlett, falecido em 1951, tocou no começo dos anos de 1930 com Benny Carter na McKinneys Cotton Pickers e depois com Fletcher Henderson. Na curva final dos anos de 1930, ele era o baterista preferido de Louis Armstrong. "Swing é a ideia que tenho de como uma melodia deve se comportar", disse ele. Certamente, não se trata de uma definição científica, mas de uma frase que, para os músicos daquela época e para os amantes do jazz de todas as épocas, é mais eloquente do que qualquer explicação teórica.

Podemos compreender melhor a grande diferença entre as formas moderna e tradicional de tocar bateria por meio de uma comparação entre Cozy Cole e Jo Jones, dois músicos grandiosos e cheios de entusiasmo e vigor. Cole se especializou na marcação imperturbável de um beat em estilo *staccato*, mas foi relativamente negligente no jogo de nuanças com os sopros. Jo Jones também se preocupava com um beat vital e imperturbável, porém, buscando mais o *legato*, dando suporte e servindo ao evento musical, acompanhando as diferentes estações de um solo com colorações alternantes de tom-tons, caixa, chimbal e pratos. Jo Jones foi o primeiro, antes mesmo dos bateristas modernos, a fazer acentos no bumbo, em vez de usá-lo para marcar o beat em 4/4, tal como era comum na era do swing. A seção rítmica já mencionada, formada por Jo Jones, Walter Page no baixo, Freddie Green na guitarra e Count Basie no piano (na clássica orquestra de Count Basie), foi considerada na época a "All American Rhythm Section". Segundo Max Roach, "de cada três beats que um baterista toca, dois provêm de Jo Jones". Jo Jones é o primeiro representante efetivo do compasso quaternário regular. Ele dizia:

> A maneira mais simples de você saber se alguém toca com swing ou não é observar se essa pessoa respeita os tempos da nota, de modo que uma semibreve tenha quatro beats, uma mínima tenha dois beats e uma semínima tenha um beat. E são sempre quatro beats para cada compasso, que tem de ser realmente tão regular quanto nossa respiração. Uma pessoa não swinga quando há antecipação.

A partir dessa regularidade, Kenny Clarke extraiu a seguinte consequência: a regularidade das quatro batidas se converteu no *son continu* – o soar ininterrupto do ritmo. O ritmo fundamental foi transposto do bumbo pesado para os pratos em constante movimento, enquanto ele marcava o "dois" e o "quatro" com o chimbal.

Kenny Clark, que tocava no Minton's ao lado de Charlie Christian, Thelonious Monk, Charlie Parker e Dizzy Gillespie, é o pai da bateria moderna de jazz, fato que muitos ignoram nos Estados Unidos, pois Clark morou em Paris de 1956 até sua morte, em 1985, e foi o pai de todos os músicos norte-americanos que se estabeleceram na Europa durante *aquela* época. Klook, como era chamado, tinha uma maneira irresistível e vibrante de swingar no prato de condução. As acentuações interativas que ele imprimia na caixa, nos tom-tons e no bumbo fizeram dele um mestre da bateria clássico-moderna de jazz, colocando a bateria inteiramente à serviço do grupo.

Sem dúvida, foi Max Roach que desenvolveu de maneira mais completa e madura esse modo de tocar bateria. Ele é o protótipo do baterista moderno: não mais um mero "tocador de tambor" subalterno que apenas tem de tocar quatro tempos regulares, mas um músico estudado e que, na maioria das vezes, toca algum outro instrumento, que é capaz de ler partitura e, na maioria das vezes, de compor e fazer arranjos. É quase o oposto do que era antigamente: antes, os bateristas quase sempre eram os músicos menos inteligentes da banda; hoje, não é raro que eles sejam os mais inteligentes, tão ricos em sua personalidade e formação quanto em sua música. Max Roach disse certa vez: "Fazer com o ritmo o que Bach fez com a melodia." Isso não é uma frase de efeito, literalmente, o ritmo ganhou a multilateralidade e a complexidade da música barroca em suas linhas melódicas.

Roach foi o primeiro a finalizar as linhas melódicas de modo claro. Nas gravações das históricas *sessions* do bebop no Royal Roost (uma famosa casa de jazz da segunda metade dos anos de 1940), pode-se ouvir Max Roach finalizar as frases de Lee Konitz. Pode-se cantar com Roach na bateria tanto quanto com Lee Konitz no sax-alto. E vice-versa: o que Lee toca no sax-alto é tão complexo ritmicamente quanto aquilo que Roach toca na bateria. A bateria não é mais um mero instrumento rítmico, e o sax-alto não é mais um mero instrumento melódico. Ambos ampliaram seus respectivos domínios por meio de uma interação complexa entre aqueles elementos que antes ainda podiam ser facilmente compreendidos como "melodia", "harmonia" e "ritmo". Não por acaso, no fim dos anos de 1950, Roach foi capaz de abrir mão do piano em seu quinteto. Seus músicos diziam (daquela forma imagética intraduzível com a qual tantos jazzistas se expressam): "He does the piano players comping on the drums". Ou seja, com sua bateria, Roach substituía o acompanhamento – o *comping** – do pianista.

Max Roach, mais do que qualquer outro músico, destruiu a ideia de que o swing só é possível em 4/4. Ele toca solos inteiros de bateria em ritmo de valsa, tocando nota por nota e swingando mais do que muitos outros músicos que se limitam a ritmos quaternários. Ele sobrepõe, por exemplo, um 5/4 a um 3/4 de forma densa e estrutural, delineando uma espécie de contraponto rítmico. Roach faz tudo com clareza e discrição. Em suas palavras: "I look for lyricism" (Eu busco o lirismo). Com sua "Freedom Now Suite", uma das obras programáticas mais tocantes do movimento afro-americano pelos direitos civis nos Estados Unidos, Max Roach mostrou com uma clareza insuperável o quanto um solo de bateria pode ser lírico.

Max Roach formou um *ensemble* de bateria em 1970, o grupo M'Boom – dez bateristas e percussionistas que cruzam ritmos de tal complexidade e singularidade, que, se comparados a eles, os fraseados dos conjuntos de percussão da música de concerto moderna parecem ingênuos e acanhados.

Dos músicos da geração bebop, Max Roach foi quem se abriu da maneira mais generosa e altiva em termos estilísticos, expandindo-se ao máximo. Ele é o único baterista a ter participado de três gravações que foram, cada uma delas, um marco estilístico: em 1945, a gravação com o quinteto de Charlie Parker, marco do bebop; em 1949-1950, com a Miles Davis Capitol Band, marco

* Abreviação de *accompanying*, é uma forma de acompanhamento que segue de perto o solista improvisador, buscando dar suporte, clima e realce aos solos. De um modo geral, todo jazzista que acompanha é um *comping musician*.

do cool jazz; em meados dos anos de 1950, com o quinteto de Max Roach e Clifford Brown, marco do hard bop. No fim dos anos de 1970, seu grupo foi uma das células fundamentais do neo-bop. Na virada dos anos de 1980, ele demonstrou seu poder de comunicação melódico e rítmico em duos com músicos como Archie Shepp, Anthony Braxton e Dollar Brand, assim como, nos anos de 1990, em improvisações de world jazz com o Beijing Trio. Os diálogos que ele travou com o pianista de vanguarda Cecil Taylor – gravados num concerto em 1979, em Nova York – estão entre as mais excitantes experiências em duo que o jazz pôde oferecer. Segundo Jerome Cooper, baterista do free jazz: "Antes desse concerto, eu pensei que Max Roach fosse o rei dos bateristas do bebop. Agora eu sei que ele é o rei dos bateristas."

Assim, a bateria se tornou um instrumento melódico, ou melhor: ela se tornou *também* um instrumento melódico. Pois ela de fato não abriu mão de sua função rítmica ao ganhar uma função melódica. Na medida em que a função rítmica foi compreendida de forma mais complexa e musical, a função melódica se abriu quase automaticamente. A bateria fez o caminho inevitável que todos os instrumentos dentro e próximos da *rhythm section* também fizeram. A começar pelo trombone. Na época da antiga Nova Orleans, ele só tinha de fornecer a base harmônica – até Kid Ory introduzir seus efeitos de *tailgate* e Jimmy Harrison emancipar o trombone com seus solos na orquestra de Fletcher Henderson. Depois disso veio o piano, que havia sido nas bandas de Nova Orleans um instrumento meramente harmônico e rítmico. Foi Earl Hines que emancipou o piano e, sem abdicar de sua função rítmica e harmônica, buscou dar às linhas desse instrumento um fraseado *hornlike*. Posteriormente, a guitarra e o baixo seguiram o mesmo caminho. O desenvolvimento da guitarra de Eddie Lang até Charlie Christian é de uma progressiva emancipação. No baixo, foi Jimmy Blanton que promoveu de uma vez por todas essa emancipação. Por último, Kenny Clarke e Max Roach fizeram da bateria, como dito, um "instrumento emancipado".

Nesse sentido, era inevitável que Max Roach e os músicos do bebop em geral demonstrassem interesse pela percussão cubana (cujas origens remontam aos ritmos do oeste da África). Art Blakey foi o primeiro a ir à África, já no começo dos anos de 1950. Ele estudou os ritmos africanos e incorporou figuras rítmicas africanas ao seu modo de tocar bateria. Ele gravou duos com o bongoísta cubano Sabu, harmonizando ritmos do jazz com ritmos do oeste da África. Uma das faixas recebeu o título de "Nothing but the Soul", de 1953. Foi a primeira vez que a palavra soul (alma) apareceu com essa conotação num título de jazz; alguns anos depois, isso caracterizaria toda uma forma de tocar – primeiramente no jazz e, depois, no rock e no pop. Na segunda metade dos anos de 1950, Blakey foi o primeiro a formar, antes mesmo de Roach, uma orquestra só de percussão: com quatro bateristas – entre eles Jo Jones – e cinco músicos latino-americanos utilizando todo tipo de instrumento rítmico que se possa imaginar. A orquestra se chamava Orgy in Rhythm. E, claro, quando a bateria se emancipa – ou seja, quando ela adquire possibilidades melódicas com base na complexidade do ritmo –, é natural que surjam orquestras só de bateria e percussão, como aquelas só de saxofones ou só de madeiras.

Depois, outros bateristas formaram *ensembles* de percussão (nos anos de 1970 e de 1980, isso aconteceu também na Europa; particularmente elogiada é a Family of Percussion do baterista suíço Peter Giger). Assim, é natural que a influência africana e os grandes ritmos das culturas musicais do mundo se tornem cada vez mais importantes para os bateristas de jazz.

Ora, é verdade que muitos teóricos e etnomusicólogos acreditam que a herança africana se fez mais presente nas formas iniciais do jazz, tendo depois se volatizado progressivamente. No entanto, a realidade é que os instrumentistas de jazz, os bateristas principalmente, trouxeram para essa música, desde o free jazz – paralelamente a um processo interno de conscientização e identificação política e sociológica –, todo um mundo de elementos africanos, mundo que, em sua extensão e força, o jazz cosmopolita e instrumental de Nova Orleans, passando por Chicago até Harlem, jamais possuíra.

Dos anos de 1950 até sua morte em 1990, Art Blakey foi mais importante para a juventude musicalmente ávida que a soma de todos os conservatórios, faculdades e *clinics* disponíveis aos interessados em jazz. Das várias versões de seu Jazz Messengers – uma "universidade" da experiência viva com o jazz, não de seu ensino teórico – saíram tantos músicos que aqui só podemos citar os mais importantes: Wayne Shorter, Lee Morgan, Freddie Hubbard, Woody Shaw, Keith Jarrett, Chick Corea, JoAnne Brackeen, Mulgrew Miller, Curtis Fuller, Slide Hampton, Bobby Watson, Terence Blanchard, Donald Harrison, Wynton e Branford Marsalis, Wallace Roney, Robin Eubanks, Steve Davis, Christian McBride... "Não toque as mesmas merdas de ontem, toque seus pensamentos e sentimentos de hoje", era o que Blakey costumava dizer a seus músicos. "Go find your own sound" (Saia em busca de seu próprio som).

Blakey é o baterista mais selvagem e vital produzido pelo bebop. Ele é um exemplo clássico do que descreveu Steve Berrios: "Bateristas são sempre *leaders*, seja de sua própria banda ou não." Blakey se tornou famoso por seus rufos – *rolls*, como eles são denominados – e explosões. Max Roach, ao contrário, é mais sutil e intelectual. Já Philly Joe Jones, originário da Filadélfia e falecido em 1985, unificou ambas as possibilidades. Ele toca com a veemência explosiva de Art Blakey, porém, com base no cosmopolitismo musical de Roach. No primeiro quinteto de Miles Davis – com John Coltrane e Red Garland –, ele atuou com uma presença rítmica verdadeiramente ardente, transformando-se no mais inteligente e comentado baterista do hard bop. Sua marca registrada é o *Philly Lick*, um golpe de aro no quarto tempo, de modo a tensionar a preparação do primeiro tempo do compasso seguinte. Segundo Clarence Penn, "Philly tocava sem esforço. Quando ele tocava, parecia que estávamos ouvindo uma manteiga".

Joe Morello, por sua vez, toca de forma mais transparente – e isso no sentido específico que essa palavra recebeu na linguagem do cool jazz. Trata-se de um músico que já seria fenomenal simplesmente por possuir, desde o começo, algo da maturidade e mesmo da vitalidade de Max Roach, dando prosseguimento a seu espírito com uma intuição natural para os fatos musicais que fluem na improvisação de seus colegas. Por meio de Joe Morello, Brubeck ganhou uma consciência rítmica que antes não possuía – Morello se tornou membro do quarteto de Dave Brubeck em 1975. Dez anos depois, Alan Dawson assumiu provisoriamente o lugar de Morello. Dawson era professor de bateria na Berklee School, em Boston, a mais famosa de todas as escolas de jazz, e unia intelectualidade e consciência a um swing e um *drive* que lembram os grandes bateristas da tradição. Até hoje, vários bateristas se referem à sua *independence* (a grande independência rítmica com a qual ele coordenava musicalmente pernas e braços), dentre eles, estilistas contemporâneos como Gene Jackson e Billy Kilson. Já a bateria de Connie Kay no Modern Jazz Quartet (cf. o capítulo "As Bandas do Jazz") mostra uma ligação especialmente forte com a execução melódica.

Os bateristas do hard bop remontam tanto a Blakey quanto a Roach. Exemplos: Art Tayler, Louis Hayes, Dannie Richmond, Pete La Roca, Roy Haynes, Albert Heath e Elvin Jones (o último, como veremos, é um caso mais específico). Dannie Richmond (falecido em 1988) foi o único músico a ter estabelecido um vínculo duradouro com Charles Mingus; no capítulo "As Bandas do Jazz", mostraremos o quão importante ele foi para a preservação da memória de Mingus e, nos anos de 1980, para o prosseguimento de sua herança. O som cristalino dos pratos de Art Taylor vem mais de Max Roach e Kenny Clarke, ao passo que o som de seus tom-tons procede mais de Philly Joe Jones. Louis Hayes, que se tornou conhecido por meio de Cedar Walton, é quem melhor realiza o beat nos pratos desde Kenny Clarke. Seu hard bop fervilhante levou Kenny Washington a comentar: "That right hand will swing you into bad health".

Roy Haynes é um mestre daquela *hipness* intraduzível em palavras, tão importante não apenas para a música, mas também para o estilo de vida dos jazzistas. Sua sonoridade polirrítmica e cheia de frescor possui uma "energia" inimitável. Haynes é um baterista de reflexos extremamente rápidos. "Você diz algo e ele responde imediatamente. Tanto numa conversa quanto na bateria" (Anthony Roney).

Roy Haynes é o baterista mais dinâmico e vivaz do moderno jazz clássico – um traço que se aplica igualmente tanto a seu estilo quanto à sua carreira. Em 1949, ele era o baterista do quinteto de Charlie Parker, depois tocou nas bandas de Jonh Coltrane, Stan Getz e Pat Metheny e se tornou, dirigindo seu próprio grupo ininterruptamente dos anos de 1970 até o começo do século XXI, um mestre soberano da bateria.

Roy Haynes foi o primeiro a emancipar, já nos anos de 1950, o chimbal de sua função estática de acompanhamento. Diferentemente de outros bateristas, que tocavam o chimbal regularmente nas unidades de tempo "dois" e "quatro", Roy Haynes fraseia no chimbal com acentos variados, encenando, em coordenação com seu *ride* (prato de condução), uma espécie de dança rítmica contagiante. Com isso, o chimbal cresceu em importância: de mero *time keeping*, ele se tornou um elemento constitutivo do jogo de timbres.

Porém, em contraposição à maioria dos bateristas do jazz moderno, Roy Haynes não se orienta tanto pelos pratos. Sua grande mobilidade interativa vem mais dos acentos inesperados distribuídos entre a caixa e o bumbo. Quando lhe perguntaram de onde ele extraía suas ideias para essas combinações tão particulares de caixa e bumbo, Roy respondeu: "Observe o boxeador Sugar Ray Robinson… e os dançarinos."

O modo de tocar de Roy Haynes representa uma junção entre os ritmos do bop e as diferenciadas formas de tocar bateria dos anos de 1960, pois ele "introduziu, antes de Elvin Jones, uma nova sensibilidade em tercinas" (Tony Williams). Mas só Elvin Jones – o terceiro membro da talentosa família de Detroit (com o pianista Hank e o trompetista Thad Jones) – emplacou aquele *super-bop* que os músicos já haviam sentido como uma nova "inversão do sentido rítmico" no começo dos anos de 1960, quando essa forma de tocar se tornou conhecida no quarteto de Coltrane, após tudo aquilo que já havia sido feito nesse campo por Charlie Parker e Kenny Clarke. Numa época em que mal se podia imaginar outro processo de concentração e adensamento do evento rítmico, Elvin Jones e os músicos provenientes dele mostraram que esse desenvolvimento nunca cessa. Também não cessa o processo evolutivo no campo da "gravitação" em torno do ritmo fundamental. Quanto menos se toca "nos" ritmos e mais "ao redor dele", de forma mais elementar se percebe o ritmo fundamental – de um modo quase paradoxal. "It's less – and yet more" (É menos e, justamente por isso, é mais), disse John McLaughlin a respeito de Elvin Jones.

Elvin Jones não é apenas um mestre das tercinas "hiperbólicas" e swingantes, mas também um exemplo excepcional de como um baterista pode controlar o volume de seu instrumento do *fortissimo* ao *pianissimo*. "Eis uma das maiores qualidades de Elvin: a envergadura de sua dinâmica", disse David Liebman.

Quase não se pode imaginar a música de John Coltrane sem Elvin Jones. Embora na maioria das vezes Coltrane tenha tocado suas próprias composições em seu quarteto, pode-se realmente falar de Elvin como de um "coautor", tendo em vista a forma como ele vitalizou e expandiu essas composições com a força contemplativa e o êxtase flamejante de seus ritmos. Nos duelos que travava com o sax-tenor, havia momentos em que a bateria de Elvin – como observou Geoff Dyer – criava a impressão de uma onda, "uma onda que nunca quebra totalmente, que nunca para de quebrar".

Quando Elvin Jones faleceu em 2004, muitos jazzistas expressaram sua admiração pelo baterista. Mas talvez tenha sido um guitarrista de rock que, de forma emocionada, melhor resumiu o sentimento dos músicos. Nas palavras de Carlos Santana:

> Quando ouço a música de Elvin, ouço as pirâmides, ouço música africana e pré-colombiana, ouço o futuro. Elvin é o beat da própria vida, e sua música transcende conceitos como "inteligente", "claro" ou outros superlativos. Quando ele e Coltrane tocavam e os outros músicos paravam... Era assim que Jimi Hendrix tocaria se estivesse vivo, pois não há nada mais puro e excitante que Coltrane e Elvin... Para mim, Elvin foi o *numero uno*, para sempre, de todas as épocas, de toda a existência.

Mas antes de prosseguirmos com a exposição desse desenvolvimento, é necessário tratar de alguns bateristas que não se encaixam nas tendências mencionadas acima. Eles se definem pela vinculação a uma concepção atemporal e moderna do estilo swing e seus esforços estão direcionados menos para a questão estilística que para um constante aperfeiçoamento profissional e técnico. O "paradigma" desse tipo de baterista é Buddy Rich, falecido em 1987, um *non plus ultra* em matéria de virtuosismo. Seus incríveis solos de bateria e sua não menos incrível personalidade eram o ponto alto das apresentações de *big bands* famosas, como a Artie Shaw, Tommy Dorsey, Harry James e, naturalmente, de sua própria. Segundo Mel Lewis, "ele abrilhantava qualquer *big band*". Por ocasião de um inesquecível workshop de bateria no Festival de Jazz de Newport, em 1965, Buddy Rich "roubou a cena" de todos os bateristas – e entre eles havia grandes estrelas, como Art Blakey, Jo Jones, Elvin Jones e Louie Bellson. A verdade é que Buddy sempre nos passa um pouco a sensação de ser mais um "malabarista" – um artista de circo que realiza os saltos mortais mais assustadores – que um jazzista genuíno, no sentido de um Max Roach, um Art Blakey ou um Elvin Jones. Não é, pois, irrelevante a informação de que Buddy Rich provinha de uma família de artistas de circo.

Louie Bellson – também excelente arranjador e *bandleader* – foi o primeiro a utilizar *dois* bumbos no lugar de um. Sua desenvoltura com os pés era semelhante àquela dos organistas. Nos dois anos em que foi baterista da orquestra de Duke Ellington (de 1951 a 1953), ele conferiu a essa orquestra uma "sonoridade Bellson" nova e típica. Quinze anos depois, o bumbo duplo se tornou um equipamento padrão para muitos bateristas de rock.

O nome de Denzil Best é sinônimo de uma técnica conhecida como *fill-out*. Kenny Clarke, Max Roach, Art Blakey distribuem os beats ao longo do acontecimento musical, acentuando onde parece ser mais conveniente. Essa é a técnica *fill-in*. Denzil Best, no entanto, preenche o espaço musical de maneira uniforme, utilizando poucos acentos ou nenhum, tocando continuamente com a vassoura na caixa e extraindo swing desse *son continu*. Isso também é uma consequência do desenvolvimento do estilo *legato* introduzido por Jo Jones e Dave Tough. Desde o auge do quinteto de George Shearing, nos anos de 1950, o modo de tocar bateria de Best se espalhou por centenas de *bar ensembles*.

De Dave Tough provêm uma série de grandes bateristas de *big band* – como Don Lamond, que foi sucessor de Daves na orquestra de Woody Herman, assim como

Gus Johnson, J.C. Heard, Osie Johnson e Shadow Wilson, além de Oliver Jackson, Grady Tate, Mel Lewis, Sonny Payne, Sam Woodyard (grandioso na orquestra de Duke Ellington!) e Rufus Jones.

Wilson, Gus Johnson e Payne foram os sucessores de Jo Jones na orquestra de Count Basie – uma linhagem que chegou até nossa época por meio de Butch Miles, Dennis Mackrel e Kenny Washington. Heard viajou muito com a Norman Granz's Jazz at the Philharmonic e, em certo sentido, foi um Cozy Cole ou um Sid Catlett "modernizado". Grady Tate foi muito cobiçado no ambiente do swing moderno e contemporâneo. Mel Lewis atualizou a grande tradição de bateria de *big bands* (Chick Webb, Dave Tough ou Buddy Rich) de forma muito convincente. Ele é um minimalista – um mestre na arte de economizar sons, movimento e energia, Mel Lewis jamais tocou além do necessário. Seus colegas o denominaram The Taylor (O Alfaiate) por conta de sua impressionante capacidade para "combinar" ritmos, estilos e técnicas.

Há duas formas de se tocar bateria numa *big band*: uma orquestral e extrovertida, a outra mais intimista e referenciada em pequenos grupos. Assim como Buddy Rich é a quintessência do baterista de *big band* orquestral, Mel Lewis é um exemplo de baterista inspirado em pequenos grupos. Semelhante a Dave Tough ou Sid Catlett, ele traz algo do espírito livre e da atmosfera intimista dos pequenos grupos para o contexto da orquestra de jazz. Essa leveza inspiradora e aberta ao diálogo – a cultura do diálogo – que norteava a execução de Mel Lewis, traía também sua origem: "Sou um músico do bebop."

Nos anos de 1950, na Costa Oeste dos Estados Unidos, Shelly Manne extraiu uma consequência tão lógica quanto a de Art Blakey, embora na direção oposta. Manne é o melodista supremo dos bateristas de jazz. Ele toca com um estilo econômico e refinado, espirituoso e cultivado, mas geralmente fora daquela linha do swing que vai de Chick Webb a Art Blakey. Não obstante, Manne provou ser capaz de tocar com swing, como se pode conferir na famosa gravação para quarteto (com Coleman Hawkins e Oscar Pettiford) de "The Man I Love", em meados dos anos de 1940, ou nas gravações que ele realizou na Costa Oeste com quintetos de bebop a partir dos anos de 1950 até sua morte em 1984 (por fim, incorporando elementos do jazz rock). Ele se tornou realmente conhecido por meio das centenas de gravações que transformaram o conceito do *West Coast jazz* numa fórmula de sucesso.

O desenvolvimento do *in-group* do jazz de Nova York – aquela pequena elite da qual provêm muito do que é importante para o jazz – é um processo que não para. Essa elite começa com Elvin Jones – cf. o parágrafo desta seção em que falamos pela primeira vez desse baterista extraordinário –, passa por Tony Williams, segue até Sunny Murray e, daí, até Billy Cobham e Jack DeJohnette.

Elvin levou aquele *son continu*, que começou com Kenny Clarke, ao máximo do que é possível no contexto de uma métrica nítida e simétrica. Ele foi ao limite, mas sem excedê-lo. Quando Coltrane lhe pediu que ultrapassasse esse limite, ele coerentemente recuou. Seu lugar no grupo de Coltrane foi ocupado por Rashied Ali, que, a princípio, dissolveu a métrica completamente (embora tenha retornado depois a uma métrica nítida). Já Elvin Jones, até sua morte, em 2004, continuou sendo um dos grandes bateristas do jazz, liderando sua própria banda, a Jazz Machine. Sua identificação com Coltrane era tão genuína quanto a de McCoy Tyner entre os pianistas.

Nesse meio-tempo, em 1963, Miles Davis trouxe para seu quinteto o septuagenário Tony Williams, que, a partir de outra base, transformou o *jazz beat* numa vibração e num tremor nervoso. Na seção "Ritmo, Swing, *Groove*" do capítulo "Os

Elementos do Jazz", trouxemos esse processo para o plano da fisiologia: do "batimento cardíaco", representado pelo beat, ao "pulso". Com isso, explora-se um novo nível fisiológico para a vivência musical, até então pouco acessível ritmicamente do ponto de vista musical e artístico. O nível fisiológico da grande música clássica foi a respiração; o do jazz que conhecemos até recentemente foi o batimento cardíaco; o do novo jazz é o pulso.

Ao tentar descrever o som viril desse baterista, deparamo-nos de imediato com o conceito *elegância agressiva*. Em todos os assaltos percussivos de Williams, o que surpreende é a extrema sutileza de sua execução, uma sutileza que passa essencialmente pela vibração e pulsação cristalina dos pratos.

Uma marca registrada de Williams é acentuar todas as semínimas no chimbal – num compasso quaternário, quatro beats por compasso –, diferentemente de outros bateristas que usam o chimbal (dois pratos que se chocam graças a um pedal) para acentuar apenas os tempos dois e quatro.

Tony Willams foi o princípio motor e catalisador do segundo quinteto de Miles Davis. "A forma como a banda se movimentava dependia do Tony", observou em sua autobiografia Miles. No quinteto de Davis, Williams criou picos rítmicos incomparáveis graças à sua habilidade para ignorar formas convencionais e passar por cima dos compassos e das divisões de seções sem jamais perder o *feeling* para o todo. Williams marcava o compasso menos que outros bateristas: seus beats fluíam livremente por cima do compasso quaternário e, com suas modulações métricas, ele abria espaços improvisativos novos para a época.

Em "Nefertiti", por exemplo – faixa do álbum homônimo de Miles Davis, de 1967 –, a hierarquia do jazz convencional é realmente posta "de cabeça para baixo". O único solista aqui é o baterista, pois os instrumentos que tradicionalmente fazem os solos – o trompete e o saxofone – assumem a função de acompanhamento, repetindo continuamente o tema. O som de Williams em "Nefertiti" é um excelente exemplo de como um solo de bateria pode ser construído sobre um *ostinato* melódico e harmônico e como um único baterista, com ajuda de seu instrumento, pode colorir de maneira orquestral harmonias e melodias. Quando o bop entrou em cena novamente nos anos de 1980 e de 990, Tony Williams formou seu próprio quinteto acústico e apareceu como compositor, dialogando, à luz da realidade contemporânea, com a tradição do moderno jazz clássico. Do ponto de vista sonoro, ele já havia se transformado há tempos. Sob influência de sua experiência com o jazz rock (de que ainda falaremos), sua execução se fez mais impetuosa, dura e angulosa, com ênfase não mais nos pratos, mas nos tom-tons – nem por isso sua execução foi menos desafiadora. Como *bandleader*, Tony Williams (falecido em 1997) se projetou como mentor de uma série de *young lions*. Por meio de sua banda, esses jovens músicos se tornaram estilistas soberanos do *mainstream jazz* esclarecido: entre eles, estão o trompetista Wallace Roney, o saxofonista Bill Pierce, os baixistas Charnett Moffett e Bob Hurst, e o pianista Mulgrew Miller.

Já antes de Tony Williams, os três bateristas que passaram por Ornette Coleman depois de 1959 – Billy Higgins, Ed Blackwell e Charles Moffett – deixaram claro que a libertação "rítmica" não significa meramente se livrar da função do acompanhamento. Moffett, falecido em 1997, é visto por alguns como um "Sid Catlett do free jazz". Ele foi um baterista robusto, ligado à tradição e dono de um swing colossal, mas suficientemente flexível para mudar espontaneamente de andamento ou – quando necessário – para abandonar completamente o *time keeping* e assim adentrar o campo da execução livre. Blackwell provém de Nova Orleans e, para ele, não havia nenhuma contradição entre aquilo que os bateristas de sua cidade natal sempre fizeram e a nova concepção. É importante notar que Higgins, Blackwell e, em parte, Moffett tocaram dentro de uma lógica predominantemente métrica com Ornette. Embora soassem revolucionários, eles eram ao mesmo tempo "tradicionais". A assinatura inconfundível de Blackwell era o melodismo de sua bateria, influenciada tanto por polirritmias africanas quanto pelos beats da música de Nova Orleans. Ele unia vitalidade a um *touch* suave e conseguia – por exemplo, ao lado de Don Cherry e Dewey Redman – acelerar o andamento sem parecer "afobado", algo em geral difícil para os bateristas. "Ele se guia mais pelos ritmos que pelo *time*" (Don Cherry).

Billy Higgins, falecido em 2001, tocava com alegria, calor e uma energia transbordantes. Além de muito swing, ele demonstrava sensibilidade estilística, bom gosto e uma elegância risonha e dançante. Higgins possuía não só uma forte mão direita – com a qual ele criava uma pulsação cativante e cintilante no prato de condução (segundo Higgins, "o prato é o mestre da bateria") –, mas também uma forte mão esquerda, podendo, assim, percorrer todo o set de bateria. "O set de bateria é como uma família. Cada componente do set é diferente. Fazer que todos soem como *um só* grupo é o grande segredo... Quando você fica desleixado com um tambor, ele deixa de ser parte da família e aí você não consegue mais extrair dele os sons corretos."

O homem que representou ao extremo as novas possibilidades do ritmo do free jazz foi – e talvez ainda o seja – Sunny Murray. Com ele, a criação de tensões vem suplantar radicalmente a marcação métrica. Quando Murray tocou com Albert Ayler, em meados dos anos de 1960, as melodias de Ayler, principalmente em temas da música folk, assentavam em métricas muito claras que Murray parecia não considerar. Murray tocava alheio ao metro, acrescentando pequenas batidas pulsantes, geralmente pouco audíveis, que pareciam juntar energia e então rebentar em redemoinhos selvagens por meio de toda a extensão de seu instrumento. Tratava-se de eruptivas "estruturas percussivas de agulhas de tricô" que pareciam estourar de intensidade. "Murray", escreveu Valerie Wilmer, "parece ser dominado pela ideia da força e da intensidade na música".

Não há dúvida de que a música de Murray swinga com densidade e força descomunais. Ela swinga sem beat e compasso, sem métrica e simetria, enfim, sem nada daquilo que até então fora considerado indispensável ao swing. Em seu caso, o swing resulta simplesmente da força e da flexibilidade de seus arcos de tensão. Ora, não seria necessário rever todas as teorias sobre o swing? Pois também essa forma de tocar cria tensão, ultrapassando tudo o que fora conhecido antes, pois aqui se trata de uma tensão que desemboca no êxtase. Na verdade, também se pode definir o swing de outrora desse modo: como fator de tensão. Segundo Murray: "Eu busco sons mais naturais, e não simplesmente um som de bateria. Às vezes, tento soar como veículos automotores ou como vidro estilhaçado..."

Outros bateristas importantes da "primeira geração" do free jazz são Milford Graves, Beaver Harris, Barry Altschul (do início de carreira), assim como os já mencionados Charles Moffett e Rashied Ali, além de Andrew Cyrille, particularmente digno de nota. Milford Graves é um mestre na arte de sobrepor ritmos irregulares, de retraí-los e expandi-los numa pulsação elástica de planos temporais distintos e simultâneos. "Devemos imaginar isso da seguinte maneira", escreveu Felix Klopotek: "Três pessoas caminham juntas pela rua, ora uma acelera o tempo, ora a outra, e então o terceiro corre atrás do primeiro... Quantos bateristas estão tocando? Um. A música de Graves é diferente, é polimétrica."

Rashied Ali disse que, na bateria do free jazz, o fundamental é tocar o *time* sem marcar o *time*. Andrew Cyrille extrai dos pratos um som de clareza inconfundível.

De 1964 até meados dos anos de 1970, ele foi um importante impulsor rítmico para Cecil Taylor. De um lado, ele tocou com Illinois Jacquet, de outro, com grupos de tambores de Gana, e também é um bom conhecedor da percussão europeia. Correndo o risco de certa simplificação, poderíamos caracterizá-lo como o baterista "intelectual" do free jazz.

Andrew Cyrille descreveu o swing de vários desses bateristas da seguinte maneira: "Swing é a reação psíquica natural do corpo humano a sons que fazem os homens movimentar seus corpos sem esforço demasiado… Em sentido mais abstrato, o swing é um som completamente integrado e equilibrado que produz uma sensibilidade mágica quase palpável do ser: a consciência de um acontecimento metafísico."

A essa "primeira geração" de bateristas do free jazz segue-se uma segunda e uma terceira, que comentaremos mais adiante.

O rock não é muito flexível em termos rítmicos. Em certo sentido, ele retorna a Cozy Cole e Sid Catlett dos anos de 1930, retirando o tempo forte dos pratos e trazendo-o de volta ao lugar de onde viera: do bumbo e dos tom-tons. Diferentemente dos ritmos "tocados em cima", um ritmo de rock não se conecta tão facilmente à execução dos solistas. Trata-se antes de um ritmo de marcação. Sabe-se sempre "onde está o primeiro tempo", o que nem sempre era claro na música dos bateristas de jazz dos anos de 1960.

A partir dos anos de 1970, a preocupação dos grandes bateristas é unir a emotividade e a força comunicativa do rock com a flexibilidade e a complexidade do jazz. Os primeiros bateristas que realizaram esse feito foram Tony Willliams, Alphonse Mouzon e Billy Cobham. Williams já foi mencionado por nós. Durante muito tempo, os ritmos "mais livres" do jazz rock foram os seus (só depois ele foi superado nesse aspecto por Ronald Shannon Jackson). Na banda Lifetime – em 1969-1970, com John McLaughlin e Larry Young –, ele tocava com uma intensidade vulcânica para além dos limites do rock, do jazz e da vanguarda. De todos os bateristas pioneiros do jazz rock, Tony Williams era quem possuía a maior envergadura estilística: em seu álbum *The Joy of Flying*, de 1976, ele tocou tanto com o tecladista *fusion* Jan Hammer quanto com o pianista de vanguarda Cecil Taylor.

Billy Cobham deu uma contribuição fundamental à primeira Mahavishnu Orchestra de John McLaughlin. Ele ficou conhecido pelo ímpeto triunfante e pelo virtuosismo compacto de seu som. Depois, ele dirigiu seus próprios grupos (um mestre dos *one-handed press-rolls*), porém, nunca mais alcançou o mesmo nível de sua execução na Mahavishnu. Há um problema similar no desenvolvimento de Alphonse Mouzon. De um lado, ele foi membro fundador do Weather Report; de outro, no começo dos anos de 1970, ele tocou com McCoy Tyner um tipo de jazz "acústico" ligado à tradição de Coltrane, ambos com altíssimo nível. Na segunda metade dos anos de 1970, Mouzon disse várias vezes que não se sentia como um músico de jazz, mas como um músico de rock – no entanto, é óbvio que o mundo do rock tem muita dificuldade para aceitá-lo como um de seus, pois o rock de Mouzon sempre foi muito marcado pela complexidade e pelo rigor típicos do jazz. Baseando-se em Tony Williams, Cobham e Mouzon, o panorama da primeira e da segunda geração de bateristas do jazz rock e do *fusion* desenvolveu-se de forma tão rica que só podemos mencionar poucos nomes: Steve Gadd, o primeiro Peter Erskine, Lenny White, Gerry Brown, Steve Jordan, John Guerin, Al Forster, assim como alguns bateristas europeus que, embora pertençam a esse grupo, tocam com aquele *understatement* tipicamente europeu, bem distinto da execução agressiva da maioria dos bateristas norte-americanos. São eles: o holandês Pierre Courbois, o ítalo-francês Aldo Romano e o suíço Fredy Studer.

Steve Gadd – conhecido por meio dos grupos Stuff e Steps Ahead – foi o mais bem-sucedido e requisitado baterista de estúdio dos anos de 1970 e de 1980. Dando prosseguimento ao estilo de Tony Williams, ele é o principal responsável pela criação daquele som de estúdio "seco" que serviu de modelo a centenas de bateristas. A precisão e inteligência de Gadd foram levadas adiante com refinamento e complexidade por Dave Weckel nos anos de 1990. Lenny White, natural da Jamaica (é incrível como muitos bateristas de jazz rock provêm de regiões latino-americanas, como o próprio Billy Cobham), participou do *Bitches Brew*, de 1969, de Miles, e tocou com Larry Coryell e Chick Corea. Peter Erskine, proveniente da *big band* de Stan Kenton, entre 1976 e 1982, ajudou o Weather Report a solucionar os problemas rítmicos que durante anos afetaram esse grupo. Ele formou ali, junto com Jaco Pastorius, uma das *rhythm sections* mais criativas do jazz rock.

Se é plausível visualizar um eixo musical no trabalho desenvolvido por Miles Davis ao longo dos anos de 1970 e de 1980, então trata-se daquele que o trompetista formou com Al Foster no período de 1972 a 1985. A crença de Miles no beat contínuo encontrou sua correspondência ideal no *timing* inabalável de Foster. Havia tanta intimidade entre eles, que Foster compreendia as transições entre as peças de Miles de forma intuitiva e não raro as pressentia e iniciava. Foster foi um dos poucos jazzistas a injetar swing *feeling* nos ritmos do jazz rock, bem como a introduzir nele elementos da tradição de Nova Orleans, como, por exemplo, seus ritmos de marcha (que, contrariamente às duras marchas prussianas, possuem uma elasticidade bem típica).

Pierre Courbois estendeu sua influência para toda a cena do jazz rock europeu por meio de seu grupo Association P.C. no começo dos anos de 1970, mas depois se afastou progressivamente dessa música. Isso vale também para outros bateristas citados, como Peter Erskine (a quem voltaremos mais tarde) e Lenny White, que primeiro tocou jazz rock com o Return to Forever, mas depois passou a fazer bebop, inclusive um bebop experimental com Heiner Stadler.

Jon Hiseman, Robert Wyatt, John Marshall, Bill Bruford e Simone Phillips pertencem à cena inglesa. Hiseman, que se tornou conhecido por meio do grupo Colosseum, é o baterista da bem-sucedida United Jazz & Rock Ensemble. Ele toca com um *groove* tão preciso e calculado que a crítica ficou dividida entre elogios e censuras. Com a Soft Machine, Robert Wyatt criou, já na segunda metade dos anos de 1960, nos Estados Unidos, uma rede de sensibilidade rítmica sem comparação na cena do jazz rock daquela época. Bill Bruford, por sua vez, é um mestre do *drumming* com métricas complexas – ele se inspirou no *odd-time-signature* de Joe Morello (o antigo baterista de Brubeck) para a constituição de sua forma intrincada de tocar. Bruford é igualmente um expert da bateria com sintetizador. Em vez de percutir sobre "peles", ele percute sobre *pads*, uma almofada lisa de borracha que, a cada golpe, emite um impulso elétrico para um sintetizador. Desse modo, Bruford alcançou em seu grupo Earthworks efeitos melódicos e sonoros que não deixam a desejar a nenhum tecladista. A ideia de uma bateria "melódica" se converte, assim, numa realidade mais concreta, descortinando aos bateristas um universo de possibilidades melódicas, acórdicas, harmônicas e sonoras.

Aldo Romano inventou um tipo de jazz rock "muito francês" – com muita *joie de vivre* e uma leveza típica, que contrasta agradavelmente com as formas de tocar mais pesadas dos bateristas de jazz rock. O suíço Fredy Studer é um especialista dos ritmos refinados e sutis do jazz rock, e possui grande intuição também para as diferenciações sonoras dos pratos. Com muita originalidade, Mark Nauseef introduziu no jazz rock elementos da Índia, da Ásia e de Báli. O *daddy* dos bateristas ingleses já mencionados é Ginger Baker, que teve sucesso mundial com o grupo de blues *rock* Cream e que, posteriormente, estudou percussão africana na Nigéria. Suas diversas tentativas de *comeback* nos anos de 1970 e de 1980 fracassaram porque ele (com um estilo muito concentrado no tom-tom), assim como seu colega e baixista Jack Bruce, embora possua realmente força e ardor musical, não soube acompanhar os avanços artesanais e técnicos conquistados pela música nesse meio-tempo.

Com um pé na primeira e na segunda geração de bateristas do jazz rock, surgiu nos anos de 1980 e de 1990 um grupo de músicos dispostos a refinar e cultivar a bateria virtuosística e triunfante desse estilo sob a influência de vários outros. Os nomes mais importantes são: Dennis Chambers, Terri Lyne Carrington, Paul Vertigo, Dan Gottlieb, Will Calhoun, Kenwood Dennard, Robby Ameen, Adam Deitch, Billy Martin, Dave King, Marcus Baylor, Will Kennedy, Nathaniel Townsley, Poogie Bell e, na Europa, o francês Phillipe Garcia, o suíço Jo Jo Mayer e o alemão Wolfgang Haffner.

Dennis Chambers ganhou a reputação de "potência percussiva" graças a um desenvolvimento rítmico que o levou do *P-funk* de George Clintons até o complexo jazz contemporâneo de John Scofield – ele é um *non plus ultra* da virtuosística técnica de funk, preenchendo o campo entre o funk e o jazz com um *groove* irresistivelmente cheio. Com seus ritmos energizados, ele é um dos mais requisitados bateristas de estúdio dos anos de 1990.

Com seu jazz rock politicamente engajado, Will Calhoun, membro da banda Living Colour, faz discursos "afrocêntricos" entre o funk, o rap e o jazz contemporâneo. Will Kennedy e Marcus Baylor se tornaram conhecidos por uma atuação altamente desenvolvida e sofisticada do ponto de vista técnico na banda *fusion* Yellowjackets.

Influenciado por Jack DeJohnette (de quem ainda falaremos), Terry Lyne Carrington trouxe à bateria do jazz rock ritmos tão intrincados quanto sensuais. Ela própria se vê como uma "escultora de ritmos". A uma apreciação superficial, sua especialidade parece ser um *powerplay* abstrato e swing*ing*. Com ouvidos mais atentos, porém, percebemos o quanto ela domina a arte do colorido rítmico, provando ser uma artesã soberana dos *drum sounds*.

A maioria desses músicos se ocupou também com máquinas e baterias computadorizadas, mas é significativo que eles tenham combinado esses equipamentos eletrônicos com o set convencional de bateria ou tenham simplesmente se decidido pelo seu *drum kit* tradicional. Isso não porque uma bateria computadorizada, como a crítica alega, seja incapaz de swingar, pois para isso basta uma programação profissional, mas porque lhe falta justamente aquela presença física direta e aquele espírito de comunicação espontâneo que fazem de um baterista um músico tão imprescindível no jazz.

Apenas com o surgimento de *samplers* baratos e portáteis, mas com os quais é possível improvisar de forma autêntica, foi que os bateristas passaram a dispor, desde o começo dos anos de 1990, de meios eletrônicos que lhes possibilitassem ter um acesso espontâneo a *loops*, ritmos e demais parâmetros sonoros. Assim, quase não é estranho que, desde meados dos anos de 1990, venha surgindo uma série de bateristas de jazz rock que utilizam essas novas possibilidades eletrônicas paralelamente ao uso do set de bateria convencional. Impulsos originais nessa direção vieram da Europa, particularmente de músicos que pertencem à cena eletrônica norueguesa de Oslo: tanto Anders Engen (na banda de Bugge Wesseltoft) quanto Rune Arnesen (com Nils Petter Molvaer) e Matin Horntveth (na banda Jaga Jazzist) criaram *loops* eletrônicos com ritmos "impossíveis de serem tocados", combinando-os elegantemente à execução de sua bateria acústica.

Mas também o norte-americano Adam Deitch – na banda de John Scofield, por exemplo – utilizou, de maneira particularmente bem-sucedida, *loops* e *samplers* eletrônicos como um prolongamento lógico da bateria acústica do jazz rock. Caminho oposto foi trilhado pelo francês Phillipe Garcia, conhecido por sua atuação ao lado de Erik Truffaz: com seu set reduzido de bateria, ele consegue dominar com tanto virtuosismo os rápidos ritmos inspirados no *breakbeats* e no *drum'n'bass* que ficamos com a impressão de ouvir uma *beat box* acústica e "humana".

Wolfgang Haffner está entre os bateristas mais livres e multifacetados da Europa. Ele é um cobiçado *free lancer* e baterista de estúdio, mas também um swing*er* excelente, que já tocou com Albert Mangelsdorff. No começo do século XXI, ele conseguiu dar um salto qualitativo, deixando de ser apenas um músico rítmico elegante para se tornar um compositor sensível: em suas peças, ele projeta *tableaux* de *grooves* atmosféricos que se distinguem agradavelmente das trovoadas de *breakbeats* que normalmente esperamos de um baterista que flerta com o *jungle* e a *house music*.

Um panorama analogamente complexo surgiu com os bateristas da execução livre, cuja segunda e terceira geração conduziu a uma forma de ver a tradição inspirada no free jazz. Entre eles, estão Phillip Wilson, Don Moye, Steve McCall, Barry Altschul, Pheeroan Ak Laff (Paul Maddox), Thurman Barker, Bobby Battle, Warren Smith e, entre os mais jovens, Gerry Hemingway, Hamid Drake, Susie Ibarra, Tani Tabbal, Gerald Cleaver, Dylan van der Schiff, George Schuller, Greg Bendian e Alex Cline. Apesar da ligação com o free jazz, todos eles assimilam influências externas à vanguarda e, de maneira calculada, introduzem a execução métrica em passagens metricamente livres. Não se trata de abrir mão da liberdade que fora outrora conquistada, mas de expandi-la e refiná-la em diálogo com as formas de tocar "mais tradicionais". Wilson, Moye e McCall estão próximos da AACM, mas Wilson migrou, em fins dos anos de 1960, para outro tipo de música – ele tocou com a Paul Butterfield Blues Band –, voltando ao free jazz quando seus colegas da AACM ganharam reconhecimento também nos Estados Unidos, na segunda metade da década de 1970. Nos anos de 1980, ele tocou na Lester Bowies Brass Fantasy. Moye, ligado ao Art Ensemble of Chicago, está profundamente voltado à herança africana da música negra – seu conhecimento da diversidade dos ritmos afro-americanos parece inesgotável. Ao se abrir a uma infinidade de instrumentos de percussão – africanos, árabes e indianos –, Moye se libertou com muita coerência dos limites sonoros do *drum set* convencional, encontrando assim uma nova diversidade de cores e texturas. Seu estilo de tocar, ritualístico e impulsivo, influenciou muitos bateristas, que hoje incorporam à sua execução as cores e os elementos percussivos do *hand-drumming*, bem como algumas técnicas de baqueta não ortodoxas (como Susie Barra, George Schuller, Kenny Wollesen, Hamid Drake). Steve McCall, falecido em 1989, deu ao grupo Air seu estilo leve e arejado também do ponto de vista rítmico. Barry Altschul tocou *free* bop no grupo Circle numa época em que o termo nem existia ainda. Ele é um mestre dos *rimshots* (golpes no aro da caixa) e, com seu inimitável refreio, consegue criar intensidade e tensão.

Gerry Hemingway, que se tornou conhecido tocando com Anthony Braxton, é o verdadeiro *family man* entre os bateristas do pós-free jazz. Com seus ritmos violentos e cheios de tensão, ele produz uma extraordinária força aglutinadora. Ele extrai uma ressonância particular da bateria e possui uma grande sensibilidade para orquestrações "maduras", motivo pelo qual não surpreende sua preferência pelos antigos sets de bateria dos anos de 1940 e de 1950. "Leva um tempo para que um instrumento adquira seu verdadeiro som, e essas baterias, de fato, já estão bem calejadas."

Susie Ibarra estudou com Milford Graves e tocou no quarteto de David S. Ware. A norte-americana de origem filipina é admirada pelos grandes nomes da música livre em virtude da delicadeza e da inteligência com que enriqueceu e expandiu a potente execução em pulsação do free jazz. "Para muitas pessoas, o free jazz não é senão um barulho ensurdecedor e raivoso", disse ela. "Mas a música que toco advém de um estudo desenvolvido ao longo de quarenta anos. Verdadeira liberdade só pode vir da disciplina". Ibarra explora na bateria múltiplas possibilidades sonoras. Seu segredo é, como ela mesma diz, tocar de maneira "atmosférica": "a cada golpe, uma sonoridade".

Hamid Drake, de Chicago, criou uma vibrante síntese entre a pulsação da execução livre e o *groove*. Ele é o mais vital e enérgico baterista "esclarecido" do pós-free jazz, seja em seus animados *grooves* de música afro e reggae com Pharoah Sanders nos anos de 1990, seja nas estruturas pulsáteis "completamente livres" de seu trabalho com Peter Brötzmann.

Guillermo E. Brown soube unificar de forma particularmente convincente as possibilidades da bateria do free jazz com as tendências da música eletrônica mais recente – tanto com os *breakbeats* do *drum'n'bass* quanto com os ritmos do hip-hop, do *jungle* e da *house*. Com sua execução espontânea e virtuosística, ele desconhece completamente aquele cisma que durante muito tempo separou – e na verdade ainda separa – músicos de free jazz e de jazz rock. Para ele, os álbuns *Heavy Weather*, do Weather Report, e *Dark to Themselves*, de Cecil Taylor, possuem a mesma conotação inspiradora e inovadora: a ideia da busca, do avanço em direção a novas dimensões e espaços sonoros. "Eu cresci na ideia de que o computador é uma extensão de meu corpo; por isso, sinto-me completamente bem quando improviso com ele". Guillermo E. Brown utiliza a *drum machine* da mesma forma como Max Roach lida com os sets tradicionais de bateria: deixando-a "respirar".

Os *daddies* da percussão livre na Europa são o suíço Pierre Favre e o holandês Han Bennink – o primeiro é refinado e sensível, o segundo, vital e vibrante. Como nenhum outro baterista da atualidade, *Favre* traça "*sketches* percussivos" com tanta vivacidade que é como se tivéssemos quadros diante de nós. Enquanto Bennink se destaca principalmente nas "peles", Favre é particularmente impressionante nos pratos, nos gongos e em outros itens metálicos. Ambos, Favre e Bennink, descobriram antes mesmo de seus colegas norte-americanos aquele rico arsenal de instrumentos de percussão utilizado hoje em dia por vários bateristas e percussionistas: instrumentos africanos, brasileiros, balineses, tibetanos, indianos e chineses.

Han Bennink faz emergir a força originária da percussão como nenhum outro baterista de jazz europeu. Ele celebra as raízes da bateria, seu elemento vital. No fim da década de 1960, portanto, na primeira fase do free jazz europeu, ele tocou com um ímpeto revolucionário nas bandas de Willem Breuker e de Peter Brötzmann. Bennink improvisa com tal fúria que ele próprio se torna um verdadeiro "brincalhão" dentro dos grandes grupos. Depois, seu estilo ganhou tonalidades mais sutis, numa mistura original de elementos neodadaístas e métricos. Entre os bateristas do free jazz europeu, Bennink é o de maior expressão em termos de swing e *groove*. Ele dispõe soberanamente de todos os estilos e técnicas: da pulsação livre, passando pelos *grooves* do oeste da África, até os ritmos de *shuffle*, boogie e rock, sem deixar de lado os bons e velhos beats de Nova Orleans e do swing de Baby Dodds e Bid Sid Catlett nem a tradição bem-humorada dos bateristas de circo e de rua. Talvez em virtude dessa multiplicidade, tenha-lhe sido bastante fácil adentrar o universo das execuções multiestilísticas do jazz dos anos de 1990, como se percebe em suas vibrantes gravações com o Clusone Trio, por exemplo.

Já nos anos de 1960, Bennink surpreendeu pelo tamanho de seu arsenal, que dificilmente podia ser maior: tablas, gongos chineses, tímpanos, *temple blocks*, vibrafones, *talking drum*, lâminas de metal, serrote. Hoje ele procura atender à necessidade de quem organiza seus concertos. Ele abriu mão da ideia de uma bateria gigante, em parte por ela ter sido muito copiada. Em suas *gigs**, ele usa apenas o *snare drum*, que considera "saboroso". Disse ele: "Para mim, é importante retornar às origens da bateria e trazer novamente à tona seu 'aspecto jazzístico'. Cheguei a um ponto em que posso tocar tudo o que for preciso com dois palitos de fósforo."

Na Inglaterra, John Stevens desenvolveu com a Spontaneous Music Ensemble a ideia de uma execução complementar com barulhos e texturas. Ele é um mestre da execução "atomística", em que o papel da bateria se define menos pela condução de um desenvolvimento linear que pela supressão da hierarquia entre solistas e músicos de acompanhamento.

Bennink e Stevens criaram uma espécie de linhagem europeia da percussão. A ela estão vinculados, dentre outros, os suíços Peter Giger, Reto Weber e Marco Käppeli, o italiano Andrea Centazzo, o sueco Sven-Ake Johannson, o finlandês Edward Vesala (que também estudou música balinesa), os ingleses Tony Oxley e Paul Lytton, assim como os alemães Paul Lovens, Detlef Schöneberg (que formou, com o trombonista Günter Christmann, um dos mais interessantes duos europeus dos anos de 1970), Willi Kellers e, proveniente da antiga Alemanha Oriental, Günter "Baby" Sommer.

Partindo de posturas estéticas opostas, Paul Lovens e Paul Lytton chegaram a resultados sonoros bem parecidos: ambos tocam com muita rapidez, intensidade e polirritmia e, no entanto, se distinguem sob o aspecto fundamental da dinâmica de grupo. Lovens – na Globe Unity Orchestra, por exemplo – é um músico de maior intervenção rítmica, ao passo que Lytton – com Evan Parker, por exemplo – é um especialista em ações rítmicas complementares. O baterista sueco Sven-Ake Johannson também representa o free jazz clássico europeu. Em seu duo com Alexander von Schlippenbach, por exemplo, ele introduziu aspectos neodadaístas em suas improvisações livres, bem como gestos teatrais, acordeão, voz e baquetas alternativas. A sutil ironia e o virtuosismo de sua execução se torna evidente também em seu grupo Moderne Nordeuropäische Dorfmusik – veja-se, por exemplo, sua composição/improvisação para cinco tratores. Faz mais de trinta anos que o britânico Tony Oxley montou seu próprio set de bateria. Ele prescindiu do *snare drum*, que até então era tido como insubstituível. Em vez disso, ele introduziu pequenos elementos percussivos, fios, parafusos, tarraxas, facas diversas e uma grande caneca – muitos deles com o som distorcido eletronicamente. Oxley possui um *flow* extremo em seu som, de onde surge uma "floresta polirrítmica de texturas cintilantes e altamente densas, e mesmo assim transparentes como um cristal" (Peter Niklas Wilson). Graças a essa riqueza de sons, Oxley pôde preencher a execução de Cecil Taylor de uma forma bastante sensível, tanto que, desde o fim dos anos de 1980, ele está entre os bateristas preferidos do pianista do free jazz. Günter "Baby" Sommer é o baterista de maior destaque do pós-free jazz europeu. Mestre de uma intensidade mágica e de um *drive* monstruoso, ele seduz com sua calma e suas pausas e, por assim dizer, por seu estilo "prussiano" de instituir ordem (uma ordem que sempre é dialeticamente desfeita). Sommer é o baterista mais melódico no campo da música de improvisação livre. Ele expandiu o seu set de bateria com tímpanos, carrilhões de orquestra e instrumentos de percussão, criando sons tão claros e refinados que às vezes esquecemos que se trata de uma bateria.

Por um caminho alternativo à tradição do free jazz europeu, Vladimir Tarasov desenvolveu, na antiga União Soviética, um tipo independente de execução livre. Ele tocou em orquestras

* Na gíria do jazz, gigs são trabalhos esporádicos, eventuais, equivalentes ao nosso "bico".. (N. da T.)

sinfônicas e foi membro do trio Ganelin até sua dissolução em 1987. Ele toca de modo particularmente percussivo. Tarasov une a pulsação do *free fazz* a figuras de swing tradicionais, música de marcha e de circo, além da música popular lituana, fraturando e ironizando de múltiplas formas esses elementos todos.

Mencionemos, por fim, os bateristas de free jazz do Japão: Masahiko Togashi, Shota Koyama e Takeo Moriyama. Togashi toca uma "percussão espiritual", em que se notam elementos da tradição meditativa japonesa e também da tradição zen. Hoje não existe, além dele, nenhum outro percussionista de free jazz em que o espaço vazio entre as batidas possua uma importância tão grande e se caracterize por um "conteúdo" tão tenso. Koyama e, sobretudo, Moriyama são bateristas incrivelmente intensos, porém de uma intensidade que não advém apenas das fontes negras, mas também do tradicional culto japonês à intensidade.

No fim dos anos de 1970, Ronald Shannon deu um passo importante, indo além desses bateristas norte-americanos, europeus e japoneses. No Festival Moers de 1980, um dos músicos disse que "em certo sentido, Ronald faz hoje em dia o que Elvin Jones fizera no começo dos anos de 1960. Assim como Elvin libertou os ritmos do bebop em seu tempo, Ronald Shannon liberta hoje em dia os ritmos do rock e do funk". Ronald Shannon Jackson é o mais importante baterista do free funk. Isso não apenas pela impressionante polirritmia de sua execução, mas também porque ele conseguiu introduzir essa polirritmia em suas composições e na música de seu grupo, o Decoding Society.

Como na maioria dos casos, em se tratando de jazz, o free funk inova primeiramente no ritmo. Ele unifica a presença física e o ímpeto do jazz rock com a liberdade e a flexibilidade do free jazz. Coordenação motora e pulsação – ninguém levou essa fórmula a um vértice tão repleto de energia rítmica quanto Ronald Shannon Jackson. Ele se tornou conhecido por meio de Albert Ayler, Ornette Coleman e Cecil Taylor e, sob influência da música "harmolódica" de Coleman, fez gravações precursoras no começo dos anos de 1980 com o Decoding Society, sem nunca mais voltar a alcançar o alto nível dessa época. Na banda Last Exit, ele fez um free jazz orientado ao heavy metal.

Outros bateristas importantes do free funk são Calvin Weston e Cornell Rochester; ambos tocaram com o guitarrista James "Blood" Ulmer. Descendentes de primeiro grau dessa geração do free funk são os bateristas que misturam elementos do funk, do soul e do hip-hop com um tipo de execução tecnicamente desafiadora em cima de métricas abstratas. Sean Rickman, Mark Johnson, Dafnis Prieto, Paul Samuels, Gene Lake, Gene Jackson e Rodney Green são os bateristas mais importantes do estilo M-base – todos especialistas em mudanças rítmicas sutis e complexas sobreposições métricas.

Em sua mistura de funk com formas livres, Sean Rickman é um dos bateristas mais impressionantes do começo do século XXI. Ele faz de seu set de bateria uma banda. Com seus modelos, desenvolvidos a partir do estudo das culturas musicais africanas, indianas, árabes e cubanas, ele atinge uma maestria rara na arte de compor e sobrepor métricas abstratas. Os desenhos rítmicos de sua bateria são essenciais para o formato das canções do grupo de Steve Coleman, o Five Elements, não se limitando a promover e intensificar o *groove*. Esse tipo de *compositional drumming* foi levado adiante por Sean Rickman com muito espírito de interação, seja na banda *fusion* Dapp Theory, seja em seu próprio grupo. Ele une agudeza, dureza e intensidade a elementos como clareza, leveza e amabilidade.

O sucessor de Rickman na banda de Coleman foi Dafnis Prieto, que acrescentou ao estilo dos bateristas da M-base técnicas da música afro-cubana e da cena da conga

(Prieto é natural de Cuba). Gene Jackson, Gene Lake e Rodney Green pertenceram à banda de Greg Osby, sax-altista e soprano.

Nasheet Waits é um mestre da liberdade controlada. Sua bateria foi comparada a uma *force of nature*. Na Bandwagon de Jason Moran ou no trio de Fred Hersch, ele enriquece suas polirritmias viris e altamente intensas com uma boa dose de imprevisibilidade rítmica. O filho do baterista Freddie Waits dispõe de um *snare sound* estalado e de uma capacidade singular para trabalhar ritmos livres e fluentes no interior de formas fixas. Ele ainda demonstra uma admirável abertura para os mais diversos tipos de música: de James Brown, passando pelos diversos estilos da música para tabla, até o hip-hop.

Assim como os bateristas do free funk, os bateristas da *noise music* e da *no wave* expandem e atualizam o tesouro de experiências do free jazz. David Moss é o baterista mais importante dessa orientação. Ele traz para a pulsação diferenciada do free jazz algo da agressividade do punk e da dureza do rock de vanguarda. Moss é mestre na colagem de ruídos, esbanjando imaginação na produção de sons curtos e alternantes – tom-tons, gongos, pratos, balões de ar, brinquedos, voz. Explorando e integrando todas as fontes sonoras possíveis (e também impossíveis), esse homem se mostra tão repleto de sonoridade, que basta ele amassar um pedaço de papel para produzir música.

A "inimizade" entre o jazz rock e o free jazz também é desfeita no campo da bateria pelo grupo do *mainstream* contemporâneo (e por isso muitos músicos se destacam simultaneamente no jazz rock e no free jazz). São eles Billy Hart, Stu Martin, Clifford Jarvis, Al Foster, Idris Muhammad, Adam Nussbaum, Woody Theus, Freddie Waits, Wilbur Campbell, Mickey Roker, Terry Clarke, Frank Butler, Jake Hanna, Jeff Hamilton, Bob Moses, Paul Motian, Joe LaBarbera, Elliot Zigmund, Ronnie Burrage, o francês André Ceccarelli, o suíço que vive na França Daniel Humair, o polonês Janusz Stefanski, os austríacos Wolfgang Reisinger e Alex Deutsch, assim como os alemães Thomas Alkier e Wolfgang Haffner.

Billy Hart pode não ser um supersolista, mas é um baterista extremamente sensível, um dos mais intensos e cheios de swing dos dias de hoje – é como se ele trouxesse uma nova sensibilidade ao estilo de Elvin Jones. Também Eddie Moore, Janusz Stefanski, Woody Theus e Al Foster são guiados por Elvin Jones. Nas tercinas de seu prato swingante, assim como em seus ritmos elásticos de bebop, Foster cultiva um *drive* rítmico complexo. Com suas intervenções cortantes e sua sensibilidade para condensar ou reduzir, segundo o contexto da improvisação, o volume e a complexidade rítmica, esse antigo baterista de Miles se tornou, nos anos de 1980 e 1990, um dos bateristas mais cobiçados da cena nova-iorquina. Stu Martin, falecido em 1980 e advindo, no começo dos anos de 1970, da orquestra de Quincy Jones, possuía um vasto espectro estilístico, que incluía a música judaica e a música do Leste europeu. Freddie Waits, Horacee Arnold e Wilbur Campbell pertencem ao conjunto de percussão de Max Roach (que mencionamos mais acima). Mickey Rocker foi, nos anos de 1970, o baterista preferido de Dizzy Gillespie. Idris Muhammad (que fez gravações marcantes como baterista de estúdio de rhythm & blues – ainda com o nome de Leo Morris) dá prosseguimento a Ed Blackwell. Ele traz para sua bateria os *grooves second line* e os ritmos explosivos do funk de Nova Orleans, enriquecendo a tradição do bebop com influências africanas, caribenhas e indianas. Jake Hanne e Jeff Hamilton são verdadeiros swing *men*, músicos enraizados na tradição dos grandes bateristas clássicos da era do swing. O trabalho delicado, com forte swing, das vassouras de Hamilton é lendário: tocando nas bandas de Ray Brown e de Diana Krall, ele se tornou um dos melhores bateristas de trio da cena. No decorrer de sua carreira – que vai de sua participação no antigo quarteto de Gary Burton até a formação de seus próprios grupos –, Bob Moses foi se distanciando cada vez mais da sonoridade do prato típica do moderno jazz clássico. Em vez disso, a dimensão compositiva se tornou para ele cada vez mais importante. A magia de suas composições vai além das sutilezas técnicas. Ela decorre muito mais de seu caráter atmosférico – *groove*, fantasia pictórica, sensibilidade para ritmos fortes e melodias simples, "*power-drumming* de tons pastéis" e consciência bluesística, sutileza e força, sensibilidade e energia.

Daniel Humair é o baterista de maior swing de toda a Europa – um músico particularmente comunicativo, cuja execução espirituosa e elástica, apesar dos vínculos que estabelece, aspira à liberdade, gozando de muito prestígio no meio musical norte-americano. Com grande sensibilidade para perceber estados de energia rítmica, Humair expande e contrai ritmos com tanta concentração, ousadia e clareza, que finda por redefinir o papel de seu instrumento, tornando-se uma síntese de capacidades múltiplas: sua bateria marca o tempo, impulsiona o grupo e ainda atua como um instrumento solista. Eis o lema de Humair: "Sem riscos improvisatórios conscientemente calculados, não há liberdade musical. Sem a manifestação de liberdades musicais, não há verdadeiro swing."

Partindo de Humair – e se expandindo em várias direções –, uma série de bateristas criativos desenvolveu na França um universo próprio de cores e ritmos europeus. Christophe Marguet, Erik Echampard, Joel Allouche, Maxime Zampieri, Stéphane Huchard, Patrice Heral e Tony Rabeson (o último refletindo ainda as raízes de seu país de origem, Madagáscar).

O norueguês Jon Christensen, embora ligado ao jazz straight-ahead, é antes de tudo um "pintor" da bateria; um impressionista nórdico de ritmos, que, com seus desenhos imprevisíveis e incalculáveis, pode conduzir seus grupos em novas direções. Sua execução sensível e espacial ao lado de Jan Garbarek e no quinteto europeu de Keith Jarrett foi marcante. Christensen é um mestre de ritmos sensitivos, refinados e "binários". De fato, em contraposição à execução redonda, elástica e em tercinas da maioria dos bateristas de jazz, os ritmos de Christensen se baseiam em unidades binárias.

O italiano Aldo Romano, residente em Paris, swinga com a mais completa despreocupação. Ele se movimenta com vitalidade entre métricas livres e fixas e não tem medo de violar as convenções acadêmicas. Suas composições – para o trio Sclavis, Texier e Romano ou para sua banda Palatino – possuem um estilo notoriamente franco-italiano, assimilando influências do bebop, melodias mediterrâneas e danças folclóricas, mas também influências da música clássica.

Humair, Christensen e Romano formam a tripé da bateria de jazz europeia – eles abriram caminho no campo das métricas fixas da mesma forma como Han Bennink e John Steven o fizeram no da execução "livre". Sobre o ramo dos bateristas mais jovens do jazz europeu proveniente desse tronco ainda falaremos mais adiante. Três dos bateristas mencionados acima tocaram com Bill Evans, falecido em 1980, e se caracterizam pela sensibilidade refinada da música desse pianista: Paul Motian, Elliot Zigmund e Joe LaBarbera. Motian toca ritmos de uma beleza excitante e extravagante. Ele dispõe de uma maneira incrivelmente sofisticada de tocar "primitivamente" – com um raro senso de redução. Com seu *touch* explosivo e sensível e com seus ritmos altamente reativos, ele ajudou a definir a identidade sonora do quarteto de Keith Jarrett. Em sua Electric Bebop Band – da qual advieram, nos anos de 1980, Joe Lovano e, nos anos de 1990, Kurt Rosenwinkel –, ele toca com um grande senso de aventura e descoberta, deixando todos os sons à sua volta fluírem para seus ritmos – e nisso consiste a improvisação de verdade: escutar e reagir.

Porém, nenhum baterista dominou o jazz dos anos de 1980 e 1990 de forma tão soberana e original quanto Jack DeJohnette (que influenciou vários dos bateristas já mencionados aqui): ele é o baterista mais complexo da cena contemporânea e traz ao jazz ritmos novos, seja gravando com outros músicos, seja como líder de seu próprio grupo, o Special Edition. DeJohnette também possui o refinamento minuncioso de Tony Williams e a vitalidade de Elvin Jones. Ele denomina sua música "multidirecional", aberta em várias direções – o que, de fato, caracteriza sua imponente envergadura estilística: jazz rock, reggae, free jazz, neo-bop, esteticismo, blues...

Jack DeJohnette é um músico dialógico. Mesmo quando está sozinho com a bateria, ele cria um diálogo constante entre os componentes desse instrumento. É que ele pensa de maneira orquestral. Sua bateria possui uma diversidade enorme de cores e movimentos rítmicos. É fantástico ver como DeJohnette subdivide o beat em complexos modelos polirrítmicos "de quatro vozes", fazendo o centro do acontecimento rítmico "caminhar" motivicamente por meio de todo o arsenal da bateria – tal como, numa polifonia, a voz principal "caminha" pelos instrumentos. Elucidativo é o fato de DeJohnette ter começado como pianista, chegando até a gravar ao piano. Ademais, ele é um brilhante compositor. Em suas obras, diferentemente do que acontece com a maioria dos bateristas compositores, não se reconhece de imediato a "mão de um baterista". Esse tipo de "escrita baterística" é um fato real e se verifica em quase tudo aquilo que foi composto entre Sid Catlett e Cozy Cole, de um lado, e Billy Cobham e Alphonse Mouzon, de outro.

Jack DeJohnette é o "pai" da bateria multiestilística. Dele provém e a ele se reporta o novo baterista pós-moderno: aquele que, indo muito além da versatilidade corrente que os bateristas sempre tiveram de dispor por motivos técnicos e práticos, se habituou a tocar, assimilar e integrar uma pluralidade tão grande de estilos que não cabe mais em nenhuma classificação específica.

Hoje em dia, os bateristas mais representativos do jazz multiestilístico são Peter Erskine, Joey Baron, Bill Stewart, Brian Blade, Matt Wilson, Billy Kilson e Ralph Peterson Jr. Erskine, que gravou com os grupos Steps Ahead e Bass Desires, mas também com o guitarrista John Abercrombie, toca com grande clareza, aliando *power* à elegância – a elasticidade de sua coordenação rítmica é também sedutora. Segundo ele, "no que se refere ao beat, a diferença entre um baterista e outro é o espaço entre as notas. Isso não tem nada a ver com técnica e a escolha das baquetas, trata-se muito mais de uma questão de forma".

A bateria de Bill Stewart é uma celebração da leveza, da sensibilidade e da elegância. Seu estilo tem como base Tony Williams e Ed Blackwell. Stewart possui reflexos rítmicos rápidos e fulminantes e é um dos bateristas mais comentados da cena. Ele é incomparável na arte de emoldurar as ideias de um solista e conferir tensão a seu discurso sem se exceder. Stewart sempre toca a peça por completo a partir de um único e grande jato, cheio de excelência e criativos acentos *out of time*. Brian Blade, proveniente das bandas de Joshua Redman e Wayne Shorter, é o melhor baterista de jazz da cena atual. Seu estilo mistura furor com musicalidade, intensidade com sensibilidade. Ele enriquece o vocabulário da bateria clássico-moderna, na medida em que desenvolve, com base em sua inteligente rudeza e de uma bela sonoridade, as linguagens percussivas de Jo Jones, Max Roach, Tony Williams e Jack DeJohnette. Força e sutileza produzem um fluxo singular em sua música, que ata de maneira indissolúvel *spirit and groove* (Blade). Brian Blade conheceu todas as escolas do jazz em que a intensidade é cultivada. De outro lado, ele traz algo de sua experiência com o gospel, da época em que ele, ainda garoto, acompanhava os sermões de seu pai na bateria. Participando das celebrações da igreja, ele aprendeu que o som jubiloso de uma comunidade é mais forte que o do indivíduo, que o "nós" vem antes do "eu". Seu principal preceito é: "Serve the community first" (Primeiro, servir a comunidade).

Atualmente, Brian Blade é o baterista de jazz que melhor explora as possibilidades dinâmicas do set da bateria, apresentando um leque de variações que vai de grandes explosões a sussurros dramáticos e sensíveis.

> Amo harmonias. Normalmente, são as harmonias que mais me inspiram ideias rítmicas. Isso soa estranho. As pessoas sempre pensam que um baterista se interessa primordialmente pelos beats, e só depois pelas harmonias. Mas, para mim, é exatamente o contrário. Todo baterista tinha de saber disso. Mesmo atuando na banda de rock mais underground e selvagem, o baterista de alguma forma também é responsável pelo desenvolvimento da harmonia.

Billy Kilson, nos grupos de Dave Holland, se entrega a seu set de bateria com uma energia impetuosa. Ele afina sua bateria como no rhythm & blues e cria ritmos de flexibilidade extraordinária e uma densidade extasiante. Marvin "Smitty" Smith trabalhou com David Murray, Wynton Marsalis, Sting, Sonny Rollins, Steve Coleman, Hank Jones e Art Farmer, e foi membro do famoso quinteto de Dave Holland. Ele tem uma sonoridade particularmente aveludada, grave e escura, o que certamente está ligado ao fato de que seu bumbo é tocado com dois pedais, em vez de um só. Matt Wilson swinga com grande precisão e uma ironia leve e refinada. Assim como Joey Baron (ainda por comentar), ele está entre os poucos bateristas contemporâneos que desenvolveram um estilo pessoal de execução com a vassoura. Analogamente a Matt Wilson, Thomas Crane é um swing*er* duro, que ama as surpresas, mas toca de maneira "mais livre". Em seu grupo Fo'tet e no trabalho com Michael Brecker, Ralph Peterson Jr. atualizou a bateria possante de Art Blakey. Peterson Jr. toca de forma interativa, dinâmica e com muito volume – às vezes, volume em excesso. Ele é um baterista progressista e agressivo, que toca sem dar atenção à rivalidade entre o neo-bop e a pós-vanguarda, agindo como se a cisão entre essas duas tendências nunca tivesse existido.

Os bateristas da cena *downtown* nova-iorquina transitam com a maior facilidade pelos estilos. De forma muito original e imaginativa, eles se comportam como verdadeiros malabaristas rítmicos, enfatizando as mudanças radicais de estilo, as técnicas de colagem e os saltos entre gêneros contrastantes. Joey Baron se sobressai como o mais importante do grupo, no entanto, Jim Black, Bobby Previte, Kenny Wollesen, Michael Sarin, Tom Rainey, Ben Perowsky, Satoko Takeishi, John Hollenbeck e Ben Witman não ficam muito atrás em termos de riqueza expressiva.

Joey Baron foi chamado de o "Gene Krupa da cena *downtown*". Sua experiência vai do *mainstream* do swing com Carmen McRae e Dizzy Gillespie ao jazz de vanguarda com Tim Berne e John Zorn (de quem ele é o baterista dileto). Baron pode sacudir uma banda inteira com seu som. Ele é um músico cheio de humor, altamente interativo, um *kick-ass player*, como foi denominado pelos músicos em virtude de seu estilo novo e cheio de ataque, relaxado e solto em sua sonoridade. Um baterista de raiz, cujo estilo traz o sabor das terras do sul dos Estados Unidos e uma vivacidade que confere à sua execução um grande e imediato poder de comunicação emocional.

Jim Black, oriundo de Seattle, caracteriza-se por uma abertura estilística semelhante. Ele foi a peça rítmica fundamental do Tiny Bell Trio de Dave Douglas, assim como da banda Bloodcount de Tim Bernes. Black inventa ritmos engraçados, que, em termos estilísticos, não conhecem barreiras, indo do *grunge rock* ao jazz de vanguarda, das *big bands* de swing aos *balkan grooves*, do bop ao rock, e assim por diante. Ele desenvolveu uma habilidade especial para misturar o som de seu set de bateria clássico com sons de instrumentos de percussão e laptop.

Bom gosto, humor e velocidade são qualidades de Bobby Previte. Ele é um baterista eclético, mas que saber lidar com a pluralidade de suas influências, enfeixando-as em composições atmosfericamente densas, em que elementos do minimalismo, do rock e do *afro-beat* são trabalhados organicamente no interior de processos circulares. Tom Rainey é um típico *musicians' musician* – um baterista pouco conhecido do grande público, mas altamente estimado pelos músicos, criando seus ritmos contagiantes com uma capacidade especial para contrariar as expectativas do ouvinte. Ele consegue se desvencilhar da métrica e das estruturas frasais sem perder o sentido da forma.

Ben Perowsky é um multiestilista com um *time* perfeito. Ele tocou na banda de *jazz fusion* Lost Tribe, mas também com Don Byron. Kenny Wollesen possui um *feeling* notável para o essencial. Ele é capaz de manter a coesão de um *ensemble* com poucas batidas, uma habilidade que, segundo ele, vem da *old school* – da velha escola. Wollesen alia uma grande sensibilidade melódica a uma inclinação para *patterns* drásticos.

Diante da enorme exuberância da bateria pós-moderna, os bateristas do neoclassicismo e do neo-hard bop parecem mais interessados em preservar certa pureza estilística. Daí serem pejorativamente taxados de "puristas". Na verdade, os bateristas do neoclassicismo – Jeff "Tain" Watts, Herlin Riley, Kenny Washington, Carl Allen, Tony Reedus, Marvin "Smitty" Smith, Victor Lewis, Leon Parker, Cindy Blackman, Lewis Nash, Adonis Rose, Ali Jackson, Damion Reed, Joe Farnsworth, Eric McPherson, Jaz Sawyer, Yoron Israel, Sylvia Cuenca, Jason Marsalis, T.S. Monk, Keith Copeland, Winard Harper e o inglês Mark Mondesir – são tão ecléticos quanto os outros bateristas contemporâneos, com a diferença de que os neoclassicistas trabalham a diversidade com base no bebop. Eles refletem e atualizam todos os ritmos existentes desde Max Roach e Art Blakey, passando por Philly Joe Jones até os refinamentos de Elvin Jones e Tony Williams. No entanto, há um ponto em que eles se distinguem essencialmente dos bateristas do bebop: eles costumam tocar de forma mais impetuosa, explosiva e parafraseante, com base na experiência de uma geração que vivenciou, além do bop, também o free jazz, o rock e o jazz rock. Consequentemente, a bateria saiu de sua função secundária, como instrumento de acompanhamento, para uma posição em que desfruta "dos mesmos direitos" de qualquer solista.

Um baterista que faz bebop com uma liberdade controlada e o enriquece com os elementos do novo jazz e do jazz rock é Jeff "Tain" Watts, proveniente da banda de Wynton Marsalis. Ele está entre os bateristas mais versados e mais respeitados da cena de jazz contemporânea. Trazendo consigo elementos afro-cubanos e influências do rock, "Tain" radicaliza e intensifica o estilo de Elvin Jones. Ele é uma usina de ritmos: seu estilo agressivo e provocativo às vezes soa como se dois bateristas tocassem juntos. Sua execução "barulhenta" já foi comparada a um set de bateria "caindo escada abaixo". Porém, ao mesmo tempo, Watts revela possuir uma extraordinária consciência formal. Com suas polirritmias flexíveis, ele encontrou formas novas de tocar, enveredando pelo arriscado caminho das estruturas e métricas complexas.

Em 1988, Herlin Riley assumiu o lugar de Watts na banda de Wynton Marsalis. Como nenhum outro, Riley foi corresponsável pela volta de Marsalis às formas "antigas" do jazz. De modo particularmente consequente, ele enriqueceu o neoclassicismo dos anos de 1990 com ritmos da tradição de Nova Orleans. Literalmente, Riley "virou de cabeça para baixo" a bateria de jazz clássico-moderna, pois reordenou sua sonoridade com base nos ritmos *second line* de Nova Orleans. De fato, no jazz de Nova Orleans, o *drumming* vem "das profundezas" – com muita atividade no *bass drum* e no *snare drum* –, enquanto no bebop a bateria é tocada "em cima", com uma ênfase nos pratos. Riley é o baterista contemporâneo mais imponente daquela linhagem de bateristas de jazz que, ligando-se às conquistas de Baby Dodds e Ed Blackwell, conservaram e diversificaram a herança de Nova Orleans: Adonis Rose, Idris Muhammad, Jason Marsalis e Ali Jackson (é verdade que o último vem de Detroit, mas é capaz de tocar os *grooves* de Nova Orleans melhor do que qualquer outro baterista que não seja nativo).

Victor Lewis e Tony Reedus provêm dos principais grupos do neo-bop dos anos de 1980 centrados no trompetista Woody Shaw e no saxofonista Dexter Gordon. Apesar de seu virtuosismo, Joe Farnsworth adora introduzir em seus acompanhamentos *grooves* ricos em dinâmica. Leo Parker, proveniente do trio de Jacky Terrasson, desenvolveu uma maneira singularmente rija e cheia de tocar o prato de condução. Ele é mestre naquela expressividade do tipo "mais é menos", porém, nos anos de 1990, ele se afastou da bateria e se tornou um percussionista que toca beats pós-afro de forma muito convincente. De certa forma, Cindy Blackman está para o *power drumming* de Tony Williams assim como Kenny Washington está para a execução clara e melódica de Max Roach. Washington é uma espécie de "léxico mutante" das formas de tocar clássico-modernas. Com sua sonoridade limpa de prato e seu beat "maciço" e aberto, ele é um dos estilistas mais eruditos da bateria do pós-bop. Cindy Blackman – que também atuou (com Lenny Kravitz) no campo do rock – é, ao lado de Terri Lynne Carrington, a baterista de jazz mais bem-sucedida da atualidade no campo do *mainstream* esclarecido. Alguns bateristas, no intuito de infundir dramatismo à música, começam fazendo um *chorus* contido para só no fim tocar solos cheios de *power* contra um background com figuras em *ostinato*. Em contraste, Cindy Blackman cria oscilações imprevisíveis de energia musical. Sua execução vulcânica responde mais ao entorno imediato dos músicos com quem toca do que a formas e modelos rígidos.

Muitas vezes os bateristas straight-ahead do pós-bop foram acusados de apenas copiar o passado, sem acrescentar nada de novo – de fato, em nenhuma outra parte a falta de ideias, coragem e ousadia foi tão grande quanto na elite do movimento dos *young lions* do neo-hard bop. De outro lado, não é raro que essa crítica da imitação feita aos músicos do straight-ahead repouse sobre uma tremenda incapacidade de distinção. Pois os bateristas criativos do neoclassicismo (sim, vários dentre eles são de fato criativos), embora venham do bop e dialoguem com os idiomas do pós-bop, tocam, no fundo, ritmos diferentes daqueles dos bateristas do jazz clássico-moderno.

As relações diferenciadas com o ritmo podem ser percebidas por meio de um leque de influências distintas. Assim, como os bateristas do neo-bop dos anos de 1970 – Victor Lewis e Tony Reedus, por exemplo – pertencem a uma geração que cresceu ouvindo Motown e James Brown, os bateristas do straight-ahead dos anos de 1990 cresceram ouvindo hip-hop e rap – influências perceptíveis na forma de tocar de cada um. Mesmo quando tocam no estilo "swingante" do pós-bop – no "mais puro" neo-hard bop –, percebe-se algo da energia e da "vibração" provenientes da realidade cultural contemporânea. Isso significa, pois, que também os bateristas do jazz straight-ahead refletem as condições sociais e culturais de seu tempo, tal como aconteceu com os pioneiros do bop e do pós-bop.

De maneira exemplar, dois bateristas elucidam esse fato. Ambos começaram no estreito círculo do neo-hard bop e depois se desenvolveram em outras direções estilísticas: Clarence Penn e Eric Harland. Ambos abriram a bateria swingante baseada em tercinas do pós-bop a outras influências estilísticas. Penn saiu da orquestra de percussão para o jazz, vindo a tocar, por exemplo, com Betty Carter e Dave Douglas. Ele possui um som cheio, além de um admirável senso de elegância, simplicidade e economia. Penn parece antes acariciar que golpear seu set de bateria, no entanto, em que pese isso, sua bateria irradia uma "energia de impulsão" toda singular. Também Eric Harland revela possuir um refinado senso de estilo e complexidade. Ele tocou com Charles Lloyd e Andrew Hill, refletindo em sua execução ternária cheia de swing, elementos do free jazz e influências do *drum'n'bass*, do soul e do hip-hop.

Para se ter uma noção de como o papel do baterista se modificou nesses últimos tempos, basta observar a extrema naturalidade e soberania com que os bateristas se apresentam como líderes de bandas hoje em dia. Muitos se distinguem pela qualidade de não serem apenas bons ritmistas, mas também excelentes compositores: Victor Lewis, Matt Wilson, Cindy Blackman, Ralph Peterson Jr., Bobby Previte, Teri Leny Carrington, Aldo Romano, Wolfgang Haffner, Bill Bruford. Victor Lewis fala de forma representativa por todos eles: "A maioria das pessoas pensa que, quando os bateristas compõem, eles assoviam as melodias com um gravador na mão e pedem a outra pessoa para fazer a transcrição. Gostaria que as pessoas soubessem que componho ao piano."

Um baterista que não se encaixa em nenhum dos grupos acima mencionados é Jorge Rossy, espanhol (ele diria: "catalão") residente nos Estados Unidos. Ele toca de maneira muito pouco "baterística". Rossy é um swing*er* enérgico e consciente do espaço – ele nunca sufoca os solistas. No Brad Mehldau Trio, ele gravita maravolhosamente bem em torno das linhas do pianista.

Uma forma de tocar analogamente plástica, criadora de espaços, e que se consolida como uma vertente bastante singular do *drumming* nórdico, é aquela desenvolvida pelos bateristas da Escandinávia. O mais importante deles, ao qual praticamente todos os outros se reportam em maior ou menor medida, é o já mencionado norueguês Jon Christensen.

Também Audun Kleive dá prosseguimento a Christensen. Esse norueguês, que tocou com Terje Rypdal e Marilyn Mazur, é um mestre na arte de reduzir o set de bateria a poucos componentes básicos. Ele reuniu de forma muito potente a pegada de Christensen aos *grooves* do jazz rock, obtendo com isso um enorme "suspense", isto é, uma forte tensão rítmica interna. O sueco Magnus Öström está ligado, há mais de dez anos, ao grupo E.S.T., centrado na figura do pianista Esbjörn Svensson. Ele e o norueguês Rune Arnesen integraram de uma maneira altamente sensível elementos do *drum'n'bass* e do techno na bateria de jazz contemporânea.

Outros bateristas importantes que nos anos de 1980 e 1990 formaram um ramo específico da bateria de jazz europeia são os italianos Roberto Gatto (um swing*er* por excelência), Ettore Fioravanti (com uma forma de tocar particularmente "cantante") e Tiziano Tononi (inimitável em seu "ritmo AACM" mediterrâneo), o húngaro Elemér Balász, os ingleses Brian Martin France, Steve Arguelles e Steve Noble, o francês Patrice Heral, o suíço Lucas Niggli e os alemães Jochen Rückert e John Schröder.

É notório que muitos desses músicos, em contraposição ao som agressivo e vital de seus colegas norte-americanos (mais interessados em sofisticar e aperfeiçoar o *time* de sua execução), tocam de maneira mais espacial e atmosférica, mostrando, com isso, um interesse maior por cores e texturas. O francês Patrice Heral, por exemplo, que tocou com Markus Stockhausen e Dhafer Youssef, desenvolve seu trabalho minucioso e virtuosístico no set de bateria com um kit complementar de percussão. Além disso, ele descortinou para o set de bateria – sem abandonar a execução tradicional – todo o espectro expressivo da *hand percussion*. De fato, é explorando todas as partes de suas mãos – a palma, as juntas dos dedos, os cantos e as superfícies diversas – que ele chega ao resultado surpreendente e extremamente virtuosístico de sua música. É verdade que já Jo Jones aos tempos do swing, Connie Kaye com o Modern Jazz Quartet, Han Bennink na época do free jazz e Joey Baron com o *downtown* jazz haviam introduzido elementos da *hand percussion* na bateria de jazz, mas apenas Patrice Heral nos trouxe a sensação de que essa técnica havia se transformado numa arte com estatuto próprio.

O suíço Lucas Niggli é um percussionista de alta frequência, sensível e que adora colaborar. Em seu som transparente e preciso, ouve-se o reflexo de seu mentor Pierre Favre. Educado no despreocupado *anything goes* dos anos de 1980, Niggli tocou rock e jazz, nova música e madrigal, música de *big band* e rock de vanguarda. Porém, em suas elaborações rítmicas, ele não procura fundir elementos estilísticos diversos. Em vez disso, ele "foca" a pluralidade estilística como um fotógrafo, que utiliza o *zoom* de forma consciente – que ajusta elementos imagéticos e rítmicos para torná-los mais claros, como quem utiliza uma câmera, e ao mesmo tempo faz que outros elementos e ritmos recuem ao fundo. Segundo ele, "todos somos capazes de fazer *zap* – mas utilizar o *zoom* é uma arte".

O britânico Steve Arguelles, influenciado tanto por Tony Oxley quanto por Elvis Jones, também é um mestre do jazz europeu multiestilístico. Arguelles desenvolveu um modo pessoal de tocar bateria que parte de influências da música pop e da música do mundo, assim como das execuções tonais e do free jazz. O ponto forte de Arguelles é seu aguçado *feeling* rítmico e melódico. "O que me interessa é a variação. Se a música for apenas rítmica e modal ou apenas colorida, fico entediado."

A bateria é a chave de um grupo de jazz. Segundo John Scofield: "Uma banda é tão boa quanto seu baterista. Penso que, sem um grande baterista, não existe banda." Por esse motivo, os bateristas se veem colocados, mais do que os outros instrumentistas de jazz, numa delicada posição de responsabilidade. "O baterista tem de atuar de modo equilibrado", explicou Jack DeJohnette. "Ele precisa ser capaz de motivar, de manter a música interessante e de inspirar os músicos. Se o baterista não cria um movimento sobre o qual você possa construir algo, então ele pode destruir tudo."

Não foi à toa que o norte-americano Keith Copeland decidiu se tornar baterista após ter ouvido os discos de Art Blakey. Esses discos levaram-no à conclusão "de que os bateristas, no fundo, controlam o que se passa no resto do grupo".

Se, ao longo da história do jazz, os bateristas desenvolveram continuamente a capacidade de inspirar e motivar, isso não é apenas o resultado de uma permanente especialização rítmica e de um permanente desenvolvimento estilístico – fato por si tão fascinante que justificaria uma história do jazz escrita a partir desse instrumento –, mas é também a decorrência da particular situação multicultural da bateria. "O set de bateria é uma invenção dos afro-americanos", explicou Guillermo E. Brown. "Ao mesmo tempo, o set de bateria é um amálgama que reflete nossa própria situação norte-americana. O bumbo e a caixa vêm da Europa, os tom-tons da África, os pratos da Turquia e da Ásia..."

Por esse motivo, não surpreende a facilidade com que os bateristas do world jazz – e, posteriormente, os de outros estilos – adicionaram à bateria de jazz contemporânea elementos de seu próprio contexto cultural e de sua própria experiência.

São exemplos: o francês de origem iraniana Cyril Atef, os brasileiros Duduka da Fonseca (que faz um samba leve e fluente com vassoura) e Paulo Braga (exemplar na fusão do bop com elementos do samba), assim como Paco Sery (proveniente da Costa do Marfim e que fez, no Syndicate de Joe Zawinul, uma incrível fusão de funk com os *afro-beats*), o camaronês Brice Wassy e o norte-americano Scott Amandelo, entre outros.

Em que pese as enormes e impressionantes conquistas do *cubop* nos anos de 1940 e do latin jazz que veio em seguida, o fato é que os bateristas de jazz e os percussionistas afro-cubanos e porto-riquenhos sentiram, no começo do encontro do jazz com música cubana, uma estranha relação nessa mistura de ritmos. A partir de certo ponto, parecia impossível conciliar o beat de jazz, com seu swing e suas tercinas, e os ritmos binários de clave da música latina. No princípio, os bateristas do latin jazz solucionaram esse problema favorecendo um ou outro estilo rítmico. Na maioria das vezes, a base tocava uma *clave beat* e, por cima dele, improvisava-se em tercinas swingantes de jazz. Os novos bateristas do latin jazz contemporâneo, por seu turno, fecharam esse abismo de uma maneira surpreendente, uma vez que dominam soberanamente os dois modos de tocar – o ritmo bop ternário e o modo de tocar em clave binário afro-cubano e porto-riquenho. É esse o caso do norte-americano natural de Porto Rico Steve Berrios, de Horacio “El Negro” Hernández e de Adam Cruz, assim como dos cubanos E.J. Rodríguez, Ignacio Berroa e Ramses Rodríguez Baralt. Perroa (tocando com Gonzalo Rubalcabo, por exemplo) trouxe alguns ritmos de percussão cubanos para o set de bateria de jazz de forma especialmente vibrante.

É importante perceber que esse encontro de ritmos do jazz clássico-moderno com elementos locais não é uma simples fusão do jazz com a música do mundo, mas uma interpenetração de fatores que resulta num salto qualitativo para a execução da bateria de jazz.

Um baterista que exemplifica isso de forma magistral e que atualmente domina todas essas tendências rítmicas – o swing em 4/4, assim como toda a paleta do latin jazz e do jazz rock – é o mexicano Antonio Sánchez, que se tornou conhecido por meio de Pat Metheny. Ele mistura o estilo de Jack DeJohnette com complexos ritmos cubanos e brasileiros, e desenvolveu uma incrível sensibilidade para a dinâmica em seu *interplay* veloz e sofisticado entre a caixa e o chimbal.

É curioso como o desenvolvimento da bateria sempre se deu aos pares. Já chamamos a atenção para o fato de que, nos anos de 1930, o músico negro Jo Jones, tocando na banda de Count Basie, chegou a resultados semelhantes àqueles que o músico branco Dave Tough obteve tocando com Tommy Dorsey. Quanto aos bateristas do bebop, temos o “selvagem” Art Blakey, de um lado, e o intelectual Max Roach, de outro. Análoga é a situação nos anos de 1970: de um lado, Elvin Jones e, de outro, Tony Williams. Ou mesmo entre os bateristas do free jazz: de um lado, o “veloz” Sunny Murray e, de outro, o complexo Andrew Cyrille. Ou na Europa: de um lado, o dinâmico Han Bennink e, de outro, o sensível Pierre Favre. Da mesma forma, entre os bateristas dos anos de 1980, temos Billy Cobham (ou, se quisermos, Shannon Jackson) e Jack DeJohnette. Hoje em dia, o estilo furioso e “duro” de Jeff “Tain” Watts e o estilo detalhista e transparente de Bill Stewart. Essa polaridade pode ser constatada já no começo do desenvolvimento da bateria, na antiga Nova Orleans: de um lado, o “selvagem” Baby Dodds e, de outro, Tony Spargo, que assimilou, na Original Dixieland Jazz Band, elementos inteiramente europeus (o que significava, na época, música de marcha e de circo).

INSTRUMENTOS DE PERCUSSÃO: CUBA, CARIBE E BRASIL, PASSANDO PELA ÁFRICA, ATÉ ÍNDIA E BÁLI

Antigamente os instrumentos de percussão eram acessórios para bateristas. Porém, no decorrer dos anos de 1960, o arsenal percussivo se tornou tão amplo que acabou surgindo um novo tipo de músico, mais precisamente, de percussionista, o qual, por sua vez, não deve ser confundido com o baterista, embora muitos bateristas sejam percussionistas e vice-versa.

No começo, esses instrumentos de percussão vinham principalmente da América Latina: claves, chocalho (também chamado de *shaker*), guiro (chamado de reco-reco no Brasil), cabaça, maracas, *quijada*, caneca, cuíca, bongô, conga, timbales, pandeiro. Depois, outros instrumentos foram surgindo de toda parte: Índia, Tibete, China, Japão, Báli e África (onde, aliás, estão as raízes da maioria dos instrumentos de percussão latino-americanos). Airto Moreira, o famoso percussionista brasileiro, antes de se mudar para os Estados Unidos, viajou vários anos pelo Brasil, percorrendo as florestas virgens e distantes do Amazonas, a região árida do Nordeste brasileiro e as estepes do Mato Grosso; nessa viagem, coletou e estudou aproximadamente 120 (!) instrumentos diferentes.

O pai dos percussionistas modernos – que terão um papel de grande importância no jazz – é o cubano Chano Pozo. Seu nome completo era Luciano Pozo y Gonzáles. Diferentemente de todos os outros tocadores de conga da época, o cubano não era "apenas" um percussionista de acompanhamento, mas também um compositor e solista fulminante, cuja contribuição foi fundamental para a formação do jazz nova-iorquino dos anos de 1940. Ele introduziu melodias e ritmos cubanos na *big band* de Dizzy Gillespie de 1947-1948 e é, por isso, o grande fomentador da música que chamaram de *cubop*. O mentor dessa música, entretanto, é Dizzy Gillespie: o único improvisador de jazz de sua geração, que, com igual leveza e naturalidade, podia improvisar sobre ritmos de jazz e de música latino-americana, preferindo geralmente os últimos por considerá-los menos "monótonos". (Uma vez que Chano e outros percussionistas cubanos acentuavam a batida da conga na metade do quarto tempo, muitos ouvintes ocidentais da época não sabiam mais onde estava o "um".) Embora Chano Pozo não conseguisse ler nenhuma nota, ele compôs com Dizzy Gillespie alguns clássicos do *cubop* – dentre os quais, partes importantes da obra-prima "Manteca". Mas como ele compunha? Ele cantava as partes para Dizzy. Algumas das peças da orquestra de Gillespie gravadas com Chano Pozo – por exemplo, "Cubana Be Cubana Bop", "Woody'n You", "Afro Cubano Suite" e "Algo Bueno" – são verdadeiras bacanais de ritmos variados. "Você nunca podia prever o que Chano tocaria em seguida", contou o arranjador Mario Bauza. "Chano tinha sempre milhões de ideias. Ele nunca tocava a conga com os mesmos modelos praticados pelos tocadores de conga da época. Ele nunca tocava duas vezes a mesma coisa."

Chano Pozo era um tipo impulsivo, sempre pronto para defender sua honra. Amigos falam que ele sempre andava com cinco ou seis facas. Seu "machismo" exagerado e sua vida conturbada, conflituosa, sempre o arrastavam para alguma confusão. O dinheiro que ele ganhava era gasto em roupas e adereços. Ele tomava um táxi se tivesse de andar três quadras, escondia notas de peso na sola de seus sapatos e tinha de trocar mais de uma vez ao dia os ternos caros que comprava. Chano Pozo foi assassinado em 1948 no Rio Café, no bairro do Harlem. Segundo boatos, isso teria acontecido porque ele havia divulgado – e assim profanado – ritmos secretos do culto nigeriano Abaquwa que ouvira em Cuba. Trata-se de uma lenda. Na verdade, Pozo estava marcado para morrer porque se envolvera numa briga com um traficante de drogas.

É fácil perceber a imensa força rítmica do misterioso tocador de conga cubano: após sua morte, Gillespie empregou várias vezes percussionistas latino-americanos para tocarem juntos e, apesar disso, nunca voltou a ter resultados iguais aos da época em que sua banda contava apenas com Pozo. Assim como todos os sax-altistas do jazz invocam Charlie Parker, todos os tocadores de conga latinos invocam a figura de Chano Pozo. O cubano abriu caminho: ele fez que a conga passasse da condição de instrumento de acompanhamento para o papel de voz solista. Sua execução antecipou quase tudo o que veio depois com os desdobramentos modernos da conga.

Entre o segundo lustro dos anos de 1940 e o primeiro dos anos de 1950, a influência cubana conheceu seu primeiro apogeu. Não apenas Dizzy Gillespie, mas também a orquestra de maior sucesso junto ao público branco daqueles anos, a orquestra de Stan Kenton, sempre trabalhava com ritmos cubanos. Exemplos: uma versão famosa de "The Peanut Vendor", o "Chorale for Brass, Piano e Bongo" ou a "Fugue for Rhythm Section" – todas com o tocador de bongô Jack Costanzo, em 1947; mais tarde, com Carlos Vidal (conga), Machito (maraca) e outros, peças como "Machito", "Mambo em F", "Cuban Carnival" e "Cuban Episode". Em 1956, Kenton dedicou à música latino-americana e, sobretudo, à música cubana, uma suíte grandiosa: "Cuban Fire", de seu arranjador Johnny Richard, com seis percussionistas latino-americanos.

As orquestras latinas que obtiveram forte renome no mundo do jazz dos anos de 1950 foram, em Nova York, a de Machito (ou Frank Grillo) – com Mario Bauza, arranjador criativo e versado na tradição do jazz, que fez arranjos para a orquestra de Chick Webb e Cab Calloway e deu a Dizzy Gillespie dicas fundamentais para o estabelecimento do latin jazz – e a orquestra do tocador de timbales e arranjador Tito Puente; na Costa Oeste, a orquestra de Perez Prado, com os efeitos de metais *à la* Stan Kenton e um novo ritmo, o mambo – a primeira dança latino-americana que, influenciada pelos ritmos mexicanos, surgiu em solo norte-americano. Definido como *rumba with jitterbug* pela revista *Down Beat*, o mambo foi bastante apreciado em meados de 1950. Também sob influência de Stan Kenton, Tito Puente desenvolveu seu próprio latin jazz orquestral – dominado pelos metais (*brassy*) e com cortantes golpes de percussão, coroados por ele por meio de fulminantes solos de timbales. Ele também foi chamado de "King of Mambo" e disse: "I love excitement."

Machito trabalhou bastante com músicos de jazz – primeiro com Charlie Parker (a partir de 1948), depois com músicos como Brew Moore, Zoot Sims, Stan Getz, Howard McGhee, Herbie Mann etc. Mas a parceria entre Machito e Charlie Parker foi estimulada por Norman Granz, principalmente porque o *cubop* estava entre as "sensações" musicais da época. No entanto, em suas improvisações com ritmos cubanos, Charlie Parker nem se aproximava da maestria de Dizzy Gillespie. Principalmente por conta de Machito, ficou claro para o mundo do jazz que não bastava simplesmente acrescentar um percussionista latino-americano aos grupos rítmicos de jazz convencional – o que era comum na época e, de certa forma, continuou sendo depois. O certo é formar grupos que trabalhem ritmos cubanos autênticos, de forma que neles não apenas os percussionistas latino-americanos precisem entender algo de jazz, mas também os bateristas de jazz precisem entender de música latino-americana. Quase sempre havia percussionistas latinos nesses grupos. Também o baixista não pode simplesmente continuar a tocar as linhas de jazz; ele precisa dominar os movimentos de baixo típicos da música latina, totalmente diversos daqueles do jazz – e que são conhecidos como *tumbao* (cf. a seção "O Baixo" deste capítulo).

Entre os percussionistas cubanos mais importantes desses anos estão os tocadores de conga Carlos Vidal, Candido, Carlos "Patato" Valdes, Sabu Martinez e o tocador de bongô Willie Rodriguez. Eles gravaram com muitos músicos de jazz. O primeiro, como já mencionado, gravou com Stan Kenton, por exemplo; Candido (por meio de sua forma relaxada de tocar, que foi batizada de *walking conga*), com Dizzy Gillespie; Sabu, com Art Blakey.

Carlos "Patato" Valdes é o grande melodista entre os tocadores de conga. Ele desenvolveu de um modo impressionante a arte de "afinar" a percussão latina – afinando sua conga em E, G e C. Embora ele sempre tenha ficado um pouco à sombra de Chano Pozo, com seus tambores graves ele criou um modo de tocar extremamente swingante. O que Patato Valdes fez nos anos de 1950 foi menos um latin jazz do que uma espécie singular de fusão entre o jazz e a música latina.

Desde 1954, na Costa Oeste, o vibrafonista e tocador de bongô Cal Tjader desenvolveu uma das mais inteligentes e brilhantes vinculações entre jazz e música latino-americana, em que também é recorrente a presença de elementos mexicanos. Sua saborosa síntese de elementos típicos do cool jazz e de ritmos latinos surtiu efeitos para além do estreito círculo dos apreciadores do jazz, atingindo um público de massa. Tjader veio do quinteto de George Shearing em 1949. A crítica de jazz escreveu muito sobre o som particular desse grupo, mas o Shearing Quintet foi importante também no sentido rítmico, tendo servido de trampolim para uma série de percussionistas latino-americanos que mais tarde ficariam conhecidos por meio de suas próprias gravações: o tocador de timbales Willie Bobo, o tocador de Conga Mongo Santamaria, o tocador de conga e bongô Armando Peraza.

Na segunda metade dos anos de 1950, a música cubana não conheceu praticamente nenhuma novidade, porém, nos anos de 1960, surgiu uma segunda onda, agora dominada pela salsa, que desde então seria liderada não apenas por músicos cubanos, mas também por músicos de Porto Rico e de outros países latino-americanos. Nova York e Miami foram os epicentros dessa nova onda. Salsa significa "molho" e foi definido como cuban plus jazz com elementos de blues e rock. Principalmente a Fania Records, por meio de suas produções e dos grandes concertos que promoveu – no estádio Yankee, de Nova York, e na Madison Square Garden, por exemplo –, contribuiu para que jazzistas e tocadores de salsa se relacionassem de forma bastante intensa. Ao renomado grupo All Star da Fania pertenciam Mongo Santamaria, Ray Barreto, Larry Harlow, Willie Colón e o diretor musical da Fania, Johnny Pacheco. Ele, em particular, montou o All Star segundo o modelo dos conjuntos cubanos – *ensembles* de porte médio com variados percussionistas e músicos de sopro. O pianista e chefe de orquestra Eddie Palmieri, inspirado primeiro por Bud Powell e depois por McCoy Tyner, criou, em peças compostas em formas de suíte e de concerto, um estilo de salsa concertante que lhe rendeu o título de "Duke Ellington da salsa". Suas extravagantes introduções para piano são legendárias: elas possuem uma cor rapsódica, que se adensa e gera uma energia estimulante quando Palmieri incendeia sua orquestra de latin jazz com abrasadores *vamps* (figuras em *ostinato* com ritmos de clave). Ao contrário de muitas bandas latinas que tocavam dentro de padrões convencionais, a banda de Palmieri veio à tona com um estilo moderno que cativou muitos solistas de ponta do jazz, a exemplo do trompetista Brian Lynch e do sax-altista David Sanborn.

Ray Mantilla, um nova-iorquino com raízes peruanas e porto-riquenhas, fez parte da clássica gravação do "Freedom Now!", de Max Roach, e tocou com o Jazz Messengers de Art Blakey. Ele foi o primeiro congueiro norte-americano a pisar em solo cubano depois da revolução – em 1977, como membro da banda de Dizzy Gillespie. O estilo de Ray Mantilla é amistoso e suave, acentuando o papel de acompanhamento dos instrumentos. Para ele, o credo da percussão latina é a seguinte máxima: "O mais importante é que você faça a música fluir."

Por duas décadas, desde sua aparição nos anos de 1970 até os anos de 1980, o congueiro Mongo Santamaria foi o percussionista de maior impacto e inserção. Ele fez uma série de gravações no campo da música cubana, assim como no do jazz e do rock, realizando todo tipo de mistura. Ele compôs o *standard* de jazz "Afro Blue", gravado, dentre outros, por John Coltrane, Dizzy Gillespie e Cal Tjader. Santamaría também emplacou o primeiro hit autêntico de salsa em meados de 1960: o "Water Melon Man", de Herbie Hancock. Desde então sua execução foi tão estudada pelos percussionistas latinos (e também pelos bateristas de jazz) quanto a de Chano Pozo nos anos de 1940 e de 1950. A grande serenidade melódica de sua execução, sua tranquilidade interior e, ao mesmo tempo, a força de seus ritmos tensos, causou forte impressão no universo contemporâneo da conga, notadamente, para dar um exemplo concreto, em Poncho Sanchez, de quem ainda falaremos. Também de grande significado é o timbaleiro Willie Bobo, que gravou com Miles Davis, Stan Getz e Cannonball Adderley, dentre outros.

Dois grandes percussionistas afro-cubanos "tradicionais" que mantiveram contatos frequentes com jazzistas – no Jesus Alemañys Band Cubanismo, por exemplo – são Changuito e Tata Güines. Se Güines seduz por sua simplicidade e clareza, Changuito desfruta de uma fama legendária por sua variedade e flexibilidade para acompanhar e fazer solo.

Nesse meio-tempo, surge uma geração inteira de músicos latinos que não nasceram em Cuba, Porto Rico ou em qualquer outro lugar da América Latina, mas em Nova York. A maioria vem do "El Barrio", zona leste do Harlem e reduto de muitos "latinos": Ray Barreto, Ray Mantilla, Johnny Pacheco, Eddie Palmieri. É natural que justamente esses músicos desenvolvam um interesse especial também pela música norte-americana, sobretudo pelo jazz. No entanto, continua a valer o dito de que, para tocar realmente bem a música latina, é preciso ser latino. Poucas exceções fogem a essa regra. Cal Tjader, proveniente de uma família sueca, é uma dessas exceções (e no *coolness* de sua música também se notam traços não latinos), assim como o dinamarquês Birger Sulsbrük, o afro-americano Bill Summers e o baterista Don Alias. Apesar de europeu, Sulsbrük teve a capacidade de assimilar com tanta perfeição os ritmos cubanos que acabou sendo reconhecido como músico "latino". Don Alias é norte-americano, cresceu junto com cubanos e é não apenas um baterista de jazz eminente, mas também um tocador de conga excelente, que transmite tranquilidade e segurança. Ray Barreto ficou conhecido pelos músicos como Mr.Hard Hands, não apenas por conta de suas mãos grandes, mas também por causa de sua execução descomunalmente possante. Na época da salsa nos anos de 1970, ele criou aquele que talvez tenha sido o mais possante dos *conjuntos*, misturando elementos da música *son* cubana de Arsênio Rodriguez com o estilo musical do *urban fever* nova-iorquino. Um giro ainda mais consciente às raízes do jazz foi consumado por Ray Barreto nos anos de 1990 com sua banda New World Spirit. Ele substitui os tradicionais percussionistas de bongô e timbales por um baterista e encaminha o latin jazz para uma enorme flexibilidade harmônica e melódica. Não por acaso, Barreto possui o maior saber jazzístico entre todos os tocadores de conga, sendo um grande conhecedor do repertório de *standard*.

> Eu não queria soar como as bandas habituais de latin jazz. Elas apenas tocam melodias de bebop com ritmos latinos tradicionais. Disso para a música de dança é só um passo. Eu queria ir mais fundo na origem do jazz. De fato, as cores latinas vêm de mim, porém, meu papel é, primeiramente, acompanhar. Muitos bateristas de latin jazz tocam como se estivessem num ambiente latino, e o ritmo tende a dominar a melodia e a harmonia.

Nesse meio-tempo, surgiu uma gama enorme de cruzamentos entre a música latino-americana e a norte-americana; fala-se de latin rock, latin soul, rock salsa. O *boogaloo* foi a segunda dança latino-americana a entrar nos Estados Unidos (a primeira foi o mambo); porém, ele chegou com letras em inglês e não mais em espanhol, como ainda acontecia com o mambo. O *boogaloo* é uma mistura de mambo com *rock'n'roll* e, dependendo dos músicos que tocam, ele pode se mostrar rico em mensagens subliminares de jazz e blues. Uma junção especialmente bem-sucedida e diferenciada de ritmos de rock com ritmos latinos (sobretudo de salsa) foi criada na Costa Leste na primeira metade dos anos de 1970 pelo músico mexicano Carlos Santana. O grupo de rock Earth, Wind and Fire também deve seu sucesso à colaboração dos tocadores de conga e timbales e seus contagiantes cruzamentos de elementos do soul e do gospel com ritmos de salsa. O percussionista Ralph Mcdonald (nascido no Harlem numa família de tocadores de calipso oriunda de Trinidad) teve êxito com um *latin fusion* que também retoma a tradição africana.

Desde o começo dos anos de 1980, uma nova espécie de música latina surgiu por meio do congueiro Daniel Ponce (exilado cubano em Nova York), do porto-riquenho Giovanni Hidalgo e do percussionista, trompetista e arranjador Jerry Gonzalez. Ponce, um percussionista que fraseia de modo marcante e enérgico, rompe mais do que qualquer outro com os modelos estabelecidos e comumente usados como clichês da cena musical da salsa. Ele tocou jazz cubano contemporâneo com o saxofonista Paquito D'Rivera, *no wave* com Bill Laswell, hip-hop e funk com Herbie Hancock e participou do encontro musical transestilístico promovido por Kip Hanrahans.

A propósito, o projeto de Hanrahans também foi, nos anos de 1980, um trampolim para muitos percussionistas: dentre eles, Milton Cardona, Nicky Marrero, Puntilla Orlando Rios, Richie Flores, John Santos e – o mais virtuose e influente de todos – o porto-riquenho Giovanni Hidalgo. Ao lado de David Sánchez, Tito Puente e Eddie Palmieri, Giovanni Hidalgo ampliou com maestria os ritmos porto-riquenhos de *bomba* e de *plena*, trazendo-os para dentro do jazz. Ele é o principal fundador da *new school* da conga. Com sua técnica inacreditável e seu estilo extremamente veloz, ele estabeleceu um modo latino de tocar "que parece vir de outro planeta" (Bobby Sanabria). Hidalgo toca sua conga como se possuísse muitos braços, como se fosse dois em um, lembrando um *trap drummer*. Uma de suas especialidades é fazer com a mão esquerda um *steady beat* – um beat firme – enquanto realiza com a mão direita figuras rítmicas de tabla. Ao mesmo tempo, Giovanni Hidalgo possui um som incrivelmente "cantado", melódico – mesmo tocando rápido, ele sempre faz sua conga "cantar". Sem nenhuma dificuldade, ele passa da conga para o bongô. Poncho Sanchez: "Às vezes, eu escuto ele tocar e digo: 'Droga! Não consigo sequer pensar tão rápido assim.'"

Influenciados por Hidalgo, muitos congueiros de hoje afinam suas congas de forma bem aguda e tocam extremamente rápido. Eles trouxeram os *rudiments* – as técnicas básicas de bateria (os *rolls* e *paradidles*) para seus instrumentos de percussão. Entre os músicos que seguem a linha de Giovanni Hidalgo, encontram-se o cubano Miguel "Anga" Diaz (que integra à sua técnica virtuosística elementos do hip-hop), Richie Flores, Luis Conte, Samuel Torres e Pernell Santurnio (um músico extremamente flexível estilisticamente e procedente da banda de David Sánchez).

Muitos desses percussionistas tocam ritmos tão rápidos e tão complexos que parecem ignorar o princípio métrico da clave – intensificando e abstratizando o beat de modo semelhante ao que fizeram os bateristas de jazz dos anos de 1960 com o beat regular do jazz, que, desse modo, foi questionado e expandido.

Milton Cardona é altamente respeitado não apenas como percussionista (um dos congueiros de *sessions* de maior sucesso de Nova York), mas também como sacerdote iorubá da religião de Santeria. Nas festividades de Santeria, os tambores batas são ritualisticamente tocados sob a possessão de um grande espírito (Anã) que vive no tambor. Para que essa possessão aconteça, o tambor precisa ser consagrado antes. Um objeto secreto é introduzido dentro do tambor simbolizando o grande espírito. Os santeros (adeptos da religião de Santeria) acreditam que apenas o tambor "vivo" – o que não é tocado mecanicamente – pode estabelecer e manter uma conexão com a divindade Orisha.

Jerry Gonzalez já pertence à segunda geração de músicos "latinos" crescidos em Nova York. Entre eles, a mistura de influências "latino-americanas" e "norte-americanas" se acha desenvolvida a tal ponto que um estilo não precisa mais se impor sobre o outro, como ocorria no passado. Particularmente benquista nos anos de 1980 e de 1990 foi sua banda Fort Apache, que, de um modo contagiante, reúne a grande tradição dos ritmos afro-cubanos com o patrimônio de experiências da tradição moderna do jazz – de Thelonious Monk a Miles Davis, passando por Bud Powell.

Quem possui uma capacidade semelhante para manter total equilíbrio entre a música latina e o jazz é o norte-americano de origem porto-riquenha Bobby Sanabria. Seja tocando bateria dentro da tradição do swing de Buddy Rich e Louis Bellson, seja tocando percussão afro-porto-riquenha com ritmos de clave, Sanabria sempre convence. Nos anos de 1990, ele dirigiu uma das mais bem-sucedidas orquestras latinas de Nova York. Outros percussionistas importantes da atualidade são o columbiano Samuel Torres (com Arturo Sandoval e Chick Corea), o venezuelano Pibo Marquez e o cubano criado em Nova York Roberto Rodriguez. Pibo Marquez, antes de propagar seu nome ao lado de Carlos Santana, já havia conhecido Porto Rico, Equador, Colômbia, Peru e Suriname e aprimorado sua técnica de conga com os ritmos desses países. Rodriguez foi quem melhor soube criar aberturas para que os ritmos afro-cubanos se misturassem aos experimentos da vanguarda *downtown* nova-iorquina.

Muitos dos *nuyoricans* – como são denominados os descendentes de imigrantes porto-riquenhos que moram em Nova York – tocam com uma energia urbana toda particular, arrebatadora, ousada. Na verdade, a maioria dos músicos jovens de Cuba, Porto Rico e Venezuela que sofrem influência do jazz e do rock contemporâneo, bem como da mistura de estilos globalizados da música do mundo, fraseia com uma intensidade violenta e às vezes furiosa, na contramão da forma tranquila de tocar da *old school*.

De um lado, isso fez aumentar o potencial solista e interativo dos percussionistas latinos contemporâneos. De outro, o ganho em termos de possibilidades solistas acarretou um problema de espaço musical. O saxofonista cubano Paquito D'Rivera descreveu isso com as seguintes palavras: "Há uma tendência na música cubana e porto-riquenha a dar superpoderes à percussão." Um congueiro que de forma amistosa "resiste" ao generalizado excesso de técnica das jovens gerações é Poncho Sanchez. Ele veio da banda de Cal Tjader e deu uma continuidade especialmente feliz ao estilo melódico e tranquilo de Mongo Santamaria, unindo em gravações felizes a música afro-cubana com o *mainstream* do jazz contemporâneo. Sanchez não é apenas um exímio tocador de conga, mas também um *bandleader* de sucesso há mais de duas décadas. Por meio de sua forma latina de assimilar o *mainstream*, ele mostrou que timbres latinos vitais também são possíveis na região da Costa Oeste norte-americana; portanto, fora de Nova York, o centro da salsa.

Outra expressão poderosa desse "fogo latino moderado" é Ray Armando, nascido no Brooklin. Ele tocou com Stan Getz e Gato Barbieri e criou, por meio de sua própria banda, uma conexão simpática entre o neo-bop e os beats afro-porto-riquenhos.

Os ritmos latinos são presença quase absoluta na cena do jazz e do rock. Também porque – como já mostramos – os ritmos do rock e do *fusion* são no fundo ritmos latinos em potencial. O crítico John Storm Robert (a quem devemos as considerações retiradas de seu livro *The Latin Tinge*) cita o *bandleader* de salsa Ray Barreto: "Toda a base do ritmo norte-americano muda de um velho *shuffle rhythm* pontuado de jazz para uma levada straight-ahead em colcheias. Essa levada é latina." Ou, digamos mais exatamente, é "ambivalente", pois se relaciona tanto com ritmos latinos quanto com ritmos norte-americanos.

A palavra "salsa" se tornou uma espécie de hiperônimo que precisa ser empregado com cautela. Há muito tempo ela não se refere mais apenas a ritmos cubanos, mas inclui também ritmos como a *bomba* de Porto Rico, o *merengue* de São Domingo (que nos anos de 1980, em Nova York, foi bastante popular na cena latina), o *songo* do Caribe e outras danças e ritmos da região do Caribe e do México. Numa entrevista à revista *Down Beat*, Mongo Santamaria observou que alguns desses ritmos são *nanigo*, isto é, "originários de cultos religiosos secretos".

O interesse dos músicos de jazz pela música brasileira cresceu depois que o guitarrista Charlie Byrd foi ao Brasil em 1961. Um ano depois, ele e Stan Getz gravaram o álbum *Jazz Samba* – incluindo o célebre "Desafinado", de João Gilberto e Antônio Carlos Jobim. Foi Stan Getz e não Byrd que obteve o ambicionado Grammy pelo disco depois que o solo de guitarra de Charlie Byrd foi cortado da versão *single* da música! Em decorrência disso, a iniciativa fundamental de Byrd foi esquecida e Stan Getz passou ao centro do chamado movimento da bossa nova. A bossa foi definida pelos músicos brasileiros como "samba + cool jazz".

Uma primeira ideia do potencial de uma aproximação da música brasileira com o jazz havia surgido em 1953, quando o violonista brasileiro Laurindo Almeida e o saxofonista e flautista Bud Shank gravaram juntos o álbum *Brazilliance* na Costa Leste.

Já o aspecto percussivo da música brasileira só veio a ser percebido na cena norte-americana a partir de 1967, quando o percussionista brasileiro Airto Moreira e sua mulher, a cantora Flora Purim, foram para Nova York. Airto Moreira foi membro do coletivo revolucionário de jazz rock de Miles Davis e participou do álbum de Miles *Live Evil*, de 1971. Com isso, a elite do jazz se deu conta da força dos ritmos brasileiros. Desde então, muitos músicos e grupos importantes de jazz passaram a empregar percussionistas brasileiros – entre eles, Chick Corea, McCoy Tyner, Dizzy Gillespie, mas também o Weather Report, Pat Metheny e outros. Os percussionistas que tocaram e tocam nesses grupos são Airto Moreira, Dom Um Romão, Paulinho da Costa, Guilherme Franco, Armando Marçal e – o mais sensível e multifacetado de todos – Naná Vasconcelos. Principalmente por conta das gravações de *fusion* e dos discos gravados com Flora Purim, Airto desencadeou a onda de percussão que invadiu a cena do jazz no começo dos anos de 1970. Naná é um mestre incomparável do berimbau, um instrumento que parece "arco e flecha". Esse arco musical é tradicionalmente tocado na capoeira, uma dança de combate acrobática que os escravos afro-brasileiros desenvolveram originalmente em função de sua autodefesa. Uma única corda de metal tensionada numa haste é golpeada com uma vara de madeira. As alturas são determinadas por uma pedra que é utilizada para encurtar a corda, enquanto uma cabaça é pressionada contra o corpo produzindo ressonâncias e modulações. Desse instrumento tão simples, bastante tocado na Bahia (a cidade clássica da música afro-brasileira), Naná conseguiu extrair uma riqueza fascinante de possibilidades expressivas. Num de seus discos, renunciando a qualquer tipo de instrumento, ele fez *body music*, isto é, música corporal, que usa o corpo inteiro como instrumento de percussão, em que se produzem os sons mais diversos aplicando as mãos, os dedos e os pés sobre o peito, a barriga e o tronco, os braços, as pernas e os ombros. Assim como Don Cherry, com quem ele improvisou na banda Codona, Naná é um músico de uma simplicidade mágica, que transmite um calor tranquilizante e uma humanidade *naïf* que nasce de uma opção consciente.

Outro instrumento de percussão interessante da música brasileira é a cuíca: um tambor aberto com uma haste no centro que, em geral, é friccionada com um pano úmido, produzindo um som diferente, "risonho". Nenhum país latino-americano possui tesouros tão ricos em termos de percussão quanto o Brasil. Muitos desses instrumentos – e na verdade essa é uma característica da música brasileira – fundem o aspecto rítmico com o melódico.

Os ritmos brasileiros são brandos, afetuosos, elásticos, menos agressivos que os cubanos. Por essa razão, os percussionistas brasileiros puderam criar uma integração perfeita entre os ritmos de jazz e a música latina, tão perfeita que é praticamente impossível distinguir o que vem do jazz e o que vem do Brasil. Talvez isso também se deva a outro fato: entre o ritmo fundamental da música brasileira – o samba – e o do jazz norte-americano existe uma relação mais forte do que aquela entre o jazz e os ritmos cubanos. Os laços entre o jazz e a música cubana são motivados pela tensão entre eles: por meio disso surge força, agressividade, explosividade. Os laços entre o jazz e a música brasileira fascinam por conta de sua brandura, elasticidade e as zonas de transição quase imperceptíveis entre esses dois ritmos, o que confere à música elegância e suavidade.

Guilherme Franco demonstrou isso com maestria especial, quando, nos anos de 1970, como membro do grupo de McCoy Tyner inspirado em Coltrane (mais tarde com Keith Jarrett), criou um amálgama extremamente flexível entre os ritmos brasileiros e os de jazz.

No jazz multiestilístico dos anos de 1990, os percussionistas brasileiros, como o pandeirista Marco Suzano, Caito Marcondes e, principalmente, Cyro Baptista, que mora em Nova York, tiveram uma atuação poderosa. Marcos Suzano revolucionou a execução do pandeiro, ampliando a técnica clássica proveniente do samba com a inclusão de estilos oriundos do candomblé afro-brasileiro e de uma série de técnicas alternativas. Caito Marcondes concluiu um estudo de piano clássico e percussão. Compôs música para teatro e balé. Essa capacidade para pensar além do beat e trabalhar sua percussão como uma orquestra fez que Airto Moreira denominasse Caito Marcondes de o "Villa-Lobos da percussão".

O percussionista brasileiro atualmente mais virtuose e rico em timbres é Cyro Baptista. Ele tem um pé na rica tradição musical de seu país de origem e outro no experimentalismo da cena *downtown* de Nova York. O que Airto foi para o jazz dos anos de 1970, Cyro Baptista é para o jazz dos anos de 1990: o mais concorrido percussionista brasileiro da cena norte-americana. Ele trabalhou com Arto Lindsay e John Zorn, mas também com Herbie Hancock e Wynton Marsalis.

Além do rico arsenal da percussão brasileira, Cyro Baptista domina muitos outros instrumentos de percussão. É assim que, junto com surdos, repiques e caixas, ele toca diversos instrumentos do sudeste da Ásia e da África. Seu ímpeto para novos sons é infinito. "Eu sempre tive esse vulcão dentro de mim, e ele sempre me leva a experimentar algo novo", disse ele. Em função disso, o próprio Baptista inventou vários instrumentos. Um desses instrumentos se parece com uma floresta de tubos de plástico aparados por um ventilador. Outro é o *cyrimba*, um construto semelhante a um vibrafone cujos tubos são feitos de sifões e tocados de forma melódica e virtuosística com sandálias de borracha. "Eu tento ser eu mesmo", disse Baptista, "eu vou até minhas raízes brasileiras e, com base nelas, ó Deus, se alguém quiser que eu toque com bananas, então lá vou eu tocar com bananas. O universo da percussão é tão amplo!"

No decorrer do processo de conscientização dos jazzistas norte-americanos acerca de suas próprias raízes africanas, o universo da percussão foi sendo ampliado mediante a inclusão de uma série de instrumentos, ritmos, técnicas e músicos. Precursor desse desenvolvimento – como vimos na seção "A Bateria" deste capítulo – é o baterista Art Blakey, que, nos anos de 1950, em seu álbum *Orgy in Rhythm*, construiu uma grande orquestra de bateria. Wayne Shorter, com um estilo incisivo que é típico de muitos jazzistas, resumiu isso da seguinte forma: "A especialidade de Dizzy foi o afro-cubano, mas depois Art retirou o cubano e disse 'afro!' – e todo o mundo do jazz entendeu o significado disso." Em 1962, Art Blakey lançou um álbum chamado *The African Beat*. Nele, Blakey oferecia um diálogo com músicos que, em sua maior parte, tocavam instrumentos provenientes da África. Eis alguns nomes: Solomon Ilori (tambor falante africano), Chief Bey (conga, tambor telégrafo, gongo duplo), Montego Joe (tambor bambara, gongo duplo, tambor corboro, tambor de tronco), Garvin Masseaux (*chekere*, maracas africanas, congas), James Folami (conga) e Robert Crowder (tambor bata, conga). Mais tarde, Max Roach e outros desenvolveram *ensembles* de percussão semelhantes.

O primeiro percussionista genuinamente africano a ganhar reputação no mundo do jazz foi o nigeriano Babatunde Olatunji já no começo dos anos de 1960. Babatunde tocou, dentre outros, com John Coltrane. Para suas gravações, ele recorreu a músicos como Clark Terry, Yusef Lateef e George Duvivier. Sua composição "Uhuru" – termo do dialeto *swahili* que significa "pela liberdade" – em cima de um texto do poeta nigeriano Adebayo Faleti foi por muito tempo a *in-song* de músicos, amantes da música, intelectuais e políticos afro-americanos nova-iorquinos interessados nos problemas africanos e na luta de libertação de vários povos africanos. Sua fama chegou até o círculo da Organização das Nações Unidas.

No fim dos anos de 1960, Mor Thiam veio do Senegal para os Estados Unidos e, graças a seu trabalho como músico ao lado de Freddie Hubbard e Don Pullen e como professor de várias universidades, o *djembe* se tornou respeitado e popular em solo norte-americano.

Desde os anos de 1970, vários percussionistas lidam diretamente com ritmos africanos. É o caso de Kahil El'Zabar, Don Moye (do círculo da AACM), Mokthar Samba (com a Orchestre Nacional du Jazz), Kimati Dinizulu (com Danilo Perez) e Mtume (que se tornou conhecido por meio de Miles Davis), assim como o já mencionado Ralph McDonald. Kahil El'Zabar toca, dentre outros, o *mbira*, o antigo "piano do polegar" africano, que, em outras versões, também é chamado de *kalimba* e *sanza*. Com seu Ethnic Heritage Ensemble, ele criou uma síntese impressionante de música africana e sons da AACM.

O grupo de percussão da África do Sul Amanpondo apresentou no começo do século XXI uma ótima mistura do jazz modal de Coltrane com os ritmos zulus, num diálogo cheio de atrito com o sax-tenorista Alan Skidmore. Doudou N'Diaye Rose compôs o hino nacional de Senegal e, como virtuose do *sabar* (tocado com uma vareta), é um dos percussionistas mais célebres da África. Em parceria com David Murray e Jean-Paul Bourelly, ele criou uma síntese poderosa do jazz contemporâneo com a linguagem originária dos tambores senegaleses.

No começo dos anos de 1980, o percussionista africano Papa Oyeah Mackenzie se tornou conhecido no mundo do jazz, por exemplo, em gravações em duo com o baterista suíço Peter Giger, que muito contribuiu para que também na Alemanha surgisse uma consciência do alto nível artístico dos tambores africanos. Reconhecidos há mais de trinta anos por sua importância são o baterista Ti-Roro (morto em 1980), ligado ao culto vodu no Haiti, e seu colega mais jovem Ti-Marcel. Ti-Roro declarou certa vez que não era possível compreender o tambor haitiano – e com ele o africano – sem antes reconhecer que o tambor e o tocador de tambor são "dois seres distintos". Assim, o *loa* – o espírito sagrado – não se comunica com o tocador de tambor, mas com o tambor. O tocador precisa ser "batizado" e vestir-se como um bebê para a cerimônia. Os tambores são alimentados e colocados para dormir à noite. Eles têm uma vontade própria tão independente do tocador que, em determinadas circunstâncias ou dias, até se recusam a "falar" com ele. Ti-Roro: "Se você não considera sua percussão como um 'ser', você até pode conseguir certos truques técnicos com ele, mas nunca uma música significativa."

Os esforços mais bem-sucedidos de integrar ritmos indianos ao jazz foram empreendidos com a colaboração do tocador de tabla Zakir Hussain. Como filho e aluno de Alla Rahka, um dos maiores tocadores de tabla, Hussain desde o começo conviveu com o jazz: "Eu ouvi Charlie Parker aos 12 anos. Meu pai gravou com Buddy Rich e Elvin Jones. Ele trabalhou com Yusef Lateef. Por isso, para mim o jazz e a música indiana estão naturalmente juntos". Hussain, que também é um dos mais grandiosos intérpretes da música clássica do norte da Índia, fez suas mais belas gravações de jazz com John Handy e Ali Akbar Khan e com os grupos de John McLaughlin, Shakti e Remember Shakti. Hussain viveu em São Fracisco e ampliou ao extremo as possibilidades melódicas da tabla. Nenhum outro músico buscou de forma tão virtuosística mesclar e ampliar os diferentes ritmos da música clássica indiana e os sons do rock, do jazz, do techno e do hip-hop quanto Zakir Hussain. Em certo sentido, pode-se dizer que ele fez com os sons e ritmos da Índia o mesmo que Cyro Baptista fez com os ritmos brasileiros: sua integração orgânica no jazz.

Outros percussionistas indianos que tocaram com músicos de jazz são Trilok Gurtu, Badal Roy, v. Selvaganesh (com John McLaughlin, dentre outros), Ramesh Shotham (com Rabih Abou-Khalil), e T.A.S. Mani. Os dois últimos tocam mrindangam, um tambor transversal de dois lados. T.A.S Mani é diretor da Karnataka College of Percussion, e por meio de uma parceria com o saxofonista Charlie Mariano, desbravou a grande tradição da música carnática do sul da Índia. Em execuções com Miles Davis, Badal Roy deu uma contribuição decisiva para que determinados ritmos indianos ingressassem no mundo do jazz rock. No álbum *On the corner*, de 1973, seus beats na tabla davam apoio ao trompetista, provocando efeitos rítmicos de transe que anteciparam a estética *loop* da cena DJ e remix. Collin Walcott, morto tragicamente num acidente de carro em 1984 é, depois de

Don Cherry, o grande pioneiro do world jazz. Ele se tornou famoso por sua execução no Oregon e no trio Codona (com Cherry e Naná Vasconcelos). Nascido nos Estados Unidos, ele é até hoje o único não indiano que conquistou reconhecimento internacional como um estilista da tabla e do *sitar*. Walcott estudou tabla com Alla Rahka e *sitar* com Ravi Shankar. Ele foi especialmente hábil em abrir a execução clássica da tabla indiana para ritmos e técnicas provenientes de outras regiões da Ásia, mas também da África, do Brasil e do Oriente. É característico da musicalidade excepcional de Walcott que ele, por meio dessas formas de tocar "não idiomáticas", segundo uma expressão sua, consiga assimilar e desenvolver mais do espírito e da grandeza das diferentess culturas não ocidentais do que outros músicos que as mimetizam diretamente.

O sucessor de Walcott no Oregon, em 1986, foi Trilok Gurtu, nascido em Bombaim (Mumbai, Índia). Gurtu se destaca não só como um grande tocador de tabla, mas também como exímio baterista de jazz, uma combinação que até pouco tempo atrás seria impensável. Atualmente não existe nenhum tocador de tabla que saiba frasear com um entendimento tão profundo da peculiaridade do jazz quanto Trilok Gurtu. Ele desenvolveu um diálogo extremamente vivo e interativo entre ritmos indianos e a concepção musical do Ocidente. Como baterista, ele toca um set de bateria desenvolvido por ele próprio, que dispensa o bumbo e que é tocado com grande energia. Com esse instrumento ele desenvolveu um estilo linear que se diferencia do tipo de polifonia habitual dos bateristas de jazz. Gurtu, que também gravou com Don Cherry e Charlie Mariano, possui um sentido extraordinário para contrastes incisivos e nuanças dinâmicos.

Na Coreia do Sul, o grupo de percussão Samul Nori, que gira em torno do percussionista Kim Duk Soo, teve encontros faiscantes com músicos de jazz (Wolfgang Puschnig Ronald Shannon Jackson e Yosuke Yamashita). O arcaico e o moderno encontram-se lado a lado na execução do Samul Nori. De um lado, os quatro grandes mestres da percussão compreendem-se como guardiões da música coreana tradicional, de outro, eles se veem como pesquisadores das técnicas de percussão de outras culturas musicais. Naturalmente, o espectro de Samul Nori é amplo: ele vai dos ritmos e danças do folclore campesino coreano até as improvisações contemporâneas de rituais xamânicos até trovoadas de percussão urbana.

É esse "estar entre" – essa improvisação "entre" culturas – o traço característico de muitos percussionistas da era da migração. Quando Talvin Singh, britânico residente em Londres, mas de origem indiana, no começo dos anos de 1990, viajou para sua presumida "terra natal" no intuito de estudar a tabla clássica, ele viveu uma experiência chocante. "Percebi que meu professor indiano nunca me respeitaria como músico indiano. Ele sempre via o britânico em mim. Na Inglaterra, ao contrário, sou sempre tomado por um indiano." Em suas improvisações, Talvin Singh transgride os limites unilaterais dessas classificações. Esse percussionista, que costuma tocar sua tabla com amplificação elétrica, é a figura-chave de um grupo de músicos ingleses de origem asiática que encontrou no East Village de Londres o caminho para uma música forte e segura de si. No movimento *asian underground*, ele desenvolveu uma sonoridade particularmente radical de tabla, uma mistrua de ritmos indianos com beats eletrônicos e elementos do hip-hop e do *drum'n'bass*.

Tendo em vista essa abertura ao mundo que caracteriza o jazz contemporâneo, é natural que as mais diversas técnicas de percussão, provenientes de outras regiões musicais e outras culturas, encontrem receptividade global. Graças a isso, o norte-americano Andy Narel e Othello Molineaux trouxeram o *steel drum* de Trinidad para o contexto do jazz. Andy Narell é um improvisador extremamente contagiante – ele extrai de sua *steel drum* com afinação cromática solos de uma exuberância melódica estupenda. Outro pioneiro do *steel drum* no jazz é Othello Molineaux, de Trinidad. Em 1976, ele participou pela primeira vez de um disco com o baixista elétrico Jaco Pastorius. Jaco amou de tal forma o som do *steel drum* de Molineaux que, desde então, sempre o incluia em suas gravações, fazendo do som dos *pans* um distintivo de seu conceito de banda. Othello Molineaux aplicou Coltrane em seu *steel drum*. Seu estilo também enlaça com os outros dois tocadores modernos de *steel drum* que atuaram no jazz dos anos de 1980 e de 1990: Francis Haynes (ao lado do baterista Beaver Harris) e Junior Gill (com Billy Cobha).

Okay Temiz, nascido nas proximidades de Istambul, é um pioneiro europeu do world jazz. Junto com o grupo oriental Wind, ele trouxe os ritmos de sua pátria turca para o mundo do jazz. Como nenhum outro, Temiz ampliou a riqueza do arsenal percussivo oriental por meio das cores sul-americanas: timbales, congas e, sobretudo, aquele instrumento que ele mais domina, o berimbau, que ele amplifica eletronicamente. Nos anos de 1990, Temiz celebrou com sua banda de jazz Magnetic Dance a música da Roma turca.

Se Okay Temiz é um virtuose por sua capacidade de manejar um enorme arsenal percussivo, Burhan Öçal, turco proveniente de uma geração mais jovem, faz um caminho quase oposto. Ele faz mágica executando um só instrumento. Ele toca o *darbuka* árabe de forma tão virtuosística e "orquestral" que ninguém sente falta de qualquer outro instrumento. O estilo de Öçal casou perfeitamente bem com o Syndicate de Joe Zawinul. Karl Berger achou que "a música turca é a música universal *par excellence*, porque ela brota de fontes asiáticas, europeias e africanas".

O sueco Bengt Berger estudou a técnica do balafom na África e fez gravações impressionantes com seu Bitter Funeral Beer Band, reunindo jazz contemporâneo com música de ritual fúnebre de Gana. Com Mahama Konaté, de Burkina Faso, e Aly Keita, de Mali, passaram finalmente a existir dois mestres africanos do balafom que atuam no jazz contemporâneo: o primeiro toca com o trompetista Jon Hassell, o segundo com Hans Lüdemann. Glen Velez, que tocou com Steve Teich e Paul Winter, é um fenômeno: até poucos anos atrás parecia impossível que um percussionista pudesse tocar exclusivamente um instrumento tão específico quanto o *frame drum*; no entanto, Velez produz nesse instrumento que ele reuniu de várias culturas (o *bodhran* irlandês, o pandeiro brasileiro, o *doira* afegão, o *duff* árabe, o *bendir* do norte da África ou o *kanjira* do sul da Índia) uma riqueza tão grande de ritmos e sons que ele é capaz de gravar álbuns solos inteiros: "Ninguém alcança no *frame drum* o som e a riqueza de articulações de Glen Velez", disse Jamey Haddad.

Outros tocadores de *frame drum* importantes são os italianos Carlo Rizzo, o libanês Nabil Khaiat (com Rabih Abou-Khalil), o norte-americano Hamid Drake (no free jazz da pós-AACM) e o já mencionado brasileiro Marcos Suzano.

Carlos Rizzo é um mago do tamborim do jazz. Ele aprendeu a tocar o instrumento com um pastor de ovelhas siciliano. Desde então, em improvisações com Michael Riessler e Renaud Garcia-Fons, ele levou o tamborim aos limites de suas possibilidades. Ele inventou seu próprio instrumento, segundo ele: um "tamborim politonal", com cordas como um *snare drum*, uma trava para as cordas e um sofisticado sistema de surdina que faculta ao tamborim uma ampliação de suas possibilidades melódicas e sonoras.

A fama de intérprete de música persa não impediu Djamchid Chemirani, iraniano residente na França, de liberar o *zarb* de seu papel de acompanhamento e, em execuções com Albert Mangelsdorff e Reto Weber, de desenvolver suas possibilidades solistas. Seu filho Keyvan Chemirani inseriu o *zarb* no jazz francês contemporâneo com uma riqueza especial de timbres.

A gama de ritmos de percussão existentes hoje no jazz e provenientes de diversos países do mundo começou a se evidenciar a partir do momento em que o Weather Report – o grupo de *fusion* mais bem-sucedido até a sua dissolução em 1985 – e, depois dele, Joe Zawinul, em seu Syndicate, incluíram um percussionista (ou mais de um) para suplementar o trabalho do baterista. O primeiro foi Airto Moreira, que, aliás, também foi o primeiro a tocar com Miles Davis e Chick Corea. Depois dele: Dom Um Romão, Alejandro Acuna, Manolo Badrena, Alyrio Lima, Muruga (este último tocando não apenas instrumentos de percussão latino-americanos, mas também outros provenientes do Marrocos e de Israel), José Rossi (da Argentina), Burham Öçal (da Turquia) e Arto Tuncboyacian (armênio de origem turca). Músicos que ouvem as culturas rítmicas para se valer delas.

Arto Tuncboyacian cresceu nas proximidades de Istambul (Turquia). No começo dos anos de 1980, o armênio emigrou para os Estados Unidos (onde tocou com Marc Johnson e com o Oregon) e no novo milênio voltou para Erevan (Armênia), onde fundou a banda Armenian Navy Band. Quando lhe indagaram por que ele tinha dado esse nome à banda, já que a Armênia não é um país litorâneo, ele respondeu: "Também podemos movimentar o navio sem água. Tudo o que precisamos é de amor, respeito e verdade." Arto Tuncboyacian enriquece o world jazz com tradições anatólicas e armênias, mas igualmente com um *global playing* desenvolvido por ele. Justamente a partir das coisas mais simples – uma panela, uma garrafa etc. – ele extrai timbres brilhantes de percussão. Com sua conga (acoplada a um tipo de bateria), ele faz *slaps* inacreditavelmente brandos, rápidos, conciliando em sua música grande virtuosismo com humildade. Ele fala de seu jazz como de um modelo próprio de *folk avant-garde*.

Dessa "totalidade" de ritmos de percussão surge um novo tipo de percussionista: aquele que, diante da diversidade de culturas musicais, não é devedor de uma em particular, mas antes se alimenta de muitas. Entre esses percussionistas estão músicos como Mino Cinelu, Kenneth Nash, Sue Evans, Armen Halburian, Ayibe Dieng, o franco-argelino Karim Ziad, Geoffrey Haynes, Steve Kroon, o vietnamita Le Quan Ninh (um mestre da percussão livre), J.A. Deane, a dinamarquesa Marilyn Mazur, o argentino Marcio Doctor, o francês François Verly, o britânico Paul Clarvis, o norueguês Helge Norbakken, o húngaro Kornel Horvath, o italiano Paolo Vinacchia (um mestre da percussão eletrônica) e os alemães Christoph Haberer e Andreas Weiser.

O mais importante de todos é, de longe, Mino Cinelu, o percussionista mais badalado na cena contemporânea do jazz em Nova York. Ele está entre os percussionistas de maior intuição para a elegância e a sensibilidade, além de ter um potente *drive* rítmico. Cinelu tocou com Gil Evans e Miles Davis. Suas raízes vêm da música caribenha (mas ele nasceu na Martinica) e, talvez, sua leveza também venha daí. Mas ao mesmo tempo sua execução se dá por jatos enormes de criatividade, com uma força de expressão vigorosamente movida, quase como se ele quisesse, com seu ágil turbilhão percussivo, transportar as *sheets of sounds* de Coltrane para o mundo da percussão. Mino Cinelu combina tudo isso com um senso para o conciso e o teatral que lembra Miles Davis. Sua riqueza inventiva na sobreposição de timbres percussivos incomuns é inesgotável: ele toca, junto com a conga, uma construção de aço feita com sucatas e diversos outros instrumentos de percussão.

A dinamarquesa Marilyn Mazur, que também foi integrante permanente da banda de Miles Davis em meados de 1980, toca uma *poetic percussion*. Ela é uma especialista em *sound painting*, uma maestrina das colorações rítmicas. François Verly fez música com Nguyên Lê e Anouar Brahem. Ele toca com a curiosidade de um alquimista que se inspira nas mais diversas influências – indiana, balinesa, árabe e africana – e, ao mesmo tempo, não sabe o que é mais importante em sua música: o hibridismo ou a história dos sentimentos universais.

O arsenal de um percussionista moderno contém inúmeros e variegados instrumentos. Cada um deles possui sua própria tradição e exige um modo próprio de tocar. Hoje não é mais um feito excepcional que um percussionista disponha de instrumentos cubanos e brasileiros, indianos e tibetanos, turcos e marroquinos, de modo que, para tocá-los congenialmente – ou pelo menos profissionalmente –, ele tenha de possuir amplos conhecimentos sobre a forma como tais instrumentos são originalmente tocados em suas culturas nativas. Esse é o grau de universalidade a que chega o jazz nos dias de hoje.

Também Jamey Haddad mostra como é complexa essa mistura de estilos no universo da percussão. Ele é um norte-americano de origem libanesa que estudou a percussão carnática do sul da Índia, mas que também toca instrumentos africanos, brasileiros e do Oriente Médio. Haddad foi integrante da banda Oregon e ajudou a desenvolver a *hadgini-drum*, um instrumento de cerâmica com duplo bulbo e captador elétrico, que permite a execução de diversos estilos internacionais.

Como Haddad, muitos dos percussionistas mencionados aqui gostam de um tipo de percussão pan-global. Todos eles se beneficiam de uma circunstância que diferencia seu instrumento dos demais: nos instrumentos de percussão, a mistura de estilos não gera tanta descontinuidade quanto nos demais instrumentos. O que na esfera melódica e harmônica é imediatamente sentido como *crossover* ou um desconexo patchwork, no mundo da percussão costuma soar como uma combinação natural e harmônica. Do ponto de vista da percussão, parece ser mais fácil aproximar justamente as grandes diferenças culturais.

Por isso, os percussionistas de jazz (praticamente todos os que mencionamos acima) vêm contribuindo mais do que ninguém para a superação das fronteiras culturais e estilísticas por meio do diálogo com outros músicos. Os percussionistas se tornaram catalisadores do diálogo entre as culturas do mundo.

Seria um mal-entendido considerar tudo isso que estamos discutindo neste capítulo como uma etapa radicalmente nova no jazz. O novo aqui tem um sentido apenas relativo. A tendência de incluir e elaborar o que quer que se ofereça ao músico é um traço inerente ao próprio jazz. Muito do que hoje é corriqueiro antes não acontecia por simples falta de conhecimento dos músicos – a presença da música indiana, por exemplo. Já a música latino-americana faz parte do jazz desde o começo. Nova Orleans é a cidade mais importante no surgimento do jazz também por não ser apenas a cidade mais meridional dos norte-americanos, mas também a cidade mais setentrional dos latino-americanos (dos círculos culturais de latinos e crioulos). Lá o encontro entre os dois grupos foi quase tão intenso quanto o atualmente em voga em lugares como Miami ou "El Barrio", em Nova York. O *latin tinge* – o verniz latino-americano – de que falou Jelly Roll Morton, numa referência a seu "New Orleans Blues", foi, desde sempre, mais do que um simples verniz. Foi um componente vital do jazz, a começar pelo fato de que ambos – os ritmos "negros" da América do Norte e aqueles da América do Sul – remontam aos ritmos africanos, de fato, em grande parte aos ritmos das culturas africanas, sobretudo da cultura iorubá. Também é importante considerar o fato de que os ritmos e instrumentos africanos se conservaram mais "puros" e vivos na América Latina – principalmente em Cuba, no Haiti e no Brasil – do que na América do Norte. A censura exercida pelos senhores de escravos sobre a cultura negra contribuiu para isso. Correndo-se o risco de certa simplificação, pode-se dizer que a música latino-americana é uma "africanização das danças e melodias europeias", ao passo que a música norte-americana seria antes uma "europeização dos ritmos africanos".

Não é por acaso que muitos músicos latinos – não apenas Danilo Perez e Jerry Gonzalez, mas também Ray Barretto e David Sánchez – interpretaram composições de Thelonious Monk em seus discos, isto é, composições de um músico que pela primeira vez "africanizou", por assim dizer, o piano do jazz. Os ritmos angulosos, sinuosos, de Monk quadram particularmente bem com a sonoridade percussiva da música latina. "A música de Monk", disse Jerry Gonzalez, "possui uma lógica rítmica perfeitamente condizente com o ritmo de clave. Se isso era consciente ou não, o fato é que, em sua música, a maior parte dos ritmos é ritmo de clave. Monk viveu numa região onde havia uma forte comunidade porto-riquenha".

John Storm Robert mostrou que os "componentes latino-americanos foram muito mais significativos para os começos do jazz de Nova Orleans do que ainda hoje se pensa". Ele contou que Papa Laine, o líder da primeira banda de jazz composta por brancos a desfrutar de reconhecimento, no fim do século XIX, teve um trompetista chamado Martin "Chink" tocando consigo, cujos pais eram de origem hispânica e mexicana. Martin contou a pessoas que o entrevistaram que a Royal Street, situada entre Dumain e Esplanade – portanto um ponto central no antigo quarteirão francês de Nova Orleans –, era habitada predominantemente por hispânicos e mexicanos. O próprio Jelly Roll Morton nunca viu apenas dois lados, nunca apenas o elemento "negro" e o "branco", mas sempre uma tríade: "We had spanish, we had coloured, we had white." (Nós tínhamos hispânicos, nós tínhamos negros, nós tínhamos brancos). Esse "hispânico", na antiga Nova Orleans, era o que hoje chamamos "latino".

Jelly Roll Morton foi bastante ousado ao dizer que "a *latin tinge* é o elemento decisivo que diferencia o jazz do ragtime". O escritor de Nova Orleans Al Rose acha que o ragtime surgiu porque os negros haviam tentado tocar música mexicana. O antigo jornal *New Orleans* supôs que o termo *jazz* é uma forma bastarda da expressão mexicana *musica de jarabe*. Essas especulações não podem ser tomadas ao pé da letra; no entanto, elas são um indício de que os historiadores do jazz têm menosprezado o significado do elemento latino-americano na velha Nova Orleans.

E não apenas na velha. Também o rock de Nova Orleans – a música de gente como Fats Domino, Professor Longhair, Allen Toussaint, Dr. John, o Neville Brothers, dentre outros – diferencia-se do rock feito na região norte dos Estados Unidos justamente por ser um rock latinizado e crioulizado. Trata-se, segundo Professor Longhair, de uma "combinação de *off-beats* hispânicos e *calypso downbeats*". Esse elemento (cf. a seção "O Piano" deste capítulo) é assim uma constante na tradição musical da cidade e remete não apenas ao México e a Cuba, mas diretamente ao passado de Nova Orleans, que já foi hispânica: elemento do mesmo círculo cultural a que também pertencem Cuba, México e toda a região crioula, incluindo Trinidad. Daí o calipso em Nova Orleans!

Assim fica claro que o jazz também se desenvolveu nesses lugares, como em todos os demais, segundo uma lei congênita. Tudo já está potencialmente presente nas formas iniciais do jazz.

O VIOLINO

O que aconteceu com o violino no fim dos anos de 1960 foi o mesmo que ocorrera antes com a flauta nos anos de 1950: subitamente, ele passou ao centro dos interesses. Fala-se de uma "onda do violino", um fato impressionante, principalmente se considerarmos o papel secundário desse instrumento ao longo de toda a história do jazz. Embora o violino não fosse novo no jazz, sendo tão antigo quanto o *cornet* no jazz de Nova Orleans, sua sonoridade suave impediu que ele dividisse o palco com os trombones, trompetes e saxofones nas apresentações de swing.

No começo, as bandas de Nova Orleans e as orquestras de ragtime costumavam possuir um violinista, o que nada mais era que a perpetuação de um velho hábito herdado do século XIX. Na antiga orquestra de Nova Orleans, o violinista tocava em pé, como era de praxe na tradição musical dos cafés de Viena. Até os anos de 1950, a tradição dos cafés ofuscou o destino dos violinistas de jazz, tornando-os reféns desse ambiente em que a música cumpre uma função de mero divertimento. É que o violino não podia acompanhar o desenvolvimento dos outros instrumentos.

O primeiro violinista importante do jazz foi Joe Venuti – oriundo do círculo dos músicos ligados ao estilo Chicago e famoso por seus duos com o guitarrista Eddie Lang, bem como por seu humor bilioso. Até um ano antes de sua morte, em 1978, o "velho senhor" foi de uma vitalidade estupenda e "sobrepujou" muitos violinistas mais jovens, sendo, nesse sentido, comparável ao pianista Earl Hines. Uma especialidade sua era o singular trabalho com o arco, capaz de horrorizar qualquer "respeitável" professor de conservatório: ele distendia a crina do arco, punha a crina sobre as quatro cordas do violino e passava a vara por baixo do tampo do instrumento, possibilitando assim a produção de sons simultâneos incomuns com ataques em mais de uma corda, o que de outra forma é impossível de ser feito. (Andy Stein, no século XXI, seguiu a tradição de Venuti de um modo divertido, com forte swing.)

Menos conhecido é o afro-americano Eddie South, nascido em 1904 na Luisiana e de formação clássica. Ele se inseriu na cena europeia já nos anos de 1920, buscando um som aveludado, lírico e desenvolvendo uma maneira passional de tocar que combinava elementos da música cigana com o swing e a música latina. Nos anos de 1930, ele tocou com os dois gigantes do jazz em Paris: Django Reinhardt e o violinista Stephane Grappelli. Uma gravação inesquecível dos três é "Interprétation swing et improvisation swing sur le premier mouvement du concerto em ré mineur pour deux violons par Jean Sebastian Bach". Eddie South e Stephane Grappelli tocam nessa gravação a parte principal do primeiro movimento desse concerto, ao passo que Django Reinhardt "substitui" a orquestra com a guitarra. É um dos primeiros testemunhos, e talvez o mais vibrante, da veneração que a obra de Bach suscitou no meio jazzístico. Durante a Segunda Guerra Mundial, quando as tropas alemãs ocuparam Paris, os discos ainda disponíveis no mercado foram recolhidos pelas autoridades militares, que taxaram a obra como um exemplo vergonhoso de *Entartete Kunst* (arte degenerada). Nos anos de 1960, o disco teve novas edições na Europa.

Stephane Grappelli (1908-1997), com sua amabilidade francesa, é o *grand seigneur* do violino de jazz. Quando se trata de unir swing à francesa com impetuosidade, humor com elegância, ele é a última palavra no violino de jazz. Ao lado de Django Reinhardt, desde 1934, Stephane Grappelli fez parte do famoso Quintette du Hot Club de France, o primeiro grupo de jazz importante da Europa. Nele, Grappelli tocou *riffs* vigorosos, recheados de *blue notes*, e solos de beleza intemporal. Na época em que a França esteve ocupada pelas tropas alemãs, ele viveu na Inglaterra, voltando para Paris no fim dos anos de 1940 e lá tocando com vários músicos europeus e norte-americanos de renome. Depois de passar um bom tempo afastado da cena musical, ele viveu um *comeback* no fim dos anos de 1960 com a "onda do violino". Entre as suas mais belas gravações dessa época destacam-se as feitas em 1978: às vésperas de completar 70 anos, o *grand old man* gravou com músicos que não tinham sequer a metade de sua idade, como Larry Coryell, Philip Catherine ou Gary Burton. Grappelli é um mestre dos arroubos melódicos; seus improvisos nascem de um único jato lírico, que conferem ao violino jazzístico uma leveza sem par. Uma especialidade sua é acrescentar às melodias "normais" vozes de *flageolet*, notas que vibram e brilham cheias de requinte e com as quais ele expande e coroa seus solos, tal como um confeiteiro que dá os retoques finais à torta preparada com arte.

Nesse meio-tempo, Stuff Smith fazia seu nome nos Estados Unidos com a gravação de "I' se a Muggin", de 1936. Ele privilegiou uma impostação mais rude, com acentos de blues – marcada por figuras breves, abruptas, ao contrário das melodias fluentes de Grappelli. Stuff é um dos violinistas de jazz mais cheios de swing. Ele fraseia com um *vibrato* possante e rápidos glissandos que sobem e descem (*scoops* e *falls*), assemelhando-se a um cantor ou músico de sopro. Para conseguir esses efeitos e obter mais controle e *attack* nas notas, ele pressiona as cordas preferencialmente com a ponta do arco. A propósito, ele disse que um violinista de jazz precisa usar o arco como um "músico de sopro usa sua respiração".

Stuff foi o primeiro a tentar tocar violino com amplificação elétrica. Ele desobedeceu soberanamente todas as regras de conservatório. Todo violinista de concerto "bem-educado" ficava de cabelo em pé diante da forma como ele "maltratava" seu instrumento. No entanto, como nenhum outro violinista antes da "onda do violino" dos anos de 1960, ele soube extrair efeitos jazzísticos de seu instrumento, aproximando-se do som característico dos sopros. Smith, morto em Munique no ano de 1967, foi um humorista semelhante a Fats Wallers. Na segunda metade dos anos de 1930, ele formou com o trompetista Johan Jones um sexteto na rua 52, em Nova York, combinando jazz e humor de um modo magistral. Nos anos de 1950, Norman Granz uniu o violino de Stuff Smith ao trompete de Dizzy Gillespie.

Durante muito tempo, Ray Nance foi trompetista na orquestra de Duke Ellington. Ocasionalmente, ele também tocava violino, interpretando ou criando melodias sentimentais de serenatas que nada tinham a ver com seus solos jazzísticos no trompete. Entretanto, é característico da evolução do violino no jazz que esse instrumento tenha se tornado cada vez mais importante para Nance nos anos que precederam sua morte, em 1976. Ele foi adepto de uma impostação aveludada, "romântica", mas concisa e não virtuosística. Os solos cheios de swing executados por ele em grupos pequenos evocam, quanto ao estilo e ao fraseado, aquele que o influenciou em primeiro lugar como trompetista: Louis Armstrong. Claude Williams (que também tocou guitarra com Count Basie) pertenceu ao Twelve Clouds of Joy de Andy Kirk. Ele fraseia com uma agilidade rítmica que utiliza toda a extensão do violino. Williams fez chegar até os anos de 1990 a amabilidade e a leveza bem-humorada dos violinistas do swing, em gravações próprias e também com Jay McShann.

O dinamarquês Svend Asmussen, que toca não só violino, mas também viola, é um dos violinistas influenciados por Stuff Smith e Joe Venuti, caracterizando-se por seu swing enérgico. Ele foi um improvisador tão cobiçado no jazz europeu que Benny Goodman em vão tentou convencê-lo a se mudar para os Estados Unidos. O álbum produzido em 1966, intitulado *Violin Summit*, que reúne Asmussen, Stuff

Smith, Stephane Grappelli e Jean-Luc Ponty, é um dos documentos mais fantásticos do violino de jazz: quatro estilos completamente diferentes que contrastam entre si e se misturam de um modo emocionante.

Não por acaso, foi justamente um europeu que provocou o grande sucesso do violino contemporâneo de jazz: o francês Jean Luc Ponty, nascido em 1942 e filho de um professor de violino. Ponty "eletrizou" o violino e, desde então, recriou seu lugar dentro do jazz. Ponty ocupa a mesma posição de um Charlie Christian entre os guitarristas, um Jimmy Smith entre os organistas ou um Jaco Pastorius entre os baixistas.

Ponty, que estudou violino clássico – ele obteve o primeiro lugar num concurso do Conservatoire Nacionale Supérieur de Paris –, começou a gravar jazz inspirado no bebop, como mostra o seu disco gravado pelo selo Philips: linhas melódicas que se desenvolvem com emoção, complexidade rítmica e amplo uso de cordas duplas (oitavas e décimas). Em 1973, ele foi para os Estados Unidos tocar com Frank Zappa, mas um ano depois ingressou na segunda formação da Mahavishnu Orchestra de John McLaughlin. O impulso obtido na segunda metade dos anos de 1970 ao lado de McLaughlin se desenvolveu rumo a um jazz rock bastante pessoal: "Em comparação a McLaughlin, ele é mais leve, aveludado, romântico e acessível", disse Tim Schneckloth. Por isso, desde o começo dos anos de 1990, com seu world jazz de cores africanas, o sucesso de público de Ponty é bastante significativo e ultrapassa o círculo do *fusion*. Mas como observou a *Down Beat* certa vez, Ponty tende a se "antecipar ao futuro", e a "conduzir tanto sua execução quanto seus arranjos pelos canais mais estreitos". Ponty consegue eletrizar seu violino com a ajuda de vários equipamentos complementares. Sua música se tornou uma constante peregrinação entre efeitos extramusicais e altíssima musicalidade.

Por ter despertado o interesse contemporâneo pelo violino por meio de suas gravações no fim dos anos de 1960 e começo dos anos de 1970, Ponty acabou se tornando indiretamente responsável até mesmo pelo retorno dos velhos mestres Joe Venuti e Stephane Grappelli.

Praticamente na mesma época de Ponty, Don "Sugar Cane" Harris se tornou conhecido, mas infelizmente seu sucesso durou poucos anos. Enquanto Ponty está ligado à tradição cultural dos concertos para violino de Tchaikovsky, o violino de Harris é marcado pela tradição negra do blues. Residindo em Los Angeles, ele passou anos percorrendo o país em turnês de blues com Johnny Otis. E foi do blues que ele extraiu sua expressividade.

Mas a lista dos violinistas modernos de alto nível não termina com Ponty e Harris. Depois deles (em parte, já com eles), vêm Mike White, Jerry Goodman, os poloneses Zbigniew Seifert, Michal Urbaniak e Zrzesimir Debski, assim como mais tarde os norte-americanos John Blake, Darol Anger, Marc O'Connor e Tracy Silverman, os franceses Didier Lockwood e Pierre Blanchard, os dois indianos L. Shankar e L. Subramaniam e – no âmbito da execução *free* – Leroy Jenkins, Ramsey Ameen, Billy Bang, Charles Burnham, Ali Akbar, Terry Jenoure e o inglês Phil Wachsman.

Mike White fez gravações inspiradas em Coltrane com Pharoah Sanders. Jerry Goodman é um eclético em alto grau, reunindo *rock jazz*, country, *hillbilly*, Nashville *sound*, Mingus, música cigana e clássica. O polonês Michal Urbaniak toca um tipo especial de *fusion*, que deixa transparecer aspectos da música folclórica de seu país. Desde a segunda metade dos anos de 1980, seguindo os rumos da música sintetizada, ele passa a tocar também o violino MIDI. Darol Anger e Marc O'Connor, longe de toda tradição acadêmica, usam seu instrumento para pôr de manifesto as raízes folclóricas dos "brancos" (*hillbilly*, *bluegrass*, Nashville). O primeiro, nas gravações com Alex DeGrassi e William Ackerman; o outro com o bandolinista David Grisman e com o Dregs (um grupo de jazz rock). Tracy Silverman, proveniente do Turtle Island String Quartet, é um esteta da concepção elétrica do violino, de suas filigranas e sutis possibilidades. Mas, mesmo quando não amplifica seu violino de seis cordas, ele produz, graças à sua técnica de arco sofisticada, sons tão incomuns que seu instrumento às vezes soa como uma flauta *bansuri* indiana ou como um instrumento "eletrônico" híbrido.

De grande importância foi Zbigniew Seifert, que, segundo o crítico Patrick Hinely, é comparável a John Coltrane:

> Além da dedicação apaixonada ao instrumento, o que une Seifert e Coltrane é uma qualidade que se pode chamar de "jorro controlado" ou "liberdade responsável". Na música desses dois, ninguém pode dizer o que vem em seguida, mas pode-se sempre estar certo de que ela o arrastará para os confins mais longínquos.

No dizer do próprio Zbigniew Seifert: "O que eu toco no violino é o que ouço nas apresentações de saxofone. Admiro Coltrane e tento tocar como ele tocaria se fosse violinista. Provavelmente esse é o motivo pelo qual eu evito tocar o violino dentro dos padrões convencionais e empregar os efeitos que lhe são comuns." McCoy Tyner disse por ocasião do Festival de Jazz de Berlim, em 1976: "Eu nunca ouvi um violino como esse."

Zbigniew Seifert apimentou suas improvisações errantes com um som agressivo e uma rara profundidade harmônica, mas também com uma espiritualidade que se tornou ainda mais patente em sua fase tardia. Ele está entre aqueles grandes jazzistas poloneses que transformaram o país num dos lugares mais interessantes do planeta para se fazer jazz. Sua música vivia da tensão entre suas origens clássicas e sua devoção a Coltrane. Existiam, assim, um Zbigniew que praticava a música de câmara e um que tocava na linha de Trane. Seifert gravou discos com Eddie Gomez, Jack DeJohnette, John Scofield, Joachim Kühn, Cecil MacBee, Billy Hart e Charlie Mariano. Em 1978, poucas semanas antes de sua trágica morte, ele foi convidado a gravar um disco com os músicos do Oregon, que na época tinham acabado de descobrir sua forma de tocar. O álbum saiu com o título *Violin* e foi dedicado a sua memória.

Mal o mundo do jazz se dera conta da perda de Zbigniew Seifert, entrou em cena outro violinista, também europeu, que logo seria batizado como "o novo Zbigniew": Dider Lockwood. Lockwood vem da França, o país dos grandes violinistas de jazz. O primeiro foi Michel Warlop, no fim dos anos de 1920. Quando Django Reinhardt e Stephane Grappelli, no começo dos anos de 1930, fizeram sua primeira gravação com orquestra de jazz, tratava-se de uma orquestra regida por Warlop. Quando este, em 1937, percebeu que Grappelli era o maior violinista de todos, presenteou-lhe com um de seus violinos, fundando assim uma tradição: o violinista de jazz mais promissor ganha o violino de Warlop. Grappelli passou o seu a Jean Luc Ponty. E, em 1979, Ponty e Grappelli decidiram que era Didier Lockwood o mais novo merecedor do instrumento de Warlop. Num concerto em Paris ele foi prestigiado com o violino.

Loockwood disse: "Nenhum outro violinista me tocou e influenciou com tanta força quanto Zbigniew Seifert." Também na execução de Lockwood a herança de Coltrane se faz viva, porém, mais do que Seifert, Lockwood é atraído pelo jazz rock. Ele possui um poder de improvisação pouco comum na cena *fusion* contemporânea. Com o violino elétrico, ele se mostrou dotado de uma aguçada sensibilidade para dramas e comédias musicais. É característico de sua grande sensibilidade que no começo do novo século ele tenha se reencontrando com a sonoridade acústica de seu violino, primeiro, em encontros com músicos indianos, depois, por meio da assimilação de influências africanas, brasileiras e irlandesas ou em trabalhos com a orquestra sinfônica e a soprano Caroline Casadesus. Em 2005, ele estreou em Montpellier (França) sua ópera *Liberdad*.

Krzesimir Debski, Pierre Blanchard e Dominique Pifarély também partilham dessa herança de Seifert. Debski com seu grupo String Connection; Blanchard em gravações com Martial Solal e Lee Konitz; Pifarély por meio de sua atuação com Mike Westbrook e Louis Sclavis.

É evidente que Coltrane impressionou de um modo especialmente marcante os violinistas. Mas, com base em sua herança, músicos como Jean Luc Ponty, Mike White, Zbigiew Seifert e Didier Lockwood chegaram a resultados completamente distintos. Outro tipo de resultado também pode ser visto no músico da Filadélfia John Blake, inicialmente apresentado por McCoy Tyner e que tocou com Grover Washington: um improvisador da força incendiária de um Coltrane que, nos anos de 1970, podia ser ouvido no grupo de Tyner, mas que também tinha interesse pelo soul e pelo funk dos negros. Blake é um especialista em melodias longas, sinuosas, com cores vocais e *scoops*; ele consegue ter ao mesmo tempo uma articulação limpa e um saboroso *vibrato*.

Dada a abertura do jazz à música indiana, é bastante compreensível o sucesso de dois importantes violinistas indianos na cena do jazz e do *fusion*: L. Shankar e L. Subramaniam. O primeiro se tornou conhecido por meio do Shakti de John McLaughlin; o segundo, por meio de gravações com Larry Coryell, Herbie Hancock, Maynard Ferguson, John Handy e Ali Akbar Khan. Shankar toca um violino de dois braços e dez cordas. Subramaniam travou inspirados diálogos com músicos de outras culturas – africanas, sul-americanas, asiáticas. Ambos provêm de famílias de músicos do sul da Índia, pertencendo, assim, à música dessa região (a Índia possui duas culturas musicais, a hindustani ao norte e a carnática ao sul). Subramaniam recebeu o título "Violin Chakravarti", que significa "Imperador dos Violinistas" (a cada geração, esse título é concedido apenas a um único violinista). Com grande musicalidade e força empática, Shankar e Subramaniam trouxeram as técnicas indianas do violino ao jazz contemporâneo.

Seguindo em direção oposta, o húngaro Zoltán Lantos chegou a fortes linhas melódicas de jazz, em que influências ocidentais e indianas refletem-se mutuamente. Seu world jazz é uma união hipnótica de modelos estilísticos europeus e orientais. Lantos estudou no Conservatório Bela Bartók e na Academia Franz Liszt, em Budapeste. Uma bolsa lhe permitiu ir para a Índia, onde, por nove anos, ele estudou a tradição de violino clássico do norte. Zoltán toca, além do violino que conhecemos, um violino construído especialmente para ele: um violino indiano com cinco cordas normais e dezesseis cordas de ressonância simpática.

Outros violinistas importantes do world jazz são o húngaro Ferenc Kovács, o libanês Claude Chaloub, o norte-americano Anand Bennett e o turco Nedim Nalbantoglu. Anand Bennett toca com muito ritmo e um senso harmônico altamente desenvolvido. Ele introduz elementos do folclore dos Bálcãs na banda *fusion* Son of Slavster de Miroslav Tadic, elaborando também melodias e ritmos orientais com efeitos especiais de violino.

Turco residente em Paris, Nedim Nalbantoglu foi várias vezes apresentado como solista na Orchestre Nacional de Jazz. Ele enriquece a linguagem do violino de jazz contemporâneo injetando-lhe a força e a expressividade da música oriental.

Ele cria seus solos virtuosísticos com base no imenso reservatório da música turca e balcânica: a música de Roma e as múltiplas formas de expressão da música otomana, os sons dos *gazinos* (os cafés de música de Istambul) e as improvisações tradicionais *taqsim*.

Agora falemos do violino na execução "livre". O holandês Michel Samson não apenas trouxe para a banda do saxofonista Albert Ayler um traço folclórico como também criou texturas urdidas com base em ataques em cordas duplas e triplas, arpejos, *flageolets*, e *pizzicatos*, afastando-se radicalmente das convenções da tradição do violino de jazz. Entretanto, Samson também sofreu um fracasso retumbante ao tentar se equiparar no violino com a descarga maciça do saxofone de Albert Ayler. Com seu exemplo, ele deixou bem claro que violinistas de jazz nunca podem romper inteiramente com as raízes europeias de seu instrumento. Mesmo quando inseridas no free jazz mais "selvagem", as melodias de Samson sempre deixam entrever um acento "clássico".

O verdadeiro inovador da *creative music* no violino foi Leroy Jenkins, principalmente porque ele, com extrema consequência e virtuosismo, trouxe esse conhecimento para o âmbito da improvisação livre. Mesmo no contexto agressivo do free jazz, sua execução se pauta por melodias que seguem sua própria lógica interna. Jenkins é egresso da AACM de Chicago e contribuiu para a estética desse coletivo de músicos com sua execução formalmente consciente, rica em pausas e conexões. Jenkins empregou o violino também como instrumento de percussão e fonte de sonoridades, sem descuidar de suas heranças violinistas ou harmônicas.

Ramsey Ameen se tornou conhecido na segunda metade dos anos de 1970 por meio de Cecil Taylor; Charles Burnham, por meio do String Trio of New York. Terry Jenoure se tornou conhecido graças à sua execução afetuosa no grupo do clarinetista John Carter e mais tarde fez free funk com Leroy Jenkins. Porém, indo além de Leroy Jenkins, a voz mais original do violino no campo do novo jazz é Billy Bang. Ele toca seu instrumento com uma técnica de arco extraordinária e com ataques rudes, "percussivos", que remontam mais à originalidade e ao caráter do blues que às chamadas normas "clássicas". Em 1986, Bang foi um dos fundadores do String Trio of New York e, com sua execução enérgica e rítmica (originalmente inspirada em Stuff Smith), além de uma afinação precisa, trouxe uma grande contribuição para a revitalização do som violinista no contexto do pós-free jazz. Na esteira das aquisições de Leroy Jenkins e Billy Bang, muitos violinistas dessa corrente dos anos de 1990 ampliaram as possibilidades de seus instrumentos com texturas incomuns: os de maior peso são Mat Maneri e Jeff Gauthier (ambos na viola), o norte-americano de origens chinesas Jason Kao Hwang e o alemão Harald Kimmig (que tocou com Cecil Taylor).

Mat Maneri domina todas as formas de execução do violino, desde o gênero straight-ahead até a música microtonal de seu pai Joe Maneri. Ele é um mestre na mudança de sonoridade por meio do uso de surdinas diversas. Com seu trio, ele privilegia uma execução mais despojada e troca o arrebatamento da primeira geração do free jazz pelas texturas escuras, sublimes, de alta densidade.

Jason Kao Hwang, que se fez conhecido por sua atuação ao lado de Henry Threadgill e Anthony Braxton, é extremamente melódico, demonstrando preferência por pausas e cores atmosféricas. É um mestre na composição de novas texturas.

Outros violinistas inspirados no free jazz e que, por meio de sua personalidade, ameaçaram romper os limites do jazz em direção à chamada nova música são a tcheca Iva Bittova, o português Carlos Zíngaro, o norte-americano residente em Berlim Jon Rose, o violista holandês Maurice Horsthuis e a japonesa residente em Nova York

Mari Kimura. Esta última chegou a resultados especialmente comoventes no campo do violino associado ao MIDI e ao computador, algo que já se podia perceber em suas improvisações livres com Jim O'Rourke e Robert Dick. Ela desenvolveu uma nova técnica de arco, denominando-a *subharmonics*, um tipo de execução pelo qual ela amplia a extensão de seu violino numa oitava a partir da nota mais grave, o Sol da corda solta, sem precisar modificar a afinação do instrumento.

Para se ter uma ideia de o quanto a autoconsciência rítmica e sonora dos violinistas se expandiu, basta observar que a cena dos anos de 1980 foi assolada por uma "onda" de quartetos de cordas fazendo jazz e improvisando, um incrível paralelo com o desenvolvimento das formações de saxofones. Vários quartetos de cordas dos anos de 1980 e de 1990 demonstraram possuir abertura estilística e uma fantasia ilimitada. Exemplos: o Kronos Quartet, o Black Swan Quartet, o Turtle Island String Quartet e o Modern String Quartet (com o alemão Jörg Widmoser). Fundado em 1977, o Kronos Quartet (originalmente com David Harrington e John Sherba nos violinos, Hank Dutt na viola e Joan Jeanrenaud no cello) possui um fraseado particularmente impressionante, estando já há mais de duas décadas entre os quartetos de cordas mais respeitados da música de concerto moderna. Terry Riley e Phillip Glass, por exemplo, já compuseram para ele. Na verdade, o Kronos Quartet não improvisa. Mas, com suas interpretações de "Purple Haze", de Jimi Hendrix, "Sex Machine", de James Brown, e temas de Ornette Colemann, Bill Evans e Thelonious Monk, ele contrariou de uma forma radical a imagem "agradável" do quarteto de cordas, emprestando-lhe, assim, uma nova sensibilidade e, com isso, atraindo a contribuição de vários jazzistas: Steve Lacy, Max Roach, John Zorn, Anthony Braxton, Cecil Taylor e outros.

O Turtle Island Quartet, fundado em 1986 (inicialmente com David Balakrishna e Eva Pierce nos violinos, Danny Seidenberg na viola e Mark Summer no cello), particulariza-se por seu enorme ecletismo, integrando ao jazz elementos do rock, do *blue grass* e da música do mundo. Ao mesmo tempo, ele foi o primeiro quarteto de cordas a conseguir realmente dar um tratamento rítmico às cordas.

Impulsionado pela onda dos quartetos de cordas, surgiu rapidamente uma gama de trios de cordas atuando numa linha própria de jazz camerístico: os mais importantes são o Trio Arcado (com Mark Feldman no violino, Hank Roberts no cello e Mark Dresser no baixo; o Kent Carter String Trio (com Carlos Zingaro no violino, François Dréno na viola e Kent Carter no baixo); o Masada String Trio (com Mark Feldman no violino, Erik Friedlander no cello e Greg Cohen no baixo); e o Amsterdam String Trio (com Maurice Horsthuis na viola, Ernst Reijseger no cello e Ernst Glerum no baixo).

Especialmente fecunda foi a evolução do String Trio of New York, criado em 1986, por John Lindberg. Ele não foi apenas uma plataforma para instrumentistas de alto nível, mas também um trampolim para os violinistas de jazz norte-americanos da cena contemporânea: Billy Bang, Charles Burnham, Regina Carter, dentre outros.

Talvez o maior florescimento do violino de jazz tenha se dado por meio da explosão de estilos dos anos de 1990. O crescimento de gêneros musicais possibilitou aos violinistas de jazz a ampliação radical do espectro expressivo de seu instrumento – também sob a influência de modelos de execução não jazzísticos, como as técnicas populares, o violino indiano, o árabe e as inovações da nova música.

A violinista mais versátil dessa cena desenvolveu-se nos anos de 1990: Regina Carter, de Detroit. Soberanamente, ela dispõe sobre toda a tradição da música de improvisação – do swing ao jazz straight-ahead, do som latino afro-cubano à *free music*. Regina Carter (prima do saxofonista James Carter) uniu as influências de

Jean-Luc Ponty e John Blake. Ela possui grande sensibilidade para sutilezas e nuanças e seu fraseado mostra uma preferência por *grooves*. Em suas vivas interpretações de baladas, ela se orienta pelos grandes sax-tenoristas do jazz (Ben Webster e Paul Gonsalves), mas também pelas grandes cantoras, como Sarah Vaughan e Betty Carter. Em peças mais rápidas ela apresenta uma pegada mais rítmica, incandescente. Regina Carter pensa o violino de jazz em termos bastante rítmicos, encarando o violino como uma extensão da *rhythm section*. "Se eu faço um solo, agrada-me tocar ritmos que combinem com as partes do percussionista e do baixista."

Em 2001, ela foi convidada pela cidade de Gênova para fazer um concerto empunhando um famoso Guarnieri que pertencera a Paganini e fora seu preferido (por conta de seu som escuro, enérgico, esse violino foi batizado de Il Cannone [O Canhão]). Uma honra antes partilhada apenas com músicos clássicos é concedida pela primeira vez a uma musicista afro-americana. "As pessoas geralmente perguntam por que meus discos são tão ecléticos. Isso acontece porque eu vim de Detroit. Lá eu ouvia Motown soul, hard bop, clássico; havia comunidades gregas, árabes e afro-cubanas."

Outros multiestilistas interessantes do violino de jazz contemporâneo são os norte-americanos Eyvind Kang, Christan Howes, Carla Kihlstedt e Rob Thomas (com o Jazz Passengers), a israelense Miri Ben-Ari, a japonesa Naoko Terai, o britânico Christian Garrick, o já mencionado francês Dominique Pifarély, o austríaco Tscho Theissing (com a banda Pago Libre) e o alemão Gregor Huebner.

Na Ásia, a japonesa Naoko Terai (que tocou com Kanny Barron e Mal Waldron) é a violinista de jazz mais importante de seu país. Ela consegue equilibrar seu jazz vibrante entre o *standard* e a música *fusion*. Miri Ben-Ari, de Israel, mas residente em Nova York, tornou-se conhecida por meio de sua atuação com Wynton Marsalis. Ela desenvolveu no violino um estilo próprio de hip-hop urbano.

Christian Howes, que se fez conhecido tocando com D.D. Jackson e domina todos os estilos (folk, blues, *contemporary*, *free*), produz com seu violino elétrico furiosas distorções melódicas. Talvez ele seja aquele que mais se aproximou do som de Jimmy Hendrix. Garrick – o violinista de jazz mais reputado da cena britânica – domina tanto o estilo *hot club* de Grappelli quanto as formas modernas de execução. Carla Kihlstedt, procedente de São Francisco, é uma feiticeira das linhas refinadas e da execução de *flageolets* suaves e frágeis. No Tin Hat Trio, ela trabalhou elementos do folk, da nova música, do tango e do free jazz, criando sombreados sutilmente nuançados e buscando uma sólida fundação rítmica.

O violinista mais importante e empolgante da cena *downtown* de Nova York é Mark Feldman, um violinista "que impressiona não somente por seu som bonito e seu virtuosismo perfeito, mas também por seus lampejos alegres, por seu prazer em alternar entre os gêneros e se doar a divertidos *impromptus*" (Thomas Steinfeld). Mark começou como músico de *sessions* em bandas de *country & western* oriundas de Nashville. No começo dos anos de 1990, ele chegou ao círculo musical que se reunia no clube Knitting Factory em torno de John Zorn.

Mark Feldman pertence àquela classe de violinistas de jazz que não se afasta da herança clássica de seu instrumento. Em primeiro lugar, ele não tenta "saxofonizar" seu violino (como fazem muitos violinistas, os quais, em maior ou menor medida, acabam fracassando). Mark Feldman faz um som totalmente acústico, isto é, sem captador, sem nenhuma amplificação elétrica.

Ele é um mestre na mudança de gêneros e nos contrastes dinâmicos, um especialista na exploração expressiva de extremos musicais. De um lado, como nenhum outro violinista de jazz contemporâneo, ele cultiva o que se chama *Geigenschmelz*, um violino de "melodias derretidas". De outro lado, ele explora com firmeza linhas melódicas ásperas e duras. Pode-se reconhecer o som de seu violino em milésimos de segundos, seja por seus acordes articulados de modo agressivo, seja por seus *flageolets* cheios de doçura ou por suas melodias em rápidos *pizzicatos*. Feldman foi o solista mais impressionante do Arcado String Trio e do Masada String Trio, dois trios de cordas desbravadores por fazer uma música de câmara autônoma: o primeiro interpondo-se entre o jazz e a nova música, o segundo atuando no campo da *radical jewish music* de John Zorn.

Também Jenny Scheinman (com Bill Frisell e Myra Melford) mantém um estreito vínculo com o jazz *downtown*. Ela possui um som particularmante aveludado, suave, fraseando com grande calma e transparência. Seu universo estilístico vai do *gipsy* swing do Quintette du Hot Club de France *à la free music* em todas as suas variações, aproximando em suas melodias o mundo experimental do Rova Saxophone Quartet (com quem já tocou) e a música de Stephane Grappelli. O mais impressionante nos discos de Jenny Scheinman, porém, é que, apesar de seu veemente ecletismo, é como se tudo fizesse parte de uma única peça. Neles, os elementos indianos, médio-orientais, europeus e brasileiros misturam-se a influências norte-americanas. Ela não é dada a virtuosismos gratuitos e seus solos não seguem aquela tendência para ironizar seu próprio estilo. Em vez disso, ela fraseia com muito *understatement*, profundidade e clareza emotiva.

Um violinista de jazz que soube aproveitar de maneira especial a tradição clássica europeia de seu instrumento é o francês Dominique Pifarély, que fez fama tocando com a Vienna Art Orchestra. Ele reúne uma força lúcida com uma aura sonora branda, irradiando um calor aconchegante. Em 1986, ele fundou com Louis Sclavis o Acoustic Quartet (com o guitarrista Marc Ducret e o baxista Bruno Chevillon). *Warm Canto* é o nome de um de seus álbuns, uma ótima definição de suas linhas violinistas cheias de virtuosismo e originalidade.

O alemão Gregor Huebner, que pertenceu ao Melos Quartett, também conseguiu uma união afetuosa entre o jazz e o clássico, por exemplo, na banda do pianista Richie Beirach, com reelaborações jazzísticas da música de Béla Bartók.

É notório que nenhum outro instrumento empregado no jazz desperta tanto o interesse dos europeus quanto o violino. Entre os violinistas mencionados nesta seção, dezenove são europeus (31 norte-americanos, dois indianos, dois japoneses e três músicos do Mediterrâneo). Além disso, os norte-americanos Eddie South e Stuff Smith viveram muito tempo na Europa, "Sugar Cane" Harris, L. Subramaniam e Billy Bang gravaram alguns de seus discos mais importantes na Europa. Não é de admirar, portanto, que justamente o mais famoso violinista de jazz – Joe Venuti – fosse europeu. De fato, o empresário de Venuti, nos anos de 1920, deu a conhecer que Joe nascera numa viagem de imigrantes italianos pelo Atlântico, pois, na época, era um estigma para um músico de jazz nascer na Europa. Mas, quando Venuti estava com 70 anos e era uma estrela mundial, ele pôde dizer a verdade: que nascera em Comer See, no norte da Itália. Até hoje existem Venuti por lá.

OUTROS INSTRUMENTOS

Durante cinquenta anos – até 1950, aproximadamente –, existiu apenas uma única e relativamente pequena "família" de instrumentos de jazz. Eram sempre os mesmos instrumentos usados pelos primeiros jazzistas de Nova Orleans: trompete e trombone no grupo dos metais, saxofone e clarinete no grupo das madeiras e, naturalmente, os instrumentos da *rhythm section*, bateria, baixo, guitarra e piano.

De outro lado, é possível contar a história do jazz com base no destaque que determinados instrumentos obtiveram em diferentes momentos da evolução dessa música, a começar pelo piano. Ele dominou todo o período do ragtime. Depois o trompete passou ao primeiro plano, inicialmente, em Nova Orleans, onde os *kings of jazz* tocavam ou trompete ou *cornet*; depois, na grande época de Chicago por meio de trompetistas como King Oliver, Louis Armstrong e Bix Beiderbecke. A era do swing foi a era da clarinenta. Com a aparição de Lester Young e Charlie Parker, o saxofone se tornou o instrumento estilisticamente dominante: primeiro, foi a vez do sax-tenor, depois, mas por pouco tempo, a do sax-alto e, por fim, novamente a do sax-tenor. No começo dos anos de 1970, a eletrônica se tornou fator determinante do som, a ponto de o som completamente eletrônico passar a ser mais importante que o som original dos instrumentos, sobretudo no caso da guitarra e do teclado, um som eletronicamente amplificado e manipulado. Somente a partir dos anos de 1980 é que não se pôde mais distinguir nenhum instrumento dominando a cena do jazz. A pluralidade agora é seu valor fundamental.

O instrumental do jazz sofreu três modificações. A primeira promovida por Lester Young, que transferiu o princípio jazzístico da construção do som para o fraseado; depois, como já indicado, com a eletrônica; e, finalmente, com a abertura do jazz às outras culturas musicais do mundo.

Depois que Lester Young pavimentou o caminho para a compreensão de que o princípio jazzístico, para o bem e para o mal, não estava mais atrelado à construção do som, praticamente todos os instrumentos puderam ser introduzidos no jazz, isto é, todos aqueles com os quais é possível obter um fraseado de jazz claro e flexível. Isso levou à descoberta de muitos instrumentos que antes dificilmente – ou de modo algum – podiam ser empregados no jazz, como a flauta, a trompa e o violino. O saxofonista Rufus Harley, da Filadélfia, mostrou que é viável improvisar verdadeiros solos de jazz até mesmo numa gaita de fole escocesa. Com extrema facilidade, o trombonista Steve Turre toca solos modernos de jazz em conchas do mar. Christian Marclay faz do toca-discos um instrumento de jazz – a selvageria de seu *scratching* (os giros rítmicos para lá e para cá do disco sobre o prato) e os cortes rudes e bem-humorados de suas colagens sonoras funcionam como uma versão punk na música de John Zorn.

Enquanto nas edições anteriores deste livro alguns instrumentos foram apresentados simplesmente como "outros instrumentos", nesta edição, em virtude da enorme importância obtida por eles no entretempo, seções específicas foram preparadas para discuti-los.

Um fator adicional dessa constante descoberta de novos instrumentos no jazz é o interesse natural do jazzista pelo som como tal. No capítulo "Os Elementos do Jazz", mostramos que o som é um elemento imprescindível no jazz, mas que o interesse pelo som foi aumentando progressivamente ao longo de sua história. De fato, hoje existem músicos e grupos que parecem sacrificar tudo pelo simples prazer do som.

Seja como for, explorar os sons foi uma motivação decisiva para o músico de jazz. No fim dos anos de 1960, parecia que a eletrônica podia desempenhar soberanamente esse papel, mas depois – cf. a subseção "Teclados e Sintetizadores" da seção "Órgãos, Teclados, Sintetizadores, Eletrônicos" deste capítulo – ficou evidente que o excesso de recursos sonoros acabava por comprometer o aspecto da individualidade. Ora, o que há de fundamental no interesse pelo som é justamente a possibilidade da expressão pessoal. Por essa razão, paradoxalmente, na segunda metade dos anos de 1970 a consciência sonora da eletrônica desaguou com força na cena "acústica" e nela produziu seus melhores frutos.

Já fizemos aqui algumas antecipações. A maior parte dos "outros instrumentos" são *instrumentos secundários*. Por isso, já várias vezes nos referimos aos músicos que tocam tais instrumentos nas seções sobre seus instrumentos principais: na seção "O Clarinete" deste capítulo, falamos de Eric Dolphy e da difusão do clarinete-baixo; na subseção "O Sax-tenor" da seção "A Família dos Saxofones" deste capítulo, de Yusef Lateef com seu oboé e seu fagote; nela também apresentamos Roland Kirk, que, dentre outros instrumentos, toca dois obscuros instrumentos de sopro da família do saxofone, mas de origem hispânica: o *stritch* e o *manzello*.

O extremo a que o instrumental de jazz pode chegar fica claro ao se ouvir as improvisações de harpa de Alice Coltrane (a esposa do grande John Coltrane): elas deitam raízes nas profundezas da meditação asiática tradicional. Nos anos de 1950, Corky Hale, na Costa Oeste, e Dorothy Ashby, em Nova York, tentaram tocar harpa de um modo jazzístico. Curiosamente, o primeiro documento de harpa no jazz é de 1934: a de Caspar Reardon na gravação que Jack Teagarden fez de "Junk Men" (com Benny Goodman) e depois a de Adele Girad no "Jazz Me Blues" de Joe Marsalas (com Eddie Condon e Joe Bushkin!). Mas foi só com o novo jazz que o caminho se abriu para esse instrumento tão difícil de afinar e de sustentar a afinação. É só com Alice Coltrane que o som da harpa deixa de ser uma mera "curiosidade".

Um passo além de Alice Coltrane foi dado por Zeena Parkins, que se fez conhecida no ambiente da música *downtown* de John Zorn, Elliott Sharp e Wayne Horvitz: Parkins toca *clusters* estilhaçantes que buscam inspiração no punk – o som de sua harpa eletrônica é tão distorcido que "rasga" literalmente o véu romântico que cobre esse instrumento mais que qualquer outro.

Acordeão

Durante muito tempo o acordeão não teve nenhum papel no jazz. Essa realidade não mudou nem mesmo quando Charles Melrose, em 1930, tocou com Cellar Boys um antigo solo de acordeão: "Wailing Blues" (com Bud Freeman e Frank Teschemacher). Mas também todos os acordeonistas que vieram depois dele – Buster Moten (na Orquestra de Bennie Moten), Joe Mooney (que na metade dos anos de 1950 dirigiu um quarteto de swing), Mat Mathews e Art van Damme – só conseguiram de forma muito limitada contornar a rigidez e a peculiar imprecisão no fraseado de seu instrumento (um problema semelhante ao do órgão de tubo, pois ambos são instrumentos de palheta). Astor Piazzola cruzou o tango e o jazz, obtendo um resultado especialmente digno de nota na gravação de seu duo com o sax-baritonista Gerry Mulligan. Os franceses Michel Portal (no bandoneón) e Bernard Lubat, assim como o alemão Rüdiger Carl, introduziram o som do acordeão no jazz europeu de vanguarda. Mas foi apenas nos anos de 1980 que o acordeão se tornou verdadeiramente um instrumento de jazz. Três músicos foram responsáveis por isso: o argentino Dino Saluzzi (bandoneón), o nova-iorquino Guy Klucevsek (com um arsenal de vários tipos de acordeões) e o francês Richard Galliano. Saluzzi "emancipou" o tango de seus esquematismos ao enriquecer a essência dessa música – sua melancolia altiva – com a franqueza e a vitalidade do folclore argentino em sua *totalidade* – com melodias indígenas, valsas europeias, os ritmos de candomblé dos negros trazidos para a América do Sul, a milonga do folclore rural gaúcho, mas também com a música romântica e impressionista do século XIX. Por meio de bandoneonistas como Saluzzi,

Juan José Mosalini e Luis DiMatteo, também os argentinos entraram em cena (o que os brasileiros já haviam feito bem antes), contribuindo com músicos de tango que, junto com Piazzolla – e a partir dele – ampliaram o campo da música do mundo.

Guy Klucevsek, que se tornou conhecido por meio de seu trabalho com John Zorn, extrai do acordeão os sons mais estranhos: ele é um mestre nos cortes súbitos e nas mudanças estranhas de registro, criando um clima mágico com os sons densos, esquisitos e bizarros de seu instrumento, capaz de às vezes evocar o mundo folclórico dos contos de fadas – sons que provavelmente se atribuiriam mais facilmente a um teclado que a um acordeão. Os solos de Klucevsek são um *tour de force* com a multiplicidade de estilos e gêneros musicais: via de regra, de forma bem-humorada. Em 1996, ele fundou o Accordion Tribe, uma banda constituída por cinco acordeonistas.

Mas foi preciso um músico do perfil de Richard Galliano para que o acordeão jazzístico conquistasse o reconhecimento público que merece. O francês natural de Cannes conseguiu introduzir o acordeão nas formações de jazz, na medida em que – influenciado por Bill Evans, Herbie Hancock, Chick Corea e Miles Davis – se apossou definitivamente do fraseado jazzístico, com sua fluência em tercinas. Galliano começou como acompanhador de *chansoniers*, tal qual Yves Montand. Suas raízes repousam no *flair* alegre e melancólico das valsas francesas de bistrô, na *musette*. Em seu álbum *New Musette*, ele abriu amplamente o acordeão jazzístico para outros estilos e culturas musicais – para o novo tango de Astor Piazzolla (que foi o mentor de Galliano) e o *latin flair* brasileiro, para o jazz rock e a música cigana, para Maurice Ravel e Bill Evans, Gabriel Fauré e Charlie Parker.

Galliano fala de si próprio como um *melomane* que em sua música se entrega inteiramente à emoção – e de fato seus solos exorbitam riqueza melódica e timbres policromáticos orquestrais, que em nada diminuem sua tendência algo narcisista ao virtuosismo. "Pode-se tocar tudo no acordeão", disse ele. "Eu estou sempre descobrindo coisas em meu acordeão que um ano atrás eu não acreditaria que pudessem ser feitas."

Músicos franceses como Richard Galliano e Jean-Louis Matinier fizeram do acordeão um instrumento de jazz extremamente valioso. Apesar disso, a diferença entre os dois dificilmente poderia ser maior: Galliano toca um acordeão de teclas, Matinier um acordeão de botão. Enquanto Galliano dá continuidade à tradição da *musette* em seu jazz e se abre a novas influências, Matinier rompe radicalmente com ela. Ele é um improvisador aventureiro, uma *open mind*, um mestre do *folklore imaginaire*, bucólico, frugal, capaz de unir dinâmica e leveza em sua fluente execução.

As melodias de Matinier nascem de um impasse entre o jazz, o folclore e a nova música. Com presença de espírito, ele cruza as fronteiras das tradições folclóricas musicais, dos *grooves* swingantes e das improvisações experimentais. Junto com o baixista Renaud Garcia-Fons, ele formou um dos duos mais criativos do jazz europeu dos anos de 1990. Garcia-Fons: "Para nós, o duo é uma orquestra sinfônica com milhares de instrumentos ocultos no coração do arco e do fole."

É evidente que foram especialmente os acordeonistas do "folclore imaginário" que, nos anos de 1980 e de 1990, emanciparam seu instrumento como uma voz legítima do jazz (o que é pouco surpreendente em vista da relação fecunda entre o acordeão e a tradição musical popular). Ao lado de Galliano e Jean-Louis Matinier, os mais importantes instrumentistas são os italianos Luciano Biondini e Gianni Coscia, o norueguês Stian Carstensen e o armênio David Yengibarjan, que vive na Hungria desde 1995. Stian Carstensen (que ainda toca banjo, gaita de fole e *kaval*) encontrou na banda búlgaro-norueguesa Farmer's Market uma das misturas contemporâneas mais excitantes de jazz e música balcânica. Nos anos de 1990, Gianni Coscia se tornou célebre com seu duo soberbamente melódico de temas mediterrâneos ao lado do clarinetista Gianluigi Trovesi.

O finlandês Kimmo Pohjonen, nascido em 1964, começou a tocar acordeão aos 8 anos de idade. Ele estudou música clássica no conservatório em Helsinque, música africana na Tanzânia, tango em Buenos Aires. Depois de ter sido eleito por três vezes seguidas (1996-1998) o músico popular do ano da Finlândia, ele passou a ser internacionalmente reconhecido como acordeonista de jazz – um dos mais criativos em sua especialidade. Pohjonen toca o instrumento injustamente ridicularizado com uma energia incontida de dervixe – turbilhões sonoros furiosos, rudes, que logo se traduzem em declarações fortemente emotivas. Seus diálogos com os tocadores de *samplers* (como o DJ Samuli Kosminen) radicalizam o som do acordeão, levando-o à zona de fronteira entre *trance*, música ambiente e heavy metal, num *mix* que vai de trovoadas sonoras bombásticas a texturas de órgão.

No jazz multiestilístico da cena *downtown* de Nova York, Ted Reichman e Rob Burger (que mora em São Fracisco), em associação com Guy Klusevsek, ampliam os horizontes da música com os sons de seus acordeões. Burger possui uma relação especialmente fluente com o *time*; seu lirismo e as nuanças sutis de suas notas e *touch* são notáveis. John Zorn: "Ele pode tocar tudo – *musette*, tango, jazz, *cajun*, blues, mas como todo mestre ele faz tudo de um modo particular, com seu som pessoal, inconfundível."

Tuba

Para dois instrumentos um círculo foi concluído: a gaita e a tuba. Como já dissemos, no antigo jazz de Nova Orleans a tuba era uma espécie de anunciante do baixo. Hoje, músicos como Howard Johnson, Don Butterfiel, Jon Sass, Bob Stewart, Joe Daley, Earl McIntyre e – na Europa – Michel Godard, Larry Fishkind e Pinguin Moschner fazem solos de tuba com quase (!) a mesma agilidade de um trompetista. Dave Bargeon tocou solos pesados de jazz rock na banda Blood, Sweat & Tears. O cantor de blues Taj Mahal, num de seus discos, é acompanhado ao longo de toda uma faixa por uma tuba.

Howard Johnson (que também toca flauta *pennywhistle* e sax-barítono) é o verdadeiro pai da tuba moderna e emancipada. Em 1968, ele formou o *ensemble* de tuba Substructure, de onde mais tarde saiu o sexteto de tuba Gravity. Johnson tocou nas formações de Charles Mingus, Dizzy Gillespie e Gil Evans. Em seus solos de tuba, ele consegue frasear com um *jazz feeling* altamente moderno, combinando agilidade, autoridade e massa sonora. Seus solos facilmente percorrem uma extensão de quatro oitavas e, quando o "100% autodidata" (Johnson) toca sua tuba na região aguda, ele produz um som redondo e belo parecido com o do trompete. Na opinião de Johnson: "A tuba é mal-afamada por uma única razão: ela é mal tocada."

Howard Johnson é o "John Coltrane da tuba". No jazz antigo, a tuba era utilizada exclusivamente como suporte rítmico-harmônico para a linha do baixo. Mais tarde, depois de Johnson, os tubistas passaram a ver seu instrumento cada vez mais como um instrumento melódico, com os mesmos direitos que qualquer outro: Jon Sass, Tom Malone, Joe Daley e Marcus Rojas (que deu um peso especial ao grupo de Henry Threadgill), o belga Michel Massot, o norueguês Line Horntveth, o britânico Oren Marshall (que distorce o som da tuba com aparelhos eletrônicos analógicos e digitais) e a alemã Bettina Wauschke.

Jon Sass, norte-americano residente em Viena desde os anos de 1980, chamou a atenção na Vienna Art Orchestra graças à sua técnica fundamental de sopro – como mestre de *funk grooves* e competente músico clássico, ele une os ritmos urbanos com baixos de grande espessura. "O som da tuba me lembra a voz humana", disse Jon, que, coerentemente, ao tocar, tende a cantar até as notas mais graves. Resultado: mesmo quando se vale de *overdub* nas gravações de seus discos, Jon Sass se mostra um grande "humanizador" do sopro profundo.

Numa linha própria, independente de Johnson, Bob Stewart descobriu uma forma fascinante de tocar tuba, tornando-se conhecido por seu trabalho com Carla Bley. Ele possui, de longe, o som mais forte e enérgico da cena contemporânea, um som cheio de espontaneidade e emoção, consciência bluesística e agilidade multiestilística. O som aveludado de sua tuba não tem nada de suave, evocando mais a súplica e a incitação. Stewart produz na tuba o fraseado de quem toca um instrumento melódico de muitas facetas: linhas de extraordinária complexidade rítmica e melódica. Suas ritmicamente complexas linhas de baixo são realmente *hip*. Ele é o principal responsável pelo fato de hoje, em suas linhas de baixo, os tubistas de jazz tocarem fórmulas e *ostinatos* genuinamente de tuba e não imitarem mais, como era de praxe até pouco tempo, as linhas dos contrabaixistas.

Na Europa, o francês Michel Godard – transcendendo o "folclore imaginário" no qual está inserido – é o tubista de jazz mais contagiante e individual. Uma de suas gravações mais belas foi feita no Castel del Monte (uma fortaleza medieval construída por Frederico II, o rei da Sicília), com fantásticas alusões jazzísticas à sonoridade da música antiga: a música do renascimento, dos corais gregorianos e do som macio e misterioso do serpentão (um instrumento de sopro do século XVI na forma de uma serpente, que Godard usa como segundo instrumento).

A tuba é para Godard uma "Bass Bee" – nome de uma de suas peças. Ela pode voar rapidamente, zumbir e, se quiser, pode até "picar" de supetão. Godard tocou no *ensemble* Inter-Contemporain dirigido por Pierre Boulez, um *ensemble* que teve um papel reitor no terreno da música nova. Há mais de dez anos, ele é integrante da banda de Rabih Abou-Khalil. Embora a tuba – "o imperador do baixo" – seja geralmente associada ao duro e formal, Michel Godard dispõe de um mundo sonoro poético e melódico. Ele toca a tuba com um som "cantado", que zune e soa como uma voz. Com esse som redondo, cheio, ele toca linhas de surpreendente elasticidade e agilidade. Ele diz que uma das lições mais importantes de sua vida musical foi a que aprendeu com um tocador tibetano de *dhung* (um trompete de cobre): "Se você quer tocar correto nos graves, você deve pensar agudo."

Lamentavelmente, o precursor de todo esse desenvolvimento é geralmente esquecido: o baixista Red Callender – professor de Charles Mingus –, que já nos anos de 1950, em Los Angeles, fazia com a tuba uma música no estilo do jazz então dominante na Costa Oeste. Depois dele, veio Ray Draper, o primeiro que tocou verdadeiros solos de bebop na tuba. Na segunda metade dos anos de 1950, tocando hard bop na banda de Max Roach, Donald Byrd e John Coltrane, ele inventou solos extraordinários, firmando-se como um modernista entre os primeiros pioneiros da emancipação da tuba.

Gaita de Boca

A gaita é a "harpa" do *folk* blues. Sonny Boy Williamson, Sonny Terry, Junior Wells, Shakey Jake, Little Walter, Big Walter Horton, James Cotton, Carey Bell, Whispering Smith, dentre outros, fizeram solos expressivos, "falantes", com esse instrumento – geralmente no contexto daqueles grupos de blues que havia no sul dos Estados Unidos e no lado sul de Chicago e que existem até hoje. Entretanto, esse instrumento nunca foi levado muito a sério, sendo muito mais associado ao folclore. Isso só mudou por meio de Toots Thieleman, cuja agilidade e riqueza de ideias ao tocar recorda os grandes saxofonistas da era do cool jazz, como Lee Konitz ou Stan Getz. Toots possui a espontaneidade de um músico genial. Segundo Kenny Werner, "ele é puro *feeling*". Onde ele se sente mais à vontade é, segundo suas próprias palavras, "naquele pequeno espaço entre um riso e uma lágrima". Jaco Pastorius e Bill Evans jamais deixaram de se pautar pelo estilo inimitável de Toots Thieleman, inspirado no *mainstream* do bebop. "É como uma pintura com muitos tons pastéis. Não é vermelho, não é preto. São tons intermediários."

Além disso, desde que surgiu a possibilidade da amplificação eletrônica, a gaita passou a ter o mesmo espaço que os demais instrumentos, sobretudo no contexto do blues *rock*, por exemplo, no grupo de Paul Butterfield e John Mayall, em que a forma de tocá-la é semelhante àquela com que os negros da tradição do blues tocavam a sua "harpa". Ela foi estabelecida no rock por Magic Dick. Stevie Wonder une o refinamento de Toots Thieleman com o som de harpa do velho blues. Mauricio Einhorn leva o som de Thieleman para a música de seu país, o Brasil, cuja vocação rítmica também se faz notar em seu estilo. O alemão Hendrik Meurkens deu continuidade à elasticidade brasileira de Einhorn em gravações cheias de swing com o guitarrista Charlie Byrd.

Toots Thieleman é o *doyen* da gaita de jazz. Há décadas ele domina a cena como um grande monólito. Isso de tal modo que, para muitos, é difícil imaginar um trabalho de gaita que vá além de Thieleman. Apesar disso, nos anos de 1990, surgiram quatro músicos que, graças às melodias extraídas de sua gaita, fazem pensar em possibilidades "*beyond* Toots" para esse instrumento. São eles: Howard Levy, Olivier Ker Ouri, Matthias Broede e Grégoire Maret.

O norte-americano Howard Levy aplica o estilo de Coltrane (sobretudo o do período intermediário de "Giant Steps") de modo bastante consequente em sua gaita – ele toca esse instrumento com paixão e força semelhantes, construindo linhas longas que se comparam às de Coltrane. Olivier Ker Ourio, que mora na França, mas vem da ilha La Réunion, situada no oceano Índico, é autodidata. Sua forma de tocar aproxima de modo singular a cultura de seus dois mundos – a francesa e a crioula. Sua gaita segue um caminho não convencional do jazz, na medida em que une o folclore bretão com os ritmos do crioulo. Matthias Broede, que mora em Colônia, é mestre em cruzar o jazz com os *grooves* dos Bálcãs; ele se acha menos influenciado pelos tocadores de gaita que pelos trompetistas, saxofonistas e, sobretudo, pianistas.

Mas quem possui o espectro estilístico mais amplo entre os gaitistas contemporâneos é o suíço Gregoire Maret. Suas melodias percorrem todos os campos estilísticos – seja em seu diálogo fricativo com a banda *fusion* Dapp Theory (com o tecladista Andy Milne), seja na peregrinação pelos labirintos rítmicos da música M-base de Steve Coleman. Em 2004, Gregoire Maret se tornou integrante do Pat Metheny Group e deu uma contribuição decisiva com suas melodias ricas em variedade à imagem sonora vibrante dessa banda. Gaitistas visionários como Gregoire Maret e Howard Levy mostram que seu instrumento também tem lugar garantido no jazz que mira o futuro.

Alguns outros instrumentos precisam ser comentados: a trompa, o oboé, o corne inglês e o fagote. Seus "pais", no que diz respeito ao jazz, são Julius Watkins e Yusef Lateef, atuantes já nos anos de 1950. Watkins, na trompa, gravou com músicos do porte de Kenny Clarke, Oscar Petiiford e Quincy Jones. A extensão dos músicos afro-americanos chega sem esforço a uma oitava acima da região em que normalmente os trompistas da escola clássica tocam. Watkins fez da trompa um instrumento apto para o bebop, com uma intuição fabular para o blues. A "versão branca" de Julius Watkins é John Graas. Ele trouxe o polimento de sua formação clássica para as gravações no estilo do *West Coast jazz* dos anos de 1950 e marcadas por um swing "frio".

Yusef Lateef – que se destaca tocando sax-tenor, flauta, oboé, fagote e diversos instrumentos exóticos, como o argol (um oboé egípcio) – é, antes de John Coltrane, o precursor da abertura do jazz aos instrumentos musicais do mundo. Nos anos de 1950, ao lado de Max Roach, dentre outros, o sax-tenorista Bob Cooper tocou oboé e corne inglês em gravações de *West Coast jazz*. Os mais interessantes solos de fagote no free jazz dos anos de 1960 e de 1970 foram tocados provavelmente por Karen Borca. O fagote não tem volume, o que torna difícil a combinação com outros instrumentos. Daí que a maioria dos fagotistas de jazz se utilize da amplificação elétrica e, com isso, consiga obter um som mais penetrante. Outro problema enfrentado pelo fagote no jazz é sua incapacidade para fazer *slurs* e *scoops* (notas que deslizam) como o saxofone. Por isso, nas passagens rápidas, o fagote soa um tanto duro e formal. Um músico que contorna esses *handicaps*, agindo como se eles não existissem, é Michael Rabinowitz, que se tornou conhecido tocando com Wynton Marsalis e a *big band* de Mingus. Com seu instrumento, ele consegue construir melodias que swingam alegremente, mas no espírito de John Coltrane e Charlie Parker, ou seja, cheias de autoridade e tensão rítmica. Ao mesmo tempo, Rabinowitz gosta de se divertir "roubando" passagens da literatura clássica e as integrando a seus robustos solos de jazz. O fagote é um instrumento que, semelhante ao sax-barítono, pode chegar ao registro do baixo. Ademais, ele apresenta possibilidades melódicas próximas às do oboé ou do corne inglês. No pós-free jazz, David Novak utilizou a ampla extensão do fagote (com Anthony Braxton, dentre outros) para produzir texturas incomuns. O primeiro que tocou fagote no jazz foi o sax-tenorista Illinois Jacquet em 1963, na música "Basson Blues"; ele obteve do nobre instrumento efeitos surpreendentes de swing. Paul McCandless se destacou no oboé e no corne inglês dentro do grupo Oregon como um músico que tem suas raízes na tradição romântica desses instrumentos.

De volta à trompa: Julius Watkins é o "Charlie Parker da trompa": todos os trompistas contemporâneos se pautam por seu fraseado lírico e por sua riqueza de ideias, capaz de ir além da extensão normal do instrumento. É o caso de Vincent Chancey, Sharon Freeman e John Clark (os três tocaram com Carla Bley), assim como de Peter Gordon (antigamente com Jaco Pastorius) e Martin Mayes. Mas *a* voz da trompa do jazz contemporâneo é Tom Varner. Com uma tranquilidade fora do comum, ele fraseia nesse instrumento de afinação tão difícil as melodias tempestuosas do *free* bop (a parte *free* caracteriza a falta de sequências harmônicas preestabelecidas, enquanto a parte bop consiste no beat regular do swing). Varner foi influenciado em suas melodias virtuosísticas, sobretudo, por saxofonistas: primeiramente, Lee Konitz, John Coltrane e Sonny Rollins.

Um motivo pelo qual a trompa participa tão pouco do jazz é a extrema suavidade de seu som. Um trompista que, de modo consciente, não tenta quebrar a aura suave de seu instrumento, mas antes a cultiva e a torna útil para o jazz europeu, é o russo

Akardy Shilkloper, originalmente ligado ao Moscow Art Trio. Ele é um melodista ágil que geralmente empresta a suas melodias vivazes um colorido folclórico. Django Bates conseguiu com a trompa-tenor, bastante rara no jazz, uma agilidade comparável à de qualquer trompetista. O trompetista suíço Hans Kennel, com uma trompa dos Alpes, toca verdadeiros solos de jazz moderno. Nos anos de 1990, ele criou com seu quarteto de *alphorn* – o Mytha – um agradável "folclore imaginário", que mistura o jazz contemporâneo e a cultura dos Alpes (incluindo a Kuhreihen* dos pastores das montanhas suíças).

Steve Turre, provocado por Rahsaan Roland Kirk, resolveu tocar conchas do mar. Às vezes ele toca duas conchas simultaneamente, produzindo solos muito definidos, belos e com densidade sonora. Em meados dos anos de 1990, ele fundou a banda Sanctified Shells, um coral de conchas. Nela, seis músicos de jazz improvisam munidos de um arsenal de 25 conchas, que variam em tamanho e origem – Caribe, Havaí, México, Polinésia, Índia, África e Brasil. Por que um dos melhores trombonistas de jazz do mundo deixou cada vez mais em silêncio seu instrumento principal para se dedicar a um instrumento tão "particular"? "Porque a concha é a origem de todos os instrumentos de sopro", disse Steve Turre. "Produzir sons à medida que se sopra o ar por meio da tensão dos lábios num espaço vazio: tudo isso começou nos primórdios, quando um homem pela primeira vez soprou uma concha."

Bandolim, Banjo, Cello, Daxophone *e Realejo*

Agora passemos para os instrumentos de corda (ocidental): o bandolim está tão bem firmado na cultura musical de serenata das orquestras italianas de bandolim que pode parecer paradoxal introduzi-lo no jazz. Entretanto, é justamente isso que acontece, e não por acaso com músicos ligados ao country norte-americano e ao *blue grass*, mas que também sabem swingar: Tiny Moore e Jethro Burns, que, a propósito, fez sua primeira gravação de bandolim já nos anos de 1950 com Bob Wills and the Texas Playboys. No contexto moderno, tocaram bandolim o guitarrista John Abercrombie (destacando-se nas gravações em quarteto com McCoy Tyner e obtendo dele força e intensidade) e, sobretudo, David Grisman. Grisman, que, na virada dos anos de 1980, fez sucesso com seu *dawg music* (como ele chama seu bandolim), criou sons de cordas que soam como uma versão do velho Quintette du Hot Club de France de Django Reinhardt.

Bela Fleck, bem-sucedida no âmbito do *crossover* e do *fusion*, adaptou o banjo ao jazz contemporâneo. No jazz de Nova Orleans, o banjo foi um instrumento de acompanhamento muito utilizado, que, na *rhythm section*, cuidava dos fundamentos harmônicos e do *drive* rítmico. Com a era do swing, o banjo perderia significado por conta de seu som "plinc-plinc" e logo seria transformado numa relíquia dos "velhos tempos". Seu problema é justamente a falta de projeção do som. Bela Fleck toca o banjo como uma guitarra: com melodias virtuosísticas cheias de eloquência. Não é à toa que ela tenha no guitarrista de jazz Pat Martino sua principal fonte de inspiração. Pois Martino criou uma forma de tocar que, assim como Bela Fleck, trabalha com notas bem curtas.

Os "pais" do cello no jazz já foram mencionados na seção "O Baixo" deste capítulo. Oscar Pettiford é o mais importante dentre eles. De modo contagiante, ele abriu o vocabulário do bebop para o cello. Seu álbum *My Little Cello*, de 1953, com Julius Watkins e Charles Mingus, marcou o começo do cellista como líder e compositor de jazz. Pettiford afinava seu cello em quartas (ao contrário da afinação corrente em quintas). Os primeiros cellistas

* Espécie de aboio. (N. da T.)

de jazz – Pettiford, Harry Babasin, Charles Mingus – eram originalmente contrabaixistas e, como no jazz moderno o baixo é pinçado, eles improvisavam no cello dessa mesma forma: em *pizzicato*. Fred Katz, em 1949, no Chico Hamilton Quartett, foi o primeiro cellista a improvisar melodias modernas de jazz com o arco. Com seu modo de tocar proveniente do clássico, geométrico, mas swingante, ele representa a "versão branca" de Oscar Pettiford.

No entanto, apenas Abdul Wadud, David Darling e Hank Roberts esgotaram as possibilidades desse instrumento no jazz mais atual; Darling, com sons românticos e estéticos, além de muitos playbacks; Wadud (próximo à AACM), com um convincente *jazz feeling* e um enorme talento improvisatório, além de conhecimentos igualmente sólidos da tradição clássica e romântica de seu instrumento. No Julius Hemphill Ensemble, Wadud transformou o cello em parte integrante de um grupo de jazz. Como cellista, ele foi o melhor improvisador dos anos de 1960 e de 1970.

Natural de Indiana, Roberts "vocaliza" o cello com máxima intensidade, de fato, não apenas no sentido metafórico de fazer seu cello "cantar" e soar quase como um "hino", mas também no sentido real, pois ele costuma acrescentar às melodias do cello a força elegíaca de sua própria voz. Utilizando um microfone auricular, ele provoca vários tipos de distorções em sua voz, fazendo o mesmo com o som do cello por meio de harmonizador, *delay digital* etc. Outro cellista de vulto dos anos de 1980 é o francês Jean-Charles Capon. No campo do free jazz, mencione-se Iréne Aebi (principalmente no grupo de Steve Lacy), Diedre Murray (no Henry Threadgill-Sextett), David Eyges e Tristan Honsinger. O último, por seu radicalismo, lembra o estilo de guitarra de Derek Bailey. Com distorções bizarras de melodias folclóricas, Tom Cora trouxe o cello para o contexto da música "não idiomática".

O cello é a "alma do homem transformada em madeira" (Erwin Koch). Cada vez mais os cellistas de jazz enxergam as qualidades sonoras de seu instrumento não como um limite, mas como possibilidades que podem levar a sons originais, inexplorados. Exemplos dessa postura que vem dos anos de 1990 são Peggy Lee, Fred Lonberg-Holm, Thomas Ulrich e Rufus Cappadocia no campo da pós-vanguarda. Mas também instrumentistas como o norte-americano Erik Friedlander, o brasileiro Jacques Morelenbaum, o alemão Henning Sieverts e o italiano Paolo Damiani mostram que o cello – embora amplamente ignorado pelo *mainstream* – pode contribuir para o desenvolvimento do jazz multiestilístico. Eles não se compreendem como cellistas que improvisam, mas como improvisadores que tocam cello.

Erik Friedlander é um dos principais *string players* da cena *downtown* de Nova York. "Como um trem-fantasma, ele leva você por todos os gêneros e, no momento seguinte, ele se entrega elegantemente à melancolia, fazendo o cello soar como o mais romântico de todos os instrumentos", escreveu Thomas Steinfeld. Friedlander tocou com John Zorn e o Masada String Trio, mas também com Dave Douglas. Ele fraseia como um Fred Katz da "pós-modernidade": um mestre do improviso com arco que busca novas possibilidades de sons, assumindo conscientemente a aura camerística do cello para então dar um passo firme além dela. "O cello é a voz musicalmente perfeita", disse ele. "Nele, pode-se ouvir a extensão completa da voz humana – do homem e da mulher, todos os matizes, emoções e timbres diversos."

Um problema – e ao mesmo tempo uma oportunidade de ouro – para o cellista de jazz é que esse instrumento não é dominado por nenhuma figura marcante e proeminente. No âmbito do jazz não existe nenhum cellista que tenha formado escola ou definido um estilo, por exemplo, ninguém com o papel semelhante a um John Coltrane ou um Sonny Rollins em relação ao saxofone. Esse fato dá ao cellista de jazz a liberdade de seguir seu próprio caminho na música de improvisação, sobretudo porque ele *precisa* descobrir esse caminho. Os instrumentistas europeus em particular têm se destacado nesse sentido. Há dois cellistas extremamente originais que, no jazz europeu dos anos de 1990, foram solicitados como nenhum outro: o francês Vincent Courtois e Ernst Reijseger, de Bussum (Países Baixos). Vincent Courtois – tocando ao lado de Michael Riessler, Michel Godar e Rabih Abou-Khalil – descortinou sons e texturas incomuns para o cello. Em suas improvisações desafiadoras, ele cria para o instrumento novas possibilidades sonoras, situadas entre a música étnica, o jazz experimental e a música popular. Em Vincent Courtois, o cello não precisa ser necessariamente agradável, às vezes ele pode ser atrevido e desrespeitoso, pode tudo: gritar, estridular, sussurrar, rosnar, acariciar, gemer, coçar…

"Ainda é comum no mundo do *jazz strings* – e especialmente na cena europeia – a ideia de uma cultura superior", comenta o cellista francês Vincent Segal, "onde predomina o medo de correr risco". Também Segal tenta reinventar seu instrumento. Ele ama tanto a música africana que até tocou baixo elétrico com o cantor de rumba congolês Papa Wemba. Em seus próprios projetos e no duo Bumcello com o baterista franco-iraniano Cyril Atef, ele impele o *groove* do cello em novas direções, servindo-se geralmente de recursos eletrônicos.

A França – com instrumentistas como Vincent Courtois, Jean-Charles Capon e Vincent Segal – talvez possua a cena cellística mais forte da Europa. Porém, o cellista de jazz europeu mais importante vem dos Países Baixos: nenhum outro foi tão longe na emancipação do cello no jazz por meio da pluralidade de estilos. Reijseger ampliou o espectro de expressão do cello de jazz com mudanças musicais inesperadas e um uso totalmente não convencional do instrumento. Há mais de vinte anos ele está entre as lideranças da vanguarda de sua região (com o Amsterdam String Trio e o Clusone Trio). Ele é um instrumentista ativo, poliédrico, de enorme agilidade e percepção rítmica; ele pode assumir vários papéis dentro de um grupo. Tudo parece ser possível num solo de Reijseger. Às vezes ele põe seu venerável instrumento sobre os joelhos, como se fosse uma guitarra. Ele bate sobre a madeira cara do instrumento como se esse fosse um *djembe* ou uma conga; ele esfrega um molho de chaves de hotel nas cordas do instrumento. E, se não bastarem os dedos da mão esquerda, ele rapidamente recorre à ajuda do queixo. Exatidão e fantasia equilibram-se maravilhosamente em Reijseger, de modo que seus solos sempre divertem as pessoas. "O cello é para mim a prótese com que vivo", disse ele. O baterista Han Bennink chamou-o de "baterista que toca cello".

O francês Pierre Charial tocou realejo num projeto de jazz com Michael Riessler e Martial Solal. Munido de um fole elétrico, seu realejo consegue produzir um fluxo respiratório sem pausa. O realejo é um pequeno precursor do *piano-player* e um dos primeiros instrumentos mecânicos cujas melodias precisam ser cuidadosamente codificadas. Charial transpõe para uma linguagem "orquestral" melodias demasiado complexas para serem tocadas por um homem; ele domina o caráter automático do instrumento como nenhum outro.

O guitarrista, compositor, construtor de instrumentos e inventor Hans Reichel tocava solos imaginativos no *daxophone* inventado por ele próprio. A construção de um *daxophone* é muito simples. Ele consiste de uma lâmina de madeira esticada sobre um cavalete para ser tocada com um arco. Na medida em que o tocador pressiona uma peça de madeira ou metal sobre a lâmina que vibra livremente, as alturas variam – com resultados que lembram o som do saxofone, mas vão além dele. Com a ajuda de *overdubs*, Reichel fez orquestras opulentas de *daxophones*; no álbum *Yuxo*, por exemplo, ele celebrou um exotismo sonoro cheio de misteriosa beleza e um toque de humor – praticamente todas as vozes surgem do *daxophone*. As lâminas que Reichel utilizava eram em sua maior parte insubstituíveis: ele tinha com elas uma relação de intimidade semelhante à de B.B. King com sua guitarra Lucille. Uma de suas lâminas Reichel chamou "voz de baixo de um milhão de dólares". Foi feita da madeira de uma tulipa com flores verdes proveniente da Índia – danificada por dois ou três furos de caruncho. "Mais de uma vez eu tentei aprontar uma réplica da peça, mas o resultado não foi convincente. Deve ser o espírito do caruncho."

Instrumentos Não Ocidentais

O horizonte dos instrumentos dilata-se ainda mais quando nos voltamos para o instrumental não ocidental, que aporta ao jazz graças à sua abertura às grandes culturas musicais do mundo. Don Cherry, por exemplo, tocou instrumentos de Lappland, África, Tibete, Índia, China etc. O percussionista holandês Hank Bennink ocasionalmente utiliza o *dhung* (um trompete de cobre tibetano gigantesco). Collin Walcott, Bill Plummer e outros tocaram o *sitar* indiano em gravações de jazz. O saxofonista Charlie Mariano estudou por vários anos o *nagaṣwaram* do sul da Índia – um instrumento semelhante ao oboé – primeiro em Kuala Lumpur (Malásia), depois num pequeno vilarejo indiano. Como nenhum outro improvisador de jazz, ele uniu organicamente a espiritualidade carnática (do sul da Índia) com a herança de Coltrane.

Um dos músicos mais interessantes nesse sentido é Stephan Micus: praticante de meditação e um músico "mundial" completo. Micus toca uma cítara de Bayer, flautas de bambu do Japão, um *rabab* do Afeganistão, instrumentos de Báli, da Índia e do Tibete, a gaita de fole escocesa, o *stell drums* de Trinidad. Ele peregrinou pela Ásia durante anos, estudou os instrumentos de lá. Ao tocá-los, ele revela uma afinidade pessoal com essa tradição e espiritualidade, canalizando seus sons para um grande rio musical, em que se parece ouvir o fluxo da consciência interior. Aquele mundo sonoro transcendental, em nome do qual muitos músicos fizeram sua expedição pela eletrônica, Micus não o intui simplesmente, ele o materializa, sem ajuda da eletrônica, mas com instrumentos milenares.

Uma vez que nessa era da migração, o jazz vem se internacionalizando progressivamente, desde os anos de 1980, tem sido cada vez mais comum encontrar instrumentistas de jazz da Ásia, da África, da América Latina e do Oriente que dominam com maestria os instrumentos de sua região. Esses instrumentos – *oud, koto, komungu, erhu, pipa, kora* etc. – há muito tempo, no âmbito do jazz, deixaram para trás o papel de mero coadjuvante "exótico". Agora eles compõem o espaço da música de improvisação, ampliando significativamente suas possibilidades sonoras e técnicas.

Oud

O primeiro a chegar é o *oud*. Até os anos de 1970, o *oud* era praticamente desconhecido no jazz; hoje, ele é quase uma obviedade nos grupos de jazz contemporâneo. O homem responsável por isso chama-se Rabih Abou-Khalil; ele toca o *oud* – o alaúde árabe – com grande leveza e ímpeto transcultural.

Rabih Abou-Khalil é um peregrino das culturas. Ele é um dos músicos mais bem-sucedidos do world jazz (também em sentido comercial). Com o *oud*, ele desenvolveu um discurso sonoro bem próprio, em que as diversas tradições encontram uma forma de expressão atual.

Nascido e crescido no Líbano, o tocador de *oud* residente em Munique mantém laços estreitos com as heranças orientais, heranças que ele assimilou inteiramente para abri-las ao jazz contemporâneo. Sua música é feita de grandes linhas melismáticas e ritmos rápidos, complicados, formando caligrafias musicais de beleza ornamental.

Praticamente sozinho, Rabih Abou-Khalil trouxe o *oud* para o universo do jazz no começo dos anos de 1980. Mas ele não foi o primeiro a tocar *oud* ("madeira", em árabe) no jazz. Quem fez isso foi o baixista Ahmed Abdul-Malik, que tocou com Thelonious Monk. De origem sudanesa, mas nascido em Nova York, ele gravou em 1959 o álbum *East Meets West* (com Lee Morgan e Johnny Griffin), em que refletiu suas origens árabes e fez o primeiro solo (ainda tateante) de *oud* no jazz.

No jazz contemporâneo, o tunesiano Anouar Brahem se destaca como um tocador de *oud* poeticamente inspirado e cativante. Enquanto Rabih Abou-Khalil é um especialista no virtuosismo de competição, Anouar Brahem privilegia uma execução mais simples. Ele é de certo modo o "Miles Davis do *oud*" – um mago hábil em sumir com o desnecessário, um mestre da concisão e das pausas artísticas. Importante para Brahem (que montou um formidável trio com Dave Holland e John Surman) é a relação com pequenos detalhes, o saborear dos sons. Em seus solos, a forma como cada nota é produzida em seu ataque e decaimento possui praticamente a mesma importância – se não uma importância ainda maior – que a nota em si.

Em compração com esse refinamento, os críticos taxaram a execução de Dhafer Youssef como "acanhada" e "rude". Mas esse tunisiano que mora em Viena, com seus solos firmes e seu fluente canto sufista, trouxe o *oud* de jazz para a região intermediária entre a mística e a modernidade, o Ocidente e o Oriente. Sua música está profundamente enraizada na tradição sufista, na mística islâmica. Ao mesmo tempo, em interlocuções com músicos como Nguyên Lê e Eivind Åarset, ele conseguiu introduzir o *oud* no universo do som eletrônico. Ele não é receptível ao conceito de música do mundo. Não lhe agrada nenhum tipo de exotismo. "Para mim, todos os músicos possuem a mesma cultura."

O *oud* – diferentemente da guitarra – não tem trastes, tornando-se assim um instrumento difícil de dar afinação precisa. Apesar disso, de uns tempos para cá, o *oud* se tornou um instrumento tão popular no jazz que também norte-americanos e europeus passaram a tocá-lo. Roman Bunka, antes guitarrista do grupo Embryo, é um dos poucos músicos europeus que se sente especialmente à vontade na música melismática: a arte árabe de ornamentação. O francês Thierry Robert tocou *oud* no *folk jazz* de cores bretãs no grupo Erik Marchard. O armênio Ara Dunkjian conseguiu uma eletrificação particularmente interessante para o *oud*: ele toca, além dos instrumentos tradicionais, também um *oud*-MIDI, que lhe permite manipular um sintetizador. O tunesiano Smadj (também chamado Jean-Pierre Smadja) e o argelino Mehdi Haddab, com seu projeto Duoud, transportaram o som do instrumento para o mundo digital do *drum'n'bass* e seus *breakbeats* eletrônicos.

Instrumentos de Corda Asiáticos

Nos anos de 1980 e 1990, o ingresso de instrumentos asiáticos no mundo do jazz cresceu continuamente. Na zona de tensão entre a tradição arcaica e as novas invenções sonoras, músicos asiáticos de ambos os sexos conseguiram cada vez mais apontar alternativas ao jazz contemporâneo. Eles trouxeram não apenas novas ideias, mas também um instrumental que, apesar da tradição milenar da maioria deles, recebe um tratamento não convencional e altamente personalizado: por exemplo, os tocadores de *koto* Miya Masaoka e Tadao Sawai, a virtuose da *pipa* Min Xiao-Fen,

Jiebing Chen no *erhu* (com Max Roach e o Beijing Trio), Xu Feng Xia no *ghuzeng* e a coreana Jin Hi Kim no *komungo*.

O mais interessante é que esses instrumentos são inseridos no campo da execução inspirada no free jazz de um modo extremamente convincente – isso também porque o som desses instrumentos – o *koto*, o *ehru*, a *pipa* etc. – pode ser desenvolvido e explorado no jazz de vanguarda segundo suas próprias possibilidades. Além dos elementos tradicionais, esses instrumentistas utilizam uma gama de novas técnicas de execução: eles tocam seus instrumentos experimentalmente com o arco, preparam seus instrumentos ou utilizam afinações não ortodoxas ou tocam atrás do cavalete.

Certamente não é por acaso que, entre os instrumentistas não ocidentais que conseguiram se estabelecer no pós-free jazz, muitos sejam asiáticos. Nas culturas musicais asiáticas, o interesse pela vida interior do som é particularmente forte – e o mesmo acontece na música de improvisação livre. A textura estilística do free jazz induz esses músicos asiáticos a explorar e redescobrir seus instrumentos para além das formas tradicionais de execução.

A primeira instrumentista que nos anos de 1980 se voltou para a improvisação livre com instrumentos de corda asiáticos foi a coreana residente em Nova York Jin Hi Kim. Tocando com Elliott Sharp, Malcon Goldstein e Henry Kaiser, dentre outros, ela soube introduzir seu *komungo*, um tipo abaulado de cítara coreana com seis cordas grossas de seda, na vanguarda *downtown* de Nova York. As cordas do *komungo* são tocadas com uma plectro de bambu e movendo a mão para a frente e para trás. Jin Hi Kim usa o som vocal rico em sobretons do *komungo* para fazer improvisações variadas com alterações microtonais.

Essa maestria asiática para diferenciar com precisão uma mesma nota por meio de *vibratos* e ornamentações sofisticadas foi trazida para o jazz atual também pela chinesa residente na Alemanha Xu Feng Xia. Ela usa em seu *ghuzeng*, uma cítara de 21 cordas feita a partir do plátano (cuja história remonta até a antiga dinastia chinesa de 700 a.C.), efeitos de *slide* e sobretons oscilantes de forma tão empática que às vezes surge o *feeling* de um imaginário *Delta* blues.

Residente em São Francisco, a japonesa Miya Masaoka gravou músicas de Monk (com Andrew Cyrille e Reggie Workman) tocando o *koto* (uma cítara de corpo abaulado de 21 cordas). Com espírito meditativo, ela explora as composições do pianista de jazz inovador na combinação entre tensão e calma. Onkyo é o nome que os japoneses dão a esse gênero de improvisação que, segundo seu conceito, busca o "eco do som". Miya Masaoka: "Nas improvisações livres, é estimulante poder desenvolver e pesquisar o *koto* em suas próprias possibilidades. Eu penso o *koto* muito mais como um corpo, um corpo que repousa sobre o chão. Ele tem sua própria vida e uma alma que mora num pedaço de madeira."

Mas também o japonês Tadao Wawai, morto em 1997, foi um músico que, de modo muito consequente, levou a execução do *koto* a novas terras musicais. Em duos livres com o baixista Peter Kowald, ele estendeu a execução tradicional do *koto* ao campo do free jazz, valendo-se, para tanto, de "zunidos", trêmulos de *flageolet* e variadas técnicas de pinçar inventadas por ele próprio.

A tocadora de *pipa* Min Xiao-Fen, chinesa residente nos Estados Unidos, chegou ao jazz por meio de sua atuação ao lado de John Zorn. Ela fez maravilhosas gravações em duo com o guitarrista Derek Bailey – o mestre da música "não idiomática" (como ele próprio se define) –, desafiando-o com suas melodias a novas formas de reflexão e execução.

Diferentemente dos jazzistas que lidam com instrumentos tradicionais, os músicos que improvisam com instrumentos não ocidentais possuem uma vantagem crucial: eles não se ressentem da pressão de ter que dar conta de um repertório de *standards* já estabelecido para seu instrumento, podendo assim eles próprios instituírem esse repertório. "O que mais me estimula a tocar *ghuzeng*", disse Xu Feng Xia, "é reinventar meu instrumento nas improvisações livres".

Isso vale na mesma medida para os músicos da África ocidental que introduziram a *kora* no jazz. O primeiro foi Foday Musa Suso, natural de Guiné. Em 1984, no álbum *Sound System*, ele tocou a harpa da África ocidental de 21 cordas no funk e no jazz rock da banda de Herbie Hancok.

Tata Dindin insuflou a *kora* de consciência jazzística no diálogo com o pianista Hans Lüdemann; Tunde Jegede fez o mesmo tocando com o vibrafonista afro-britânico Orphy Robinson. Mamadou Diabaté, que vive em Nova York, por ocasião do festival em homenagem a Miles Davis nos anos de 1990, interpretou peças célebres da fase hard bop do trompetista. O contrabaixista Ben Allison mostrou a importância de Diabaté como tocador de *kora* no jazz contemporâneo de seu coletivo New York Jazz.

Originalmente, a *kora* é afinada heptatonicamente, ou seja, ela dispõe de uma escala de sete graus. Nela não é possível fazer cromatismos como na música ocidental. Incomodado com isso, o senegalês Soriba Kouyaté tomou uma atitude que deixou os etnomusicólogos conservadores de cabelo em pé: ele afinou sua *kora* de acordo com a escala temperada ocidental – semelhante a uma guitarra – e guarneceu o instrumento com um cavalete adicional, de modo a tornar possível o cromatismo na *kora*. Assim, Soriba Kouyaté, em seu world jazz influenciado pelo jazz rock, descortinou novas possibilidades harmônicas para a *kora*.

O fascínio que a *kora* exerce sobre os músicos de jazz é enorme. Um exemplo disso é o antigo trombonista de free jazz Roswell. "Eu tinha um sonho", contou o antigo músico de free jazz e pioneiro do world jazz. "Eu sonhava em tocar com o Charlie Parker da *kora*, com Toumani Diabaté, de Mali." Em 2000, esse sonho se tornou realidade. Ambos fizeram um concerto em Bamako (Mali) e gravaram o álbum *Malicool*. Toumani Diabaté já havia se revelado em projetos *crossover* com o cantor de blues Taj Mahal. Mas a naturalidade com que suas improvisações virtuosísticas de *kora* se vinculam à sólida execução de trombone de Roswell mostra a enorme inserção que a harpa da África ocidental obteve no mundo do jazz.

A MESA DE MIXAGEM

Para concluir, precisamos falar ainda de dois estilistas que não utilizam nenhum instrumento no sentido tradicional da palavra. O "instrumento" com o qual eles tocam é o estúdio de gravação. Poder-se-ia denominá-los de "conceitualistas" – para empregar um conceito das artes visuais. Pois é exatamente isso o que eles fazem: formam conceitos e fornecem ideias concretas, atuando criativamente de um modo muito mais abrangente e profundo do que exige o papel de um produtor habitual de discos. Trata-se de Kip Hanrahan e Hal Willner. Ambos são mestres em realizar encontros multiestilísticos espetaculares. Em seus projetos discográficos, Willner conseguiu reunir músicos de contextos estilísticos "mutuamente hostis": jazz, pop, *chanson*, rock e música de concerto europeia, transpondo com isso todos os abismos estéticos. Surgiram daí dois dos mais originais e vivos monumentos musicais dos anos de 1980. O primeiro, gravado em 1984, é dedicado ao incomparável pianista e compositor Thelonious Monk: *That's The Way I Feel Now.* O disco traz interpretações fascinantes de Monk feitas por músicos como John Zorn, Donald Fagen, Arto Lindsay, Joe Jackson, Randy Weston, Bobby MacFerrin, Carla Bley, Johnny Griffin. O outro, realizado em 1985, é dedicado a Kurt Weil: *Lost In The Stars*, com interpretações originais de Lou Reed, Phil Woods, o Armadillo String Quartet, Carla Bley, Tom Waits, Charlie Haden, Sting, Dagmar Krause, dentre outros. Os discos de Willner tocam justamente no nervo eclético dos anos de 1980 e de 1990 e são panfletos contra todo tipo de bairrismo musical. Eles têm algo em comum: ampliam o material, elevam-no a um estágio superior, descortinam novos mundos.

Um novo passo a frente foi dado por Kip Hanrahan. Ele é um mestre das confrontações musicais: nesse caso – de um modo ainda mais direto, imediato –, os diferentes mundos da música dialogam entre si: a nata da cena latina de Nova York se mistura de modo fecundo com músicos de vanguarda, cantores de rock, músicos de jazz contemporâneo, guitarristas caribenhos, músicos soul etc.

> Em relação à minha música, nem sempre se trata de reunir coisas distintas. Trata-se às vezes de separar as coisas. O que eu quero dizer é que se você tem músicos que sempre tocam da mesma forma, então você precisa inventar um obstáculo que os leve a romper com seus papéis e a desenvolver algo novo. Às vezes eu busco caminhos para construir tensões no interior de uma banda, de modo que elas se convertam em tensões da própria música.

Alguns críticos acusaram Hanrahan de "charlatanismo" e "despotismo musical". Mas, paradoxalmente, os projetos de Hanrahan visando a contrastes e oposições – uma "estética da confrontação" – produziram alguns dos resultados mais coesos e bem-sucedidos no jazz dos anos de 1980 e de 1990. Destaque especial merece seu álbum duplo *Desire Develops An Edge* (Hanrahan: "A mais clara articulação de mim mesmo."). A importância desse álbum para o jazz multiestilístico é semelhante à de *Escalator Over The Hill*, de Carla Bley, para o jazz dos anos de 1970. Kip Hanrahan derruba fronteiras entre guetos musicais: unir o que aparentemente não se une – nesse caso, vê-se aqui claramente porque Haranhan não tenta equalizar estilos musicais distintos, mas sim diferenciar o que é uno.

As Vozes do Jazz

OS CANTORES

Antes de existir o jazz, existiam o blues, os *shouts*, as *work songs*, os spirituals e todo o rico tesouro da música popular cantada por negros e brancos no sul dos Estados Unidos. Havia, pois, o que Marshall Stearns chamou "jazz arcaico". Foi dessa música que o jazz nasceu. Ou seja, ela nasceu da música vocal. De fato, não se pode compreender a construção do som no jazz instrumental sem perceber que, em grande medida, ela é uma imitação da voz humana. Isso fica manifesto, por exemplo, no efeito *growl* dos trompetes e trombones da orquestra de Duke Ellington ou no clarinete-baixo de Eric Dolphy. De outro lado, o jazz de hoje se tornou uma música tão instrumental que seus padrões e critérios são definidos a partir dos instrumentos – inclusive os padrões do canto de jazz. O vocalista de jazz trata sua voz "como um instrumento" – como um trompete ou um saxofone. Por isso, aqueles critérios fundamentais da música vocal europeia se mostram inalcançáveis quando transpostos para o canto de jazz. Por exemplo, a pureza da voz ou a sua extensão. Alguns dos mais importantes cantores de jazz possuem uma voz "feia" (segundo os critérios "clássicos"). Muitos deles possuem uma extensão bastante limitada, dificilmente maior do que a exigida por uma canção popular qualquer.

O dilema do canto de jazz reside nesse paradoxo: todo o jazz vem da música vocal, mas todo o canto de jazz vem da música instrumental. Não é à toa que alguns dos melhores cantores de jazz são instrumentistas – Louis Armstrong em primeiro lugar.

Na literatura do jazz, sempre foi tido por elogioso dizer que um instrumentista – por exemplo, o saxofonista Johnny Hodges – "produz um som semelhante ao da voz humana". De outro lado, não se pode dizer nada de mais lisonjeiro sobre uma cantora do que: "Ela trata a sua voz como um instrumento."

Dentro do universo do jazz, apenas o blues foge desse dilema. Porém, justamente por isso o *circulus virtuosus* se torna claro: durante décadas, os cantores de jazz mais conhecidos, os de maior sucesso junto do grande público, não pertenciam à linhagem do blues propriamente dito, ao passo que os grandes e verdadeiros cantores de blues eram mais ou menos desconhecidos – pelo menos até a eclosão dos grandes sucessos de blues no rock dos anos de 1970. Na verdade, esse sucesso começou já na segunda metade dos anos de 1950 com Ray Charles. Aí estava um autêntico cantor de soul e blues ligado à tradição do *folk* blues e do gospel aceito por todo o mundo moderno do jazz. Alguém já disse, com razão, que nos anos de 1950 foi Ray Charles quem mais contribuiu para que o blues viesse novamente a fazer parte da consciência geral dos Estados Unidos. Mas Ray foi apenas o último representante em seu tempo de uma linhagem antiga de cantores de soul e blues, linhagem que remonta ao século XIX e cuja genealogia já não tem como ser reconstruída totalmente (suas origens ficaram perdidas em algum lugar obscuro no sul dos Estados Unidos). Agora também é certo que Ray Charles foi o primeiro daquela nova leva de cantores que não só cantou o autêntico blues, mas, ao mesmo tempo, obteve grande sucesso comercial junto do público branco.

Os primeiros representantes dessa cultura popular do blues a se tornarem conhecidos foram "Blind" Lemon Jefferson, um mendigo cego do Texas, e Huddie Ledbetter, chamado Leadbelly, o qual, primeiramente, por conta de um homicídio, e, alguns anos depois, por conta de uma reincidência frustrada no mesmo crime, foi encarcerado na Prisão de Angola (Penitenciária do Estado da Luisiana), em Luisiana. Essa linha tem continuidade através de Robert Johnson, nascido no estado do Mississippi e morto no Texas, Big Bill Broonzy e Son House e se estende até aqueles cantores de blues que fizeram de Chicago a capital do blues nos Estados Unidos, embora todos eles fossem de estados do sul: Muddy Waters, Little Brother Montgomery, Sunnyland Slim, Sonny Boy Williamson, Little Walter, Memphis Slim, Howlin' Wolf e vários outros. Também John Lee Hooker, que viveu em Detroit e morreu em 2001, com sua voz escura e rouca, está entre eles. Praticamente todos esses cantores de blues são também guitarristas de alto nível. E, quando tocam piano, acompanham suas canções com baixos eletrizantes de boogie-woogie (outros importantes cantores de blues são mencionados na seção "Blues" do capítulo "Os Elementos do Jazz").

Ao longo de várias décadas de ininterrupto desenvolvimento, novos cantores de blues foram se tornando conhecidos. O blues esteve tão vivo nos anos de 1980 e de 1990 quanto nos anos de 1920 e de 1930. Desde os anos de 1960, há sempre aqueles que se ligam ao blues por causa do mesmo espírito de protesto racial e social que está presente em muitos músicos contemporâneos de jazz. A essa geração mais moderna de blues pertencem, por exemplo, o cantor e gaitista Junior Wells ou os cantores e guitarristas Buddy Guy, Albert King, Albert Collins, Otis Rush e Luther Allison, assim como Taj Mahal, Robert Cray e Keb Mo, músicos que fazem sucesso junto do público jovem de rock.

Ao contrário de Trixie Smith em 1924 e muitos outros cantores de blues dos velhos tempos, eles não esperam mais, com um misto de desespero e ironia (sentimentos entrelaçados no blues), que "um dia o sol brilhe na porta dos fundos"* (a ironia está nessa referência resignada à porta dos fundos!); ao contrário, eles protestam cheios de autoconfiança, como em 1967 o cantor e pianista Otis Spann: "I want a brand new house" (Eu quero uma casa nova).

No verão de 1960, eu (Joachim-Ernst Berendt) visitei a Prisão de Angola, na Luisiana, e ouvi alguns jovens cantarem blues, todos tão bons quanto os nomes famosos do blues de Chicago. Entre eles estava Robert Pete Williams, que depois foi solto e se tornou conhecido nos círculos musicais do blues. No dia anterior, havia ocorrido uma trovoada na região. Um dos presos nos contou que, por um fio de cabelo, Williams não fora atingido por um raio. Ele ainda estava tão assustado que eu mencionei, de brincadeira, que um dia ele faria um blues sobre aquilo. Aí, sem que eu esperasse, ele

* Referência à canção "Trouble in Mind Blues" (1926), de Richard M. Jones (1892-1945). O verso foi mencionado na seção "Bessie Smith" do capítulo "Os Músicos do Jazz". (N. da E.)

tocou dois ou três acordes em sua guitarra e improvisou seu "Ligthnin' Blues". O mais incrível nisso tudo era a letra, sua capacidade para capturar com realismo e intensidade aquela experiência tão pessoal. Essas letras de blues são verdadeiros *jazz and poetry*. Nelas, a diferença entre "jazz" e "poesia" existe apenas no nome, não na realidade.

Um dos cantores-guitarristas de maior sucesso do autêntico *big city* blues, há 45 anos, é o já mencionado B. B. King, natural de Mississippi, o "estado do blues", e primo do velho e grande *folk* blues*man* Bukka White. Na *Encyclopedia of Jazz*, de Leonard Feather, lê-se que o maior desejo de B. B. é que os "negros não precisem mais se envergonhar de ter o blues como sua verdadeira música".

De fato, B. B. King deu uma grande contribuição para que isso acontecesse, embora – principalmente entre a classe média burguesa – muitos afro-americanos continuem vendo o blues como algo rústico, primitivo, arcaico e, por isso, queiram se afastar dele. Os afro-americanos dos Estados Unidos só poderão libertar sua própria psique para uma igualdade pacífica e espontânea quando forem capazes de sentir orgulho do blues da mesma forma como um alemão sente orgulho de Beethoven e um italiano de Verdi.

Desde o começo, as transições entre o blues – que constitui um ramo à parte do jazz – e o jazz foram sempre fluidas. Há uma série de cantores que são autênticos cantores de blues, mas que costumam ser associados muito mais ao mundo do jazz que ao mundo do blues. Quem fundou essa tradição foi Jimmy Rushing, morto em 1972. Rushing, que nasceu em Oklahoma – uma região dominada pela influência do blues proveniente do Texas –, foi, por excelência, *o* cantor de blues do estilo swing. Sua voz "forte como um sino", numa época em que o microfone ainda não era habitual, podia ser claramente ouvida numa orquestra de jazz. Dentro da tradição do *folk* blues, ele foi o primeiro a não cantar *on the beat* (em cima do tempo). Ele sempre retardava ou antecipava o beat, cantando "em torno dele" ou no contratempo, a fim de com isso acrescentar novas tensões à música. Nos anos de 1930, Rushing foi o cantor de Count Basie, fazendo jus ao que as canções de Basie, naquela época, eram de fato: swing'*n*'blues. Outros cantores ligados a esse estilo foram Jimmy Whiterspoon, atuante na Costa Oeste, ou Big Miller, de Kansas City. Na orquestra de Count Basie dos anos de 1950, Joe Williams assumiu o papel de Jimmy Rushing. Williams é um músico de altíssimo nível, que traz para suas baladas a intensidade do blues e, de outro lado, canta seus blues com a "sofisticação" do jazz moderno. Com seu fraseado singular – profundo e escuro, cheio de flexibilidade e consciência bluesística –, ele levou a mensagem de Basie para o *mainstream* esclarecido do jazz dos anos de 1980. Ele morreu em 1999.

Big Joe Turner (1911-1985), de Kansas City, é *o* vocalista de blues do boogie-woogie. Nos anos de 1930, ele cantou com os grandes pianistas desse gênero e – como tantos outros blues*men* – teve um novo sucesso mais tarde com o *rock'n'roll*.

Com Leon Thomas, damos um ou dois passos à frente. Ele uniu a tradição do blues com a música da era pós-Coltrane – em improvisações livres, cheias de falsetes e passagens em tirolês (*yodel*), inspirando-se também na música étnica, como o canto dos pigmeus da África central. No fim dos anos de 1960, de modo exemplar, Thomas trouxe para o canto masculino de jazz a consciência política do movimento norte-americano pelos direitos civis. Hoje cantar esses textos não tem mais tanto significado, mas na época Thomas foi um dos primeiros a dizer: "Quanto custa enviar um homem à lua? Eu fico pensando nas crianças famintas que vejo aqui toda tarde."

A linha que vai de "Blind" Lemon Jefferson, passando pelo sul de Chicago, até o blues moderno de Otis Rush, é a espinha dorsal de todo o *jazz vocal*. Ela poderia ser denominada "linha-blues" do canto jazzístico: a "linha-canção" é uma linha à parte, embora seja importante notar que entre ambas há uma constante e intensa relação. Isso fica claro já com o primeiro representante significativo dessa "linha-canção": Louis Armstrong. Sua música, mesmo quando não se apresenta como blues (de fato, grande parte de sua obra não é blues), guarda uma relação com o blues. Armstrong se tornou o exemplo de uma concepção de canto válida não apenas para o jazz, mas para toda a música pop, rock e soul, concepção que tem como fundamento o predomínio da emoção e da expressão em relação a qualquer tipo de herança normativa.

O *London Times* escreveu já há algumas décadas sobre um concerto de Armstrong em Londres:

> Naturalmente, essa voz é feia se comparada ao que entendemos por bonito no canto europeu. Mas a expressão que Louis Armstrong põe nessa voz, tudo o que vibra na alma, no coração e na profundeza de cada som, a torna mais bela do que a maior parte do canto tecnicamente perfeito e de sonoridade bela – mas frio e sem alma – do mundo branco de hoje.

O trombonista Jack Teagarden cantou com Louis Armstrong alguns dos duos vocais mais espirituosos e bem-humorados da história do jazz. Como cantor de blues, Teagarden era um mestre da "sofisticação" e desempenhou esse papel já nos anos de 1930 – portanto, muito antes da melancolia irônica do blues se modernizar no fim dos anos de 1950. Mais tarde, num terreno estilístico mais moderno, será a vez do *bandleader* Woody Herman mostrar uma "sofisticação" semelhante, saborosa e musical, mas sem a expressividade de Teagarden ou mesmo dos grandes vocalistas afro-americanos.

É sintomático que todos os cantores masculinos já mencionados aqui sejam primeiramente instrumentistas: trompetistas, trombonistas, saxofonistas. Entre os cantores masculinos, pode-se dizer que, salvo algumas exceções, só estabeleceram vínculos estreitos com o jazz aqueles que são prioritariamente instrumentistas. A maior parte dos outros cantores que se aproximaram do jazz seguiu o caminho da música comercial: Frank Sinatra, Big Crosby, Frankie Laine, Perry Como, Matt Dennis e Mel Tormé (um músico fenomenal que sempre oscilou entre a música comercial e o jazz, unindo ambas e firmando-se como um mestre da canção entre os grandes compositores da música popular norte-americana).

A questão de se Frank Sinatra é ou não um cantor de jazz já foi discutida pelos críticos à exaustão. É sabido que, nos anos de 1950, ele foi eleito em praticamente todos os *polls* de jazz. Entretanto, o decisivo não é isso, mas a peculiaridade rítmica de seu estilo. Sua voz possuía uma substância homogênea, cuidadosamente articulada, significativa, além de um indiscutível swing – um swing *feeling* bastante próximo ao da banda de Count-Basie, na medida em que priorizava o ritmo regular de semínimas.

Naquela época, nos anos de 1940 e de 1950, os cantores comerciais usavam e abusavam do *vibrato*. Em oposição a isso, Frank Sinatra desenvolveu uma técnica sublime de *legato*, graças à qual ele raramente vibrava e, quando o fazia, aplicava o *vibrato* apenas no último momento da emissão. Por esse motivo, ele foi a antítese do *crooner*, embora depois ele tenha sido associado a esse modo de cantar sentimental e com uso excessivo de *vibrato*.

Havia uma *jazz foundation* em tudo o que Sinatra fazia – principalmente nas baladas. Era justamente nas canções lentas que ele demonstrava sua grande sensibilidade para a pulsação e para o beat, o que lhe rendeu a admiração de muitos músicos de jazz, dentre eles Miles Davis e John Scofield. Frank Sinatra era um cantor interativo, que nunca cantava uma canção da mesma forma duas vezes: "Quando

Sinatra cantava com bandas e instrumentistas diferentes, ele entrava em sintonia com o *feeling* dos músicos que o acompanhavam", disse Joe Lovano.

É instrutivo que Nat King Cole, na época em que era pianista, fosse tão reputado como cantor de jazz, da mesma forma que, depois de se tornar um cantor de sucesso no campo comercial, tenha cada vez mais se afastado do piano. Ao longo de toda a sua trajetória, que terminou com sua morte, em 1965, a expressão jazzística foi uma constante no que quer que ele cantasse. Em seu canto, ritmo e expressão formavam uma só coisa. O caráter aveludado de sua voz e o brilho cheio de swing de suas linhas influenciou gerações inteiras de cantores – de Ray Charles a Peter Cincotti, passando por Stevie Wonder. E também de instrumentistas. Não por acaso, o trompetista Miles Davis escreveu em sua autobiografia que aprendera muito sobre fraseado ouvindo atentamente cantores como Nat King Cole e Frank Sinatra.

Que o instrumentista de jazz reúne pré-requisitos especialmente favoráveis para se tornar um bom cantor é algo que se pode constatar não apenas na época de Hot Lips Page e Jack Teagarden, mas também no jazz moderno: o baterista Grady Tate, o trombonista Richard Boone, o sax-tenorista George Adams, os guitarristas George Benson e John Pizzarelli, o pianista Henry Butler, os trompetistas Chet Baker e Clark Terry – todos são cantores dignos de consideração em sua própria esfera estilística. Terry, de forma muito divertida e bem-humorada, com seu estilo "sussurrado", "murmurado"; Boone por meio da união entre o blues tradicional e a sátira contemporânea; Baker com a fragilidade "feminina" e uma forma emotiva de cantar repassada de *understatement*; Benson – também ele! – com muito da herança de King Cole em sua *smoothness*, isto é, suavidade; Adams com seu ataque viril e suas explosões abrasivas de falsetes iguais às de seu sax-tenor.

Nos anos de 1940, Billy Eckstine estava para os cantores assim como Sarah Vaughan estava para as cantoras. Eckstine era o maior talento vocal depois de Louis Armstrong e Jimmy Rushing. Ele fazia parte do círculo do bebop em torno de Dizzy Gillespie e Charlie Parker e, entusiasmado por aquela música, começou a estudar trombone. "Jelly, Jelly, Jelly" era, ainda naquela época, o grande hit de Mr. B. – bebop com raízes na tradição do blues.

Com Billy Eckstine chegamos ao bop e seus nomes: Babs Gonzales, cujo grupo Three Bips and a Bop, por causa de seu bom humor, fez muito sucesso na segunda metade dos anos de 1940, e que mais tarde – por exemplo, como compositor de "Oop-bop-a-da" – permaneceu como uma voz divertida do bop; Earl Coleman, cuja voz sonora de barítono foi algumas vezes acompanhada por Charlie Parker; e Kenneth "Pancho" Hagood e Joe Carroll, que gravaram com Dizzy Gillespie. Carroll se equiparava a Dizzy na agilidade de sua voz e em seu bom humor. E há de se mencionar, obviamente, o próprio Dizzy Gillespie, pois não se pode esquecê-lo quando o assunto são os cantores do bebop. A voz nasal de Dizzy, aguda e com certo sabor oriental, complementa o som do trompetista Gillespie de forma tão ideal quanto a voz de Satchmo complementa o som do trompetista Armstrong. Jackie Paris transpôs a concepção vocal do bebop para o cool jazz dos anos de 1950. Oscar Brown Jr., um dos realizadores do *Freedom Now Suite*, de Max Roach, foi, como cantor, dramaturgo, ator e letrista, uma personalidade de grande carisma. Em 1998, aos 78 anos de idade, Brown Jr., que, por meio de suas letras de crítica social, sempre se viu como parte do *black movement*, viveu a experiência de um *comeback*. Ele faleceu em 2002. Johnny Hartman foi um *musician's singer*, cujo modo elástico e fluente de frasear – veja-se, por exemplo, as baladas gravadas com John Coltrane e, antes, com Dizzy Gillespie – foi bastante admirado. Bill Henderson e (o primeiro) Mark Murphy cantavam na linha de uma saudável e moderna *mainstream conception* inspirada em Count Basie. Murphy, com sua "sofisticação" arrebatadora, transformou toda uma era do jazz em canção. Mose Allison traduziu o blues (de negros e brancos) e as *folk songs* em modernas canções inspiradas no soul, canções escritas por ele próprio e com um estilo bastante pessoal, como foi moda nos anos de 1960 e de 1970. Para cantar soul, alguns cantores brancos que desconheciam a tradição gospel afro-americana do soul se reportavam ao branco Mose Allison (branco, mas que veio do Mississippi, de um lugar onde mais de 90% das pessoas são negras, e que, desde criança, se alimentou da música popular dos negros). Ben Sidran levou o estilo peculiar de Allison para o âmbito do jazz rock e do *fusion*.

É fato: a obra dos cantores masculinos – deixando de lado os grandes vocalistas de blues sobre o qual falamos no começo deste capítulo e na seção "Blues" do capítulo "Os Elementos do Jazz", e também Louis Armstrong – não é tão impressionante quanto a dos instrumentistas. Isso também tem a ver com nossa constatação sobre o dilema do *jazz vocal*. O canto de jazz, separado de sua raiz bluesística, terá tanto mais peso quanto mais a voz puder ser trabalhada instrumentalmente. Nesse sentido, a voz feminina tem mais possibilidades que a masculina. E é emblemático que alguns cantores masculinos façam sucesso justamente porque sua voz soa naturalmente "deformada" – foi o caso já de Louis Armstrong. Geralmente, a deformação realça a expressão.

Isso também é claramente perceptível no estilo de um cantor que começou como integrante da banda de Lionel Hampton em 1948, caindo praticamente no esquecimento nos anos de 1970, para, nos de 1990 – com mais de 70 anos de idade –, ser consagrado como *cult*: Jimmy Scott. Seu distintivo é um som particularmente agudo, frágil, que, para os padrões ocidentais, pode suscitar a impressão de "gasto", "choroso" – mas Scott produz com essa sua voz "gasta" efeitos que são inalcançáveis para aquelas vozes "não deformadas". "É como os instrumentistas que possuem muita técnica. Ouvi-los pode ser menos interessante do que ouvir aquele mais limitado tecnicamente", constata Patricia Barber. Jimmy Scott reúne em seu canto abertamente "feminino" o *feeling* para a nostalgia e o trágico com uma enorme sensibilidade para o *time*.

Também no terreno do bebop há um desenvolvimento que deságua num grupo vocal de sucesso: o Lambert-Hendricks-Ross. Eddie Jefferson é o pai do *vocalise*. Ele foi o primeiro, no começo dos anos de 1940, a empregar essa técnica de canto: o canto de solos instrumentais e famosos de jazz com letras acrescentadas a *posteriori*. Ele "vocaliza". Equivocadamente, King Pleasure foi quem primeiramente apareceu como o fundador do estilo *vocalise*, graças ao fato de ter sido ele que, pela primeira vez, em 1952, apresentou numa gravação essa técnica. Somente depois ficou demonstrado que Pleasure devia seu grande hit "Moody's Mood for Love" a Eddie Jefferson, que havia construído esse solo a partir de um solo de saxofone de James Moody.

A Eddie Jefferson e King Pleasure se seguiu a inglesa Annie Ross, cujo "Twisted", tomado de uma improvisação de sax-tenor feita por Wardell Gray, em 1952, transformou-se num grande sucesso. O cantor de *vocalise* Jon Hendricks atingiu o ápice. Ele foi o verdadeiro "poeta dos solos de jazz", o "James Joyce do *jive*", como um jornal norte-americano o descreveu certa vez. Dave Lambert, morto em 1996, já havia gravado uma peça em 1945 com a *big band* de Gene Krupa – "What's This" –, que constitui a primeira documentação em disco do bebop vocal. Em muitos sentidos, é lícito dizer que Dave Lambert, Jon Hendricks e Annie Ross já se pertenciam musicalmente antes de terem se encontrado em 1958 para formar o *ensemble* vocal

Lambert-Hendrick-Ross. O grupo começou com vocalizações de temas de Count Basie e daí chegou a uma proposta divertida, espirituosa, que permaneceu incomparável: vocalizar todo o repertório do jazz moderno. Quando os três cantores cantavam solos de Charlie Parker, Lester Young, Sonny Rollins, Miles Davis, Oscar Pettiford, John Coltrane, dentre outros, com textos de Hendricks, tinha-se a impressão de que era "justamente isso" que esses três grandes músicos queriam dizer com suas improvisações.

Annie Ross voltou para a Inglaterra em 1962 e seu lugar foi ocupado por Yolande Bavan, do Ceilão (Sri Lanka), até a dissolução total do trio em 1964. Mas Jon Hendricks e Eddie Jefferson (morto em 1979) continuaram atuando na mesma linha: Hendricks, com um musical de sua autoria e uma muito elogiada blues *history* criada por ele para o Monterey Jazz Festival; Jefferson, com uma parceria inspiradora com o sax--altista Richie Cole.

O grupo vocal masculino que nos anos de 1990 fez o *jazz vocal a cappella* subir de nível também se serviu das *extended harmonies* de Lambert-Hendricks-Ross. Quando o Take 6, coletivo vocal de seis integrantes (na verdade, liderado por Mark Kibble), entrou em cena no fim dos anos de 1980, grupos *a cappella* não eram tão populares entre os amantes do jazz – o formato instrumental caíra em má fama por conta dos imitadores *kitsch* do Singers Unlimited. Mas o Take 6 "transformava" suas vozes em instrumentos com dinâmicas canções situadas entre o jazz, o gospel, o pop e o soul, e produzia, por meio de improvisações fulminantes, a ilusão de uma banda inteira – com "baixos", "baterias", teclados" etc. virtuais, ou seja, vocalizados. Eles utilizavam possibilidades vocais que iam muito além do que normalmente se espera de um cantor.

Mark Murphy é um *musician's singer* que, como nenhum outro, trouxe modernidade para o *mainstream* swingante do canto. Ele é um improvisador carismático, que não evita riscos, que não faz concessões em seu canto de jazz. Seu estilo harmonicamente ambicioso, cheio de cromatismos, apoia-se num infalível senso rítmico e numa forma arrojada de cantar baladas. "Os cantores mais jovens perguntam onde buscar as sílabas corretas para o *scat* e eu respondo: 'Na bateria.'"

Mark Murphy, que, ao lado de Jon Hendricks, manteve acesa a chama do bebop no canto masculino de jazz, ao longo de sua carreira de mais de quarenta anos permaneceu sempre um *hipster* dos *hipsters* – de 1956, quando ele fez seu primeiro disco para a Decca, passando pelos mais de quarenta álbuns gravados por ele próprio (para a Musa e outras gravadoras), até suas parcerias com músicos do *acid jazz* e da *house music* (4 Hero, U.F.O.). Sua voz de barítono imponente, com um *timing* aguçado e uma enorme extensão, vai do blues ao samba, de homenagens a Nat King Cole à poesia *beatnik* de Jack Kerouac. "Rola uma festa enorme na cabeça de Mark", disse Liza Minelli, "e eu gostaria de participar dela".

Mas também o que aqui definimos como "linha-canção" está sempre seguindo adiante. Bob Dorough, Joe Lee Wilson, Gil Scott-Heron, Lou Rawls, Tony Middleton e Tom Waits fazem-na chegar até os dias de hoje. Dorough canta as canções dos grandes compositores da música popular norte-americana com a intensidade especial do jazz contemporâneo. Joe Lee Wilson é o cantor da Nova York vanguardista. Ele cantou, por exemplo, com Archie Shepp e Rashied Ali (o último baterista de John Coltrane). Gil Scott-Heron é um poeta dos guetos com grande consciência política e social. Tom Waits, com sua voz rouca "corroída pela ferrugem" edifica verdadeiros monumentos musicais aos foras da lei e às existências fracassadas do *demimonde* para quem o sonho norte-americano se convertera em pesadelo.

Dado o grande significado do Brasil para o jazz moderno, convém mencionar alguns cantores brasileiros de destaque. Em primeiro lugar, os progenitores da música brasileira moderna, Antônio Carlos Jobim e João Gilberto (com seu canto extremamente relaxado); depois, entre os mais jovens, Edu Lobo, Gilberto Gil, Caetano Veloso, Vinicius Cantuária e, principalmente, Milton Nascimento. Todos eles possuem aquele encanto melódico e poético que torna a música brasileira tão inconfundível – os mais jovens com o acréscimo da expressão contemporânea e a crítica social como subtexto. Milton Nascimento, com seu falsete instrumental extremamente agudo – "angelical" e altamente expressivo – encontrou no jazz muitos seguidores: ele influenciou Pedro Aznar, David Blamires, Mark Ledfort e o baixista elétrico da República dos Camarões Richard Bona (todos eles da banda de Pat Metheny), Delmar Brown (na orquestra de Gil Evans), assim como o guitarrista Michael "Gregory" Jackson.

Nos anos de 1970, um dos cantores de maior sucesso e popularidade foi Al Jarreau. Ele diz ter aprendido com Billie Holiday e Nat King Cole, mas, sobretudo, com o trio Lambert-Hendricks-Ross. Isso transparece até visualmente: quando ele canta sua frase em estilo de saxofone, movimenta os dedos e as mãos como se tocasse um instrumento imaginário, exatamente como anos atrás faziam Jon Hendricks e Dave Lambert. Na garganta de Jarreau, mora uma orquestra inteira: baterias e saxofones, trompetes e flautas, congas e baixos. Tudo isso sai da boca de um único homem, do baixo mais fundo aos falsetes mais agudos, como se esse homem dispusesse de uma dezena – ou mais – de vozes masculinas e femininas. Mais tarde, Jarreau tomou o caminho que tantos vocalistas masculinos de jazz acabam tomando: o da música pop. Porém, mesmo com o sucesso comercial que ele obteve como cantor de pop e soul, seu inimitável *jazz feeling* continua vivo.

Agora se engana quem pensa que a arte vocal de Jarreau é insuperável. Prova disso é Bobby McFerrin, que apareceu no começo dos anos de 1980. McFerrin dispõe de um arsenal de possibilidades vocais que não tem comparação com nenhum outro cantor masculino. Bobby, educado pelo pai que era cantor de ópera, começou como pianista e foi influenciado por Jon Hendricks, Ornette Coleman, Herbie Kancock e, sobretudo, Keith Jarrett. Tranquilamente, ele pode fazer um concerto solo *a cappella* por mais de uma hora, embora seja na interação com outros músicos (por exemplo, com o pianista Chick Corea) que ele demonstre seus dotes mais originais. Por exemplo: a toda velocidade, percorrer toda a extensão de sua voz, fazer o beat com as mãos no peito e passear com a voz pelos distintos registros de um modo tão rápido que deixe a impressão de polifonia. É como se tudo soasse ao mesmo tempo: as linhas do baixo, os falsetes agudíssimos, as vozes de acompanhamento, os assobios rítmicos de chimbal, *riffs* de guitarra, sons como que extraídos de instrumentos de sopro – tudo isso ampliado através de um panorama de sons que, por sua originalidade e incomparabilidade, requer a invenção de um novo vocabulário. Com Bobby McFerrin, todo o corpo se transforma numa orquestra. "Os outros precisam canalizar suas emoções e sensações através de um instrumento", diz ele, "mas o cantor precisa apenas usar a boca". McFerrin chegou a essa complexidade inesperada também por cantar não apenas no momento da expiração, mas também no da aspiração e, com isso, poder contornar o problema das pausas indesejáveis. Ele foi o primeiro a extrair todas as consequências dessa técnica no jazz.

Os fãs mais austeros do jazz receberam mal o hit de McFerrin "Don't Worry, Be Happy", mas, para o cantor, esse foi o maior sucesso de sua carreira, uma vez que, exclusivamente pela força de sua voz solo (graças à qual ele faz todas as partes em *playback*), ele dominou por semanas a *hit parade* internacional, ocupando, assim, o espaço que antes pertencia aos sintetizadores, computadores e outros aparelhos eletrônicos. Sobre isso, disse McFerrin: "Eu sou meu próprio *walkman*."

É evidente que o desenvolvimento do moderno canto masculino de jazz está ligado em primeiro lugar ao crescente uso da voz como instrumento. A contrapartida desse processo é que a letra acaba sendo relegada a um segundo plano. Os vocalistas do bebop ainda tinham por referência os instrumentos de sopro, sobretudo o trompete e o saxofone, imitando-os com certa frequência. Mas, com Jarreau e McFerrin, abre-se ao canto toda a paleta orquestral dos instrumentos: baixo, flauta, percussão, guitarra, saxofone, bateria etc. De outro lado, as canções em *vocalise* de Eddie Jefferson e Jon Hendricks – "cópias" vocalizadas de solos famosos de jazz – tinham de fato caráter instrumental, mas mostravam ainda uma estreita conexão com as letras. Com Al Jarreau e Bobby McFerrin, ao contrário (à exceção de suas *pop songs*), é o aspecto instrumental que está em primeiro plano, de modo que as *lyrics*, as letras cantadas, não representam praticamente nada.

No começo dos anos de 1990, o pêndulo mudou o lado de seu acento. De repente, parece que as possibilidades de vincular a voz ao instrumento se esgotam e os cantores retomam a "linha-canção". Acontece agora de muitos cantores mais antigos de jazz, mergulhados numa relativa obscuridade durantes os anos de 1970, subitamente voltarem à tona: entre eles, não apenas estilistas tão soberanos e maduros quanto um Freddy Cole, um Oscar Brown Jr. e um Jimmy Scott, mas também um Andy Bey. Esse último fez parte, ao lado de Louis Armstrong e Mark Murphy, daquele grupo de quatro ou cinco músicos que instituíram os padrões masculinos do canto de jazz. Seu canto suave cria um efeito atmosférico quase místico. "Basta ele abrir a boca e você é transportado para outro lugar" (Jamie Cullum).

Mesmo quando Andy Bay canta com força, seu canto exala uma amenidade elegante. Uma de suas especialidades é dar a seu estilo robusto de barítono uma impostação contida, nostálgica, suave, que ele próprio chama *quiet style*. Ele obtém isso com sons palatais suaves e escuros. O impressionante é que o som de Andy Bey parece ganhar ainda mais força com isso, ao contrário de muitos cantores de jazz, que, ao buscarem suavidade no canto, acabam produzindo um som magro e pequeno. Sobre isso disse Bey: "Ao cantar no palato mole, você canta no fluxo de sua respiração."

Todo cantor se relaciona com a letra de uma canção de um modo diferente; é o que define seu estilo. O canto dos anos de 1980 e de 1990 se caracteriza por um extraordinário leque de opções estilísticas: *nu-crooners*, como Harry Connick Jr. (divertido e com humor jovial), seu pupilo Peter Cincotti (elegante e cordial), Tony DeSare (como um Frankie-Boy dos novos tempos) e o britânico Jamie Cullum (astuto e alegre), deram continuidade ao jazz civilizado e inteligente de Nat King Cole e Frank Sinatra, combinando-o e atualizando-o com influências do soul, pop, hip-hop e da *dance*. Jamie Cullum tem um fraseado particularmente vivo: ele canta *standards* de jazz com apelo pop. "Na verdade, hoje não há mais como ser purista. Quem é assim talvez o seja por conta de algum déficit, porque teve contato com pouquíssimas coisas."

Agora para o terreno do free jazz: o inglês Phil Minton (que também canta tonalmente) descortinou para o canto masculino de jazz, com maestria técnica surpreendente, as possibilidades do barulho: gritar, chiar, estertorar, gemer, uivar, todos esses sons "deformados" até o limite do "ruído branco", mas tudo isso com uma musicalidade tão organizada e sensível que ele se tornou o cantor mais solicitado na música de improvisação livre da Europa.

De Phil Minton parte a linhagem dos cantores que usam a voz como *extended voice* e *extreme voice*, recorrendo a efeitos vocais radicais, barulhos e efeitos bucais "não vocais". Jaap Blonk, dos Países Baixos, é um poeta do som que encheu o canto de texturas bizarras em improvisações com Paul Lytton. O francês Médéric Collingnon produz um fluxo tão original de sons vocais não ortodoxos, sons com lábios, língua e bochechas, que se tornou um pilar firme do jazz francês através de sua atuação com a banda de Louis Sclavis e Andy Emler. Collignon é um mestre em mudar velozmente de registros e tempo, em ranger, estalar, grasnar, explodir, numa palavra, em transformar em música a versatilidade virtuosística do órgão de sua voz.

Outros dois cantores que, como Minton e Collignon, se colocam além da "linha-canção", constituindo uma "linha-*noise*", são o guitarrista Arto Lindsay e o baterista David Moss: Lindsay com o espírito de protesto e a fúria do punk (atenuada por elementos da poesia brasileira); Moss com a curiosidade infantil do inventor de sonoridades lúdicas. O baterista norte-americano, no começo dos anos de 1980, fez da intensidade e presença física de sua voz o foco central de sua música: cantos loucos, excêntricos, com *links* pós-modernos entre o blues e o atonalismo e melodias que entontecem de tantos contrastes e saltos.

No world jazz, cantores como o russo Sergey Starostin, o indiano Amit Chatterjee, o basco Beñat Achiary, o italiano Gavino Murcia, assim como o alemão Simon Jacob Drees, uniram o canto de jazz contemporâneo com as raízes das mais diversas tradições musicais populares.

Gavino Murcia é especialista num tipo de *scat* gutural inspirado na música popular da Sardenha (Itália). Ele expôs essa técnica com virtuosismo no *ensemble* de Rabih Abouh-Khalil. Sergey Starostin levou os elementos do folclore russo para o jazz contemporâneo do Moscow Art Trio. Amit Chatterjee e Simon Jakob Drees elevaram o canto difônico asiático à condição de uma verdadeira *global music*. Chatterjee, com um volume de voz incomum no Syndicate de Joe Zawinul; Dress, com as impressões balcânicas da banda Ahava Raba, inspiradas na Ásia oriental. Já Beñat Achiary utiliza a tradição vocal popular basca para elaborar novos sons no campo da música de improvisação livre.

Nesse livro, falamos muito da tradição da música negra. Entre os instrumentistas, foram primeiramente os músicos da vanguarda – por exemplo, os do círculo da AACM (Association for the Advancement of Creative Musicians) – que preservaram essa tradição. Entre os cantores, a situação foi diferente. Nesse caso, a voz de vanguarda, sobretudo a das mulheres, praticamente não tem vínculos com a tradição. A tradição negra é preservada num campo situado fora do jazz, a saber, no círculo da música pop. Isso começa já com os cantores de sucesso da música soul dos anos de 1970 (impensáveis sem Ray Charles), como Otis Redding; depois, passa por James Brown (cuja canção "Say It Loud: I'm Black and I'm Proud" fez mais pela autoconfiança das massas negras do que os discursos inteligentes de pessoas como Eldrige Cleaver, Rap Brown e Stokeley Carminchael) e por Marvin Gay ("Save the Children"), chegando até Stevie Wonder e Prince.

O que todos esses cantores fazem é *black music*, no sentido de Charles Mingus e Roland Kirk, e, sobretudo no caso de Stevie Wonder, *black classical music*. Wonder foi comparado a Duke Ellington como compositor. Seus álbuns de canções, a exemplo de "Songs in the Key of Life", "Hotter than July" e "Journey through the Secret Life of Plants", são composições dispostas grandiosamente, internamente conectadas como uma suíte, que recapitulam a situação da música negra de um modo semelhante ao que fez Duke Ellington em seu tempo. Wonder é um músico de universalidade e versatilidade fascinante. Ele é compositor, arranjador, cantor e, em seus discos, toca quase todos os instrumentos imagináveis e domina todas as técnicas modernas de estúdio (transferências, todos os tipos de sintetizadores, manipuladores de som etc.), como se o estúdio, com seus recursos eletrônicos, fosse um instrumento complementar para a realização de sua música.

Apenas no decurso dos anos de 1980 e de 1990 é que o canto de jazz masculino começou a descobrir sua própria tradição – em incrível paralelo com o movimento dos *young lions* entre os instrumentistas. Agora, com a revalorização dos *standards*, das grandes canções do "Great American Songbook" (Grande Cancioneiro Norte-americano), finalmente também houve um renascimento do *male singers* (cantores masculinos). Jovens estilistas como Kevin Mahogany, Allan Harris, Miles Griffith, Steve Tyrell, o britânico Ian Shaw e o alemão Philipp Weiss fazem que o *mainstream* do swing no canto encontre no mundo do jazz um verdadeiro eco (diferentemente de Jon Hendricks e Marx Murphy que foram como que dois pregadores solitários no deserto).

Kevin Mahogany veio de Kansas City. No princípio, ele não passava de um saxofonista mediano, que imaginava solos fantásticos sem conseguir realizá-los. Por isso, ele decidiu liquidar com o *middle man* e foi ser cantor de jazz. Seu barítono abarca com facilidade toda a tradição do canto de jazz clássico moderno. Mahogany é um continuador da linha dos cantores afro-americanos "românticos" dos anos de 1940 e de 1950, que começa com Herb Jefferies e Billy Eckstine e, depois, desenvolve-se através de Al Hibbler e Johnny Hartmann. Seu forte, porém, é a versatilidade: ele pode cantar blues como Joe Williams e baladas como Johnny Hartmann, disparar vocalizes em *scat* como Jon Hendricks e transitar soberanamente pelos *standards* do "Great American Songbook", mas tudo isso com uma sonoridade tipicamente de Mahogany: "quente e suntuosa como *Devon creme*" (Jon Hendricks), soul*ful* e bela.

Mas é particularmente Allan Harris que mantém acesa a chama da tradição de Johnny Hartman. Miles Griffith interpretou o "Jesse" no oratório "Blood on the Fields", de Wynton Marsalis, premiado com o Pulitzer. O britânico Ian Shaw é um cantor que desenvolve ao modo contemporâneo a impostação de Mel Tormé, respeitando e ao mesmo tempo desconstruindo os *standards* do "Great American Songbook".

O norte-americano Philipp Weiss foi do piano ao canto de jazz, o que talvez explique o refinamento e a sofisticação incomum de suas melodias. Ele também é um estilista soberano de baladas – o que não se pode dizer de todo cantor de jazz contemporâneo – e, ao lado do pianista Steve Kuhn e seu trio, elaborou *voicings* sutis, extremamente calorosos.

Também um cantor mais velho como Giacomo Gates segue a rota do mais interessante *mainstream* do swing no canto – com uma preferência especial pelo bop-*-vocal* de Jon Hendricks e as melodias de sax-tenoristas. "Alguns dos meus cantores prediletos são Dexter Gordon, Ben Webster e Lester Young. Eles cantam através de seu *horn*. Se isso não é canto, então eu não sei o que é!"

O canto de jazz contemporâneo multiestilístico encontra na Europa um terreno especialmente frutífero. Na Europa, o belga David Linx, o britânico Cleveland Watkiss, o húngaro Gabor Winand, assim como alemão Michael Schiefel e Theo Bleckmann (que, desde 1989, vive em Nova York) chegaram a um criativo despojamento no tratamento espontâneo dos materiais mais diversos. David Linx fez gravações tocantes com o poeta e romancista afro-americano James Baldwin – o álbum *A Lover's Question* (com Steve Coleman) é um encontro rico de ideias entre *black poetry* e canto de jazz contemporâneo, em que letra e música se relacionam num jogo formal de alto nível.

Cleveland Watkiss, que vem do Jazz Warriors, representa a riqueza expressiva da música afro-britânica, com a qual o jazzista cresceu em Londres. Sua voz compreende um espectro estilístico extraordinário – do *mainstream* do canto clássico, passando pelo reggae e rock, até a música eletrônica, a dance e o *drum'n'bass* (por exemplo, na banda Project 23).

Michael Schiefel é um dos poucos músicos alemães de jazz que exibe um estilo realmente original – um solista espetacular, que, em suas apresentações solos, amplia e distorce sua voz por meio de recursos eletrônicos, ao mesmo tempo em que, por meio de seu canto-gay, afronta criativamente o "machismo" ainda subsistente no mundo do jazz. Theo Bleckmann, sobretudo em duos (com John Hollenbeck e Dave Douglas), destaca-se como um cantor de nível da cena *downtown* nova-iorquina.

As boas vozes não se deixam domesticar. Mark Murphy deu um grande passo para uma maior liberdade no *mainstream* do canto de jazz masculino. Talvez também seja por isso que tantos cantores de jazz contemporâneos se reportem a ele (assim como, no canto de jazz feminino, muitas cantoras se reportam a Betty Carter). Dois desses cantores são Kurt Elling, residente em Chicago, e o nova-iorquino Curtis Stigers – ambos grandes ecléticos do canto de jazz. Stigers, que veio da banda do pianista Gene Harris, transforma habilidosamente canções do mundo do pop, do folk e da música country em "suporte" para novos *standards* de jazz – saltando modernamente, em milésimos de segundos, de um estilo para outro.

Kurt Elling sente-se particularmente influenciado por aqueles músicos que "existem no momento certo da liberdade" – instrumentistas como Tony Williams, Wayne Shorter e Keith Jarrett. Com sua engenhosidade e sua musicalidade progressista, ele está entre os vocalistas mais originais da cena de jazz atual. "Ele é a soma de todas as partes que vieram antes dele, e de fato ele supera os mestres" (Jamie Cullum). Elling possui um timbre cheio, que vai do tenor ao baixo do barítono (mais fundo que Murphy!). Ao mesmo tempo, ele desenvolveu uma nova maneira de quebrar suas frases. Ele funde o som suave do *crooner* com a disposição para correr riscos musicais – do *scat* livre até a mistura de *vocalise* bebop com poesia *beatnik* de um Allen Ginsburg. Assim, Kurt Elling se torna o representante de um canto de jazz swingante, em que, estilisticamente, tudo é possível. Ele disse: "Agrada-me, nesse sentido, o que o trompetista Cootie Williams disse uma vez: 'O material é imaterial'".

AS CANTORAS

O canto de blues feminino vem depois do canto de blues masculino. Os tempos "arcaicos" não legaram nenhuma cantora. Cantores de *folk* blues como "Blind" Lemon Jefferson, Leadbelly e Robert Johnson não tinham nenhum equivalente feminino. No mundo rural e simples do *folk* blues quem dominava era o homem. A mulher era objeto. Isso só mudaria com a chegada do blues nos estados do norte dos Estados Unidos. Assim, no começo dos anos de 1920, teve início a grande época do blues clássico, que teve como "mãe" Ma Rainey e como "*empress*" (imperatriz), isto, é, sua figura dominante, Bessie Smith (na seção "Bessie Smith" do capítulo "Os Músicos da Jazz", falamos detalhadamente sobre a era clássica do blues). Cantoras como Bertha "Chippie" Hill, Victoria Spivey, Sippie Wallace e Alberta Hunter passaram adiante a "mensagem" do blues; Big Mama Thornton desenvolveu-a no âmbito do rhythm & blues.

No fim dos anos de 1920, o clima musical mudou, favorecendo a canção em detrimento do blues. As primeiras cantoras importantes dessa tendência que ainda valem a pena ouvir são Ethel Waters, Ivy Anderson e Mildred Bailey. Ethel Waters foi a primeira a mostrar, ainda nos anos de 1920, o quanto as canções da música popular – pelo menos as melhores – eram ricas de possibilidades para o canto de blues. De 1932 a 1942, Ivy Anderson cantou na orquestra de Duke Ellington. Duke a definiu como a melhor vocalista com quem ele tinha trabalhado. Mildred Bailey, de origem indiana, foi uma cantora de sucesso da era do swing com grande sensibilidade e domínio do fraseado. Ela foi casada com Red Norvo e, ao lado dele, Taddy Wilson e Mary Lou Williams, fez suas mais belas gravações. Seu "Rockin' Chair" foi um hit de fama legendária: um blues, mas com "distanciamento", com ironia.

O que marcou essa "linha-canção" foram as baladas e canções populares da assim denominada "música comercial": as melodias dos grandes compositores norte-americanos – Cole Porter, Jerome Kern, Irving Berlin, George Gershwin – e, às vezes, também as melodias do *hit parade*, porém, tudo cantado com a dicção e o fraseado do jazz.

A "linha-canção" limitou os horizontes da improvisação. Pois, como é de se esperar, as canções deviam ser cantadas sem muita alteração para que fossem imediatamente reconhecidas pelo público. Além disso, os cantores e as cantoras estavam presos às letras de suas canções. Porém, mesmo assim, havia sempre algum espaço para improvisação, que consistia em paráfrases, substituições, deslocamentos, alterações harmônicas, fraseados e todo um arsenal de possibilidades para modificar a forma de dizer uma palavra, de acentuá-la, modulá-la – o denominado *shaping*. Billie Holiday, a grande *lady* dessa música, foi o maior exemplo do uso de tais recursos. Billie é a personificação de um conhecimento que Fats Waller foi o primeiro a possuir: que no jazz importa menos o *que* e mais o *como**. Em 1935, para dar apenas um exemplo, Billie gravou com Teddy Wilson uma canção tão barata e banal quanto "What a Little Moonlight Can Do" e, com ela, conseguiu produzir uma obra de arte do jazz digna de valor. Billie Holiday cantou blues apenas esporadicamente. Mas seu modo de frasear e sua concepção davam a muitas de suas interpretações uma atmosfera de blues.

Billie Holiday gravou mais de mil títulos de discos – dentre os quais setenta com Teddy Wilson. Com ele e Lester Young, ela fez nos anos de 1930 suas mais belas gravações. No entrelaçamento das linhas vocais de Billie Holiday com as improvisações do saxofonista Lester Young, a questão de saber quem faz a melodia e quem faz o acompanhamento, qual a linha vocal e qual a instrumental torna-se secundária.

Billie Holiday é a grande cantora do *understatement*. Sua voz não tem nada daquela firmeza volumosa e da majestade de uma Bessie Smith. É uma voz suave, refinada, sensível. No entanto, é irônico que justamente Billie Holiday, mais do que Bessie Smith e as cantoras clássicas do blues, graças à letra de "Strange Fruit" (1939), tenha se tornado o símbolo do protesto contra a discriminação racial. Foi a mais famosa canção sobre "o estranho fruto" que pende das árvores: os corpos dos negros linchados. Billie cantou como quem constata o fato: "Sim, é assim mesmo." Todos os blues de Bessie Smith, mesmo aqueles que tratam apenas de uma história de amor corriqueira, foram cantados com mais ênfase e *pathos* do que aquele testemunho absolutamente empático e passional contra a discriminação racial, notabilizado pela interpretação que Abbey Lincoln fez da canção de Max Roach, "Freedom Now Suite", de 1960.

* Conforme citado na seção "Melodia" do capítulo "Os Elementos do Jazz" e no capítulo "Ensaio sobre a Qualidade do Jazz", Fats Waller disse: "Jazz não é o *que* você toca, mas *como* você toca." (N. da E.)

Billie Holiday tinha uma extensão de voz pequena, que não ia muito além de duas oitavas. Mas seu timbre era extremamente variado. Ela tinha a capacidade de produzir as mais extremas mudanças de afeto e significado com pequenas nuanças musicais. Nenhuma cantora foi tão hábil em subverter significados e letras, de ironizar e contradizer quanto Billie Holiday. Ela tomava a liberdade de cantar canções lentas em ritmo acelerado e de transformar peças rápidas em baladas. Ela sabia dar um leve amargor às canções divertidas, furtando-se à alegria melíflua do "Tin-pan--alley"*. Billie não "cantou" nenhuma canção, não "interpretou". Ela *criou* canções. Ela cantava as músicas não apenas como se ela própria as tivesse composto, mas também como se tivesse acabado de compô-las naquele instante.

Billie possui em seu canto a plasticidade do sax-tenorista Lester Young, mas essa plasticidade é anterior a seu encontro com ele. Billie foi a primeira – não apenas como mulher e como cantora, mas no jazz em geral – a deixar evidente em sua música a influência do saxofone como instrumento marcante em termos de som e execução no jazz moderno. Isso pode ser visto – o que é um paradoxo aparente – já em gravações anteriores à era do saxofone desencadeada pelo sucesso de Lester Young no começo dos anos de 1940. O som "frio" do sax-tenor se torna patente já no primeiro disco de Billie Holiday, *Your Mother's Son-in-Law*, gravado em 1933 com Benny Goodman. Pode-se dizer que, por intermédio de Billie Holiday, o jazz moderno começou mais cedo no campo do canto do que no campo instrumental.

O jazz moderno começa com Billie Holiday também por ter sido ela a primeira a perceber – certamente de modo inconsciente – que, ao lado da voz, também o microfone era um "instrumento". Billie Holiday foi a primeira vocalista a entender que cantar com microfone é totalmente diferente de cantar sem ele. Ela humanizou a sua voz ao adequá-la ao microfone. Apenas por esse motivo a sensibilidade e a sutileza da expressão se tornam importantes, o que até então era desconhecido no canto – e também desnecessário, porque esses efeitos não tinham como ser ouvidos.

Billie Holiday cantava de modo muito sincero e veraz. As feridas e suscetibilidades da alma transpareciam em sua voz com uma dignidade quase masoquista – do desejo e do prazer sexual, passando pela alegria e pelo otimismo, até o desespero, a tristeza e a dor. Sua boca era uma espécie de ferida aberta. Ela tinha o coração na voz. E, quando cantava a solidão, ela arrastava o ouvinte para dentro de uma solidão que era a dela própria.

Billie Holiday não cantou apenas canções tristes e divertidas. Isso é o que normalmente fazem as cantoras na música comercial: cantar canções tristes e divertidas. Billie Holiday, por sua vez, conseguia produzir ao mesmo tempo emoções e sensações antagônicas e mutuamente ofuscantes. Ou, como observou o cantor de rock Brian Ferry: "Estilisticamente, ela canta a esperança, mas sua mensagem é o desespero."

A história de vida de Billie Holiday foi contada muitas vezes e, com frequência ainda maior, de maneira deturpada: ela começou como empregada doméstica em Baltimore (Maryland), passou pelo abuso sexual e pela experiência da prostituição, chegou à condição de estrela bem-sucedida do canto e, por fim, por causa das drogas, perdeu tudo o que conquistou. Em 1938, ela fez apresentações com a banda de Artie Shaw, uma orquestra branca. Durante meses, ela precisou utilizar a porta dos fundos, enquanto seus colegas brancos entravam e saíam pela porta principal. Ela era jogada num hotel imundo de periferia enquanto o resto da banda se hospedava em hotéis suntuosos, onde os negros não tinham a menor chance de entrar. Geralmente, ela não podia comer com seus colegas brancos. Ela precisava suportar tudo aquilo, não apenas como negra, mas

* Termo que, originalmente, designava o conjunto de casas editoriais concentradas na West 28th Street, em Manhattan, e que dominava o mercado da música comercial norte-americana no começo do século XX. Por extensão, passou a significar o mundo da música comercial norte--americana . (N. da T.)

também como a única mulher da orquestra. Billie acreditava que tinha de resistir para dar o exemplo. Se um único negro se tornasse artista, outros também se tornariam. Ela suportou isso até o dia em que não pôde mais e, então, desmoronou. Alguns de seus amigos dizem que ela foi vítima das drogas. Antes disso, ela se apresentou com outra grande orquestra, a de Count Basie, que lhe propiciou uma experiência contrária, o que talvez tenha sido ainda pior: embora Billie fosse tão afro-americana quanto os músicos de Basie, sua pele parecia muito clara a certas pessoas, que acreditavam ver uma mulher branca se apresentando com uma orquestra de negros, – e isso era inconcebível para a época! Uma noite, em Detroit (Michigan), ela teve de usar uma maquiagem escura.

Nos últimos anos de sua vida – ela morreu em 1959 em circunstâncias deprimentes –, sua voz era apenas uma sombra do que fora nos velhos tempos. Ela cantava sem a elasticidade e o feitiço de suas antigas gravações. A voz soava envelhecida, angulosa e opaca. No entanto, tudo o que ela cantava possuía uma aura magnética. É uma descoberta invulgar perceber a força de expressão e de forma perdurar numa grande artista quando nada mais resta em termos de voz e técnica. É uma experiência intrigante ouvir os discos que Billie Holiday fez nos anos de 1950 e perceber como uma cantora que foi privada de todos os atributos materiais e técnicos de seu trabalho continua, apesar de tudo, a ser uma grande artista.

"Toda vez que canto", disse a cantora de rock Marianne Faithful, "rezo para Billie Holiday me ajudar: *the singers saint* – a santa protetora de todas as cantoras". Billie Holiday está no centro do canto de jazz. Depois dela vieram muitas outras cantoras: todas aplicaram e continuam aplicando a seu próprio contexto estilístico as grandes conquistas de Billie Holiday.

Antes, porém, há de se apresentar Ella Fitzgerald, nascida em 1918, apenas três anos mais nova que Billie Holiday. Sua origem musical também é o swing, mas ela não é apenas uma cantora de swing, ela é simplesmente uma das grandes vozes do jazz clássico moderno. Nenhuma outra cantora – e pouquíssimos músicos de jazz em geral – possui tanta envergadura. Nos anos de 1930, destacou-se sua canção "A Tisket, a Tasket", acompanhada pela orquestra de Chick Webb, uma canção de ingenuidade infantil com a roupagem do swing. Nos anos de 1940, suas vocalizações em *scat* (que explicaremos mais tarde) de temas como "How High the Moon" ou "Lady Be Good" trouxeram-na ao centro do bebop. Nos anos de 1950, Ella desenvolveu um domínio profundo da arte da balada. As interpretações que fez dos *songbooks* dos grandes compositores populares norte-americanos, como Cole Porter, Irving Berlin, Jerome Kern, George Gershwin, pertencem aos documentos imortais da música afro-americana. Muito da veneração que hoje se tem pela chamada *american popular song* vem do modo como Ella Fitzgerald cantou essas canções. Dos anos de 1960 aos de 1980, ela dominou soberanamente todos os estilos que experimentou e cantou. Até a sua morte em 1996, ela preservou em seu timbre limpo e belo um pouco da simplicidade e leveza de alma da jovem de 15 anos, que, em janeiro de 1934, fora descoberta numa apresentação amadora no Teatro Apollo, no Harlem (Nova York), como tantos outros grandes talentos do jazz (a exemplo de sua grande concorrente Sarah Vaughan [Sassy]). O "prêmio" que Ella recebeu na época consistia numa "curta" temporada com a orquestra de Chick Webb. Porém, a temporada não terminou nem quando Chick morreu cinco anos depois, em 1939, já que Ella assumiria provisoriamente a direção do grupo.

June Christy foi *a* voz de Stan Kenton: a irradiação calorosa, humana, de seu canto sempre lhe rendeu admiradores, embora às vezes sua afinação não fosse exemplar. Na orquestra de Stan Kenton, June assumiu em 1947 o lugar de Anita O' Day, que por cinco anos foi considerada "a maior vocalista de jazz de pele branca" no campo do jazz clássico-moderno – ela era dotada de uma segurança musical virtuosística e de uma arrebatadora capacidade de improvisação. Sua propensão ao *riff*, ao modo *cool* de cantar, possui um grande *forward momentum* e uma personalidade forte. Anita O' Day: "Se você quer cantar jazz, você precisa ter coração – e a pulsação (*tempo*) *é* o coração."

Ainda mais importantes foram as cantoras provenientes do círculo de Charlie Parker e Dizzy Gillespie: Sarah Vaughan, Carmen McRae e – pouco depois, já que ela pertencera primeiramente à orquestra de Lionel Hampton – Betty Carter. Como tantas outras cantoras, Sarah Vaughan (1924-1990) recebeu seus primeiros estímulos musicais de uma igreja evangélica. Em suas próprias palavras: "Você precisa ter soul em seu canto, o tipo de soul que existe nos spirituals. Os spirituals são uma parte da minha alma." Em 1943, ela se tornou cantora da orquestra de Earl Hines e, depois, em 1944, da de Billy Eckstine. Ambos foram as "incubadoras de talentos" de todos os músicos importantes do bebop daquela época – e foi essa a sensação de Sarah Vaughan: "Bird e Dizzy eram para mim os maiores. Eu ainda penso assim até hoje. As improvisações de Bird e Dizzy influenciaram meu canto."

Sarah Vaughan foi a primeira cantora de jazz com uma extensão de voz que não deixa nada a dever a uma cantora de ópera. Sim, Sassy, como ela era chamada, possuía uma flexibilidade vocal e uma riqueza modulatória que faria inveja a muitos sopranos ligeiros. Ela podia criar melodias fulgurantes que, em dois compassos, já haviam atravessado toda a sua extensão vocal. Ela modelava cada *vibrato* como uma nova escultura. Seu contralto escuro, rico, foi um acréscimo ao canto do jazz. Na capacidade de modificar o som de um modo plural e de literalmente carregá-lo com conteúdo "emocional", ela superou todas as outras cantoras.

A voz de Sarah Vaughan possuía uma riqueza de cores que beirava o desperdício. Ele podia ignorar as fronteiras estilísticas e fazer uma música plural, fosse cantando gospel, pop ou jazz. Ela se dedicava inteiramente à canção e ao texto. "Ela podia ir aonde quisesse com sua voz." (Karrin Allyson)

O brilho de Sarah Vaughan ofuscou o de muitas outras cantoras de alto nível. Isso vale, sobretudo, para Carmen McRae (que, aliás, foi casada com Kenny Clarke, o criador do estilo bebop na bateria).

McRae também foi uma das grandes individualidades clássicas do canto de jazz moderno. O que é particularmente impressionante nela (falecida em 1994) é o caráter robusto e resoluto de suas frases. Ela tinha um domínio pleno do swing e dava a suas canções, justamente quando elas eram alegres, uma tonalidade escura, sarcástica. Suas improvisações são *statements* – elas possuem algo de definitivo e poderoso. "Cante a canção e a deixe ser o que é", era o que ela procurava dizer às jovens cantoras de jazz, as quais, por causa da instrumentalização de sua voz, pareciam esquecer o que realmente era dito no texto. O crítico Nat Hentoff uma vez comparou Carmen McRae "a uma exótica figura de proa de um baleeiro da Nova Inglaterra". É uma imagem que evoca com bastante força a originalidade potente de seu canto.

Betty Carter, oito anos mais jovem que McRae, também pertencia às grandes cantoras de bebop – fato que o mundo do jazz só veio a se dar conta bem depois. Foi apenas nos anos de 1970 que ela se tornou símbolo do bebop e do canto de jazz em geral. Betty Carter deu sua contribuição aos *standards*, às grandes canções da música popular norte-americana, na medida em que, com muita sutileza e originalidade, as fragmentou e reelaborou. Ela dizia: "Se você quer interpretar um *standard* que foi muito tocado, não o faça como os outros. Mude-o. Cante-o a seu modo." Por isso, ela incrementava os *standards* com introduções e ampliações que remodelavam a canção. Embora o ouvinte conseguisse identificar a música interpretada, a sensação que lhe ocorria era a de uma obra completamente nova, criada durante o próprio ato da apresentação. As interpretações de Betty Carter são repletas de oscilações climáticas e inesperadas mudanças de afeto, de trocas de ritmos explosivas e súbitas variações de tempo; entretanto, tudo isso é feito com a soberania de uma musicista que tomou e desenvolveu numa linguagem completamente autônoma o melhor do canto clássico de jazz feminino. As bandas que ela dirigiu dos anos de 1980 até a morte em 1998 foram um inesgotável *breeding ground* para os jovens talentos do *mainstream* esclarecido do jazz: delas saíram instrumentistas importantes, como os pianistas John Kicks e Benny Green ou os bateristas Clarence Penn, Kenny Washington e Gregory Hutchinson.

Cantoras de jazz, como Betty Carter (ou Ella Fitzgerald e Carmen McRae) possuem uma intensidade imediata irradiando da base rítmica de suas bandas. É importante ver que essa energia rítmica deriva em grande parte do canto – pois essas cantoras de jazz fraseiam de um modo que faz toda a banda swingar. Disse o antigo baterista de Carter, Ronald Shannon Jackson:

> O papel do baterista no grupo de Betty Carter não é simplesmente manter o tempo, mas antes consiste em acentuar o que ela canta. Ela vocaliza e canta as palavras de uma canção com tais refinamento, estilo e variabilidade rítmica que o baterista e sua voz se tornam uma só coisa. Nós a chamávamos de Betty-bebop porque ela conseguia fazer os mesmos *rudiments* que podem ser feitos na bateria.

Outras cantoras dessa geração são Chris Connor, Jackie Cain, Dakota Staton, Ernestine Anderson, Abbey Lincoln, Hellen Merril, Carol Sloane, Nina Simone, Shirley Horn, Nancy Wilson e finalmente Sheila Jordan. O que Ernestine Anderson disse, "If I had my way, I'd sing true like Ella and breathe like Sarah Vaughan" (Se eu pudesse escolher, eu cantaria precisamente como Ella e respiraria como Sarah Vaugan), é, em muitos sentidos, o credo da maioria delas: elas querem ter a expressão de Ella e o fraseado de Sarah; às vezes também o contrário: elas querem unir o fraseado de Ella à expressão de Sarah.

Jackie Cain, que se revelou no grupo de Charlie Ventura, formou com seu marido, o pianista Roy Kral, talvez o mais perfeito duo de canto de toda a história do jazz – brilhante, amável e bem-humorado. Helen Merrill, por sua vez, foi bastante subestimada. Ela foi acompanhada várias vezes por John Lewis, o líder do Modern Jazz Quartet, e de certa forma trazia algo do refinamento e da sensibilidade desse músico. Nina Simone foi uma voz particularmente engajada na luta dos negros por dignidade e identidade – como mulher, cantora, pianista e ser humano. Certa vez, ela definiu o blues como "memória racial". Essa memória alimenta suas canções, mesmo quando elas soam divertidas. Também Abbey Lincoln tematizou os problemas sociais dos afro-americanos – sobretudo nas canções de seu primeiro marido, Max Roach, cujo significativo "Freedom Now Suite" ela cantava com uma contagiante expressão de indignação. À sua maneira, ela traduziu o *cry* de Billie Holiday para a linguagem do jazz moderno e, ao mesmo tempo, acrescentou algumas canções próprias – originais – e melodicamente interessantes ao repertório vocal do jazz. "Penso que as jovens cantoras de hoje não deveriam mais cantar os velhos *standards* – eles realmente são grandiosos, mas já foram interpretados à exaustão." A importância disso para Abbey é notória, pois ela foi estudar composição para poder escrever suas próprias músicas. Em pleno século XXI, ela ainda preservava uma grande intuição para a combinação de músicos fantásticos e instrumentações inusitadas.

Shirley Horn (morta em 2005), em suas baladas sonhadoras, é uma *expert* em termos de concisão e economia – o que lhe confere um papel no canto de jazz feminino semelhante ao de Miles Davis entre os instrumentistas. Mark Murphy: "Sempre digo a meus alunos que eles devem ouvir Shirley Horn e Miles Davis por conta de seu uso do espaço."

Sheila Jordan é um nome especialmente relevante. Ao "libertar" a canção, ela pavimentou o caminho para todas as cantoras do free jazz, de quem falaremos mais adiante. Sheila se tornou conhecida por seu trabalho com George Russell – sobretudo, com uma versão monumental-satírica de "You Are My Sunshine": paródia cheia de um cinismo esmagador sobre a sociedade norte-americana. Essa canção possui em face da sociedade norte-americana o mesmo significado que "Am Brunnen vor dem Tore" (Na Fonte em Frente ao Portão) possui para certos estratos sociais antigos da Alemanha*.

Novamente, é preciso fazer um recuo: foi com o intuito de empregar as vozes masculinas como instrumento, indo ao extremo dessa possibilidade, que Duke Ellington, desde o fim dos anos de 1920, trabalhou com Adelaide Hall e Kay Davis. Suas vozes se sobrepunham à orquestra graças a uma espécie de emissão de soprano ligeiro, muitas vezes em paralelo com um clarinete, o que levava a um entrecruzamento de vozes bem peculiar. Depois, outras orquestras e compositores de jazz entraram na onda e incluíram um soprano em sua equipe. Dificilmente alguém se recorda de que também isso – dentre tantas coisas – começou com Duke Ellington.

Outra consequência da concepção instrumental do canto de jazz é o desenvolvimento do *scat vocal*, isto é, a renúncia completa à letra, o uso "não semântico" de sílabas. Louis Armstrong "inventou" o canto em *scat* nos anos de 1920. Segundo a lenda, em 1926, durante a gravação de "Hebbies Jeebies", ele teria esquecido parte da letra. Anita O'Day, June Christy, Sarah Vaughan, Carmen McRae, Dakota Staton, Jackie Cain, Annnie Ross, Betty Roche, Betty Carter, Dianne Reeves, Maria João e outras mais fizeram *scat vocals* espetaculares, mas a rainha do *scat* – fala-se também em canto bebop – continua sendo Ella Fitzgerald.

É importante perceber que o *scat* – técnica que consiste em cantar sem letra, a partir de sílabas "quaisquer" pronunciadas em sequência – não tem nada a ver com uma "vocalização *nonsense*". Pois o *scat vocal* dos grandes cantores de jazz nem sempre permite alterações. De fato, não é qualquer sílaba que cabe numa dada situação musical. "Cantoras de *scat* escolhem suas sílabas prediletas como as damas da corte escolhem suas pérolas com o joalheiro", manifestou um crítico.

Algumas sílabas propiciam aos cantores imitar algumas qualidades específicas dos instrumentos, ao passo que outras configuram aquele som individual que os cantores desenvolvem como uma marca sua. Por isso, todo vocalista de *scat* tem sua própria especialidade no uso das sílabas. Como esclareceu Carmen Lundy:

> Muitas cantoras de *scat* empregam a sílaba *dwee* com muita frequência. Ella Fitzgerald, ao contrário, não utiliza muito o *dwee*" Ela utiliza mais o *beb*-bop-bop-*ooo*-*doo-bee*. Ela utiliza mais o som *bee* e o *dee*. Depois fui ouvir Betty Carter. Ela usou mais o *da* e o *la*, as sílabas *louie-ooie-la-la-la*, como se isso fosse para ela mais uma questão de língua. Sarah Vaughan fazia *shoo-bee-oo-bee shoo-doo-shoo-shoo-bee-ooo-bee*. Ela tinha mais esse som *shoo-eee-bee-deee*. Uma vez, Betty Carter me disse: "O que você precisa é encontrar suas próprias sílabas."

O canto em *scat* movimenta-se num terreno situado além da "linha-canção" e das palavras da letra. Ele sacode, por assim dizer, a grade dos significados semânticos. O *scat* rompe com a

* Verso inicial do famoso poema "Der Lindenbaum" (A Tília), de Wilhelm Müller (1894-1927), musicado por Franz Schubert (1797-1828). Com o arranjo para coro masculino de Friedrich Silcher (1789-1860), a canção se popularizou, tornando-se um símbolo dos sentimentos patrióticos e *völkish* das classes conservadoras da Alemanha. (N. da T.)

gaiola da lógica linguística, da racionalidade e do significado corrente. As sílabas fazem uma dança independente da força de gravidade das palavras. Nesse caso, os elementos vocabulares não são mais os portadores do sentido textual, mas se comportam como sujeitos livres, que se ocupam apenas de si mesmos e da alegria pura com o som. Em certo sentido, tanto o canto em *vocalise* quanto o *scat* são etapas prévias para o canto feminino *free*, como veremos mais à frente.

Antes, é preciso mencionar que, no canto feminino de jazz, também existe uma "linha-blues" ligada às cantoras sobre quem se falou no começo deste capítulo. A última das grandes cantoras de blues clássico foi Alberta Hunter, que, em 1980 (aos 85 anos de idade!), fez gravações maravilhosas, um fato impressionante se pensarmos que ela foi a compositora do maior sucesso de Bessie Smith em 1923, o "Down Hearted Blues". Nos anos de 1920 e de 1930, Alberta Hunter cantou com Louis Armstrong, Sidney Bechet e Fletcher Henderson. Ela morreu em 1984.

O blues se confirma também como a verdadeira constante da música afro-americana – sempre mudando e, apesar disso, permanecendo blues, transmitindo sua mensagem de geração em geração. Entre aquelas que a transmitiram estão: Helen Humes (do fim dos anos de 1930 com Count Basie até sua morte em 1981, uma cantora de enorme força expressiva); Dinah Washington, falecida em 1963; Betty Carter, já mencionada (que, no campo do blues, começou como sucessora de Dinah Washington); Ruth Brown; La Vern Baker; Etta Jones (que une o *vibrato* de Sarah Vaughan com a dicção e o fraseado de Billie Holiday); Koko Taylor; Shemekia Copeland e muitas outras. Dinah Washington foi chamada "a rainha do blues". Também ela começou pela música gospel, que deixou raízes visíveis em sua forma de cantar blues. Operando numa região vocal sempre um pouco aguda, ela misturava a expressão do blues com a sensibilidade do jazz, utilizando a seu modo um *vibrato* bastante veloz. Em tudo o que Dinah Washington cantava havia soul. Contagiante era também o humor – muitas vezes sarcástico – de suas performances.

Janis Joplin trouxe o canto clássico do blues para o rock. Praticamente nada do que ela cantou é imaginável sem Bessie Smith; todavia, em Janis Joplin, tudo soa sempre um pouco mais duro, rude, barulhento, incômodo. Desde o começo, ela foi movida por uma vontade incontrolável de viver e amar até sua morte surpreendente, em 1970, que foi explorada de todas as formas pela mídia. Com Janes Joplin, fica claro o quanto o modelo originário afro-americano pode embrutecer e se tornar vulgar por intermédio dos artistas brancos, principalmente daqueles que parecem especialmente "autênticos" em sua relação com a música negra. Janis Joplin foi um ser humano de enorme impulsividade, uma mulher que parecia viver num estado de constante erupção. Quando ela dizia, cantando *a cappella*, que queria uma Mercedes porque os outros já possuíam um Porsche, e uma televisão em cores, esperada diariamente até às 3 horas, tudo isso soava – com todo o humor ali contido – como uma invocação mística, uma oração desesperada. O ouvinte pensa que o mundo vai acabar se a Mercedes e a televisão em cores não forem logo providenciadas*.

Durante os anos de 1960, a herança da tradição negra do gospel e do soul desaguava cada vez mais claramente na corrente principal do canto feminino. Essa herança se tornou conhecida do mundo branco através das gravações de Mahalia Jackson, falecida em 1972. Porém, Mahalia foi apenas uma das muitas cantoras magistrais da música religiosa afro-americana. Além dela, existiram Dorothy Love Coates, Marion Williams, Clara Ward, Bessie Griffin, Queen Esther Marrow (cf. a seção "Spiritual e

* Referência à canção "Mercedes Benz", de Janis Joplin (1943-1970), Michael McClure e Bob Neuwirth, especialmente aos versos: "Oh Lord, won't you buy me a Mercedes Benz? / My friends all drive Porsches, I must make amends / [...] // Oh Lord, won't you buy me a color TV ? / [...] / I wait for delivery each day until three". A canção foi gravada *a cappella* e lançada no álbum *Pearl* (Pérola), de 1971. (N. da E.)

Gospel" do capítulo "O Elementos do Jazz"). Foi na forma do soul que a tradição gospel desaguou na música popular – representada por músicos como Tina Turner, Diana Ross, Chaca Khan e Aretha Franklin (a mais importante dentre elas). Filha de um renomado orador gospel de Detroit (Michigan), o reverendo C.L. Franklin, Aretha pertence à música gospel desde criança. Sua primeira influência importante veio de Mahalia Jackson. Mais tarde, de Oscar Peterson, Eroll Garner e Art Tatum. Os álbuns mais bem-sucedidos de Aretha Franklin estão entre o melhor da música popular dos anos de 1970 e de 1980, mas há uma gravação sua de interesse extraordinário para os amantes do jazz: *Amazing Grace* – gravado em 1972 na igreja batista New Temple Missionary, em Los Angeles (Califórnia), com a participação de toda a comunidade evangélica – um culto dançante, extasiante. O disco não foi apenas um retorno de Aretha a seu mundo espiritual e musical (o que já seria muito!), mas uma redescoberta sensível de suas próprias raízes. Em 1987, ela repetiu essa confissão com o álbum duplo *One Lord, One Faith, One Baptism* – também aqui uma cerimônia evangélica gravada na igreja batista New Bethel, em Detroit.

Rachelle Ferrel às vezes parece sofrer com suas incríveis possibilidades vocais. Em seu canto sempre um pouco hesitante entre o soul, o funk e o jazz, há tanta técnica, que ela às vezes não sabe o que fazer com tudo o que tem. Apesar disso, suas interpretações de *standards* são de tirar o fôlego.

Também Lizz Wright, de Atlanta, tem raízes profundas no gospel. Ela possui um *vibrato* naturalmente magnífico. Quando interpreta as canções de jazz contemporâneas, puras, sua voz revela aquela qualidade "espessa", enérgica, procedente da música das igrejas negras. Já a cantora Patti Cathcart – que há mais de vinte anos compõe a outra metade do célebre duo Tuck & Patti –, com seu estilo caloroso e franco, une a tradição do spiritual e do gospel de Mahalia Jackson com o estilo resoluto de Carmen McRae.

Todas as cantoras mencionadas acima tornam incerta a fronteira entre o jazz e o *fusion*. Nela, há uma série de cantoras das mais diversas orientações. Por serem muitas, só podemos apresentá-las aqui em termos bem resumidos: Phoebe Snow, Ricky Lee Jones, Bonnie Herman (a voz abundante, "sensual" do grupo vocal Singers Unlimited), Marlena Shaw, Ann Burton, Jean Carn, Patti Austin, Lorraine Feather, Carol Sloane, Gayle Moran (conhecida por suas gravações com Chick Corea), Janis Siegel (do grupo vocal Manhattan Transfer, que, com a beleza de sua voz clara e doce no som, mostra certa proximidade com as canções da Broadway e de clubes noturnos) e Meshell N'degeocello, que também se destacou tocando funk no baixo elétrico.

Nos anos de 1970, Betty Carter disse viver numa época muito difícil para as cantoras de jazz: "Acho que sou a última das moicanas. As cantoras jovens de hoje em dia querem ser comerciais, mas a questão é complicada porque, quando seu estilo se torna comercial, ele deixa de ser jazz." Muitas das cantoras mencionadas passaram por isso, às vezes de um modo doloroso. Um exemplo pode ser buscado na carreira de Dee Dee Bridgewater. No começo dos anos de 1970, ela se tornou conhecida como cantora da orquestra de Thad Jones/Mel Lewis e, nessa época, também fez gravações interessantes no campo do vanguardismo, a exemplo de seu duo com o baixista Reginald Workman. No fim dos anos de 1970, raramente ouvia-se algo dela no campo do jazz – por razões econômicas, Bridgewater teve de partir para o musical e o soul. Depois, frustrada com as condições de trabalho nesse campo, ela acabou indo para a França. Apenas no exílio ela conseguiu retomar com sucesso sua carreira de jazz.

Atualmente, nenhuma cantora de jazz tem um swing tão vivo quanto Dee Dee Bridgewater. De forma extremamente convincente, ela expande a grande herança de Ella Fitzgerald e sua arte do *scat* para o âmbito do jazz straight-ahead esclarecido, não por um senso de dever, mas por uma abundância de vida sanguínea e uma fantasia musical transbordante. Suas longas improvisações são recriações radicais do material temático, mediante as quais ela redescobre a canção e a vira pelo avesso emotivamente. "A maioria das jovens cantoras precisam aprender como se canta uma história", diz ela.

O que move Bridgewater em suas performances é o prazer pelo risco, o *flair* teatral e a alta energia musical. De todas as cantoras de jazz contemporâneo, ela é quem tem a melhor presença de palco. De fato, no que se refere à capacidade de diálogo com o público, ela é imbatível.

Também entre as cantoras de música folk há aquelas que são de interesse para o jazz. Assim como as cantoras de jazz afro-americanas se voltam para a herança do gospel, do soul e do blues, as cantoras de música folk se voltam para a música popular anglo-americana. As mais importantes para a cena do jazz são Judy Collins e Joni Mitchell, extremamente influente no campo das cantoras letristas. Judy Collins, em sua canção "Farewell to Tarwathie", mimetizou de um modo maravilhoso o canto, o grito e os sinais das baleias. E Joni Mitchell, em 1979, deu à luz a seu álbum *Mingus*, o mais belo e contagiante memorial sobre o grande músico de jazz Charles Mingus. Os críticos disseram que o estilo da cantora era muito etéreo e frágil, que não tinha, assim, nada a ver com a música de Mingus. No entanto, justamente por isso é que se pode medir o alcance da mensagem de Mingus. Joni Mitchell sempre teve prazer em convidar músicos de jazz para a gravação de seus discos, a exemplo do baixista Jaco Pastorius e do saxofonista Wayne Shorter. O canto forte e poético de Mitchell e suas harmonias de guitarra não convencionais estão além das *changes* habituais da música popular. Ela canta com grande autenticidade: as palavras vêm à tona na medida em que ela se entrega por completo à letra. Para saber o quanto Joni Mitchell pertence à tradição do jazz, basta considerar que ela disse que o disco mais importante para seu desenvolvimento musical tinha sido um disco com músicas de Count Basie do grupo Lambert-Hendricks-Ross.

Com sua voz cristalina, lírica, Annette Peacock possui uma capacidade fenomenal de explorar a música em sua profundidade e sutilezas. Ela foi casada por oito anos com o pianista Paul Bley, para quem escreveu composições. A seu lado, ela criou um mundo de espaço e distâncias, que facultou a Bley se tornar na época um poeta "romântico" do piano. Mais tarde, na Inglaterra, ela partiu para o rock, mas conservando em seu canto ofensivo, agressivo, uma grande sensibilidade jazzística. "Os maiores acontecimentos na vida de um ser humano são emoldurados pelo silêncio."

No contexto da *art performance* americana, nos anos de 1980 e de 1990, Laurie Anderson foi consagrada como uma cantora *cult*: ela canta suas canções "mágicas", secretas e simples harmonicamente com uma voz maravilhosa, "como quem fala". Outra especialidade sua é cantar puxando a afinação para cima. Na linha das cantoras letristas, Robin Holcomb (casada com o tecladista Wayne Horvitz e, antes, membro do círculo vanguardista da orquestra New York Composers) criou uma atmosfera flutuante, estranha, em que a comunhão e a ruptura com a tradição coexistem pacificamente.

Nos anos de 1990, Madeleine Peyroux fez muito sucesso unindo o estilo de Billie Holliday com as raízes do folk, do blues e do rock. Também Holly Cole e Norah Jones, de quem ainda falaremos, fazem parte desse campo influenciado pelo folk e pelo pop.

O que a tradição da música popular anglo-americana representa para cantoras como Judy Collins e Joni Mitchell, a do samba (que por sua vez remonta às raízes da música africana) representa para as cantoras brasileiras. Flora Purim é a mais conhecida no hemisfério norte porque, em 1968, ela foi morar nos Estados Unidos. Mas, no Brasil, há vozes ainda mais impressionantes e que só mais tarde se tornariam conhecidas nos Estados Unidos e na Europa, como é o caso principalmente de Elis Regina e Maria Bethânia, a primeira com a agilidade de uma Ella Fitzgerald, a segunda com a força emotiva de uma Billie Holiday.

Astrud Gilberto, com seu charme distante e sua melancólica fragilidade, tornou-se um símbolo da bossa nova. Originalmente, em 1963, quando o sax-tenorista Stan Getz encontrou para uma seção de gravação os músicos brasileiros Antônio Carlos Jobim e João Gilberto, ela viera como tradutora. Jobim vinha com oito músicas na mala. Uma delas – "Garota de Ipanema" –, numa concessão ao mercado internacional, havia sido parcialmente traduzida para o inglês, o que dificultava as coisas para João Gilberto. A salvação foi sua esposa. Astrud ficou diante de um microfone pela primeira vez na vida e sua versão de "Girl from Ipanema" é até hoje a *pop song* mais tocada depois de "Yesterday".

Flora Purim e seu marido, o percussionista Airto Moreira, estiveram no centro do movimento brasileiro da cena norte-americana nos anos de 1970. Flora foi apresentada ao mundo do jazz primeiramente por Stan Getz e Gil Evans, depois por Chick Corea em seu primeiro Return to Forever no começo dos anos de 1970. Um de seus mais belos álbuns foi feito em 1976 com o título *Open Your Eyes You Can Fly*. O disco inteiro é um único canto de liberdade com um caráter pessoal indisfarçável: Flora havia acabado de sair da prisão para onde fora levada por causa de um envolvimento com drogas que nunca ficou realmente esclarecido.

Tania Maria faz *scat vocals* com toque "latino" a partir de sua sensibilidade nativa para a plasticidade do ritmo brasileiro (geralmente, dobrando sua voz no piano). Marlui Miranda trouxe a música dos índios do Amazonas, os primeiros habitantes do Brasil, para o jazz contemporâneo da banda Pau Brasil. Luciana Souza, que saiu de São Paulo para Nova York, é uma brasileira que se credenciou como intérprete de *standards*. Com um timbre surpreendente, ela explora os *moods* e *feelings* das canções de jazz, descomplicando-as de forma conscientemente melódica, em vez de de embelezá-las, ficando assim mais próxima do significado da letra. Souza sempre combina jazz e poesia em seus discos: ela interpreta a poesia de autores sul-americanos, como o poeta chileno Pablo Neruda.

No começo, Flora Purim também fez um pouco de free jazz, entrando por isso no grupo das cantoras de free jazz e do pós-free jazz. Quem veio primeiro, já nos anos de 1960, foram a norte-americana Jeanne Lee e a norueguesa Karin Krog. Depois, surgiram as inglesas Norma Winstone, Julie Tippetts e Maggie Nicols, as polonesas Urszula Dudziak e Jay Clayton, a holandesa Greetje Bijma, as russas Valentina Ponomareva e Sainko Namchylak, as alemãs Uschi Brüning e Gabriele Hasler, a greco-americana Diamanda Galas e as norte-americanas Lauren Newton e Shelley Hersch. Essas cantoras expandiram os horizontes da "voz como instrumento" de um modo imprevisto. Para elas, canto significa não apenas cantar, mas também gritar, rir e chorar. Todos os sons são explorados: os gemidos de uma relação sexual e a tagarelice de uma criança, os sons do corpo, desde o abdômen até a região do seio frontal e da cabeça. Tudo se torna instrumento e fonte sonora. Nenhum barulho humano e orgânico soa estranho. O que quer que faça parte de uma canção, de um afeto ou de uma atmosfera é livremente exteriorizado através de gritos, gemidos, assopros. No entanto, essa liberdade é apenas aparente, pois todos esses sons precisam ser configurados, dominados, integrados num contexto musical.

"Voz como instrumento" – essa expressão deve ser entendida de um modo relativo. O que nos anos de 1920, com Adelaide Hall na orquestra de Duke Ellington, parecia ser o *non plus ultra* do tratamento instrumental da voz foi incrementado nos anos de 1930 por Kay Davis, nos de 1940 por Ella Fitzgerald, nos de 1950 pela cantora indiana Yma Sumac, nos de 1960 por Jeanne Lee e Karin Krog, nos de 1970 por Urszula Dudziak, nos de 1980 por Lauren Newton e nos de 1990 por Sainkho Namchylak – e cada uma dessa cantoras foi considerada em seu tempo o ápice insuperável. Portanto, tudo indica que esse processo há de continuar.

Falecida em 2000, Jeanne Lee se tornou conhecida sobretudo pela teia musical criada por ela no grupo de seu marido, o multi-instrumentista Gunter Hampel. Jeanne Lee foi mestre na espacialização do som. Ela "dançava" com as palavras – sua voz franca, direta, alternava sem espalhafato e perturbações entre o canto e a fala. Tudo o que ela cantava fluía com um *feeling* musical e literário a um só tempo. Jeanne fez *vocalise* com poesia moderna. Nenhuma outra cantora possui uma relação tão plural com as palavras, nenhuma é tão atenta ao som e sabor das palavras e das sílabas. Em 1976, Karin Krog fez sua mais bela gravação no duo com o sax-tenorista Archie Shepp, por mais paradoxal que isso soasse: a mulher da fria Escandinávia e Shepp com sua consciência altamente desenvolvida da música negra chegavam juntos a um resultado perfeito. Foi Don Ellis quem arranjou as coisas para que Karin Krog saísse de Oslo para Hollywood. Ellis: "Eu precisava fazer isso, pois nos Estados Unidos não há nenhuma cantora com um estilo assim." Com sua voz lúcida, "fria" e seu modo espacial de improvisação, ela se tornou uma especialista em duos camerísticos, desenvolvendo, desde 1978, um diálogo de grande empatia com John Surman, que toca sax-barítono, sax-soprano e clarinete-baixo.

Norma Winstone une as experiências do free jazz com a riqueza harmônica do canto clássico europeu, a balada em particular. O resultado desse amálgama encontra sua melhor expressão no grupo Azimuth, em que ela canta ao lado de seu marido, o pianista John Taylor, e do trompetista Kenny Wheeler. Julie Tippetts fez o caminho inverso: não do jazz para a música pop, mas do pop para o free jazz. Na segunda metade dos anos de 1970, ainda como Julie Driscoll, suas gravações com o organista Brian Auger e seu hit "This Wheel's on Fire" tornaram-na uma das mais divulgadas cantoras de rock – e de longe a mais sensível e musicalmente contagiante. Nos anos de 1980, ao incorporar a Julie Tippetts, era como se ela escondesse sua antiga identidade por detrás de uma música altamente abstrata, exigente e difícil. Maggie Nicols, que se tornou conhecida por causa de sua parceria com a pianista Irene Schweizer, é especialista num tipo de acrobacia vocal conscientemente "forçada" e "nervosa", que a faz chegar, com muita inspiração, ao registro mais agudo de sua voz de contralto. Urszula Dudziak, da Cracóvia (Polônia), deu um tratamento eletrônico e percussivo à sua voz. Ela canta por meio de sintetizadores e usa uma bateria eletrônica construída especialmente para ela. Um crítico norte-americano escreveu: "Imagine uma garota de Ipanema que não veio do Rio de Janeiro, mas de Varchau e mora em Nova York." Jay Clayton, em sua forma de cantar, é visivelmente influenciada pelas técnicas de distorção vocal da música de vanguarda, mas isso com um *jazz feeling* inimitável. Seu som escuro e maduro propaga um sentido profundo de musicalidade e vida. Junto com Jeanne Lee, Lauren Newton, Urszula Dudziak e Bobby McFerrin, ela montou no começo dos anos de 1980 o Vocal Summit (que nasceu no New Jazz Meeting, em Baden-Baden [Alemanha]), na época provavelmente o mais original e "complexo" grupo vocal da cena contemporânea. Uschi Brüning gravou duos tão divertidos quanto expressivos com o saxofonista Ernst Ludwig Petrowsky. Gabriele Hasler foi gradativamente fazendo de sua voz versátil – que vem de Betty Carter – uma espécie de instrumento universal comprometido com o som em si mesmo. Ela desenvolveu para seu canto uma língua artificial própria de pinturas sonoras – o "esperango" – e usou, além disso, textos densos de Gertrude Stein e Oskar Pastior. Seus duos de música camerística com o saxofonista Roger Hanschel (desde 1984) mostram uma utilização fascinante e heterodoxa do canto de jazz – por exemplo, suas reelaborações vanguardistas em cima das árias do compositor renascentista John Dowland. Nesses últimos anos, ela tem feito concertos solo conectada a *live loops* e *soundscapes*, criando, através desses equipamentos, espaços para novas liberdades vocais – também em sintonia com a composição contemporânea. Valentina Ponomareva da ex-União Soviética, vocaliza com uma intuição incomum para efeitos sonoros velados, secretos, mágicos. A holandesa Greetj Bijma é de um inesgotável talento improvisador: ela produz no free funk da Noodband sons de intensidade arrebatadora e sensível. Mas, de todas essas cantoras, talvez quem disponha do maior leque estilístico seja Lauren Newton, natural de Oregon e famosa por conta de sua atuação no Vienna Art Orchestra. Ela também estudou música barroca e música de concerto moderna – Schönberg e Ligeti, por exemplo –, trazendo todas essas experiências para seus improvisos extremamente leves, cheios de ideias e brilhantes. Lauren: "No jazz eu posso arriscar coisas que simplesmente ninguém ousaria fazer na música de concerto moderna. O jazz é mais livre, porém, exige mais." É incrível como Shelley Hersch introduziu na cena performática da música *downtown* de Nova York as *extended techniques* do canto *free* – com improvisações estridentes, "forçadas", cheias de ironia e refinadas mudanças de registro. Sua divisa é: "Eu não acredito que haja limites para a voz." Diamanda Galas, de San Diego (Califórnia) começa justamente naquele ponto em que outras cantoras do mesmo gênero terminam. De fato, ela parte de uma intensidade louca, assustadora, bombardeando seus ouvintes com gritos, sons, vocalizações e erupções – uma bacante da mitologia grega em roupagem moderna (e ela realmente tem um background grego). Para aqueles que não se contentam com a Diamanda pura e simples, ela também pode se apresentar com seus *tapes* e *samples*, multiplicando sua algaravia vocal e representando "Erínea, a deusa da vingança, e Cassanda em uma só pessoa" (Harry Lachner).

Sainkho Namchylak é uma peregrina entre o mundo oriental e o ocidental. Nascida numa cidade de minas de ouro da então República Soviética de Tuva (uma região da Sibéria oriental próxima à fronteira da Mongólia), ela trouxe o canto difônico e de garganta do leste da Ásia (que possibilita sons de duas até quatro vozes) e muitas outras técnicas folclóricas do mundo para os *extended vocals* do canto *free* – com sons loucos, que vão do agudo extremo ao grave profundo e gutural –, criando um universo vocal singular. Em todas essas inovações de seus experimentos vocais, Sainkho manteve-se bem perto das raízes da cultura de Tuva. O canto de garganta de Tuva é constituído por duas correntes principais, a dos "cantos cotidianos simples", que reúnem canções bucólicas, orientadas ao belo natural, e *work songs* cuja função é criar uma ligação íntima com os animais de uso, como iaques, asnos e ovelhas. A outra corrente é a música de culto e suas *spirit songs* – canções endereçadas aos espíritos dos antepassados e da natureza: cantos xamanísticos repetidos *ad libitum* como mantras e canções lamaístas ritualísticas dirigidas a Buda e seus bodhisvattas. Atualmente, Sainkho, que cantou com Evan Parker e Peter Kowald e que é uma das vozes mais cobiçadas da música de improvisação da Europa, mora em Viena (Áustria).

Há trinta anos, falava-se que o canto de jazz – no sentido estrito – estava morrendo. De fato, nos anos de 1970 era difícil encontrar uma cantora jovem que fizesse jazz dentro daquela concepção ainda viva no canto masculino de um Mark Murphy ou Bob Dorough – jazz como uma música swingante. Mas, desde o começo dos anos de 1980, na esteira do movimento neoclássico, o canto de jazz feminino experimentaria um incrível renascimento, que depois foi confirmado por seu desenvolvimento no âmbito da *big band*. Também aqui alguns críticos se apressaram em fazer soar o dobre de finados, mas depois, surpresos com a nova e pulsante voga das *big bands*, tiveram de voltar atrás.

O que é singular nesse retorno ao *mainstream* é a versatilidade das cantoras (por trás da qual, apesar de todo o brilho, se oculta às vezes certa insegurança estilística). As primeiras cantoras importantes a dar continuidade ao *mainstream* do canto feminino (geralmente em combinação com outros estilos – o *fusion* ou o jazz contemporâneo) surgiram nos anos de 1980: Cassandra Wilson, Dianne Reeves, Diane Schuur, Carmen Lundy, Michele Hendricks, a portuguesa Maria João e a italiana Tiziana Ghiglioni. Todas retomam de um modo próprio e individual a linha de Betty Cartner.

Diane Schuur, em 1987, fez gravações espetaculares – de blues principalmente – com a orquestra de Count Basie sob a regência de Frank Foster. Ela reúne a força de Dinah Washington com a agilidade e o ludismo infantil de Ella Fitzgerald. Cassandra Wilson, com sua voz de contralto, possui algo daquela rudeza e robustez das cantoras do Mississipi, sua terra natal, e domina um amplo espectro estilístico: da M-base de Steve Coleman (com quem trabalhou no fim dos anos de 1980), passando pelo novo jazz da banda New Air (sucessor do famoso Trio Air), até a interpretação de *standards* à Betty Cartner.

Cassandra Wilson é dona da voz mais madura, escura e sensível do jazz contemporâneo. Com sua predileção por andamentos moderados, ela é uma grande contadora de histórias. Interpretando as letras com emoção, ela procura se comunicar em vez de exibir suas capacidades técnicas. De fato, ela passa sempre a sensação descrita por Jane Monheit: "Não se trata de ser uma cantora, mas uma musicista forte, enérgica, expressiva."

O mais impressionante é a qualidade com que Cassandra Wilson conseguiu chegar ao topo do *chart hit* do jazz. Em 1993, ela obteve um sucesso estrondoso com o álbum *Blue Light till Dawn*. Seu *jazz vocal* celebra de modo fascinante o som e a atmosfera do Delta do Mississippi, do Caribe e do blues arcaico da Luisiana. Com um repertório ilimitadamente aberto – que inclui canções de Jobim, Van Morrison, Son House, Robert Johnson, Joni Mitchel e Bob Dylan, todos transformados pelo *mood* típico, agridoce de Wilson –, Cassandra instituiu novos *standards* no canto de jazz feminino. "Eu sempre digo: 'Não sou eu quem escolhe as músicas, mas elas que me escolhem.'"

Através do álbum de Cassandra Wilson *New Moon Daughter* (com sua atmosfera compenetrada e emocional), Norah Jones encontrou a inspiração para o seu pop-folk jazz bluesístico. Até então as grandes gravadoras diziam que os jovens queriam ouvir música *heavy*, barulhenta, agressiva. Mas eis que então surge uma cantora letrista do Texas e mostra que as coisas não são bem assim. Com seu canto intimista e seu fraseado natural, Norah Jones conquistou um público gigantesco. Seu álbum *Come Away with Me*, lançado pela Blue Note em 2003, recebeu no total oito prêmios Grammy. Os críticos sempre hesitaram em classificar Jones como cantora de jazz. No entanto, mesmo uma cantora de jazz tão escrupulosa quanto Patrícia Barber não pode deixar de reconhecer o fato evidente: "Não se pode argumentar contra o estilo de uma cantora que vende milhões de discos."

Antes, no fim dos anos de 1990, surgiu um movimento que, inicialmente, seria marcado pelo sucesso de público de Diana Krall e que depois desaguaria num *boom* vocal de proporções inimagináveis: o *revival* da canção de jazz fez renascer a paixão pelos *standards* e pelo formato clássico da canção – a interpretação de melodias do "Great American Songbook" se tornou moda e levou o canto de jazz feminino a uma fase de grande prosperidade.

Como dissemos, tudo começou com Diana Krall. Com seu fraseado típico, leve e frio, mas cheio de surpresas, ela abriu caminho para inúmeras cantoras, na medida em que insuflou um novo espírito aos velhos *standards*. A canadense conseguiu interpretar a tradição dos *standards* de jazz norte-americanos com base numa compreensão fenomenal das letras e com uma articulação admirável. Ela canta de uma forma bastante recitada, sem afetação. Diana Krall possui uma intuição fenomenal para impregnar as letras com a emoção de sua voz. Ela cultiva todos os tipos de sentimentos e paixões humanas – a fragilidade e a aspereza, a sedução e também os pequenos efeitos sonoros de *growls*. E tudo passa pelo seu filtro *coolness*. Diana Krall escreveu *pop songs* sensíveis e ainda interpretou as canções de rock de seu marido Elvis Costello.

A pianista Diana Krall talvez seja tão importante quanto a cantora. Ela aprofunda, amplia e comenta suas canções com uma execução de piano que parece um jorro improvisatório cheio de humor e leveza natural. "Devo tudo isso a Jimmy Rowles", disse ela. Com o antigo pianista de Ella Fitzgerald, ela aprendeu que um bom acompanhamento de piano é mais do que simplesmente fornecer indicações harmônicas. Trata-se de trazer "vivacidade" e swing ao canto – e o piano pode fazer isso melhor do que ninguém, pois ele próprio se torna uma espécie de "cantor".

Os álbuns e concertos de Diana Krall demonstram, no começo do século XXI, que há público de massa para o canto straight-ahead. Quando os críticos acusaram-na de embarcar na onda de nostalgia com suas interpretações do "Great American Songbook", ela respondeu: "As histórias de amor e romance, de perdas e solidão, nunca mudam. Essas letras representam uma escala de sentimentos e relações que na realidade nunca se alteram."

Após Diana Krall, veio Jane Monheit, que se tornou popular graças à mistura de *standards* e *sex appeal*. Seus pontos fortes são os tempos lentos e as baladas, interpretadas por ela num clima de erotismo e doçura no som. Mas é fácil perceber que Jane Monheit chegou ao jazz através da Broadway, pois se nota certo refinamento calculado em seu estilo passional, bem como em sua técnica perfeita de sair de um registro intimista para um registro dramático. De outro lado, Jane Monheit não se sente obrigada a incrementar todas as suas músicas com acrobacias vocais e, quando interpreta *standards*, ela é motivada por outros gêneros. Disse ela:

> Os *standards* são verdadeiros tesouros dos Estados Unidos. Todos esses compositores – George Gershwin, Jerome Kern, Irving Berlin, Richard Rodger – influenciaram também a música popular de forma muito duradoura, transformaram-na. Nunca perderei o gosto por essa música, e, por conta de seu conteúdo e nível, ela sempre terá público.

Graças à presença de Diana Krall, Jane Monheit e Norah Jones, o canto de jazz feminino é indiscutivelmente o ramo de maior sucesso do jazz atual – e o mais lucrativo. As gravadoras e agências aproveitaram a carona da moda vocal e lançaram inúmeros "novos talentos", muitos com um desempenho vocal que dificilmente chama mais a atenção do que o aspecto visual lânguido da cantora. Em grande medida, esse *boom* do canto de jazz feminino veio acompanhado de um delírio *girlie*, em que o culto à juventude e à beleza é mais importante que o canto. "A pressão comercial sobre as cantoras de jazz é enorme hoje em dia – em relação ao *que* devem cantar, *como* devem cantar e *quando* devem cantar", diz Patti Cathcart.

Diana Krall e Jane Monheit fizeram do jazz vocal uma música intimista e *relaxed*. Seu estilo agradável satisfaz a nostalgia por sonoridades calmas e conforto melódico. Mas cantoras como Ella Fitzgerald, Sarah Vaughan e Betty Carter instituíram padrões fundamentais que nenhuma cantora mais jovem pode deixar de considerar quando se trata de avaliar a própria capacidade de improvisação e riqueza expressiva. O terrível é que muitas delas (Krall e Monheit estão fora disso!) não passam no teste, pois se esgotam na repetição de modelos vocais já conhecidos. "Para ser chamado *jazz singer* é preciso ter algo a dizer", sustenta o crítico Nat Hentoff. "Não é nenhum segredo que a nostalgia produz ótima vendagem", observa Nat Chiten. "Maturidade tem pouca coisa a ver com um belo guarda-roupa, ela vem da experiência".

Passando ao largo da moda vocal e de seu saldo negativo, muitas cantoras de jazz contemporâneo remodelaram de um modo bastante pessoal o "Great American Songbook". São tantos nomes que aqui só é possível mencionar os mais importantes: Melissa Walker (que atualiza e expande com muita imaginação os clássicos do jazz), Jeri Southern, Lynne Arriale, Aina Kemanis, Jeri Brown (fortemente influenciada por Sarah Vaughan), Laurie Wheeler, Dena DeRose, Jodi Stevens (com sua serena despreocupação), Carla Cook, Jenny Evans, a nigero-alemã Lyamiko, as alemãs Ulita Knau e Lisa Bassenge – todas lançam um novo olhar sobre o formato tradicional da canção. O sucesso relativamente grande de público dessas cantoras se deve principalmente à forma acessível e inteligente com que elas atualizam e reinterpretam os *standards* clássicos do jazz moderno.

Isso vale também para Renee Olstead, que, em 2004, aos 14 anos de idade, ao fazer seu ingresso na cena do jazz, foi vendida como uma menina prodígio do Texas, mas que, graças a seus arranjos cuidadosos e sua excelente condição técnica, cativou um público internacional. Ela demonstra possuir uma enorme consciência da tradição, na medida em que une a astúcia de Dinah Washington com um blues *feeling* robusto à Etta James.

Em comparação com a publicidade desfrutada por muitas cantoras mais jovens, a situação das veteranas se recente de alguma dificuldade. Cantoras de jazz como Carmen Lundy, Susannah McCorkle, Meredith D'Ambrosio, Thierney Sutton, Connie Crothers e Patricia Barber irradiam maturidade e soberania completamente ausentes em certas estrelas de jazz acostumadas à superproteção das gravadoras. Sheila Jordan explica a diferença entre elas: "A grandeza de uma cantora de jazz está em seu poder de comunicação imediata. Ouve-se aquilo e não há o que duvidar. É diferente de ter uma grande voz ou muita capacidade técnica. Existe outro tipo de capacidade técnica além da competência e da experiência: a capacidade de sensibilizar."

O estilo *ultracool* de Thierney Suttons vem de Chris Connor e June Christy: o fluxo cristalino de suas melodias possui uma grande liberdade rítmica. Já Susannah McCorkle trabalha seu fraseado com muita consciência da tradição. Ela ama a canção dos anos de 1920, de 1930 e de 1940, combinando Billie Holiday com blues, bossa e as *broadway songs*. Meredith D'Ambrosio desenvolve um fraseado macio, muito parecido com a articulação do trompetista Chet Baker, quase "como um *flugelhorn*" (Dee Dee Bridgewater). Em suas canções cheias de *groove*, ela narra suas próprias histórias.

Patricia Barber, de Chicago, é uma cantora bem especial. Ela interpreta *standards* e obras originais com uma honestidade intelectual rara no jazz. Barber é filha de um saxofonista que tocou com Glenn Miller. Ao acompanhar a si mesma no piano, ela confere às suas canções, lentas no mais das vezes, um equilíbrio fenomenal entre escrita poética e canto de jazz. Com sarcasmo e ironia, suas peças visam à neurose da *welfare society* (sociedade do bem-estar) dos países ocidentais. "Eu não preciso sair em busca da ironia, pois aonde quer que eu vá, ela me persegue."

Porém, a mais individual e virtuosística dessas cantoras é Dianne Reeves – a "Sarah Vaughan do século XXI", como é chamada. Seu canto tem algo de sublime e poderoso. Graças à sua voz harmoniosa, alegre, sua grande sensibilidade para a dinâmica e seu incrível *timing*, os críticos a incluíram na lista das grandes cantoras de jazz, como Ella Fitzgerald e Betty Cartner. Ao mesmo tempo, Dianne Reeves é um símbolo da modernidade: ela desconstrói os *standards* para reconstruí-los novamente a cada apresentação.

Dianne Reeves possui a capacidade rara de expressar a força das palavras de modo consciente em suas canções. Sua voz ágil – um contralto cheio com extensão acima de cinco oitavas – é bastante agradável e lhe permite explorar melodias em longos e variados voos improvisatórios, do forte passional a impostações delicadas, não como exibicionismo, mas no intuito de traduzir sentimentos genuínos. Ela é a personificação do ecletismo no jazz contemporâneo. Apesar de algumas opções estilisticamente precárias (por exemplo, no contexto do *fusion*), seu canto é extremamente aberto a outras influências, especialmente à música africana e brasileira – ao mesmo tempo, seu fraseado revela um profundo domínio técnico do straight-ahead.

De um modo geral, as cantoras de jazz tendem sempre a um dos dois polos: o do *storytelling*, em que predomina o interesse pela letra, importando a comunicação musical de emoções a partir do texto; e o do *scat*, em que a voz é tratada de modo predominantemente instrumental, portanto, em que as possibilidades improvisatórias do órgão vocal estão em primeiro plano.

Essa oposição entre emoção e técnica, entre o significado da letra, de um lado, e o uso instrumental da voz, de outro, parece não existir em cantoras de jazz como Dianne Reeves, Carmen Lundy, René Marie, Ann Dyer, Jeri Brown e Karrin Allyson. Elas são magistrais em ambos os domínios estilísticos.

Karrin Allyson (do centro-oeste dos Estados Unidos), por exemplo, é uma improvisadora *hip*, que, ao mesmo tempo, possui a capacidade de interiorizar uma canção e contar sua história. Seu leque estilístico passa pela reinterpretação das baladas de John Coltrane até os *shouts* de blues típicos de Kansas City.

Muitas cantoras de jazz da atualidade interpretam suas canções com *straight tone*, ou seja, sem muito *vibrato*. De outro lado, Carmen Lundy, residente em Los Angeles, propõe um magnífico *championship tone*, que, em sua forma "romântica" de interpretar os *standards*, se caracteriza pelo uso individualizado dos mais diversos *vibratos*. Ann Dyer, de San Francisco (Califórnia), não tem medo de correr riscos estilísticos. A antiga bailarina, com seu canto intenso e leve a um só tempo, busca ideias dramáticas, escuras, a ponto de inserir canções clássicas dos Beatles em contextos estilísticos "estranhos", novos (cf., por exemplo, seu álbum *Revolver: A New Spin*). René Marie entoa palavras de ordem triunfantes, apaixonadas, exaltando a emancipação feminina. É notável a firmeza de sua condução melódica; seu canto eclético é marcado por uma emissão sem *vibrato*.

O *revival* dos *standards* trouxe ao jazz uma nova compreensão acerca do formato clássico-moderno da canção. Como alternativa a essa linha fortemente influenciada pela *american popular song*, existe um ramo da "linha-canção" constituído por cantoras de jazz europeias. Mesmo se boa parte do que essas cantoras europeias fazem em termos de improvisação guarde referências norte-americanas, as soluções musicais buscadas por elas assinalam ao mesmo tempo uma relação de distanciamento e questionamento crítico diante da tradição dos *standards*. As mais importantes cantoras de jazz europeias que chegaram a soluções musicais criativas, novas, são a portuguesa Maria João (a primeira e mais significativa), Irin Christine Tobin (que mora em

Londres [Inglaterra]), as suíças Erika Stuky e Susanne Abbuehl, as italianas Maria Pia De Vito, Tiziana Ghiglioni e Francesca Simone, a grega Savina Yannatou e as alemãs Celine Rudolph e Sonja Kandels.

Há mais de duas décadas, Maria João tem se confirmado como uma das cantoras de jazz mais originais e independentes da Europa. Nascida em Lisboa (Portugal), ela começou atuando em bandas de Dixieland e *big bands* tradicionais e só depois, através do fado (o "blues" de Portugal), chegou ao jazz moderno. Maria é especialista num tipo raro de arte vocal, permeável a todo tipo de sonoridade. Ela levou a técnica do *scat* a um grau de virtuosismo que talvez não tenha comparação com nenhuma outra cantora na Europa, misturando com leveza e ludismo o jazz e as influências do rock, do folk, da música portuguesa, brasileira e africana (sua mãe é natural de Moçambique). No dizer de Bert Noglik, ela é "como uma grande orquestra a céu aberto de garganta, pregas vocais e boca". Seus duos acalorados com a pianista japonesa Aki Takase foram um dos pontos altos dos festivais dos anos de 1980 e de 1990. De alguns anos para cá, ela também vem fazendo concertos em duo com Joe Zawinul. "Para mim, cantar é como dançar – não no sentido convencional, mas dançar com as canções, com as palavras, com a respiração, com os outros músicos, com a música."

Irin Christine Tobin fraseia de modo despretensioso e simples "como uma voz celestial, angelical" (John Taylor). Muitas de suas inteligentes e melancólicas canções foram escritas por ela própria. Ela começou como cantora de folk, depois, em 1984, travou contato com Django Bates, Billy Jenkins e Ian Ballamy, amadurecendo e se tornando uma cantora de jazz contemporâneo de enorme flexibilidade.

Também a suíça Erica Stuky foge à rotina dos *standards*. Em suas interpretações, ela exibe um estilo singular, um misto de *girlie* dos alpes e *lady* do jazz. Ela explora novas possibilidades sonoras com a voz, na medida em que propõe um mix estilístico com base na canção dos anos de 1970 e de 1980, reunindo Jimi Hendrix, poesia e videoarte. Suas canções situam-se numa zona confusa e instigante entre o folclore dos Alpes e os pesadelos urbanos. Aqui, o *kitsch* e a tradição ficam lado a lado. É uma esquizofrenia meio norte-americana, meio suíça – oblíqua, bela, fresca e jocosa, repleta de paródia e reverência, o que em parte se explica pela biografia de Stuky: sua família teve de se mudar de São Francisco para um vilarejo cristão, católico, em Oberwallis, na Suíça.

É curioso como a Escandinávia exporta muitas cantoras de jazz de sucesso. Na esteira de Karin Krog, surgiu uma multidão de cantoras nórdicas no jazz dos anos de 1990, tantas que aqui só é possível referir as mais importantes: as norueguesas Rebekka Bakken, Sidsel Endresen e Silje Neergard, as suecas Viktoria Tolstoy e Rigmor Gustafsson, as dinamarquesas Susie Hyldgaard e Cæcilia Norby, assim como a finlandesa Mari Boine – esta última unindo, no âmbito do world jazz, o canto tradicional dos nômades da Lapônia (o *joik*) com sonoridades jazzísticas.

Em 2002, Silje Neergard chegou ao topo da *chart hit* da música pop na Noruega. "Ela trabalha cortes que outros encobrem", escreveu o *Süddeutsche Zeitung*. Silje une intensidade e clareza quando se aproxima da forma clássica da canção de jazz: o *standard*. Ela disse: "Essas canções são atemporais." Rebekka Bakken, com seu *glamour*, cultiva uma capacidade singular de mover-se entre os mais diversos papéis que suas canções exigem. Sobre isso, disse ela: "Se existe um texto, então tudo gira em torno dele. Nós somos apenas as moças do serviço de fornecimento." Bakken une de modo extremamente sutil o extraordinário e o singelo (por exemplo, nas gravações em duo com o guitarrista Wolfgang Muthspiel). Sua afinação foi elogiada pelos críticos como "sobrenatural".

A sueca Rigmor Gustafsson, que estudou em Nova York com Sheila Jordan, canta de modo claro e firme melodias de *standards* e soul *jazz*. Às vezes é como se ela construísse seu fraseado de acordo com as melodias de uma guitarra – de fato, a guitarra já foi seu principal instrumento. Também Viktoria Tolstoy, bisneta do escritor russo Leon Tolstoi, vem da Suécia. Ela interpretou a música altamente melódica do pianista Esbjörn Svensson. O álbum *White Russian*, de Viktoria Tolstoy foi o primeiro disco de uma artista escandinava a sair pela renomada Blue Note. Sua languidez nórdica está presente também em seu jazz meio pop. "As pessoas necessitam de canções bonitas para sobreviver em meio a uma realidade que, embora justa, se tornou bastante dura."

"Infelizmente, na cena vocal de hoje existem muitos clichês estilísticos", lamenta a norueguesa Sidsel Endresen, que gravou duos intensos com o tecladista Bugge Wesseltopf e com o trompetista Nils Petter Molvaer. Com seu canto melancólico, distorcido através de equipamentos eletrodigitais, ela descortina mundos sonoros maravilhosamente amplos, espaçosos. Há pessoas que conseguem fazer algo mágico com três ou quatro notas. Sidsel Endresen está entre elas. Em busca de um caminho novo para o uso instrumental da voz, o segmento étnico foi para ela uma grande fonte de inspiração. Ela cultiva um canto de jazz simples, esbelto, cheio de acordes menores, que abranda sons e melodias de modo tranquilo e contemplativo, em vez de inflá-los. Endresen se sente inspirada pelos cantores letristas norte-americanos da tradição, do soul e do rhythm & blues, mas também desenvolve uma síntese preferencial de elementos folclóricos, com muita atenção aos detalhes e sem nada de muito complexo. O que pode ser feito com poucos recursos? Essa arte vocal, segundo a própria Sidsel Erdresen, ela aprendeu com Billie Holiday e Chet Baker.

Também Susanne Abbuehl é uma cantora que busca o princípio dos sons. Essa suíça que passa a maior parte do tempo na Holanda, estudou em Amsterdã o canto clássico do norte da Índia e depois se tornou aluna de Prabha Atre, em Bombaim (Mumbai), uma das mestres-cantoras desse país. Nessa música, o som possui grande significado em si mesmo. O gesto sonoro da música indiana é muito rico e diferenciado, há modos especiais de emitir, envolver e abandonar uma nota. Esse olhar para o som isolado foi trazido para o canto de jazz europeu contemporâneo por Abbuehl, que cultiva com grande sensibilidade um som hipnótico, leve, aberto.

Residente em Paris, a vietnamita Huong Than, ao lado do guitarrista Nguyên Lê e do franco-argelino Kari Ziad, traduziu a experiência multicultural do *boulevard* Barbès de Paris (onde ela mora) para o canto de jazz feminino, misturando sua tradição musical vietnamita com influências da Argélia, da África, do Caribe e da Europa.

Na verdade, o panorama atual do canto de jazz feminino é imenso. Há tantas cantoras de jazz criativas ocupando a cena contemporânea que é difícil ao especialista dar conta de tudo. Uma diferença surpreendente em relação aos anos de 1970, quando Betty Carter ainda podia falar de si como "a última das moicanas". De lá para cá, sua "mensagem" vem sendo transmitida para tantas tribos de jovens cantoras, que ninguém mais ousa levantar a hipótese da morte do canto de jazz.

As Big Bands do Jazz

No jazz, as fronteiras são incertas e voláveis: pois o que até ontem era música de Nova Orleans, hoje é o jazz de *big band* e, simultaneamente, etapa preparatória para a era do swing. "The Chant", que Jelly Roll Morton gravou em 1926 com o Red Hot Peppers, apesar de ser o mais puro jazz de Nova Orleans, já revela traços da sonoridade típica das *big bands*; quando King Oliver, em 1929, entregou sua banda para Luis Russell, ela não sofreu praticamente nenhuma modificação e continuou a ser uma orquestra de Nova Orleans, mas agora com elementos de uma *big band*. Entretanto, é principalmente na música de Fletcher Henderson que esse processo sutil de transição acontece do modo mais típico. Com ele começa a história propriamente dita das *big bands* de jazz. Ao longo dos anos de 1920 e 1930, ele dirigiu grandes orquestras e exerceu uma influência comparável somente àquela que Duke Ellington obteve depois. (Aqui não falaremos sobre Ellington, pois sua música e seu espírito atravessam praticamente todos os estágios da história das grandes orquestras de jazz. Em razão dessa peculiaridade, na primeira parte deste livro lhe dedicamos uma seção especial: "Duke Ellington" do capítulo "Os Músicos do Jazz".)

Quando Fletcher Henderson começou sua carreira, ele fazia uma música muito parecida com a de Nova Orleans. Entre 1925 e 1928, ele gravou sob o pseudônimo Dixie Stompers. De maneira lenta e imperceptível, os naipes foram se constituindo, de modo a reunir instrumentos de uma mesma família num mesmo grupo sonoro. Desde então, essa organização por naipes – em inglês, *sections* – passa a ser uma característica das *big bands* clássicas de jazz. Os primeiros naipes eram constituídos por trios de clarinetes. Eles podiam ser vistos em Fletcher Henderson, Jelly Roll Morton e, naturalmente, Duke Ellington. No começo, Henderson trabalhava com uma formação de nove ou dez músicos, o que hoje classificaríamos como uma banda comum, mas que na época era o suprassumo do "grande". Aos poucos, ele reuniria naipes compactos de trompete, trombone e saxofone. Esse desenvolvimento ocorreu de maneira bastante orgânica e gradual.

FLETCHER HENDERSON E O COMEÇO

Fletcher Henderson possuía um faro natural para as "tendências do momento". Ele não era um homem como Ellington, que acelerava o processo das coisas. Ele o acompanhava, mas dando forma e conteúdo concretos àquilo que a princípio era apenas uma "tendência". Também ao contrário de Ellington, ele trocava de músicos o tempo todo.

Fletcher Henderson, falecido em 1952, foi um arranjador fabuloso – na visão de alguns especialistas, o mais importante do jazz tradicional, depois de Duke Ellington. Seja como for, ele foi o primeiro a entender a lógica da escrita do jazz a partir de um firme sentimento jazzístico fundado na improvisação. A banda de Henderson era bastante versátil. Ele possuía um *feeling* incrível para os solistas certos. Praticamente todos os capítulos sobre instrumento deste livro fazem referência a músicos egressos de sua orquestra. Os mais importantes são os sax-altistas Don Redman e Benny Carter; os sax-tenoristas Coleman Hawkins, Ben Webster e Chu Berry; o clarinetista Buster Bailey; o trompetista com som de blues Tommy Ladnier, o trompetista de Duke Ellington Rex Stewart, bem como Red Allen, Roy Eldridge e Joe Smith; os trombonistas Jimmy Harrison, Charlie Green, Benny Morton e Dicky Wells; os bateristas Kaiser Marshall e Sid Catlett; e o irmão de Fletcher, Horace Henderson, que, como Fletcher, tocava piano e, muitas vezes, emprestou seu nome à orquestra. Muitos desses músicos, depois, tornaram-se *bandleader*, dentre eles Don Redman e Benny Carter.

Don Redman é um daqueles músicos da história do jazz que nunca obteve o devido reconhecimento. "Eu modifiquei meu modo de arranjar depois que ouvi Armstrong", disse ele. A partir de 1928, ele gravou com o McKinney's Cotton Pickers; de 1931 até 1940, ele dirigiu sua própria banda (depois, apenas de forma esporádica, até 1964). Muitos músicos que tocaram com Henderson também pertenceram à orquestra de Redman. Don Redman aprimorou a orquestra de Fletcher Henderson, mas isso é um traço comum a todo o desenvolvimento do jazz orquestral: um aprimoramento contínuo, ininterrupto da ideia de Fletcher Henderson. Em 1931, Redman formou a primeira *big band* no sentido "clássico". Ela consistia de três trompetes, três trombones, um naipe a quatro vozes de saxofone e uma seção rítmica com piano, guitarra, baixo e bateria. O naipe de saxofone a quatro vozes foi logo acrescentado de uma quinta – pela primeira vez, em 1933, com Benny Carter. Em termos gerais, essa se tornou a formação padrão da *big band*, se bem que no segundo lustro dos anos de 1930 e, sobretudo, nos anos de 1940, fosse habitual contar com cinco trompetistas e cinco trombonistas no naipe dos metais. Eram ao todo dezessete ou dezoito músicos. Ora, é típico do jazz que tal formação passasse por uma "grande orquestra", pois, do ponto de vista da música europeia, isso seria um conjunto de câmara. "Grande" seria o aparato de cem músicos das orquestras sinfônicas. Nesse sentido, não há como acusar o jazz de pecar por um excesso de recursos. A multiplicação de uma mesma voz, o que é típico das grandes sinfonias – geralmente apenas para a obtenção de volume –, contraria a essência do jazz, em que cada voz é representada por um único instrumento; cada instrumento tem um som distinto e distinguível; um som "personalizado".

Depois de Don Redman, Benny Carter dirigiu por um breve tempo o McKinney's Cotton Pickers – McKinney era o empresário da banda. Carter foi o protótipo de um tipo de chefe de orquestra que desde então seria cada vez mais frequente: um *bandleader* que é primeiramente arranjador e que dirige orquestras principalmente no intuito de realizar sua concepção sonora. A trajetória de Carter como *bandleader* foi repleta de sobressaltos e interrupções, mas, apesar disso, ele se tornou um especialista do naipe de saxofone e um mestre da condução melódica. Ninguém sabe tanto quanto Carter fazer o naipe de saxofone "cantar" polifonicamente como um "órgão de saxofone". Nas gravações de sua orquestra de 1933, por exemplo, na "Symphony in Riffs" ou em "Lonesome Nights", Carter descobriu novos timbres para o saxofone e que desde então passaram a ter um papel cada vez maior no jazz. Também a gama de possibilidades que Carter encontrou na seção de saxofone a cinco vozes explica porque alguns *bandleaders* modernos preferem perder um trompetista ou um trombonista a um saxofonista.

ERA GOODMAN

A partir de Flechter Henderson surgiram diversas *big bands*. A primeira é a do *bandleader* de maior sucesso dos anos de 1930: Benny Goodman, o "rei do swing". Em seguida, viriam inúmeras orquestras de brancos, influenciadas não apenas por Henderson, mas também por Goodman, a exemplo da banda dos irmãos Dorsey e da orquestra de Artie Shaw, mencionada a seguir. Elas reúnem a influência de Henderson com a daquelas bandas de brancos dos anos de 1920 que, de uma maneira ou de outra, estavam ligadas ao estilo Chicago: Ben Pollack, os Volverines, Jean Goldkette.

A música feita pela *big band* de Goodman tinha origem em Henderson, só que não apresentava os mesmos problemas de afinação e conjunto deste último – uma música sofisticada, que se tornou o símbolo da era do swing. O ponto alto do sucesso de Goodman, que começa em 1935, na Califórnia, foi o famoso concerto no Carnegie Hall, em 1938, quando Goodman e seus músicos já tinham praticamente perdido a esperança de poder firmar seu trabalho. O jazz havia finalmente conseguido adentrar o nobre Carnegie Hall, o templo da música clássica. Com essa consagração em Nova York, Goodman dava um passo decisivo para que o jazz fosse reconhecido como forma artística. Além dos solistas renomados da orquestra de Goodman (os trompetistas Harry James e Ziggy Elman, o baterista Gene Krupa, o pianista Jess Stacy), bem como dos solistas de seu combo (o pianista Teddy Wilson e o vibrafonista Lionel Hampton), Goodman e o crítico de jazz John Hammond contrataram para esse concerto músicos da orquestra de Duke Ellington e Count Basie. De um modo geral, Goodman, Artie Shaw e Charlie Barnet foram os primeiros, numa época de segregação racial, a ousar empregar solistas negros em orquestras de brancos, ainda que, a princípio, eles se valessem de métodos "diplomáticos": para evitar que o público norte-americano imaginasse que brancos e negros dividiam o mesmo espaço na banda, os músicos negros eram apresentados como "atrações especiais".

No princípio, Fletcher Henderson foi o arranjador mais importante da orquestra de Benny Goodman, porém, mesmo depois, com a participação de outros arranjadores, a banda continuou a ter sua cara. Somente Eddie Sauter – por um breve tempo no começo dos anos de 1940 – imprimiu à orquestra de Goodman uma nova "sonoridade", como se pode ver, por exemplo, em "Superman", com Cootie Williams no solo de trompete, "Clarinet à La King", para o solo de clarinete de Goodman, ou "Moonlight on the Ganges". Sauter não arranjava os naipes de forma tão contrastante quanto Henderson, mas, antes, procurava aproximá-los e criava, com base numa combinação de instrumentos de naipes distintos, novos naipes, que depois eram novamente desfeitos e, de acordo com o fluxo da música, rearranjados. Teve início, então, o elemento que, nos anos de 1950, Eddie Sauter levaria à perfeição ao lado do arranjador Bill Finegan. Na orquestra Sauter-Finegan, vários artifícios da música ocidental – por exemplo, uma percussão que vai além do beat jazzístico – unem-se a um humor puramente jazzístico e tipicamente norte-americano, quase inconcebível para um europeu. Esse "afrouxamento" dos naipes da *big band* começa com Eddie Sauter e, nos anos de 1950 e de 1960, é desenvolvido ao extremo por músicos como Gill Evans ou Sun Ra.

O clarinetista Artie Shaw, depois da tentativa malsucedida de introduzir um quarteto de cordas em sua *big band*, entre o fim dos anos de 1930 e começo dos anos de 1940, dirigiu a *big band* mais sofisticada e refinada daquele tempo (fora a de Duke Ellington, é claro). Artie Shaw gostava de criar uma atmosfera impressionista em sua música. Ele sempre trazia músicos afro-americanos para sua banda: a cantora Billie Holiday, os dois trompetistas Hot Lips Page e Roy Eldridge. As humilhações que esses músicos sofreram nas excelentes turnês da orquestra de Shaw já foram mencionadas na seção "As Cantoras" do capítulo "As Vozes do Jazz".

De todas as orquestras "brancas" de swing, três, em certo sentido, ficaram de fora do círculo Henderson-Goodman: a banda Casa Loma, a orquestra de Bob Crosby e a de Charlie Barnet. A Casa Loma, com direção coletiva, mas comercializada sob o nome de Glen Grays, foi, antes mesmo de Benny Goodman, uma orquestra de sucesso entre as *high school kids**. Com seus arranjos rígidos e uma execução mecânica, ela foi precursora da orquestra de Stan Kenton, que, nos anos de 1940, contou com os serviços de Pete Rugolo como arranjador e foi associada ao conceito de *progressive jazz*. Gene Gifford foi o Rugolo da orquestra Casa Loma. Ele escreveu peças que na época tiveram um impacto tão imponente quanto as gravações de Stan Kenton quinze anos depois: "White Jazz", "Black Jazz", "Casa Loma Stomp".

Bob Crosby tocou um tipo de swing com influência do Dixieland, o qual, através da orquestra de Ben Pollack (que ele assumiu em 1935), se liga ao New Orleans Rhythm Kings e, ao mesmo tempo, aponta para o moderno Dixieland comercial. O grupo rítmico de sua orquestra corporificava o ideal de um naipe rítmico no estilo Dixieland; Nappy Lamare (guitarra), Bob Haggart (baixo) e Ray Bauduc (bateria). Desde a segunda metade dos anos de 1960, The World's Greatest Jazz Band insuflou uma nova vida à tradição do velho Bob Crosby.

Em 1932, Charlie Barnet fundou sua primeira orquestra e, dessa data em diante, até os anos de 1960, ele atuou quase sem interrupção como *bandleader*. Em todas as suas bandas, nota-se um forte sentimento de filiação à Duke Ellington. Talvez se possa mesmo dizer que a relação de Barnet com Ellington seja semelhante à de Goodman com Flechter Henderson. "Cherokee", gravada em 1939, foi uma peça de muito sucesso da orquestra de Barnet. Dezenas de estações de rádio a utilizaram como canção-tema e os músicos de jazz moderno, em execuções velozes, transformaram-na num hino do bebop.

OS "BLACK KINGS" DO SWING

Flechter Henderson não apenas influenciou as melhores orquestras "brancas" dos anos de 1930, mas também dirigiu a primeira orquestra bem-sucedida do Harlem (Nova York), de modo que o conceito "orquestra do Harlem" se tornou um signo de qualidade para as orquestras de

* Ou seja, os jovens da escola secundária. (N. da E.)

jazz, tal como "Nova Orleans" é um signo de qualidade para os amantes do jazz tradicional. O próprio Benny Goodman tinha o desejo de se apresentar ao público do Harlem, um público entusiasmado e estimulante, que converteu o Savoy Ballroom num famoso centro de dança e música da era do swing. Em 1937, ele participou de uma *battle* – uma batalha musical – com a orquestra mais querida do Harlem à época, a Chick Webb Band… e perdeu! Havia quatro mil pessoas dentro do Savoy Ballroom e outras cinco mil do lado de fora, todas querendo presenciar a luta "B.G. contra Chick Webb".

De Henderson parte justamente uma "linha Harlem", que passa por Cab Calloway, Chick Webb e Jimmie Lunceford, até Count Basie e as diversas *big bands* de Lionel Hampton; daí, até as *big bands* do bebop do Harlem nos anos de 1940 e as bandas *jump* dos anos de 1950 à Buddy Johnson, bem como a banda com a qual o cantor Ray Charles fazia suas apresentações.

Cab Calloway, o comediante do canto em *scat*, assumiu, em 1929, uma orquestra que veio do centro-oeste para Nova York, os Missourians. Desde então até o fim dos anos de 1940, ele teve diversas orquestras, das quais as últimas são as mais importantes, na medida em que por elas passaram músicos significativos, como Ben Webster, Chu Berry, Jonah Jones, Dizzy Gillespie, Hilton Jefferson, Milt Hinton e Cozy Cole.

O pequeno e disforme Chick Webb era uma espécie de imperador no Savoy Ballroom. Duke Ellington conta: "Webb sempre foi fanático por batalhas", isto é, ele estava sempre pronto para desafiar outras orquestras numa competição musical. "Sua gente adorava armar uma disputa com as bandas que apareciam; na maioria das vezes, eles ganhavam, mesmo quando as bandas rivais – o que acontecia na metade dos casos –, eram o dobro da sua. Mas o inesquecível e adorável Chick Webb vivia justamente de tais competições e cada músico de sua banda tocava como um louco." Gene Krupa, que, como membro da banda de Benny Goodman, foi "vencido" por Chick Webb, confessou: "Eu nunca fui derrubado por um homem melhor." A pianista e arranjadora Mary Lou Williams relatou:

> Certa noite eu andava pelo Harlem e, então, fui ao Savoy. Depois de dar alguns poucos passos de dança, ouvi uma voz que me deixou arrepiada. Literalmente, corri para o palco a fim de descobrir de quem era aquela voz e, então, vi uma bela moça, morena, que estava lá, modestamente, fazendo tudo aquilo com a voz. Disseram-me que a moça se chamava Ella Fitzgerald e que Chick Webb a descobrira numa apresentação de calouros.

Pelo menos tão importante quanto Chick Webb é Jimmie Lunceford, um chefe de orquestra *par excellence*. Depois dele o conceito de "precisão" se tornaria cada vez mais central na execução das grandes orquestras de jazz. Do fim dos anos de 1920 até os anos de 1940, ele dirigiu uma orquestra cujo estilo fora impresso principalmente pelo arranjador Sy Oliver, que tocava trompete na banda. O que caracteriza esse estilo é um ritmo *two-beat* "escondido" por trás de um compasso de swing em quatro tempos, além de uma impressionante execução em uníssono dos saxofones com linhas em glissando. Tanto o ritmo de Lunceford quanto a execução dos saxofones foram copiados pelas orquestras de baile comercial nos anos de 1950, sobretudo por Billy May. O "ritmo Lunceford" teve um impacto tão sedutor que parecia ir além da ideia expressa pelo termo swing. Definiram-no como *bounce*. A música de Lunceford era *bouncing*: ela "quicava" de um acento a outro, de forma que o momento da *relaxation* ganhava realce, tal como Errol Garner fazia no piano, por exemplo. O modo como Sy Oliver escreveu para saxofone foi a primeira inovação essencial para esse instrumento, deixando de fora o tratamento que Don Redman e Benny Carter deram ao naipe dos saxofones. Dessa escrita surgiu a primeira sonoridade tipicamente orquestral, depois do *growl* de Ellington e do trio de clarinetes em Fletcher Henderson e em Ellington. Desde então, esse tipo de sonoridade e de truque instrumental, que funciona para a banda como uma espécie de "rótulo comercial", capaz de ser reconhecido após alguns compassos, passou a ser cada vez mais apreciado.

Com Count Basie, a corrente do jazz proveniente do Kansas desaguou nas bandas de sucesso do Harlem. Do Kansas surgiram as seguintes orquestras: a de Bennie Moten, que o próprio Basie assumiu em 1935, as bandas de Harlan Leonard e Jay McShann, pela quais Charlie Parker passou, e, acima de todas, a Andy Kirk and His Twelve Clouds of Joy. Todas elas se voltavam para o blues e para o boogie valendo-se de uma rigorosa técnica de *riff*: pequenas frases de blues que são repetidas como tema ou como elemento de intensificação expressiva e empregadas para a criação de contraste. Andy Kirk teve Mary Lou Williams como pianista e arranjadora, e graças à sua influência é que a banda de Andy Kirk cresceu para além dos *riffs* de blues das outras orquestras que seguiam o estilo Kansas City.

Count Basie foi de fato o primeiro a utilizar essa fórmula de blues *riff* típica do jazz do Kansas (e ele a utilizou ao longo de toda a sua vida). Mas Basie foi além da mera fórmula. Nesses blues *riffs* ele encontrou uma substância para a sua música, a qual, diga-se de passagem, absorveu muita coisa produzida ao longo da evolução das grandes orquestras de jazz. A partir de 1935, Basie dirigiria orquestras de jazz quase sem interrupções. Na orquestra de Basie dos anos de 1930 e de 1940, o destaque ficava por conta de uma série de solistas fenomenais: Lester Young e Hershel Evans (sax-tenor), Harry Edison e Buck Clayton (trompetes), Benny Morton, Dicky Wells e Vic Dickenson (trombone) e a já mencionada All American Rhythm Section. Na orquestra moderna de Basie, o que mais se destacava era uma precisão natural, leve como uma pena, obtida com base num swing também natural. A banda de Basie podia swingar de forma tão enérgica, mas ao mesmo tempo com leveza e precisão coletiva, que o crítico de jazz Whitney Balliett chegou a dizer que Basie "pôs o beat sobre rodas". Nem antes nem depois de Basie as orquestras de jazz alcançaram um *feeling* tão fluente. O *timing* da orquestra de Basie, com toda a sua precisão, não tinha nada de metronômico: era o resultado de uma perfeição genial, que captava as oscilações do homem entre a paz e o tormento. Já foi dito que "Basie é o swing orquestral".

Também nos anos de 1950 havia muitos solistas de qualidade na banda de Basie: o trompetista Joe Newman e Thad Jones, os saxofonistas Frank Foster, Frank Wess e Eddie "Lockjaw" Davis, os trombonistas Henry Coker, Quintin Jackson e Bennie Powell e *last but not least* Count Baise, cujo estilo econômico de tocar o piano fazia a banda swingar como nenhuma outra.

Nos anos de 1970, os álbuns de Count Basie foram lançados com arranjos de Bill Holman e Sam Nestico. De sua possante "máquina de swing" fizeram parte os trompetistas Sonny Cohn, Frank Szabo e Bobby Mitchell, os trombonistas Al Grey, Curtis Fuller e Bill Hughes, os saxofonistas Eric Dixon, Bobby Plater, Jimmy Forrest (já falecido) e Charlie Fowlkes. Freddie Green deu à banda o som inconfundível de sua guitarra e em Butch Miles Basie encontrou um baterista espetacular.

Apesar disso, Count gravou uma série de discos fenomenais com pequenas formações: *jam sessions* com Eddie "Lockjaw" Davis, Joe Pass, Clark Terry e Benny Carter, gravações em quarteto com Zoot Sims, um encontro com o cantor de blues Joe Turner e um disco triplo especialmente bem recebido que trouxe o pianista Count Basie para o centro das atenções. Fora Duke Ellington, Count Basie foi o único que teve a felicidade de se tornar uma instituição.

Três músicos em particular cuidaram para que essa instituição não fosse esquecida após a morte de seu fundador, músicos que tocaram na orquestra de Basie e a dirigiram depois, perpetuando-a até hoje: primeiramente, entre 1985 e 1986, Thad Jones e Frank Foster, que substituiu Jones quando ele ficou doente a ponto de não poder mais dirigir a orquestra, falecendo logo depois. Nos anos de 1990, a direção da banda foi assumida pelo trombonista Grover Mitchell. Todos eles deram continuidade à tradição de Basie, sem descuidar daquela leveza que ainda hoje é um sinal dessa orquestra e que possibilita saborear o que Count Basie foi para o jazz: nada mais que o símbolo do swing.

WOODY HERMAN E STAN KENTON

Os elementos da era do swing se tornaram mais importantes na execução das grandes orquestras modernas do que na improvisação de solistas individuais. Woody Herman, em 1936, foi diretor de um coletivo formado por alguns músicos da então desfeita orquestra de Isham-Jones. Swing à Benny Goodman era a grande moda nesses anos. Apesar disso, Woody Herman não tocava swing, tocava blues. Ele chamava a sua orquestra The Band that Plays the Blues (A orquestra que toca blues). "Woodchopper's Ball" foi sua gravação de maior sucesso. Quando eclodiu a Segunda Guerra Mundial, The Band that Plays the Blues se disolveu, mas pouco tempo depois começou a série brilhante dos "Herman Herds": o primeiro "bando" talvez tenha sido a orquestra de jazz branca de maior vigor que já existiu. "Caldonia" foi seu grande sucesso. Quando Igor Stravinsky ouviu a peça no rádio em 1945, ele procurou Woody Herman para saber se podia compor algo para a banda. Foi assim que surgiu o "Ebony Concerto", uma obra em três movimentos, em que Stravinsky, à sua maneira, une suas ideias clássicas com a linguagem do jazz.

O baixista Chubby Jackson foi a espinha dorsal do First Herd. O primeiro baterista foi Dave Tough e depois Don Lamond. Flip Phillips foi o sax-tenorista. Bill Harris, da noite para o dia, se impôs como uma nova e essencial expressão do trombone graças a seu solo em "Bijou". John La Porta tocava sax-alto, Billy Bauer guitarra, Red Norvo vibrafone, Pete Candoli e Shorty Rogers estavam entre os trompetistas – portanto, um time de estrelas sem paralelo em nenhuma outra orquestra de jazz dessa época.

É bem característico do espírito da banda o que Chubby Jackson – o baixista do First Herd – contou. Segundo ele, era hábito dos músicos, depois das apresentações, conversar sobre seus solos e parabenizar uns aos outros. Em 1947, surgiu a segunda Herman Herd, que se tornou a Four Brothers Band, sobre a qual se falou em "O Sax-tenor" e "Os Grupos de Saxofone" na seção "A Família dos Saxofones" do capítulo "Os Instrumentos do Jazz". Ela também era uma banda de bebop – com Shorty Rogers e Ernie Royal (trompete), Earl Swope (trombone), Lou Levy (piano), Terry Gibbs (vibrafone), além dos sax-tenoristas já mencionados e a cantora Mary Ann McCall. "Early Autumn", escrito por Ralph Burns, foi a peça de sucesso da "sonoridade Four Brothers". "Lemon Drop", de George Wallington, caracterizou a música bop do segundo Herman Herd.

Nos anos de 1950, seguiram-se o terceiro e o quarto Herd, além de outros, tornando impossível a demarcação exata das mudanças. O próprio Herman disse: "Meus três *herds*?" Eu achava que eram oitenta." Ralph Burns escreveu um livro de arranjos para o terceiro Herman Herd. Com ele, a "sonoridade Four Brothers" foi impressa como uma marca da banda. Na Four Brothers propriamente dita, isso ainda não havia acontecido, já que, ao lado do naipe de saxofones tipicamente "Four Brothers" (três tenores e um barítono), havia também um naipe tradicional de cinco vozes com o sax-alto como voz principal.

Apesar de todo o falatório sobre o fim da *big band*, Woody Herman continuou a realizar seu trabalho musical com sucesso nos anos de 1960, 1970 e 1980, de modo que até seus mais íntimos colaboradores abandonaram a contagem dos *herds*. Herman adaptou os melhores temas do rock, por exemplo, "Light My Fire", da banda The Doors ou o hit latino "La Fiesta", de Chick Corea. Ele descobriu Alan Broadbent, o arranjador da Nova Zelândia que estudou na Berklee School, em Boston (Massachusetts), e na Lennie Tristano e que mostrou ser possível obter novos sons através das velhas e batidas combinações instrumentais das *big bands*. Em 1986, por ocasião de seu aniversário de 50 anos de palco (como *bandleader* ele ultrapassa Count Basie!), Herman empreendeu a turnê "50th Anniversary". Ele manteve sua orquestra mesmo depois de ter sido revelado o desfalque financeiro produzido por seu empresário e que lhe trouxe dívidas milionárias. Woody Herman morreu completamente pobre em 1987.

Também Stan Kenton, morto em 1979, regeu várias e diferentes orquestras e sua história também não tem como ser contada através de uma única banda. Talvez a peça mais característica de Kenton seja seu "Concerto to End All Concertos" (Concerto para Acabar com Todos os Concertos), que inclui o próprio título. Ele começa com o piano fazendo linhas de baixo que são uma imitação barata do estilo de Rachmaninoff. Todo o universo musical e espiritual do romantismo tardio que está por trás dessas linhas, incluindo a convicção de que quantidade tem a ver com qualidade, parecia ser o mundo mental característico de Kenton. Dessa concepção surgiu, em 1942, sua peça de sucesso "Artistry in Rhythm" e nos anos seguintes uma série de outras "Artistries": "Artistry in Percussion", "Artistry in Tango", "Artistry in Harlem Swing", "Artistry in Bass", "Artistry in Boogie". Costuma-se associar esse estilo cheio de requinte e efeitos ao arranjador Pete Rugolo, mas Stan Kenton já havia cunhado o estilo *artistry* quando Rugolo, em 1944, como soldado, lhe apresentou seu primeiro arranjo. Rugolo, que estudou com Darius Milhaud, o compositor francês mais significativo da moderna música sinfônica tradicional, foi responsável, sobretudo, pela segunda fase da música de Kenton – o *progressive jazz* no sentido estrito: ainda mais potente e prolixo, com quantidades poderosas de acordes violentos e massa sonora em colisão. Na segunda metade dos anos de 1940, o período principal da influência de Rugolo, Kenton obteve um enorme sucesso. Os solistas de sua banda eram extremamente bem cotados nos *polls* de jazz: o baterista Shelly Manne e o baixista Eddie Safranski, o sax-tenorista Vido Musso, o trombonista Kai Winding e, sobretudo, a cantora June Christy. Ela era a voz mais simpática dessa orquestra.

Entre 1952 e 1953, vigorou a Orquestra Kenton, que, do ponto de vista do jazz, foi a mais importante. Stan Kenton parecia ter esquecido todo o seu passado, fazendo uma música extremamente swingante, que, mesmo se não fosse diretamente influenciada por Count Basie, tinha sido criada numa época em que o espírito de Count Basie estava tão vivo que dificilmente alguém ligado ao jazz podia escapar de sua influência. Como nunca antes na trajetória de Kenton, essa banda primava pela improvisação de seus solistas. Zoot Sims e Richie Kamuca tocavam o sax-tenor; Lee Konitz, o sax-alto; Conte Candoli tocava trompete; Frank Rosolino, tombrone. Gerry Mulligan escreveu arranjos como "Swing House" e "Young Blood"; Bill Holman, inspirado em Mulligan, deu exemplos interessantes de uma organização contrapontística dos naipes; Bill Russo se manteve fiel à tradição de Kenton, cultivando ambições elevadas, musicalmente enraizadas em complicados agrupamentos de naipes.

Nos anos seguintes, Stan Kenton se engajou com força nas universidades e *colleges* norte-americanos. Ele abriu a Kenton Clinics, onde apresentou a milhares de jovens estudantes os problemas do jazz clássico-moderno e, sobretudo, da música para *big band*. Kenton também não teve medo de fazer sacrifícios pessoais, deixando disponíveis, a preços módicos ou de graça, seus arranjos e músicos. "Stan Kenton é a mola propulsora do ensino de jazz nos Estados Unidos", disse na época Herb Patnoe, do De Anza College, na Califórnia.

No fim dos anos de 1960 e começo dos anos de 1970, Stan Kenton viveu um *comeback* que surpreendeu muita gente. Ele reuniu jovens músicos em torno de si (entre eles o baterista Peter Erskine), com quem realizou uma execução mais simples e quadrada do que na época de seu "Artristy" e de seu *progressive jazz*, não obstante, com a força e o *pathos kentoniano* de sempre. Alguns de seus melhores álbuns dessa época foram feitos com base em concertos em universidades como a Redlands University e a Brigham Young University.

Nesse meio tempo, Kenton se separou de sua antiga gravadora, a Capitol, com a qual ele esteve ligado desde o começo de sua carreira, passando, desde então, a enviar por correio os álbuns de seu próprio selo: The Creative World of Stan Kenton. Com isso, ele fomentou o surgimento de uma onda de gravadoras independentes e administradas por músicos.

BIG BANDS DO BEBOP

Também nesse meio-tempo surgiu o bebop – e, no Harlem, algumas experiências de bebop *big band*. A orquestra de Earl Hines dos anos de 1950 é a primeira a caminhar nessa direção. O grande pianista, que ficou conhecido por seu *piano-trumpet style* na segunda formação do Hot Five, de Louis Armstrong, regeu grandes orquestras de jazz praticamente sem interrupção entre 1928 e 1948, numa linha que fundia de modo orgânico o *Harlem jump* – muito apreciado na época – e o bebop. Em 1944, Billy Eckstine fundou a primeira *big band* conscientemente destinada ao bop grande-orquestral. Ele e Sarah Vaughan cantavam na banda – Billy e Sarah eram, então, os grandes vocalistas. Nela tocavam Dizzy Gillespie, Fats Navarro e Miles Davis, ou seja, os três trompetistas importantes da época. Art Blakey era o baterista e, entre os saxofonistas, estavam Charlie Parker, Wardell Gray, Dexter Gordon e Leo Parker.

Em 1947, a banda de Eckstine foi desfeita, porém, nessa época, Dizzy Gillespie, que passou um tempo como diretor musical da banda, já havia conseguido traduzir o bebop para a linguagem do jazz grande-orquestral. Para a nova banda, Gillespie, John Lewis, Tadd Dameron e Gil Fuller providenciaram os arranjos. Ela contava com John Lewis no piano, Kenny Clarke na bateria, Milt Jackson no vibrafone, Al McKibbon – e depois dele – Percy Heath no baixo, além de James Moody e Cecil Payne entre os saxofonistas. Chano Pozo trouxe para essa orquestra os ritmos cubanos, que eram a grande sensação do momento – ritmos que lembravam a orquestra de Machito. A banda de Machito foi o grande caldeirão que misturou os ritmos cubanos com as frases de jazz. Seu "arquiteto" era o diretor musical Mario Bauza, que também ficou conhecido como trompetista, tocando com Chick Webb, entre outros. Ele contratou para a banda de Machito alguns arranjadores das grandes orquestras, como as de Cab Calloway e Chick Webb. Bauza também se tornaria o grande fundador da *salsa big band*.

Embora Bauza fosse pouco conhecido do público na época, nos bastidores ele era extremamente respeitado pelos músicos como uma espécie de *master mind* do jazz afro-cubano. Foi ele quem apresentou Dizzy a Chano Pozo e que lutou pela renovação da arte do arranjo, contribuindo, com isso, para a fundação em bases jazzísticas da moderna *latin music*. Poucos anos antes de sua morte, em 1993, Mario Bauza lançou três álbuns com sua orquestra de jazz afro-cubano, demonstrando, mais uma vez, a força do latin jazz. (Ele gravou, por exemplo, alguns sucessos de Chico O' Farrill, o arranjador cubano que também foi responsável por muitas obras do "período latino-americano" de Stan Kenton).

Dizzy Gillespie estava terminando de montar sua *big band* quando o presidente norte-americano Truman, no verão de 1945, advertiu os japoneses com a ameaça de "destruição total" no caso de o Japão não se render, mas ninguém podia imaginar o terror que isso significaria. Logo depois que a bomba foi lançada, a banda já estava pronta. A catástrofe seria então refletida de um modo espantoso em "Things to Come", (O que Está por Vir) de Dizzy, e em "Apocalypse in Jazz", de Gil Fuller, mas gravada por Dizzy, como já mencionado em nosso paralelo entre Parker e Gillespie, com suas frases relampejantes, ferinas, mortais.

É sintomático que os elementos utilizados por Dizzy em "Things to Come" só viessem a reaparecer vinte anos depois com os experimentos orquestrais do free jazz. Para o desenvolvimento geral das *big bands*, Stan Kenton e Woody Herman – e, sobretudo, Duke Ellington e Count Basie – eram mais importantes.

Kenton e Herman não foram os únicos em seu tempo. Outros nomes também são dignos de menção. Les Brown, com sua música de dança sensível e sofisticada, cativou não só os amantes do jazz, mas principalmente os próprios músicos de jazz. Claude Thornhill, em seus solos de piano, sabia criar um clima de serenidade e intimismo em contraste com a massa sonora de sua *big band*, a mesma que, no fim dos anos de 1940, inspiraria o som da Capitol Band, de Miles Davis. Boyd Raeburn, na metade dos anos de 1940, dirigia uma *big band* que, do ponto de vista musical, se assemelhava ao estilo de Kenton e que foi um título programático para "Boyd Meets Strawinsky". Solistas como o pianista Dodo Marmarosa, o baixista Oscar Pettiford, o baterista Shelly Manne e até Dizzy Gillespie trouxeram muito *jazz feeling* para os arranjos complicados dessa banda. Entre os arranjadores, estavam George Handy e Johnny Richard. Este último, em 1950, escreveu o arranjo de cordas para a gravação do álbum de Dizzy Gillespie *With String* – o mais jazzístico de todos até hoje.

BASIE COMO BASE

Com o tempo, uma convicção ganharia cada vez mais adeptos no meio musical, a saber, que a monumentalidade orquestral cresce numa relação inversamente proporcional ao swing. Essa convicção era sustentada principalmente pelos partidários da linha clássica de Basie, cuja *big band* passou ao largo de todos os experimentalismos. Maynard Ferguson, proveniente da orquestra de Stan Kenton, em meados de 1950, reuniu para o famoso Birdland, de Nova York, uma *dream band*, que era de fato uma orquestra dos sonhos: nela não havia um único músico que não fosse um expoente famoso em seu instrumento e todos partilhavam o mesmo ideal musical: fazer um jazz interessante e cheio de vida, na linha do beat e do blues, simples e swingante.

Jimmy Giuffre, Johny Mandel, Bill Holman, Ernie Wilkins, Manny Albam, Marty Paich, dentre outros, providenciaram os arranjos. Por fim, Maynard, abandonou a ideia de fazer dessa orquestra de estúdio, cujos músicos não podiam sair de Nova York, uma orquestra fixa. Ele descobriu uma série de músicos jovens e primorosos, capazes de montar uma *big band* de jazz tão furiosa e selvagem quanto a "First Herd", de Woody Herman, porém, ainda mais sintonizada com a linguagem do modernismo clássico do jovem Basie. A "Fuga" que o arranjador e trombonista Slide Hampton escreveu para essa *big band* é provavelmente a mais swingante do repertório de jazz.

Nos anos de 1960, Ferguson morou na Inglaterra, onde também dirigiu uma orquestra de sucesso. Mas nos anos de 1970 ele retornou aos Estados Unidos, dessa vez numa linha mais comercial. Em suas palavras: "Não me interessa ficar recordando o passado. Você precisa acompanhar o tempo e empregar os ritmos de hoje. Nos chamados anos dourados das *big bands*, os *bandleaders* tocavam as melhores peças da *hit parade*. Por que não faríamos isso hoje?" Assim, Ferguson tocou hits de muito impacto, que podiam não contar com a aceitação dos jazzófilos, mas certamente cativavam o grande público. Em meados de 1990, porém, Ferguson retornou à sua sonoridade orquestral compacta, com um swing pesado, que se mostrou especialmente vigoroso nas distintas versões de sua Big Bop Nouveau.

Mas voltemos aos anos de 1950, quando a influência de Count Basie era mais forte que a de Ellington. Shorty Rodger fez uma música no estilo de Basie a partir da linha do jazz da Costa Oeste, cheio de lampejos originais e espirituosos. O arranjador Quincy Jones, o baixista Oscar Pettiford, o trombonista Urbie Grenn, o trompetista Herb Pomeroy, de Boston, e outros fizeram gravações com *big bands* em que a influência de Basie é mais ou menos perceptível.

Quincy Jones gravou com solistas espetaculares como Art Farmer (trompete com surdina), Lucky Thompson e Zoot Sims (sax-tenor), Phil Woods (sax-alto), Herbie Mann e Jerome Richardson (flauta), Jimmy Cleveland (trombone), Milt Jackson (vibrafone), Hans Jones e Bill Taylor (piano), Charles Mingus e Paul Chambers (baixo). Na época, seu primeiro álbum recebeu como título *This Is How I Fell About Jazz*. Ele escreveu que, por meio de sua música, expressava seus sentimentos "sobre o caráter mais vital e originário que racional" do jazz.

Em 1959, Quincy Jones levou para a Europa, que já era uma paixão sua, a primeira *big band* norte-americana moderna. Inicialmente, a orquestra devia tocar a música para o show "Free and Easy", mas o evento foi cancelado por falta de repercussão. Com grande esforço, apesar de tudo, Quincy conseguiu sustentar a orquestra por algum tempo, com viagens a Paris, Suécia, Bélgica, Alemanha. Entre os músicos, estavam Phil Woods, Sahib Shihab, Budd Johnsson e Jerome Richardson no naipe de saxofone, Jimmy Cleveland, Quentin Jackson, Melba Liston e o sueco Ake Persson no naipe de trombone. A música dessa banda era firme e sadia, simples e sincera – em certo sentido, a *big band* mais agradável do jazz na virada dos anos de 1950 (se excluirmos Ellington e Basie). Decerto, Quincy não trouxe nada de novo, mas ele aperfeiçoou e poliu o velho como nenhum outro. É pena que, em vista da falta de mercado para o jazz, ele tenha desistido de lutar por sua *big band* poucos meses depois de ter retornado com ela da Europa. Nesse meio-tempo, Quincy Jones se tornou um produtor de grande sucesso da música pop (Michael Jackson, Brothers Johhston) e autor de trilha sonora em Hollywood. Em tudo o que ele escreve e produz, nota-se sua ligação com a tradição do jazz. Ademais, aqui e ali, Quincy aparece com um disco de *big band* e *fusion*, reunindo o fator comercial com a qualidade do jazz de uma forma muito inteligente, como só ele sabe fazer. De valor semelhante foram as gravações com *big band* feitas por Gerry Mulligan, uma espécie de "sofisticação de

Count Basie", mas ao mesmo tempo com trabalho contrapontístico. No fim dos anos de 1950, Bill Holman foi o primeiro a experimentar trazer o hard bop para o formato da *big band*, propondo arranjos intensos e inteligentes de temas como o "Airegin", de Sonny Rollins. Com sua característica marcante – melodias que deslizam por todos os naipes –, ele emplacou *standards* no campo do *mainstream* esclarecido do swing orquestral. Ele está entre os mais originais e ousados compositores e arranjadores para orquestra de jazz. Desde que fundou sua própria *big band* em 1975, ele deu impulso a uma tendência que pode ser observada no âmbito do *mainstream* das *big bands* contemporâneas: a tendência a se distanciar dos naipes de cinco vozes das bandas de baile e do formato convencional das *big bands* para se aproximar de uma linguagem moderna, mais livre. Sua profunda ligação com o som e as formas orquestrais avulta de modo particularmente impressionante no álbum *Brillant Corners – The Music of Thelonious Monk*, graças ao qual Bill Holman foi eleito em 1998 pela revista norte-americana *Down Beat* o melhor arranjador do ano. No álbum, Holman estende uma ponte incrível entre a música do genial compositor de jazz Thelonious Monk e a linguagem musical de Béla Bartók e Igor Stravinsky.

Hoje, o diretor e organizador de uma orquestra de jazz é também seu próprio arranjador e compositor. Isso tem a ver com as mudanças da própria realidade. Bill Holman disse: "Nos Estados Unidos, as bandas não compram mais arranjos. Se você quer aprender a fazer arranjos, não há mais muitas bandas para as quais você possa escrever. Você precisa entrar em ação e formar sua própria orquestra."

Na Costa Oeste, Gerald Wilson surgiu nos anos de 1970 com uma *big band* que causou uma grande sensação no mundo do jazz. Wilson, que tinha feito arranjos para Basie, Lunceford, Gillespie e outras importantes orquestras, como Quincy Jones, não quis "apresentar nada de novo". Porém, ele extraiu com força e brilhantismo a essência do *mainstream* do jazz orquestral ao longo de seu desenvolvimento, reportando-o, em linguagem contemporânea, a Fletcher Henderson e Don Redman.

GIL EVANS E GEORGE RUSSELL

A única *big band* realmente "nova" desse período foi a de Gil Evans. Gil veio da orquestra de Claude Thornhill (mencionada acima), no fim dos anos de 1940, e escreveu arranjos para a Miles Davis Capitol Band, reencontrando-se com o trompetista em 1957 – no contexto de uma sonoridade orquestral de brilho ardente, impressionista, sobre a qual já falamos na seção "Miles Davis" do capítulo "Os Músicos do Jazz". Miles foi o impulso que Evans precisava para sair de seu recolhimento quase místico. Musicalmente, ele enriqueceu as texturas de Evans com a grandeza de seu trompete solista. Em contrapartida, graças aos arranjos de Gil Evans, Miles Davis encontrou um apoio para abandonar os solos curtos de trompete (que caracterizam sua execução ainda na fase do bebop de Charlie Parker) e desenvolver sua voz solista através de longos arcos melódicos. O escandaloso "príncipe negro" e o "branco introvertido": uma dupla que parece ter saído dos contos de fadas. A cumplicidade entre eles era total. De um lado, o solista Miles Davis não compreendia apenas as notas da partitura, mas ajudava a construir sua fisionomia e atmosfera. De outro lado, o arranjador Gil Evans não era sensível apenas ao solista, mas sabia criar contextos que ampliavam os elementos estilísticos de Miles Davis.

Gil Evans traduziu fielmente a sonoridade do trompete de Miles para a linguagem da grande orquestra. Ele também chegou a escrever para outros solistas, por exemplo, para o trompetista Johnny Coles e o guitarrista Kenny Burrell, mas, infelizmente, apenas de forma ocasional. Embora nos anos de 1970 Gil Evans já fosse há muito um homem grisalho, ele se abriria à música livre e às composições do guitarrista de rock Jimi Hendrix. Mas Gil, que rompeu com os naipes clássicos da *big band* com uma consciência sonora particular, não é um arranjador "assíduo" como Quincy Jones, por exemplo. Ele espera sem nenhuma pressa a música amadurecer dentro de si e nunca dá nada por concluído. Mesmo durante as gravações, ele faz ajustes e modificações, muitas vezes, reformulando inteiramente as composições e arranjos. Muitas vezes seus arranjos terminam de nascer apenas durante sua execução – quase como nos primeiros tempos de Ellington.

Em termos de refinamento sonoro e atmosfera, os arranjos de Gil Evans são imbatíveis. Para ele, Lester Young, Louis Armstrong e Jimi Hendrix foram "inovadores do som", sem igual antes ou depois. E assim também podemos defini-lo: como um inovador do som. Por isso, ele se considerava menos um *songwriter*, isto é, um compositor, que um arranjador e explorador de novos timbres orquestrais. Ele foi o primeiro arranjador a utilizar os recursos técnicos de gravação como um instrumento próprio. Em seus álbuns, podemos perceber plenamente a multiplicidade e originalidade das combinações instrumentais descobertas por ele. A magia atmosférica de suas invenções sonoras e combinações instrumentais, de suas inumeráveis misturas de sons, não representaram uma inovação apenas no campo do jazz, mas em toda a música orquestral. Um dos motivos disso é que Evans recorreu a combinações instrumentais em estúdio e equilibrou o que dificilmente pode ser equilibrado de modo puramente acústico.

No campo do jazz tonal, nenhum compositor ou arranjador – incluindo o próprio Duke Ellington – conseguiu ir tão longe na dissolução da organização tradicional dos naipes de uma *big band* quanto Gil Evans. Ele amava agrupamentos instrumentais não convencionais e movia-se entre os extremos. Ele elaborava de forma mágica os timbres claros e brilhantes de flautim e harpa, mas também o grave profundo de trombone, baixo, tuba, clarinete-baixo e fagote, muitas vezes invertendo os papéis que tradicionalmente caberiam aos instrumentos: os de tessitura mais grave são realocados para regiões agudas e vice-versa.

Seus arranjos não são paráfrases no sentido convencional. São novas composições, válidas por si mesmas. Apesar disso, a Columbia lhe pagou por todos os seus antológicos arranjos para os álbuns de Miles Davis apenas um único honorário de 2.400 dólares referente a *Sketches of Spain* – o que é uma piada para um disco que vende milhões de cópias e até hoje rende elevados ganhos com direitos autorais. "Ser arranjador não é um bom negócio", disse Gil Evans. Esse é o motivo pelo qual existem – infelizmente! – tão poucos álbuns desse músico incomparável, que, até 1988, esteve estreitamente ligado a Miles Davis. Nos anos de 1980, Evans, o grande arranjador do *laissez faire*, reunia toda segunda-feira no clube nova-iorquino Sweet Basil uma *big band* com os melhores músicos de jazz e dava a cada um deles plena liberdade de improvisação. O resultado musical dessa Monday Night Orquestra – mais livre e "aberta" do que todas as outras que Gil Evans, então com 70 anos, havia criado ao longo de sua carreira – foi uma das melhores coisas já feitas no âmbito do jazz rock orquestral. Slide Hampton:

> Gil buscava produzir o máximo de significado a partir de acordes com o mínimo de notas possível. Enquanto os músicos costumavam usar cinco notas para um

determinado acorde, ele precisava apenas de três. Ele usava intervalos dissonantes para indicar desvios harmônicos. Uma vez perguntei de Gil Evans a Miles e ele me respondeu que Gil havia ficado a semana inteira lapidando dois compassos da música.

Outro grande solitário entre os arranjadores é George Russell (muito mencionado neste livro). Em 1947, a *big band* de Dizzy Gillespie apresentou seu arranjo "Cubana-Be/Cubana-Bop", composto por ele, Dizzy Gillespie e Chano Pozo. George Russell fez a "costura" da composição através de sons modernos, graças ao que a peça se tornou uma pedra miliária do cuban jazz orquestral. George Russell também é fruto da revolução dos anos de 1940 no jazz. Nos anos de 1950, ele criou sua "Lydian Chromatic Concept of Tonal Organisation" (Concepção Lídio-cromática da Organização Tonal), a primeira obra teórico-pedagógica que sistematiza a harmonia do jazz a partir das leis do próprio jazz e não a partir da música europeia. Seu conceito de improvisação em modo "lídio" (no sentido estabelecido pela música religiosa da Idade Média) e, entretanto, cromático no sentido moderno, foi a grande etapa preparatória para a "modalidade" de Miles Davis e John Coltrane. "Electronic Sonata for Souls Loved by Nature", composta por Russell, em 1968, está entre as primeiras obras mais inovadoras do jazz eletrônico – uma suíte orquestral em que Russell une música preparada em *reel-to-reel*, improvisação livre (com Manfred Schoof e Jan Garbarek) e processos compositivos tradicionais para *ensemble*.

Russell foi para a Europa por ocasião do primeiro Berliner Jazztage (Festival de Jazz de Berlim), em 1964, e viveu vários anos na Escandinávia, a maior parte do tempo em Estocolmo (Suécia). Não há como subestimar sua influência no desenvolvimento do jazz europeu moderno – particularmente aquele da Escandinávia. O conceito lídio-cromático elaborado por George Russell para a organização tonal foi inspirador para nomes como Jan Garbareck, Terje Rypdal e Palle Mikkelborg, os quais, a partir dele, passaram a buscar suas próprias formas de expressão.

George Russell foi um desbravador do jazz de vanguarda orquestral, mas não ousou dar o último passo dessa jornada: eliminar as referências tonais de sua obra. Sobre isso, ele disse: "Você não pode dissolver o sistema tonal do blues no atonalismo, pois ele subentende a tonalidade." Nos anos de 1980 e 1990, ele começou a integrar a linguagem dos tambores africanos e as influências do rock em seus arranjos radicalmente livres de jazz para a Living Time Orchestra. Ele criou diversas obras em parceria com músicos europeus e norte-americanos e elas soavam tão originais, tão distantes do que faziam a maioria dos arranjadores de jazz, que, comparada a elas, só a obra de Gil Evans.

FREE BIG BANDS

Por essa época nasceu o free jazz e, com ele, a questão: "Como ficaria esse novo jazz numa execução com grande orquestra?" O músico que, no campo do jazz orquestral, está claramente a meio caminho entre a tonalidade e a tonalidade livre é o baixista Charles Mingus. Seus concertos para *big band*, realizados no Town Hall, em Nova York, e no Monterey Jazz Festival, na maioria das vezes, do ponto de vista da organização da música, ficam à beira do caos, mas, apesar disso, abrem o mundo do jazz para o futuro, o que se deve, em grande parte, a suas emocionantes improvisações coletivas. Mingus dominava um tipo de fórmula da liberdade em sua escrita. Ele podia ir do gospel ao blues e deste ao free jazz sem mudar de peça, variando entre o bom humor e a introspecção. Ele é o grande multiestilista do jazz orquestral. Talvez também seja por isso que Mingus, nos anos de 1990, se tornou a influência mais forte, depois de Duke Ellington, no campo da composição de jazz, escrevendo para todas as formações, do quinteto ao formato orquestral das *big bands*. Sua forma de combinar os elementos mais diversos da tradição das *big bands* e inseri-los em sua própria linguagem orquestral – elementos de base *à la* Fletcher Henderson, passando pela execução timbrística de Duke Ellington, até as *crazy forms* da Sun Ra Arkestra (de que ainda falaremos) – parece obedecer a um processo de derivação lógica, pois ele consegue superar as diferenças entre os estilos com seu modo de operar transições. Mingus é um mestre em repartir a orquestra em pequenas formações, configurando--as como espaço livre para uma multiplicidade de novos agrupamentos.

Das grandes orquestras de sua carreira, a mais elogiada talvez tenha sido a banda com que Mingus gravou, em 1971, o álbum *Let My Children Hear Music*. Sobre ela, disse Mingus:

> É música clássica de negro. E pelo amor de Deus! – deixe minhas crianças ouvirem música, já ouvimos muito barulho. Gosto de músicos que não apenas swingam, mas desenvolvem estruturas rítmicas e novos conceitos melódicos. Pessoas como Art Tatum, Bud Powell, Max Roach, Sonny Rollins, Lester Young, Dizzy Gillespie e Charlie Parker, que é, para mim, o maior gênio de todos, porque ele mudou toda a nossa época. Apesar disso, não se deve fazer comparações entre os compositores. Se você gosta de Beethoven, Bach ou Brahms, tudo bem. Foram compositores de caneta. Eu quero ser sempre um compositor espontâneo.

Em 1965, a compositora (e pianista) Carla Bley e o trompetista (e compositor) Mike Mantler se apresentaram com o Jazz Composers Workshop, primeiro em Nova York e depois no Festival de Jazz de Newport. Daí surgiu a Jazz Composers Orchestra, sob a direção de Mike Mantler, mas tendo a participação de músicos como Cecil Taylor, Don Cherry, Roswell Rudd, Pharoah Sanders, Larry Coryell, Garto Barbieri e toda a elite da vanguarda de Nova York. Apenas quando se sabe o quão difícil é encontrar público para esse tipo de produto de vanguarda nos Estados Unidos – mais difícil do que na Europa – é que se pode avaliar o valor do empenho pessoal de Mantler. Na composição "Communications", ele desenvolveu uma capacidade notável de introduzir vozes independentes do free jazz, como a de Taylor, Cherry e Rudd, mas sem deixar que isso apagasse sua personalidade.

A orquestra Jazz Composers também atuou na gravação da longa e complexa obra "Escalator over the Hill", de Carla Bley e Paul Haines, que já mencionamos no capítulo sobre a pianista. A própria Carla Bley também passou cada vez mais a se dedicar a formações de médio porte e em contextos cada vez mais tonais. Suas composições e orquestrações são colagens cheias de imaginação feitas a partir de canções infantis e hinos nacionais, de técnicas minimalistas cintilantes e pesadas *noise creations*, implementadas com um humor sensível, às vezes sarcástico, e geralmente imbuídas de uma crítica social (como se pode ver, por exemplo, numa peça que Carla Bley criou em 1980 depois que Reagan foi eleito presidente dos Estados Unidos).

No curso dos anos de 1980, Carla Bley fez várias gravações com pequenas formações, a maioria de música *fusion* cheia de sensibilidade, mas sem o trabalho composicional ambicioso que se via em sua obra dos anos de 1970. Dignos de nota são seus refinados duos com o baixista Steve Swallow. Ela criou arranjos inesquecíveis nessa época, principalmente fora de sua própria banda, por exemplo, para a orquestra Liberation Music, de Charlie Haden ou para Hal Willner: por exemplo, o "8 ½", de Nino Rota, em que Carla Bley "homenageia" de forma melancólica a música italiana de romaria, de marcha e de circo, parodiando-a também com humor sardônico; ou o "Misterioso", de Thelonious Monk, em que as melodias do sax-tenorista Johnny Griffin despertam a sensação de uma "luz-bebop" em meio à escuridão de sons misteriosos, punks, oblíquos. Nos anos de 1990, Bley retornou com força aos grandes formatos. De fato, os músicos e as interpretações de sua orquestra eram muitos diferentes, mas as composições continuavam com o mesmo vigor – uma luz que emana de certa inconvencionalidade que caracteriza o cosmos sonoro de Bley.

Outro nome, talvez ainda mais importante, do free jazz para grande orquestra é Sun Ra, falecido em 1993. Já em meados dos anos de 1950, Sun Ra, que basicamente aprendeu seu ofício de pianista na banda de Fletcher Henderson nos anos de 1940, reuniu uma *big band* em Chicago (Illinois), introduzindo na música barulhos e sons de percussão completamente inéditos. Sons que seu compositor e criador considera "sons cósmicos", "música de outras galáxias" e do *heliocentric world* (mundo heliocêntrico). Na capa de um de seus discos, Sun Ra aparece ao lado de Pitágoras, Tycho Brahe e Galileu Galilei.

A música de Sun Ra é mais do que *big band* de jazz vanguardista e *free*. Ela é isso também, mas, por trás dela, pulsa toda a tradição negra: os swing *riffs* de Count Basie e o som de saxofone de Duke Ellington, os *voicings* de Fletcher Henderson (como é denominada a harmonização no jazz), blues antigo e canções negras, danças *highlife* africanas e marchas egípcias, música negra para percussão das Américas (do Norte, do Sul e Central) e da África, *negro-show* e ritual vodu, *trance* e liturgia negra – tudo isso celebrado por um chefe de orquestra que se comporta como um curandeiro africano transportado para a era espacial.

A música de Sun Ra – ainda mais fortemente do que a de Gil Evans e a da orquestra Jazz Composers – não está comprometida com a lógica dos *naipes* da *big band* tradicional. Os instrumentos tocam em constante alternância de combinações. Especialmente notáveis são os saxofonistas da Sun Ra Cosmic Arkestra, dentre eles John Gilmore, Marshall Allen, Pat Patrick e Danny Davis. Os sons do saxofone e das madeiras são aqui tão originais e revolucionários quanto o naipe de saxofone de Benny Caters no começo dos anos de 1930. A Arkestra possuía também instrumentos exóticos e engenhocas inventadas pelos próprios membros da banda – por exemplo, o "Sun Horn" –, além de oboé, fagote, clarinete-baixo, corne inglês, violino, viola, cello, sem contar com um grupo de dançarinos e, às vezes, até um engolidor de fogo. As composições de Sun Ra possuem títulos como "Next Stop Mars", "Outer Spaceways Incorporated", "Saturn", "It's After the End of the World", "Out in Space" etc.

Muitos ouvintes desprevenidos ridicularizavam e taxavam de ingênuos esses títulos e as apresentações de Sun Ra. Faziam piadas sobre os dançarinos e os artistas de circo que Sun Ra trazia ao palco e sobre um filme que ele projetou para a sua música, em que várias vezes, durante vinte minutos, aparecia a imagem de Sun Ra como Cristo. Zombavam das "vestimentas de Saturno", do "gorro galáxico" e de "arranjos cósmicos de rosas" que os músicos de Sun Ra e os dançarinos usavam. Um dos momentos cômicos da apresentação de Sun Ra era um telescópio que o mestre construiu ao lado de seu órgão e através do qual ele buscava "nos pontos cósmicos mais extremos" a sua "pátria Saturno".

Mas não existe ingenuidade na arte negra. Ela não existia quando as dançarinas do Cotton Club, no Harlem, durante os anos de 1920, dançavam ao *jungle sound* (som selvagem) de Duke Ellington nas apresentações espalhafatosas da "branca" Broadway; ela não existe quando, nas igrejas revivalistas, o pastor espera que seus fiéis possam "ainda hoje à noite chegar ao céu por metrô"; não existia quando Louis Armstrong cantava "I Hope Gabriel Likes My Music". Ela só existe na cabeça dos críticos brancos. Quando eles apontam para uma ingenuidade ou um charlatanismo, na verdade, eles não dizem nada sobre a música e menos ainda sobre Sun Ra, mas dizem muito sobre si próprios – sobre "o palhaço branco" (LeRoi Jones): "A música de Sun Ra é a expressão mais exata da existência negra primitiva nos dias de hoje." E o próprio Sun Ra: "Eu pinto quadros do infinito com minha música. Esse é o motivo pelo qual muita gente não é capaz de compreendê-la." Para os músicos de sua orquestra, ele costumava dizer: "Eu não gostaria que vocês tocassem o que vocês podem, mas o que vocês não podem. Pois aquilo que vocês não conhecem é muito maior do que aquilo que vocês acreditam conhecer."

Ao contrário dos Estados Unidos, a Europa possui muitas grandes orquestras de free jazz, como a de Alexander von Schlippenbach, por exemplo. Sua Globe Unity – procedente do New Jazz Meeting, em Baden-Baden (Alemanha), em 1965 – foi projetada na época para gozar de uma vida curta; no entanto, com intervalos esporádicos, ela vive e funciona até hoje (2005), executando arranjos e improvisações coletivas selvagens, de efeitos libertadores, os quais, via de regra, ironizam a tradição do jazz e, ao mesmo tempo, lhe prestam tributo. Já a orquestra Contemporary, fundada por Schlippenbach em 1988, está mais interessada em possibilidades musicais articuladas em termos compositivos e formalmente encadeadas. Como compositor, o pianista pôde contar, para essa grande formação, com músicos como Carla Bley, Misha Mengelberg, Willem Breuker, Kenny Wheeler.

Uma ponte do jazz livre para a música de concerto moderna foi construída pela orquestra London Jazz Composer's, do baixista Barry Guy, em que – mais fortemente que na Globe Unity – o foco principal são procedimentos estruturais e compositivos. Como compositor e diretor de orquestra, Barry Guy a concebeu com o firme propósito de criar espaço para o indeterminado. Muitas de suas obras para a London Jazz Composer's esboçam esse espaço como se fosse num desenho: "Assim como o lápis que corre sobre o papel cria espaços, existe ali uma determinada energia que não pode ser apreendida com palavras." Assim, em muitos passos, ele vai da imagem ao som. As características da London Jazz Composer's são a coexistência de composição e solistas, certo dramatismo, além do desenvolvimento e da pesquisa de sonoridades.

Para muitas *big bands* de free jazz, o álbum desbravador de John Coltrane, *Ascension*, e o álbum precedente de Ornette Coleman para quarteto duplo, o Free Jazz, (ambos mencionados na seção "John Coltrane e Ornette Coleman" do capítulo "Os Músicos do Jazz") representaram uma experiência-chave. Neles a forma foi criada: improvisações coletivas emocionantes, ardentes, engendram um solo, o qual, por sua vez, cresce até o ponto em que começa uma nova improvisação coletiva, que então "parture" novamente outro solo.

Essa forma foi desenvolvida, diferenciada, sublimada e estruturada por outros. Alguns nomes se destacam pelo seu estilo extremamente pessoal e visionário: Anthony Braxton (com a sua Creative Music Orchestra), Karl Berger (com a Woodstock Workshop Orchestra), Leo Smith, Roscoe Mitchell e, na Europa, Willem Breuker, Misha Mengelberg, Mike Westbrook, Keith Tippett, Tony Oxley e Ulrich Gumpert. A Creative Music Orchestra, de Anthony Braxton, une de forma especialmente consistente redes de abstrações e distorções com ideias que aludem ao bebop e à música de marcha. Karl Berger produziu algumas das realizações mais interessantes e coesas do world jazz. Leo Smith tornou o jazz "livre" da grande orquestra mais permeável e sutil, sensibilizando-o para "espaços" e pausas, acalmando-o. Willem Breuker é *o* mestre da caricatura: na esteira de Hanns Eisler e Kurt Weil, ele distorce a música popular do século XIX e do começo do século XX (marcha, ópera e opereta, polca, valsa, tango), atuando com humor burlesco, geralmente acompanhado pelas performances agitadas de seu "coletivo". Instant Composers Pool (ICP), de Misha Mengelberg, trouxe esse princípio da hiperparódia, da caricatura, para um contexto compositivo mais "relaxado", menos rigoroso, menos "disciplinado". Suas composições bizarras, estranhas, tornaram-se a marca da orquestra ICP. Essa orquestra fundada em 1967 é até hoje um importante desaguadouro da vanguarda improvisatória dos Países Baixos, com músicos como Han Bennink, Tobias Delius, Tristan Honsinger e Michael Moore. Ainda que a orquestra ICP tenha contribuído de modo especialmente consequente para a formação de um jazz orquestral livre europeu, ela ao mesmo tempo conseguiu produzir uma vinculação orgânica com a linha tradicional do free jazz norte-americano. Keith Tippett é especialista nas aglomerações mágicas dos sons, em que a espiritualidade e às vezes também as melodias e ritmos africanos desempenham uma presença central. Sua orquestra Centipede – com 51 músicos – conseguiu, no começo dos anos de 1970, de modo penetrante, nunca antes visto, superar as fronteiras entre o jazz, o rock e a música de concerto moderna. De outro lado, Mike Westbrook é um mestre em restaurar orquestralmente a tradição europeia (Rossini, Stravinsky, Brecht/Weil) e em utilizar criativamente textos teatrais e literários (William Blake, Goethe, Wilhelm Busch etc.). Ele transpôs de modo convincente o estilo compositivo de Ellington das longas suítes para o contexto europeu. Por isso, ele se definiu com razão como um "Duke europeu". Ulrich Gumpert, pianista nascido na então Alemanha Oriental, com sua Workshop Band, processou elementos centrais da música popular europeia (marcha, valsa, polca), além de ritmos de swing e bebop, interrompendo, ironizando e caricaturizando tudo isso de modo versátil através da música "livre". Tony Oxley fundou no fim dos anos de 1980 sua Celebration Orchestra, para a qual o baterista costumava escrever partituras gráficas. Ela pertence aos grandes *ensembles* originais da música de improvisação livre.

De modo notório, muitas das orquestras que vem da execução livre uniram nos anos de 1990 a tradição das *free big bands* com as iniciativas multiestilísticas do presente: nos Estados Unidos, a Aadvark Orkestra, Ken Vandermarks Territory Band, Butch Morris com suas diversas orquestras *conductions*, a Satoko Fuji Big Band e a Asian American Orchestra (centrada no percussionista Anthony Brown, de São Francisco); na Europa, a Italian Instabile Orchestra, a banda La Marmite Infernale e diversas outras orquestras da Lyon's musicians' initiative A.R.F.I; no Japão, a Shibusa Shirazu Orchestra.

A orquestra de jazz Aadvark (centrada no trompetista norte-americano Mark Harvey) abriu a música improvisada para os ataques estilísticos "malucos" do jazz pós-moderno, por exemplo, em encontros com Jaki Byard, Sheila Jordan e Jimmy Guiffre. A orquestra Italian Instabile é a "orquestra mais democrática do mundo" (Pino Minafra), dentre outras coisas porque nela o *bandleader* muda mais rapidamente do que mudou o governo italiano durante os anos de 1970 e de 1980. De fato, cada *bandleader* não fica mais do que poucos minutos no cargo. A *big band* é não apenas uma aglomeração da elite do jazz italiano, mas também um lugar em que se agrupam expoentes de diferentes regiões e gerações (entre eles, o pianista Giorgio Gaslini, o clarinetista Gianluigi Trovesi, o trompetista Pino Manafra e o baterista Tiziano Tononi).

Na verdade, a Italian Instabile Orchestra fraseia sem a disciplina da Globe Unity Orchestra e sem a seriedade da London Jazz Composer's no que se refere à pesquisa sonora. No entanto, com sua mistura de estilos confusa, cômica e às vezes até caótica, ela desenvolve um panorama grandioso do jazz mediterrâneo contemporâneo. Ela é como um afresco estilístico que reúne o elemento europeu e o norte-americano, que aproxima o erudito e o folclórico, o pós-bebop e miscelâneas melódicas, Kurt Weil e as dissonâncias emancipadas do free jazz, suítes rigorosamente escritas e alegres versões folclóricas. Desse modo, surge um tipo de música que nunca chega a uma estabilidade estilística duradoura. Em contrapartida, desde sua fundação (1990) até hoje, a Italian Instabile tem sido o elemento orquestral mais estável do jazz italiano.

Butch Morris, que se fez conhecido primeiramente como cornetinista, compositor e diretor musical de vários álbuns de David Murray, vem desenvolvendo nos últimos quinze anos a ideia de sua *conduction*, com a qual ele define de um modo completamente novo o papel do compositor, do diretor, do arranjador e do músico improvisador. Suas *conductions* são um tipo de improvisação dirigida e guiada. Os sinais e as entradas são dados pelo regente – nesse caso, Butch Morris –, que, a partir das reações dos improvisadores em tempo real, elabora uma peça musical, que funciona quase como uma espécie de *real time* da desconstrução e reconstrução digitais. Segundo Guillermo E. Brown: "Quando eu vi Butch Morris dirigindo improvisações, eu pensei: 'É isso aí!' Ele sampleia a orquestra." As *conductions* de Morris, que ele realiza com *ensembles* ao redor do mundo e com improvisações de todas as culturas também cobram o seu preço: a improvisação livre como um conceito da *multiminded composition* (Evan Parker) é abandonado em favor de um conceito ocidental de forma.

A orquestra Shibusa Shirazu, centrada no baixista elétrico japonês Disuke Fuwa, com suas apresentações vigorosas, constitui um ápice no jazz japonês *underground*. Ela é famosa por suas improvisações cheias de vigor, em que mais de trinta músicos cruzam as fronteiras em direção ao *happening* e ao multimídia: dança *butoh* se encontra com o pop, magia se encontra com o free funk, melodias *lounge* com a *enka* – música japonesa tradicional. A orquestra Shibusa Shirazu, em suas improvisações coletivas selvagens, extasiantes, desenvolve um diálogo entre o *trash* e a grande arte, a tradição oriental e a cultura cotidiana.

Todos os grandes dirigentes de orquestra do free jazz, como Misha Mengelberg, Alexander von Schlippenbach, Anthony Braxton, Barry Guy, Ken Vandermark, criaram composições a partir do espírito da improvisação livre, em que a relação de tensão entre o individual e o coletivo é resolvida de forma semelhante à que acontecia nos grandes arranjos de jazz da execução tonal. Às vezes, eles também utilizam linhas de conexão com os pontos fixos da composição tradicional europeia – Xenakis, Shönberg, Ligeti, Penderecki – e incluem técnicas provenientes da nova música, como formas de notação gráficas, elementos aleatórios ou formas de execução estocásticas (dando espaço ao acaso).

Entretanto, não se pode afirmar, como fazem os músicos do neotradicionalismo, que o free jazz é uma "música clássica europeia". A composição de jazz – também no free jazz – exige uma atitude que é fundamentalmente diversa daquela que caracteriza a escrita ocidental para instrumentistas. Pois a arte de compor para improvisadores não consiste em adivinhar o que os músicos envolvidos vão tocar nem em concentrar-se sobre sua especialidade, mas, antes, em impelir os improvisadores a fazer algo que eles próprios não podiam imaginar. Por isso, a práxis da composição no jazz exige também a "humildade do não saber", como esclareceu John Corbett: "Ela significa que é preciso acreditar em algo desconhecido, algo que é tão frágil quanto a improvisação." Todo compositor de jazz – também o de free jazz – está mais ou menos ligado a essa máxima (cunhada definitivamente por Duke Ellington): "Descubra a identidade de uma banda nas vozes de seus membros e, então, reúna essas identidades e engendre algo novo!"

"Minha atitude ao compor é tomar determinadas coisas de que gosto e ver se elas podem ser aplicadas a um contexto coletivo, para que então as pessoas improvisem de um modo como elas nunca improvisariam". Palavras do saxofonista e clarinetista de Chicago Ken Vandermark. Em seu Territory Band (um grupo de improvisação transatlântico formado por músicos norte-americanos e europeus), ele constrói na oposição entre os solistas – que ocasionalmente são conduzidos a uma unidade – técnicas ampliadas provenientes da Europa, bem como da improvisação aberta, livre, do jazz clássico e de outros estilos e idiomas. "Na música que vem do free jazz muito pouco é trabalho de composição. Acredito que a música de improvisação livre se transformará através de meios composicionais. Penso que a composição é o que levará a improvisação para outro lugar."

ROCK BIG BANDS

No começo dos anos de 1970, o jazz orquestral se dividiu em três correntes:

1. O desenvolvimento do free jazz orquestral, sobre o qual acabamos de falar.
2. O desenvolvimento das *big bands* convencionais sob o influxo das tendências contemporâneas.
3. As chamadas *rock big bands*.

Naturalmente, daí surgiriam diversas combinações entre elas.

Falemos, primeiramente, das *rock big bands*, conjuntos como Blood, Sweat & Tears, Chicago, Dreams, The Flock, em que o termo *big* precisa de fato ser destacado na medida em que, na maior parte dos casos, essas bandas são formadas por sete a onze integrantes. Trata-se, portanto, de bandas relativamente pequenas, as quais, de acordo com a regra das *big bands* convencionais de jazz, não podem ser consideradas grandes. Apesar disso, é comum chamá-las de *big bands*, já que, em comparação com as formações de três ou quatro músicos de um grupo de rock, elas são realmente "grandes" e, com a ajuda da amplificação eletrônica, conseguem obter aspectos de uma execução por naipes, como é característico das *big bands*. É bom lembrar que as *big bands* de jazz no começo de seu desenvolvimento nos anos de 1920 possuíam apenas de oito a onze músicos. Talvez no caso das bandas de rock o círculo tenha se fechado nesse formato. Havia pelo menos a possibilidade de que as *rock big bands* efetivassem um desenvolvimento semelhante ao das *big bands* de jazz. Entretanto, isso não aconteceu.

Em geral, as *rock big bands* apresentam uma rigidez e falta de agilidade bastante peculiar, lembrando, em certos aspectos, a orquestra de Stan Kenton dos anos de 1940. Talvez realmente haja aqui uma conexão, pois sabemos que muitos jovens que tocam nas *rock big bands* começaram sua vida musical nas orquestras de escolas e universidades, por sua vez fortemente marcadas por Kenton e sua Clinic.

Nesse caso, o resultado musical geralmente é inversamente proporcional aos meios. Ao contrário da maioria das outras formas de rock, as *rock big bands* não tiraram proveito de sua tradição, vale dizer, da tradição das *big bands* de jazz. Os sopros, na maioria das vezes, não fazem mais do que reproduzir orquestralmente *riffs* de guitarra. A forma como os instrumentos de sopro são trabalhados é tão simples que faz pensar em arranjadores iniciantes, completamente alheios aos segredos dos naipes orquestrais, aqueles do jazz ou da música de concerto. Até a segunda metade dos anos de 1970, apenas Frank Zappa havia descoberto para o rock possibilidades musicais correspondentes na forma e na ambição às dos mestres das *big bands* de jazz. Mas é importante saber que Zappa não começou, como todos os outros, com jazz, blues ou rock. Nas entrevistas, ele sempre contava que a experiência-chave que o conduziu à música veio de Edgar Varèse, o grande compositor de música de concerto moderna, que já nos anos de 1920 não só tinha formulado como resolvido muitos dos problemas que se tornariam importantes para a cena da música "clássica" no séxulo XX: os problemas relativos ao ruído, à eletrônica, à percussividade, à técnica de colagem, à *density* (densidade) musical etc. Na primeira metade dos anos de 1950, desconhecido e sem chamar a atenção de ninguém, Zappa frequentou "os cursos de música contemporânea" em Darmstadt (Alemanha), que reuniam quase todos os compositores que modificaram a cena da música de concerto contemporânea de forma tão radical: Boulez, Stockhausen, Nono, Bernd Alois Zimmermann, Ligeti, Henze, Kagel, Berio.

Esse é o mundo que marcou Zappa e que ele nunca abandonou interiormente, ainda que ninguém tenha se dado conta disso. Dele vinha sua excentricidade, bizarrice e pose, ao mesmo tempo irônicas e sinceras. No fim de sua carreira o círculo se fechou: pouco antes de sua morte em 1993, ele deu um concerto com o Ensemble Modern e o Kronos Quartet, dois conjuntos de ponta da *nova música*.

A música de Zappa possui turbulências que contrariam toda expectativa, que atentam contra os músicos de rock medíocres e alguns clichês do jazz. Havia nele um arranjador que pensava em Charles Ives, os Orioles, Arnold Shoenberg e Lightnin' Hopkkins, que coroava com longos e técnicos solos de guitarra uma música que pode ser definida como "zappesca". Os eventos da banda eram caóticos apenas na superfície, pois no fundo obedeciam a uma coreografia exata, eventos em que Zappa, com ritmos e mudanças complicadas de compasso, dava aos músicos todo o espaço para improvisação.

A maioria dos críticos recebeu o álbum *The Grand Wazoo*, de 1972, como o ponto alto da música de Zappa. Nele foram constatadas influências de Miles Davis, John McLaughlin, Manitas de Plata, Gil Evans, Kodály, Prokofiev, Stravinsky, Kurt Weil e outros. O crítico Harvey Siders definiu uma das peças de *Grand Wazoo* como "um dos melhores casamentos que já ouve entre o jazz e o rock".

BIG BANDS FOREVER: OS ANOS DE 1970

Se, de um lado, há poucas obras convincentes no âmbito das *big bands* de rock, de outro, desde o começo dos anos de 1970, é crescente a quantidade de produções grande-orquestrais nesse formato. Logo, não se pode falar do fim das *big bands*. Muitos *bandleaders* e arranjadores importantes têm mostrado que a *big band* convencional continua dispondo de um leque significativo de possibilidades. Os melhores representantes dessa década são: nos Estados Unidos, Don Ellis, Buddy Rich, Louie Bellson, Thad Jones/Mel Lewis, Toshiko Akiyoshi/Lew Tabackin; na Europa, Clarke-Boland Big Band e Chris McGregors Brotherhood of Breath, além de inúmeros arranjadores e *bandleaders* que há décadas pertencem ao mundo das *big bands* de jazz, mantendo a vitalidade de sua música na mudança dos tempos. Seus nomes já foram mencionados: Woody Herman, Count Basie, Maynard Ferguson, entre outros.

Essa ampliação do panorama das *big bands* não se deve apenas ao aparecimento periódico de novas possibilidades, mas também ao fato de que praticamente todas as possibilidades constituídas ao longo de cinco décadas de história nunca foram esquecidas.

Don Ellis, morto em 1978, veio do sexteto de George Russel no começo dos anos de 1970. Ele estudou música indiana com Hari Har Rao. Sua especialidade era o uso de novos metros e séries rítmicas. De fato, antes dele, outros músicos já tinham aberto o campo das assimetrias no jazz: Thelonious Monk, Max Roach, depois Dave Brubeck, Sonny Rollins e, já nos anos de 1930, Fats Waller e Benny Carter. No entanto, ninguém foi tão longe nisso quanto Don Ellis. Em suas palavras:

> Se era possível tocar em um compasso de nove tempos – divididos em 2-2-2-3 –, então eu pensei que deveria ser possível formular compassos ainda mais longos. Isso me levou ao desenvolvimento de compassos como 3-3-2-2-2-1-2-2-2 (19). Eu busquei muitas outras divisões desse compasso de dezenove tempos, mas esse foi aquele que proporcionou mais swing. O compasso mais longo que eu usei até hoje foi de 85 tempos.

Muitos dos compassos de Ellis parecem operações matemáticas – por exemplo, um blues em onze tempos (11/4), que Ellis divide em três compassos de $3^{2/3}/4$, obtendo leveza e balanço naturalmente. Uma vez, Ellis falou com ironia que se a orquestra toca um 4/4 tradicional, é melhor explicá-lo como um "5/4 – 1" (cinco por quatro menos um), senão a coisa perde a graça.

De outro lado, Buddy Rich, morto em 1987 – um dos grandes bateristas de jazz, como já mostramos na seção "A Bateria" do capítulo "Os Instrumentos do Jazz" –, renunciou a todos os experimentos. Sua *big band* fazia grandes "homenagens" à técnica e à sensibilidade espetacular de seu líder. A *big band* de Buddy Rich realizava *show business* no sentido convencional, mas de um modo tão profissional e estimulante que conseguiu atrair também o público jovem. O repertório da banda ia de músicas como "Evergreens" a temas de jazz clássico e canções de rock contemporâneas.

Outro baterista célebre que nos anos de 1970 e de 1980 fez gravações com *big bands* é Louis Bellson. Mas ele não aparece tanto como a estrela central: como baterista ele assumiu um papel subordinado para apresentar arranjos musicais convincentes, nos quais a grande tradição das *big bands* se mistura à atmosfera de rock dos anos de 1970.

Muitas dessas bandas – por exemplo, as de Buddy Rich, Louie Bellson, Maynard Ferguson – recrutaram e recrutam seus músicos entre os egressos das escolas de jazz nos *colleges* e nas universidades dos Estados Unidos. Em muitos aspectos, pode-se dizer que, por causa da grande formação que esses jovens músicos recebem, as orquestras se tornam cada vez melhores. Tecnicamente, esses jovens podem tudo. Na leitura de partitura, eles são imbatíveis. Eles tocam cada vez mais agudos e cada vez mais rápidos. Mas a individualidade, o objetivo mágico de um músico de jazz, costuma estar ausente nesse caso. E isso aponta para um problema da pedagogia musical: individualidade não é algo que se ensina. Ela precisa crescer como uma planta. No mundo midiático moderno, com seus programas de rádio e televisão, e seus videoclipes de músicas que soam praticamente iguais umas às outras, dificilmente a "planta" da individualidade consegue crescer. Os *colleges* norte-americanos, tão exemplares para o mundo, deveriam dedicar mais atenção a esse problema.

Mas precisamos novamente recuar alguns anos e lançar um olhar para a Europa: a *big band* de Clarke e Boland mostrou o quanto a tradição das *big bands* pode permanecer viva ainda que não se faça nenhuma concessão às inclinações da época. Sob a direção do patriarca da bateria Kenny Clarke e do arranjador belga Francy Boland, alguns dos mais conhecidos *american expatriates* (expatriados norte-americanos) residentes na Europa se reuniram nos anos de 1960 com músicos europeus, entre eles os trompetistas Benny Nailey, Art Farmer e Idrees Sulieman, os saxofonistas Herb Geller e Sahib Dhihab, o trombonista sueco Åke Persson, o trompetista alemão Manfred Schoof e os saxofonistas ingleses Ronnie Scott e Tony Coe. Na bateria, ao lado de Kenny Clarke, sentava-se um músico inglês que se assemelhava ao famoso baterista não apenas no modo de tocar, mas também no nome: Kenny Clare. Ele complementava a musicalidade e a sensibilidade estilística de Clarke de um modo impressionante e com uma confiança profissional. Às vezes, com sua juventude, Clare também compensava algumas deficiências físicas do velho mestre.

Os arranjos do pianista Francy Boland foram por muitos anos os "mais tradicionais para *big band* contemporânea" dedicados à herança do jazz clássico moderno. Especialmente convincentes são os álbuns *Sax No End*, com os dois sax-tenoristas Johnny Griffin e Eddie "Lockjaw" Davis, e *Faces*, pequenos retratos musicais de cada integrante da banda. Infelizmente, ela se desfez no momento em que principiava a atrair um público maior, no começo dos anos de 1970.

Praticamente na mesma época surgiu a Peter Herbolzheimers Rhythm Combination & Brass, a *big band* europeia mais profissional dos anos de 1970 aos de 1990, com muitas concessões ao gosto do momento, mas sempre com força swingante. Ela contou com a presença de alguns dos melhores músicos europeus (e alguns norte-americanos também). Típico dos arranjos de Herbolzheimer é a sua maneira orgânica de unir a tradição do jazz swingante com os ritmos latinos e os elementos do jazz rock.

Em 1972, o pianista suíço George Gruntz fundou sua Concert Jazz Band (no começo apenas The Band). Tratava-se de uma orquestra de grandes estrelas que estava menos voltada ao ideal sonoro norte-americano que aos princípios compositivos europeus, clássicos e contemporâneos. Como arranjador, George Gruntz se revelou um mestre na busca de novas combinações sonoras e na escrita para além de contextos existentes – por exemplo na execução com Basler Pfeifer e e com a banda escocesa Highland, na cooperação com o compositor Rolf Lieberman ou em projetos como *Jazz goes Baroque* e *Percussion Profiles*. A Concert Jazz era um coletivo musical alegre, em que a *serious fun* (diversão séria) era o centro – a expressão individual de cada músico gozava de prerrogativa em face da ordem e da disciplina dos naipes. Essa ideia de uma "orquestra só de solistas" até hoje é desenvolvida por George Gruntz de modo consequente. A história da banda com mais de treze álbuns e mais de 150 integrantes (com solistas como Joe Henderson, Lew Soloff, Ray Anderson, Tom Harrell e Steve Turre) pode ser visto como um *who's who* do jazz contemporâneo.

De todas as *big bands* mais novas, a mais convincente em termos musicais por praticamente toda a década de 1970 foi a orquestra Thad Jones/Mel Lewis, que por anos podia ser ouvida no Village Vanguard, em Nova York. Seus dois diretores, o trompetista, compositor e arranjador Thad Tones e o baterista Mel Lewis não faziam concessão ao espírito roqueiro da época, mas conseguiram, apesar disso, atrair um grande público e criar um jazz grande-orquestral que, a seu modo, sabia ser contemporâneo. As experiências de todas as épocas do jazz, incluindo a música de John Coltrane e da era pós-Coltrane, afluíam às composições e arranjos executados por uma elite de músicos de Nova York que tinha em Thad Jones o seu principal vetor. As composições e os arranjos de Thad Jones são obras magníficas de surpreendente criatividade, cheias de contrastes e giros inesperados. Ele descortinou para o *mainstream* tradicional das *big bands* um novo mundo de possibilidades harmônicas, melódicas, rítmicas e também técnicas.

Infelizmente, em 1979, Thad Jones e Mel Lewis se separaram. Jones dirigiu por sete anos a Danish Radio Jazzorquestra, em Copenhague (Dinamarca), uma das orquestras de maior swing existentes hoje na Europa. Em 1985, um ano após a morte de Count Basie, Jones assumiu a direção da Basie Orquestra. Um ano depois ele próprio veio a falecer. O *mainstream* esclarecido do jazz perdeu com sua morte um de seus mais significativos compositores e arranjadores.

Desde os anos de 1980 até sua morte em 1990, foi Mel Lewis quem melhor deu continuidade à tradição da orquestra de Nova York e a seu som compacto, denso. Ele contou com o aporte de novos arranjadores, como Bob Brookmeyer e Bob Mintzer. Não apenas nas peças conhecidas, sofisticadas e swingantes de Jones, mas também em tudo o que ele tocava, podia-se perceber o *composer touch* inconfundível de Thad Jones. Com muitos *riffs* e longos solos, Lewis trouxe para a sua *big band* o espírito flexível das pequenas formações. Com seu som compacto, espesso e seus *charts** difíceis, a tradição Thad Jones/Mel Lewis se perpetuou através da Vanguard Jazz Orchestra. Seus arrebatadores arranjos de swing são criados pelo *composer in residence*** Jim McNeely.

Nesse meio-tempo, outra orquestra registrou seu nome: a Toshiko Akiyoshi/Lew Tabackin Big Band, de Los Angeles, que, de 1978 até meados de 1980, foi eleita por um grande número de especialistas como a melhor *big band* de jazz. Essa orquestra é marcada por composições e arranjos do pianista japonês Toshiko Akiyoshi. Toshiko escreve peças longas de dezessete a vinte minutos, que não são suítes no sentido tradicional da palavra, mas histórias orquestrais narradas do começo ao fim. Essa ideia de uma *programmatic music* foi desenvolvida por Toshiko primeiramente em 1974 na obra "Tales of a Courtesan" e, desde então, tornou-se um princípio constitutivo de suas composições. "Peças longas são pouco comuns no jazz. Tradicionalmente, o jazz está ligado à forma da canção, por isso as peças tendem a ser pequenas. O próprio Duke Ellington escreveu bem poucas suítes em comparação com o número de suas canções", diz Toshiko. "Quando analiso o que faço, penso que tenho em muitos casos a tendência a escrever – vamos chamar assim – em camadas sonoras. Em outras palavras, eu ouço um som e gosto de encontrar outro que se sobreponha a ele. É como uma fotografia com dupla exposição". Característicos dos arranjos de Akiyoshi são a riqueza e o refinamento de suas cores harmônicas. Especialmente original é o grupo de flautas a cinco vozes que Toshiko formou com os membros de sua orquestra (Lewis Tabackin na voz principal). Ele tenta ampliar o grupo de saxofones através do emprego de flautas e clarinetes de diferentes tipos. Ele também procura resgatar a música de sua pátria, por exemplo, o *gagaku*, a música de corte mais antiga do *tennos* (imperador) japonês.

BACK TO THE BASICS: O PÓS-MODERNISMO DOS ANOS DE 1980

A tradição das grandes *big bands* continuou a se renovar. Muitas orquestras – no mundo inteiro – participaram desse processo. Entre as mais importantes dos anos de 1980 estão: Jaki Byards Apollo Stompers, Ed Shaugnessys Energy Force, Nat Pierce' und Frank Capps Juggernaut, Rob McConnell's Boss Brass, Charlie Persips Superband, Bob Mintzer Big Band, Illinois Jacquet Orchestra e American Jazz Orchestra (sob a direção do pianista John Lewis).

* Na linguagem do jazz, *chart* é a parte escrita da música, sua imagem gráfica. (N. da T.)

** Termo que designa quem, por convite ou em virtude de prêmio ou bolsa, passa uma temporada trabalhando com a orquestra. (N. da T.)

Em suma, pode-se constatar desde o começo dos anos de 1980 uma clara "volta da tradição" à cena das *big bands*. O cenário não é mais dominado pelas *big bands* de free jazz nem pelas *big bands* de rock, mas pela formação tradicional (quatro trompetes, quatro trombones, um naipe de saxofone a cinco vozes – tudo isso com pequenos desvios, alterações e acréscimos). E quarenta anos depois do tempo em que se começou a falar na "morte" das *big bands*.

Finalmente, surgiriam grandes orquestras capazes de elaborar criativamente elementos do rock sem cair na rigidez e falta de inspiração que foram típicas das *rock big bands* de antigamente. O mais importante *ensemble* vinculado a essa vertente foi a Gil Evans Monday Night Orchestra (cf. a seção "Gil Evans e George Russell" deste capítulo). Mas também a Bob Mintzer Big Band, a Jaco Pastorius Big Band, Edward Wilkersons Shadow Vignettes; na Europa, a United Jazz & Rock Ensemble, Loose Tubes, da Inglaterra, bem como Young Power, da Polônia – todos eles revitalizaram e ampliaram a sonoridade do jazz rock com a paleta de sensibilidade do jazz contemporâneo. O baterista e compositor Bob Moses, conhecido por sua execução com Gary Burton e Pat Metheny, é um criador que se beneficia de uma fantasia pictórica incomum. Ele escreve menos por "naipes" que por "texturas" – sobreposições sonoras suaves, em tons pastéis, cintilantes, que abrigam a magia das músicas africana e indiana e absorvem o elã movente do jazz rock (Miles Davis, sobretudo) e do jazz moderno (Gil Evans, Monk, mas também Ellington). Já os títulos das peças de seus dois álbuns altamente elogiados pela crítica *When Elephants Dream of Music*, de 1982, e *Visit with the Great Spirit*, de 1983, refletem algo da força pictórica extraordinária de sua música: "Black Orchid", "Lava Flow", "Machupicchu", entre outras.

O virtuosismo do baixista elétrico Jaco Pastorius por muito tempo roubou a cena do compositor e arranjador Pastorius. Injustamente, pois a orquestra de jazz que ele dirigiu no fim de sua carreira criou um panorama estilístico iridescente entre o *mainstream* e o jazz rock. De fato, Jaco – como Quincy Jones – teve bons arranjadores, que trabalharam para ele como *ghostwriter*. Mas as ideias harmônicas do compositor para *big band* Jaco Pastorius eram complexas e altamente desenvolvidas. Elas mostram que o dirigente de *big band* Pastorius foi a consequência lógica do solista e baixista elétrico Jaco: daquele que pensava e tocava predominantemente de modo orquestral.

Bob Mintzer foi o primeiro compositor a escrever de modo realmente diferenciado no âmbito do *fusion*, influenciado tanto pelo jazz rock quanto pela renovação do *mainstream jazz*. De modo consequente, ele trouxe algo da qualidade sólida e compacta das *big bands* swingantes para a estética do jazz rock. Esse sax-tenorista, por intermédio de Buddy Rich, passou a escrever arranjos importantes para Louie Bellson e Jaco Pastorius. Sua própria orquestra surgiu nos anos de 1980 a partir de uma iniciativa conjunta dos músicos de Nova York cansados do *studio business*. Com solistas como Randy Brecker, o pianista Don Grolnick e o baixista Lincoln Goines, a *big band* de Bob Mintzer foi uma ilha de criatividade no meio do deserto comercial do cotidiano de estúdio de Nova York.

O inglês Mike Gibbs foi, nos anos de 1980, um compositor e arranjador tão solicitado que se dividiu entre os Estados Unidos, onde fez arranjos para Pat Metheny e John MacLaughlin, e Londres, onde realizou seus próprios projetos orquestrais. Em suas composições ele combina influências de Gil Evans e Oliver Messiaen com ritmos de rock possantes e melodias simétricas. Mike Gibbs, em sua escrita ampla, de timbres exuberantes, cultivou um som que marcou muitas orquestras de jazz europeias. Esse som "aberto", quase sinfônico, diferencia-se claramente das *big bands* norte-americanas que tendem ao estilo firme, enérgico de Thad Jones/Mel Lewis.

O United Jazz & Rock Ensemble, iniciado pelo pianista Wolfgang Dauner em 1975 e dissolvido em 2003, contando com músicos como Barbara Thompson, Charlie Mariano, Albert Mangelsdorff, Eberhard Weber e Jon Hiseman, em termos de grande conjunto, foi a formação mais popular e bem-sucedida da Europa. Isso porque ele deu ao jazz rock orquestral algo que nesse campo é muito raro de se ver: um som polido e agradável, *melos* sem afetação. O United Jazz & Rock Ensemble se valeu da grande individualidade de cada um dos músicos. Ao longo de seus 27 anos de atividade, com praticamente a mesma formação, ela foi sempre uma orquestra-workshop, sem a precisão mecânica das outras *big bands* e com o brilho perfeito de músicos que tocam com leitura à primeira vista, mas com uma rara estrutura "democrática" e comunicativa.

Em termos estilísticos, estamos já a um passo da orquestra britânica Loose Tubes, que marcou a transição para o jazz pós-moderno. A banda de 25 integrantes gira em torno do tecladista Django Bates. Seu humor anárquico nasceu em meio a um caos radiante de estílos, em que música sul-africana, Weather Report, bebop, música árabe, *country & western*, música livre são jogados no mesmo caldeirão e transformados em expressão da mais pura alegria vital. A disposição de Bates para correr riscos musicais e participar de aventuras fez dele um dos grandes arranjadores do jazz europeu contemporâneo. Nos anos de 1980, ele foi membro do Bill Bruford's Earthworks e, em 1991, formou uma orquestra com dezenove integrantes: a Delightful Precipice. Seu modo de tocar, calculadamente "louco", possui um método. No *patchwork* estilístico de Bates, Bach, soul, música africana *township*, jazz rock e elementos do free jazz formam uma conexão cheia de humor bizarro e presença emocional. "Há pouquíssima coisa voltada para o riso na música", disse ele.

Assim como o Loose Tubes nos anos de 1980 se tornou o embrião da cena "branca" do jazz britânico contemporâneo (de onde saíram músicos como Steve Arguelles, Ian Ballamy, Django Bates), a orquestra Jazz Warriors, iniciada por Courtney Pine e Gary Crosby, tornar-se-ia o trampolim para a elite do jazz afro-britânico. Com solistas como Steve Williamson, Cleveland Watkiss e Julian Joseph, o Jazz Warriors criou uma linguagem orquestral rude, marcada por *grooves*, pondo-se entre o reggae e o soul, a tradição das *big bands* norte-americanas e europeias e produzindo uma *black music* afro-britânica bem própria. Já a orquestra Young Power, formada por dezoito homens e regida pelo flautista polonês Krzystof Popek, transpôs o conceito do free funk "harmolódico" desenvolvido por Ornette Coleman para a realização orquestral de um modo robusto, especialmente expressivo, multiestilístico.

No entanto, além da utilização de elementos do rock, há outros resultados possíveis fora da formação convencional das *big bands*. O significado das grandes formações de David Murray para o jazz contemporâneo já foi discutido na seção "Wynton Marsalis e David Murray" do capítulo "Os Músicos do Jazz". Ainda mais importante nesse sentido foi o pianista, compositor e arranjador da AACM, Muhal Richard Abrams, nos anos de 1980. Ele abriu ao free jazz toda a paleta sonora das *big bands* negras "clássicas" de um modo extremamente coerente: das raízes da música afro-americana de Duke Ellington, passando por Benny Carter, Don Redman e Fletcher Henderson e depois por todo o jazz arcaico, para então retornar à África. Tudo isso pode ser visto em todas as suas composições, marcadas por um brilho abstrato, mas impregnadas de blues *feeling*. O incrível é que as orquestrações de Abrams, ligadas a um saber tradicional em relação à lógica das *big bands* e às estruturas compositivas, possuem um efeito mais vivo e moderno do que algumas orquestras "livres" que se desvencilham das normas musicais. Anthony Braxton: "Na música de Muhal, ouço vozes sobre o futuro advindas de tempos primordiais."

Outras duas orquestras extraordinárias vieram da Europa nos anos de 1980: a Vienna Art Orchestra, formada pelo compositor suíço Mathias Rüegg em 1977 em Viena (Áustria), e a New Jungle Orchestra de Pierre Dørges, na Dinamarca. Com piadas neodadaístas, contradições imprevisíveis e uma boa dose de "humor vienense", a Vienna Art Orchestra reflete na mesma proporção a tradição europeia e norte-americana: Mozart e Mingus, Satie e Ellington, Stravinsky e Basie, além de muitas referências ao folclore dos Alpes (sobretudo ao *Ländler**). "Dificilmente outra *big band* europeia une a tradição norte-americana do jazz com as aquisições da Europa moderna de modo tão refinado e natural", escreveu um crítico. Primorosas são também as fusões complexas entre composição e improvisação que marcam as suítes geralmente longas da Vienna Art Orchestra. Em grande medida foi graças a essa unidade não apenas musical, mas também humana, que a Vienna Art Orchestra se tornou a grande *big band* europeia de jazz pós-moderno, reconhecida em inúmeras turnês – com solistas como Wolfgang Puschnig (sax-alto), Herbert Joos (*flugelhorn*), Klaus Dickbauer (clarinete) e Christian Muthspiel (trombone). Outra característica da Vienna Art Orchestra é a integração orgânica de acrobacias vocais barulhentas no contexto da *big band* (brilhantemente representadas pela norte-americana Lauren Newton e a francesa Anne Lauvergnac, que cantam de modo mais livre e tranquilo na orquestra do que em seus próprios grupos). Como compositor, Rüegg aponta novos caminhos para o jazz europeu das grandes orquestras, obtendo resultados não ortodoxos através de experimentos *freakish* e da integração de grupos sonoros inabituais (a partir de instrumentos como o *alpenhorn*, a marimba, a trompa tibetana, a escaleta, o flautim e o sintetizador). Para além de toda paródia evidente, ele desenvolveu com força a arte das citações e, no entanto, em cada nota escrita, ele consegue ser ele mesmo. Suas "piadas" e suas ideias são inesgotáveis.

Aquela que também se distancia do som convencional das *big bands* é a New Jungle Orchestra. Seu dirigente é o guitarrista dinamarquês Pierre Dørge, que, com sua escrita "aberta" e desconexa e suas misturas híbridas de jazz e música do mundo se tornou estandarte orquestral do world jazz europeu – uma celebração alegre e cheia de vida da música africana, asiática e latino-americana filtrada pela experiência do jazz europeu. De 1993 a 1996, a New Jungle Orchestra se chamava Ensemble Nacional da Dinamarca. Dørge se aproximou das grandes culturas musicas do mundo na metade dos anos de 1970, quando John Tchicai lhe fez ver que tudo aquilo que Dørge, na época uma fã do free jazz, considerava ser um produto da música ocidental experimental existia há muitos anos na música africana, latino-americana e asiática. Dørge estudou na Gâmbia a música para balafone e kora dos *griots*. Há 24 anos a New Jungle Orchestra, com seu world jazz vital, alegre, constitui um dos eixos da cena dinamarquesa de jazz contemporâneo. A maior parte dos arranjos são de Dørge, mas também o saxofonista John Tchicai escreve para a orquestra, em que atuam solistas como Harry Beckett, Johnny Dyani (morto em 1986) e o percussionista Marilyn Mazur.

Também é importante a formação que se tornou conhecida em 1979 com a chamada "Havana Jam", da gravadora CBS, e que desde então passou a ser apreciada pelo mundo inteiro. Trata-se da orquestra Irakere, dirigida pelo compositor e pianista Chucho Valdés. Irakere faz uma síntese única entre jazz, rock, os ritmos *son* e *bata* do ritual da Santeria cubana. A fundação do grupo, em 1973, segundo os críticos latino-americanos, assinala o começo do jazz contemporâneo em Cuba.
A "Missa Negra", de Chucho Valdés, é um ritual de música negra que aponta tanto para as origens africanas quanto para os tempos

* Dança folclórica em compasso ternário típica da Baviera e dos Alpes austríacos. (N. da T.)

atuais. Com seu virtuosístico jazz orquestral afro-caribenho, Irakere criou um modelo para várias outras grandes formações cubanas (entre elas a banda Cubanismo centrada no trompetista Jesus Alemañy). Até hoje Irakere funciona como uma fábrica para a produção de músicos cubanos de excelência. A lista de músicos que saem dessa orquestra compõe um *who's who* da elite do jazz cubano: o saxofonista Paquito D'Rivera, o trompetista Arturo Sandoval, o flautista Orlando "Maraca" Valle, o baterista Ignacio Berroa e o percussionista Miguel "Anga" Diaz.

ORQUESTRA DE REPERTÓRIO, EUROPA E MULTIPLICIDADE DE ESTILOS: OS ANOS DE 1990

A redescoberta da tradição do jazz também no contexto da *big band* conduziu a uma valorização de elementos clássicos e dos *standards*. Por isso, não é de se espantar que os anos de 1990 tenham assistido ao surgimento de uma quantidade imensa de *big bands* de jazz que diversificaram e desenvolveram a grande herança do jazz orquestral sob um prisma neotradicional.

Uma tendência evidente dos anos de 1990 foi o desenvolvimento das "orquestras de repertório", isto é, de *big bands* que fazem atualizações e adaptações de clássicos do jazz para o formato da grande orquestra. O modelo para esse tipo de *big band* que conserva intencionalmente a tradição do jazz é a Lincoln Center Jazz Orchestra (LCJO), com Wynton Marsalis como diretor artístico. Ainda que Wynton rejeite veementemente o conceito de "orquestra de repertório", a LCJO às vezes irradia a aura de um monumento em pedra erguido em homenagem ao swing e ao neo-swing. No entanto, ela não apenas possui o brilho de solistas arrebatadores, virtuoses, como também, através de concertos periódicos, constitui uma base importante para a excelência orquestral no jazz straight-ahead. É bastante arriscado fazer um balanço conclusivo da LCJO. De um lado, ela procurou fundir numa linguagem contemporânea o som de Duke Ellington com realizações solísticas atuais (em arranjos de Wynton Marsalis, Wycliffe Gordon e Andy Farber); de outro, ela raramente conseguiu mais do que despertar a nostalgia do original. Em 1998, a LCJO passou sete meses *on the road* com concertos em 75 cidades do continente.

Com o sucesso da Lincoln Center Jazz Orchestra, os anos de 1990 viveram uma onda de orquestras de repertório empenhadas em homenagear e preservar a tradição clássica das *big bands* por meio de uma linguagem contemporânea. Apesar do brilho técnico dessas orquestras, muitos críticos observaram que não basta interiorizar o som de Ellington e Basie sem criar algo novo. Disse Uri Caine:

> Se você realmente quer tocar Duke Ellington, então você também precisar atentar para a fluência e a abertura ao novo de Duke Ellington. Logo, você não pode soar como uma *high school big band* que interpreta partituras de Ellington. Eis um dos mistérios de Ellington. Ele sempre encontrou um jeito de fazer com que o velho soasse novo.

Apesar disso, essas *big bands* alinhadas ao *mainstream* do swing souberam produzir sonoridades emocionantes. Há muitos exemplos: a John Fedschock Big Band, a Clayton-Hamilton Jazz Orchestra (com o baixista John Clayton e o baterista Jeff Hamilton), a American Jazz Orchestra, a Vanguard Jazz Orchestra (que sucedeu a banda Thad Jones/Mel Lewis), o Bill Kirchner Nonet, a Robert Farnon Band, a Carnegie Hall Jazz Band (dirigida pelo trompetista Jon Faddis), a Gary Wofsey Orchestra e a Mike Holober and the Gotham Jazz Orchestra.

A John Fedchock Big Band é um *ensemble* de dezesseis integrantes que se equilibra entre *standards* e composições próprias. Com seus densos *voicings* e suas leves melodias de swing, ela faz o meio de campo entre o *mainstream* e as formas modernas do straight-ahead acústico. Mike Holober encontra em sua Gotham Jazz Orchestra timbres não convencionais, porém belos.

"Como nenhuma outra formação de jazz, as *big bands* promovem e exigem uma consciência de grupo", disse o sax-tenorista Joe Lovano. De fato, uma orquestra de jazz sobrevive da (e com a) personalidade e "disciplina" de seus membros. Já faz décadas que as execuções de rigor das *big bands* vêm servindo para que padrões técnico-instrumentais sejam submetidos à prova e comparados entre si. Talvez também seja por isso que o ensino do jazz tenha prosperado associado a um interesse crescente pelas orquestras de jazz.

Nesse sentido, a cena das *big bands* nas *high schools*, nos *colleges* e nas universidades dos Estados Unidos representa uma importante "plataforma". De fato, existem centenas de grandes orquestras de swing de todos os tipos imagináveis (e também inimagináveis). Elas são a "plataforma" viva para as *big bands* profissionais de amanhã. Algumas delas são tão boas que até podem ser comparadas com as mais famosas grandes orquestras de hoje. Quem conhece essa cena em sua vitalidade dará uma boa risada se alguém lhe perguntar se as *big bands* morreram.

No entanto, o problema de muitas *big bands* universitárias é o *deficit* em termos de fisionomia musical. Disse Jim McNeely:

> As bandas universitárias são um espelho da personalidade de quem está à frente dela, e poucos dirigentes – como aqueles dos conservatórios de Miami, Texas setentrional e Nova Inglaterra – possuem não só a visão como também os recursos financeiros para desenvolver programas musicais criativos. Em termos quantitativos, a situação das bandas universitárias dos Estados Unidos é comparável à da Europa, mas em termos de orçamento e consistência qualitativa, não o é.

A pressão econômica dos anos de 1990 produziu um retraimento das *big bands* profissionais no cenário norte-americano. Em sentido inverso, as orquestras de jazz da Europa – em grande medida graças ao fomento estatal e à rede das *big bands* de rádio – estão bastante vivas, ricas e consolidadas. Hoje é natural que os grandes arranjadores e compositores norte-americanos de jazz – Bill Holman, Bob Brookmeyer, Vince Mendonza, Maria Schneider – venham três ou quatro vezes por ano à Europa para trabalhar com as *radio big bands* e outras orquestras de jazz, como a Metropole Orchestra, da Holanda, a Danish Radio Jazz Orchestra, de Copenhague, a UMO big band, da Finlândia, a WDR Big Band, de Colônia (Alemanha), e a NDR Big Band, de Hamburgo (Alemanha).

As *big bands* de rádio e as orquestras de jazz subsidiadas pelo Estado representam a espinha dorsal do jazz europeu orquestral. Em Hamburgo, por exemplo, a NDR Big Band (sob a regência de Dieter Glawischnigg e em colaboração com compositores como Colin Towns ou o letrista Ernst Jandl) viveu uma abertura estilística digna de nota. Também é notória a força com que a NDR Big Band, reunindo algumas vozes extremamente individuais do jazz alemão (Christof Lauer, Claus Stötter, Reiner Winterschladen, entre outros), conseguiu construir um som orquestral homogêneo.

A WDR Big Band, de Colônia, com seu propósito de apresentar material menos conhecido, desenvolveu um perfil orquestral individual. Ela é uma típica orquestra de exibições originais e de estreia e, para a realização de seus projetos, conta com a participação de Vince Mendonza, Maria Schneider, Clare Fischer e Lalo Schifren. Ela já se apresentou em todos os grandes festivais de jazz internacionais.

Esse mesmo tipo de ampliação e diferenciação do vocabulário das *big bands* foi conquistado também pela *big band* finlandesa UMO, que, fundada em 1975, tem um repertório que abrange mais de mil composições. A banda já trabalhou com artistas bastante diferentes entre si, como Natalie Cole, Muhal Richard Abrams, Billy Eckstine e Anthony Braxton. "Uma das melhores *big bands* com as quais eu já toquei", confessou entusiasmado Dizzy Gillespie.

No entanto, há mais de quarenta anos que a melhor orquestra de jazz de rádio da Europa é a Danish Radio Jazz Orchestra. Fundada em 1964, como nenhuma outra *big band* europeia, ela se beneficiou com um ilustre "elenco de celebridades", graças ao qual vários arranjadores convidados foram a Copenhague, dentre eles Frank Foster, Oliver Nelson, George Russell, Michael Gibbs e Mike Westbrook. Sua fama internacional firmou-se em grande parte graças a uma impressionante sucessão de importantes dirigentes, como Palle Mikkelborg, Thad Jones, Bob Brookmeyer, até Jim McNeely, que assumiu a banda em 1998.

É fácil perceber que o *mainstream* das *big bands* se deslocou dos Estados Unidos para a Europa. Não é por acaso que um dos maiores arranjadores norte-americanos, o trombonista de pista Bob Brookmeyer, possui seu próprio *ensemble* no velho continente: a New Art Orchestra. Essa *big band* surgiu em 1994 por ocasião de um *workshop* de composição no Schleswig-Holstein Musik Festival. A New Art Orchestra é formada por músicos dos Países Baixos, dos Estados Unidos e da Alemanha, dezoito pessoas que implementam e desenvolvem de modo absolutamente livre a música de Brookmeyer. Desde os anos de 1970, Brookmeyer tornou-se um dos mais importantes arranjadores do *mainstream* do jazz esclarecido, rendendo alta popularidade para a orquestra de Thad Jones/Mel Lewis, para a Gerry Mulligan Concert Jazz Band e para a sua própria banda. Nos anos de 1980, ele também refletiria o impulso advindo da música de concerto europeia. Suas especialidades são arranjos com trabalhos motívicos detalhados e interessantes fluxos de pensamento, além de um bom *feeling* para solistas. Por isso, Brookmeyer pode observar com um bem-humorado *understatment*: "Eu sou preguiçoso. Eu gosto de escrever pausas e melodias com semibreves para que os jovens possam tocar."

Mas foi também o competente conhecedor das *big bands* europeias Bob Brookmeyer que detectou o problema de muitas dessas *big bands* europeias (e de algumas norte-americanas): "Principalmente nas *big bands* europeias, os músicos possuem a tendência a serem levados nos braços e a ficarem simplesmente escrevendo, escrevendo, escrevendo, em vez de fazerem as coisas se desenvolverem e se abrirem".

Quem estudou com Bob Brookmeyer foi a norte-americana Maria Schneider, que talvez seja a compositora e dirigente de orquestra mais original do jazz contemporâneo desde Carla Bley. Suas peças possuem o fluxo narrativo de um romance que transporta o ouvinte para novos lugares, envolve-o numa espécie de *storytelling* orquestral e lança-o no meio das mais diversas atmosferas, cores e sentimentos. Maria Schneider foi assistente de Gil Evans quando ele se encontrava nos últimos anos de sua vida e aprendeu muito com ele a respeito do colorido orquestral, dos *voicings* brilhantes e das vantagens dos sons de madeiras e surdina. Schneider dá continuidade à linha de Gil Evans/George Russell. Sua orquestra, que, desde o começo dos anos de 1990, se apresenta toda segunda no Club Visiones, em Nova York, faz uma música com muito colorido. Ela tem um excelente ouvido para timbres e uma atenção especial para melodias individuais.

As composições de Maria Schneider não são feitas de tema e *chorus*, mas se realizam a partir de longos arcos de tensão, explorando misturas sonoras e desenvolvendo timbres delicados e originais. Suas *landscapes of sound* (paisagens sonoras) impressionam graças a um uso sagaz de texturas. Trata-se de um impressionismo orquestral, de esculturas sonoras esculpidas a partir de timbres brilhantes e intensificações dramáticas.

> Eu vejo minhas obras como pequenas personalidades. Elas são como meus filhos. Quando termino uma peça, leva um tempo para esquecer o quanto custou compô-la. Depois, de repente, ela já está separada de mim e a banda assume os cuidados com ela, formando-a e desenvolvendo-a. Por fim, ela terá sua própria vida.

Outras *big bands* importantes do jazz contemporâneo nos Estados Unidos dos anos de 1990 são a Dave Holland Big Band, a Hieroglyphic Ensemble, de Peter Apfelbaum, a Either Orchestra (de onde vieram John Medeski e Matt Wilson), a banda Orange Then Blue, a McCoy Tyner Big Band, a Mingus Big Band, a Jason Lindner Ensemble, assim como a orquestra do argentino residente em Nova York Guillermo Klein.

A Hieroglyphic Ensemble, fixada em São Francisco em torno do sax-tenorista Peter Apfelbaum, com seus *riffs* hipnóticos que oscilam entre o *afrobeat*, o reagge e a linguagem dos tambores da África ocidental, encontrou um caminho para o world jazz no formato grande-orquestral. "Peter Apfelbaum compõe como eu mesmo comporia caso escrevesse para *big bands*", foi o elogio do trompetista Don Cherry.

"O melhor é quando uma *big band* soa como um pequeno conjunto", disse Herb Pomeroy certa vez. A McCoy Tyner Big Band, que existe desde 1980, toca com muita força e emoção, além de uma clara influência de Ellington. Todavia, ela possui o *loose feeling* de um pequeno conjunto – com seus *shout choruses**, *riffs* e breves passagens desenhadas para *ensemble*, espelhando a personalidade de seu pianista e maestro Mc Coy Tyner.

Em sua música para *big band*, Guilermo Klein reúne as influências de Steve Reich e Johann Sebastian Bach à riqueza do folclore argentino (dos tangos e milongas aos ritmos e melodias gaúchos). Ele utiliza a arte do contraponto barroco, *fugatas* e cânones, bem como sobreposições de *pattern* das músicas africana e minimalista, para, desse modo, transformar as raízes argentinas em jazz contemporâneo. Uma marca de Klein é dispor ideias contrapontísticas em *riffs*. A partir de sua indicação, os músicos executam células rítmico-melódicas de duas ou três partes num andamento qualquer escolhido por eles. Dessa forma, eles produzem sobreposições de camadas rítmicas que recordam, através de uma linguagem bastante contemporânea, a banda de Don Ellis dos anos de 1970.

Com interpretações ásperas, rudes e pesadas da música de Charles Mingus, a Mingus Big Band vem atuando de modo espantoso desde os anos de 1990. Essa orquestra de jazz organizada pela viúva de Mingus, Sue Evans, não quer ser mera apropriação musical de um morto, como é o caso de algumas orquestras montadas em cima da obra de grandes jazzistas falecidos – as chamadas *ghost bands*. Ao contrário, a Mingus Big Band é um coletivo cheio de vitalidade e alegria, que, em sua música rica em dissonâncias, harmonicamente complexas, deu uma contribuição fundamental para que a tradição de Mingus se renovasse e seguisse adiante. Nas execuções extasiantes dessa *big band* (com participação de Randy Brecker, Frank Lacy, Craig Handy, Chris Potter etc.), domina um espírito de concorrência criativa altamente estimulante para os

* Num arranjo para *big band*, o *shout chorus* é, tradicionalmente, o *chorus* de maior energia, executado em conjunto por toda a banda. (N. da T.)

solistas top de linha de Nova York. "Os solos da banda não são previamente definidos", diz Chris Potter. "Todos querem fazer um solo e todos podem fazê-lo, mas em tal ambiente ilustre é necessário alguma coragem para se levantar e se fazer ouvir."

Outro grupo que estabelece uma relação progressista com a tradição das *big bands* é a banda do baixista Dave Holland (cuja contribuição para a ampliação – em termos de forma e conteúdo – do idioma do jazz já observamos na seção "O Baixo" do capítulo "Os Instrumentos do Jazz").

Na encruzilhada do *fusion*, do *mainstream jazz* e da música de concerto ocidental, o arranjador Vince Mendoza abriu a orquestra de jazz tradicional para uma pluralidade estilística incomum: minimalismo, dodecafonismo, timbres sintetizados e sons manipulados por sequenciadores. Ele tem enraizamentos tanto no jazz quanto na música clássica, e sua inspiração vai de Brahms a Joe Zawinul. Mendonza concluiu um curso de violão clássico, mas depois foi tocar trompete e estudou composição na Ohio State University. Em 1983, ele se mudou para Los Angeles, onde, ainda novato, iniciou um diálogo com a música computacional e aprendeu a manipular o sequenciador. Seu forte é dar um tratamento modulatório extremamente rico aos sons, como se pode ver em seus arranjos para Joni Mitchell, Peter Erskine e a WDR Big Band (no projeto *Jazzpaña*, *Spanish Night*, uma síntese sonora de canto e dança flamenca com jazz de *big band*). Os arranjos de Mendonza são uma dança delicada entre música composta e improvisada. Incomum é o colorido sutil de suas ideias. Nenhum outro compositor e arranjador dos anos de 1990 conseguiu participar de tantos discos de outros jazzistas quanto Mendoza. Entre os músicos que apreciam sua predileção pelos timbres escuros, nuançados, e pelos contrastes súbitos estão Michael Brecker, Gary Burton, John Abercrombie, John Scofield e Charlie Haden.

> Quando se pensa num compositor, pensa-se normalmente num tipo sentando numa cadeira diante de uma escrivaninha com uma lâmpada e um cachimbo na boca. Mas eu gosto mesmo é de lidar diretamente com os músicos. As pessoas com quem eu mais gosto de trabalhar são aquelas que me veem como instrumentista. Gosto de fazer coisas que estimulem a improvisação.

Outro arranjador que marcou a paisagem norte-americana das *big bands* de modo especial é Bob Belden. O compositor, que às vezes se torna prolixo, começou na orquestra de Woody Herman como sax-tenorista e, nos anos de 1990, tornou-se um solicitado arranjador, produtor e editor de relançamentos (Blue Note, Miles Davis) da cena de Nova York. Como compositor, Bob Belden abriu mais do que qualquer outro o formato clássico da *big band* para a pluralidade do jazz multiestilístico. Ele parece ter absorvido cada nota tocada pela orquestra de Maynard Ferguson, Stan Kenton, Bill Holman e Don Ellis. Suas interpretações em jazz orquestral da música pop de Sting e Prince não diminuem o universo sonoro de sua *big band*, mas o ampliam em novas possibilidades sonoras. Ele criou mundos de sonhos exuberantes em sua versão jazzística da ópera *Turandot*, de Giaccomo Pucccini (cuja divulgação nos Estados Unidos foi impedida pelos herdeiros de Puccini, mas que apareceu no Japão, tornando Bob Belden internacionalmente famoso).

Belden combina um saber preciso da forma e da harmonia com uma atitude aventureira do tipo "vamos fazer a coisa e depois ver no que vai dar". É esse "equilíbrio perfeito entre o lado acadêmico e o intuitivo" (Bob Blumenthal) que faz dele um dos arranjadores mais solicitados do jazz contemporâneo. No fim dos anos de 1990, o formato *big band* foi se tornando cada vez mais irrelevante para ele. Junto com seu antigo companheiro, o trompetista Tim Hagans, ele criou um projeto em que empregou a sonoridade do jazz nos *break beats* do *house* e do *drum'n'bass*. "Eu defino o jazz como sentimento puro. É uma das poucas formas musicais que deixa você ouvir o fundo de seu coração – apenas para que você diga o que tem para dizer."

"É preciso ser louco para dirigir uma *big band* hoje em dia", observou um crítico. "Do ponto de vista econômico, manter em pé uma formação gigante como essa é um trabalho hercúleo." Mas nos anos de 1990 existiram centenas de loucos assim. Apesar de todas as previsões pessimistas, as *big bands* – os "dinossauros do jazz" – passaram por um renascimento incrível. Também no que diz respeito ao jazz orquestral contemporâneo, houve um forte impulso da Europa.

Eis uma lista de importantes conjuntos europeus de grande porte que desenvolveram soluções criativas: Andy Emler Megaoctet e L'Orchestre National de Jazz, na França; Colin Towns Mask Orchestra e Mathew Herbert Big Band, na Inglaterra; Budapest Jazz Orchestra (sob a direção de Kornél Fekete-Kovács), na Hungria; Geir Lysne Listening Ensemble e a Jaga Jazzists, na Noruega; Norbotten Big Band, na Suécia; Concert Jazz Band Vienna (sob a direção do arranjador norte-americano Ed Partyka), na Áustria; e a Klaus König Orchestra, na Alemanha.

O pianista Andy Emler, procedente da banda de Michel Portal, é o pai da *big band* de jazz gaulesa pós-moderna. Seus arranjos, que perpassam todos os estilos e gêneros, engendram improvisações incomuns. Seu Megaoctet foi agraciado em 1992 com o Django d'Or-Preis na categoria de melhor banda de jazz francesa. Em condições normais, dificilmente essa banda de oito integrantes poderia ser considerada uma *big band*, mas o Megaoctet cria suas algazarras estilísticas intencionalmente provocadoras com verdadeira fúria orquestral, validando as improvisações multiestilísticas no contexto do jazz francês para *big band*.

Emler concluiu um estudo de composição no conservatório de Paris e obteve um prêmio na matéria de contraponto. É um compositor ousado, que, com sua mini-*big band* cheia de energia jubilosa, reúne o que à primeira vista parece impossível de reunir: Bártok e hard bop, ragas indianos e folclore basco, Beatles e Stravinsky, *ars nova* e funk, música africana e free jazz. Apesar de toda essa multiplicidade estilística, dois polos referenciais se destacam em sua música: em primeiro lugar, as estruturas rítmicas sarcásticas de Frank Zappa – Emler é um confesso especialista em Zappa; e, em segundo lugar, uma tendência a jogos verbais e ao humor musical do neodadaísmo (com cantores com Beñat Achary e Médéric Collignon).

A L'Orchestra National de Jazz, que começou em 1986 por iniciativa do Ministério da Cultura da França, teve como base de seu estatuto o sistema de rotatividade do dirigente. Consequentemente, ela está sempre mudando em termos de som e arranjos, escritos inicialmente por François Jeanneau e depois por André Herve, Denis Baudault e Claude Barthelemy. Apesar dessa mudança constante de timbres (ou justamente por conta disso), a L'Orchestra National de Jazz se tornou uma verdadeira mina de talentos da cena jovem e contemporânea do jazz na França. Dela saíram solistas como Nguyên Lê, Stephane Belmondo, Julien Lourau, Nedim Nalbantoglu, entre outros.

Dissonâncias agudas, sopros rudes e melodias voluptuosas são a especialidade de Colin Towns. Antes de fundar sua própria orquestra (a Colin Towns Mask Orchestra), o britânico trabalhou atendendo a encomendas de músicas para cinema (por exemplo, para o filme *Full Circle*, com Mia Farrow). Towns é o "Stan Kenton da pós-modernidade"; em seus arranjos exuberantes, ele está sempre pronto para gestos teatrais e intensificações cheias de efeitos dramáticos. A música de Towns – uma mistura de beleza e trevas – é a obra de um mestre dos naipes de metais incisivos e das melodias de saxofone a um só tempo alegres e melancólicas. "A música não deve irradiar uma atmosfera agradável – ela deve ser enérgica. Eu quero levar as coisas ao seu extremo e arrebatar o público. Não escrevo música de filme para minha orquestra de jazz, mas penso em termos cinematográficos, escuto visualmente."

A Matthew Herbert Big Band, na Inglaterra, e a Jaga Jazzist, da Noruega, desenvolveram um trabalho atraente e convincente na fronteira entre a música eletrônica e o jazz para *big band*. Hebert conseguiu trazer os elementos da *house music* até o nível artístico do jazz grande-orquestral. A Jaga Jazzist integra elementos do techno e do *drum'n'bass* ao som da *big band*. Já a Norbotton Big Band, da Suécia, sob a direção do trompetista norte-americano Tim Hagans, obtém um equilíbrio entre a orquestra de jazz e o *break beat* digital.

Também o saxofonista norueguês Geir Lysne, com seu Listening Ensemble, conseguiu ampliar de modo convincente o som da *big band* tradicional através de recursos eletrônicos. Sua suíte "Aurora Borealis" descreve o colorido desse espetáculo da natureza em arranjos ousados. Lysne ajudou o jazz do norte, que antes já havia instituído sua marca em pequenas formações, a desenvolver um som inconfundível também no campo orquestral. Com uma linguagem sonora bastante ampla, "espacial", sua música é perpassada de motivos folclóricos, *loops* do *techno* e do *drum'm'bass*, métricas complexas e processos modais.

"O compositor é um arquiteto", diz Klaus König, que, desde 1989, mantém sua própria orquestra e é um dos compositores de jazz mais imaginativos da Europa. Seus arranjos são camadas de contradições, cheias de referências estilísticas à modernidade contemporânea, ao rock e às altas abstrações. Em 1991, foi lançado o álbum *At the End of the Universe*, uma homenagem ao autor Douglas Adams e seu ciclo ficcional *The Hitchhiker's Guide to the Galaxy* (O Guia do Mochileiro das Galáxias). König oferece uma realização divertida e cheia de significados ocultos com *props* e elementos musicais da literatura de ficção científica. Em 1993, surgiu a produção "*The Song of the Song*", com Jay Clauton, Phil Minton e o Montreal Jubilation Gospel Choir, um oratório de jazz, para o qual Klaus König usou como libreto os cânticos bíblicos de Salomão e, com brilhantismo, criou a música com base em elementos supostamente banais e surreais. "Às vezes me interesso por clichês no intuito de transformá-los em outra coisa." Como compositor, Klaus König cria unidade na pluralidade. Com humor e criatividade, sua obra impõe ordem num universo musical intencionalmente caótico. Elementos das mais diversas proveniências – punk, blues, funk, dodecafonismo, gospel, soul e *free* – são entrelaçados com um inteligente *nonsense*, gerando múltiplas redes de estilo (incluindo o burlesco pós-moderno).

"Em todo o universo do jazz, não há provavelmente uma sonoridade mais sublime do que a de uma *big band* completa – ela não se compara com nenhuma outra", disse Nat Hentoff. E o trompetista Wynton Marsalis opinou: "A orquestra é nosso instrumento mais sofisticado no jazz." Por mais precária que a situação econômica possa ser para a orquestra de jazz, a paisagem das *big bands* contemporâneas possui uma vitalidade a toda prova. Quem conhece essa cena em sua abundante vitalidade, apenas haverá de rir se alguém lhe perguntar se as *big band* estão morrendo.

As Bandas do Jazz

Em sua origem e essência, o jazz é uma música de pequenos conjuntos. Já era música de "combo" antes da palavra "combo" ter sido inventada para designar os pequenos grupos formados dentro das *big bands*. Antigamente, qualquer banda de jazz era por si um combo. Ora, se não tivéssemos a visão histórica de tudo o que se desenvolveu a partir das bandas de Fletcher Henderson e Duke Ellington dos anos de 1920, também essas bandas poderiam ser consideradas combos.

Existe, pois, uma história própria das bandas de jazz que não pode ser contada da mesma forma como se conta a história das *big bands*. Praticamente todo solista de jazz começa tocando em pequenos conjuntos, mas aqui não é possível enumerar todos eles. Para contar uma história das bandas é necessário ter uma noção clara do que realmente caracteriza esse tipo de formação. Antes de mais nada, uma banda precisa ser mais do que o agrupamento de alguns músicos reunidos para tocar. Com o Modern Jazz Quartet (MJQ), de John Lewis, o termo "integração" se tornou usual e fundamental entre os críticos. Esse é de fato um critério decisivo para se fazer uma história das bandas de jazz.

Integração significa que as partes pertencem a um todo e que cada membro individualmente está submetido a uma ideia maior. Dave Brubeck se referiu a uma questão essencial acerca da situação das bandas de jazz: "É fundamental para o jazz atual manter vivo o sentimento de trabalho coletivo. É esse sentimento que faz o jazz ser o que é." Brubeck define justamente o que chamamos de situação sociológica do jazz. De fato, o jazz é a música de um indivíduo e, ao mesmo tempo, a música de um coletivo. Nenhuma outra arte conseguiu realizar essa fusão de forma tão completa. O sociólogo pode encontrar nisso aspectos filosóficos, políticos ou históricos. Foi no jazz que pela primeira vez se materializou musicalmente a congruência entre o individual e o coletivo ou, caso se prefira, entre a liberdade e a coerção. Essa congruência é o que melhor caracteriza o jazz como forma artística autônoma. Nesse sentido, é lícito dizer que a história das bandas é praticamente um compêndio concentrado da história do jazz como um todo.

Levando em conta o princípio de seleção adotado neste livro, as primeiras bandas que merecem registro nessa história são a Red Hot Peppers (1926-1930) de Jelly Roll Morton e o segundo Hot Five (1928) de Louis Armstrong, com participação de

Earl Hines. Jelly Roll Morton foi o primeiro a configurar seus discos do começo ao fim, deixando registrado neles a marca de sua personalidade. Nas gravações do Hot Five, de Louis Armstrong, a integração é assegurada pela relação telepática entre ele e seus músicos, sobretudo o pianista Earl Hines.

Orrin Keepnews escreveu a respeito de um disco de Jelly Roll Morton:

> É uma música complexa e dotada de forma. Certamente, os músicos não tocavam arranjos escritos, mas antes da gravação deviam passar a peça uma meia hora, determinar o lugar dos solos e aprender o arranjo de base. É uma bela combinação de improvisação e arranjo. Esses músicos são bastante talentosos; apesar disso, a voz que se ouve aqui é o som singular e unificante de Morton.

Phil Schaap denominou as gravações do Hot Five e do Hot Seven (1925-1928), de Armstrong, como a "pedra de roseta do jazz". Delas se pode extrair uma imagem arquetípica da essência do jazz. Essas bandas não apenas fizeram do swing o elixir vital da música improvisada, como também transformaram o coletivo – o *togetherness* – no padrão da improvisação. Elas também trouxeram a expressão livre do solista e uma produtiva relação de tensão entre o individual e o coletivo ao centro da música.

O Hot Five com Earl Hines (às vezes numa formação de seis ou sete músicos) e o Red Hot Peppers reuniram pela primeira vez aquilo que até então existira apenas separadamente: de um lado, a improvisação coletiva, como a das velhas bandas de Nova Orleans ou das primeiras bandas que gravaram discos, a exemplo da Original Dixieland Jazz Band (1917), improvisação em que a atuação solista e a individualidade do improvisador ainda não apresentavam uma marca pessoal; de outro, a atuação do solista com seu poder, consciente ou inconsciente, de imprimir unidade formal à improvisação a partir de sua personalidade excepcional.

OS COMBOS DO SWING

Nos anos de 1930, assistiu-se a uma ampliação permanente da capacidade do músico solista. Em 1935, Benny Goodman formou seu Benny Goodman Trio (com Teddy Wilson e Gene Krupa). Com sua música suave fortemente swingante, ele não apenas se tornou o embrião dos demais combos de Goodman – o quarteto com Lionel Hampton e, sobretudo, o sexteto com Charlie Christian e Cootie Williams –, como também de todos os combos que depois surgiriam dentro das *big bands* importantes – as *bands within the band*, os pequenos conjuntos no interior das grandes orquestras. Artie Shaw, por exemplo, com sua *big band*, formou o Gramercy Five com ele próprio no clarinete e inicialmente Billy Butterfiel, seguido de Roy Eldridge, como trompetista. Tommy Dorsey, Bob Crosby e Jimmy Dorsey formaram, a partir de suas *big bands*, conjuntos de Dixieland. Chu Berry organizou, predominantemente com membros da orquestra de Cab Calloway, à qual ele pertencia, seu Stompy Stevedores. Count Basie fez gravações de combo com seu Kansas City Six e Seven; Woody Herman possuía o seu Woodchoppers.

As mais importantes dessas "bandas dentro de bandas" surgiram a partir da orquestra de Duke Ellington. Nas gravações de combo feitas pelos dois trompetistas Cootie Williams e Rex Stewart, pelo clarinetista Barney Bigard e pelo sax-altista Johnny Hodges, a atmosfera da música de Ellington é projetada para dentro de pequenas formações. A força espiritual de Ellington atuava como um fator decisivo de integração, podendo ser notada até mesmo em alguns discos que Lionel Hampton fez no fim dos anos de 1940 com músicos dessa orquestra.

Enquanto as gravações dos músicos de Ellington foram marcadas pelo poder da integração, gravações de bandas como a que Teddy Wilson reuniu em 1935 mostram justamente o contrário. Em vista de nosso conceito seletivo de banda, poder-se-ia pensar que elas não são dignas de menção neste livro. No entanto, apesar de cada solo ser distinto do outro, os músicos da banda de Teddy Wilson por vezes chegavam a uma incrível unidade em termos de atmosfera musical, principalmente depois do ingresso da cantora Billie Holiday e de Lester Young. Em gravações como "Easy Livin" (1937), sem dúvida, não se pode falar de uma "integração", mas, apesar disso, da primeira à última nota os músicos permanecem coesos pela atmosfera da canção, de sua letra e do modo como Billie Holiday canta.

No fim dos anos de 1930 e começo dos de 1940, o jazz se desenvolveu não apenas mediante as novidades harmônicas, melódicas e rítmicas do bebop, mas também mediante o constante amadurecimento das bandas no que se refere ao aspecto da integração. Em 1938, John Kirby formou um conjunto de swing no sentido mais pleno daqueles tempos. Havia, no entanto, algo nessa banda que apenas nos anos de 1950 passaria a ser natural. Seu estilo preciso de tocar já antecipava, em termos de sofisticação melódica e brilho camerístico, tendências que só vinte anos mais tarde seriam reconhecidas como a essência da integração no jazz. Com John Kirby – e, além dele, com o Nat King Cole Trio –, teve início uma linha de desenvolvimento que passou pelo trio de Art Tatum e pelo trio de Red Norvo e desaguou nas bandas características dos anos de 1950 e 1960, como o quarteto de Gerry Mulligan, o Modern Jazz Quartet, o Jimmy Giuffre Trio, o quinteto de Max Roach e Clifford Brown, o quinteto de Miles Davis, o quinteto de Horace Silver, o Jazz Messengers, de Art Blakey, e os grupos de Charles Mingus e de Ornette Coleman. Em suma, com seu Biggest Little Band in the Land, o baixista John Kirby estabeleceu uma espécie de "moldura sonora" leve e sofisticada, com improvisações bonitas e agradáveis de se ouvir. Seu conjunto, do qual faziam parte o trompetista Charlie Shavers, o clarinetista Buster Bailey, o sax-altista Russel Procope e o pianista Billy Kyle, possuía um som fácil de reconhecer. Era a primeira banda que realmente fazia sucesso como combo, tal como ocorreria quinze anos mais tarde com o quarteto de Gerry Mullingan ou com o Modern Jazz Quartet.

Muitas dessas bandas surgiram na Costa Oeste norte-americana e talvez não seja por acaso que a outra banda que iniciou essa linha de desenvolvimento junto com John Kirby também tenha a sua origem nessa região: o Nat King Cole Trio. Ele é o primeiro trio para piano moderno. Aqui não se trata de um pianista que se faz acompanhar por uma base rítmica, mas de três instrumentistas que formam um todo unitário. O Nat King Cole Trio surgiu em 1940 com Oscar Moore na guitarra e Wesley Prince no baixo. Mais tarde, Nat King Cole tocaria com o guitarrista Irving Asby e o baixista Johnny Miller. Quando, no decorrer dos anos de 1940, o sucesso do cantor Nat King Cole começou a ofuscar o do pianista, ele deixou o piano e seu trio para se tornar cantor de música popular.

Já na Europa, foi o Quintette du Hot Club de France (1936-1937), composto por instrumentos de corda (guitarra, violino e contrabaixo, além de mais duas guitarras na base rítmica), que instituiu um modelo próprio para o conceito de integração. O guitarrista Django Reinhardt e o violinista Stephane Grappelli eram os principais solistas do conjunto. A disputa de ambos pela liderança do grupo quase levou o quinteto à ruína. Tocando, porém, eram inseparáveis. Um despertava o que existia de forma latente no outro. Django Reinhardt despertava a paixão pelo risco, a modernidade harmônica e a fantasia anárquica na execução de Grappelli; este último, ao contrário, despertava a elegância, a sofisticação e o rigor racional na execução de Django Reinhardt. Juntos, no Quintette du Hot Club de France, eles criaram a primeira joia do jazz europeu. Também esse exemplo mostra claramente que o entrosamento dos músicos numa banda de jazz surge através de um permanente processo de troca, de uma permanente comunicação e interação musical.

BOP E *COOL*

Nesse meio-tempo chegou o bop. O quinteto de Charlie Parker com o trompetista Miles Davis estabeleceu o padrão tanto para a música quanto para a estrutura das bandas de jazz. Pela primeira vez, repetiu-se algo que já fora próprio do antigo Dixieland: a unidade de música e estrutura. No Dixieland, era o contraponto livre entre o trompete, o trombone e o clarinete a partir de um ritmo *two-beat*: no bop, o uníssono de trompete e saxofone a partir de um novo ritmo em *legato*. Essa unidade de música e estrutura também foi um traço das bandas de hard bop: o Jazz Menssagers, o quinteto de Horace Silver, o quinteto de Clifford Brown e Max Roach e, principalmente, o quinteto de Miles Davis de meados dos anos de 1950 até o final dos anos de 1960; mais tarde, nos anos de 1980, essa unidade será reposta através de músicos como Dexter Gordon, Woody Shaw, Wynton Marsalis e, nos anos de 1990, com Roy Hargrove, Nicholas Payton, entre outros.

É natural que, nesse intervalo de tempo, muitos músicos tenham tentado ampliar e também preservar a estrutura de fundo da música bop. Nos anos de 1950, o pianista Horace Silver conseguiu esse feito mediante as construções livres de seus temas. De um modo bastante singular, ele usava, por exemplo, duas frases de blues de doze compassos, seguidas de uma parte intermediária de oito compassos em forma-canção e da repetição da frase de blues, combinando assim a forma do blues com a forma-canção. Ou, então, ele ligava um tema principal de quinze compassos com uma parte intermediária de dezesseis compassos. "Ainda que não seja regular, soa como se fosse", disse Horace, que deixou várias outras composições concebidas de forma semelhante. Se hoje também o rock já se libertou do esquematismo da forma-canção convencional de 32 compassos, foi Horace Silva quem deu o passo inicial nessa direção. É certo que no começo do jazz também havia estruturas que se desviavam do caminho convencional, como se pode notar em Jelly Roll Morton ou em William Christopher Handy (no "St. Louis Blues", por exemplo), porém, essa prática acabou sendo ofuscada. Horace Silver foi quem a trouxe de volta.

Alguns anos antes do sucesso de Horace Silver, lá pelo final dos anos de 1940, Lennie Tristano já havia refinado e abstratizado a estrutura desenvolvida por Charlie Parker. Ele também reunia dois sopros em sua banda, só que ambos eram saxofonistas: Lee Konitz (alto) e Warme Marsh (tenor); a terceira voz ficava a cargo da guitarra *hornlike* de Billy Bauer. O sexteto de Lennie Tristano caracterizava-se tanto por uma extrema linearidade quanto por uma harmonia extremamente diferenciada. Depois que o bebop expandiu o material harmônico, foi a vez de Lennie Tristano "ampliar" a melodia. Se por vários anos os músicos de jazz haviam se ocupado de problemas harmônicos, agora a tarefa consistia em empregar os resultados do desenvolvimento harmônico no âmbito da melodia. Certas gravações, a exemplo de "Wow", possuíam uma energia que só voltou a existir na consciência do jazz com o hard bop da segunda metade dos anos de 1950. No entanto, o que predominava era uma frieza inspirada, que lembrava a atmosfera dos mosteiros medievais e suas discussões escolásticas.

Antes de Lennie Tristano, os músicos do bebop haviam tentado ampliar a estrutura do quinteto de Parker com base na sonoridade. Tadd Dameron, James Moody e Charlie Ventura foram as figuras principais. Dameron, com as bandas formadas por ele para as gravações da Blue Note; James Mood,y com a sua gravação importantíssima e pouco notada de "Cu-Ba", também pela Blue Note; e Charlie Ventura, o mais bem-sucedido de todos, com seu conjunto Bop for People, em que a cantora Jackie Cain e seu futuro marido Roy Kral – cantando e acompanhando ao piano – formavam um duo divertido e espirituoso. Tudo isso culminará na Capitol Band de Miles Davis. Com ele, a sonoridade foi estabelecida como elemento estruturador. Na seção "Miles Davis" do capítulo "Os Músicos do Jazz", falou-se detalhadamente sobre esse grupo.

O que veio depois consistiu em combinações variadas desses três elementos: o harmônico, ligado ao nome de Charlie Parker, o sonoro, para o qual a Capitol Band de Miles Davis criou o padrão, e o da integração, cujo caminho foi aberto pela banda de John Kirby e pelo Nat King Cole Trio.

Na Costa Oeste, por exemplo, Shorty Rogers com seu grupo Giants e Gerry Mulligan com um *ensemble* de dez integrantes fizeram gravações que de fato representam um aprimoramento da sonoridade implementada pela Capitol Band de Miles Davis, embora, ao mesmo tempo, já incorram num certo maneirismo. Mais tarde, Rogers reduziu o Giants a um quinteto e fez com essa estrutura uma sofisticada *West Coast music*. O baterista Shelly Manne fez algo semelhante. Jimmy Giuffre, como clarinetista e saxofonista, desempenhou um papel significativo nos trabalhos de Manne e Rogers. Shelly Manne era um dos poucos músicos da Costa Oeste dotado de suficiente flexibilidade para preservar sua concepção sem precisar se fechar às mudanças e novidades do desenvolvimento musical.

Na Costa Leste, Jay Jay Johnson e Kai Winding chegaram a uma solução impressionante. Eles uniram seus trombones num quinteto e, com isso, preservaram a formação *two-horn* (de dois sopros) típica do bebop e, graças à forma sofisticada de diferenciar o som do trombone, criaram uma sonoridade estruturante. A solução era tão espantosamente simples que logo começou a ser imitada. O próprio Kai Winding, depois que essa banda acabou, reuniu quatro trombones em vez de dois. Al Cohn e Zoot Sims, por sua vez, no lugar de dois trombones, introduziram dois sax-tenores – ocasionalmente, dois clarinetes. Phil Woods e Gene Quill combinaram dois sax-altos. Os dois sax-tenoristas, Eddie "Lockjaw" Davis e Johnny Griffin, na passagem dos anos de 1950 para os anos de 1960, trouxeram essa ideia para o mundo do hard bop. No começo dos anos de 1970, o baterista Elvin Jones transpôs essa lógica de execução para a música da era pós-Coltrane: ele dobrava o som de seu instrumento eletronicamente. No jazz dos anos de 1980, como na Special Edition de Jack DeJohnette, essa prática de dobrar os instrumentos de sopro (*horn doubling*) teve um papel especialmente marcante. E o baterista Paul Motian dobrou a voz da guitarra, recorrendo a dois estilistas contrastantes em sua Eletric Bebop Band.

O PRIMEIRO APOGEU DA INTEGRAÇÃO CAMERÍSTICA

Já no fim dos anos de 1940, o vibrafonista Red Norvo formou um trio com o guitarrista Tal Farlow e o baixista Charles Mingus, justificando pela primeira vez o uso do termo "jazz camerístico". Numa execução leve, desprendida e transparente, as linhas do baixo, da guitarra e do vibrafone fluíam umas com as outras, mas também contra, sobre e em torno das outras. Se é verdade que Red Norvo – como um homem da velha guarda – não tocava de forma tão moderna quanto Farlow e Mingus, também é certo que esse duplo plano de estilos dava um sabor a mais ao trio. A mesma concepção melódica com a qual Norvo empregou o baixo de Charles Mingus e, mais tarde, o de Red Mitchell foi aplicada por Gerry Mulligan em 1953 num quarteto especialmente bem-sucedido.

Mulligan renunciou ao piano, de modo que a harmonia passou a ser definida por uma linha de baixo com lógica contrapontística, à qual, por sua vez, se sobrepunham as linhas de seu sax-barítono e as do trompete de Chet Baker. Mas não demorou para que Chet Baker se tornasse famoso e resolvesse iniciar uma carreira independente. Nessa época, Mulligan chamava o trombonista de pista Bob Brookmeyer ou então os trompetistas Jon Eardley e Art Farmer para preencher o lugar vazio deixado por ele. Enquanto um músico improvisava, Mulligan criava contrapontos melódicos e *riffs* com seu sax-barítono, uma maneira de tocar que foi descrita como *busy*. Porém, à medida que vamos nos habituando ao som desse quarteto, também vamos desvendando o segredo de sua estrutura formal. Em vista disso, Mulligan, que não era apenas um músico extraordinário, mas também um homem inteligente, transformou o quarteto num sexteto. E essa foi a formação para a qual ele sempre retornou.

O mais importante dos conjuntos de perfil camerístico foi o Modern Jazz Quartet do pianista John Lewis, com Milt Jackson no vibrafone, Percy Heath no baixo e, primeiramente, Kenny Clarke, mas depois Connie Kay, na bateria. Fundado em 1951, desfeito em 1974 e refeito em 1981, esse grupo existiu até o começo dos anos de 1990 e foi, de longe, a banda de mais longa duração da história do jazz. John Lewis se inspirou bastante na arte do contraponto de Bach. No começo, como em "Vendôme", ele recorria de modo muito explícito a estruturas musicais antigas. "Vendôme", do ponto de vista da forma, é uma *invenção* barroca feita com precisão e conhecimento, com a única diferença de que a seção correspondente ao *episódio* é aqui uma seção improvisada. Mais tarde, John Lewis descobriu possibilidades contrapontísticas que pertencem mais ao jazz que à música antiga. Ele próprio falou sobre isso:

> Quanto à pequena peça "Versailles", que tem como modelo a forma clássica da fuga, não penso que tenha muito a ver com esse modelo, cujo exemplo mais conhecido vem de Bach. Na verdade, começamos a trabalhar uma nova forma de execução, que deixa espaço livre para a força criativa do improvisador e, apesar disso, cria uma forma mais rigorosa que antes.

John Lewis também procurou incorporar a bateria na execução melódica e contrapontística de seu quarteto. O baterista Connie Kay empregou um arsenal completo de instrumentos de percussão complementares: pratos de dedo, triângulo, um pequeno tambor persa, entre outros. Se desde os anos de 1970 a bateria foi sendo cada vez mais ampliada, certamente foi Connie Kay quem deu um dos primeiros impulsos nessa direção.

Característico da relação jazzística de John Lewis com a música antiga são as ideias que ele apresentou em sua suíte "Fontessa": "uma pequena suíte inspirada na *commedia dell'arte* da Renascença. Eu pensei nessa peça teatral especialmente porque visava a uma moldura esboçada em termos gerais, em que os detalhes – melodias etc. – fossem improvisados".

O MJQ – abreviação de Modern Jazz Quartet – passou por um processo de desenvolvimento que pode ser facilmente reconstruído. Ao longo dos anos de

1960, os elementos bachianos vão perdendo espaço em prol de uma intensificação do swing jazzístico. O tema "Django", de Lewis, por exemplo, em suas diversas gravações, soa cada vez menos melancólico e mais swingado, mais intenso. Para o especialista é uma experiência instrutiva acompanhar o desenvolvimento dos diversos temas que John Lewis gravou por mais de uma vez entre os anos de 1950 e 1960. Em termos gerais, trata-se de um desenvolvimento rumo a uma intensidade cada vez maior.

O MJQ exerceu uma influência enorme. Já nas bandas de hard bop, com sua formação em quinteto à Parker, podia-se ver certos vestígios do rigor formal de John Lewis. Oscar Peterson, cujo trio era acima de tudo uma modernização do Nat King Cole Trio ou de Art Tatum, também prestou reverência ao princípio integrador de John Lewis.

Quem também teve um desenvolvimento longo foi o quarteto de Dave Brubeck, surgido em 1951 a partir de sua orquestra (1946) e de seu trio (1949). Brubeck, provavelmente, acumulou mais *hits* do que qualquer outro músico de jazz de sua geração. Apesar disso, ou também por isso, ele foi muito criticado – sobretudo por causa de sua falta de swing e de seu modo "martelado" de tocar o piano. Mas Brubeck também tinha carisma e, graças a isso, conseguiu emplacar vários sucessos, um atrás do outro.

O principal parceiro de Brubeck foi Paul Desmond, um "poeta do sax-alto". Suas improvisações cristalinas foram mais apreciadas pelos críticos que as contribuições pianísticas de Brubeck. Quando, no fim dos anos de 1960, Desmond se desvinculou do quarteto, Gerry Mulligan entrou em seu lugar. Mulligan foi sempre um improvisador monstruoso, "obcecado" pelo swing, e é evidente que, através de sua participação, o quarteto de Brubeck, até então um tanto frio e pastoral, tornou-se um grupo mais intenso e quente.

DO HARD BOP AO *FREE*

Os comentários feitos acima sobre o quinteto de Charlie Parker já nos introduziram na discussão a respeito das bandas de hard bop. É notório como também aqui houve um desenvolvimento crescente em termos de integração. A banda de maior vitalidade do hard bop, o Jazz Messengers, impulsionada pelo baterista Art Blakey, tinha na época um ou dois músicos que atuavam como "integradores", cumprindo, assim, um papel que correspondia, no mundo do hard bop, ao que John Lewis fez no Modern Jazz Quartet. Horace Silver, antes de tudo, e depois Benny Golson, Bobby Timmons, Wayne Shorter, Cedar Walton, Bobby Watson, Wynton Marsalis, Christian McBride, dentre outros, desempenharam essa função de diretor musical no grupo de Blakey, que teve papel central também nos anos de 1980 (falaremos sobre o neo-bop e o jazz neoclássico mais adiante).

Também são exemplos de integração os diversos grupos que Max Roach dirigiu desde seu trabalho com Clifford Brown e Sonny Rollins em meados dos anos de 1950 – seja renunciando ao piano e com uma densa sonoridade de sopro a três vozes, seja mais tarde com o pianista Ron Mathews e o trompetista Freddie Hubbard, ou também em trabalhos ao lado de sua esposa Abbey Lincoln. A obra principal de Roach, "Freedom Now Suite", é exemplar não apenas por sua mensagem, mas também como "composição para pequenos grupos em grande forma".

Quanto mais "livre" e descompromissada for uma improvisação de jazz em termos harmônicos, maior competência integradora ela vai exigir dos músicos. Nenhuma banda corresponde melhor a esse princípio que o quinteto de Miles Davis com Wayne Shorter (saxofone), Herbie Hancock (piano), Ron Carter (baixo) e Tony Williams (bateria). Ela representa o que há de mais elevado no conceito de banda, tanto em termos de coesão quanto em termos de expressão individual.

Esse quinteto é um exemplo claro de que o jazz consiste num diálogo musical que exige e promove em igual medida a troca de ideias. Ou seja, de um lado, improvisa-se sempre no tempo, isto é, com um beat constante (embora interpretado de forma livre), mas, de outro, não há mais uma norma rígida de mudanças harmônicas (as *changes*), princípio que havia regulado as improvisações de jazz até fins dos anos de 1950. É fascinante escutar os discos desse quinteto e perceber como esse princípio do *time but no changes* impele quase obrigatoriamente os músicos a uma maior interação e integração, cujo resultado vem a ser um *togetherness* – uma coesão grupal – comparável apenas ao Hot Five de Louis Armstrong, ao quinteto de Charlie Parker, ao quarteto de John Coltrane e ao quarteto de Ornette Coleman.

O segundo quinteto de Miles Davis se afastou paulatinamente do hard bop, mas sem perder de vista o núcleo de sua mensagem – um tipo de swing flexível e bluesístico. E aqui é importante observar que a concepção modal introduzida por Miles Davis e John Coltrane resulta num aumento da força de coesão e integração. Concretamente, o novo fator integrador é a *escala*, conseguintemente, não mais uma série de acordes em constante mudança, mas poucos acordes ou mesmo um único.

John Coltrane transportou esse princípio para o free jazz, conforme já vimos neste livro. Quando o baterista Art Taylor foi indagado sobre a maneira como ele e os outros músicos que gravaram com Coltrane reagiam ao contínuo desenvolvimento musical do saxofonista, ele respondeu: "Não havia problema porque todos nós íamos juntos. Fazíamos parte de suas inovações." Uma das gravações mais belas do "clássico" quarteto de Coltrane – com McCoy Tyner no piano, Jimmy Garrison no baixo e Elvin Jones na bateria – é o célebre "Love Supreme", que, de um modo inédito no jazz, alia o fervor espiritual a uma extrema coerência em termos de forma. Esse quarteto de Coltrane, com o alto padrão de suas improvisações e de seu entrosamento e o valor atemporal de seus temas (quase todos de sua autoria) se tornou um modelo para muitos grupos de jazz que vieram depois. Disse McCoy Tyner: "Esse grupo era como quatro válvulas de um motor. Trabalhávamos juntos para que o carro andasse."

Entre os grupos precursores do free jazz, três são de especial importância: os trios de Jimmy Giuffre dos anos de 1950, Charles Mingus e George Russel. Giuffre gravou na primeira metade dos anos de 1950 seu "Tangents in Jazz". Nele, o baterista estava tão integrado ao movimento melódico e estrutural da música que acabou abdicando da marcação rítmica. No trio que Giuffre formou em 1954, não havia bateria, o que talvez fosse apenas uma consequência natural: se a bateria é empregada como instrumento melódico, certamente existem outros instrumentos que podem desempenhar melhor essa tarefa. Em seu trio, Giuffre tocava ao lado do guitarrista Jim Hall e do baixista Ralph Peña. Giuffre foi ainda mais longe quando tocou com o pianista Paul Bley e o baixista Steve Swallow – três músicos num entrelaçamento livre de melodias musicais que parece desconhecer a fronteira entre a música popular e a música de câmara. Nas palavras de Jimmy Giuffre: "Dizem que o jazz, ao se tornar delicado, perde sua força e seu *funkiness*. Mas eu sinto que o jazz pode ser delicado, mantendo a força e a intensidade que o jazz de maior volume possui, com a vantagem de ainda poder revelar novas dimensões do sentimento que, geralmente, o volume encobre."

Ainda mais importante para esse desenvolvimento foram os vários grupos dirigidos por George Russell desde a segunda metade dos anos de 1950, sobretudo o seu sexteto, que contava com músicos como o trombonista Dave Baker, o multi-instrumentista Eric Dolphy e o trompetista Don Ellis. Em suas gravações, ouvia-se aquele ressoar hínico que se tornaria conhecido do grande público alguns anos depois de 'Love Supreme', bem como uma certa abstração que parecia prefigurar a música de Anthony Braxton.

Contudo, o mais importante precursor do free jazz foi Charles Mingus. Sua música, como já se disse, devolveu ao jazz o *feeling* da improvisação coletiva. Naturalmente, sempre houve improvisação coletiva no jazz; no entanto, desde que o jazz abandonou a textura contrapontística a três vozes de Nova Orleans, a improvisação passou a se concentrar num único músico (acompanhado por uma base rítmica). Através de Mingus, a improvisação voltou a ser *coletiva* como nunca fora desde Nova Orleans. Por suas implicações sociais, não se trata apenas de um processo musical. Não é à toa que as gravações precursoras de Mingus tenham sido feitas na virada dos anos de 1960, surgindo, portanto, da nova consciência social e política dessa década, consciência que, de algum modo, estivera sempre presente na história do jazz. "A música polifônica diz 'nós'", escreveu o filósofo Theodor Adorno. Nesse sentido, o jazz de Nova Orleans e o Dixieland, assim como Charles Mingus e o free jazz coletivo dizem "nós". Já a música dos grandes individualistas – Charlie Parker, Lee Konitz e, antes deles, Coleman Hawkins e Lester Young – fala sempre na primeira pessoa do singular.

Entre as gravações mais importantes de Mingus estão as composições "Better Git It In Your Soul", "Goodbye Pork Pie Hat", "Open Letter to Duke", "What Love" com Eric Dolphy; "Ysabel's Table Dance" com o trompetista Clarence Shaw; e "Solo Dancer" com Charlie Mariano. Em praticamente todos os trabalhos importantes de Mingus, a presença do baterista Dannie Richmond foi decisiva. Com sua segurança instintiva, ele soube seguir seu *bandleader* nas modificações de tempo pouco habituais para a época e, assim, manter a coesão da música.

ORNETTE COLEMAN E DEPOIS

Deixando de lado os trabalhos solitários e inovadores de Lennie Tristano – como "Intuition" e "Digression", de 1949 –, o quarteto de Ornette Coleman de 1959-1960 foi o primeiro grupo a tocar de forma "livre" e, ao mesmo tempo, sempre em conformidade com o princípio de integração. Durante vários meses, noite após noite, Coleman e seu trompetista Don Cherry entusiasmaram o público do Five Spot de Nova York, deixando os músicos que frequentavam o clube fascinados com a precisão com que ambos voltavam a atacar em uníssono depois de extensos solos "livres". O interessante é que a maioria dos especialistas não era capaz de entender como eles sabiam a hora certa de voltarem juntos ao tema. Um dos músicos que estava na plateia disse, na época: "Isso não está claro para nós, mas não há dúvidas de que Ornette e sua gente sabem o que fazem. Em alguns anos todo mundo vai saber também." O baixista Charlie Haden era o principal elemento integrador: ele criava suas linhas de baixo livremente, renunciando a sequências harmônicas predeterminadas e, apesar disso, conseguia estabelecer coesão e estrutura tonal. O fator de integração do quarteto de Ornette Coleman era a comunicação pura e simples.

A base de tão amplo diálogo consistia num processo permanente de troca e respeito mútuo. "Noventa por cento da música que tocamos consiste em ouvir uns aos outros. Quando você não pode relaxar e ouvir o que se passa no todo, então você terá dificuldades nesse grupo", resume um saxofonista sobre o espírito do conjunto de Ornette Coleman. Decisiva para a conquista dessa unidade no quarteto de Coleman era a autoentrega, esse desprendimento raro também no jazz.

Alguns anos depois, Coleman renunciou ao segundo sopro, formando um trio. Importante é também o fato de que Coleman começaria a tocar trompete e violino. Apesar de ter sido muito criticado por isso, é compreensível a sua necessidade de personalizar ao máximo a música de seu conjunto, sem, porém, ter de abdicar da diversidade de timbres. Foi só no fim dos anos de 1960 que Coleman conseguiu novamente encontrar um parceiro congenial no sopro: o sax-tenorista Dewey Redman.

Todos os grupos de free jazz que colocaram a vivência coletiva de sua música em primeiro plano – numa medida antes desconhecida – derivaram de Coleman e Coltrane. Dado o isolamento do indivíduo na sociedade moderna, os músicos sentem que suas improvisações os aproximam de forma especial, "como se entre os homens apenas o amor pudesse existir" (Don Cherry). A peça de Cherry "Complete Communion", estreada em Paris e depois em Nova York, já expressa em seu título essa "comunicação total" entre os músicos.

Há outros grupos importantes que neutralizam esse isolamento do indivíduo empenhado em expressar a si próprio (e que facilmente pode resultar num tipo de música que desconhece princípios harmônicos e formais ordenadores) por meio de relações coletivas mais intensas e pessoais: o quinteto de Archie Shepp com o trombonista Roswell Rudd; o New York Art Quartet com o sax-altista John Tchicai e, também, com Rudd; o quinteto de Albert Ayler, assim como, na Europa, o trio Brötzmann/van Hove/Bennink (com o sax-tenorista Peter Brötzmann, o pianista Fred van Hover e o baterista Han Bennink); a banda AMM com o guitarrista Keith Rowe, o Spontaneous Music Ensemble do baterista John Stevens; o trio Alexander von Schlippenbach/Evan Parker/Paul Lovens e o quinteto de Manfred Schoof.

No fim dos anos de 1960, surgiu na Inglaterra um tipo de improvisação que o crítico John Corbett também chamou de *insect music* – uma execução com rápidas modificações de texturas, sons e alturas, que teve um papel estrutural do ponto de vista formal nos grupos de Evan Parker, Derek Bailey e no Spontaneous Music Ensemble. Essa música exerceu grande impacto sobre a segunda e a terceira gerações de músicos de free jazz dos Estados Unidos e da Europa.

Grosso modo, o princípio de integração na música improvisada da Europa foi realizado por meio de dois modos distintos de execução. O teórico inglês da improvisação Nick Couldry definiu-o como o *group voice* e o *parallel voice*. O *group voice*, cujo exemplo é o Spontaneous Music Ensembles, refere-se à ideia de uma improvisação coletiva estreitamente ligada ao objetivo de construir nexos firmes e entrelaçados entre melodias e texturas. Nesse caso, os músicos tocam individualmente figuras breves e reduzidas, que só ganham sentido no conjunto das vozes. Numa perspectiva contrária, tem-se a improvisação do *parallel voice* – uma experiência claramente tipificada pelo longevo trio de Evan Parker, Barry Guy e Paul Lytton. Nele, ouvem-se texturas e melodias virtuosas que, de formas múltiplas, correm paralelamente, permitindo assim que o ouvinte possa decidir qual melodia ou textura individual acompanhar.

A banda AMM, centrada no guitarrista Keith Rowe, atua na base de uma paciência infinita para tatear, pesquisar e explorar situações sonoras específicas. Esse olhar quase microscópico para os mínimos detalhes do som é o que confere à sua música vida e sentido.

Recusando o estrelismo individual e as encenações superficiais, o trio Alexander von Schlippenbach/Evan Parker/Paul Lowens atua desde 1972 com a mesma formação e constitui assim a *working band* mais longeva do free jazz europeu. Com improvisações espessas e concentradas, eles mostraram que no free jazz também há lugar para um trabalho coletivo duradouro que seja resultado de permanente mistura, destilação e refinamento do material.

OS ANOS DE 1970

No intervalo entre o começo dos anos de 1970 e o começo dos anos de 1980, a situação das bandas é semelhante à das *big bands*. Podemos identificar quatro correntes principais e algumas fusões entre elas:

1. Os grupos que seguem a linha do *mainstream jazz* contemporâneo. Entre eles, os grupos de hard bop e do neo-bop ocupam um espaço especial, crescendo em termos de significado na virada dos anos de 1970 para os anos de 1980.
2. Os grupos de música livre ligados à AACM (Association for the Advancement of Creative Musicians) de Chicago.
3. Os grupos de jazz rock e de *fusion* que surgem sob a influência do *Bitches Brew*, de Miles Davis.
4. Os grupos camerísticos, que aprimoram cada vez mais a tradição do trio representada por Red Norvo e Jimmy Giuffre: o protótipo desses grupos é a formação do Oregon com Ralph Towner (guitarra e piano), Paul McCandless (oboé e corne inglês), Glen Moore (baixo) e Collin Walcott (*sitar*, tabla e percussão). Em certo sentido, o Oregon constitui o auge da integração e da música de câmara na história do jazz. Esse tipo de coesão interna pode ser visto nos dois quartetos do pianista Keith Jarrett, tanto no norte-americano (com Dewey Redman no saxofone, Charlie Haden no baixo e Paul Motian na bateria) quanto no "europeu" (com o saxofonista Jan Garbarek, o baixista Palle Danielsson e o baterista Jon Christensen). Enquanto o norte-americano se voltou para uma música mais potente e tensa, o quarteto europeu de Jarrett buscou um som mais elegíaco e impressionista no estilo balada.

Neo-bop

Entre os grupos ligados ao *mainstream* dos anos de 1970, há aqueles antigos (mencionados neste livro), cuja primeira formação data de vinte anos antes, e os grupos novos. Tanto os grupos mais antigos, cujos líderes já atuavam nos anos de 1950 em seus próprios conjuntos, quanto aqueles que apenas nos anos de 1970 começaram a atuar foram afetados pelas novas experiências musicais. Resumidamente, temos a maioria em formações mutantes: o Jazz Messengers, o quinteto de Dizzy Gillespie, o quarteto de Max Roach, o quinteto de Cannonball Adderley, o grupo de McCoy Tyner, o quarteto de Phil Woods, e o VSOP de Herbie Hancock. McCoy Tyner assumiu o papel central entre eles, tornando-se uma fonte de energia para todos os demais.

Em todos esses grupos o elemento bebop estava presente e atuante, mas foi na virada dos anos de 1970 para os de 1980 que ele adquiriu um significado adicional, algo que ninguém foi capaz de prever. A princípio parecia que o bebop estava desaparecendo lentamente, mas depois se percebeu exatamente o oposto: ele voltava com toda a força. O neo-bop dos anos de 1970, como comentado diversas vezes, trouxe uma gama de novos grupos, todos superados pelos conjuntos de velhos mestres e do grande saxofonista Dexter Gordon, que desencadeou esse desenvolvimento. O quinteto do trompetista Woody Shaw, morto em 1989, também teve grande significado por sua contribuição à conciliação do bebop com a execução modal, que parecia tender na direção da música *free*. Shaw traduziu a modalidade – a improvisação sobre escalas – para a linguagem do bebop de forma bastante competente, tanto que, mesmo depois de trinta anos, o antigo estilo ainda possuía frescor e soava atual.

AACM

Já em 1961, o pianista Muhal Richard Abrams fundou em Chicago a Experimental Band, uma orquestra de free jazz. Em 1965, ela fez surgir a AACM, associação que foi de grande importância para o processo de formação da identidade negra, não apenas musicalmente, mas também em termos ideológicos. Segundo Roscoe Mitchel: "Éramos músicos com o desejo de ter um melhor controle sobre nosso próprio destino. Foi essa a questão da AACM."

Primeiramente, a AACM fez sucesso na Europa – abstraindo de seu eco local, e extremamente limitado, em Chicago. No fim dos anos de 1960, como reação ao desinteresse do público norte-americano por música *free* (com todas as suas implicações sociais e políticas!), alguns dos mais importantes músicos da AACM foram viver em Paris, como os saxofonistas Joseph Jarman e Roscoe Mitchell, o trompetista Lester Bowie, o baixista Malachi Favors e o multi-instrumentista Anthony Braxton. A partir daí, o Art Ensemble of Chicago se tornou rapidamente conhecido em toda a Europa. Como Jarman, Mitchell, Bowie e Favors não tinham nenhum baterista que atuasse regularmente na banda (Phillip Wilson e Steve McCall, respectivamente, colaboraram apenas por um breve intervalo de tempo), eles próprios passaram a tocar instrumentos de percussão. Bowie, por exemplo, tocava um tambor grave e Mitchell, Jarmann e Favors passaram a tocar uma série de instrumentos de percussão que depois entraram para o novo jazz, instrumentos que, na época, vinham sendo descobertos gradativamente pelos músicos. As partes de percussão eram integradas com perfeição aos eventos melódicos – talvez também porque os músicos eram, em primeiro plano, trompetistas, saxofonistas ou baixistas. Daí também a contribuição precursora do Art Ensemble of Chicago. Desde 1969, Don Moye ocupou o posto de baterista na banda. O alto nível da intensidade percussiva desse grupo resultou também do fato de que os outros músicos do Art Ensemble continuaram a tocar percussão além de seus instrumentos principais.

Um traço característico do Art Ensemble of Chicago é uma mistura arrebatadora de energia, humor, silêncio, pesquisa sonora, multi-instrumentalismo e longas improvisações coletivas. Anos antes do surgimento do jazz pós-moderno, o Art Ensemble reuniu elementos da execução *free* com alusões a reggae, bebop, soul, canto sul-africano, minimalismo, jazz de Nova Orleans, música concreta, vodu e performances teatrais. Com isso, a banda criava longos e sofisticados arcos de *great black music*, em que a comunicação entre os músicos constituía um fator estruturador.

Após a morte de Lester Bowie, em 1999, o Art Ensemble of Chicago continuou ainda por alguns anos, num formato reduzido, com Roscoe Mitchell, Malachi Favors e Don Moye, embora sem poder resgatar a execução confiante, geralmente irônica e por vezes sarcástica dos velhos tempos.

Não se conheceu nenhum outro grupo de jazz que dispusesse de tantos timbres instrumentais como o Art Ensemble. Em suas viagens pela Europa, os quatro músicos transportavam um verdadeiro carregamento de instrumentos. Os mais versáteis do grupo foram Mitchell (sax-alto, soprano, tenor e baixo, além de clarinete, flauta, flautim, sirene, apito, gongos, pratos) e Jarman (sax-sopranino, alto, soprano, tenor, clarinete-alto, oboé, flauta, piano, cravo, guitarra, marimba, acordeão, vibrafone e uma dúzia de instrumentos de percussão). Com todo esse instrumental, os quatro integrantes da AACM (depois viraram cinco) gravaram vários álbuns na França, Alemanha e Inglaterra. O primeiro disco com grande orquestra da AACM foi feito no New Jazz Meeting, na cidade de Baden-Baden, Alemanha, em 1969.

O público de jazz norte-americano só se tornou consciente do significado musical da AACM dez anos depois – um processo lento que começou com o sucesso de Anthony Braxton e que, em 1979, levou os críticos da revista *Down Beat* a dar várias posições importantes aos músicos da AACM.

Nesse meio-tempo surgiu outro grupo com proposta semelhante à música da AACM: Air, com Henry Threadgill (saxofone e flauta), Fred Hopins (baixo) e Steve McCall (bateria), o qual, em 1982, foi substituído por Pheeroan Ak Laff. Fundado em 1971, esse trio era, no âmbito das vanguardas da época, uma das poucas bandas em que todas as partes instrumentais não apenas caminhavam para o mesmo centro, mas que de fato confluíam numa unidade perfeitamente equilibrada. *Air Lore*, o disco gravado em 1979 com composições (ragtime) de Scott Joplin e jazz de Nova Orleans de Jelly Roll Morton, foi a mais corajosa e explícita (e inabitual na época) profissão de fé na grande herança feita por uma formação de vanguarda nos anos de 1970.

Conjuntos de alto nível também foram criados por outros músicos vinculados à AACM e por alguns membros de uma associação similar, o Black Artist Group, surgida em St. Louis, sem contar com os músicos que se mantinham perto de ambos os agrupamentos. Entre eles: o saxofonista Oliver Lake, o trompetista Leo Smith, o grande ativista da AACM Muhal Richard Abrams e Anthony Braxton, o mais conhecido da AACM . Este último chamou a atenção, sobretudo, com seu quarteto, ao qual pertenceu primeiramente o trombonista George Lewis, depois o trombonista Ray Anderson e, nos anos de 1980, a pianista Marilyn Crispell.

Os membros do Art Ensemble formularam um mote que definia bem a relação desses músicos com a tradição: "Ancient to the future" (da Antiguidade ao futuro), que não significava apenas a ideia ocidental de "apontar para o futuro a partir do passado remoto", mas que também sugeria a concepção africana da "superação do tempo". Em um de seus álbuns, Muhal Richard Abrams disse: "Minhas ideias são meu futuro, simbolizando agora e para sempre meu passado, meu presente e meu futuro... num eterno agora." Não há dúvida de que se trata de um modo de pensar e sentir africano ou asiático, não de um modo ocidental-europeu.

Coerentemente com o processo de conscientização mencionado acima, Muhal Richard Abrams não exerceu apenas uma influência musical sobre os músicos da AACM. O trombonista George Lewis contou que também foi estudar filosofia alemã por conta de Muhal. E Joseph Jarman relatou que, antes de Abrams, era apenas um "típico adolescente *hip* nas ruas da zona sul de Chicago". Coisas ruins poderiam ter acontecido com ele, como é comum entre jovens que vivem em ruas ou guetos. Mas ele encontrou Muhal e, por isso, sua vida ganhou um sentido. Abrams estava visivelmente mais interessado na carreira de outros músicos da AACM do que em sua própria. Por vários anos, ele permaneceu nos bastidores. Apenas na segunda metade dos anos de 1970, em razão de sua participação, em 1978, no Festival de Montreux, foi que ele encontrou reconhecimento como pianista, um reconhecimento que vários outros músicos mais jovens da AACM já haviam conquistado.

Jazz Rock e Fusion

Há muito esperada, a integração do jazz e do rock – precipitadamente decretada nos anos de 1960, mas efetivada apenas por Miles Davis em *Bitches Brew* – marcou o estilo dos grupos de jazz mais conhecidos e vendidos dos anos de 1970. Os grupos que prepararam esse desenvolvimento na Inglaterra e nos Estados Unidos já foram mencionados na seção "1970" do capítulo "Os Estilos do Jazz".

Os maiores grupos de jazz rock e *fusion* dessa década são: o Weather Report, o Eleventh House, de Larry Coryell, a Mahavishnu Orchestra, de John MacLaughlin, o Lifetime, do baterista Tony Williams, o Return to Forever, de Chick Corea, o sexteto de Herbie Hancock na primeira metade da década de 1970 e o quarteto de Pat Metheny também nessa época; na Inglaterra, o Nucleus, do trompetista Ian Carr, e o Paraphernalia, da saxofonista Barbara Thompson; na Holanda e na Alemanha, a Association P.C., do baterista Pierre Courbois, e o Pork Pie, do tecladista Jasper van't Hof's, bem como os grupos do guitarrista Volker Kriegel, na Alemanha Ocidental.

No começo dos anos de 1970, foram principalmente os antigos músicos de Miles Davis que levaram esse processo para além de *Bitches Brew*: o saxofonista (soprano e tenor) Wayne Shorter, os tecladistas Joe Zawinul, Chick Corea e Herbie Hancock, o baterista Tony Williams e o guitarrista John McLaughlin.

Um dos primeiros passos nessa direção foi dado por Wayne Shorter com seus dois álbuns *Super Nova* e *Odyssey of Iska*, um resultado que também surpreende porque, no futuro, esse grande músico não conseguirá mais produzir nada comparável! Shorter é o único instrumentista de sopro do grupo (sax-soprano e tenor), mas o instrumental inclui ainda vibrafone, marimba, guitarra, baixos e percussão. *Odyssey of Iska* é a viagem mítica de um descobridor negro, de um odisseu nigeriano que se torna símbolo da alma humana. Disse Shorter: "Talvez você possa relacionar essa música à viagem de sua própria alma." O disco é um impressionante "quadro sonoro do jazz" que recorda os quadros de Herbie Hancock, sobre quem já falamos na seção "O Piano" do capítulo "Os Instrumentos do Jazz". De fato, o *Maiden Voyage*, de Hancock, assinalou o começo de um estilo de composição no formato de suítes e quadros sonoros. Esse estilo inclui trabalhos como o *Grand Wazoo*, de Frank Zappa, e o *Zawinul* (lançado mais ou menos na mesma época em que Shorter lançou seus dois álbuns), que contém impressões e recordações da infância de Joe Zawinul, sua experiência como pastor de ovelhas na Áustria, o enterro de seu avô num dia de inverno numa vila montanhosa da Áustria e a primeira impressão do jovem ao chegar de navio a Nova York.

Quando Joe Zawinul e Wayne Shorter fundaram, em 1970, o Weather Report, a expectativa era enorme. Na primeira formação do grupo, Miroslav Vitous tocava baixo e Alphonse Mouzon bateria. Porém, sendo Mouzon mais intuitivo e Vitous mais intelectual, eles não combinaram muito. Durante os anos de 1970, a base rítmica foi mudada várias vezes, até que, no fim da década, veio a consolidação com o baixista Jaco Pastorius e o antigo baterista de Stan Kenton, Peter Erskine. Ao lado de Zawinul, Pastorius se tornou o integrante mais forte do grupo. Wayne Shorter já não era mais visto como *co-leader* e os amigos do grande saxofonista passaram a lamentar o fato de Shorter, nos diversos álbuns do Weather Report, apenas raramente aparecer com solos que correspondiam à sua verdadeira estatura musical.

Não há dúvidas de que o Weather Report – depois do *Bitches Brew*, de Miles Davis, e ao lado da Mahavishnu Orchestra, de John McLaughlin – foi o mais influente grupo de música *fusion*. No entanto, até a sua dissolução, em 1985, as opiniões se mantiveram polarizadas em relação a ele. Em 1979, depois de uma crítica negativa da revista *Down Beat* sobre o álbum *Mr. Gone*, seguiu-se por vários meses uma discussão entre defensores e opositores do grupo. Na crítica da revista *Down Beat*, lia-se o seguinte:

> Weather Report fez pelo jazz nos anos de 1970 o que Paul Whiteman fez nos anos de 1920: assim como ele, o Weather Report superorquestrou seu som. Enquanto a banda de Paul Whiteman criou, a partir do jazz, uma música açucarada, o Weather Report criou uma música plastificada a partir de um som experimental. Quem não se arrisca a nada, nada tem a perder, mas também nada tem a ganhar.

Zawinul considerava importante o Weather Report ter nascido na grande tradição do jazz, sobretudo na do bebop. Sua composição mais célebre se chama "Birdland", em homenagem ao legendário clube de jazz na Broadway, famoso desde a época de Charlie Parker. Zawinul, no fim dos anos de 1950 e começo dos anos de 1960, foi um frequentador assíduo – quase diário – do Birdland. Em 1980, ele disse: "O velho Birdland foi o lugar mais importante de minha vida." Na verdade, o elemento bebop, ainda que encoberto e transposto para a música eletrônica, pode ser percebido em todas as fases do Weather Report. Nenhuma banda soube unir e mesclar, a partir do *groove*, as novas sonoridades eletrônicas com a sonoridade "acústica" dos instrumentos tradicionais de forma tão flexível e original quanto o Weather Report.

Desde o álbum *Black Market*, de 1979, a inclusão de elementos da música do mundo se tornou cada vez mais importante na composição de ritmos complexos, melodias marcantes e sons burilados. Para se avaliar a importância central do Weather Report, basta ter em mente que uma das formações de jazz rock mais bem-sucedidas dos anos de 1980 e de 1990 nasceu sob forte inspiração desse grupo: os Yellowjackets, com Jimmy Haslip no baixo elétrico, Russell Ferrante no teclado, Bob Mintzer no saxofone e Will Kennedy na bateria. Eles ampliaram a herança do Weather Report com texturas sofisticadas e *grooves* repletos de sutis irregularidades métricas.

Herbie Hancock (cf. as seções "O Piano" e "Órgão, Teclados, Sintetizador, Eletrônicos" do capítulo "Os Instrumentos do Jazz") já havia deixado Miles Davis antes de *Bitches Brew*. Em 1972, seu sexteto gravou o álbum *Crossings* com um rico instrumental eletrônico (piano elétrico, *mellotron*, sintetizador *moog*) e a presença de três sopros: Benny Maupin (no sax-soprano, na flauta-alto, no clarinete-baixo e no flautim), Eddie Henderson (trompete) e Julian Priester (trombone). Graças a meios eletrônicos e esses três músicos, Hancock alcançou uma sonoridade que lembra Gil Evans e suas partituras para grande orquestra. "Quasar" é o nome de uma das peças, e a música corresponde ao título: misteriosas explosões cósmicas primordiais em que o tempo parece ficar suspenso. A forte interpenetração rítmica dos *drub patterns* (de *drub* = batida) fez o som experimental do sexteto de Herbie Hancock chegar ao ápice do funk integrado.

O baterista Tony Williams também havia deixado Miles Davis em 1969 para poder se dedicar ainda mais completamente à integração do jazz com o rock. Os diversos grupos que ele formou com o nome de Lifetime eram grupos de rock de alto nível orientados ao jazz, mas cujo problema de integração – por razões não tanto musicais quanto pessoais – Williams não conseguiu resolver. Apenas a primeira formação do Lifetime fez jus ao princípio de integração no sentido utilizado por nós neste livro. Ela contava com a presença do guitarrista John McLaughlin, que ali reuniu as ferramentas para a sua Mahavishnu Orchestra, e do organista Larry Young (ou Khalid Yasin). Improvisações tórridas, selvagens, surreais, que propiciaram ao jazz rock um sentimento de liberdade e um sentido vanguardista que só seriam vistos novamente no free funk dos anos de 1980.

As versões posteriores do Lifetime, do Weather Report e da Mahavishnu Orchestra mostram claramente a complexidade dos mecanismos musicais e humanos (também técnicos!) envolvidos e postos em movimento nesse tipo de grupo. Não deixa de ser uma sorte que tal mecanismo seja capaz de produzir boa música. Um quarteto de cordas, por exemplo, é uma coisa muito mais simples...

Esse tipo de desgaste que afeta os grupos de jazz rock e *fusion* também afetou a música de Chick Corea. Entre os diversos grupos dirigidos por ele, o primeiro, de 1972, com o nome de Return to Forever, foi de longe o melhor. Dele participavam a cantora Flora Purim, o percussionista Airto Moreira, o saxofonista e flautista Joe Farrell e o baixista Stanley Clarke. Um dos resultados mais felizes e leves do jazz rock dos anos de 1970. Aqui, a integração entre jazz e rock foi obtida de modo lúdico e mágico através da inclusão de elementos hispânicos, virtuosísticos, quase barrocos. Mas também é verdade que os grupos posteriores preservaram o caráter lúdico e comunicativo próprio da música de Corea.

É provável que o jazz rock mais denso e artisticamente bem-sucedido tenha sido o da primeira formação da Mahavishnu Orchestra, entre 1971-1972, que, além do guitarrista John McLaughlin, contava com Jan Hammer no teclado, Billy Cobham na bateria, Jerry Goodman no violino e Rick Laird no baixo. Em nenhuma outra parte se ouviu uma música *fusion* tão surpreendente, libertadora, abençoada!

As primeiras composições da Mahavishnu traziam títulos como "The Dance of Maya" (A Dança de Maya), "A Lotus on Irish Streams" (Um Lótus no Rio Irlandês), "Saphire Bullets of Pure Love" (Balas de Safira Feitas de Amor Puro), "Meeting of the Spirits" (Encontro dos Espíritos), "Awakening" (Despertar), "Sanctuary" (Santuário), títulos que caracterizam o espírito da meditação indiana que é a fonte dessa música. Paradoxalmente – trata-se de um paradoxo apenas aparente – a força dessa meditação se manifestava numa grande potência sonora, capaz de produzir "calma" justamente em virtude da violência de seu volume: a música da Mahavishnu erigia uma espécie de "catedral sonora" que não deixava espaço para nada além desse som.

A densidade dessa música também resultou em tensões musicais e pessoais entre os músicos que levaram o grupo a desmoronar prematuramente. Com as outras formações da Mahavishnu, John McLaughlin nunca conseguiu atingir novamente o nível da primeira. Por essa razão, surgiu, em 1976, o grupo Shakti (cf. a subseção "World Jazz" da seção "Os Anos de 1980" deste capítulo).

O processo de desgaste do jazz rock e do *fusion* possui algo de assustador. Nunca antes na história do jazz ocorrera algo semelhante. Só na segunda metade dos anos de 1970 é que surgiu um grupo novo com verdadeiro vigor artístico: o de Pat Metheny, com o tecladista Lyle Mays. Ele se tornou mundialmente famoso por seu *fusion* elegante e harmonicamente interessante, cujos timbres eletrônicos e cálidas orquestrações transbordavam sensualidade e exuberância. Ao mesmo tempo, o grupo de Pat Metheny mostrou possuir efeitos de dinâmica nuançados e uma sensibilidade quase "sinfônica". Nenhum outro grupo de jazz rock havia construído arcos de tensão tão redondos, formalmente perfeitos e amplos. De outro lado, já falaram que a música de Metheny possui uma tendência ao *kitsch* e ao patético e há quem lamente seu caráter estilizado e excessivamente polido. Entretanto, pode-se ouvir a tradição do jazz em tudo o que a banda de Metheny toca e, além da presença da música brasileira, também elementos do country norte-americano. Outros grupos, como o Spyro Gyra, levaram o *fusion* para o terreno do funk comercial e do *muzak*, também conhecido como música de elevador. Esses grupos se ocuparam em fazer música para o mercado e acabaram se transformando, eles próprios, num produto descartável.

OS ANOS DE 1980

Foi tão grande a quantidade de interseções e fusões ocorridas nos anos de 1980 que aqui só é possível esboçar de forma simplificada cinco feixes de desenvolvimentos determinantes no cenário das bandas:

1. As bandas alinhadas ao jazz straight-ahead esclarecido que aprimoraram com formas estilísticas bastante diversificadas o desenvolvimento iniciado nos anos de 1970 com o neo-bop. Ao valorizar a execução herdada do bebop a partir de uma perspectiva contemporânea, esses grupos exibem uma forte tendência neoclássica.
2. As bandas que refletem e atualizam os elementos do jazz tradicional à luz de uma execução mais *free*, reforçando o fato de que a tradição do jazz consiste num processo contínuo de renovação e inovação.
3. As bandas do free funk: a partir delas o ramo do jazz rock se desenvolveu, na medida em que elas aliaram o funk e o jazz rock às formas de execução da vanguarda.
4. Os grupos que atuam na linha do world jazz. Na base do diálogo, eles misturam elementos diversos e provenientes das grandes culturas musicais do mundo com os modos de execução do jazz contemporâneo.
5. As bandas pós-modernas de execução não idiomática, às vezes, também denominadas de bandas *no wave*: aqui a ideia de estilo não tem mais nada a ver com os conceitos tradicionais. Essas bandas estruturam, diferenciam e ampliam o jazz de vanguarda, mesclando-o com o punk, o heavy metal, a música étnica, o minimalismo e uma série de outros elementos estilísticos.

O Jazz Straight-Ahead Esclarecido

É sabido que os grupos de jazz neoclássico foram acusados de copiar o bebop. As coisas, porém, são mais complexas do que parecem, pois esses grupos geralmente possuem um fator de integração muito maior que as bandas de bebop dos anos de 1940. A razão disso está na atuação da base rítmica, especialmente da bateria: ela é mais agressiva, selvagem, dura e – o que é decisivo para nosso critério de integração – mais interativa e comunicativa. Nesse sentido, os grupos de jazz neoclássico não estão em dívida com nenhum estilo. Eles elaboraram a grande tradição do jazz à luz da execução do bebop e do pós-bebop.

Com as várias formações de seu Jazz Messengers, Art Blakey foi um vetor importante para a renovação do *mainstream jazz*. Sem nunca abdicar da concepção de seu hard bop, Blakey, nos anos de 1970 e de 1980, deu tanta liberdade e espaço para seus jovens músicos, que o Jazz Messengers acabou se tornando uma espécie de trampolim para os grupos que na época aprimoravam e ampliavam pela via da pluralidade estilística a forma bebop de fazer jazz: o grupo de Wynton Marsalis, o quarteto de Branford Marsalis, o quinteto de Terence Blanchard e Donald Harrison, a banda de Mulgrew Miller, o grupo de Wallace Roney (em certo sentido, isso também é válido para o jazz swing*ing* do quinteto de Tony Williams dos anos de 1980, em que muitos jovens provenientes do Messengers obtiveram uma formação complementar). É evidente que todos esses grupos – em oposição aberta aos resultados hipertróficos do jazz rock e do *fusion* – atribuíram centralidade ao princípio da integração musical. Trata-se de uma regra de ouro do jazz, ou seja, uma banda só pode soar bem quando cada músico fraseia "como se tocasse através de todos os instrumentos da banda" (Stanley Crouch).

As duas bandas mais exemplares nesse sentido foram a de Wynton Marsalis e o quinteto de Terence Blanchard e Donald Harrison. Wynton Marsalis é um dos poucos trompetistas que basta tocar suas melodias para criar coesão e densidade comunicativa no coletivo. De outro lado, os membros de seu grupo – o pianista Marcus Roberts, o baixista Bob Hurst e o baterista Jeff "Tain" Watts – também ajudaram Marsalis a consolidar esse "sentimento de coletividade" (*togetherness*), servindo assim de inspiração para outros grupos de jazz neoclássico (cf. a seção "Wynton Marsalis e David Murray" do capítulo "Os Músicos do Jazz").

Assim como os primeiros grupos de Marsalis, também o quinteto de Terence Blanchard e Donald Harrison contribuiu para aprimorar e diferenciar a "mensagem" do célebre segundo quinteto de Miles Davis. Ele implementou uma espécie de "liberdade controlada" a partir do bebop, mas – diferentemente de Davis – com uma forte base na tradição de Nova Orleans, ou seja, exibindo uma vívida mistura de "tintas" africanas, hispânicas e francesas.

Um fato que chama a atenção é que os músicos de jazz neoclássico geralmente provêm de Nova Orleans. Nunca antes, desde os anos de 1920 – desde Louis Armstrong, Jelly Roll Morton e Sidney Bechet –, os acontecimentos do jazz foram codeterminados com tanta força pelos músicos da Crescent City como nos anos de 1980 e de 1990. Pela segunda vez na história, Nova Orleans se tornou uma fonte energética da cena do jazz. Dela vieram, dentre outros, os trompetistas Wynton Marsalis, Terence Blanchard e Marlon Jordan, os saxofonistas Branford Marsalis, Donald Harrison e Tony Dagradi, o flautista Kent Jordan, o baixista Reginald Veal e o baterista Herlin Riley, bem como os músicos da Dirty Dozen Brass Band. Esses últimos seguem a tradição arcaica das bandas marciais de Nova Orleans, incluindo o prazer e a alegria do *mardi gras* – o carnaval de Nova Orleans. A Dirty Dozen Brass Band, no entanto, faz algo que até então fora tabu para as bandas de metais dessa cidade: ela toca arranjos de funk, bebop, *jump* e soul – tudo com certo *drive* contemporâneo e numa velocidade pouco habitual para as bandas de metais. Nunca houve nada igual: uma banda de metais que, num enterro (*dirge*), toca uma grave marcha fúnebre para logo depois tocar "Bongo Beep", de Charlie Parker. "Desde o começo, as demais bandas de metais nos diziam que isso não daria certo", diz o trompetista Gregory Davis.

> Quando participávamos de um desfile de rua e eles tocavam as marchas na frente, nós saíamos atrás tocando "Blue Monk", de Thelonious Monk, ou composições de Charlie Parker, Miles Davis e Duke [Ellington]. Depois as pessoas vinham e nos diziam: "Cara, vocês não deviam tocar essas coisas na *parade*."

Nesse meio-tempo surgiram dezenas de bandas de metais em Nova Orleans tocando dessa forma: a Rebirth Brass Band, a Pair-A-Dice Bras Band, a All Stars Brass Band etc. Em diálogo com o jazz moderno, todas elas faziam parte de uma incrível revitalização da respeitável tradição das bandas de metais de Nova Orleans. Um serviço prestado pela Dirty Dozen Brass Band.

Mas é de se perguntar se o classicismo dos anos de 1980 e de 1990 teria tido uma influência tão marcante na execução e na cena do jazz não fosse o impulso decisivo dos músicos da Crescent City. Não há dúvida de que era um ciclo do jazz que se fechava. *New Orleans is back*.

Na curva final dos anos de 1980, os grupos ligados à AACM (bem como ao Black Artist Group) estruturaram e formalizaram o free jazz de modo tão amplo que acabaram superando o velho conceito de vanguarda dos anos de 1970. As formas tradicionais de se tocar jazz – que, na concepção *free*, ou permaneciam encobertas ou então eram expostas ironicamente – tornaram-se *essenciais*. Não se tratava de abandonar a liberdade conquistada, mas de diferenciá-la, aprimorá-la e enriquecê-la.

Outros grupos importantes que atualizaram a grande herança do jazz a partir do ponto de vista "livre" são o World Saxophone Quartet, o octeto de David Murray (cf. a seção "Wynton Marsalis e David Murray" do capítulo "Os Músicos do Jazz"), o quarteto de Arthur Blythe, o Lester Bowies Brass Fantasy, o quarteto de George Adams e Don Pullen, o quinteto de Tim Berne e Herb Robertson, e o grupo de Chico Freeman.

Talvez a banda que mais tenha se empenhado nessa direção seja o World Saxophone Quartet (WSQ) (cf. "Os Grupos de Saxofones" na seção "A Família dos Saxofones" do capítulo "Os Instrumentos do Jazz"). A "solda" que estabeleceu a unidade desse quarteto foram dois fatores de integração que se potencializam reciprocamente em sua execução *jump*: o jogo permanente entre o princípio de liberdade em suas improvisações coletivas e o princípio unificador dos *riffs* – figuras que se repetem e dão apoio, estimulando o solista (um recurso que vem do estilo swing e do rhythm & blues).

O poder de influência do WSQ pode ser medido pela enorme "onda" de grupos de saxofone que cresceu em sua esteira. De fato, a partir dos anos de 1980, surgiram centenas de bandas formadas pelo mesmo instrumento – quartetos de cordas, grupos de metais etc. –, bem como grupos destituídos de base rítmica, que assumem por conta própria a realização do beat e do *metrum*. Esse tipo de formação instrumental foi instituído pelo World Saxophone Quartet.

Uma interlocução especialmente intensa com a tradição de Nova Orleans é a do Henry Threadgill Sextett (na verdade, um septeto), que reflete e transforma a música do começo do século XX (*dirges*, marchas, blues arcaico), buscando sonoridades escuras, sarcásticas, alegres e mórbidas ao mesmo tempo. Henry Threadgill criou unidade em seu grupo (do qual fazem parte o trombonista Craig Harris, a cellista Diedre Murray e o baterista Pheeroan Ak Laff) muito mais através de suas composições que de suas intervenções como solista. Ele costura as improvisações de seus músicos em suas composições de forma tão engenhosa que as partes escritas parecem ser uma continuidade natural dos solos improvisados.

Henry Threadgill também consegue atingir alto grau de interação através de outro grupo seu, o Very Very Circus – [também] um septeto, porém com duas guitarras elétricas e duas tubas. Pelos efeitos orquestrais que esse grupo produziu, muitos acharam que Threadgill tinha gravado seus discos fazendo uso de *overdubs*. Ele negou.

O *Special Edition*, de Jack DeJohnette, é um caso paradigmático dentro dessa vertente, embora já aponte para além dela. Ele mesmo chama a sua música de "multidirecional". Trata-se de uma música com múltiplas aberturas estilísticas, que, em seu tempo, exibiu o leque mais imponente da cena: jazz contemporâneo, bebop, modal, impressionismo, jazz rock, free jazz, reggae... O poder integrador do baterista, e também *bandleader* e compositor, Jack DeJohnette torna-se nítido quando se percebe que muitos jazzistas famosos fizeram solos mais "econômicos" e "harmoniosos" com o *Special Edition* do que em suas próprias bandas. Por exemplo: Arthur Blythe, David Murray, Chico Freeman, Greg Osby e Gary Thomas.

O world jazz foi lançado nos anos de 1960 por John Coltrane e desenvolvido por diversos grupos na década seguinte. Nos anos de 1980, ele atingiu seu primeiro apogeu em termos de integração. O trompetista Don Cherry, através de suas várias formações, atuou como *o* grande catalisador. A poesia e a magia de sua música permearam diversos grupos de world jazz e inspiraram outros tantos (se não todos): em primeiro lugar, o Codona, com o virtuose da tabla e da *sitar* Collin Walcott e o percussionista brasileiro Naná Vasconcelos; mas também o Old & New Dreams, com Dewey Redman (sax-tenor e *musette*) e Ed Blackwell (bateria); e o grupo Nu, com o sax-altista Carlos Ward. Na Europa, foram importantes os grupos do velho mestre Charlie Mariano, a banda do baterista norte-americano Mark Nauseef, a Bitter Funeral Beer Band, de Bengt Berger (Suécia), assim como o grupo de Rabih Abou-Khalil, libanês residente em Munique.

Os primeiros trabalhos bem-sucedidos de world jazz aconteceram já nos anos de 1970: particularmente impressionante foi o grupo Shakti, fundado em 1976 por John McLaughlin e que representou uma grande guinada em relação à fase elétrica *high energy* de sua Mahavishnu. Os quatro músicos do Shakti – John McLaughlin (guitarra) e três indianos, entre eles o violinista L. Shankar e o virtuose da tabla Zakir Hussain – tocaram uma música "acústica" discreta em termos de potência sonora – um encontro do jazz não apenas com a cultura musical da Índia (a do sul e a do norte!), mas também com a espiritualidade e a religiosidade indianas. Um encontro que constituiu um passo a frente em relação à constelação sonora de outro músico importante: o tocador de *sarod* Ali Akbar Khan, que, em 1971, iniciou um trabalho com o sax-altista John Handy, conhecido por sua participação no grupo de Charles Mingus.

A crítica viu no Shakti uma "ruptura abrupta" com a música da Mahavishnu Orchestra. Mas o giro de John McLaughlin para a música indiana e a espiritualidade já estava bem claro na época da Mahavishnu. E o que é mais importante: a música do Shakti era tão "densa" quanto a música da Mahavishnu. Disse John McLaughlin: "A Índia representa, neste planeta, uma parte da minha pátria. A Índia não representa apenas uma parte psíquica, mas também uma parte física de minha pessoa." Isso se reflete nos nomes de suas duas bandas: Mahavishnu significa "sentimento divino, força e justiça"; Shakti significa "inteligência criadora feminina, amor e beleza".

Assim como o quinteto de Charlie Parker reuniu, com o trompetista Dizzy Gillespie, os dois músicos prototípicos do bebop, o trio Codona reuniu os dois protótipos do world jazz contemporâneo: Don Cherry (que, além do trompete, toca numerosas flautas e o *doussn'gouni* africano) e o virtuose da tabla e do *sitar* Collin Walcott. O trio é completado e equilibrado pelo percussionista brasileiro Naná Vasconcelos. Walcott disse uma vez: "Eu estudei primeiro música africana, depois indiana. Antes disso, eu tocava swing norte-americano. Para me mover de um a outro bastou um pequeno passo." No Codona, é isso o que ouvimos: tocando com a mesma concepção poética, os três músicos criam ludicamente pontes entre diferentes culturas musicais e continentes – Brasil, África, mundo árabe, Tibete e Índia. Graças a isso, os aspectos em comum acabam se sobressaindo frente às diferenças.

Fundado em 1970 por quatro ex-integrantes do Paul Winter Consort, o grupo Oregon constitui até hoje, com sua execução sensível, introspectiva e "acústica", o apogeu de uma integração camerística no jazz. Ao todo, esses quatro músicos tocam mais de dezoito instrumentos diferentes: Ralph Towner (guitarra, trompete, piano, trompa, dentre outros), Collin Walcott (tabla, *sitar*, percussão, dentre outros) Paul

McCandless (oboé, corne inglês, sax-soprano, clarinete-baixo, dentre outros) e Glen Moore (baixo, violino, flauta, dentre outros). Disso surge a riqueza de melodias e timbres característicos com os quais essa banda realiza o mais autêntico world jazz, combinando a música étnica de todas as partes do mundo com a música romântica de concerto, a música impressionista e a contemporânea, bem como o free jazz e o folk.

Após a morte de Walcott, em 1984, o Oregon não tocaria mais com a magia e a coesão de antigamente. No entanto, ainda hoje o grupo impressiona por sua sensibilidade camerística. Sua música se tornou mais enérgica por causa da percussão do indiano Trilok Gurtu e do emprego de instrumentos eletrônicos (como sintetizadores e uma bateria eletrônica), abrindo uma nova dimensão pictórica ao quarteto.

Não há dúvidas de que o primeiro apogeu em termos de integração no âmbito do world jazz ocorreu com bandas como Shatki, Oregon, Codona e Old & New Dreams, no começo dos anos de 1980. Nesse meio-tempo, grupos de jazz voltados às músicas do mundo se tornaram bastante comuns. Ninguém precisa mais sair em busca das culturas musicais, pois a influência das músicas do mundo já faz parte do jazz multiestilístico. A música do mundo se tornou um grande filão da música pop. Mas sempre que o rock e o pop se movem no campo da música "étnica", eles retornam – de modo consciente ou não – ao trabalho pioneiro e à contribuição de músicos de jazz como John Coltrane, Don Cherry e Collin Walcott.

Free Funk

Quando, em meados de 1970, a dificuldade de integração no campo do jazz rock se tornava cada vez mais visível, parecia não haver mais grandes esperanças para esse estilo. Isso mudou subitamente em 1977, com *Dancing in your head*, de Ornette Coleman: uma espécie de *mix* torrencial de ritmos de rock, free jazz e música do norte da África que resultou na primeira realização satisfatória e coesa do free funk. Mas apenas no começo dos anos de 1980, a "mensagem" de Ornette foi compreendida, assimilada e aprimorada por outros grupos de jazz.

Todos os grupos de free funk – seja de forma direta ou indireta – mantêm um vínculo genético com a música dos grupos de Ornette Coleman. Nesse sentido, o papel de Ornette para o free funk lembra o de Miles Davis nos anos de 1970 para o jazz rock. São descendentes diretos do grupo Prime Time "harmolódico": o Decoding Society, de Ronald Shannon Jackson; os grupos de James "Blood" Ulmer; e o Tacuma, de Jamaaladeen. Há também outros músicos que não tocaram com Coleman, mas que estiveram de forma mais ou menos direta ligados à sua música, como a banda de Steve Coleman; o Slickaphonics, de Ray Anderson; o Defunkt (liderado pelo trombonista Joseph Bowie); o quarteto de Greg Osby; e a banda de Gary Thomas.

Os críticos acusaram Ornette de trair o seu free jazz. Mas a única mudança no conceito de música "harmolódica" de Ornette Coleman, desde os anos de 1970, foi a implementação no contexto contemporâneo da música eletrificada e influenciada pelo rock. A Prime Time trabalha com as mesmas improvisações coletivas feitas na perspectiva "harmolódica", ou seja, todos os movimentos musicais são variações e modulações de "uma" melodia, mas sem o vínculo com a tonalidade, a harmonia funcional, a métrica ou mesmo a afinação temperada. A "solda" que une essa banda em seu interior é a comunicação em torno de uma melodia fundamental. Ela é o centro que norteia os instrumentistas em suas ações "livres", selvagens.

Se a Prime Time de Ornette Coleman instituiu no free funk a mais redonda concepção melódica, o Decoding Society de Ronald Shannon Jackson apresentou a solução rítmica mais impulsiva nessa direção. Com esse grupo, o baterista conseguiu realizar (sobretudo na primeira metade dos anos de 1980, depois nem tanto), na medida em que conseguiu criar também melodicamente as estruturas polirrítmicas de sua execução tempestuosa, um jazz integrado de intensidade torrencial. Com uma expressão rude e com enorme vitalidade, marcada pelo atrito, os grupos de James Blood Ulmer transpuseram a linguagem do blues e de seus precursores arcaicos para o free funk. De um modo geral, os grupos de free funk tornaram o jazz rock mais comunicativo e interativo, na medida em que o mesclaram com os elementos do free jazz, diferenciando-o. Por essa razão, os grupos de free funk costumam ser mais imbuídos de espírito coletivo do que as bandas de *fusion*. De outro lado, ao longo da segunda metade dos anos de 1980, ficou cada vez mais claro que o rock só podia almejar uma "emancipação" relativa, pois, de outro modo, ele perderia justamente aquilo que o caracteriza: seu *groove*, sua presença física e sua força motora.

DE 1990 EM DIANTE: PLURALIDADE ESTILÍSTICA E ARTE DA INTERAÇÃO

No jazz dos anos de 1990, não existiu nenhum modelo estilístico universal que dominasse o conceito de banda, nenhum princípio hierárquico que estabelecesse ordem na cena. Existiu, sim, uma ampla pluralidade de execuções e estilos dispostos paralelamente. Os anos de 1990 trouxeram uma explosão de estilos, com uma combinação de execuções e valores que ultrapassa qualquer esforço classificatório. Aquilo que consideramos jazz ampliou constantemente o seu sentido. Para usar a expressão do historiador Ulrich Gumbrecht, o presente se alargou cada vez mais. Os tempos do movimento de vanguarda, com suas cesuras radicais e mutações claras e distintas, ficou no passado. Em seu lugar veio a ofensiva do pluralismo.

Obviamente, também houve no jazz dos anos de 1990 (e no que veio depois) situações e grupos de estilos distintos. Em suas configurações, no entanto, eles mostraram uma tendência tão clara à combinação e fusão de diferentes estilos e execuções, que seria forçado tentar vincular um grupo a uma rubrica estilística específica ou, então, separá-lo rigorosamente dos demais. Em se tratando dos anos de 1990, é preciso abandonar os princípios de classificação.

O "colapso de uma classificação exata dos gêneros" (George Lewis) levou a uma liberdade estilística de opções sem paralelo na história secular do jazz. A soberania com que os músicos conseguiram lidar com essa multiplicidade e transportá-la para o contexto integrador do coletivo é algo fascinante.

Em nenhuma outra parte essa multiplicidade estilística se mostra tão rica e veemente quanto nas bandas da cena *downtown* de Nova York. Existe apenas uma única característica que as unifica: a recusa de todo tipo de categorização musical. A maior parte desses grupos realiza o princípio de integração assimilando e combinando, de modo convincente e com um resultado sonoro personalizado, as mais diversas tendências musicais num conjunto de influências que ultrapassa o âmbito tradicional dos estilos, gêneros e idiomas. Essa emergência plural de conceitos e métodos decorre da própria natureza do fenômeno e vai desde as provocativas técnicas de *cut-off* (John Zorn e Uri Caine a utilizaram de forma virtuosística) até as técnicas de sobreposição estilística (dominadas e cultivadas de modo altamente consequente pelos grupos de Wayne Horvitz ou Ben Allison).

O desafio da execução multiestilística consiste em se debruçar sobre formas distintas ou mesmo divergentes de execução no intuito de buscar compatibilidades, afinidades e pontos em comum, de modo a encontrar uma base para o diálogo e para a síntese das diferenças. O compositor e saxofonista John Zorn abriu, com seus diversos conjuntos, o caminho no interior dessa polifonia de texturas e idiomas, revelando-se, com sua força catalisadora, uma grande figura integradora da cena *downtown* de Nova York. Todavia, apenas duas de suas bandas conseguiram atingir a integração no sentido estrito formulado por nós: o quinteto Naked City e o quarteto Masada, que existe há mais de dez anos.

No começo dos anos de 1990, Naked City se tornou o símbolo e a essência da improvisação multiestilística. Nas miniaturas altamente condensadas desse quinteto – com o guitarrista Bill Frisell, o tecladista Wayne Horvitz, o baixista Fred Frith, o baterista Joey Baron e o vocalista Yamatsuka Eye –, "acontece uma viagem acústica pelo mundo em trinta segundos" (Thomas Miessgang). A música do quinteto é, por assim dizer, uma cidade inteira confinada em explosões de dois ou três minutos, uma plêiade de estilos e idiomas que mudam tão rapidamente que Simon Hopkins opinou: "Quem não gosta dessas composições é porque está pensando demais sobre elas."

Em sentido oposto, o Masada cultiva um tipo de improvisação em cima de desenvolvimentos orgânicos, inventando e trabalhando narrativas melódicas contínuas que surpreendem. O quarteto (com o trompetista Dave Douglas, o baixista Greg Cohen e o baterista Joey Baron) é a mais bem-sucedida e intensa *working band* da *radical jewish culture*. Nela, o grupo de Zorn reúne de forma estimulante a atitude de Coleman com elementos do klezmer, da cultura dos Bálcãs, do soul e do free jazz.

Outros grupos importantes da música *downtown* de Nova York são o Bloodcount de Tim Berne (com Chris Speed e Jim Black), o grupo Sex Mob, liderado pelo trompetista Steven Bernstein, o Dave Douglas' Tiny Bell Trio, o Jazz Passengers, o Medicine Wheel de Ben Allison, e o Pachora, um grupo de jazz ligado à música dos Bálcãs.

Nos anos de 1990, também houve um processo de desenvolvimento historicista importante no universo das bandas, o que apenas aparentemente está em contradição com a cena multiestilística da década. Trata-se da redescoberta apaixonada da tradição do jazz. Sob a liderança do trompetista Wynton Marsalis e de seus discípulos, os *young lions*, esse movimento consistiu numa revalorização conservadora da herança do jazz, com ênfase em elementos "clássicos", como o blues, os *standards*, a forma-canção e a execução em *tercinas* do straight-ahead swingante.

As bandas de jazz neoclássico que surgiram em torno de Wynton Marsalis partiram da concepção de que o conceito de moderno tal como o jazz de vanguarda o compreendeu por vinte ou trinta anos se tornou demasiado estreito. "Para mim, Dizzy Gillespie foi o instrumentista mais moderno", opinou um veterano dessa cena, o saxofonista Joe Lovano.

> Ele faz que jovens trompetistas soem como se fossem velhos. Moderno não significa jovem. Moderno significa ter um conceito e desenvolver um tipo de execução que é livre. Livre porque se tem uma concepção profunda de melodia, harmonia e ritmo, concepção que te permite ser criativo. Sem limites! No jazz, trata-se de expressão e imaginação.

A identidade de um grupo não surge no vácuo; ao contrário, está ligada ao fato de que os músicos reagem ao conhecimento daqueles que o antecederam. O que impulsiona o diálogo com a tradição do jazz é a força integradora da comparação. Aquele que compreende a tradição pode encarar melhor a experiência do risco. O que passou é revalorizado, mas essa revalorização não pode ser um fato isolado, ela se dá de forma consciente no contexto de uma relação com os padrões e valores das grandes execuções de jazz. Quem busca o diálogo com a herança do jazz põe-se conscientemente à prova. "Você não pode se medir com a tradição", disse Jacky Terrasson.

Apesar dos clichês e das imitações que os *young lions* trouxeram consigo, há um número surpreendente de grupos bem integrados ao neo-hard bop e às formas de execução do *mainstream* esclarecido (em que o retorno à herança do jazz geralmente foi compreendido de forma mais ampla, chegando até a era do swing e do jazz de Nova Orleans, e, ocasionalmente, também a outros idiomas como o latino, o soul e o rock). Os grupos mais importantes nesse sentido são: o septeto de Wynton Marsalis, que adota uma perspectiva conservadora, o trio de Branford Marsalis (com Jeff "Tain" Watts), que utiliza um fraseado muito mais aberto, o quinteto de Roy Hargrove e o quarteto de Joshua Redman (com Brian Blade na bateria).

"Você não deve nunca subir ao palco com alguém que não está disposto a lhe acompanhar numa guerra", disse Wynton Marsalis. "A banda inteira deve ter swing. Todas as partes individuais são igualmente importantes. Se houver um único elo fraco, pode esquecer, cara." Embora a música do septeto de Wynton Marsalis esteja profundamente vinculada à execução do trompetista virtuose que enfatiza a disciplina, seus membros traduzem as composições de Wynton Marsalis a partir de uma incrível unidade coletiva. Essa unidade repousa não tanto na capacidade individual de cada membro (como, por exemplo, o trombonista Wycliffe Gordon, o sax-tenorista Victor Goines e o baterista Herlin Riley), mas na execução conjunta e no modo dinâmico com que cada integrante se subordina ao objetivo comum: a atualização repleta de vida da antiga forma de se tocar jazz.

Ainda que a "guerra nova-iorquina do jazz" entre neoconservadores e pós-vanguardistas filhos do free jazz dificilmente pudesse ter sido mais violenta do que foi nos anos de 1990, de um modo geral não se pode afirmar que os adversários dessa luta ideológica de estilos e concepções estivessem muito distantes entre si.

Jazzistas "tradicionais" e músicos "progressistas" têm muito mais em comum do que pensam. Ambos estão voltados para a herança do jazz, refletindo-a e atualizando--a. Ambos valorizam a tradição de modo novo. Eles o fazem apenas sob perspectivas distintas: enquanto os "tradicionalistas" acentuam os elementos do passado, os "modernistas" apontam para as possibilidades inovadoras da mesma tradição. Ambos, no entanto, buscam um diálogo com antigas formas de execução com base numa nova fusão estilística.

Nenhuma dessas posturas é melhor que a outra. Assinalou um crítico:

> Quem, à maneira de Zorn, compõe a partir de retalhos obtidos no varejo da pós-modernidade não fará necessariamente uma música mais atual e melhor que um Branford Marsalis, que dialoga criativamente com os estilos pessoais de seus modelos históricos. Decisivo não é tanto *o que* se toca, mas *como* se toca.

A inovação no jazz não se confunde com o "material", mas com as possibilidades de uma nova expressão da individualidade no contexto coletivo da música improvisada. Também as grandes bandas do neo-hard bop – como, por exemplo, o quarteto de Joshua Redman ou o quinteto de Roy Hargrove – valeram-se dessa possibilidade. "Se estamos interessados em inovar, então precisamos analisar possibilidades cada vez mais sutis", disse o pianista Brad Mehldau. O jazz dos anos de 1990 mostrou que o novo no jazz não tem a ver com princípios estilísticos classificatórios, mas com formas diferenciadas porque individuais em sua execução.

Isso se revelou também em outro campo do universo das bandas, em que a redescoberta da tradição do jazz nos anos de 1990 teve resultados significativos e fecundos: no campo do trio para piano. Trinta anos atrás, Bill Evans havia criado o modelo para esse tipo de formação. Ele redefiniu as tarefas do piano, do contrabaixo e da bateria, trazendo para o campo do trio para piano algo que desde então se tornou padrão para os músicos bem-sucedidos dessa formação musical: a leveza do diálogo entre iguais.

Decisivo nesse campo foi o trio iniciado nos anos de 1980 por Keith Jarrett, Gary Peacock e Jack DeJohnette, sobretudo em razão das interpretações de *standards* feitas pelo grupo (nessas últimas décadas as improvisações se tornaram cada vez mais "livres"). É verdade que certa monotonia acabou tomando conta dos solos do trio, mas a forma como o pianista Keith Jarrett, o contrabaixista Gary Peacock e o baterista Jack DeJohnette interagem resultou numa compreensão musical tão grande que não há como a traduzir em palavras. O trio simplesmente "fala". Ele não toca nada a que falte um sentido.

Esse tipo de densidade musical foi conquistado também por outros grupos: The Bad Plus (com Ethan Iverson no piano, Reid Anderson no baixo e Dave King na bateria) e sua desconstrução das canções do pop e do rock; o trio de Brad Mehldau (com Larry Grenadier e Jorge Rossy), com seu modo de improvisação abertamente polifônico e sua paciência para deixar as coisas se desenvolverem; o trio de Jacky Terrasson, com seus *grooves* virtuosísticos em prol da revitalização de elementos tradicionais do jazz; o trio de Bill Charlap, uma espécie de trio de Oscar Peterson dos novos tempos; The Bandwagon de Jason Moran, que, em sua inquietação estilística, reúne Björk, Brahms e Jaki Byard; na Europa temos o trio E.S.T (com Esbjörn Svensson no piano, Dan Berglund no baixo e Magnus Öström na bateria), o trio de Chano Dominguez e ainda o trio de Jean-Michel Pilc.

Disse Brad Meldau:

> O que torna o jazz especial para mim é que ele possuiu um caráter essencialmente social. O que sempre me espantou em Miles Davis ou John Coltrane não foi tanto os solistas Miles Davis e John Coltrane, mas as bandas que eles tinham. Quando eu penso neles, penso nas bandas, na forma como eles se comportavam como grupo. Esse é o espírito do jazz. É assim que ele se faz: como improvisação coletiva.

Uma vez que o jazz dos anos de 1990 não teve nenhum modelo estilístico que dominasse a forma de fazer jazz, o jazz europeu pôde mostrar seu maior trunfo: sua grande multiplicidade de estilos regionais.

Todas as grandes bandas europeias dos anos de 1990 – o trio Sclavis/Texier/Romano, o Clusone Trio (com Michael Moore, Ernst Reijseger e Han Bennink), o quarteto de Nils Wogram e Lucas Nigglis Zoom, o octeto de Gianluigi Trovesi, o Moscow Art Trio, o Oriental Bass de Renaud Garcia Fons, os grupos de Nguyên Lê e o trio Kuhn/Humair/Jenny-Clark – retiram sua força do fato de fazer, cada uma individualmente, uma música que reflete as próprias raízes culturais e regionais. "A banda constrói a casa, é uma construção conjunta", disse Louis Sclavis. "A música é como uma casa ou um castelo ou, às vezes, apenas uma tenda, depende do caso. Todos vivemos debaixo do teto que nós mesmos construímos."

Disse o pianista francês Jean-Michel Pilc.

> Ao tocar, eu me torno parte de um todo que inclui a mim e a minha música. Essa parte maior tem uma vida própria. Não sou eu nem Fraçois Moutin (baixista), nem Ari Hoenig (baterista). Todos nós estamos envolvidos num grande ato musical que representa um processo. É como fazer amor, é uma fusão. Não se

> pensa mais em si mesmo, torna-se parte de um todo maior. Essa é a chave quando tocamos juntos. Eu não diria que nós tocamos juntos. O "nós" toca a si próprio como uma grande unidade. Quando fazemos músicas juntos, não ouvimos mais a nós mesmos nem uns aos outros. Ouvimos o todo. Às vezes, não sabemos mais qual instrumento tocamos. Então, eu me sinto como se tocasse todos. Já não estou mais no piano, mas em outra parte. Fomos arrebatados, estamos fora de nós.

Interação numa banda de jazz não significa comunicação a todo preço. Ela serve a um fim claramente definido. O elemento central de uma banda de jazz eficaz é a cooperação e a mútua colaboração. É uma atuação em grupo em que cada um toma a decisão de favorecer o som dos demais. Ou, como disse Miles Davis: "Uma boa banda exige de cada um sacrifício e compromisso, pois sem isso não há nada."

O quinteto de Dave Holland (com Chris Potter no saxofone, Robin Eubanks no trombone, Steve Nelson no vibrafone e Billy Kilson na bateria) conseguiu a extraordinária coesão e intensidade que o caracteriza graças a uma relação livre e progressista com formas previamente dadas – graças à sua "liberdade no interior da estrutura" (Steve Coleman).

Porém, o mais raro no jazz dos anos de 1990 são grupos sólidos e estáveis. "Existem muitos instrumentistas bons que geralmente dispõem de um arsenal técnico maior do que os do passado, mas há apenas uma meia dúzia de conjuntos interessantes que possuem uma história e um desenvolvimento como *working group*", disse Greg Osby. "A individualização e o desenvolvimento técnico avançaram a passos largos, mas, no que diz respeito à lógica de grupo e à compreensão sobre o processo de interação no campo da performance, tivemos um retrocesso de décadas."

Nos anos de 1940 e 1950, os clubes de jazz funcionavam de um modo tal que era possível uma banda passar semanas ou meses tocando no mesmo lugar. Isso favorecia o crescimento de grupos coesos. Hoje, a regra é que as bandas façam uma única apresentação nos clubes ou em festivais, circunstância que torna difícil a formação de *working bands*. O baterista Jack DeJohnette lamentou o fim das *jam sessions*, o ambiente ideal para que novos conceitos sejam experimentados de modo espontâneo e livre. "É uma pena que não existam mais *jam sessions*, pois nelas é que é feito o trabalho de base." O baterista Dave King ponderou: "Considero importante o jazz voltar às *working bands*. Frequentemente, ao ouvir um disco com esses grandes instrumentistas, fico com a impressão de estar ouvindo diversas ilhas reunidas."

Apesar disso, no jazz dos anos de 1990, algumas bandas efetivaram plenamente o princípio de integração no sentido estabelecido por nós: o quarteto de Joe Lovano, o grupo de John Scofield, a banda de Bill Frisell, a Electric Bebop Band de Paul Motian, o Quartet West de Charlie Haden (com o saxofonista Ernie Watts), o quarteto de Wayne Shorter (com Danilo Perez no piano, John Patitucci no baixo e Brian Blade na bateria), o quarteto de James Carter e o trio de Charlie Hunter.

"Tentar fazer o caos potencial soar de forma coerente – de momento a momento: eis uma banda de jazz. A constante disposição musical para resolver problemas que nunca existiram antes." Foi assim que Wynton Marsalis descreveu a condição de um grupo que trabalha com improvisação. No jazz, os times trabalham especialmente bem quando instrumentistas mais velhos e experientes tocam com instrumentistas mais jovens ou novatos. O jazz precisa de mais *working bands*, não de mais escolas de jazz. "O caminho certo para o desenvolvimento musical", opinou o trompetista Michael Weiss, "é que os jovens instrumentistas toquem continuamente com os mestres, que eles obtenham reconhecimento e celebridade viajando regularmente com os grandes instrumentistas em *working bands*".

O pianista Paul Bley expressou isso com as seguintes palavras:

> Em um pequeno grupo de jazz cada um é responsável pela execução do outro. Se você soa frenético e o outro não, isso é culpa sua. Para ilustrar com um exemplo impessoal: se você senta numa mesa para comer e lá está uma mulher tímida que não tem coragem de falar nada, ao passo que todos os outros não são tímidos, numa situação musical, isso significa que aqueles que falam muito precisariam se acalmar até que o silêncio se torne tão doloroso à mulher tímida que ela comece a falar. Se ela se recolher novamente, os outros precisam novamente se reordenar para que ela possa ter um papel igual ao dos demais na conversa. Pois a igualdade é o ideal.

Essa máxima igualitária só pode se realizar mediante a interação permanente dos membros da banda. Em algumas execuções orientadas ao rock, a interação é dificultada e limitada por causa do esquematismo rítmico. No entanto, há várias bandas que conseguem essa unidade musical fazendo conexões com o *drum'n'bass*, o hip-hop, a música eletrônica e as formas acústicas de jazz. Exemplos são: nos Estados Unidos, o trio Medeski, Martin & Wood, o Five Elements de Steve Coleman, o Lost Tribe de Dave Binneys; na Europa, Erik Truffaz Ecletric Ladyland, o grupo de Nils Petter Molvaer e o New Conception of Jazz de Weseltoft.

O trio Medeski, Martin & Wood, com seu lento e progressivo trabalho com *grooves* eletrônicos, conseguiu uma unidade musical louvável. Já o trio Free-Elemente desenvolveu um trabalho contagiante entrecruzando o *dub*, o *drum'n'bass* e o *retro-groove* com o soul, o funk e o rock.

Uma integração particularmente bem-sucedida entre formas de execução orientadas ao rock, formas de jazz contemporâneas e influências da música do mundo é a do Five Elements de Steve Coleman. É digno de menção o modo consequente com o qual essa banda abriu a música M-base de métrica complicada para o formato da *street music*. Coleman – e os grupos M-base de Gary Thomas e Greg Osby – realizou isso com muito sucesso, o que não decorre apenas da solução musical com a qual ele mesclou o funk, o rap e o jazz, mas também das implicações sociais e políticas de seu conceito de banda. Hip-hop, funk, rap e jazz estão profundamente unidos por uma mesma mensagem. Para os homens marginalizados e oprimidos de todo o mundo, a *black music* não é apenas um bálsamo para o coração e a alma, mas também a corporificação da liberdade e o triunfo da esperança.

"Jazz é harmonia por meio de conflito – como uma boa discussão", disse Wynton Marsalis. Interação é algo imprescindível para uma banda de jazz. Todo movimento musical que um instrumentista faz a cada tempo numa composição é decisivo para a música. É isso que faz uma banda swingar e o que confere *groove* à música. Em condições ideais, a interação no interior de um grupo ocorre de tal modo que a obra de um músico se torna tão mais individual quanto mais coletiva ela soa. Stanley Crouch disse: "Haja vista que ninguém toca sozinho, uma banda de jazz significa que nós ouvimos uma arte coletiva, em que nunca há um 'solo'. De outro lado, há sempre um esforço no grupo para que cada integrante favoreça o som dos demais. Cooperação é o aspecto mais essencial da arte". Sem confiança no outro, sem apoio recíproco, nenhuma banda pode improvisar. Todos os grandes grupos de jazz – não apenas dos anos de 1990, mas desde o começo – distinguem-se por essa *entrega mútua*. Esse é o fundamento para que os músicos possam fazer seus experimentos. "The trust has to be there", disse Brad Mehldau, "sem confiança, não dá". Bob Belden disse: "A banda não possui um ego, possui um som".

Ensaio Sobre a Qualidade do Jazz

O jazz é um tipo de música artística que surgiu nos Estados Unidos a partir do encontro dos afro-americanos com a música europeia. Os instrumentos, a melodia e a harmonia do jazz provêm basicamente da tradição musical do Ocidente. Ritmo, fraseado e construção do som, além dos elementos harmônicos do blues, são provenientes da música africana e do modo de sentir musical dos afro-americanos. O jazz se diferencia da música europeia por meio de três elementos intensificadores:

1. A relação particular com o tempo que leva o nome de swing.
2. A espontaneidade e a vitalidade da criação musical, em que a improvisação desempenha um papel central.
3. A construção do som e a forma de frasear em que se refletem a individualidade do músico jazzista.

Esses três elementos, cujas raízes vêm sendo transmitidas "oralmente" de geração em geração, criam uma nova relação de tensão, em que não predominam mais, como na música europeia, os grandes arcos, mas uma série de pequenos elementos de tensão geradores de intensidade, elementos em constante movimento dinâmico.

De fato, a história do jazz pode ser descrita sob o ponto de vista desses três elementos – swing, improvisação e construção do som e fraseado –, bem como da relação entre eles. Não há dúvida de que essas características são importantes, mas a relação entre elas sofre mudanças e estas fazem parte do desenvolvimento do jazz.

Já apontamos para o fato de que construção do som e fraseado mantêm uma relação de oposição entre si. Na antiga Nova Orleans, vigorava uma forma de frasear ainda bastante ligada à música popular e de circo europeia. De outro lado, a construção tipicamente jazzística do som estava já fortemente presente. Mais tarde, essa presença foi considerada excessiva. Em nenhuma fase do jazz houve um músico significativo que possuísse uma construção do som puramente europeia, mas a construção jazzística do som e a construção de origem europeia mantiveram, em alguns momentos, relações de proximidade. Com o tempo, o fraseado jazzístico foi ganhando um significado cada vez maior. Por meio dele o jazz moderno – do cool jazz em diante – distanciou-se da música europeia, assim como o jazz antigo havia tomado essa distância mediante a construção do som.

Em casos extremos, construção do som e fraseado parecem se excluir reciprocamente. Quando a construção do som adquire uma configuração radical – como nos solos *jungle* feitos por Tricky Sam Nanton, Bubber Miley e Cootie Williams na orquestra de Duke Ellington ou como nos solos de free jazz de Albert Ayler –, o fraseado jazzístico desaparece. O *jungle sound* (som selvagem) e a execução *high energy* definem o fraseado, de modo que o som assim construído passa a existir e valer por si só, isto é, independentemente do fraseado em tercinas tipicamente jazzístico. Em contrapartida, lá onde o fraseado jazzístico é especialmente elaborado – por exemplo, nos solos de sax-tenor de Stan Getz, nos de flauta de Hubert Laws ou nas melodias de sax-alto de Lee Konitz dos anos de 1950 –, a construção do som parece ser quase completamente superada. O fraseado dita o evento musical de forma tão unívoca que fica parecendo impossível construir sons com um sentido expressivo além do fluxo da própria frase.

Embora de forma menos precisa, uma relação semelhante existe entre o swing e a improvisação. Ambos são elementos ligados à espontaneidade. Por isso, pode ser que haja um recuo da improvisação quando a espontaneidade encontra no swing o seu veículo principal de manifestação. Ninguém negará o caráter jazzístico de uma gravação da orquestra de Count Basie, mesmo sem improvisação. Mas, se a improvisação entra em cena com muita liberdade, o swing se retrai – como se pode ver em muitos solos de sopro sem acompanhamento e em muitas gravações do free jazz dos anos de 1960. Esse enfraquecimento que o swing sofre com o aumento da liberdade já é claramente perceptível na primeira gravação inteiramente livre da história do jazz – em "Intuition", de Lennie Tristano.

A mudança na relação entre os elementos do jazz é uma constante. Nos anos de 1930, quando a construção do som do jazz de Nova Orleans já havia recuado e o fraseado jazzístico no sentido moderno ainda não estava tão estabelecido, o swing passou por um período tão triunfal que não havia nenhuma diferença entre o swing como elemento do jazz e o swing como um estilo entre outros. Sempre houve formas de jazz em que a essência jazzística fora assegurada apenas por um elemento: os pianistas de ragtime swingavam, mas faltava aí a improvisação e a construção do som. As bandas de Nova Orleans sabiam construir o som de forma jazzística, no entanto, tocavam num ritmo antes marcial que swingante e suas improvisações coletivas às vezes se tornavam uma inevitável repetição dos *head arrangements*. No âmbito do estilo swing havia *big bands* em que a improvisação, a construção do som e o fraseado dos solos se manifestavam timidamente, mas que, em compensação, possuíam um swing bastante vivaz. Jimmy Giuffre, nos anos de 1950, às vezes concentrava todo o seu jazz numa frase inspirada em Lester Young. Mas são justamente os "casos de exceção" que revelam o essencial da questão: nos pontos culminantes do jazz, as três características jazzísticas – ainda que sob formas distintas – tornam-se presentes: de Louis Armstrong, Coleman Hawkins e Lester Young, passando por Charlie Parker, Miles Davis e John Coltrane, até David Murray e Wynton Marsalis.

É importante também perceber que swing, improvisação e construção do som/fraseado significam elementos de intensidade. Por maiores que sejam suas diferenças, todos criam intensidade: o swing cria intensidade por meio do atrito e da sobreposição de planos temporais; a improvisação cria intensidade porque o caminho do músico até o som é mais curto e direto nesse caso do que em outros comportamentos de criação musical.

Algo parecido ocorre com a construção do som e fraseado. Neles, a intensidade surge através da forma imediata e direta com o qual uma personalidade singular se projeta no som. O som ganha intensidade na medida em que o músico é capaz de desenvolver uma *signature sound*. Essa intensificação mediante a personalização do som é o que Don Cherry tinha em mente quando disse: "Não são as notas, mas o som que dá o swing."

O som é essencial. Ele é o portador de uma mensagem contundente. "*No sound, no message*" (Sem som, sem mensagem), disse um músico de jazz. Peter Niklas Wilson apontou, com razão: "O *vibrato* de Sidney Bechet, o som ricamente modulado e sussurrante de Ben Webster, o golpe seco do piano de Thelonious Monk, o feedback da guitarra de Jimi Hendrix – essas técnicas de expressão 'dizem' tanto quanto o tema de uma sinfonia de Beethoven." Daí se deduz que a tarefa principal e o sentido próprio dos elementos fundamentais do jazz residem na produção de uma intensidade estruturada em termos formais. É o que acontece também no free jazz, com seu ardor extasiante, por mais arbitrária que muitas vezes pareça ser a interpretação desses elementos aqui. Mesmo quando se aproximou da nova música – o que pode ser observado em muitos ramos da música de improvisação livre da Europa – o free jazz mostrou possuir uma energia e uma intensidade sem paralelos na música erudita europeia.

Em todas essas diferenciações, a questão da qualidade – do nível – é decisiva. Pode-se até arriscar dizer que esse é o "quarto elemento do jazz". Se, por exemplo, Dave Brubeck, Stan Kenton, Keith Jarrett, Derek Bailey e Weather Report encontraram, apesar de toda polêmica em torno de suas obras, um lugar reconhecido no jazz, isso é resultado da qualidade e do alto nível de sua música. Todas as objeções a respeito deles não alteram esse fato. O mesmo se aplica a todas as outras grandes culturas musicais. Supondo-se, por exemplo, que fosse possível definir com precisão o que é "música clássica", uma música que correspondesse a todos os elementos contidos nesse conceito, mas não possuísse o nível – a qualidade – dos grandes mestres clássicos, certamente ela não seria "clássica".

É importante, nesse contexto, apontar para a ideia que o escritor e teórico norte-americano Robert M. Pirsing desenvolveu. Pirsing mostrou que todas as definições são "quadradas", pois "a qualidade é definida fora do processo analítico". Por isso, a qualidade não pode ser definida. O que resta é aquela atitude puramente intelectual, pedante, pequeno-burguesa, descrita pela geração beat como *square* (quadrada).

Esse é o motivo pelo qual toda tentativa de definir o jazz é, de algum modo, insuficiente. Os teóricos do jazz podem formular as definições mais detalhadas e precisas, mas aquilo que está em questão sempre escapará. Isso pelo motivo apresentado por Pirsing de forma mais detalhada do que é possível reproduzir aqui. Aquilo que fica "de fora" é o que os músicos sabem melhor do que qualquer teórico. Como disse, por exemplo, Fats Waller: "Jazz não é *o que* você toca, mas *como* você toca."*

Esse estado de coisas explica também porque a música de milhares de bandas de entretenimento, de pop ou de rock, mesmo possuindo todos – ou quase todos – os elementos apresentados naquela definição do jazz, não pode ser classificada como jazz. Em muitos grupos comerciais também existe improvisação, às vezes também certo fraseado e, geralmente, bastante swing. No entanto, o que eles tocam não é jazz, ao passo que – como mostramos – quando se trata de um verdadeiro músico de jazz, basta um só elemento para assegurar o caráter jazzístico de sua música.

É importante perceber que o jazz está relacionado ao fator qualitativo, que só é capturado pela experiência, não pela intelecção. De modo inconsciente, os músicos sentiram isso desde

* Conforme citado na seção "Melodia" do capítulo "Os Elementos do Jazz". (N. da E.)

o começo. "Se você tiver de perguntar o que é o jazz, você nunca saberá o que ele é", disse Louis Armstrong. Uma música precisa antes de mais nada ser "boa" para que os músicos possam senti-la como jazz. Outros critérios, como os de ordem intelectual, desempenham aí um papel coadjuvante, por mais importantes que sejam.

Nesse contexto, é necessário observar que o uso permanente que a música comercial faz de elementos, estilos, modos de execução, técnicas e ideias do jazz acaba sendo um estímulo para que o músico crie algo novo. Por isso, André Hodeir disse que "a novidade de hoje é o clichê de amanhã".

Sem dúvida, o impulso ao clichê não depende apenas do mal uso dos elementos do jazz pela música comercial, ele já está presente no próprio jazz. Isso é evidente no blues. Quase toda estrofe de blues contém certo clichê. Todos os versos famosos de blues formam um "motivo" que sempre retorna: "I've been drinkin' muddy water, sleepin' in a hollow log..."; "My baby treats me like a low-down dog..."; "Broke an' hungry, ragged an' dirty too..."; "'cause the world is all wrong"; "But the meanest blues I've ever had is about that gal of mine..."; "I am just as lonely, lonely as can be..."; "Can't eat, can't sleep...""I wanna hold you, baby, hold you in my arms..."; "I'm gonna buy myself a graveyard of my own...", "Take me back, baby", "I love you, baby, but you sure don't treat me right..."* e assim sucessivamente. Os grandes cantores de blues se apropriavam desses versos da forma como quisessem, juntando uma coisa com a outra e, em alguns casos, fazendo apenas modificações mínimas, ou nem isso.

O que vale para a letra vale também para a música. Quando Jimmy Smith ou Horace Silver ou Wynton Marsalis tocam um blues, tanto o arranjo quanto o solo improvisado é preenchido e realizado com elementos estruturais extraídos da história do blues ou do jazz. E tudo o que os músicos do neo-bop tocam inspirados em Charlie Parker certamente não deriva de clichês, mas de elementos que podem se tornar clichês. Outro exemplo: a cada três ou quatro canções de blues de Bessie Smith há frases ou versos inteiros que podem ser ouvidos da mesma forma em outros contextos e com outros cantores de blues, antes ou depois dela. Qualquer boogie é não mais do que uma constante montagem de "motivos", extraídos de *ostinatos* e frases melódicas já padronizadas. Quase todo break improvisado dos velhos álbuns do Hot Five (ou Seven), de Johnny Dodds ou King Oliver, de Jimmie Noone ou de Kid Ory é feito de elementos permutáveis. O mesmo vale para os breaks que separam as frases de blues de quatro compassos, não importa se o autor é um blues*man* com sua guitarra ou um jazzista famoso. Existe uns cinquenta – talvez até um pouco menos – "modelos" de break de onde todos os demais derivam.

Quanto mais se recua no tempo, mais claramente se percebe a existência desses modelos no blues e no jazz. Todos os elementos africanos que Marshall W. Sterns, Ala Lomax e Alfons M. Dauer encontraram no jazz constituem praticamente sem exceção modelos e "unidades motívicas". Eles não foram só retirados na forma de "unidades" da música africana, como já possuíam essa função na origem. São tão compactos que, ao longo do século, quase não sofreram mudanças. Basta pensar no tango: o vocabulário e o ritmo foram trazidos pelos escravos negros da África, e agora ele existe tanto no folclore africano quanto na grande tradição argentina do tango, nas animadas danças populares e nas músicas lentas de dança e de entretenimento, nos baixos do boogie-woogie e em centenas de gêneros intermediários; em toda parte, a mesma figura em *ostinato* – o modelo com sua tendência ao clichê.

* Tradução dos versos: "Venho bebendo água barrenta e dormindo dentro de um tronco oco..."; "Meu amor me trata como um cão indecente..."; "Alquebrado e faminto, maltrapilho e com sede também..."; "Pois o mundo não tem jeito"; "Mas a pior tristeza que eu já tive foi por conta da minha garota..."; "Eu estou completamente só, tão só quanto se pode estar...", "Não consigo comer, não consigo dormir...", "Quero segurar você, baby, segurar você em meus braços..."; "Vou comprar um cemitério..."; "Aceite-me de novo, baby..."; "Amo você, baby, mas realmente você não me trata bem...". (N. da T.)

Todo o jazz é feito de tais modelos. Como as melodias descendentes do blues antigo ou do funk ou aquele tipo de frase com a qual se começa um conto de fadas: "Era uma vez..." Também aqui estamos diante de um elemento-modelo. Assim, como num conto de fadas os elementos que se tornam símbolos representam, em última instância, o conteúdo, assim ocorre também no jazz. A bruxa má enfeitiça o príncipe nobre e o rei insensível se enche de ternura ao ver a linda criada, o príncipe e a criada encontram um ao outro e a criada se revela uma princesa enfeitiçada. Bruxa e príncipe, feitiço e insensibilidade, rei e criada – tudo isso são motivos reunidos por meio de múltiplas e inesgotáveis relações em novos contextos. Deve-se, portanto, ao jazz pós-moderno ter revelado a função de modelo de tais elementos.

Por mais moderno e novo que possa ser um tipo de execução, inevitavelmente ele se vinculará a períodos anteriores do jazz. "Certa noite", contou Duke Ellington, "ouvi no rádio um sujeito falando sobre jazz 'moderno' e mostrando isso num disco. Mas a gravação continha elementos que eu já conhecia da música dos anos de 1920. Termos pomposos como 'moderno' não significam nada. Desde sempre, todos os que tiveram algo a dizer com essa música eram individualistas".

Inovação é um conceito relativo no jazz. O novo consiste menos em revelar algo antes oculto do que em criar o novo a partir de valores já conquistados. O que decide sobre a grandeza de um músico de jazz não é o material musical que ele emprega, mas a forma pessoal por meio da qual ele transforma esse material em música.

Enquanto a música de concerto ocidental perdeu, em seu processo paulatino de abstração, praticamente todos os seus antigos modelos e unidades motívicas, a ponto de abandonar elementos formais e estruturais que nunca haviam sido questionados antes – como o tema e o motivo, a forma sonata e a tríade (para mencionar alguns) –, e, enquanto sonhamos nostalgicamente com a conquista de novos modelos e elementos para nossa música ocidental (que só serão conquistados quando os elementos e modelos antigos que abandonamos forem recuperados – e isso significa historicizá-los), todos esses elementos e modelos continuam presentes da forma mais natural, real e viva no jazz.

Modelos, elementos, unidades, clichês – esses termos podem concordar fielmente do ponto de vista da notação. No entanto, modelo, elemento e unidades possuem sentido. Já o clichê é vazio. Mas, por conta dessa concordância notacional, o modelo, o elemento e a unidade acabam revelando uma tendência constante ao clichê. E é também graças a essa tendência que o jazz está sempre se renovando. O que mais fascina no jazz é a sua vitalidade. Ela contraria todo tipo de academicismo – tanto aquele que fez da grande sinfonia europeia um artigo de luxo para burgueses bem-educados quanto aquele outro que se verifica no *business* do ensino do jazz.

A vitalidade do jazz faz que as normas sejam permanentemente renegadas, mesmo quando os velhos modelos e unidades permanecem vigentes. Isso torna a situação do crítico de jazz complicada. Ele foi censurado por não ter princípios normativos. No entanto, o mais impressionante é que, apesar de tudo, ele possua tantos princípios! Em geral, o desenvolvimento corre muito mais rápido do que o processo de consolidação das normas. Na música europeia, as normas geralmente se renovam somente depois de o fato musical já estar consumado há uma ou duas gerações. No jazz, normas inelásticas tendem a assumir formas violentas e intolerantes. Queremos com isso dizer que o importante não é ter normas para avaliar a arte, mas dispor da arte e, com base nela, construir normas atualizadas. Por ser uma atitude que gera desconforto, há quem a evite – fora e dentro do jazz. Mas, justamente por ser uma música anticonformista, o jazz pode exigir de seus ouvintes que joguem fora normas já cristalizadas e estejam sempre prontos a buscar o novo.

A estética do jazz é a da alteridade e seu fundamento é a consciência da liberdade. Keith Jarrett observou:

> Quando alguém consegue se libertar através da expressão musical, isso inevitavelmente é jazz. Mesmo os grandes instrumentistas podem se considerar felizes quando conseguem por alguns minutos desfrutar dessa liberdade. O jazz é a única música do mundo ocidental em que quanto maior a consciência do risco, maior o resultado.

Cem anos depois de seu surgimento, o jazz continua sendo o que sempre foi desde o começo: uma música de protesto. Um protesto contra a discriminação social, racial e espiritual, contra os clichês da moral de escritório burguesa, contra a organização funcional do mundo moderno massificado, contra a despersonalização desse mundo e contra seus padrões rígidos, que estigmatizam tudo o que foge a suas classificações.

Muitos músicos norte-americanos, sobretudo os afro-descendentes, interpretam esse protesto como uma luta racial. Sem dúvida, ele é isso também. Mas o jazz não seria mundialmente compreendido e não teria tão prontamente conquistado músicos de todas as culturas, cores de pele e sistemas políticos se o fator racial fosse o único elemento decisivo. Nesse sentido, o aspecto "racial" do jazz há muito transcendeu a si mesmo em nome de um valor universal: o protesto mundial contra uma sociedade, que, em suas relações de dominação, é universalmente sentida como uma ameaça, ameaça não apenas contra si própria e suas forças de criação, mas também contra a existência e a dignidade do homem. É contra ela que se ergue a voz de cientistas, filósofos, escritores, músicos, artistas e espiritualistas de todos os campos do saber, portanto, de todos aqueles que deixarão gravada a imagem de nossa época para o julgamento da posteridade.

Jazz à Brasileira

CARLOS CALADO*

Utilizado para denominar a música de instrumentistas e compositores de diversos estilos e gerações, o termo *jazz brasileiro* já circula há décadas pelas programações de festivais e clubes de jazz norte-americanos, europeus e japoneses, assim como é utilizado em lojas de discos e rádios, inclusive as veiculadas pela internet. No entanto, uma enquete informal com músicos, produtores e jornalistas especializados nessa vertente musical, no Brasil, certamente apontaria que não existe um consenso sobre essa denominação. Alguns observam que o termo *jazz brasileiro* seria mais fiel à essência improvisada desse gênero musical, mas a maioria prefere mesmo chamá-la de *música instrumental brasileira*.

Nos argumentos dos que defendem esse termo, é evidente a intenção de dissociar essa música do universo da canção (ou da chamada MPB, vertente mais sofisticada da canção brasileira que, desde a década de 1960, abrange vários gêneros, como o samba e a bossa nova, além de eventuais choros, valsas, baiões e frevos), ainda que a voz também possa ser utilizada como um instrumento musical. No entanto, muitos adeptos do *instrumental brasileiro* rejeitam o rótulo *jazz*, antes de tudo, pelas implicações político-culturais que marcaram as relações entre a música popular brasileira e a música norte-americana desde o século XX.

Essa problemática relação cultural já se manifestava durante a década de 1920 com o advento em nosso país das chamadas *jazz bands* – conjuntos instrumentais inspirados nos pioneiros grupos de jazz do sul dos Estados Unidos, especialmente os da cosmopolita cidade de Nova Orleans. Grupos instrumentais, como o Jazz Manon, em São Paulo, a Jazz Band do Batalhão Naval do Rio de Janeiro, a Jazz Band Acadêmica de Pernambuco, em Recife, o Jazz Espia Só, de Porto Alegre[1], ou a paranaense Curityba Jazz Band[2], animavam salões de bailes e festas da alta classe média nessas capitais, mas uma simples análise do repertório desses grupos indica que a suposta influência do jazz ainda era superficial.

As jazz bands brasileiras tocavam gêneros tipicamente locais, como o choro (forma instrumental nascida da fusão de danças de salão europeias, música popular portuguesa e influências

* Carlos Calado é crítico musical e autor dos livros *Jazz ao Vivo* (Perspectiva, 1989), O *Jazz Como Espetáculo* (Perspectiva, 1990) e organizador da "Coleção Folha Clássicos do Jazz" (2007), entre outros.

1. Hardy Vedana, *Jazz em Porto Alegre*, Porto Alegre: L&PM, 1987.
2. Marilia Giller, O *Jazz no Paraná Entre 1920 e 1940: Um Estudo da Obra "O Sabiá", Fox Trot Shimmy de José da Cruz*, Curitiba: Universidade Federal do Paraná, 2013.

africanas), o dobrado (forma derivada das marchas militares) e o maxixe (sincopada adaptação da polca europeia e da habanera cubana). Já os instrumentos utilizados por esses músicos eram, em geral, quase os mesmos tocados pelos grupos norte-americanos de jazz tradicional: trompete, clarinete e trombone compunham a seção de solistas, que também poderia incluir um saxofone; piano, bateria, banjo e violino formavam a seção rítmica e harmônica.

Dois músicos cariocas se destacaram durante esse período, até pelo fato de terem realizado extensas turnês no exterior. Líder da Jazz Band Sul-Americano, o saxofonista Romeu Silva tocou em diversos países da Europa, em meados dos anos de 1920 e no início da década seguinte. Já em 1932, comandou a Brazilian Olympic Band, ao acompanhar a delegação nacional, nos Jogos Olímpicos de Los Angeles, nos Estados Unidos. Quando retornou ao Brasil, quase três anos mais tarde, Silva trouxe em sua orquestra o saxofonista e clarinetista Booker Pittman (mais tarde pai da popular cantora Eliana Pittman) e o cantor Louis Cole, que contribuíram ativamente para divulgar a linguagem do jazz norte-americano no Brasil[3].

O baterista Carlos Brassifera, o Carlito, também se apresentou em Paris, em 1926, como integrante da companhia francesa Bataclan, que fizera uma turnê pelo Brasil. Mais tarde, à frente da Carlito et Son Orchestre, também conhecida como Carlito Jazz, ele atuou durante cerca de 15 anos no continente europeu. Chegou a tocar com a cantora e dançarina Josephine Baker, norte-americana radicada na França, de grande sucesso internacional.

PIXINGUINHA E O CHORO

Assim como o blues é a raiz principal de toda a música popular norte-americana de ascendência negra, o samba desempenhou um papel semelhante na formação da música popular brasileira[4]. Gerado, ainda no século XIX, sob influência da música africana, desde então o samba está presente no repertório de grande parte dos instrumentistas e jazzistas brasileiros. Vale lembrar que, como no jazz, diversos estilos de samba nasceram a partir de fusões com outros gêneros musicais, como o samba-choro, o samba-canção e o samba-funk, entre outros.

Já o choro, essencial para o desenvolvimento da linguagem instrumental na música brasileira, é um gênero cujas origens remontam ao século XIX, mas sua forma só se estabeleceu no início do século XX[5]. Criado a partir de elementos de danças de salão europeias e da música popular portuguesa, além de influências africanas, o choro se aproxima do ragtime norte-americano graças a seu ritmo sincopado e à sua estrutura, semelhante à clássica forma rondó. Não foi à toa que o choro, gênero prioritariamente instrumental, ressurgiu com força nos anos de 1970, década que viu surgir uma nova e criativa geração de instrumentistas brasileiros.

Não é exagero estabelecer um paralelo entre Pixinguinha (1897-1973) e Louis Armstrong (1901-1971), músicos essenciais para as histórias do choro e do jazz, respectivamente. Assim como o pioneiro jazzista norte-americano, o flautista, saxofonista, compositor e arranjador carioca Pixinguinha sintetizou as ideias dos músicos de choro que o precederam para dar uma forma definida a esse gênero musical, além de inserir nele a rotina do improviso, um de seus maiores talentos.

Pixinguinha entrou em contato com os primeiros conjuntos de jazz, em 1922, durante uma temporada de seis meses, na

3. Zuza Homem de Mello, O Jazz no Brasil, em André Francis, *Jazz*, São Paulo: Martins Fontes, 1987, p. 279-285.
4. José Ramos Tinhorão, *Música Popular: Um Tema em Debate*, São Paulo: Editora 34, p. 47-51.
5. Henrique Cazes, *Choro: Do Quintal ao Municipal*, São Paulo: Editora 34, 1998.

França, como flautista do conjunto regional Oito Batutas, do qual também fazia parte o sambista Donga. Durante essa estadia na Europa, os Batutas conviveram com o *ragtime* e alguns modismos musicais, como o charleston e o shimmy. A influência dessas novidades foi imediata: ao retornar ao Brasil, o grupo passou a incluir sax, banjo e bateria em sua instrumentação, além de, significativamente, trocar seu nome para Jazz Band Os Batutas.

Como maestro e arranjador, já na década de 1930, Pixinguinha foi um renovador. Criou um tipo de orquestra popular tipicamente brasileira, ao combinar elementos da tradição da música clássica, das bandas militares e do choro. Decisiva também foi sua contribuição para a criação do padrão sonoro das marchinhas que animaram o Carnaval em salões de bailes de todo o país, nas décadas seguintes

BIG BANDS

Durante os anos de 1930 as formações das jazz bands foram ampliadas com saxofones, trompetes e trombones até se transformarem em big bands, como aconteceu nos Estados Unidos. O estímulo maior para a criação dessas orquestras vinha das transmissões das rádios norte-americanas, que veiculavam para o resto do mundo a nova febre do swing. Animando salões de bailes e grandes festas, ou tocando nos cassinos e nos estúdios das rádios, *band leaders* como Fon-Fon, Sílvio Mazzuca, Zaccarias e Peruzzi, entre outros, conduziram algumas das orquestras mais populares durante a década de 1940, no Rio de Janeiro e em São Paulo.

Talvez a big band brasileira mais influente, a Orquestra Tabajara foi criada em 1934 e ainda se apresenta, ocasionalmente. Mesmo que tenha recebido influências de mestres do swing, como Woody Herman, Tommy Dorsey e Artie Shaw, o líder, compositor e arranjador paraibano Severino Araújo não admitia que sua orquestra se limitasse a reproduzir a música das big bands norte-americanas. A Tabajara tocava vários gêneros de música brasileira, adaptando-os aos padrões dos arranjos típicos do swing, assim como transformava em sambas diversos *standards* da canção norte-americana, como "Stardust" ou "Rhapsody in Blue"[6].

Assim como o *jitterbug*, o *lindy* e outras danças típicas da era do swing animaram os salões dos Estados Unidos com seus movimentos frenéticos, nessa época, um original estilo de dança surgiu nas *gafieiras*, os mais populares salões de dança do Rio de Janeiro. Conhecido por seu ritmo sincopado, o chamado samba de gafieira (ou samba-choro), do qual a Orquestra Tabajara foi um dos principais intérpretes, desenvolveu-se junto com os passos acrobáticos dos dançarinos. E continuou sendo cultivado nas décadas posteriores, por músicos do choro e do samba, como o clarinetista e saxofonista Paulo Moura, o trombonista Zé da Velha ou a Banda Mantiqueira (liderada pelo clarinetista e saxofonista paulista Nailor "Proveta" Azevedo), que desde os anos de 1990 tem renovado o repertório dessa clássica formação instrumental, interpretando diversos gêneros de música popular brasileira.

JAM SESSIONS

Durante os anos de 1940 e, ainda mais, na década de 1950, o interesse pelo jazz, no Brasil, solidificou-se por meio de clubes e

6. Carlos Coraúcci, *Orquestra Tabajara de Severino Araújo*, Rio de Janeiro: Editora Nacional, 2009.

agremiações organizadas por colecionadores de discos e fãs do gênero, assim como por programas de rádio e *jam sessions* públicas, no Rio de Janeiro e em São Paulo, principalmente. Esse ambiente incentivou a formação de um novo público interessado no jazz, assim como o amadurecimento de talentosas gerações de instrumentistas brasileiros, como os saxofonistas Casé, Moacir Silva, Cipó e Zé Bodega, o clarinetista K-Ximbinho, o trombonista Edson Maciel, o guitarrista Laurindo de Almeida e os pianistas Luiz Eça e Moacyr Peixoto, entre outros.

A paixão pelo *cool jazz* (estilo moderno cultivado por músicos da Califórnia, como Barney Kessel, Shorty Rogers e Chet Baker, também conhecido como *west coast jazz*), assim como o desejo de criar e tocar uma música brasileira mais sintonizada com as inovações harmônicas e melódicas do jazz moderno, ajudou a unir, já na segunda metade da década de 1950, um grupo de jovens compositores, intérpretes e instrumentistas do Rio de Janeiro, que renovou a cena musical brasileira.

Os violonistas Roberto Menescal, Carlos Lyra e Oscar Castro-Neves, o letrista Ronaldo Bôscoli e o pianista Luiz Carlos Vinhas, além do genial cantor e violonista João Gilberto, "guru" dessa turma, frequentavam reuniões informais no apartamento da família da jovem cantora Nara Leão, na praia de Copacabana. Tocando e cantando juntos, esses músicos formaram o núcleo inicial de criação de um novo e moderno estilo de samba, influenciado pelo jazz, que transformou a música brasileira em um fenômeno internacional, poucos anos depois[7].

BOSSA NOVA

Vale lembrar que anos antes do lançamento da canção "Chega de Saudade" (de Tom Jobim e Vinicius de Moraes) – cuja gravação com João Gilberto, em 1959, é considerada o marco oficial do nascimento da bossa nova – já era possível encontrar elementos esparsos dessa moderna forma de tocar o samba, nos trabalhos de músicos e compositores pioneiros, como os pianistas Johnny Alf e Dick Farney ou os violonistas Garoto e Laurindo de Almeida, todos eles assumidos apreciadores do jazz moderno.

Outra figura-chave na criação e desenvolvimento da bossa nova, o pianista e compositor Tom Jobim já tocava em clubes noturnos do Rio de Janeiro e fazia orquestrações, no início da década de 1950. Sua parceria com o também pianista e compositor Newton Mendonça produziu canções que se tornaram clássicos desse movimento musical, como "Desafinado" e "Samba de Uma Nota Só". Já com o poeta Vinicius de Moraes, Jobim criou outras obras-primas da bossa, como a sublime "Chega de Saudade" e "Garota de Ipanema", a canção brasileira mais conhecida no mundo até hoje.

O histórico concerto de bossa nova em Nova York, no Carnegie Hall, em novembro de 1962, com participações de Jobim, João Gilberto, Carlos Lyra, Roberto Menescal, Oscar Castro-Neves, do pianista Sergio Mendes e do violonista Luiz Bonfá, entre outros, foi um marco simbólico da expansão internacional da bossa nova. Note-se, porém, que a bossa nova já circulava nos Estados Unidos nessa época, não ainda como a febre musical que veio a se tornar, em meados dessa década, mas em gravações de alguns jazzistas norte-americanos, como Stan Getz, Charlie Byrd e Herbie Mann, que se encantaram pelo estilo ao conhece-lo *in loco*, em viagens ao Brasil. Assim a influência inicial do jazz sobre a música brasileira gerou uma via de mão dupla, com influências mútuas. Vários sucessos da bossa nova tornaram-se *stardards*, tanto para os norte-americanos como para os músicos de jazz de todo o mundo.

7. Ronaldo Bôscoli, João Máximo e Tárik de Souza, *Do Barquinho ao Violão: 30 Anos de Bossa Nova*, Rio de Janeiro: Val, 1988.

SAMBA-JAZZ

Foi também durante os primeiros anos da década de 1960 que surgiu o samba-jazz, praticamente uma versão instrumental da bossa nova. Cultivado por muitos trios (formados por piano, baixo e bateria), mas também eventuais quartetos ou quintetos (com sax, trompete ou trombone, além da seção rítmica), esse estilo de samba é calcado no formato "tema-improvisação-retorno ao tema", muito característico do jazz norte-americano moderno.

Como já acontecera nos Estados Unidos, a partir do final da década de 1940, com a consolidação do *bebop*, os músicos do samba-jazz – inclusive os bateristas e baixistas, que até então só desempenhavam papéis secundários nas orquestras ou acompanhavam cantores – fizeram sua declaração de independência, tornando-se também solistas e improvisadores. Muitos deles tocavam com frequência no lendário Beco das Garrafas, em Copacabana, no Rio de Janeiro, onde funcionavam alguns bares e boates que se tornaram pontos de encontro dos adeptos dessa vertente musical.

Pode-se dizer que a moderna música instrumental brasileira começou com a eclosão do samba-jazz. Toda uma geração de talentosos instrumentistas foi revelada nesse período por meio de grupos como o Tamba Trio (com o pianista Luiz Eça, o baixista Bebeto Castilho e o baterista Helcio Milito), o Bossa Três (com o pianista Luiz Carlos Vinhas, o baixista Tião Neto e o baterista Edison Machado), o longevo Zimbo Trio (com o pianista Amilton Godoy, o baixista Luiz Chaves e o baterista Rubinho Barsotti), o Sambalanço Trio (com o pianista Cesar Camargo Mariano, o baterista Airto Moreira e o baixista Humberto Cláiber), o Jongo Trio (com o pianista Cido Bianchi, o baixista Sabá e o baterista Toninho Pinheiro), o Sambrasa Trio (com o multi-instrumentista Hermeto Pascoal, o baterista Airto Moreira e o baixista Humberto Cláiber) ou o Quarteto Bossamba (do organista Walter Wanderley), entre outros

Um dos expoentes desse samba jazzístico, o saxofonista e produtor J.T. Meirelles explicitou essa inovadora concepção musical, no texto de apresentação de seu primeiro álbum com o quinteto Copa 5, gravado em 1964: "aqui também os músicos, que têm seu veículo de expressão na improvisação, sentem necessidade de uma música nova, condizente com seu estado de espírito e maneira de tocar. Não há, então, a diversidade da letra bonita ou do cantor inspirado, mas sim o músico que emerge do anonimato para situar-se em primeiro plano"[8].

É significativo que, cinco décadas após sua gênese, o samba-jazz continue a ser cultivado por músicos de gerações posteriores, como o percussionista paulista João Parahyba (fundador do Trio Mocotó), o saxofonista carioca Léo Gandelman, o baixista paulista Marcos Paiva, o pianista mineiro Kiko Continentino ou o pianista paulista Hamleto Stamato, entre outros, que gravaram álbuns dedicados a esse estilo, nos últimos anos. Provas de que o samba-jazz continua soando contemporâneo e atraente às plateias de hoje.

CAMINHO PRÓPRIO

Mesmo com a notoriedade que conquistou durante a década de 1960, o samba-jazz não chegou a se tornar hegemônico. Com o decorrer dos anos, até alguns de seus primeiros adeptos passaram a buscar outras referências, principalmente na música regional brasileira, evitando a ascendência

8. Meirelles e os Copa 5, *O Som*, Dubas Música, 2001 [reedição em CD].

norte-americana. Expoente dessa tendência, o Quarteto Novo (que contava com o guitarrista e violeiro Heraldo do Monte, o baterista e percussionista Airto Moreira, o flautista e pianista Hermeto Pascoal e o violonista e baixista Théo de Barros) lançou, em 1967, seu primeiro e único álbum[9], uma das obras-primas da música instrumental brasileira.

Bem antes de gravar esse disco, cuja produção e elaboração dos arranjos durou cerca de um ano, os integrantes do quarteto já tinham plena consciência do que buscavam: criar uma música inovadora que conseguisse romper, na medida do possível, com as duas maiores referências dos instrumentistas brasileiros daquela geração: a bossa nova e o jazz. "A gente começou a fugir das tendências *bebopianas*, *charlie-parkerianas*, que tínhamos, para formar um tipo de improvisação bem brasileira, com sotaques, acentuações, até com escalas nordestinas quando o tema pedia. Era a primeira vez que se fazia isso aqui. Os trios de bossa nova tocavam samba, mas na hora de improvisar faziam isso jazzisticamente", relembrou Heraldo do Monte, em seu depoimento para o documentário "Quebrando Tudo"[10].

VIVENDO NOS EUA

A repercussão das apresentações e gravações que Tom Jobim, João Gilberto, Luiz Bonfá, Carlos Lyra e Sergio Mendes fizeram durante a década de 1960, nos Estados Unidos, ajudou a ampliar o interesse dos norte-americanos pelo gênero musical que eles logo rotularam de jazz brasileiro.

Aberta essa trilha, outros músicos brasileiros também migraram para os Estados Unidos, como o maestro e compositor Moacir Santos, os pianistas João Donato, Eumir Deodato e Dom Salvador, o trombonista Raul de Souza, o organista Valter Wanderley, o baterista Dom Um Romão e os percussionistas Airto Moreira, Paulinho da Costa e Naná Vasconcelos, assim como as cantoras Astrud Gilberto e Flora Purim ou as pianistas-cantoras Tania Maria e Eliane Elias. Já na década de 1990, o mesmo caminho foi seguido por Luciana Souza, que hoje aparece com frequência nas enquetes de revistas especializadas entre as melhores cantoras de jazz do mundo.

A atração pelo jazz levou também muitos músicos brasileiros a cursarem a disputada Berklee School of Music, em Boston, onde se aprofundaram na linguagem dessa música. Um dos primeiros a frequentá-la, ainda no final da década de 1960, junto com o pianista Nelson Ayres, com o baixista Zeca Assumpção e o trompetista Cláudio Roditi, foi o saxofonista Victor Assis Brasil. Premiado em concursos internacionais, seu talento era comparado ao dos melhores jazzistas norte-americanos. No entanto, a morte prematura, aos 35 anos, em 1981, interrompeu uma carreira meteórica, registrada em oito álbuns e muitas composições inéditas.

Outro ex-aluno da Berklee School, o saxofonista paulista Ivo Perelman cursou apenas um semestre. Adepto do jazz de vanguarda, lançou seu primeiro álbum em 1989, com participações de Airto Moreira, Flora Purim e Eliane Elias. Depois se radicou em Nova York, onde já gravou dezenas de discos ao lado de figurões do free jazz, como Rashied Ali e William Parker, entre outros. Quem imaginaria, até então, que um brasileiro se tornaria expoente do jazz de vanguarda?

9. Quarteto Novo, *Quarteto Novo*, Odeon, 1967.

10. Direção de Rodrigo Hinrichsen, Brasil, 2003.

FESTIVAIS

Fundamentais para despertar o interesse de novas plateias pelo jazz, os festivais impulsionaram as carreiras de várias gerações de instrumentistas brasileiros. Graças às duas edições do pioneiro Festival Internacional de Jazz de São Paulo – realizadas em parceria com o suíço Montreux Jazz Festival, em 1978 e 1980 – muitos jovens ouviram pela primeira vez os temas instrumentais e os improvisos de músicos como Nelson Ayres e Roberto Sion (que formaram nessa época, com Rodolfo Stroeter, o grupo Pau Brasil, referência no gênero), Mauro Senise, Gilson Peranzzetta, Hélio Delmiro, Nivaldo Ornelas, Toninho Horta, Wagner Tiso, Maurício Einhorn e Márcio Montarroyos, ou grupos como Azimuth, D'Alma, Divina Increnca e Grupo Um, entre outros.

Transmitidos ao vivo para todo o país pela TV Cultura, esses festivais permitiram também que o grande público brasileiro descobrisse a genialidade do alagoano Hermeto Pascoal, ao vê-lo ofuscar, com seus improvisos, grandes astros do jazz, como Stan Getz e John McLaughlin. Por façanhas como essas, Hermeto continua a ser o músico brasileiro mais cultuado no circuito dos festivais nacionais e internacionais. Já neste século XXI, grupos jovens como o Curupira, a Orquestra Família, a Vintena Brasileira ou o Armazém Abaporu, formados por discípulos e integrantes de seus grupos, indicam que a "música livre" de Hermeto já fez escola e segue rendendo frutos promissores.

Outro multi-instrumentista de grande prestígio internacional, o fluminense Egberto Gismonti é autor de uma vasta obra, expressa em composições, álbuns e trilhas sonoras para filmes e espetáculos de dança. Grande parte de sua produção musical está registrada no catálogo do conceituado selo europeu ECM, para o qual Gismonti gravou ao lado de grandes músicos do jazz contemporâneo, como Charlie Haden, Jan Garbarek e Ralph Towner, além do percussionista pernambucano Naná Vasconcelos.

Durante os anos 1980 e 1990, festivais como o Free Jazz, o Heineken Concerts ou o Tim Festival, continuaram formando novas plateias para o jazz e a música instrumental brasileira. E a exemplo do que ocorreu em eventos semelhantes realizados no exterior, esses festivais brasileiros também tiveram que se abrir, em maior ou menor medida, a outros gêneros musicais, como o blues, o soul, o funk e a world music, até mesmo ao rock e à música pop.

No século XXI, despontaram outros eventos de importância para a difusão do jazz e da música instrumental, como o Chivas Jazz, o Bridgestone Music ou o BMW Jazz, que, infelizmente, não duraram muito. Por outro lado, é promissor o fato de vários festivais de jazz já não serem mais realizados apenas no eixo São Paulo-Rio, como acontecia no passado. Hoje, há eventos desse gênero em quase todas as regiões do país e durante quase todo o ano. Os mais antigos, como o Festival Jazz & Blues de Guaramiranga (CE), o Savassi Festival (MG), o Mimo (PE), o Rio das Ostras Jazz & Blues (RJ) e o Bourbon Street Fest (SP) já são realizados há mais de 10 anos – alguns têm até estendido suas programações a outros estados.

Este século também viu surgir e amadurecer, na área da música instrumental brasileira, uma nova geração de brilhantes músicos e compositores, que conseguiram furar o ostracismo imposto a essa vertente musical pelas grandes gravadoras, rádios e TVs, na década de 1990. Já com carreiras em ascensão no exterior, inclusive, músicos como o pianista André Mehmari, o bandolinista Hamilton de Holanda, o guitarrista Chico Pinheiro, o gaitista Gabriel Grossi e os violonistas Yamandu Costa e Diego Figueiredo, entre outros, só confirmam que, seja chamada de instrumental ou de jazz, a música brasileira improvisada tem vivido uma grande fase.

Os Discos do Jazz

UM GUIA DE THOMAS LOEWNER

Quem toma nas mãos um livro sobre jazz não tarda a querer vivenciar como ouvinte o que conheceu como leitor. Este capítulo pretende ajudar a quem esteja interessado em adquirir os discos dos autores discutidos no presente livro. Não se trata de uma lista completa. De um lado, em função do espaço, tivemos de nos ater ao essencial. De outro, esbarramos numa limitação lamentável imposta pelo mercado fonográfico, pela "política comercial" adotada pela maioria das gravadoras. Pelo menos para a maioria dos grandes grupos empresariais, o jazz é um ramo no máximo tolerado em comparação com o grande e lucrativo repertório de música pop. Se um determinado disco, num dado espaço de tempo, não atinge a vendagem esperada, logo ele vai desaparecer do catálogo – ele será "riscado". E não importa se esse disco é o trabalho de uma grande estrela do jazz ou de um músico desconhecido.

Isso explica por que muitos álbuns mencionados no livro não estão presentes em nossa lista. Por exemplo, os álbuns de Zbigniew Seifert, apresentado como o "John Coltrane do violino": a obra excepcional do músico polonês não está mais disponível. Também não foram listados neste capítulo os álbuns da gravadora Mosaic, várias vezes premiada por sua especialidade em relançar gravações históricas. A Mosaic distribui seus álbuns exclusivamente pelo serviço postal (Mosaic Records, 1341 Ocean Avenue, Suíte 135, Santa Mônica, Califórnia 90401, <www.mosaicrecords.com>). Infelizmente, alguns álbuns importantes da era do swing são impossíveis de achar. Às vezes, um disco de grande valor deixa de existir um ano depois de seu aparecimento.

Tendo em vista que o critério básico desta discografia é apenas a utilidade, incluíram-se apenas aqueles discos que o consumidor pode conseguir, sem grande esforço, numa loja especializada bem sortida ou por intermédio de uma importadora.

Em muitos casos, a Internet é um ótimo recurso. Empresas como a JPC (Jazz Pop Classic, www.jpc.de) ou a Amazon (www.amazon.de) oferecem muitos álbuns de jazz.

Os músicos são apresentados nesta discografia por ordem alfabética. Após o nome, segue-se a informação a respeito do instrumento tocado por ele (cf. "Lista de Abreviações de Instrumentos"). Após o título dos álbuns, registram-se o ano de gravação e o selo. Na maioria dos casos, inclui-se entre o título e o ano de gravação o nome dos músicos que participam do disco. Eventualmente, informa-se também o número de CDs que compõem a obra.

Por fim, mencionam-se outros músicos de quem o músico referido foi parceiro, cujos álbuns também aparecem na lista.

Alguns álbuns foram incluídos nesta discografia por conta de seu valor na época de lançamento ou por conta de sua relação com a cena de jazz na Alemanha. A lista vai até julho de 2005.

LISTA DE ABREVIAÇÕES DE INSTRUMENTOS

ac	acordeão	perc	percussão
b	baixo	sa	sax-alto
bat	bateria	sax	saxofones diversos
bl	*bandleader*	sb	sax-barítono
cl	clarinete	sint	sintetizador
clb	clarinete-baixo	ss	sax-soprano
co	corneta	st	sax-tenor
elec	*sampler*, eletrônicos em geral	tecl	instrumentos de teclado
fl	flauta	tb	trombone
flh	*flugelhorn*	tp	trompete
g	guitarra	tr	trompa
ga	gaita de boca	tt	*turntables*
harp	harpa	vib	vibrafone
org	órgão	viol	violino
p	piano	voc	canto

MÚSICOS EM ORDEM ALFABÉTICA

AARSET, Eivind (g, elec). *Electronique Noir*, 1998; Jazzland

ABBUEHL, Susanne (voc). *April*. 2001; ECM

ABDUL-MALIK, Ahmed (b, *oud*). *Jazz Sounds Of Africa*. (Com Andrew Cyrille, Tommy Turrentine, dentre outros.) 1961-1962; Original Jazz Classics

ABERCROMBIE, John (g, bandolim). *Gateway*. (Com Jack DeJohnette, Dave Holland.) 1986; ECM. *Open Land*. (Com Kenny Wheeler, Joe Lovano, Mark Feldman, Dan Wall, Adam Nussbaum.) 1998; ECM

- Marc Copland, Gil Evans, Charles Lloyd, Enrico Rava, Colin Walcott, Kenny Wheeler

ABOU-KHALIL, Rabih (*oud*). *Blue Camel*. (Com Charlie Mariano, Kenny Wheeler, Steve Swallow, Milton Cardona, Nabil Khaiat, Ramesh Shotham.) 1992; Enja. *The Cactus of Knowledge*. (Com Tom Varner, Dave Bargeron, Michel Godard, Gabriele Mirabassi, Ellery Eskelin, dentre outros.) 2001; Enja

- Luciano Biondini, Vincent Courtois, Michel Godard, Gabriele Mirabassi, Glen Moore

ABRAMS, Muhal Richard (p, bl). *Think All, Focus One*. (Com David Gilmore, Eddie Allen, Brad Jones, Reggie Nicholson, dentre outros.) 1994; Black Saint

- Leroy Jenkins

ACHIARY, Benat (voc). *The Seven Circles: Dedicated to Peter Kowald*. 2004; FMP

ADAMS, George (st, fl, voc). *More Sightings.* 2005; Enja
- Charles Mingus, Don Pullen

ADAMS, Pepper (sb). *10 to 4 at the 5: Spot.* (Com Donald Byrd, Bobby Timmons, Doug Watkins, Elvin Jones.) 1958; Original Jazz Classics
- Gene Ammons, Chet Baker, Donald Byrd, Charles Mingus

ADDERLEY, Cannonball (sa). *Somethin' Else.* (Com Miles Davis, Hank Jones, Sam Jones, Art Blakey.) 1958; Blue Note. *Mercy, Mercy, Mercy.* (Com Nat Adderley, Joe Zawinul, Viktor Gaskin, Roy McCurdy.) 1966; Capitol
- Miles Davis, Horace Silver

ADDERLEY, Nat (tp, co). *Work Song.* (Com Wes Montgomery, Sam Jones, Percy Heath, dentre outros.) 1960; Original Jazz Classics
- Cannonball Adderley

AIR (banda). *Air Lore.* (Com Fred Hopkins, Steve McCall und Henry Threadgill.) 1979; BLUEBIRD/RCA

AKCHOTÉ, Noël (g). *Sonny II.* 2004; Winter & Winter

AKIYOSHI, Toshiko (p, bl). *Toshiko Akiyoshi Jazz Orchestra Wishing Peace.* (Com Brian Lynch, Lew Tabackin, dentre outros.) 1986; Ascent

AKLAFF, Pheeroan (bat)
- Craig Harris, Julius Hemphill, Oliver Lake

ALDEN, Howard (g)
- John Lewis

ALESSI, Ralph (tp). *Circa.* (Com Michael Cain, Peter Epstein.) 1966; ECM
- Fred Hersch

ALEXANDER, Monty (p). *Three Originals: Love and Sunshine/Estade/Cobilimbo.* 1974-1977; MPS

ALIAS, Don (bat, perc)
- Kenny Kirkland, Jaco Pastorius

ALLEN, Geri (p, tecl). *In the Year of the Dragon.* (Com Charlie Haden, Paul Motian.) 1989; JMT
- Oliver Lake, Wallace Roney

ALLISON, Ben (b). *Riding the Nuclear Tiger.* (Com Michael Blake, Ted Nash, Jeff Ballard, dentre outros.) 2000; Palmetto
- Michael Blake

ALLISON, Mose (p, voc). *The Mose Chronicles: Live in London, v. 1 & 2.* 2000; Blue Note
- Al Cohn

ALMEIDA, Laurindo (g). *Stan Getz: Stan Getz Group feat. Laurindo Almeida.* 1963; Verve
- Stan Kenton

ALPERIN, Mikhail (p). *At Home.* 2001; ECM
- também Moscow Art Trio

AMBROSETTI, Franco (tp). *European Legacy.* 2003; Enja

AMENDOLA, Scott (bat). *Cry.* (Com Jenny Scheinman, Nels Cline, dentre outros.) 2003; Cryptogramophone

AMM. *It Had Been an Ordinary Enough Day in Pueblo, Colorado.* (Com Eddie Prevost.) 1979; Japo

AMMONS, Albert (p). *V.A.: From Spirituals to Swing.* (3 CDs.) 1938-1939; Vanguard
- Pete Johnson

AMMONS, Gene (st). *Blue Gene.* (Com Pepper Adams, Mal Waldron, Ray Barretto, dentre outros.) 1958; Original Jazz Classics

AMSTERDAM String Trio (banda). *Winter Theme.* (Com Ernst Reijseger, Maurice Horsthuis, Ernst Glerum.) 2000; Winter & Winter

ANDERSEN, Arild (b). *Electra.* 2005; ECM
- também Jan Garbarek, Albert Mangelsdorff, Roswell Rudd, Markus Stockhausen

ANDERSON, Fred (st). *DKV Trio.* (Com Hamid Drake, Ken Vandermark, Kent Kessler.) 1996; Okka Disk

ANDERSON, Ray (tb). *Where Home Is.* (Com Lew Soloff, Bobby Previte.) 1998; Enja
- Karl Berge, Barbara Dennerlein, Bobby Previte, Hank Roberst, Erika Stucky, Bennie Wallace

ARCADO String Trio (banda). *Arcado String Trio.* (Com Mark Feldman, Hank Roberst, Mark Dresser.) 1989; JMT Edition/Winter & Winter

ARMSTRONG, Louis (co, tp, voc). *The Complete Hot Five and Hot Seven Recordings.* (4 CDs.) 1925-1929; Columbia. *Carnegie Hall Concert* 1947<; Ambassador. *Louis Armstrong Plays W. C. Handy.*

(Com Trummy Young, Barney Bigard, Philly Kyle, Arvell Shaw, dentre outros.) 1954-1956; Columbia. *Ella and Louis.* (Com Ella Fitzgerald, Oscar Peterson, Herb Ellis, Ray Brown, Buddy Rich.) 1957; Verve. *Complete Sessions.* (Com Duke Ellington, Barney Bigard.) 1960; Roulette
- King Oliver, Kid Ory, Bessie Smith.)

ART Ensemble of Chicago (banda). *Les Stances à Sophie.* (Com Lester Bowie, Don Moye, Malachi Favors, Fontella Bass, Roscoe Comchell, Joseph Jarman.) 1970; Universal Sound. *Urban Bushmen.* (2 CDs.) 1980; ECM

ATZMON, Gilad (st, cl). *Musik: Re-arranging the 20th Century.* 2004; Enja

AYLER, Albert (st). *Live in Greenwinch Village: The Complete Impulse Recordings.* 1966; Impulse. *Holy Ghost: Rare & Unissued Recordings 1962-1970.* (9 CDs.) Revenant

BAD Plus, The (banda). *These Are the Vistas.* (Com Ethan Iverson, Reid Anderson, Dave King.) 2002; Columbia

BAILEY, Benny (tp). *Big Brass.* (Com Julius Watkins, Phil Woods, Les Spann, Tommy Flanagan, dentre outros.) 1960; Candid

BAILEY, Derek (g). *Pieces for Guitar: 1966-1967.* Tzadik. *Outcome.* (Com Steve Lacy.) 1983; Ictus
- Peter Kowald, Manfred Schoof, Spontaneous Music Ensemble

BAKER, Chet (tp, voc). *Chet.* (Com Herbie Mann, Pepper Adams, Bill Evans, Kenny Burrell, Paul Chambers, Connie Kay, Phillie Joe Jones.) 1959; Original Jazz Classics. *The Last Concert, v. I+II.* (Com NDR Big Band & Radio Orchester Hannover.) 1988; Enja
- Philip Catherine, NDR Bigband

BALKE, Jon (p.) . *Jon Balke & Magnetic North Orchestra: Diverted Travels.* 2004; ECM

BANG, Billy (viol). *A Tribute to Stuff Smith.* 1993; Soulnote

BAPTISTA, Cyro (perc). *Beat the Donkey.* 2002; Tzadik
- Cassandra Wilson, John Zorn

BAPTISTE, Denys (st). *Let Freedom Ring.* 2005; Dune Records
- também Jazz Jamaica All Stars

BARBER, Patricia (voc). *Modern Cool.* 1998; Blue Note

BARBIERI, Gato (st). *El Pampero.* (Com Lonnie Liston Smith, Naná Vasconcelos, dentre outros.) 1971; RCA
- Carla Bley, Don Cherry, Charlie Haden

BARON, Joey (bat). *We'll Soon Find Out.* (Com Arthur Blythe, Bill Frisell, Ron Carter.) 1999; Intuition
- Uri Caine, Anthony Coleman, Bill Frisell, Naked City, Michel Portal, Bobby Previte, Herb Roberston, John Taylor, Toots Thielemans, John Zorn

BARRETTO, Ray (perc.) . *La Cuna.* (Com Tito Puente, Joe Farrell, dentre outros.) 1979; Sony
- Gene Ammons, Kenny Burrell, Lou Donaldson

BARRON, Kenny (p, tecl). *Canta Brazil.* 2002; Emarcy
- Jay Jay Johnson, Abbey Lincoln

BARTZ, Gary (ss, sa, st). *Libra/Another Earth.* (Com Jimmy Owens, Richard Davis, Billy Higgins, Pharoah Sanders, dentre outros.) 1967-1968; Milestone
- McCoy Tyner

BASIE, Count (p, org, bl). *The Complete American Decca Recordings.* (Com Lester Young, Hershel Evans, Jimmy Rushing, Buck Clayton, Harry Edison, dentre outros.) (3 CDs.) 1937-1939; MCA/GRP. *April in Paris.* 1955-1956; Verve. *Atomic Swing.* (Com Eddie Jones, Freddie Green, dentre outros.) 1957-1962; Blue Note
- Benny Goodman, Billie Holiday

DESIRES, Bass (banda)
- Marc Johnson

BATES, Django (tecl, tp, bl). *Winter Truce (and Homes Blaze).* 1995; JMT/Winter & Winter

BAUER, Conrad (tb). *Hummelsummen.* 2002; Intakt

BECHET, Sidney (cl, ss). *The complete RCA Victor Sessions.* (Com Tommy Ladnier and the New Orleans Feetwarmers, dentre outros.) (3 CDs.) 1932-1943; RCA . *The Fabulous Sidney Bechet.* 1951-1953; Blue Note
- King Oliver

BEIDERBECKE, Bix (co). *Singn' the Blues, v. 1.* (Com Frankie Trumbauer, Eddie Lang, Jimmy Dorsey, Bill Rank, Don Murray , dentre outros.) 1927; Columbia

BEIRACH, Richie (p). *Round About Bartók.* (Com Gregor Huebner.) 1999; ACT

BELLSON, Louie (bat, bl)
LOUIE Bellson Big Band: Inferno!. 1969-1970; Concord Jazz
- Art Tatum, Sarah Vaughan

BENNINK, Han (bat)
- Peter Brötzmann, Globe Unity Orchestra, ICP Orchestra, Misha Mengelberg, Clusone 3

BENSON, George (g, voc). *Anthology.* (2 CDs.) 1964; Warner

BERGER, Karl (vib, p, bl). *Conversations.* (Com Carlos Ward, Dave Holland, James Blood Ulmer, Mark Feldman, Ray Anderson, Ingrid Sersto.) 1994; In+out Records

BERNE, Tim (sa). *Big Satan: I Think They Liked It Honey.* (Com Marc Ducret, Tom Rainey.) 1997; Winter & Winter
- Julius Hemphill, Hank Roberts, Herb Robertson

BERNSTEIN, Steven (tp, slide-tp). *Diaspora Soul.* 1999; Tzadik
- Michael Blake, Lounge Lizards, Medeski, Martin & Wood, Sex Mob

BEY, Andy (voc, p). *American Song.* 2004; Minor Music

BIGARD, Barney (cl). *Barney Bigard & Art Hodes: Bucket's Got a Hole in It.* 1968; Delmark
- Louis Armstrong, Duke Ellington

BINNEY, David (sa). *Balance.* 2002; ACT
- Uri Caine, Joel Harrison

BIONDINI, Luciano (ac). *Luciano Biondini & Javier Girotto: Terra Madre.* 2005; Enja
- também Gabriele Mirabassi

BLACK, Jim (bat). *Habyor.* (Com Skuli Sverisson, Chris Speed.) 2004; Winter & Winter
- também Ellery Eskelein, Pachorra, Tiny Bell Trio

BLACKWELL, Ed (bat). *What It Is?.* (Com Graham Haynes, Carlos Ward, Mark Helias.) 1992; Enja
- Don Cherry, Ornette Coleman, Dewey Redman, Bob Stewart

BLADE, Brian (bat). *Perceptual.* 1999; Blue Note
- Chris Potter, Joshua Redman, Wayne Shorter, Mark Turner

BLAKE, Michael (st, ss). *Drift.* (Com Steven Bernstein, Tony Scherr, Ben Allison, Matt Wilson, dentre outros.) 1999; Intuition
- Ben Allison, Lounge Lizards

BLAKE, Ran (p). *Ran Blake & Jeanne Lee: The Newest Sound Around.* 1961; RCA

BLAKEY, Art (bat). *Moanin'.* (Com Benny Golson, Lee Morgan, Bobby Timmons, dentre outros.) 1958; Blue Note. *Indestructable.* (Com Lee Morgan, Cedar Walton, Wayne Shorter, dentre outros.) 1964; Blue Note. *Keystone 3 (live).* (Com Wynton Marsalis, Branford Marsalis, Bill Pierce, dentre outros.) 1982; Concord
- Hank Mobley, Herbie Nichols, Cannonball Adderley

BLANCHARD, Terence (tp). *Flow.* 2005; Blue Note
- McCoy Tyner

BLEY, Carla (p, org, bl). *Escalator Over the Hill.* (Com Gato Barbieri, Don Cherry, Paul Motian, John McLaughlin , dentre outros.) (2 CDs.) 1968-1971; ECM. *Social Studies.* (Com Carlos Ward, Gary Valente, Steve Swallow, dentre outros.) 1980; ECM. *Looking for America.* (Com Lew Soloff, Gary Valente, Wolfgang Puschnig, Andy Sheppard, Steve Swallow , dentre outros.) 2002; ECM
- Charlie Haden, Jazz Composers' Orchestra, Glen Moore, Hal Willner

BLEY, Paul (p, tecl). *Open, to Love.* 1972; ECM
- Jimmy Giuffre

BLOOM, Jane Ira (ss). *As One.* (Com Fred Hersch.) 1985; JMT/Winter & Winter

BLUIETT, Hamiet (sb, clb). *The Calling.* (Com D.D. Jackson, Kahil El' Zabar.) 2001; Justin Time
- Lester Bowie, David Murray, World Saxophone Quartet

BLYTHE, Arthur (sa). *Nightsong.* (Com Bob Stewart, Gust Stilis, Chico Freeman, Arto Tuncboyaciyan, dentre outros.) 1997; Clarity
- Joey Baron, Jack DeJohnette, Eric McCoy Tyner

BOLAND, Francy (p, bl). *All Smiles.* (Com Clarke-Boland Big Band.) 1968; MPS
- Kenny Clarke

BOLLANI, Stefano (p). *Småt Småt.* 2003; Label Bleu
- também Enrico Rava

BONA, Richard (b). *Munia: The Tale.* 2002; Universal
- Mino Cinelu, Mike Stern

BOWIE, Lester (tp). *The Great Pretender.* (Com Hamiet Bluiett, dentre outros.) 1981; ECM. *I only Have Eyes for You.* (Com Craig Harris, Steve Turre, Bob Stewart, dentre outros.) 1985, ECM

- Art Ensemble Of Chicago, Hamiet Bluiett

BRACKEEN, JoAnne (p). *Turnaround.* (Com Donald Harrison, Cecil McBee, Marvin » Scomty« Smith.) 1992; Evidence

BRAHEM, Anouar (oud). *Thimar.* (Com Dave Holland, John Surman.) 1988; ECM

BRAXTON, Anthony (sax, cls, cl, clb clcb). *For Alto.* (solo.) 1968; Delmark. *Dortmund (Quartet.)* 1976. (Com George Lewis, Dave Holland, Barry Alstchul.) 1976, Hat Hut Records. *Charlie Parker Project.* (Com Ari Brown, Joe Fonda, Misha Mengelberg, Paul Smoker, dentre outros.) 1993; Hat

- Circle, Chick Corea, Gunter Hampel, Max Roach

BRECKER, Michael (st). *Tales from the Hudson.* (Com Stanley Turrentine, Don Grolnick, Pat Metheny, dentre outros.) 1996; Impulse. *Nearness Of You: The Ballad Book.* (Com Herbie Hancock, Pat Metheny, Charlie Haden, Jack DeJohnette.) 2001; Verve

- Randy Brecker, Marc Copland, John McLaughlin, Pat Metheny, Cæcilie Norby, Jaco Postorius, David Sanborn, Horace Silver, Kenny Wheeler

BRECKER, Randy (tp). *34th N Lex.* (Com Michael Brecker, David Sanborn, Fred Wesley, dentre outros.) 2004; ESC

- Paul Chambers, Larry Coryell, Jazz Composer's Orchestra, Herbie Mann,

CÆCILIE Norby, Jaco Pastorius

BREUKER, Willem (sax, clb, bl.) . *Hunger!.* (Com Willem Breuker Kollektief.) 1999; BVHaast

- Peter Brötazmann

BRIDGEWATER, Dee Dee (voc). *J'ai Deux Amours.* 2005; Emarcy

BRÖNNER, Till (tp). *That Summer.* 2004; Universal

BROOKMEYER, Bob (tb, bl). *Back Again.* 1978; Universal. *Get Well Soon.* (Com New Art Orchestra.) 2004; Challenge

- Al Chon, Stan Getz, Gerry Mulligan

BROONZY, Big Bill (voc, g). *Treat me Right.* 1951-1952; Rykodisc

BRÖTZMANN, Peter (sax, cl). *Machine Gun.* (Com Han Bennink, Willem Breuker, Evan Parker, dentre outros.) 1968; FMP. *Little Birds Have Fast Hearst No. 1.* (Com William Parker, Hamid Drake, Toshinori Kondo.) 1997; FMP

- também Manfred Schoof, Globe Unity Orchestra

BROWN, Clifford (tp). *The Clifford Brown Sextet in Paris.* (Com Gigi Gryce, Jimmy Gourley, Pierre Michelot, dentre outros.) 1953; Prestige

BROWN, Ray (b). *Best of the Concord Years.* 1974-1992; Concord. *Super Bass.* (Com Christian McBridge, John Clayton.) 1997; Telarc

- Louis Armstrong, Herb Ellis, Lionel Hampton, Coleman Hawkins, Milt Jackson, Jay Jay Johnson, Barney Kessel, Phineas Newborn, Oscar Peterson, Bud Powell, Sarah Vaughan, Ben Wesbter, Lester Young

BRUBECK, Dave (p). *Time out.* (Com Paul Desmond, Joe Morello, Eugene Wright.) 1962; CSB. *London Flat, London Sharp.* (Com Bobby Miitello, Michael Moore, Randy Jones, dentre outros.) 2005; Telarc

BRUFORD, Bill (bat). *Random Act Of Hapinness.* (Com Earthworks.) 2004; Voiceprint

BRÜNINGHAUS, Rainer (tecl). *Continuum.* (Com Markus Stockhausen und Fredy Studer.) 1983; ECM

BUNNETT, Jane (ss, fl). *Red Dragonfly.* (Com Larry Cramer, David Virelles, dentre outros.) 2005; Blue Note

BURREL, Kenny (g). *Midnight Blue.* (Com Stanley Turrentine, Ray Barreto, dentre outros.) 1963; Blue Note

- Chet Baker, Red Garland, Jay Hoggard, Jimmy Smith)

BURTON, Gary (vib). *Throb.* (Com Keith Jarrett.) 1969-1970; Rhino. *Native Sense: The New Duets.* (Com Chick Corea.) 2003; Concord

- Larry Coryell, Stephane Grappelli, NDR Big Band, Steve Swallow, Eberhard Weber

BYARD, Jaki (p). *Blues For Smoke.* (solo.) 1960; Candid. *The Jaki Byard Experience.* (Com Roland Kirk, Richard Davis, Alan Dawson.) 1968; Prestige

- também Stephane Grappelli, NDR Big Band, Steve Swallow, Eberhard Weber

BYRD, Charlie (g). *Brazilian Byrd.* 1964; Columbia

BYRD, Donald (tp). *Donald Byrd At The Halfnote Cafe.* (Com Pepper Adams, Duke Pearson, Laymon Jackson, Lex Humphries.) 1960; Blue Note

- também Pepper Adamns, Gigi Gryce, Jackie McLean, Sonny Rollins

BYRON, Don (cl). *Bug Music.* (Com Steve Wilson, Craig Harris, Uri Caine, dentre outros.) 1997; Nonesuch. *Ivey Divey.* (Com Jason Moran, Jack DeJohnette, dentre outros.) 2005; Blue Note

- Bill Frisell, Craig Harris

CAINE, Uri (p). *Primal Light/Urlicht.* (Com Joey Baron, Dave Binney, Dave Douglas, Mark Feldman, dentre outros.) 1997; Winter & Winter. *Live at the Village Vanguard.* (Com Drew Gress, Ben Perowsky.) 2004; Winer & Winter

- Don Byron, Dave Douglas

CANDIDO (perc). *Candido.* 1956; Impulse

CARNEY, Harry (sb, clb)

- Duke Ellington, Benny Goodman

CARRINGTON, Terri Lyne (bat). *Jazz Is a Spirit.* (Com Herbie Hancock, Gary Thomas, Kevin Eubanks, Bob Hurst, Wallace Roney , dentre outros.) 2001; ACT

- Robin Eubanks, Cæcilie Norby, Danilo Perez, Gary Thomas

CARTER, Benny (sa, st, tp, cl, bl). *Further Definitions.* (Com Coleman Hawkins, Jo Jones, Phil Woods, Jimmy Garrison, Charles Rouse, dentre outros.) 1961; GRP. *Jazz Giant.* (Com Ben Wesbter Barney Kessel, Shelly Manne, dentre outros.) 1957; Contemporany

- Coleman Hawkins, Charlie Parker, Art Tatum

CARTER, Betty (voc)

THE Audience With. (2 CDs.) 1979; Verve. I'm Yours, You're Mine> 1996; Verve

CARTER, James (sb, st, ss). *In Carterian Fashion.* (Com Craig Taborn, Tani Tabbal, dentre outros.) 1998; Atlantic. *Live at Baker's Keyboard Lounge.* (Com Ralphe Armstrong, Leonard King , dentre outros.) 2001, Warner

- Regina Carter Decoding Society, Julius Hemphill, Steve Turre

CARTER, Regina (viol). *Motor City Moments.* com James Carter, Lewis Nash, Russel Malone, dentre outros); 2000. Verve

CARTER, Ron (b). *Telephone.* (Com Jim Hall.) 1984; Concord. *Mr. Bow-tie.* (Com Gonzalo Rubalcaba, Edwin Russell, Javon Jackson, Joe Henderson, Steve Kroon.) 1995; Blue Note

- Joey Baron, Miles Davis, Gil Evans, Dexter Gordon, Herbie Hancock, Barry Harris, Donald Harrison, Bobby Hutcherson, Jazz Composers' Orchestra, Frank Morgan, Sam Rivers, Horace Silver

CATHERINE, Philip (g). *Summer Night.* (Com Philippe Aerts, Joost van Schalk, Bert Joris.) 2002; Dreyfus

- Charles Mingus

CHAMBERS, Dennis (bat). *Outbreak.* (Com John Scotfild, Michael & Randy Brecker, Jim Beard, Gary Willis.) 2002; ESC

CHAMBERS, Paul (b)

- John Coltrane, Miles Davis, Red Garland, Milt Jackson, Hank Mobley, Oliver Nelson, Art Pepper, Bud Powell, Sonny Rollins

CHARIAL, Pierre (realejo)

- Michael Riessler

CHARLES, Ray (voc, p, org). *What'd I say.* 1952-1958; Atlantic

CHEKASIN, Vladmir (sax)

- Ganelin Trio

CHERRY, Don (tp, fl, perc). *The Avant-Garde.* (Com John Coltrane.) 1961; Atlantic . *Complete Communion.* (Com Gato Barbieri, Henry Grimes, Ed Blackwell.) 1965; Blue Note. *El Corazón.* (Com Ed Blackwell.) 1982; ECM

- Carla Bley, Codona, Ornette Coleman, Heiner Goebbels, Jazz Composers' Orchestra, Dewey Redman, Archie Shepp

CHRISTENSEN, Jon (bat)

- Jan Garbarek, Keith Jarrett, Dino Saluzzi, Tomasz Stanko, Bobo Stenson, Ralph Towner

CHRISTIAN, Charlie (g). *The Genius of the Electric Guitar.* (4 CDs.) 1939-1940; Columbia

- Lester Young

CINELU, Mino (perc). *Cinelu.* (Com Richard Bona, dentre outros.) 2000; Blue Thumb

CIRCLE (banda)

- Chick Corea

CLARKE, Kenny (bat, bl). *Clarke-Boland Big Band (RTE).* 1969; RTE
- Modern Jazz Quartet

CLARK, Stanley (b). *Journey to Love.* (Com Chick Corea, Lenny White, John McLaughlin, dentre outros.) 1975; Epic
- Airto Moreira, Flora Purim, Chick Corea

CLAYTON, Buck (tp). *Copenhagen Concert.* (Com Emmett Berry, Earle Warren, Buddy Tate, dentre outros.) 1959; Steeple Chase
- Count Basie, Lester Young

CLAYTON, Jay (voc). *Soundsongs.* (Com Jerry Granelli.) 1985; JMT/Winter & Winter

CLUSONE 3 (banda). *Love Henry.* (Michael Moore, Ernst Reijseger, Han Bennink.) 1996; Gramavision

COBHAM, Billy (bat). *Spectrum.* (Com Jan Hammer, Tommy Bolin, Lee Sklar, dentre outros.) 1973; Atlantic
- Donald Harrison, Mahavishnu Orchestra, John McLaughlin

CODONA (banda). *Codona, v.1.* (Don Cherry, Collin Walcott, Naná Vasconcelos.) 1978; ECM

COHN, Al (st). *Al Cohn Quartet.* (Com Bob Brookmeyer, Mose Allison, Teddy Kotick, Nick Stabulas.) 1956; Coral. *Standards of Excellence.* (Com Herb Ellis, Monty Budwig, Jimmie Smith.) 1983; Concord
- Stan Getz

COLE, Holly (voc). *Shade.* (Com David Piltch, Aaron Davis.) 2003; Tradition & Moderne

COLE, Nat King (p, voc). *Live at Circle Room.* (Com Nat King Cole Trio.) 1946; Capitol
- Lester Young

COLEMAN, Anthony (p, tecl). *Sephardic Tinge.* (Com Joey Baron, Greg Cohen.) 1995; Tzadik
- John Zorn

COLEMAN, Ornette (sa). *The Shape of Jazz to Come.* (Com Billy Higgins, Don Cherry, Charlie Haden.) 1959; Atlantic. *Free Jazz.* (Com Ed Blackwell, Don Cherry, Eric Dolphy, Charlie Haden, BillyHiggins, Freddie Hubbard, Scott LaFaro.) 1960; Atlantic. *Dancing in Your Head.* (Com Charlie Ellerbee, Bern Nix, Jamaaladeen Tacuma, Ronald Shannon Jackson.) 1987; Caravan Dream Productions. *Tone Dialing.* (Com Denardo Coleman, Badal Roy, Dave Bryant, dentre outros.) 1995; Harmolodic/Universal
- Pat Metheny

COLEMAN, Steve (sa). *The Tao Of Mad Phat: Fringe Zones.* (Com Gene Lake, Ziggy Modeliste, George Porter, David Gilmore, Andy Milne, Josh Roseman, Roy Hargrove.) 1993; Novus/RCA. *On the Rising of 64 Paths.* (Com Sean Rickman, Andy Milne, Anthony Tidd, Malik Mezzadri, dentre outros.) 2003; Label Bleu
- Robin Eubanks

COLLETTE, Buddy (fl, cl, st). *Man of Many Parts.* (Com Gerald Wilson, Barney Kessel, Gerald Wiggins.) 1956; Original Jazz Classics

COLEY, Scott (b). *Trouble in Paradise.* 2001; Palmetto
- Jim Hall, Andrew Hill, Rick Margitza, Chris Potter

COLTRANE, Alice (harp). *Journey in Satchidananda.* (Com Pharoah Sanders, Charlie Haden, Cecil McBee, Rashied Ali, dentre outros.) 1970; Impulse

COLTRANE, John (st, ss). *Blue Train.* (Com Lee Morgan, Curtis Fuller, Philly Joe Jones, dentre outros.) 1957; Blue Note. *Giant Steps.* (Com Paul Chambers, Tommy Flanagan, Art Taylor, dentre outros.) 1959; Atlantic. *A Love Supreme.* (Com Jimmy Garrison, Elvin Jones und McCoy Tyner.) 1964; Impulse. *Ascension.* (Com Jimmy Garrison, Freddie Hubbard, Elvin Jones, Pharoah Sanders, Archie Shepp, dentre outros.) 1965; Impulse
- Don Cherry, Miles Davis, Duke Ellington, Milt Jackson

COLTRANE, Ravi (st). *In Flux.* (Com Luis Perdomo, Drew Gress, E.J. Strickland.) 2004; Savoy Jazz

COPLAND, Marc (p). *Marc Copland And....* (Com John Abercrombie, Michael Brecker.) 2002; HATology

COREA, Chick (p, sint). *Circle-Paris Concert.* (Com Barry Altschul, Anthony Braxton, Dave Holland.) (2 CDs.) 1971; ECM. *Return to Forever.* (Com Stanley Clarke, Joe Farrell, Airto Moreira, Flora Purim.) 1972; ECM. *Inside out.* (Com John Patitucci, Dave Weckl, Eric Marienthal, Frank Gambale.) ca. 1990; GRP
- Gary Burton, Stanley Clarke, Miles Davis, Joe Farrel, Eddie Gomez, Herbie Hancock, Airto Moreira, John Patitucci, Wayne Shorter, Miroslav Vitous

CORYELL, Larry (g). *Introducing the 11th House.* (Com Randy Brecker, Mike Mandel, Alphonse Mouzon.) 1972; Vanguard
- Charles Mingus, Bob Moses

COSTA, Eddie (p, vib). *Eddie Costa Quintet.* (Com Art Farmer, Phil Woods.) 1957; Mode
- Tal Farlow

COURTOIS, Vincent (violoncelo). The Fitting Room (Com Marc Ducret, Dominique Pifarély.) 2000; Enja
- Louis Sclavis

COURVOISIER, Sylvie (p)
- Mark Feldman

CRISPELL, Marilyn (p). Nothing Ever Was, Anyway: The Music of Arnnette Peacocck> (Com Paul Motian, Gary Peacock.) 2004; ECM

CROSBY, Bob (bl). *Palesteena.* (Com Yank Lawson, Billy Butterfield, Warren Smith, Eddie Miller, dentre outros.) 1937-1942; Naxos

CROSBY, Gary (b, bl). *Migrations.* (Com Nu Troop.) 1997; Dune
- Jazz Jamaica Allstars

CULLUM, Jamie (voc, p). *Twentysomething.* 2004; Verve

CYRILLE, Andrew (bat). *C/D/E.* (Com Mark Dresser, Marty Ehrlich.) 2001; Jazz Magnet
- Ahmed Abdul-Malik, Charlie Haden, Jazz Composers' Orchestra, Peter Kowald

DAMERON, Tadd (p, bl). *The Magic Touch of Tadd Dameron.* (Com Bill Evans, Johny Griffin, Charlie Shavers, Clark Terry, Julius Watkins, Philly Joe Jones, dentre outros.) 1962; Original Jazz Classics
- Fast Navarro, Lennie Tristano

DANIELS, Eddie (st, cl). *Breakthrough.* 1986; GRP

DARA, Olu (co, g, voc). *In the World: From Natchez To New York.* 1998; Atlantic
- Cassandra Wilson

DARLING, David (violoncelo). *Cycles.* (Com Collin Walcott, Steve Kuhn, Jan Garbarek, Oscar Castro--Neves, Arild Andersen.) 1981; ECM

DARRIAU, Matt (cl). *Gambit.* (Com Brad Shepik, Rufus Cappadocia, Seido Salifoski, Theodosii Spassov.) 2005; Enja

DATO, Carlo Actis (sa, st, sb, cl). *Garibaldi.* 2003; Leo Records
- também Italian Instabile Orchestra

DAUNER, Wolfgang (p, sint). *Solo Piano.* 1989; Mood
- Hans Koller, United Jazz + Rock Ensemble

DAVIS, Anthony (p). *Hemispheres.* (Com Leo Smith), George Lewis.) 1983; Gramavision
- George Lewis, David Murray

DAVIS, Eddie "Lockjaw" (st). *The Eddie "Lockjaw" Davis Cookbook, v. 1-3.* (Com Shirley Scott, Jerome Richardson, George Duvivier, dentre outros.) 1958; Prestige
- Johnny Griffin, Jay Jay Johnson, Jo Jones

DAVIS, Miles (tp). *Birth of the Cool.* (Com Kai Winding, Gerry Mulligan, Lee Konitz, Max Roach, dentre outros.) 1949-1959; Blue Note. *Kind of Blue.* (Com Bill Evans, John Coltrane, Cannonball Adderley, Paul Chambers, Jimmy Cobb.) 1959; Columbia. *Sketches of Spain.* (Com Gil Evans & His Orchestra.) 1959-1960; Columbia. *Miles Smiles.* (Com Wayne Shorter, Herbie Hancock, Ron Carter, Tony Williams.) 1966; Columbia. *Bitches Brew.* (Com Joe Zawinul, Wayne Shorter, Airto Moreira, John McLaughlin, Chick Corea, Jack DeJohnette, Dave Holland, dentre vários outros.) (2CDs.) 1969-1970; Columbia . *Amandla.* (Com Marcus Miller, Kenny Garrett, Oma Hakim, dentre outros.) 1989; Warner
- Cannonball Adderley, Coleman Hawkins, Lee Konitz, Charlie Parker

DAVIS, Richard (b). *Live at Sweet Basil.* (Com Cecil Bridgewater, Ricky Ford, dentre outros.) 1991; Evidence
- Gary Bartz, Jaki Byard, Eric Dolphy, Booker Ervin, Andrew Hill, Archie Shepp, Lucy Thompson

DAVISON, Wild Bill (co). *Wild Bill In Denmark, v. 2.* (Com Papa Bue's Viking Jazz Band.) 1974-1975; Storyville

DECODING Society (banda). *Live in Warsaw.* (Com Ronald Shannon Jackson, James Carter, Jef Lee Johnson, Ngolle Pokossi.) 1994; Knitting Factory
- Ronald Shannon Jackson

DEFRANCO, Boddy (cl). *Cooking The Blues.* 1995; Verve

- Lionel Hampton

DEFRANCESCO, Joey (org). *Incredible!.* (Com Jimmy Smith, Paul Bollenbeck, Byron Landham.) 2000; Concord

- Miles Davis, Didier Lockwood, Pat Martino, John McLaughlin, Jimmy Smith)

DEJOHNETTE, Jack (bat). *Special Edition.* (Com Arthur Blythe, David Murray, Peter Warren.) 1979; ECM

- John Abercrombie, Michael Brecker, Don Byron, Miles Davis, Keith Jarrett, Charles Lloyd, Lyle Mays, Pat Metheny, Sonny Rollins, Gonzalo Rubalcaba, Wayne Shorter, Collin Walcott, Bennie Wallace, Ernie Watts, Kenny Wheeler, Joe Zawinul

DELL, Christopher (vib). *D.R.A. Real.* (Com Christian Ramond, Felix Astor.) 2004; Edition Niehler Werft

- Theo Jörgesmann, Klaus König

DENNERLEIN, Barbara (org). *Straight Ahead.* (Com Ray Anderson, Comch Watkins, Ronnie Burrage.) 1988; Enja

DESMOND, Paul (sa). *Easy Living.* (Com Jim Hall, dentre outros.) 1963-1965; Bluebird

- Dave Brubeck

DIGIOIA, Roberto (p, tecl). *Marsmobil: Strange World.* (Com Till Brönner, Klaus Doldinger, Nils Landgren, Frank Möbus, dentre outros.) 2003; ACT

- Johannes Enders

DI MEOLA, Al (g). *Elegant Gypsy.* (Com Jan Hammer, Barry Miles, Anthony Jackson, Lenny White, Steve Gadd, Mingo Lewis.) 1976; Columbia. *Flesh On Flesh.* (Com Gumbi Ortiz, Mario Parmisano, Gonzalo Rubalcaba, Anthony Jackson, dentre outros.) 2002; Telarc

- John McLaughlin

DIRTY Dozen Brass Band (banda). *Funeral for a Friend.* 2004; Ropeadope

DIXON, Bill (tp, flh). *Berlin Aboozzi.* (Com Matthias Bauer, Klaus Koch, Tony Oxley.) 2000; FMP

DJ Logic (elec, tt). *The Anomaly.* (Com John Medeski, dentre outros.) 2002; Ropeadope

- Wayne Horvitz

DJ Spooky (Paul D. Miller.) (elec, tt). *Drums of Death.* 2005; Thirsty Ear

DODDS, Johnny (cl). *Paramount Recordings, v. 2.* 1926-1929; Black Swan

- King Oliver

DOLPHY, Eric (sa, fl, clb). *Outward Bound.* (Com Freddie Hubbard, Jaki Byard, Roy Haynes, dentre outros.) 1960; Original Jazz Classics. *At the Five Spot, v. 1-2.* (Com Booker Little, Mal Waldron, Richards Davis, Ed Blackwell.) 1961, Prestige. *Out to Lunch.* (Com Richard Davis, Freddie Hubbard, Bobby Hutcherson, Tony Wiliams.) 1964; Blue Note

- Andrew Hill, Booker Little, Oliver Nelson, George Russell, Ornette Coleman

DOMINGUEZ, Chano (p). *Hecho a Mano.* 2002; Sunnyside

DONALDSON, Lou (sa). *Blues Walk.* (Com Ray Barreto.) 1958; Blue Note

DORHAM, Kenny (tp). *Una Mas.* (Com Joe Henderson, Herbie Hancock, Butch Warren und Tony Williams.) 1963; Blue Note

- Joe Henderson, Andrew Hill, Jay Jay Johnson, Abbey Lincoln

DOROUGH, Bob (voc). *Who's on First (live).* (Com Dave Frishberg.) 1999; Blue Note

DORSEY, Jimmy (sa, cl)

- Bix Beiderbecke, Red Norvo

DORSEY, Tommy (tb, bl). *Yes, Indeed!.* (Com Buddy Rich, Ziggy Elman, Johnny Mince, dentre outros.) 1939-1945; Bluebird/RCA

DOUGLAS, Dave (tp). *Charms of the Night Sky.* (Com Guy Klucevsek, Mark Feldman, Greg Cohen.) 1998; Winter & Winter. *Strange Liberation.* (Com Bill Frisell, Chris Potter, Uri Cane, James Genus, Clarence Penn.) 2003; Bluebird

- Misha Mengelberg, Tine Bell Trio, John Zorn

DRESSER, Mark (b). *Aquifer.* (Com Matthias Ziegler, Denman Maroney.) 2002; Cryptogramophone

- Arcado String Trio, Andrew Cyrille

D'Rivera, Paquito (sa, cl). *Portraits of Cuba.* 1996; Chesky. *The Clarinetist, v. 1.* 2000; Peregrina

- Omar Sosa

DUCRET, Marc (g). *Qui parle?.* (Com Bruno Chevillon, Éric Échampard, Dominique Pifarély, dentre outros.) 2003; Sketch

- Daniel Humair, Christof Lauer, Tim Berne, Vincent Courtois

DUDAS, Lajos (cl). *Talk of the Town*. 2002; Doublemoon

DUKE, George (tecl). *Cool*. (Com Flora Purim, Philip Bailey, dentre outros.) 2000; Warner

ECKSTINE, Billy (bl, voc). *Billy's Best!*. 1958; Mercury

EDISON, Harry "Sweets" (tp). *Edison, Davis & Boone with Leonardo Pedersen's Jazzkapel*. 1997; Storyville

- Count Basie, Jo Jones, Anita O'Day, Buddy Rich, Art Tatum

EDWARDS, Teddy (st). *Midnight Creeper*. (Com Virgil Jones, Buster Williams, dentre outros.) 1997; High Note

- Milt Jackson

EHRLICH, Marty (ss, sa, cl, clb, fl). *Line on Love*. (Com Craig Taborn, Michael Formanek, Billy Drummond.) 2003; Palmetto

- Andrew Cyrille, Julius Hemphill, Andrew Hill, Bobby Previte

ELDRIDGE, Roy (tp). *Montreux 1977 (live)*. (Com Oscar Peterson, Nils-Henning Ørsted Pedersen, Bobby Durham.) 1977; Original Jazz Classics

- Jo Jones, Teddy Wilson, Lester Young

ELLING, Kurt (voc). *Man in the Air*. (Com Stefon Harris, Laurence Hobgood, dentre outros.) 2003; Blue Note

- Bob Mintzer

ELLINGTON, Duke (p, bl). *Early Ellington*. (Com Barney Bigard, Harry Carney, Johnny Hodges, Bubber Miley, Joe Norton, dentre outros.) (3 CDs.) 1926-1931; MCA/GRP. *The Blanton/Webster Years*. (Com Barney Bigard, Jimmy Blanton, Lawrence Brown, Rex Stewart, Billy Strayhorn, Ben Wesbter, dentre outros.) (3 CDs.) 1940-1942; RCA Bluebird. *Ellington at Newport*. (Com Paul Gonsalves, Harry Carney, Jimmy Grissom, dentre outros.) 1956; Columbia. *Duke Ellington & John Coltrane*. (Com Jimmy Garrison, Elvin Jones, Aaron Bell, Sam Woodyard.) 1962; Impulse. *The Intimate Ellington*. (Com Cat Anderson, Lawrence Brown, Johnny Hodges, Harry Carney, Paul Gonsalves, John Lamb, Rufus "Speedy" Jones.) 1969-1971; Original Jazz Classics. *70th Birthday Concert*. (Com Cootie Williams, Johnny Hodges, Wild Bill Davis, Cat Anderson, dentre outros.) 1960; Blue Note

- Louis Armstrong, Ella Fitzgerald

ELLIS, Herb (g). *Nothing but the Blues*. (Com Roy Eldridge, Stan Getz, Ray Brown, Stan Levey.) 1957; Verve

- Louis Armstrong, Al Cohn, Coleman Hawkins, Oscar Peterson

EMERY, James (g). *Luminous Cycles*. 2001; Between the Lines

- String Trio of New York

ENDERS, Johanes (st). *Home Ground*. (Com Roberto DiGioia, Thomas Stabenow, Guido May.) 1999; Enja. *Enders Room: Human Radio*. (Com Rebekka Bakken, Roberto DiGioia, Joo Kraus, dentre outros.) 2004; Enja

ENDRESEN, Sidsel (voc). *Undertow*. (Com Bugge Wesseltoft, Nils Petter Molvaer, Audum Kleive, dentre outros.) 2000; Jazzland

- Trygve Seim

ERSKINE, Peter (bat). *Juni*. (Com Palle Danielsson, John Taylor.) 1997; ECM

- Jan Garbarek, Marc Johnson, Stanley Jordan, Jaco Pastorius

ERVIN, Booker (st). *The Blues Book*. (Com Carmell Jones, Gildo Mahones, Richard Davis, Alan Dawson.) 1964; Original Jazz Classics

- Charles Mingus

ESKELIN, Ellery (ts). *Ten*. (Com Andrea Parkins, Jim Black, Marc Ribot, dentre outros.) 2004; hatOLOGY

- Rabih Abou-Khalil, Daniel Humair

EUBANKS, Kevin (g). *Turning Point*. (Com Dave Holland, Marvin "Scomty" Smith).) 1991; Blue Note

- Oliver Lake, Terri Lyne Carrington

EUBANKS, Robin (g). *Different Perspectives*. (Com Steve Coleman, Slide Hampton, Terri Lyne Carrington, Jeff "Tain" Watts, David Gilmore, dentre outros.) 1988; JMT/Winter & Winter

- Dave Holland, Hank Roberts, Marvin "Scomty" Smith)

EVANS, Bill (p). *Sunday at the Village Vanguard*. (Com Scott LaFaro, Paul Motian.) 1961; Riverside/Original Jazz Classics. *Intuition*. (Com Eddie Gomez.) 1974; Fantasy/Original Jazz Classics

- Chet Baker, Tadd Dameron, Miles Davis, Marian McPartland, Oliver Nelson, Tony Scott

EVANS, Bill (st, ss). *Big Fan.* (Com Vinnie Colaiuta, Ricky Peterson, Hiram Bullock, dentre outros.) 2002; ESC

EVANS, Gil (p, bl). *Gil Evans & Ten.* (Com Jimmy Cleveland, Steve Lacy, Lee Konitz, dentre outros.) 1957; Prestige/Original Jazz Classics. *Out of the Cool.* (Com Ron Carter, Elvin Jones, Jimmy Knepper, dentre outros.) 1960; Impulse. *Gil Evans Orchestra Plays The Music Of Jimi Hendrix.* (Com Howard Johnson, David Sanborn, Marvin "Hannibal" Peterson, John Abercrombie, dentre outros.) 1974-1975; Bluebird/RCA

- Miles Davis

FARLOW, Tal (g). *The Swinging Guitar Of Tal Farlow.* (Com Eddie Costa, Vinnie Burke.) 1956; Verve

- Red Norvo

FARMER, Art (tp, flh). *Meet The Jazztet.* (Com Curtis Fuller, Benny Golson, MCoy Tyner, dentre outros.) 1960; MCA. *Blame It on My Youth.* (Com James Williams, Rufus Reid, Victor Lewis.) 1988; Contemporary

- Eddie Costa, Horace Silver

FARRELL, Joe (fl, st). *Outback.* (Com Elvin Jones, Chick Corea, Airto Moreira.) 1971; CTI

- Ray Barretto, Elvin Jones

FAVRE, Pierre (bat). *Singing Drums.* (Com Paul Motian, Fredy Studer, Naná Vasconcelos.) 1984; ECM. *Ulrichsberg.* (Com Irène Schweizer.) 2003; Intact

- Albert Mangelsdorff

FELDMAN, Mark (viol). *Music for Piano and Violin.* (Com Sylvie Courvoisier.) 1999; Avant

- John Abercrombie, Arcado String Trio, Karl Berger, Uri Cane, Dave Douglas, Masada String Trio, Josh Roseman

FERFUSON, Maynard (tp, tb, bl). *One More Trip to Birdland.* (Com Tom Garling, Matt Wallace, dentre outros.) 1996; Concord

- Stan Kenton

FARRIS, Glenn (tp). *Chrominance.* (Com Jeff Boudreaux, dentre outros.) 2001; Enja

- Henri Texier

FISCHER, Clare (p, org). *Just Me.* 1995; Concord

FITZGERALD, Ella (voc). *Sings the Rodgers and Hart Song Book.* (2 CDs.) 1956; Verve. *Sings the Duke Ellington Song Book.* (3 CDs.) (Com Duke Ellington & His Orchestra.) 1957; Verve. *Mack the Knife: Ella in Berlin.* (Com Jim Hall, dentre outros.) 1960; Verve. *NewPort Jazz Festival: Live at Carnegie Hall.* 1973; Columbia

- Louis Armstrong, Chick Webb

FIUCZYNSKI, David (g). *Amandla.* (Com Daniel Sadownick, Gene Lake, Fima Ephron.) 2001; FuzeLicious

FIVE Elements (banda)

- Steve Coleman

FLANAGAN, Tommy (p). *Jazz Poet.* (Com George Mraz, Kenny Washington.) 1989; Timeless

- Benny Bailey, John Coltrane, Curtis Fuller, Jo Jones, Wes Montgomery, Joe Newman, Sonny Rollins

FORD, Ricky (st). *Hot Brass.* (Com Lew Soloff, Claudio Roditi, Steve Turre, Christian McBride, Carl Allen, Danilo Perez.) 1991; Candid

FOSTER, Al (bat)

- Tony Lakatos, Carmen McRae, Frank Morgan, McCoy Tyner

FRANKLIN, Aretha (voc). *Lady Soul.* 1968; Atlantic/Rhino

FREEMAN, Chico (st). *Peacefull Heart, Gentle Spirit.* (Com James Newton, Kenny Kirkland, dentre outros.) 1980; Contemporary

- Arthur Blythe, Kip Hanrahan, Wynton Marsalis, Cecil McBee

FRESU, Paolo (tp, flh). *Metamorfosi.* (Com Nguyên Lê, Furio Di Castri, Roberto Gatto, Antonello Salis.) 1998; BMG

- Nguyên Lê, Enrico Rava, Jens Thomas

FRIEDLANDER, Erick (violoncelo). *Quake.* (Com Stomu Takeishi, Satoshi Takeishi, dentre outros.) 2002; Cryptogramphone

- Julius Hemphill, Masada String Trio, Ned Rothenberg

FRIEDMAN, David (vib). *Birds of a Feather.* 2000; Traumton

FRIESEN, David (b). *Three to get Ready.* (Com Clark Terry, Bud Shank.) 1994; ITM

FRISELL, Bill (g). *Have a Little Faith.* (Com Don Byron, Guy Klucevsek, Kercom Driscoll, Joey Baron.) 1992; Nonesuch. *The ntercontinentals.* (Com Jenny Scheinman, Greg Leisz, Vinicius Cantuaria, dentre outros.) 2003; Nonesuch
- Joey Baron, Dave Douglas, Wayne Horvitz, Marc Johnson, Paul Motian, Naked City, Bobby Previte, Hank Roberts, John Zorn

FRITH, Fred (g). *Traffic Continues.* (Com Ensemble Modern, Ikue Mori, Zeena Parkins.) 2000; WINTER & Winter
- Heiner Goebbels, Henry Kaiser, Peter Kowald, Naked City, Aki Takase

FULLER, Curtis (tb). *Blues-ette, Pt. 2.* (Com Benny Golson, Tommy Flanagan, Ray Drummond, Al Harewood.) 1993; Savoy
- John Coltrane, Art Farmer

GALÁS, Diamanda (voc). *La Serpenta Canta.* 2002; Mute
- Peter Kowald

GAMBALE, Frank (g)
- Chick Corea

GANELIN Trio (banda). *Con Affetto.* (Com Vyacheslav Ganelin, Vladimir Tarasow, Vladimir Chekasin.) 1983; Golden Years Of New Jazz/Leo Records

GARBAREK, Jan (st, ss). *Afric Pepperbird.* (Com Jon Christensen, Terje Rypdal, Arild Andersen.) 1970; ECM. *Star.* (Com Miroslav Vitous, Peter Erskine.) 1990; ECM. *In Praise of Dreams.* (Com Manu Katché, Kim Kashkashian.) 2004; ECM
- David Darling, Keith Jarrett, Ralph Towner, Miroslav Vitous, Eberhard Weber, Kenny Wheeler

GARCIA-FONS, Renaud (b). *Oriental Bass.* 1997; Enja
- Michel Godard, Jean-Louis Matinier

GARLAND, Red (p.) . *Red Garland Revisited!.* (Com Paul Chambers, Art Taylor, Kenny Burrell.) 1959; PRESTIGE/Original Jazz Classics

GARNER, Erroll (p). *Concert by the Sea.* (Com Eddie Calhoun, Denzil Best.) 1995; Columbia
- Charlie Parker

GARRETT, Kenny (sa). *Standard of Language.* (Com Chris Dave, Charnett Moffett, Vernell Brown.) 2003; Warner
- Miles Davis, Freddie Hubbard, Mike Stern

GARRISON, Jimmy (b)
- Benny Carter, John Coltrane, Duke Ellington, Elvin Jones

GETZ, Stan (st). *The Brothers.* (Com Zoot Sims, Al Cohn, Brew Moore, Allen Eager.) 1949-1952; Original Jazz Classics. *Stan Getz at the Shrine.* (Com Bob Brookmeyer, John Williams, Bill Anthony, Art Mardigan.) 1954; Norgran. *Getz/Gilberto.* (Com Astrud Gilberto, João Gilberto, Antonio Carlos Jobim, dentre outros.) 1963; Verve
- Laurindo Almeida, Herb Ellis, Al Haig, Lionel Hampton

GILLESPIE, Dizzy (tp, voc, bl). *The Complete RCA Victor Recordings: 1937-1949.* (2 CDs.) (Com Teddy Hill & His Orchestra, Lionel Hampton, Don Byas, Milt Jackson, Ray Brown, James Moody, Cecil Payne, Chano Pozo, Yusef Lateef, Miles Davis, Fats Navarro, Kai Winding, Jay Jay Johnson, Charlie Parker, Lennie Tristano, Billy Bauer, Shelly Manne, dentre outros.) RCA Victor. *School Days.* (Com Joe Carroll, Milt Jackson, Wynton Kelly, Percy Heath, dentre outros.) 1951; Savoy. *At Newport.* (Com Al Grey, Billy Comchell, Mary Lou Williams.) 1957; Verve. *Max & Dizzy, Paris* 1989. (Com Max Roach.) 1989; A&M
- Charlie Parker

GIUFFRE, Jimmy (cl, st). 1961. (Com Paul Bley, Steve Swallow.) 1961; ECM
- Shelly Manne

GLOBE Unity Orchestra (*big band*). *Globe Unity 67 & 70.* (Com Alexander von Schlippenbach, Peter Brötzmann, Han Bennink, Fred van Hove, dentre outros.) 1967-1970; Atavistic. *Globe Unity Orchestra 2002 (live).* (Com Alexander von Schlippenbach, Peter Brötzmann, Manfred Schoof, Evan Parker, Paul Rutherford, dentre outros.) 2002; Intakt

GODARD, Michel (tuba, serpentão). *Castel Del Monte.* (Com Gianluigi Trovesi, Pino Minafra, Jean--Louis Matinier, Renaud Garcia-Fons, dentre outros.) 2002; Enja
- Rabih Abou-Khalil, Luciano Biondini, Vincent Courtois, Christof Lauer, Gabriele Mirabassi

GOEBBELS, Heiner (tecl). *Der Mann im Fahrstuhl.* (Com Don Cherry, Fred Frith, George Lewis, Arto Lindsay, dentre outros.) 1988; ECM

GOLDINGS, Larry (org, p)
>*Sweet Science.* (Com Peter Bernstein, Bill Stewart.) 2002; Palmetto
- Javon Jackson

GOLDKETTE, Jean (bl). *Jean Goldkette Bands 1924-1929*<; Timeless

GOMEZ, Eddie (b). *Next Future.* (Com Chick Corea, Rick Margitza, Lenny While, Jeremy Steig, dentre outros.) 1992; Stretch
- Bill Evans, Jazz Composers' Orchestra, Bennie Wallace

GONSALVES, Paul (st). *Paul Gonsalves Meets Earl Hines.* (Com Earl Hines, Al Hall, Jo Jones.) 1972; Black Lion
- Duke Ellington, Johnny Hodges

GONZALES, Jerry (perc, tp). *Rumba Para Monk.* (Com Carter Jefferson, Larry Willis, dentre outros.) 1988; Sunnyside
- Giovanni Hidalgo

GOODMAN, Benny (cl, bl). *The Complete RCA Victor Small Group Recordings.* (Com Lionel Hampton, Teddy Wilson, Gene Krupa, Dave Tough.) (3 CDs.) 1935-1939; RCA Victor. *Carnegie Hall Concert.* (Com Count Basie, Harry Carney, Buck Clayton, Bobby Hackett, Lionel Hampton, Johnny Hodges, Harry James, Cootie Williams, Teddy Wilson, Lester Young, dentre outros.) (2 CDs.) 1938; CSB
- Billie Holiday, Red Norvo, Bessie Smith

GORDON, Dexter (st). *Go!.* (Com Sonny Clark, Billy Higgins e Butch Warren.) 1962; Blue Note. *The Other Side of Round Midnight.* (Com Ron Carter, Herbie Hancock, Palle Mikkelborg, dentre outros.) 1985; Blue Note

GRAPPELI, Stéphane (viol). *Limehouse Blues.* (Com Barney Kessel, Nini Rosso, Michel Gaudry, Jean-Louis Viale.) 1969; Black Lion. *Paris Encouter.* (Com Gary Burton.) 1976; Atlantic
- Django Reinhardt

GRATKOWSKI, Frank (sa). *Facio.* (Com Wolter Wierbos, Dieter Manderscheid, Gerry Hemingway.) 2004; Leo
- Gerry Hemingway

GREEN, Benny (g). *Bluebird.* (Com Russell Malone.) 2004; Telarc
- Jay Jay Johnson

GREEN, Grant (g). *Matador.* (Com McCoy Tyner, Bob Cranshaw, Elvin Jones.) 1964; Blue Note

GRIFFIN, Johnny (st). *Tough Tenors Back Again!.* (Com Eddie "Lockjaw" Davis, Kenny Washington, dentre outros.) 1984; Storyville
- Tadd Dameron, Niels-Henning Ørsted Pedersen

GRYCE, Gigi (sa). *Gigi Gryce and the Jazz Lab Quintet.* (Com Donald Byrd, Art Taylor, dentre outros.) 1957; Riverside/Original Jazz Classics
- Clifford Brown

GURTU, Trilok (perc, bat). *Broken Rhythms.* 2004; Exil
- John McLaughlin

GUSTAFSSON, Mats (sb, ss). *Windows: The Music of Steve Lacy.* 1999; Blue Chopsticks
- Barry Guy

GUY, Barry (b, bl). *Inscape... Tableaux.* (Com Mats Gustafsson, Evan Parker, Marilyn Crispell, Herb Robertson, dentre outros.) 2000; Intakt
- London Jazz Composer' Orchestra, Evan Parker

HACKETT, Bobby (tp). *Hello Louis.* (Com Steve Lacy, dentre outros.) 1964; Epic
- Benny Goodman

HADEN, Charlie (b)

LIBERATION Music Orchestra. (Com Carla Bley, Sam Borwn, Gato Barbieri, Andrew Cyrille, dentre outros.) 1969; Impulse. *Quartet West.* (Com Ernie Watts, Alan Broadbent, Billy Higgins.) 1986; Pollygram. *Land Of The Sun.* (Com Gonzalo Rubalcaba.) 2003; Verve
- Geri Allen, Michael Brecker, Ornette Coleman, Alice Coltrane, Jim Hall, Keith Jarrett, Jazz Composers' Orchestra, Pat Metheny, Paul Motian, Dewey Redman, Gonzalo Rubalcaba

HAIG, Al (p). *Trio and Sextet.* (Com Billy Holiday, Lionel Hampton, Coleman Hawkins, dentre outros) MCA
- Art Tatum

HALL, Jim (g). *Jim Hall & Basses.* (Com Dave Holland, Charlie Haden, Scott Colley, George Mraz, Christian McBride.) 2001; Telarc

- Ron Carter, Paul Desmond, Ella Fitzgerald, Quincy Jones, Lee Konitz, Michel Petrucciani, Sonny Stitt

HAMILTON, Scott (st). *Red Door: Remenber Zoot Sims.* (Com Bucky Pizzarelli.) 1995; Concord

HAMPEL, Gunter (vib, fl, clb, p). *The 8th Of July 1969.* (Com Jeanne Lee, Anthony Braxton, dentre outros.) 1969; Birth. *Legendary.* (Com Alexander von Schilippenbach, Manfred Schoof, Pierre Courbois, dentre outros.) 1998; Birth

HAMPTON, Lionel (vib, p, bat, bl). *Air Mail Special.* (Com Oscar Peterson, Ray Brown, Buddy Rich, Buddy DeFranco.) 1953; Clef. *Hamp and Getz.* (Com Stan Getz, Lou Levy, Leroy Vinnegar, Shelly Manne.) 1955; Verve. *As Time Goes By.* (Com Svend Asmussen, Nils-Henning Ørsted Pedersen, EdThigpen.) 1978; Sonet

- Benny Goodman, Edmond Hall, Jimmy Scott

HAMPTON, Slide (tb). *Roots.* (Com Clifford Jordan, Cedar Walton, Billy Higgins.) 1985; Criss Cross

- Philly Joe Jones

HANCOCK, Herbie (p, sint). *Maiden Voyage.* (Com Ron Carter, George Coleman, Freddie Hubbard, Tony Williams.) 1965; Blue Note. *Thrust.* (Com Benny Maupin, Bill Summers, dentre outros.) 1974; Columbia. *Gershwin's World.* (Com Chick Corea, Joni Comchell, Stevie Wonder, dentre outros.) 1998; Verve

- Michael Brecker, Terri Lyne Carrington, Miles Davis, Kenny Dorham, Dexter Gordon, Grachan Moncur III, Airto Moreira, Jaco Pastorius, Sam Rivers, Steve Turre

HANRAHAN, Kip (bl, producer). *Desire Develops an Edge.* (Com Jack Bruce, Chico Freeman, Arto Lindsay, Steve Swallow, dentre outros.) 1982; American Clavé

HARGROVE, Roy (tp, flh). *Approaching Standards.* (Com Ron Blake, Marc Cary, Rodney Whitaker, Gregory Hutchinson.) 1994; Verve

- Steve Coleman

HARREL, Tom (tp). *Live at the Village Vanguard.* (Com Jimmy Greene, Quincy Davis, dentre outros.) 2001; Bluebird

- Mark Murphy

HARRIS, Barry (p). *Magnificient.* (Com Ron Carter, Leroy Williams.) 1969; Prestige/Original Jazz Classics

- Thad Jones, Lee Morgan

HARRIS, Bill (tb). *Bill Harris and Friends.* (Com Ben Webster, Jimmy Rowles, Red Comchell, dentre outros.) 1957; Original Jazz Classics

HARRIS, Craig (tb). *Shelter.* (Com Pheeroan AkLaff, Don Byron, Anthony Cox, dentre outros.) 1986; JMT/Winter & Winter

- Don Byron, Lester Bowie

HARRIS, Eddie (sax). *Eddie Who.* 1986, Timeless

- Les McCann

HARRIS, Steffon (vib). *Evolution.* (Com Marc Cary, Casey Benjamim, Daryl Hall, dentre outros.) 2003; Blue Note

- Kurt Elling

HARRISON, Donald (sa). *So Long 2nd Street.* (Com Dave Binney, dentre outros.) 2002-2004; ACT

HART, Antonio (sa). *All We Need.* (Com Jimmy Heath, Lonnie Plaxico, Billy Kilson, Nasheet Waits, dentre outros.) 2003; Downtown

- Dave Holland

HASLER, Gabriele (voc). *Flow.* 2004; Foolish Music

HASSELL, Jon (tp). *Fourth World, v. 1: Possible Musics.* (Com Brian Eno.) 1980; EG

HAWKINS, Coleman (st). *Body & Soul.* (Com Benny Carter, J.C. Higginbotham, Hank Jones, Fats Navarro, Max Roach, Charlie Shavers, dentre outros.) 1939-1956; RCA Bluebird. *Hollywood Stamped.* (Com Howard McGhee, Vic Dickenson, Miles Davis, dentre outros.) 1944; Capitol. *Coleman Hawkins Encounters Ben Webster.* (Com Ray Brown, Herb Ellis, Oscar Peterson, Ben Wesbter, dentre outros.) 1957; Verve

- Benny Carter, Edmond Hall, Max Roach, Bessie Smith)

HAYNES, Roy (bat). *Fountain Of Youth.* (Com Marcus Strickland, John Sullivan, dentre outros.) 2002; Dreyfus

- Bud Powell, Sonny Rollins, McCoy Tyner

HEALTH, Percy (b)

- Mil Jackson, Modern Jazz Quartet, Sonny Rollins, Sarah Vaughan

HEBERER, Thomas (tp). *What a Wonderful World.* (Com Dieter Manderscheid.) 2001; Jazz Haus Musik

- ICP Orchestra

HEMINGWAY, Gerry (bat). *Double Blues Crossing.* (Com Frank Gratkowski, Wolter Wierbos, Kercom Driscoll, dentre outros.) 2005; Between the Lines

- Frank Gratkowski

HEMPHILL, Julius (sa, ss). *Fat Man and the Hard Blues.* (Com Marty Ehrlich, James Carter, dentre outros.) 1991; Black Saint. *One Atmosphere.* (Com Erik Friedlander, Marty Ehrlich, Tim Berne, Pheeroan AkLaff, dentre outros.) 2003; Tzadik

- World Saxophone Quartet

HENDERSON, Fletcher (p, bl). 1926-1927. Classics (vários títulos disponíveis, em ordem cronológica)

HENDERSON, Joe (st). *Page One.* (Com Kenny Dorham, McCoy Tyner, Butch Warren, Pete La Roca.) 1963; Blue Note. *Lush Life: The Music of Billy Strayhorn.* (Com Wynton Marsalis, Christian McBride, dentre outros.) 1991; Verve

- Kenny Dorham, Andrew Hill, Lee Konitz, Lee Morgan, Flora Purim, Horace Silve

HENDRIX, Jimmy (g). *Are You Experienced?.* 1967; Universal

HERBERT, Matthew (bl). *Goodby Swingtime.* 2003; Accidental

HERBOLZHEIMER, Peter (tb, bl). *Masterpieces.* 1972-1977; MPS

HERMAN, Woody (sa, ss, voc, bl). *Thundering Herds 1945-1947.* (Com Flip Phillips, Bill Harris, dentre outros.) Columbia. *The Raven Speaks.* (Com Harold Danko, Gregory Herbert, dentre outros.) 1972; Fantasy

HERSCH, Fred (p). *Trio +2.* (Com Nasheet Waits, Drew Gress, Ralph Alessi, Tony Malaby.) 2003; Palmetto

- Jane Ira Bloom, Toots Thielemans

HIDALGO, Giovanni (perc). *Time Shifter.* (Com Jerry Gonzales, dentre outros.) 1995; Sony

HIGGINS, Billy (bat). *Billy Higgins Quintet.* (Com Harold Land, Cedar Walton, dentre outros.) 1997; Evidence

- Gary Bartz, Ornette Coleman, Dexter Gordon, Charlie Haden, Slide Hampton, Milt Jackson, Charles Lloyd, Lee Morgan, Art Pepper, Joshua Redman, Cedar Walton

HILL, Andrew (p). *Point Of Departure.* (Com Eric Dolphy, Joe Henderson, Richard Davis, Tony Williams, Kenny Dorham.) 1964; Blue Note. *Dush.* (Com Greg Tardy, Marty Ehrlich, Scott Colley, Billy Drummond.) 2000; Palmetto

HINES, Earl (p, bl). *Blues in Thirds.* 1965; Black Lion

- Paul Gonsalves

HINTON, Milt (b)

- Joe Venuti

HODGES, Johnny (sa,ss). *Everybody Knows.* (Com Cat Anderson, Ray Nance, Harold Ashby, Paul Gonsalves, Lawrence Brown.) 1965; GRP/Impulse

- Duke Ellington, Benny Goodman, Charlie Parker, Teddy Wilson

HOGGARD, Jay (vib). *The Fountain.* (Com Kenny Burrell, James Weidman.) 1991; Muse

HOLIDAY, Billie (voc). *Lady Day: The Complete Billie Holiday on Columbia 1933-1944.* (10 CDs.) (Com Benny Goodman & His Orchestra, Teddy Wilson & His Orchestra, Count Basie & His Orchestra, dentre outros.) Columbia. *All or Nothing at All.* 1955; Verve. *Lady in Satin.* 1958: Columbia

- Edmond Hall, Teddy Wilson, Artie Shaw

HOLLAND, Dave (b, violoncelo). *Not for Nothing'.* (Com Robin Eubanks, Chris Potter, Steve Nelson, Billy Kilson.) 2000; ECM. *Overtime.* (Com Robin Eubanks, Duane Eubanks, Chris Potter, Antonio Hart, Steve Nelson, Josh Roseman, Billy Kilson, Taylor Haskins, Gary Smulyan, Jonathan Arons, Alex Sipiagin, dentre outros.) 2002; Sunnyside

- John Abercrombie, Karl Berger, Anouar Brahem, Chick Corea, Miles Davis, Kevin Eubanks, Jim Hall, Jeanne Lee, Chris Potter, Collin Walcott, Kenny Wheeler, Anthony Braxton

HOLMES, Richard "Groove" (org). *Groove.* (Com Les McCann, Ben Webster, dentre outros.) 1961; Pacific

HOOKER, John Lee (g). *This is Hip.* 1980; Charly. *The Healer.* 2000; EMI

HORN, Paul (fl). *Inside the Taj Mahal.* 1968; Rykodisc
HORN, Shirley (voc). *You're My Thrill.* (Com Wynton Marsalis, Russell Malone, dentre outros.) 2000; Verve
HORVITZ, Wayne (tecl). *Film Music 1998-2001.* (Com Bill Frisell, DJ Logic, Julian Priester, dentre outros.) 1998 bis 2001; Tzadik
- Naked City, Bobby Previte

HUBBARD, Freddie (tp). *Open Sesame.* (Com Sam Jones, McCoy Tyner, dentre outros.) 1960; Blue Note. *Freddie Hubbard/Woody Shaw Sextt – Double Take.* (Com Carl Allen, Cecil McBee, Kenny Garret und Mulgrew Miller.) 1985; Blue Note
- Bobby Hutcherson, Quincy Jones, Oliver Nelson, Sam Rivers, McCoy Tyner, Eric Dolphy, Herbie Hancock

HUMAIR, Daniel (bat). *Liberté Surveillé.* (Com Marc Ducret, Bruno Chevillon, Ellery Eskelein.) (2 CDs.) 2001; Sketch
- Phil Woods

HUNTER, Alberta (voc). *Songs We Taught Your Mother.* 1961; Original Blues Classics
HUNTER, Charlie (g). *Frieds Seen and Unseen.* (Com Derrek Phillips, John Ellis.) 2004; Ropeadope
HUSSAIN, Zakir (perc)
- John McLaughlin, Shakti, L. Shankar

HUTCHERSON, Bobby (vib). *Components.* (Com Joe Chambers, Herbie Hancock, Freddie Hubbard, James Spaulding, Ron Carter.) 1965; Blue Note
- Eric Dolpy, Jackie McLean, McCoy Tyner

IBRAHIM, Abdullah (Dollar Brand.) (p). *African Magic.* 2002; Enja
ICP Orchestra (banda). *Jubile Varia.* (Com Misha Mengelberg, Michael Moore, Han Bennink, Thomas Heberer, Ernst Reijseger, Tristan Honsinger, dentre outros.) 1997; hatOLOGY
IRAKERE (*big band*). *Misa Negra.* (Com Chucho Valdés, Carlos Morales, dentre outros.) 1986; Rounder
- Chucho Valdés

ITALIAN Instabile Orchestra (banda). *Litania Sibilante.* (Com Gianluigi Trovesi, Pino Minafra, Carlo Actis Dato, dentre outros.) 2002; Enja
ITCHY Fingers (banda). *Live.* (Mike Mower, John Graham, Nigel Hitchcock, Howard Turner.) 1982; Enja
JACKSON, Javon (st). *Pleasant Valley.* (Com Dave Stryker, Larry Goldings, Billy Drummond.) 1999; Blue Note
- Ron Carter

JACKSON, Mahalia (voc). *Live at Newport.* 1958; Columbia
JACKSON, Milt (vib). *Bags and Trane.* (Com John Coltrane, Hank Joes, Connie Kay, Paul Chambers.) 1959; Atlantic. *Milt Jackson at the Kosei Nenkin.* (Com Ray Brown, Teddy Edwards, Billy Higgins, Cedar Walton.) 1976; Pablo
- Dizzy Gillespie, Quincy Jones, Modern Jazz Quartet, Oscar Peterson

JACKSON, Ronald Shannon (bat). *Barbeque Dog.* (Com Vernon Reid, dentre outros.) 1983; Antilles
- Decoding Society

JACQUET, Illinois (st, fagote). *The Blues: That's Me!.* (Com Wynton Kelly, Tiny Grimes, Buster Williams, Oliver Jackson.) 1969; Original Jazz Classics
JAZZIST, Jaga (banda). *What We Must.* 2005; Ninja Tune
JAMAL, Ahmad (p). *Ahmad Jamal at the Pershing: But Not for Me.* 1958; Chess. *In Search of Momentum.* (Com Idris Muhammad, James Cammack.) 2002; Dreyfus
JARREAU, Al (voc). *Tenderness.* (Com Joe Sample, Steve Gadd, Eric Gale, Marcus Miller.) 1993; Warner
JARRETT, Keith (p). *Death and the Flower.* (Com Dewey Redman, Charlie Haden, Paul Motian, Guillerme Franco.) 1975; Impulse. *The Köln Concert.* (solo.) 1975; ECM. *Nude Ants.* (Com Jan Garbarek, Palle Danielsson, Jon Christensen.) 1979; ECM. *At the Blue Note: The Complete Recordings.* (Com Gary Peacock, Jack DeJohnette.) (6 CDs.) 1994; ECM
- Gary Burton, Charles Lloyd, Bob Moses

JAZZ Composers' Orchestra . *Communications.* (Com Michael Mantler, Cecil Taylor, Don Cherry, Roswell Rudd, Carla Bley, Randy Brecker, Howard Johnson, Andrew Cyrille, Ron Carter, Steve Lacy, Lew Tabackin, Steve Swallow, Charlie Haden, Reggie Workman, Eddie Gomez, dentre outros.) 1968; ECM

JAZZ Jamaica All Stars (banda). *Massive.* (Com Gary Crosby, Denys Baptiste, Andy Sheppard, Guy Barker, Annie Whitehead, dentre outros.) 2001; Dune Records

JAZZ Passengers (banda). *Live in Spain.* (Com Debbie Harry, Roy Nathanson, Rob Thomas, dentre outros.) 1997; 32 Jazz

JENKINS, Leroy (viol). *Lifelong Ambitions.* (Com Muhal Richard Abrams.) 1977; Black Saint

JOÃO, Maria (voc). *Fábula.* (Com Ralph Towner, Manu Katché, Dino Saluzzi, dente outros.) 1996; Verve

- Aki Takase

JOHNSON, Howard (tuba, sb, fl). *Gravity!.* (Com Dave Bargeron, Marcus Rojas, dentre outros.) 1995; Verve

- Gil Evans, Jazz Composers' Orchestra, NDR Big Band

JOHNSON, James P. (p). *Piano Solos 1942-45.* Smithsonian

JOHNSON, Jay Jay (tb). *Early Bones.* (Com Kai Winding, Benny Green, Sonny Rollins, Kenny Dorham, Gerry Mulligan, Eddie "Lockjaw" Davis, dentre outros.) 1949-1954; Prestige. *Things Are Getting Better All the Time.* (Com Kenny Barron, Ray Brown, Mickey Roker.) 1983; Original Jazz Classics

JOHNSON, Marc (b). *Bass Desires.* (Com Bill Frisell, John Scofield, Peter Erskine.) 1985; ECM

- John Lewis, Lyle Mays, John Scofield, John Taylor, Toots Thielemans

JOHNSON, Pete (p). *Atomic Boogie: The National Recordings 1945-1947.* (Com Big Joe Turner.) Savoy Jazz

JOHNSON, Robert (voc, g). *The Complete Recordings.* 1936-1937; Columbia

JONES, Elvin (b). *Puttin' It Together.* (Com Jimmy Garrison, Joe Farrell.) 1968; Blue Note. *It Don't Mean a Thing.* (Com Nicholas Payton, Sonny Fortune, Delfeayo Marsalis, Cecil McBee, Kevin Mahogany, Willie Pickens.) 1993; Enja

- John Coltrane, Duke Ellington, Gil Evans, Joe Farrell, Grant Green, Albert Mangelsdorff, David Murray, Sonny Sharrock

JONES, Hank (p). *Groovin' High.* (Com Thad Jones, Sam Jones, Mickey Roker, Charlie Rouse.) 1978; Muse. *Sarala.* (Com Cheikh Tidiane-Seck & The Mandinkas.) 1995; Verve

- Cannonball Adderley, Coleman Hawkins, Milt Jackson, Joe Lovano, Warne Marsh, Lucky Thompson

JONES, Jo (b). *The Main Man.* (Com Harry "Sweets" Edison, Roy Eldridge, Eddie "Lockjaw" Davis, Tommy Flanagan, dentre outros.) 1976; Original Jazz Classics

- John Coltrane, Duke Ellington, Gil Evans, Joe Farrell, Jimmy Garrison, Grant Green, Albert Mangelsdorff, David Murray, Sonny Sharrock

JONES, Norah (voc). *Come Away With Me.* 2002; Blue Note

JONES, Philly Joe (b). *Drum Songs.* (Com Blue Comchell, Cedar Walton, Slide Hampton, dentre outros.) 1978; Galaxy

- John Coltrane, Tadd Dameron, Abbey Lincoln, Art Pepper

JONES, Quincy (bl). *Smackwater Jack.* (Com Freddie Hubbard, Mil Jackson, Toots Thielemans, Jim Hall, dentre outros.) 1971; A&M

JONES, Rodney (g). *The Undiscovered Few.* (Com Donald Harrison, Greg Osby, Mulgrew Miller, Lonny Plaxico, Eric Harland, dentre outros.) 1999; Blue Note

JONES, Sam (b, violoncelo)

- Cannonball Adderley, Nat Adderley, Freddie Hubbard, Hank Jones, Abbey Lincoln, Oscar Peterson, Bobby Timmons, Cedar Walton

JONES, Thad (tp, flh, bl). *The Magnificent Thad Jones.* (Com Billy Comchell, Barry Harris, Percy Heath, Max Roach.) 1956; Blue Note

- Hank Jones, Sarah Vaughan

JOOS, Herbert (tp, flh). *Aspects.* (Com Wolfgang Puschnig, Klaus Dickbauer, dentre outros.) 2000; Pao

- Bernd Konrad, Vienna Art Orchestra

JORDAN, Sheila (voc). *Portrait of Sheila.* (Com Steve Swallow, Denzil Best, dentre outros.) 1962; Blue Note

- Roswell Rudd

JORDAN, Stanley (g). *Magic Touch.* (Com Omar Hakim, Peter Erskine, dentre outros.) 1984; Blue Note

JÖRGENSMANN, Theo (cl). *Snijbloemen.* (Com Christopher Dell, Christian Ramond, Klaus Kugel.) 1999; hatOLOGY

KAISER, Henry (g). *Who Needs Enemies.* (Com Fred Frith.) 1981; Metalanguage

KELLY, Wynton (p). *Smokin' at the Half Note.* (Com Wes Montgomery, dentre outros.) 1965; Verve
- Dizzy Gillespie, Illinois Jacquet, Hank Mobley

KENTON, Stan (p, bl). *New Concepts of Artistry in Rhythm.* (Com Maynard Ferguson, Gerry Mulligan, Bill Russo, Lee Konitz, dentre outros.) 1952; Capitol. *Retrospective.* (Com Lee Konitz, Laurindo Almeida, Pete Rugolo, Shelly Manne, Maynard Ferguson, dentre outros.) (4 CDs.) 1943-1968; Capitol

KESSEL, Barney (g). *The Pool Winners.* (Com Shelley Manne, Ray Brown.) 1957; Original Jazz Classics
- Benny Carter, Buddy Collette, Stephane Grappelli, Anita O'Day, Oscar Peterson, Art Tatum, Lester Young

KIKOSKI, David (p). *Details.* (Com Larry Grenadier, Bill Stewart.) 2004; Criss Cross

KING, B.B. (g, voc). *Live in Cook County Jail.* 1971; MCA

KIRK, Rahssan Roland (sax, fl). *The Inflated Tear.* (Com Ron Burton, Steve Novosel, Jimmy Hopps.) 1967; Atlantic
- Jaki Byard, Charles Mingus

KIRKLAND, Kenny (p, tecl). *Kenny Kirkland.* (Com Branford Marsalis, Don Alias, dentre outros.) 1991; GRP

KISOR, Ryan (tp). *Awakening.* (Com Sam Yahel, Peter Bernstein, dentre outros.) 2002; Criss Cross

KLUCEVSEK, Guy (ac). *Tales From The Cryptic.* (Com Phillip Johnston.) 2000; Winter & Winter
- Dave Douglas, Bill Frisell, Bobby Previte

KOCH-SCHÜTZ-Studer (banda). *Life Tied.* (Com Hans Koch, Martin Schütz, Fredy Studer.) 2004; Intakt

KÖLNER Saxophon Mafia (banda). *Spaceplayer.* (Com Wollie Kaiser, Joachim Ulrich, Roger Hanschel, Steffen Schorn.) 2004; JazzHausMusik

KOLLER, Hans (st, bl). *Kunstkopfindianer.* (Com Wolfgang Dauner, Zbigniew Seifert, dentre outros.) 1974; MPS
- Oscar Pettiford

KÖNIG, Klaus (tb, bl). *Songs And Solos.* (Com Roger Hanschel, Claudio Puntin, Reiner Winterschladen, Christopher Dell, dentre outros.) 2002; Enja

KONITZ, Lee (sa). *Ezz-theric.* (Com Miles Davis, Sal Mosca, Billy Bauer.) 1951-1953; Prestige. *The Lee Konitz Duets.* (Com Marshall Brown, Joe Henderson, Jim Hall, dentre outros.) 1967; Original Jazz Classics
- Miles Davis, Gil Evans, Stan Kenton, Lennie Tristano

KONRAD, Bernd (ss, st, sb, clb). *Phonolith.* (Com Didier Lockwood, Kenny Wheeler, Herbert Joos, dentre outros.) 1980-1994; hatOLOGY

KOWALD, Peter (b, tuba). *Duos 2: Europa America Japan.* (Com Derek Bailey, Fred Frith, Michihiro Sato, Andrew Cyrille, Diamanda Galás, dentre outros.) 1986-1990; FMP

KRAKAUER, David (cl). *The Twelve Tribes.* 2002; Label Bleu

KRALL, Diana (voc, p). *Live in Paris.* (Com Anthony Wilson, John Clayton, Jeff Hamilton, dentre outros.) 2002; Verve

KRIEGEL, Volker (g)
- United Jazz + Rock Ensemble

KROG, Karin (voc). *Where You at.* (Com Steve Kuhn, David Finck, Billy Drummond.) 2002; Enja

KRONOS Quartet (banda). *Caravan.* 2000; Nonesuch
- John Zorn

KRUPA, Gene (bat). *The Drum Battle.* (Com Buddy Rich.) 1952; Verve
- Benny Goodman, Red Norvo

KUHN, Steve (p). *Promises Kept.* (Com cordas.) 2004; ECM
- David Darling, Karin Krog

KÜHN, Joachim (p). *Famous Melodies.* 1993; Label Bleu

LACY, Frank (tb). Tonal Weights 1990; Tutu Records

LACY, Steve (ss). *Hooky.* 1976; Emanem. *Steve Lacy/Roswell Rudd Quartet: Monk's Dream.* (Com Irène Aebi, Jean-Jacques Avenel, John Betsch.) 1998; Verve
- Derek Bailey, Gil Evans, Bobby Hackett, Jazz Composers' Orchestra, Misha Mengelberg, Mal Waldron

LAKATOS, Tony (st). *Recycling.* (Com Al Foster.) 2000; Jazzline

LAKE, Oliver (sa, ss, fl). *Expandable Language.* (Com Kevin Eubanks, Geri Allen, Fred Hopkins, Pheeroan AkLaff.) 1984; Black Saint

- World Saxophone Quartet

LANDGREN, Nils (tb, voc). *Paint It Blue.* 1997; ACT
- Roberto DiGioia

LASWELL, Bill (b). *Invisible Design.* 1999; Tzadik

LATEEF, Yusef (st, fl, oboe, tr, fagote). *Eastern Sounds.* (Com Connie Kay, Ernie Farrow, dentre outros.) 1961; Original Jazz Classics
- Dizzy Gillespie

LAUER, Christof (st). *Fragile Network.* (Com Marc Ducret, Michel Godard, Anthony Cox, Gene Jackson.) 1999; ACT
- United Jazz + Rock Ensemble, NDR Big Band, Colin Towns

LÊ, Nguyên (g). *Tales From Vietnam.* (Com Paolo Fresu, Steve Argüelles, Joel Allouche, dentre outros.) 1996; ACT
- Paolo Fresu

LEADBELLY (g, voc). Take This Hammer (The Secret Story Of Rock & Roll.) 1940; Bluebird/RCA

LÉANDRE, Jöelle (b). *Jöelle Léandre Project.* (Com Marilyn Crispell, Paul Lovens, dentre outros.) 1999; Leo Records

LEE, Jeanne (voc). *Natural Affinities.* (Com Dave Holland, Leo Smith, Mark Whitecage.) 1992; Sunnyside
- Ran Blake, Gunter Hampel

LEWIS, George (tb). *Homage to Charles Parker.* (Com Anthony Davis, dentre outros.) 1979; Black Saint
- Anthony Braxton

LEWIS, John (p). *Evolution II.* (Com Howard Alden, George Mraz, Marc Johnson, Lewis Nash, dentre outros.) 2000; Athantic
- Modern Jazz Quartet, Anthony Davis, Heiner Goebbels, Misha Mengelberg, David Murray

LEWIS, Mel (bat, bl). *Naturally.* (Com Jim McNeely, Dick Oatts, John Marshall, dentre outros.) 1979; Telarc
- Thad Jones/Mel Lewis Orchestra, Warne Marsh

LIEBMAN, Dave (st, ss). *Colors.* 2003; hatOLOGY
- John McLaughlin, Niels-Henning Ørsted Pedersen

LINCOLN, Abbey (voc). *Abbey Is Blue.* (Com Max Roach, Kenny Dorham, Sam Jones, Philly Joe Jones, dentre outros.) 1959; Original Jazz Classics. *It's Me.* (Com Kenny Barron, Cedar Walton, dentre outros.) 2003; Verve
- Max Roach

LINDBERG, John (b). *Winter Birds.* 2005; Between the Lines
- String Trio of New York

LINDSAY, Arto (g, voc). *Salt.* 2004; Righteous Babe
- Heiner Goebbels, Kip Hanrahan

LITTLE, Booker (tp). *Out Front.* (Com Eric Dolphy, Max Roach, dentre outros.) 1961; Candid
- Eric Dolphy, Max Roach

LLOYD, Charles (st). *Dream Weaver.* (Com Keith Jarrett, Jack DeJohnette, Cecil McBee.) 1966; Atlantic. *The Water Is Wide.* (Com Billy Higgins, John Abercrombie, Brad Mehldau, Larry Grenadier.) 1999; ECM

LOCKWOOD, Didier (viol). *Storyboard.* (Com Joey DeFrancesco, James Genus, Steve Wilson, dentre outros.) 1996; Dreyfus
- Bernd Konrad

LONDON, Frank (tp). *Brotherhood of Brass.* 2001; Piranha

LOUNGE Lizards (banda). *Live in Berlin, v. 1-2.* (Com John Lurie, Michael Blake, Steven Bernstein, Jane Scarpantoni, dentre outros.) 1991; Intuition

LONDON Jazz Composers' Orchestra (big band). *Double Trouble.* (Com Barre Phillips, Paul Rutherford, Trevor Watts, Evan Parker, dentre outros.) 1989; Intakt

LOVANO, Joe (st). *Joyous Encounter.* (Com Hank Jones, George Mraz, Paul Motian.) 2004; Blue Note
- John Abercrombie, Paul Motian, John Scofield, Tommy Smith

LUNCEFORD, Jimmie (sa, bl). *Stomp It off.* 1934-1935; GRP

LYSNE, Geir (st, bl). *Korall.* (Com o Listening Ensemble.) 2003; ACT

MACHITO (perc, bl). *Latin Soul Plus Jazz.* 1957; Charly
- Charlie Parker

MAGIC Malik (Malik Mezzadri.) (fl). *13 XP Song S Book.* (2 CDs.) 2005; Label Bleu
MAHALL, Rudi (clb)
- Der Rote Bereich, Aki Takase

MAHAVISHNU Orchestra (banda). *The Inner Mounting Flame.* (Com John McLaughlin, Jerry Goodman, Jan Hammer, Ricky Laird, Billy Cobham.) 1971; Columbia
MAHOGANY, Kevin (voc). *Pride & Joy.* (Com James Weidman, Jon Faddis, Dave Stryker.) 2001; Telarc
- Elvin Jones

MAINIERI, Mike (vib)
- Steps Ahead

MANERI, Joe (ss). *Angels of Repose.* (Com Barre Phillips, Mat Maneri.) 2004; ECM
MANERI, Mat (viol). *Sustain.* (Com William Parker, Joe McPhee, Craig Taborn, dentre outros.) 2002; Thirsty Ear
- Joe Maneri, Matthew Shipp, Craig Taborn

MANGELSDORFF, Albert (tb). *Tension!.* (Com Ralf Hübner, Günther Kronberg, Günter Lenz, Heinz Sauer.) 1963; L+R Records. *Albert Mangelsdorff and His Friends.* 1967-1969; MPS. *Three Originals.* (Com Palle Danielsson, Elvin Jones, Jaco Pastorius, Ronald Shannon Jackson, dentre outros.) (2 CDs.) 1975-1980; MPS. *Triplicity.* (Com Arild Andersen, Pierre Favre.) 1979; Skip. *Live at Montreux Jazz Festival.* (Com Reto Weber's Percussion Orchestra.) 2004; Doublemoon
- NDR Big Band, United Jazz + Rock Ensemble

MANN, Herbie (fl, st). *America/Brasil.* (Com Randy Brecker, Claudio Roditi, Romero Lubambo, Jim Pugh.) 1995; Lightyear
- Cheat Baker

MANNE, Shelly (bat). *The West Coast Sound, v. 1.* (Com Art Pepper, Jimmy Giuffre, Shorty Rogers, dentre outros.) 1955; Original Jazz Classics
- Benny Carter, Lionel Hampton, Stan Kenton, Barney Kessel, Howard McGhee

MARGITZA, Rick (st). *Hear of Hearts.* (Com Joey Calderazzo, Scott Colley, dentre outros.) 1999; Palmetto
- Eddie Gomez, Maria Schneider

MARIANO, Charlie (as ss, fl, nagasvaram). *Boston All Stars.* 1951-1953; Original Jazz Classics. *Bangalore.* (Com Karnataka College Of Percussion, dentre outros.) 2000; Intuition
- Rabih Abou-Khalil, Charles Mingus, United Jazz + Rock Ensemble, Edward Vesala

MARSALIS, Branford (st, ss). *Eternal.* (Com Joey Calderazzo, Jeff "Tain" Watts, dentre outros.) 2003; Rounder
- Art Blakey, Kenny Kirkland

MARSALIS, Wynton (tp, bl). *Marsalis Standard Time, v. 1.* (Com Bob Hurst, Marcus Roberts, Jeff "Tain" Watts.) 1987; Columbia. *The Majesty of the Blues.* (Com Wes Anderson, Herlin Riley, dentre outros.) 1988; Columbia. *Citi Movement.* (2 CDs.) (Com Wycliffe Gordon, Eric Reed, Herlin Riley, dentre outros.) 1992; Columbia. *Wynton Marsalis Septet: Live at the Village Vanguard.* (8 CDs.) 1990-1994; Columbia
- Art Blakey, Joe Henderson, Shirley Horn

MARSH, Warne (st). *Star Highs.* (Com Hank Jones, George Mraz, Mel Lewis.) 1982; Criss Cross
- Art Pepper, Lennie Tristano

MARTINO, Pat (g). *Live at Yoshi's.* (Com Joey DeFrancesco, Billy Hart.) 2000; Blue Note
MASADA String Trio (banda). *50th Birthday Celebration, v. 1.* (Com Mark Feldman, Erik Friedlander, Greg Cohen.) 2004; Tzadik
MATINIER, Jean-Louis (ac). *Confluences.* (Com Renaud Garcia-Fons, dentre outros.) 2003; Enja
- Michel Godard, Michael Riessler, Louis Sclavis

MAYS, Lyle (tecl, p). *Fictionary.* (Com Marc Johnson, Jack DeJohnette.) 1992; Geffen
- também Pat Metheny

MCBEE, Cecil (b). *Compassion.* (Com Chico Freeman, Joe Gardner, Dennis Moorman, Don Moye, Steve McCall.) 1983; Enja
- JoAnn Brackeen, Alice Coltrane, Elvin Jones, Charles Lloyd, Grachan Moncur III

MCBRIDE, Christian (b). *A Family Affair.* (Com Tim Warfield, Gregory Hutchinson, dentre outros.) 1998; Warner
- Ray Brown, Ricky Ford, Jim Hall, Joe Henderson, Joshua Redman, McCoy Tyner

MCCANN, Les (p, tecl). *Swiss Movement.* (Com Eddie Harris.) 1969; Atlantic

- Richard "Groove" Holmes

MCFERRIN, Bobby (voc). *Circlesongs.* 1997; Columbia

MCGHEE, Howard (tp). *Maggie's Back in Town.* (Com Phineas Newborn, Leroy Vinnegar, Shelly Manne.) 1961; Original Jazz Classics

- Coleman Hawkins, Charlie Parker

MCGREGOR, Chris (p, bl). *Bremen To Bridgewater.* (Com Brotherhood of Breath.) 1971-1975; Cuneiform

MCLAUGHLIN, John (g). *My Goals Beyond.* (Com Dave Liebman; Billy Cobham, Jerry Goodman, Airto.) 1970; Rykodisc. *Friday Night in San Francisco.* (Com Al Di Meola, Paco de Lucia.) 1980; Phillips. *The Promise.* (Com Jeff Beck, Dennis Chambers, Joey DeFrancesco, Michael Brecker, Paco De Lucia, Al Di Meola, Zakir Hussain, Trilok Gurtu.) 1995; Verve. *Thieves and Poets.* (Deutsche Kammerphilharmonie, cond. Renato Rivolta; Aighetta Quartett.) 2002; Verve

- Carla Bley, Stanley Clarke, Miles Davis, Mahavishnu Orchestra, Shakti, Wayne Shorter, Miroslav Vitous, Tony Williams

MCLEAN, Jackie (sa). *4, 5 and 6.* (Com Donald Byrd, Hank Mobley, Mal Waldron, dentre outros.) 1956; Original Jazz Classics. *One Step Beyond.* (Com Bobby Hutcherson, Tony Williams, dentre outros.) 1963; Blue Note

- Charles Mingus

MCPARTLAND, Marian (p). *Piano Jazz: McPartland/Evans.* (Com Bill Evans.) 1978; Jazz Alliance

MCRAE, Carmen (voc). *Carmen Sings Monk.* (Com Clifford Jordan, Eric Gunnison, George Mraz, Al Foster.) 1988; Novus

MADESKI, Martin & Wood (banda). *End Of The World Party (Just In Case).* (Com John Medeski, Billy Martin, Chris Wood, Marc Ribot, Steven Bernstein, dentre outros.) 2004; Blue Note

MEHLDAU, Brad (p). *The Art Of The Trio, v. 3: Songs.* (Com Jorge Rossy; Larry Grenadier.) 1998; Warner. *Live in Tokyo.* (solo.) 2004; Nonesuch

- Charles Lloyd, Joshua Redman, Mark Turner

MENGELBERG, Misha (p, bl). *Change of Season: The Music Of Herbie Nichols.* (Com Steve Lacy, George Lewis, Arjen Gorter, Han Bennink.) 1984; Soul Note. *Four in One.* (Com Han Bennink, Dave Douglas, Brad Jones.) 2000; Songlines

- Anthony Braxton, ICP Orchestra

MERRILL, Helen (voc). *Jelena Ana Milcactic a.k.a. Helen Merrill.* 1999; Gitanes

METHENY, Pat (g). *Bright Size Life.* (Com Bob Moses e Jaco Pastorius.) 1957; ECM. *Song X.* (Com Denardo Coleman, Ornette Coleman, Jack DeJohnette e Charlie Haden.) 1985; Geffen Records. *We Live Here.* (Com Lyle Mays, Steve Rodby, Paul Wertico.) 1994; Geffen. *Trio 99 00.* (Com Larry Grenadier, Bill Stewart.) 1999; Warner

- Michael Brecker, Joshua Redman, Gary Thomas, Eberhard Weber

MIKKELBORG, Palle (tp). *The Voice of Silence.* (coma Danish Radio Jazz Orchestra.) 2002, Stunt

- Dexter Gordon, Terje Rypdal

MILEY, Bubber (co, tp). *The Ozell Tapes: The Official Bootleg.* 2003; Telarc

- Miles Davis

MILLER, Mulgrew (p). *Live At Yoshi's, v. 1-2.* (Com Derrick Hodge, Karriem Riggins.) 2003; Max Jazz

- Freddie Hubbard, Rodney Jones, Frank Morgan, Diane Reeves, Woody Shaw, Lew Soloff, Eric Watson, Tony Williams

MINGUS, Charles (b, voc, bl). *Passions of a Man.* (Com George Adams, Pepper Adams, Philip Catherine, Larry Coryell, Booker Ervin, Ricky Ford, John Handy, Rahsaan Roland Kirk, Jimmy Knepper, Jackie McLean, Don Pullen, Dannie Richmond, Mal Waldron, dentre outros.) (6 CDs.) 1956-1977; Atlantic. *Mingus Ah Um.* (Com John Handy, Jimmy Knepper, Dannie Richmond, dentre outros.) 1959; CBS. *The Black Saint and the Sinner Lady.* (Com Jaki Byard, Charlie Mariano, Dannie Richmond, dentre outros.) 1963; Impulse. *The Great Concert Paris 1964.* (2 CDs.) 1964; Emarcy

- Charlie Parker

MINTON, Phil (voc). *Drainage.* (Com Roger Turner.) 1998-2003; Emanem

MINTZER, Bob (clb, st, bl). *Bob Mintzer Big Band Live At MCG.* (Com Kurt Elling, Rufus Reid, dentre outros.) 2002; Telarc

- Jaco Pastorius

MIRABASSI, Gabriele (cl). *Latakia Blend.* (Com Luciano Biondini, Michel Godard.) 2001; Enja

- Rabih Abou-Khalil

MOBLEY Hank (st). *Soul Station.* (Com Art Blakey, Paul Chambers, Wynton Kelly.) 1960; Blue Note
- Jackie McLean, Max Roach, Horace Silver

MODERN Jazz Quartet (banda). *Modern Jazz Quartet.* (Com Kenny Clarke, Percy Heath, Milt Jackson, Connie Kay, John Lewis.) 1951-1952; Original Jazz Classics. *Lonely Woman.* (Com John Lewis, Percy Heath, Milt Jackson, Connie Kay.) 1962; Atlantic. *For Ellington.* (Com John Lewis, Percy Heath, Milt Jackson, Connie Kay.) 1988; East West

MOLVAER, Nils Petter (tp, elet). *Khmer.* 1998; ECM
- Sidsel Endresen

MONCUR III Grachan (tb). *Some Other Stuff.* (Com Herbie Hancock, Wayne Shorter, Cecil McBee, Tony Williams.) 1964; Blue Note

MONHEIT, Jane (voc). *Taking a Chance on Love.* 2004; Sony

MONK, Thelonious Monk (p). *Brilliant Corners.* (Com Sonny Rollins, Oscar Pettiford, Ernie Henry, Max Roach.) 1956; Original Jazz Classics. *Monk's Dream.* (Com Charie Rouse, John Ore, Frankie Dunlop.) 1962; Columbia
- Charlie Parker

MONTGOMERY, Wes (g). *The Incredible Jazz Guitar of Wes Montgomery.* (Com Tommy Flanagan, Percy Heath, Albert Heath.) 1960; Original Jazz Classics
- Nat Adderley, Wynton Kelly

MONTOLIU, Tete (p). *The Music I Like to Play, v. 1.* 1986; Soul Note

MODDY, James (sa, st, fl). *Don't Look Away Now.* 1969; Original Jazz Classics

MOORE, Glen (b). *Nude Bass Ascending.* (Com Rabih Abou-Khalil, Carla Bley, Steve Swallow, Arto Tuncboyaciyan.) 1999; Intuition
- Oregon

MOORE, Michael (b)
- Dave Brubeck

MOORE, Michael (sa, cl)
- Clusone 3, ICP Orchestra

MORAN, Jason (p, tecl). *The Bandwagon.* (Com Tarus Mateen, Nasheet Waits.) 2003; Blue Note
- Don Byron, Greg Osby

MOREIRA, Airto (perc). *Killer Bees.* (Com Chick Corea, Herbie Hancock, Mark Egan, Stanley Clarke.) 1989; B & W
- também Chick Corea, Miles Davis, Joe Farrell, Flora Purim, Wayne Shorter

MORGAN, Frank (sa). *Yardbird Suite.* (Com Mulgrew Miller, Ron Carter, Al Foster.) 1988; Contemporary

MORGAN, Lee (tp). *The Sidewinder.* (Com Bob Cranshaw, Barry Harris, Joe Henderson und Billy Higgins.) 1963; Blue Note
- Art Blakey, John Coltrane

MORI, Ikue (elet). *Labyrinth.* 2000; Tzadik

MORRIS, Butch (co, bl). *Butch Morris Conducts Berlin Skyskraper.* (2 CDs.) 1995; FMP

MORTON, Jelly Roll (p, bl). *The Complete Victor Recordings.* (5 CDs.) 1926-1939; RCA/Bluebird

MOSCOW Art Trio (banda). *Once Upon a Time.* (Com Misha Alperin, Arkady Shilkloper, Sergey Starostin, Eli Kristin Hovdsveen Hagen.) 2000; Jaro

MOSES, Bob (bat, bl). *Love Animal.* (Com Larry Coryell, Steve Swallow, Keith Jarrett.) 1967-1968; Amulet. *Time Stood Still.* (Com Miles Evans, Brian Carrot, Bill Martin, dentre outros.) 1993; Gramavision
- Pat Metheny

MOSS, David (bat, voc). *My Favourite Things.* 1999; Intakt

MOTEN, Bennie (bl). *Classics 1929-1930.* Classics

MOTIAN, Paul (bat). *On Broadway, v. 1.* (Com Bill Frisell, Joe Lovano, Charlie Haden.) 1988; JMT/Winter & Winter. *I Have the Room Above Her.* (Com Bill Frisell, Joe Lovano.) 2004; ECM
- Geri Allen, Carla Bley, Marilyn Crispell, Bill Evans, Keith Jarrett, Joe Lovano, Tony Scott

MRAZ, George (b)
- Tommy Flanagan, Jim Hall, John Lewis, Joe Lovano, Warne Marsh, Carmen McRae, Lew Soloff

MULLIGAN Gerry (sb). *Pleyel Concert v. 1-2.* (Com Bob Brookmeyer, Red Comchell, Frank Isola.) 1954; BMG/Vogue . *Gerry Mulligan Meets Ben Webster.* 1959; Verve
- Miles Davis, Jay Jay Johnson, Stan Kenton

MURPHY, Mark (voc). *The Latin Porter.* (Com Tom Harrell, Peter Schimke, Daniel Gonzales, dentre outros.) 2000; Go Jazz

MURRAY, David (st, clb, bl). *Ming.* (Com Anthony Davis, George Lewis, Henry Threadgill, dentre outros.) 1980; Black Saint. *Special Quartet.* (Com McCoy Tyner, Fred Hopkins, Elvin Jones.) 1990; Columbia. *Now Is Another Time.* (Com Hugh Ragin, Hamiet Bluiett, dentre outros.) 2002; Justin Time

- Jack DeJohnette, Wolrd Saxphone Quartet

MYERS, Amina Claudine (org, p). *Women In (E)motion.* (Com Reggie Nicholson, Jerome Harris.) 1988; Tradition & Moderne

NABATOV, Simon (p). *The Move.* (Com Nils Wogram.) 2005; Between the Lines

- Perry Robinson, Nils Wogram

NAKED City (banda). *Naked City.* (Com John Zorn, Bill Frisell, Wayne Horvitz, Fred Frith, Joey Baron, Yamatsuka Eye.) 1989; Nonesuch

NANCE, Ray (tp, viol)

- Johnny Hodges

NAVARRO, Fats (tp). *Fats Navarro with Tadd Dameron.* (Com Kai Winding, Allan Eager, dentre outros.) 1948; Milestone

- Bud Powell, Coleman Hawkins

NDR Big Band (big band). *Bravissimo.* (Com Chet Baker, Gary Burton, Johnny Griffin, Howard Johnson, Albert Mangelsdorff, dentre outros.) 1980-1995; ACT

- também Colin Towns

NELSON, Oliver (sa, st). *The Blues and the Abstract Truth.* (Com Eric Dolphy, Freddie Hubbard, George Barrow, Bill Evans, Paul Chambers.) 1961; Impulse

NEWBORN, Phineas (p). *Look Out: Phineas Is Back.* (Com Ray Brown, Jimmy Smith.) 1976; Original Jazz Classics

- Howard McGhee

NEW Conception of Jazz (band). *Live.* (Com Bugge Wesseltoft, Audun Kleive, John Scofield, dentre outros.) 2002; Jazzland

NEW Orleans Rhythm Kings (banda). *1922-1923.* Classics

NEWMAN, Joe (tp). *Good N' Groovy.* (Com Frank Foster, Tommy Flanagan, Eddie Jones, Bill English.) 1961; Original Jazz Classics

NICHOLS, Herbie (p). *Complete Blue Note Recordings.* (Com Art Blakey, Max Roach, Al McKibbon, dentre outros.) (3 CDs.) 1955-1956; Blue Note

NIGGLI, Lucas (bat). *Zoom – Rough Ride.* (Com Nils Wogram, Philipp Schaufelberger.) 2003; Intakt

NOONE, Jimmie (cl). *Apex Blues.* 1928-1930; Decca/GRP

NORBY, Cæcilie (voc). *My Corner of the Sky.* (Com David Kikoski, Joey Calderazzo, Terri Lyne Carrington, Randy Brecker, Michael Brecker.) 1997; Blue Note

NORVO, Red (vib). *Dance of the Octopus.* (Com Benny Goodman, Jimmy Dorsey, Artie Shaw, Charlie Barnet, Chu Berry, Teddy Wilson, Gene Krupa, dentre outros.) 1933-1936; HEP. *The Red Norvo Trios.* (Com Jimmy Raney, Tal Farlow, Red Comchell.) 1953-1955; Prestige

O'Day, Anita (voc). *Pick Yourself Up.* (Com Buddy Bregman Orchestra, Harry Edison, Barney Kessel, dentre outros.) 1956; Verve

OLD & New Dreams (banda)

- Dewey Redman

OLIVER, King (co, tp). *King Oliver/Louis Armstrong.* (Com Louis Armstrong, Sidney Bechet, Johnny Dodds, Jelly Roll Morton, dentre outros.) 1923-1924; Milestone

OREGON (banda). *Music of Another Present Era.* (Com Collin Walcott, Ralph Towner, Paul McCandless, Glen Moore.) 1972; Vanguard. *Northwest Passage.* (Com Ralph Towner, Paul McCandless, Glen Moore, Arto Tuncboyaciyan, Mark Walker.) 1996; Intuition

ORIGINAL Dixieland Jazz Band (banda). *75th Anniversary.* 1917-1921; Bluebird/RCA

ØRSTED Pedersen, Niels-Henning (b). *Dancing on the Tables.* (Com John Scofield, Billy Hart, Dave Liebman.) 1979; Steeplechase. *Those Who Were.* (Com Ulf Wakenius, Johnny Griffin, dentre outros.) 1996, Verve

- Roy Eldridge, Lionel Hampton, Aki Takase, Oscar Peterson, Ben Webster

ORY Kid (tb). *Kid Ory's Creole Jazz Band.* 1944-45; Good Time Jazz

OSBY, Greg (sa, ss). *Banned in New York.* (Com Rodney Green, Jason Moran, Atsushi Osada.) 1998; Blue Note

- Rodney Jones

PACHORA (banda). *Astereotypical.* (Com Jim Black, Chris Speed, Brad Shepik, Skuli Sverisson.) 2003; Winter & Winter

PAGO Libre (banda). *Cinemagique.* (Com Arkady Shilkloper, John Wolf Brennan, Tscho Theissing, Daniele Patumi.) 1999-2000; TCB

PARKER, Charlie (sa). *The Complete Savoy Studio Sessions.* (Com Miles Davis, Dizzy Gillespie, John Lewis, Bud Powell, Max Roach, dentre outros.) (5 CDs.) 1944-1948; Savoy. *Bird: Complete Charlie Parker On Verve.* (Com Machito's Cuban Orchestra, JATP; Miles Davis, Charles Mingus, Thelonious Monk, Dizzy Gillespie, Johnny Hodges, Benny Carter, dentre outros.) (10 CDs.) 1946-1954; Verve. *The Legendary Dial Masters, v. 1-2.* (Com Earl Coleman, Errol Garner, Howard McGhee, Wardell Gray, dentre outros.) 1946-1947; Jazz Classics. *The Greatest Jazz Concert Ever.* (Com Dizzy Gillespie, Bud Powell, Charles Mingus, Max Roach.) 1953; Prestige

PARKER, Evan (ss, st). *Monoceros.* 1978; Incus. *Toward the Margins.* (Com Walter Prati, Marco Vecchi, Paul Lytton, Phillipp Wachsmann, Barry Guy.) 1996; ECM

- Peter Brötzmann, Barry Guy, London Jazz Composers' Orchestra, Manfred Schoof, Spontaneous Music Ensemble, Alexander von Schlippenbach

PASS, Joe (g). *Virtuoso No. 2.* 1976; Pablo

- Zoot Sims, Oscar Peterson, Sarah Vaughan

PASTORIUS, Jaco (b). *Jaco Pastorius.* (Com Don Alias, Herbie Hancock, Hubert Laws, Lenny White, dentre outros.) 1976, Epic. *Birthday Concert.* (Com Peter Erskine, Don Alias, Michael Brecker, Randy Brecker, Bob Mintzer, dentre outros.) 1981; Warner. *Invitation.* (Com Toots Thielemans, Othello Molineaux, Peter Erskine, dentre outros.) 1981; Warner

- Albert Mangelsdorff, Pat Metheny, Weather Report

PATITUCCI, John (b). *Heart of the Bass.* (Com Chick Corea, Alex Acuña, dentre outros.) 1991; Stretch

- Wayne Shorter, Tommy Smith

PAYTON, Nicholas (tp). *Sonic Trance.* (Com Tim Warfield, Kevin Hays, Adonis Rose, dentre outros.) 2003; Warner

- Elvin Jones

PEACOCK, Gary (b). *Oracle.* (Com Ralph Towner.) 1993; ECM

- Marilyn Crispell, Keith Jarrett

PEPPER, Art (sa). *The Way It Was.* (Com Paul Chambers, Philly Joe Jones, Warne Marsh, dentre outros.) 1956-1960; Contemporary. *Straight Life.* (Com Tommy Flanagan, Billy Higgins, dentre outros.) 1979; Galaxy

- Shelly Manne, Buddy Rich

PEREZ, Danilo (p). *Panamonk.* (Com Terri Lyne Carrington, Avishai Cohen, dentre outros.) 1996; Impulse

- Ricky Ford, Wayne Shorter

PETERSON Oscar (p). *Compact Jazz: Oscar Peterson Plays Jazz Standards.* (Com Ray Brown, Herb Ellis und Ed Thigpen.) 1953-1962; Verve. *The History of an Artist.* (Com Ray Brown, Herb Ellis, Louis Hayers, Sam Jones, Barney Kessel, dentre outros.) 1972-1974; Pablo. *If You Could See Me Now.* (Com Joe Pass, Niels Henning Ørsted Pedersen, dentre outros.) 1983, Pablo. *Live at the Blue Note.* (Com Milt Jackson, Ray Brown.) 1998; Telarc

- Roy Eldridge, Lionel Hampton, Coleman Hawkins, Zoot Sims, Sarah Vaughan, Ben Webster, Lester Young

PETRUCCIANI, Michel (p). *Power of Three.* (Com Jim Hall, Wayne Shorter.) 1986; Blue Note. *Solo Live.* 1999; Dreyfus

PETTIFORD, Oscar (b, voc). *Vienna Blues: The Complete Sessions.* (Com Hans Koller, Attila Zoller, Jimmy Pratt.) 1959; Black Lion

- Thelonious Monk, Sonny Rollins

PIFARÉLY, Dominique (viol). *Poros.* (Com François Couturier.) 1997; ECM

- Marc Ducret, Louis Sclavis

PILC, Jean-Michel (p). *Cardinal Points.* (Com Sam Newsome, James Genus, Ari Hoenig, dentre outros.) 2002; Dreyfus

PINE, Courtney (st, bl). *Devotion.* (Com Cameron Pierre, Robert Fordjour, Peter Martin, dentre outros.) 2003; Creative People

PONTY, Jean-Luc (viol). *The Very Best of Jean-Luc Ponty.* (Com Allan Holdsworth, Daryl Stuermer, Steve Smith, Paulinho Da Costa, dentre outros.) 1975-1985; Rhino. *Jean-Luc Ponty in Concert.*

(Com William Lecomte, Guy Nsangué Akwa, dentre outros.) 2004; J.L.P. Productions

PORTAL, Michel (sac, clb, bandoneon). *Dejarme Solo!*. 1979; Dreyfus. *Dockings*. (Com Joey Baron, Steve Swallow, Markus Stockhausen, Bruno Chevillon, Bojan Zulfikarpašić.) 1998; Label Bleu

POTTER, Chris (st, ss). *Gratitude*. (Com Kevin Hayes, Scott Colley, Brian Blade.) 2000; Verve

- Dave Douglas, Dave Holland, Josh Roseman, Jochen Rückert

POWELL, Bud (p). *The Genius of Bud Powell*. (Com Ray Brown, Max Roach, Buddy Rich und Curly Russell.) 1949-1951; Verve. *The Amazing Bud Powell, v. 2*. (Com Roy Haynes, Art Taylor, dentre outros.) 1949-1951; Blue Note. *The Scene Changes*. (Com Paul Chambers and Art Taylor.) 1958; Blue Note

- Charlie Parker, Oscar Pettiford

PREVITE, Bobby (bat). *Claude's Late Morning*. (Com Ray Anderson, Joey Baron, Bill Frisell, Wayne Horvitz, Guy Kluscevsek, dentre outros.) 1988; Gramavision. *Counterclockwise*. (Com Marty Ehrlich, Curtis Fowlkes, Wayne Horvitz, Steve Swallow.) 2003; Palmetto

- Ray Anderson, Wayne Horvitz, John Zorn

PULLEN, Don (s, org). *Random Thoughts*. (Com Lewis Nash, James Genus.) 1990; Blue Note

- Charles Mingus

PUNTIN, Claudio (cl, clb). *Mondo Live*. (Com Marcio Doctor, Gerdur Gunnarsdóttir, Wang Yong.) 1999-2000; JazzHausMusik

- Klaus König

PURCELL, John (ss, st, clb, oboe). *Third King of Blue*. 1986; Minor Music

- World Saxophone Quartet

PURIM, Flora (voc). *Butterfly Dreams*. (Com Stanley Clarke, Joe Henderson, Gergoe Duke, Airto Moreira.) 1973; Original Jazz Classics. *Perpetual Emotion*. (Com Airto Moreira, Gary Meek, Oscar Castro Neves, dentre outros.) 2001; Narada

- Chick Corea, George Duke, Airto Moreira

PUSCHNIG, Wolfgang (sa). *Then Comes the White Tiger*. (Com Samul Nori, Jamaaladeen Tacuma, Linda Sharrock, dentre outros.) 1994; ECM. *Roots & Fruits*. (Com Amstettener Musikanten, Linda Sharrock, Samul Nori, Andy Scherer, Bumi Fian, Jamaaladeen Tacuma, dentre outros.) 1997; Amadeo

- Carla Bley, Herbert Joos, Saxofour, Vienna Art Orchestra

QUINTET du Hot Club de France (banda)

- Django Reinhardt

RA, Sun (p, tecl, bl). *Greatest Hits: Easy Listening For Intergalactic Travel*. (Com Hobart Dotson, John Gilmore, Marshall Allen, dentre outros.) 1956-1973; Evidence. *Lanquidity*. 1978; Evidence. *Mayan Temples*. (Com John Gilmore, Michael Ray, Ahmed Abdullah, Marshall Allen.) 1990; Black Saint

RAINEY, Ma (voc). *Ma Rainey*. 1928; Riverside

RAVA, Enrico (tp). *The Pilgrim and the Stars*. (Com John Abercrombie, Palle Danielsson, Jon Christensen.) 1975; ECM. *Montreal Diary/A: Plays Miles Davis*. (Com Paolo Fresu, Roberto Gatto, Stefano Bollani, dentre outros.) 2004; Label Bleu

REDMAN, Dewey (ts, suona). *Old and New Dremas*. (Com Don Cherry, Charlie Haden, Ed Blackwell.) 1979; ECM. *In London*. (Com Rita Marcotulli, Cameron Brown, Matt Wilson.) 1996, Palmetto

- Keith Jarrett, Steve Turre

REDMAN, Joshua (st). *Wish*. (Com Pat Metheny, Charlie Haden, Billy Higgins.) 1993; Warner. *Moodswing*. (Com Brad Mehldau, Christian McBride, Brian Blade.) 1994; Warner

REEVES, Diane (voc). *I Remember*. (Com Mulgrew Miller, Charnett Moffett, Billy Kilson, Marvin »Scomty« Smith, dentre outros.) 1990-1992; Blue Note

REICHEL, Hans (g, daxofone). *Yuxo: A New Daxophone Opera*. 2002; a/l/l

REINHARDT, Django (g). *Django Reinhardt & Stéphane Grappelli: The Quintet of the Hot Club Of France*. 1936-1937; Pearl Flapper. *Pêche à la Mouche*. (Com Quintet of the Hot Club Of France, dentre outros.) 1947-1953; Verve

REIJSEGER, Ernst (violoncelo). *Colla Parte*. 1997; Winter & Winter

- Amsterdam String Trio, Clusone 3, ICP Orchestra

RIBOT, Marc (g). *Marc Ribot Y Los Cubanos Postizos*. (Com E.J. Rodriguez, dentre outros.) 1998; Atlantic. *Saints*. 2001; Atlantic

- Ellery Eskelin, Medeski, Martin & Wood, John Zorn

RICH, Buddy (bat, bl). *This One's For Basie.* (Com Harry »Sweets« Edison, Frank Rosolino, Jimmy Rowles, dentre outros.) 1956; Verve. *Mercy, Mercy.* (Bigband, com Don Menza, Art Pepper, Phil Wilson, dentre outros.) 1968; World Pacific
- Tommy Dorsey, Lionel Hampton, Gene Krupa, Bud Powell, Artie Shaw, Art Tatum

RIESSLER, Michael (ss, sa, cl, clb). *Orange.* (Com Elise Caron, Pierre Charial, Jean-Louis Matinier.) 2000; ACT

RIVERS, Sam (st, ss, fl). *Contours.* (Com Freddie Hubbard, Herbie Hancock, Ron Carter, Joe Chambers.) 1965; Blue Note. *Tangens.* (Com Alexander von Schlippenbach.) 1998; FMP

ROACH, Max (bat). *Standard Time.* (Com Clifford Brown, Kenny Dorharn, Hank Mobley, Sonny Hollins, dentre outros.) 1954-1959; Emarcy. *We Insist: Freedom Now Suite.* (Com Coleman Hawkins, Abbey Lincoln, Booker Little, dentre outros.) 1960; Candid. *The Max Roach Trio, feat. The Legendary Hasaan.* (Com Hasaan Ibn Ali, Art Davis, dentre outros.) 1964; Atlantic. *One in Two, Two in One.* (Com Anthony Braxton.) 1979; HatHUT
- Miles Davis, Dizzy Gillespie, Coleman Hawkins, Thad Jones, Abbey Lincoln, Booker Little, Thelonious Monk, Herbie Nichols, Charlie Parker, Bud Powell, Sonny Rollins

ROBERTS, Hank (violoncelo). *Black Pastels.* (Com Ray Anderson, Robin Eubanks, Tim Berne, Bill Frisell, Joey Baron, dentre outros.) 1987; JMT/Winter & Winter
- Arcado String Trio

ROBERTSON, Herb (tp). *X-cerpts: Live at Willisau.* (Com Joey Baron, Tim Berne, dentre outros.) 1987; JMT/Winter & Winter

ROBINSON, Perry (cl). *Call To The Stars.* (Com Simon Nabatov, Ed Schuller, Ernst Bier.) 1990; WestWind

ROLLINS, Sonny (st). *Saxophone Colossus.* (Com Clifford Brown, Kenny Dorharn, Tommy Flanagan, Max Roach, dentre outros.) 1957; Original Jazz Classics. *Freedom Suite.* (Com Paul Chambers, Roy Haynes, Percy Heath, Oscar Pettiford, Max Roach, dentre outros.) 1957-1958; Original Jazz Classics. *Don't Stop the Carnival.* (Com Donald Byrd, Tony Williams, dentre outros.) 1978; Milestone. *Sonny Rollins Plus Three.* (Com Tommy Flanagan, Stephen Scott, Bob Cranshaw, Al Foster, Jack DeJohnette.) 1996; Milestone
- Jay Jay Johnson, Thelonious Monk, Max Roach

RONEY, Wallace (tp). *No Room for Argument.* (Com Lenny White, Geri Allen, Adam Holzman.) 2000; Concord
- Terri Lyne Carrington, Marvin "Scomty" Smith, Tony Williams

ROSEMAN, Josh (tb). *Treats for the Nightwalker.* (Com Peter Apfelbaum, Ben Monder, Billy Kilson, Chris Potter, Mark Feldman, dentre outros.) 2002; Enja
- Steve Coleman, Dave Holland

ROSS, Florian (p). *Home and Some Other Place.* (Com Claus Stötter, Matthias Erlewein, Dietmar Fuhr, Stephane Huchard.) 2005; Intuition

BEREICH, Der Rote (banda). *Live in Montreux.* (Com Frank Möbus, Rudi Mahall, John Schröder.) 2004; ACT

ROTHENBERG, Ned (ss, st). *Ghost Stories.* (Com Min Xiao-Fen, Erik Friedlander, Satoshi Takeishi, dentre outros.) 2000; Tzadik

ROVA Saxophone Quartet (banda). *The Works, v. 3.* 1997; Black Saint

ROWE, Keith (g)
- AMM

RUBALCABA, Gonzalo (p, tecl). *The Blessing.* (Com Charlie Haden, Jack DeJohnette.) 1991; Blue Note. *Supernova.* Blue Note, 2001
- Charlie Haden

RÜCKERT, Jochen (bat). *Introduction.* (Com Chris Potter, Ben Monder, dentre outros.) 1997; Jazzline
- Nils Wogram

RUDD, Roswell (tb). *Flexible Flyer.* (Com Hod O'Brien, Arild Andersen, Barry Altschul, Sheila Jordan.) 1974; Black Lion. *Malicool.* (Com Toumani Diabate, dentre outros.) 2003; Sunnyside
- Jazz Composers' Orchestra, Steve Lacy, Misha Mengelberg, Sex Mob

RÜEGG, Mathias (bl)
- Vienna Art Orchestra

RUSHING, Jimmy (voc)
- Count Basie

RUSSELL, George (p, bl). *Ezz-thetics.* (Com Don Ellis, Dave Baker, Eric Dolphy, Steve Swallow, Joe Hunt.) 1961; Original Jazz Classics

RYPDAL, Terje (g). *Odyssey.* 1975; ECM. *Lux Aeterna.* (Com Palle Mikkelborg, Bergen Chamber Ensemble.) 2000; ECM
- Jan Garbarek, Tomasz Stanko, Markus Stockhausen

SALUZZI, Dino (bandoneon). *Senderos.* (Com Jon Christensen.) 2002; ECM
- Maria João

SANBORN, David (sa). *Straight to the Heart.* (Com Michael Brecker, Marcus Miller, dentre outros.) 1984; Warner
- Randy Brecker, Gil Evans, Jimmy Scott

SÁNCHEZ, David (st). *Melaza.* (Com Miguel Zenón, Antonio Sánchez, William Cepeda, dentre outros.) 2000; Columbia
- Steve Turre

SANDERS, Pharoah (st, ss). *Karma.* (Com Leon Thomas, Billy Hart, Lonnie Liston Smith, Reggie Workman, dentre outros.) 1969; Impulse. *Welcome to Love.* (Com William Henderson, Stafford James, Eccleston W. Wainwright.) 1990; Timeless
- Gary Bartz, Alice Coltrane, John Coltrane, Steve Turre

SAUER, Heinz (st). *Melancholia.* (Com Michael Wollny.) 2005; ACT
- Albert Mangelsdorff

SAXOFOUR (banda). *Saxofour: Streunende Hörner.* (Com Wolfgang Puschnig, Klaus Dickbauer, Florian Bramböck, Christian Maurer.) 1998; PAO

SCHEINMAN, Jenny (viol). *The Rabbi's Lover.* 2002; Tzadik
- Scott Amendola, Bill Frisell

SCHNEIDER, Maria (bl). *Evanescence.* (Com Rick Margitza, Rich Perry, Tim Hagans, Tim Ries, Kenny Werner, dentre outros.) 1994; Enja

SCHNYDER, Daniel (sax, bl). *Tarantula.* (Com Hubert Laws, Thomas Chapin, Michael Formanek, John Clark, dentre outros.) 1998; Enja

SCHOOF, Manfred (tp). *European Echoes.* (Com Derek Bailey, Evan Parker, Peter Brötzmann, Fred van Hove, Alexander von Schlippenbach.) 1969; Atavistic
- Globe Unity Orchestra, Gunter Hampel

SCHWEIZER, Irène (p). *Irène Schweizer & Günter Sommer.* 1987; Intakt. *Where's Africa.* (Com Omri Ziegele.) 2005; Intakt

SCLAVIS, Louis (cl, clb, ss). *Trio De Clarinettes.* (Com Armand Angster, Jacques Di Donato.) 1990; Intakt. *Dans La Nuit.* (Com Vincent Courtois, Dominique Pifarély, Jean-Louis Matinier, François Merville.) 2002; ECM

SCOFIELD, John (g). *Shinola.* (Com Steve Swallow, Adam Nussbaum.) 1981; Enja. *Meant to Be.* (Com Joe Lovano, Marc Johnson, Bill Stewart.) 1990; Blue Note. *Überjam.* (Com Avi Bortnick, dentre outros.) 2002; Verve
- Paul Chambers, Marc Johnson, Pat Metheny, New Conception Of Jazz, Niels-Henning Ørsted Pedersen, Tommy Smith, Jeremy Steig, Steve Swallow, Bennie Wallace

SCOTT, Jimmy (voc). *Someone to Watch Over Me.* (Com Lionel Hampton, David Sanborn, Jools Holland, dentre outros.) 1950-1998; Warner

SCOTT, Tony (cl). *A Day in New York.* (Com Bill Evans, Paul Motian, dentre outros.) 1959; Fresh Sound. *Music for Zen Meditation.* (Com Hozan Yamamoto e Shiniche Yuize.) 1964; Verve

SEIM, Trygve (ss, st, bl). *Different Rivers.* (Com Arve Henriksen, Stian Carstensen, Sidsel Endresen, Nils Jansen, dentre outros.) 1999; ECM

MOB, Sex (banda). *Dime Grind Palace.* (Com Steven Bernstein, Briggan Krauss, Tony Scherr, Roswell Rudd.) 2003; Ropeadope

SHAKTI (banda). *Shakti.* (Com John McLaughlin, Zakir Hussain, L. Shankar, dentre outros.) 1974; Columbia. *Saturday Night in Bombay: Remember Shakti.* (Com John McLaughlin, Zakir Hussain, U. Shrinivas, v. Selvaganesh, dentre outros.) 2001; Verve

SHANK, Bud (sa, fl). *At Jazz Alley.* 1986; Contemporary
- David Friesen

SHANKAR, L. (viol). *Eternal Light.* (Com Zakir Hussain, T.H. Vinayakram.) 2000; Moment

- Shakti

SHARP, Elliot (g). *Figure Ground.* 1997; Tzadik

SHARROCK, Sonny (g). *Black Woman.* (Com Linda Sharrock, Milford Graves, Teddy Daniel.) 1969; Vortex . *Ask the Ages.* (Com Pharoah Sanders, Elvin Jones, Charnett Moffett.) 1991; Axiom

SHAW, Artie (cl, bl). *Begin the Beguine: Classic Jazz.* (Com Buddy Rich, Billie Holiday, Ray Conniff.) 1938-1941; RCA Bluebird. *The Complete Gramercy Five Sessions.* (Com Johnny Guarneri, Billy Butterfield, Barney Kessel, Roy Eldridge.) 1940-1945; Bluebird

SHAW, Woody (tp). *Song of Songs.* (Com George Cables, Bennie Maupin, dentre outros.) 1972; Original Jazz Classics. *Time Is Right: Woody Shaw Quintett Live in Europe.* (Com Stafford James, Mulgrew Miller, Tony Reedus, Steve Turre.) 1983; Red Records

- Freddie Hubbard, Joe Zawinul

SHEARING, George (p). *Live at the Cafe Carlyle.* 1984; Concord

SHEPIK, Brad (g)

- Matt Darriau, Pachora, Tiny Bell Trio

SHEPP, Archie (st, ss). *Archie Shepp & The New York Contemporary Five.* (Com Don Cherry, John Tchicai, dentre outros.) 1963; Storyville. *Trouble in Mind.* (Com Horace Parlan.) 1980; Steeplechase. *St. Louis Blues.* (Com Richard Davis, Sunny Murray.) 1998; PAO

- John Coltrane, Cecil Taylor

SHILKLOPER, Arkady (flh, alphorn). *Presente Para Moscow.* (Com Alegre Correa, Dhafer Youssef, dentre outros.) 2003; Jaro

- Moscow Art Trio, Pago Libre

SHIPP, Matthew (p). *Gravitational Systems.* (Com Mat Maneri.) 1998; hatOLOGY. *Equilibrium.* (Com William Parker, Gerald Cleaver, Khan Jamal; FLAM.) 2002; Thirsty Ear

- Mat Maneri

SHORTER, Wayne (st, ss). *Super Nova.* (Com Chick Corea, Jack DeJohnette, John McLaughlin, Airto Moreira, Miroslav Vitous, dentre outros.) 1969; Blue Note. *Atlantis.* 1985; CBS. *Beyond The Sound Barrier.* (Com Danilo Perez, John Patitucci, Brian Blade u. a.) 2003, 2005; Verve

- Art Blakey, Miles Davis, Grachan Moncur III, Michel Petrucciani, Weather Report, Joe Zawinul

SILVER, Horace (p). *The Stylings of Silver.* (Com Art Framer, Hank Mobley, dentre outros.) 1957; Blue Note. *Song for My Father.* (Com Joe Henderson, Carmell Jones, Gene Taylor, dentre outros.) 1964; Blue Note. *Hardbop Granpop.* (Com Claudio Roditi, Michael Brecker, Steve Turre, Ron Carter, Ronnie Cuber, Lewis Nash.) 1996; GRP

SIMS, Zoot (st, ss, cl). *Zoot Sims and the Gershwin Brothers.* (Com Joe Pass, Oscar Peterson, dentre outros.) 1975; Pablo

- Stan Getz, Joe Venuti

SMITH, Bessie (voc). *The Essential Bessie Smith.* (Com Louis Armstrong, Coleman Hawkins, Benny Goodman, dentre outros.) 1923-1933; Columbia

SMITH, Jimmy (org). *Back at the Chicken Shack.* (Com Kenny Burrell, dentre outros.) 1960; Blue Note. *Root Down.* 1972; Verve. *Legacy.* (Com Joey DeFrancesco.) 2004; Concord

- Joey DeFrancesco, Phineas Newborn

SMITH, Marvin »Scomty« (bat). *The Road Less Traveled.* (Com Wallace Roney, Robin Eubanks, Ralph Moore, Steve Coleman, James Williams.) 1989; Concord

- JoAnne Brackeen, Kevin Eubanks

SMITH, Tommy (st). *Evolution.* (Com Joe Lovano, John Scofield, John Taylor, John Patitucci, Bill Stewart.) 2003; ESC

SMITH, Wadada Leo (tp). *Red Sulphur Sky.* 2001; Tzadik

SOLAL, Martial (p). *Martial Solal Trio at Newport.* 1963; RCA. *Plays Ellington.* (Com Sylvain Beuf, François Merville, Denis Leloup, dentre outros.) 1997; Dreyfus

SOLOFF, Lew (tp). *With a Song in My Heart.* (Com Mulgrew Miller, George Mraz, Victor Lewis, dentre outros.) 1998; Milestone. Ray Anderson, Carla Bley, Ricky Ford

SOMMER, Günter »Baby« (bat). *Sächsische Schatulle – Hörmusik II.* 1988; Intakt

- Irène Schweizer

SOSA, Omar (p). *Mulatos.* (Com Paquito D'Rivera, Dhafer Youssef, Philippe Foch, dentre outros.) 2004; Otà

SPECIAL Edition (banda)

- Jack DeJohnette

SPONTANEOUS Music Ensemble (banda). *Quintessence* 2. (Com John Stevens, Trevor Watts, Evan Parker, Derek Bailey, Kent Carte u. a.) 1973-1974; Emanem

STANKO, Tomasz (tp). *Litania: The Music of Krysztof Komeda.* (Com Bernt Rosengren, Bobo Stenson, Palle Danielsson, Jon Christensen, Terje Rypdal.) 1977; ECM

STEIG, Jeremy (fl). *Firefly.* (Com Dave Matthews, Eric Gale, Hiram Bullock, John Scofield, Steve Gadd, dentre outros.) 1973; CTI

- Eddie Gomez

STEIN, Norbert (st). *Pata Maroc.* (Com Michael Heupel, Klaus Mages, Michael Rüsenberg, dentre outros.) 1998-1999; Pata Music

STEPS Ahead (banda). *Vibe.* 1994; NYC

STENSON, Bobo (p). *Serenity.* (Com Anders Jormin, Jon Christensen.) 2000; Enja

- Tomasz Stanko

STERN, Mike (g). *These Times.* (Com Richard Bona, Vinnie Colaiuta, Kenny Garrett, Jim Beard, dentre outros.) 2003; ESC

STEVENS, John (bat)

SPONTANEOUS Music Ensemble

STEWART, Bob (tuba). *Goin' Home.* (Com James Zoller, Steve Turre, Jerome Harris, Ed Blackwell, dentre outros.) 1988; JMT/Winter & Winter

- Arthur Blythe, Lester Bowie

STITT, Sonny (sa, st). *Stitt Plays Bird.* (Com Jim Hall, John Lewis, dentre outros.) 1963; Atlantic

STOCKHAUSEN, Markus (tp, flh). *Karta.* (Com Arild Andersen, Patrice Heral, Terje Rypdal.) 1999; Enja

- Rainer Brüninghaus, Michel Portal, Gianluigi Trovesi

STRING Trio of New York (banda). *Gut Reaction.* (Com Rob Thomas, James Emery, John Lindberg.) 2003; Omnitone

STUCKY, Erika (voc). *Bubbles + Bones.* (Com Ray Anderson, Art Baron, dentre outros.) 2001; Traumton

SURMAN, John (sb, ss, clb, sint.). Upon Reflection> 1979; ECM. *Coruscating.* (Com Chris Laurence, dente outros.) 1999; ECM

- Anouar Brahem

SVENSSON, Esbjörn (b). *Strange Place for Snow.* (Com Dan Berglund, Magnus Öström.) 2001, ACT

- Viktoria Tolstoy

SWALLOW, Steve (b). *Swallow.* (Com Gary Burton, John Scofield.) 1991; ECM. *L'Histoire du Clochard: The Bum's Tale.* (Com Ohad Talmor, Russ Johnson, Greg Tardy, dentre outros.) 2002; Palmetto

- Rabih Abou-Khalil, Carla Bley, Jimmy Giuffre, Kip Hanrahan, Jazz Composers' Orchestra, Sheila Jordan, Glen Moore, Bob Moses, Michel Portal, Bobby Previte, George Russell, John Scofield

TABACKIN, Lew (st, fl)

- Toshiko Akiyoshi

TABORN, Craig (p, org). *Junk Magic.* (Aaron Stewart, David King, Mat Maneri.) 2004, Thirsty Ear

- James Carter, Marty Ehlich, Mat Maneri

TACUMA, Jamaaladeen (b). *Jukebox.* (Com Byard Lancaster, Dennis Alston, dentre outros.) 1987; Gramavision

- Ornette Coleman, Wolfgang Puschnig

TAKASE, Aki (p). *Alice.* (Com Maria João, Niels-Henning Ørsted-Pedersen.) 1990; Enja. *St. Louis Blues.* (Com Fred Frith, Rudi Mahall, Paul Lovens, Nils Wogram.) 2001; Enja

TAKE 6 (band, voc). *Take 6.* 1988; Warner

TARASOV, Vladimir (p)

- Ganelin Trio

TATUM, Art (p). *Pure Genius.* (Com Tiny Grimes, Edmond Hall, Slam Stewart, dentre outros.) 1937-1944; Affinity. *The Art Tatum Solo Masterpieces.* (7 CDs.) 1953-54; Pablo. *The Art Tatum Group Masterpieces.* (6 CDs.) (Com Louie Bellson, Benny Carter, Buddy DeFranco, Harry Edison, Roy Eldridge, Lionel Hampton, Jo Jones, Barney Kessel, Buddy Rich, Ben Webster, dentre outros.) 1954-1956; Pablo

TAYLOR, Cecil (p). *The World of Cecil Taylor.* (Com Archie Shepp, dentre outros.) 1960; Candid. *Unit Structures.* (Com Eddie Gale, Jimmy Lyons, Henry Grimes, Alan Silva, dentre outros.) 1966; Blue Note. *One Too Many Salty Swift And Not Goodbye.* (2 CDs.) (Com Ronald Shannon Jackson, Jimmy Lyons, dentre outros.) 1978; HatArt. *The Willisau Concert.* 2000; Intakt

- Jazz Composers' Orchestra

TAYLOR, John (p, org). *Rosslyn.* (Com Marc Johnson, Joey Baron.) 2002; ECM
- Peter Erskine, Tommy Smith

TEAGARDEN, Jack (tb, voc). *The Indispensable* 1928-1957. (Com Roger Wolf Kahn's Orchestra, Eddie Condon's Hot Shots, Ben Pollack, Paul Whiteman's Orchestra, dentre outros.) RCA

TERRY, Clark (tp, co, flh, voc). *Clark Terry: Red Comchell.* 1986; Enja
- Tadd Dameron, David Friesen

TEXIER, Henri (b). *Mosaïc Man.* (Com Glenn Ferris, Bojan Zulfikarpašić, Sebastien Texier, Tony Rabeson.) 1998; Label Bleu
- Phil Woods

THIELEMANS, Toots (gait, g.) . *Only Trust Your Heart.* (Com Joey Baron, Fred Hersch, Marc Johnson und Harvie Swartz.) 1988; Concord
- Quincy Jones

THOMAS, Jens (p). *Plays Ennio Morricone.* (Com Paolo Fresu, Antonello Salis.) 2000; ACT

THOMAS, Gary (st, fl). *Till We Have Faces.* (Com Pat Metheny, Tim Murphy, Anthony Cox, Terril Lyne Carrington, dentre outros.) 1992; JMT/Winter &Winter
- Terri Lyne Carrington

THOMPSON, Lucky (st, ss). *Lucky Strikes.* (Com Richard Davis, Hank Jones und Connie Kay.) 1964; Original Jazz Classics

THREADGILL, Henry (sa, fl, sb.) . *Rag, Bush and All.* (Com Ted Daniels, Bill Lowe, Reggie Nicholson, dentre outros.) 1988; Novus/RCA. *Up Popper the Two Lips.* (Com Liberty Ellman, Dafnis Prieto, dentre outros.) 2001; PI
- Air, David Murray

TIBBETTS, Steve (g). *A Man About A Horse.* (Com Marc Anderson, Jim Anton, dentre outros.) 2002; ECM

TIMMONS, Bobby (p). *This Here Is Bobby Timmons.* (Com Sam Jones, Jimmy Cobb.) 1960; Original Jazz Classics
- Pepper Adams, Art Blakey

TINY Bell Trio (banda). *Constellations.* (Com Dave Douglas, Jim Black, Brad Shepik.) 1995; HatHUT

TOLSTOY, Viktoria (voc). *Shining On You.* (Com Esbjörn Svensson, dentre outros.) 2003; ACT

TOWNER, Ralph (g). *Solstice.* (Com Jan Garbarek, Jon Christensen, Eberhard Weber.) 1974; ECM. *Anthem.* 2000; ECM
- Maria João, Oregon, Gary Peacock, Weather Report, Eberhard Weber

TOWNS, Colin (p, bl). *The Theatre of KurtWeill.* (Com NDR Big Band.) 2000; ACT

TRISTANO, Lennie (p). *Lennie Tristano/Tadd Dameron.* (Com Billy Bauer, Lee Konitz, Warne Marsh, dentre outros.) 1949; Affinity. *Requiem.* (Com Lee Konitz, dentre outros.) 1955-1961; Atlantic

TROVESI, Gianluigi (ss, sa, cl, clb). *In Cerca Di Cibo.* (Com Gianni Coscia.) 1999; ECM. *Dedalo.* (Com Markus Stockhausen, Tom Rainey, WDR Big Band.) 2001; Enja
- Michel Godard

TRUFFAZ, Erik (tp). *Walk of the Giant Turtle.* (Com Marc Erbetta, Marcello Giuliani, Patrick Muller.) 2003; Blue Note

TUNCBOYACIAN, Arto (per, bat)
- Arthur Blythe, Glen Moore, Oregon

TURNER, Mark (st). *In this World.* (Com Brad Mehldau, Larry Grenadier, Brian Blade, dentre outros.) 1996; Warner

TURRE, Steve (tb, conchas). *Rhythm Within.* (Com Herbie Hancock, Pharoah Sanders, dentre outros.) 1995; Verve. *TNT (Thombone-N-Tenor).* (Com James Carter, Dewey Redman, David Sánchez, dentre outros.) 2000; Terlac
- Lester Bowie, Ricky Ford, Woody Shaw, Horace Silver, Bob Stewart

TYNER, McCoy (p, bl). *Reaching Fourth.* (Com Henry Grimes, Roy Haynes.) 1962; Impulse. *Song of the New World.* 1973; Milestone. *Four Times Four.* (Com Arthur Blythe, Al Foster, Freddie Hubbard, Babby Hutcherson, Cecil McBhee.) 1980; Milestone. *Illuminations.* (Com Terence Blanchard, Gary Bartz, Christian McBride, Lewis Nash.) 2003; Telarc
- John Coltrane, Art Farmer, Grant Green, Joe Henderson, Freddie Hubbard, David Murray

ULMER, James »Blood« (g). *Forbiddden Blues.* (Com Amin Ali, Calvin Weston, dentre outros.) 1996; DIW
- Karl Berger

UNDERKARL (banda). *Second Brain.* (Com Sebastian Gramss, Nils Wogram, dentre outros.) 2003; Enja
UNITED Jazz + Rock Ensemble (big band). *...Plays Albert Mangelsdorff.* (Com Albert Mangelsdorff, Wolfgang Dauner, Christof Lauer, Charlie Mariano, Volker Kriegel, Barbara Thompson, Eberhard Weber, Kenny Wheeler, dentre outros.) 1998; Mood
VALDÉS, Chucho (p, tecl). *Solo: Live In New York.* 2001; Blue Note
- Irakere

VANDERMARK, Ken (st, sa, bl). *Design in Time.* (Com Tim Mulvenna, Robert Barry.) 1999; Delmark
- Fred Anderson

VAN'T Hof, Jasper (tecl). *At the Concertgebouw: Solo.* 1993; Challenge
VARNER, Tom (tr). *Second Communion.* (Com Tony Malaby, Pete McCann, Cameron Brown, Matt Wilson.) 2000; Omnitone
- Rabih Abou-Khalil

VASCONCELOS, Naná (perc)
- Gato Barbieri, Codona, Pierre Favre

VAUGHAN, Sarah (voc). *Sarah Vaughan Live!.* (Com Roy Haynes, Thad Jones, Frank Wess, Buster Williams, dentre outros.) 1957-1963; Mercury. *How Long Has This Been Going On.* (Com Louie Bellson, Ray Brown, Joe Pass, Oscar Peterson.) 1978; Pablo
VELEZ, Glen (perc). *Rhythmcolor Exotica.* (Com Art Baron, dentre outros.) 1996; Ellipsis Arts
VENUTI, Joe (viol). *Stringing the Blues.* (Com Eddie Lang, dentre outros.) 1926-1931; Naxos . *Joe Venuti & Zoot Sims.* (Com John Bunch, Milt Hinton, dentre outros.) 1975; Chiaroscuro
VESALA, Edward (bat, bl). *Nan Madol.* (Com Charlie Mariano, Juhani Aaltonen, dentre outros.) 1974; ECM
VIENNA Art Orchestra (banda). *Tango From Obango.* (Com Mathias Rüegg, Wolfgang Puschnig, Wolfgang Reisinger, Herbert Joos, Lauren Newton, Werner Pirchner, dentre outros.) 1980; Extraplatte. *Art & Fun.* (Com Mathias Rüegg, Anna Lauvergnac, Bumi Fian, Klaus Dickbauer, Harry Sokal, Martin Koller, dentre outros.) (2 CDs.) 2002; Emarcy
VITOUS, Miroslav (b). *Universal Syncopations.* (Com John McLaughlin, Jan Garbarek, Chick Corea, Jack DeJohnette.) 2003; ECM
- Jan Garbarek, Wayne Shorter, Weather Report, Joe Zawinul

VON Schlippenbach, Alexander (p, bl). *Complete Combustion.* (Com Paul Lovens, Evan Parker.) 1998; FMP
- Globe Unity Orchestra, Gunter Hampel, Sam Rivers, Manfred Schoof

VU, Cuong (tp). *Come Play with Me.* 2001; Knitting Factory Works
- Nils Wogram

WALCOTT, Collin (perc, sitar). *Cloud Dance.* (Com John Abercrombie, Jack DeJohnette und Dave Holland.) 1975; ECM
- Codona, David Darling, Oregon

WALDRON, Mal (p). *Mal/4 Trio.* (Com Addison Farmer, Kenny Davis.) 1958; Original Jazz Classics. *Live at the Dreher, Paris.* (Com Steve Lacy.) 1981; HatHUT. *One More Time.* (Com Jean-Jacques Avenel, Steve Lacy.) 2002; Sketch
- Gene Ammons, Eric Dolphy, Jackie McLean, Charles Mingus

WALLACE, Bennie (st). *Twilight Time.* (Com Ray Anderson, Jack DeJohnette, Eddie Gomez, John Scofield, dentre outros.) 1985; Blue Note
WALLER, Fats (p, org). *1939 Transcriptions, v. 2.* (Com John Hamilton, Gene Sedric, dentre outros.) Naxos. *The Centennial Collection.* (Com Alberta Hunter, dentre outros.) 1927-1943; RCA
WALTON, Cedar (p). *Eastern Rebellion.* (Com George Coleman, Sam Jones, Billy Higgins.) 1975; Timeless
- Art Blakey, Slide Hampton, Billy Higgins, Milt Jackson, Philly Joe Jones, Abbey Lincoln

WASHINGTON, Dinah (voc). *What a Difference a Day Makes!.* 1959; Mercury. *The Definitive Dinah Washington.* (Com Hal Mooney's Orchestra, Terry Gibbs, Brook Benton, dentre outros.) 1943-1962; Universal
WATERS, Muddy (g, voc). *His Best.* 1947-1955; Chess
WATKINS, Julius (flg)
- Benny Bailey, Tadd Dameron

WATSON, Bobby (sa). *Horizon Reassembled.* (Com Edward Simon, Essiet Essiet, Victor Lewis, Terell Stafford.) 2004; Palmetto

WATSON, Eric (p). *Reaching Up.* (Com Mulgrew Miller, Charles Fambrough, Jack DeJohnette.) 1993; JVC

WDR Big Band (big band)
- Gianluigi Trovesi

WEATHER Report (banda). *I Sing The Body Electric.* (Com Miroslav Vitous, Wayne Shorter, Joe Zawinul, Ralph Towner, dentre outros.) 1972; Columbia. *Heavy Weather.* (Com Jaco Pastorius, Wayne Shorter, Joe Zawinul, dentre outros.) 1977; CBS

WEBB, Chick (bat, bl). *The Quintessence/New York.* (Com Ella Fitzgerald, dentre outros.) 1929-1939; Fremeaux & Associes

WEBER, Eberhard (b). *Selected Recordings.* (Com Gary Burton, Pat Metheny, Ralph Towner, Jan Garbarek, dentre outros.) 1974-2000; ECM (:rarum XVIII)
- Ralph Towner, United Jazz + Rock Ensemble

WEBSTER, Ben (st). *Ben Webster with the Oscar Peterson Trio.* (Com Ray Brown e Ed Thigpen.) 1959; Verve. *Stormy Weather.* (Com Niels-Henning Ørsted Pedersen, dentre outros.) 1965; Black Lion
- Benny Carter, Duke Ellington, Bill Harris, Coleman Hawkins, Richard "Groove" Holmes, Gerry Mulligan, Art Tatum, Teddy Wilson

WECKL, Dave (bat)
- Chick Corea

WESSELTOFT, Bugge (p, tecl.)
- New Conception of Jazz (band)

WHEELER, Kenny (tp, flh). *Deer Wan.* (Com Jan Garbarek, John Abercrombie, dentre outros.) 1978; ECM. *Double, Double You.* (Com Michael Brecker, Jack DeJohnette, Dave Holland, John Taylor.) 1983; ECM
- John Abercrombie, Rabih Abou-Khalil, Bernd Konrad, United Jazz + Rock Ensemble

WILLIAMS, Cootie (tp)
- Duke Ellington, Benny Goodman

WILLIAMS, Mary Lou (p). *Solo Recital, Montreux.* 1978; Pablo
- Dizzy Gillespie

WILLIAMS, Tony (bat). *Emergency!.* (Com John McLaughlin, Larry Young.) 1969; Polydor. *Civilization.* (Com Mulgrew Miller, Charnett Moffett, Billy Pierce und Wallace Roney.) 1986; Blue Note
- Miles Davis, Kenny Dorham, Herbie Hancock, Jackie McLean, Sonny Rollins

WILLNER, Hal (producer.) . *Lost in the Stars: The Music of Kurt Weill.* (Com Carla Bley, Lou Reed, Sting, Tom Waits, Phil Woods, John Zorn, dentre outros.) 1985; A&M

WILSON, Cassandra (voc). *Blue Light' Til Dawn.* (Com Brandon Ross, Lonnie Plaxico, Olu Dara, Cyro Baptista, Lance Carter, Kenneth Davis, dentre outros.) 1993; Blue Note

WILSON, Matt (bat). *Smile.* (Com Joel Frahm, Andrew D' Angelo, Yosuke Inoue.) 1999; Palmetto
- Michael Blake, Dewey Redman

WILSON, Teddy (p). *Too Hot For Words.* (Com Roy Eldridge, Johnny Hodges, Billie Holiday, Ben Webster, dentre outros.) 1935; Hep. *The Impeccable Mr. Wilson.* (Com Jo Jones e Al Lucas.) 1957; Verve
- Benny Goodman, Billie Holiday, Red Norvo, Lester Young

WINDING, Kai (tb). *Cleveland June 1957.* (Com Wayne Andre, Carl Fontana, dentre outros.) 1957; Storyville
- Miles Davis, Jay Jay Johnson, Fats Navarro

WINTERSCHLADEN, Reiner (tp). *Nighthawks: Metrobar.* (Com Dal Martino.) 2001; Intuition
- Klaus König, NDR Big Band

WOGRAM, Nils (tb). *Odd And Awkward.* (Com Cuong Vu, Hayden Chisholm, Jochen Rückert, Steffen Schorn, Simon Nabatov, Chris Speed, Henning Sieverts.) 2002; Enja
- Simon Nabatov, Lucas Niggli, Aki Takase, Underkarl

WOODS, Phil (sa.) . *At the Montreaux Jazz Festival.* (Com George Gruntz, Henri Texier, Daniel Humair.) 1969; Verve. *Ornithology: Phil Salutes Bird.* (Com Franco D'Andrea, dentre outros.) 1994; Philology
- Benny Bailey, Benny Carter, Eddie Costa, Hal Willner

WORLD Saxophone Quartet (banda). *Live in Zürich.* (Com Julius Hemphilll, Oliver Lake, Hamiet Bluiett, David Murray.) 1981; Black Saint. *Requiem for Julius.* (Com Oliver Lake, Hamiet Bluiett, David Murray, John Purcell.) 2000; Justin Time

YOUNG, Lester (st, cl). *The Kansas City Sessions.* (Com Buck Clayton, Eddie Durham, Charlie Christian, Freddie Green, Walter Page, Jo Jones.) 1938-1944; GRP. The Complete Aladdin Sessions> (2 CDs.) (Com Nat "King" Cole, Red Callender, dentre outros.) 1942-1948; Blue Note. *The Complete Savoy Recordings.* 1944; Savoy Jazz. *Lester Young with the Oscar Peterson Trio.* (Com Barney Kessel, Ray Brown.) 1952; Verve. *The Jazz Giants' 56.* (Com Roy Eldridge, Vic Dickenson, Teddy Wilson, Freddie Green, Gene Ramey, Jo Jones.) 1956; Verve

- Count Basie, Benny Goodman

ZAWINUL, Joe (tecl). *Zawinul.* (Com Wayne Shorter, Miroslav Vitous, Woody Shaw, Jack DeJohnette.) 1970; Atlantic. *World Tour.* (Com Manolo Badrena, Victor Bailey, Paco Sery, dentre outros.) 1997; Zebra

- Cannonball Adderley, Miles Davis, Weather Report

ZORN, John (sa, bl). *Spillane.* (Com Kronos Quartet, Ronald Shannon Jackson, Bill Frisell, Bobby Previte, dentre outros.) 1986-1987; Nonesuch. *Film Works, v. 8.* (Com Masada String Trio, Marc Ribot, Anthony Coleman, Cyro Baptista, Kenny Wollesen.) 1997; Tzadik. *Masada: Live In Sevilla 2000.* (Com Dave Douglas, Greg Cohen, Joey Baron.) 2000; Tzadik

- Naked City, Hal Willner

ZULFIKARPAŠIĆ, Bojan (p). *Koreni.* (Com Julien Lourau, Kudsi Erguner, Tony Rabeson, Karim Ziad.) 1998; Label Bleu

- Michel Portal, Henri Texier

Índice Remissivo

A
AACM 55, 56, 66, 78, 144, 157, 241, 255, 258, 276, 281, 283, 299, 300, 321, 342, 353, 428, 438, 449, 450, 452, 461, 473, 490, 536, 555, 556, 557, 558, 563
Aaltonen, Juani 301, 618
Åarset, Eivind 369, 383, 476
Abbuehl, Susanne 509, 510, 588
Abdul-Malik, Ahmed 407, 476, 588, 595
Abercrombie, John 384, 389, 390, 434, 472, 542, 588, 594, 596, 598, 602, 606, 612, 618, 619
Åberg, Lennart 301
Abou-Khalil, Rabih 71, 268, 322, 450, 452, 469, 474, 475, 476, 564, 588, 597, 599, 607, 608, 609, 616, 618, 619
Abrams, Muhal Richard 55, 66, 75, 107, 195, 332, 341, 342, 345, 406, 536, 540, 556, 557, 588, 604
acid jazz, ver nu jazz
Ackerman, William 385
Adams, George 299, 320, 342, 485, 563, 589, 608
Adams, Pepper 208, 264, 308, 310, 589, 590, 592, 608, 617
Adderley, Cannonball 122, 129, 160, 280, 286, 305, 336, 444, 555, 589, 591, 595, 604, 620
Adderley, Nat 229, 235, 589, 604, 609
Ahmad Jamal Trio 351
Air , banda 66, 282, 287, 311, 406, 428, 505, 557, 589, 617
Akchoté, Noel 385, 286, 589
Akiyoshi, Toshiko 107, 273, 287, 322, 335, 531, 534, 589, 616
Albam, Manny 521
Alden, Howard 304, 388, 389, 606
Alemañy, Jesus 242, 243, 444, 538
Alessi, Ralph 246, 589, 602
Ali, Rashied 69, 85, 140, 147, 222, 422, 424, 487, 584, 594
Alias, Don 444, 589, 605, 611
All Stars 91, 93, 95, 206, 249, 259, 273, 416, 443, 562, 590, 595
Allen, Geri 341, 343, 345, 363, 589, 600, 605, 609, 613
Allen, Henry "Red" 232
Allison, Ben 25, 315, 406, 407, 478, 566, 567, 589, 591
Allyson, Karrin 496, 508
Almeida, Laurindo 14, 373, 447, 582, 589, 599, 605
Altena, Maarten 404
Altschul, Barry 56, 281, 424, 428, 594, 613
Amampondo 301
AMM 52, 53, 386, 554, 613
Ammons, Gene 290, 291, 292, 295, 589, 590, 618
Andersen, Arlid 401, 402, 589, 595, 599, 607, 613, 616
Anderson, Cat 233, 234, 597, 602
Anderson, Ivy 493
Anderson, Laurie 501
Anderson, Ray 69, 251, 256, 257, 406, 533, 557, 565, 591, 596, 612, 613, 615, 616, 618
Anderson, Wes 286, 607
Anger, Darol 458
Apfelbaum, Peter 307, 541, 613
Arcardo, trio 462
Arguelles, Steve 438, 439, 536, 606
Armando, Ray 447
Armstrong, Louis 38, 39, 40, 41, 42, 47, 62, 89-96, 98, 100, 111, 116, 119, 124, 127, 129, 132, 154, 160, 163, 168, 186, 188, 190, 192, 193, 194, 195, 220, 221, 223, 230, 232, 233, 234, 238, 244, 248, 249, 251, 259, 271, 272, 278, 305, 324, 330, 332, 371, 393, 395, 414, 416, 457, 465, 481, 484, 485, 486, 489, 498, 499, 512, 519, 523, 526, 545, 546, 552, 562, 574, 576, 580, 589, 591, 592, 597, 598, 610, 615
arranjo 192-196
Art Ensemble of Chicago 144, 270, 281, 404, 428, 556, 557, 590, 592
Artistry, estilo 518
Asmussen, Svend 457,601
Atonalismo 210, 212, 524
Atzmon, Gilad 307, 590
Auld, Georgie 288, 290
Avenel, Jean-Jacques 402, 605, 618
Avital, Omer 408
Ayler, Albert 45, 47, 50, 52, 67, 69, 76, 92, 115, 142, 147, 162, 165, 166, 193, 214, 298, 299, 303, 306, 307, 399, 424, 431, 461, 554, 574, 590

B

Bach, Johann Sebastian 46, 53, 111, 123, 216, 218, 225, 226, 339, 348, 355, 366, 456, 541
Bailey, Benny 108, 235, 236, 598, 618, 619
Bailey, Buster 189, 261, 512, 547
Bailey, Derek 53, 55, 62, 84, 85, 276, 369, 384, 385, 386, 473, 477, 554, 575, 590, 605, 614, 616
Bailey, Mildred 493
Bailey, Victor 410, 620
Baker, Chet 231, 235, 260, 309, 485, 507, 510, 550, 582, 589, 590, 592, 597, 607, 610
Baker, Ginger 57, 153, 427
Bakken, Rebekka 509, 597
Baldwin, James 49, 491
Bálcãs, música dos 81, 82, 226, 567
Ballou, Dave 242
Bang, Billy 62, 458, 461, 462, 464, 590
Baptista, Cyro 78, 448, 449, 450, 590, 619, 620
Baptiste, Denys 81, 306, 590, 604
Barber, Patricia 486, 505, 507, 590
Bargeon, Dave 253, 468
Barker, Danny 161, 208
Barker, Guy 239
Barnet, Charlie 118,272, 513, 514
Baron, Art 256, 616, 618
Baron, Joey 78, 79, 177, 181, 434, 435, 439, 567, 590, 591, 593, 594, 599, 610, 612, 612, 613, 617, 620
Barrett, Dan 256
Barretto, Ray 243, 455, 589
Barron, Kenny 291, 322, 349, 365, 590, 604, 606
Bars, Aab 81, 268, 269
Barthelmes, Johannes 301
Bartz, Gary 274, 285, 590, 595, 602, 614, 617
Basie, Count 30, 39, 43, 44, 45, 100, 110, 112, 113, 117, 117, 151, 165, 187, 193, 223, 228, 233, 236,249, 251, 262, 288, 289, 291, 292, 308, 310, 317, 330, 331, 343, 357, 372, 374, 415, 416, 422, 440 ,457, 483, 484, 486, 487, 495, 499, 501, 505, 513, 515, 516, 517, 518, 520, 521, 522, 526, 531, 534, 546, 574, 590, 594, 597, 600, 602, 614, 620
Bates, Django 362, 472, 509, 536, 590
Bauer, Billy 44, 376, 517, 548, 599, 605, 617
Bauer, Conrad 254, 590
Bauer, Johannnes 254
Baum, Jamie 321
Bauza, Mario 243, 441, 442, 519, 520
Beard, Jim 363, 364, 593, 616
Beatles 58, 94, 174, 202, 203, 303, 508, 543
bebop 40-43, 56, 67-68, 115, 119, 123, 124, 220, 221-222
Bechet, Sidney 35, 89, 186, 231, 259, 260, 271, 272, 273, 274, 275, 276, 277, 296, 393, 499, 562, 575, 590, 610
Beckerhoff, Uli 243, 244
Beiderbecke, Bix 39, 48, 89, 99, 100, 101, 102, 103, 190, 193, 209, 231, 234, 235, 251, 260, 278, 415, 465, 590, 596
Beirach, Richie 346, 347, 464, 590
Belden, Bob 346, 347, 464, 590
Bellson, Louie 82, 84, 245, 403, 542, 571
Bennett, Anand 460
Bennink, Han 53, 344, 370, 429, 430, 433, 439, 440, 474, 475, 528, 554, 569, 591, 592, 594, 599, 603, 608
Benson, George 257, 376, 377, 378, 388, 389, 485, 591
Berg, Henning 252
Berger, Bengt 71, 564
Berger, Karl 62, 63, 71, 138, 326, 452, 527, 589, 591, 598, 602, 617
Bergin, Fred 102
Bergman, Borah 341, 342
Berigan, Bunny 40, 231
Berlin, Jeff 410
Berne, Tim 85, 242, 281, 282, 283, 388, 435, 563, 567, 591, 597, 602, 613
Bernstein, Peter 360, 388, 389, 600, 605
Bernstein, Steve 168, 246, 247, 567, 591, 606, 608, 614
Berroa, Ignacio 440, 538
Berry, Chu 40, 98, 190, 288, 512, 515, 546, 610
Berry, Chuck 202, 203
Best, Denzil 421, 599, 604
Betânia, Maria 502
Bey, Andy 489, 591
Bickert, Ed 381
Bigard, Barney 35, 91, 259, 268, 546, 590, 591, 597
Bill Evans Trio 126, 129, 153, 275, 302, 325, 336, 338, 339, 347, 350, 351, 352, 354, 364, 365, 397, 399, 400, 410, 433, 462, 467, 470, 569, 590, 600, 608, 609, 610, 614
Binney, David 283, 284, 591
Bishop, Jeb 255
Black, Jim 435, 567, 591, 597, 617
Black Artist Group 66, 276, 281, 344, 557, 563
black diaspora, diáspora negra 86, 170, 205, 283, 326
Blackman, Cindy 436, 437, 438
Blackwell, Ed 142, 145, 423, 424, 432, 437, 564, 591, 593, 594, 596, 612, 616
Blade, Brian 434, 435, 568, 570, 591, 612, 615, 617
Blake, Eubie 33
Blake, John 458, 460, 463
Blake, Michael 276, 307, 589, 591, 619
Blake, Ran 52, 315, 341, 342, 601, 606
Blake, Seamus 304, 306
Blakey, Art 45, 49, 68, 83, 128, 163, 164, 222, 236, 239, 245, 258, 285, 294, 295, 350, 351, 404, 407, 418, 419, 421, 422, 435, 436, 439, 440, 443, 444, 449, 519, 547, 561, 589, 591, 607, 609, 610, 615, 617, 618
Blanchard, Terence 68, 172, 238, 239, 285, 419, 561, 562, 591, 617
Blanton, Jimmy 41, 106, 107, 393, 394, 395, 396, 397, 413, 418, 597
Bley, Carla 50, 52, 107, 195, 256, 287, 301, 341, 342, 359, 361, 398, 409, 469, 471, 479, 525, 527, 540, 590, 591, 593, 600, 603, 608, 609, 612, 615, 616, 619
Bley, Paul 59, 240, 339, 341, 345, 361, 366, 501, 552, 370, 591, 599
Blonk, Jaap 490
Blood, Sweet & Tears 57, 154, 253, 468, 530
Bloom, Jane Ira 275, 276, 591, 602
Bloomfield, Mike 204, 378
blue notes 41, 198-199, 209, 211, 271
blues 38, 171, 173, 196-204, 481-484, 576
Bluiett, Hamiet 265, 308, 311, 312, 313, 314, 316, 591, 592, 610, 619
Blythe, Arthur 56, 66, 122, 285, 314, 563, 590, 591, 596, 598, 616, 617
Bobo, Willie 443, 444
Boland, Francy 532, 533, 591

Bola Sete 374
Bolden, Buddy 90, 230, 260, 413
Bollani, Stefano 348, 591, 612
Boltro, Flavio 229, 239
Bona, Richard 411, 412, 488, 591, 593, 616
Bonano, Sharkey 231
Bond, Graham 57, 152, 153
boogie 331-332
boogie-woogie, pianistas 331-332
Borca, Karen 471
bossa nova 293, 447
Bostic, Earl 137, 278, 279
Bourelly, Jean-Paul 387, 450
Bowie, Joseph 69, 253, 565
Bowie, Lester 66, 67, 74, 76, 239, 240, 241, 242, 257, 307, 428, 556, 563, 590, 591, 592, 601, 616, 617
Brackeen, JoAnne 349, 419, 592, 607, 615
Braden, Don 306
Bradford, Bobby 162, 229, 240
Braff, Ruby 233, 388
Braga, Paulo 440
Brahem, Anouar 454, 476, 592, 602, 616
Brand, Dollar ver Ibrahim, Abdullah
Brandlmayr, Martin 81
Braud, Wellman 106, 393
Braxton, Anthony 42, 62, 122, 144, 196, 255, 256, 266, 270, 276, 281, 282, 300, 314, 315, 342, 406, 418, 428, 461, 462, 471, 527, 529, 536, 540, 553, 556, 557, 592, 594, 601, 602, 606, 608, 613
Brecker, Michael 57, 245, 263, 288, 302, 303, 304, 308, 360, 542, 592, 594, 596, 600, 601, 608, 610, 611, 614, 615, 619
Brecker, Randy 57, 237, 244, 245, 321, 400, 435, 535, 541, 592, 593, 595, 603, 607, 610, 611, 614
Breuker, Willem 53, 264, 300, 429, 527, 592
Bridgewater, Dee Dee 500-501, 507, 592
Brignola, Nick 310
Broadbent, Alan 336, 518, 600
Brody, Paul 80, 246
Broede, Matthias 470
Brönner, Till 239, 240, 592, 596
Bronson, Art 113
Brookmeyer, Bob 44, 251, 252, 293, 381, 534, 539, 540, 550, 592, 594, 599, 609
Broonzy, Big Bill 152, 197, 199, 201, 371, 482, 592
Brötzmann, Peter 52, 53, 76, 174, 300, 311, 429, 554, 591, 592, 599, 611, 614
Brown, Clifford 45, 67, 163, 234, 235, 236, 239, 240, 243, 296, 418, 547, 548, 551, 592, 600, 613
Brown, Garnett 253
Brown, Guillermo 429, 439, 529
Brown, James 127, 129, 208, 252, 284, 404, 432, 437, 462, 490
Brown, Lawrence 248, 249, 597, 602
Brown, Les 178, 237
Brown, Marion 142, 281
Brown, Ray 335, 358, 367, 374, 388, 395, 400, 403, 406, 413, 432, 590, 592, 597, 599, 601, 602, 604, 607, 610, 611, 612, 618, 619, 620
Brown, Tom 36
Brubeck, Dave 82, 196, 204, 267, 279, 309, 339, 419, 532, 545, 551, 575, 592, 596, 609
Bruce, Jack 57, 132, 409, 427, 601
Bruford, Bill 426, 438, 536, 592
Brüninghaus, Rainer 363, 364, 592, 616
Bryant, Ray 335, 336
Buckner, Milt 339, 357, 358
Buckner, Teddy 230
Bullock, Hiram 383, 598, 616
Bunnett, Jane 273, 321, 592
Burkhardt, Ingolf 243
Burns, Ralph 107, 195, 517
Burrell, Kenny 376, 377, 379, 391, 523, 590, 599, 602, 615
Burton, Abrahm 285, 286
Burton, Gary 57, 62, 303, 324, 325, 326, 327, 381, 407, 433, 457, 535, 542, 592, 594, 600, 603, 610, 616, 619
Butcher, John 276
Butler, Henry 349, 485
Byard, Jaki 76, 128, 339, 528, 534, 569, 595, 596, 605, 608
Byas, Don 68, 119, 288, 289, 290, 296, 300, 301, 307, 414, 599
Byrd, Donald 45, 235, 469, 589, 592, 600, 608, 613
Byron, Don 24, 74, 78, 264, 267, 268, 311, 436, 593, 596, 599, 604, 609

C
Caceres, Ernie 308
Cain, Jackie 497, 498, 549
Caine, Uri 24, 25, 109, 355, 356, 538, 566, 590, 591, 593
Calhoun, Will 427
call-and-response 39, 166, 168, 217, 218
Callender, Red 392, 469
Calloway, Cab 117, 118, 208, 416, 442, 515, 520, 546
Camilo, Michel 354
Campbell, Roy 242
Cantuária, Vinicius 374, 488, 599
Cardew, Cornelius 51
Cardona, Milt 445, 446, 588
Carisi, Johnny 124
Carl, Rüdiger 466
Carlos, Walter 59, 366
Carmichael, Hoagy 102
Carney, Harry 105, 106, 263, 308, 311, 312, 593, 597, 600
Carr, Ian 27, 125, 244, 558
Carrington, Terri Lyne 427, 437, 438, 593, 597, 601, 610, 611, 613, 617
Carrott, Bryan 326, 609
Carstensen, Stian 467, 614
Carter, Benny 40, 118, 251, 277, 278, 279, 280, 281, 416, 512, 515, 516, 532, 536, 593, 599, 601, 605, 607, 611, 616, 619
Carter, Betty 351, 378, 438, 463, 492, 496, 497, 498, 499, 500, 503, 507, 510, 593
Carter, James 274, 306, 312, 313, 358, 462, 570, 593, 595, 602, 616, 617
Carter, John 162, 261, 266, 267, 461
Carter, Regina 462, 463, 593
Carter, Ron 126, 128, 163, 346, 394, 399, 552, 590, 593, 598, 600, 601, 603, 609, 613, 615
Carver, Wayman 317
Casa Loma Band 514
Cathcart, Patti 500, 506
Catlett, Sid 40, 91, 416, 422, 423, 425, 429, 434, 512
Celestin, Papa 230
Cepeda, William 257, 614
Chadbourne, Eugene 385, 386
Chaloff, Serge 292, 309, 310, 312
Chambers, Dennis 427, 593, 608
Chambers, Paul 125, 126, 396, 397, 521, 592, 593, 594, 595, 599, 603, 609, 610, 611, 612, 613, 614
Charial, Pierre 474, 593, 613
Charlap, Bill 351, 569
Charles, Ray 45, 59, 202, 208, 357, 482, 485, 490, 515, 593

Chatterjee, Amit 490
Cheatham, Doc 120, 238
Chekasin, Vladimir 277, 301, 599
Chemirani, Djamchid 453
Chemirani, Keyvan 453
Cherry, Don 49, 50, 63, 70, 86, 138, 142, 150, 163, 240, 242, 300, 303, 307, 322, 370, 385, 398, 424, 448, 451, 475, 525, 541, 553, 554, 564, 565, 575, 590, 591, 593, 594, 603, 612, 615
Chestnut, Cyrus 75, 351
Chicago (estilo) 30, 7-39, 40, 89, 100, 102, 111, 114, 231, 234, 260, 270, 278, 290, 324, 329, 372, 415, 456, 513
Christensen, Jon 226, 348, 401, 433, 438, 555, 593, 599, 603, 612, 614, 616, 617
Christian, Charlie 41, 59, 118, 211, 217, 254, 260, 334, 358, 371, 372, 374, 375, 376, 377, 378, 384, 394, 416, 418, 458, 546, 593, 620
Christlieb, Pete 294, 308
Christmann, Günter 254, 430
Christy, June 495, 498, 507, 518
Cinelu, Mino 453, 591, 593
Clapton, Eric 61, 132, 153, 203, 204, 380
Clark, Sonny 179, 600
Clarke, Kenny 41, 114, 118, 124, 216, 317, 416, 418, 420, 421, 471, 496, 519, 532, 533, 550, 591, 594, 609
Clarke, Stanley 400, 408, 413, 560, 594, 608, 609, 612
Clay, James 289
Clayton, Buck 56, 232, 233, 516, 590, 594, 600, 620
Clayton, Jay 594
Cleveland, Jimmy 251, 521, 598
Cobb, Arnett 288, 289, 307, 595, 617
Cobham, Billy 60, 156, 221, 302, 384, 389, 422, 425, 426, 434, 440, 560, 594, 607, 608
Codona 71, 448, 451, 565, 593, 594, 618
Coe, Tony 266, 533
Cohen, Greg 181, 406, 462, 567, 594, 596, 607, 620
Cohn, Al 44, 187, 291, 292, 293, 549, 589, 594, 597, 599
Cole, Cozy 40, 416, 422, 425, 434, 515
Cole, Holly 501, 594
Cole, Nat King 332, 485, 487, 488, 489, 547, 551, 594, 620
Cole, Ritchie 122, 280, 487
Coleman, Anthony 78, 79, 180, 364, 590, 594
Coleman, Ornette 47, 48, 49, 50, 52, 63, 67, 69, 70, 80, 122, 137, 138, 142, 143, 144, 145, 146, 148, 149, 150, 151, 155, 159, 160, 162, 163, 164, 174, 176, 179, 181, 212, 240, 255, 263, 267, 267, 272, 280, 281, 282, 285, 288, 297, 299, 300, 305, 325, 337, 341, 342, 368, 384, 386, 387, 398, 412, 423, 431, 462, 488, 527, 536, 547, 552, 533, 554, 565, 591, 593, 594, 596, 600, 602, 608, 616
Coleman, Steve 69, 76, 85, 86, 122, 258, 283, 284, 323, 343, 364, 431, 435, 470, 491, 505, 570, 571, 594, 597, 598, 601, 613, 615
Coles, Johnny 234, 235, 523
Collette, Buddy 44, 262, 291, 293, 318, 594, 605
Colley, Scott 594
Colina, Javier 402
Collignon, Médéric 543
Collins, Albert 174, 378, 482
Collins, Cal 56, 388
Collins, Nicolas 255
Colosseum 57, 426
Coltrane, Alice 140 ,148, 466, 600, 607, 614
Coltrane, John 24, 45, 48, 49, 51, 52, 56, 63, 68, 69, 71, 89, 126, 127, 129, 137, 138, 139, 140, 141, 142, 143, 145, 146, 147, 148, 150, 151, 163, 165, 170, 193, 195, 212, 214, 224, 226, 235, 237, 247, 250 ,256, 257, 265, 269, 272, 273, 74, 275, 276, 277, 280, 285, 286, 295, 296, 297, 298, 299, 300, 304, 305, 306, 308, 325, 337, 348, 352, 359, 396, 397, 398, 419, 420, 444, 449, 459, 466, 468, 469, 471, 473, 485, 487, 508, 524, 527, 23, 552, 564, 565, 569, 574, 587, 593, 594, 595, 598, 599, 603, 604, 609, 614, 615, 617
Condon, Eddie 261, 466
Cooder, Ry 385
cool 112
cool jazz 30, 109, 114, 220
Cooper, Bob 291, 317, 417
Corea, Chick 59, 61, 62, 129, 136, 151, 154, 190, 195, 252, 281, 291, 339, 343, 346, 347, 350, 351, 355, 362, 400, 410, 419, 426, 446, 447, 453, 467, 488, 500, 502, 518, 558, 560, 592, 593, 594, 595, 598, 599, 600, 601, 602, 609, 611, 612, 615, 618, 619
Coryell, Larry 57, 62, 155, 373, 381, 382, 426, 457, 460, 525, 558, 592, 595, 608, 609
Coscia, Gianni 467, 617
Cosey, Pete 381
Courbois, Pierre 221, 425, 426, 558, 601
Courtois, Vincent 394, 474, 588, 595, 597, 599, 614
Courvoisier, Sylvie 344, 595, 598
Cox, Anthony 405, 406, 601, 606, 617
Cox, Ida 98
Crane, Thomas 435
Cranshaw, Bob 404, 600, 609, 613
Cray, Robert 379, 482
Crayton, Pee Wee 137
Cream 57, 409, 427
Creative Music Studio 63, 71, 138, 326, 342
Crispell, Marilyn 341, 342, 557, 595, 600, 606, 609, 611
Criss, Sonny 280, 601, 605, 607
Crosby, Bob 514, 546, 595
Crosby, Gary 408, 536, 604
Crouch, Stanley 74, 94, 145, 159, 167, 171, 397, 414, 562, 571
Cullum, Jamie 489, 492, 595
Cyrille, Andrew 424, 425, 440, 477, 588, 595, 596, 597, 600, 603, 605

D

Dalto, Jorge 349
Daly, Claire 312
Dameron, Tadd 43, 294, 519, 549, 595, 597, 600, 604, 610, 617, 618
Damiani, Paolo 402, 473
Daniels, Eddie 266,595
Danielsson, Lars 401
Danielsson, Palle 226, 398, 401, 555, 597, 603, 607, 612, 616
Danish Radio Jazz Orchestra 534, 539, 640, 608
Dara, Olu 66, 167, 242, 595, 619
Darling, David 473, 595, 599, 605, 618
Darriau, Matt 182, 268, 595, 615
Dauer, Alfons M. 37, 198, 199, 273, 576

Dauner, Wolfgang 361, 363, 366, 536, 595, 605, 618
Davern, Kenny 260, 272, 277
Davis, Anthony 64, 76, 167, 341, 343, 595, 606, 609
Davis, Art 140, 142
Davis, Eddie "Lockjaw" 288, 289, 300, 307, 516, 533, 549, 595, 600, 604
Davis, Kay 106, 498, 503
Davis, Miles 43, 44, 50, 57, 58, 59, 61, 68, 69, 83, 85, 89, 102, 108, 109, 111, 119, 123, 124, 125, 126, 127, 128, 129, 130, 131, 132, 133, 134, 135, 136, 137, 138, 139, 151, 152, 153, 154, 156, 158, 161, 163, 164, 165, 167, 183, 186, 190, 191, 193, 195, 212, 214, 221, 222, 226, 231, 235, 238, 239, 240, 241, 242, 244, 245, 246, 251, 256, 257, 263, 274, 275, 280, 285, 286, 292, 294, 295, 296, 297, 298, 303, 305, 309, 336, 338, 340,346, 360, 363, 370, 380, 381, 383, 384, 396, 398, 405, 409, 410, 411, 417, 419, 422, 423, 426, 444, 446, 447, 449, 450 ,453, 454, 467, 476, 478, 484, 485, 487, 498, 519, 520, 522, 523, 524, 531, 535, 542, 547, 548, 549, 552 ,555, 558, 559, 562, 565, 569, 570, 574, 589, 593, 594, 595, 596, 597, 598, 599, 601, 602, 605, 608, 609, 611, 612, 613, 615, 619, 620
Davis, Richard 398, 590, 592, 595, 596, 597, 602, 615, 617
Davis, Steve 140, 251, 252, 328, 419
Davis, Wild Bill 59, 279, 357, 358, 597
Decoding Society 69, 70, 326, 412, 431, 565, 593, 595, 603
DeFrancesco, Joey 360, 361, 596, 606, 607, 608, 615
DeFranco, Buddy 186, 261, 262, 266, 309, 595, 604, 616
Defunkt 69, 253, 411, 565
DeGruy, Philip 382
Deitch, Adam 427, 428
DeJohnette, Jack 127, 135, 150, 153, 154, 162, 222, 266, 277, 284, 347, 384, 389, 404, 407, 422, 427, 434, 440, 459, 549, 563, 569, 570, 588, 591, 592, 593, 595, 596, 603, 606, 607, 608, 610, 613, 615, 618, 619, 620
Delbecq, Benoit 344
DeLisle, Louis 35
DeLisle, Papa 35
Delius, Tobias 81, 301, 528
Dell, Christopher 226, 327, 596, 604, 605
Dennerlein, Barbara 360, 589, 596
Desmond, Paul 279, 281, 309, 339, 381, 551, 592, 596, 601
Diabaté, Toumani 391, 478, 613
Di Battista, Stefano 276
Dick, Robert 321, 462
Dickbauer, Klaus 268, 269, 315, 537, 604, 614, 618
Dickenson, Vic 114, 249, 251, 516, 601, 520
Dickerson, Walt 325, 326
Diddley, Bo 226
Dieuf Dieul 170
Di Meola, Al 380, 381, 596, 608
Dindin, Tata 355, 478
Dirty Dozen Brass Band 562, 596
Dixieland 36-37, 220
Dixon, Bill 240, 596
DJ Logic 240, 596, 603
DJ Olive 367, 368
DJ Soul Slinger 367
DJ Spooky 367, 368, 369, 596
Dodds, Baby 90, 220, 414, 415, 429, 437, 440
Dodds, Johnny 38, 90, 91, 259, 277, 414, 576, 596
Dolphy, Eric 24, 35, 68, 80, 128, 140, 142, 163, 224, 236, 237, 263, 264, 265, 280, 281, 319, 320, 337, 382, 396, 397, 466, 481, 553, 594, 595, 596, 602, 603, 606, 610, 614, 618
Dominguez, Chano 80, 354, 355, 569, 596
Domino, Fats 202, 242, 329, 455
Doran, Christy 383
Dørge, Pierre 537
Dorham, Kenny 179, 215, 234, 596, 601, 602, 604, 606, 619
Dörner, Axel 241
Dorsey, Jimmy 118, 237, 260, 261, 546, 590, 596, 610
Dorsey, Thomas 208
Dorsey, Tommy 248, 251, 252, 318, 415, 421, 440, 546, 581, 613
Douglas, Dave 24, 75, 78, 82, 85, 107, 181, 182, 206, 246, 247, 321, 369, 391, 435, 438, 473, 492, 567, 593, 596, 598, 599, 605, 608, 612, 617, 620
downtown, cena 77-79, 82, 176-177, 246, 307, 566, 567
Drake, Hamid 55, 74, 428, 429, 452, 589, 592
Draper, Ray 469
Drees, Simon Jakob 490
Dréno, François 462
Dresch, Mihaly 307
Dresser, Mark 321, 405, 406, 462, 589, 595, 596
D' Rivera, Paquito 122, 266, 273, 284, 327, 374, 445, 446, 538, 596, 615
drum 'n' bass 84
Drummond, Anne 322, 400
Ducret, Marc 283, 387, 388, 464, 591, 595, 596, 603, 606, 611
Dudek, Gerd 301
Dudziak, Urszula 502, 503
Dulfer, Candy 284
Dunkjian, Ara 476
Dupree, Cornell 372,
Durham, Eddie 374, 620
Duval, Dominic 405
Duvivier, George 396, 397, 449, 595
Dylan, Bob 202, 203, 379, 505

E

Earland, Charles 357, 358
East Coast Jazz 44
Eckstine, Billy 118, 119, 120, 291, 295, 485, 491, 496, 519, 540 ,597
Edison, Harry 56, 232, 233, 278, 309, 516, 583, 590, 597, 610, 616
Ehrlich, Marty 265, 566, 595, 597, 602, 612, 616
Eldridge, Roy 41, 114, 116, 118, 186, 187, 221, 232, 233, 234, 249, 261, 512, 514, 546, 596, 597, 604, 610, 611, 615, 616, 619, 620
Ellerbee, Charles 149, 387, 594
Elling, Kurt 492, 597, 601, 608
Ellington, Duke 41, 66, 67, 89, 90, 91, 103, 104, 106, 107, 108, 109, 118, 121, 128, 131, 141, 160, 165, 166, 167, 168, 169, 176, 188, 193, 195, 232, 233, 248, 259, 261, 263, 272, 286, 289, 290, 296, 298, 308, 313, 329, 330, 332, 341, 345, 346, 354, 373, 393, 394, 397, 414, 421, 422, 443, 457, 481, 490, 490, 493, 498, 503, 511, 512, 513, 514, 515, 516, 520, 523, 525, 526, 529, 534, 535, 536, 538, 545, 546, 562, 574, 577, 590, 591, 593, 594, 597, 598, 599, 600, 602, 604, 619

Ellington, Mercer 312
Ellis, Don 50, 82, 240, 503, 531, 532, 541, 542, 553, 614
El' Zabar, Kahil 449
Emler, Andy 490, 543
Enders, Johannes 302, 596, 597
Endresen, Sidsel 509, 510, 597, 609, 614
Eno, Brian 131, 242, 363, 601
Erguner, Kudsi 87, 322, 620
Erskine, Peter 226, 263, 304, 389, 425, 426, 434, 519, 542, 558, 597, 599, 604, 611, 617
Ertegun, Nesuhi 196
Ervin, Booker 208, 295, 296, 595, 597, 608
Eskelin, Ellery 301, 307, 327, 588, 597, 613
Eubanks, Robin 256, 419, 570, 593, 594, 597, 602, 613, 615
Evans, Bill, pianista 126, 129, 153, 325, 336, 338, 339, 347, 350, 351, 352, 354, 364, 365, 397, 399, 400, 410, 411, 433, 462, 467, 470, 569, 590, 595, 597, 600, 608, 609, 610, 614
Evans, Bill, saxofonista 275, 302
Evans, Gil 50, 107, 124, 125, 130, 131, 134, 136, 152, 154, 237, 273, 299, 377, 379, 383, 453, 468, 488, 502, 514, 522, 523, 524, 526, 531, 535, 540, 559, 588, 593, 598, 604, 605, 614
Evans, Herschel 288, 289, 516
Evans, Orrin 350
Evans, Sue 453, 541
Eye, Yamatsuka 178, 567, 610

F
Faddis, Jon 234, 237, 539, 607
Fahey, John 385
Fahn, Mike 252
Farlow, Tal 152, 374, 376, 380, 549, 595, 598, 610
Farmer, Art 45, 229, 234, 235, 239, 435, 521, 533, 550, 595, 598, 599, 617
Farroukh, Toufic 307
Fauré, Gabriel 467
Favors, Malachi 404, 556, 590
Favre, Pierre 429, 439, 440, 598, 607, 618
Feather, Leonard 27, 107, 115, 117, 119, 121, 122, 128, 187, 196, 261, 262, 266, 273, 483
Fedchock, John 252, 539
Feidman, Giora 269
Feldman, Mark 78, 324, 462, 463, 588, 589, 591, 593, 595, 596, 598, 607, 613
Fennesz, Christian 81, 368
Fenton, Nick 119
Ferguson, Maynard 233, 252, 460, 520, 531, 532, 542, 605
Ferrel, Rachelle 500
Ferris, Glenn 252, 617
Field holler 47, 201, 298
Finegan, Bill 514
Finlayson, Jonathan 246
Fischer, Claire 336, 338, 356, 359, 540, 598
Fitzgerald, Ella 113, 336, 340, 388, 495, 497, 498, 500, 502, 503, 505, 506, 507, 508, 515, 590, 597, 598, 601, 619
Fiuczynski, Dave 381, 382
Five Elements 69, 86, 283, 431, 571, 598
Flanagan, Tommy 335, 336, 388, 407, 590, 594, 598, 599, 604, 609, 610, 611, 613
flatted fifth, quinta diminuta 41, 198, 209, 211, 215
Fleck, Bela 412, 472
Flory, Chris 388
folclore imaginário 77
Fonseca, Duduka da 440
Fontana, Carl 251, 619
Ford, Ricky 304, 595, 598, 607, 608, 611, 615, 617
Forster, Al 134, 136, 425, 426, 432, 598, 605, 609, 613 ,617
Foster, Frank 288, 291, 505, 516, 517, 540, 610
Foster, Pops 393
four-beat jazz 39
Four Brothers 262, 292, 313, 314, 517, 518
Fowlkes, Curtis 256, 310, 516, 612
Franco, Guilherme 447, 448, 603
Franklin, Aretha 208, 500, 598
fraseado 185-188, 573-575
Free Electronics 85
free funk 66, 69-70, 148, 150, 326, 380, 387, 389, 412, 431, 565-566
free jazz 57, 72-73, 162, 195-196, 212, 217,220-221
Freeman, Bud 100, 114, 290, 466
Freeman, Chico 67, 298, 299, 563, 591, 598, 601, 607
Fresu, Paolo 243, 244, 598, 606, 612, 617
Friedlander, Erik 186, 462, 473, 598, 602, 607, 613
Friesen, David 71, 398, 400, 412, 598, 614, 617
Frisell, Bill 24, 177, 246, 374, 384, 385, 389, 390, 464, 567, 570, 590, 593, 596, 599, 603, 604, 605, 609, 610, 612, 614, 620
Frith, Fred 72, 178, 387, 567, 599, 604, 605, 610, 616
Fuchs, Wolfgang 276
Fuller, Curtis 250, 251, 419, 516, 594, 598, 599
fusion, ver jazz rock
Fuwa, Disuke 529

G
Gadd, Steve 425, 426, 596, 603, 616
Galas, Diamanda 502, 504, 599, 605
Galliano, Richard 466, 467
Galper, Hal 279, 349
Ganelin, Vyacheslav 344, 599
Garbarek, Jan 76, 80, 82, 186, 226, 246, 277, 303, 348, 374, 401, 433, 524, 555, 585, 589, 593, 595, 597, 599, 603, 614, 617, 618, 619
Garcia, Phillipe 427, 428
Garcia-Fons, Renaud 80, 81, 402, 452, 467, 569, 599, 607
Garland, Red 126, 139, 335, 336, 419, 592, 593, 599
Garner, Erroll 120, 188, 339, 340, 351, 354, 357, 500, 515, 599, 611
Garrett, Kenny 285, 595, 599, 616
Garrison, Jimmy 140, 142, 147, 226, 397, 412, 552, 593, 594, 597, 599, 604
Gayle, Charles 55, 298
Geller, Herb 279, 280, 533
Gentet, Christian 402
Getz, Stan 128, 131, 186, 190, 204, 221, 252, 291, 292, 293, 294, 309, 349, 377, 420, 442, 444, 447, 470, 502, 574, 582, 585, 589, 592, 594, 597, 599, 601, 615
Gibbs, Melvin 148, 412
Gibbs, Mike 535
Gibbs, Terry 261, 324, 517, 618
Gifford, Gene 514
Gil, Gilberto 488
Gilberto, Astrud 377, 502, 584, 599
Gilberto, João 14, 447, 488, 502, 582, 584, 599
Gillespie, Dizzy 27, 41, 42, 43, 45, 54, 67, 89, 90, 115, 116, 117,

118, 119, 120, 122, 123, 128, 137, 143, 159, 163, 186, 211, 217, 221, 222, 232, 233, 234, 236, 237, 239, 242, 243, 250, 251, 257, 278, 280, 290, 291, 294, 294, 309, 324, 325, 349, 358, 374, 377, 395, 416, 432, 435, 441, 442 ,443 ,444, 447, 457, 468, 485, 496, 515, 519, 520 ,524, 525, 540 ,555, 564, 599, 603, 605, 606, 611, 613, 619
Gisbert, Greg 239
Gismonti, Egberto 63, 374, 585
Giuffre, Jimmy 44, 107, 186, 195, 212, 224, 251, 261, 262, 267, 292, 293, 376, 521, 547, 549, 552, 555, 574, 591, 599, 607, 616
Globe Unity Orchestra 264, 344, 430, 528, 591, 592, 599, 614, 618
Godard, Jean-Luc 176, 178
Godard, Michel 468, 469, 588, 599, 606, 607, 608, 617
Goldberg, Ben 79, 268, 269
Goldings, Larry 360, 600, 603
Goldkette, Jean 99, 102, 513, 600
Golson, Benny 286, 288, 290, 551, 591, 598, 599
Gomez, Eddie 319, 398, 399, 459, 594, 597, 600, 603, 607, 616, 618
Gonsalves, Paul 107, 162, 165, 289, 290, 304, 463, 597, 600, 602
Gonzales, Andy 408
Gonzalez, Jerry 445, 446, 455
Goodman, Benny 39, 40, 59, 98, 100, 112, 156, 186, 187, 202, 204, 251, 259, 2960, 261, 262, 266, 267, 291, 324, 332, 333, 371, 377, 394, 414, 415, 457, 466, 494, 513, 514, 515, 517, 546, 590, 593, 600, 601, 602, 605, 610, 615, 619, 620
Goodman, Jerry 458, 560, 607, 608
Gordon, Bob 309
Gordon, Dexter 56, 151, 237, 251, 291, 294, 304, 401, 437, 491, 519, 548, 556, 593, 604, 602, 608
Gordon, Wycliffe 169, 256, 257, 538, 568, 607
Gorn, Steve 323
gospel 204-208
Graham, Larry 408
Gramms, Sebastian 403
Granz, Norman 112, 114, 120, 261, 290, 388, 395, 422, 442, 457
Grappelli, Stéphane 152, 456, 458, 459, 464, 547, 592, 605, 612
Gratkowski, Frank 286, 287, 600, 602
Graves, Milford 222, 240, 424, 429, 615
Gräwe, Georg 287, 336, 344
Gray, Glen 514
Gray, Wardell 291, 486, 519, 611
Green, Benny 75, 351, 388, 497, 600, 604
Green, Charlie 98, 248, 249, 250, 512
Green, Freddie 228, 372, 374, 393, 416, 516, 590, 620
Green, Urbie 251
Greene, Jimmy 276, 306, 601
Greer, Sonny 105, 414
Gregory, Ed 49
Grenadier, Larry 353, 407, 569, 605, 606, 608, 617
Gress, Drew 406, 593, 594, 602
Grey, Al 251, 516, 599
Griffin, Johnny 295, 296, 476, 479, 526, 533, 549, 595, 600, 610
Grisman, David 373, 459, 472
Grofé, Ferde 104
Grolnick, Don 349, 350, 535, 592
groove 218-228
Gruntz, George 49, 50, 411, 533, 619
Gryce, Gigi 45, 116, 280, 592, 593, 600
Gullin, Lars 309
Gumpert, Ulrich 344, 527, 528
Gunn, Russell 245, 608
Gurtu, Trilok 322, 450, 451, 565, 600, 608
Gustafsson, Mats 311, 600
Gustafsson, Rigmor 509, 510
Guthrie, Woody 203
Guy, Barry 196, 404, 405, 482, 527, 529, 554, 600, 604, 611
Guy, Joe 118

H
Hackett, Bobby 90, 231, 600, 605
Haddad, Jamey 452, 454
Haden, Charlie 592, 594, 595, 600, 601, 602, 603, 608, 609, 612, 613
Haffner, Wolfgang 427, 428, 432, 438
Hagans, Tim 84, 245, 542, 544, 614
Haggart, Bob 394, 514
Haley, Bill 202
Hall, Adelaide 106, 498, 503
Hall, Edmond 261, 601, 602, 616
Hall, Jim 339, 376, 377, 381, 384, 390, 407, 552, 593, 594, 596, 598, 600, 601, 602, 604, 605, 607, 609, 611, 616
Hamilton, Chico 44, 194, 280, 318, 376, 473
Hamilton, Jeff 374, 432, 538, 605
Hamilton, Jimmy 261
Hamilton, Scott 56, 304, 388, 601
Hammer, Jan 156, 362, 363, 389, 425, 560, 594, 596, 607
Hampel, Gunter 53, 62, 153, 264, 267, 326, 380, 503, 592, 601, 606, 614, 618
Hampton, Lionel 188, 235, 251, 260, 261, 290, 317, 323, 324, 325, 326, 332, 339, 395, 408, 416, 486, 496, 513, 515, 546, 547, 592, 596, 599, 600, 601, 607, 610, 611, 613, 614, 616
Hampton, Slide 76, 250, 251, 252, 257, 419, 521, 523, 597, 602, 604, 618
Hancock, Herbie 59, 61, 126, 128, 129, 136, 151, 154, 168, 195, 228, 250, 291, 297, 346, 350, 351, 354, 355, 363, 370, 377, 398, 411, 444, 445, 449, 460, 467, 552, 555, 558, 559, 592, 593, 594, 595, 596, 600, 601, 603, 609, 611, 613, 617, 619
Handy, William Christopher 34, 548, 589
Hanrahan, Kip 409, 445, 478, 479, 598, 601, 606, 616
hard bop 68-69
Hardwicke, Otto 105
Hargrove, Roy 75, 229, 239, 245, 548, 568, 594, 601
Harland, Eric 438, 604
Harlem 39, 40, 104, 105, 111, 117, 118, 125, 142, 207, 260, 278, 289, 329, 330, 331, 333, 335, 419, 441, 444, 445, 495, 514, 515, 516, 518, 519, 526
Harlem, bandas 516
Harlem, pianistas 330
Harmolódica, música 150, 412, 431, 565
harmonia 212-213
harmonia modal 157, 138-139, 212
Harrell, Tom 237, 533, 601, 609
Harriott, Joe 281
Harris, Barry 118, 335, 336, 351, 593, 604, 609
Harris, Bill 249, 250, 251, 253, 517, 601, 602, 619
Harris, Craig 256, 257, 563, 589, 592, 593
Harris, Don "Sugar Cane" 458, 464
Harris, Eddie 59, 296, 607

Harris, Mick 179
Harris, Stefon 327, 597
Harrison, Donald 68, 238, 285, 419, 561, 562, 592, 594, 601, 604
Harrison, Jimmy 248, 249, 418, 512
Harrison, Joel 385, 591
Hart, Antonio 122, 285, 286, 602
Hart, Billy 432, 459, 607, 610, 614
Hart, Clyde 41
Harth, Alfred 301
Harvey, Mark 528
Haskins, Taylor 246, 602
Hasler, Gabriele 502, 503, 601
Hasselgard, Stan 261, 262, 309
Hassell, Jon 71, 323, 452, 601
Hawkins, Coleman 40, 56, 62, 89, 109, 110, 111, 114, 115, 128, 165, 166, 186, 188, 190, 195, 197, 214, 221, 272, 288, 290, 291, 294, 298, 300, 308, 317, 330, 422, 512, 553, 574, 592, 593, 595, 597, 600, 601, 604, 608, 610, 611, 613, 615, 619
Hayes, Louis 419, 420
Haynes, Graham 245, 591
Haynes, Roy 68, 306, 351, 419, 420, 596, 601, 612, 613, 617, 618
Hazeltine, David 351
head-arrangement 193
Heard, J. C. 422
Heath, Percy 396, 519, 550, 589, 599, 604, 609, 613
Heberer, Thomas 243, 244, 602, 603
Heckstall-Smith, Dick 57, 153
Hedges, Michael 385
Hefti, Neal 187
Helias, Mark 405, 406, 591
Hemingway, Gerry 287, 428, 600, 602
Hemphill, Julius 56, 276, 281, 282, 283, 311, 313, 314, 412, 473, 589, 591, 593, 597, 598, 602, 619
Henderson, Eddie 25, 132, 237, 559
Henderson, Fletcher 40, 91, 93, 98, 105, 110, 111, 112, 113, 115, 137, 165, 187, 192, 193, 231, 248, 249, 250, 393, 416, 418, 499, 511, 512, 513, 514, 516, 522, 525, 526, 536, 545, 602
Henderson, Joe 68, 257, 297, 305, 349, 351, 404, 408, 533, 593, 596, 602, 605, 607, 609, 612, 615, 617
Henderson, Michael 409, 410
Henderson, Wayne 252
Hendricks, Jon 486, 487, 488, 489, 491
Hendrix, Jimi 58, 79, 127, 129, 130, 161, 162, 269, 321, 359, 360, 363, 375, 378, 379, 380, 381, 390, 421, 462, 463, 509, 523, 575, 598, 602
Heral, Patrice 433, 438, 439, 616
Herbert, Matthew 84, 370, 543, 544, 602
Herbolzheimer, Peter 533, 602
Herman, Bonnie 500
Herman, Woody 109, 118, 193, 217, 237, 249, 251, 261, 272, 278, 290, 291, 292, 304, 309, 310, 313, 324, 415, 421, 484, 517, 518, 520, 521, 531, 542, 546, 581, 602
Herman Herds 517
Hersch, Fred 338, 339, 347, 406, 432, 589, 591, 602, 617
Hersch, Shelley 502, 504
Herwig, Conrad 257
Hicks, John 349
Hidalgo, Giovanni 445, 600, 602
Higginbotham, J. C. 249, 601
Higgins, Billy 142, 150, 423, 424, 590, 594, 600, 601, 602, 603, 606, 609, 611, 612, 618
Hill, Andrew 321, 345, 438, 594, 595, 596, 597, 602
Hill, Bertha Chippie 98, 492
Hill, Teddy 116, 117, 599
Hindemith, Paul 211
Hines, Earl 47, 62, 91, 118, 119, 291, 332, 333, 418, 456, 496, 519, 546, 600, 602
Hinton, Milt 89, 117, 393, 394, 515, 602, 618
Hinze, Chris 319
hip-hop 83-84
Hiseman, Jon 57, 426, 536
Ho, Fred 87, 311
Hodges, Johnny 40, 113, 106, 108, 118, 137, 272, 277, 278, 285, 286, 287, 309, 481, 546, 597, 600, 602, 610, 611, 619
Hoggard, Jay 326, 592, 602
Holcomb, Robin 336, 501
Holdsworth, Allan 381, 382, 383, 611
Holiday, Billie 59, 96, 112, 296, 338, 488, 493, 494, 495, 497, 499, 502, 507, 510, 514, 547, 590, 600, 602, 615, 619
Holland, Dave 66, 136, 153, 154, 251, 258, 281, 303, 327, 394, 397, 405, 406, 412, 435, 476, 541, 542, 570, 588, 591, 592, 594, 595, 597, 601, 602, 606, 612, 613, 618, 619
Holman, Bill 516, 518, 521, 522, 539, 542
Holtzman, Adam 363, 365
Hooker, John Lee 197, 201, 202, 378, 391, 482, 602
Hopkins, Fred 404, 405, 406, 589, 605, 610
Hopkins, Lightnin' 201
Hopper, Hugh 409, 410
Horn, Paul 63, 279, 318, 620, 400, 603
Horn, Shirley 497, 498, 603, 607
Hornweb Saxophone Quartet 315
Horton, Ron 242
Horvitz, Wayne 72, 177, 360, 363, 364, 367, 370, 466, 501, 566, 567, 596, 599, 603, 610, 612
Hot Five 38, 91, 93, 119, 259, 519, 545, 546, 552
Hot Seven 38, 91, 93, 100, 259, 414, 546, 576
hot intonation 186, 230
Howard, George 275
Howlin' Wolf 202, 482
Hubbard, Freddie 61, 142, 163, 235, 236, 237, 238, 239, 240, 286, 346, 397, 419, 449, 551, 594, 596, 599, 601, 603, 604, 608, 610, 613, 615, 617
Huebner, Gregor 463, 464, 590
Humair, Daniel 349, 403, 432, 433, 597, 603, 619
Humphrey, Bobbi 320
Hunter, Alberta 200, 205, 492, 499, 603, 618
Hunter, Charlie 381, 382, 570
Huong Than 510
Hussain, Zakir 157, 380, 450, 564, 603, 608, 614
Hutcherson, Bobby 324, 325, 326, 327, 593, 596, 603, 608, 617
Hyman, Dick 362

I

Ibarra, Susie 78, 87, 426, 429
Ibrahim, Abdullah 345, 603
Ilg, Dieter 398, 400, 402
Improvisação 188, 194, 327
indiana, música 49-50
International Association of Jazz Educators 75

Instant Composers Pool 344, 528
Irakere 234, 285, 320, 354, 359, 537, 538, 618
Italian Instabile Orchestra 528, 595, 603
Itchy Fingers 315, 316, 603
Iverson, Ethan 352, 569, 590
Iyer, Vijay 86, 341, 343
Izenzon, David 143, 240, 398
Izmailov, Enver 390, 391

J
Jackson, Anthony 383, 410, 596
Jackson, Chubby 517
Jackson, Mahalia 97, 204, 206, 499, 500, 603
Jackson, Milt 45, 138, 188, 207, 208, 317, 323, 324, 325, 326, 327, 519, 521, 550, 592, 593, 594, 595, 597, 599, 602, 603, 604, 609, 611, 618
Jackson, Ronald Shannon 69, 70, 148, 254, 326, 412, 425, 431, 451, 497, 565, 594, 603, 607, 620
Jacky Terrasson Trio 352, 437, 568, 569
Jacquet, Illinois 254, 288, 289, 290, 425, 471, 534, 603, 605
Jaga Jazzist 81, 84, 369, 427, 543, 544, 603
Jamal, Ahmad 127, 340, 351, 603
Jang, Jon 87
Jarman, Joseph 270, 274, 276, 281, 556, 557, 590
Jarreau, Al 488, 489, 603
Jarrett, Keith 55, 62, 75, 127, 129, 130, 134, 135, 145, 151, 164, 212, 339, 341, 345, 346, 347, 350, 351, 355, 399, 401, 419, 433, 448, 492, 555, 569, 575, 579, 592, 593, 596, 599, 600, 603, 606, 609, 611, 612
Jaume, André 301
Jazz at Lincoln Center 74, 75, 109, 171, 172
Jazz Composers Orchestra 266, 406, 525, 526, 527, 528, 591, 592, 593, 595, 600, 603, 604, 605, 606, 611, 613, 616
jazz klezmer 78-79, 267, 269
Jazz Messengers 45, 163, 236, 238, 245, 258, 274, 285, 295, 336, 419, 444, 547, 551, 555, 561
jazz rock 57-58, 61-62, 133, 134-135, 158, 220
Jazz Warriors 306, 492, 536
Jazzmatazz 84
Jeanneau, François 301, 543
Jefferson, " Blind" Lemon 146, 201, 482, 483, 492
Jefferson, Eddie 486, 487, 489
Jenkins, Leroy 144, 148, 458, 461, 588, 604
Jenny-Clark, Jean-François 349, 398, 402, 569
Jensen, Christine 276
Jensen, Ingrid 239
Jin Hi Kim 477
João, Maria 344, 498, 505, 508, 509, 614, 616, 617
Jobim, Antonio Carlos 14, 275, 447, 488, 502, 505, 582, 584, 599
Johannsen, Sven-Åke 430
Johnson, Alphonso 410
Johnson, Bill 90, 392
Johnson, Budd 272, 291
Johnson, Dewey 142
Johnson, Howard 468, 598, 603, 610
Johnson, James P. 33, 62, 98, 329, 330, 335
Johnson, Jay Jay 124, 135, 190, 249, 250, 251, 252, 253, 256, 257, 309, 549, 590, 592, 595, 596, 599, 600, 609, 613, 619
Johnson, Lonnie 201, 371, 372, 378
Johnson, Marc 389, 398, 400, 453, 590, 597, 599, 606, 607
Johnson, Richard Leo 385
Johnson, Robert 201, 204, 371, 482, 492, 505
Jones, Darryl 410, 411
Jones, Elvin 45, 60, 68, 139, 140, 142, 214, 226, 238, 254, 274, 286, 304, 419, 420 ,421, 422, 431, 432, 434, 436, 440, 450, 549, 552, 589, 594, 597, 598, 599, 600, 607, 610, 611, 615
Jones, Hank 317, 334, 361, 435, 589, 601, 604, 606, 607, 617
Jones, Jo 41, 112, 117, 219, 222, 223, 393, 415, 416, 418, 421, 422, 434, 439, 440, 593, 595, 597, 598, 600, 616, 619, 620
Jones, LeRoi 47, 139, 141, 527
Jones, Norah 77, 501, 505, 506
Jones, Philly Joe 126, 397, 419, 420, 436, 594, 595, 601, 604, 606, 611, 618
Jones, Quincy 44, 127, 136, 273, 280, 401, 432, 471, 521, 522, 523, 535, 601, 603, 617
Jones, Ricky Lee 500
Jones, Thad 229, 235, 237, 252, 273, 420, 500, 516, 517, 531, 533, 534, 535, 538, 540, 601, 604, 606, 613, 618
Joos, Herbert 243, 537, 605, 612
Joplin, Janis 58, 99, 499
Joplin, Scott 32, 33, 66, 328, 329, 557
Jordan, Duke 222, 335
Jordan, Louis 278, 279
Jordan, Kent 322, 562
Jordan, Marlon 238, 562
Jordan, Sheila 497, 498, 507, 510, 528, 613, 616
Jordan, Stanley 381, 382, 391, 597
Jörgensmann, Theo 266, 267, 596

K
Khan, Steve 383, 410
Kaiser, Henry 367, 387, 477, 599
Kajfes, Goran 245
Kamuca, Richie 291, 292, 518
Kansas City Jazz 32, 39, 40, 44, 113, 116, 117, 118, 137, 217, 227, 230, 251, 262, 289, 329, 332, 333, 393, 415, 483, 491, 508, 516
Kao Hwang, Jason 461
Karindali, Mustafa 269
Kassap, Sylvain 301
Katz, Fred 473
Kaufmann, Achim 344, 345
Keepnews, Orrin 33, 121, 122, 546
Kelly, Wynton 335, 336, 599, 603, 605, 609
Kelsey, Bishop 207
Kennel, Hans 243, 472
Kent Carter String Trio 462
Kenton, Stan 233, 248, 250, 251, 287, 310, 317, 373, 426, 442, 443, 495, 514, 517, 518, 519, 520, 530, 542, 543, 558, 575, 589, 598, 605, 607, 609
Keppard, Freddie 35, 230, 393, 413
Kessel, Barney 375, 582, 592, 593, 594, 600, 605,6 07, 610, 611, 615, 616, 620
Kikoski, David 351, 605, 610
Killian, Al 233
Kilson, Billy 419, 434, 435, 570, 601, 602, 612, 613
Kim Duk Soo 451
Kimura, Mari 462
Kinch, Soweto 286
King, Albert 202, 378, 482

King, B.B. 61, 62, 197, 375, 378, 379, 380, 384,475, 483
King, Martin Luther 95
Kirby, John 392, 393, 547, 549
Kirk, Andy 332, 457, 516
Kirk, Rahsaan Roland 296, 312, 318, 319, 472, 608
Kirkland, Kenny 165, 275, 351, 363, 589, 598, 605, 607
Klein, Guillermo 87, 541
Kleive, Audun 438, 597, 610
Klusevcek, Guy 177
Knepper, Jimmy 208, 250, 598, 608
Koch, Hans 276, 301, 473, 596, 605
Koenig, Lester 138, 143, 144
Koller, Hans 294, 595, 605, 611, 618
Kölner Saxophon Mafia 312, 315, 316, 605
Kondo, Toshinori 340, 592
König, Klaus 107, 195, 543, 544, 596, 605, 612, 619
Konitz, Lee 43, 59, 122, 124, 128, 214, 253, 279, 280, 281, 287, 294, 309, 339, 376, 401, 417, 460, 470, 471, 518, 548, 553, 574, 595, 598, 601, 602, 605, 617
Korner, Alexis 152, 203, 204, 332
Kottke, Leo 385
Kouyaté, Soriba 478
Kowald, Peter 405, 412, 477, 504, 588, 590, 595, 605
Koyama, Shota 431
Krakauer, David 79, 268, 269, 605
Kral, Roy 497, 549
Krall, Diana 77, 388, 432, 505, 506, 507, 605
Kraslow, George 103
Kriegel, Volker 383, 558, 605, 618
Krog, Karin 502, 503, 509, 605
Kronos Quartet 462, 531, 605, 620
Krupa, Gene 40, 100, 260, 414, 415, 416, 435, 486, 513, 515, 546, 600, 605, 610, 613
Kühn, Joachim 349, 402, 459, 605
Kühn, Rolf 262

L
Lacy, Frank 256, 258, 541, 605
Lacy, Steve 62, 253, 272, 273, 274, 275, 314, 462, 473, 590, 598, 600, 603, 605, 608, 613, 618
Ladnier, Tommy 98, 230, 248, 251, 512, 590
LaFaro, Scott 397, 399, 408, 409, 594, 597
Laine, "Papa" Jack 36, 445
Laird, Rick 156, 560, 607
Lake, Oliver 56, 122, 276, 281, 313, 314, 315, 320, 557, 589, 297, 605, 619
Lambert, Dave 486, 487, 488
Landgren, Nils 254, 255, 596, 606
Lang, Eddie 98, 100, 372, 373, 378, 418, 456, 590, 618
Lantos, Zoltán 460
La Rocca, Nick 101, 231
Laswell, Bill 65, 72, 85, 179, 299, 346, 410, 411, 445, 606
Lateef, Yusef 49, 50, 295, 296, 317, 320, 449, 450, 466, 471, 599, 606
Lauer, Christof 301, 302, 539, 597, 599, 606, 618
Laws, Hubert 318, 320, 322, 574, 611, 614
Laws, Ronnie 275
Leadbelly 152, 197, 201, 203, 371, 482, 492, 606
Léandre, Joëlle 404, 405, 606
Lebovitch, Avi 256
Ledru, Jean 114
Lee, Jeanne 502, 503, 591, 601, 602, 606
Leloup, Denis 254, 615
Levy, Howard 470
Lewis, George 62, 86, 88, 167, 255, 258, 366, 367, 557, 566, 592, 595, 599, 608, 610
Lewis, John 43, 46, 47, 107, 124, 125, 138, 194, 195, 280, 324, 331, 373, 401, 497, 519, 534, 545, 550, 551, 589, 604, 609, 611, 616
Lewis, Meade Lux 332
Lewis, Mel 235, 237, 252, 304, 310, 416, 421, 422, 500, 531, 534, 535
Liebman, David(Dave) 147,274, 277, 308, 347, 355, 420, 606, 608, 610
Lifetime 57, 154, 155, 359, 425, 558, 559, 560
Lincoln, Abbey 493, 497, 551, 590, 604, 606, 613, 618
Lincoln Center Jazz Orchestra 171, 172, 173, 312, 355, 538
Lindberg, John 405, 406, 462, 606, 616
Lindsay, Arto 72, 177, 369, 374, 387, 449, 479, 490, 599, 601, 606, 626
Linx, David 491
Little, Booker 235, 236, 280, 286, 596, 613
Lloyd, Charles 57, 147, 297, 298, 339, 401, 438, 588, 596, 602, 603, 606, 607, 608
Lobo, Edu 488
Locke, Joe 327,328
Lockwood, Didier 458, 459, 460, 596, 605, 606
London, Frank 79, 246, 606
London Jazz Composers' Orchestra 527, 528, 600, 606
Loose Tubes 306, 535, 536
Louiss, Eddy 359
Lovano, Joe 11, 123, 303, 304, 433, 485, 539, 567, 570, 588, 604, 606, 609, 614, 615
Lovens, Paul 430, 554, 606, 616, 618
Lubambo, Romero 374, 607
Lubat, Bernard 466
Lucas, Gary 391
Lüdemann, Hans 355, 452, 478
Lunceford, Jimmie 39, 249, 251, 374, 515, 522, 606
Lundy, Carmen 498, 505, 507, 508
Lurie, John 72, 606
Lussier, René 387
Lynch, Brian 242, 243, 443, 589
Lysne, Geir 543, 544, 606
Lytton, Paul 430, 490, 554, 611

M
Macero, Teo 130
Machito 120, 325, 442, 519, 606, 611
Machito, banda 519
Mackenzie, Papa Oyeah 450
Magnarelli, Joe 239
Mahall, Rudi 264, 344, 607, 613, 616
Mahanthappa, Rudresh 283, 284
Mahavishnu Orchestra 58, 60, 61, 156, 157, 158, 369, 380, 425, 458, 558, 559, 560, 561, 564, 594, 607, 608
Mahogany, Kevin 491, 604, 607
Majumdar, Ronu 323
Makowicz, Adam 334, 335
Malach, Bob 303
Malone, Russell 377, 388, 593, 600, 603
Malone, Tom 252, 468
Mandel, Johnny 44, 521
Maneri, Joe 276, 277, 461, 607
Maneri, Mat 461, 607, 615, 616
Mangelsdorff, Albert 62, 214, 251, 253, 254, 302, 400, 428, 453, 536, 589, 598, 604, 607, 610, 611, 614, 618

Mangelsdorff, Emil 319
Mangione, Chuck 244
Mani, T. A. S. 71, 450
Mann, Herbie 49, 318, 442, 521, 582, 590, 592, 607
Manne, Shelly 44, 45, 61, 111, 396, 422, 518, 520, 549, 593, 599, 601, 605, 607, 608, 611
Manring, Michael 410
Mantilla, Ray 444
Mantler, Mike 240, 525, 603
Marclay, Christian 72, 177, 465
Marcondes, Caito 448
Maret, Grégoire 470
Maria, Tania 502, 584
Mariano, Charlie 71, 122, 274, 284, 287, 409, 450, 451, 459, 475, 536, 564, 588, 607, 608, 618
Marsalis, Branford 68, 73, 75, 76, 165, 275, 305, 306, 403, 419, 561, 562, 568, 591, 605, 607
Marsalis, Ellis 160, 161
Marsalis, Wynton 26, 53, 64, 68, 73, 74, 89, 90, 92, 95, 107, 109, 158, 159-180, 190, 237, 238, 239, 240, 241, 246, 247, 257, 266, 267, 275, 286, 299, 304, 305, 307, 327, 337, 350, 351, 355, 400, 404, 435, 562, 563, 567, 568, 570, 571, 574, 576, 591, 598, 602, 603, 607
Marsh, Warne 43, 294, 548, 604, 606, 609, 614, 617
Martin, Stu 432
Martino, Pat 337, 389, 472 596, 607
Martland, Steve 88
Marwedel, Dirk 276
Masada 79, 177, 180-183, 247, 406, 462, 465, 473, 567, 598, 607, 620
Masaoka, Miya 87, 476, 477
Martignon, Hector 353
Matinier, Jean-Louis 467, 599, 607, 613, 614
Matta, Nilson 408
Mayall, John 203, 204, 470
Mayfield, Irvin 238
Mays, Lyle 363, 364, 370, 560, 596, 604, 607, 608
Mazur, Marilyn 438, 453, 454, 537
Mazurek, Rob 241
M-base 77, 85, 86, 258, 283, 284, 302, 306, 323, 343, 364, 412, 431, 470, 505
McBride, Christian 403, 404, 419, 551, 598, 601, 602, 607, 612, 617
McCall, Steve 167, 428, 556, 557, 589, 607
McCandless, Paul 471, 555, 565, 610
McCann, Les 335, 336, 601, 602
McFerrin, Bobby 479, 488-489, 503, 608
McGhee, Howard 234, 442, 601, 607, 608, 610, 611
McKinley, Ray 100
McLaughlin, John 57, 62, 67, 89, 129, 136, 151-156, 359, 360, 365, 374, 380, 381, 384, 392, 420, 425, 450, 458, 460, 531, 535, 558, 559, 560, 564, 585, 591, 592, 594, 595, 596, 600, 603, 606, 607, 608, 614, 615, 618, 619
McLean, Jackie 122, 252, 280, 593, 603, 608, 609, 618, 619
McLean, René 274
McPartland, Jimmy 99, 100, 102, 231, 272
McPhee, Joe 299, 607
McPherson, Charles 280
McRae, Carmen 435, 496, 497, 498, 500, 598, 608, 609
McShann, Jay 116, 117, 118, 146, 457, 516
Medeski, John 360, 384, 407, 541, 591, 596, 608, 613
Mehldau, Brad 76, 348, 352-353, 407, 438, 568, 569, 571, 606, 608, 612, 617
Mehta, Rajesh 241
Melford, Myra 341, 342
Melodia 213
Melton, Bob 92
Memphis Slim 331, 481
Mendoza, Vince 195, 542
Mengelberg, Misha 53, 55, 191, 337, 344, 527, 528, 529, 596, 603, 605, 606, 608, 613
Menza, Don 291, 293, 613
Metheny, Pat 145, 150, 190, 364, 374, 377, 388, 384, 386, 420, 440, 447, 488, 535, 558, 560, 592, 594, 596, 600, 607, 608, 609, 611, 612, 614, 617, 619
Mezzadri, Malik "Magic" 323, 594, 607
Mezzrow, Mezz 100, 260
Micus, Stephan 63, 475
Mikkelborg, Palle 244, 245, 524, 540, 600, 608, 614
Miles Davis Capitol Band 43, 44, 109, 124, 129, 211, 251, 417, 522
Miles, Ron 246
Miley, Bubber 105, 107, 108, 131, 186, 214, 232, 242, 298, 574, 597, 608
Miller, Glenn 100, 202, 261, 414, 507
Miller, Marcus 134, 227, 410, 411, 595, 603, 614
Miller, Mulgrew 68, 349, 350, 351, 419, 423, 561, 603, 609, 612, 615, 619
Min Xiao-Fen 476, 477, 613
Mingus, Charles 46, 56, 60, 66, 83, 107, 126, 128, 163, 165, 166, 167, 172, 173, 187, 195, 208, 211, 212, 234, 236, 237, 240, 250, 256, 267, 280, 282, 287, 296, 299, 304, 311, 314, 339, 373, 382, 395, 396, 399,401, 405, 406, 419, 420, 458, 468, 469, 471, 472, 473, 490, 501, 521, 524, 525, 537, 541, 547, 549, 550, 552, 553, 564, 589, 593, 595, 597, 605, 607, 608, 611, 612, 618
Minton, Phil 489, 490, 544, 608
Mintzer, Bob 265, 266, 303, 534, 535, 559, 597, 608
Mirabassi, Gabriele 268, 588, 591, 608
Miranda, Marlui 502
Mitchell, Joni 303, 501, 505, 542
Mitchell, Nicole 321
Mitchell, Red 228, 266, 396, 550
Mitchell, Roscoe 270, 274, 276, 281, 527, 556, 557
Mitterer, Wolfgang 287, 367, 369, 370
Mobley, Hank 45, 179, 295, 296, 591, 593, 605, 608, 609, 613, 615
modalismo 139
Modern Jazz Quartet 46, 138, 194, 324, 331, 373, 396, 419, 439, 497, 545, 547, 550, 551, 594, 602, 603, 606, 609
Moffett, Charles 143, 400, 432, 424
Moffett, Charnett 68, 400, 423, 424, 599, 612, 619
Mole, Miff 248
Molineaux, Othello 451, 452, 611
Molvaer, Nils Petter 81, 84, 245, 246, 369, 427, 510, 571, 597, 609
Monheit, Jane 505, 506, 507, 609
Monk Thelonious 41, 67, 118, 138, 139, 176, 195, 211, 217, 241, 253, 273, 294, 295, 296, 305, 336, 342, 343, 343, 344, 350, 354, 355, 407, 416, 446, 455,

460, 476, 479, 522, 526, 532, 562, 575, 609, 611, 613
Montgomery, Wes 384, 388, 409, 589, 598, 605, 609
Montrose, Jack 192, 194, 291, 309
Moody, James 215, 291, 293, 294, 318, 319, 486, 519, 549, 599
Moore, Brew 292, 294, 304, 442, 599
Moore, Glen 398, 400, 555, 565, 588, 591, 609, 610, 616, 617
Moore, Michael 266, 286, 287, 528, 569, 592, 594, 603, 609
Moran, Gayle 500
Moran, Jason 76, 352, 353, 412, 432, 569, 593, 610
Moran, Matt 327
Moreira, Airto 441, 447, 448, 453, 502, 560, 583, 584, 594, 595, 598, 601, 608, 609, 612, 615
Morelenbaum, Jacques 473
Morello, Joe 419, 426, 592
Morgan, Frank 286, 593, 598, 608
Morgan, Lee 45, 235, 236, 242, 419, 476, 591, 594, 601, 602
Mori, Ikue 78, 177, 368, 599, 609
Moriyama, Takeo 431
Morris, Butch 167, 196, 229, 240, 528, 529, 609
Morris, Wilber 167
Morrison, James 234
Morrison, Jim 58
Morton, Benny 512, 516
Morton, Jelly Roll 33, 35, 38, 41, 45, 66, 91, 100, 116, 160, 166, 193, 244, 249, 259, 263, 328, 329, 371, 416, 454, 455, 511, 545, 546, 548, 562, 609, 610
Moses, Bob 320, 432, 433, 535, 595, 603, 608, 609, 616
Moss, David 64, 65, 72, 432, 490, 609
Mossman, Michael Philip 242, 243
Most, Sam 318, 319
Moten, Bennie 39, 466, 516, 609
Motian, Paul 304, 338, 385, 432, 433, 549, 555, 557, 589, 591, 595, 597, 598, 599, 600, 603, 606, 609, 614
Moutin, François 402, 403, 569
Mouzon, Alphonse 60, 254, 425, 434, 558, 595
Moye, Don 428, 449, 556, 590, 607
Mozdzer, Leszek 348
Mrubata, McCoy 307
Muhammad, Idris 432, 437, 603
Mulligan, Gerry 44, 107, 124, 125, 143, 187, 195, 234, 309, 310, 311, 312, 410, 466, 518, 521, 540, 547, 550, 551, 592, 595, 604, 605, 609, 619
multiphonic 241, 254
Murcia, Gavino 490
Murphy, Mark 485-486, 487, 488, 491, 492, 498, 504, 604, 609
Murray, Albert 74, 160, 171, 172
Murray, David 64, 66, 75, 89, 107, 158-159, 161-163, 165-167, 169-171, 185, 205, 224, 238, 242, 257, 261, 263, 265, 294, 298, 299, 305, 313, 435, 450, 473, 529, 536, 562, 563, 574, 591, 595, 596, 604, 606, 610, 617, 619
Murray, Sunny 48, 53, 60, 222, 266, 422, 424, 440, 615
música do mundo 62-63

N
Nabatov, Simon 334, 406, 610, 613, 619
Naked City 177, 178, 179, 180, 360, 387, 389, 567, 590, 599, 603, 610, 620
Nalbantoglu, Nedim 460, 543
Namchylak, Sainkho 502, 503, 504
Namyslowski, Zbigniew 286
Nance, Ray 168, 232, 457, 602, 610
Nanton, Joe "Tricky Sam" 76, 105, 107, 248, 257, 298, 574
Napoleon, Phil 231, 248
Narell, Andy 452
Nascimento, Milton 488
Nat King Cole Trio 547, 549, 551, 594
Nathanson, Roy 307, 604
Naughton, Bobby 326
Navarro, Fats 43, 67, 234, 235, 294, 330, 519, 595, 599, 601, 610, 619
N' Diaye Rose, Doudou 170, 387, 450
NDR Bing Band 539, 590, 592, 604, 606, 607, 610, 617, 619
Neergard, Silje 509
Neill, Ben 245
Nelson, Oliver 107, 195, 236, 273, 280, 362, 540, 593, 596, 597, 603
Nelson, Steve 326, 327, 570, 602
Neo-bop 31, 65, 66, 67, 68, 235, 236-237, 239, 257, 280, 304, 310, 335, 350, 380, 384, 388, 418, 434, 435, 437, 551, 555-556, 561, 576
New Art Saxophone Quartet 315
New Jungle Orchestra 537
New Orleans Rhythm Kings 36, 258, 260, 270, 514, 610
New Orleans Wanderers 38
Newman, David "Fathead" 75, 289
Newman, Joe 44, 90, 516, 598, 610
Newton, James 66, 67, 320, 321, 322, 343, 406, 598
Newton, Lauren 502, 503, 504, 537, 618
Nguyên Lê 87, 88, 390, 454, 476, 510, 543, 569, 598, 606
Nicholas, Albert 35, 259
Nichols, Herbie 337, 344, 591, 608, 610, 613
Nichols, Red 231, 248
Nicols, Maggie 502, 503
Niewood, Gerry 320
Niggli, Lucas 438, 439, 569, 610, 613
No Jazz 84
no wave 72-73
Nock, Mike 57
noise music 66, 72-73
Noodband 69, 504
Noone, Jimmie 259, 277, 576, 610
Norvo, Red 324, 395, 493, 517, 547, 549, 550, 555, 596, 598, 600, 605, 610, 619
nu jazz 84
Nureyew, Rudolf 112, 224
Nuss, Ludwig 252

O
Öçal, Burhan 452, 453
O'Connor, Marc 458
O'Day, Anita 498, 597, 605, 610
O'Farril, Chico 120, 359
off-beat 223, 224
Olatunji, Babatunde 449
Oliver, King 38, 90, 92, 93, 111, 116, 145, 166, 168, 186, 193, 196, 230, 232, 251, 259, 371, 393, 414, 465, 511, 576, 590, 596, 610
Oliver, Sy 515
Olstead, Renne 507
Orchestre National de Jazz 449, 460
Oregon 63, 71, 451, 453, 459, 504, 555, 564, 565, 609, 617, 618
Original Creole Jazz Band 392
Original Dixieland Jazz Band 36, 101, 231, 414, 440, 546, 610
O' Rourke, Jim 77, 385, 386, 462
Ørsted Pedersen, Niels-Henning 398, 401, 403, 600, 606, 610, 611, 614, 616, 619

Ory, Kid 35, 90, 91, 186, 248, 393, 395, 418, 576, 590, 610
Osborne, Mike 281, 214
Osby, Greg 69, 112, 275, 283, 284, 327, 353, 432, 563, 565, 570, 571, 604, 609, 610, 628
Ostertag, Bob 367, 368
Öström, Magnus 438, 569, 616
Ourio, Oliver Ker 470
Owens, Jimmy 90, 229, 237, 590
Oxley, Tony 51, 53, 153, 430, 439, 537, 538, 596

P
Pacheco, Johnny 443, 444
Page, Hot Lips 230, 485, 514
Page, Walter 393, 416, 620
Palmieri, Eddie 257, 353, 443, 444, 445
Papasov, Ivo 269
Parker, Charlie 27, 41, 42, 43, 67, 80, 83, 89, 92, 100, 114, 115, 116, 117, 118, 119, 120, 121, 122, 123, 124, 125, 129, 132, 137, 138, 143, 146, 148, 167, 190, 193, 194, 195, 208, 211, 214, 216, 222, 234, 237, 251, 256, 261, 265, 266, 269, 278, 279, 280, 283, 285, 291, 292, 293, 294, 297, 298, 305, 310, 334, 336, 341, 360, 375, 396, 409, 410, 413, 416, 417, 420, 442, 450, 465, 467, 471, 478, 485, 487, 496, 516, 519, 522, 525, 548, 549, 551, 552, 553, 559, 562, 564, 574, 576, 592, 593, 595, 599, 602, 603, 608, 609, 611, 612, 613.
Parker, Evan 53, 55, 76, 85, 193, 254, 274, 276, 298, 300, 314, 368, 370, 430, 504, 529, 554, 555, 592, 599, 600, 606, 614, 616, 618.
Parker, Leo 309, 312, 437, 519
Parker, Maceo 252, 284, 285, 360
Parker, William 85, 404, 584, 592, 607, 615
Parkins, Zeena 72, 466, 599
Pascoal, Hermeto 129, 258, 312, 320, 583, 584, 585
Pass, Joe 388, 516, 611, 615, 618
Pastorius, Jaco 266, 409, 410, 411, 412, 413, 426, 452, 458, 470, 471, 501, 535, 558, 589, 592, 597, 601, 607, 608, 611, 619
Pat Metheny Group 145, 150, 190, 364, 374, 377, 383, 384, 384, 386, 420, 440, 447, 470, 488, 535, 558, 560, 592, 594, 596, 600, 607, 607, 611, 612, 614, 617, 619.
Patitucci, John 400, 409, 410, 570, 594, 615
Pau Brasil 502, 585
Paul, Les 375, 376
Payton, Nicholas 75, 83, 238, 239, 548, 604
Peacock, Annette 501
Peacock, Gary 127, 347, 398, 399, 569, 595, 603, 617
Pege, Aladár 398, 400
Pelt, Jeremy 234, 239
Penn, Clarence 419, 438, 497, 596
Petit, Buddy 35
Peplowski, Ken 266
Pepper, Art 279, 286, 593, 602, 604, 607, 613
Pepper, Jim 297, 298
Perez, Danilo 353, 354, 449, 455, 570, 593, 598, 615
Perkins, Bill 292
Perowsky, Ben 435, 436, 593
Peterson Jr., Ralph 434, 435, 438
Peterson, Hannibal Marvin 237, 598
Peterson, Oscar 46, 62, 261, 334, 335, 351, 375, 376, 388, 395, 401, 500, 551, 569, 590, 592, 597, 601, 603, 604, 605, 610, 611, 615, 618, 619, 620.
Peterson, Ralph 68, 267, 362
Petrella, Gianlucca 254
Petrowsky, Ernst-Ludwing 281, 503
Petrucciani, Michel 279, 298, 338, 339, 347, 601, 611, 615
Pettiford, Oscar 106, 111, 394, 395, 397, 399, 409, 422, 472, 473, 487, 520, 521, 605, 609, 612, 613.
Peyroux, Madeleine 501
Phillips, Flip 114, 288, 290, 517, 602
Pickett, Wilson 208
Picou, Alphonse 35, 258
Pieranunzi, Enrico 338, 339
Pieronczyk, Adam 301
Pifarély, Dominique 460, 463, 464, 595, 596, 611, 614
Pilc, Jean-Michel 352, 569, 611
Pilz, Michel 264
Pine, Courtney 81, 302, 306, 536, 611
Pizzarelli, Bucky 388, 601
Plaxico, Lonnie 394, 400, 403, 404, 411, 601, 619
Pohjonen, Kimmo 468
Ponce, Daniel 445
Ponty, Jean-Luc 49, 50, 156, 157, 458, 463, 611
Portal, Michel 264, 466, 543, 590, 616, 620
Position Alpha 315, 316
Potter, Chris 277, 303, 304, 541, 542, 570, 591, 594, 596, 602, 613
Powell, Baden 374
Powell, Bud 43, 67, 294, 296, 304, 328, 332, 334, 335, 336, 339, 341, 343, 345, 350, 353, 355, 401, 443, 446, 525, 592, 593, 602, 610, 611, 612, 613
power trio 351-352
Pozo, Chano 120, 222, 325, 441, 442, 443, 444, 519, 520 ,524, 599
Prado, Perez 442
Presencer, Gerard 239, 240
Presley, Elvis 202
Previte, Boddy 78, 177, 180, 435, 436, 438, 589, 590, 597, 599, 603, 605, 612, 616, 620
Priester, Julian 250, 603
Prieto, Dafnis 431, 432, 617
Prime Time 69, 70, 148, 149, 150, 412, 565
Printup, Marcus 234, 239
Puente, Tito 320, 442, 445, 590
Pukwana, Dudu 281
Pullen, Don 381, 341, 342, 343, 345, 361, 449, 563, 589, 608
Puntin, Claudio 268, 605, 612
Purcell, John 265, 266, 277, 281, 299, 314, 612, 619
Purim, Flora 447, 501, 502, 560, 584, 594, 597, 602, 609, 612
Purviance, Douglas 253
Puschnig, Wolfgang 286, 287, 315, 451, 537, 591, 604, 612, 614, 616, 618
Pyysalo, Severy 327

Q
Quinichette, Paul 113, 294
Quintette du Hot Club de France 456, 464, 472, 547, 548, 612

R
Ra, Sun 50, 52, 240, 257, 311, 341, 361, 362, 366, 370, 391, 404, 514, 525, 526, 527
Rabinowitz, Michael 471
Radovan, Christian 254
Raeburn, Boyd 270, 291, 520
ragtime 32, 220, 329
Rainey, "Ma" 97, 98, 492, 612

Rainey, Tom 435, 436, 591, 617
Randolph, Robert 379
Raney, Jimmy 280, 293, 375, 376, 381, 610
Rappolo, Leon 259
Rava, Enrico 243, 244, 348, 588, 591, 598, 612
Ravel, Maurice 102, 339, 467
Red Garland 126, 139, 335, 336, 419, 592, 593, 599
Red Hot Peppers 38, 100, 263, 511, 545, 546
Redding, Otis 202, 208, 490
Redman, Dewey 56, 145, 162, 254, 298, 299, 305, 384, 424, 554, 555, 564, 591, 593, 600, 603, 310 ,612, 617, 619
Redman, Don 278, 512, 515, 522, 536
Redman, Joshua 75, 304, 305, 306, 434, 658, 591, 602, 607, 608, 612
Reed, Eric 169, 351, 607
Reed, Lou 149, 183, 479, 619
Reeves, Dianne 498, 505, 508
Regina, Elis 502
Regteren Altena, Maarten van, ver Altena, Maarten
Rehak, Frank 251
Reich, Steve 59, 64, 123, 368, 370, 410, 541
Reichel, Hans 385, 386
Reid, Vernon 74, 384, 387, 603
Reijseger, Ernst 462, 474, 569, 589, 594, 603
Reinhardt, Django 52, 81, 111, 152, 262, 309, 372, 373, 374, 380, 456, 459, 472 ,547, 548, 600, 612
Return to Forever 61, 346, 400, 426, 502, 558, 560, 594
ritmo 218-229
Ribot, Marc 78, 177, 391, 392, 597, 608, 612, 620
Rich, Buddy 292, 416, 421, 422, 446, 450, 531, 532, 535, 590, 596, 597, 601, 605, 611, 612, 615, 616
Richard, Little 202, 208
Richardson, Jerome 272, 317, 521, 595
Richmond, Dannie 419, 553, 608
Rickman, Sean 431, 594
Riessler, Michael 268, 276, 452, 474, 593, 607
riff 217-218
Riley, Herlin 169, 436, 562, 568, 607
Riley, Terry 242, 366, 370, 462
Rizzo, Carlo 452
Roach, Max 26, 42, 45, 68, 83, 124, 138, 215, 222, 236, 250, 300, 314, 317, 345, 416, 417, 418, 419, 420, 421, 429, 432, 434, 436, 437, 440, 444, 449, 462, 469, 471, 477, 485, 493 ,497, 525, 532, 547, 548, 551, 555, 592, 595, 599, 601, 604, 606, 609, 610, 611, 612, 613
Robert, Thierry 476
Robert, Yves 254, 255
Roberts, Hank 394, 473, 591, 597, 599
Roberts, Marcus 165, 169, 350, 562, 607
Robertson, Herb 242, 563, 591, 600
Robinson, Janice 251, 252
Robinson, Orphy 326, 478
Robinson, Perry 56, 263, 266, 484, 610, 613, 614
Robinson, Scott 270, 310
rock 59-61
Roditi, Claudio 242, 408, 584, 598, 607, 615
Rodney, Red 237, 303
Rodriguez, Roberto 78, 243, 446
Rogers, Adam 389
Rogers, Barry 257
Rogers, Shorty 44, 191, 517, 549, 582, 607
Rolling Stones 58, 152, 202, 203, 332, 378
Rollins, Sonny 45, 68, 83, 113, 115, 162, 195, 214, 215, 286, 290, 291, 293, 294, 295, 297, 298, 302, 305, 306, 308, 312, 341, 376, 401, 404, 435, 471, 473, 487, 522, 525, 532, 551, 593, 596, 598, 602, 604, 609, 611, 613, 619
Romano, Aldo 265, 401, 425, 426, 433, 438
Roney, Wallace 123, 239, 419, 423, 561, 589, 593, 615, 619
Roseman, Josh 256, 258, 594, 598, 602, 612
Rosengren, Bernt 301, 616
Rosenwinkel, Kurt 385, 433
Rosewoman, Michele 343
Rosnes, Renee 351
Rosolino, Frank 251, 257, 518, 613
Ross, Annie 486, 487
Ross, Brandon 391, 619
Rossy, Jorge 353, 438, 569, 608
Rothenberg, Ned 276, 299, 321, 598
Rouse, Charlie 295, 296, 604
Rova, Saxophone Quartet 273, 314, 315, 464, 613
Rowe, Keith 385, 386, 554, 613
Roy, Badal 450, 594
Rubalcaba, Gonzalo 353, 354, 362, 440, 593, 596, 600, 613
Rudd, Roswell 62, 71, 240, 253, 256, 258, 266, 525, 554, 589, 603, 604, 605, 613, 614
Rüegg, Mathias 107, 537, 613, 618
Rugolo, Pete 514, 518, 605
Ruiz, Hilton 349
Rumsey, Howard 137
Rush, Otis 197, 202, 378, 482, 483
Rushing, Jimmy 483, 485, 590, 614
Russell, George 107, 110, 128, 138, 212, 240, 498
Russell, Luis 116, 232, 511, 522
Russell, Pee Wee 100, 102, 260
Russo, Bill 107, 109, 138, 195, 248, 519, 605
Rutherford, Paul 253, 599, 606
Rypdal, Terje 62, 383, 438, 524, 599, 608, 614, 616

S

Saft, Jamie 78, 364
Sakata, Akira 281
Salsa 443
Saluzzi, Dino 466, 593, 604, 614
Samson, Michel 461
Samuels, Clarence 146
Samuels, David 325
Sanabria, Bobby 87, 445, 446
Sanborn, David 227, 284, 287, 383, 443, 592, 598, 614
Sánchez, Antonio 440, 614
Sánchez, David 87, 88, 307, 308, 445, 455, 614, 617
Sanchez, Poncho 444, 445, 446
Sanders, Pharoah 47, 115, 142, 143, 147, 148, 274, 298, 299, 385, 429, 458, 525, 590, 594, 615, 617
Sandoval, Arturo 234, 242, 446, 538
Santamaria, Mongo 443, 444, 447
Santana, Carlos 130, 380, 421, 445, 446
Sass, Jon 468, 469, 495, 496
Sato, Masahiko 62
Sauer, Heinz 301, 302, 607, 614
Sauter, Eddie 513, 514
Savage, John 321
Saxofour 315, 612, 614
Scheinman, Jenny 5464, 589, 599, 614
Schiefel, Michael 491, 492

Schlippenbach, Alexandrer von 50, 62,1 96, 241, 341, 344, 430, 527 ,529 ,554 ,555, 559, 611, 613, 614, 618
Schneider, Maria 107, 195, 239, 273, 539, 540, 541, 607, 614
Schnyder, Daniel 301, 614
Schoof, Manfred 53, 54, 243, 524, 533, 554, 590, 592, 599, 601, 611, 614, 618
Schorn, Steffen 270, 312, 313, 316, 605, 619
Schuller, Gunther 47, 127, 138, 301, 340, 341
Schulte, Frank 367, 368
Schweizer, Irène 344, 503, 598, 614, 615
Sclavis, Louis 64, 80, 81, 255, 264, 265, 268, 277, 355, 401, 460, 464, 490, 569, 595, 607, 611, 614
Scofield, John 26, 61, 134, 135, 136, 297, 383, 384, 388, 390, 427, 428, 439, 459, 484, 542, 570, 604, 606, 310, 614, 615, 616, 618
Scott, James 33
Scott, Jimmy 486, 489, 601, 614
Scott, Tom 275, 302, 320
Scott, Tony 63, 119, 194, 261, 262, 263, 597, 609
Seck, Cheik Tidiane 361, 604
Segal, Vincent 474
Seifert, Zbigniew 62, 458, 459, 460, 587, 605
Shakti 157, 380, 450, 460, 560, 564, 603, 608, 614, 615
Shank, Bud 14, 279, 317, 320, 374, 447, 598
Shankar, L. 157, 458, 460, 654, 603, 614
Shankar, Ravi 140, 143, 153, 157, 280, 451
Sharp, Elliott 72, 182, 309, 387, 432, 433, 466, 477, 615
Sharpe, Avery 398, 401
Sharrock, Sonny 385, 604, 615
Shavers, Charlie 190, 233, 547, 595, 601
Shaw, Artie 204, 261, 421, 494, 513, 514, 546, 581, 602, 610, 613, 615
Shaw, Charles Bobo 69
Shaw, Woody 235, 236, 237, 239, 256, 419, 437, 548, 556, 603, 608, 615, 617, 620
Shea, David 368
Shearing, George 339, 421, 443, 615
Sheppard, Andy 276, 301, 591, 604
Shepik, Brad 82, 390, 391, 595, 611, 615, 617
Shepp, Archie 42, 47, 62, 115, 142, 145, 146, 162, 254, 274, 276, 298, 301, 303, 306, 307, 325, 418, 487, 503, 554, 591, 593, 594, 595, 604, 615
Shibusa Shirazu Orchestra 528, 529
Shibolet, Ariel 276
Shihab, Sahib 49, 50,310, 318, 319, 522
Shilkloper, Akardy 472, 609, 611, 615
Shipp, Matthew 55, 85, 341, 343, 368, 607, 615
Shorter, Wayne 61, 68, 126, 128, 129, 136, 151, 154, 156, 195, 257, 272, 273, 274, 275, 284, 286, 295, 302, 306, 346, 351, 354, 384, 400, 409, 419, 434, 449 ,492, 501, 554, 558, 570, 591, 594, 595, 596, 608, 609, 611, 615, 618, 619, 620
Shterev, Simeon 319
Sickler, Don 239
Siddik, Rasul 242
Silver, Horace 45, 125, 208, 237, 243, 245, 247, 290, 291, 297, 335, 336 ,547, 548, 551 ,576, 589, 592, 293, 598, 609, 617
Silverman, Tracy 458
Simeon, Omer 193, 259, 263, 319
Simone, Nina 497
Sims, Zoot 262, 274, 291, 292, 293, 442, 516, 518, 521, 549, 599, 601, 611, 615, 618
Sinatra, Frank 90, 202, 203, 233, 484, 485, 489
Singh, Talvin 451
Singleton, Zutty 414
Sipiagin, Alex 234, 239, 602
Skidmore, Alan 301, 314, 450
Slawe, Jan 224
Smith, Bessie 38, 89, 97, 98, 99, 113, 197, 204, 208, 237, 248, 250, 482, 492, 493, 499, 576, 590, 600, 601, 615
Smith, Clara 98
Smith, Jimmy 59, 358, 359, 360, 362, 371, 377, 382, 458, 576, 592, 596, 610
Smith, Johnny 375, 376
Smith, Leo 62, 144, 240, 241, 527, 557, 595, 606
Smith, Mammie 98
Smith, Marvin "Smitty" 68, 435, 436, 592, 597, 612, 513, 615
Smith, Stuff 457, 461, 464, 590
Smith, Trixie 98, 482
Smith, Willie "The Lion" 33, 329, 330
Snow, Phoebe 500
Socarras, Alberto 317
Soft Machine 57, 359, 370, 382, 410, 426
Solal, Martial 62, 334, 460, 474, 615
Soloff, Lew 237, 533, 589, 591, 598, 608, 609
Sommer, Günter "Baby" 357, 430, 615
Sonneck, Ronny 182
sos (grupo) 314
soul 45, 169
South, Eddie 456, 464
Souza, Luciana 502, 584
Souza, Raul de 252, 584
Spanier, Muggsy 100, 229, 231
Spann, Otis 331, 482
Spassov, Theodosii 80, 322, 323, 595
Spaulding, James 280, 314, 318, 603
Special Edition 434, 549, 563, 596, 615
Speed, Chris 268, 269, 307, 567, 591, 597, 611, 619
spiritual 204 -208
Sri Chinmoy 155, 156
Stafford, Terrell 618
Staley, Jim 177
Stalling, Carl W. 174, 176
standard 190, 231
Stanko, Tomasz 243, 244, 255, 593 ,614, 616
Starostin, Sergey 490, 609
Stefanoski, Vlatko 82
Steig, Jeremy 319, 600, 614, 616
Stein, Norbert 307, 456, 463, 473, 504, 616
Stenson, Bobo 298, 346, 348, 593, 616
Stern, Mike 134, 383, 385, 576, 591, 599, 616
Stevens, John 276, 430, 570, 544, 516
Steward, Herbie 291, 292
Stewart, Bill 360, 434, 440, 600, 605, 608, 614, 615
Stewart, Bob 257, 287, 468, 469, 591, 592, 616, 617
Stewart, Rex 40, 94, 101, 168, 229, 231, 232, 242, 272, 512, 546, 597
Stewart, Sid 102
Stewart, Slam 394, 616
Stief, Bo 410

Stigers, Curtis 492
Stitt, Sonny 59, 75, 122, 136, 167, 278, 279, 290, 291, 293, 294, 601, 616
Stivín, Jirí 319
Stockhausen, Markus 48, 56, 243, 244, 264, 438, 531, 589, 592, 612, 614, 616, 617
Stone, Sly 127, 129, 404
Stötter, Claus 243, 539, 613
Strayhorn, Billy 103, 108, 597, 602
Strickland, Marcus 75, 306, 601
stride piano 330, 333, 337, 339, 350
String Trio of New York 406, 461, 462, 597, 606, 616
Strozier, Frank 280
Stucky, Erika 589, 616
Studer, Fredy 425, 426, 592, 598, 605
Subramaniam, L. 458, 460, 464
Sullivan, Ira 235, 237
Sullivan, Jim 153
Sullivan, Joe 100
Sulsbrük, Birger 444
Sumac, Yma 503
Sun Ra Cosmic Arkestra 526
Surman, John 62, 153, 264, 274, 277, 311, 314, 363, 364, 476, 503, 592, 616
Suzano, Marcos 448, 452
Svensson, Esbjörn 255, 348, 352, 438, 510, 569, 616, 617
Swallow, Steve 301, 388, 398, 399, 409, 525, 552, 588, 591, 592, 599, 601, 603, 604, 609, 612, 614, 616
swing 56, 573-575
swing, ritmo 92-93, 218-228
síncope 223
Szukalski, Tomasz 301

T
Tabackin, Lew 294, 308, 322, 531, 534, 589, 603, 616
Tacuma, Jamaaladeen 69, 149, 287, 412, 565, 594, 612, 616
Takase, Aki 264, 344, 509, 599, 604, 607, 610, 616, 619
Take 6 194
Tarasov, Vladimir 430-431, 616
Tardy, Greg 269, 602, 616
Tate, Buddy 68, 288, 289, 305, 594
Tate, Grady 422, 485
Tate, Greg 82, 162
Tatum, Art 62, 163, 289, 328, 330, 333, 334, 339, 340, 351, 354, 355, 500, 525, 547, 551, 591, 593, 597, 600, 605, 613, 616, 619
Taylor, Art 125, 286, 420, 552, 594, 599, 600, 612
Taylor, Billy 196, 312
Taylor, Cecil 42, 52, 62, 92, 128, 155, 162, 212, 272, 273, 298, 300, 328, 333, 337, 340, 341, 342, 343, 344, 345, 348, 404, 405, 406, 418, 425, 429, 430, 431 ,461, 462, 525, 603 ,615, 616
Taylor, John 346, 347, 359, 503, 509, 590, 597, 604, 615, 617, 619
Tchamitchian, Claude 403
Teagarden, Jack 91, 98, 100, 248, 249, 414, 466, 484, 485, 617
Temiz, Okay 71, 452
Temperley, Joe 312
Terai, Naoko 463
Terrasson, Jacky 352, 437, 568, 569
Terry, Clark 25, 128, 161, 229, 232, 238, 240, 449, 485, 516, 595, 598, 617
Terry, Sonny 201, 469
Teschemacher, Frank 100, 260, 466
Texier, Henri 265, 355, 398, 401, 402, 598, 617, 619, 620
The Bad Plus 352, 407, 569
The Band that plays the Blues 517
Thelin, Eje 253, 254
Thiam, Mor 449
Thielemans, Toots 590, 602, 604, 611, 617
Thigpen, Ed 71, 335, 601, 611, 619
Thomas, Gary 74, 83, 302, 320, 563, 565, 571, 593, 608, 617
Thomas, Jens 345, 598, 617
Thomas, Leon 207, 483, 614
Thompson, Barbara 275, 320, 536, 558, 618
Thompson, Lucky 271, 288, 521, 595, 604, 617
Thornhill, Claude 124, 309, 520, 522
Threadgill, Henry 66, 107, 167, 195, 214, 242, 281, 282, 311, 320, 391, 406, 461, 468, 473, 557, 563, 589, 610, 617
Tibbetts, Steve 385, 617
Timmons, Bobby 335, 336, 551, 589, 591, 604, 617
Tippett, Keith 344, 527, 528
Tippetts, Julie 502 ,503
Ti-Roro 450
Tizol, Juan 106, 248, 249
Tjader, Cal 324, 443, 444, 446
Tobin, Christine 508, 509
Togashi, Masahiko 322, 431
Tolstoy, Viktoria 509, 510, 616, 617
Torn, David 382, 383
Torres, Nestor 320
Tough, Dave 41, 100, 217, 415, 421, 422, 440, 517, 600
Toure, Ali Farka 391
Towner, Ralph 62, 389, 555, 564, 585,593, 599, 604, 610, 611, 617, 619
Towns, Colin 539, 543, 606, 610, 617
Tristano, Lennie 43, 44, 45, 46, 82, 128, 211, 212, 214, 279, 280, 290, 294, 335, 336, 344, 349, 376, 381, 518, 548, 549, 553, 574, 595, 599, 605, 607, 617
Tronzo, David 391
Trovesi, Gianluigi 80, 195, 264, 265, 268, 277, 468, 528, 569, 599, 603, 616, 617, 619
Truffaz, Erik 84, 131, 245, 246, 428, 571, 617
Trumbauer, Frankie 100, 102, 103, 114, 278, 590
Tuncboyacian, Arto 453, 617
Turner, Big Joe 297, 332, 482, 604
Turner, Mark 304, 306, 591, 608, 617
Turre, Steve 237, 250, 256, 465, 472, 533, 592, 593, 598, 601, 612, 614, 615, 616, 617
Turrentine, Stanley 295, 296, 592
Turtle Island String Quartet 459, 462
29th Street Saxophone Quartet 315
two-beat jazz 39
Tyner, McCoy 62, 140, 142, 151, 162, 258, 348, 349, 350, 400, 401, 422, 425, 443, 447, 448, 459, 460, 472, 541, 552, 555, 590, 591, 594, 598, 600, 602, 603, 607, 610, 617

U
U.F.O. 84, 487
Ullmann, Gebhard 264, 301, 315
Ulmer, James »Blood« 69, 70, 138, 162, 387, 391, 431, 565, 566, 591, 617
Umeza, Kazutoki 69
UMO Big Band 539, 540
United Jazz & Rock Ensemble 426, 535, 536, 595, 605, 606, 607, 618, 619
United Nations Orchestra 257
Urbaniak, Michael 458

Urcola, Diego 87, 242, 243
US3 84

V
Vaché, Warren 56, 233, 388
Valdés, Carlos "Patato" 443
Valdés, Chucho 353, 354, 359, 537, 603, 618
Valente, Gary 256, 257, 258, 591
Valentin, Dave 320, 322, 502, 504
Valle, Orlando "Maraca" 320, 322, 353, 538
Vandermark, Ken 55, 300, 311, 528, 529, 530, 589, 618
Van Kemenade, Paul 286, 287
Van't Hof, Jasper 346, 558, 618
Vapirov, Anatoly 276, 301, 322
Varner, Tom 471, 588, 618
Vasconcelos, Naná 71, 447, 451, 564, 584, 585, 590, 594, 598, 618
Vaughan, Sarah 156, 204, 208, 327, 379, 463, 485, 495, 496, 497, 498, 4993, 507, 508, 519, 591, 592, 602, 604, 611, 618
Vega, Ray 242, 243
Velez, Glen 323, 452, 618
Veloso, Caetano 488
Ventura, Charlie 288, 290,497, 549
Venuti, Joe 100, 456, 457, 458, 464, 602, 615, 618
Verly, François 453, 454
Very Very Circus 282, 563
Vidal, Carlos 442, 443
Vienna Art Orchestra 254, 287, 464, 469, 504, 537, 604, 612, 613, 618
Vinnegar, Leroy 396, 601, 608
Vitous, Miroslav 608, 615, 618, 619, 620
Vloeimans, Eric 243
volume do som 60
V.S.O.P. 61, 346
Vysniauskaus, Petras 277

W
Wadud, Abdul 394, 473
Waits, Nasheet 353, 432, 601, 602, 609
Waits, Tom 479, 487, 619
Walcott, Collin 63, 64, 71, 86, 450, 475, 555, 564, 565, 588, 594, 595, 596, 602, 610, 618
Walden, Myron 286
Waldron, Mal 337, 463, 589, 596, 605, 608, 618
Walker, T-Bone 197, 202, 205, 378, 385, 507, 610
Wallace, Bennie 299, 589, 596, 600, 614
Waller, Fats 33, 40, 62, 195, 214, 296, 330, 331, 335, 340, 356, 357, 457, 593, 532, 575, 618
Walrath, Jack 237
Wamble, Doug 385
Ware, Bill 327
Ware, David S. 55, 298, 343, 429
Ware, Wilbur 396, 397
Warlop, Michel 459
Washington, Dinah 208, 291, 499, 505, 507, 518
Washington, Kenny 76, 351, 420, 422, 436, 437, 497, 598, 600
Washington, Grover 275, 460
Washingtonians, The 105
Waters, Ethel 493
Waters, Muddy 152, 202, 203, 204, 378, 482, 618
Watkins, Julius 471, 472, 618
Watkiss, Cleveland 491, 492, 536
Watrous, Bill 251, 255
Watson, Bobby 68, 285, 315, 419, 551, 618
Watts, Ernie 147, 275, 302, 305, 570, 596, 600
Watts, Jeff "Tain" 68, 165, 222, 436, 440, 562, 568, 597, 607
Watts, Trevor 281, 314, 606, 616
Wawai, Tadao 477
WDR Big Band 252, 400, 539, 617, 619
Weather Report 58, 60, 61, 156, 226, 295, 302, 362, 401, 409, 410, 411, 425, 426, 429, 447, 453, 536, 558, 559, 560, 575, 611, 615, 617, 618, 619, 620
Webb, Chick 317, 415, 422, 442, 495, 515, 519, 20, 598, 619
Weber, Eberhard 277, 389, 409, 536, 592, 599, 608, 617, 618, 619
Webster, Ben 56, 107, 162, 165, 166, 190, 288, 289, 290, 296, 298, 299, 301, 309, 312, 401, 463, 491, 512, 515, 575, 601, 602, 610, 611, 616, 619
Weiss, David 239
Wells, Dicky 117, 249, 512, 516
Wesley, Fred 252, 592
Wess, Frank 288, 317, 516, 618
Weiss, Philipp 491
Wesseltoft, Bugge 81, 84, 369, 370, 427, 597, 610, 619
West Coast Jazz 44, 396, 422, 471, 549
Westbrook, Mike 460, 527, 528, 540
Weston, Calvin 149, 431, 479, 617
Weston, Randy 49, 287, 337
Wettling, George 100, 415
Wheeler, Kenny 229, 243, 370, 503, 527, 588, 592, 596, 599, 602, 605, 618, 619
Whetsol, Arthur 105
White, Lenny 425, 426, 594, 596, 611, 613
White, Mike 458, 460
Whitehead, Annie 254, 604
Whiteman, Paul 99, 100, 102, 103, 104, 202, 393, 559, 617
Whitfield, Mark 388
Wickman, Putte 266
Wierbos, Wolter 81, 254, 600, 602
Wilber, Bob 260, 272, 277
Wilkins, Ernie 44, 521
Willians, Big Joe 201, 203
Williams, Clarence 98, 259, 317
Williams, Claude 335, 336, 457
Williams, Cootie 106, 108, 131, 168, 230, 232, 241, 492, 513, 546, 574, 597, 600
Williams, Joe 483, 491
Williams, Mary Lou 216, 332, 333, 349, 493, 515, 516, 599
Williams, Robert Pete 482
Williams, Tony 57, 60, 61, 68, 84, 126, 128, 153, 154, 155, 214, 222, 226, 239, 346, 350, 359, 379, 398, 399, 420, 422, 423, 425, 426, 434, 436, 437, 440 ,492, 552,558, 559, 561, 595, 596, 601, 602, 608, 609, 613
Williamson, Sonny Boy 201, 469, 482
Willner, Hal 478, 525, 591, 619, 620
Wilson, Cassandra 85, 391, 505, 590
Wilson, Gerald 522, 594
Wilson, Matt 279, 434, 435, 438, 591, 612, 618
Wilson, Phillip 428, 556
Wilson, Steve 277, 285, 286, 593, 606
Wilson, Teddy 40, 100, 114, 145, 260, 332, 333, 493, 513, 546, 547, 597, 600, 602, 610, 619, 620
Winchester, Lem 324, 326
Winding, Kai 124, 250, 253, 309, 518, 549, 595, 599, 604, 610
Windmill Saxophone Quartet 315
Winstone, Norma 502, 503
Winterschladen, Reiner 243, 244, 539, 605, 619

Wogram, Nils 254, 255, 257, 569, 610, 613, 616, 618, 619
Wollesen, Kenny 428, 435, 436, 620
Wonder, Stevie 247, 284, 303, 378, 470, 485, 490, 601
Wood, Chris 407, 608
Woods, Phil 122, 237, 280, 285, 286, 479, 521, 549, 555, 590, 593, 595, 603, 617, 619
Wooten, Victor 412
Workman, Reginald 140, 397, 500
world jazz 68, 70-73
World Saxophone Quartet 67, 167, 277, 281, 283, 311, 313, 314, 315, 563, 591, 602, 606, 612, 619
Wright, Lizz 500
Wyatt, Robert 426

X
Xenakis, Yannis 405
Xu Feng Xia 477, 478

Y
Yamamoto, Hozan 322, 614
Yamashita, Yosuke 344, 451
Yellowjackets 410, 427, 559
Yoshihide, Otomo 367, 368
Young, Larry 129, 154, 155, 359, 360, 382, 425, 559, 619
Young, Lester 27, 30, 41, 43, 44, 88, 89, 109, 110, 111, 112, 113, 114, 115, 116, 127, 137, 145, 151, 162, 165, 166, 186, 190, 195, 196, 214, 221, 251, 260, 261, 262, 278, 288, 290, 291, 293, 294, 296, 303, 304, 312, 317, 375, 381, 465, 487, 491, 493, 494, 516, 523, 525, 547, 553, 574, 590, 592, 594, 597, 600, 605, 611, 619, 620
Young, Snooky 234
Young, Trummy 249, 251, 590
young lions 25, 73, 74, 75, 77, 78, 151, 160, 164, 171, 236, 238, 239, 280, 285, 305, 307, 308, 350, 358, 388, 395, 404, 423, 437, 491, 567, 568
Your Neighborhood Saxophone Quartet 315
Youssef, Dhafer 87,323,438, 476, 615

Z
Zadeh, Aziza Mustafa 354
Zadlo, Leszek 301
Zappa, Frank 345, 380, 386, 458, 530-531, 543, 558
Zawinul, Joe 60, 129, 136, 151, 154, 156, 291, 361-362, 363, 364, 370, 390, 409, 411, 440, 452, 453, 490, 509, 542, 558, 559, 589, 595, 615, 618, 620
Zenón, Miguel 87, 287, 288, 614
Ziegler, Matthias 321-322
Ziporyn, Evan 269
Zoller, Attila 62, 381, 611
Zorn, John 24, 55, 64, 72, 73, 77, 78, 79, 80, 89, 173-183, 196, 247, 282-283, 321, 356, 360, 364, 387, 389, 391, 392, 406, 435, 449, 462, 463, 464, 465, 466, 467, 468, 473, 477, 479, 566, 567, 568, 590, 594, 596, 599, 605, 610, 612, 613, 619, 620
Zulfikarpašic´, Bojan 81, 354, 355, 612, 617, 620

Este livro foi impresso na cidade de Guarulhos,
nas oficinas da Vox Gráfica, para Editora Perspectiva
e para Edições Sesc São Paulo.